INTRODUCTION AU DROIT

Bernard BEIGNIER
Corinne BLÉRY

INTRODUCTION AU DROIT

COURS ET TRAVAUX DIRIGÉS

PREMIER SEMESTRE DE L1

Bernard Beignier
Doyen de la Faculté de droit de l'Université des sciences sociales de Toulouse 1

Corinne Bléry
Maître de conférences à la Faculté de droit de l'Université de Caen-Basse Normandie

Avec la collaboration d'Anne-Laure Thomat-Raynaud

3e édition

Montchrestien
lextenso éditions

Dans la même collection

Alleaume C., Craipeau N., *Propriété intellectuelle*, 2009.
Beignier B., *Libéralités et successions*, 2010.
Beignier B., *Les régimes matrimoniaux*, 2e éd., 2010.
Beignier B., Bléry C., *Introduction au droit*, 3e éd., 2011.
Berramdane A., Rossetto J., *Droit de l'Union européenne, Institutions et ordre juridique*, 2010.
Binet J.-R., *Droit médical*, 2010.
Bioy X., *Droits fondamentaux et libertés publiques*, 2011.
Bonfils P., *Droit pénal des affaires*, 2009.
Bossu B., Dumont F., Verkindt P.-Y., *Droit du travail*, 3e éd., 2011.
Castets-Renard C., *Droit de l'internet*, 2009.
Debat O., *Droit fiscal des affaires*, 2e éd., 2010.
Julien J., *Droit de la consommation et du surendettement*, 2009.
Mendoza-Caminade A., *Droit de la distribution*, 2011.
Mignot M., *Droit des sûretés*, 2e éd., 2010.
Miniato L., *Voies d'exécution et procédures de distribution*, 2009.
Monsèrié-Bon M.-H., Grosclaude L., *Droit des sociétés et des groupements*, 2009.
Morand-Deviller J., *Droit administratif*, 12e éd., 2011.
Morand-Deviller J., *Droit administratif des biens*, 6e éd., 2010.
Poumarède M., *Droit des obligations*, 2011.
Voinot D., *Procédures collectives*, 2011.

33, rue du Mail, 75081 Paris Cedex 02
ISBN : 978-2-7076-1697-5
ISSN : 1954-0450

À M. le Doyen Louis Bach,
deux anciens assistants de première année qui
ont appris à apprendre sous sa direction.

SOMMAIRE

TRAVAUX DIRIGÉS

ABRÉVIATIONS

AJ famille	*Actualité juridique Famille*
Bull. ass. plén.	*Bulletin des arrêts de la Cour de cassation (assemblée plénière)*
Bull. inf. C. cass.	*Bulletin d'information de la Cour de cassation*
Bull. civ.	*Bulletin des arrêts de la Cour de cassation (chambres civiles)*
Bull. crim.	*Bulletin des arrêts de la Cour de cassation (chambre criminelle)*
CA	Cour d'appel
CAA	Cour administrative d'appel
Cass. ass. plén.	Cour de cassation, assemblée plénière
Cass. civ.	Cour de cassation, chambre civile
Cass. ch. mixte	Cour de cassation, chambres mixtes
Cass. com.	Cour de cassation, chambre commerciale
Cass. crim.	Cour de cassation, chambre criminelle
Cass. soc.	Cour de cassation, chambre sociale
C. civ.	Code civil
C. trav.	Code du travail
C. consom.	Code de la consommation
C. pén.	Code pénal
CPC	Code de procédure civile
CJA	Code de justice administrative
CGCT	Code général des collectivités territoriales
CPP	Code de procédure pénale
COJ	Code de l'organisation judiciaire
CE	Conseil d'État
CEDH	Cour européenne des droits de l'homme
Contrats, conc. consom.	Contrats, concurrence, consommation
Comm. com. électr.	*Juris-Classeur périodique* – Édition Communication, commerce, électronique
Cons. const.	Conseil constitutionnel
Convention EDH	Convention européenne des droits de l'homme
D.	*Dalloz (Recueil)*
Defrénois	*Répertoire du notariat Defrénois*
DH	*Dalloz (hebdomadaire)*
DP	*Dalloz périodique*
Dr. adm.	*Droit administratif*
Dr. et patr.	*Droit et patrimoine*
Dr. famille	*Droit de la famille*
Dr. pén.	*Droit pénal*

Dr. soc.	*Droit social*
GAJA	*Grands arrêts - Jurisprudence administrative*
GAJ civ.	*Grands arrêts - Jurisprudence civile*
JCP	*Juris-Classeur périodique*
JCP E	*Juris-Classeur périodique* - Édition Entreprises et affaires
JCP G	*Juris-Classeur périodique* - Édition générale
JCP S	*Juris-Classeur périodique* - Édition sociale
JO/JORF	*Journal officiel de la République française (Lois et décrets)*
LPA	*Les Petites affiches*
RDP	*Revue de droit public*
RDC	*Revue des contrats*
RDSS	*Revue de droit sanitaire et social*
Rép. civ. Dalloz	*Dalloz (Encyclopédie)*
Rev. sc. crim.	*Revue des sciences criminelles*
RID comp.	*Revue internationale du droit comparé*
RJPF	*Revue de jurisprudence personnes et famille*
RLDC	*Revue Lamy Droit civil*
RRJ	*Revue de recherche juridique et de droit prospectif*
RTD civ.	*Revue trimestrielle de droit civil*
RTD com.	*Revue trimestrielle de droit commercial et de droit économique*
S.	*Sirey*

PRÉSENTATION

Lit-on les introductions ? Rarement, alors que dire des présentations des introductions ! Nous voudrions ici sobrement exposer nos perspectives, voire notre pari.

1) Nous avons divisé l'ouvrage en dix leçons correspondant, approximativement, aux séances de travaux dirigés d'un semestre d'introduction au droit.

2) Lorsqu'on se rend à Rome et que l'on ne dispose que de dix jours, on peut, au risque de l'éreintement, avoir une vue générale de la ville en une dizaine de parcours. Pour cela, il convient de prévoir la visite de tous les principaux monuments et de laisser pour un autre voyage les plus mineurs, mais il faut aussi contempler ce qui fait le charme de la vie quotidienne, sans quoi le temps historique est sans rapport avec le temps présent. De la même manière, nous avons consacré les plus riches développements aux axes principaux sans lesquels la pensée juridique est impossible, mais nous avons aussi, incidemment, attiré l'attention sur ce qui les complète, sans quoi la réflexion devient intellectuelle et insipide. Une introduction est une invitation à découvrir, un apéritif de la gourmandise de l'esprit.

3) Le droit n'est pas une science exacte, malgré toutes les tentations du positivisme ambiant. « Faire son droit », c'est apprendre à trouver la justice en raisonnant avec rectitude et rigueur par le droit. Un juriste est, d'abord, un esprit libre et non-conformiste pour conserver ce qui fait l'essentiel d'une civilisation et progresser vers plus d'humanité et de sagesse. Un livre n'aide à penser que si ceux qui l'écrivent veulent bien avoir une pensée personnelle à faire partager. C'est le parti qui a été le nôtre.

4) Ce sera le dernier point. On a les étudiants qui s'inscrivent dans son université ; on a les élèves que l'on sait former. Un étudiant entre à la faculté aux dernières années de l'adolescence prolongée par une société volontiers infantilisante, il doit en sortir jeune adulte, préparé à affronter le monde et lui apporter ce que ce monde attend d'un juriste : la paix sociale fondée sur la justice, ce n'est pas rien. La question de savoir si un étudiant veut ou ne veut pas étudier ne relève pas, à l'université, du professeur : cela ressort de la seule volonté de l'étudiant qui peut décider de perdre son temps. En revanche, le professeur, à celui qui veut étudier, doit donner un enseignement qui soit vraiment supérieur, c'est-à-dire destiné à des adultes désireux d'affiner leur intelligence, d'acquérir le sens du discernement dans les affaires et de croître en maturité. Nous avons considéré nos lecteurs comme des « jeunes », certes, mais surtout comme des « adultes » : de jeunes adultes et non des adolescents attardés. C'est la première marque de respect que le maître doit à l'élève : ne pas douter de ses capacités. Il n'a pas à lui proposer de descendre vers lui, ou plus exactement il doit descendre jusqu'à lui pour l'élever. Un professeur est celui qui met le pied à l'étrier non celui qui tient la bride [1].

1. Une lecture : F. Terré, « Lettres à un jeune juriste », *Mélanges Pierre Catala,* Litec, 2001, p. 989 et s.

« L'enseignement doit être résolument retardataire. Non pas rétrograde, tout au contraire. C'est pour marcher dans le sens direct qu'il prend du recul ; car, si l'on ne se place point dans le moment dépassé, comment le dépasser ? Ce serait une folle entreprise, même pour un homme dans toute la force, de prendre les connaissances en leur état dernier ; il n'aurait point d'élan, ni aucune espérance raisonnable. [...] C'est ce que le droit nous fait sentir ; car le droit n'est jamais suffisant, et cela est bien aisé à comprendre ; mais aussi cette amère pensée ne mène à rien ; c'est le juriste qui change le droit en mieux, justement parce qu'il le sait et parce qu'il y croit et parce qu'il s'y tient. C'est par la suffisance, et non par l'insuffisance, qu'une idée en promet une autre. Devant l'espèce, le juge de paix pense quelque chose de neuf, par la force doctrinale elle-même ; ainsi se fait la jurisprudence, bien plus puissante et de bien plus grande portée que l'ironie du plaideur.

L'enfant a besoin d'avenir ; ce n'est pas le dernier mot de l'homme qu'il faut lui donner, mais plutôt le premier. »

Alain
Propos sur l'éducation

COURS

PREMIÈRE PARTIE
LE DROIT

CHAPITRE 1
Qu'est-ce que le droit ?
Bernard Beignier

---

1. – En mai 1945, regardant les affligeants cortèges des déportés libérés des camps nazis, le doyen Georges Vedel eut ce mot qui résume toute l'incertitude de la réponse que l'on peut apporter à une étourdissante question : « Je ne sais toujours pas ce qu'est le droit, mais je sais désormais ce qu'est un État sans droit. » Il est courant d'observer que le droit prohibe plus qu'il n'édicte, se définissant en creux. Le droit pénal n'impose pas de respecter la vie mais punit quiconque y porte atteinte. Le droit lui-même est, ainsi, plus facile à définir par ce qu'il n'est pas que par ce qu'il est [1].

2. – Le droit : les deux sens du mot. – Par ailleurs, le terme de *droit* est marqué, dans la langue courante aussi bien que dans celle des juristes, par l'ambiguïté [2]. Tantôt il désigne la *règle* (ou la *norme* [3]), ainsi parlera-t-on du droit de tel ou tel domaine (le droit de l'urbanisme, le droit des transports, le droit de la banque, etc.) [4]. Tantôt il sert à dissocier, au contraire, le *substrat* ou le *résultat* de la règle. Il est courant d'entendre qu'une loi n'est pas conforme au droit ou qu'un arrêt d'une juridiction n'est pas du bon droit. Cette idée que la loi n'est que la mise en forme, mot à mot l'édiction, du droit est très ancienne. Un juriste romain célèbre, Paul, l'a parfaitement résumé : *Non ex regula jus fiat sed ex jure regula sumitur*, « Ce n'est pas de la règle que découle le droit mais c'est du droit que découle la règle ». L'on verra quelles positions peuvent justifier un tel adage. D'emblée retenons que le Conseil d'État utilise volontiers, depuis 1944, deux notions qui se complètent et qui illustrent parfaitement cet héritage. Tout d'abord, celle des *principes fondamentaux reconnus par les lois de la République* et, ensuite, celle des *principes généraux du droit*. Dans ces deux cas, l'on discerne que le droit est bien vu comme la source de la loi et non l'inverse. Il est permis de dire ainsi que *le droit est la source de la loi* mais que la *loi est le canal du droit*.

En fait, si l'on veut user d'une autre image, parmi d'autres, on peut dire que droit et loi sont un peu comme vin et bouteille, *contenu* et *contenant*. Le droit n'est pas une substance éthérée, il

---

1. C. Atias, *Questions et réponses en droit*, PUF, L'Interrogation philosophique, 2009 et du même auteur, un petit livre plus facile d'accès mais d'une grande densité : *Devenir juriste. Le sens du droit*, LexisNexis, 2011. Un ouvrage qui peut devenir le « livre de chevet » de l'étudiant tout au long de son *cursus* : J.-L. Bergel, *Méthodologie juridique*, PUF, Thémis Droit Privé, réédition régulière.

2. Tout au long de cet ouvrage, il sera renvoyé à l'excellent *Dictionnaire de la culture juridique*, publié sous la direction de D. Alland et S. Rials, Lamy et PUF, 2003 : plus de 400 articles, écrits par 213 auteurs, 1650 pages de lecture. Il existe deux éditions de cette encyclopédie. L'une en grand format et une autre, dans la collection « Quadrige-Dicos Poche », au prix beaucoup plus abordable pour un étudiant (48 euros). C'est le type même de livre qui forme un « fonds de bibliothèque » tout au long des études et au-delà, tant pour un juriste qu'un non-juriste. Celui qui envisage, d'ores et déjà, la préparation de concours (avec épreuve de culture générale) y trouvera des richesses sans cesse renouvelées. Dans la suite des références, le livre sera simplement cité par son titre.

3. X. Magnon, *Théorie (s) du droit*, Ellipses, 2008, sp. la première partie « une approche normativiste du droit ».

4. É. Millard, *Théorie générale du droit*, Dalloz, coll. connaissance du droit, 2006. Plus encore, un ouvrage très complet et très compréhensible pour un étudiant de L1 : J.-L. Bergel, *Théorie générale du droit*, Dalloz, coll. Méthodes du droit, 4e éd., 2003.

doit être énoncé, écrit, posé, comme le vin doit être mis en bouteille sans quoi il se répandrait et s'évaporerait. À l'inverse, une bouteille vide présente bien peu d'intérêt. La bouteille peut être vide de plusieurs manières, soit parce qu'elle n'a jamais été remplie, soit parce qu'elle a été consommée. Dans ces deux cas, de toutes manières, elle est mise au bout de la table et délaissée. On peut ajouter que même remplie, la bouteille peut l'être de produits bien divers : il y a des vins de grande qualité, des vins ordinaires, des « piquettes » sans nom. Du moins, est-ce toujours du vin. Mais le malheur se produit lorsque la bouteille de vin est utilisée pour transvaser des liquides qui n'ont rien à voir avec le vin. Passe encore si ce sont des sirops mais *quid* lorsque le flacon contient de l'acide voire un poison ? [5]

On comprendra l'image utilisée : bouteille et vin, loi et droit, doivent concorder. Lorsqu'une bouteille, en la forme de celle dont on use dans le Bordelais, comporte une étiquette « Saint-Émilion », de telle ou telle qualité, on doit trouver un vin correspondant. La loi doit être le contenant du droit. Mais il pourra arriver que le cru annoncé déçoive. Il est possible qu'il y ait un trafic de vin. Il est même possible qu'il y ait substitution, plus ou moins pernicieuse. Dans ce cas, la loi n'édicte plus le droit. Elle est dans le meilleur des cas un ersatz de droit (elle mélange précepte moral et législation), elle est inconsistante (elle veut tout dire et ne rien dire) mais dans le pire elle est, au sens exact du mot, la perversion (c'est-à-dire le renversement) du droit. Elle sert à faire passer pour droit ce qui en est la violation la plus parfaite. C'est en ce sens qu'il y a eu un « droit nazi » qui n'était pas du droit.

5. Question fondamentale : existe-t-il un « droit totalitaire » ? Y eut-il un « droit nazi », un « droit soviétique », etc. ?Il y eut bien, indubitablement, un État nazi (lequel avait la particularité d'être bipolaire : un État proprement dit, le Reich, et l'État SS, celui du parti nazi). Il y eut également une « législation » nazie au sens formel du terme (que l'on songe aux fameuses « lois de Nuremberg »). Mais ces lois engendrèrent-elles un droit ? L'on voit le dilemme. Si le droit, c'est la loi, alors il y eut bien un droit nazi ; mais comment admettre que le droit puisse aboutir à de tels crimes ? Si la loi peut ne pas conduire au droit (la loi est source du droit, mais le droit doit être source de justice), alors l'Allemagne nazie méritait d'être mise au ban des nations civilisées. Cela justifiait l'exigence d'une capitulation « sans conditions », la tenue du procès de Nuremberg, précisément pour « rendre » justice aux victimes et rétablir le droit (et non pas seulement celui des vainqueurs) mais aussi la suppression de toute souveraineté de ce pays entre 1945 et 1948 (date de la loi fondamentale, c'est-à-dire de la constitution de l'Allemagne fédérale ; ceci étant l'Allemagne n'a pleinement retrouvé sa souveraineté internationale qu'après la chute du mur de Berlin, sa réunification et le retrait des troupes alliées de son territoire). Sur tout cela, il existe une littérature considérable qui oblige à quelques choix. Commencer par l'article d'O. Jouanjan, « Nazisme » *in Dictionnaire de la culture juridique*, p. 1058. Le grand juriste nazi (il faut bien se résoudre à cette épouvantable appellation, compte tenu de son rôle) fut Carl Schmitt. Un de ses livres résume bien sa pensée : *Les trois types de pensée juridique*, réédité PUF, 1995. Le meilleur connaisseur de cet auteur est aujourd'hui Y.-C. Zarka, *Un détail nazi dans la pensée de Carl Schmidt*, PUF, 2005. Dans cet ouvrage, il expose divers textes de Schmitt tendant à expliquer les fondements d'un « droit nazi » : « Ces textes sont d'une grande importance pour mesurer la profondeur de l'implication de Carl Schmitt dans le régime nazi, mais aussi pour analyser le mode selon lequel les pires lois du nazisme ont fait l'objet de procédures d'accréditation théorique visant à les justifier, c'est-à-dire à les rendre présentables, acceptables, relevant d'un ordre ordinaire des choses, non seulement pour un public non averti mais aussi pour des juristes professionnels ». Voir également : S. Cosseron, *Les mensonges du IIIe Reich*, Perrin, 2007, chapitre 2 « Le droit », p. 205 s. « Pour les légistes de Hitler, tout est balayé par l'omnipotence d'un homme, qui a droit de vie et de mort sur ceux qui contreviendraient aux expressions de sa volonté [ ] ». Les juristes nazis justifièrent le fameux *Führerprinzip* (principe du chef) en expliquant que le peuple ayant délégué sa volonté au *Führer*, ce dernier est l'interprété parfait de ce même peuple. La souveraineté nationale sombrait dans une obéissance absolue et absolument criminelle. Il y a à méditer sur le fait que Frank (le *Gauleiter* de la Pologne, condamné à mort à Nuremberg) ou Freisler, l'effrayant président du *Volksgerichtshof* (Le Tribunal du Peuple), qui eut à réprimer de manière brutale les auteurs de l'opération *Walkyrie* (attentat contre Hitler du 20 juill. 1944) étaient tous les deux (entre autres) des docteurs en droit issus d'universités renommées (et diplômés bien avant l'arrivée des nazis). C'est une erreur que de croire que ces individus étaient fous : ils savaient ce qu'ils faisaient et en avaient une pleine conscience. La perversion de l'intelligence est même incompatible avec la folie (C. Ingrao, *Croire et détruire. Les intellectuels dans la machine de guerre SS*, Fayard, 2010). Ils ne sont pas devenus des assassins de masse par fatalité mais par volonté.

L'on notera que jusqu'au bout l'État nazi feignit d'avoir un droit et une justice. Dans Berlin bombardé, en avr. 1945, se constituèrent des « tribunaux de rue » chargés d'exécuter tous ceux qui tentaient un geste envers les armées adverses (J. Fest, *Les derniers jours de Hitler*, Perrin, Tempus, 2003, p 46 ; livre qui inspira le film *La chute*). La perversion est là, au sens précis du mot, donner le masque de la justice au crime.

Car, et l'on comprend mieux l'ambiguïté du terme droit, les mots sont employés l'un pour l'autre. Revenons à notre image de la bouteille. Ne dit-on pas couramment une « bouteille de Bordeaux » ? Chacun comprend qu'il s'agit bien d'une bouteille *de vin* de Bordeaux. De même, quand on parle du « droit de la propriété littéraire », on entend par là deux choses. D'une part, la *loi* (qui dans ce cas est aujourd'hui le Code de la propriété intellectuelle) qui énonce, d'autre part, le *droit* propre à cette matière, c'est-à-dire des dispositions qui permettent à l'auteur d'une œuvre d'être *justement* rétribué (ainsi cette loi interdit à un jeune auteur de vendre à forfait toute son œuvre future pour le protéger contre un contrat abusif ; elle permet à un artiste de vendre son œuvre mais de conserver sur elle un droit moral, etc.).

Si l'ambiguïté existe, c'est tout simplement parce que normalement, droit et loi doivent coïncider. Une loi doit être juste et conforme au droit. D'emblée, disons que c'est le cas habituel et ordinaire. Une loi peut avoir ce que l'on dénomme des « effets pervers », des imperfections, des lacunes. Il est rare qu'une loi soit intrinsèquement mauvaise. De ce point de vue, l'on ne peut que mettre en garde l'étudiant contre la tendance contemporaine qui est de voir la main du mal partout à l'œuvre. La société qui est la nôtre a les défauts de ses qualités, celle d'être fondée sur la liberté. Ne prenons pas ces défauts véniels pour des fautes mortelles.

LE DROIT

DUALITÉ DE SENS

⇙ ⇘

LA RÈGLE ou LA NORME ≠ LE SUBSTRAT ou LE RÉSULTAT DE LA RÈGLE

⇩

DROIT ≠ LOI

⇙ ⇘

SOURCE DE LA LOI — **MISE EN FORME DU DROIT** (CONTENANT DU DROIT)

⇩

CONCORDANCE NECESSAIRE ENTRE LA LOI ET LE DROIT :
LA LOI DOIT ÊTRE JUSTE ET CONFORME AU DROIT

3. – Le droit et le reste. – Quand on demande à un juriste pourquoi un automobiliste respecte la signalisation routière, il est bien rare que la réponse ne soit pas : « C'est une obligation prévue par le Code de la route et sanctionnée, en tant que de besoin, par la force publique de la gendarmerie ou de la police ». Obligation-sanction : tel est le duo quasi-parfait qui définit pour beaucoup la règle de droit.

Interrogeons-nous un instant. Est-ce vraiment et uniquement à cause de la fameuse « peur du gendarme » que nous respectons, certes avec des variantes personnelles plus ou moins sensibles selon les coutumes régionales, le Code de la route ? N'y a-t-il, du moins, que cela ?

Non, évidemment. Nous respectons cette signalisation, d'abord, par prudence : « griller un feu rouge », c'est éventuellement mettre sa propre vie en danger de mort. Nous la respectons aussi, parce qu'elle est le seul moyen efficace de contrôler la circulation et donc de circuler. En deux mots : prudence et civisme.

Prenons un autre exemple, celui du droit de la famille. Le Code civil énonce que, sauf dispositions contraires, les époux vivent sous le régime de la communauté. Les règles de celle-ci sont méticuleuses et précises. Pour autant, dans la vie quotidienne, les époux vivent-ils le Code civil à la main en train de savoir si tel bien leur est propre ou commun ? Non encore. Un couple forme vraiment une communauté de pot et de toit, comme disaient les anciennes coutumes. S'il y a concordance entre leurs pratiques journalières et le droit, c'est plus parce que le droit s'inspire de leur vie qu'il ne dirige leur vie.

En fait, dans la vie ordinaire, ce ne sont pas les règles de droit qui sont les plus importantes pour une raison simple : ces règles ne sont pas celles qui dirigent la conscience. Donnons un exemple topique. L'étudiant pourra étrenner son nouveau et resplendissant Code civil en allant lire l'article 371 : « L'enfant, à tout âge, doit honneur et respect à ses père et mère ». Chacun y reconnaîtra aisément l'un des dix commandements donnés à Moïse : « Tu honoreras ton père et ta mère ». C'est là le parfait exemple de l'assimilation par le droit d'une règle morale et même religieuse. Lorsque nous honorons ceux qui nous ont donné la vie, avons-nous le sentiment de respecter l'article 371 du Code civil ou obéissons-nous à l'une des règles les plus fondamentales de toute civilisation ?

Sous cet angle, il est certain qu'il y a un regard croisé des juristes et des simples citoyens sur les fameux rapports entre le droit et la morale[6]. Les juristes, l'œil fixé sur la loi, ont souvent répété que la morale est une source d'inspiration du droit. Georges Ripert (Doyen de la faculté de droit de Paris) pouvait écrire que le droit « ne peut se développer que par une montée continue de la sève morale » (dans l'un de ses livres des plus connus, *La règle morale dans les obligations juridiques).* Certes, parce que le *juriste*, par sa culture et son éducation, va de la morale vers le droit ; mais le *citoyen* ordinaire, à la formation générale bien plus fruste, fait plutôt le chemin inverse, c'est dans le droit qu'il vient chercher des préceptes moraux[7]. Portalis, dans le discours préliminaire du Code civil, l'avait dit fortement : « Elles (les lois) sont souvent l'unique morale du peuple ». D'où la confusion fréquente : le juriste voit dans le droit une règle de conduite inspirée par la morale mais qui s'en détache, alors que le peuple considère souvent que le droit consacre

6. La morale n'est pas à la mode, contrairement à l'éthique. La morale rime aujourd'hui avec « ordre moral ». Pour comprendre ce qu'est réellement la morale, nous proposons quelques lectures. Tout d'abord, le V° *Morale et droit*, par O. PFERSMANN *in Dictionnaire de la culture juridique ;* ensuite, le très stimulant *Petit précis de morale* de B. VERGELY (éd. Milan, 2005), remarquable introduction « éthique, morale, valeurs ». Également de Fr. ALBERONI, *La morale*, Poche-Pocket, n° 10140. Ces ouvrages sont simples et très abordables pour un étudiant de première année. On lira aussi, avec facilité mais aussi un vif intérêt le *Petit traité des grandes vertus* d'André COMTE-SPONVILLE (PUF, 1995, éd. Poche coll. Points-Essais, n° 550, 2006) : la politesse, la fidélité, la prudence, la justice mais aussi la bonne foi sans oublier (indispensable) l'humour : « Toute vertu est un sommet, entre deux vices, une ligne de crête entre deux abîmes », « mieux vaut enseigner les vertus que condamner les vices. La morale n'est pas là pour nous culpabiliser, mais pour aider chacun à être son propre maître, son unique juge. Dans quel but ? Pour devenir plus humain, plus fort, plus doux ». Sur les liens entre le droit et la morale : Études réunies par J. KRYNEN, *Le droit saisi par la morale*, Travaux de l'institut fédératif de la recherche de Toulouse 1, 2004, n° 4. J. GHESTIN, « Essai sur le droit, la morale et la religion », *Mélanges Dupichot*, Bruylant, Bruxelles, 2004, p. 155 ; N. M. LE DOUARIN et C. PUIGELIER, *Science, éthique et droit*, Odile Jacob, 2007, s. dir. D. BUREAU *et alii*, *Droit et morale*, Dalloz, Thèmes et commentaires, 2011. Un livre très célèbre (mais à ne lire qu'après la 2e année) : G. RIPERT, *La règle morale dans les obligations civiles*, LGDJ, 1949. Autre remarque : la morale ne découle nullement de la religion. Certes, la foi religieuse oblige au respect de la morale sinon elle n'est pas sincère. Mais le respect de la morale n'implique pas la foi. On confond souvent les deux aujourd'hui en parlant, sans trop y réfléchir, de la « morale judéo-chrétienne ». Pour un très bon exemple d'une morale sans transcendance : A. KAHN et Ch. GODIN, *L'homme, le bien et le mal, une morale sans transcendance*, Stock, 2008.

7. Ph. LE TOURNEAU, « Le droit et l'éthique », *in Études à la mémoire du professeur Xavier Linant de Bellefonds*, Litec, 2007.

une morale minimale et commune. La vérité est largement du côté du peuple car le droit *formalise* les valeurs et vient *objectiver* celles-ci. Ce faisant, le droit est respecté *comme* morale civique ordinaire. Cette confusion n'est pas sans danger car elle altère aussi bien la nature du droit que celle de la morale : elle surestime le droit et affadit la morale [8]. Là encore, G. Ripert avait vu ce risque : « Une construction technique est indispensable d'ailleurs pour donner à la règle morale la précision nécessaire à la sanction législative. La loi donne la règle abstraite, la règle doit être suffisamment nette pour que l'homme soit guidé sans sa conduite et que la violation puisse être justement sanctionnée. Il ne suffit pas d'édicter un vague précepte que chaque homme appliquera à sa guise en suivant sa conscience. La précision technique fait perdre à la règle juridique son caractère moral » [9].

Néanmoins, force est de constater que dans la vie quotidienne, la morale [10], l'éthique [11], la déontologie professionnelle [12], la courtoisie et la simple politesse [13] civile sont, bien plus que le droit [14], les valeurs qui irriguent la vie de tous les jours [15]. Lorsqu'il en appela à la résistance face à l'ennemi, qu'invoqua Charles de Gaulle ? L'honneur [16], le bon sens, l'intérêt supérieur de la patrie. Les résistants moururent pour la liberté, pour leur pays, pour la dignité de la personne ; à l'heure ultime du sacrifice, ils n'invoquèrent pas les lois constitutionnelles ou le droit.

Deuxième remarque donc, après la distinction entre la loi et le droit, l'autre distinction entre le droit et les autres valeurs de l'humanité. En un mot, ne voyons pas le droit où il n'est pas et ne le mettons pas là où il n'a rien à faire [17]. Une société s'oriente vers une douce dictature lorsqu'elle dénomme droit ce qui n'en est pas et lorsqu'elle pense que tout se règle par le droit ; un individu sacrifie sa liberté lorsqu'il consulte un code avant d'interroger sa conscience.

---

8. R. Boudon, *Penser la relation entre le droit et les mœurs*, Mélanges Terré, 1999, p. 11 et s.

9. G. Ripert, *La règle morale dans les obligations civiles*, LGDJ, 1935, n° 204.

10. P. Clavier, *La cote argus des valeurs morales*, Presses de la Renaissance, 2007. Les valeurs sont relativement permanentes mais leur degré de force varie selon les générations et le temps. R. Spaemann, *Notions fondamentales de morale*, Flammarion, Champs, 1999 ; R. Boudon, *Déclin de la morale ? Déclin des valeurs ?*, PUF, 2002 (l'auteur explique qu'il n'y a pas de déclin des valeurs morales mais que les jeunes générations entendent les vivre d'une manière différente) ; A. Kahn, *Un type bien ne fait pas ça... Morale, éthique et itinéraire personnel*, Nil, 2010 ; A. Kahn et C. Godin, *L'homme, le bien, le mal. Une morale sans* transcendance, Stock, 2008 ; J. Foyer, C. Puigelier et F. Terré (dir.), *La vertu*, PUF, 2009.

11. R. Ogien, *L'éthique aujourd'hui. Maximalistes et minimalistes*, Folio Essais, 2007 ; P. Audi, *Supériorité de l'éthique*, Champs Flammarion, 2007 ; Ph. le Tourneau, *L'éthique des affaires et du management au xxi^E siècle*, Dalloz-Dunot, 2000 ; T. Klein, *Petit traité d'éthique et de belle humeur*, Liana Lévi, 2004.

12. Cass. soc., 8 déc. 2009, note I. Desbarats, « Alertes, codes et chartes éthiques à l'épreuve du droit français », *D.* 2010.548 ; B. Beignier, B. Blanchard, J. Villacèque, *Droit et déontologie de la profession d'avocat*, LGDJ, 2007, en particulier le chapitre « Qu'est-ce que la déontologie ? » par un spécialiste de la question, J. Moret-Bailly ; du même *Les déontologies*, th. droit, PUAM, 2001 ; *Dictionnaire de culture juridique, v° Déontologie* par B. Beignier (p. 361) ; J.-F. Sagaut et M. Latina, *Manuel de déontologie notariale*, Defrénois, 2009 ; G. Canivet et J. Joly-Hurard, *La déontologie du magistrat*, Dalloz « Connaissance du droit », 2e éd., 2009 et, premier essai d'une conception globale à tous les juristes : J. Moret-Bailly et D. Truchet, *Déontologie des juristes*, PUF, Licence, 2010. L'on notera que les juges font de plus en plus application des règles de déontologie : Cass. 1re civ., 27 nov. 2008, *JCP* 2009-II-10067, note L. Mordegroy (arrêt fondé sur les articles 32 et 33 du Code de déontologie médicale).

13. « La politesse est la première des vertus, et l'origine peut-être de toutes », André Comte-Sponville (*op. cit.*, p. 17). Plus d'une centaine de livres actuellement sur la politesse ! un bref choix : F. Rouvillois (par ailleurs, et surtout, professeur de droit public), *Histoire de la politesse de 1789 à nos jours*, Flammarion, 2006 et du même *Histoire du snobisme*, Flammarion, 2008 ; D. Picard, *Politesse, savoir-vivre et relations sociales*, Que sais-je ? n° 3380. Un classique : N. Elias, *La civilisation des mœurs* (toujours disponible dans diverses éditions de poche), l'auteur explique comment la cour royale a fortement imprégné les mœurs françaises.

14. Candide au prétoire : un procès envers le chef de l'État qui, aux yeux d'un électeur, n'avait pas tenu une promesse de campagne (TGI Paris, 28 avr. 2004, *D.* 2004.1351).

15. Sur tout cela, un livre dense (et sans doute d'une lecture difficile en L1, mais remarquable !), A. Sapiot, *Homojuridicus, Essais sur la fonction anthropologique du droit*, Le Seuil, 2005.

16. B. Beignier, *L'honneur et le droit*, th. Paris II, LDGJ, Bibl. dr. privé, t. 234 (1995) ; S. Ben Hadj Yahia, *La fidélité et le droit*, th. Toulouse I, en cours de parution.

17. P. Malaurie, « L'humilité et le droit », *Defrénois* 2006, p. 703 et s.

4. – Pouvoir et autorité du droit. – Reste, pour revenir à notre propos liminaire, que le droit est, dans une société donnée, le régulateur du *pouvoir* qui l'organise. Le droit détermine, positivement ou négativement, des obligations. C'est la raison pour laquelle, en tant que règle, dans nos sociétés et ceci depuis des siècles, le droit se doit d'être *énoncé* : c'est ce que l'on dénomme le droit positif, c'est-à-dire le droit objectivement réalisé et nécessairement applicable. Mais une fois édicté, encore faut-il s'interroger sur la question fondamentale : pourquoi allons-nous respecter cette règle et lui obéir ? C'est la question décisive de la *légitimité* du droit. Car le droit n'est pas seulement l'expression du pouvoir, il en détermine également la limite. Dans un État de droit, le droit n'est pas seulement une obligation, il est aussi une justification. C'est parce que le droit ordonné est juste qu'il est respecté comme *autorité* [18].

Comment *fabrique*-t-on la *substance* du droit ? Comment en *discerne*-t-on l'*essence* ? C'est ce qui nous conduira à étudier, tout d'abord, *l'énoncé de la règle* de droit et son pouvoir (section 1), puis *la légitimité de la sanction* du droit et son autorité (section 2). Car les deux sont bien étroitement liés, comme le squelette et la musculature constituent l'anatomie humaine. Un philosophe contemporain, Jürgen Habermas, observateur attentif du droit, l'a souligné avec plus qu'acuité que bien des juristes : « La réduction des normes juridiques à des commandements du législateur politique signifierait que, dans la modernité, le droit se ramènerait en quelque sorte à la politique. Or, du même coup, le concept de politique lui-même se désagrégerait. En tout cas, en adoptant une telle prémisse, il n'est plus possible de comprendre la domination politique comme un *pouvoir légitimé par le droit ;* en effet, un droit qui serait totalement à la disposition de la politique perdrait sa force de légitimation. Dès que la légitimation est représentée comme un produit de la politique elle-même, nous abandonnons à la fois nos concepts du droit et nos concepts du politique. On parviendrait à la même conclusion pour la conception opposée selon laquelle le droit positif pourrait maintenir son caractère normatif par ses propres forces, autrement dit grâce aux efforts théoriques d'une justice fidèle à la loi mais devenue indépendante de la politique et de la morale » [19].

Section 1
L'énoncé du droit : le pouvoir

5. – Prêtres, législateurs, juges. – Il y a, au fond, trois catégories possibles de droit : le droit énoncé [20] par les *religieux*, celui édicté par un *législateur* et enfin celui décrit par un *juge* [21]. Passons

18. Il serait bien long d'évoquer ici la distinction entre « pouvoir » et « autorité ». Cicéron (*De legibus*, III, 12, 38) écrivait : *Cum potestas in populo auctoritas senatu sit* (alors que le pouvoir est détenu par le peuple, le Sénat exerce une autorité). Le thème a été développé par Hannah Arendt dans l'une des conférences réunies pour constituer *La crise de la culture* (nombreuses éditions dont en poche) avec un fameux chapitre III « Qu'est-ce que l'autorité ? ». Une observation (importante pour un juriste) : « Puisque l'autorité requiert toujours l'obéissance, on la prend souvent pour une forme de pouvoir ou de violence. Pourtant l'autorité exclut l'usage de moyens extérieurs de coercition ; là où la force est employée, l'autorité proprement dite a échoué ».

19. In *Droit et morale*, Le Seuil, 1997, p. 133.

20. Ce qui suppose d'admettre en préalable que le droit doit être explicité et énoncé : prémisse discutable, P. Deumier, *Le droit spontané*, th. Toulouse, Economica, 2002. Travail détonnant.

21. La question des « sources du droit » est essentielle pour un étudiant dans le *cursus* des études juridiques. La lecture la plus recommandée est le petit livre de Ph. Jestaz, *Les sources du droit*, Connaissance du droit, 2005 ; y ajouter l'article *Sources du droit, problématique générale* par P. Deumier et Th. Revet, *in Dictionnaire de la culture juridique*, p. 1430.

sur le premier. Excepté le droit canonique [22], les sociétés civiles européennes ne connaissent plus que les deux derniers aujourd'hui [23]. Néanmoins, il ne faudrait pas oublier l'océan du monde musulman dont les flots viennent jusqu'à nos rives, longtemps éloignées des siennes. L'absence de distinction précise entre le temporel et le spirituel (essentielle dans les sociétés d'origine chrétienne : la fameuse parole de Jésus, « rendez à César ce qui est à César et à Dieu ce qui est à Dieu » et la théologie des deux Jérusalem, la Jérusalem terrestre et la Jérusalem céleste dans l'œuvre de saint Augustin) fait du droit musulman une entité particulière dans le domaine du droit [24]. La distinction des deux domaines, temporel et spirituel, a conduit l'Europe [25] vers un droit *laïque* [26] qui est la condition même de la liberté de conscience sans laquelle la foi n'est pas un acte libre, donc sincère. Ces considérations expliquent largement l'incompréhension et la démence des islamistes radicaux (que l'on ne confondra pas avec la masse des musulmans [27]) qui croient discerner un ennemi absolu dans « le caractère laïc de la conception occidentale des droits, conception qui est

---

22. L'étudiant français n'étudie pas le droit canonique, en tant que tel, contrairement à ce qui se fait dans nombre de pays voisins (dont l'Espagne). Il a le sentiment que ce droit est un « ancien droit », d'une autre époque et ne le connaît guère que par les cours d'histoire du droit. Or, le droit canonique est un droit bien vivant avec deux codes relativement récents, celui de l'Église latine (1983) et celui des Églises orientales (1990). Étudier les droits européens sans connaître le droit romain et le droit canonique, c'est ne pas en connaître les racines profondes (droit des contrats, droit de la famille, droit de la responsabilité, etc.). Se reporter à l'article *Droit canonique* d'A. Sériaux *in Dictionnaire de la culture juridique*, p. 431. Pour les plus curieux, il existe, malgré tout, deux manuels de droit canonique en France. Celui d'A. Sériaux, *Droit canonique*, PUF, Droit fondamental, 1996 (assez dense), et celui de P. Valdrini *et al., Droit canonique*, Précis Dalloz, 2ᵉ éd., 1999, plus sommaire et qui, débordant son sujet strict, aborde toute la question du droit des cultes en droit français (c'est-à-dire non le droit de l'Église catholique pour les baptisés en son sein, laïcs religieux et clergé, mais le droit des relations entre la République et l'ensemble des cultes, depuis la loi de séparation de 1905).

23. On peut se reporter au livre de J.-L. Halpérin, *Histoire des droits en Europe de 1750 à nos jours*, Champs Flammarion, 2005. Sans doute, difficile de le lire, *in extenso*, dès L1, mais certains chapitres aideront à la compréhension du programme. Le livre est à lire par la suite et sera bien utile pour la préparation de certains concours. Achat utile. P. Martens, *Le droit peut-il se passer de Dieu ?* Presses Universitaires de Namur, Travaux de la faculté de droit, n° 28, 2007.

24. Le monde occidental commence à découvrir l'Islam et à s'interroger. Il est tout à fait anormal qu'un étudiant en droit ne connaisse pas un minimum cette civilisation qu'il côtoie désormais. Première approche simple, l'article de D. Sourdel, *Islam in Dictionnaire de la culture juridique*, p. 851 et du même, le Que sais-je ? n° 356 sur *L'Islam* (en particulier sur le droit, p. 42 s.). Il existe en français plusieurs livres sur divers rites du droit musulman. Le petit livre de F.-P. Blanc, *Le droit musulman*, Dalloz, Connaissance du droit, 1995, sera très suffisant pour aiguiser une salubre curiosité. Le très substantiel article de Léna Gannagé (« Droit immobile ou droit en mouvement ? Quelques remarques à propos du droit musulman », *Mélanges B. Oppetit*, Litec, 2009, p. 203) étudie une question essentielle. Rappelons que jusqu'en 1962, tout juge français pour être nommé en Algérie devait être diplômé en droit musulman et que la cour d'appel d'Alger disposait d'une chambre spécialisée en droit musulman. L'île de Mayotte, au large des Comores, qui a voulu rester française, a longtemps appliqué le droit musulman et il y demeure la justice du « cadi » (le juge musulman). On peut penser ce que l'on veut de l'Islam, l'ignorer est la première marque de mépris à son égard. Ce n'est pas convenable de la part d'un étudiant en droit.

25. J.-F. Colosimo, *Dieu est américain. De la théocratie aux États-Unis*, Fayard, 2006.

26. « Ainsi, la laïcité est une extraordinaire invention évangélique. La religion ne doit pas se désintéresser du monde (au contraire, le combat politique et militant est valorisé ; c'est sur son comportement concret que le chrétien est jugé), mais elle concerne un autre royaume, un royaume intérieur. Les hommes d'État n'ont pas vocation à construire le paradis, mais leur rôle, important, est d'éviter que s'édifient sur terre des zones d'enfer. [...] Ainsi y a-t-il pour le chrétien deux pouvoirs, César et le Christ, qui ne s'opposent pas, mais qui ne se situent pas sur le même plan. » J.-C. Barreaui, *Les vérités chrétiennes*, Fayard, 2004, p. 156. C'est l'occasion de rappeler que la laïcité est un attribut de l'État ; la laïcité est la neutralité religieuse et spirituelle de l'État (par voie de conséquences de son administration). Ni plus, ni moins : c'est ce que dit très clairement la Constitution de la République. C'est donc une erreur que de dire que c'est la société qui est laïque. Au contraire, la Constitution souligne que l'État « respecte toutes les croyances », respect qui n'est pas purement passif.

27. Ne mélangeons pas tout : la France n'est pas l'Arabie Saoudite, B. Godard et S. Taussig, *Les musulmans en France. Courants, institutions, communautaires : un état des lieux*, Robert Laffont, 2008. Une remarque : « Le problème des Européens est qu'ils ne parviennent plus à comprendre ce que la religion veut dire dans des sociétés où elle garde une force très structurante. Ils ont oublié leur propre passé. Pour eux, la religion est devenue un système de croyances individuelles et privées. Or le reste du monde ne fonctionne pas ainsi. » M. Gauchet (*Le Monde*, 12/13 mars 2006). Le souci de préserver la tolérance peut conduire à des actes jugés par ailleurs d'intolérance : ainsi la loi sur le voile qui révèle, si besoin était, que l'Occident entend bien s'imposer. F. Cardini, *Europe et Islam. Histoire d'un malentendu*, coll. Points-Histoire, 2006 : « L'islam n'aurait-il pas contribué à forger l'unité européenne ? N'est-ce pas devant cet autre tout proche que l'Europe a pris conscience de son unité ? N'aurait-elle pas de nos jours intérêt à surmonter ses préjugés pour tenter de tisser de nouveaux liens avec l'autre rive ? ».

à l'origine de la tradition libérale »[28] et donc de la démocratie[29]. D'une certaine manière, c'est ce que déclare la fameuse devise de la Couronne britannique : « Dieu *et* mon droit ». L'Islam aurait tendance à soutenir : « Dieu *est* mon droit »[30]. Or la laïcité est le meilleur moyen d'un vrai respect de Dieu : la transcendance n'a pas à devenir une immanence du quotidien[31] car alors, l'homme transforme, tôt ou tard, sa volonté en celle de Dieu. C'est dans la laïcité que l'homme puise sa liberté[32] non pas *contre* Dieu mais *face* à Dieu[33].

28. Fukuyama, philosophe japonais connu pour son livre *La fin de l'histoire* ; à lire également l'un des meilleurs spécialistes de la civilisation arabo-musulmane : B. Lewis, *Que s'est-il passé ? L'Islam, l'Occident et la modernité*, Gallimard, 2002, sp. ch. 5 « Laïcité et société civile ». Il faudrait ajouter le livre le plus prophétique en la matière : J.-P. Péroncel-Hugoz, *Le radeau de Mahomet*, Champs Flammarion, 1983. Beaucoup de choses écrites dans ces pages se sont, depuis, réalisées.

29. « Les pays musulmans peuvent-ils évoluer vers la démocratie sans trahir leurs propres valeurs ? [...]. On ne peut répondre par oui ou par non. L'origine de la démocratie en Europe remonte à l'époque médiévale, au moment où les hommes ont noué entre eux des relations contractuelles qui aboutiront à la création d'une société civile autonome, laquelle a engendré la démocratie. Elle suppose un État de droit, une société civile auto-organisée et libre. Elle suppose aussi une dimension autocritique qui est le propre, depuis toujours, de la civilisation occidentale et d'elle seule. Capacité qui nourrit d'ailleurs notre culpabilité sur notre propre histoire, ce qui, aussi, est une spécificité occidentale. » A. Besançon (*Le Figaro*, 19 mai 2005, p. 5). A. Hammoudi, D. Bauchard et R. Leveau (dir.), *La démocratie est-elle soluble dans l'Islam ?* CNRS Éditions, 2007.

30. C'est ce que dit très exactement l'article 48 du Statut fondamental du 1er mars 1992 (texte équivalent à une constitution sans en être une véritablement) : « Les tribunaux appliquent, dans leurs jugements, les prescriptions de la législation islamique conformément au Livre Saint de Dieu (le Coran) et à la Sunna de Son Prophète, et aux décrets que promulgue le gouvernant en conformité avec le Livre Saint et la Sunna » (M. Mathieu, *RID comp.* 2008.447). D'où la question capitale : les Droits de l'homme sont-ils transposables dans une société musulmane ? Voir à ce propos, l'article de S. Jahel, « Les droits fondamentaux en pays arabo-musulmans », *RID comp.* 2004.787 s. Tariq Ramadan (*in Les musulmans dans la laïcité* cité par A.-M. Delcambre, *L'Islam des interdits*, Desclée de Brouwer, 2003, p. 118) le dit clairement : « L'Islam n'est pas une religion comme le judaïsme et le christianisme. L'Islam investit le champ social. Il ajoute à ce qui est proprement religieux les éléments de mode de vie, de la civilisation et de la culture. Ce caractère englobant est caractéristique de l'Islam ». Les droits de l'homme proviennent de la civilisation judéo-chrétienne : les hommes sont égaux entre eux parce qu'aucun homme n'est semblable (comme une copie) à un autre (contrairement aux animaux) parce que, dit la Bible, l'homme a été créé à l'image de Dieu qui est Unique. S'y ajoute pour le Christianisme cette affirmation que Dieu s'est fait homme en Jésus-Christ et que l'homme est appelé à la résurrection dans sa chair même (dernière affirmation du *Credo*). Dès lors, on comprend mieux le concept juridique de l'éminente dignité de la personne humaine. Au sujet de quelques formules à la mode, quelques observations : il est rituel dans les journaux de parler des « trois religions monothéistes ». L'expression par elle-même est vraie mais est un constat banal dépourvu de conséquences. Certes, le Judaïsme, le Christianisme et l'Islam professent une foi en Dieu et en Dieu Unique. Mais cela ne va guère au-delà car la représentation de Dieu est bien différente entre le Judaïsme et le Christianisme, mais plus encore entre ces deux religions et l'Islam. Il y a une parenté spirituelle étroite entre juifs et chrétiens. Quant à la formule : les « religions du livre », elle ne veut, elle, strictement rien dire (à part que la Bible et le Coran sont des livres). La vraie séparation est entre les religions de la Bible (le Judaïsme et le Christianisme) et celle du Coran (l'Islam). Quant à la dernière formule : les religieux et les laïcs, elle a encore moins de sens que toute autre car les fidèles sont bien, fondamentalement, des laïcs et qui entendent bien le demeurer. Sur cela le petit livre lumineux de J. Ellul, *Islam et judéo-christinanisme*, PUF, rééd. 2006 « La ressemblance des mots cache totalement les oppositions, à la fois du sens et de l'être ». J. Teixidor, *Le judéo-christianisme*, Folio Histoire, 2006 : riche petit livre sur les « religions contiguës » selon le mot de l'auteur. R. Brague, *Du Dieu des Chrétiens et d'un ou deux autres*, Flammarion, 2008. Le Dieu chrétien est fondamentalement un Père, ce qui change profondément la relation spirituelle car il est un Dieu du pardon et de la miséricorde.

31. « Le rapport particulier de la raison naturelle avec la loi qui (celui de l'Islam) suggère une interprétation littérale du texte coranique ; texte "incréé" parole de Dieu, dont Mahomet a reçu la dictée, le Coran ayant une valeur normative immédiate. Il y a une loi musulmane et un droit musulman, il n'existe pas de loi chrétienne, ni de droit chrétien, ni non plus, contrairement à ce qu'on dit souvent, de morale chrétienne. Il y a un droit hérité des Romains ou de la coutume médiévale et une morale commune, que les chrétiens sont tenus d'observer comme tout un chacun. Dès sa naissance, le christianisme laisse le fidèle devant l'autonomie de la conscience individuelle. L'individualisme devenu inhérent à notre culture ne rompt pas avec le christianisme. Et ce n'est pas un hasard si nos sociétés ont développé un principe de laïcité qui n'a guère de sens pour l'islam, lequel joint indissociablement les devoirs religieux et les obligations sociales ». A. Besançon (*Le Figaro*, 19 mai 2005, p. 5).

32. « Le vrai péril qui menace notre civilisation, c'est bien plus le nihilisme que le manquement au laïcisme. Le vrai risque, c'est que l'on confonde, une fois encore, la laïcité de l'État avec le refus de la société de s'engager sur des questions un peu fortes. Nos ennemis principaux sont d'un côté le fanatisme (c'est-à-dire un excès de foi), qui menace surtout à l'extérieur ; et de l'autre le nihilisme, qui est plutôt un défaut de fidélité et menace davantage à l'intérieur [...]. Les nihilistes, ce sont ceux qui ne croient en rien, qui ne respectent rien, qui n'ont ni règles, ni principes, ni valeurs, ni idéaux. » A. Comte-Sponville (*Le Figaro*, 5 févr. 2008, p. 16).

33. « La liberté de conscience dans le champ de la religion », *Rev. Dr. Canonique*, t. 52/1, 2002. « Un État est laïque quand il est indépendant de toute Église et quand il garantit la liberté de croyance et d'incroyance. C'est naturellement le cas chez nous, mais aussi dans toutes les démocraties occidentales. Ne confondons pas la laïcité de l'État avec celle des individus, fussent-ils hommes d'État. C'est justement parce que l'État est laïque que le président a le droit de croire en Dieu et de le dire. [...] Ne confondons pas la laïcité des institutions avec une prétendue et impossible laïcité des individus ». André Comte-Sponville (*Le Figaro*, 5 févr. 2008, p. 16). S.-A. Albeed Abu-Sahlieh, « Rôle de la religion dans l'harmonisation du droit des pays arabes », *RID comp.* 2007-2, p. 259.

Subsiste la question de savoir qui ordonne ce droit de la cité terrestre. En Europe, deux grandes traditions se rencontrent. Celle de la France, première nation ayant engendré un État fort et unitaire autour d'un roi puissant et respecté. Celle de l'Angleterre, royaumes unis plus que royaume uni, où la nation s'est protégée de l'autoritarisme du roi par la mise en valeur de droits individuels dont la garde est confiée au juge. La France s'est unie autour de son roi ; la Grande-Bretagne contre son souverain. D'un côté, le droit est celui du législateur : c'est le pays de la loi [34]. D'un autre, le droit est celui du juge : c'est le pays de la jurisprudence.

Mais on ne saurait perdre de vue qu'aujourd'hui les États soit délèguent une partie de leur fonction à tel ou tel organe, soit doivent composer avec certaines entités internationales qui, bon gré mal gré, s'imposent à eux, soit encore sont dans l'impuissance d'imposer leur volonté [35].

Dans le premier cas, on classera toutes les « délégations » de la puissance souveraine pour édicter des règles qui sont bien du droit et que l'État ne fait que valider sans les édicter. Un excellent exemple est celui du « droit du sport » [36] mais c'est largement le cas d'une bonne partie de ce qu'il peut être dénommé le « droit professionnel », c'est-à-dire le droit des « professions réglementées » (le plus souvent organisées en « ordres » : beaucoup de professions libérales). Ainsi le Conseil national des barreaux dispose d'un pouvoir d'édiction des normes déontologiques de la profession (ce qui implique aussi que cette profession dispose de « juridictions disciplinaires » pour en assurer le respect) [37].

Autre exemple encore plus important dans la vie quotidienne de beaucoup de Français (tous ceux qui sont salariés, soit 85 % de la population) : les conventions collectives de travail (CCT). Ces conventions revêtent la forme de décrets pris en Conseil d'État mais elles sont fondamentalement des « contrats » (d'où leur nom de « conventions ») conclus entre des syndicats de salariés et des organisations d'employeurs (C. trav., art. L. 2231-1). Ces conventions sont souvent suivies d'autres conventions dites d'entreprise. Ces conventions se déclinent par « branches professionnelles ».

De telles conventions viennent compléter les dispositions du Code du travail pour chaque branche de métier (voir leur liste impressionnante sur Légifrance) et en cas de contradiction entre elles et le code, ce sont les dispositions les plus favorables au salarié qui sont applicables (C. trav., art. L. 2251-1), le Conseil constitutionnel ayant même dit qu'une telle « faveur » (c'est le terme juridique employé) est un principe fondamental du droit du travail [38].

Il y a donc une part déterminante du droit étatique qui est en fait un « droit négocié » et « contractuel ». L'État ne fait que sa sanction à des normes qu'il surveille sans les édicter, d'où une « articulation » complexe des diverses sources du droit « sous l'autorité » de l'État plus que « sur » son autorité [39].

Enfin, il faudrait faire mention des « petites sources » du droit [40] : les avis, les recommandations, etc.

34. R. Denoix de Saint-Marc, *Histoire de la loi*, Privat, 2008.

35. J.-M. Jacquet, « L'émergence du droit souple (ou le droit "réel" dépassé par son double) », *Mélanges B. Oppetit*, Litec, 2009, p. 331 s.

36. F. Buy, J.-M. Marmayou, D. Poracchia et F. Rizzo, *Droit du sport*, LGDJ, Manuels, 2e éd., 2009, en particulier, le livre II « Les lois du sport », p. 133 s.

37. Sur cela, l'ouvrage précité *Droit et déontologie de la profession d'avocat*, *op. cit.*

38. DC, 25 juill. 1989, *Dr. soc.* 1989.627 et 701, note Prétot (et CE, 8 juill. 1994, *RJS* 1994.840, n° 1386, note Prétot). Exemple : Cass. soc., 29 juin 2011 (pourvoi n° H 10-14 743)

39. E. Jeansen, *L'articulation des sources du droit. Essai en droit du travail*, th. Paris II, Economica, 2008. Cet ouvrage permet de bien relativiser la fameuse « pyramide des normes ».

40. S. Guerry-Vernières, *Les « petites » sources du droit (à propos des sources étatiques non contraignantes)*, th. Paris 2, 2010.

En un mot, le « droit étatique » connaît des degrés d'implication de la puissance publique : entre une loi et une convention d'entreprise, il y a un monde. Reste que, dans le « modèle français », le droit est un acte de pouvoir de l'État.

Mais il faut bien prendre garde de ne pas systématiser à l'extrême ces deux conceptions [41]. En effet, le droit français est largement un droit jurisprudentiel et le droit anglais de plus en plus irrigué par l'action d'un parlement qui est le plus ancien de toute l'Europe et le plus souverain de tous. Il faut donc dire, pour être exact, que le droit moderne des sociétés européennes provient de *deux sources* : le législateur et le juge. Les mots sont ici riches de sens. *Legislator*, celui qui donne la loi ; *jurisdictio*, celui qui dit le droit.

La Cour européenne des droits de l'homme pose fort pertinemment en principe que le droit, c'est aussi bien la loi que la jurisprudence.

6. – Loi et jurisprudence : confluences des sources. – Il n'en demeure pas moins que les deux sources principales sont d'une nature bien différentes. Ne nous interrogeons pas sur la légitimité de l'autorité déclarative. Il y a évidemment supériorité du législateur sur le juge (même, et peut-être même surtout, en Angleterre), supériorité qui se traduit par le fait que le législateur peut anéantir une jurisprudence et non le contraire. Le problème essentiel, que doit comprendre le nouvel étudiant en droit, est que la loi et la jurisprudence ne partent nullement du même point de départ. D'un côté, la loi, par nature, est hors des contingences matérielles : on dit volontiers qu'elle est *générale* et *abstraite*. La loi pose une règle, à charge pour le juge de l'appliquer à tel ou tel cas. Le droit se change en acte de justice par l'effet du travail judiciaire. D'un autre, la jurisprudence, tout autant par nature, est *particulière* et *concrète*. La jurisprudence déduit une règle d'un cas particulier. Un acte de justice permet de discerner une règle qui peut s'appliquer à d'autres cas similaires ou proches. En bref, la loi *descend* vers le justiciable tandis que la jurisprudence en *remonte*. Processus *inductif* dans un cas, *déductif* dans l'autre. On comprend mieux, ainsi, la nécessaire complémentarité entre loi et jurisprudence et la convergence des deux sources.

SOURCES DU DROIT

DUALITÉ DE SOURCES
COMPLÉMENTAIRES ET CONVERGENTES

⇗	⇘
LE LÉGISLATEUR	**LE JUGE**
↓	↓
DROIT LÉGIFÉRÉ	DROIT JURISPRUDENTIEL
Droit écrit	Droit dérivé du droit écrit (le plus souvent)
LOI GÉNÉRALE ET ABSTRAITE	JURISPRUDENCE PARTICULIÈRE ET CONCRÈTE

41. L. Irvine de Lairg, *Le législateur, la liberté et le droit : le système britannique et le système français*, *D.* 2003, chr. p. 2103, D. Fairgrieve et M. Muir Watt, *Common Law* et *tradition civiliste, convergence ou concurrence ?*, PUF, coll. Droit et justice, 2006. À lire pour ceux qui veulent approfondir un jour les droits anglo-saxons.

§ 1 : Le droit légiféré

7. – Ce droit a deux caractères principaux. En premier, il est *arbitraire ;* en second, il est *autoritaire*. Tout de suite, prenons garde à ces deux qualificatifs qu'il ne faudra surtout pas prendre d'après leur sens actuel, dans la langue courante. Arbitraire, en ce sens que le législateur dispose, par avance, que telle situation donnant lieu à un contentieux devra être tranchée de telle manière. Autoritaire, en ce sens que la loi suppose l'obéissance de tous.

I. La loi est générale et abstraite

Il convient de bien retenir cette double qualification traditionnelle de la loi, de la vérifier et d'en voir, malgré tout, les limites.

A. Le principe

8. – Textes de direction et textes d'application. – Allons, sans plus attendre, chercher des exemples dans le Code civil (lequel n'est, tout simplement, que la loi civile).

L'article 516 énonce sous forme de principe : « Tous les biens sont meubles ou immeubles ». L'article 1382 (l'un des plus importants du Code, sinon le plus important) : « Tout fait quelconque de l'homme, qui cause à autrui un dommage, oblige celui par la faute duquel il est arrivé, à le réparer ». On a déjà cité l'article 371 relatif aux devoirs des enfants envers les parents, regardons l'article 212 (lu à toutes les cérémonies civiles de mariage) : « Les époux se doivent mutuellement respect, fidélité, secours, assistance ». On peut poursuivre et inviter l'étudiant à aller lire les articles 9 et 16 et ainsi de suite.

Dans tous ces cas de figure, la loi détermine des principes, au sens absolu du terme : ce sont les articles de tête d'une partie, d'un chapitre ou d'une section du code. Ces principes ont, bien entendu, valeur législative mais d'une manière très variable. Lorsque le principe est, en quelque sorte, nu, le juge devra lui donner toute sa portée concrète : tel est le cas de l'article 1382. Regardons sous cet article le flot de références jurisprudentielles auxquelles il a donné lieu. Lorsque le principe s'illustre dans les dispositions subséquentes, il n'est alors que la clé de voûte d'une législation plus dense : tel est le cas de l'article 212. Concrètement, ce texte trouve sa suite dans la loi sur le divorce puisque, malheureusement, le droit ne pouvant contraindre les époux aux obligations inhérentes au mariage ne peut qu'en déduire qu'un manquement à ces devoirs conduit à la ruine du couple.

De même, on retiendra le nouvel article 415 du Code civil, issu de l'importante loi du 5 mars 2007 réformant le droit des incapacités, véritable « clé de sol » des dispositions relatives aux majeurs protégés : « Les personnes majeures reçoivent la protection de leur personne et de leurs biens que leur état ou leur situation rend nécessaire selon les modalités prévues au présent titre. Cette protection est instaurée et assurée dans le respect des libertés individuelles, des droits fondamentaux et de la dignité de la personne. Elle a pour finalité l'intérêt de la personne protégée. Elle favorise, dans la mesure du possible, l'autonomie de celle-ci. Elle est un devoir des familles et de la collectivité publique ».

Ces *articles-directeurs* [42] sont, aujourd'hui, très fréquents dans la législation contemporaine. Aux cas du Code civil ajoutons l'article préliminaire [43] du Code de procédure pénale, introduit par la loi du 15 juin 2000 (dite « Loi Guigou » sur la présomption d'innocence) lequel énonce, entre autres (car il est assez long), que « la procédure pénale doit être équitable et contradictoire et préserver l'équilibre des droits des parties [...] » ou encore que « toute personne suspectée ou poursuivie est présumée innocente tant que sa culpabilité n'a pas été établie », etc. De même, le nouveau Code de procédure civile débute par un chapitre premier intitulé « Les principes directeurs du procès ». Dès son entrée dans les études de droit, l'étudiant peut connaître l'article cardinal de tout ce code, l'article 16, alinéa premier : « Le juge doit, en toutes circonstances, faire observer et observer lui-même le principe de la contradiction ».

Il faut ajouter les *articles-définitions* [44], rares autrefois et fréquents aujourd'hui. Deux exemples. En droit civil, la définition du concubinage introduite par la loi du 15 novembre 1999 à l'article 515-8 : « Le concubinage est une union de fait, caractérisée par une vie commune présentant un caractère de stabilité et de continuité, entre deux personnes, de sexe différent ou de même sexe, qui vivent en couple ». En droit pénal, la définition du meurtre, donnée à l'article 231-1 du Code pénal : « Le fait de donner volontairement la mort à autrui constitue un meurtre. Il est puni de trente ans de réclusion criminelle » complétée par celle de l'assassinat (C. pén., art. 231-3) : « Le meurtre commis avec préméditation constitue un assassinat. Il est puni de la réclusion criminelle à perpétuité ». Ces définitions jouent un rôle déterminant dans la qualification des faits. Deux stewards qui ont une liaison commune mais l'un vivant à New York et l'autre à Paris ont-ils une « vie commune » ; question dans la question : la vie se résume-t-elle à la vie matérielle ? Un individu achète une arme qu'il garde chez lui à portée de la main. Sous le coup d'une violente colère, il tue son voisin : l'achat de l'arme était-elle ou non une préméditation de cette mort ?

Il serait loisible au législateur de se contenter de fixer ainsi de grands principes. C'est ce à quoi pensèrent certains qui réfléchirent aux premiers projets de rédaction du Code civil durant et après la révolution.

Mais les avantages de lisibilité seraient aussitôt anéantis par l'incertitude du droit. Si l'on veut une image, un réseau routier sans autoroutes conduit à l'asphyxie, à l'inverse, qui imaginerait qu'un réseau routier puisse n'avoir que des autoroutes ? Concrètement parlant, un

42. G. Rouhette, « L'article premier des lois » *in Les mots de la loi*, N. Molfessis (dir.), Economica, 1999, p. 37 et s.

43. Ce texte contient bien un « principe fondamental » permettant aux juges de vérifier que la législation édictée à sa suite lui est conforme et, donc, éventuellement de la rejeter. Exemple : Cass. crim., 15 sept. 2004 : « Vu l'article préliminaire du Code de procédure pénale et l'article 6 § 1er de la Convention européenne des droits de l'homme – Attendu que ne peuvent faire partie de la chambre des appels correctionnels les magistrats qui, dans l'affaire soumise à cette juridiction, ont composé la chambre de l'instruction ayant examiné la valeur probante de déclaration à charge qui servait de fondement aux poursuites » (*D.* 2005.1138, note S. Lavric et G. Royer). C'est effectivement un « principe général » que le magistrat qui « instruit » ne peut ensuite (par le hasard d'une promotion : un juge d'instruction est nommé à la cour d'appel) être celui qui « juge » (tout comme celui qui a jugé en première instance ne peut rejuger en appel : toujours dans la même situation que celle précédemment exposée). Autre exemple : « porte atteinte au principe de loyauté des preuves et au procès équitable, la provocation à la commission d'une infraction par un agent de l'autorité publique » ce qui est contraire, entre autres, à l'article préliminaire du Code de procédure pénale (Cass. crim., 4 juin 2008, *D.* 2008.1766). Voir le commentaire de cet article dans les exercices de travaux dirigés. D. N. Commaret, « L'article préliminaire du Code de procédure pénale : simple rappel des principes directeurs du procès pénal, disposition créatrice de droit ou moyen de contrôle de la légalité de la loi », *Mélanges Pradel*, Cujas, 2006, p. 71 ; F. Casorla, « Les principes directeurs du procès pénal, principes généraux du droit ? », *ibid.*, p. 53.

44. D. Truchet, « Les définitions législatives », *in* R. Drago (dir.), *La confection de la loi*, PUF, 2005, p. 193 s. ; A. Danis-Fatôme, *La définition légale*, *in Études G. Viney*, LGDJ, 2008, p. 275 s.

droit légiféré déficient conduit toujours à un droit jurisprudentiel foisonnant : une incertitude entraîne alors une insécurité. Que va décider le juge ?

C'est la raison pour laquelle, en dehors de ces textes « pierres d'angle », le droit légiféré est toujours un droit méthodique. On entend par là que la règle qu'il détermine est une règle qui *anticipe* la situation contentieuse à laquelle il se propose de donner une solution. C'est donc l'inverse du droit jurisprudentiel qui *dégage* d'une situation contentieuse une solution adéquate.

9. – L'écriture binaire de la règle. – Henri Motulsky[45] a souligné que, dans ce cas, la règle de droit comporte deux éléments : une *hypothèse* et une *solution.* La loi raisonne de la manière suivante : *si*, par hypothèse, telle situation vient à ce propos, *alors* voici la solution qu'il conviendra de retenir. Ainsi parle-t-on d'une « analyse structurale de la règle de droit »[46]. Ouvrons le Code civil. L'article 1539, alinéa 1er : « Si, pendant le mariage, l'un des époux confie à l'autre l'administration de ses biens personnels, les règles du mandat sont applicables. » ; l'article 1590 : « Si la promesse de vente a été faite avec des arrhes, chacun des contractants est maître de s'en départir, celui qui les a données, en les perdant, et celui qui les a reçues, en restituant le double ».

Bien entendu, à lire le Code l'on se rendra compte que peu d'articles répondent parfaitement à cette rédaction parfaitement binaire : « Si… ; alors… ». Ce n'est souvent qu'une apparence et une variété de style. Exemple, article 18 : « Est français l'enfant, légitime ou naturel, dont l'un des parents au moins est français », ce qui revient à dire : « si l'un des parents d'un enfant, légitime ou naturel est français, alors celui-ci a la nationalité française ». Ou encore l'article 146 : « Il n'y a pas de mariage, lorsqu'il n'y a point de consentement », ce qui donne « s'il n'y a point de consentement, alors il n'y a pas de mariage », etc.

Ces deux éléments de la règle de droit écrite sont déterminants. Pourquoi ? Tout d'abord parce que l'application d'une telle règle par le juge suppose que ce dernier explique que le cas à lui soumis est bien un cas prévu par l'hypothèse de la règle. Le juge est, d'abord, celui qui examine les faits et les *qualifie*.

On ne saurait trop insister sur l'importance, pour un étudiant débutant, de comprendre rapidement ce qu'est la « qualification » des faits, tant en droit civil qu'en droit pénal. C'est par la qualification que le juge transmue les faits en droit. Prenons quelques exemples.

1) La tondeuse à gazon perfectionnée. – Une loi (très importante, étudiée en L2) du 5 juillet 1985 (dite « Loi Badinter ») permet l'indemnisation des victimes d'accidents de la circulation. Cette loi (voir table chronologique dans un Code civil annoté) s'applique (art. 1er) « aux victimes d'un accident de la circulation dans lequel est impliqué un véhicule terrestre à moteur ». De prime abord, ce « VTAM » (dans le jargon du palais) est une voiture ordinaire de tourisme. C'est le cas ordinaire d'application de la loi. Cas particulier : un enfant est victime d'un accident en étant sur les genoux d'une personne qui tondait une pelouse avec une tondeuse « auto-portée ». Devait-on appliquer la loi ? *A priori*, on se sert rarement d'une tondeuse « auto-portée » pour partir en voyage ou venir à l'université. La tondeuse à gazon n'est pas un véhicule de circulation. Ceci étant, cette tondeuse sophistiquée était bien dotée d'un moteur. La Cour de cassation approuva donc une cour d'appel (2e civ., 24 juin 2004, pourvoi

45. G. Bolard, *v°* Motulsky Henri *in Dictionnaire de la Justice*, PUF, 2004, p. 915. N. Motulsky est un grand nom du droit français. Son explication de la règle de droit fut exposée dans sa thèse de doctorat célèbre, *Principes d'une réalisation méthodique du droit privé* (soutenue en 1947, rééd. Dalloz, 1991).

46. C. Grimaldi, « L'analyse structurale de la règle de droit au service du juge », *D.* 2007, chr. p. 1448 s.

02-20.208) d'avoir appliqué la loi de 1985 à un tel cas car « la tondeuse, instrument du dommage, était un engin à moteur doté de quatre roues lui permettant de circuler, équipé d'un siège sur lequel une personne prend place pour le piloter ». Les juges ont donc, pour appliquer l'article 1er de la loi de 1985, qualifié la tondeuse « auto-portée » de véhicule terrestre *à moteur*. Auraient-ils pu statuer en sens contraire ? À n'en pas douter. Ils auraient pu se fonder sur le titre de la loi (qui a valeur législative) [47] qui tend à indemniser les victimes d'accidents « *de la circulation* » : la tonte d'une pelouse n'est pas vraiment un fait de circulation. Ils auraient pu aussi dire, qu'à proprement parler, la tondeuse (même « auto-portée » !) n'est pas un *véhicule* dont l'objet doit être le *transport* de personnes ou de marchandises. Simplement (c'est une jurisprudence constante depuis la loi en question) par une qualification « généreuse », ils étendent le champ d'application de cette loi bienveillante envers les victimes (mais pas envers les assureurs !).

2) Otez ce bermuda que je ne saurais voir ! – Un salarié ne peut être licencié pour des faits tenant à sa « vie personnelle ». En effet, le « lien de subordination » (qui est de l'essence même du contrat de travail) ne peut exister que pour la seule tâche professionnelle. Un agent commercial, en période de canicule, se présente à son travail avec un bermuda (au demeurant tout à fait « chic »). Le directeur lui fait remarquer que sa tenue (sans être scandaleuse) est plus une tenue de vacances que de travail ; qu'elle peut donc laisser penser à la clientèle que l'agent a la tête ailleurs qu'à son travail. Ce dernier réplique qu'il est libre de s'habiller comme il l'entend et que cela relève de sa vie personnelle (dès lors qu'il accomplit normalement son travail). Litige. La Cour de cassation tranche en faveur du directeur [48] car l'employeur est en droit de restreindre cette liberté en fonction du travail que doit effectuer le salarié. Cela signifie que, dans le cas d'espèce, les juges ont admis que le port d'un bermuda n'entrait dans cette sphère de liberté reconnue au salarié *du fait de l'emploi*. Il est évident qu'ils auraient pu statuer en sens contraire *si le travail effectué avait été différent*. Après tout, les policiers municipaux de certaines villes de la Côte d'Azur portent bien des bermudas d'uniforme durant l'été !

3) La transmission consciente du virus VIH. – Un individu se savait porteur du virus VIH. Consciemment, il eut des rapports sexuels avec une autre personne qui, par ce fait, se trouva, à son tour, contaminée. Sur le terrain moral, il est certain que le premier est coupable, mais *quid* sur le terrain juridique ? Le droit pénal est d'application stricte, l'incrimination déterminée par la loi ne peut être outrepassée par le juge. La jurisprudence a, non sans raison, hésité. Finalement, la chambre criminelle de la Cour de cassation a rendu un arrêt le 10 janvier 2006 par lequel elle retient la qualification d'administration de substance nuisible. Là encore, les juges avaient le choix entre deux partis : soit dire qu'une relation sexuelle n'est pas, *par elle-même*, un tel acte ; soit (ce fut la solution retenue) dire que *le résultat* était bien l'inoculation d'un virus mettant gravement en péril la vie de la victime [49].

4) « Le Mâle » est-il une œuvre de l'esprit ? – On connaît un parfum célèbre élaboré sous la signature du couturier Jean-Paul Gaultier, « Le Mâle ». Le parfum, victime de son succès, fut contrefait. Procès, dont la solution implique de savoir si la « fragrance » d'un parfum est constitutive ou non d'une œuvre de l'esprit. Selon qu'on l'admet ou non, la législation sur la propriété intellectuelle s'appliquera ou non. Beau débat juridique. La cour d'appel de Paris, par un arrêt du 14 février 2007 [50], avait admis que les fragrances de parfums « sont le fruit d'une

47. On l'oublie trop souvent : N. Molfessis, « Les titres de la loi », *Mélanges Pierre Catala*, Litec, 2001, p. 47 s.
48. Cass. soc., 28 mai 2003, *D.* 2003.2718, note F. Guiomard ; *JCP* E 2003, 1328, note D. Corrignan-Carsin.
49. Sur les thèses en présence : A. Prothais, « Le sida par complaisance rattrapé par le droit pénal », *D.* 2006.1068.
50. *D.* 2007, AJ, 735, note J. Daleau.

combinaison inédite d'essences dans des proportions telles que leurs effluves, par les notes olfactives finales qui s'en dégagent, traduisent l'apport créatif de leur auteur ». Arrêt cassé par la chambre commerciale de la Cour de cassation, le 1er juillet 2008 [51], au motif que « la fragrance d'un parfum, qui procède de la simple mise en œuvre d'un savoir-faire, *ne constitue* pas la création d'une forme d'expression pouvant bénéficier de la protection des œuvres de l'esprit ». L'étudiant de 1re année retiendra seulement que les deux qualifications peuvent être retenues d'une manière aussi raisonnable l'une que l'autre. La question juridique ne se règle, là encore, que par l'appréciation des faits : qu'est-ce qu'un parfum ?

5) « L'Île de la tentation », sea, sex and... job ! – TF1 avait conclu un contrat pour le tournage d'une émission « l'Île de la tentation » durant la saison 2003. Le concept était défini ainsi : « quatre couples non mariés et non pacsés, sans enfants, testent leurs sentiments réciproques lors d'un séjour d'une durée de douze jours sur une île exotique, séjour durant lequel ils sont filmés dans leur quotidien, notamment pendant les activités qu'ils partagent avec des célibataires de sexe opposé. À l'issue de ce séjour, les participants font le point de leurs sentiments envers leur partenaire. Il n'y a ni gagnant, ni prix ». Les dits volontaires, à l'issue de leur séjour paradisiaque dans une île thaïlandaise, saisirent la juridiction prud'homale (le tribunal du travail) pour voir requalifier ce « règlement intérieur » en un contrat de travail à durée indéterminée et obtenir paiement de rappels de salaires et heures complémentaires ainsi que des indemnités et dommages-intérêts consécutifs à la rupture. Cette juridiction leur donna satisfaction dans un premier temps [52] ainsi, par la suite, que la cour d'appel de Paris [53] et la Cour de cassation, par un arrêt très remarqué du 3 juin 2009 [54] approuva la solution retenue en rejetant le pourvoi : « L'existence d'une relation de travail ne dépend ni de la volonté exprimée par les parties ni de la dénomination qu'elles ont donnée à leur convention mais des *conditions de fait* dans lesquelles est exercée l'activité des travailleurs » ; partant de ce principe, la Cour en vérifie l'application aux faits soumis aux juges : « ayant constaté que les participants avaient l'obligation de prendre part aux différentes activités et réunions qu'ils devaient suivre les règles du programme définies unilatéralement par le producteur, qu'ils étaient orientés dans l'analyse de leur conduite, que certaines scènes étaient répétées pour valoriser les moments essentiels, que les heures de réveil et de sommeil étaient fixées par la production, que le règlement leur imposait une disponibilité permanente, avec interdiction de sortir du site et de communiquer avec l'extérieur, et stipulait que toute infraction aux obligations contractuelles pourrait être sanctionnée par le renvoi, la cour d'appel a *caractérisé* l'existence d'une prestation de travail exécutée pour la subordination de la société G. et ayant pour objet la production d'une "série télévisée" [...] ». Là encore, le juge regarde les faits et leur attribue la qualification juridique que leur attribue la loi.

Ensuite parce que la solution prévue par le second terme de la loi mérite parfois une adaptation par *interprétation*. L'étudiant de première année doit se convaincre que le droit s'il est un art de la logique et du raisonnement [55] n'est pas une mécanique : sinon il n'y aurait pas d'étudiants en droit mais des ordinateurs.

51. *D.* 2009.1182, note B. Edelman.
52. *D.* 2006, IR, 1128.
53. *D* 2008, AJ, 620.
54. *D.* 2009.1530, note M. Serna.
55. Parmi les livres à acquérir et à lire et relire tout au long de ses études : J.-L. Bergel, *Méthodologie juridique*, PUF, Thémis, 2001. Des passages à méditer sur la qualification et le raisonnement. Sans nul doute, cet art est difficile à comprendre parfaitement dès la première année et ne s'acquiert qu'au fil du temps. Mais ne pas savoir raisonner en droit, ne pas savoir interpréter un texte, ne pas savoir qualifier des faits revient à comprendre une langue sans savoir la parler.

Le juge se prononce donc sur *les faits* et sur *la solution juridique*. L'on dit ordinairement que le juge statue en usant du *syllogisme*. Qu'est-ce ? Le syllogisme est un mode de raisonnement par déduction qui permet de dégager une solution (la *résultante*) par application d'un cas (la *mineure*) à un principe (la *majeure*). Chacun connaît un syllogisme fameux : « Tous les hommes sont mortels » (majeure), « Socrate est un homme » (mineure) donc « Socrate est mortel » (résultante). C'est par référence à ce procédé que Montesquieu a pu écrire (formule célèbre) que « le juge est la bouche de la loi », voulant dire que le juge *concrétise* l'abstraction de la loi.

10. – Le contrôle de la Cour de cassation. – Dès lors on comprendra mieux, au fil des années d'études, le rôle dévolu à la Cour de cassation [56], juge de la *légalité* des décisions de justice. *La Cour de cassation est instituée non pour juger les affaires mais pour juger les jugements,* c'est-à-dire pour vérifier que les juges ont correctement appliqué la loi et veiller à une interprétation uniforme de celle-ci sur tout le territoire français [57]. Pour ce faire, le contrôle de la Cour s'exerce par deux moyens principaux. La Cour, sans revenir sur l'appréciation des faits (qui relève du seul pouvoir des juges du premier et du second degré), vérifie que cette appréciation (dite souveraine) correspond bien aux diverses hypothèses envisagées par la loi : c'est le contrôle de la *base légale*. À défaut d'erreur sur l'hypothèse, les juges du fond ont pu commettre une erreur sur le deuxième terme de la loi, la solution juridique : c'est le contrôle de l'*interprétation de la loi*. Il faut bien comprendre (mais cela demande un peu de sueur !) ce contrôle [58] car il est la clé d'une bonne connaissance du droit français. L'étudiant de première année qui saisit parfaitement le mode d'écriture binaire de la règle positive comprend facilement le double contrôle de la Cour de cassation : il a donc une correspondance parfaitement complémentaire entre le droit écrit et le droit jurisprudentiel. Ne pas faire cet effort, c'est partir traverser une vaste forêt sans carte ni boussole [59].

B. Les limites

Le droit écrit ou légiféré est loin d'être la perfection absolue. Il y a des limites aux principes qui viennent d'être énoncés. On peut dire qu'il y en a trois, principalement deux.

11. – Vraies et fausses lois ? – La première est qu'une loi peut ne pas être une vraie loi. Entendons par là qu'une loi formelle, c'est-à-dire votée par le parlement et promulguée par le président de la République, peut ne pas être une loi au sens matériel. Elle est bien un acte législatif mais elle ne contient aucune règle de droit générale et abstraite. Par exemple, la loi qui

56. J.-F. Weber, *La Cour de cassation*, La Documentation française, 2006.

57. F. Zénati, « La nature de la Cour de cassation », *Bull. inf. C. cass.*, 15 avr. 2003, p. 3 et s. : la Cour de cassation est plus un organe d'interprétation de la loi que de jugement proprement dit.

58. J. Bétoulle, « La distinction entre contrôle lourd et contrôle léger de la Cour de cassation : mythe ou réalité ? », *JCP* 2002-I-171.

59. Puisqu'il s'agit de boussole, disons qu'elle existe sous la forme d'un petit livre infiniment précieux qui vaut à lui seul dix livres de droit : X. Bachelier et Jobard-Bachelier, *La technique de la cassation civile*, Dalloz, coll. Méthodes du droit, 6ᵉ éd. 2006 : investissement équivalent à quatre places de cinéma et qui servira tout au long des études en permettant de décrypter tous les scénarios et les intrigues des arrêts de la Cour de cassation. Voir plus bas, chapitre 10.

a ordonné le transfert des cendres du Soldat inconnu sous l'Arc de Triomphe n'est pas une règle de droit au sens ordinaire du mot.

La deuxième est qu'il existe des règles de droit qui ne contiennent pas vraiment de prescriptions juridiques effectives immédiatement. Ainsi, dans le Code civil, les articles 1156 à 1164 sont des dispositions relatives à l'interprétation des contrats qui sont des conseils donnés au juge pour le guider dans son travail. L'article 1156 dispose à ce sujet : « On doit dans les conventions rechercher quelle a été la commune intention des parties contractantes, plutôt que de s'arrêter au sens littéral des termes », rappel de la parole essentielle de saint Paul : « l'esprit vivifie, c'est la lettre qui tue ».

La troisième, plus fréquente aujourd'hui, est qu'il arrive sans rareté que le législateur fasse précéder le texte « normatif » d'un « exposé des motifs », reprise du « préambule » des ordonnances royales. Ces motifs sont, normalement, totalement distincts de la loi et ne font pas corps avec elle. Ils fournissent, brièvement, quelques explications, mais il arrive que les rédacteurs d'une loi mêlent les genres.

À titre d'illustration, on peut citer l'un des premiers articles de la très importante loi du 4 mars 2002 relative aux droits des malades et à la qualité du système de santé, devenu l'article L. 1110-1 du Code de la santé publique (ce texte est en annexe dans les éditions annotées du Code civil) : « Le droit fondamental à la protection de la santé doit être mis en œuvre par tous les moyens disponibles au bénéfice de toute personne. Les professionnels, les établissements et réseaux de santé, les organismes d'assurance-maladie ou tous autres organismes participant à la prévention et aux soins, et les autorités sanitaires contribuent, avec les usagers, à développer la prévention, garantir l'égal accès de chaque personne aux soins nécessités par son état de santé et assurer la continuité des soins et la meilleure sécurité sanitaire possible ». Ou encore le nouveau Code de l'éducation (2003) qui déclare dans son article L. 111-1 : « L'éducation est la première priorité nationale. Le service public de l'éducation est conçu et organisé en fonction des élèves et des étudiants. Il contribue à l'égalité des chances. Le droit à l'éducation est garanti à chacun afin de lui permettre de développer sa personnalité, d'élever son niveau de formation initiale et continue, de s'insérer dans la vie sociale et professionnelle, d'exercer sa citoyenneté [...] ». Autre exemple, l'article 1er de la loi du 21 août 2003 portant réforme des retraites : « La Nation réaffirme solennellement le choix de la retraite par répartition au cœur du pacte social qui unit les générations ». Ou bien encore, l'article L. 115-2 du Code de l'action sociale et des familles : « La lutte contre les exclusions est un impératif national fondé sur le respect de l'égale dignité de tous les êtres humains et une priorité de l'ensemble des politiques publiques de la Nation [...] ».

Dérive ou perfection de l'art législatif ? Le débat est ouvert. Pour les « normativistes » qui excluent toute loi non normative, donc sujette à une possible exécution par voie de sanction, ces éléments ne font pas partie de la loi : ils sont écoutés par le Conseil constitutionnel qui, depuis sa décision du 21 avril 2005, entend purger la loi des « neutrons législatifs ». Mais d'autres estiment que ces textes forment la « clé de sol » du texte proprement normatif. Ces *articles-directeurs*[60], sans avoir de portée immédiatement normativement et potentiellement coercitive, éclairent politiquement un texte juridiquement écrit. Ils peuvent, effectivement, n'être que de « bonnes paroles » mais ils peuvent aussi servir d'éclairage à celui qui aura pour

60. Sur ce point, voir le premier chapitre.

mission d'appliquer techniquement un texte qui traduit une politique. Sous cet angle, ces articles sont une sorte de passerelle entre le pouvoir législatif et l'autorité judiciaire [61].

II. La loi est assortie d'une sanction

C'est une éternelle discussion que de savoir ce que l'on entend par sanction et de s'interroger ensuite sur le caractère déterminant de celle-ci.

A. Contours de la sanction

12. – Les deux sens du mot « sanction ». – Le mot « sanction » est lui-même ambigu [62]. Étymologiquement, la *sanctio* romaine signifiait qu'un acte était *irrévocable.* Ainsi encore lorsqu'on dit que le président de la République sanctionne une loi, cela signifie qu'il la promulgue et qu'elle devient ainsi définitive et donc exécutoire.

La sanction est donc, premièrement, le caractère définitif et exécutoire d'une règle de droit.

Le terme a, ensuite, reçu une seconde signification, plus connue et plus courante dans le langage familier. Ce second sens dérive du premier car il en est la conséquence nécessaire : c'est la coercition ; la contrainte pour l'exécution et, à défaut, la punition pour le refus ou la désobéissance.

La sanction d'une loi veut donc dire : 1) le caractère obligatoire de cette loi ; 2) la possible contrainte pour imposer son respect. L'on distingue donc l'*effet* (l'obligation) et sa *conséquence* (la contrainte).

13. – Les desseins variables du législateur. – À partir de là, on peut faire une première observation. Si toutes les lois sont bien sanctionnées, du fait même de leur promulgation et de leur publication au *Journal officiel,* la *portée* de cette sanction est variable en fonction même des objectifs de cette loi. Il y a des lois qui ont une vocation surtout déclarative. Par exemple, lorsque le Parlement a décidé de reconnaître l'existence du génocide arménien de 1917. Il y a des lois dont la révision est prévue d'emblée. Par exemple, les lois de bioéthique de 1994 ont été remaniées en 2002-2003, puis en 2011, comme cela était indiqué dans le texte initial. Il y a des lois-cadres ou des lois de programmation qui ont la force des promesses, c'est tout dire.

On trouve aussi des lois qui fournissent des définitions. Celle du 15 novembre 1999 en donne une pour le concubinage à l'article 515-8 du Code civil : « Le concubinage est une union de fait, caractérisée par une vie commune présentant un caractère de stabilité et de continuité, entre deux personnes, de sexe différent ou de même sexe, qui vivent en couple ».

1) Première remarque : la loi a des *finalités* variables. Elle n'oblige pas toujours.

14. – La force obligatoire variable de la loi : lois impératives et lois supplétives. – Si l'on poursuit l'examen, on distingue aisément ensuite des lois *impératives* et des lois que l'on qualifie souvent de *supplétives.* Impératives, chacun comprend le qualificatif. Supplétives ? Ce sont les

61. Sur ce débat, les riches observations de P. Deumier au sujet de la DC du 21 avr. 2005, *RTD civ.* 2005.564 s.
62. Ph. Jestaz, *La sanction ou l'inconnue du droit, D.* 1986, chr. p. 197.

lois qui « suppléent » la volonté, qui entrent en jeu « à défaut » de dispositions plus personnelles des sujets de droit, qui fournissent un modèle de remplacement, « par défaut ». La législation civile est un mélange subtil d'*ordre public* et de *lois supplétives de la volonté*.

Allons dans le Code civil. L'article 220, alinéa 1er, dispose : « Chacun des époux a pouvoir pour passer seul les contrats qui ont pour objet l'entretien du ménage ou l'éducation des enfants ; toute dette ainsi contractée par l'un oblige l'autre solidairement ». Concrètement, chacun des parents (individuellement) peut prendre une inscription à la cantine de l'école pour les enfants du couple, il s'en suit que les deux époux (et non seulement celui qui prend l'initiative) peuvent être poursuivis pour le paiement intégral de la dette (ce que l'on dénomme la « solidarité des débiteurs »). Voici une règle d'ordre public car elle s'impose absolument à tout couple et des conjoints ne pourraient prévoir une quelconque dispense par contrat entre eux.

Poursuivons et nous trouvons l'article 1387 qui permettra à l'étudiant de bien comprendre les degrés de force de la loi : « La loi ne régit l'association conjugale, quant aux biens, qu'à défaut de conventions spéciales, que les époux peuvent faire comme ils le jugent à propos, pourvu qu'elles ne soient pas contraires aux bonnes mœurs ni aux dispositions qui suivent ». Le texte suivant, l'article 1398, prévoit : « Les époux ne peuvent déroger ni aux devoirs ni aux droits qui résultent pour eux du mariage ni aux règles de l'autorité parentale, de l'administration légale et de la tutelle ».

Cela veut dire que dans l'organisation du mariage se mêlent des règles *institutionnelles* qui sont d'ordre public et des règles *conventionnelles* laissées à l'appréciation des époux. *Grosso modo*, les règles impératives sont celles qui touchent les *personnes* et les règles facultatives celles qui concernent les *biens*. Mais lorsque le législateur laisse une liberté aux parties, il doit prévoir que celles-ci ne l'utilisent pas. C'est bien ce qui se produit dans le mariage : 90 % des couples ne font aucun contrat de mariage. Dans ce cas, la solution se trouve dans l'article 1393, alinéa 2 : « À défaut de stipulations spéciales qui dérogent au régime de communauté ou le modifient, les règles établies dans la première partie du chapitre II (c'est-à-dire celles décrivant le régime de communauté des biens acquis durant le mariage) formeront le droit commun de la France ». C'est de cette manière que notre lecteur pourra donner une première leçon de droit à ses parents qui, s'ils sont mariés, vivent probablement sous un régime matrimonial qu'ils n'ont pas choisi et dont ils ignorent très certainement le fonctionnement aussi méticuleux que celui d'une horloge suisse.

Autre exemple, celui du nouvel article 311-21, alinéa 1er, tel qu'issu des lois du 4 mars 2002 et du 18 juin 2003 (entrée en vigueur le 1er janvier 2005) : « Lorsque la filiation d'un enfant est établie à l'égard de ses deux parents au plus tard le jour de la déclaration de sa naissance ou par la suite mais simultanément, ces derniers choisissent le nom de famille qui lui est dévolu : soit le nom du père, soit le nom de la mère, soit les deux noms accolés dans l'ordre choisi par eux dans la limite d'un nom de famille pour chacun d'eux. En l'absence de déclaration conjointe à l'officier de l'état civil mentionnant le choix du nom de l'enfant, celui-ci prend le nom de celui des parents à l'égard duquel sa filiation est établie en premier lieu et le nom du père si sa filiation est établie simultanément à l'égard de l'un et de l'autre ». L'étudiant peut s'exercer à rechercher dans ce texte ce qui relève de la liberté offerte par la loi, ce qui est obligatoire et ce qui sera la solution à défaut de tout choix volontaire des parents.

2) Seconde remarque : la loi a des degrés dans les prescriptions qu'elle édicte. Parfois, elle oblige délibérément (lois impératives), parfois elle donne un modèle de remplacement à défaut d'acte volontaire pour jouir d'une liberté qu'elle offre (lois supplétives).

B. Portée de la sanction

15. – Conscience morale et respect de la loi. – Trop souvent les juristes insistent abusivement sur le respect de la loi par la crainte de la sanction. Distinguons immédiatement la loi civile de la loi pénale. La peur de la sanction joue certainement davantage pour cette dernière que pour la première. Néanmoins, c'est un leurre que de penser que la loi pénale n'est respectée que par crainte. Estimer que les hommes s'abstiennent d'assassiner uniquement parce que cet acte encourt la réclusion criminelle à perpétuité est inexact. La première loi que respecte naturellement l'être humain est celle que lui dicte sa conscience morale (*cf. supra*). La démonstration de tout ceci se vérifie de deux manières. Premièrement, notre temps est celui des préoccupations éthiques en tous genres. Chaque corps de métier entreprend aujourd'hui de se doter d'un code de déontologie (celui des médecins est bien connu). Deuxièmement, notre temps est celui de la « pénalisation », c'est-à-dire de l'inflation généralisée du droit pénal qui devient quasiment une sorte de droit accessoire à tous les droits (il existe un droit pénal des affaires, un droit pénal de la famille, etc.) et, en même temps, ces incriminations renforcées, ces peines plus strictes traduisent l'échec évident d'une politique (en œuvre depuis au moins vingt ans) de la punition.

Prenons un exemple frappant et compréhensible pour l'étudiant de première année. Une loi du 17 juin 1998 incrimine désormais le bizutage. Que lit-on à l'article 225-16-1 du Code pénal ? : « Hors les cas de violences, de menaces ou d'atteintes sexuelles, le fait pour une personne d'amener autrui, contre son gré ou non, à subir ou à commettre des actes humiliants ou dégradants lors de manifestations ou de réunions liées aux milieux scolaires et socio-éducatifs est puni de six mois d'emprisonnement et de 7 500 euros d'amende ».

Un constat s'impose : la loi n'est respectée que parce que la conscience morale des individus conduit à son respect normal et naturel, à défaut la pure sanction est incapable d'en assurer le respect autoritaire. Si tel était, d'ailleurs, le cas de l'État de droit deviendrait, en fait, un État dictatorial.

16. – Concordance entre la loi et la vie ordinaire. – S'agissant de la loi civile, maintenant, on peut dire que la sanction joue moins encore car cette « loi des citoyens » (étymologie de loi civile) correspond, le plus souvent, aux vœux de la population. Débat tout aussi classique du rapport entre les mœurs d'une société et son droit. Banalité que de s'interroger sur le point de savoir qui doit suivre et qui doit précéder. La réalité est qu'une législation est à la fois une *traduction* des mœurs et une *direction* de celles-ci [63]. Si l'on veut une image, on peut dire que la loi est ce qui dirige une société comme sur un navire d'antan, les voiles et le gouvernail. Les voiles exploitent la force du vent mais doivent composer avec lui ; le gouvernail, c'est la main du capitaine. Une loi ne peut jamais être votée contre l'assentiment du peuple. La force d'inertie de celui-ci l'emporte alors très vite contre elle. Par exemple, au lendemain de l'indépendance, nombre de pays africains se sont dotés de splendides codes rédigés par de talentueux professeurs de droit. Ce désir d'indépendance parfait traduisait peut-être le triomphe absolu de la colonisation. Les beaux codes sont souvent restés dans les bibliothèques, et la coutume [64], qu'avaient

63. R. Boudon, « Penser la relation entre le droit et les mœurs », *Mélanges F. Terré*, 1999, p. 12 s.

64. M. Thioye, « Part respective de la tradition et de la modernité dans les droits de la famille des pays d'Afrique noire francophone », *RID comp.* 2005-2, p. 346. Remarque : en Afrique, il y a une curieuse cohabitation entre une part du droit très fortement occidentalisée (le droit des contrats, le droit des affaires) et la coutume (le droit de la famille). Il est frappant de constater que c'était la même chose, en France, avant la Révolution : le droit des contrats était fortement imprégné du droit romain tandis que le droit de la famille variait selon les coutumes locales. Une observation de l'auteur : « La France et ses anciennes colonies d'Afrique Noire sont sûrement liées de façon définitive, et les indépendances n'y ont rien changé ».

d'ailleurs prudemment respectée les officiers coloniaux, maintient sa force. À l'inverse, une loi peut parfaitement être un acte d'innovation et de progrès. Le Code de la consommation a obligé à d'autres pratiques commerciales plus honnêtes. La loi du 3 décembre 2001 a donné toute sa place au conjoint survivant ans la succession du conjoint prédécédé. La législation sur le bail d'habitation ou celle sur le contrat de travail ont astreint patrons et propriétaires à considérer autrement employés et locataires.

La loi civile *stabilise* et *stimule* la vie quotidienne, elle *consacre* et *innove*, mais dans tous les cas, c'est principalement parce qu'elle répond aux attentes d'une nation et d'une société qu'elle est spontanément respectée. Le contentieux, en définitive, ne porte souvent que sur les modalités du respect de la loi. Néanmoins, le caractère obligatoire de la loi doit pouvoir déboucher sur la contrainte.

17. – L'aptitude de la loi à contraindre. – Acte de raison, la loi ne peut se définir comme *reposant* sur la sanction coercitive mais comme pouvant *déboucher* sur la sanction. Il faut relever, ici, une confusion classique chez les juristes positivistes qui a abouti, parfois, à des positions contraires abusives chez les juristes idéalistes.

Il est hors de question de douter de l'alliance nécessaire entre le droit et la sanction. Simplement, la véritable interrogation est de savoir quel est le rôle précis de cette sanction : en aval ou en amont de la règle ? Les positivistes ont défini la règle de droit par la sanction : elle serait la source de la règle. En réalité, la sanction par contrainte n'est jamais (et il s'en faut de beaucoup !) systématique, elle ne survient qu'en cas de refus de la part de celui qui est normalement astreint au pouvoir de la règle : elle est donc au débouché de la règle. Il est donc inexact de dire que la sanction *fonde* la règle, en revanche, elle la *démontre* en cas de contestation de celle-ci. La sanction n'est pas la preuve du droit mais sa contre preuve. Elle est le révélateur que cette règle sociale est bien une règle de droit et non une autre (comme la règle morale, par exemple).

Cela signifie que pour l'immense (et colossale) majorité de nos concitoyens qui respectent positivement la loi, la sanction ne peut s'identifier à la crainte. L'amour de la loi passe avant sa crainte : on l'oublie trop souvent. On vient de le voir. Mais pour les esprits récalcitrants, la force de la loi se traduira négativement par l'astreinte qui leur sera faite de s'y soumettre. On peut ainsi méditer sur la somptueuse formule exécutoire (dénommée aussi *exequatur,* « qu'il soit exécuté ») qui termine l'original de tout jugement rendu en France : « Au nom du Peuple Français. En conséquence (du jugement) la République française mande et ordonne à tous huissiers de justice, sur ce requis, de mettre ledit arrêt (ou jugement) à exécution, aux procureurs généraux et aux procureurs de la République près les tribunaux de grande instance d'y tenir la main, à tous commandants et officiers de la force publique de prêter main-forte lorsqu'ils en seront légalement requis. En foi de quoi le présent arrêt (ou jugement) a été signé par… ».

Mais enfin c'est le dernier argument du droit. Louis XIV faisait graver sur ses canons, *ultima ratio regis* : le dernier argument du roi, voulant ainsi témoigner que la guerre faisait partie des attributs régaliens pour faire valoir les droits de la Couronne mais que c'était le dernier argument après la diplomatie. La sanction peut, elle aussi, apparaître comme *ultime ratio juris,* le dernier argument du droit.

Les juristes médiévaux, aimant jouer en latin sur les mots, disaient que le droit romain n'était plus applicable par la force du pouvoir, depuis la chute de l'empire romain, mais qu'il le demeurait par la force de la raison qu'il contenait (au Moyen Âge et plus encore à la Renaissance, le droit romain a le rang de « droit savant » par rapport aux coutumes) : *non ratione imperii sed imperio rationis,* non en raison de l'autorité mais par l'autorité de la raison. On peut dire qu'il en est toujours ainsi. Le droit est *ordinairement* respecté par l'autorité de la raison qui est normalement la sienne ; il est *contentieusement* respecté par la soumission à l'autorité judiciaire qui est la suite de l'autorité législative qui l'a ordonné. Face à la loi librement consentie par le parlement, émanation et représentation du peuple, le choix est entre *admettre* ou se *soumettre.* Ce sont les deux variantes de la sanction.

C'est de cette manière que le mot « sanction » revêt les deux sens qui ont toujours été les siens : établir une obligation sociale en assurant le respect, au besoin par la contrainte.

§ 2 : Le droit jurisprudentiel

18. – Le droit jurisprudentiel est, en France, le *droit dérivé* du droit légiféré, du moins le plus souvent. Il émane du *juge* et non du *législateur.* On parle souvent, d'une manière d'ailleurs plus ou moins exacte d'un point de vue historique, d'un droit *prétorien* (en souvenir du prêteur romain, lequel n'était pas exactement un juge).

La jurisprudence peut se définir comme, tout d'abord, l'ensemble des décisions rendues par les juridictions compétentes dans telle matière (aspect quantitatif) puis, ensuite, l'interprétation donnée à un texte par ces mêmes décisions ou même encore à la création d'une solution juridique en l'absence d'un texte explicite (aspect qualitatif).

Le droit jurisprudentiel a longtemps été tenu pour marginal en droit français, à l'époque du *légicentrisme* et de la toute puissance de la loi [65]. Traditionnellement encore, dans certains livres, on enseigne que la jurisprudence n'est pas une source du droit mais une simple autorité. Ces choses étant dites, le même professeur passera son temps à enseigner essentiellement… les arrêts de la Cour de cassation.

Saisissons un Code civil annoté : les références de jurisprudence surabondent [66]. Le droit jurisprudentiel est une réalité [67]. On peut discuter de sa nature, de sa portée, de sa valeur, non de son existence. La jurisprudence est clairement une source du droit [68]. Elle l'est pour l'excellente raison que la loi ne peut tout prévoir mais que le juge doit tout juger. Dans un article classique, Pierre Hébraud [69] a parfaitement mis en lumière que la jurisprudence est une source du droit, mineure au regard de la loi, mais nécessaire du fait même que si la loi est la source

65. Ph. Jestaz, « La jurisprudence, réflexions sur un malentendu », *D.* 1987, chr. 11 s.

66. A. Lienhard, « La transposition de jurisprudence dans les codes », *in Mélanges Wierderkehr,* Dalloz, 2009, p. 527 s.

67. Sur la jurisprudence, source ou non du droit, une doctrine-fleuve. Partir de l'article *Jurisprudence* de M. Deguergue *in Dictionnaire de la culture juridique* (donne les références *in fine* des articles anciens et classiques). Le livre très complet de F. Zénati, *La jurisprudence,* Dalloz. À la suite d'un colloque « La jurisprudence, création du droit par le juge », un article de Ph. Malaurie, « La jurisprudence parmi les sources du droit », *Defrénois* 2006, p. 476 s. Se reporter à une série de brefs articles sur le thème « La jurisprudence aujourd'hui, libres propos sur une institution controversée », *RTD civ.* 1992.337 s. Un article substantiel : C. Puigelier, « La création du droit, libres propos sur la norme jurisprudentielle », *RRJ* 2004, p. 17 s.

68. Ph. Jestaz, « Les sources du droit : le déplacement d'un pôle à un autre », *RTD civ.* 1996.299 s. Un article très clair : P. Morvan, « En droit, la jurisprudence est une source de droit », *RRJ* 2001. p. 77 s ; un volume entier des *Archives de philosophie du droit,* t. 50 (2007) sur *La création du droit par le juge.*

69. « Le juge et la jurisprudence », *Mélanges Couzinet,* 1974, p. 329 s. ; ajouter celui de J.-L. Bergel, « La loi du juge. Dialogue ou duel ? », *Mélanges Kayser,* 1979, t. 1, p. 21 s.

majeure, elle ne peut s'occuper de tout. Source majeure, source mineure : le droit est un fleuve qui a ses mystères, comme jadis le Nil.

Il importe de décrire ce droit avant de porter un jugement sur lui.

I. L'état de la jurisprudence

19. – Mot à mot, la jurisprudence est la prudence, mieux encore la sagesse du droit. Notons que dans divers pays, en Angleterre, le mot s'applique aux opinions doctrinales des juristes et non aux décisions de justice comme c'est le cas en France, où le terme signifie, en fait, la pratique suivie par les tribunaux.

A. L'élaboration de la jurisprudence [70]

20. – Patience et longueur de temps. – Quelques mots résument tout : temps, argumentation, cristallisation.

La jurisprudence ne se bâtit qu'au fil du temps [71], c'est-à-dire des décisions. On dit souvent qu'un arrêt « fait jurisprudence ». Il y a en fait deux types d'arrêts faisant jurisprudence : ceux qui marquent la volonté des magistrats de la Cour de cassation de former une jurisprudence et ceux qui traduisent la réalité d'une jurisprudence. L'arrêt « pierre d'angle » et l'arrêt « girouette », l'arrêt *initial* et l'arrêt *final*.

De même qu'une loi peut être innovatrice, il existe des arrêts de provocation, de rupture [72]. La Cour décide, un bon jour, de statuer ainsi sur tel point de droit. C'est généralement le début d'une petite aventure : débats doctrinaux, débats judiciaires. Il faudra du temps pour que toute l'institution judiciaire suive la voie : la Cour de cassation contrairement au législateur n'a guère de moyens de contrainte. Au bout du compte, on aura un ou plusieurs arrêts fixant la jurisprudence, jusqu'à sa prochaine évolution.

21. – Argumentation. – Ce terme est capital en droit. Le droit n'est un acte d'autorité que parce qu'il est un acte de raison, de justice et d'équilibre entre les droits des uns et des autres [73]. Le droit jaillit toujours de la discussion, c'est ce qui explique que la contradiction est l'essence de toute procédure. Le débat jurisprudentiel se déroule en deux lieux bien distincts : le Palais et la Faculté. C'est, en effet, une grande tradition française que de nouer des liens entre la pratique et la doctrine [74]. Le débat au palais se déroule entre les avocats et les magistrats. À la Cour de cassation, en particulier, entre les avocats propres à cette Cour (premiers parmi leurs pairs) et les avocats généraux du parquet : dialogue entre avocats, ceux

---

70. D. Mainguy, « L'interprétation de l'interprétation », *JCP* 2011-603. L'auteur explique le lien étroit entre les méthodes d'interprétation du droit et la jurisprudence.

71. C. Puigelier, *Temps et création jurisprudentielle*, *in Archives de philosophe du droit*, t. 50 (précité), p. 89. La loi est de marbre, la jurisprudence est d'argile : toujours mouvante.

72. Ce qui pose le problème de l'effet rétroactif d'un arrêt dit de « revirement » (arrêt qui modifie la jurisprudence) : question étudiée dans le chapitre 3.

73. B. Bourgeois, « La raison dans le droit », *Mélanges F. Terré*, 1999, p. 25 s. D'où l'importance de la « motivation » de la décision judiciaire : c'est en cela que le droit jurisprudentiel se démarque totalement du droit légiféré. La jurisprudence ne s'impose que parce qu'elle s'explique. F. Zénati-Castaing, « La motivation des décisions de justice et les sources du droit », *D.* 2007.1553.

74. F. Zénati, « L'évolution des sources du droit dans les pays de droit civil », *D.* 2002, chr. p. 15.

des particuliers et ceux de la société. Poussé par l'obligation de défendre son client, c'est souvent l'avocat ingénieux et talentueux qui osera proposer une solution inédite. La décision rendue, le débat se déplacera vers la Faculté. Publiée et discutée dans les revues de droit (de plus en plus nombreuses), la décision sera passée au crible. En définitive, il reviendra toujours aux magistrats du siège de trancher le débat : celui à la barre et celui à la chaire. En jurisprudence, il y a ceux qui parlent (les avocats et les professeurs) et ceux qui statuent (les magistrats). Au bout du compte, la jurisprudence est donc une œuvre commune à la *communauté des juristes*, à défaut elle court le risque de l'arbitraire judiciaire [75]. Ne cherchons pas, stupidement, quel est le corps supérieur ou meilleur que l'autre. L'un ne peut exister sans les autres. Dans la société médiévale, on aimait à dire qu'il y avait ceux qui prient (les clercs), ceux qui travaillent (les roturiers) et ceux qui combattent (les nobles). Dans l'élaboration de la jurisprudence, il y a ceux qui enseignent, ceux qui plaident et ceux qui jugent, mais tous pensent. *Suscitée* par les avocats, *élaborée* par les juges du fond, la jurisprudence est *unifiée* par la Cour de cassation [76].

22. – Cristallisation. – Une jurisprudence est une opinion majoritairement reçue [77] par l'ensemble des juridictions et traduite par une série de décisions. Une jurisprudence n'a de sens que si la majeure partie des tribunaux et des cours la suivent. Il ne sert à rien à la Cour de cassation de lancer un arrêt de provocation si les cours d'appel résistent et il ne sert à rien non plus à telle cour de statuer en tel sens si elle se fait régulièrement et systématiquement casser. Une jurisprudence, par ailleurs, ce n'est jamais *un* arrêt (erreur souvent commise par l'étudiant). Certes, il peut y avoir tel ou tel arrêt célébrissime (ils sont nombreux en droit des obligations étudié en deuxième année), mais enfin pas plus qu'une hirondelle ne fait le printemps, un arrêt ne fait une jurisprudence. Au sein d'une galerie de tableaux, il y a nécessairement des œuvres majeures et des toiles mineures, mais il ne viendrait à l'idée de personne de résumer Léonard de Vinci à la Joconde.

B. La place de la jurisprudence

23. – Cette place est infiniment variable. En droit pénal, longtemps la jurisprudence était quasiment absente : la loi était la source unique de ce droit car elle présente une sécurité juridique que n'a pas la jurisprudence. On ne peut plus le dire aujourd'hui de la même manière.

24. – Foisonnement de la jurisprudence en droit privé. – En droit civil, la jurisprudence est plus ou moins fournie selon les pans du Code civil. En droit de la famille, elle demeure marginale car le contentieux familial est surtout lié aux faits. La Cour de cassation donne donc une grande liberté aux juges du fond. En revanche, la jurisprudence est absolument capitale pour comprendre ce droit baroque qu'est le droit de la responsabilité civile. Pourquoi ? Tout simplement parce que ce droit, dans le Code civil, se résume aux articles 1382 à 1386, encore faut-il préciser que parmi ces quelques textes, deux s'imposent avec une puissance en perpétuel renouvellement : l'article 1382 (responsabilité du fait d'une *faute)* et l'article 1384 (responsabilité du fait de la *garde d'une chose* ou du *fait d'autrui*). À partir de ces quelques lignes du Code (on en revient à ce que

75. P. Conte, « L'arbitraire judiciaire : chronique d'humeur », *JCP* 1988-I-3343.
76. N. Molfessis (dir.), *La Cour de cassation et l'élaboration du droit*, Economica, 2004.
77. S. Paget, « La réception de la jurisprudence », *LPA*, 8/9 mai 2007, n° 92/93.

l'on a dit plus haut sur les textes n'énonçant que des principes), les juges ont dû faire face à tout ce que n'avaient pas prévu les rédacteurs du Code : de la conduite des automobiles à la contamination par du sang malade en passant par les abus de fonction d'un salarié.

25. – Rapport entre la jurisprudence et la loi. – La jurisprudence sert donc de complément à un droit simple comme celui de la responsabilité mais elle sert aussi de bain de jouvence à d'autres pans du droit que le législateur ne se soucie guère de réformer. La jurisprudence *complète* et *rénove* le droit légiféré, sans elle ce droit serait vite sclérosé. Le juge *supplée* le législateur. Il arrive ainsi assez souvent que la jurisprudence anticipe le législateur. Beaucoup de lois [78] sont souvent précédées par des arrêts montrant les limites du droit en vigueur (c'est ainsi que la loi du 5 juillet 1985 sur les accidents de la circulation est largement due à une série d'arrêts détonants rendus par la Cour de cassation). Chaque année dans son rapport au garde des Sceaux, la Cour de cassation préconise diverses réformes [79]. En sens opposé, il arrive aussi que la loi brise une jurisprudence malencontreuse [80]. Ainsi, la loi sur le PACS a mis un terme à la jurisprudence de la Cour qui refusait le concubinage homosexuel ; celle sur les malades a réduit à néant une jurisprudence qui tendait à admettre un droit des parents à faire valoir, au nom de leur enfant né handicapé mental par suite d'une erreur médicale, un étrange « droit à ne pas naître » (affaire *Perruche*).

II. Les limites de la jurisprudence

Rapidement, on peut dire que la jurisprudence a deux grandes limites : son incertitude et son insuffisance.

26. – Le serpent de la jurisprudence. – Son incertitude revêt un double aspect. Incertitude quant à sa connaissance [81]. Ne parlons pas des particuliers mais des juristes. Connaître le détail d'une jurisprudence est toujours bien délicat. Cela suppose de lire régulièrement les revues et d'avoir une vue générale de la jurisprudence (en tant que série d'arrêts). La connaissance de la jurisprudence est souvent partielle. Incertitude quant à sa solidité. L'on sait si une loi existe ou non, s'il est prévu de l'abroger et quand. Pour une jurisprudence, c'est toujours un peu le hasard. Les juges peuvent opérer un « revirement » [82] de jurisprudence sans prévenir : le justiciable en aura le profit ou en fera les frais [83]. La Cour de cassation rappelle d'ailleurs, de

---

78. Par exemple celle qui consacra une définition du concubinage dans le Code civil.

79. J.-P. Camby, « Validations législatives des strates jurisprudentielles de plus en plus nombreuses », *RDP* 2000.611 s.

80. Un article célèbre, bien que déjà ancien : Ph. Malaurie, « La jurisprudence combattue par la loi », *Mélanges Savatier,* 1964.603 s.

81. Lire à ce sujet : Cass. 1re civ., 7 mars 2006 (*D.* 2006.2894, note F. Marmoz) arrêt qui évoque clairement « des incertitudes de la jurisprudence ».

82. Vaste sujet que celui de « l'effet rétroactif d'un revirement de jurisprudence ». Sur cela se reporter à la section 2 du chapitre 4.

83. Sur ce point très important, se reporter au chapitre 4. Doctrine : T. Bonneau, *Brèves remarques sur la prétendue rétroactivité des arrêts de principe et arrêts de revirement, D.* 1995.24 ; P. Morvan, *Le revirement de jurisprudence pour l'avenir : humble adresse aux magistrats ayant franchi le Rubicon, D.* 2005.247 ; V. Heuzé, « À propos du rapport sur les revirements de jurisprudence », *JCP* 2005-I-130. Le plus notable est évidemment le rapport sur ce sujet, rédigé par un groupe de travail sous la direction de N. Molfessis (prof. Paris 2) et G. Canivet (alors premier président de la Cour de cassation) (2004, Litec). La question de fond est simple mais redoutable : la jurisprudence est-elle, par essence, rétroactive ? (W. Dross, *D.* 2006.472). Deux arrêts très importants qui ont admis le « revirement prospectif » (c'est-à-dire que l'arrêt annonce un revirement mais pour l'avenir, sans l'appliquer immédiatement) : pour la Cour de cassation, Cass. ass. plén., 21 déc. 2006, *D.* 2007.835 note Morvan et, pour le Conseil d'État, 16 juill. 2007, *Gaz. Pal.*, 26/27 sept. 2007, p. 10, note Ph. Raimbault.

temps en temps, que « la sécurité juridique fondée sur le droit à un procès équitable ne consacre pas un droit acquis à une jurisprudence figée » [84].

La jurisprudence est, enfin, par nature insuffisante. Les insuffisances de la loi tiennent parfois à ce qu'elle contient des principes très généraux ; celles de la jurisprudence sont d'en manquer. On ne peut lui faire un reproche inhérent à sa formation puisque la jurisprudence est l'art des cas, la casuistique. En cela, elle est nécessaire : des principes sans casuistique, c'est un squelette sans muscles. Mais on ne peut réduire le droit à une casuistique, non plus. C'est d'ailleurs le grief longtemps adressé au droit administratif (étudié en deuxième année).

Droit légiféré et droit jurisprudentiel, droit *statique* et droit *mouvant* : jardin à la française et jardin à l'anglaise sur les terres du droit [85].

Section 2
La légitimité du droit : l'autorité

27. – Ce n'est pas tout de savoir en quoi consiste la règle de droit, encore faut-il savoir pourquoi cette loi est tenue pour être vraiment du droit. La question n'est plus seulement alors de s'interroger sur la *consistance* de la règle mais sur sa *valeur*. Cette question de la légitimité de la règle [86] est la porte ouverte à des discussions interminables et qui, en définitive, appelle une question préalable : le droit contient-il son propre fondement ou trouve-t-il son essence hors de lui ?

On peut dire qu'il existe deux points de vue opposés sur les principes mais finalement souvent convergents dans la pratique. D'une part, on trouve les juristes qui estiment que l'ordre juridique est un ordre parfait par lui-même. Le droit sécrète le droit par strates. D'autre part, on entend ceux qui pensent que l'ordre juridique est superposé à un autre ordre de valeurs qui lui donne ses véritables racines.

Pour les premiers, le droit consiste en une pyramide de normes, les plus inférieures étant soumises aux supérieures jusqu'à la norme suprême. Ce courant de pensée a engendré une doctrine que l'on dénomme *positivisme* [87], voulant dire par là qu'elle ne prend en compte que le seul droit établi dans les normes, le droit positif.

Pour les seconds, le droit, règle de vie en société, ne peut être érigé que sur sa conformité à d'autres exigences qui le transcendent. Cette tradition est, pour partie, celle du *droit naturel.*

Longtemps, l'opposition entre *positivistes* et *jusnaturalistes* fut profonde et marquée. On peut se demander si l'on n'assiste pas, aujourd'hui, à une sorte de compromis entre les deux tendances par l'apparition et la séduction d'une troisième doctrine, celle des *droits fondamentaux.*

---

84. Cass. 1re civ., 11 juin 2009 (2 arrêts), *JCP* 2009 p. 18. Appui de la CEDH par son arrêt du 26 mai 2011 (A. Marais, « Modulation dans le temps des revirements de jurisprudence », *JCP* G 2011.742).

85. J.-H. Robert, « Métaphores sur l'avenir du droit écrit », *Mélanges Terré*, 1999, p. 221 s. : un article sobre et vif qui souligne les conséquences de ce changement de rôle entre le législateur et le juge.

86. Sur ce point l'importante étude de D. Mainguy, « De la légitimité des normes et de son contrôle », *JCP* 2011-250 ; ainsi que le dense ouvrage de M. Troper, *Le droit et la nécessité*, PUF, coll. Léviathan, 2011.

87. U. Scarpelli, *Qu'est-ce que le positivisme juridique ?*, Bruylant/LGDJ, 1996.

§ 1 : La hiérarchie des normes

28. – Dans les sociétés modernes, le droit n'émane plus, en principe, que de l'État. Encore faut-il s'interroger sur la permanence, voire dans certains domaines l'extension, d'un « droit sans l'État » pour reprendre le titre d'un livre connu [88]. Ainsi le droit du travail est, à la fois, un droit très impératif et étatique mais aussi un droit de « négociation » et de « convention » [89] : en pratique les conventions collectives conclues avec les syndicats représentatifs sont capitales. Au-delà, on peut s'interroger que les modes (la mode ?) de « régulation » qui semble prévaloir dans certains milieux économiques. Réguler ce n'est pas régler. Car le droit étatique suppose une obéissance parfaite de tous les citoyens de par la doctrine du contrat social qui fonde la citoyenneté. Le positivisme établit un lien consubstantiel entre le droit et l'État. Celui qui a donné une véritable théorie à cette vue des choses est le juriste autrichien Hans Kelsen.

I. Le droit de l'État

29. – Le droit de l'État. – La doctrine positiviste s'est développée conjointement avec la construction de l'État moderne. Il y a à cela une raison fort simple. L'État moderne, en particulier en France, est un État centralisé. Or pour opérer ce rassemblement, il a nécessairement fallu ne reconnaître qu'une seule autorité législatrice. Le positivisme est donc le fils de l'absolutisme des XVIIe et XVIIIe siècles : un roi, une loi [90]. Par ailleurs, cet État moderne est un État nécessairement laïque. On a, en France, le sentiment que la laïcité est une idée neuve, ne datant guère que de la loi de 1905. Il n'en est rien. L'État laïque fut en gestation en France depuis au moins Philippe le Bel.

La conjonction de ces deux principes : unité de la source législatrice et indépendance de celle-ci envers toute référence spirituelle, ne pouvait qu'aboutir à sacraliser la loi. Il y eut donc une logique française qui conduisit à remplacer l'amour du roi par le culte de la loi.

Le positivisme a donc une source *politique* et une source *philosophique*.

L'État centralisé, c'est l'État qui a le monopole de la loi ; le monopole de la loi entraîne une vision unitaire du droit : seule la loi de l'État engendre le droit.

Reste à s'interroger. N'y aurait-il pas d'autres pouvoirs, que le législateur ou le juge, pour édicter des règles ? La réponse ne souffre guère d'incertitudes : l'État ne dispose plus, dans le monde contemporain, du monopole du droit. Comme l'écrit M. Yann Aguila (conseiller d'État) : « Nos systèmes juridiques sont aujourd'hui marqués par le pluralisme des sources du droit, le foisonnement de normes diverses, locales, européennes ou internationales, d'ordre technique ou professionnel. À la belle image kelsienne de la pyramide des normes ordonnée autour d'une norme fondamentale, ultime et unique source de juridicité, et obéissant à un principe hiérarchique, succède celle du "réseau de normes", proposée par François Ost et Michel Van de Kerckove. Selon la formule de ces derniers, on passe d'un

---

88. L. Cohen-Tanugi, *Le droit sans l'État*, Quadrige, 2e éd., 2007.

89. B. Teyssié, « L'aménagement conventionnel de la norme légale », *JCP* E, 2004. Une très belle thèse sur ce thème : E. Jeansen, *Articulation des sources du droit, essai sur le droit du travail*, Paris II, nov. 2007.

90. F. Cosandey et R. Descimon, *L'absolutisme en France*, Points, Le Seuil, 2002.

"droit de Jupiter", délivré du haut du Mont Sinaï au "droit d'Hermès", souple, marqué par la pluralité des sources juridiques [...]. L'État est ainsi concurrencé par d'autres producteurs de droit. » [91].

C'est ici toute l'importante question de la « régulation » [92].

Philosophiquement, le positivisme fut érigé en système, principalement par Hegel dans ses fameux *Principes de la philosophie du droit* (1821). Pour lui, les choses partent d'un postulat : « Ce qui est droit en soi est posé dans son existence objective, c'est-à-dire déterminé par la pensée pour la conscience et connu comme ce qui est le droit et a validité, à savoir la loi ; et le droit est en somme droit positif grâce à cette détermination » (§ 211). Le droit ne peut exister hors de la loi : la loi est la source du droit.

Sur le terrain de la pensée proprement juridique, le positivisme régna en maître au long du XIXe siècle, du moins en France, pour des raisons diverses. Premièrement parce que l'enseignement des facultés de droit rétablies par Napoléon (bien éloignées de leurs devancières) ignore délibérément tout enseignement de droit naturel ou de philosophie du droit. Le droit français, c'est celui des cinq codes napoléoniens. Deuxièmement parce que l'enseignement, par souci d'indépendance envers l'Église, souhaite tenir à distance tout débat faisant appel à une métaphysique.

L'un des meilleurs représentants de ce courant fut le grand juriste Carré de Malberg dans sa *Contribution à la théorie générale de l'État.* Le livre, publié au lendemain de la Grande Guerre, doit être tenu pour le résultat d'un siècle de positivisme de plus en plus marqué. Que lit-on [93] ? « Qu'en raison comme en justice, au point de vue de l'opportunité politique comme au point de vue de l'utilité sociale, la loi ne puisse se ramener exclusivement à la volonté arbitraire du législateur, qu'au-dessus de cette volonté actuelle il puisse se concevoir et il existe effectivement des vérités ou des règles permanentes dont on puisse affirmer qu'aucune prescription législative positive ne devrait méconnaître la supériorité transcendante, c'est ce qui n'est pas contestable. Mais, ce qui demeure éminemment contestable, c'est la possibilité de concilier l'inviolabilité de ces règles supérieures avec le fait positif de la puissance de l'État d'une part, et d'autre part avec un second fait, encore plus grave, celui de la nécessité sociale d'une telle puissance. Les auteurs, qui ont essayé de contribuer à cette conciliation, ne paraissent pas avoir obtenu jusqu'à présent de résultats juridiques ayant une valeur appréciable. Quelque effort que l'on tente, en effet, pour faire, dans la question du fondement du caractère impératif de la loi, la part du respect dû à ces préceptes supérieurs, on se heurtera toujours à l'obstacle insurmontable qui résulte de ce que, sur le terrain de la science du droit, on ne peut, sans compromettre à la fois tout l'ordre juridique et tout principe d'organisation étatique, ni dénier à l'autorité législative établie par la Constitution le pouvoir de discerner et de formuler les règles qui, à raison de leur valeur intrinsèque et idéale, méritent d'être érigées en lois positives, ni davantage dénier à ces décisions positives du législateur une valeur impérative, qui d'ailleurs ne peut être mise en doute, étant donné la puissance coercitive de l'État ».

91. Y. Aguila, « Un nouvel État ? », *Mélanges Étienne Fatôme,* Dalloz, 2011, p. 1 s. ; G. Braibant, « L'avenir de l'État », *Études Dupuis,* LGDJ, 1997, p. 39 s. ; J. Chevallier, *L'État post-moderne,* 3e éd., LGDJ, Droit et Société, 2008 ; J.-B. Auby, *La globalisation, le droit et l'État,* 2e éd., LGDJ, Systèmes, 2010.

92. M.-A. Frison-Roche, *Les 100 mots de la régulation,* PUF, Que sais-je ?, 2011.

93. T. I., p. 207.

Ce texte, d'une grande clarté de concept et d'écriture, résume parfaitement le lien entre la conception philosophique et politique du positivisme. On comprend aussi parfaitement que la République se veut l'héritière directe du roi absolu.

II. L'œuvre de Kelsen et la pyramide

30. – Kelsen : le Descartes du droit. – Mais, troisième nom important à connaître, celui qui fera d'une idée un système, ce fut Hans Kelsen [94], juriste autrichien (1881-1973) dans un ouvrage dense intitulé *Théorie pure du droit* [95].

Kelsen part [96] d'une donnée : « La connaissance juridique a pour objet les normes qui ont le caractère de normes juridiques et confèrent à certains faits le caractère d'actes de droit (ou d'actes contre le droit). En effet, le droit, qui forme l'objet de cette connaissance, est un ordre ou règlement normatif de l'action humaine, c'est-à-dire un système de normes qui règlent la conduite d'êtres humains. Le mot *norme* exprime l'idée que quelque chose doit être ou se produire, en particulier qu'un homme doit se conduire d'une certaine façon. ». Le droit est donc un ensemble de normes obligatoires et contraignantes.

Comment édicter ces normes ? Kelsen élabore, alors [97], sa très célèbre « pyramide » qui se traduit par la théorie de la *hiérarchie des normes*. On doit connaître ce passage, célèbre entre tous : « Pour exprimer la relation en question, on peut utiliser l'image spatiale de la hiérarchie, du rapport supériorité-subordination : la norme qui règle la création est la norme supérieure, la norme créée conformément à ses dispositions est la norme inférieure. L'ordre juridique n'est pas un système de normes juridiques placées toutes au même rang, mais un édifice à plusieurs étages superposés, une pyramide ou hiérarchie formée (pour ainsi dire) d'un certain nombre d'étages ou couches de normes juridiques. Son unité résulte de la connexion entre éléments qui découle du fait que la validité d'une norme qui est créée conformément à une autre norme repose sur celle-ci ; qu'à son tour, la création a été aussi réglée par d'autres, qui constituent à leur tour le fondement de sa validité ; et cette démarche régressive débouche finalement sur la norme fondamentale – norme supposée. La norme fondamentale hypothétique – en ce sens – est par conséquent le fondement de validité suprême, qui fonde et scelle l'unité de système de création [98] ». Il importe de souligner un principe de Kelsen, fondement de toute la doctrine positiviste : « on a déjà évoqué à maintes reprises cette particularité que présente le droit de régler lui-même sa propre création ». Le droit est le pélican de la mythologie : il s'engendre lui-même. Le droit est, paradoxalement, la source du droit.

Ce système est relativement aisé à décrire [99]. Pour ce qui est du droit français, partons du bas de la pyramide. Un arrêté doit être conforme à un décret, lui-même conforme à une loi et la loi régulière au regard de la constitution.

94. S. Baume, *Kelsen, plaider la démocratie*, Michalon, Le Bien Commun, 2007.
95. Le livre ne sera vraiment connu en France qu'en 1962 par la traduction qu'en fit alors Ch. Eisenmann.
96. *Ibid.*, p. 6
97. *Ibid.*, p. 299.
98. *Ibid. eod. loc.*
99. X. Magnon, *op. cit.*, p. 71 s. « l'ordre juridique ».

Il est utile de bien connaître cette structure que l'on peut présenter de la manière suivante :

1 Assises de la Constitution (Déclaration des droits de l'homme de 1789 + Préambule de la Constitution de 1946 + Principes fondamentaux reconnus par les lois de la République) Constitution du 4 octobre 1958 Traités internationaux (art. 55 Const.) 2 Lois organiques (art. 46 Const.) Lois ordinaires (art. 34 Const.) Ordonnances (art. 38 Const.) 3 Décrets du président de la République (pris en conseil des ministres, art. 37) Décrets autonomes du Premier Ministre (art. 37 Const.) Décrets d'application du Premier Ministre (art. 21) 4 Arrêtés ministériels Arrêtés préfectoraux (ou d'un président de conseil général) Arrêtés municipaux (pris par un maire) 5 Circulaires d'application (mais n'ont pas de valeur contraignante) Réponses ministérielles (simple avis d'un ministre) Rescrits de certaines juridictions (simples interprétations de textes nouveaux)

31. – Critiques. – Quelle critique apporter à la théorie de Kelsen ? Elle est une excellente et pertinente démonstration du *processus* d'élaboration des *normes* du droit écrit. Kelsen fait une analyse de compétence des autorités et introduit la théorie de Montesquieu des contre-pouvoirs au sein même de l'ordre juridique. De ce point de vue, sa construction est d'une absolue cohérence. Il faut ajouter son immense mérite pratique : ce n'est pas la moindre des valeurs d'une bonne théorie.

Toute la difficulté tient à ce que Kelsen valide, en définitive, sa théorie en fondant sa pyramide sur la proclamation de « droits fondamentaux » (le qualificatif prend ici toute sa force) délicats à déterminer : quelle leur véritable nature ? quelle est leur véritable expression ?

32. – Nature de la « norme fondamentale ». – L'on a rapidement objecté que le sommet (ou la base, comme l'on veut) de la pyramide aboutit inexorablement à une *impasse*. Lorsqu'on aboutit à la Constitution, la question est alors de savoir quelle norme supérieure légitime celle-ci.

Que nous dit Kelsen au sujet de la norme fondamentale ? « Si l'on veut se faire une idée juste de ce qu'est la norme fondamentale, il faut avant tout conserver présent à l'esprit qu'une norme fondamentale se rapporte : de façon immédiate, à une Constitution déterminée, qui a été posée effectivement, qui a été créée soit par la coutume, soit par un acte conscient d'édiction, et qui est en gros et en général efficace ; de façon médiate, à l'ordre de contrainte qui a été créé conformément à cette Constitution et qui est en gros et en général efficace ; elle fonde la validité de cette Constitution d'abord et de l'ordre juridique tout entier dont celle-ci est la base, ensuite » [100].

Kelsen soutient « qu'en faisant l'hypothèse d'une norme fondamentale, on affirme aucune valeur transcende au droit positif ». Or, c'est là manifestement que le bât blesse. Kelsen confond deux choses bien distinctes : l'édiction de la norme fondamentale (qui est bien un acte purement juridique) et son contenu (qui, à ce niveau, ne peut être purement juridique). Le contenant (à savoir la Constitution et plus généralement les déclarations qui précèdent) est bien une norme juridique. Le contenu l'est beaucoup moins.

Prenons un exemple banal. Le Conseil constitutionnel a dit, dans une décision importante du 27 juillet 1994 (à propos des lois de bioéthiques), que la dignité de la personne humaine était un principe à valeur constitutionnelle. Pourquoi ? Parce que, d'une manière d'ailleurs incidente, le préambule de 1946 fait allusion à la dignité de la personne. De ce point de vue, il est tout à fait raisonnable de dire que la valeur que constitue la dignité de la personne humaine est intégrée dans le « bloc de constitutionnalité ». En revanche, il est inexact de soutenir que ce principe n'a de valeur que parce qu'il est relevé dans la Constitution. Ce principe n'est nullement juridique par lui-même : c'est un principe transcendant qui a, de par le droit, des *effets* immanents ; c'est un principe métaphysique qui a une *traduction* juridique. Ce principe est *reçu* par le droit, il n'est certainement pas *créé* par le droit. La démonstration en est que ce principe n'est nullement un principe de droit *français* mais un principe *universel*.

En fait, Kelsen n'a pas voulu reconnaître que sa « norme fondamentale » était le « check point » entre le droit et les autres valeurs fondatrices de la société. Cette « norme fondamentale », parce qu'elle est une « norme », est bien du droit en tant que contenant, mais parce qu'elle est « fondamentale », n'est pas du droit en tant que contenu, du moins, et c'est l'ambiguïté parfaite du terme « droit », en tant que « droit positif » : le droit fondamental qui fonde le droit positif ne peut lui-même être du droit positif.

33. – Fondamentalité à tous les étages de la pyramide. – La seconde critique touche au niveau d'édiction des droits fondamentaux. Pour Kelsen, les choses sont très simples : les droits fondamentaux sont contenus dans la norme fondamentale. Bien entendu, dans l'absolu, c'est ainsi qu'il devrait en être et la « loi fondamentale » de l'Allemagne (très inspirée de Kelsen) en est un assez bon exemple. Mais, concrètement et en France spécialement, il n'en a jamais été ainsi, pour diverses raisons. D'une part, la Constitution, même assortie de déclarations liminaires, ne peut tout prévoir par avance. Parce que le droit découle de la nature d'une société, il est nécessairement mouvant. Le constituant français de 1946 l'a parfaitement compris en doublant la vénérable déclaration de 1789 d'une seconde déclaration plus moderne. Les droits fondamentaux sont en découverte permanente, les inscrire une fois pour toutes dans une constitution, c'est courir le péril de les *figer*. Parce qu'ils sont des droits fondamentaux, ils répugnent à être des droits écrits : ce sont des droits plus déclarés qu'édictés. D'autre part, même écrite, la notion même de « fondamentalité » est totalement distincte de la place de la norme qui décrit un « droit fondamental » : la valeur du contenu ne dépend pas du rang du contenant.

Tout ce qui est dans la Constitution n'est pas nécessairement du droit fondamental ; à l'inverse, tout le droit fondamental n'est pas dans la Constitution. Prenons un simple exemple. La Constitution française ne fait aucune allusion au principe du respect dû à la vie privée, en revanche

100. *Op. cit.*, p. 266.

le Code civil, à son article 9, en assure une efficace protection : c'est pourtant bien un droit fondamental alors même que le Code civil n'a qu'une valeur législative. La même Constitution ne dit rien du principe du respect de la contradiction dans une procédure judiciaire, en revanche le nouveau Code de procédure civile, à son article 16, en fait un principe absolu : c'est bien un droit fondamental même si ce code n'est qu'un assemblage de plusieurs décrets autonomes.

La *valeur d'un droit* est donc nettement distincte de la *valeur de la norme* qui le consacre [101]. Les droits fondamentaux se retrouvent *à tous les étages* de la pyramide et non simplement au sommet parce que ce n'est pas de la Constitution que découle le droit mais c'est du droit que provient la Constitution (É. Picard).

34. – Destin du positivisme. – Si Kelsen jouit d'une telle autorité aujourd'hui dans la doctrine juridique, malgré les incertitudes de sa théorie trop systématique (d'aucuns diront mécanique), c'est certainement parce qu'il a donné une doctrine à une attitude plus qu'une école : le positivisme.

L'on dénomme « positivisme » le parti qui consiste à dire que le droit se suffit à lui-même et que le juriste n'a pas à sortir de sa sphère pour exercer son art et sa science. Le terme dérive de « droit positif » qui signifie « droit posé » ou « établi ». Le droit n'est que le droit écrit d'où l'amalgame fréquent entre le *droit* et la *norme* (contenu et contenant).

35. – Nuances. – Quels regards porter sur cette manière de concevoir le droit ? La nuance s'impose. Dans la vie quotidienne, de fait, tout juriste est bien un positiviste. L'avocat chargé de suivre une procédure de saisie immobilière suivra la procédure indiquée dans le Code de procédure civile. Le notaire opérant une liquidation d'un régime de communauté se conformera aux règles déterminées pour cela dans le Code civil. Le juge administratif ayant à statuer sur une affaire de marchés publics ira quérir la solution dans le Code des marchés publics. Nier que le droit, dans la pratique, est d'abord une *technique*, c'est nier une évidence.

Le péril vient non pas du positivisme pratique mais de l'autisme positiviste [102], c'est-à-dire de l'inaptitude de certains juristes à réfléchir sur le droit en dehors du droit, à avoir des perspectives et des pensées qui le dépassent. D'une subtilité dans l'art d'interpréter avec intelligence, talent et imagination, le droit tel qu'énoncé par les autorités compétentes peut sourdre un entêtement, une obnubilation et même, dans les cas extrêmes, une démission intellectuelle gravissime.

Le positivisme est donc, dans un premier temps, l'art consommé du praticien du droit à *jouer* du droit ; il peut être, dans un second temps, une paresse de l'esprit voire une démission de l'âme. Il ne devient périlleux que lorsqu'il rétrécit l'esprit après en avoir dilaté les facultés. Il y a un positivisme de facilité (restons entre juristes) et un positivisme de conviction (imposons-nous aux philosophes).

Kelsen fut non seulement un grand juriste mais encore un très grand juriste, au surplus courageux. Simplement, sa théorie a été simplifiée à l'extrême pour servir de fin de non-recevoir à toute pensée philosophique, et plus encore métaphysique, sur le droit. Il a servi de

101. B. Beignier, « Hiérarchie des normes et hiérarchie des valeurs – Les principes généraux du droit et la procédure civile », *Mélanges Pierre Catala*, Litec, 2001, p. 153 et s.

102. X. Magnon, « En quoi le positivisme – normativisme – est-il diabolique ? », *RTD civ.* 2009.269. Accusation excessive, mais en quoi serait-il angélique ?

justification à réduire le droit à une *science normativiste* et à introduire dans le droit l'esprit *scientiste* (qui n'est pas l'esprit *scientifique*). Il importe de distinguer les deux [103]. C'est certainement trahir son œuvre magnifique et déterminante que de l'invoquer pour éviter de s'interroger sur l'*art* de la justice qui découle du droit, vecteur des valeurs d'une société et, au-delà, de l'humanité.

§ 2 : La hiérarchie des valeurs

36. – Droit et justice. – Le droit ne peut fonder le droit. Le droit est heuristique : il transmet des valeurs, le juriste est quelqu'un qui défend une cause. Le droit n'est jamais neutre : l'affirmer, c'est dissimuler une intention. Tout au moins le droit ne peut se fonder que sur des droits d'une nature très particulière que l'on dénomme volontiers aujourd'hui des « droits fondamentaux » [104]. L'expression est acquise, à tel degré que l'examen de « grand oral » (arrêté du 11 septembre 2003) que passent les étudiants désireux de devenir avocats s'intitule « libertés et droits fondamentaux ».

Néanmoins, cette expression n'est pas sans une certaine ambiguïté. Ces droits sont-ils fondamentaux parce qu'ils sont d'abord des règles juridiques (des « droits ») ou bien tirent-ils leur fondamentalité d'une autre source (« fondamentaux ») ?

À étudier de près ce mouvement puissant qui domine actuellement tous les droits occidentaux (d'Europe ou des Amériques), l'on discerne son origine et son actualité. D'une manière générale, il s'agit là de relier le droit non pas seulement à son auteur immédiat, l'État, mais à sa fin naturelle qui est la Justice.

Soulignons que le regard porté par les juristes sur le droit, à ce stade, est très dissemblable des citoyens ordinaires. Les juristes aiment le droit pour lui-même. Jongler avec les textes et même les mots, pétrir la pâte de la loi, disserter sur les notions, voilà le plaisir (car il y a une part de jeu, au sens intellectuel du terme, dans le droit) secret des juristes. Les citoyens, c'est-à-dire

103. En particulier, J.-R. Binet, *Droit et progrès scientifique, Science du droit, valeurs et biomédecine*, PUF, coll. Partage du savoir, 2002, toute la 2e partie « le droit asservi par le scientisme » (p. 143 et s.). Au-delà du droit : O. Rey, *Itinéraire de l'égarement, Du rôle de la science dans l'absurdité contemporaine*, Le Seuil, 2003 ; F. Lurcat, *De la science à l'ignorance*, éd. du Rocher, 2003. Question posée par ce dernier : « Pourquoi le mode de pensée des savants est-il souvent totalitaire ? ». Inquiétant. À compléter par L. Walters, *L'éclipse du savoir*, Éd. Allia, 2008.

104. Les principes fondamentaux du droit sont, aujourd'hui, surtout étudiés en L3 dans le cours de « Libertés publiques et droits fondamentaux ». Mais il est nécessaire de s'y familiariser dès le départ. Un gros article indispensable (mais d'un accès sans doute un peu difficile en L1) : E. Picard, « L'émergence des droits fondamentaux en France », *AJDA*, 1998.8 s., mais l'article, du même auteur, *Droits fondamentaux in Dictionnaire de la culture juridique, p.* 544 est, si l'on peut dire, fondamental ! Un article, plus bref, mais excellent : V. Champeil-Desplats, *La notion de droit « fondamental » et le droit constitutionnel français, D.* 1995, chr. p. 324, permet de bien saisir la différence entre « droit fondamental » et « droit constitutionnel » (alors qu'on confond volontiers les deux notions). Un autre article souligne la confusion qui règne actuellement sur la notion et qui risque de la mettre en péril : E. Dreyer, *La fonction des droits fondamentaux dans l'ordre juridique, D.* 2006.748 s. Selon ce dernier auteur, « la hiérarchie des valeurs s'est inversée puisque le principe est désormais la protection de la personne et non plus de l'ordre public », mais ce faisant « il existe un mouvement pernicieux, consistant à galvauder les droits fondamentaux. Il consiste à qualifier de la même façon le droit et ses démembrements. Il en résulte une augmentation du nombre des droits concernés qui ne méritent pas toujours leur qualification. La Charte des droits fondamentaux de l'Union européenne en fournit la meilleure illustration ». Ce qui peut conduire à une véritable « manipulation des droits fondamentaux » car « ils ne remplissent plus, alors, leur fonction idéale. Ils sont un instrument au service des juges qui s'en servent pour asseoir leur autorité sur le droit ». L'étudiant serait bien inspiré de constituer, dès maintenant, un dossier « droits fondamentaux » dans lequel il pourra classer la littérature à lire au long de ses études et qui lui sera vraiment nécessaire dans quelques années.

les administrés et les justiciables, attendent tout autre chose du droit : efficacité, aide, plus encore justice. Si l'on veut une (nouvelle) image, on peut comparer le juriste au *conducteur* d'une voiture et le citoyen au *passager* de celle-ci. Le premier prend plaisir à la conduite du véhicule et à sa mécanique ; le second attend d'elle rapidité, sécurité et confort. Le citoyen est sensible au *résultat* du droit bien plus qu'à sa *mise en œuvre* pour l'excellente raison qu'il en est le destinataire et non le praticien. Le juriste aime un « bel arrêt », le justiciable espère un « bon jugement ». C'est, et on ne perdra pas de vue cette remarque au long des années d'études, cette myopie professionnelle qui fait souvent oublier aux juristes que le droit sans la justice n'est qu'un pur scandale.

I. L'École du droit naturel

37. – Origines antiques. – La doctrine d'un droit naturel apparaît dans l'antiquité grecque. Il est de coutume de citer à ce propos un passage célèbre entre tous de l'*Antigone* de Sophocle (495-406 av. J.-C.). Créon, roi de Thèbes, avait interdit de faire procéder à l'inhumation de ceux qui s'étaient opposés à lui. Antigone bravant l'interdit décide de donner une sépulture à son frère. Devant le roi, elle se justifie dans un passage toujours cité comme la résistance envers la loi injuste : Créon – « Ainsi, tu as osé passer outre à ma loi ? » Antigone – « Oui, car ce n'est pas Zeus qui l'avait proclamée ! Ce n'est pas la Justice, assise aux côtés des dieux [...] ; non, ce ne sont pas là les lois qu'ils ont à jamais fixées aux hommes, et je ne pensais pas que tes défenses à toi fussent assez puissantes pour permettre à un mortel de passer outre [...] aux lois non écrites, inébranlables, des dieux ! Elles ne datent, celles-là, ni d'aujourd'hui, ni d'hier, et nul ne sait le jour où elles ont paru ».

Aristote, dans l'*Éthique à Nicomaque*, puis Cicéron, dans le *De Republica*, plus spécialement dans le livre *De legibus* (Des lois) de ce traité, se feront les illustrateurs de cette conception, qui est, soulignons-le, d'abord d'être un contre-pouvoir. Cicéron, très nettement, associe la quête du droit naturel avec l'aptitude à la raison dont dispose l'être humain : « Cet animal prévoyant, judicieux, complexe, pénétrant, doué de mémoire, capable de raisonner et de réfléchir, auquel nous donnons le nom d'homme, a été engendré par un Dieu suprême qui l'a richement doté. Seul parmi tous les vivants et entre toutes les natures animales, il raisonne et il pense ; cela est refusé aux autres. Or qu'y a-t-il, je ne dis pas dans l'homme, mais dans tout le ciel et sur la terre, de plus divin que la raison, qui, arrivée à maturité et à sa perfection, est justement appelée sagesse ? [...] Or la droite raison, c'est la loi et par la loi aussi nous devons nous croire, nous autres hommes, liés aux dieux. Où il y a communauté de loi, il y a aussi un droit commun, et ceux entre qui existe cette communauté doivent être regardés comme étant de la même cité ; encore bien davantage s'ils obéissent aux mêmes commandements, aux mêmes pouvoirs ».

Deux choses à retenir chez Cicéron : le droit repose sur la raison qui est le propre de l'homme, cette raison lui permet de discerner le bien du mal, y compris au sein des lois ; ce sens du discernement du droit est le propre de l'homme en général et non d'une nation quelconque, le droit naturel est donc un droit de l'humanité tout entière, un droit universel (d'où l'expression de *jus gentium,* droit des « gens », c'est-à-dire des « nations », de toutes les nations, de l'humanité).

Toute la pensée occidentale restera fidèle à ce postulat : le droit est discerné par la raison humaine [105]. Rencontre entre la civilisation grecque (la raison) et la civilisation romaine (le droit).

38. – La pensée de saint Thomas d'Aquin. – Au cœur du Moyen Âge, saint Thomas d'Aquin marque une nouvelle étape décisive dans la pensée juridique. Quelques mots de présentation. C'est un dominicain (ordre des frères prêcheurs fondé à Toulouse par saint Dominique, ce qui explique que la sépulture de saint Thomas se trouve dans l'église des Jacobins, près du lycée P. de Fermat : le plus illustre dominicain dans la plus belle des églises dominicaines) né à Aquino en Italie. Il enseignera surtout à Paris au collège des Dominicains que l'on dénomma alors les Jacobins parce qu'ils étaient établis rue Saint-Jacques (plaque commémorative rue Soufflot). Les Jacobins révolutionnaires prirent leur ancien couvent… et leur « petit » nom. L'essentiel de son œuvre est constitué par sa *Somme théologique* (1266-1273) dont le « fil rouge » est de démontrer l'harmonie entre la foi et la raison. Rencontre entre la civilisation antique gréco-romaine et la civilisation chrétienne. Les trois villes-mères de l'Occident : Athènes, Rome, Jérusalem.

Saint Thomas explique que le droit est fondé selon la raison, mais qu'il existe trois degrés de connaissance du droit. Tout au sommet se trouve la *lex aeterna* qui est la loi divine voulue par Dieu, Créateur et ordonnateur de l'univers. Cette loi, l'homme ne peut véritablement la comprendre par la raison car la volonté de Dieu est incompréhensible pour l'intelligence de l'homme. Avant lui, saint Augustin avait souligné qu'il faut croire pour comprendre et non comprendre pour croire en Dieu ; en effet, si l'intelligence humaine pouvait saisir l'intelligence divine, cela signifierait une égalité parfaite entre le Créateur et la créature : donc ce serait la démonstration qu'en fait Dieu n'existe pas. La preuve rationnelle de Dieu est totalement et radicalement impossible. Seul l'acte de foi, dans la Révélation faite par Dieu aux hommes de son message (les deux testaments qui constituent la Bible), permet de sortir, en quelque sorte, de cette impasse ; mais la foi est un mystère et une grâce.

La raison n'intervient qu'au deuxième degré, celui de la *lex naturalis* (la loi naturelle). Cette loi est accessible à l'homme qui, s'il ne peut comprendre son propre Créateur, peut comprendre la Création dont il est l'axe. Subtile mais déterminante distinction.

Vient, ensuite, la *lex humana* (la loi humaine) qui n'est autre que la loi ordinaire que se donne l'homme, en conformité avec la loi naturelle, pour ordonner cette Création que Dieu lui a confiée.

Toute la doctrine de saint Thomas, sur le droit, repose sur un concept *essentialiste* : le droit existe par lui-même, il est inhérent à la nature de la Création. L'homme, et de manière plus générale les structures de la société, n'ont pour mission que de rechercher ce droit (loi naturelle) et le mettre en forme (loi humaine).

De la sorte, l'on doit au plus notable docteur de l'Église médiévale (saint Thomas fut longtemps le grand théologien catholique, au point d'être honoré du titre de « docteur angélique ») d'avoir définitivement « civilisé » le droit. Si le droit musulman est un droit nécessairement coranique avec pour conséquence que toute société musulmane est une société aux liens étroits avec la religion, tel n'est pas le cas des sociétés chrétiennes. Par la doctrine du droit naturel distinct du droit divin, saint Thomas met chaque chose à sa juste place. Ce n'est pas dans l'Écriture sainte

105. En France, il faut attendre le master 1 pour avoir (dans quelques facultés seulement) un cours de philosophie du droit (alors qu'un tel cours serait la suite logique de la classe de terminale dite de philosophie). On citera deux manuels (brefs) : B. Oppetit, *Philosophie du droit*, Précis Dalloz (1998) ; R. Sève, *Philosophie et théorie du droit*, Dalloz, Cours, 2007. Le plus facile d'accès est le premier, pour un étudiant de première année. Un livre très utile : *Dictionnaire des grandes œuvres juridiques*, O. Cayla et J.-L. Halpérin (dir.), Dalloz, 2008. Cet ouvrage permet un accès solide et sobre aux grandes œuvres de la pensée juridique.

que le droit trouve sa source mais dans l'observation de la nature. Dès lors, le droit occidental distinguera très soigneusement le droit canonique (qui est le droit propre à l'Église, clercs et fidèles) du droit civil (qui est le droit de la cité). Le droit musulman ignore cette distinction. C'est saint Thomas qui décléricalise définitivement le droit civil : il sécularise la législation civile. Ce n'est pas un hasard si son époque voit refleurir l'enseignement du droit civil romain.

Mais la doctrine de saint Thomas d'Aquin connaîtra de rapides contestations, dès le siècle suivant. Duns Scot et Guillaume d'Occam vont être les pères spirituels de l'individualisme moderne avec le « nominalisme ». En substance, ils soutiennent que les concepts n'existent pas en eux-mêmes mais qu'ils sont des élaborations de la pensée humaine (prodromes du débat incessant entre le *donné* et le *construit*). L'homme « nomme » les concepts qu'il engendre. Ce faisant, le droit découle alors de la *volonté* humaine, dégagée de toute autre perspective. L'on perçoit aisément que c'est du nominalisme que provient l'idée des « droits subjectifs », c'est-à-dire des droits qui n'existent que par la revendication faite par les sujets de droit. Ces droits subjectifs sont la base même de la Déclaration des droits de l'homme. Droits de l'homme : droits revendiqués par l'homme ; déclaration : droits énoncés par l'homme. La kyrielle infinie des « droit à » [106]. L'on a là les deux aspects marquants de la pensée juridique moderne : l'individualisme et le positivisme. L'individu est le maître de l'univers et le droit est ce que veut cet individu.

39. – L'œuvre de Grotius. – Au XVIIe siècle, un auteur va, plus ou moins, être à la confluence de ces deux héritages : le hollandais Hugo Grotius. Docteur en droit à quinze ans (!), il est l'auteur d'un ouvrage qui déconcerte quelque peu le lecteur contemporain, *Le droit de la guerre et de la paix* [107].

Pour Grotius, le droit naturel ne découle pas de la nature de la Création mais de la nature de l'Homme (qui tend à prendre alors une majuscule). Que dit Grotius ? Il reprend la fameuse affirmation d'Aristote : l'homme est, d'abord et avant tout, un être social. Le propre de l'homme est de vivre avec ses semblables, d'une manière organisée. L'homme engendre une civilisation. Or il ne peut y parvenir que parce qu'il est doté de raison. C'est sa raison qui le conduit à s'améliorer lui-même et à améliorer la société dans laquelle il vit. L'idée même de « progrès » est au cœur de cette philosophie, ce n'est pas sans raison que Michel Villey lui décernera le titre de « législateur de l'Europe moderne ».

Grotius bouleverse profondément les données de saint Thomas, tout en s'y proclamant fidèle. Il ne nie absolument pas l'existence d'un droit divin, mais dans sa pensée, le droit naturel devient totalement *indépendant* de ce dernier alors que pour saint Thomas, le droit naturel était un moyen de se rapprocher d'un droit divin quasi inaccessible. Un passage du chapitre 1er (X, 5) par son exemple percutant peut être aisément connu : « Le droit naturel est tellement immuable, qu'il ne peut être changé par Dieu. Quelque immense, en effet, que soit la puissance divine, on peut dire cependant qu'il y a des choses sur lesquelles elle ne s'étend pas ; parce que celles auxquelles nous faisons allusion ne peuvent être qu'énoncées, mais n'ont aucun sens qui exprime une réalité, et sont contradictoires entre elles. De même donc que Dieu ne pourrait pas faire que deux et deux ne soient pas quatre, de même il ne peut empêcher que ce qui est essentiellement mauvais ne soit pas mauvais ».

106. D. Cohen, « Le droit à... », *Mélanges Terré,* 1999, p. 393 s. ; une thèse d'éclat : M. Pichard, « Le droit à. Étude de législation française », Paris 2, Economica, 2006.

107. Une édition récente par D. Alland et S. Goyard-Fabre, PUF, coll. Léviathan, 1999.

Cette autonomie du droit naturel, Grotius l'expose (IX) un peu à la manière du pari de Pascal (mais en quelque sorte à rebours) : « *Tout ce que nous venons de dire aurait lieu de quelque manière quand même on accorderait, ce qui ne se peut* sans un crime horrible, qu'il n'y point de Dieu, ou s'il y en a un, qu'il ne s'intéresse point aux choses humaines. » L'on n'est pas loin du « Dieu horloger » de Voltaire. Dès lors, le droit n'est plus (du moins plus seulement) une idée permettant de trouver un équilibre juste de la vie sociale au sein d'un monde dont l'homme n'est qu'une partie, fût-elle de loin la plus éminente. L'homme devient le centre de tout et absorbe le tout. Il commande à l'univers et organise tout. En bref, pour saint Thomas, la Création est au service de l'homme fait à l'image de Dieu. Toutefois, cette Création *dominée* par l'homme est *maîtrisée* par Dieu. La Terre est au centre de la Création et l'homme est le sommet de la Création. Pour Grotius, la Création perd de sa substance : l'homme devient tout. C'est l'homme qui devient le *maître* d'une Création que Dieu lui confie purement et simplement. Dieu crée, l'homme organise. Le Dieu de Grotius est assez peu Celui de la Providence.

Bien entendu, l'on discerne ici les conséquences philosophiques et politiques majeures de ce courant qui est tellement dominant dans l'Occident moderne qu'on n'en imagine pas un autre. Il n'est pas interdit d'en voir les dérives. C'est bien parce que l'homme s'est senti le maître absolu de la Création qu'il a fait ce qu'il a fait de la « planète bleue ». Il y a de toute évidence un lien direct entre cette philosophie de maîtrise totale de l'univers et les dégâts incommensurables que l'homme a pu opérer envers ce même univers.

40. – Vers les Lumières. – La philosophie de Grotius sera illustrée, et même systématisée, par un autre auteur du même siècle, Pufendorff, qui sera le théoricien du contrat (suite logique des postulats de Grotius). Toute la vie sociale découle d'accords librement consentis entre les hommes : tout est contractuel et tout ce qui est contractuel est nécessairement juste. Cela va du « contrat social » (on songe à Rousseau) dont l'aboutissement est la constitution de chaque État, au plus petit des contrats de la vie quotidienne.

Ce droit naturel, triomphe de la raison humaine, laïcisé, volontariste (on peut retenir ces trois qualificatifs), dont la doctrine moderne est systématisée au XVIIIe par Leibniz et Locke, aura des conséquences dans le droit que nous connaissons et que nous appliquons. D'une part, la Déclaration des droits de l'homme de 1789 se veut toujours (« sous les auspices de l'Être suprême ») celle qui proclame « les droits *naturels* inaliénables et sacrés » de l'homme ; d'autre part, le Code civil aurait dû commencer (sans l'opposition politique du Tribunat qui ne voulait pas donner un texte servant d'appui à la liberté des juges dans l'appréciation de la loi) par un article premier affirmant : « Il existe un droit universel et immuable, source de toutes les lois positives : il n'est que la raison universelle en tant qu'elle gouverne tous les hommes ». Ce principe, que Portalis magnifia dans le *Discours préliminaire du Code civil*, n'en demeure pas moins la clé d'interprétation de la législation civile toujours en vigueur en France.

41. – Éclipse du droit naturel. – Paradoxalement, ce triomphe marque aussi le chant du cygne du droit naturel durant tout le XIXe siècle et une bonne partie du siècle suivant. Quelles en sont les raisons ? Elles tiennent à des données politiques importantes. Napoléon Bonaparte est un jacobin ; il achève la révolution aux deux sens du terme. Selon la proclamation faite le jour du coup d'État de Brumaire an VIII, la révolution est *terminée*, ses principes en sont *fixés*.

c'est en cela qu'il a pu baptiser sa théorie : « théorie pure du droit ». La forme est ici garante de la légitimité du fond sur lequel Kelsen récuse toute interrogation. C'est ce que l'on dénomme la théorie formelle de l'État de droit.

45. – Tradition anglo-saxonne. – Elle contraste avec une autre conception de cet État de droit, prédominant dans les pays de tradition anglo-saxonne : le *Rule of law.* Ce n'est pas ici la forme qui compte et le processus d'élaboration de la norme, mais le fond et le contenu de cette norme. Celle-ci n'est légitime que si elle comporte des traits inhérents à toute règle faisant que cette dernière doit être tenue comme du droit et non une simple contrainte étatique. Cet examen suppose que la règle soit prévisible, non rétroactive, claire, proportionnée, etc., bref, en un mot, que la règle soit *juste.* Aux États-Unis d'Amérique, ce principe fondamental se trouve inscrit dans un célèbre amendement de la Constitution, le XIVe, imposant le *due process of law.* C'est ce que l'on dénomme la théorie substantielle de l'État de droit.

Telles sont les deux racines principales de la notion d'État de droit. Elles reflètent une vue radicalement différente. La première théorie consiste à dire que la démocratie conduit nécessairement au droit, tandis que la seconde part du principe, pour s'inspirer de l'adage romain cité en tête de cette leçon, que ce n'est pas le droit qui découle de la démocratie mais le droit qui fonde la démocratie. Les deux théories, en définitive, inversent cause et effet. Le droit, dans la tradition anglo-saxonne, garantit les droits du peuple contre les errements de la foule [114]. Il importe d'y être attentif pour comprendre que ces deux conceptions, au lendemain de la Seconde Guerre mondiale, s'unirent pour donner, dans nombre de pays de l'Europe occidentale et continentale, une théorie actuelle de l'État de droit qui unit les deux conceptions : formelle et substantielle.

C'est particulièrement le cas dans l'Allemagne renaissante du chaos en 1948 et marquée au fer rouge de sa prostitution passée. Naturellement incline à être fidèle à la pensée de Hans Kelsen (lequel s'était exilé en Amérique durant les années nazies), la nouvelle Allemagne adopte une « loi fondamentale » qui place au sommet de l'ordre juridique (ou plutôt à la base) les droits fondamentaux de la personne humaine. L'État de droit, au fond, c'est le vaccin de la démocratie.

46. – Carrefour des doctrines. – Rencontre entre les deux théories qui est inévitable si l'on ne veut pas que la théorie de la hiérarchie des normes aboutisse à une procédure sans direction et que l'on ne souhaite pas davantage que les valeurs fondatrices du droit restent dans l'abstraction. Forme et fond doivent s'unir pour donner un État de droit formel et substantiel : bref, solide et véritable.

En fait, personne n'a jamais été dupe, la « grande norme » de Kelsen (la norme hypothétique) n'est pas une norme *juridique* mais une norme *politique* et donc nécessairement *philosophique.*

Revenons sur un exemple déjà invoqué. L'on trouve dans la plupart des constitutions européennes contemporaines, la référence au principe de la dignité de la personne humaine. Si l'on prend en particulier le cas français, que lit-on ? Le préambule de la Constitution de 1946 (de la IVe République), inclus dans celui de celle de 1958, énonce d'une manière assez littéraire (non sans une solennelle élégance) qu'« au lendemain de la victoire des peuples libres sur les puissances qui nièrent la dignité de la personne humaine » [115], etc.

114. Une lecture roborative : F. Zakaria, *L'avenir de la liberté. La démocratie illibérale aux États-Unis et dans le monde,* O. Jacob, 2003.

115. « On ne pouvait pas dire simplement que les camps représentaient la négation des droits de l'homme : aussi vrai que cela fût, l'expression eût semblé trop faible. Il semblait plus juste de voir dans les camps une entreprise systématique pour offenser, et essayer de détruire, la dignité humaine. À la lumière, si l'on peut dire, de l'expérience des camps, la dignité humaine paraît un principe plus profond, plus précieux encore, que celui des droits de l'homme. » P. Manent, *Cours familier de philosophie politique,* Fayard, 2001, p. 320.

Formellement, on peut déjà s'interroger : est-ce, à proprement parler, *l'édiction* d'une règle de droit ou la *présentation* de règles de droit ? Le sentiment invite à retenir, *a priori*, la seconde solution, mais il est désormais acquis que les textes juridiques forment un tout. En eux, tout est droit : préambule, introduction et même titres.

Fondamentalement, surgit une seconde interrogation, beaucoup plus capitale : le principe visé (la dignité de la personne) est-il, par lui-même, juridique ou est-il d'une autre nature mais reçu et consacré par l'ordre juridique ? Le véritable débat est là.

Sans entrer dans une discussion trop longue, tout le monde perçoit bien que la notion de dignité de la personne humaine n'est pas du droit en elle-même. C'est un principe d'une civilisation donnée, celle de l'Europe de la Chrétienté et des Lumières. Ce n'est pas en vain que l'on observera que cette notion est désormais inscrite dans tous les droits occidentaux alors qu'elle est totalement ignorée d'autres civilisations bien différentes de la nôtre. Si certains veulent « réduire » le principe en question à n'être que du droit, et du droit seulement, c'est en réalité soit par paresse intellectuelle (le juriste rebute toujours à sortir de son univers, parfois par défaut de culture), soit pour ne pas reconnaître les sources philosophiques et spirituelles de ce principe (d'où la dispute sur le préambule d'un projet de constitution européenne et les héritages philosophiques et religieux). Le plus simple quand on ne veut pas apporter une réponse qui déplaît étant toujours de ne pas poser la question. Or, entre ces postulats des constitutions modernes et le fameux sermon de Léon le Grand pour la nuit de Noël : « Chrétien, comprend quelle est ta dignité ! », le lien de causalité est flagrant [116].

Ceci étant, ce principe est bien reçu par l'ordre juridique. Cela signifie que le droit le met en œuvre. On se trouve donc dans l'exemple parfait où *le droit instrumentalise d'autres valeurs* [117]. Donnons une illustration simple. Ce principe a été repris, en 1994, par l'article 16 du Code civil et c'est sur ce fondement que le tribunal de grande instance de Paris a condamné une marque italienne de vêtements, connue pour le caractère provoquant de ses publicités, à retirer une affiche jugée outrageante pour les personnes infectées par le virus VIH.

Le droit est le canal de sources [118] qui irriguent la vie sociale et la vie personnelle.

Pour revenir à la confluence des deux théories de l'État de droit (formelle : la hiérarchie des normes, et substantielle : la hiérarchie des valeurs), on peut affirmer que les États occidentaux sont aujourd'hui dans une situation qui, avec des variantes importantes selon les pays et des

116. « La dignité humaine est la notion morale la plus haute de l'humanité démocratique. C'est Kant qui l'a élaborée de la manière la plus rigoureuse et la plus complète, et qui l'a placée au centre de sa doctrine morale et sociale. Elle est d'origine stoïcienne et chrétienne. » P. Manent, *Cours familier de philosophie politique*, Fayard, 2001, p. 318.

117. B. Edelman, « La dignité de la personne humaine, un concept nouveau », *D.* 1997 chr. p. 185 ; V. Saint-Jammes, « Réflexions sur la dignité de l'être humain en tant que concept juridique du droit français », *D.* 1997 chr., p. 61 ; C. Girard et S. Hennette-Vauchez (dir.), *La dignité de la personne humaine. Recherche sur un processus de juridicisation*, PUF, Droit et Justice, 2008 ; X. Bioy, « La dignité : questions de principes », *in Justice, éthique et dignité*, Pulim, 2006, p. 47 s. Utilisation judiciaire : « Une personne qui souffre de schizophrénie a intérêt à agir afin de faire cesser la commercialisation d'un singe en peluche appelé Nazo le Skizo qui porte atteinte à sa dignité. Il en va de même d'une association qui a pour objet d'assurer la défense de l'intérêt collectif des malades atteints de cette maladie ». CA Versailles, 24 nov. 2004, *D.* 2005.388. Utilisation législative : dans la loi du 22 avr. 2005 sur la fin de vie, le médecin veille sur la dignité du malade mourant.

118. « Le pouvoir des juges aujourd'hui s'appuie non pas sur les lois de la nation considérée, non pas même sur sa Constitution, mais sur ce qui est au principe des lois et de la Constitution, ou qui les surplombe, à savoir les "droits de l'homme" et l'idée de "l'humanité". Écartant lois locales, usages reçus et conventions et traités internationaux, les juges prétendent de plus en plus parler immédiatement au nom de l'humanité » P. Manent, *Cours familier de philosophie politique*, Fayard, 2001, p. 310. Mais une difficulté risque de se présenter rapidement : « Si les principes de la justice, ce sont immédiatement les droits de l'homme, pourquoi leur activation serait-elle réservée aux juges ? Les juges rendaient jusqu'ici la justice parce qu'ils détenaient la science du droit et des lois. Dès lors que la médiation du droit et des lois est balayée au profit de l'appel immédiat aux droits de l'homme, la médiation du juge perd sa raison d'être » (p. 311).

méthodes encore très différentes, où le droit légiféré fait l'objet d'un double contrôle. 1) La loi a-t-elle été votée par les organes compétents (en principe le parlement) et selon la procédure requise (définie par la constitution mais aussi le règlement des diverses assemblées parlementaires) ? 2) La loi est-elle conforme aux règles fondamentales sur lequel le pays convient que la société doit être établie ?

47. – Mise en œuvre de la doctrine des droits fondamentaux. – Mais aussitôt surgit une difficulté qui est de taille. Quand il s'agit de la première vérification, l'institution qui en est chargée (en France, le Conseil constitutionnel ; l'on trouve dans d'autres pays des cours constitutionnelles ou des tribunaux constitutionnels) est, indubitablement, une véritable juridiction. En revanche, quand on conteste devant lui la fidélité de telle loi aux grands principes fondateurs, le débat se fait plus vif car, alors, l'institution doit prendre un parti qui n'est évidemment pas purement *juridique* mais *politique* (ce qui, incidemment, n'a rien d'infamant, c'est même un terme infiniment noble). Le juge constitutionnel n'est pas seulement l'interprète du droit ; à un tel niveau, l'harmonisation l'emporte sur la mélodie. Ce juge, parachevant l'œuvre du législateur, est un juge qui participe plus à l'œuvre de ce dernier qu'il ne se contente (comme le juge ordinaire) de la mettre en œuvre.

Les choses deviennent encore beaucoup plus délicates lorsque la sanction du respect des droits fondamentaux est opérée par le juge judiciaire ou le juge administratif. Certes, en France du moins, le juge ordinaire n'a pas, normalement, à juger de la constitutionnalité des textes (sauf diverses exceptions). Toutefois, il y parvient mieux encore par un autre contrôle, devenu quotidien, qui est celui de la conformité des lois aux traités internationaux (Const., art. 55) et en particulier de la Convention européenne des droits de l'homme et de sauvegarde des libertés individuelles (*cf. infra* chapitre 3). C'est ainsi que le juge sera amené à dire si une loi viole le respect de la « vie privée » ou de la « vie familiale », si un texte bride la « liberté d'expression », si telle peine est « dégradante », etc. On le voit, ce sont là des canons très généraux dans leur formulation et qui donnent une grande latitude d'interprétation, sous la houlette de la jurisprudence de la Cour européenne siégeant à Strasbourg. Là, encore, *nolens volens*, le juge est bien obligé de dire le droit au sens politique du terme.

La grande révolution juridique française, la fin du « légicentrisme », peut se résumer à deux dates : 16 juillet 1971, la décision du Conseil constitutionnel de vérifier la conformité des lois au préambule idéologique de la Constitution – 3 mai 1974, la ratification par la France de la Convention européenne des droits de l'homme.

Mais alors sur quels fondements idéologiques statuer ? On en revient à la lancinante question de l'observation de la nature et de la recherche du bien de l'homme. Pour ne citer que quelques arrêts rendus en 2002 et 2003, la Cour européenne a eu l'occasion, en pesant ses motifs sur le trébuchet, de dire que l'adoption d'un enfant par un homosexuel pouvait (non pas devait) être refusée si les autorités compétentes estimaient que la vie de cette personne en particulier (et non de tout homosexuel en général) ne paraissait pas conforme à ce que l'éducation d'un jeune enfant requiert *(Frette) ;* elle a refusé de condamner la pratique française de l'accouchement sous X parce que la loi française tempère la rigueur du secret de cette filiation douloureuse *(Odièvre) ;* elle a (plus catégoriquement) refusé d'admettre le suicide assisté parce tuer un malade, même gravement atteint, revient à fuir le vrai défi des soins palliatifs et que la mort est toujours contraire aux intérêts d'une personne (*Diane Pretty).*

Derrière tout cela, ne retrouve-t-on pas l'ancestrale quête par le juriste de ce qui fait sa plus noble mission : le juste ? L'on en revient donc, nécessairement, à l'antique précepte d'Ulpien : *jus est ars aequi et boni* (le droit est l'art de l'équité et du bien). Jürgen Habermas a moins de scrupules à le dire que les juristes : « Les principes moraux qui proviennent du droit naturel sont aujourd'hui des éléments du droit positif. L'interprétation de la Constitution adopte, par conséquent, une forme qui est de plus en plus celle de la philosophie du droit » [119]. Chassez le droit naturel, il revient au galop, pourrait-on dire. « Lorsque, en France, les juges suprêmes invoquent des principes à valeur constitutionnelle ou reconnus par les lois de la République, lorsqu'ils dégagent des principes généraux du droit pour fonder leurs décisions, que font-ils d'autre sinon de s'appuyer sur des normes fondamentales qui relèvent du droit naturel, qu'elles aient ou non pris une forme écrite ? » [120]

Tout ceci, *cum grano salis,* fait plaisamment penser aux publicités des fabricants de desserts, qui ne redoutent pas le paradoxe : « Nouveau : recette à l'ancienne ». En latin, l'on dirait *nihil novi sub sole* (rien de nouveau sous le soleil).

48. – En quelques lignes. – Le droit est une *technique* (la connaissance et la compréhension de la norme) et un *art* (l'usage de la norme) ; un *pouvoir* (la loi et la jurisprudence) et une *autorité* (la justice qui en découle). Au fond, le droit donne des *réponses* en tant que *technique* de *pouvoir* et ne cesse de poser des *questions* en tant qu'*art* de la *justice*. L'étudiant qui aura compris cela, même de manière incertaine comme c'est naturel au seuil de ses études, aura perçu la distinction entre les *moyens* du droit et ses *fins*. C'est un chemin, parfois difficile et rebutant, qui conduit vers un idéal, jamais décevant et toujours exaltant. Ce n'est pas rien si un juriste, au terme de sa vie, peut se dire qu'il a été, grâce au droit, un artisan de paix parce que celle-ci ne peut découler que de la justice. Il n'y a pas à aller chercher l'équité hors du droit car elle en est toujours l'âme. Un juriste qui ne connaît pas le droit positif est un juriste aventureux, mais un juriste qui ne s'interroge pas sur le droit positif est un juriste sans aventure. Le droit naturel ne se déduit pas de la contemplation des platanes et des cailloux, il est le regard personnel de chacun et de chaque génération sur un monde en perpétuel devenir : c'est bien pourquoi il est le profond ressort de la modernité. Chaque réponse engendre une nouvelle question.

LE DROIT

↓

TECHNIQUE (connaissance et compréhension de la norme)	+ ART (usage de la norme)	+ POUVOIR (la loi et la jurisprudence)	+ AUTORITÉ (la justice qui en découle)

↓

TECHNIQUE DE POUVOIR (donne des réponses)	+ ART DE LA JUSTICE (pose des questions)

119. In *Droit et morale, op. cit.*, p. 133.

120. Fr. GAUGUET, *Commentaires*, n° 102, été 2003, p. 395. D'où les liens étroits entre la doctrine du droit naturel et celles des droits de l'homme : A. DUFOUR, *Droits de l'homme, droit naturel et histoire*, PUF, 1991 ; B. BARRET-KRIEGEL, *Les droits de l'homme et le droit naturel*, PUF, Quadrige, 1989.

CONSEILS DE LECTURE

De manière générale, on ne peut que renvoyer à l'ensemble des manuels traitant de l'introduction au droit (voir bibliographie en fin d'ouvrage) : ils sont foisonnants et des plus divers (à noter spécialement celui du Doyen Jean Carbonnier et celui de François Terré). Nous avons ici sélectionné quelques « petits » livres qui ont le mérite de ne pas décourager la lecture du néophyte et qui encourageront la réflexion personnelle, le plus important étant là.

Introductions aux introductions :
Fr. Terré, *Le droit*, Flammarion, « Dominos ».
Ph. Jestaz, *Le droit*, Dalloz, « Connaissance du droit ».

Trois remarquables recueils des « grands textes », avec un bref commentaire, dans l'excellente collection « Corpus » (collection de poche) de Garnier-Flammarion. En vue de la préparation de grands concours, c'est quasiment une bibliothèque condensée, précieuse... et peu coûteuse.
Le droit, par Fr. Rouvillois.
La loi, par G. Radica.
La justice, par M. Bessone.

Ensuite et pour avoir une vue simple et claire des grands thèmes de la philosophie du droit :
B. Oppetit, *Philosophie du droit*, Précis Dalloz.

CHAPITRE 2
Les divisions du droit interne : droit public, droit privé, droit pénal

Bernard Beignier

---

49. – Imaginons que le professeur se prenne pour un guide de haute montagne et entraîne l'étudiant de première année au Col de Lannemezan. De là, il pourra lui indiquer les principaux sommets et massifs qui constituent la chaîne des Pyrénées. Il en est ainsi de ce chapitre qui n'a pour dessein que de donner une vue sommaire des grandes divisions du droit interne, c'est-à-dire du droit français, que l'étudiant sera amené à gravir dans les années à venir.

D'emblée, il faut noter que le propos de cette leçon ne porte que sur le seul droit « interne », le droit national [1]. Mais chacun sait qu'il existe bien un *droit international*, droit réservé aux relations entre ces sujets particuliers que sont les États. Ce droit est étudié, le plus généralement, par un cours en première année portant sur les relations internationales avant d'être abordé plus spécialement, soit en troisième soit en quatrième année.

Le droit international se scinde en deux : le *droit international public* et *le droit international privé* [2]. Le premier, comme on vient de le dire, rassemble les règles auxquelles s'obligent les États entre eux par les *traités*. Le second, qu'il serait peut-être plus exact de dénommer « droit privé international », ne vise qu'à trouver la loi privée qu'il conviendra d'appliquer lorsqu'un contentieux oppose deux sujets de droit de nations différentes ou des intérêts privés rattachés à des pays différents (*cf. infra* chapitre 5).

---

1. Une remarque, qui n'est pas un détail : le droit interne n'est pas un droit uniforme. Tout d'abord, il existe des particularismes notables et importants outre-mer, plus dans les « territoires d'outre-mer » (TOM) (loi organique n° 2011-918 du 1er août 2011 relative au fonctionnement des institutions de la Polynésie française, *JORF* du 3 août ; loi organique n° 2011-870 du 25 juill. 2011 modifiant la loi du 19 mars 1999 relative à la Nouvelle-Calédonie) que dans les « départements d'outre-mer » (DOM) (loi organique du 27 juill. 2011 relative aux collectivités territoriales de Guyane et Martinique, *JORF* du 28 juill.) soumis, en principe, au même droit que la métropole (le dernier département ainsi créé est celui de Mayotte, loi organique n° 2010-1486 du 7 déc. 2010 relative au département de Mayotte et loi n° 2010-1487 du même jour). Plus insigne encore le statut de la Nouvelle-Calédonie, issu de la loi organique n° 99-209 du 19 mars 1999, pris à la suite de la réforme constitutionnelle inscrite dans les articles 76 et 77 de la Constitution (Titre XIII), prévoit des *lois du pays* particulières, fournissant une large autonomie à ces îles lointaines, en attente d'une possible indépendance. Mais sur le territoire de la métropole, on ne peut omettre la place du « droit local d'Alsace-Moselle » (ce terme est le vocable français pour dénommer globalement les trois départements du Haut-Rhin, du Bas-Rhin et de la Moselle, revenus à la France par le traité de Versailles en 1919 ; part du territoire qui lui avait été enlevé par le traité de Francfort en 1871 et qui fut dénommée Alsace-Lorraine par l'Allemagne). Lors de l'annexion, le Reich admit le maintien d'une partie de la législation française (en particulier le régime concordataire des cultes). Par prudence, la France admit la même chose lors du retour : ce fut l'objet de deux lois importantes du 1er juin 1924, initialement provisoires puis rendues permanentes. Le Conseil constitutionnel (DC n° 2011-57, QPC du 5 août 2011, *JO* du 6, à propos du repos dominical absolu le dimanche en Alsace-Moselle) a reconnu valeur de principes fondamentaux reconnus par les lois de la République à ces deux lois. Ce « droit local » n'est pas comme on le croit souvent une simple survivance du droit allemand de la période 1871-1918 mais est un mélange de lois françaises d'avant 1870 maintenues par l'Allemagne (dont le Concordat de 1801), de certaines lois allemandes entre 1871-1918, mais surtout de lois propres à l'Alsace adoptées par sa Diète (parlement) particulière dont elle fut dotée en 1911, ainsi que de certaines lois françaises postérieures à 1918 mais réservées à ces trois départements. Depuis 1985, il existe un Institut du droit local alsacien-mosellan (IDLAM) qui publie une *Revue du droit local* et *Le guide du droit local* (Economica, 2e éd., 2002, s. dir. E. Sander). Parmi les particularismes de ce droit, outre le régime des cultes (la loi de séparation de 1905 ne s'applique pas), les jours fériés propres à l'Alsace, le régime des corporations, le statut des notaires (recrutés par concours), le livre foncier, etc. Ce droit fait l'objet d'un concours à la faculté de Strasbourg.

2. Dans le *Dictionnaire de culture juridique*, les Vis *Droit international privé* par B. Ancel et *Droit international public* par D. Alland. Usage modéré de ces matières complexes en première année. Si on ne comprend rien, ne pas s'inquiéter et patienter pour attendre le M1.

Trois exemples. **1°/** Mariage entre une Espagnole et un Français. Le mariage a lieu à Madrid. Le droit espagnol reconnaît la valeur civile d'un mariage religieux contrairement au droit français qui oblige à un mariage civil préalable à toute cérémonie religieuse. Quelle loi conviendra-t-il de retenir pour que le mariage soit valide au regard du droit français ?

2°/ Un contrat est conclu, à Naples, entre un Italien et un Tunisien pour la livraison, à Malte, de marchandises produites à Sfax. Le convoi arrive avarié. Quelle loi et quel juge seront compétents ? Loi italienne (lieu de conclusion du contrat) ou loi maltaise (lieu d'exécution du contrat) ?

3°/ Un accident de la circulation survient entre deux véhicules français, lors d'un voyage organisé, au Maroc. Quelle loi appliquer ? La loi française plus protectrice (loi des personnes) ou la loi marocaine (loi du lieu de l'accident) ?

Ce droit tend aussi à intégrer dans l'ordre juridique français des actes qui n'ont pas leur correspondant en droit interne. Parmi les questions de ces dernières années : la *kafala* de droit musulman (qui est une sorte de délégation de l'autorité parentale) est-elle l'équivalent d'une adoption simple (qu'ignore et même réprouve, le droit musulman) [3] ? À quoi correspond un *trust* britannique en droit français : est-ce une donation ou un legs ? Plus polémique, le mariage entre personnes de même sexe (contraire à l'ordre public français) admis par certains pays est-il valide en France [4] en tant que mariage ou réductible à un simple PACS ?

Ce droit, subtil entre tous, est étudié à la fin des études en quatrième année. L'on perçoit à travers ces simples exemples qu'il relève fondamentalement du droit privé. Certes, l'on fait valoir qu'en France, par tradition, le droit de la nationalité et des étrangers est étudié dans le cours de droit international privé, alors que ce droit est par essence du droit public (c'est lui qui donne le statut de citoyen). La remarque est pertinente mais prouve simplement que ce droit est autonome au droit international privé et, malgré la coutume universitaire, n'a pas à se fondre avec lui (distinction parfaitement bien respectée dans la plupart des autres pays). Il faut ajouter que le droit de la nationalité a, lui-même, une nature particulière. Depuis l'abrogation du Code de la nationalité en 1993, la législation sur la nationalité française est incluse dans le Code civil lui-même (Titre premier *bis* du Livre premier) : il est lié à la personne.

50. – Le droit européen. – Quelle place assigner à ce que l'on dénomme le droit européen ou le droit communautaire [5] ou encore le droit de l'Union ? Les termes sont parfois peu clairs. L'Union européenne a succédé, à compter du Traité de Maastricht (puis ceux d'Amsterdam et de Nice, enfin celui de Lisbonne) à la Communauté du même nom. Il ne faut pas confondre

3. À travers des questions juridiques se posent souvent des questions de société. Le droit musulman ignore (et même refuse) l'adoption plénière d'un enfant (qui ne peut avoir qu'une seule filiation). Il dispose, en revanche, d'une sorte de délégation de l'autorité parentale, la *kafala*. En droit français, « l'adoption d'un mineur étranger ne peut être prononcée si sa loi personnelle (celle de sa naissance) prohibe cette institution ». Question amplement débattue ces dernières années : la *kafala* équivaut-elle à une adoption ? Argument pour : cela y ressemble. Argument contre : elle existe justement pour pallier le refus de l'adoption. Réponse (justifiée) négative de la Cour de cassation : la *kafala* n'est pas une adoption, précisément parce que le droit musulman interdit celle-ci (Cass. 1re civ., 10 oct. 2006, *JCP* 2007-II-10072 note Farge et CA Aix-en-Provence, 24 oct. 2006, *JCP* 2007-II-10073, note A. Verdot ; *D.* 2007.816, note Fulchiron ; *D.* 2007, pan. 460, obs. Granet) et jurisprudence constante depuis (Cass. 1re civ., 25 févr. 2009, *D.* 2009.730, note V. Egéa). Tout un colloque sur ce thème : *Dr. famille*, 2009, n° 1. Un tel refus n'est pas contraire aux droits fondamentaux : Cass. 1re civ., 15 déc. 2010 ; *JCP* 2011.301, note Th. Garé.

4. H. Fulchiron, « Le droit français et les mariages homosexuels étrangers », *D.* 2006, chr. p. 1253 s.

5. V° *Droit communautaire in Dictionnaire de culture juridique* par D. Simon. Il faut que, très vite, l'étudiant de première année connaissance les bases du droit communautaire. Une foule de livres, parmi eux, deux se distinguent par leur clarté : M. Clapié, *Institutions européennes*, Flammarion, coll. Champs-Université, 3e éd., 2006 (introduction qui pose le plus clairement la question européenne telle qu'elle est aujourd'hui) ; J.-S. Bergé et S. Robin-Olivier, *Droit européen. Union européenne et Conseil de l'Europe*, PUF, Thémis, 2e éd., 2011 (a le grand mérite d'exposer le droit des « deux » Europe).

l'Union européenne avec le Conseil de l'Europe : les deux institutions sont totalement distinctes (et n'ont pas grand chose en commun). Toutes les deux ont une cour de justice supérieure : pour l'Union, la Cour de justice de l'Union européenne (jusqu'en 2009 dénommée Cour de justice des Communautés européennes, CJCE) qui siège à Luxembourg et pour le Conseil, la Cour européenne des droits de l'homme (CEDH) qui statue à Strasbourg (*cf. infra* chapitre 10).

Le droit de l'Union est un droit aujourd'hui très dense. On peut presque dire qu'il est devenu le château d'eau des législations nationales. Il procède de directives, de recommandations, etc. Pendant longtemps (du temps du Marché Commun), ce droit était à la marge des droits nationaux qui ne le respectaient que quand l'envie les en prenait. Les choses ont bien changé et le droit communautaire est devenu très directif pour les droits nationaux. Toutefois, ce droit n'a pas vraiment à se superposer aux droits nationaux mais bien plutôt à s'intégrer à eux pour obtenir une *harmonisation* des législations internes. Le droit européen est le sucre du café du droit national : mais le connaisseur déguste le café sans sucre.

Ouvrons le Code civil et prenons un exemple. Les actuels articles 1386-1 à 1386-18 constituent un nouveau titre IV bis du Livre III, consacré à la responsabilité du fait des produits défectueux. Ces textes proviennent d'une importante loi du 19 mai 1998 laquelle n'est que la transposition (laborieuse) d'une directive européenne sur ce sujet épineux [6].

Le droit communautaire se distingue en un *droit institutionnel* (le droit des institutions de l'Union, qui est enseigné généralement en première année) et un *droit matériel* (le droit concocté par ces mêmes institutions, c'est-à-dire le droit applicable). Ce droit matériel de l'Union fait parfois l'objet de cours distincts (il existe dans certaines facultés un cours de « droit européen des affaires »). Cela peut se comprendre dans la mesure où il demeure mal connu et surtout terriblement complexe, il n'en reste pas moins que le processus même d'intégration européenne doit conduire à ce que ce droit vienne inspirer et donc se fondre dans le droit interne.

51. – Incidence des traités internationaux sur le droit interne. – Il faut ajouter, avant de terminer sur ce point, que le droit international classique est, lui-même, en train d'évoluer. Pendant longtemps, les traités internationaux étaient des conventions entre sujets de droit de la communauté internationale. Le prototype du traité était celui qui délimitait une frontière (celui de 1659 dit des Pyrénées qui fixe toujours la frontière franco-espagnole ou celui de Versailles, en 1919, qui fixe celle entre la France et l'Allemagne). Aujourd'hui, les traités comportent souvent des engagements que les États signataires promettent de respecter dans leurs droits internes.

Prenons deux exemples marquants. La Convention européenne de sauvegarde des droits de l'homme et des libertés fondamentales du 4 novembre 1950 (ratifiée par la France en 1974, procédé mnémotechnique : Constitution = 4 octobre 1958, Convention EDH = 4 novembre 1950) est devenue une sorte de déclaration européenne des droits de l'homme qui a des effets immédiats dans le droit interne par suite des condamnations des pays qui, au dire de la Cour sourcilleuse de Strasbourg, ne la respecte pas. Ainsi la France a dû modifier son droit successoral en 2001 à la suite d'une condamnation retentissante en 2000 (arrêt *Mazurek* relatif au sort de l'enfant adultérin). De même, la Convention internationale relative aux droits de l'enfant, signée à Washington en 1989, astreint les États à diverses obligations qui doivent se traduire dans leurs droits internes (*cf. supra* chapitre 1).

6. Autre exemple la loi du 1er août 2008 relative à la transposition de la directive du 21 avr. 2004 (L. Fonbaustier, *JCP* 2008, actualités, p. 544 s.)

Section 1
L'origine de la distinction entre droit public et droit privé

52. – Au commencement était Rome. – Pour commencer [11], une once de latin : *Hujus studii duae sunt positiones publicum et privatum... publicum jus est quod ad statum rei romanae spectat, privatum quod ad singularum utilitatem.* Ce qui en gaulois peut se traduire : *Cette étude (le droit) a deux objets, le droit public et le droit privé. Le droit public est relatif à l'organisation de la chose publique, le droit privé à l'intérêt des particuliers.* L'on remarque que l'expression « res romana », mot à mot la « chose romaine », trouve son équivalent dans celle de « res publica », la chose publique, d'où vient le terme « république » qui signifie, en droit romain, l'État. La chose publique, c'est donc l'État [12].

À qui doit-on cette formule (que l'on peut définitivement retenir, dans la langue de son choix) ? À Ulpien, l'un des cinq grands jurisconsultes du droit romain, compilé dans le *Corpus juris civilis* [13] effectué par ordre de l'Empereur Justinien.

Comment l'expliquer ? Si ce sont les Grecs (spécialement les Athéniens) qui inventèrent la démocratie comme régime politique (encore ne fera-t-on pas l'erreur de dire que leur démocratie était équivalente à la nôtre : elle se fondait sur le tirage au sort et non sur l'élection qui leur semblait propice à la démagogie), ce sont les Romains qui, en Occident, forgèrent le concept d'État et avec lui celui du bien commun, qui implique celui de l'ordre public. La Cité *(civitas)* du romain était le milieu grâce auquel l'individu pouvait se développer librement. Ce sont des Romains que nous viennent les notions de « citoyenneté », de « patrie ».

Il faudrait tout de suite ici associer à la phrase d'Ulpien une autre, qui la complète admirablement. Celle du Christ lorsqu'on tente de le piéger avec le paiement de l'impôt : « *Redde Caesari quod sunt Caesaris et quae sunt Dei Deo* » (rendez à César ce qui est à César – il dit cela en regardant la monnaie frappée à l'effigie de l'empereur romain – et à Dieu ce qui est à Dieu). En effet, c'est du Christianisme, non sans quelques vicissitudes historiques, que découle l'idée de distinguer le *temporel* du *spirituel*, le domaine laïque et le domaine clérical. La laïcité [14] trouve là sa source, étant entendu que la laïcité ne consiste pas à ignorer le domaine religieux [15] mais à respecter l'autonomie nécessaire entre le temporel et le spirituel (c'est exactement ce que dit la Constitution de 1958) [16].

11. Pour commencer, voir aussi le V° *Droit privé / Droit public* par D. ALLAND *in Dictionnaire de culture juridique* ; y ajouter un article stimulant de F.-X. TESTU, « La distinction du droit public et du droit privé est-elle idéologique ? », *D.* 1998, chr. p. 345 s. Plus ancien et révélateur d'une autre vue : R. SAVATIER, *Droit privé et droit public*, *D.* 1946, chr. p. 25 s.

12. Remarque : quand le mot a ce sens, il prend de ce fait *toujours* une majuscule ; on mettra une minuscule pour les autres cas, comme « l'état d'une maison ».

13. V° *Corpus juris civilis* par J. GAUDEMET *in Dictionnaire de la culture juridique.*

14. Question qui sera étudiée en L3 dans le cours de « Libertés publiques ». V° *Laïcité* par J. MORANGE *in Dictionnaire de la culture juridique* ; J. BAUBÉROT, *Histoire de la laïcité en France,* PUF, Que sais-je ? n° 3571 ; du même, *Les laïcités dans le monde*, Que sais-je ? ; G. HAARSCHER, *La laïcité,* PUF, Que sais-je ?, n° 3129 ; le volume 48 des *Archives de philosophe du droit* (2005) sur *La laïcité.* Les travaux d'une importante commission présidée par J.-P. MACHELON, *Les relations des cultes avec les pouvoirs publics* (sept. 2006, *JO*). Un article célèbre : J. RIVERO, *La notion juridique de laïcité*, *D.* 1949.257.

15. Il n'y a pas que la « laïcité à la française », il existe d'autres voies : O. SCHRAMECK, « La laïcité à l'espagnole », *Mélanges Morand-Deviller*, Montchrestien, 2007 ; plus encore E. ZOLLER (dir.), *La conception américaine de la laïcité,* Dalloz, Thèmes et commentaires, 2005. Plus amplement (et très savant) : FRANCIS MESSNER *et alii*, *Traité de droit français des religions,* Litec, 2003 ; X. DELSOL *et alii*, *Droit des cultes*, Dalloz, 2005.

16. La formule à retenir d'Aristide Briand qui fut le rapporteur de la loi du 9 décembre 1905 concernant la séparation des églises et de l'État : « L'État n'est pas anti-religieux, il est a-religieux ». Neutralité, n'est pas hostilité.

Distinction [17] entre les *affaires publiques* et les *affaires privées* [18], séparation entre le *temporel* et le *spirituel* : voilà sur quoi s'est peu à peu édifiée la société qui est la nôtre avec un État laïque et des relations privées entre individus et l'individu et Dieu. Au Royaume-Uni, il n'y a pas de distinction entre droit privé et droit public et l'anglicanisme est la religion nationale d'État.

53. – La personne et la fonction. – Cette distinction entre le « public » et le « privé » est l'un des traits marquants non seulement du droit français mais de la société française [19]. Le droit anglais [20] ignore quasiment la notion de « vie privée », du moins la protège très peu alors que l'article 9 du Code civil dispose : « Chacun a droit au respect de sa vie privée ». Royer-Collard, auteur du XIXe siècle, dans un mot resté célèbre, parlait du « mur » de la vie privée. C'est pour protéger ce secret de la vie intime qu'existe le secret professionnel. Pour l'avoir trahi, le médecin du Président Mitterrand vit, chose exceptionnelle en France, son livre de souvenirs interdit à la vente. Les Français aiment distinguer *l'homme* et *la fonction ;* estimant, non sans quelques bonnes raisons, que les *vertus publiques* peuvent être différentes des *vertus privées* (encore qu'un être forme un tout). Si l'on visite [21] les tombeaux des rois de France à Saint-Denis, comment ne pas y voir l'illustration saisissante de ce *distinguo*, spécialement dans ceux de François Ier ou de Henri II ? Le souverain est représenté de deux manières. Une statue étendue, un cadavre nu sous les traits humains de l'agonie et une autre statue, agenouillée, où le roi est revêtu du manteau royal du sacre. Tradition qui trouva, peut-être, un écho dans les funérailles des présidents de la Ve République (les véritables successeurs des rois), que ce soient celles de Charles de Gaulle, de Georges Pompidou ou de François Mitterrand : un office solennel, sans le corps, à Notre-Dame de Paris et un autre, le corps présent, dans la paroisse. D'un côté, les corps constitués de l'État de l'autre, la famille ; d'un côté, la fonction, de l'autre la personne.

Comment s'est peu à peu opérée cette division du droit ? Il est bon de rappeler qu'elle disparut avec l'Empire romain. Pour preuve la manière dont les souverains mérovingiens puis carolingiens (descendants des tribus barbares) répartirent leurs possessions après leur mort : ils les partagèrent, comme un père de famille peut transmettre son patrimoine à ses enfants en procédant à une donation-partage. C'était une source de confusion, plus encore de guerres. L'on doit aux juristes des capétiens directs d'avoir restauré la notion d'État (à travers celle de « Couronne », on parle aujourd'hui encore de « la Couronne d'Angleterre » pour parler de l'État distinct du souverain) et élaborer l'idée de « statut » du souverain. Il exerce la « fonction royale » sans en être le propriétaire (d'où le fait que le Dauphin est un « successeur » et non un « héritier »). La Couronne est indisponible. Actuellement, il en reste la notion d'indisponibilité des biens de l'État découlant de la vieille ordonnance de 1566 (dite de Moulin, ville où elle fut promulguée) toujours en vigueur. On a souvent caricaturé le propos, authentique, de Louis XIV : « L'État, c'est moi », en oubliant le dernier qu'il prononça : « Je m'en vais mais l'État demeure », qui illustrait parfaitement le cri par

17. Lecture d'un bref livre (158 p.) de P. Nemo, *Qu'est-ce que l'Occident ?* PUF, coll. Quadrige-Essais, 2004. Les « cinq grandes clés » pour comprendre la civilisation européenne contemporaine.

18. D'où la fameuse loi « sur le voile » (mais ladite loi vise aussi la kippa ou une « croix de dimension manifestement excessive ») du 15 mars 2004 (*JO* du 22) et la circulaire d'application du 18 mai suivant (*JCP* 2004-III-20046) : « L'État est le protecteur de l'exercice individuel et collectif de la liberté de conscience. La neutralité du service public est à cet égard un gage d'égalité et de respect de l'identité de chacun ».

19. Le stimulant essai de R. Debray, *Éloge des frontières,* Gallimard, NRF, 2010 ; *Archives de philosophie du droit,* t. 41, *Le privé et le public,* 1997.

20. J.-B. Auby et M. Freedland (dir.), *La distinction du droit public et du droit privé : regards français et britannique,* Éditions Panthéon-Assas, 2004.

21. Ainsi que le fit François Mitterrand juste avant de se déclarer candidat à l'élection de 1981.

lequel le héraut d'armes annonçait la mort du souverain : « Le Roi est mort ! Vive le Roi ! » : permanence de l'État. Cette grande idée, illustrée aujourd'hui en droit international public, par celle de « continuité de l'État » (d'où le scandale international en 1917 lorsque Lénine refusa de payer les dettes du Tsar, en particulier le remboursement des catastrophiques emprunts faits à la France) est le fruit de la doctrine des juristes français du Moyen Âge (spécialement pour assurer l'indépendance du pays face aux revendications du Roi d'Angleterre durant la Guerre de Cent ans). Ce sont eux qui forgèrent les bases de ce qui est aujourd'hui le *droit constitutionnel* (on parle toujours des « droits régaliens » de l'État, ce sont les anciens droits « royaux »). Ce furent, ensuite, les juristes du XVIIe siècle qui élaborèrent les bases de ce qui devint le *droit administratif.* Droit administratif et droit constitutionnel : les deux piliers du droit public français aux liens si nécessairement étroits. Leurs évolutions contemporaines, qui vont dans le même sens, le démontrent amplement.

L'on dit fréquemment que la France est un État-Nation. La formule signifie que la Nation française [22] s'est constituée et unie autour de l'État [23]. Il en reste un rapport singulier entre le Français et son État. État fort : il rassure (l'État-Providence) et il est craint (l'État-Gendarme). Respectueux de l'État, ce même Français entend être totalement maître de son petit territoire, sa vie privée. Au printemps 2003, la Cour suprême des États-Unis a déclaré inconstitutionnelle l'incrimination de certaines pratiques sexuelles (en particulier la sodomie) qui figuraient dans les Codes pénaux de divers États. L'idée que l'État, par sa législation, puisse régir des rapports si intimes (entre adultes consentants) laisse rêveur un Français qui a déjà bien eu du mal à comprendre « l'affaire Clinton ».

Mais c'est aussi cette conception de la société qui explique que la France, contrairement aux États-Unis [24], n'est pas une société « libérale » (au sens précis du terme, lequel est perpétuellement ambigu). Pour les Français, les règles de la vie publique ne sont pas transposables dans la vie privée, l'inverse étant aussi vrai. Les Français ne peuvent comprendre que le droit se mêle de leur vie sexuelle, mais les Américains ne saisissent pas ce que peut être une « entreprise publique ». Faut-il en déduire qu'une société est meilleure qu'une autre ? Faut-il renoncer à s'inspirer de ce qu'il y a de meilleur chez l'autre ? Comparer n'est pas affronter.

Section 2
Le droit public

54. – Le droit public [25], ce sont, d'abord, deux puissants piliers : le droit administratif [26] (objet du programme de deuxième année) et le droit constitutionnel (étudié dès la première

22. Livre essentiel : C. Beaune, *La naissance de la Nation France*, Gallimard, Bibl. des histoires, 1985 ; X. Bioy (dir.), *L'identité du droit public*, Institut Fédératif Recherche, Les travaux de l'IFR, 2011.

23. V° *État* par F. Poirat *in Dictionnaire de culture juridique.* Un livre important (mais difficile) : H. L. Root, *La construction de l'État moderne en Europe. La France et l'Angleterre*, PUF, coll. Libre échange, 1994.

24. V° *États-Unis (culture juridique)* par É. Zoller *in Dictionnaire de culture juridique*. Ajouter le livre de G. Sorman, *Made in USA. Regards sur la civilisation américaine*, Le Livre de poche, 2006. Permet de comprendre l'incompréhension actuelle entre deux peuples unis à jamais par l'histoire. Pour la culture générale, lire aussi le classique livre de A. Kaspi *et alii, La civilisation américaine*, PUF, Quadrige, 2006, sp. pour le droit et les institutions, chap. 18, 20, 21 et surtout 22 ; plus encore du même (on rappellera qu'A. Kaspi est le premier professeur à avoir eu, à la Sorbonne, une chaire d'histoire des États-Unis : il est donc « le » spécialiste français), *Comprendre les États-Unis d'aujourd'hui, après Bush*, Perrin, Tempus, 2008, un livre vif, limpide et d'une infinie richesse.

25. É. Zoller, *Introduction au droit public*, Dalloz, Précis, 1re éd., 2006 : remarquable mise en perspective historique et comparative.

26. V° *Droit administratif* par F. Burdeau *in Dictionnaire de la culture juridique* (qui expose très bien les origines historiques déterminantes du système français). Pour les amateurs : F. Mestre, *Introduction historique au droit administratif*, PUF, coll. Droit fondamental ; également de G. Bigot, *L'administration française*, t. 1 (1789/1870), Litec, 2010.

année). Au-delà, le droit public c'est le droit des finances publiques [27], celui des libertés publiques, de la fonction publique, des marchés publics, etc.

§ 1 : Le droit administratif

I. L'origine de la justice administrative : la lutte contre les féodalités

55. – L'édit de Saint-Germain. – Le XVIe puis le XVIIe siècle marquent un tournant dans l'émancipation du droit public [28] avec l'édit de Saint-Germain-en-Laye du 21 février 1641 [29]. Pour brosser, à très grands traits, ce qu'était l'administration du pays jusqu'alors, on peut dire que les provinces étaient régies par des gouverneurs, issus de la noblesse, qui passaient le plus clair de leur temps soit à ne rien faire, soit à fomenter des complots contre le Roi [30]. Évidemment, le système manquait d'efficacité. Le Roi, attentif aux plaintes de ses sujets, délégua alors des « commissaires » [31] (le mot date de cette époque, le commissaire est celui qui est « commis », c'est-à-dire envoyé pour une mission précise : il reste encore le commissaire de police) qui prirent le nom d'*intendants* [32]. Ils furent des hommes remarquables d'administration [33]. On leur doit, en grande partie, notre actuel réseau de routes nationales [34]. Bien entendu, ils étaient cordialement détestés de tous ceux qui, vieille histoire, avaient de bonnes raisons d'empêcher les réformes (en particulier, fiscales). À dessein de leur mettre des bâtons dans les roues, les parlements, qui étaient à l'époque l'équivalent de nos cours d'appel (mais avec, en sus des pouvoirs judiciaires, des pouvoirs de police), ne manquaient jamais une occasion de leur chercher noise pour un oui ou pour un non [35]. Pour y mettre un terme, le Roi Louis XIII [36] à l'invitation du Cardinal de Richelieu (dit le Juste, et qui n'était pas la mauviette inventée par Alexandre Dumas), décida qu'à l'avenir les intendants ne seraient jamais justiciables des parlements : immunité de juridiction.

---

27. Première approche : F. Mordacq, *Les finances publiques*, PUF, Que sais-je ?, 2011.

28. L'histoire de France explique mieux que tout le droit public contemporain. On se reporte à un ouvrage de très grande qualité : P. Sueur, *Histoire du droit public français, XVe-XVIIIe siècle*, PUF, Thémis, 4e éd., 2007, 2e vol.

29. G. Bigot et M. Bouvet (dir.), *Regards sur l'histoire de la justice administrative*, Litec, 2006.

30. Pour les étudiants toulousains, petit pèlerinage à faire dans la cour intérieure du Capitole, où l'un d'eux finit fort mal sa carrière en 1632.

31. Un passage célèbre du livre tout aussi célèbre de Tocqueville, *L'Ancien Régime et la Révolution* (dans lequel l'auteur explique que l'unité nationale consacrée par la Révolution était déjà largement effectuée par la royauté et que bien des institutions modernes, en particulier administratives, remontent à l'Ancien Régime) : « Celui-ci est un homme de naissance commune, toujours étranger à la province, jeune, qui a sa fortune à faire. Il n'exerce point ses pouvoirs par droit d'élection, de naissance ou d'office acheté ; il est choisi par le gouvernement parmi les membres inférieurs du Conseil d'État et toujours révocable. Séparé de ce corps, il le représente, et c'est pour cela que, dans la langue administrative du temps, on le nomme le *commissaire départi*. Dans ses mains sont accumulés presque tous les pouvoirs que le Conseil lui-même possède ; il les exerce tous en premier ressort. Comme ce Conseil, il est tout à la fois administrateur et juge. L'intendant correspond avec tous les ministres ; il est l'agent unique, dans la province, de toutes les volontés du gouvernement. Au-dessous de lui, et nommé par lui, est placé dans chaque canton un fonctionnaire révocable à volonté, le *subdélégué*. L'intendant est d'ordinaire un nouvel anobli ; le subdélégué est toujours un roturier. Néanmoins, il représente le gouvernement tout entier dans la petite circonscription qui lui est assignée, comme l'intendant dans la généralité entière. Il est soumis à l'intendant, comme celui-ci au ministre » (La Pléiade, *Œuvres*, T. III, p. 82). Tout cela explique le rôle de l'ENA aujourd'hui.

32. Pour les étudiants bordelais, promenade jusqu'au bout des allées de Tourmy ; à Montpellier l'actuelle préfecture occupe toujours l'ancien hôtel de l'intendance.

33. V° *Administration (Grands trait de l'histoire de l')* par J.-L. Harouel *in Dictionnaire de culture juridique*.

34. Le plus ancien d'Europe avec la création de l'École des Ponts et Chaussées sous Louis XV.

35. Pour les étudiants rennais et rouannais, visite du palais de justice.

36. Une biographie de très haute qualité : J.-C. Petitfils, *Louis XIII*, Perrin, 2008.

Mais soustraire aux juges le contentieux lié à l'administration n'aboutissait évidemment pas à supprimer ce contentieux ; aussi, l'édit donnait comme solution que toute contestation envers les bureaux de l'intendance devait être portée devant l'intendant lui-même. On a là l'origine de ce que l'on dénomme toujours le « recours gracieux ». Quant un administré n'est pas satisfait d'une décision, il doit, préalablement, s'adresser au supérieur hiérarchique de celui qui en est l'auteur pour lui demander de la reporter ou de la modifier ; en cas de refus il peut alors, mais alors seulement, exercer un « recours contentieux ». Ce recours contentieux était également porté devant l'intendant puis devant le préfet, car le préfet napoléonien n'est que le successeur de l'intendant royal. C'est là l'origine du conseil de préfecture qui engendra, en 1955, le tribunal administratif[37]. Si aujourd'hui le contentieux des impôts indirects (comme les droits d'enregistrement payés lors d'une succession ou de l'achat d'une maison) est du ressort du tribunal de grande instance et si celui des impôts directs (comme l'impôt sur le revenu) relève de la compétence du tribunal administratif, c'est tout simplement parce que les impôts indirects sont les plus anciens du pays et donc furent de la compétence naturelle des juges ordinaires dont les successeurs sont les juges judiciaires et que les impôts directs sont une création de la fiscalité moderne (l'impôt sur le revenu ne date que de 1914), dont le contentieux est celui du contentieux administratif moderne[38].

Si l'intendant ne donnait pas la suite espérée, la personne mécontente pouvait, vieille règle de la monarchie exigeant du roi qu'il soit « fontaine de justice » pour ses sujets, saisir l'un des conseils du roi : c'est l'origine de notre Conseil d'État qui porte le nom d'un (car il y en avait plusieurs) des conseils royaux.

56. – La loi de Pluviôse an VIII. – Après la révolution, le Consulat reprit l'œuvre administrative de la monarchie par une grande loi. On peut en retenir la date car il n'est pas excessif de dire que c'est elle qui a façonné les structures administratives de la France moderne. Elle est, pour partie, toujours en vigueur ; c'est la loi du 26 pluviôse an VIII. Ce texte instaura les préfets et l'administration départementale (les départements, pour leur part, datent des débuts de la révolution : 26 février 1790) telle qu'elle resta, en gros, jusqu'au mouvement de décentralisation entamé en 1983 et actuellement poursuivie depuis la (timide) réforme constitutionnelle du printemps 2003.

II. Le droit administratif républicain

57. – *Blanco* et *Cadot*. – Le XIXe siècle sera celui qui verra l'émergence d'un droit administratif et d'une juridiction administrative[39]. Quelques jalons importants : la loi du 24 mai 1872 donne au Conseil d'État la véritable nature de juridiction ; l'arrêt *Blanco* du Tribunal des conflits du 8 février 1873 (*GAJA*, n° 1) est le point de départ d'un véritable droit administratif.

37. Toutefois, le premier tribunal administratif fut celui de Strasbourg par maintien, en 1918, d'une juridiction similaire du droit allemand.

38. V° *Procédure administrative* par F. Burdeau *in Dictionnaire de culture juridique.*

39. La découverte du droit administratif peut attendre patiemment le L2 : Apéritif : P. Delvolvé, *Le droit administratif*, Dalloz, Connaissance du droit, 5e éd., 2010 (vision classique de la matière). Cocktail savoureux et bien frappé : D. Truchet, *Droit administratif*, PUF, Thémis, 3e éd., 2010. Simplement pour les plus curieux, lire l'introduction du livre de B. Seiller, *Droit administratif*, Flammarion, coll. Champs-Universités, 3e éd., 2010, T. 1 « Les sources et le juge » ainsi que dans le glossaire de la fin, le V° *Origines*.

En 1889, par l'arrêt *Cadot* (*GAJA*, n° 5), le Conseil d'État s'émancipe totalement du pouvoir ministériel [40] : c'est lui seul qui statue (depuis la réforme du 30 septembre 1953, cet arrêt a perdu un peu de son intérêt pratique puisque le Conseil d'État n'est plus le juge de droit commun en matière administrative). En 1926, le préfet cessa de présider le Conseil de préfecture. Une remarque importante : ce furent les juridictions administratives qui produisirent le droit du même nom. Fondamentalement, pendant longtemps, ce droit fut un droit « jurisprudentiel ». Ce n'est plus le cas aujourd'hui : de nombreuses lois sont intervenues pour renforcer les droits individuels : d'où l'apparition d'un « code » en la matière [41].

Les choses furent lentes à se clarifier et on peut affirmer que ce n'est véritablement qu'en 1986 que l'ordre administratif fut fixé en regard de l'ordre judiciaire [42]. Cela tient à une idée qui, comme toutes les bonnes idées, engendra des effets indésirables. Un mot de Portalis finit par donner un adage facile : « Juger l'administration, c'est encore administrer ». Il faut bien comprendre cette formule pour en saisir les conséquences jusqu'à une époque récente.

Lorsque le Roi interdit aux parlements, c'est-à-dire aux juges, de connaître des contestations élevées contre les décisions des intendants, il ne se contentait pas de soustraire ce contentieux à des juges que nous qualifierions aujourd'hui de « juges judiciaires ». Il niait purement et simplement l'idée d'un contentieux administratif. Il n'y avait pas, à l'époque, comme de nos jours, deux ordres de juridictions : l'ordre judiciaire et l'ordre administratif. Il n'y avait que des juges. D'ailleurs, soit dit en passant, parler de « juges judiciaires » comme on le fait d'une manière pratique est une redondance. C'est un peu comme si l'on parlait de « soldats militaires » ou de « professeurs enseignants ». Le droit administratif s'est donc développé, à ses origines, comme un droit appréhendant le contentieux d'une manière radicalement différente que le droit privé. Il en a conservé longtemps une marque profonde, typiquement française. Ce fut, jusque dans les années 1970, un droit régalien ; un droit d'administrateurs ayant barre sur des administrés. Un droit de la France d'en haut sur la France d'en bas. Politiquement, les Français étaient des citoyens ; administrativement, ils étaient encore des sujets.

58. – L'État-Providence. – Pourquoi en fut-il ainsi ? Pour plusieurs raisons tenant aux mœurs et aux idées politiques. Première remarque : en France, l'État ne fait pas peur, il rassure. Il a toujours été l'État-Providence [43]. Le Roi était le lieutenant (mot qui signifie « représentant ») de Dieu sur terre ; l'État fut naturellement vu comme la Providence. Paul Valéry dans ses carnets a bien résumé ce sentiment français : « Trop d'État, nous étouffons ; pas assez, nous périssons ». Le Français se tourne naturellement vers l'État comme jadis vers son Roi. C'est ce qui explique que, viscéralement, les Français sont méfiants envers un libéralisme du type américain et une déréglementation du type européen. L'État est le protecteur du Tiers-État contre les féodaux.

Deuxième remarque : en France, la vie politique est imbriquée avec la vie administrative. Écrire à « son » député, pour obtenir que telle ou telle administration se secoue un peu et sorte de l'ornière un dossier, c'est un réflexe quasi normal chez un français, indépendamment de toute

40. B. Pacteau, *Le Conseil d'État et la fondation de la justice administrative française au XIXe siècle*, Léviathan, PUF, 2003.

41. P. Eckly, « La codification du droit administratif », *Mélanges Wiederkehr*, Dalloz, 2009, p. 281 s.

42. Voir plus amplement le chapitre 10 et le V° *Séparation des autorités* par J. Chevalier *in Dictionnaire de culture juridique*. Attention : ne pas confondre la séparation des pouvoirs (législatif, exécutif, judiciaire) avec la séparation des autorités (tribunaux judiciaires et tribunaux administratifs). Erreur de langage fréquente.

43. On en parle toujours sans trop savoir ce que recoupe l'idée. Un classique : Fr. Ewald, *Histoire de l'État-Providence*, Le Livre de poche-Essai, 1996 ; ajouter le livre de D. Schnapper, *La démocratie providentielle*, Folio actuel, n° 141, 2010.

Cette *émancipation* puis cet *épanouissement* de la justice administrative sont dus spécialement à son mode de fonctionnement, en particulier au rôle dévolu depuis son origine [51] à un magistrat au nom ancien, *a priori*, étrange (héritage historique) : le commissaire du gouvernement. À la lettre, on était porté à penser que ce commissaire était là pour faire valoir les vues du gouvernement contre l'administré. En fait ce commissaire, totalement indépendant dudit gouvernement, était surtout, comme le Procureur de la République près la Cour de cassation, le « commissaire de la loi », c'est-à-dire le « défenseur du droit ». C'est ce qu'expose magistralement un arrêt du Conseil d'État, en date du 10 juillet 1957 (*Gervaise*) : « il a pour mission d'exposer [...] les questions que présente à juger chaque recours contentieux et de faire connaître, en formulant en toute indépendance ses conclusions, son appréciation, qui doit être impartiale, sur les circonstances de fait de l'espèce et les règles de droit applicables ainsi que son opinion sur les solutions qu'appelle, suivant sa conscience, le litige soumis à la juridiction ». Jurisprudence consacrée par l'article L. 7 du Code de justice administrative ; réitérée par un nouvel et bel arrêt, *Esclatine,* du 27 juillet 1998 [52]. Néanmoins la Cour européenne des droits de l'homme avec une tenace cécité crut devoir condamner la France sur ce point, par divers arrêts dont la rigueur intellectuelle n'était pas le point dominant [53]. Finalement pour couper court aux confusions savamment entretenues, le décret n° 2009-14 du 7 janvier 2009 modifia l'appellation de ce magistrat qui devint le « rapporteur public » [54]. Dans le même temps, il est désormais admis que les parties peuvent apporter une réplique à ce rapporteur qui ne participe plus au délibéré [55]. Tout cela ne peut faire oublier que ce furent le plus souvent les « conclusions » des commissaires du gouvernement qui ont fait faire de sensibles progrès au droit administratif, ce d'autant plus que pendant longtemps, les avocats étaient des civilistes ou des pénalistes peu portés vers le droit administratif. Magistrat issu du même corps que ceux qui siègent, intégré à la même juridiction, pouvant exercer tantôt la fonction de juger tantôt celle d'aider à juger (car c'est bien la véritable mission), ce rapporteur est plus facilement écouté de ses pairs. Ce particularisme français, fort mal compris hors de nos frontières [56], s'explique par une grande tradition : celle du « ministère public » qui n'est pas « l'accusateur public » mais « l'avocat de la société ». Léon Blum fut un très grand commissaire du gouvernement avant d'entrer dans la vie politique. Michel Debré, « père de la constitution », forgea sa pensée au Conseil d'État.

---

51. Par l'ordonnance du 12 mars 1831 qui institua la publicité des audiences du Conseil d'État.

52. *Rec. Lebon*, 1998.320, concl. Chauvaux et l'étude complète de J.-Cl. Bonichot et R. Abraham, « Le commissaire du gouvernement dans la juridiction administrative et la CEDH », *JCP* G 1998-I-176.

53. Le fameux arrêt *Kress c/France* du 7 juin 2001 (*AJDA* 2001.675, note F. Rolin ; *D.* 2001.2619, note R. Drago) puis l'arrêt *Martine c/ France* du 12 avr. 2006 (*AJDA* 2006.986, note F. Rolin).

54. *JCP* 2009-47, obs. M.-C. Rouault.

55. J. Andriantsimbazovina, « Du commissaire du gouvernement au juge-orateur au sein des juridictions administratives », *D.* 2008.1134.

56. La question sera vue en L2. Disons ici que la Cour européenne des droits de l'homme n'aime pas le commissaire du gouvernement. Elle a condamné sa présence lors du *délibéré* (mais avec simple voix consultative et non délibérative) comme contraire au principe du « procès équitable ». Arrêt *Kress* (célèbre) du 7 juin 2001, réitéré par un arrêt *Martine* du 12 avr. 2006. La CEDH suit une logique anglo-saxonne qui s'évertue à ne pas comprendre le système français. Une aussi méticuleuse cécité est presque admirable par sa persévérance dans l'erreur. Peut-on renvoyer à *L'autre avocat, D.* 2005, point de vue, p. 3028. La place du commissaire du gouvernement est pourtant maintenant mise en cause au nom des standards du procès équitable. L'arrêt *Kress* (CEDH, 17 juin 2001, n° 39594/95, *Kress c/ France, AJDA*, 2001, p. 675, note F. Rolin) valide son existence avec certaines réserves. La principale conséquence concrète de cet arrêt est une reconnaissance de la note en délibéré (Décret n° 2005-1586 du 19 déc. 2005 consacre l'existence de ces notes en intégrant au CJA l'article R. 731-5 ; ce décret ne fait que reprendre la position du Conseil d'État : CE, 12 juill. 2002, Leniau ; *Rec.*, p. 278 et *AJDA*, 2003, p. 1825). Un décret du 1er août 2006 retira au commissaire du gouvernement le droit de participer au délibéré, puis l'ensemble de la procédure fut revu pour être en parfaite conformité avec ce qu'exige la CEDH par un décret du 6 mars 2008. Mais globalement ce fut une adaptation non une capitulation fasse aux exigences d'une justice supranationale qui a une autre logique que celle de la France : est-elle meilleure ?

La justice administrative eut les défauts de ses qualités, l'importance de ceux-là ne fut, dans le passé, que l'ombre de celles-ci. Est-ce pour rien que cette justice prend figure de modèle pour nombre de pays [57] ?

§ 2 : Le droit constitutionnel

60. – Droit de l'État et de la Nation. – S'il est bien une matière captivante pour l'étudiant de première année, c'est celle du droit constitutionnel [58]. La Constitution (le mot évoque naturellement la majesté et prend volontiers une majuscule) peut être définie [59] comme « l'ensemble des règles suprêmes fondant l'autorité étatique, organisant ses institutions, lui donnant ses pouvoirs, et souvent aussi lui imposant ses limitations en garantissant des libertés aux sujets ou citoyens » [60]. La Constitution, dans tout pays est, pour reprendre l'appellation allemande, la « Loi fondamentale ».

Ce qui a profondément changé en un quart de siècle c'est le fait que la Constitution ne soit plus seulement la norme fondamentale de l'État mais aussi de la Société et la petite « révolution » de la « question prioritaire de constitutionnalité » voulue par la réforme du 23 juillet 2008 incline fortement le droit constitutionnel contemporain en ce sens. Un pan (classique) de ce droit est celui des normes et des institutions (en clair, pour la France, le régime de la Ve République) mais s'est développé, depuis 1971, un autre aspect (moderne) d'un droit matériel et contentieux [61]. C'est ce qui explique le lien étroit entre le cours de droit constitutionnel de première année et celui de libertés publiques et droits fondamentaux de troisième année qui en est devenu le complément naturel et indispensable. Ce droit, depuis la fameuse décision du 16 juillet 1971 du Conseil constitutionnel, connaît une *mutation* et une *dilution*.

Dans cette décision fondatrice, le Conseil constitutionnel a découvert, en quelque sorte, une constitution de la constitution : le préambule [62] de celle-ci qui fait référence, pour faire bref, aux droits de l'homme (par le renvoi à la déclaration de 1789 mais aussi celle de 1946) et aux libertés et droits fondamentaux (principes fondamentaux dégagés par la jurisprudence du Conseil d'État). Le juge constitutionnel n'est donc plus un juge du fonctionnement des organes de l'État mais un juge de l'État lui-même. Il ne se contente pas de dire qui a compétence pour édicter une loi ; il se propose de dire si la loi, légalement votée, est bien constitutionnellement rédigée. Ce n'est pas du tout pareil. Le Conseil constitutionnel se veut donc le « défenseur du peuple » [63]

57. 15 pays de l'Union européenne disposent d'une justice administrative.

58. Il va sans dire que nous ne donnerons ici aucune bibliographie de manuels de droit constitutionnel : l'on se reportera à celle fournie par le professeur de droit constitutionnel, plus avisé sur la question qu'un « privatiste ». Voir toutefois le V° *Constitution et droit constitutionnel* par O. Beaud *in Dictionnaire de la culture juridique.*, ou encore, pour une première vue : Denis Baranger, *Droit constitutionnel*, PUF, Que sais-je ?, 2010.

59. *Vocabulaire Cornu.*

60. Occasion de souligner les liens étroits entre l'idée chrétienne de la distinction du « temporel » et du « spirituel » mais aussi du « contrôle du pouvoir » : *Les origines canoniques du droit constitutionnel*, D. Chagnollaud (dir.), colloque, Éditions Panthéon-Assas, 2009.

61. Littérature abondante dans les diverses revues de droit constitutionnel. Pratique : le panorama « droit constitutionnel » régulier au *Dalloz* de V. Bernaud et L. Gay.

62. D'où une question : ce « préambule » ne date-t-il pas ? ne doit-il pas être sinon réécrit du moins adapté ? Un comité de réflexion, présidé par Mme S. Veil, en 2008, conclut qu'on ne touche pas aux textes intemporels qui confinent au sacré : J.-Ph. Feldman, « Le comité de réflexion sur le Préambule de la Constitution et la philosophie des droits de l'homme », *D.* 2009.1036.

63. Il est vrai que celui-ci est aussi le « Défenseur des droits » créé par la réforme de 2008 et la loi organique n° 2011-333 du 29 mars 2011 ; M. Verpeaux, « Il est né le Défenseur des droits », *JCP* 2011.502, p. 823.

contre les « représentants du peuple » ; son évolution, de ce point de vue, ressemble à celle du Conseil d'État qui, allié fidèle du gouvernement, devint, après 1872, le « défenseur du peuple » contre l'administration.

Le Conseil constitutionnel [64] a ses soutiens et même ses adulateurs ; il a ses critiques, et même ses accusateurs. Pour comprendre sa position, il faut partir de deux constats : le Conseil n'a jamais été conçu, dans le texte de 1958, pour ce qu'il est devenu. Cela personne ne le conteste. Ensuite, à compter de 1971 : le Conseil a revivifié la pratique des anciens parlements de vérification de la conformité de la « loi » au « droit » [65].

Les juristes de l'Ancien régime accordaient toute liberté au roi pour faire la loi, car il était doté d'un pouvoir absolu [66]. Mais, fidèles en cela au droit romain et au droit canonique, ils enseignaient également que le roi ne pouvait faire une loi contraire à la loi naturelle, moins encore à la loi divine. Cette loi naturelle était, pour la société de l'époque, l'équivalent de notre « bloc de constitutionnalité ». Or la loi royale (le terme de loi n'est pas employé, on use, selon les cas, des mots d'édits ou d'ordonnances) pour être mise en vigueur (on dit aujourd'hui promulguée) devait être « enregistrée » par les juridictions supérieures qu'étaient les parlements (enregistrée, mot à mot recopiée dans un registre pour être archivée). Très tôt, le roi avait admis que les parlements puissent faire des « remontrances », c'est-à-dire des observations : la loi était incomplète, contradictoire, etc. Les juges étaient donc les conseillers, *a posteriori*, du roi. Cette tradition perdura même après la révolution puisque lors de la rédaction du Code civil en 1804, la commission de rédaction fit parvenir son projet à toutes les juridictions d'appel pour connaître leurs observations.

Le droit de remontrance était donc, au départ, une activité *juridique* des juges ; mais, chacun le sait, très vite, profitant de la faiblesse du pouvoir royal lors de la régence d'Anne d'Autriche (la période de la Fronde durant la minorité de Louis XIV) les juges prétendirent à un pouvoir *politique*. En fait, cela était inévitable : les droits fondamentaux qu'une nation se reconnaît sont infiniment, au sens précis de ce mot, des droits politiques (c'est-à-dire d'organisation de la cité, *polis*). Juger des droits fondamentaux, c'est faire un acte suprêmement politique.

Cette tradition disparut avec l'Ancien régime dans les conditions que l'on sait. On a bien oublié aujourd'hui que la révolution fut profondément hostile aux juges : les parlements, que le roi n'avait pu réformer, furent purement et simplement supprimés lors de la réforme de la justice par la grande loi des 16-24 octobre 1790 (à connaître : elle fixe encore les grandes lignes de notre justice) et lors de la Terreur (1793-1794), de très nombreux parlementaires périrent sur l'échafaud. Robespierre a écrit des lignes terribles contre les juges.

C'est de là que découle la tradition « légicentrique » du droit français. En France, le maître du droit, c'est le législateur. C'est exactement la situation inverse de la tradition britannique. En Angleterre, le maître du droit, c'est le juge.

Durant tout le XIXe siècle et jusqu'en 1958, la loi eut un prestige considérable. Le parlement disposait d'une compétence sans bornes ; le juge était selon le mot de Montesquieu la « bouche de la loi » et le juge avait son propre juge pour veiller à la stricte et bonne application de cette loi : la Cour de cassation. Ce culte de la loi avait, en partie, ses raisons. D'une part, la loi n'était pas le monstre dévorant qu'elle est devenue. La loi était sobre et stable. Un étudiant en droit

64. H. ROUSSILLON et P. ESPLUGAS, *Le Conseil constitutionnel*, Dalloz, Connaissance du droit, 7e éd., 2011 ; P. AVRIL et J. GICQUEL, *Le Conseil constitutionnel*, Montchrestien, Clefs, 6e éd., 2011 ; L. FAVOREU et L. PHILIP, *Le Conseil constitutionnel*, PUF, Que sais-je ? n° 2855 ; lire aussi le V° *Constitutionnalisme* par P. RAYNAUD *in Dictionnaire de la culture juridique*.

65. Un classique : F. HAMON et C. WIERNER, *La loi sous surveillance*, Odile Jacob, 1999.

66. *Ab solutus* = délivré de tout lien, libre ; l'absolution est le sacrement qui délivre du péché commis.

en 1930 achetait un Code civil qu'il conservait non seulement durant toute la durée de ses études mais encore pendant une bonne dizaine d'années. D'autre part, avec l'arrivée du régime parlementaire de la IIIe République, la loi était votée par *deux* assemblées aux pouvoirs *égaux* mais à l'élection *divergente*. La IIIe République fut le seul régime qui connut véritablement le bicamérisme [67]. La Chambre des députés était la Chambre du peuple [68], du suffrage universel, de la vigueur et de l'action ; le Sénat était la chambre des notables, du suffrage indirect, de la modération et de la permanence. Les deux chambres pouvant s'opposer l'une à l'autre, toute loi supposait une entente. Ce régime était loin d'être la panacée mais il avait un mérite insigne : la loi était le fruit d'un *consensus* plus que d'une *majorité*.

Car le problème principal est là. La démocratie [69], ce n'est pas seulement la *confection* de la loi ; c'est aussi, et peut-être surtout, l'*acceptation* de la loi. L'expérience prouve qu'une loi n'est appliquée que si le peuple lui reconnaît sa légitimité (*cf. supra*, chapitre 1). On peut affirmer que si la règle de la majorité suffit pour voter une loi, il faut au moins l'assentiment des trois cinquièmes du pays pour qu'elle entre dans la pratique. La majorité doit légiférer pour la masse : distinction.

61. – Le parlementarisme équilibré. – Or le régime parlementaire de la Ve République n'est qu'en apparence bicaméral. En 1946, le Sénat (qui paya chèrement son obstruction au Front populaire) fut maintenu en état végétatif, parce qu'il fallait bien trouver une affectation au Palais du Luxembourg. Perdant son nom (il s'appela, entre 1946 et 1958, le Conseil de la République), il fut déchu de tout pouvoir réel. Le Général de Gaulle lui restitua son nom et une partie de ses fonctions antérieures (il en fut remercié comme l'on sait), mais il n'en reste pas moins que le Sénat [70] n'a plus qu'un pouvoir d'incitation et de proposition : l'Assemblée nationale a toujours le dernier mot. C'est l'Assemblée souveraine. Dès lors, la vie politique bipolaire qui est la nôtre depuis 1962 [71], peut conduire à de véritables « abus de majorité ». L'on peut se souvenir d'un mot fameux d'un député, en 1982, répliquant à un adversaire de l'opposition : « Vous avez juridiquement tort parce que vous êtes politiquement minoritaire ». Transposition parfaite, sous le régime républicain qui est le nôtre, de l'algarade de Louis XV au Parlement de Paris (en 1766 : la célèbre séance de la flagellation) : « Toute la puissance de la loi réside en ma personne ; de ma volonté découle seule la loi ».

Là encore, il ne faut pas se précipiter à la critique. La force de la majorité politique à l'Assemblée nationale est un atout considérable de la Constitution. C'est elle qui permet la stabilité du gouvernement et donc la conduite d'une vraie politique. Qu'un Premier ministre, comme le fut M. Jospin, ou comme M. Fillon, ait eu pour conduire son action la durée d'une législature est un bénéfice que nous devons à la Constitution de Michel Debré. Qui se souvient aujourd'hui que le père de M. Schrameck, qui fut le directeur de cabinet de M. Jospin, fut le ministre de l'Intérieur d'un gouvernement de la IIIe République qui dura quelques mois ? Qui sait encore

---

67. On peut aussi employer le mot bicaméralisme. « Le bicamérisme, une idée d'avenir », Forum des Sénats du Monde, Journée du 14 mars 2006, Paris, *JO Publication du Sénat*.

68. Du peuple masculin, doit-on préciser, jusqu'en 1944…

69. Un livre essentiel mais dont on ne peut que déconseiller la lecture en première année, tout en la prévoyant, par la suite : J. Habermas, *Droit et Démocratie. Entre faits et normes,* Gallimard, NRF, Essais, 1992.

70. J.-L. Hérin, *Le Sénat en devenir*, Montchrestien, coll. Clefs, 2001. Le mot de Clémenceau (sénateur) : « Le Sénat, c'est le temps de la réflexion ».

71. La constitution est dite de 1958, mais en fait la réforme de 1962 (élection du président de la République au suffrage universel) en a bouleversé tout l'équilibre. Conçue, au départ, comme une constitution « parlementaire », elle est devenue, à partir de 1962, une constitution « présidentialiste ». Sur tout cela, on ne peut que recommander très vivement la lecture du livre de B. Chantebout, *Brève histoire politique et institutionnelle de la Ve République*, A. Colin, coll. U, 2004.

que sous ce régime, la durée moyenne d'un gouvernement était de dix mois ? Le système actuel a des défauts (la cohabitation), mais il a les défauts de ses qualités.

Pour revenir au principal défaut (potentiel) du régime de la Ve République [72], il est de permettre (et de favoriser) la *concentration* des pouvoirs entre les mains de quelques personnes : le président de la République, le premier ministre et les principaux ministres, les présidents des deux assemblées et, on les oublie trop, les chefs de groupes parlementaires. D'une *démocratie* peut surgir une *oligarchie*. À vouloir détruire les contre-pouvoirs malsains, l'on risque d'anéantir tout contre-pouvoir tout court. C'est un peu, si l'on veut une image, comme l'endiguement d'un fleuve. C'est un bienfait qui évitera de catastrophiques inondations mais qui peut perturber gravement l'équilibre de la faune et de la flore, voire bouleverser tout le bassin d'écoulement des eaux. Répétons-le : le droit, c'est l'équilibre, la constante balance. La réforme de la Constitution, le 23 juillet 2008, se donna pour finalité de limiter (sans les supprimer) l'usage immodéré de certains instruments du « parlementarisme rationalisé » de 1958. Aujourd'hui le problème n'est plus vraiment de dompter un parlement tout puissant et fantasque mais de lui restituer une énergie qu'il n'a plus : soit le débat est à la tribune, soit il dégénère dans la rue. Il y a une nuance entre le peuple et la foule.

Le Conseil constitutionnel, pour revenir à notre point de discussion, s'est donc senti la nécessité de jouer ce contre-pouvoir à la toute puissance majoritaire. De même que les parlements faisaient « remontrance » au roi que ses édits et ses ordonnances devaient respecter les droits fondamentaux de la Couronne et le droit naturel dû à tout sujet ; de même le Conseil constitutionnel ne se prive pas de rappeler aux gouvernants que la majorité dont ils disposent n'est qu'un moyen politique pour discerner le bien commun.

En fait, le bicamérisme actuel est beaucoup moins l'équilibre entre le Sénat et l'Assemblée qu'entre l'Assemblée et le Conseil. Cette vue des choses est souvent contestée. Pourtant, elle se vérifie régulièrement quand le bicamérisme ordinaire fonctionne bien. Prenons deux exemples. Sous le gouvernement de M. Jospin, vote de la loi dite des « 35 heures » vigoureusement contestée par l'opposition. Le Sénat est éliminé : le Conseil censure pour partie la loi. Toujours sous ce même gouvernement, vote, le 3 décembre 2001, d'une importante réforme du droit des successions (amélioration des droits du conjoint survivant). Le texte est issu d'une entente entre les deux assemblées. Résultat : l'opposition qui a été entendue ne saisit pas le Conseil qui n'a même pas à se prononcer.

En fait, le Conseil constitutionnel est l'instance d'appel *juridique* de l'opposition lorsque celle-ci a perdu le combat *politique*.

Ces longs développements, abondamment historiques, feront comprendre au jeune lecteur l'enjeu d'une bataille doctrinale qu'il retrouvera dans tous les livres de droit constitutionnel (en première année) puis de libertés publiques (en troisième année). Le Conseil constitutionnel est-il une *juridiction* ? [73] D'emblée, chacun perçoit bien que si l'on retient qu'il est une juridiction, l'on en conclura inévitablement que ses décisions sont *juridiques*, ce qui implique une sorte de neutralité intellectuelle. À l'opposé, si l'on soutient qu'il est un organe politique, il faudra admettre que ces décisions sont naturellement *politiques*, ce qui implique un parti pris. La vérité est à mi-chemin. Le Conseil constitutionnel a bel et bien été voulu, dans la Constitution de 1958, comme un *organe politique*. L'attestent sa composition et les modes de désignation (qui lui assurent d'ailleurs sa véritable indépendance et sa légitimité – quoi qu'on en dise –

72. Petit livre éclairant : J.-F. Sirinelli, *La cinquième République*, PUF, Que sais-je ?, 2010 qu'on peut compléter par : P. Gauchy, *La quatrième République*, *ibid.*, 2004.

73. Sur cela les actes d'un colloque de grande qualité : *La notion de justice constitutionnelle*, Dalloz, Thèmes et commentaires, 2005.

intellectuelle : ses membres sont libres de toute inféodation, comme les parlementaires de l'Ancien régime). Mais le conseil fut un mutant. De lui-même, il entendit, en 1971 (comme le Conseil d'État en 1889), se transformer en *juridiction*. Sa constitution est d'être un organe politique ; sa pratique est de se vouloir une juridiction. De telles métamorphoses qui seraient naturelles à l'esprit pragmatique et inventif d'un anglais[74] paraissent des hérésies à l'esprit français, systématique et théorique. C'est pourtant la réalité : le Conseil constitutionnel est une *juridiction politique*. Parce qu'il est le contrepoids de l'Assemblée : il est un organe politique. Parce qu'il n'a pas de légitimité[75] démocratique pour s'opposer à l'Assemblée : il se comporte en juridiction. Comme l'écrivait saint Paul, il pourrait dire : « c'est de la faiblesse que je tire ma force ».

62. – Juridiction constitutionnelle ? – À l'encontre de cette position, les auteurs qui soutiennent qu'il existe une « juridiction constitutionnelle » assimilable aux autres juridictions et donc un *ordre constitutionnel* comme il y a un *ordre administratif* et un *ordre judiciaire*, expliquent que beaucoup d'autres pays disposent bien d'une « cour constitutionnelle », ou d'une « cour suprême ». Cet argument est biaisé. Le Conseil constitutionnel français (en l'état) n'est pas une cour constitutionnelle[76]. Par ailleurs, la France ne dispose pas d'*une* cour suprême[77], mais de *plusieurs* juridictions supérieures : la Cour de cassation, le Conseil d'État, le Conseil constitutionnel, la Haute Cour, la Cour de justice de la République.

63. – Question prioritaire de constitutionnalité. – Ceci étant, l'introduction de la « question prioritaire de constitutionnalité »[78] par la réforme du 23 juillet 2008, mise en application par la loi organique du n° 2009-1523 du 10 décembre 2009[79], entrée en vigueur le 1er mars 2010 va, sans doute, profondément faire évoluer l'institution. Depuis la réforme, l'article 61-1 de la Constitution dispose : « Lorsque, à l'occasion d'une instance en cours devant une juridiction, il est soutenu qu'une disposition législative porte atteinte aux droits et libertés fondamentaux que la Constitution garantit, le Conseil constitutionnel peut être saisi de cette question sur renvoi du Conseil d'État ou de la Cour de cassation qui se prononce dans un délai déterminé ». Au terme de l'article 62 de la Constitution, si une loi ou un élément d'une loi est déclaré inconstitutionnel, cette norme est déclarée abrogée dès la publication de la décision du Conseil.

Entre le 1er mars 2010 et 1er juin 2011, le Conseil constitutionnel a été saisi d'environ 130 questions prioritaires[80]. Le mécanisme est le suivant. Lors d'un procès, une partie soulève une question « prioritaire ». Si le juge estime que la réponse à cette question peut déterminer

74. La Chambre des Lords fut, jusqu'à la création de la Cour suprême du Royaume-Uni en 2006, à la fois la seconde chambre du parlement et la cour suprême de l'ordre judiciaire (Y. Laurin, « Création de la Cour suprême du Royaume-Uni », *JCP* 2006 act. 142 et *D.* 2005.377 ; A. Aurélien, « Les enjeux de la création d'une cour suprême au Royaume-Uni et la CEHD », *RID comp.* 2008.283 ; du même, « La réforme de la Chambre des Lords : chronique d'une révolution au long cours (1999-2007) », *RDP* en cours de parution : L. D. Hope of Craighead, « The reform of the House of Lords », *RID comp.* 2008.257). Toutefois cette cour fut installée en 2009.

75. Les actes d'un colloque passionné (et passionnant) : *La légitimité de la jurisprudence du Conseil constitutionnel* (Rennes, 1996).

76. L. Favoreu et W. Mastor, *Les cours constitutionnelles*, Dalloz, Connaissance du droit, 2011.

77. De nombreux juristes confondent les termes et usent de celui de « cour suprême » pour un pays qui n'en possède pas. Importante mise au point par le V° *Cours suprêmes* de J.-L. Halpérin *in Dictionnaire de la culture juridique*.

78. Déjà une foule de livres sur cette question. Parmi, tant d'autres (excellents) le petit ouvrage de C. Maugüé et J.-H. Stahl, *La question prioritaire de constitutionnalité*, Dalloz, Connaissance du droit, 2011, permet une vue générale de qualité.

79. B. Mathieu, « La question prioritaire de constitutionnalité : une nouvelle voie de droit », *JCP* G 2010.602.

80. Tout premier colloque : *La question prioritaire de constitutionnalité, premier bilan et prospective*, *JCP* 2011, supplément au n° 48.

la suite du litige, il la transmet soit à la Cour de cassation (ordre judiciaire) [81], soit au Conseil d'État (ordre administratif). À leur tour, ces juridictions examinent le bien-fondé de la question et, si elles le jugent opportun, elles la transmettent au Conseil constitutionnel.

Au bout du compte il existe bien aujourd'hui un « droit constitutionnel jurisprudentiel » sur lequel on peut disserter mais qu'on ne peut ignorer [82]. Contentieux et jurisprudence du Conseil seront infiniment utiles en L3 pour le cours de « droits fondamentaux et libertés publiques » [83].

64. – Bilan. – En fait, et l'étudiant en droit le comprendra au fil de ses années d'études, la Constitution de 1958 n'est peut-être pas un caméléon mais plus certainement un diamant dont les reflets varient au gré de la luminosité du jour. Il n'y a pas *une* lecture de la Constitution mais *des* lectures. Prenons quelques exemples : les pouvoirs respectifs du président et du Premier ministre. C'est bien la vie politique qui tantôt donne à l'un ou à l'autre prééminence. La compétence d'attribution du Parlement : théoriquement, il faudrait s'en tenir à la lettre de l'article 34 (compétence délimitée et restreinte) ; ce n'en est ni la réalité ni la pratique (*cf. infra* chapitre 3). Voyons une richesse de cette grande charte et la marque de la lucidité de ses rédacteurs, dans ses variations. De Gaulle, un chêne ; chacun connaît l'œuvre de Malraux et le célèbre dessin de Jacques Faizant en 1970. La Constitution gaullienne, elle, est un roseau. Le *roseau* qui a survécu au *chêne* après la tempête.

Ensuite, et surtout, pour revenir sur cette grande distinction entre le droit privé et le droit public. Le cœur du droit public avait deux ventricules : le droit administratif et le droit constitutionnel. De quoi s'aperçoit-on en ce début de siècle ? Que le droit administratif devient de plus en plus un droit entre les mains et au profit de l'administré et non un droit d'autorité tourné contre lui et s'imposant à ses intérêts. Du droit de *l'administration,* on est passé insensiblement à un droit des *administrés*. De son côté, le droit constitutionnel est descendu de son Olympe. Il n'est plus le droit de la *République,* il s'est mû en un droit des *citoyens*. Le droit public français traduit, tangiblement, cette évolution déterminante de notre pays vers une *démocratie libérale*. Quel sera l'avenir de cette évolution ? Nul ne peut le prédire. Ce qui est certain, c'est que la distinction d'Ulpien, si elle demeure pertinente et justifiée, n'a plus la rigueur qu'elle a pu avoir. La nuance dans son tracé ne signifie pas la disparition de ce dernier.

Section 3
Le droit privé

65. – L'archipel du droit privé, serait-on tenté de dire. La « grande île », c'est le droit civil. Mais ensuite, le droit privé se prolonge en droit des affaires, en droit de la consommation, en

81. Incertitude ou tir de barrage ? La Cour de cassation saisit la CJUE (Cour de justice de l'Union européenne) d'une « question préjudicielle » pour savoir si la « QPC » française n'était pas contraire au Traité de l'Union : réponse négative par arrêt du 22 juin 2010 ; G. Lucazeau, « Constitution, Convention ou Traité. La "guerre des trois" aura-t-elle lieu ? », *JCP* 2010.778 et B. Mathieu, *JCP* 2010.464. C'est qu'en fait la Cour de cassation a bien compris que l'enjeu de tout cela est de savoir qui est l'interprète suprême de la loi ? (B. Mathieu, « La question de l'interprétation de la loi au cœur de la QPC », *op. cit.*).

82. Suivre, par exemple, la rubrique « Droit constitutionnel jurisprudentiel » par V. Ogier-Bernaud et C. Severino, qui paraît une fois par an au Dalloz. Mais, évidemment, connaître la *Revue française de droit constitutionnel* (PUF) et les *Cahiers du Conseil constitutionnel* (publiés par le Conseil lui-même).

83. G. Drago, *Droit constitutionnel. Les grandes décisions de la jurisprudence*, PUF, Thémis, 2011.

droit judiciaire, en droit de la propriété intellectuelle, en droit financier (longtemps dénommé de la banque et de la bourse), en droit des assurances, en droit des transports, etc.

De prime abord, le droit de l'activité économique, ce sont aujourd'hui ces droits dérivés du droit commun, cela est indiscutable mais il ne faut pas perdre de vue que le droit civil demeure prépondérant pour trois raisons essentielles : a) il est le droit *conceptuel* du droit privé, tous les mécanismes essentiels du droit privé furent élaborés par le droit civil ; b) il est le droit des *personnes* et de la *famille*, c'est en cela qu'il est profondément le droit « civil » ; c) il est le droit des *contrats spéciaux* qui forment la base de beaucoup d'autres droits dérivés, en particulier du droit des affaires. Il est le *droit fondamental* à tout autre droit privé.

Il est donc logique de présenter, tout d'abord, la « grande île », avant d'aborder, brièvement, le reste de l'archipel.

§ 1 : Le droit civil

66. – Le droit civil, tel qu'il se présente dans le Code civil, est le fruit d'un long mûrissement [84] qui assura son succès en France et hors du pays (I). Ce brillant passé est sans rapport avec un présent délabré et un avenir incertain (II).

I. Gestation et naissance du Code civil

A. De Rome à Versailles

67. – Les origines. – Le droit civil tel qu'il apparaît dans le Code civil est la vendange des siècles [85]. Lorsque se disloque l'Empire romain [86], la future France est soumise à des influences diverses et contradictoires. Sommairement, la partie méridionale reste profondément une terre romanisée depuis longtemps : Narbonne est la première ville fondée par Rome hors de l'Italie. Le droit romain y est appliqué comme le vrai droit du pays. Au Nord, la Loire franchie, la présence latine est plus précaire. Les invasions barbares livrent le territoire à de nouvelles populations venues de la Germanie, sans compter les Normands. De là, *deux grandes traditions* [87] fortement antagonistes : celle du *Midi* privilégiant l'*individu*, celle du *Nord* attaché au *groupe* et d'abord à celui de la famille.

Pendant les siècles du haut Moyen Âge, le droit se mue en *coutumes* [88], que ce soit au Nord comme au Midi. Le droit écrit se perd complètement. Simplement, se dessine une ligne

84. Un petit ouvrage très pratique : J.-M. Carbasse, *Histoire du droit*, PUF, Que sais-je ?, 2010.

85. Pour l'esprit féru d'histoire, une somme magistrale : J.-Ph. Lévy et A. Castaldo, *Histoire du droit civil*, Précis Dalloz, 2002. Deux numéros de la revue *Droits* (PUF) consacrés à « Naissance du droit français » (n°s 38 et 39). Plus facile d'accès et très bonne initiation, le Que sais-je ? (n° 408, 2004) de L. Pfister, *Introduction historique au droit privé* sera très utile à l'étudiant de 1re année.

86. A. Wijffels, *Introduction historique au droit* : *France, Allemagne, Angleterre*, PUF, Thémis, 2010 : l'histoire des peuples explique lumineusement leur droit.

87. La France est le moins latin de tous les pays latins et le moins germain de tous les pays européens. Ces deux affluents expliquent bien des traits de notre pays. Un livre absolument remarquable (mais sans doute un peu difficile d'abord en première année) : C. Nicolet, *La fabrique d'une nation. La France entre Rome et les Germains*, Perrin, 2003. Mais qui veut faire cet effort comprendra ce que ne veulent comprendre ni l'Europe, ni l'Amérique : l'exception française, idée qui n'est pas sans répercussion juridique.

88. V° *Coutumes françaises* par J.-M. Carbasse *in Dictionnaire de culture juridique* ; M. Rouche et B. Dumézil (dir.), *Le Bréviaire d'Alaric, Aux origines du Code civil*, PUPS, 2008.

entre, *grosso modo*, La Rochelle et Genève [89] : coutumes d'influence germanique [90], coutumes d'influence romaine [91].

LA FRANCE COUTUMIÈRE AU XVIe SIÈCLE (D'APRÈS CHÉNON)

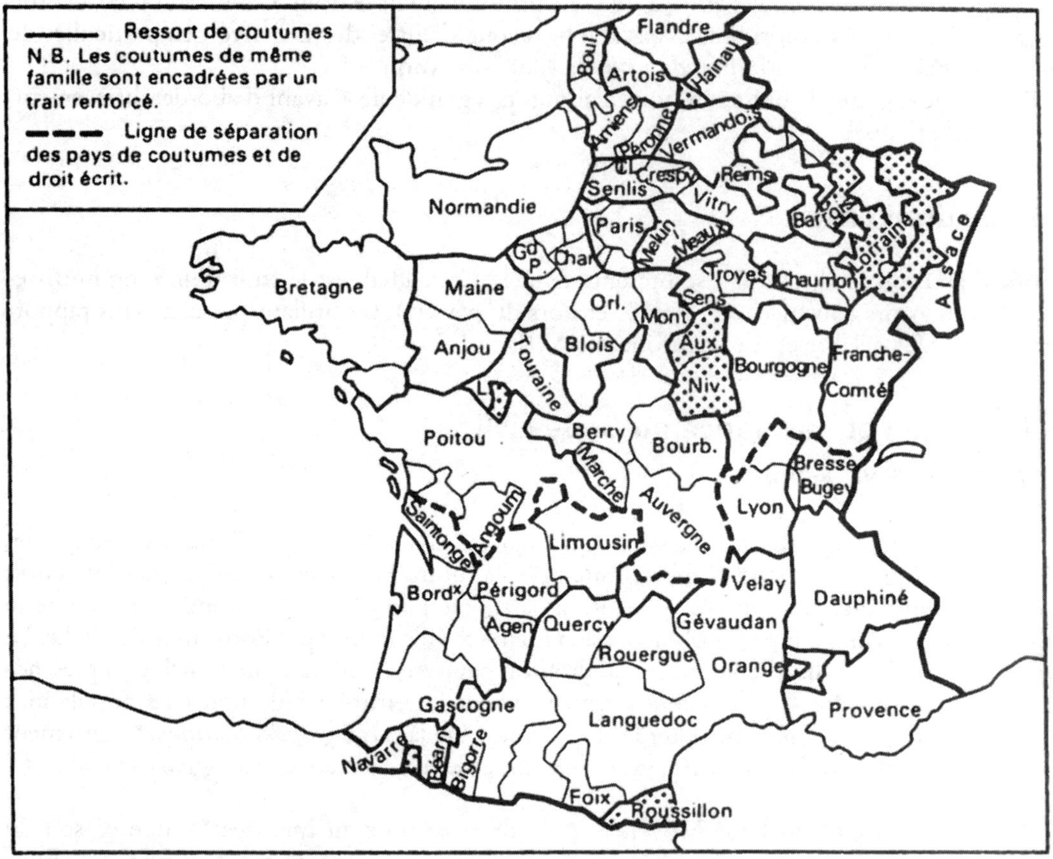

La distinction s'opère principalement dans ce que l'on dénomme aujourd'hui le « droit patrimonial de la famille ». Au Nord, le patrimoine est familial et a vocation à se transmettre au fil des générations (c'est de là que provient d'ailleurs le mot de « patrimoine » : ce qui vient du père). Au Sud, le père de famille est le *paterfamilias* latin. Propriétaire et maître absolu de ses biens, il en dispose à son gré. Aujourd'hui, ceci nous explique, dans le Code civil, la

89. Ligne de possible fracture du pays ? L'on ne peut noter qu'elle correspondait à ce que fut la triste ligne de démarcation imposée par l'ennemi entre 1940 et 1942 (E. Alary, *La ligne de démarcation*, Perrin, Tempus, 2010).

90. Mais à son entrée dans le Royaume, en 1648 (1681 pour Strasbourg), l'Alsace demeure fidèle au droit romain hérité du Saint-Empire.

91. Lepointe, « Quelques règles sur l'existence des coutumes dans les pays de droit écrit », *Études Dumas*, 1950, p. 101 s.

réserve héréditaire (un père ne peut déshériter ses enfants) et le *testament* (il peut toutefois disposer d'une partie, dénommée la « quotité disponible », variant selon le nombre des enfants, à titre de libéralité).

Avec la fin du Moyen Âge, le droit redevient une matière dominée par les clercs : c'est le retour progressif vers un *droit savant*, c'est-à-dire un droit de juristes. Plusieurs facteurs conduisent à cela. Le premier est la place occupée par le *droit canonique*, droit de l'Église, surtout avec l'installation de la papauté à Avignon qui voit se structurer la Curie (c'est-à-dire l'administration centrale de l'Église). L'Église, c'est l'ONU du Moyen Âge. Le deuxième est moins la redécouverte du droit romain (il n'avait jamais été perdu de vue totalement) que sa restauration. De même que les humanistes débarrassent le latin des scories du bas latin médiéval pour revenir à la langue de Cicéron, les juristes de la Renaissance, à commencer par le Toulousain Cujas, purge le droit romain de ses adjonctions. L'idée même de la Renaissance, qui n'est pas un phénomène purement artistique mais un fait de société, est de faire *revivre* une société réputée idéale : Rome [92]. Le troisième est l'affermissement de l'indépendance du Roi de France qui impose sa puissance vis-à-vis des trois autorités qui avaient pu mettre en péril sa couronne : l'empereur germanique, le pape et le roi d'Angleterre. C'est de Gaulle, face à l'ONU et aux Américains.

Il y a des symboles forts. L'actuelle École nationale de la magistrature est installée à Bordeaux, sur l'emplacement du Fort du Hâ (dont il demeure une tour). Ce château fort est commandé par Charles VII après la fin de la Guerre de Cent ans avec la bataille de Castillon, le 17 juillet 1454, qui permet la reprise de la dernière ville tenue par l'occupant (restera encore Calais). La même année (15 avril), ce roi chanceux, par un édit donné à Montils-lès-Tours ordonne (art. 125) la *rédaction* de toutes les coutumes du pays. La restauration du pays passe, dans un premier temps, par la rationalisation de son droit. Son successeur, Louis IX, confiera à Commynes qu'il aurait souhaité qu'« on usât d'une seule coutume, d'un poids, d'une mesure, et que ces coutumes fussent mises en français dans un beau livre pour éviter la cautèle et pillerie des avocats ». Dans le même temps, le droit romain est réhabilité dans plusieurs universités et reconquiert ses terres méridionales [93].

Ce mouvement de rédaction des coutumes (il y en a, environ, 125 pour tout le pays) s'échelonne durant tout le XVIe siècle [94]. Dans beaucoup de cas, il y a une première rédaction puis une seconde, quelques décennies après. Une date importante : 1580, la seconde rédaction de la coutume de Paris [95] à laquelle le Code civil doit tant (les juristes lui reconnaissaient le joli titre de « coutume princesse »). À la fin du siècle, le droit français est à nouveau un droit écrit [96]. Le nombre limite des « parlements » (c'est-à-dire des cours royales plus ou moins ancêtres de nos cours d'appel) contribue, par ailleurs, à harmoniser les coutumes (en particulier le parlement de Paris au très vaste ressort).

92. J.-Ph. Lévy, « La pénétration du droit romain dans le droit français de l'Ancien régime », *Mélanges J. Gaudemet*, PUF, 1999, p. 475 s.

93. Il demeure interdit d'enseignement à Paris, par l'ordonnance de Blois de 1579, parce que le Chancelier de l'époque, de Chiverny, trouva cette astuce pour justifier qu'il soit enseigné à l'université d'Orléans, ville dont il était le gouverneur : déjà les raisons spéciales de « l'aménagement du territoire », aujourd'hui les présidents de conseils régionaux suscitent des « antennes ». J. Krynen, « Le droit romain "droit commun de la France" », *Droits*, n° 38, 2003, p. 21 ; du même, « La réception du droit romain en France, encore la bulle Super Speculam », *Revue d'histoire des facultés de droit et de la culture juridique*, 2008, n° 28, p. 227 s.

94. J.-L. Gazzaniga, « Rédaction des coutumes et codification », *Droits*, n° 26 (1988), p. 71.

95. F. Olivier-Martin, *La coutume de Paris*, Paris, 1925. On disait d'elle, aussi, qu'elle était *regina consuetudinum (reine des coutumes)*.

96. La grande masse de ces coutumes fut compilée dans *Le Coutumier général* de Bourdot de Richebourg (Paris, 1774).

PARLEMENTS ET CONSEILS SOUVERAINS EN FRANCE AVANT 1789 (D'APRÈS CHÉNON)

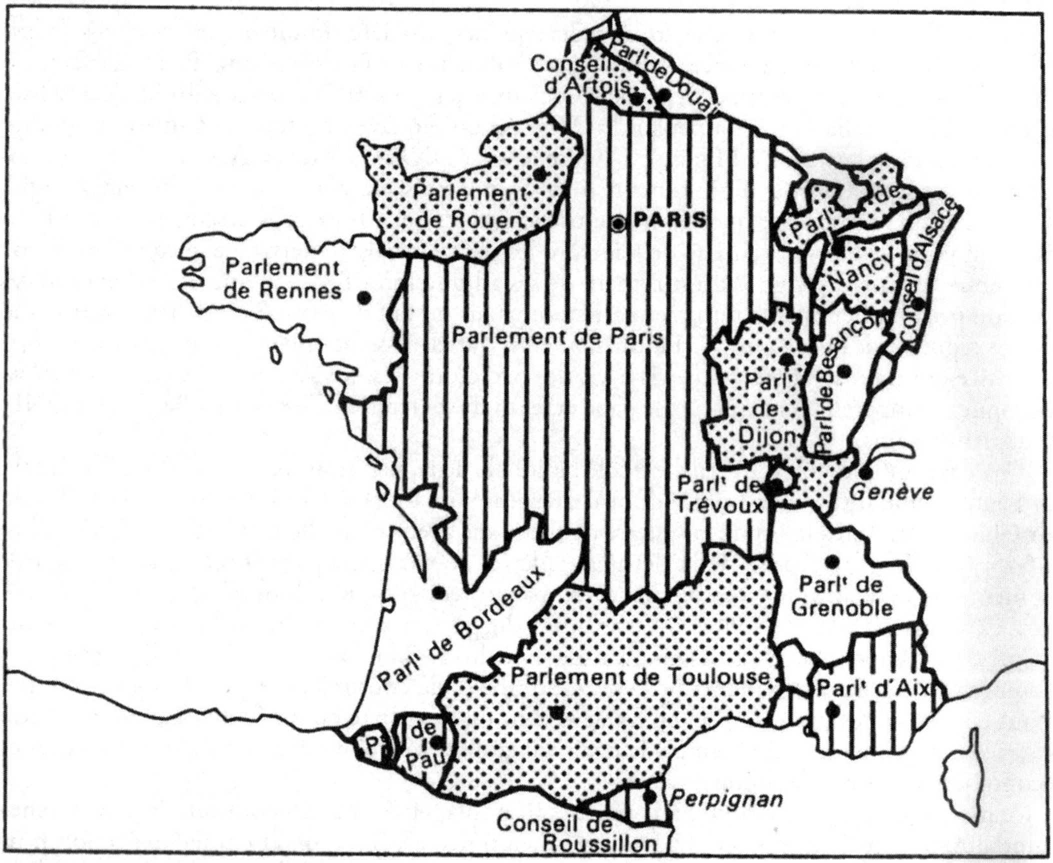

68. – Unification. – Au XVIIe siècle s'enclenche un autre processus qui conduira à l'*unification* du droit civil [97] car il y a un lien direct entre l'œuvre de Louis XIV et celle de Napoléon (de ce point de vue, on peut dire que l'église des Invalides qui unit leurs souvenirs en est un symbole idéal) [98].

Deux choses à retenir de Louis XIV : les grandes ordonnances et le professeur royal de droit français.

97. A. Rigaudière, *Un rêve royal français : l'unification du droit*, Institut de France, Séance publique du 26 nov. 2004, Paris, 2004.

98. « Aucune nation n'a subi une formation administrative, intellectuelle et spirituelle comparable à celle de la France sous le règne de Louis XIV. Elle a été si profonde que même les bouleversements, pourtant lourds de conséquences, de la Révolution et du XIXe siècle, ne sont parvenus à en effacer les traits. Sans doute, la Révolution, la démocratie et la république ont-elles changé la forme de l'État et les conceptions nationales. Mais la préoccupation constante de la pensée politique française, à savoir l'unité et la centralisation du pays, est restée conforme à l'impulsion donnée par la monarchie et réalisée au cours de huit siècles de royauté. Aujourd'hui encore, Louis XIV représente beaucoup plus aux yeux de la nation que Napoléon. Même pour un républicain, même pour un libre penseur de la France contemporaine, le XVIIe siècle reste le "Grand Siècle". Car il a donné, à jamais, sa forme et son style à l'esprit national. C'est pourquoi tous les Français, quelles que soient leurs tendances politiques, voient en Louis XIV, une incarnation glorieuse du génie national. » : E.-R. Curtius (un auteur allemand), *Essai sur la France*, Grasset, 1932, p. 134, rééd. éditions de l'Aube, 1995, p. 132. Sur ce grand roi, une biographie exhaustive : J.-C. Petitfils, *Louis XIV*, Perrin, 2006.

Louis XIV cherche à unir le pays autour du souverain [99]. Il y parvient habilement, pour la noblesse, avec la cour de Versailles. Pour le droit, c'est l'époque des grandes ordonnances royales [100], sous l'impulsion de Colbert. Ces ordonnances ont des traits importants. Ce sont les premières lois [101] au sens moderne du mot, elles se présentent d'une manière proche de nos actuels textes : un préambule et une division en chapitres répartis en articles. Ces ordonnances, à la différence des coutumes, sont applicables sur toute l'étendue du royaume : de là la notion de territorialité de la loi. Enfin, ces lois doivent être appliquées par les juges sans être déformées sous couvert d'interprétation : c'est l'origine de notre contrôle de cassation.

Quelques grandes dates à retenir : 1667, l'ordonnance civile qui fixe la procédure civile, c'est l'ancêtre du Code de procédure civile ; 1669, l'ordonnance sur les Eaux et Forêts (ancêtre du Code forestier) ; 1670, l'ordonnance criminelle, à l'origine du Code d'instruction criminelle devenu en 1958 le Code de procédure pénale (cette ordonnance réglemente strictement l'usage de la torture : c'est la marche vers son abolition en 1787) ; 1673, l'ordonnance de commerce qui sera largement reprise dans le Code de commerce, complétée en 1681 par l'ordonnance de marine (origine du droit maritime moderne, en particulier des assurances) [102]. On note donc que presque quatre des cinq codes napoléoniens sont plus ou moins rédigés dès les années 1670.

Pour imposer son droit, le « droit français » [103] (le terme apparaît à cette époque), Louis XIV (qui a gardé le souvenir dramatique de l'anarchie des années de la Fronde), use de deux moyens bien différents. Il dompte les ardeurs rebelles de la magistrature des parlements ; il crée une nouvelle génération de juristes. Les Parlements muselés ; l'Université émancipée.

Pour les cours de justice des parlements, Louis le Grand n'y va pas par quatre chemins. En 1666 (il a alors 28 ans et exerce le pouvoir seul depuis 1661), c'est la fantastique séance, au retour d'une chasse, où le roi, le fouet à la main, vient interdire aux parlements de discuter sur l'enregistrement des ordonnances [104].

69. – Naissance des professeurs de droit. – En avril 1679, après avoir maté le conservatisme des juges, il contourne littéralement celui des professeurs de droit [105] en créant le « professeur royal de droit français » [106]. Jusqu'alors, dans les facultés de droit (qui végètent), on enseigne le droit romain et le droit canon… en latin (alors même que depuis 1539, la justice use du français). Louis XIV décide de créer un nouveau cours dit de « droit françois » destiné à faire connaître les nouvelles ordonnances [107]. Le professeur enseigne en français. Il est obligatoirement un avocat (caractère pratique du nouveau droit) et, pour sauvegarder son

99. « En 1661, l'ordre est l'espérance et la nouveauté » (après les désordres de la Fronde), P. Gaxotte, *La France de Louis XIV*, Hachette, 1946, p. 12.

100. V° *Ordonnance (grandes) de l'ancien régime* par J.-L. Harouel, *in Dictionnaire de culture juridique*.

101. Un ouvrage maintenant ancien (ayant forcément vieilli sur certains aspects) mais classique : F.-O. Martin, *Les lois du Roi*, rééd. 1997, LGDJ (uniquement pour les « amateurs éclairés »).

102. Les vestiges de cette célèbre ordonnance (longtemps connue pour fixer la délimitation du domaine maritime de l'État) furent définitivement abolis par l'ordonnance n° 2006-460 du 21 avr. 2006 relative à la propriété publique (ratifiée par la loi de simplification du droit du 12 mai 2009).

103. *Droits*, n° 38 (2003), Naissance du droit français.

104. J. Krynen, *L'idéologie de la magistrature ancienne*, Gallimard, Bibl. des histoires, 2010.

105. V° *Professeurs à la faculté de droit* par J.-M. Carbasse, *in Dictionnaire de culture juridique ;* également le V° *Enseignement du droit* par C. Chêne.

106. P. Ferté, « La réorganisation des études de droit par Louis XIV (1679) : une réforme universitaire dénaturée et ses effets pervers », *Études d'histoire du droit et des idées politiques* n° 11/2007, Presses universitaires de Toulouse, p. 55 s.

107. J.-M. Carbasse, *Manuel d'introduction historique au droit*, PUF, coll. Droit fondamental, 2e éd., 2005, nos 140 et s. sur « l'émergence d'un droit français ».

indépendance, il est nommé par le conseil du roi (d'où sa qualité de professeur « royal ») et rétribué sur sa cassette personnelle. Ses collègues le détestent cordialement.

Ces professeurs de droit français vont être le « *think tank* » (si on peut se permettre cet anachronisme) du droit français. Car ce sont eux [108] qui vont élaborer un « droit commun de la France » (titre d'un ouvrage de Bourjon [109] au XVIIIe siècle). Ce droit commun, dans leur esprit, est d'ailleurs un droit savant, fils du droit romain. Ils vont pétrir une législation *nationale* et *uniforme*, entre 1679 et 1789. Deux grands noms à retenir (mais seul le second était professeur royal) : Domat [110] (1625-1695, juge à Clermont, ami de Pascal) sous Louis XIV (*Les lois civiles dans leur ordre naturel* : le titre est par lui-même un programme) et Pothier (1699-1772, juge et professeur à Orléans) [111].

Rien d'étonnant à ce que le plan du Code civil actuel soit largement celui du cours de droit civil, donné par Julien, professeur royal de Portalis, à Aix-en-Provence. Les rédacteurs du Code civil furent les élèves attentifs des professeurs de droit français.

Louis XV complétera l'œuvre de son arrière-grand-père par plusieurs ordonnances, dues à la plume du chancelier Daguesseau [112] (parmi les grands chanceliers de l'histoire de France : sa statue orne le parvis de l'Assemblée nationale), dont l'une sur les donations et l'autre sur les testaments : le Code civil a repris quasiment mot pour mot une partie de leurs dispositions.

Lorsque survient la Révolution, *intellectuellement*, tout est en place pour unifier un droit rationalisé et pensé ; *politiquement*, tout est bloqué par la maladroite restauration des parlements par Louis XVI (la plus grande erreur de son règne).

B. De la Bastille aux Tuileries

70. – La transaction. – La révolution *politise* et *laïcise* le droit civil [113]. Politise, en ce sens qu'elle y fit pénétrer ces deux grandes idées : *liberté* et *égalité* (en particulier dans les successions). Laïcise, en ce sens qu'elle fait entrer dans le droit civil tout le droit de la famille qui était jusqu'alors aux mains des juridictions ecclésiastiques : c'est (20 septembre 1792 : le jour même de la première réunion de la Convention et la victoire de Valmy et la veille de la proclamation de la Ire République) le mariage civil et le divorce, c'est aussi l'état civil [114] qui remplace les registres paroissiaux (ne pas oublier que l'état civil n'est laïcisé en Suède que depuis 1999 et en Andorre depuis 1995).

Ceci étant, la révolution [115] légifère peu en matière civile : les événements dramatiques ne donnent ni le loisir ni le goût de telles discussions. Les quelques projets d'un Code civil n'ont aucune suite [116].

---

108. Réussite vraiment personnelle car, à la fin du XVIIIe siècle, les universités en général (comme par comparaison beaucoup de monastères) sont dans un état calamiteux : cette décadence des institutions intellectuelles explique bien des prodromes de la révolution.

109. *Dictionnaire historique des juristes français*, PUF, 2007, *v° Bourjon* par R. MARTINAGE, p. 126.

110. *Dictionnaire historique…*, *op. cit.*, *v° Domat*, par M.-F. RENOUX-ZAGAMÉ, p. 254.

111. *Dictionnaire historique…*, *op. cit.*, *v° Pothier*, par J.-L. THIREAU, p. 636 ; J.-L. SOURIOUX, « Les exemples de Pothier », *RTD civ.* 2006.493.

112. *Dictionnaire historique…*, *op. cit.*, *v° D'Aguesseau* par M.-F. RENOUX-ZAGAMÉ, p. 7. J.-M. TUFFERY-ANDRIEU, *La discipline des juges : Les mercuriales de Daguesseau*, LGDJ, Droit et société, t. 15, 2007 ; *Dictionnaire historique…*, *op. cit.*, *v° Aguesseau*, par RENOUX-ZAGAMÉ.

113. Sur cet esprit du nouveau droit : J.-P. LÉVY, *La révolution française et le droit civil*, *in 1804-2004, Le Code civil, un passé, un présent, un avenir*, Université Panthéon-Assas, Dalloz, 2004, p. 87 s. Plus généralement, deux numéros de la revue *Droits* (PUF) consacrés à « Esprit du Code civil » (n°s 41 et 42).

114. V° *État civil* par A. LEFEBVRE-TEILLARD *in Dictionnaire de culture juridique*.

115. X. MARTIN, « Le droit privé révolutionnaire : essai de synthèse », *RTD civ.* 2006. 239 s.

116. Sur tout cela le livre classique de J.-L. HALPÉRIN, *L'impossible Code civil*, PUF, coll. Histoires, 1992.

Quand Bonaparte, par le coup d'État de brumaire an VII, met un terme final à cette décennie hystérique, il y a plus à construire qu'à contempler.

Bonaparte n'est pas un juriste, mais c'est un militaire qui aime l'ordre et un jacobin qui aime l'unité. Le droit civil le séduit par sa rigueur et par sa dimension politique [117]. De ce point de vue, on peut risquer un parallèle avec les goûts (plutôt en matière de droit constitutionnel) de Charles de Gaulle. De fait, un étudiant de première année étudie l'œuvre juridique voulue par *deux généraux* : le Code civil et la Constitution. Une législation avance parfois comme un régiment : il faut une volonté et une énergie [118].

Dès les premiers jours du nouveau régime qu'est le Consulat, Bonaparte réunit une commission de rédaction d'un Code civil [119]. Elle est composée de quatre membres [120]. Son président est Tronchet [121]. Président du Tribunal de cassation (qui portera par la suite le titre, comme actuellement, de premier président de la Cour de cassation), c'est un parisien. Ancien avocat au Parlement de Paris, il eut le courage d'être l'un des avocats de Louis XVI. À ses côtés, Étienne-Marie Portalis [122], provençal, ancien avocat au Parlement d'Aix, ancien syndic des États de Provence (on dirait aujourd'hui, *mutatis mutandis*, président d'un conseil régional), il a été aussi une victime de la Terreur et n'a échappé à la guillotine que par miracle. La Bretagne et les pays de l'Ouest se trouvent représentés par Bigot de Préameneu [123] (on lui doit l'introduction dans le Code de la copropriété qui avait été largement utilisée dans la reconstruction de Rennes, après les inondations de 1720) qui tenait alors les fonctions de commissaire du gouvernement près le Tribunal de cassation (l'on dirait aujourd'hui, procureur général près la Cour de cassation). Comme dans les trois mousquetaires, le quatrième est un peu à part. Il s'agit de Jacques de Maleville [124] (membre du Tribunal de cassation), un Bordelais, également avocat, qui en réalité n'était que le secrétaire de la commission. C'est à ce titre qu'il publia, quasi immédiatement après la promulgation du Code, un commentaire qui était en fait un livre de souvenirs de la commission (ce que font toujours ceux qui sont dans les secrets de l'État et qui veulent faire les intéressants : Napoléon fut furieux de la chose).

Les deux têtes de la commission sont indubitablement Tronchet [125] et Portalis [126]. Le premier défend le souvenir de la Coutume de Paris (qui inspira beaucoup le droit des contrats spéciaux, en particulier le bail d'habitation), tandis que Portalis ne jure que par le droit romain (d'où découle la théorie générale du contrat). Les deux ont des caractères aux antipodes. Tronchet

117. Question traditionnelle : le Code civil mérita-t-il de se dénommer Code Napoléon ? Sur cela : J.-L. Sourioux, *Le rôle personnel du Premier consul dans les travaux préparatoires du Code civil in 1804-2004, le Code civil, un passé, un présent, un avenir,* Université Panthéon-Assas, Dalloz, 2004, p. 107 s.

118. « C'est qu'il est deux façons d'être l'auteur d'un code : le faire ou le faire faire [...]. Puissante volonté, volonté de puissance : le Code civil s'est inséré dans le dessein politique d'un gouvernement autoritaire. » J. Carbonnier, dans un article célèbre et à lire, *Le Code civil, in Les lieux de mémoire*, Nora (dir.), t. II « La Nation », 1986, p. 293.

119. Sur la rédaction du Code civil, élément majeur de l'histoire du droit français, la masse de livres (de qualité) est telle qu'il faut, pour être bon conseiller, faire des choix très arbitraires. Commencer par le V° *Code Napoléon (préparation, rédaction et évolution)* par J.-L. Harouel ; puis le petit livre de J.-L. Halpérin, *Le Code civil,* Dalloz, Connaissance du droit, 2e éd., 2003. Plus ample : J.-L. Halpérin, *L'impossible Code civil,* Paris, PUF, 1992.

120. J.-L. Halpérin, « Quatre avocats pour un Code civil », *RSIHPA* 10 (1998), p. 183 s.

121. *Dictionnaire historique..., op. cit., v° Tronchet,* par J.-L. Halpérin, p. 752.

122. *Dictionnaire historique..., op. cit., v° Portalis,* par C. Delplanque, p. 634.

123. *Dictionnaire historique..., op. cit., v° Bigot de Préameneu,* par G.D. Guyon, p. 84.

124. *Dictionnaire historique..., op. cit., v° Maleville,* par G.D. Guyon, p. 532.

125. *Dictionnaire historique..., op. cit., v° Tronchet,* par J.-L. Halpérin.

126. On ne peut l'ignorer. Un petit livre : M. Long et J.-C. Monier, *Portalis, l'esprit de justice,* éd. Michalon, Le Bien commun, 1997 et surtout, une biographie remarquable : *Portalis,* J.-B. d'Onorio, Dalloz, 2004. *Dictionnaire historique..., op. cit.,* v° *Portalis,* par C. Delphanque.

est d'une humeur des plus variables, il est le mentor secret du Premier Consul. Portalis a l'art des compromis, il a une part d'idéal (une foi fervente dans le droit naturel) ; le corse se méfie toutefois de l'éloquence du provençal. Bigot de Préameneu manque d'originalité, mais c'est un homme pragmatique et profondément humain. Malleville gratte du papier.

Deux grands absents : Cambacérès [127] et Merlin de Douai [128]. Le premier, parce qu'il était le second consul, mais surtout parce qu'il agaçait Bonaparte en jouant les « stars ». Toutefois, il eut un rôle de médiateur avisé à certains moments critiques et il sut s'activer en coulisses ; le second, véritable encyclopédie vivante du droit parce qu'il irritait, lui, tout le monde en sachant tout sur tout [129].

La commission travaillera très rapidement : en quelques mois, tout est bouclé. L'exploit suscite encore l'admiration. Mais quelques raisons expliquent ce succès : elles sont intellectuelles et politiques [130]. Premièrement, le Code civil était, nous l'avons dit, mûri depuis longtemps par le travail des professeurs de droit français du XVIIIe siècle. Le Code fut dans les têtes avant d'être sur le papier [131]. Deuxièmement, les conditions politiques [132] étaient idéales. La révolution avait tout rasé et Bonaparte voulait tout reconstruire. L'alliance entre une *commission compétente resserrée* (le même procédé servira avec le même succès durant l'été 1958 pour la rédaction de la Constitution) et un *pouvoir politique déterminé* fut la clé de la réussite.

La méthode suivie fut celle de la présentation d'une suite de projets (le Code fut l'assemblage de plusieurs textes distincts correspondant à ses découpages internes) élaborés par les rédacteurs, affinés par le Conseil d'État parfois en présence de Bonaparte [133] lui-même, discutés devant le Tribunal (c'est là qu'il y eut les attaques les plus virulentes de la part de l'extrême gauche contre ce droit « réactionnaire » et œuvre de « jurisconsultes »), adoptés par le Corps Législatif (une formalité : dans la bizarre constitution de l'époque, le Tribunal discute et le Corps Législatif vote).

Tout ne fut pas simple, les travaux préparatoires en témoignent. Mais, au bout du compte, l'ouvrage était une étonnante synthèse, fruit d'un *compromis* et d'une *transaction*. Le compromis était entre l'ancienne législation royale (les ordonnances) et l'esprit de la législation révolutionnaire [134] ; la transaction (le mot est de Portalis) fut scellée (non sans dispute) entre les traditions du Nord et celles du Midi. Et à y regarder de près, le Code civil trans-

127. *Dictionnaire historique…*, *op. cit.*, v°*Cambacérès*, par O. Devaux ; P.-F. Pinaud, *Cambacérès*, Paris 1996 ; J.-M. Poughon, « Cambacérès, une construction idéologique du Code civil », *in Mélanges Wiederkehr*, Dalloz, 2009, p. 639 s.

128. Son nom était banalement « Merlin », comme cela se fit alors d'une manière générale, l'on adjoint à ce nom la ville dont il fut élu député lors de la convocation des États-Généraux de 1789. *Dictionnaire historique…*, *op. cit.*, v°*Merlin*, par J.-J. Clère.

129. Il connaissait bien « le dossier » car il avait déjà rédigé un projet de Code civil : J. Boudon, « Les projets de Code civil "de Cambacérès" et le thème de l'imitation de la nature », *Droits*, n° 39, p. 91.

130. Quelles sont les sources idéologiques du Code civil ? Le débat est récurrent. Un livre classique : A.-J. Arnaud, *Les origines doctrinales du Code civil français*, LGDJ, 1969. Vision assez froide de l'utilitarisme des rédacteurs : X. Martin, *Mythologie du Code civil. Aux soubassements de la France moderne*, DMM, 2003. Point de vue plus équilibré : A. Sériaux, « Le Code civil entre artisanat et idéologie », *Droits*, 2006, n° 42, p. 119.

131. C. Gauvard (dir.), *Les penseurs du Code civil*, Association pour l'histoire de la justice, La Documentation française, 2009.

132. X. Martin, « Les fondements politiques du Code Napoléon », *RTD civ.* 2003.247.

133. J.-L. Sourioux, *Le rôle du Premier Consul dans les travaux préparatoires du Code civil, in 1804-2004, Le Code civil, un passé, un présent*, Dalloz, 2004 ; J. Tulard, « Napoléon, père du Code civil », *in* Gauvard, *Les penseurs*, préc., p. 243 s. ; J. Bourdon, *Napoléon au Conseil d'État*, Berger-Levrault, 1963.

134. X. Martin, « Le droit privé révolutionnaire : essai de synthèse », *RTD civ.* 2006.239. Selon la très heureuse formule de Planiol (*Traité de droit civil par Planiol*, T. 1 par Ripert et Boulanger, 1956, LGDJ, n°s 70 et s.) qu'on peut retenir : « Il n'était ni réactionnaire, ni révolutionnaire ».

pose dans la législation civile les idéaux français : la liberté et l'égalité. Le Midi était plus attaché à la liberté qu'à l'égalité ; les rédacteurs étaient imprégnés de l'ancien droit royal et durent composer avec des assemblées attachées aux conquêtes révolutionnaires. Le Code méritera ainsi le juste qualificatif que lui décernera Demolombe [135] : « la Constitution civile de la France » [136].

71. – Un pays, une loi. – L'unité française s'achevait dans la gloire : unité de mesure (le mètre [137]), unité de monnaie (le franc [138]), unité de législation (le code), unité d'administration (le département). C'est tout cet héritage qui aujourd'hui, peu à peu, disparaît au profit d'une autre unité, celle de l'Europe. Si l'on évoque aujourd'hui un « Code civil européen », il faut y voir la logique de l'adoption de l'euro. Le Code civil sans le franc, c'est un jumeau ayant perdu son frère. Les deux instruments expriment l'identité d'une nation [139]. La question fondamentale est ainsi liée à l'existence même du pays.

Le 21 mars 1804, Napoléon Bonaparte, Premier Consul de la République, promulgue le Code civil des Français [140] (un bas-relief face à son tombeau aux Invalides) et fait exécuter le duc d'Enghien dans les fossés de Vincennes. Le prince, héritier des Condé, représentait la force, jeune et ardente, d'une possible restauration de la monarchie légitime à la suite de l'attentat de Cadoudal (ultimes rebonds de la chouannerie). Le Code, enfant légitimé de l'union de l'ancienne législation et de la nouvelle, entérinait la fin mais aussi la stabilisation de la révolution. La concordance des deux événements est un signe de l'histoire : Bonaparte se lie à la révolution et y met fin. Il accepte l'héritage et le liquide. Ce jour-là, une page importante de l'histoire française se tourne. Dans le Code, Bonaparte avait tenu à rétablir l'adoption romaine, ayant l'idée d'adopter Eugène de Beauharnais, enfant de Joséphine né d'un premier lit : il songeait déjà à un pouvoir héréditaire. *Pacifié intérieurement* par le Concordat avec le pape (1801, il met fin aux guerres religieuses de l'Ouest) et *extérieurement* par la Paix d'Amiens (même année, le traité met fin à la guerre avec l'Angleterre), *rassuré* par le franc germinal (1803), *unifié* par le Code et les préfets (créés en 1800), le pays accepte le crime de Vincennes et se livre à son sauveur. Le 18 mai suivant, l'Empire est proclamé. Bonaparte devient Napoléon et le Code civil, le Code Napoléon.

De toute cette aventure, il reste l'admirable *Discours préliminaire* rédigé, ou plutôt dicté, par Portalis [141] car l'on doit se souvenir qu'à l'époque, il est quasiment aveugle (il meurt le 1er avril 1807 à la suite de l'échec d'une opération de la cataracte : il est inhumé au Panthéon). Le texte est régulièrement réédité, il fait partie des lectures qu'un juriste civiliste aime relire au fil des ans pour découvrir l'inspiration profonde du principal rédacteur. Il y a des passages, sur la loi en particulier, d'une rhétorique ciselée.

135. *Dictionnaire historique…*, *op. cit.*, *v° Demolombe*, par J. Musset, p. 245.

136. *Cf.* J. Carbonnier, *Le Code civil in* P. Nora, *Les lieux de mémoire*, t. II, *La Nation*, p. 293 s. Sur ce thème, Y. Gaudemet, *Le Code civil, « constitution civile de la France » in 1804-2004, le Code civil etc.*, *op. cit.*, *p.* 297 s. Lire aussi le dernier article du Doyen Carbonnier : *Le Code civil des Français dans la mémoire collective in 1804-2004, Le Code civil, un passé, un présent, un avenir*, Université Panthéon-Assas, Dalloz, 2004, p. 1045.

137. K. Ader, *Mesurer le monde – L'incroyable histoire de l'invention du mètre*, Flammarion, coll. Champs-Histoire, 2008.

138. R. Sédillot, *Histoire du franc*, Paris, Sirey, 1939.

139. B. Beignier, « Le Code civil et la conscience collective française », *in Le Code civil : une leçon de logistique ?*, B. Saintourens (dir.), Economica, 2006, p. 207 s.

140. En fait, à l'origine le rassemblement de toutes les lois civiles en un seul code n'était pas prévu. L'idée, et le nom, en revient à Cambacérès.

141. J.-L. Sourioux, « Le bon législateur selon Portalis », *Mélanges Jestaz*, Dalloz, 2006, p. 515.

II. Destins du Code civil

72. – Le destin du Code civil a inspiré aux juristes des pages d'un narcissisme trempé dans le nationalisme : l'apogée de la France, « mère des lois », pour reprendre le vers de Joachim du Bellay. Il y a du vrai dans cette gloire à condition d'avoir la franchise d'en constater la prescription. L'année qui suit la promulgation du Code est celle d'Austerlitz. Mais, de même que l'Empire finira à Waterloo, on peut dire que le Code a connu son Waterloo depuis longtemps.

A. Le Grand Code

73. – Le grand Empire. – Comment s'explique le prestige [142] du Code civil dans les années qui suivent son entrée en vigueur ? Là également, il y a des raisons *politiques* [143], il y aura des raisons *intellectuelles* [144].

Dans les années qui suivent, le Code est celui du « Grand Empire » : il est apporté par les baïonnettes des grognards. C'est ce qui explique que les juristes français oublient quasi toujours que le Code est celui de deux pays : la France et la Belgique (qui conserve le Code après son indépendance à l'égard des Pays-Bas en 1832). Le Code est également celui de la « rive gauche » du Rhin que la France voudrait voir intégrer dans son territoire (la Rhénanie et le Bade-Wurtemberg) : en 1900, le nouveau Code civil allemand (BGB) met fin à cette survie [145].

Il y a ensuite des raisons de ce que l'on dénommerait aujourd'hui la « francophonie ». Assez naturellement, le Code civil inspira les législations de ce qui fut l'Amérique française : la Louisiane [146] et le Québec [147] (encore que ce dernier pays est plus fidèle à la coutume de Paris qu'au nouveau Code). Puis des raisons où se mêlent la « francophilie » et le prestige de la rationalité de la nouvelle législation. Alors que le « mythe » de Napoléon [148] (à partir de sa mort) se répand en Europe et dans le monde pour en faire un curieux libérateur des peuples (Napoléon a été écrasé en 1815 par la Sainte-Alliance, il apparaît donc, en négatif, comme un « libéral »), le Code civil est adopté par les nouveaux États qui s'émancipent des tutelles coloniales. En Europe, ce sont les pays centraux [149] qui chassent l'Empire Ottoman (la Roumanie en particulier), en Amérique, ce sont les pays issus de l'Empire espagnol [150]. Il faudrait ajouter l'Italie, alors confiante en Napoléon III.

---

142. Consciemment ou pas, les juristes lient le « Code » avec « l'Empereur » : glorieuse filiation (R. Morissey, *Napoléon et l'héritage de la gloire*, PUF, 2010).

143. Le droit n'est jamais neutre. Voir : Ch. Larroumet, *Le Code civil, instrument de propagande politique, in 1804-2004, Le Code civil etc., op. cit.*, p. 225 s ; M. Grimaldi, « L'exportation du Code civil », *Pouvoirs*, 2003, n° 107, p. 80 ; J.-L. Halpérin, « Deux cents ans de rayonnement du Code civil des Français », *Les Cahiers du Droit*, Québec, vol. 46 (2006), p. 229.

144. Le Code civil n'a pu prospérer que dans des pays de « droit civil écrit » : J. Vogel (dir.), « Le monde des codes civils », *in 1804-2004, Le Code civil etc., op. cit.*, p. 789 s.

145. M. Pédamon, « Le Code civil et la doctrine juridique allemande du XIXe s. », *in 1804-2004, Le Code civil etc., op. cit.*, p. 803 s.

146. V. V. Palmer, « Concernant le 200e anniversaire du Code Napoléon : son importance historique et contemporaine sur la codification du droit en Louisiane », *in Le Code civil, 1804-2004, Livre du bicentenaire*, Dalloz, 2004, p. 575 s.

147. J.-L. Beaudouin et P.-G. Jobin, « Le Code civil français et les codes civils québécois », *in Le Code civil etc., op. cit.*, p. 629 s.

148. S. Hazareesingh, *La légende de Napoléon*, Le Seuil, coll. Points-Histoire, 2005.

149. K. D. Kerameus, « L'influence du Code civil en Europe centrale et orientale », *in 1804-2004, Le Code civil etc., op. cit., p.* 823 s.

150. M. Torres Mendez, « L'influence du Code civil français sur le Code civil péruvien », *in Le Code civil etc., op. cit., p.* 623 s. ; G. Bossert, « Bicentenaire du Code civil : l'Argentine », *ibid., p.* 539 s. ; A. Wald, « L'influence du Code civil en Amérique latine », *ibid.*, p. 855.

Toutefois, l'entrée en vigueur du nouveau Code allemand, le 1er janvier 1900, met fin à cette hégémonie. Les succès ultérieurs du Code français redeviennent des succès militaires, en étant le Code de la colonisation [151] (plus celui des colonisateurs que des colonisés qui vivent toujours sous l'égide de leurs coutumes). Le Japon [152] s'inspire du modèle allemand, la Turquie va chercher un exemple en Suisse.

B. Le Vieux Code

74. – Les saintes reliques. – L'influence du Code civil est aujourd'hui totalement nulle dans le reste du monde. Les juristes français y croient encore [153] comme on feint de croire que la langue française conserve le prestige qui fut jadis le sien. Pourquoi cela ? Là aussi, les raisons sont diverses ; certaines tiennent à la place que notre pays entend tenir dans le monde et d'autres à l'état du Code civil. Il ne faut pas les amalgamer, bien qu'il y ait une naturelle interférence entre les deux : un meilleur code permettrait un meilleur rayonnement de la France.

Ce n'est pas le lieu de disserter sur le rang de la France dans le monde. Pays déroutant pour l'observateur ; de tous les États de l'Europe occidentale, c'est celui qui a les côtes maritimes les plus étendues, mais la France est une terre de paysans non de marins. Le Français n'est pas un aventurier. D'où la flagrante contradiction entre le fameux rayonnement français et l'état d'esprit du peuple. Ce rayonnement brillant fut le legs d'écrivains, de militaires et de missionnaires. Le curieux mélange des trois aboutit, jadis, à cette séduction de la France hors de ses frontières. Mais tout cela a toujours laissé le pays profond dans une froide indifférence [154].

Pour ce qui du Code civil, celui-ci fut une grande nouveauté en 1804 (encore qu'il n'était pas le premier Code civil connu en Europe) mais c'est aujourd'hui une antiquité, et personne ne veut le reconnaître [155]. La fidélité au Code civil, ce serait de reprendre un nouveau Code. De ce point de vue, nos « cousins » québécois ont fait une œuvre splendide en 1994 avec le nouveau Code civil du Québec (en français et en anglais), de loin infiniment supérieure au « vieux » Code [156] : ce n'est pas pour rien que la Roumanie, qui avait adopté le Code Napoléon, s'est dotée d'un nouveau code inspiré du code québecois [157]. Aujourd'hui, les juristes français sont un peu dans la même situation que leurs devanciers vers 1780. On a pris des habitudes que l'on travestit en tradition, sauf qu'une tradition, c'est la vie future enracinée dans le passé, tandis que le conservatisme, c'est le présent englué dans l'ancien.

151. K. Mbaye, « Le destin du Code civil en Afrique », *in Le Code civil, 1804-2004, etc., op. cit., p.* 515 s. ; P. Bézard, « Bicentenaire du Code civil : le Vietnam », *ibid.*, p. 651 s. : S. Jahel, « Code civil et codification dans les pays du monde arabe », *ibid.*, p. 831 s.

152. E. Hoshino, « L'influence du Code civil au Japon », *in Le Code civil etc., op. cit.*, p. 871 s.

153. R. Cabrillac, « Le Code civil à la fin du xxe siècle », *Mélanges Catala,* Litec, 2001, p. 47 s.

154. Il y eut plus une « aventure » coloniale au xixe siècle qu'un « empire ». Pour comprendre la très nette différence entre les colonies de la France et celle de la Grande-Bretagne, pays d'explorateurs et de conquérants, lire le livre de R. Girardet, *L'idée coloniale en France,* Hachette, coll. Poche Pluriel.

155. X. Blanc-Jouvan, « L'influence du Code civil sur les codifications étrangères récentes », *in Le Code civil, 1804-2004 etc., op. cit., p.* 477 s.

156. Voir le colloque organisé à Québec pour le bicentenaire du Code civil français et le dixième anniversaire du Code civil du Québec (*Les Cahiers du droit,* vol. 46, 2006, Québec).

157. F. Baias, « Le nouveau Code civil roumain », *D.* 2008.2336.

Pourquoi pas un nouveau Code civil ? Il y eut bien une première tentative pour le centenaire, en 1904, mais elle était prématurée. Au lendemain de la Seconde Guerre, une commission fut réunie. Elle ne fut pas sans mérite, mais eut peu d'imagination et, surtout, ne reçut aucun soutien de la part du pouvoir. L'inverse de la commission de l'an VIII.

75. – De Gaulle et le droit. – L'arrivée du Général de Gaulle changea la donne. De Gaulle, comme Bonaparte, était un politique qui appliquait à la vie politique les règles militaires : détermination des buts, répartition des fonctions, exécution des ordres.

L'idée d'une refonte complète du Code civil apparut comme une mauvaise idée : les juristes tenaient au « bon vieux » Code [158]. De fait, certaines parties pouvaient demeurer sans crainte. L'on entreprit alors une *restauration* du Code, dans ses parties les plus délabrées (qui étaient surtout celles touchant le droit des personnes). L'André Malraux du Code civil, ce fut le garde des Sceaux, Jean Foyer [159], mais le Chagal fut le Doyen Jean Carbonnier [160]. Il y eut là une alliance assez exceptionnelle : De Gaulle aimait le droit et voulait gouverner ; Jean Foyer [161] était (chose rare) professeur de droit à la Faculté de Paris et ministre de la Justice, il connaissait de Gaulle et le droit ; Jean Carbonnier (également professeur à Paris) était un esprit classique et imaginatif [162], il connaissait le droit mais aussi tout ce qui alimente le droit (en particulier la sociologie), la source et la nappe phréatique.

C'est ainsi qu'entre 1964 et 1975 (le chantier continua après le départ du Général), furent réformées les parties relatives aux incapables (loi du 14 décembre 1964), aux régimes matrimoniaux (loi du 13 juillet 1965), à l'adoption (loi du 11 juillet 1966), à l'autorité parentale (loi du 4 juin 1970), à la filiation (loi du 3 janvier 1972), au divorce (loi du 11 juillet 1975), à l'indivision (loi du 31 décembre 1976).

Les années qui suivirent marquèrent un temps de répit. D'une part, il fallait « digérer » les nouvelles réformes ; d'autre part, le pouvoir en place fut moins sensible au droit civil (il faut attendre 1981 pour avoir, avec Robert Badinter, un nouveau garde des Sceaux, professeur de droit). Les préoccupations de la Chancellerie sont ailleurs (en particulier vers le droit pénal).

Deux grandes lois sont à l'actif de Robert Badinter [163] : la nouvelle réforme des régimes matrimoniaux (égalité complète des époux) avec la loi du 23 décembre 1985 mais surtout la loi qui porte, dans la pratique, son nom (la loi Badinter), celle du 5 juillet 1985 sur les accidents de la circulation (indemnisation des victimes indépendamment de leur faute). Ultérieurement, les lois, pour importantes qu'elles puissent être, apparaissent d'une manière sporadique. Ainsi

158. A. Sériaux, « Le frêle pouvoir de durer : la permanence du Code civil des Français de 1804 à nos jours », *RRJ*, 2006-1, n° XXXI, p. 19.

159. B. Beignier, *V° Foyer Jean, in Dictionnaire de la Justice*, PUF, 2004 ; P. Mazeaud, *JCP* 2008, n° 42 du 11 oct. 2008, p. 3 ; J. Foyer, *Sur les chemins du droit avec le Général – Mémoires de ma vie politique, 1944-1988*, Fayard, 2006, sp. p. 311 sur les réformes législatives.

« [...] ce fut l'exceptionnelle conjonction Jean Foyer-Jean Carbonnier : c'est elle qui a permis le miracle du droit civil que fut cette période », P. Malaurie, « Les dix premières années de notre siècle et le droit civil », *JCP* 2010-I-427, n° 29.

160. *Dictionnaire historique..., op. cit., v° Carbonnier*, par J.-F. Niort, p. 161. Y. Lequette, « Jean Carbonnier, professeur (1964-1968) », *in Hommage à Jean Carbonnier*, Dalloz, 2007, p. 19.

161. J. Foyer, « Le Code civil de 1945 à nos jours », *in 1804-2004, Le Code civil etc., op. cit.*, p. 275 s. (un témoignage essentiel). Voir aussi du même, *Sur les chemins du droit avec le Général..., op. cit.*, p. 311 et s.

162. Il y eut quelques faux pas et des oublis : J. Carbonnier, « De quelques actes manqués en législation », *Mélanges Pierre Catala*, Litec, 2001, p. 3 s.

163. A. Lyon-Caen, *V°* Robert Badinter, *in Dictionnaire de la justice, op. cit.* ; R. Badinter, *Les épines et les roses*, Fayard, 2011 (souvenirs de la Chancellerie).

les lois de bioéthique du 29 juillet 1994 puis du 6 août 2004 [164], réformées (ainsi que prévu car ce sont des « lois à temps ») par celle n° 2011-214 du 7 juillet 2011 [165]. C'est surtout le droit de la famille [166] et des personnes qui entre dans un chaos laissant dubitatif le lecteur.

76. – Au petit bonheur des lois. – La raison en est que politiquement, la France est devenue un *pays instable.* Le pouvoir devient incohérent [167]. La société française [168] est un bateau ivre [169] parce qu'elle veut tout et son contraire : un ordre moral libertaire [170].

Le droit civil s'en ressent. On trouve, en vrac, une loi qui permet l'accouchement sous X (8 janvier 1993) et une autre (plus ou moins liée à la précédente) sur l'adoption (5 juillet 1996), avant d'avoir celle sur le pacte civil de solidarité (15 novembre 1999) votée dans l'hystérie générale (et parfaitement synallagmatique, dans un camp comme dans l'autre : il sera réformé avec plus de prudence en juin 2006).

Sans faire la recension complète d'une législation civile devenue en miettes [171], on se contentera de souligner quelques traits. L'improvisation politique (due à l'instabilité politique) est patente dans la réforme du droit de la nationalité [172] (loi du 22 juillet 1993 : droite ; puis loi du 16 mars 1998 : gauche). Les « gamineries » font leur entrée dans le Code grâce à cette invention qu'est le « parlement des enfants » (l'école des fans transposée à la démocratie) : une petite trouvaille par-ci, une autre par-là. Ainsi la loi du 30 décembre 1996 (C. civ., art. 371-5 C. civ.), sur le maintien des liens entre frères et sœurs.

Plus graves sont les lois d'une rédaction juridique douteuse (celle sur les produits défectueux du 19 mai 1998 ; celle sur le nom de famille du 4 mars 2004, qui dut être remaniée par celle du 18 juin 2003 réussissant cet exploit à abroger une loi avant son entrée en application !). Certains chantiers, pour excellents qu'ils soient, sont inachevés et doivent être complétés par la suite. Ainsi, la réforme des successions qui commence par le vote de la loi du 3 décembre 2001 changeant sensiblement les droits du conjoint survivant, se termine le 23 juin 2006, par la réforme du partage et du droit des libéralités. De plus en plus, ce sont des propositions de

---

164. J.-R. Binet, *Le nouveau droit de la bioéthique*, Litec, Carré Droit, 2005.

165. *JORF* du 8 juill. 2011.

166. P. Catala, « La métamorphose de la famille », *in 1804-2004, Le Code civil etc., op. cit.*, p. 341 s. ; Fr. Dekeuwer-Défossez, « La famille », *ibid.*, p. 255 s. ; J. Hauser, « Les personnes », *ibid.*, p. 201 s.

167. Question : les partis (sans distinction) politiques ne contribuent-ils pas à tuer la politique ? Lire le petit livre de la philosophe S. Weil, paru en 1950, *Note sur la suppression générale des partis politiques*, republié, éd. Climats, 2006. Une phrase à méditer (p. 69) : « Presque partout – et même souvent pour des problèmes purement techniques – l'opération de prendre parti, de prendre position pour ou contre, s'est substituée à l'opération de la pensée ». N'est-ce pas aujourd'hui la « politique des sondages » ? : décider sans réfléchir, sans nuances, sans dialogue.

168. Un juriste ne peut l'être sans bien la connaître : un livre infiniment précieux pour tout étudiant (en particulier pour préparer les épreuves de « culture générale » de bien des concours), celui de Ch. Debbasch et J.-M. Pontier, *La société française*, A. Colin, Classic, régulièrement réédité. Une vraie mine, peut se lire morceau par morceau. Remarquable, ultime livre d'un maître de la sociologie française : H. Mendras, *La France que je vois*, L'Aube, Poche essai, 2005. De même, J. Marseille, *La guerre des deux France, celle qui avance et celle qui freine*, Perrin, Tempus, 2005. Connaître le droit de son pays sans connaître celui-ci : autant connaître un corps en ne s'intéressant qu'au squelette.

169. J.-M. Besnier, *L'irrationnel nous menace-t-il ?*, éd. Pleins Feux, 2006.

170. Et pourtant le pays a plus de ressources qu'on ne l'imagine. On peut lire un livre d'un observateur étranger au regard vif et sympathisant : E. N. Suleiman, *Les ressorts cachés de la réussite française*, Le Seuil, 1995, « Les problèmes politiques et économiques auxquels le pays est confronté depuis quelques années sont moins la preuve que la France est incapable de changer que le signe que son indéniable modernisation peut aussi produire des effets négatifs et qu'elle a été, par certains côtés, trop profonde ou trop rapide ».

171. J.-L. Aubert, « La recodification et l'éclatement du droit civil hors le Code civil », *in Le Code civil, 1804-2004 etc., op. cit., p.* 123 s. ; T. Revet, « La recodification, entre tentation et illusions », *ibid.*, p. 453 s.

172. B. Audit, « Le Code civil et la nationalité française », *in 1804-2004, Le Code civil etc., op. cit., p.* 731 s.

lois, imaginées par quelques parlementaires non sans approximation (ainsi la réforme du nom parce qu'un député n'avait pas de garçon).

L'on peut toutefois avoir des motifs d'espoir. La Chancellerie est parvenue, par la loi du 26 mai 2004, à réformer d'une manière équilibrée le divorce. Mieux encore, il fut décidé de refondre le droit de la filiation par *ordonnance*, le 4 juillet 2005 ; puis, par le même procédé, les sûretés (ordonnance du 23 mars 2006). Le procédé a pu paraître choquant : une « simple » ordonnance et non une « belle » loi ! Mais où est aujourd'hui le « beau » droit ? Certainement dans ces ordonnances [173] qui ne sont pas sans rappeler celles de Colbert et même les projets de Portalis. La législation sur les « incapacités » (tutelle, curatelle...) a été refondue par une loi ambitieuse du 5 mars 2007 (en vigueur depuis le 1er janvier 2009) fondée sur de nouveaux principes plus protecteurs de la personne « diminuée ». La partie relative au droit des obligations (programme de 2e année : cœur du droit, donc des études juridiques) sera longue à réformer mais d'ores et déjà une loi importante du 17 juin 2008 a simplifié cette législation qui donnait des cauchemars aux étudiants.

Le droit de la France est à l'image de la société française : celui d'un pays riche [174] (le patrimoine individuel des Français a triplé depuis 1970) et donc capricieux. Il ne faut pas en déduire que l'avenir est programmé pour cela à perpétuité, mais il est vrai que la France est devenue une nation repliée sur elle-même et doutant d'elle-même, dans ces conditions on ne voit pas très bien comment elle pourrait avoir un Code civil neuf partant à la conquête du monde. Reste que ce renouveau arrivera un jour et sera le fait de nouvelles générations, lorsque l'actuelle en aura terminé avec ses états d'âme. Une nation ne sombre pas dans la décadence, elle s'y complaît un temps [175]. Sauf, bien entendu, à hypothéquer cet espoir même et à miser sur un Code civil européen [176] qui remplacerait tous les codes actuels [177].

§ 2 : Les autres droits privés

L'archipel du droit privé se démultiplie entre diverses îles et îlots. Nous n'étudierons ici que les plus grandes, sans revenir ce qui fut déjà dit au sujet du droit international privé.

173. M. Guillaume, « Les ordonnances : tuer ou sauver la loi ? », *Pouvoirs*, n° 114, *La loi*, 2005, p. 117 s.

174. À propos d'idées fausses sur la pauvreté et la richesse, le livre précité de J. Marseille : contrairement à ce que l'on colporte aisément les inégalités sociales se sont considérablement réduites en France depuis les années 1970. La France est un pays de classes moyennes : A. Frémont, *France, géographie d'une société*, Flammarion, coll. Champs, 1997.

175. M. Godet, *Le choc de 2006. Démocratie, croissance, emploi. Pour une société de projets*, Odile Jacob, 2006.

176. K. Garcia, *Le droit civil européen*, th. dacty., Limoges, 2006.

177. D. Tallon, « L'avenir du Code civil en présence des projets d'unification européenne du droit civil », *in 1804-2004, Le Code civil etc., op. cit., p.* 997 s. ; Y. Lequette, « Quelques remarques à propos du projet de Code civil de M. von Bar », *D.* 2002, chr. p. 2202 ; G. Cornu, « Un Code civil n'est pas un instrument communautaire », *D.* 2002 chr. p. 351 ; lire de ce même auteur, « Réflexions en attendant le tricentenaire », *in Le Code civil, 1804-2004 etc., op. cit., p.* 709 s. : « Qui voudra briser le symbole de l'unité de la France civile ? Oblitérer ce débat est faire l'impasse sur l'essentiel et renier l'exemple de la réformation des années 1960-1970. Le romantisme et la nostalgie n'ont rien à voir dans cette affaire (ce serait un mot tristement non éclairé). Autant vaudrait dire que le droit d'un peuple n'est rien sans l'épaisseur de son histoire. Serait-il sans signification que, depuis le serment de Strasbourg en 842, c'est-à-dire depuis douze siècles, l'aspiration à l'unité civile ait le dénominateur commun de la Royauté, de la Révolution et de la République ? Il n'y a en vérité aucun rapport entre cette unité lentement, longuement sécrétée par un peuple et, tombant un jour de l'extérieur, une unification décrétée. ». Il conviendrait de poser la question dans le bon sens : B. Fauvarque-Cosson, « Faut-il un Code civil européen ? », *RTD civ.* 2002.463 ; du même auteur, « Codification et droit privé européen », *Mélanges B. Oppetit*, Litec, 2009, p. 179 s.

I. Le droit des affaires

77. – Entre hommes d'affaires. – L'Ancien régime connaissait l'ordonnance sur le commerce qui resurgit, après la Révolution, dans le Code de commerce [178]. Le droit commercial classique était le droit, sinon des commerçants, du moins des actes de commerce. C'était d'ailleurs dans le Code de commerce que l'on trouvait la définition de l'acte de commerce qui permettait (et permet toujours) de définir la compétence d'attribution des tribunaux de commerce : ils ne sont juges, en principe, que des actes de commerce.

Le droit commercial était donc un droit relativement clos. Tout acte entre un commerçant et un particulier est un acte mixte qui est donc civil du côté du particulier. C'était le droit non pas des commerçants mais *entre* commerçants.

C'est dans les années soixante que le droit des affaires va faire suite au vieux droit commercial [179] en l'englobant : d'une mer assez paisible (avec quelques tempêtes), on passait à un océan insondable (étudié en deuxième année – le droit de l'activité de l'entreprise ; en troisième année – le droit des sociétés ; puis en quatrième année – le droit du financement et des difficultés de l'entreprise). Pourquoi ?

D'une part, le droit des affaires a pris naturellement l'ampleur des affaires elles-mêmes et du droit tout court. Le droit envahit toute l'activité humaine et l'activité économique domine tout. C'est ainsi qu'au sein du droit des affaires sont apparues des subdivisions aux multiples métamorphoses. L'on eut, tout d'abord, le droit de la banque, qui devint celui de la banque et de la bourse avant de se muer en droit financier. Le droit des assurances a pris son autonomie depuis la loi de 1930 sur les assurances et lui-même développe des particularismes : droit des assurances de l'entreprise, droit des assurances sur la vie, etc. Le droit des transports est ou terrestre, ou aérien ou plus encore maritime. Le droit des sociétés commerciales se transforme en droit des groupements de l'entreprise aux multiples visages. Les anciennes « faillites » se sont vues substituer un droit subtil à l'envie, celui des entreprises en difficulté, ayant pour dessein « la sauvegarde de l'entreprise, le maintien de l'activité et de l'emploi et l'apurement du passif » (ce sont les principes liminaires de la loi du 25 janvier 1985), mais il y en France 24 000 liquidations contre 22 000 aux États-Unis, ce qui laisse dubitatif quant aux aptitudes des tribunaux de commerce à sauver les entreprises en péril. La loi du 27 juillet 2005 a entrepris une réforme majeure de ce droit renforçant le rôle préventif des organes compétents. Mais peut-on vraiment dominer l'évolution des marchés par une loi ? Les entreprises, comme les êtres humains, n'ont-elles pas, naturellement, une naissance, une croissance et une mort ? Ce qui compte, ce ne sont pas les entreprises qui ferment mais celles qui se créent.

Ce droit est, bien plus que le droit civil, un droit international et européen [180]. Le droit de la concurrence, spécialement, est dominé par ces impératifs bruxellois : l'Europe est d'abord un « marché commun ».

78. – Le revers de la médaille. – D'autre part, le droit des affaires n'est pas seulement l'ancien droit commercial dilaté, il est, peut-on dire, du droit civil annexé. Le droit des contrats

178. N. Molfessis, *« Le bicentenaire d'un fantôme », in Le Code de commerce. Livre du bicentenaire,* Dalloz, 2007.

179. Lire le V° *Droit commercial* par J. Hilaire, *in Dictionnaire de la culture juridique.* Observation : l'étudiant croit fréquemment que « droit commercial », « droit des affaires », « droit économique » sont des synonymes. Tel n'est pas le cas et cet article expose très bien pourquoi.

180. L. et J. Vogel, *Le droit européen des affaires,* Dalloz, coll. Connaissance du droit, 2011.

spéciaux, régis par le Code civil, est un excellent exemple. Il existe aujourd'hui un véritable « droit civil de l'entreprise ».

Face à ce droit des entreprises s'est peu à peu constitué un droit de réciprocité : le droit de la consommation [181].

Le développement des affaires a engendré une société de consommation [182], il eût été illusoire, dangereux et profondément injuste, d'imaginer que le droit civil ordinaire puisse suffire à régler les problèmes juridiques engendrés par ce contentieux né de la rencontre du renard et du corbeau. À partir de 1978 (les premières lois Scrivener) va se constituer un droit autonome rééquilibrant les rapports entre l'acheteur (le pot de terre) et le vendeur (le pot de fer) [183]. La lutte contre les clauses abusives en est l'aspect le plus notable : le contrat n'est plus juste parce qu'il est la loi des parties, il est juste parce que l'État-Providence, par le biais d'une commission *ad hoc*, le valide. Le parallèle avec le contrôle de la loi au regard des exigences de la Constitution n'est pas excessif.

Ce droit a entraîné la mise au point d'une procédure de surendettement des particuliers (1989) qui a abouti (loi du 1er août 2003) à une véritable « faillite civile » (par inspiration heureuse du droit local alsacien-mosellan) : le redressement personnel.

C'est en cela que le droit de la consommation est l'ombre portée du droit des affaires.

II. Le droit judiciaire privé

79. – L'art de l'escrime. – Querelles de mots, pour savoir s'il faut parler de « procédure civile » (terme ancien et classique) ou de « droit judiciaire privé » (appellation moderne) [184]. Le fait est que la matière est la même. Il s'agit des règles de procédure suivies par les juges judiciaires statuant civilement ou commercialement. Ces règles s'appliquent, du moins dans leurs principes directeurs, à l'arbitrage qui est une forme de justice privée conventionnellement (surtout dans le monde des affaires).

Ce droit est étudié en trois temps. Les juridictions, en première année (dans le cours d'introduction au droit, mais souvent dans un cours approprié) ; la procédure en troisième année et les voies d'exécution en quatrième année. Au fil du temps, un nouveau cours prend de l'ampleur, celui de « droit processuel ». Il y a deux conceptions possibles de ce droit processuel. Soit on le considère comme un droit comparé des principales procédures nationales (civile, pénale et

---

181. J. Julien, *Droit de la consommation*, Montchrestien, Cours, 2010 ; Y. Picod et H. Davo, *Droit de la consommation*, A. Colin, coll. U, 2e éd., 2010 ; N. Rzepecki, « Le Code de la consommation, code du consommateur ? », *in Mélanges Wierderkehr*, Dalloz, 2009, p. 711.

182. Un grand classique : J. Baudrillard, *La société de consommation*, Folio-Essais, n° 35 « La consommation est devenue la morale de notre monde. Elle est en train de détruire les bases de l'être humain, c'est-à-dire l'équilibre que la pensée européenne, depuis les Grecs, a maintenu entre les racines mythologiques et le monde du logos ». Dans le domaine du droit, ce déséquilibre bouleverse profondément le droit des contrats.

183. Disposition fondamentale du Code de la consommation, son article L. 133-2 : « Les clauses des contrats proposés par les professionnels aux consommateurs ou aux non-professionnels doivent être présentées et rédigées de façon claire et compréhensible. Elles s'interprètent en cas de doute *dans le sens le plus favorable* au consommateur ou au non-professionnel [...] ».

184. Comme pour « droit commercial » et « droit des affaires », il faut avoir les idées claires sur ces dénominations qui ne sont pas neutres. Lire le V° *Procédure civile* de L. Cadiet, *in Dictionnaire de culture juridique* qui expose très bien les tenants et les aboutissants.

administrative) ; soit on le conçoit comme un droit universel des droits fondamentaux des procédures. Cette conception tend à l'emporter.

Ce droit a été profondément renouvelé en 1971 par un nouveau Code de procédure civile (dû à Henri Motulsky, Jean Foyer et Gérard Cornu). Il se traduit par un « office » (terme de droit) du juge plus important que par le passé. Le juge civil est un *acteur* et non un *spectateur* du procès [185]. Il ne tranche pas, il arbitre un différend.

Parce qu'il est le droit processuel des tribunaux de l'État, l'on dit souvent que la procédure civile est une branche du droit public. D'une certaine manière, c'est exact mais il faut surtout considérer que c'est la procédure de règlement des contentieux privés. En cela, elle s'applique généralement aux arbitrages qui sont une forme de justice privée et contractuelle. Par ailleurs, le droit judiciaire fournit divers mécanismes qui sont repris par le droit civil (ainsi le calcul des délais). La procédure civile est donc du droit public par sa forme (ce sont des décrets pris par la Chancellerie) mais du droit privé quant au fond et par attraction du droit majeur (le droit civil) sur le droit mineur (le droit judiciaire).

La procédure est suivie du droit des voies d'exécution, c'est-à-dire des procédures pour l'exécution des jugements.

De manière générale, le droit de la procédure est tenu pour mineur. Ce qui est exact, mais au sens où il existe des arts « mineurs » (le vitrail, l'orfèvrerie, la reliure, etc.). Entre mettre un droit à sa juste place et le mépriser, il y a une nuance. Connaître le droit substantiel (le droit civil ou le droit des affaires) en ignorant le droit processuel, c'est oublier que 80 % des procès trouvent leur solution par la procédure, alors que l'immense majorité des contentieux ne pose aucune difficulté juridique fondamentale (par exemple : dans un procès de divorce, la procédure est bien plus importante que le droit civil).

Le droit civil sans la procédure civile, autant avoir une voiture sans permis de conduire (et surtout sans savoir conduire).

III. Le droit du travail

80. – Le droit de faveur. – Pour l'essentiel, c'est le droit du contrat de travail entre un employé et un employeur, mais c'est aussi le droit des rapports collectifs issus des conventions collectives et des manifestations collectives des travailleurs (le droit de grève). C'est en cela que « le droit du travail appartient au *droit privé* pour la plupart de ses dispositions, qui régissent des relations entre personnes privées. D'autres règles, qui mettent en scène des autorités administratives, gouvernent leurs actes ou organisent un service public, appartiennent au *droit public*. Les unes et les autres constituent le régime du travail dit « privé ». Celui-ci régit aussi les relations entre les entreprises publiques ou personnes morales de droit public chargées d'un service public industriel ou commercial et leurs agents, tandis que le travail des agents publics (fonctionnaires) relève, pour l'essentiel, de dispositions de droit administratif » [186].

185. D. Salas, V° *Procès in Dictionnaire de culture juridique.*
186. V° *Droit du travail in Dictionnaire de culture juridique*, par A. Jeammaud. Première vue recommandée.

Ce droit fait l'objet d'un cours important en L3 ; il est complété par un cours optionnel de droit de la sécurité sociale (raison qui conduit parfois à parler de « droit social » pour parler de l'ensemble ainsi constitué).

Ce droit est relativement nouveau (du moins en considération de la haute antiquité du droit civil et des siècles du droit commercial). Quelques dates : 1864, l'autorisation de faire grève ; 1884, l'autorisation de constituer des syndicats. Les premières lois sociales datent de la fin du XIXe siècle (retard sensible de la France par rapport à l'Allemagne). 1922 : le premier ministère du Travail ; 1924, le premier Code du travail ; 1936, les grandes réformes du Front Populaire : 1945, la création de la Sécurité sociale ; 1968, les réformes ; 1982, les lois Auroux ; 2000, les « 35 heures » et la loi de modernisation sociale ; 2003, la réforme des retraites puis celle, plus importante, de 2010 (entrée en vigueur le 1er juillet 2011).

L'article L. 121-1 du Code du travail rappelle que « le contrat de travail est soumis aux règles du droit commun », mais, dans la réalité, c'est un droit spécial entre tous.

Pour l'essentiel, c'est un droit de « faveur » (le terme est à retenir car il est juridique) pour le salarié. Protection dans l'exercice du travail et protection dans la cessation de l'activité (importance capitale du droit du licenciement individuel et collectif – les plans sociaux). C'est un droit, par voie de conséquence, méticuleux (les décrets y sont plus importants en pratique que les lois, lesquelles sont parfois des « lois réglementaires » tellement elles entrent dans le détail : toute la réputation d'un droit complexe… et changeant) et fortement d'ordre public (précisément pour s'imposer aux partenaires sociaux), à tel degré que le parlement a fini par voter une loi dite de… « simplification du droit », le 2 juillet 2003, en vue de faciliter la création des entreprises !

S'il est un droit qui ne peut être neutre, c'est bien le droit du travail. Comme l'écrit très justement Pierre-Yves Verkindt [187], « les débats qui traversent aujourd'hui la discipline sont parfois académiques, toujours politiques ». Ce droit est sujet à une récurrente polémique. « Tantôt présenté comme engendrant des contraintes entravant la compétitivité des entreprises, tantôt décrit comme un outil parmi d'autres de la gestion de la force de travail, le droit du travail est accusé d'être trop complexe et source d'insécurité juridique, trop ou pas assez protecteur du salarié. Son procès est permanent. » [188]. La crise du « contrat de première embauche » au printemps 2006 en aura été l'illustration quasi parfaite. Sans souplesse dans l'embauche, les entreprises craignent d'engager des salariés dont le licenciement (en cas de repli économique) coûtera cher ; sans assurance pour l'avenir, les salariés redoutent de vivre dans la précarité. La solution passe par un contrat qui permette à la fois, plus facilement, de protéger l'entreprise contre des licenciements onéreux et le salarié contre un licenciement capricieux [189]. Autant envisager la quadrature du cercle [190].

C'est en étudiant ce droit que l'on constate que le libéralisme européen, français en particulier, se veut humanisme : les lois de l'économie doivent compter avec les hommes et leurs besoins. La rançon en est, inévitablement, un droit parfois strict et manquant de souplesse (la loi

187. P.-Y. Verkindt, *Le droit du travail*, Dalloz, Connaissance du droit, p. 1. L'étudiant de première année qui voudrait bien à l'avance avoir un avant-goût de ce qu'est le droit du travail, lira le petit livre de cet auteur. Au-delà, dans cette même collection, le cours (2 vol.) de Bossu, Dumont et Verkindt.

188. *Ibid.*, p. 2.

189. La tendance étant à l'assouplissement du droit de licenciement dans toute l'Europe, quelle que soit la couleur politique du gouvernement.

190. P. Morvan, « La chimère du contrat de travail unique, la fluidité et la créativité », *Dr. soc.* 2005.959.

initiale sur les 35 heures par exemple) : les rapports sociaux en France sont conflictuels [191], d'où l'échec d'un droit « conventionnel » et l'appel constant à l'arbitrage de l'État donc de la loi [192]. Là aussi, on le comprendra, les alternances politiques ont soufflé le chaud et le froid. D'où un droit volumineux et parcellaire... largement inappliqué dans la pratique. Depuis le 1er mai 2008, un nouveau Code du travail est entré en vigueur [193]. Il se veut plus sobre et moins complexe que le précédent. Tout laisse penser qu'il aura le destin de ces personnes « fortes » qui font un drastique régime et ensuite reprennent allégrement les kilos perdus en quelques bons repas !

Une remarque générale : le droit français du travail est conçu pour les grandes entreprises, celles qui pratiquent des « dégraissages » parfois scandaleux et qui enregistrent des bénéfices mirifiques. C'est donc un droit très protecteur du salarié « pot de terre » face au patron « pot de fer » mais aussi un droit qui oblige à partager les fruits de la prospérité avec ce même salarié (œuvre du comité d'entreprise, intéressement, RTT, etc.). Personne ne veut se rendre compte, pourtant, que ceux qui créent des emplois et ceux qui licencient le moins, ce sont les PME : 65 % des emplois sont fournis par elles. Or, avec la révision libérale de la loi sur les 35 heures (réclamée tant par les petits patrons [194] que par leurs employés qui veulent travailler plus), on s'aperçoit qu'en France, il y a nettement *deux catégories de salariés* (en mettant de côté le cas, encore particulier, des fonctionnaires et agents de l'État et des collectivités). Ceux qui sont plus nantis, en droits, que les autres, sont les salariés des grandes entreprises ; ceux qui bénéficient subsidiairement de tout cela, ce sont les salariés des PME. Il y a deux poids, deux mesures. Or, l'écart de revenus entre le petit patron et son ouvrier le mieux payé est sans rapport entre le PDG d'une « multinationale » et son cadre le plus élevé dans la hiérarchie. C'est naturellement dans ce dernier cas qu'existe une « culture du conflit », pas dans le premier. Tant que la France ne comprendra pas que son économie repose sur ces PME et qu'elle n'adaptera pas son droit du travail pour elles, le chômage persistera au taux qui est le sien [195].

---

191. Données connues : La faible syndicalisation française (environ 8 % contre 30 à 40 % dans certains pays comme l'Angleterre ou l'Allemagne) et les liens historiques des grandes centrales (les « syndicats » sont généralement des fédérations voire des confédérations de syndicats particuliers) avec des partis politiques inclinent les syndicats français à obtenir assez aisément des avantages d'un gouvernement de gauche et, ensuite, à les défendre de manière virulente (grèves, manifestations) face à un gouvernement de droite. Tout cela est bien loin de l'esprit de cogestion qui prédomine en Allemagne par exemple. Quant à la grève, elle est quasiment inconnue dans les pays scandinaves (où les parlements ont même le droit de voter une loi pour y mettre un terme en obligeant les partenaires à la négociation). Le Français aime la bagarre et la barricade, c'est ainsi. Sur ce vrai problème du déclin des syndicats en France : R. Mouriaux, *Crise du syndicalisme français*, Montchrestien, Clefs, 1998 ; J.-F. Amadieu, *Les syndicats en miettes*, Le Seuil, 1999 ; J.-M. Pernot, *Syndicats : lendemains de crise ?*, Folio actuel n° 115, 2005.

192. Th. Philippon, *Le capitalisme d'héritiers. La crise française du travail*, Le Seuil, 2007, l'auteur explore aussi bien les faiblesses du syndicalisme français que les limites du management familial ; sa conclusion est que la solution aux difficultés françaises n'est ni politique, ni législative mais dans la reconstruction des relations humaines dans l'entreprise.

193. Ch. Radé, « Le Code du travail nouveau est arrivé », *D.* 2008.1214. B. Teyssié, « Un nouveau Code du travail », *JCP* S 2008.1265 ; N. Ferrier, « À propos de la recodification prétendument à droit constant du droit du travail », *D.* 2008.2011.

194. « Ces patrons sont des ouvriers qui ont monté une entreprise. Ils travaillent comme leurs salariés, pelle, marteau ou tournevis à la main, qu'il vente ou qu'il pleuve, la différence étant qu'en outre ils exercent une fonction d'organisation et qu'ils sont en première ligne dans la relation avec le client. Ils appartiennent au même milieu social que leurs salariés, qui se mettront un jour "à leur compte" s'ils se sentent capables de supporter les soucis que cela comporte ». M. Volle (économiste), *Le Monde*, 14 avr. 2006, p. 22.

195. « Ce n'est pas l'Europe mais le refus de moderniser les structures politiques, économiques et sociales de la France depuis vingt-cinq ans qui est aujourd'hui la première cause du chômage et des délocalisations, dont la plus préoccupante, celle des talents et des cerveaux, ne cesse de s'accélérer depuis les années 1990. Et c'est le travail qui se trouve au cœur de la nécessaire révolution économique et sociale qui doit être entreprise : c'est la hausse de son volume, l'abaissement de son prix relatif et l'amélioration de sa qualité qui permettront de reconstituer un appareil de production compétitif, qui lui-même augmentera les gains effectifs de salaires et de pouvoir d'achat, qui à leur tour stabiliseront l'activité à un haut niveau, enrayeront le chômage de masse et la pauvreté, favoriseront le désendettement de l'État, assureront la pérennité d'une protection sociale de haut niveau. Plus l'histoire et l'économie s'accélèrent, plus le travail est le moteur du changement, plus il est l'amorce de la croissance et du progrès ; et plus son encadrement et sa limitation sont à l'inverse des facteurs de blocage et de retard d'une nation » N. Baverez, « La revanche du travail », *Le Monde*, 24 sept. 2004, p. 24.

Ce droit est mis en œuvre par une juridiction très particulière : le Conseil de (et non « des ») Prud'hommes (étymologiquement, les sages). Juges élus et en nombre pair (moitié employeurs/moitié employés, *cf. infra* chapitre 10). Cette juridiction applique le droit, parfois d'une manière très contentieuse. Le conflit entre un patron et son salarié se mue en conflit entre les juges patrons et les juges salariés. Au lieu de décroître et d'être réglé en équité (comme tel était l'esprit initial de cette juridiction particulière), le contentieux prendra de l'ampleur et deviendra emblématique. Cela explique des recours abondants et une jurisprudence nourrie (et en pratique très importante) de la chambre sociale de la Cour de cassation. Qu'on se le dise : le droit du travail... donne du travail aux juristes !

Ce droit est complété par un droit infiniment technique, peu jouissif pour l'esprit, mais déterminant dans la vie quotidienne (bien plus que d'autres joies intellectuelles du droit commun) : le droit de la sécurité sociale. Là également, il existe une juridiction spéciale : le tribunal des affaires de sécurité sociale.

Au-delà même du droit de la sécurité sociale existe aujourd'hui un droit de l'aide sociale [196] trop souvent méconnu de l'étudiant (car rarement enseigné au cours du L). Ce droit ouvre pourtant de plus en plus de débouchés (par concours ou non).

Section 4
Le droit pénal

81. – Le droit pénal est un droit de marginaux (les délinquants) et, parfois, tenu comme un droit marginal (entre le droit public et le droit privé). Du coup, ces dernières années, l'on a assisté à un double paradoxe. Le droit pénal est parfois tenu en lisière dans l'enseignement du droit alors qu'il connaît une inflation galopante ; il est lui-même tiraillé entre des objectifs, non pas totalement contradictoires, mais qui, s'il est permis de s'exprimer familièrement à des étudiants novices, le conduise « au grand écart ». Or, c'est là une grave et grande erreur car « le droit pénal est un droit premier » [197] : sans lui, l'idée même d'une civilisation est impossible. Sans droit pénal, pas d'ordre et sans ordre, pas de liberté [198].

§ 1 : Un droit SDF (sans définition fixe)

82. – Fausse qualification. – Les juristes aiment deux choses : les catégories et les habitudes. L'art des qualifications est rationnel, la routine ne l'est pas.

Le plus généralement l'on enseigne, par facilité, que le droit pénal est un « droit mixte ». De fait, il est difficile de soutenir qu'il n'est « que » du droit public, il serait encore plus extravagant

196. V° *Droits sociaux* par M. Borgetto, *in Dictionnaire de la culture juridique*. À titre de première investigation, on peut aussi jeter un œil sur un livre très bien fait : M. Borgetto et R. Laforge, *Droit de l'aide et de l'action sociales*, Montchrestien, Précis Domat, 7e éd., 2009.

197. M.-L. Rassat, *Le droit pénal*, Dalloz, Connaissance du droit, 2005, p. 1. On ne saurait que trop recommander la lecture de ce petit livre, stimulant, roboratif et détonnant !

198. « Or, dans les sociétés libérales [...], le droit pénal et la procédure pénale doivent prioritairement préserver la liberté de l'homme [...]. Aussi et contrairement à trop d'idées reçues, le droit criminel constitue par nature une des branches du droit les plus protectrices de la liberté individuelle [...] », Ph. Conte et P. Maistre du Chambon, *Droit Pénal Général*, A. Colin, 7e éd., 2004, n° 91.

de ne lui reconnaître « que » la nature de droit privé. À la vérité, la doctrine juridique face à des nouveautés opte généralement (non parfois sans une part de prudence et de sagesse) pour des qualifications d'attente. Tel contrat sera *sui generis* (de son propre genre), tel droit sera *mixte*. Mais il faut bien reconnaître que ces qualifications soulèvent, certes, la difficulté mais ne la résolvent pas. C'est un peu, comme naguère, dans les bibliothèques publiques, le fichier « divers ».

Première remarque, banale, le droit pénal n'est ni public, ni privé puisque dans l'organisation des facultés de droit, il existe une section de « droit privé et sciences criminelles ». Si le droit pénal était du droit privé, il n'y aurait pas lieu de faire une distinction ; s'il relevait du droit public, il n'y aurait pas lieu de le rattacher à la section de droit privé [199].

Pourquoi cette imprécision dont ce droit, pourtant essentiel, est victime et pourquoi cette attraction vers le droit privé ?

La coutume explique ici la facilité intellectuelle. Nous avons longuement exposé les prodromes de la *summa divisio* romaine entre droit public et droit privé. Longtemps, il n'y avait rien d'autre. Certes, le droit pénal existait bien dès Rome mais il faut bien considérer que ce droit, durant de longs siècles, resta des plus frustes. C'était un droit de la punition sans grande nuance.

D'autant que la procédure pénale est apparue avant le droit pénal, au sens précis, ce qui n'est pas sans nous surprendre. En réalité, le droit pénal français est récent. La première codification de la procédure pénale est due à l'ordonnance de Colbert de 1670 et il fallut attendre 1790 pour voir le premier Code pénal.

C'est cette tardiveté d'éclosion, en tant que « droit savant », au sein du droit qui explique le sort du droit pénal. Ce faisant, sans grande imagination mais avec une notable perte d'énergie intellectuelle, on a voulu, coûte que coûte, ranger le droit pénal dans l'une des deux grandes catégories existantes : le droit privé ou le droit public. Or, ce droit n'est ni l'un, ni l'autre. Il n'est pas du droit privé parce qu'il ne ressort pas des simples relations entre particuliers (sinon pourquoi un ministère public pour requérir les peines ?) Il n'est pas du droit public parce qu'il ne contribue nullement à fixer les règles constituant l'État ou son administration, pas plus qu'il ne régit les rapports entre ce même État et ses citoyens. Il est le droit pénal, truisme parfait, mais qui signifie que ce droit est celui qui permet à l'autorité publique de faire régner l'ordre et la sécurité dans la société par la répression des délits. Il est le droit régalien [200] de la punition. Comme l'écrivent deux grands maîtres de la matière, Merle et Vitu, il est constitué par « l'ensemble des règles juridiques qui organisent la réaction de l'État vis-à-vis des infractions et des délinquants ».

§ 2 : Histoire du droit pénal français [201] : le vilain petit canard

83. – La remontée des enfers. – La procédure pénale [202], en France, est apparue vers le XIIIe siècle grâce, paradoxalement, par les tribunaux de l'Inquisition. Le terme hérisse tout

199. M. KÖHLER, « Le droit pénal entre public et privé », *in Archives de philosophie du droit*, t. 41, Dalloz, 1997, p. 199 s.

200. Le droit pénal est, avant tout, celui de l'État, mais il faut tenir compte aujourd'hui du droit pénal international et du droit européen : J. A. E. VERVAELE, « Le droit pénal européen : vers un droit pénal fédéral ? », *Mélanges Pradel*, Cujas, 2006, p. 1127.

201. Une lecture à faire un jour ou l'autre : J.-M. CARBASSE, *Histoire du droit pénal et de la justice criminelle*, PUF, coll. Droit fondamental, 2e éd. 2006. Une autre somme (très utile pour les étudiants qui envisagent de préparer le concours d'entrée à l'École nationale de la magistrature) : J.-P. ROYER, *Histoire de la Justice en France*, PUF, coll. Droit fondamental, 3e éd., 2001. Lire en particulier les nos 16 et 17 relatifs à la fameuse ordonnance de 1670 sur laquelle, en général, les journalistes écrivent des choses bien surprenantes.

202. V° *Procédure pénale* par P. MAISTRE DU CHAMBON, *in Dictionnaire de culture juridique.* Rapidement il faut que l'étudiant comprenne le lien étroit qui existe entre la procédure pénale et les libertés personnelles : R. GASSIN, « Considérations sur le but de la procédure pénale », *Mélanges Pradel*, Cujas, 2006, p. 109.

esprit moderne, et à raison. L'idée même d'une foi religieuse imposée révulse nos consciences. Si l'on se replace dans ces siècles, les choses prennent leur juste valeur et leur proportion. Liée à la vie sociale la plus quotidienne, la religion ne relevait pas, comme aujourd'hui, de la vie privée. La conception de la religion n'avait pas connu ce grand mouvement de la spiritualité de la fin du Moyen Âge (celle qui accentue la notion de conversion intérieure) puis des Réformes protestante (le rôle de la conscience) et catholique au XVIe siècle. L'homme médiéval forme un tout et même un bloc, il serait stupéfait de notre vie actuelle, tant matérielle que spirituelle. L'hérésie menaçait la société dans son unité.

Il faut essayer de comprendre ce que fut l'Inquisition (compréhension qui n'emporte aucune justification, bien entendu), sans anachronisme [203]. Ce tribunal particulier n'eut jamais une grande autorité en France, contrairement à l'Espagne, car il se développa à l'époque même où les rois de France entendaient établir leur absolue souveraineté, entre autres envers l'Église, tandis que les rois d'Espagne se servirent de l'Église pour asseoir leur pouvoir (contre les Arabes puis contre les Juifs). L'Inquisition ne joua donc un rôle important que dans le Midi de la France lors de la croisade contre les Cathares (la boucherie du bûcher de Montségur, en 1244, n'est pas un acte de l'Inquisition, c'est une exécution sommaire et barbare des armées royales). En revanche, ce furent les juridictions laïques royales qui furent celles des Guerres de Religion : conflit autant politique que religieux.

Les Inquisiteurs, mot à mot, étaient des enquêteurs. *Inquisitio* signifie *enquête*. C'est l'origine de notre juge d'instruction. Leur dessein était, dans un premier temps, de ramener au bercail la brebis perdue ; dans un second, de l'éliminer lorsqu'elle persistait volontairement dans ce qu'on estimait être l'erreur. D'où le rôle déterminant de l'aveu : « faute avouée, faute à moitié pardonnée » dit-on. Il fallait que la faute sorte du pécheur par une parole libératrice. L'intention est des plus louables. Le psychiatre moderne ne fait rien d'autre que de libérer par l'écoute, mais de même qu'il y eut des dévoiements de la psychiatrie et de la psychanalyse, l'on ne connaît que trop ceux de l'Inquisition : le recours à la torture. Certes, cette torture n'avait strictement rien à voir avec le sadisme de la Gestapo. Elle ne devait jamais entraîner de graves mutilations et tout aveu jaillissant de la torture n'était valide que réitéré, ensuite, sans contrainte. Il n'en demeure pas moins que le procédé était moralement absolument condamnable de par la doctrine du « double effet ».

Dans un acte humain, il peut y avoir un « effet premier » et un « effet secondaire ». Moralement, l'effet secondaire peut être néfaste dès lors que l'effet premier est bon, dans son intention et son action. Exemple : un médecin qui administre un fort calmant pour dominer une douleur pourra accélérer la mort du malade. Dans ce cas, l'action initiale n'est pas condamnable parce que la mort n'est pas voulue comme le but premier. En revanche, il se peut qu'un acte premier soit mauvais mais puisse avoir un effet secondaire bénéfique (exemple : un terroriste ayant dissimulé une bombe est torturé, il révèle l'endroit de son forfait, la bombe est désamorcée à temps et la vie d'innocents épargnée). Moralement, la considération du bienfait de l'effet second ne justifie pas, pour autant, l'action première mauvaise par elle-même et qui ne devient pas licite par une conséquence accessoire. La torture n'est donc, *jamais*, justifiable. Le mal peut découler indirectement et involontairement du bien, mais le bien ne peut jamais avoir pour source le mal. C'est ce que ne comprirent pas les inquisiteurs médiévaux.

203. J. et G. Testas, *L'inquisition*, PUF, Que sais-je ?, n° 123 ; V° *Inquisition* par A. Laingui *in Dictionnaire de culture juridique* ; G. Woimbée, *L'Église et l'Inquisition*, Tempora, 2009.

Là encore il est utile de préciser que la torture était loin d'être systématique. Elle n'était utilisée qu'envers les « fortes têtes ». L'Inquisition commençait toujours par un interrogatoire ordinaire. En cas de silence ou de mauvaise volonté, la première mesure de contrainte était l'astreinte au « mur », c'est-à-dire l'enfermement (sur tout cela, les souvenirs de l'inquisiteur Fournier dans le *Montaillou, village occitan* de Leroy-Ladurie). On escomptait – non sans raison – que l'isolement et les conditions strictes de celui-ci conduiraient l'accusé à « craquer ». Les choses ont-elles bien changé avec l'usage de la détention provisoire ? Ensuite l'on stimulait la langue du prévenu par... une visite détaillée de la salle des tortures, avec commentaire adéquat par le « tourmenteur ». Les gens en ressortaient les jambes flageolantes et... l'esprit très « coopératif » !

En fait, les moyens de pression pour faire avouer un coupable ou un témoin ont toujours existé. C'est un leurre que de penser que la fameuse *cross examination* de la procédure américaine en est indemne. Simplement, ces moyens de pression se sont « modernisés » et sont devenus plus subtils : cela ne les légitime nullement pour autant.

Lorsque le coupable avait avoué, la peine était variable ; souvent, elle consistait en autre chose qu'un emprisonnement : un pèlerinage ou l'accomplissement d'une bonne œuvre. Nos « travaux d'intérêt général » (TIG) ne sont pas une grande nouveauté. Ce sont les inquisiteurs qui « inventèrent » des pratiques reprises par le droit moderne : le sursis d'exécution ou la dispense de peine (qui fut utilisée dans le procès du sang contaminé). C'est aussi les juges de l'Inquisition qui punirent, pour la première fois, le délit de « dénonciation calomnieuse » qui existe toujours dans notre droit pour réprimer les fausses dénonciations.

La catastrophe arrivait lorsque le coupable récidivait (là encore, une notion de cette époque) : il était *relaps* (celui qui retombe). L'on estimait alors que tout espoir était perdu et que l'élimination pure et simple devait l'emporter. Celle-ci n'était pas nécessairement la mort, ce pouvait être la réclusion à perpétuité (la France est aujourd'hui l'un des rares pays d'Europe à la conserver, avec, qui plus est, peine incompressible), mais généralement la mort suivait car le coupable n'était pas condamné par le tribunal de l'Inquisition mais remis « au bras séculier », en vertu du principe selon lequel l'Église ne condamne jamais à mort (l'adage *Ecclesia abhorret a sanguine :* l'Église a horreur du sang). C'est ainsi que Jeanne d'Arc périt, après une première condamnation « ordinaire » : elle revint sur ses aveux et proclama la mission qui était la sienne. De même Jacques de Molay, le grand maître des Templiers, qui eut le courage, après une première condamnation à la réclusion, de protester contre l'iniquité du procès.

84. – L'héritage. – L'Inquisition inventa le procès pénal moderne[204]. Elle justifia malheureusement la torture mais elle contribua à éliminer ce fléau qu'était l'ordalie, dénommée « jugement de Dieu ». Le procédé consistait à mettre, en fait, Dieu en demeure de se prononcer dans les affaires criminelles. L'accusé était soumis à une épreuve qui n'était rien moins que réjouissante (être jeté dans une rivière, marcher sur des braises, etc.). S'il en sortait indemne : il était innocent ; dans le contraire : il était coupable (évidemment, s'il se noyait dans la rivière : l'affaire était encore plus simple !). L'Église n'eut de cesse de protester contre cette « provocation au miracle », contraire à tout vrai respect envers Dieu, inscrit dans l'Écriture : « Tu ne tenteras pas le Seigneur, ton Dieu ». Les ordalies furent définitivement abolies en France par saint

204. Remarquable thèse : L. Primot, *Le concept d'inquisitoire en procédure pénale. Représentation, fondements et définition*, LDGJ, Bibl. sc. crim., t. 47, 2010. Ce travail met à terre bien des lieux communs et des banalités.

Louis. Il en demeurera longtemps les duels entre particuliers, mais les défis que les adolescents des banlieues se lancent ne sont pas sans relever du même esprit : « avoir la baraka », en arabe, *la bénédiction divine*. L'homme veut toujours être un surhomme.

Plus d'ordalie, plus de duel judiciaire, il fallait donc une enquête et un enquêteur, donc un inquisiteur. L'Inquisition eut, malgré ses efforts de raison et de clémence, le tort profond de penser que l'on peut convertir le monde en usant de ses moyens : éternelle tentation du pouvoir clérical. De notre côté, jugeons avec prudence et sans anachronisme des hommes si différents de nos mentalités.

85. – L'ordonnance criminelle. – Cette procédure fut reprise par la procédure pénale royale par deux ordonnances célèbres : celle de 1539, prise par François Ier à Villers-Cotterêts (la même année que l'édit du même endroit qui fait du français la langue nationale) et celle, dont on a déjà parlé, de 1670, prise par Louis XIV, dite ordonnance criminelle qui est à l'origine du Code d'instruction criminelle de Napoléon, remplacé en 1958 par l'actuel (mais réformé depuis à de nombreuses reprises) Code de procédure pénale. Voilà pour les origines et la filiation du « vilain petit canard » des procédures.

Après l'ordonnance de 1670, surtout au XVIIIe siècle, la torture va en se réduisant très notablement (elle n'est infligée qu'à 10 % des inculpés : ce qui est encore beaucoup mais un progrès sensible). En 1787, Louis XVI l'abolit totalement. À noter que le droit anglais ne connut jamais la torture parce qu'il ne fut jamais influencé par la procédure inquisitoire [205].

L'héritage de la procédure inquisitoire est, pourtant, loin d'être négatif. On lui doit de grandes idées. Par exemple, la présomption d'innocence, reprise par la Déclaration des droits de 1789 et qui est la suite logique d'une procédure d'enquête : tant que l'enquête n'a pas abouti à un jugement de condamnation, l'accusé est dans la situation, certes d'un suspect mais encore présumé innocent [206], ce qui justifie le secret de l'instruction [207]. Si les tribunaux réprimant les délits portent, en France, l'appellation suggestive de « tribunaux correctionnels », c'est l'idée de rachat et de rédemption qui perdure. Le condamné, sa peine « purgée » [208], est normalement, destiné à redevenir un « homme nouveau » dans la société. C'est le débat récurrent : est-ce un idéal ? Est-ce une dangereuse utopie ?

En revanche, persiste un *amalgame* des plus fâcheux entre *aveu* du criminel et *preuve* du crime : ce qui n'est pas du tout la même chose. Un aveu ne prouve strictement rien. Un aveu ne devrait être pris en considération que si le criminel révèle, ainsi, des preuves tangibles de son acte. L'aveu devrait ensuite, surtout, être retenu pour mesurer le *quantum* de la peine. Le pardon n'est dû qu'à celui qui *reconnaît*, d'une part, sa faute, d'autre part, la *regrette*, et, ensuite, se propose de la *réparer*.

Cette confusion entre l'aveu et l'enquête a abouti parfois à des erreurs judiciaires célèbres (parfois rectifiées comme l'affaire Dils [209], acquitté le 24 avril 2002 après deux précédentes

205. À cette nuance près que les juges anglais expédiaient leurs prisonniers en Écosse… où la torture était légale !

206. R. Badinter, « La présomption d'innocence, histoire et modernité », *Mélanges Catala*, Litec, 2001, p. 133 ; P.-H. Bolle, « Origines et destins d'une institution menacée : la présomption d'innocence », *Mélanges Pradel*, Cujas, 2006, p. 43.

207. J.-M. Carabasse, *Secret et instruction, les fondements historiques du secret de l'instruction*, Clés pour le siècle, Dalloz, 2000, p. 1243 s.

208. Terme juridique et d'un sens puissant : la peine est un remède.

209. Le seul « ennui » dans cette affaire qui semble définitivement insoluble est que P. Dils fut innocenté car on pensait que le fameux « tueur en série » Francis Heaulme était le possible coupable. Or, ce dernier a été mis hors de cause et bénéficia d'un non-lieu. On se retrouve avec deux meurtres et aucun coupable.

condamnations à la réclusion criminelle en 1989 puis en 1998), sans parler du « séisme d'Outreau » en 2006 [210] qui entraîna le vote de la loi du 5 mars 2007 destinée à renforcer les droits lors de l'enquête et de l'instruction [211]. Pour autant, on peut aisément distinguer les deux et un juge d'instruction peut ne pas se prendre pour l'inquisiteur moderne. Les considérables progrès de la police scientifique, spécialement l'utilisation du décryptage de l'ADN, qui devient souvent la « signature du crime », permettent de meilleures perspectives. Il est toutefois très abusif, comme cela est habituel, de dire que le système français a le culte de l'aveu parce qu'il dérive d'une procédure inquisitoire. C'est bien plutôt le système accusatoire américain [212] qui use et abuse de l'aveu puisque 90 % des procès se déroulent selon l'usage du *plea bargaining* (le plaider coupable) [213]. L'on comprend pourquoi la justice pénale, dans ce pays, est rapide [214] : le juge, le plus souvent, ne se prononce que sur la seule peine.

Le meilleur de l'héritage inquisitorial [215], si l'on élimine les zones d'ombre et de nuit, tient à quelques principes essentiels : le juge doit rechercher la vérité et toute la vérité, il doit veiller strictement aux droits de la défense qui légitiment sa propre action, tout homme est amendable. La vérité judiciaire est faite de nuances car l'homme, plus encore le criminel, est un mystère.

Ce n'est pas parce que ces principes furent malmenés jadis jusqu'à la trahison qu'il faut les abandonner. Il est bon de préciser que l'actuelle procédure pénale française est sans doute d'origine inquisitoire mais, comme toutes les procédures, elle devient de plus en plus *contradictoire* [216]. Les droits de la défense y tiennent une place désormais essentielle [217].

---

210. Sur cette affaire, l'étudiant juriste peut lire un article de grande tenue : Ph. Conte, « Les galeux de la République. À propos de "l'affaire d'Outreau" », *JCP* G 2006-I-101. Lire aussi le rapport de la commission parlementaire réunie à cet effet (juin 2006). Lire aussi le rapport de la commission parlementaire réunie à cet effet (juin 2006) ; A. Garapon et D. Salas, *Les nouvelles sorcières de Salem. Leçons d'Outreau,* Le Seuil, 2006. Voir le film de Vincent Garenq, *Présumé coupable,* septembre 2011, poignant de vérité et d'humanité. Cette affaire pose un autre problème, plus redoutable encore : S. Guinchard, « De l'irresponsabilité des juges d'instruction : pour combien de temps encore ? », *Mélanges Pradel,* Cujas, 2006, p. 349.

211. J. Pradel, « Les suites législatives de l'affaire dite d'Outreau, à propos de la loi n° 2007-291 du 5 mars 2007 », *JCP* 2007-I-138.

212. Bonne lecture pour une vue générale : J. Cedras, *Le droit pénal américain,* PUF, Que sais-je ?, n° 3173, 1998.

213. Plus ou moins intégré dans le système français par la loi dite Perben du 6 mars 2004 avec « la comparution sur reconnaissance préalable de culpabilité » (en abrégé : la « CRPC »). Ce mode de procédé concerne les délits punissables d'une peine d'amende ou d'une peine d'emprisonnement n'excédant pas cinq ans, à l'initiative du procureur ou de l'intéressé lui-même. C. Charvet, « Réflexions autour du plaider-coupable », *D.* 2005, p. 2517 et s. ; A. Valoteau, « Le jugement sur reconnaissance préalable de culpabilité : une autre procédure de jugement ou une autre manière de juger ? », *Dr. pén.* 2006, étude n° 8, p. 8. L'auteur souligne qu'il s'agit d'une vraie révolution car il s'agit d'une autre manière de juger : « Le juge du siège est donc dépossédé de l'essentiel de ses prérogatives habituelles : il ne décide pas de la culpabilité, ni ne prononce, à proprement parler, la peine. Il n'est qu'un organe de contrôle qui est prisonnier d'une alternative : entériner le choix du Parquet ou le refuser ».

214. Autre mythe contemporain : F. Debove, « La justice pénale instantanée, entre miracle et mirages », *Dr. pén.*, nov. 2006, p. 4. Au-delà du droit : N. Aubert, *Le culte de l'urgence. La société malade du temps,* Champs Flammarion, 2003.

215. G. Roujou de Boubée, « Réformer ? oui – Bouleverser ? non », *D.* 2006, point de vue, p. 740, écrit à propos de la commission parlementaire « Outreau » : « Accusatoire à la place d'inquisitoire ? Le débat est probablement dépassé ; au surplus, l'histoire enseigne que les changements radicaux sont d'abord sources de désordres, que leurs conséquences, ensuite, sont difficilement prévisibles et qu'enfin leurs résultats sont rarement heureux ».

216. Très bonne vue de l'évolution : G. Di Marino, « La redistribution des rôles dans la phase préparatoire du procès pénal », *Mélanges Pradel,* Cujas, 2006, p. 317. H. Matsopoulou, « Renforcement du caractère contradictoire, célérité de la procédure pénale et justice des mineurs (loi n° 2007-291 du 5 mars 2007) », *Dr. pén.*, mai 2007, p. 5. Évidemment c'est une vision optimiste de l'évolution de la procédure pénale qui ressemble de plus en plus, à force de réformes incessantes, à la toile de Pénélope. On peut aussi faire preuve de quelque scepticisme quant à la cohérence de l'ensemble : P. Maistre du Chambon, « Observations hétérodoxes sur quelques évolutions de la procédure pénale », *Mélanges Pradel,* Cujas, 2006, p. 395.

217. Excellent article de synthèse : F. Saint-Pierre, « La nature juridique des droits de la défense dans le procès pénal », *D.* 2007.260. Ce qui explique que le fameux secret de l'instruction n'a plus le même sans qu'autrefois : J.-M. Carbasse, *Secret et justice, les fondements historiques du secret de l'instruction,* Clés pour le siècle, Dalloz, 2000, p. 1243.

§ 3 : Les paradoxes des sciences criminelles modernes : le caméléon

86. – Ce que l'on peut rassembler sous le vocable de sciences criminelles, c'est le droit pénal (général et spécial [218]), la procédure pénale, la pénologie (le droit de la peine), et la criminologie.

87. – À qui la faute ? – Mettons d'emblée de côté cette dernière qui n'est pas à proprement parler du droit. Elle est l'étude de tous les facteurs sociaux de la criminalité [219]. Il faut lui adjoindre la psychologie criminelle. Fondée au XIXe siècle par les travaux célèbres de Lombroso (en Italie), la criminologie [220] a toujours suscité des interrogations sur sa pertinence. Les réquisitoires envers cette science trop peu rigoureuse au gré des juristes sont excessifs, mais force est d'admettre que la criminologie explique plus facilement les conditions de l'acte [221] que la volonté d'y passer. L'acte criminel reste lié au mystère de l'homme dont le cœur est « un abîme ».

88. – Beccaria. – Le droit pénal moderne est né, clairement, de la pensée de cet auteur considérable que fut Beccaria avec son *Traité des délits et des peines* (publié régulièrement en édition de poche, c'est une lecture qu'un étudiant en droit se doit de faire à un moment ou à un autre de son cursus).

Beccaria rationalise le droit pénal par deux principes qui finiront par être connus sous forme d'adages en latin, alors même qu'ils ne sont pas issus du droit romain (piège classique tendu aux interrogations). Le premier est de dire que toute incrimination doit être prévue par la loi : *nullum crimen sine lege* (pas d'infraction sans texte). Le second est que toute sanction découle d'une loi qui la définit : *nulla paena sine lege* (nulle peine sans texte). L'alliance des deux donne la loi pénale moderne : une *incrimination* assortie d'une *sanction*. Exemple l'article 221-1 du Code pénal : « Le fait de donner volontairement la mort à autrui constitue un meurtre (incrimination). Il est puni de trente ans de réclusion criminelle (sanction) ».

Beccaria entendait ainsi lutter contre les abus de « l'arbitraire » des juges d'Ancien régime. On entendait par-là les peines définies au cas par cas par les juges et selon la personnalité du criminel et ce qui lui était reproché. Mais il voulait aussi avoir un dessein prophylactique : la prévisibilité du droit pénal devait conduire à son efficacité. Le droit pénal se veut un droit d'avertissement.

En France, ces principes, qui devinrent rapidement l'orthodoxie pénale, furent mis en œuvre par le premier Code pénal connu, celui de 1790. Ils furent repris, avec une grande sévérité, par le Code de 1810 qui fut remplacé par l'actuel en 1994.

Que reste-t-il, vraiment, aujourd'hui des principes de Beccaria ? Ils subsistent, à n'en pas douter, mais avec un net assouplissement. Le Code de 1994 donne une assez grande liberté au juge pour fixer la peine (il n'existe plus de peines minimales mais seulement une peine maximale pour chaque infraction, avec le choix entre plusieurs) et l'adapter (un travail d'intérêt général peut se substituer à l'emprisonnement). Toutefois la loi a récemment institué des « peines planchers » en deçà desquelles la juridiction ne peut descendre ; qui plus est furent

218. J.-B. Denis, *La distinction du droit pénal général et du droit pénal spécial*, LGDJ, Bibl. sc. crim., t. 21, 1977.
219. A. Bauer, *Criminologie plurielle, une introduction générale à la criminologie*, PUF, « Major », 2011.
220. De l'avis général, le meilleur livre : R. Gassin, *Criminologie*, Dalloz, Précis, 6e éd., 2007.
221. A. Bauer, C. Risk et C. Soullez, *De l'utilité des statistiques dans les enquêtes criminelles*, PUF, Que sais-je ?, 2011.

aussi introduites des peines minimales en cas de récidive (avec certaines modulations) : ce fut l'objet de la loi du 10 août 2007 [222] (art. 132-18-1 et 138-19-1 du Code pénal). C'est sans doute l'un des premiers paradoxes du droit pénal actuel. La distorsion entre une pénalisation galopante de la société (l'accroissement considérable en quelques décennies des incriminations : ainsi la loi du 3 janvier 2008 créant une nouvelle incrimination réprimant les pratiques commerciales agressives) et une déclinaison des peines qui en atténue généralement la rigueur. Plus le droit de l'*incrimination* devient méticuleux, plus le droit de la *sanction* devient, dans l'ensemble, généreux. Il devient aussi facile d'entrer en prison que d'en sortir (ce qui est en soi rassurant).

89. – La pénalisation. – Le droit pénal *général* est celui qui étudie les éléments généraux de toute infraction. L'on dit habituellement qu'il faut trois éléments pour qu'une infraction soit constituée : un *élément matériel* (le fait criminel), un *élément intentionnel* (la volonté de commettre l'acte), un *élément légal* (un texte incriminant un tel acte). L'essentiel du droit pénal se trouve donc dans le droit pénal *spécial* qui est la part du Code pénal qui décrit les divers délits et crimes [223] (un peu comme en droit civil des obligations, il y a la théorie générale et les contrats spéciaux).

Mais l'on assiste à la constitution de droits pénaux spéciaux au sein même du droit pénal spécial. Le plus notable étant le *droit pénal des affaires* (abus de biens sociaux, corruption, délit d'initié, blanchiment de « l'argent sale », etc.). Il y a également un *droit pénal des mineurs*, un *droit pénal de la famille*, un *droit pénal de la presse*, un *droit pénal de l'environnement*, etc.

Cette pénalisation de toute l'activité sociale inquiète plus par ses causes que ses effets [224]. Si le législateur contemporain croit devoir assortir ses textes de sanctions diverses, c'est bien le révélateur d'un profond malaise de la société. Ne prenons qu'un seul exemple, parmi tant d'autres. La loi du 18 mars 2003 punit désormais l'outrage à l'hymne national [225] (à la suite de deux matchs tumultueux au Stade de France en 2001 et 2002).

Bref, mieux que partout ailleurs, l'inflation du droit pénal est la traduction parfaite de la théorie des vases communicants : là où diminue le sens moral, là progresse le droit et donc régresse la liberté. La pénalisation est le thermomètre qui indique la fièvre, non le remède qui en soigne la cause.

90. – La peine et la clémence. – Toutefois, dans le même temps, est apparu clairement un véritable *droit de la peine* qui n'était jusqu'alors qu'en germe dans l'ancienne « science pénitentiaire » [226] : il faut connaître la très importante « loi pénitentiaire » n° 2009-1436 du

222. J.-H. Robert, « Le plancher et le thérapeute. Commentaire de la loi n° 2007-1198 du 10 août 2007 renforçant la lutte contre la récidive des majeurs et des mineurs », *Dr. pén.* 2007, étude n° 20.

223. Ceci étant, le phénomène de « pénalisation » du droit fait que l'on retrouve des incriminations un peu partout dans la législation actuelle, même dans le Code civil.

224. O. Mouysset, *Contribution à l'étude de la pénalisation*, LGDJ, Bibl. sc. crim., T. 43, 2008 ; « *La pénalisation* », *Pouvoirs*, 2009, n° 128.

225. Art. 433-5-1 C. pén. : « Le fait, au cours d'une manifestation organisée ou réglementée par les autorités publiques, d'outrager publiquement l'hymne national ou le drapeau tricolore est puni de 7 500 euros d'amende ». M. Segonds, « Outrage à l'hymne national ou au drapeau tricolore », *JCP*, art. 433-5-1, fasc. 20 (2005) ; X. Cabannes, « Le délit d'outrage au drapeau tricolore ou à l'hymne national », *RRJ*, 2003/2, p. 987 s. Mais un décret du 21 juill. 2010 (*JO* du 23) a ajouté une contravention supplémentaire dans le cas où l'outrage est réalisé en dehors d'une manifestation (même en privé, mais dont l'image est ensuite diffusée). C. Hacks, *Histoire du drapeau français*, Paris, 1934.

226. J.-P. Céré, « La mutation du droit pénitentiaire », *Mélanges Pradel*, Cujas, 2006, p. 241.

24 novembre 2009 [227] qui, dès son article premier, fixe comme finalité de la peine la réinsertion du délinquant dans la société. Désormais, le processus pénal n'est plus en *deux* temps (l'instruction et le jugement) mais en *quatre* temps (l'enquête policière, l'instruction judiciaire, le jugement et l'exécution [228] de la peine). Le point le plus marquant du droit pénal récent, c'est l'*adaptation* et la *négociation* de la peine. Adaptation par le fait que l'emprisonnement et l'amende ne sont plus les deux seules peines connues. Le Code pénal comporte désormais tout un titre au descriptif des diverses peines possibles qui vont des travaux d'intérêt général au retrait du permis de conduire (indépendamment de toute infraction au Code de la route : c'est ce qui s'appelle être puni à s'ennuyer les fins de semaine). Négociation, ensuite, lors de son prononcé avec une inclinaison vers le système américain (mais avec de grandes prudences) et l'introduction de la composition pénale, sans parler de la méditation pénale [229]. Pour les petites infractions n'engendrant qu'un préjudice matériel, le délinquant de bonne volonté pourra voir sa peine remplacée en tout ou en partie par une mesure de réparation envers la victime. Négociation lors de l'exécution de la peine, car le détenu faisant preuve d'esprit de repentance et de dispositions favorables à la réinsertion pourra bénéficier de mesures de clémence décidées par le juge d'application des peines (le « JAP ») si la peine d'emprisonnement ne dépasse pas dix ans ou par le tribunal de l'application des peines au-delà de ce *quantum* [230]. Nettement, il y a bien un véritable contrat [231] entre la juridiction et le criminel. Celui-ci n'obtiendra une faveur que s'il donne des gages et respecte les engagements proposés. À défaut, le contrat est rompu.

Mais à l'autre extrémité le législateur tend à restaurer ce qui s'avère inévitable, à savoir une manière d'éliminer définitivement de la société les individus les plus dangereux, la peine de mort n'étant plus pratiquée en Europe, en ajoutant à la peine proprement dite des mesures de rétention. Tel est l'objet de la loi n° 2008-174 du 25 février 2008 relative à la rétention de sûreté [232].

91. – La procédure et les libertés. – L'autre paradoxe des sciences criminelles est « le grand écart » entre le « droit des voyous » et le « droit des honnêtes gens ». L'on disait, plaisamment, que « le droit pénal est le droit des malandrins et la procédure pénale celle des honnêtes gens ». Que voulait-on entendre par-là ? Tout repose, au fond, sur la présomption d'innocence. Pas de condamnation, pas de coupable. Cela veut dire que le droit qui s'applique à la conduite de l'enquête (la procédure pénale) est un droit protecteur des libertés individuelles, ce sont les règles qui visent à ce qu'un innocent ne soit pas pris pour un malfaiteur. Ce droit protège *l'individu*. Tandis que le droit pénal s'applique lors de la phase finale de jugement pour la détermination de la peine dès lors que la culpabilité est établie, la présomption se dissipe et fait place

227. *JORF* du 25 nov. 2009.

228. M. Danti-Juan, « Réflexions sur la nature exécutoire du procès pénal », *Mélanges Bouloc*, Dalloz, 2007, p. 275.

229. E. Dreyer, « La médiation pénale, objet juridique mal identifié », *JCP* 2008-I-131.

230. Art. 712-1 CPP. Dispositions qui résultent de la loi du 9 mars 2004 (dite Perben II) venant réformer la loi (dite Guigou) du 15 juin 2000 qui avait retiré les remises de peine au garde des Sceaux par la création de la juridiction régionale de libération conditionnelle. Ces deux lois traduisent une juridictionnalisation de l'exécution des peines.

231. B. de Lamy, « Procédure et procédés (propos critiques sur la contractualisation de la procédure pénale) » *in Approche critique de la contractualisation*, S. Chassagnard-Pinet et D. Hiez (dir.), LGDJ, Droit et société, t. 16, 2007.

232. J. Pradel, « Une double révolution en droit pénal français avec la loi du 25 févr. 2008 sur les criminels dangereux », *D.* 2008.1000 ; Loi validée par le Conseil constitutionnel par une décision du 21 févr. 2008 (Y. Mayaud, « La mesure de sûreté après la décision du Conseil constitutionnel du 21 févr. 2008 », *D.* 2008.1359), mais *quid* au regard de la CEDH : D. Roets, « La rétention de sûreté à l'aune du droit européen des droits de l'homme », *D.* 2008.1840.

à la certitude de l'intention criminelle[233]. Ce droit protège *la société*. La science criminelle est donc un équilibre entre les deux : ne pas sacrifier un innocent, ne pas favoriser un malfaisant.

L'étudiant de première année doit prendre conscience que le droit pénal a vocation à protéger la société contre les individus malfaisants et la procédure pénale a mission de protéger l'individu contre les dérives possibles d'une société oppressante. C'est l'occasion de souligner, une nouvelle fois, que le droit est l'art des équilibres.

Or, toute la procédure pénale contemporaine est d'une vigilance extrême quant aux droits de l'individu poursuivi. Entre 1993 et 2004, diverses réformes (plus ou moins ordonnées par suite du chaos politique des cohabitations) ont renforcé les droits lors de l'enquête policière (strict encadrement de la garde à vue, présence de l'avocat dès le début avec l'importante loi n° 2011-392 du 14 avril 2011[234] entrée exceptionnellement en vigueur immédiatement à la suite de quatre arrêts retentissants de l'Assemblée plénière de la Cour de cassation en date de 15 avril 2011) et lors de l'instruction (décision de la mise en détention confiée au juge des libertés et de la détention : « JLD »). Ce dernier magistrat porte, par son titre, toute la possible contradiction[235] (mais inévitable et quelque peu souhaitable) de la procédure : juge de la liberté et juge de la détention, parfait dilemme ! Il faut maintenant attendre les réformes proposées à la suite de l'affaire « *Outreau* »[236].

Ainsi, le droit pénal *suspicieux* de la pénalisation à tout va, rude dans ses sanctions (le nouveau Code a atténué certaines peines mais globalement, il a rendu plus sévères les peines d'amende et étendu les peines d'emprisonnement), se trouve encadré par un droit de l'enquête qui est un droit *sourcilleux* sur la liberté individuelle et un droit de la peine qui est *généreux* quant à l'avenir du condamné. Étrangement, la France est devenue un pays où les juges passent leur temps à *remplir* les prisons (indignes et délabrées) et à les *vider* (aidés en cela, naguère, par la grâce présidentielle laquelle, depuis la réforme de 2008, ne peut plus être collective). On est bien loin des théories de Beccaria et du principe de la dissuasion par la certitude de la peine. Il faut simplement constater que si ces principes étaient appliqués brutalement[237] avec le droit pénal actuel, l'on serait dans un État de droit proche d'une dictature.

Droit des marginaux d'une société, le droit pénal est devenu, au fil des années, un *droit central* dans la vie juridique : ce déplacement des forces centrifuges du droit traduit amplement les profondes fissures de la société contemporaine. Ce droit révèle une maladie plus qu'il ne peut la traiter ; du moins les solutions qu'il apporte (lesquelles sont absolument inévitables et nécessaires) sont immédiates mais limitées. Le droit peut punir la délinquance dans ses effets, certainement pas dans ses causes : l'État de droit devient un mythe pernicieux.

233. Aujourd'hui l'on a un peu tendance à dire que l'instruction et le jugement sont deux phases totalement différentes. Durant la première, la présomption d'innocence l'emporterait sur tout. La culpabilité ne serait démontrable et démontrée que lors du jugement. Tel n'est, heureusement, pas le cas. Le Code de procédure pénale précise bien que pour mettre en examen une personne, il faut qu'il existe à son endroit des « indices graves ou concordants rendant vraisemblable qu'elle a pu participer, comme auteur ou comme complice, à la commission des infractions dont (le juge d'instruction) est saisi » (art. 80-1 CPP). C'est bien le moins. En fait, la procédure est *progressive* : c'est ce qui rend particulièrement délicate la phase d'instruction. L'on « suspecte », généralement à bon droit, mais l'on ne fait que « suspecter ». Ch. Guéry, « Les paliers de la vraisemblance pendant l'instruction préparatoire », *JCP* 1998-I-140.

234. *JORF* du 15 avril 2011, p. 6610.

235. Le tiers des détenus en France le sont au titre de la détention provisoire : le problème est sérieux. A. Maron, « Des innocents d'Outreau aux innocents d'Ailleurs "propos inconvenants" », *Dr. pén.* 2006, repère n° 2 ; C. Guéry, « Détention provisoire et culpabilité », *D.* 2006, point de vue, p. 1556.

236. S. Jacopin, « La commission d'enquête suite à l'affaire d'Outreau : la quête du Graal… ? », *D.* 2006, tribune, p. 1241.

237. La faiblesse du taux de chômage aux États-Unis s'explique aussi par la politique rude de la « tolérance zéro ». Le « pays de la liberté » est celui où l'on va extrêmement facilement en prison. Les pauvres, les marginaux n'y ont aucun droit de cité.

CONSEILS DE LECTURE

Dans l'excellente collection « Connaissance du droit » (Dalloz), quelques titres :

1. J.-L. HALPÉRIN, *Le Code civil.*
2. H. ROUSSILLON, *Le Conseil constitutionnel.*
3. P. DELVOLVÉ, *Le droit administratif.*
4. M.-L. RASSAT, *Le droit pénal.*

CHAPITRE 3
La source principale du droit : la loi, amont et aval

Bernard Beignier

92. – Ce que l'on a dénommé la « nomophilie », c'est-à-dire l'amour des lois ou, plus encore, l'amour de la loi [1], à compter du XVIIIe siècle, a conduit le droit français à ce que l'on a pu justement dénommer le « légicentrisme » (le fait que le droit se concentre autour d'une norme par excellence, la loi). La loi, en apparence du moins, conserve cette majesté [2]. Si l'on y prête bien attention, elle est le centre de gravité de la hiérarchie des normes ; lui reconnaître le rang de source majeure n'est nullement excessif. Mais cette loi a subi bien des avatars. Elle est, paradoxalement, plus l'œuvre aujourd'hui du pouvoir exécutif (section 1), sous la censure du pouvoir judiciaire (section 2), que du pouvoir législatif, lequel semble tenir le rôle de la noisette entre les deux branches du casse-noisettes.

SOURCES ET HIÉRARCHIE DU DROIT ÉCRIT

Constitution du 4 octobre 1958

↓

Traités internationaux (art. 55)

↓

Ordonnance ratifiée (art. 38 C) *(compétence législative déléguée)* ≠ **Lois nationales** (art. 34)

↓

Source majeure

(de plus en plus codifiée)

|

double initiative

↙ ↘

gouvernementale (*projet de loi* ≠ parlementaire *proposition de loi)*

1. Commencer par lire, le V° *Loi* par F. De Saint-Bonnet, *in Dictionnaire de culture juridique.* Un livre rare : R. Denoix de Saint-Marc, *Histoire de la loi*, Privat, 2008.

2. La littérature juridique contemporaine sur la loi devient conséquente, signe indubitable d'une interrogation au sujet d'une source jusqu'alors indiscutée. Il faut faire des choix. Pour l'étudiant de première année, l'on mettra en exergue le petit livre de B. Mathieu, *La loi*, Dalloz, Connaissance du droit, 2e éd., 2004, qui fait remarquablement le tour de la question, ainsi que le numéro de la revue *Pouvoirs*, n° 114, 2005, *La loi.* On peut ajouter les actes d'un colloque (Paris II – Le Sénat) *Vive la loi !*, 2004, édités par « Les colloques du sénat » et ceux de l'IEJ le Paris-XIII, C. Puigelier (dir.), *La loi : Bilan et perspectives*, Economica, 2005. Pour les plus curieux : M. Bastit, *Naissance de la loi moderne*, PUF, 1990.

↓ ↓

Décret autonome **Décret d'application**

(art. 37 C)

(*pouvoir législatif restreint*)

(principe de légalité)

↓

Arrêtés

Circulaire

Section 1
La loi domestiquée

93. – La loi est, pour l'essentiel, rédigée [3] par le gouvernement qui veille ensuite à son application et entreprend, depuis quelques années, de la codifier. Trois mots résument donc l'action du gouvernement envers la loi : rédaction, application, codification.

§ 1 : La rédaction de la loi

La loi « ordinaire » est guidée par le gouvernement, mais la loi « extraordinaire » (entendons par là les ordonnances) est purement et simplement rédigée par lui.

I. La loi guidée par le gouvernement

Libellée par les bureaux, la loi est votée par la majorité soutenant le gouvernement. Ce processus de « confection » de la loi a donné lieu à une circulaire du 7 juillet 2011 [4] ayant pour dessein de mieux encadrer le processus législatif et réglementaire.

A. L'écriture de la loi guidée par le gouvernement

94. – Projets et propositions. – Sous le régime de la Ve République, le gouvernement dispose, manifestement, d'une grande latitude dans la rédaction des lois [5]. D'emblée, un chiffre : 9 lois sur 10 sont dues à l'initiative gouvernementale. Sans doute, la Constitution (art. 39) maintient

3. Dans le n° spécial précité de *Pouvoirs*, l'article de P. Avril, « Qui fait la loi ? », p. 89 s. ; R. Drago (dir), *La confection de la loi*, Institut de France, Académie des sciences morales et politiques, PUF, 2005.

4. *JORF* du 8 juill. 2011.

5. A. Peri, *Le pouvoir exécutif dans le processus de formation de la loi dans l'histoire constitutionnelle française de 1789 à 1958*, LGDJ, Fondation Varenne, T. 18, 2008.

une tradition, mais d'une manière assez biaisée, de la double initiative législative. Cela remonte à la toute première Constitution de 1791 où l'initiative des lois était partagée entre le roi et l'assemblée législative. Théoriquement, l'initiative est actuellement répartie entre le parlement et le gouvernement [6]. C'est la distinction (prendre garde au sens des mots) entre les *projets de loi* (origine gouvernementale) et les *propositions de lois* (origine parlementaire).

Pourquoi, dans la pratique, un tel déséquilibre ? Les raisons sont diverses [7]. Premièrement, il est normal que la politique d'un gouvernement démocratiquement choisi se traduise par le vote de textes qui la mettent en œuvre. Deuxièmement, le gouvernement a les moyens de faire respecter cette prérogative par diverses dispositions constitutionnelles : c'est lui qui maîtrise l'ordre du jour des assemblées, même si la réforme constitutionnelle du 23 juillet 2008 en a atténué la rigueur d'origine, et une proposition de loi ne peut jamais être étudiée si elle conduit à augmenter les dépenses de l'État sans les couvrir par des recettes supplémentaires (dans la pratique, cette exigence est moins respectée aujourd'hui). Troisièmement, les parlementaires, pris individuellement, sont mal à l'aise quand il s'agit d'écrire un texte de loi : les propositions de loi portent le plus souvent sur les réformes symboliques (parfois importantes) et engendrent des textes rapides. Il faut ajouter que sous un système majoritaire, la majorité des assemblées se décharge volontiers de la rédaction des lois sur le gouvernement qu'elle soutient.

Concrètement [8], le projet de loi est, tout d'abord, élaboré par les bureaux d'un ministère. Il importe donc de souligner, ce qui n'est pas sans paradoxe dans une démocratie, que les textes émanent le plus souvent d'une administration [9]. Cela conduit, dans certains cas, à des œuvres législatives parfois surprenantes. Plutôt que d'être le fruit du travail de juristes [10], la loi aboutit à une compilation plus ou moins mise en forme par des juristes. Cela tient un peu de l'originalité du palais du facteur Cheval : la matière conduit à l'architecture plutôt que l'inverse. La législation est friande de ces monstres : loi SRU (solidarité et renouveau urbain) du 13 décembre 2000, loi de modernisation sociale du 17 février 2002, loi sur les droits des malades du 4 mars 2002. L'étudiant en droit sera peut être surpris d'aucune disposition constitutionnelle n'oblige une loi à passer, obligatoirement, entre les mains des juristes de la Chancellerie [11] (nom coutumier

6. M. Mauguin-Helgeson (dir.), *L'élaboration parlementaire de la loi (étude comparative : Allemagne, France, Royaume-Uni)*, Dalloz, Thèmes et commentaires, 2006.

7. A. Peri, *Le pouvoir exécutif dans le processus de formation de la loi dans l'histoire constitutionnelle française (1789-1958)*, th. Paris I, 2006.

8. P. Avril, « Qui fait la loi ? » *Pouvoirs*, n° 114, 2005, p. 89.

9. « Ce droit bureaucratique a des mérites techniques indéniables. Il repose sur une connaissance approfondie des dossiers et il est manié par des plumes habituées à la rédaction législative. Il a l'indépendance des hauts fonctionnaires, ni plus ni moins. Il est indépendant du moins de la pression directe des électeurs. Il ne l'est pas toujours, en revanche, de la familiarité inévitablement acquise avec les professions qui le côtoient – la Santé publique avec les médecins, la Justice avec les barreaux, etc. (les Finances ont moins de familiarités) –, plus justement avec les organisations qui sont présumées représentatives de ces professions. Les préoccupations des bureaux deviennent par symbiose les préoccupations du ministre. De là, découle un reproche plus grave : c'est que chaque compartiment légifère sur les problèmes de sa spécialité sans les intégrer dans une vision d'ensemble du système juridique. Le Premier ministre aurait ici une fonction de coordination à exercer, mais souvent il reste en retrait. [...] On comprend que le droit bureaucratique ait, dans l'inconscience puissamment contribué à l'inflation du droit » J. Carbonnier, *Droit et passion du droit sous la Ve République*.

10. L'on dénonce souvent « l'inflation législative ». La prudence s'impose. Certes, il y a plus de lois que dans les années 1960 mais pas plus de 20 %. En fait il faudrait plutôt parler d' « obésité législative » : les lois deviennent méticuleuses, voire tatillonnes et surtout volumineuses. A. Outin-Adam et A.-M. Reita-Tran, « Excès et dérives dans l'art de légiférer, quelques réflexions axées sur le droit des affaires », *D.* 2006.2919.

11. E. Matutano, « Le domaine réservé au ministère de la Justice dans la préparation des lois et des règlements », *RFDA* 2005.721 s. ; « Ces magistrats qui ne jugent pas », *AJDA*, 2007.2999 ; *La Chancellerie, mode d'emploi*, *JCP* G 2011.776 (schéma très clair du ministère et des diverses directions).

donné au ministère de la Justice qui occupe l'ancienne chancellerie royale, place Vendôme). C'est ainsi, tout le monde en France s'improvise juriste [12].

Amélioration [13]? Les dispositions de la loi organique n° 2009-403 du 15 avril 2009 obligent à la présentation d'une « étude d'impact », document joint au projet dès sa transmission au Conseil d'État. Cette étude doit précise « l'articulation du projet de loi avec le droit européen en vigueur ou en cours d'élaboration, et son impact sur l'ordre juridique interne ; l'état d'application du droit sur le territoire national [...] ; l'évaluation des conséquences économiques, financières, sociales et environnementales ».

Mais en sens contraire, surtout lorsqu'il s'agit des grandes lois civiles, le gouvernement confie le soin de préparer le projet à des « groupes de travail » ou à des « commissions » associant avocats, magistrats, notaires, professeurs de droit, etc. Ces commissions auditionnent souvent longuement des associations avant de se mettre à l'ouvrage. Une autre méthode est de confier à une personnalité reconnue un rapport visant à proposer des réformes. Les deux méthodes peuvent se combiner. Ainsi le 30 juin 2008, le recteur Serge Guichard a remis un rapport visant à réformer la carte judiciaire et les compétences des tribunaux, rapport qui fut écrit au sein d'une commission *ad hoc* [14].

Enfin, il ne faut pas passer sous silence le rôle des « groupes de pression » [15], des *lobbies* si l'on veut faire usage d'un mot d'outre-Atlantique qui traduit mieux, sans traduire justement, une pratique longtemps tenue en suspicion ici, mais qui tant à s'implanter par le biais des mœurs du droit bruxellois.

95. – Le Conseil d'État et la loi. – L'une des sécurités dont bénéficient, malgré tout, les projets de loi est d'être soumis à l'examen du Conseil d'État. Si l'étudiant entendra surtout parler, par la suite de son *cursus*, de la section du contentieux de cet organe, il ne faut surtout pas oublier que le Conseil, par son origine, est d'abord le conseiller juridique du gouvernement. Souvenons-nous que c'est au Conseil d'État que fut, essentiellement, débattu le contenu du Code civil.

Le Conseil d'État [16] a un rôle méconnu dans l'élaboration des lois parce que les avis qu'il donne ne sont pas publiés et restent, ordinairement, secrets [17]. En fait, compte tenu des liens étroits qui existent entre le Conseil d'État et le Conseil constitutionnel : ils siègent tous les deux au Palais Royal (construit par Richelieu puis demeure des ducs d'Orléans). Il y ainsi un dialogue de voisinage entre les deux institutions (ce qui n'empêche que chacune tienne à sa grande indépendance). Cet examen permet un « déminage » de beaucoup de textes. Il remplace un peu les remontrances des anciens parlements et permet, dans la discrétion, au gouvernement d'éviter les erreurs les plus flagrantes (entre autres, c'est devenu un pré-examen de contrôle de

12. H. Moysan, « Politique normative de l'État : qui trop embrasse, mal étreint », *JCP* 2011.801.

13. P. Mbongo, « La constitutionnalisation des études d'impact préalables à la loi. Un mirage légistique », *D.* 2009.108.

14. M. Guillaume, « La préparation des réformes de droit civil par la Chancellerie », *LPA*, 28 oct. 2004, p. 43.

15. Reste à se demander si le gouvernement ne cède parfois à « l'opinion » ou à des « lobbies » : il y a une distinction entre les deux. Y. Michaud, « Les lobbies, court-circuits de la souveraineté. La république des intérêts contourne le peuple », *Le Monde* du 19 juin 2010 (Entretiens du Jeu de Paume), p. 18 ; F. Fages et F. Rouvillois, « Lobbying : la nouvelle donne constitutionnelle », *D.* 2010.277. Une thèse de grand talent : J. Lapousterle, *L'influence des groupes de pression sur l'élaboration des normes. Illustration à partir du droit de la propriété littéraire*, Dalloz, Nouv. bibl. th., 2009, vol. 88.

16. B. Latour, *La fabrique du droit. Une ethnographie du Conseil d'État*, La Découverte poche, n° 191, 2004 ; sur le Conseil, un petit ouvrage riche en iconographie : E. Arnoult et F. Monnier, *Le Conseil d'État. Juger, conseiller, servir*, Gallimard, Découvertes, n° 388.

17. Y. Gaudemet, « La Constitution et la fonction législative du Conseil d'État », *Mélanges J. Foyer*, 1997, p. 61 s.

constitutionnalité). Si l'on critique souvent les lois issues de propositions parlementaires, c'est qu'elles ne bénéficient pas de cette précieuse révision. Ainsi le défectueux (techniquement parlant) pacte civil de solidarité aurait présenté meilleure figure si le gouvernement de l'époque n'avait pas voulu (par timidité politique) s'en défausser sur des parlementaires maladroits. Ce qui conduisit à sa profonde réforme en 2006, par voie normale. La réforme constitutionnelle du 23 juillet 2008 permet désormais (art. 39, al. 5) au président d'une des assemblées de soumettre une telle proposition de loi au Conseil d'État pour qu'il donne son avis.

L'avis du Conseil connu, le projet est adopté par le Conseil des ministres puis, signé par le Premier ministre, il est déposé par lui sur le bureau de l'une des assemblées et mis à l'ordre du jour de la session parlementaire.

B. Le vote de la loi guidé par le gouvernement

96. – Droit constitutionnel et droit parlementaire. – Le gouvernement choisit librement de présenter en premier le texte devant l'une ou l'autre des assemblées, simplement depuis la réforme constitutionnelle de 2003 tous les textes touchant les collectivités territoriales sont présentés en premier au Sénat. À noter que le Conseil économique, social et environnemental (son nouveau nom depuis la réforme constitutionnelle du 23 juillet 2008) n'entre absolument pas dans le processus législatif, son rôle est de réfléchir à des perspectives de réformes indépendamment de celles du gouvernement en place. Il est regrettable que la réforme proposée en 1969 par le Général de Gaulle de ne faire qu'une seule assemblée de « réflexion » avec le Sénat n'ait pas abouti. C'est ce qui s'appelle dépenser du temps, de l'énergie et les deniers publics.

Tel qu'il se présente, le texte proposé comporte un *exposé des motifs* (généralement assez bref) et une série d'articles qui peuvent, selon la longueur du texte, être répartis en partie, titre ou chapitres.

Déposé sur le bureau d'une des assemblées, celui-ci oriente le texte vers l'une des grandes commissions. Les textes touchant la législation civile sont toujours du ressort de la Commission des lois de chacune des assemblées. La commission désigne un rapporteur (il est aidé dans sa tâche par des assistants parlementaires et par les administrateurs civils). Son travail achevé (qui peut être considérable), l'examen du texte commence en commission.

Là encore, ce travail est trop méconnu et du grand public et des étudiants en droit (connaître ici la distinction entre le *droit constitutionnel* et le *droit parlementaire* [18], ce dernier étant le droit propre au fonctionnement du parlement). Il est pourtant capital à plusieurs égards. Les commissions reflètent la composition politique des assemblées, mais elles sont en nombre plus restreint (condition toujours nécessaire d'un vrai travail de concertation) et composées de parlementaires compétents. L'anti-parlementarisme récurrent des Français (avec les conséquences inquiétantes qu'il engendre) fait oublier que, bien souvent, les parlementaires ont acquis, au fil de leur carrière, une spécialisation indiscutée et solide dans tel ou tel domaine. On ne saurait, non plus, oublier que si l'on est loin de la « république des avocats » [19] de la fin du XIXe siècle, plusieurs d'entre eux sont des juristes de formation. Or les séances de travail des commissions

18. V° *Droit parlementaire* par J.-P. MACHELON *in Dictionnaire de culture juridique* ; un classique : P. AVRIL et J. GICQUEL, *Droit parlementaire*, Montchrestien, Domat, 2010.
19. G. LE BÉGUEC, *La République des avocats*, A. Colin, 2003.

ne sont pas (sauf certaines auditions) publiques. L'on comprend mieux alors que le travail accompli se concentre sur le texte loin de la « scène » que constitue l'hémicycle. C'est le lieu de l'écriture plus que de la rhétorique.

À l'issue de cet examen, le texte débouche vers la discussion en séance publique. Le rapporteur commence par présenter son rapport et les propositions de la commission, puis les divers groupes parlementaires leurs « amendements » (qui peuvent foisonner si tel groupe opte pour une stratégie de « bataille des amendements » car ceux-ci peuvent se subdiviser en sous-amendements et finir par porter sur... la ponctuation !).

Pour éviter que les choses puissent en arriver là, le gouvernement dispose de deux armes efficaces. La première est de déclarer la procédure d'urgence qui a pour vertu d'accélérer le processus. La seconde plus expéditive encore est le fameux article 49, alinéa 3 de la Constitution (le « 49-3 » dans le jargon journalistique) qui est un peu la formule « ça passe ou ça casse » de la loi fondamentale. Le gouvernement laisse le choix aux députés : voter le texte en bloc (cela élimine purement et simplement les amendements) ou voter la censure du gouvernement, c'est-à-dire le renverser. Ce texte est moins utilisé aujourd'hui que par le passé. En fait, il servit surtout à cristalliser des majorités rebelles (en particulier à l'époque des successifs gouvernements de R. Barre que J. Chirac, et le RPR, soutenaient comme la corde soutient le pendu et surtout durant le gouvernement Rocard qui ne disposait que d'une majorité relative). Cette disposition est devenue un mode de discipline du phénomène majoritaire. La réforme constitutionnelle du 23 juillet 2008 a visé à en restreindre la pratique. On peut le regretter : ce n'est pas parce qu'il n'y a pas eu d'incendie récent dans un bâtiment qu'il faut s'autoriser à diminuer le nombre des extincteurs.

Lorsque le vote se déroule ordinairement, chaque article du projet est examiné successivement, amendement par amendement. Au terme, l'article remanié est voté. Lorsque tous les articles sont votés, il est procédé à un vote ultime, dit « vote solennel », portant sur la totalité du texte de loi.

97. – Suprématie de l'Assemblée nationale. – Après cette première lecture, le texte part pour l'autre assemblée qui agit exactement de la même manière (généralement les discussions homériques sont réservées à l'Assemblée nationale). Si le texte adopté par la seconde des assemblées est identique au premier, il fait retour en tout état de cause à l'Assemblée nationale (en 3e lecture ou simplement en 2de) pour une adoption définitive : l'Assemblée doit toujours avoir le dernier mot. Si, ce qui est courant même sans conflit politique, il y a divergence entre les deux assemblées, se réunit alors une « commission mixte paritaire » (composée moitié de députés, moitié de sénateurs) chargée de trouver un compromis. Si elle y parvient, ce sera généralement le texte définitif ; à défaut la loi est votée par la seule Assemblée nationale. Cette dernière hypothèse est, en pratique, assez rare : on trouve souvent une solution transactionnelle : depuis 1958, 12 % seulement des lois furent votées en dernière lecture sur le seul texte de l'Assemblée ; 80 % le furent en retenant divers amendements sénatoriaux et 20 % à la suite d'une commission mixte.

Une fois définitivement votée, la loi peut être déférée au Conseil constitutionnel qui doit statuer promptement : dans le mois de sa saisine (voire dans les huit jours en cas d'urgence). À défaut d'une telle saisine ou après la décision du Conseil, la loi se « fige ». Le président de la République dispose de quinze jours pour la promulguer. Ceci accompli, elle est publiée au *Journal officiel* et entre en vigueur selon les délais prévus pour cela (voir à ce propos le chapitre 5).

II. La loi édictée par le gouvernement

98. – Inflation et remède. – En fait, le gouvernement a à sa disposition deux autres moyens encore plus énergiques pour faire directement la loi, en se passant, peu ou prou, du parlement. Ce sont les ordonnances (Const., art. 38) et les décrets autonomes (Const., art. 37).

Il est tout à fait révélateur que les auteurs de la Constitution de 1958 aient ressuscité la terminologie utilisée dans l'ancien droit pour désigner les lois royales. Sous la IIIe République, le parlement tout puissant disposait d'une compétence exclusive et sans limites : seul, il faisait la loi et il pouvait la faire sur tout. Cet idéal supposait un parlement capable d'unité et une législation restreinte. Dès lors que le parlement se divisait et que la législation foisonnait, surgissait le péril de l'incohérence.

Dans ses dernières années (en particulier au cours de l'année 1935 à la suite de la quasi-révolution de février 1934), le parlement avait consenti des délégations de pouvoir aux gouvernements qui prenaient des « décrets-lois ». Cette appellation entendait réunir la *forme des décrets* et le *fond des lois.*

Lors de la rédaction de la Constitution de 1946, ces délégations apparurent comme autant de capitulations, d'autant que la IIIe République s'était littéralement suicidée par une délégation, cette fois absolue et sans nuances, des pleins pouvoirs au Maréchal Pétain, le 10 juillet 1940 [20].

Mais l'expérience révéla qu'un parlement moderne ne pouvait être un « parlement-orchestre » s'occupant de tout. Celui de la IVe République, ne voulant pas reconnaître le renouveau d'une pratique interdite, avait alors trouvé une autre « astuce ». Plutôt que *déléguer* la compétence législative, il la *réduisait.* Plusieurs lois vinrent déclarer que tel ou tel domaine serait, désormais, de la compétence du seul pouvoir réglementaire. Ce n'était plus des « décrets-lois » mais des lois remplacées par des décrets ordinaires : le remède trouvé était encore plus énergique que celui que l'on avait écarté comme un poison !

En 1958, le nouveau constituant entérina clairement les deux trouvailles des parlements de la IIIe République et de la IVe République. Les ordonnances permettent une *délégation* de la compétence législative ; les décrets dits « autonomes » consacrent une *réduction* de la compétence législative.

A. Les ordonnances : la compétence législative déléguée

99. – Processus des ordonnances. – Le processus des ordonnances est exactement le même que celui des anciens décrets-lois. Par principe, l'on se situe sur un terrain relevant, théoriquement, de la seule loi parlementaire. Pour pouvoir s'y aventurer, le gouvernement a la nécessité d'obtenir l'agrément du parlement : il l'obtient par une loi d'*habilitation.* Cette loi définit la *compétence* transmise mais non le *pouvoir.* En effet, le gouvernement ne dispose, constitutionnellement, que du seul pouvoir réglementaire. Par leur forme, les ordonnances ne sont que des règlements

20. Débat juridique d'importance : en 1940, le Parlement avait-il le droit de déposer la puissance constituante entre les mains d'un seul homme, le dernier président du conseil de la IIIe République ? La réponse est qu'il pouvait déléguer à un homme le soin d'élaborer une nouvelle constitution, mais il ne pouvait en aucun cas lui déléguer l'intégralité du pouvoir constituant et les pleins pouvoirs. Ce n'était plus une délégation mais une abdication. Ainsi, juridiquement, la délégation de juill. 1940 était plus ou moins valide mais le gouvernement de Ph. Pétain détourna purement et simplement cette délégation pour instaurer un « État » de fait sans légitimité, en écartant le fonctionnement ordinaire de l'État républicain. C'est donc, à bon droit, que le général de Gaulle s'estima continuateur de la République à Londres puis à Alger (B. Beignier, « Charles de Gaulle et la République, 1940-1944 », *Études en l'honneur de Ph. Malaurie*, Defrénois, 2005, p. 51 s.).

similaires aux décrets, ce qui explique que le président de la République est parfaitement en droit de refuser de les signer (contrairement aux lois dont la promulgation est obligatoire : on dit que le président est le notaire du parlement). On se souviendra, à ce sujet, de la crise politique du 14 juillet 1986 par le refus de François Mitterrand de signer les ordonnances du gouvernement Chirac.

Pour avoir véritablement force de lois, les ordonnances doivent être *ratifiées* par le parlement. C'est en cela qu'on s'aperçoit que la délégation porte sur la compétence (dévolue) et non sur le pouvoir (retenu).

Il ne faut, néanmoins, guère avoir d'illusion sur le contrôle *a posteriori* du parlement même si celui-ci est sorti renforcé par la réforme constitutionnelle du 23 juillet 2008 qui astreint à une ratification expresse. Jusqu'alors il arrivait que la loi de ratification (par négligence) ne soit jamais votée (entre 1959 et 1994 : 187 ordonnances signées et seulement 35 ratifiées). Le Conseil d'État avait dû alors inventer de toutes pièces une théorie (assez fumeuse mais de pure complaisance) dite de la « ratification implicite » qui consistait à dire que si une ordonnance non explicitement ratifiée venait à être modifiée par une (vraie) loi (même pour un détail), alors le parlement en approuvait l'intégralité. Les juristes ont parfois l'imagination fertile…

Les ordonnances rendent de grands services au gouvernement et… au parlement. Elles interviennent dans deux cas : les situations de crise politique et les lois purement techniques. Les ordonnances permettent d'aller vite, voire très vite. Elles soulagent également le parlement d'examens de textes d'une technicité parfois ennuyeuse. Actuellement, les ordonnances sont le moyen de mener à bonne fin l'entreprise de codification à droit constant.

Elles sont devenues aussi le moyen de légiférer en matière civile : les dernières grandes réformes du Code civil furent effectuées par voie d'ordonnances, ainsi celle du droit de la filiation (ordonnance du 4 juillet 2005) ou du droit des sûretés (ordonnance du 23 mars 2006). Objectivement, elles deviennent plus nombreuses que les lois : entre 2004 et 2006, 136 lois furent votées contre 159 ordonnances signées [21].

La doctrine, spontanément, y voit une hérésie [22] : il y aurait une anomalie à ce que le droit par excellence qu'est le droit civil ne trouve sa naissance dans la source par excellence qu'est la loi. À bien y réfléchir, il faut plutôt se féliciter de ce mouvement [23]. Le droit civil est un droit rationnel et précis qui ressort souvent en piètre état des débats parlementaires. L'idée lumineuse d'un député peut donner lieu à un amendement qui créera des difficultés infinies pendant des décennies. Le droit civil est le droit écrit qui se prête mal à l'improvisation. Le Code civil, lui-même, on a tendance à l'oublier, fut un droit mis en forme par quelques rédacteurs, appuyé par le Conseil d'État. Les ordonnances sauvent bien plus la loi qu'elles ne la tuent [24].

B. Les décrets autonomes : le pouvoir législatif restreint

100. – Mystère de l'article 34. – Dans l'important article 34 de la Constitution, le constituant de 1958 a pris le sage parti, pour la première fois dans l'histoire de la France

21. *JCP*, « dossier spécial législation », sept. 2007, *L'avènement de la législation administrative* par Nicolas Molfessis.

22. H. Portelli, « Les ordonnances : les raisons d'une dérive », *Droits*, n° 44, 2007, p. 3.

23. Opinion contraire : Hugues Portelli, « Les ordonnances : les raisons d'une dérive », *Droits*, n° 44, 2007, p. 35.

24. *Ibid.* l'article de M. Guillaume, « Les ordonnances : tuer ou sauver la loi ? » ; M. Guillaume fut le directeur des affaires civiles et du Sceau, c'est-à-dire la direction de la Chancellerie en charge de la législation civile. Son article pourra apparaître, aux yeux de certains, pour une défense des ordonnances civiles dont il a largement assuré la rédaction ; mais c'est surtout le point de vue d'un praticien de la légistique qui sait de quoi il parle.

contemporaine, de délimiter le pouvoir *normal* du parlement. Il y a des domaines pour lesquels il a un *pouvoir absolu ;* il y en a d'autres où il a un *pouvoir général* ; il y en a d'autres où il dispose d'un *pouvoir facultatif.* Le pouvoir du parlement est, ainsi, un pouvoir décliné par degrés [25].

Il est capital de bien saisir exactement les données et de s'abstenir de répéter ce que des juristes, effrayés par la « révolution juridique » qu'ils voyaient poindre à l'horizon, ont pu écrire en 1958, et par la suite [26].

L'erreur de perception fut de parler d'une « compétence d'attribution » et d'une « compétence générale ». Il fut alors soutenu que la loi relevait désormais de la compétence générale du pouvoir exécutif, tandis que le parlement ne recevait qu'une compétence d'attribution. Le vocabulaire (compétence) était emprunté aux tribunaux. Effectivement, l'on dit que le tribunal de grande instance dispose d'une compétence générale en droit privé et que le tribunal de commerce ne jouit que d'une compétence d'attribution, dans la mesure où sa compétence est un détachement de celle du tribunal de grande instance qui lui est « attribuée ».

Mais cette perspective était inexacte pour diverses raisons. Tout d'abord, même pour les tribunaux, la compétence d'attribution peut toujours faire retour vers la compétence générale. Ainsi, comme il n'existe pas de tribunal de commerce en Lozère, c'est le tribunal de grande instance de Mende qui statue sur les litiges commerciaux. Une compétence détachée peut toujours être rattachée. Ensuite, toujours pour les tribunaux, même s'il existe une juridiction civile et une juridiction commerciale, deux commerçants, pour des raisons de convenance, peuvent parfaitement porter leur affaire devant la juridiction civile qui sera parfaitement compétente. Une compétence détachée est toujours (sauf le cas rare d'une compétence d'attribution dite exclusive) facultative.

D'autre part, ces auteurs ne pouvaient deviner qu'en science politique cette fois, l'avenir aller déjouer leurs sombres pronostics sur l'avenir des pouvoirs du parlement. En effet, l'article 34 entendait préserver le gouvernement d'un régime parlementaire se mêlant de tout. Ce texte était donc conçu comme une fin de non-recevoir aux possibles revendications du parlement. Il fut l'article majeur mettant en place le « parlementarisme rationalisé » (expression à connaître) sous lequel nous vivons. Toutefois, les constituants de 1958 avaient nécessairement présents à l'esprit le parlement qu'ils avaient connu sous la IIIe et la IVe République. C'est-à-dire un parlement en proie à toutes les divisions et, donc, à toutes les combinaisons possibles. Le parlement des alliances à géométrie variable, faisant et défaisant les gouvernements.

Or, la Constitution de 1958 est « achevée » en 1962 du fait de deux événements. Le renversement du gouvernement de Georges Pompidou (la seule et unique fois dans l'histoire de la Ve République) conduit à la revanche de Mac-Mahon. Le Général de Gaulle, inflexible, dissout immédiatement le parlement rebelle et les nouvelles élections sont un triomphe : c'est le début du *processus majoritaire* qui s'installera durablement. La même année, à la suite de l'attentat du Petit-Clamart (22 août), c'est la réforme de l'élection du président de la République : c'est le début de la *présidentialisation du régime* qui n'est plus purement parlementaire. Un président fort, une majorité parlementaire stable. 1962 : fin de l'Algérie française et fin du parlementarisme classique. La conquête de ce territoire (1830) avait entraîné la chute de la monarchie autoritaire ; son indépendance entraîne la création de la monarchie républicaine [27].

25. P. Deumier, « Loi et règlement – État des lieux », *in La loi*, Economica, 2005, Études juridiques, t. 22, p. 21.

26. Une chronique restée célèbre comme la lamentation au pied du Temple détruit par Titus : P. Durand, « La décadence de la loi dans la Constitution de la Ve République », *JCP* 1959-I-1470.

27. M. Winock, *L'agonie de la IVe République, 13 mai 1958,* Gallimard, « Les journées qui ont fait la France », 2006.

Dès lors, le parlement n'est plus un possible adversaire. Il est nécessairement l'allié du gouvernement en place. L'article 34 va donc tomber en désuétude en tant qu'arme du gouvernement contre l'omnipotence parlementaire vaincue. C'est même, étrangement, le contraire qui va se produire. Le parlement ne demande que rarement qu'on lui apporte du travail supplémentaire. Il ne va donc pas revendiquer quoi que ce soit envers le gouvernement. En revanche, le gouvernement va se faciliter la tâche. Plutôt que de rechercher attentivement ce qui relève du pouvoir du parlement et ce qui lui revient en propre, il mettra volontiers pêle-mêle tout dans un même texte sous forme de loi. Comme le parlement vote absolument tout ce qui lui est soumis, pourquoi se compliquer la vie ? À cela s'ajoute que, depuis la réforme de 1995, le parlement siège en une seule session (et non en deux sessions comme auparavant) laquelle est souvent prolongée (en juillet) par une session extraordinaire, ce qui aboutit, en pratique, à ce qu'il soit en activité sans discontinuité d'octobre à août. Aussi certains, avec raison, pensent que parmi les solutions adéquates pour endiguer le flot de textes, deux s'imposent : « la limitation du recours aux sessions extraordinaires et la nécessaire restauration de la frontière entre la loi et le règlement » [28].

101. – Lumière de l'article 34. – Or c'est bien là qu'on discerne que l'article 34 n'édicte nullement des pouvoirs strictement répartis : si tel était le cas, le parlement ne pourrait voter un texte relevant de la seule autorité gouvernementale. On peut même soutenir aujourd'hui une lecture « renversée » de l'article 34 : c'est le texte qui consacre une part de pouvoir exclusif du parlement face au gouvernement. Mais pour tout le reste (le domaine général des « principes fondamentaux » et le domaine virtuel normalement dévolu aux décrets autonomes), le parlement peut parfaitement étendre son pouvoir.

La maîtrise du parlement ne s'est absolument pas réalisée par les dispositions de l'article 34 mais par le droit parlementaire (la maîtrise de l'ordre du jour) et par la vie politique. La *révolution juridique* de 1958 n'eut aucune suite du fait de la *révolution politique* de 1962.

Reste que l'article 34 a permis la création d'une nouvelle catégorie de décrets, ceux de l'article 37, que l'on dénomme, faute d'appellation plus appropriée, les « décrets autonomes » (en regard des « décrets ordinaires »).

Ces décrets autonomes, sans avoir pris l'ampleur prédite, n'en existent pas moins et fort heureusement pour le parlement qui ne réclame nul labeur supplémentaire. Il est bon de rappeler que ces textes ne sont pas des lois et qu'ils sont donc soumis, en tant que de besoin, au contrôle de légalité du Conseil d'État [29]. En revanche, et cela démontre définitivement que l'article 34 procède à une *répartition* des compétences et non à une *attribution* de celles-ci, lorsqu'une loi est votée dans un domaine qui aurait pu être celui d'un décret autonome, elle n'en demeure pas moins une vraie loi, comme telle soumise au contrôle de *constitutionnalité*. Le Conseil constitutionnel a tranché cette question importante, par une décision à connaître du 30 juillet 1982 (n° 82-143) dans laquelle il a dit que la Constitution « n'a pas entendu frapper d'inconstitutionnalité une disposition de nature réglementaire contenue dans une loi, mais a voulu, à côté du domaine réservé de la loi, reconnaître à l'autorité réglementaire un domaine propre et conférer au gouvernement, par la mise en œuvre des procédures

28. J.-C. Zarka, « À propos de l'inflation législative », *D.* 2005.660 qui cite le président de l'Assemblée nationale (J.-L. Debré) de l'époque lequel déplorait « des lois bavardes » empiétant « sur des domaines réglementaires, en partie parce que le parlement siège en permanence ».

29. CE 12 févr. 1960, *Société Eky*, *D.* 1960.263, note L'Huillier, *S.* 1960.131, concl. Kahn.

spécifiques des articles 37, alinéa 2, et 41, le pouvoir d'en assurer la protection contre d'éventuels empiétements de la loi ».

On ne peut être plus clair. La Constitution fixe une frontière mais dont le gouvernement est le gardien : il laisse entrer qui il veut dans le domaine de la loi, puisqu'il est le maître de ce même domaine législatif.

Conséquences pratiques de tout cela. Quand le gouvernement propose de faire voter une loi là où un décret autonome suffirait, il n'abandonne pas pour autant le domaine en question au pouvoir législatif. Il pourrait parfaitement modifier ensuite cette loi par un décret autonome : c'est ce que l'on dénomme la *déclassification d'une loi*. En fait, la norme entre dans la catégorie qui aurait dû être normalement la sienne. Mais du fait même que le texte voté est une loi, son contrôle en revient non au Conseil d'État (juge de la conformité des décrets aux lois) mais au Conseil constitutionnel (juge de la conformité des lois à la Constitution).

§ 2 : L'application de la loi

102. – Une fois publiés au *Journal officiel*, lois, ordonnances et décrets autonomes doivent, concrètement, entrer en application. Aux termes de l'article 21 de la Constitution, il incombe au Premier ministre de faire exécuter les lois [30]. Certes, lorsqu'une loi est simple, il suffit de l'appliquer purement et simplement. Mais dans beaucoup de cas, la loi intervient dans des domaines complexes. Le propre du droit est souvent de descendre dans le détail du détail. C'est bien en cela que le droit est tout à la fois protecteur (parce qu'il entre dans le détail de la vie) et qu'il est un filet captif de la liberté (pour le même motif).

D'emblée, l'étudiant retiendra cette descente vers l'enfer du détail qui s'opère par le fait qu'une loi entraîne un décret, lequel va requérir un arrêté, sans préjudice d'une circulaire donnant l'interprétation du tout.

Dans le discours préliminaire du Code civil, Portalis assigne à la loi un rang dont elle ne doit pas déroger : « L'office de la loi est de fixer, par de grandes vues, les maximes générales du droit : d'établir des principes féconds en conséquence, et non de descendre dans le détail des questions qui peuvent naître sur chaque matière » (la citation est célèbre, elle peut être retenue).

I. La loi complétée

A. Les décrets d'application et les arrêtés

103. – Détail ou pas. – « Si une loi est immédiatement applicable, il n'en est pas ainsi lorsque sa mise en application est subordonnée à la publication d'un acte réglementaire ultérieur » [31]. C'est ainsi qu'une loi pourra, littéralement, être paralysée dans ses effets, c'est-à-dire

30. Circulaire du 29 févr. 2008 relative à l'application des lois, prise par M. Fillon (*JORF* du 7 mars 2008, p. 4233) qui donne des directives sur la mise en œuvre des lois, en particulier la rédaction des décrets.

31. Cass. soc. 5 nov. 1981, *Bull.* V, n° 864.

être « exécutoire » (parce qu'elle est promulguée) mais non « applicable » [32], hormis les cas où ses dispositions peuvent se suffire à elles-mêmes [33]. Ce sont par les décrets d'application que le gouvernement revêt, à proprement parler, son titre de « pouvoir exécutif » : il fait exécuter les lois votées par le parlement. C'est sa mission constitutionnelle (Const., art. 21) [34].

Ces décrets n'ont de valeur qu'au regard de la loi dont ils assurent la mise en vigueur effective [35]. Ils sont donc dans la dépendance stricte de celle-ci. La hiérarchie des normes joue ici dans toute sa force.

Les décrets d'application sont, dans la pratique, rédigés par les ministères concernés par la loi. Or, c'est bien là que le bât blesse : en effet, les bureaux mettent parfois un temps considérable pour mettre au point ces décrets car la Constitution n'a prévu aucun délai impératif [36]. Ainsi, le Conseil d'État a pu dire qu'un délai approchant les deux ans « n'excédait pas le délai raisonnable pour prendre le décret d'application prévu par le législateur » [37]. Parfois, la longueur du délai est d'une mauvaise foi patentée car elle sert à « torpiller » une loi rejetée par l'administration [38] ! Il arrive aussi que le décret d'application soit très... autonome et dise, sinon le contraire de la loi, du moins prenne de singulières libertés. L'administration « réécrit » la loi. Ce qu'il y a de certain, c'est que dans bien des cas, une loi sans décret, c'est un peu comme une maison sans clé : on ne peut y pénétrer. Par exemple, la lourde loi du 4 mars 2002 sur les droits des malades n'est pas encore pleinement appliquée faute de décrets (mais, pour le coup, il y a là quelques excuses tant l'ouvrage est considérable).

Les arrêtés ministériels, puis préfectoraux, sont ensuite la mise en œuvre pratique des décrets. Sans omettre les circulaires qui n'ont, normalement, aucune portée obligatoire mais qui donnent « le ton » d'une interprétation [39].

B. Le contrôle de légalité

104. – Respect du droit. – Dans la mesure où les décrets doivent être fidèles à la loi, il est important qu'existe une juridiction s'en assurant. Telle est la mission déterminante du Conseil d'État. C'est ce que l'on dénomme le « contrôle de légalité ». Avant d'aller plus loin, signalons à l'étudiant de première année qu'il doit apprendre à distinguer les trois grands contrôles : celui de « constitutionnalité » (effectué par le Conseil constitutionnel), celui de « légalité » (par

32. Parce que non suivi des décrets d'application requis : exemple, Cass. soc. 22 mars 1989, *Bull.* n° 242.

33. Cass. crim., 18 sept. 1990, *JCP* 90-IV-419 : de manière générale, la jurisprudence sur ces points se trouve citée sous l'article 1er du Code civil.

34. D. de Béchillon, « À propos de l'obligation faite au gouvernement de prendre des règlements d'exécution des lois », *AJDA* 2009.686.

35. R. Libchaber, « Le décret d'application, norme paradoxale », *RTD civ.* 1998.788.

36. D'après une étude effectuée par le Sénat, il semble que sur 1450 adoptées depuis 1981, 273 restent partiellement ou totalement inefficaces faute de décrets d'application appropriés. Toutefois, 82 % des décrets sont pris dans les six mois qui suivent la promulgation de la loi.

37. CE 3 oct. 1997, *JCP* 1998-IV-1170 obs. M.-Ch. Rouault, *RTD civ.* 1998.788 obs. Libchaber.

38. Il est bien difficile de lutter contre de tels abus. Des efforts sont tentés. Ainsi, depuis le 14 févr. 2004, sur la proposition de M. Jean-Louis Debré, alors président de cette chambre, l'Assemblée nationale modifia son règlement intérieur (art. 86) qui dispose, désormais, « qu'un député qui a été le rapporteur d'une loi ou, à défaut, un autre député désigné par la commission compétente, qui ne peut être qu'une commission permanente, présente à celle-ci un rapport sur l'application de la loi à l'issue d'un nouveau délai de six mois suivant son entrée en vigueur ; que, lorsque les textes réglementaires n'ont pas été pris, la commission entend son rapporteur à l'issue d'un nouveau délai de six mois » (J.-L. Zarka, *À propos de l'inflation législative*, *D.* 2005.660). De son côté, le Sénat a retenu une autre formule qui consiste à interroger les ministres sur l'application des lois relevant de leurs compétences.

39. R. Noguellou, « Le statut des circulaires », *Dr. adm.* 2009, alerte 38.

le Conseil d'État) et celui (dont on parlera plus bas) de « conventionnalité » (au regard de la CEDH, effectué par toutes les juridictions).

Le *contrôle de légalité* sera étudié plus précisément en deuxième année, dans le cours de droit administratif. Il est permis, à tout citoyen, de contester devant la juridiction administrative la conformité d'un décret (réglementaire ou individuel) à une loi. Ce recours se dénomme : « recours pour excès de pouvoir » (dans le jargon le « REP »).

Ce recours s'exerce par voie d'*action* ou par voie d'*exception*. Par voie d'action : cela signifie que c'est la demande principale du requérant ; par voie d'exception : cela signifie que le défendeur soulève un moyen visant à contester la prétention qu'on lui oppose, en l'espèce la légalité du décret.

II. La loi codifiée

105. – Histoire de la codification [40]. – *Nemo censetur ignorare legem* : nul n'est censé ignorer la loi. L'adage de droit probablement le plus connu en France... pour souligner son caractère irréaliste. Ne noircissons pas le tableau : il en a toujours été ainsi. Le paysan du Moyen Âge connaissait peu le droit canonique, l'ouvrier du XIXe siècle n'avait pas de connaissances juridiques. Le droit ne doit pas être connu d'une manière exhaustive. Il doit être *accessible* par l'intermédiaire des *juristes*. La connaissance du droit se fait grâce à un intermédiaire : généralement un avocat. Encore faut-il que ce juriste puisse, ses compétences étant établies, trouver facilement le droit applicable.

Or, le droit est un jardin à la française qui court le péril de se transformer en forêt tropicale dès lors que le législateur est saisi de frénésie (et Dieu sait que ce n'est pas l'inspiration qui lui manque !). Les lois sans la serpette du jardinier sont des haies mal taillées ; d'où la codification [41].

Il existe deux mots en latin pour désigner un livre : *codex* et *volumen*. Le premier a donné « code », le second « volume ». Le *codex* se distinguait du *volumen* en ceci qu'il était la réunion de feuilles reliées (comme nous présentons aujourd'hui les livres) tandis que le second était l'enroulement (de *volvere* : tourner) d'un long document, sur lui-même ou autour d'un bâton (comme se présente encore la Torah juive dans sa présentation liturgique des synagogues). Le *codex* était fabriqué avec du papyrus et le *volumen* en parchemin (dont la souplesse permettait le pliage). Telle est l'origine du mot « code » qui a fini par devenir un terme purement juridique.

Les premières codifications véritables (si l'on met de côté des codes plus anciens comme celui d'Hamourabi) furent les codes romains de Théodose puis de Justinien. Comme on l'a déjà exposé dans la première leçon, la codification est inhérente au droit écrit. En France, elle commence avec la rédaction des coutumes puis des grandes ordonnances de Louis XIV qui portèrent, pour certaines, le titre de code (le « Code Louis » fut la réunion des grandes ordonnances civiles sous Louis XV).

40. V° *Codification* par D. Bureau *in Dictionnaire de culture juridique* ; B. Oppetit, *Essai sur la codification*, PUF, 1998 ; B. Beignier (dir.), *La codification*, Dalloz, coll. Thèmes et commentaires, 1996 ; lire en particulier l'article de B. Oppetit, *La notion générale de codification*, qui figure dans ces deux derniers ouvrages mais également *D.* 1996 chr. p. 33 ; R. Cabrillac, *Les codifications*, PUF, 1998.

41. R. Cabrillac, « Le symbolisme des codes », *Mélanges Terré*, 1999, p. 211 s.

Nous ne reviendrons pas ici sur la codification napoléonienne, simplement il est bon de rappeler que cette codification fut à la fois une *rédaction* et une *compilation*. Ce sont les deux aspects que l'on distingue généralement dans la codification. La codification napoléonienne appartient à la première catégorie. Aujourd'hui [42], les codifications en cours sont plus proches de la codification romaine, à savoir une « codification formelle ». Il s'agit de rationaliser un droit existant, sans le modifier, en le versant dans un code unique. Cette opération porte le nom de *codification à droit constant*. Si l'on veut une nouvelle image vinicole, la première codification, c'est un peu le vin nouveau versé dans des tonneaux ; la seconde, c'est la mise en bouteille du vin mûri dans les tonneaux.

106. – Sécurité juridique. – Cette rationalisation de la loi est une condition de son effectivité (tant de lois tombent dans l'oubli pur et simple) et de la sécurité qu'elle doit inspirer (rien de pire que la loi oubliée qui brusquement refait surface). Ce principe, très fort aujourd'hui, de la *sécurité juridique* [43] est l'une des assises justifiant la codification contemporaine. En 2006, le Conseil d'État, a retenu pour thème central de son rapport annuel : « La sécurité juridique et la complexité du droit » [44]. Le Conseil constitutionnel, dans une décision notable du 16 décembre 1999, l'a clairement exposé en disant, sans ambages : « que cette finalité (la codification à droit constant, par voie d'ordonnances) répond à l'objectif de valeur constitutionnelle *d'accessibilité et d'intelligibilité de la loi* » [45] ; qu'en effet, l'égalité devant la loi énoncée par l'article 6 de la Déclaration des droits de l'homme et du citoyen et la « garantie des droits » requise par son article 16 pourraient ne pas être effectives si les citoyens ne disposaient pas d'une connaissance suffisante des normes qui leur sont applicables ; une telle connaissance est en outre nécessaire à l'exercice des droits et libertés garantis tant par l'article 4 de la Déclaration, en vertu duquel cet exercice n'a de bornes que celles déterminées par la loi, que par son article 5, aux termes duquel « tout ce qui n'est pas défendu par la loi ne peut être empêché, et nul ne peut être contraint à faire ce qu'elle n'ordonne pas. » (le Conseil eut l'occasion de reprendre la même motivation dans une décision du 12 janvier 2002, puis, entre autres [46], dans une autre du 12 mai 2011 [47]).

Ce principe de *sécurité juridique* provient, en partie, du droit communautaire. La Cour de Luxembourg ayant eu l'occasion de dire que ce principe « exige qu'une réglementation imposant des charges au contribuable soit claire et précise, afin qu'il puisse connaître sans ambiguïté ses droits et obligations et prendre ses dispositions en conséquence. » (CJCE, 9 juillet 1981).

---

42. On ne saurait oublier deux autres catégories de codifications. La « codification d'éditeur » qui est une œuvre voulue par un éditeur pour permettre un accès plus facile de telle ou telle législation. Par exemple, pendant longtemps, le Code de l'administration était, en fait, un code de la maison Dalloz. S'ajoutent aujourd'hui les codifications entreprises par certains organes de la doctrine pour susciter des réformes. Telles sont les entreprises des Principes d'Unidroit (voie européenne) : Pascale Deumier, *L'utilisation par la pratique des codifications d'origine doctrinale*, *D.* 2008.494.

43. A. L. Valembois, *La constitutionnalisation du principe de sécurité juridique en droit français*, Bibl. const. et sc. pol., t. 122, LGDJ, 2005, préf. B. Mathieu ; Th. Piazzon, *La sécurité juridique*, Defrénois, Doctorat et Notariat, t. 35, 2009 ; Cassia, « La sécurité juridique, un nouveau principe général du droit aux multiples facettes », *D.* 2006, chr. 1190 ; Delamarre, « La sécurité juridique et le juge administratif français », *AJDA*, 2004.186.

44. Rédigé sous la houlette de Mme J. de Claussade (entretien, *JCP* 2006.1140), il fait suite à un rapport célèbre (sous la direction cette fois de Mme Chandernagor) sur « La sécurité juridique » paru quinze ans auparavant (1991).

45. Ph. Dubois, « L'intelligibilité de la loi », *Mélanges Jestaz*, Dalloz, 2006, p. 135 s.

46. B. Mathieu, « Le conseil constitutionnel renforce les exigences relatives à la qualité du travail législatif et à la sécurité juridique », *JCP* 2007, actualités, aperçu rapide, p. 3 s.

47. DC n° 2011-629, *Loi sur la simplification et l'amélioration de la qualité du droit*, *JORF* du 18 mai 2011.

La Cour de cassation, prudemment, commence à y faire référence (exemple : Soc. 2 mai 2000). Il sera utile de voir quel sera son avenir (à mettre en parallèle avec le non moins récurrent *principe de précaution*).

Le Conseil d'État a consacré son *Rapport public* pour 2006 [48] à cette question.

107. – La nouvelle codification. – Ce faisant, il existe une considérable différence entre les deux catégories de codification [49]. La codification-rédaction est nécessairement l'œuvre du *législateur* lui-même, puisque le travail touche le *fond* et la *forme* (dernier en date : le Code pénal de 1994 [50]). La codification-compilation est une entreprise confiée à l'*administration* car purement de *forme*. C'est le grand ménage de l'ordre législatif.

Un tel chantier a débuté en 1989 par la mise en place d'une Commission supérieure de codification [51] (après une première expérience dans les années cinquante). Il faut signaler ici le rôle déterminant du Président Guy Braibant (qui fut le premier président de la commission, † 2008) qui a su vaincre bien des lourdeurs de natures fort diverses [52].

Ces nouveaux codes se présentent tous sous une même répartition en trois parties : la partie législative (les lois), la partie réglementaire (les décrets) et la partie consacrée aux arrêtés. Ainsi, chaque article commence par une lettre L. (lois), R (décrets réglementaires pris en Conseil d'État) D (décrets simples) ou A (arrêtés). Le numéro de l'article obéit également à un ordonnancement simple. Tout d'abord, un préfixe de trois chiffres qui indique la partie, le titre et le chapitre. Puis un indice qui est le numéro de classement dans le chapitre. Ainsi l'article L. 118-12 du Code des assurances est le 12ᵉ du chapitre 8ᵉ, du premier titre de la première partie de ce code et il est transcrit une loi. Signalons que parfois le R des articles de nature réglementaire est assorti d'une * : elle signale que le décret est un décret autonome et non un simple décret d'application.

Par ailleurs, l'on distingue des *codes pilotes* et des *codes suiveurs*. Les codes pilotes sont les principaux, tandis que les codes suiveurs sont ceux qui viennent, comme leur nom l'indique, compléter un code principal et qui vont s'imbriquer à lui par voie de référence. Ainsi des dispositions du code suiveur ne feront que des références à un code pilote. Les codes ont ainsi des liens entre eux.

La procédure, pour administrative qu'elle soit, ne peut s'accomplir pleinement sans le consentement et l'aval du Parlement, ne serait-ce que parce que cette compilation oblige, de temps en temps, à de légers remaniements [53] qui ne peuvent se faire sans l'accord du législateur [54]. C'est ce qu'explique très bien la loi du 12 avril 2000 : « La codification législative

48. Le rapport a été dirigé par Mᵐᵉ J. de Claussade. L'étudiant de première année peut se reporter à l'interview qu'elle a donnée à ce sujet (« La loi protège-t-elle encore le faible lorsqu'elle est aussi complexe, foisonnante et instable ? », *JCP* 2006-I-1140 ; *idem D.* 2006, tribune, p. 737).

49. Sans compter une autre forme plus rare : P. Deumier, « L'utilisation par la pratique des codifications d'origine doctrinale », *D.* 2008.494.

50. Détail : il ne faut plus parler de « nouveau Code pénal » mais du Code pénal et de l'ancien Code pénal. Il est courant de distinguer le Code pénal de 1810 et celui de 1994 qui fut sa date d'entrée en vigueur ; mais certains auteurs préfèrent retenir la date de 1992 qui est celle de sa promulgation.

51. Laquelle publie chaque année un rapport fort intéressant.

52. D. Labetoulle, « Guy Braibant et la codification », *in Guy Braibant, Juriste et Citoyen,* Dalloz, 2011, p. 211 s.

53. Cela pose, il est vrai, le délicat problème de la « consolidation » du texte : quel texte précis retenir dans le code ainsi rédigé. A. Konzerlmann, « Sur la recherche du texte consolidé fidèle à la loi », *JCP* 2006-I-197 et, en complément de cette étude, H. Morvan, « La consolidation des codes, lois, décrets : positions doctrinales d'éditeurs ou devoirs de l'État ? », *JCP* 2006-I-196.

54. R. Schwartz, *La codification à droit constant, in* Journées d'études à l'occasion du bicentenaire du Code civil, Journée du 25 nov. 2004, « Le rayonnement du droit codifié », éditions des *JO*, vol. 1, p. 37 s.

rassemble et classe dans des codes thématiques l'ensemble des lois en vigueur à la date d'adoption de ces codes. Cette cohérence se fait à droit constant, sous réserve des modifications nécessaires pour améliorer la *cohérence rédactionnelle* des textes rassemblés, assurer le *respect de la hiérarchie des normes et harmoniser l'état du droit* ».

C'est la raison pour laquelle les gouvernements successifs (il est bon de signaler que l'œuvre de codification s'est constamment poursuivie sous tous les gouvernements : ce n'est donc pas un chantier politique ou, si l'on veut, de haute politique) ont opté pour la voie des ordonnances. Une ordonnance ordonne la codification, une autre ratifie l'œuvre [55].

Actuellement on dénombre plus de 70 codes [56], le dernier étant celui de l'énergie [57]. D'ores et déjà 40 à 45 % de la législation est désormais codifiée.

108. – « On nous change le droit ! ». – Comme il fallait s'y attendre, cette mise en ordre du fouillis du droit français a soulevé les cris d'une partie de la doctrine et de la pratique. Il est peu avouable qu'on tienne à ses pantoufles élimées et sa robe de chambre déchirée, aussi l'on trouve toujours d'excellentes raisons pour dénoncer, sous couvert de principes plus présentables, un chamboulement du train-train. Antique antienne.

Les défauts de la codification ? Ils sont bien connus mais relatifs [58]. Si l'on met de côté les erreurs de plume [59] quasi inévitables mais faciles à rectifier, le principal défaut est… de souligner les carences du droit ainsi mis en codes. Mais si le vin est mauvais, est-ce la faute de la bouteille et du négociant ? Prenons un simple exemple, le Code de l'éducation (ordonnance du 15 juin 2000, ratifiée par la loi du 14 avril 2003) révèle que cette législation est un capharnaüm surréaliste. Le Code aggrave-t-il le mal ou le met-il en lumière ? [60]

L'on reproche également (reproche le plus fondé intellectuellement) à la codification à droit constant, de faire du neuf avec du vieux et parfois d'abuser de l'art de la restauration [61]. Certes, mais qu'est-il préférable : s'abstenir de rénover l'ancien sous prétexte que le meilleur n'est pas atteint… tout en reconnaissant qu'il est impossible [62] ?

La codification moderne est une voie médiane, sage et raisonnable [63]. Les étudiants de première année en prendront vite toute la portée : ils sont les futurs juristes qui sont appelés à n'utiliser que ces nouveaux codes.

La sécurité juridique, comme celle de la circulation, passe par la construction d'autoroutes. Les accidents ne se multiplient que sur les agrestes routes de campagne.

55. Exemple (à voir sur Légifrance) : ordonnance n° 2010-1307 du 28 oct. 2010 relative à la partie législative du code des transports (*JORF* du 3 nov.) puis ordonnance n° 2011-204 du 24 févr. 2011 relative au Code des transports (*JORF* du 25 févr. 2011).

56. Il existe de tout petits codes : le Code des débits de boisson ; le Code du blé ou encore le Code des courses au galop… Pour avoir un aperçu de tous les codes, aller sur le site Légifrance plus cliquer sur « codes » : toute la liste se déroule.

57. Ordonnance n° 2011-504 du 9 mai 2011, *JORF* 10 mai 2011, p. 7954, *JCP* 2011 p. 983.

58. R. Cabrillac, « D'un code à l'autre, les difficultés d'une recodification », *in Mélanges Wiederkehr*, Dalloz, 2009, p. 53 s.

59. C. Lebel, « Les avatars de la codification à droit constant », *JCP* 2010 p. 750.

60. « En effet, la codification à droit constant est elle-même victime des difficultés qui affectent l'ensemble de la législation et de la réglementation française, qu'elle ne contribue pas à résoudre, voire qu'elle amplifie » H. Moysan (*JCP* 2008, act. 441-442).

61. N. Ferrier, « À propos de la recodification prétendument à droit constant du droit du travail », *D.* 2008.2011.

62. À ce propos, le 18e rapport de la Commission de codification (voir son commentaire critique par H. Moysan, *JCP* 2008, act. 441-442).

63. Sauf à penser que le temps des codes est révolu : D. D'Ambra, « Le déclin des codes », *in Mélanges Wierderkehr*, Dalloz, 2009, p. 147 s.

Section 2
La loi dominée

109. – Pendant des siècles, la loi était, par principe, nationale. Elle était même une manière d'exprimer la souveraineté nationale en opposition à celle des autres pays. Mais c'était l'époque des « souverainetés closes ». La mondialisation, dont on parle tant, affecte autant le droit que l'économie [64]. C'est ainsi que les traités internationaux (rappelons ce chiffre, déjà donné, qu'une convention internationale est conclue par la France tous les deux jours) ont fini par avoir des conséquences capitales dans le droit interne [65]. Pourquoi ? À cela, il y a une *raison politique* qui a trouvé une *raison technique* pour se développer presque à l'infini.

§ 1 : L'Europe au-delà de la Nation [66]

110. – La raison politique, c'est, bien évidemment, ce que l'on dénomme la « construction européenne ». Construction double. D'une part, l'ancienne Communauté [67], partant de six États, est aujourd'hui une *Union* programmant de s'étendre jusqu'au Bosphore. D'autre part, celui du *Conseil de l'Europe* qui, actuellement, regroupe quasiment tous les pays du continent européen. Une nouvelle fois, l'on ne confondra pas les deux (ce qui est pourtant fréquent et source d'incompréhension totale). D'où une distinction parfois opérée entre le « droit européen » (celui du Conseil de l'Europe : Cour de Strasbourg) et le « droit communautaire » (celui de l'Union européenne : Cour de justice de l'Union européenne siégeant à Luxembourg).

I. Le droit de l'Union européenne : l'Europe de Bruxelles et Luxembourg

111. – Enregistrement des directives. – Au moins 60 % du droit français est du droit « dérivé » qu'on peut dénommer « enregistré » au sens où le Parlement français ne fait que mettre dans la forme française, un droit qui s'impose à lui. On en veut pour preuve la loi, si typique, n° 2011-12 du 5 janvier 2011 [68] (l'étudiant y jettera, avec profit, un œil sur Légifrance) qui transpose d'un coup quatre directives européennes (essentiellement en matière environnementale). Cette même loi autorise dans le même mouvement le gouvernement à poursuivre cette transposition par voie d'ordonnances.

64. M. Mahmoud Mohamed Salah, *Les contradictions du droit mondialisé*, PUF, « droit, éthique, société », 2002 ; J.-B. Auby, *La globalisation, le droit et l'État*, Montchrestien, Clefs, 2003.
65. J.-Cl. Soyer, « Pèlerinage aux sources du droit privé », *Mélanges Catala*, Litec, 2001, p. 33 s.
66. Y. Lequette, « De la France et de l'Europe : la nation ou l'empire ? », *Mélanges B. Oppetit*, Litec, 2009, p. 411 s.
67. Encore qu'il existe toujours, d'une manière de plus en plus formelle, une distinction entre la « communauté » et « l'union ». Avec le Traité de Lisbonne, l'Union doit acquérir la personnalité juridique (dont seule la Communauté dispose aujourd'hui) et être la seule entité juridique et politique.
68. *JORF* du 6 janv. 2011, C. Huglo et B. Berger, *JCP* 2011.100.

Que penser de tout ce droit ? Le jugement est difficile à porter car, une nouvelle fois, il mêle technique et politique. Ce droit est souvent de la politique qui se dissimule dans la technique.

Techniquement parlant, il est peu contestable que cette uniformisation du droit des pays de l'Union est une bonne chose. Ne prenons qu'un seul exemple : celui des automobiles. Chacun comprendra que, dès lors que les normes de construction et de sécurité sont les mêmes, il devient simple d'acquérir une voiture d'un autre pays sans devoir se soumettre (comme ce fut naguère le cas) à un contrôle technique sur le territoire français. Cette uniformisation technique facilite la vie quotidienne, elle est, objectivement, un facteur de progrès dans les nouveaux pays de l'Union.

Mais, il y a le revers de la médaille. Techniquement parlant, pour rester sur ce terrain, ce droit est, curieusement, d'une instabilité permanente : à peine un texte est-il prêt qu'il doit être révisé. Faute aux juristes ou faute aux techniciens ? Politiquement, le grief plus sérieux est que la technique finit par éliminer la politique. L'Europe, en effet, butte sur un double problème qu'elle ne parvient pas à résoudre. Le premier est le fameux « déficit démocratique » qui l'affecte. Le second est l'emprise constante de la bureaucratie de Bruxelles qui semble vouloir toujours conquérir de nouveaux territoires de compétence. La conjonction des deux ne peut que susciter un rejet des nations. En effet, les peuples ont très peu de prises sur les décisions politiques, en même temps que les « bureaux » de Bruxelles, cherchant à justifier leurs fonctions, ne cessent de vouloir « harmoniser » des pans entiers du droit, y compris du droit civil intimement lié à la vie d'un pays et qui ne relèvent certainement pas d'ajustements techniques. C'est alors que, sous couvert de technique, on fait de la politique qui ne dit pas son nom et qui est, forcément, mauvaise car suspecte [69]. Sans s'en rendre bien compte, l'Europe risque de paver son paradis de pierres infernales : les parlements démocratiques sont les parlements nationaux mais dont le rôle décline ; le grand parlement est celui de l'Europe mais dont la légitimité est douteuse car partageant largement le pouvoir avec la « Commission ». Le système est devenu gravement déséquilibré.

112. – Bonnes et mauvaises intentions. – Il est difficile de porter un jugement sur le phénomène européen.

Une idée récurrente est celle des « États-Unis d'Europe » qui seraient le pendant des « États-Unis d'Amérique ». L'étudiant a certainement entendu parler des nombreux discours de Victor Hugo sur les États-Unis d'Europe [70]. Pourtant il y a une très importante différence entre les États-Unis d'Amérique et les hypothétiques États-Unis d'Europe : il existe une nation américaine ; il existe des nations européennes, c'est ce qui fait toute la différence [71].

---

69. V. Heuzé, « La Reine Morte : la démocratie à l'épreuve de la conception communautaire de la justice », *JCP* 2011-359.

70. O. Blin, « Victor Hugo et la construction communautaire », *RRJ*, 2004-1, p. 569 s.

71. Très utile de lire, à la fin de l'ouvrage (p. 355), dans le glossaire, le V° *États-Unis d'Europe* que consacre M. Clapié (*Institutions européennes*, précité) à cette question qui est, quasiment un jeu de mots : « Dans leur volonté de dépassement des nations, les partisans de l'Europe intégrée en viendront à souhaiter que se constituent au niveau supranational ce qu'ils réprouvent et stigmatisent au niveau de chaque État-Nation : un sentiment national. L'Europe-Nation à la place de l'État-Nation. Comme si le seul changement d'échelle pouvait faire d'un mal un bien. Au-delà de cet évident paradoxe, force est de constater que les conditions objectives de nature à permettre la naissance d'une nation européenne et le sentiment d'appartenance commune qu'elle implique continuent de faire défaut. Entre les peuples européens, il manque, en effet, même si l'on peut le déplorer, ce que l'on pourrait appeler l'*affectio societatis* : des intérêts communs à faire valoir solidairement, et, plus encore, la conscience partagée que ces intérêts communs l'emportent sur tous les autres. » (p. 359). Très remarquable article sur ce mythe, d'A. Laquieze, « Pour une histoire de l'idée d'États-Unis d'Europe », *Droits*, n° 45, 2007, p. 15 s.

Le discours actuel sur la construction européenne est, comme toujours il le fut dans le cours de l'histoire (car depuis Charlemagne, l'idée européenne est tout sauf une idée neuve), un discours de clercs et de notables [72] qui font le bien du peuple sans le peuple [73]. Ceux que Daniel Halèvy dénommait plaisamment les « démophiles antidémocrates ». C'est devenu un discours convenu [74], complaisant et pontifiant. De toutes les manières, le choix laissé est toujours entre l'Europe ou le désastre. L'Europe risque de périr, malheureusement, un jour de la désillusion de ses promesses. Elle se confondra avec les intérêts de quelques nations, voire d'une, et sera fatalement une source de conflits. L'Europe devrait méditer prudemment sur l'effondrement, à ses portes, de la Fédération de Yougoslavie, et de la Tchécoslovaquie, de l'Union Soviétique ; demain peut-être de la Belgique.

L'Europe ne pourra vivre raisonnablement sans la souveraineté des États [75] qui la façonnent, sinon elle suscitera celle des régions qui la tueront. Le choix n'est donc pas manichéen entre l'Europe et les États, mais il est de bâtir une Europe faisant en sorte que l'épanouissement des nations [76] ne conduise pas aux conflits. Cet épanouissement passe par la liberté des États dans l'édiction de leur droit : ce n'est pas le parti pris actuellement. La réponse négative de la France (29 mai 2005) puis des Pays-Bas (6 juin 2005) puis *de facto* du Royaume-Uni (qui a aussitôt profité de l'occasion rêvée pour dire qu'il ne ratifierait jamais le Traité constitutionnel) n'a été que la traduction explicite d'un scepticisme général des peuples [77]. La vraie surprise fut que les « élites » [78] le découvrirent : ce qui en dit long sur leur égarement intellectuel [79]. Contrairement à ce que l'on a pu écrire de manière très confuse, ces refus populaires ne s'expliquent absolument pas par une quelconque « peur » mais bien par une résolution parfaitement lucide et déterminée [80]. Elle se résume en deux constats [81] : les citoyens ne

72. M. Crapez, « Les élites et le droit européen », *Commentaire,* n° 112, 2005/2006, p. 827 s.

73. G. Berthu, *L'Europe sans les peuples. L'essentiel sur le projet de constitution européenne,* 2e éd., F.-X. de Guibert, 2005 ; P. Thibaud, « Besoin d'Europe, besoin des nations », *Commentaire,* n° 131, 2010, p. 639 s. ; vision différente : P. de Charentay, « L'Europe empêtrée dans ses nations », *Études, mai* 2010, n° 4215, p. 583 s.

74. Simple remarque. Naguère, dans une faculté de droit, il y avait un cours d'« économie politique » (familièrement « éco-po ») ; aujourd'hui il est de « science économique ». Le changement de terminologie n'est pas neutre. Si l'économie n'est plus une politique mais une science, alors seuls des « experts » ont voix au chapitre. On discute d'une politique, on ne débat pas de données scientifiques. Sur cette vraie dérive de la démocratie pure sans le peuple : J.-P. Fitoussi, *Le débat interdit,* Le Seuil, coll. Points.

75. F. Chaltiel, *La souveraineté de l'État et l'Union européenne. L'exemple français,* LDGJ, Bibl. droit public, 2000.

76. P. Manent, *La raison des nations. Réflexions sur la démocratie en Europe,* Gallimard, L'esprit de la cité, 2006 : « Le phénomène dont je parle, c'est l'effacement, peut-être le démantèlement, de la forme politique qui, depuis tant de siècles, a abrité les progrès de l'homme européen, à savoir la nation. Une forme politique – la nation, la cité –, ce n'est pas un léger vêtement que l'on peut prendre et déposer à volonté en restant ce que l'on est. Elle est ce Tout dans lequel tous les éléments de notre vie se rassemblent et prennent sens. Si notre nation disparaissait soudainement, et que ce qu'elle tient ensemble se dispersât, chacun de nous deviendrait à l'instant un monstre pour lui-même. Ceux qui se croient le plus émancipés de leur nation vivent encore très largement de sa fécondité » (p. 10). Voir aussi P. Sabourrin, *L'État-Nation face aux Europes,* PUF, 1994. Il est vrai aussi que la Nation est une idée qui a joué un rôle plus fort en France que dans les autres pays : S. Epstein, *Un paradoxe français,* Albin Michel, 2009.

77. Sur le fait que ce projet ne traduisait aucune « action politique » claire et nette : D. Boulanger, *Droit constitutionnel,* PUF, Que sais-je ?, 2006, p. 64, lequel conclut : « Les droits de l'homme et le marché ne font pas une constitution ».

78. M. Crapez, « Les élites et le droit européen », *op. cit.*

79. La quasi-totalité des journaux firent, ouvertement ou non, campagne pour le « oui » qui leur paraissait la seule voix « civilisée ». Le résultat fut commenté en des termes laissant parfois entendre que la majorité des Français étaient proches du délabrement mental voire de la folie. Dans ce cas : pourquoi les consulter si le vote était à sens unique ? Un an après le 29 mai, un sondage (publié par *Libération*) a révélé qu'1 % de ceux qui ont voté « non » regrettent leur choix, mais que 10 % de ceux qui ont voté « oui » voteraient aujourd'hui en sens contraire. De manière plus générale un livre de profonde réflexion sur ce grave divorce : J. Julliard, *La faute aux élites,* Folio actuel, n° 62.

80. V. Heuzé, « L'Europe désenchantée », *JCP* G 2005-1-157.

81. Sobre et excellente présentation de ce traité par J.-Ph. Feldman, « Sur le projet de traité établissant une Constitution pour l'Europe », *D.* 2004, point de vue, p. 1531. Voir aussi, le V° *Constitution de l'Union européenne, in* M. Clapié, *Manuel d'institutions européennes, op. cit.*, glossaire, p. 345.

veulent pas d'une économie laissée aux seules lois du marché, l'Europe est libérale [82] mais son libéralisme [83] est pour elle un moyen, non une fin comme aux États-Unis, la « constitutionalisation » (3e et 4e parties du projet de traité) d'une certaine conception de l'économie était le désir d'interdire à l'avenir toute autre option à un quelconque État de l'Union et donc une extraordinaire « auto-censure » prétendument démocratique ; les citoyens veulent véritablement une *Europe des États* et non un *État européen* de plus en plus jacobin, le traité (1re et 2e parties) se voulant abusivement une constitution (ce qu'il ne pouvait d'ailleurs, juridiquement, être [84]) aurait abouti, fort simplement, à ce qu'un État de l'Union dispose de sensiblement moins de pouvoir et d'indépendance qu'un État des États-Unis d'Amérique [85]. L'Europe aurait donc eu une économie se rapprochant de celle des États-Unis tout en se dotant d'institutions fort éloignées de celles de ce pays !

À la suite de cet échec, les gouvernements se sont tournés vers la voie plus classique d'un « traité simplifié » ratifié selon les procédures parlementaires ordinaires. De là, provint l'important Traité de Lisbonne signé le 13 décembre 2007 entre les 27 membres de l'Union. Ce traité renonce totalement à la voie d'une « constitution » [86] : on se situe donc toujours dans l'ordre international classique d'un traité entre États et on part de l'idée de modifier les traités déjà en vigueur, d'où son nom officiel de « traité modificatif » (le terme de traité simplifié est utilisé fréquemment mais sans valeur juridique, on parle aussi, plus familièrement de « mini-traité » expression encore plus curieuse pour un texte de 145 pages !). Finalement, pour mettre tout le monde d'accord, on retint le nom de Traité de Lisbonne [87]. Cet acte est entré en vigueur le 1er décembre 2009 après achèvement du processus de ratification par les États membres.

L'article 1er de ce texte modifie le traité sur l'Union européenne (dit de Maastricht) et l'article 2 celui sur la Communauté européenne (le célèbre Traité de Rome de 1957). Il procède à un rapprochement important des deux textes et des deux entités juridiques (l'Union et la Communauté). Toute idée d'un « gouvernement fédéral » de l'Europe, et donc d'une législation « directe » est abandonnée, toutefois les organes de fonctionnement de cette Union sont substantiellement modifiés pour en accroître l'efficacité et essayer de remédier au reproche

82. Un grand classique à lire : P. Manent, *Histoire intellectuelle du libéralisme : dix leçons,* Calmann-Lévy, rééd. Hachette-Pluriel, 1997 et du même *Les libéraux*, rééd. Gallimard, coll. Tel, 2001. Le libéralisme, on en parle mais personne n'est d'accord sur ce qu'il est et n'est pas.

83. J. Sapir, *La fin de l'euro-libéralisme*, Le Seuil, 2006.

84. Seul un État peut se doter d'une constitution ; un ensemble d'États ne peut s'unir que par un traité. Mais le terme était révélateur des intentions non dites explicitement. À lire le très bon article de M. Clapié, « Traité ou Constitution ? À propos du projet de Constitution de l'Union européenne », *D.* 2004, chr. p. 1176 : « C'est bien dire que si le projet issu des travaux de la Convention sur l'avenir de l'Europe se présente formellement comme un traité international dont il a incontestablement la nature, par son objet et son contenu, il est tout autant matériellement assimilable à la Constitution d'un État. » (p. 1177).

85. « Les États-Unis sont souvent pris en modèle par les Européens, mais les Américains ont arrêté une fois pour toutes les périmètres respectifs de leur pouvoir fédéral et de leur pouvoir fédéré, du fait qu'ils ont opté pour le schéma constitutionnel du fédéralisme. Les Américains ont aussi figé le nombre de leurs États fédérés. », M. Guénaire, *Le génie français*, Grasset, 2006, p. 142.

86. Question capitale : le texte soumis au vote en 2005 était-il un « traité » ou une « constitution » ? M. Clapié, « Traité ou constitution ? À propos du projet de Constitution de l'Union européenne », *D.* 2004.1176 ; sur la même ambiguïté qui fut, sans doute, fatale au texte : J.-Ph. Feldman, « Sur le projet de traité établissant une Constitution pour l'Europe », *D.* 2004.1531.

87. F. Picod, « Le Traité de Lisbonne : une nouvelle chance pour l'Europe », *JCP* 2009 p. 581 ; du même « Le nouveau cadre institutionnel de l'Union européenne », *JCP* 2010 p. 400 s. ; J. Ziller, *Les nouveaux traités européens : Lisbonne et après*, Montchrestien, Clefs, 2008.

de « déficit démocratique » adressé au système en vigueur. L'un des points importants est la stabilisation d'une présidence de l'Union.

Ce traité a fait l'objet, inévitablement, de critiques diverses. Ceux qui furent très hostiles à la Constitution envisagée estiment que cet acte ne fait qu'en reprendre la substance, en le cachant ; ceux qui furent très favorables à cette Constitution jugent qu'il n'en est qu'une « pâle copie » (Valérie Giscard d'Estaing). On voit rarement des transactions donnant satisfaction à tout le monde.

La France l'a ratifié par la voie de la réunion du Congrès, le 8 février 2008 (ce qui entraîna une discussion de savoir s'il n'aurait pas convenu de soumettre ce nouveau traité à référendum par un parallélisme des formes au regard de la procédure suivie en 2005 : politiquement le point est discutable, juridiquement il ne l'est guère). L'Allemagne y a souscrit au printemps 2008, mais il est intéressant de noter un arrêt capital de la Cour constitutionnelle de Karlsruhe du 30 juin 2009 (donc après la ratification). Dans cet arrêt, la Cour (qui en Allemagne joue un rôle plus important que le Conseil constitutionnel français) observe qu'il n'existe pas de « peuple européen » et elle dénie l'idée d'une possible souveraineté européenne. La Cour souligne que le Traité est une « union contractuelle d'États souverains », ce qui signifie que pour elle la légitimité des parlements nationaux demeure supérieure à celle du Parlement européen. Poursuivant son analyse, la Cour estime que certaines compétences régaliennes ne peuvent faire l'objet de transfert à l'Union sauf à altérer gravement la souveraineté de l'État. Cet arrêt, curieusement mal connu en France, parfaitement bien rédigé, est lourd de sens. L'Allemagne moderne (depuis 1871, sauf la période nazie, est le prototype du grand État fédéral de l'Europe de l'Ouest) sait parfaitement comment fonctionne une fédération, laquelle suppose (contrairement à une « confédération ») un transfert de souveraineté des États membres à l'État fédéral. En jugeant ainsi la Cour de Karlsruhe a défendu la fédération allemande envers une hypothétique fédération européenne car elle en connaissait parfaitement le mécanisme. Ce faisant, elle a mis un point, sinon final, du moins durable, à cette possibilité. Tant que l'Allemagne rejettera l'idée d'un amoindrissement de sa souveraineté, une fédération européenne sera une pure utopie. Une nouvelle tentative en ce sens, juridiquement, devrait entraîner une profonde révision de la Loi Fondamentale allemande : autant rêver les yeux ouverts.

Au printemps 2011, la très grave crise de la dette grecque a entraîné de profonds doutes sur le maintien d'une Europe « continentale ». Puis sont venues les interrogations sur la santé économique du Portugal ; chacun écarte de la main comme un péril plus grave encore, une descente aux enfers de l'économie espagnole. Personne ne peut prédire l'avenir. On en vient toutefois à se demander si « l'Europe » politique n'est pas plus l'ancien empire carolingien (l'ancienne Europe de 1957) que celle de « l'Atlantique à l'Oural ». L'impossible unité économique risque de ruiner l'idée d'une harmonisation politique. L'histoire dira peut-être un jour que ceux qui ne rêvaient pas de l'Europe l'avaient lucidement dans le regard et que ceux qui se berçaient d'illusion à son sujet finirent par en faire un cauchemar. L'important est d'avoir une méthode claire appliquée à des principes admis [88].

88. S. Poillot-Peruzzetto, « Question de méthodes, question d'Europe », *JCP* 2007-I-133.

II. Le droit européen : l'Europe de Strasbourg

113. – La lumière éclairant le droit. – Mais il faut compter avec la « seconde » Europe, celle de Strasbourg, qui renforce, tout en la concurrençant, la première [89].

Si le droit des affaires est entre les mains du Léviathan bruxellois, le droit civil est désormais l'objet de la vigilance sourcilleuse des juges de la Cour européenne de Strasbourg [90].

Il existe de nombreuses déclarations des droits de l'homme de par le monde. L'on connaît celle du 26 août 1789 qui est la déclaration française, mais l'on en dénombre de nombreuses, ne serait-ce qu'aux États-Unis. Plus proche de nous dans le temps, la Déclaration universelle de 1948 (celle de l'ONU, en partie due au professeur de droit, conseiller de la France libre, René Cassin), mais qui n'a aucune valeur juridique proprement dite. Il convient d'accorder une place de choix à la Convention européenne de sauvegarde des droits de l'homme et des libertés fondamentales (c'est son titre exact et précis, comme il est un peu long, il est le plus souvent abrégé en « Convention européenne des droits de l'homme », Convention EDH). Ce texte fut signé à Rome, le 4 novembre 1950. La France n'y adhéra que tardivement. La ratification fut l'une des rares initiatives du président de la République par intérim, Alain Poher, en 1974. L'on dit que la ratification n'avait pas eu lieu auparavant du fait de la Guerre d'Algérie, ce qui est en partie vrai, mais la raison fondamentale c'est que la France gaullienne, celle de l'indépendance indiscutée, ne pouvait pas à la fois mettre à la porte les Américains de l'OTAN et laisser la porte ouverte aux juges de Strasbourg.

Car, c'est là la marque de cette Convention, elle n'est pas un traité comme un autre. Ce n'est pas un traité entre deux États créant des obligations entre eux, mais un traité entre un ensemble d'États [91], s'imposant à eux-mêmes des obligations fondamentales et autorisant leurs nationaux à se plaindre de leur non-respect devant une juridiction appropriée : la Cour européenne des droits de l'homme qui siège à Strasbourg [92] depuis 1959. Cette spécificité de ce traité (qu'il faut bien avoir présent à l'esprit) conduit, en fait, à rajouter une déclaration des droits de l'homme à celle incluse dans la constitution : le problème juridique est là.

Il faut ajouter qu'avant la décision du 16 juillet 1971 du Conseil constitutionnel, l'idéologie [93] des droits de l'homme n'avait pas pris l'ampleur qu'elle a aujourd'hui [94]. La ratification de 1974 fut suivie d'une seconde décision, plus importante dans la pratique, en 1981 (à l'initiative

89. C'était d'ailleurs une proposition assez surprenante du projet de traité constitutionnelle : l'adhésion de l'Union à la Convention EDH. Sur ce point (délicat à comprendre en première année) : D. Boccara, « Faut-il que l'Union européenne adhère à la Convention européenne des droits de l'homme ? », *D.* 2006, p. 1343 s.

90. Un petit livre très utile : J.-P. Marguénaud, *La Cour européenne des droits de l'homme*, Dalloz, Connaissance du droit, 4e éd., 2008. L'auteur a une admiration sans limites pour la Cour.

91. En 2006, ils sont 46, c'est-à-dire la quasi totalité des États du *continent* Europe et en sus la Turquie, laquelle par la conquête de Constantinople, jadis, a conservé une attache avec l'Europe qu'elle fit trembler durant deux siècles.

92. L'on parle couramment, par simplification, de la Cour de Strasbourg car il n'y a pas d'interférence possible avec une juridiction française. En effet, par le hasard de l'histoire, la capitale de l'Alsace n'est le siège que d'un tribunal de grande instance, la cour d'appel occupant le palais de l'ancien Conseil souverain d'Alsace à Colmar.

93. Contrairement au français journaliste approximatif, le terme d'idéologie, par lui-même, n'a pas nécessairement une connotation négative ; bien au contraire. Il signifie la structuration d'idées et leur mise en cohérence : du grec, *idea* et *logos*. Le mot est, effectivement, parfois utilisé au sens de système intellectuel flou et vaseux, mais ce n'est pas son sens initial. Il y a donc une idéologie des droits de l'homme parfaitement claire et reposant sur des valeurs déterminées. Il existe aussi une idéologie du « droit-de-l'hommisme » qui avance au petit bonheur et qui relève de l'incantation. Les défauts redoutables de la seconde ne doivent pas affecter notre attachement à la première. Un juriste sait discerner le vrai du faux.

94. D. Gutman, « Les droits de l'homme sont-ils l'avenir du droit ? », *Mélanges Terré,* 1999, p. 329 s.

de Robert Badinter) : l'ouverture aux nationaux français du droit de recours individuel devant la Cour de Strasbourg (autre point important à connaître avec précision).

Signalons que ce phénomène n'est pas purement européen. Il existe, au Canada, une Charte des droits et libertés de la personne, au demeurant plus précise que la Convention européenne. Pour ce qui est des États-Unis, la tradition du respect des droits fondamentaux est quasi inhérente à la fondation de l'État fédéral lui-même (1803). Quant au Royaume-Uni, il s'est doté d'un *Human Rights Act* en 1998 (en vigueur depuis le 2 octobre 2000) et de son côté la Confédération helvétique a largement intégré les termes de la Convention dans sa nouvelle constitution du 18 avril 1999.

Pour revenir à la Convention européenne, l'on peut dire qu'elle fait quasiment office de « charte fondamentale » de l'Europe [95]. Toutefois, on est en droit de se demander si la place de cette convention ne va pas évoluer. L'Union européenne s'est dotée, à l'issue du Conseil européen de Nice des 7, 8 et 9 décembre 2000, d'une Charte des droits fondamentaux, qui semble bien le duplicata pur et simple dans son esprit, sinon dans sa lettre, de la Convention [96].

Il faut souligner une nouvelle fois (et au risque de se répéter), toute l'importance de l'ombre portée des droits de l'homme sur l'édiction du droit français contemporain [97].

En amont, ce magistère est exercé par le Conseil constitutionnel qui se sert du « bloc de constitutionnalité » (depuis 1971) ; *en aval* par les juges qui prennent appui sur la Convention européenne des droits de l'homme.

La seule question qui se pose désormais est de savoir qu'elle est la *légitimité* de ces garants de l'orthodoxie. Elle est pour le moins hypothétique et fragile. Rien ne dit que les peuples admettront perpétuellement cette démocratie tellement idéale et sophistiquée qu'elle se passe d'eux [98]. Légitimité de l'Europe, légitimité des juges : ce ne sont pas de banales interrogations.

§ 2 : Le traité au-delà de la loi

I. La lecture maximaliste de l'article 55 de la Constitution

114. – Respect de la parole donnée. – La raison technique maintenant.

Tout tourne autour de l'article 55 de la Constitution. Ce texte est repris, mais sous condition de réciprocité, de la Constitution de 1946 : « Les traités ou accords régulièrement ratifiés ou approuvés ont, dès leur publication, une autorité supérieure à celle des lois, sous réserve, pour chaque accord ou traité, de son application par l'autre partie ».

95. L. Burgogue-Larsen, « La force de l'évocation ou le fabuleux destin de la Charte des droits fondamentaux de l'UE », *Mélanges Pactet*, Dalloz, 2003, p. 77 s.

96. Ce projet est donc pour l'instant « gelé ». Il est aussi question que l'Union européenne, en tant que tel, adhère à la Convention européenne. On peut toutefois se demander si le résultat ne serait pas une confusion des genres entre « les Europes » : D. Boccara, « Faut-il que l'Union européenne adhère à la Convention européenne des droits de l'homme ? Mal étreint qui trop embrasse », *D.* 2006, p. 1343 s.

97. J.-Cl. Soyer, « La loi nationale et la convention européenne des droits de l'homme », *Mélanges Foyer*, PUF, 1997, p. 125 s. ; A. Debet, *L'influence de la Convention EDH sur le droit civil français*, Dalloz, coll. Bibl. des thèses, 2002.

98. G. Lebreton, « Critique de la Charte des droits fondamentaux de l'Union européenne », *D.* 2003, p. 2319 s.

Cette disposition est absolument nécessaire. Dans le premier chapitre, l'on a insisté sur l'importance de l'adage *pacta sunt servanda* (les pactes doivent être respectés) de la doctrine du droit naturel. Une promesse non tenue (sauf cas d'impossibilité absolue) est toujours une faute gravissime dans l'ordre juridique [99]. Or, il se trouve que la IIIe République des années de sa décadence avait eu l'audace de voter des lois en contradiction radicale avec un traité conclu antérieurement avec l'Italie. C'est pour éviter un tel scandale que les constituants de l'après-guerre introduisirent cette règle impérative qui découle de l'idée même de traité. Il est exact de préciser que les juges avaient sauvé l'honneur par une position dite « doctrine Matter » [100] : toute loi contraire devait s'entendre comme réservant le jeu du traité [101]. Le Conseil d'État, par une jurisprudence dite « des semoules » [102], fit de même.

Ce texte trouve toute sa cohérence quand on lit l'article qui le précède, lequel dispose : « si le Conseil constitutionnel, saisi par le président de la République, par le Premier ministre, par le président de l'une ou l'autre assemblée ou par soixante députés ou soixante sénateurs, a déclaré qu'un engagement international comporte une clause contraire à la Constitution, l'autorisation de ratifier ou d'approuver l'engagement international en cause ne peut intervenir qu'après la révision de la Constitution ». Ce qui est d'une cohérence tout aussi parfaite.

On a donc ainsi une gradation : la loi interne doit être conforme au traité (art. 55) et le traité à la Constitution (art. 44). En cas d'opposition entre un traité et la Constitution, il faut choisir : refuser la ratification du traité ou modifier la Constitution.

A. *Jacques Vabre* et *Nicolo*

115. – Les peurs du Conseil constitutionnel. – Les choses en étaient là lorsque le Conseil constitutionnel eut à examiner la validité de la loi dite Veil qui autorisa l'interruption de grossesse dans certains cas. La loi comporte un article premier qui proclame le respect de la vie dès son commencement. Un groupe de parlementaires entendait faire valoir qu'admettre l'avortement était contraire à la Convention européenne des droits de l'homme qui fait du respect du droit à la vie un droit fondamental. Le Conseil sentit le piège dans une affaire infiniment politique et qui attisait les passions. Pour n'avoir pas à répondre à cette épineuse question, il se défaussa, par un *considérant* demeuré célèbre (et qu'il faut connaître car il est très important) de sa décision du 15 janvier 1975 (*Interruption de grossesse*) : « Considérant, en effet, que si ces dispositions (de l'art. 55) confèrent aux traités, dans les conditions qu'elles définissent, une autorité supérieure à celle des lois, elles ne prescrivent ni n'impliquent que le respect de ce principe doit être assuré dans le cadre du contrôle de la conformité des lois à la Constitution prévu à l'article 61 de celle-ci » et d'en tirer pour conclusion définitive, sur lequel il n'est pas revenu depuis, « qu'ainsi le contrôle du respect énoncé à l'article 55 de la Constitution ne saurait s'exercer dans le cadre de l'examen prévu à l'article 61, en raison de la différence de nature de ces deux contrôles ».

---

99. Ce qui suppose que le traité soit vraiment un acte de réciprocité : S. Lemaire, « Le juge judiciaire et le contrôle de la réciprocité dans l'application des traités internationaux », *D.* 2007.2322.

100. Du nom d'un grand procureur général près la Cour de cassation qui en fut l'instigateur, l'étudiant retrouvera son nom dans la suite de ses études.

101. *Civ.*, 4 févr. 1936, *S.* 1936.1.257, note Raynaud.

102. CE, 1er mars 1968, *Syndicat général des fabricants de semoules de France*, *D.* 1968.285, note M. L.

Une telle affirmation était totalement gratuite et ne signifiait absolument rien. Dans tous les cas, il est devenu depuis contradictoire que le Conseil déclare ne pas avoir à vérifier la conformité d'une loi nouvelle à un traité alors même que, plus tard, il a admis qu'il pouvait vérifier la conformité d'une loi ancienne révisée par une nouvelle à la Constitution. Tout ceci ne tenait plus debout. D'où l'inévitable évolution du Conseil sur ce sujet [103]. Ayant, tout d'abord, énoncé dans une décision (capitale) du 10 juin 2004 [104], « loi pour la confiance dans l'économie numérique », que la transposition d'une directive est une obligation constitutionnelle, le Conseil, ensuite, par une décision « CPE » du 30 mars 2006 [105], admit le principe du contrôle de constitutionnalité de la loi au regard de la directive communautaire qu'elle a pour objet de transposer. Principe qui, ensuite, fut concrètement mis en œuvre par la décision du 27 juillet 2006 « Droit d'auteur » [106]. Dans cette très importante décision, le Conseil fixa les modalités d'application de son contrôle : deux conditions doivent être réunies. Premièrement, la directive ne doit pas méconnaître « une règle ou un principe inhérent à l'identité constitutionnelle de la France ». Deuxièmement, le Conseil ne se reconnaît compétent que pour censurer une « disposition législative manifestement incompatible avec la directive qu'elle a pour objet de transposer ». Cette méthode fut ensuite appliquée, par voie de censure, par une décision « loi sur l'énergie » en date du 30 novembre 2006 [107]. Toute la question étant désormais de savoir si cette jurisprudence est restreinte aux seules directives ou bien si elle doit s'appliquer (ce que la logique commanderait) à toutes les normes dérivées du droit communautaire ? Question en suspens. En réalité ce contrôle est plutôt... l'absence d'un contrôle [108]. En effet, les deux conditions posées par le Conseil l'encadrent étroitement et, en pratique, le limite strictement. On peut donc en déduire qu'il s'agit plutôt d'un principe de validité automatique du droit dérivé.

Cette évolution a entraîné celle de la jurisprudence du Conseil d'État qui, par un arrêt (très important) *Société Arcelor* du 8 février 2007 [109], a fixé de nouvelles données. Il rappelle (et ce point n'est pas négligeable) que « la suprématie ainsi conférée (par l'article 55 de la Constitution) aux engagements internationaux ne saurait s'imposer, dans l'ordre interne, aux principes à valeur constitutionnelle » ; mais tout aussi, et dans la ligne de la décision du Conseil constitutionnel, le Conseil d'État renonce à tout contrôle de constitutionnalité de certains

---

103. C. Geslot, « Normes constitutionnelles et normes de référence du contrôle de la constitutionnalité des lois », *JCP* 2007-I-149.

104. *JCP* G 2004-II-10116, note J.-C. Zarka et II-10117, note Ph. Blanchetier ; *D.* 2005.199, note S. Mouton lequel (dans cette étude de qualité) observe la contradiction fondamentale de la décision du 10 juin 2004 : « Sans l'affirmation de la supériorité de la Constitution, la hiérarchie des normes tombe sur la tête. Mais, inversement, on ne peut plus affirmer la supériorité directe de la Constitution sur l'ordre communautaire, pourtant seul soubassement de l'ordre juridique. Cette contradiction s'explique par le fait que l'on a quelque peu égaré la spécificité de la notion de Constitution : c'est la suprématie de la Constitution qui devient transparente, évanescente. [...] Perdre de vue cette spécificité propre à la norme constitutionnelle affaiblit nécessairement l'ordre juridique étatique sans renforcer de façon réciproque d'autres ordres juridiques qui ne peuvent prospérer que sur son fondement ».

105. *JORF*, 2 avr. 2006, p. 4964 ; *AJDA* 2006.1961, note C. Geslot ; *JCP* G 2006-II-10064, note G. Drago.

106. *JORF*, 3 août 2006, p. 11541 ; X. Magnon, « La directive communautaire comme paramètre du contrôle de constitutionnalité des lois : une exception d'interprétation stricte à la jurisprudence IVG », *D.* 2006, chr., p. 2878 s.

107. *JORF*, 8 déc. 2006, p. 18544.

108. D. Bailleul, « Quand le juge ressemble au constituant », *D.* 2004.3089 : « Depuis une décision du 10 juin 2004, le Conseil constitutionnel refuse de contrôler la constitutionnalité d'une loi qui se borne à tirer les conséquences nécessaires des dispositions d'une directive communautaire, un tel refus s'appuyant sur une exigence constitutionnelle de transposition que le Conseil tire de l'article 88-1 de la Constitution. Or cette décision repose sur un fondement juridique plus que fragile et semble en réalité guidée par le souci de ne pas contrarier la réception du droit communautaire en droit interne ».

109. *JCP* G 2007-II-10049, note P. Cassia ; *GAJA*, n° 118.

actes réglementaires de transposition dès lors que vient s'interposer un texte européen entre la Constitution et le texte objet d'une critique : « Dès lors qu'il existe une règle ou un principe général du droit communautaire qui garantit l'effectivité du respect du principe constitutionnel invoqué, il n'appartient pas au juge administratif d'examiner directement la constitutionnalité des dispositions réglementaires contestées, visant à transposer en droit interne une directive européenne ». Cette solution est celle dite de « l'équivalence de protection » entre deux systèmes juridiques protégeant les droits fondamentaux et liés entre eux. L'idée, simple et efficace, est d'éviter un double contrôle inutile et qui, plus encore, pourrait susciter des contradictions. En l'espèce, le juge français reporte sa confiance sur le juge communautaire.

Cette jurisprudence fut affinée par un nouvel arrêt du Conseil d'État du 10 avril 2008, *Conseil des Barreaux européens* [110]. Le Conseil réaffirme que : « Lorsqu'est invoqué devant le juge administratif un moyen tiré de ce qu'une loi transposant une directive serait elle-même incompatible avec un droit protégé en tant que principe général du droit communautaire, il appartient au juge administratif de s'assurer d'abord que la loi procède à une exacte transposition des dispositions de la directive. Si tel est le cas, le moyen tiré de la méconnaissance de ce droit fondamental par la loi de transposition ne peut être apprécié que selon la procédure de contrôle de la directive elle-même », c'est-à-dire en saisissant la Cour de justice de l'Union européenne d'une « question préjudicielle ». Cet arrêt signifie donc que le Conseil d'État vérifie que la loi transposant une directive est conforme à la Convention européenne des droits de l'homme.

Le Conseil constitutionnel, pour autant, n'a pas voulu se départir de sa position de facilité. Dans une décision (importante) du 10 juin 2004 [111], tout aussi contestable [112] (voire plus encore) que la précédente, il a cru devoir affirmer que : « La transposition en droit interne d'une directive communautaire résulte d'une exigence constitutionnelle à laquelle il ne pourrait être fait obstacle qu'en raison d'une disposition expresse contraire à la Constitution ; en l'absence d'une telle disposition, il n'appartient qu'au juge communautaire [...] de contrôler le respect par une directive communautaire tant des compétences définies par les traités que des droits fondamentaux garantis par l'article 6 du traité de l'Union européenne ». Cela signifie très clairement que le Conseil constitutionnel a dans les faits admis deux choses : le droit communautaire l'emporte systématiquement sur le droit interne ; ce droit communautaire est l'apanage du seul juge de Luxembourg et le conseil français se refuse à le contrôler, que ce soit de près ou de loin.

Sans doute conscient de cette impasse, le Conseil constitutionnel évolua avec une décision « CPE » du 30 mars 2006 [113] dans laquelle il se reconnut compétent pour contrôler une loi de transposition au regard d'une directive communautaire et éventuellement la censurer. Contrôle au demeurant prudent car subordonné à deux conditions cumulatives. Tout d'abord,

110. *JCP* 2008-II-10125, note R. Tinière.

111. DC, 10 juin 2004 et 1er juill. 2004, *D.* 2005.201, note S. Mouton. « Or, il est impossible d'admettre l'existence d'une suprématie du droit communautaire par rapport à la Constitution sans verser dans un syllogisme très surprenant : 1) La Constitution serait bien la norme juridique suprême de l'État ; 2) Cependant la Constitution énoncerait que le droit communautaire prévaut sur la Constitution ; 3) Au nom de la suprématie de la Constitution, le droit communautaire serait supérieur à la Constitution. Le serpent se mord donc la queue ! Comment affirmer la supériorité du droit communautaire dans l'ordre juridique étatique où le fondement et l'applicabilité de toutes les normes sont directement ou indirectement conditionnées par la Constitution ? Renier ce principe revient à saper les fondements du droit étatique certes, mais aussi du droit communautaire. » ; *JCP* 2004-II-10116 note J.-C. Zarka ; *JCP* 2004-II-10117 note Ph. Blanchetier.

112. Voir les critiques pertinentes de D. Bailleul, « Quand le juge ressemble au constituant », *D.* 2004, chr. p. 3089 s.

113. *AJDA*, 2006.1961, note C. Geslot ; *JCP* 2006-II-10064, note G. Drago.

la directive ne doit pas méconnaître « une règle ou un principe inhérent à l'identité constitutionnelle de la France ». Ensuite, le Conseil ne se reconnaît compétent que pour censurer une « disposition législative manifestement incompatible avec la directive qu'elle a pour objet de transposer »[114]. Cette décision explique l'arrêt du Conseil d'État (*Arselor*) du 8 février 2007, dont il sera fait état dans la suite des explications.

116. – Les envies de la Cour de cassation. – Le résultat de cette embardée fut quasi immédiat. Un pouvoir refusé est toujours repris par un autre. Puisque le Conseil constitutionnel ne voulait pas vérifier la conformité des lois aux traités, ce furent les juges qui s'en proclamèrent les censeurs. Au demeurant, c'était devenu inévitable. Le déni de justice du Conseil constitutionnel ne pouvait que conduire à une telle solution.

Ce fut alors le célébrissime arrêt *Jacques Vabre* (la jurisprudence favorise parfois la mémoire de l'étudiant), rendu par une chambre mixte de la Cour de cassation le 24 mai 1975[115]. Cette haute juridiction s'empressa de reprendre, mot pour mot, un arrêt, non moins fameux, de la Cour de justice des Communautés européennes, l'arrêt *Costa* du 15 juillet 1964, en déclarant « que le Traité du 25 mars 1957, qui, en vertu de l'article (55) de la Constitution, a une autorité supérieure à celle des lois, institue un ordre juridique propre intégré à celui des États membres ; qu'en raison de cette spécificité, l'ordre juridique qu'il a créé est directement applicable aux ressortissants de ces États et s'impose à leurs juridictions ». La Cour en déduisait, pour la première fois, que le Traité de Rome devait conduire à écarter le Code des douanes français.

Cet arrêt est aujourd'hui tenu pour acquis et nul, pratiquement, ne s'avise d'en faire la critique. Or il repose sur une déduction sujette à discussion. Certes, l'article 55 de la Constitution énonce bien une *supériorité* du traité sur la loi, mais il ne dit pas (et il est infiniment peu probable que cela reflète l'opinion de ses rédacteurs) que la loi nationale doit être *évincée* par un traité. La supériorité du traité oblige l'État (par sa Constitution) à son respect dans son droit interne, ce qui signifie qu'en cas de manquement à ce devoir, la *responsabilité* de l'État[116] peut être engagée, mais sa *souveraineté* ne peut être diminuée. Un État peut être responsable du fait d'une mauvaise loi mais on ne peut l'empêcher de faire une loi. Le traité est une convention entre deux États, non entre les citoyens de ces États et leur État. Les parties à un traité sont les États, non les particuliers[117].

117. – Technique et idéologie. – L'attendu de l'arrêt *Jacques Vabre* repose donc sur une interprétation contestable, en droit international, de l'article 55 de la Constitution. Il se poursuit, ensuite, par une affirmation qui n'est que la reprise pure et simple de la doctrine de la Cour de justice de Luxembourg, qui a intérêt à une extension démesurée du droit communautaire. Dire que ce droit est un ordre juridique « directement applicable » relevait, du moins à l'époque, d'une pétition de principe dont on aurait cherché en vain la démonstration dans le Traité de Rome.

---

114. X. Magnon, « La directive communautaire comme paramètre du contrôle de constitutionnalité des lois : une exception d'interprétation stricte à la jurisprudence IVG », *D.* 2006.2878 ; Ch. Geslot, « Normes constitutionnelles et normes de référence du contrôle de constitutionnalité des lois », *JCP* 2007-I-149.

115. *D.* 1975.497 concl. Touffait.

116. Ainsi : CE 8 févr. 2007, n° 279522, *Alain G.* : Le vote d'une loi violant la Convention EDH engage la responsabilité sans faute (c'est-à-dire automatique) de l'État.

117. B. Taxil, « Les critères de l'applicabilité directe des traités internationaux aux États-Unis et en France », *RID comp.* 2007, p. 157.

L'arrêt *Jacques Vabre* est donc le fruit de la concordance frappante de deux juridictions supérieures, la Cour de cassation française et la Cour de justice communautaire, de se saisir du droit international pour que les juges soient les maîtres de la loi interne. En prenant cette position, d'une manière certes admissible, mais qui est *idéologique* (supériorité du juge sur le législateur et supériorité du droit international sur le droit national) et certainement pas *technique* (malgré l'apparence d'un raisonnement fondé sur la hiérarchie des normes), la Cour de cassation bouleversait en profondeur 1) la séparation des pouvoirs, 2) la hiérarchie des normes.

La « révolution juridique » ne s'est donc pas produite, comme on l'écrit encore parfois, en 1958, dans l'article 34 de la Constitution, mais en 1975, par cet arrêt qui fut à la loi française ce que l'iceberg fut au Titanic.

118. – La conversion du Conseil d'État. – Il n'est pas dans la tradition du Conseil d'État de se faire l'héritier des anciens parlements. Le Palais Royal tint à distance la nouvelle jurisprudence, durant plus d'une décennie. Mais il finit par céder. Il est vrai que le législateur français n'eut pas le courage de combattre la jurisprudence *Jacques Vabre* (dont il se plaint pourtant tous les jours) et qu'il était devenu intenable d'avoir un ordre judiciaire ouvrant toutes grandes les portes au droit communautaire et un ordre administratif campant sur ses positions.

Ainsi par un arrêt non moins célèbre du 20 octobre 1989 [118], l'arrêt *Nicolo*, le Conseil d'État se rallia à la position de l'arrêt *Jacques Vabre* (avec une once de prudence). Cet arrêt fut complété ultérieurement par deux autres arrêts tout aussi importants. L'arrêt *Boisdet* du 24 septembre 1990 (supériorité des règlements européens sur les lois nationales) et l'arrêt *Rothman* du 28 février 1992 (supériorité des directives sur ces mêmes lois).

Ce que l'on doit savoir [119], en bref (mais bien savoir !) : arrêt *Jacques Vabre* (Cour de cassation, 1975) et arrêt *Nicolo* (Conseil d'État, 1989) = supériorité du Traité de l'Union européenne sur toutes les lois françaises. Arrêts *Boisdet* et *Rothman* (Conseil d'État) = supériorité du droit communauté dit « dérivé » sur ces mêmes lois.

Plus récemment, l'on retiendra un très important arrêt (suite logique de l'évolution de la position du Conseil constitutionnel, déjà exposée, en particulier de la décision du 10 juin 2004) : l'arrêt *Arselor* du 8 février 2007 [120] pose en règle que le Conseil d'État n'a pas à vérifier la constitutionnalité de certains actes réglementaires (rappel : le Conseil constitutionnel vérifie la validité des lois ; le Conseil d'État celui des « règlements » c'est-à-dire des décrets) de transposition de directives européennes, dès lors qu'un texte européen vient s'interposer entre la Constitution française et le texte réglementaire critiqué. En clair, cela signifie que lorsqu'un décret est pris en application d'une directive européenne, le droit communautaire ayant une valeur propre supérieure au droit interne, on ne peut contester un tel décret au regard de la Constitution française.

On ne peut toutefois qu'être un peu surpris d'un arrêt postérieur du 10 avril 2008 [121] par lequel le Conseil d'État s'est reconnu compétent pour vérifier la conformité d'une direc-

118. *D.* 1990.135, note Sabourin ; *JCP* 1989-II-21371, concl. Frydman.

119. Cette imbrication du droit communautaire avec le droit national est un point important. L'étudiant peut se reporter à : P.-Y. Monjal, *Les normes de droit communautaire*, PUF, Que sais-je ? n° 3560, 2000. Tout ceci est aussi très bien expliqué dans le livre (précité) de M. Clapié (p. 284 s.).

120. CE, 8 févr. 2007, *JCP* 2007-II-10049, note P. Cassia ; *Procédures*, avr. 2007, comm. 96, note S. Deygas.

121. CE 10 avr. 2008, *JCP* 2008-II-10124, note R. Tinière.

tive européenne au regard de la Convention européenne des droits de l'homme. Certes normalement le Conseil n'a pas le pouvoir de contrôler un instrument international au regard d'un autre ; mais il a estimé, en la circonstance, que la Convention EDH était d'une nature différente d'un simple traité international, dans la mesure où elle consacre des droits fondamentaux.

Le paradoxe de tout cela est que le Conseil refuse de contrôler le droit dérivé européen au regard de la Constitution française mais qu'il se reconnaît le droit de contrôler le droit européen initial au regard de la Convention européenne des droits de l'homme.

Les États de l'Union européenne auraient-ils vocation à avoir un droit interne plus réduit que celui d'un des États des États-Unis d'Amérique ? Ce qu'il a de sûr, en revanche, c'est que ce sont les juges français qui ont disposé de la souveraineté française.

B. Convention européenne : articles 6 et 8

119. – La grande convention. – Le même mouvement s'est opéré, pratiquement en même temps, avec la Convention européenne des droits de l'homme (retour sur une distinction déjà signalée : nous sommes ici dans l'ordre du *droit européen* et non plus du *droit communautaire*). La Convention consacre divers droits qu'il est bon de connaître. Il faut surtout comprendre que la Cour de Strasbourg (et non plus celle de Luxembourg), à partir de quelques formules de la Convention, a développé une jurisprudence à l'imagination débridée [122] qui excite la doctrine. On en revient à ce qui a déjà été dit au sujet du Conseil constitutionnel : les droits déclaratifs comme le sont les déclarations des droits de l'homme [123] sont devenus la boîte à miracles des juges qui peuvent *formuler* le droit (acte politique) en faisant croire qu'ils ne se livrent qu'à une *interprétation* du droit (acte judiciaire).

L'on lira avec un très grand profit un article d'une rare lucidité face à l'aveuglement quasi général que suscite généralement la Cour européenne des droits de l'homme : celui de Bernard Edelman, *La Cour européenne des droits de l'homme : une juridiction tyrannique ?* [124] : « Pourquoi la Cour européenne des droits de l'homme serait-elle tyrannique ? Parce qu'elle s'est affranchie de toutes normes. De la Convention, d'abord, qui ne serait plus qu'une coquille vide. De ses propres précédents qu'elle manipule. Des juridictions nationales qu'elle regarde avec suspicion. Les droits de l'homme, par le plus grand des paradoxes, sont devenus le soutien de cette "tyrannie". Peut-être serait-il temps, au nom de ces mêmes droits de l'homme de dénoncer un traité qui, de l'aveu de la Cour, serait devenu obsolète ».

Reprenons l'état des lieux. Quels sont les principaux droits inscrits dans la Convention ? En premier, « le droit de toute personne à la vie est protégé par la loi. La mort ne peut être infligée à quiconque intentionnellement, sauf en exécution d'une sentence capitale prononcée par un tribunal au cas où le délit est puni de cette peine par la loi » (art. 2.1). Pour ce qui est de la peine de mort (abolie en France par la loi du 9 octobre 1981, puis par la loi de révision de la Constitution du 19 février 2007 qui a donné l'article 66-1 de la Constitution), la Convention est complétée par un protocole n° 6 (1985) qui interdit la peine capitale en

122. F. Sudre, « À propos du dynamisme interprétatif de la CEDH », *JCP* 2001-I-335.
123. J.-F. Renucci, *Droit européen des droits de l'homme*, LGDJ, 2002.
124. *D.* 2008.1946.

temps de paix, mais ce protocole s'est vu adjoindre un 13e (2002) qui prohibe ce châtiment en tous temps.

Le droit à la vie ne fait obstacle à une législation admettant l'avortement, mais sous certaines conditions qui le justifient. L'avortement n'est donc pas un droit discrétionnaire mais une liberté (ceci étant, la doctrine elle-même confond souvent les deux notions). Le droit à la vie interdit en revanche catégoriquement la sollicitation de l'euthanasie [125] et du « suicide volontaire » (arrêt *Diane Pretty*, 29 avril 2002) qui est contraire à la dignité de la personne humaine et à sa véritable liberté.

L'article 3 condamne la torture et les traitements inhumains et dégradants (la France s'est vue condamnée pour des violences policières inadmissibles : 28 juillet 1999). L'article 4 interdit l'esclavage et la servitude (même à l'université !).

L'article 5 sanctionne le droit à la liberté et à la sûreté, nul ne pouvant être privé de celles-ci que par des voies légales. Cet article a des incidences notables en procédure pénale.

120. – Tribunal impartial. – L'on trouve ensuite l'article 6, très important dans la pratique judiciaire : « Toute personne a droit à ce que sa cause soit entendue équitablement, publiquement et dans un délai raisonnable, par un tribunal indépendant et impartial [...] ». Ces critères de « délai raisonnable » et de « tribunal impartial » ont entraîné une jurisprudence foisonnante, sourcilleuse et d'une cohérence parfois douteuse dont la France a régulièrement fait les frais. Ce qu'il faut souligner, c'est que les juges français en ont rajouté en se servant eux-mêmes de cette disposition pour se martyriser eux-mêmes. La Cour de cassation a rendu plusieurs arrêts par lesquels elle a bouleversé la procédure suivie par divers organes « para-juridictionnels » (essentiellement les « autorités administratives indépendantes » et les organes disciplinaires de certaines professions). Nul ne doute que ce fut à profit dans beaucoup de cas ; en revanche on reste plus dubitatif quand la Cour en vient à chambouler ses propres règles de procédure.

Ce qu'il faut simplement noter, en première année de droit, c'est qu'en invoquant l'article 6 Convention EDH, la procédure devient ainsi dominée par des principes généraux, ce qui est plutôt un bien dans l'absolu mais qui peut conduire à des dérives. L'un des plus topiques est celui (inventé par la Cour de Strasbourg par imitation du droit anglo-saxon) de « l'égalité des armes » dont il est dit qu'il découle de l'idée de « procès équitable ». Il faut avoir également présent à l'esprit la distinction, parfois subtile, entre « impartialité objective » et « impartialité subjective ». Tout ceci sera étudié plus en détail dans les cours d'institutions judiciaires et de procédure civile. D'ores et déjà, contentons-nous de souligner que l'article 6 Convention EDH est devenu essentiel dans la pratique juridictionnelle française.

121. – Vie privée et vie familiale. – Autre article important, le 8e : « Toute personne a droit au respect de sa vie privée et familiale, de son domicile et de sa correspondance ». L'article ajoute que toute « ingérence » dans cette sphère ne peut l'être que prévue par la loi et justifiée par une société démocratique. La notion de « vie privée » n'est pas du tout conçue comme la seule intimité [126]. Depuis longtemps, la Cour estime (important arrêt *Niemietz* du 16 décembre 1992) que ce droit « comprend également dans une certaine mesure le droit

125. N. Aumonier, B. Beignier, Ph. Letellier, *L'euthanasie*, PUF, Que sais-je ? n° 3595, 5e éd., 2010.

126. Fr. Sudre, « Les aléas de la notion de vie privée dans la jurisprudence de la Cour européenne des droits de l'homme », *in Mélanges en l'honneur de L.E. Pettiti*, Bruxelles, Bruylant, 1999, p. 687 s.

d'établir et d'entretenir des relations avec d'autres êtres humains, notamment dans le domaine affectif pour le développement et l'accomplissement de sa propre personnalité » (jurisprudence inspirée de celle de la Cour suprême des États-Unis). Sur ce fondement, les juges français ont changé leur jurisprudence à propos du syndrome de transsexualisme. Globalement, le critère de l'article 8 permet au juge de faire un examen de toute loi civile, en particulier de celles affectant les personnes, mais aussi pénales [127].

Le danger de tel critère « flou », c'est de n'en être plus un. L'on fut quelque peu surpris d'apprendre, par un arrêt de la CEDH du 17 février 2005 [128], qu'un mari infligeant à son épouse des pratiques sexuelles sado-masochistes pouvait revendiquer le droit au respect de sa vie privée ! Pour le coup, c'est du droit spécial pour une sexualité spéciale.

L'autre critère de ce même article (la vie familiale) est tout aussi important et permet au juge d'avoir une certaine latitude quant aux lois organisant la famille.

Enfin l'article 10, consacrant la liberté d'expression, permet actuellement aux juges français (mais sous l'impulsion décisive de ceux de Strasbourg) de remanier la vieille loi du 29 juillet 1881 sur la liberté de la presse. Il ne se passe pas d'an qu'une décision ne vienne anéantir l'une des dispositions de cette loi (exemple récent : le délit offense envers les chefs d'États étrangers).

Mais, pour résumer à très grands traits et ne s'en tenir qu'au seul droit privé, l'étudiant de première année doit prendre conscience de l'importance des articles 6 et 8 de la Convention, aux multiples incidences sur le droit interne. C'est ce qui explique, sans doute, que les juges français ne sont guère demandeurs d'un possible contrôle *a posteriori* de constitutionnalité (désormais permis par la réforme constitutionnelle du 23 juillet 2008) : le contrôle de conventionalité leur permet, en définitive, une plus grande marge d'appréciation [129]. C'est là le piège.

II. Le piège

A. Le juge perplexe

1°/ La prépondérance de la Convention EDH

122. – Le caillou dans la chaussure. – Ravis de leurs positions, les juges des deux juridictions n'avaient pas vu venir le péril. Dire, allégrement, qu'un traité peut écarter une loi interne, passe encore mais *quid* lorsqu'un plaideur vient solliciter du juge qu'il écarte la Constitution au nom d'un traité ? Question délicate et embarrassante s'il en est, mais question inévitable. Aller au bout de la logique serait revenu à dire, en bloc et par principe, que *tout* le droit international est supérieur à *tout* le droit interne. Dans ce cas, autant dire que l'intégralité de l'ordre interne basculait purement et simplement et que la France était, de fait, un État fédéré.

127. S. Jacopin, « La réception par les lois pénales françaises contemporaines de l'article 8 Convention EDH », *Dr. pén.* 2006, étude n° 9, p. 6 s.

128. Lire la vive chronique de M. Fabre-Magnan, « Le sadisme n'est pas un droit de l'homme », *D.* 2005, chr. p. 2973 s. La liberté est une chose ; la dignité humaine, une autre plus importante encore. Du même auteur, « Le domaine de l'autonomie personnelle. Indisponibilité du corps humain et justice sociale », *D.* 2008.31.

129. V. Larribau-Terneyre, « La réception des principes de liberté et d'égalité en droit civil, du Code civil à aujourd'hui : un tableau impressionniste », *Mélanges Catala,* Litec, 2001, p. 83 s.

Or, un État fédéral n'a qu'une Cour suprême : la Cour de cassation et le Conseil d'État comprirent qu'ils étaient en train de scier la branche supportant leurs roucoulements mélodieux envers le droit international.

Il y a aussi un instinct de survie des personnes morales et des institutions.

En 1998 fut votée une loi constitutionnelle pour doter la Nouvelle-Calédonie d'un nouveau statut et surtout lui permettre de choisir l'heure venue un sort définitif : indépendance, intégration ou association. Cette loi prévoit, dans un article 77 de la Constitution, que le corps électoral de la Nouvelle Calédonie sera établie selon des modalités distinctes de celui du reste du territoire national, entre autres, ne peuvent être électeurs en Nouvelle Calédonie que ceux qui y résident depuis une certaine durée [130].

Cette législation fut contestée, au nom de la Convention européenne des droits de l'homme, devant le Conseil d'État. Autant dire qu'on demandait à cette juridiction d'ajouter son petit mot aux difficiles négociations qui avaient abouti aux « accords de Matignon ». Tison ardent s'il en fut ! Celui-ci refusa de censurer la Constitution en arguant de ce que « la suprématie ainsi conférée (par l'art. 55) aux engagements internationaux ne s'applique pas, dans l'ordre interne, aux dispositions de nature constitutionnelle ». C'est l'arrêt *Saran* du 30 octobre 1998 [131].

Saisie par un autre plaideur de la même question, la Cour de cassation (le juge judiciaire est aussi juge des élections) par un arrêt *Fraisse* du 2 juin 2000 [132], statua dans le même sens en reprenant à l'identique le même motif. Il y a des périls qu'il faut fuir avec courage.

Ces deux arrêts, *Saran* et *Fraisse*, ont été critiqués par une partie de la doctrine faisant valoir leur contradiction avec la jurisprudence *Jacques Vabre* et *Nicolo.* De fait, la position des deux juridictions supérieures manque de cohérence. Mais, contrairement à l'opinion de la doctrine regrettant *Saran-Fraisse*, il conviendrait, sans doute, de dire que cette jurisprudence est très solide et révèle plutôt la faiblesse de l'autre jurisprudence, admise aujourd'hui comme une vérité révélée.

En effet, la position de la jurisprudence *Saran-Fraisse* est fort simple. La hiérarchie fixée par la Constitution est la suivante : Constitution, traités, lois. Dire qu'un traité est supérieur à la Constitution en vertu d'une disposition de cette même Constitution est une absurdité juridique. Soutenir qu'un pays soumet sa constitution à l'ordre international signifie une position *politique* lourde de conséquence : la renonciation à toute vraie indépendance. Ce n'est pas un acte de liberté que d'aliéner celle-ci.

En revanche, cette même jurisprudence, rétrospectivement, démontre la faiblesse de la précédente. C'est bien là la contradiction radicale.

Pourquoi alors avoir opiné en ce sens ? Tout simplement parce que tant le Conseil d'État que la Cour de cassation ont compris (peut-être trop tardivement) qu'à vouloir soumettre le droit national au droit international (de toute nature), cela revenait à soumettre, tôt ou tard, les juridictions nationales aux juridictions internationales. On en a eu la démonstration par le nouveau coup de force de la Cour de justice des Communautés européennes, dans son arrêt du 13 septembre 2005 [133], par lequel cette juridiction « s'est livrée à une lecture au minimum

130. Pour éviter un poids excessif des fonctionnaires par rapport aux Canaques et aux Caldoches, véritables habitants de l'île.

131. *D.* 2000.152, note E. Aubin.

132. B. Beignier et S. Mouton, « La Constitution et la Convention européenne des droits de l'homme, rang et fonction », *D.* 2001, chr. 1636.

133. *D.* 2005.3064, note P.-Y. Monjal ; *Rev. sc. crim.* 2006.155, obs. L. Idot ; R. De Bellescize, *La souveraineté limitée des États en matière pénale*, *D.* 2005, tribune, p. 2697.

audacieuse de l'actuel traité » [134] en déclarant, par voie d'autorité, que le législateur communautaire disposait du droit d'intervenir dans le domaine du droit pénal, alors que sa jurisprudence antérieure était de s'en tenir à ce qu'« en principe, la législation pénale et les règles de la procédure pénale restent de la compétence des États membres » (CJCE, 11 nov. 1981). Déjà, par un arrêt *Garcia Avello* du 2 octobre 2003 [135], cette Cour avait montré qu'elle comptait bien entrer petit à petit dans le droit interne de la famille [136].

Le juge national ayant cherché à conquérir un pouvoir qui n'est pas le sien risque, par cette même voie, de perdre celui qui est véritablement le sien. On ne sait si on lit encore la fable du corbeau et du renard dans les tribunaux de la République.

2°/ L'incertitude des traités

123. – L'océan des traités. – Mais il faut ajouter que les juges judiciaires ont fini par se rendre compte du mauvais parti dans lequel ils se sont précipités. Ce fut au sujet de la Convention internationale relative aux droits de l'enfant signée à New York le 26 janvier 1990, ratifiée par la France par la loi du 2 juillet suivant [137]. Généreux texte dont nul ne désavouera une ligne, mais dont chaque article, ou presque, commence par la formule : « Les États parties s'engagent à... ». La Cour de cassation, très pertinemment, déclara que les dispositions de ce traité « ne peuvent être invoquées devant les tribunaux, cette Convention ne crée des obligations qu'à la charge des États parties, n'étant pas directement applicable en droit interne » [138]. La doctrine, habituée à la jurisprudence *Jacques Vabre*, a critiqué cette décision [139], mais ce qui est cohérent c'est cet arrêt *Le Jeune* (1993) et non l'arrêt *Jacques Vabre*. Mais comment faire marche arrière ? Le Conseil d'État s'y emploie. Il distingue désormais, dans cette même convention, les dispositions immédiatement applicables par les tribunaux et celles ne s'imposant qu'au gouvernement pour faire voter une loi s'y conformant [140]. Bien malin qui devinera à l'avance ce qui distingue une disposition immédiatement applicable d'une autre. À son tour, la Cour de cassation, par un arrêt remarqué de sa première chambre civile du 14 juin 2005 [141], décida que l'article 3-1 de cette Convention est d'application directe. Assez logiquement, les commentateurs estiment qu'il faut prendre un parti clair : aucune application directe ou toute la convention [142]. Certes, mais le législateur français a-t-il simplement eu conscience, en ratifiant ce traité, qu'il déléguerait pratiquement tout le droit français de l'enfant, matière infiniment politique au plein sens du terme, aux juges ? On voit bien ici qu'une solution de cohérence technique valide une vision beaucoup plus politique du droit : c'est la séparation des pouvoirs, ni plus, ni moins, qui est en jeu. Ce n'est pas rien.

---

134. C. Nourrissat, *Droit civil de l'Union européenne : panorama 2005*, *D.* 2006.1259, n° 2.
135. *D.* 2004.1476, note M. Audit.
136. S. Ben Hadj Yahia, « Un droit de la famille en quête d'harmonisation », *in Les influences de la construction européenne sur le droit français*, J. Molinier (dir.), IFR de Toulouse 1, Presses de l'Université de Toulouse 1, 2007, actes de colloques, n° 5, p. 221.
137. Raymond, « La Convention des Nations Unies sur les droits de l'enfant et le droit français de l'enfance », *JCP* 1990-I-3451.
138. Cass. 1re civ., 10 mars 1993, *D.* 1993.361, note Massip.
139. Cl. Neirinck et P.-M. Martin, « Un traité bien mal traité », *JCP* 1993-I-3677 ; Rondeau-Rivier, « La Convention des Nations Unies sur les droits de l'enfant devant la Cour de cassation, un traité hors jeu », *D.* 1993, chr. 205.
140. CE 22 sept. 1997, *JCP* 1998-II-10052 – CE 30 juin 1999, *D.* 2000.1, note D. Boulanger.
141. *D.* 2005.2790, note F. Boulanger ; *RTD civ.* 2005.556, obs. R. Encinas de Munagori ; *JCP* 2005-II-10115, concl. Petit et note C. Chabert.
142. P. Courbe, « L'application directe de la Convention des Nations Unies sur les droits de l'enfant », *D.* 2006, chr. p. 1487.

B. Le législateur indolent

124. – Il faut dire, à l'éventuelle décharge des juges, que le législateur français lui-même ne fait pas grand-chose pour mettre un barrage à cette déferlante qu'est devenu le droit européen qui, chaque jour, coule à flots dans le droit interne.

125. – Les strates du droit communautaire. – Quel est ce droit que l'on nomme *dérivé* (sous-entendu du traité instituant l'Union : expression à retenir) ? La gradation de ce droit est à *bien connaître*, compte tenu de son importance présente.

Actuellement, on trouve le *règlement*. Ce texte a une portée générale et fait figure d'une véritable « loi européenne » dans la mesure où il est applicable dans tous les États (et non seulement par les États). La Cour de justice de Luxembourg a eu l'occasion de dire qu'« en raison de sa nature même et de sa fonction dans le système des sources de droit communautaire, (le règlement) produit des effets immédiats et est apte à conférer aux particuliers des droits que les juridictions nationales ont l'obligation de protéger » (*Politi*, 14 décembre 1972).

Au degré inférieur, on trouve la *directive*, la bien nommée. En effet, par elle-même elle n'engendre que des obligations envers les seuls États qui doivent tendre leur législation dans telle « direction ». Pour se concrétiser dans le droit national, une directive suppose, normalement, une « transposition ». Environ 60 % (au moins) des lois françaises sont des lois de transposition de directives européennes. Pour prendre quelques exemples simples (on ira jeter un rapide regard sur ces textes par Légifrance) : l'ordonnance n° 2010-1232 du 21 octobre 2010 portant diverses dispositions d'adaptation au droit de l'Union européenne en matière d'environnement [143] ; la loi n° 2011-12 du 5 janvier 2011 portant diverses dispositions d'adaptation de la législation au droit de l'Union européenne [144] ; la loi n° 2011-302 du 22 mars 2011 portant diverses dispositions d'adaptation de la législation au droit de l'Union européenne en matière de santé, de travail et de communications électroniques [145]. Le cas problématique est celui (fréquent en France) de la directive non transposée. Passé un délai (généralement assez généreux), l'État indolent se trouve en situation de carence. La directive devient alors directement invocable par les particuliers devant les juridictions nationales. Ce sont donc les juges qui doivent alors, *via* la jurisprudence, transcrire dans le droit interne le contenu de la directive. Ce n'est pas une sinécure.

Enfin vient la *décision* destinée à tels destinataires. La décision peut être individuelle, ou bien s'adresser à un groupe d'individus voire à un État (mais à tous les États membres de l'Union).

Il convient de signaler, mais sans force contraignante, la *recommandation* et l'*avis*, lesquels, comme leur nom l'indique, n'ont qu'une vocation d'incitation.

Néanmoins, l'ensemble de cette luxuriante législation européenne enserre de plus en plus toutes les législations nationales. À la fois, elle les exténue en limitant considérablement, voire totalement dans certains cas, leur marge de manœuvre et les envahit par des mécanismes de réception obligatoires. La législation purement nationale devient donc quasi marginale, se limitant au droit civil et au droit pénal (on peut considérer que l'essentiel du droit des affaires est aujourd'hui du droit européen).

143. *JORF* du 22 oct. 2010.
144. *JORF* du 6 janv. 2011.
145. *JORF* du 23 mars 2011.

126. – Où vont les États et leurs lois ? – Ce mouvement d'« eurocratie »[146] n'est pas sans susciter des interrogations diverses. Les débats importants qui eurent lieu lors de la ratification du bout des lèvres du Traité de Maastricht se conclurent par une sorte de fausse transaction. D'un côté, la France modifia sa constitution par un nouveau titre *Des Communautés européennes et de l'Union européenne*, par lequel la République était bien obligée de reconnaître le fait accompli : les transferts de compétence souveraine. D'un autre, l'Europe fit mine de calmer ses ardeurs en édictant un principe de subsidiarité. Il est ainsi dit dans l'article 5 du Traité fondant l'Union : « La Communauté agit dans les limites des compétences qui lui sont conférées et des objectifs qui lui sont assignés par le présent traité. Dans les domaines qui ne relèvent pas de sa compétence exclusive, la Communauté n'intervient, conformément au principe de subsidiarité, que si et dans la mesure où les objectifs de l'action envisagée ne peuvent pas être réalisés de manière suffisante par les États membres et peuvent donc, en raison des dimensions et des effets de l'action envisagée, être mieux réalisés au niveau communautaire. L'action de la Communauté n'excède pas ce qui est nécessaire pour atteindre les objectifs du présent traité ».

Le principe de subsidiarité est, dans les faits, plutôt la déclaration que ce sont les États qui sont devenus subsidiaires[147]. Toutefois, cette dérive semble, sinon enrayée, du moins constatée, par le Traité de Lisbonne du 13 décembre 2007 qui a renforcé le contrôle des parlements nationaux sur le droit « transcrit ». On lira, avec profit, la circulaire du 21 juin 2010 relative à la participation du Parlement national au processus décisionnel européen[148]. On semble passer de l'enregistrement à la concertation.

L'étudiant de première année méditera sur le sort de la loi dans le droit français contemporain. Il pourra comparer la *loi française* et la *loi anglaise* : cette dernière s'impose toujours au juge qui ne peut *jamais* l'écarter au nom d'un traité et si, comme en France, un traité est supérieur, de par sa nature, à la législation nationale, il ne peut l'être qu'en étant incorporé dans cette même législation (d'où l'*Human Rights Act* de 1998, précité).

CONSEILS DE LECTURE

1. B. MATHIEU, *La loi*, Dalloz, Connaissance de droit.
2. B. CHANTEBOUT, *Droit constitutionnel*, A. Colin, coll. U.
3. J. CARBONNIER, *Essais sur les lois*, Defrénois, 2e éd., 1995.

146. Une chronique classique de B. OPPETIT, « L'Eurocratie ou le mythe du législateur suprême », *D.* 1990, chr. 73 s.
147. Ch. DELSOL, *L'État subsidiaire*, PUF, coll. Léviathan, 1992.
148. *JORF* du 22 juin 2010.

CHAPITRE 4
Les autres sources : la coutume, les principes généraux de droit, la jurisprudence et la doctrine

Corinne Bléry

127. – L'impossibilité de l'exclusivisme d'une source du droit. – Diverses sources du droit coexistent en droit positif français et sans doute dans la totalité des systèmes juridiques. L'Ancien droit français était déjà issu de la coutume d'origine populaire – source principale – et de la loi empruntant la forme d'ordonnances, d'édits… royaux – source d'importance grandissante au fil du temps, l'une et l'autre étant complétées et interprétées par la jurisprudence et la doctrine : en effet, si en principe, seul le roi était apte à interpréter la loi, en réalité, les parlements [1] n'hésitaient pas à rendre des arrêts de règlement – constituant de véritables règles de droit concurrentes de la loi – et à statuer en équité, à tel point que les justiciables suppliaient Dieu de les garder de l'équité des parlements [2]. Les Révolutionnaires ont cru à la suprématie de la loi et ont même voulu imposer son exclusivité en tant que source du droit notamment par l'instauration du référé législatif [3]. Les juristes du XIXe siècle sont restés très marqués par ce culte voué à la loi, par ce système dit de la plénitude de la loi écrite : l'article 7 de la loi du 21 mars 1804 avait d'ailleurs abrogé l'Ancien droit, bien qu'uniquement dans la mesure de ce qui faisait l'objet du Code civil [4]. Même alors, la loi n'a pu être que la source essentielle ; les nécessités de la pratique interdisant qu'elle soit la source exclusive [5]. En effet, il est indéniable que la loi est rarement parfaite, c'est-à-dire exempte de lacune ou d'obscurité : or, le complément nécessaire à l'application de la loi est fourni soit par la coutume, soit par la jurisprudence ;

1. Attention : il ne faut pas confondre les parlements d'Ancien régime avec le Parlement actuel. Il s'agissait de juridictions supérieures qui connaissaient en premier et dernier ressort des causes de certains privilégiés et surtout des appels des jugements des juridictions inférieures (très nombreuses, le système juridictionnel étant particulièrement complexe) ; à l'origine (XIIIe siècle), le Parlement de Paris était unique, puis des parlements ont été créés en province (à partir du XVe siècle) ; v. *infra* n° 305. Initialement librement révocables, les magistrats sont devenus quasiment inamovibles ce qui leur a conféré une grande indépendance : la propriété de leur charge – leur office – qu'ils achetaient (c'est la « vénalité des offices » – les charges ayant une valeur vénale, financière) a fini par être héréditaire (J.-L. Thireau, *Introduction historique au droit*, Flammarion, Champs Université, 2001, p. 174-175).

2. Sur la maxime du XVIe siècle « Dieu nous garde de l'équité des parlements », v. H. Roland et L. Boyer, *Adages du droit français*, Litec, 4e éd., 1999, n° 93.

3. Confrontés à une difficulté d'interprétation de la loi, les tribunaux devaient demander l'avis du législateur (art. 12 du titre II de la loi des 16-24 août 1790) et non pas interpréter eux-mêmes, étant dépourvus de ce pouvoir. La lourdeur du système conduisit dès 1800 à son abandon. Jusqu'en 1837, subsista en revanche le référé au président : en cas de conflits entre la Cour de cassation et les juridictions du fond, il était nécessaire d'en référer au chef de l'État. À compter de la loi du 1er avr. 1837, en cas de seconde cassation, la cour de renvoi doit s'incliner (v. *infra* n°s 358 et s. le mécanisme du pourvoi en cassation). Pour compléter, v., entre autres, J.-L. Halperin, *Histoire du droit privé français depuis 1804*, PUF, Quadrige, 2001, n°s 26 et s. ou J.-L. Thireau, *Introduction historique au droit*, préc., p. 271 et s.

4. Il disposait : « à compter du jour où ces lois sont exécutoires, les lois romaines, les ordonnances, les coutumes générales ou locales, les statuts, les règlements, cessent d'avoir force de loi générale ou particulière dans les matières qui sont l'objet desdites lois composant le présent code ».

5. Cf. l'abandon précoce du référé législatif.

quant à l'interprétation de la loi obscure, elle est l'œuvre de la doctrine ou de la jurisprudence. Et, dès la fin du XIXe siècle, d'autres sources – celles de l'Ancien droit auxquelles il faut ajouter les principes généraux du droit – ont (re) trouvé leur place pour exercer leur rôle croissant à côté de la loi ; et ce, même si l'actuelle constitution ne mentionne pas la coutume.

Qui plus est, la notion même de loi s'est trouvée modifiée au cours du XXe siècle au point d'être entendue dans un sens très large [6]. C'est pourquoi on parle volontiers de « sources écrites » pour désigner la loi parlementaire, les règlements, les traités..., par opposition aux sources « non écrites ». Cette dernière expression n'est pas parfaitement satisfaisante. Effectivement, la coutume, orale dans un premier temps, peut être rédigée en tant que telle. C'est ainsi que toutes les coutumes de l'Ancien droit ont été rédigées à la suite de l'ordonnance royale de Montils-lès-Tours, prise par Charles VII en 1454 ; pour autant, elles ont gardé leur nature coutumière, avec en particulier une aptitude (au moins théorique) à évoluer en fonction du vœu populaire. Une coutume peut aussi devenir écrite si elle est consacrée par une loi ; tout autant qu'une jurisprudence. Et n'est-il pas évident que les décisions des tribunaux, les articles de doctrine... sont consignés par écrit ? !

L'opposition sources écrites/sources non écrites est en revanche traditionnelle et a le mérite de ne pas préjuger de l'importance (quantitative et qualitative) respective des unes et des autres ; celle-ci varie selon les matières concernées, ce qu'on pourra constater pour chacune des sources non écrites. La simple énumération des sources complémentaires permet déjà de se douter que celles-ci ne sont pas de même nature, certaines étant informelles, nées quasiment par « génération spontanée » [7] (section 1) alors que d'autres sont plus pensées, réfléchies, que ce soit de la part des juges ou des professeurs de droit, les seconds commentant les décisions des premiers et influençant leurs jugements à venir ; autant dire qu'elles sont plus savantes (section 2).

Avant même de procéder à la présentation de ces diverses sources, selon le plan retenu [8], il faut préciser qu'elle s'applique au droit français contemporain, voire surtout au droit privé français contemporain [9]. En effet, l'importance relative des diverses sources les unes par rapport aux autres a varié au fil de l'histoire de notre pays et n'est pas non plus la même dans tous les systèmes juridiques : par exemple l'importance de la jurisprudence est plus grande dans les systèmes de *Common Law* que dans les systèmes issus du droit romain [10] ; mais cette suprématie de la jurisprudence est aussi valable chez nous pour le droit administratif – droit dit prétorien [11] – justement parce que d'origine essentiellement jurisprudentielle. Il faut donc bien comprendre que la présentation des sources qui va suivre n'est pas valable de tout temps et en tous lieux, mais en considération de la société française d'aujourd'hui. D'ailleurs de nouvelles sources apparaissent dans toutes les branches du droit, de telle sorte qu'il faut constater l'existence

6. Cf. *supra* n°s 92 et s.

7. V. aussi, P. Deumier, *Le droit spontané*, préf. J.-M. Jacquet, Economica, 2002.

8. Ce plan résulte en effet d'un choix. La présentation peut varier d'un auteur à l'autre.

9. Et encore faut-il réserver le cas de certaines collectivités d'outre-mer – comme la Nouvelle-Calédonie – où la coutume conserve un rôle plus important qu'en métropole : v. *infra* n°s 130 et 183-2 ; *adde* R. Lafargue, *La coutume face à son destin – Réflexions sur la coutume judiciaire en Nouvelle-Calédonie et la résilience des ordres juridiques infra-étatiques*, LGDJ, 2010 ou G. Nicolau, G. Pignarre, R. Lafargue, *Ethnologie juridique*, Dalloz, Méthodes du droit, 2007, p. 236 et s.

10. Pour approfondir, v. R. Legeais, *Grands systèmes de droit contemporains-Approche comparative*, Manuel Litec, 2e éd, 2008 (sp. 1re partie, p. 5 et s.).

11. À Rome, le prêteur était un juriste qui donnait des solutions pour résoudre ces litiges, litiges ensuite tranchés par un magistrat simple particulier qui se contentait d'appliquer la formule fournie par le prêteur. Ce système a fait du droit romain un droit prétorien. V., par exemple, J.-L. Thireau, *op. cit.*, p. 67 et s.

de « mutations de la norme », d'un « renouvellement du droit » [12] perturbant la présentation traditionnelle en sources formelles et informelles. Il est même permis de dire que « l'ordre juridique français est en désordre » [13], en raison notamment du « foisonnement des sources », de la « diversification des lieux de production de la norme », du « recul de la souveraineté nationale », de la « multiplication des contrôles de conformité et la concurrence des autorités en charge de les exercer » [14]. Ce qui est grave, c'est qu'un tel bouleversement n'est pas sans incidence sur le principe de séparation des pouvoirs, pourtant base de la démocratie [15] ! Cette difficulté s'ajoute à une autre, plus ancienne, à savoir l'imbrication des diverses sources : il est parfois difficile de savoir si l'on est encore dans la coutume ou déjà dans la loi, si l'on a affaire à une jurisprudence ou à un principe qui la précédait [16]... Avec M. le professeur D. Mainguy, il faut constater que « le système juridique français est d'une complexité telle qu'il est difficile, pour ne pas dire impossible, de sérier de manière parfaite, chirurgicale, les normes selon leur nature : une norme jurisprudentielle se comprend peu de manière isolée, sans la rattacher à un ensemble légal voire à des expressions doctrinales et réciproquement » [17].

SOURCES COMPLÉMENTAIRES DU DROIT

↓ SOURCES INFORMELLES
↓ la coutume / ↓ les principes généraux du droit
| ↓ Complémentarité avec la loi et/ou concurrence
Autonomie coutume/ loi et jurisp.
Complémentarité coutume /loi et jurisp.
Subordination de la coutume à la loi

↓ SOURCES SAVANTES
↓ la jurisprudence / ↓ la doctrine
↓ Complémentarité jurisp./doct.
↓ Norme technique inférieure à la loi → ↓ source du droit → ↓ interprétation
↓ autorité du droit → ↓ source indirecte

12. Selon l'intitulé d'un colloque organisé les 18 et 19 nov. 2010 à l'Université Paris Descartes.

13. P. Puig, « La question de constitutionnalité : prioritaire mais pas première... », *RTD civ.* 2010, p. 66. *Adde* A. Decocq, « Le désordre juridique français », *Écrits en hommage à Jean Foyer*, PUF, 1997, p. 147 s. ; R. Libchaber, « Réflexions sur le désordre juridique français », *Mélanges André Decocq*, Litec, p. 405 et s.

14. P. Puig, *loc. cit.*

15. V. *infra* n°s 146 et 150-2.

16. Sur cette difficulté, v. Ph. Jestaz, *Les sources du droit*, Dalloz, Connaissance du droit, 2005, p. 1 et s. V. aussi, J.-L. Bergel, *Théorie générale du droit*, Dalloz, Méthodes du droit, 4e éd., 2003, n°s 57 et s. : l'auteur évoque les rapports entre les différentes sources du droit, leurs « interactions » et leurs « affinités ».

17. D. Mainguy, « L'interprétation de l'interprétation. – Variations normatives II », *JCP* G 2011, 603.

Section 1
Les sources informelles

128. – Des sources diverses. – Au sein des sources informelles, les principales sont la coutume (§ 1) et les principes généraux du droit (§ 2).

La question se pose cependant de savoir si d'autres notions, encore moins formelles, ne peuvent contribuer à la formation du droit. Ainsi M. le professeur Ph. Jestaz voit dans la « révélation » une source du droit – c'est donc Dieu lui-même qui est à l'origine du droit (cf. l'exemple de la *Charia*) [18] ; le même auteur assimile d'ailleurs les principes généraux du droit [19] – certains d'entre eux au moins – à ce droit révélé : ainsi, ceux qui ont un « contenu hautement humanitaire et faiblement technique », « qui reposent sur l'idée de base que la personne humaine a un caractère sacré » constituent l'équivalent laïc de la révélation religieuse [20]. À l'opposé de ces sources « venues d'un sommet », il mentionne les sources « venues de la base » et, à côté de la coutume, il cite l'acte juridique (*negotium*) [21] des particuliers – essentiellement le contrat [22] –, car la répétition de celui-ci peut donner lieu à une coutume, et car il constitue une source du droit en lui-même [23]. L'auteur traite la doctrine à part, considérant cette source comme « inclassable » car elle ne vient ni du sommet ni de la base : pour cette raison, elle pourrait être dite *« oblique* ou transversale » [24].

Il faut encore signaler l'existence des règlements d'entreprise, des conventions collectives et autres sources issues de pôles de caractère professionnel ; plus récemment encore sont apparus les codes de bonne conduite des entreprises, que l'on rencontre en particulier en droit de l'environnement ou en droit du travail [25] ; ce sont donc des engagements unilatéraux, des règles que les entreprises s'imposent à elles-mêmes, qui ont force obligatoire [26].

---

18. Ph. Jestaz, *op. cit.*, p. 11 et s. Curieusement, l'auteur n'évoque pas le Décalogue : pourtant les dix commandements de Dieu, donnés à Moïse sur le Sinaï, selon la Bible, semblent bien constituer aussi un droit révélé, fut-il plus succinct que le droit musulman. En ce sens, v. J. Gaudemet, *Les naissances du droit,* Montchrestien, Précis Domat, 4e éd., 2006, p. 8 et s. De plus certains commandements sont toujours d'actualité (comme « tu ne tueras pas », « tu ne voleras pas »), bien qu'étant inclus dans des textes de droit positif. M. Gaudemet évoque aussi les codes et lois de Mésopotamie (p. 3 et s.). À noter que le Code d'Hammourabi (1754 av. J.-C.) est inscrit sur une stèle (exposée au Louvre) : elle représente Hammourabi recevant la loi du dieu-soleil.

19. Cf. *infra* nos 136 et s.

20. Ph. Jestaz, *op. cit.*, p. 25-26. Pour l'auteur, la révélation est la première des sources venues d'en haut. S'y ajoutent, la loi et la jurisprudence.

21. Cf. *infra* n° 240.

22. *Op. cit.*, p. 81 et s.

23. Dans le même ordre d'idée, cf. R. Encinas de Munagori, « La désobéissance civile : une source du droit ? » *RTD civ.* 2005, p. 73.

24. Ph. Jestaz, *op. cit.*, p. 7 et p. 115 et s.

25. P. Deumier, « Chartes et codes de conduite des entreprises : les degrés de normativité des engagements éthiques (Circ. DGT 2008/22 du 19 nov. 2008 relative aux chartes éthiques, dispositifs d'alerte professionnelle et au règlement intérieur) », *RTD civ.* 2009, p. 77. I. Riassetto et M. Storck, « Les codes de bonne conduite en droit des marchés financiers. D'un code à l'autre », *Mélanges G. Wiederkehr,* Dalloz 2009, p. 669 et s.

26. La Cour de justice des communautés européennes – aujourd'hui Cour de justice de l'Union européenne – (CJCE, 20 janv. 2005) et la Cour de cassation ont admis que de tels engagements volontaires puissent être sources du droit (Cass. soc., 25 nov. 2003, n° 01-17501, *Bull. civ.* V, n° 294) ; toutefois, en cas de non-respect, seule une réparation pécuniaire pourra être obtenue et non en nature. Cf. l'attendu de principe de l'arrêt de la Cour de cassation : « lorsque l'employeur ne tient pas l'engagement unilatéral qu'il a pris de limiter le nombre de licenciements pendant une période déterminée, la procédure et le plan de sauvegarde de l'emploi qu'il met alors en œuvre en envisageant des licenciements ne sont pas pour autant frappés de nullité si le plan comporte des mesures d'accompagnement suffisantes ; que les salariés licenciés ont seulement la possibilité de demander la réparation du préjudice que l'inobservation de l'engagement de l'employeur peut leur causer ». Le chef d'entreprise avait pourtant essayé de justifier le manquement à la parole donnée antérieurement, en affirmant que « en toute hypothèse, l'employeur peut toujours dénoncer un engagement unilatéral en respectant un délai de prévenance suffisant, même s'il n'y a pas de force majeure ; qu'en interdisant à l'employeur de revenir sur son engagement pour des motifs économiques nouveaux, au prétexte qu'ils n'auraient pas constitué des cas de force majeure, la cour d'appel a violé les articles 1134 du Code civil et L. 321-1 du Code du travail », justification, donc, qui n'a pas convaincu la haute juridiction. V. encore Cass. soc., 1er févr. 2011 (n° 09-43343) : accord subordonnant le départ volontaire d'un salarié à la condition qu'il ne soit pas nécessaire de le remplacer par un recrutement externe.

Toutefois, ces accords sont parfois consacrés par des textes plus contraignants [27]. Ce type de régulation est pragmatique ; il « permet l'élaboration d'un ensemble de bonnes pratiques structurées en souplesse (*Soft Law*) pouvant être modifiées dès que le besoin s'en fait sentir » et il est peu coûteux [28]... Quoi qu'il en soit, ces sources sont souvent considérées comme venant après les « quatre grands de la matière » que sont – selon F. Gény – la loi, la coutume, la jurisprudence et la doctrine [29] et comme étant *sui generis* [30]. Comme ces sources émanent d'en haut [31], elles peuvent cependant être considérées comme une forme de législation privée, qui s'apparente à la loi – législation publique [32]. La base a aussi désormais un rôle à jouer par le biais de la question prioritaire de constitutionnalité. Les justiciables se sont en effet emparés de la procédure de la question prioritaire de constitutionnalité entrée en vigueur le 1er mars 2010 (Const., art. 61-1, issu de la loi constitutionnelle n° 2008-724 du 23 juillet 2008) [33]. Celle-ci leur offre la possibilité, à l'occasion d'un procès auxquels ils sont parties, de critiquer la conformité de la loi à la Constitution. Le cas échéant, un texte peut être déclaré inconstitutionnel par le Conseil constitutionnel et donc être éliminé du droit positif [34] : la disposition déclarée inconstitutionnelle est en effet abrogée à compter de la publication de la décision du Conseil constitutionnel ou d'une date ultérieure fixée par cette décision (Const., art. 62, al. 2) [35]. Ne faut-il pas y ajouter les « Grenelles », à la mode actuellement ? En effet, il s'agit d'une « nouvelle méthode d'élaboration du droit » consistant en une « gouvernance par le dialogue participatif » [36]. Et encore tenir compte de l'influence des groupes de pressions, aujourd'hui reconnue et plus ou moins encadrée : ainsi est consacré le rôle que le « *lobbying* » joue dans l'information des députés en tant qu'« aiguillon d'une politique démocratique, saine et efficace » [37].

---

27. « En droit des marchés financiers, les codes de bonne conduite sont une forme hybride de régulation : œuvre d'autorégulation émanant d'organisations encadrant les professionnels de la finance, les codes de bonne conduite ont vocation à être consolidés par les autorités réglementaires et législatives » (I. Riassetto et M. Storck, *op. cit.*, p. 671, n° 5).

28. I. Riassetto et M. Storck, *op. cit.*, p. 671, n° 6. Les auteurs citent « le cas du code de bonne conduite sur le bonus et sur les parachutes dorés du Medef et de l'Association française des entreprises privées (Afep) » (p. 672, n° 6).

29. F. Gény, *Méthode d'interprétation et sources en droit privé positif – Essai critique,* 2e éd., Paris, LGDJ 1919 (sur lequel, v. *infra* n° 188). *Adde* Ph. Jestaz, *op. cit.*, p. 3. Mais, par exemple, cf. *contra* G. Cornu, *Droit civil – Introduction au droit,* Montchrestien, Précis Domat, 13e éd., 2007, n° 73 : l'auteur ne reconnaît que « deux grands », ou plutôt deux sources, à savoir la loi et la coutume.

30. Ces sources, étant seules dans leur genre, ne se rattacheraient pas aux autres catégories existantes.

31. Ce « haut » n'étant pas l'État ou Dieu, mais plus modestement un chef d'entreprise ou d'une organisation patronale, éventuellement après négociation avec un ou plusieurs syndicats. Cf. *contra* N. Aliprantis, *La place de la convention collective dans la hiérarchie des normes*, LGDJ, Paris, 1980, qui reconnaît à la convention collective le pouvoir autonome de créer une norme. V. aussi G. Cornu, *op. cit.*, n° 73, note 5. De leur côté, MM. Malaurie et Morvan soulignent « l'ambiguïté de leur nature » (Ph. Malaurie et P. Morvan, *Droit civil - Introduction générale*, Defrénois, 3e éd., 2009, n° 313).

32. V. Ph. Jestaz, *op. cit.*, p. 35 et s. Sur la loi, cf. *supra* nos 92 et s.

33. Sur celle-ci, v. *supra* n° 63 et *infra* n° 145, 150-2 et 312.

34. M. Jestaz ne l'évoque pas, son ouvrage étant paru antérieurement à l'entrée en vigueur de la QPC. *Adde* C. Pérès, « La question prioritaire de constitutionnalité et le contrat », *RDC* 2010, p. 539 : « de l'avis général, la consécration de la question prioritaire de constitutionnalité constitue l'apport le plus remarquable de la dernière révision constitutionnelle à la théorie des sources du droit » ; en particulier la QPC a entraîné « le renouvellement annoncé des rapports du citoyen à la Constitution moyennant une réappropriation par les justiciables de la norme suprême ».

35. Sur cette possibilité de reporter les effets de l'annulation, v. *infra* n° 150-1.

36. P. Deumier, « Qu'est-ce qu'un "Grenelle" ? (la source d'un *New Deal*) », *RTD civ.* 2008, p. 63 et s.

37. P. Deumier, « Reconnaissance du lobbying en France (art. 26, III-B de l'Instruction générale du Bureau de l'Assemblée nationale, 2 juill. 2009 – chapitre XXII *bis* de l'Instruction générale du Bureau du Sénat, 7 oct. 2009) », *RTD civ.* 2010, p. 62 et s. et les références.

§ 1 : La coutume

I. La notion

129. – La coutume hier et aujourd'hui. – La notion de coutume est très ancienne ; c'est même sans doute la plus ancienne source du droit. Malgré cette ancienneté, pour ne pas dire cet archaïsme, la coutume existe toujours à notre époque. Elle a cependant quelque peu changé de visage, ayant évolué au gré de son utilité et de son emploi par la société qu'elle régit. En quelque sorte, la coutume au sens ancien – classique (A) – a laissé la place, en France, à une coutume plus moderne, résultat de son évolution (B).

A. La coutume au sens classique

130. – Une notion étrange. – Il est très difficile de comprendre le phénomène de la coutume : parce que des comportements sont répétés par une catégorie de personnes, ils deviennent un jour obligatoires. De l'habitude du groupe en question naît une règle de droit, une coutume. À quel moment exactement ? Pourquoi ? Il n'est pas possible de le savoir avec précision (ce qui est certain, en revanche, c'est qu'« une fois n'est pas coutume »[38]), mais le sujet de droit sera à même de constater l'existence d'une coutume lorsque deux éléments seront réunis : un élément matériel et un élément psychologique. Une telle constatation a pu être effectuée dans deux cas très courants qui appartiennent aujourd'hui à l'histoire : la transmission du nom patronymique de l'enfant légitime et l'adoption par la femme mariée du nom de son mari. Si, désormais, c'est le législateur qui pose les règles en ces matières[39], pendant des siècles l'enfant légitime a reçu le nom de son père ou plus exactement du mari de sa mère – et la femme mariée a eu l'usage du nom de son mari sans qu'un texte ne le prescrive et sans que qui ce soit n'ait la velléité de désobéir. En revanche, reste coutumière la règle selon laquelle une veuve non remariée conserve l'usage du nom de son mari. De même, lorsque deux commerçants contractent ensemble avec une troisième personne, ils

38. Sur cet adage de Loysel, v. H. Roland et L. Boyer, *op. cit.*, n° 456. À noter que A. Loysel (1536-1617) était avocat. Il est l'auteur des célèbres *Institutes coutumières* où les principales règles de droit coutumier sont exprimées sous forme d'adages, dont certains toujours en vigueur aujourd'hui (*op. cit.*, introduction).

39. La première règle a d'abord fait l'objet d'une loi n° 2002-304 du 4 mars 2002 relative au nom de famille (cf. art. 311-21 à 311-24 du Code civil) qui a offert aux époux un choix quant au nom de leur enfant. (Par ailleurs, le nom de l'enfant naturel ou adopté est envisagé par la loi mais c'est hors de notre propos). La loi de 2002 a ensuite été modifiée par une loi n° 2003-516 du 18 juin 2003 relative à la dévolution du nom de famille : devant la complexité du système mis en place en 2002, la loi de 2003 s'est surtout attachée à en retarder l'entrée en vigueur au 1er janv. 2005. Des décrets et circulaires sont venus compléter ces deux lois. Il faut noter que la rédaction actuelle des articles 311-21 à 311-24 du Code civil résulte de l'ordonnance n° 2005-759 du 4 juill. 2005 sur la filiation, entrée en vigueur le 1er juill. 2006, **qui a fait disparaître la distinction entre enfants légitimes et naturels** : il faut désormais parler d'enfants nés de parents mariés ou non. (L'ordonnance a aussi modifié le droit antérieur de ce qui était la filiation naturelle, mais une nouvelle fois, c'est hors de notre sujet, concernant seulement l'enfant commun d'un couple marié). La seconde règle a d'abord résulté indirectement de la loi du 6 févr. 1893. L'actuel article 264, al. 1er dispose, dans sa rédaction issue de la loi n° 2004-439 du 26 mai 2004 relative au divorce (en vigueur le 1er janv. 2005), que « à la suite du divorce, chacun des époux perd l'usage du nom de son conjoint ». De même l'article 300 (modifié par la loi du 26 mai 2004) prévoit que « chacun des époux séparés conserve l'usage du nom de l'autre. Toutefois, le jugement de séparation de corps ou un jugement postérieur peut, compte tenu des intérêts respectifs des époux, le leur interdire ». On constate d'ailleurs que l'usage du nom du conjoint n'est plus réservé à la femme : en effet, il avait été bilatéralisé par la loi du 11 juill. 1975, déjà relative au divorce…

sont présumés s'engager solidairement [40]. Plus encore, la France de l'Ancien régime a été régie par des coutumes régionales, voire locales, issues de comportements habituels que tous avaient fini par reconnaître comme étant obligatoires [41]. Mais aujourd'hui encore, même en France, la coutume au sens classique peut être une source du droit importante : c'est le cas, par exemple, en Nouvelle-Calédonie, où les lois de la métropole ne s'appliquent ni systématiquement ni exclusivement [42].

131. – La coutume est composée de deux éléments… – Tout d'abord, un comportement, un acte est réitéré de manière identique par un milieu social, un groupe d'individus. Le comportement, l'acte est imité pendant un temps suffisamment long [43] pour que la catégorie de sujets de droit concernée considère comme obligatoire cette imitation. L'élément matériel – la répétition et le temps – précède nécessairement l'élément psychologique – la croyance dans le caractère obligatoire du comportement – ou *opinio juris*. Dès lors que le second est venu corroborer le premier, l'habitude s'est transformée en coutume, la répétition spontanée a acquis un caractère normatif, le fait est devenu une règle de droit… Une métamorphose s'est accomplie – quasiment par miracle ! [44]

132. – … et de deux éléments seulement. – La coutume ne devient pas une source du droit parce qu'une autorité légitime l'admet au rang de ces sources en la déclarant normative. Autrement dit, l'*opinio juris* n'est imposée ni par la loi, ni par la jurisprudence. Pourtant, selon des auteurs légalistes [45], une pratique ne deviendrait coutume obligatoire qu'après avoir

40. L'article 1202 du Code civil dispose que la solidarité entre codébiteurs ne se présume pas ; pourtant une telle solidarité se présume lorsque les codébiteurs sont commerçants, avec cette conséquence que leur créancier pourra demander le paiement de la dette en totalité à l'un ou à l'autre et non pas la moitié seulement à chacun. Ce lien entre débiteurs empêche la division de l'obligation : c'est une solution favorable au créancier.

41. Ces coutumes, grâce à leur rédaction, peuvent être consultées dans un ouvrage qui les recense toutes, à savoir le Nouveau coutumier général, *ou Corps des coutumes générales et particulières de France et des provinces connues sous le nom de Gaules* par C.-A. Bourdot de Richebourg, publié à Paris en 1724 (consultable sur http://gallica.bnf.fr/, la bibliothèque numérique de la Bibliothèque nationale de France).

42. Cf. *infra*, n° 183. Les communautés locales exercent souvent une résistance à l'encontre de la loi française de métropole, de sorte que l'organisation étatique se trouve contrainte de reconnaître les coutumes, respectant ainsi le pluralisme des sources : la Cour de cassation a ainsi reconnu que « les personnes de statut civil coutumier kanak sont régies, pour l'ensemble du droit civil, par leurs coutumes » (avis n° 005 0011 du 16 févr. 2005). *Adde* P. Deumier, « La coutume kanake, le pluralisme des sources et le pluralisme des ordres juridiques », *RTD civ.* 2006, p. 516 et s. À noter que MM. Ph. Malaurie et P. Morvan, eux, classent ce statut civil coutumier kanak dans une rubrique intitulée « usages locaux ou professionnels » (*op. cit*, n° 325).

43. Si un usage de 40 ans a pu être évoqué par d'anciennes coutumes, voire un usage immémorial, un laps de temps beaucoup plus court peut parfaitement être suffisant dès lors qu'il est établi. Selon M. Ph. Jestaz (*Les sources du droit*, préc. p. 100), « certaines coutumes se forment en quelques années, voire en quelques mois. Elles se répandent comme une traînée de poudre, surtout à notre époque qui est celle de la vitesse : on le constate aisément dans le secteur du commerce international. Ainsi le trait caractéristique de la coutume réside bien dans sa continuité, beaucoup plus probante que sa durée ».

44. M. Ph. Jestaz conteste la réalité de ce phénomène psychologique. En fait, si le justiciable a le sentiment qu'une pratique est devenue obligatoire, c'est que la coutume est d'ores et déjà devenue une règle de droit. Par conséquent, l'auteur en déduit que « la véritable explication du phénomène coutumier réside dans la conjonction de deux éléments : l'adéquation aux besoins du groupe et, tout simplement, la pression sociale » : v. Ph. Jestaz, *op. cit.*, p. 99-100. *Adde* P. Deumier, *Le droit spontané*, thèse préc. M. Ph. Jestaz admet que « la référence à ce second élément ne fait que déplacer le mystère. Pourquoi, dans quels cas et comment cette fameuse pression sociale s'exerce-t-elle ? ». Une chose est certaine, si une pratique est contestée par « une fraction significative du groupe » (p. 99) – à l'exclusion donc de quelques membres de ce groupe –, il n'y a pas là une coutume (par exemple, de nombreux clients contestent l'existence d'une pseudo coutume instaurée par les banquiers, les assureurs). Et l'auteur de conclure que la réponse à cette question appartient au sociologue et non au juriste. Bref, quelle que soit l'analyse du phénomène coutumier, et quel que soit le caractère séduisant de celle-ci (c'est toujours à celle de M. Jestaz qu'il est fait allusion), le mystère reste entier…

45. Comme les romanistes et canonistes médiévaux. *Adde* Ph. Malaurie et P. Morvan, *op. cit.*, n° 318.

été reconnue, autorisée par la loi. Pour d'autres auteurs [46], c'est le juge qui confère à l'usage son caractère de coutume obligatoire. De telles théories ne rendent pas compte de la réalité, puisque l'Ancien droit est riche d'exemples d'autonomie des coutumes par rapport à la loi ou à la jurisprudence [47]. Un exemple plus contemporain illustre bien à la fois l'autonomie de la coutume par rapport à la loi et la jurisprudence et son imbrication avec elles : ainsi, malgré sa condamnation par la jurisprudence, la pratique notariale de la « clause commerciale » [48] a acquis la force obligatoire d'une coutume, de telle sorte que les notaires ont continué à la stipuler dans des contrats de mariage ; pour « renforcer » cette valeur obligatoire, le législateur – par la loi n° 65-570 du 13 juillet 1965 – a cependant fini par valider rétroactivement cette clause [49].

B. L'évolution de la coutume

133. – La coutume, l'usage, la pratique et la tradition. – Aujourd'hui, le législateur renvoie indistinctement à la coutume seulement (par exemple, art. 2511 du C. civ. – qui fait référence à la coutume de Mayotte) ou aux usages (par exemple, art. 671 du C. civ. – qui évoque des « usages constants et reconnus ») ou aux deux (par exemple, art. 593 du C. civ. [50]) ; le juge, quant à lui, se réfère plus volontiers aux usages. De fait, il n'y a pas lieu de distinguer la coutume de l'usage lorsqu'une répétition d'actes présente les deux caractéristiques de la coutume : on est en présence d'une règle de droit [51]. Cependant, l'usage a souvent un domaine d'application et une force obligatoire plus limités que la coutume, règle générale et abstraite ; dans ce sens, l'usage peut naître de la pratique, c'est-à-dire de la manière d'agir de tel ou tel groupe d'usagers du droit. À ce titre, on peut signaler les usages ruraux, commerciaux (la *lex mercatoria* ou « loi des marchands » régit de plein droit les contrats internationaux), professionnels (la pratique notariale ou bancaire joue un grand rôle d'adaptation des textes aux besoins ; le droit du travail et celui de la propriété intellectuelle en sont innervés) ; de même, les contrats-types (par exemple, les polices-types d'assurances) ou les conditions générales de ventes rédigés par des organismes professionnels s'appliquent, sauf volonté contraire expresse des contractants, aux contrats concernés [52]. Ces règles contractuelles qui se généralisent au sein d'un groupe sont parfois désignées comme étant des « usages conventionnels ». La difficulté est donc de déterminer si l'on est en

46. Cf. E. Lambert, *Études de droit commun législatif ou de droit civil comparé*, 1903, cité par Ph. Malaurie et P. Morvan, *loc. cit.*

47. Cf. *supra* n° 127.

48. Elle est aujourd'hui moins utile car le conjoint survivant hérite aussi de son conjoint prédécédé, ce qui n'était pas le cas avant la loi n° 201-1135 du 3 déc. 2001 qui a réformé le droit des successions. En effet, elle permet à l'époux survivant de reprendre un bien (souvent un fonds de commerce) propre à son conjoint prédécédé : par exemple, les deux conjoints exploitent en commun un magasin qui appartient en propre à la femme. Elle décède. Son mari peut se faire attribuer le magasin pour continuer à l'exploiter. En l'absence de la clause, le bien serait allé aux héritiers de l'épouse (enfant, ascendant) et non au mari qui aurait perdu son outil de travail.

49. Cf. *infra* n° 135, la question de la coutume *contra legem*.

50. Le texte dispose que l'usufruitier « peut prendre, dans les bois, des échalas pour les vignes ; il peut aussi prendre, sur les arbres, des produits annuels ou périodiques ; le tout suivant l'usage du pays ou la coutume des propriétaires ».

51. Ce qui fait dire à MM. Ph. Malaurie et P. Morvan que « selon une variante, elle est un ensemble d'usages juridiques (qui diffèrent des usages de convenance, telles les manières de vivre) devenus obligatoires par une répétition durable, paisible et publique » (*op. cit.*, n° 316).

52. V. un exemple particulier « l'usucapion face aux droits d'usage coutumiers sur une "borde" » (*JCP* G 2009, 526) à propos d'un arrêt de la cour d'appel de Pau du 29 déc. 2009 : l'arrêt indique qu'en montagne il est d'usage et de tradition qu'une « borde », c'est-à-dire une bergerie fasse l'objet d'une utilisation collective et que ceux qui l'utilisent y fassent des actes d'entretien ; une telle utilisation par une communauté de personnes ne peut être analysée comme des actes de possession permettant d'acquérir la propriété de la bergerie (par prescription acquisitive ou usucapion : sur cette notion, v. Ph. Malaurie et L. Aynès, *Droit civil Les biens*, Defrénois, 4ᵉ éd., 2010, nᵒˢ 555 et s. et *infra* n° 239, en note).

face d'une coutume – d'un usage –, à valeur obligatoire, ou d'une simple pratique – une simple habitude –, dépourvue de cette valeur obligatoire.

Le Conseil constitutionnel vise une coutume particulière, à savoir la tradition républicaine [53]. Ainsi dans sa décision n° 2009-579 du 9 avril 2009 rendue à propos de la loi organique n° 2009-403 du 15 avril 2009 relative à l'application des articles 34-1, 39 et 44 de la Constitution [54], le Conseil, « considérant que l'article 7 dispose que "les projets de loi sont précédés de l'exposé de leurs motifs" » juge que l'article « consacre ainsi une tradition républicaine qui a pour objet de présenter les principales caractéristiques de ce projet et de mettre en valeur l'intérêt qui s'attache à son adoption ». Cette tradition républicaine n'a cependant pas d'existence indépendante, puisque, dans sa décision n° 2010-605 DC du 12 mai 2010 à propos de la loi n° 2010-476 du 12 mai 2010 relative à l'ouverture à la concurrence et à la régulation du secteur des jeux d'argent et de hasard en ligne [55], le Conseil considère qu'elle « ne saurait être utilement invoquée pour soutenir qu'un texte législatif qui la contredit serait contraire à la Constitution qu'autant que cette tradition aurait donné naissance à un principe fondamental reconnu par les lois de la République au sens du premier alinéa du Préambule de la Constitution de 1946 » [56]. La tradition républicaine du Conseil constitutionnel n'est donc pas celle qu'invoquent parfois les politiques.

Même si l'on est convaincu de cette valeur obligatoire, on s'aperçoit d'une autre difficulté qui est d'établir le contenu de l'usage, c'est-à-dire de le prouver : cette preuve pourra être apportée par témoignage, expertise ou parères (certificats délivrés par des organismes professionnels pour attester que tel usage est suivi dans une profession) [57]. En particulier, lors d'un procès, les parties pourront être amenées à prouver le contenu d'un usage qu'elles invoquent ; en principe, c'est au juge de connaître le droit (*jura novit curia*), mais il ne peut être exigé de lui qu'il sache le contenu d'usages pointus ou en vigueur dans certaines collectivités d'outre-mer.

Rien n'empêche la pratique de devenir coutume – à moins que ce ne soit une loi qui réalise sa consécration – dès lors qu'apparaît l'*opinio juris* [58] : d'ailleurs certains auteurs [59] qualifient la pratique professionnelle de coutume *praeter legem*. Une nouvelle fois, la difficulté est de savoir quand la réunion des deux éléments se produit. La distinction entre les deux notions est donc ténue, plus de degré que de nature [60].

53. C. Vimbert, *La tradition républicaine en droit public français*, PUR, LGDJ, 1992, préf. E. Picard.

54. V. sur Legifrance, le dossier législatif de la loi organique.

55. V. sur Legifrance, le dossier législatif de la loi. D'autres décisions utilisaient déjà la même formule : Cons. const., 20 juill. 1988 (Loi portant amnistie), décision n° 88-244 DC ; 21 févr. 2008 (Loi n° 2008-175 du 26 févr. 2008 facilitant l'égal accès des femmes et des hommes au mandat de conseiller général), décision n° 2008-563 DC ; 8 janv. 2009 (Loi n° 2009-39 du 13 janv. 2009 relative à la commission prévue à l'article 25 de la Constitution et à l'élection des députés), décision n° 2008-573 DC.

56. Sur cette notion, v. *infra* n° 136.

57. Pour faciliter la tâche de l'utilisateur, les éditeurs font figurer en annexe de certains codes les usages qui complètent les dispositions législatives et/ou réglementaires qui constituent le corps du code en question (v., par exemple, les usages relatifs au droit de la propriété littéraire et artistique, en annexe du Code de la propriété intellectuelle Dalloz : figurent ainsi les usages en matière de littérature générale, de traduction d'une œuvre de littérature générale, de reproduction d'œuvre d'art).

58. Ou que la pression sociale, suffisamment forte, est (quasiment) incontestée : v. *supra* n° 131, en note.

59. Ph. Malaurie et P. Morvan, *op. cit.*, n° 327.

60. Rappel (v. *supra* n° 128) : M. Jestaz voit, lui, dans la pratique professionnelle imposée par les banquiers, les notaires, les acteurs puissants de la vie économique, une législation privée. La pratique qui peut se transformer en une coutume ne doit pas émaner « d'en haut », mais « d'en bas », c'est-à-dire de la base, des particuliers. L'auteur reprend à son compte la terminologie de Mme P. Deumier (thèse préc.), qui distingue la pratique descendante, de la pratique ascendante. Seule la seconde peut se transformer en une coutume. Si l'on comprend bien la distinction en théorie, il est peut-être difficile de savoir qui a imposé la pratique en question. Ce qui est important, c'est – cela a déjà été dit – de savoir si l'on est encore dans la pratique non obligatoire ou si l'on a déjà affaire à une règle de droit coutumière

II. Le rôle

134. – Dans l'absolu. – Force est de constater que le rôle de la coutume dépend de l'organisation de la société. L'importance de la coutume a varié dans le temps. Dans une société inorganisée (Rome royale, haut Moyen Âge français…), la coutume a pratiquement le monopole en tant que source du droit ; à l'opposé, dans une société devenue organisée (Rome classique, France depuis la Révolution…), la coutume s'efface devant les sources écrites. Ne lui reste qu'un rôle limité à certains lieux ou certains milieux professionnels, c'est là que le terme « d'usages » est plus volontiers employé pour la désigner. L'importance de la coutume varie aussi dans l'espace. Parce que la société internationale est inorganisée, la coutume y a un rôle important à jouer : le droit international public ou le droit du commerce international sont essentiellement coutumiers.

135. – En droit positif français. – Le rôle de la coutume dépend chez nous de son rapport avec la loi, rapport qui est de triple nature. On constate ainsi l'existence de trois catégories de coutumes, d'ailleurs pas toujours faciles à différencier : il suffit pour s'en convaincre de relever les divergences entre les auteurs quant aux illustrations de chacune d'elles.

D'abord, la loi elle-même peut conférer un rôle à la *coutume secondum legem* (première catégorie). Cette délégation de la loi à la coutume est réalisée par un renvoi exprès de l'une à l'autre qui, de ce fait, a l'autorité d'une loi supplétive – ou par un renvoi implicite. Par exemple, l'article 671 du Code civil précise notamment à quelle distance de la limite de la propriété voisine il est permis de planter des arbres de plus de 2 mètres de hauteur, mais le texte de loi ne prévoit une distance de 2 mètres qu'à défaut d'« usages constants et reconnus » auxquels il renvoie donc expressément ; l'article 1135 du Code civil renvoie aussi de manière expresse aux usages pour donner des indications aux parties à un contrat sur l'étendue de leurs obligations [61]. Dans d'autres textes figurent des expressions telles que « bonnes mœurs », « bon père de famille », « intérêt de la famille », « faute », « fraude », « force majeure », « bonne ou mauvaise foi »… Ce sont des concepts appelés « mous ». Ils ne peuvent faire l'objet d'une définition légale figée car leur signification évolue parallèlement à l'évolution des conceptions morales de la société : un comportement normal en un temps et en un lieu sera anormal plus tard ou ailleurs ; c'est, par conséquent, la coutume, relayée par la jurisprudence et la doctrine, qui offre une définition évolutive de ces « standards juridiques ». Le langage juridique utilisé dans les lois constitue lui-même un renvoi tacite à la coutume : c'est elle qui permet de connaître la signification de termes, comme les mots « raisonnable » (qu'est-ce qu'un délai « raisonnable » dans le cadre d'un procès ?), « suffisant », « notoire »… Il est parfois expliqué qu'il y a coutume *secundum legem* lorsqu'une loi, même impérative, laisse place à une coutume : ainsi alors qu'une loi de 1850 (loi Grammont) sanctionnait les cruautés envers les animaux, les courses de taureaux ont été tolérées en France, là où existait une tradition taurine ininterrompue – cette tolérance résulte aujourd'hui d'un amendement de la loi Grammont. En réalité, il s'agit plus ici d'une coutume *contra legem,* ultérieurement consacrée par le législateur, que d'une véritable délégation de la loi [62].

61. « Les conventions obligent non seulement à ce qui y est exprimé, mais encore à toutes les suites que l'équité, l'usage ou la loi donnent à l'obligation d'après sa nature ».

62. La clause commerciale (v. *supra* n° 132) obéit à la même analyse.

Ensuite, dans le silence de la loi, les *coutumes praeter legem* (deuxième catégorie) viennent la compléter ; il n'y a évidemment pas de renvoi de la loi, puisque celle-ci ne régit pas du tout la question. Les exemples en sont assez rares en droit civil : le XIXe siècle a connu la coutume du port par la femme du nom du mari ; jusqu'au 1er juillet 2002, date d'entrée en vigueur de certaines dispositions de la loi n° 2001-1135 du 3 décembre 2001 relative aux droits du conjoint survivant et des enfants adultérins et modernisant diverses dispositions de droit successoral, la preuve de la qualité d'héritier était apportée, selon une règle coutumière, par des actes de notoriété, mais le législateur a fini par consacrer cette pratique notariale [63]. En matière commerciale, l'importance de la *lex mercatoria* a déjà été soulignée. Si la légitimité d'une telle coutume suppléant les lacunes de la loi a pu être discutée, son utilité est évidente et n'avait d'ailleurs pas échappé aux rédacteurs du Code civil (cf. le *Discours préliminaire* de J. E. M. Portalis [64]).

Enfin, les coutumes *contra legem* (troisième catégorie) vont contre la loi. Le principe est cependant qu'une coutume ne peut l'emporter sur la loi, au moins la loi impérative [65]. Par conséquent, une loi ne peut ni être abrogée par désuétude (cessation d'application), ni par une pratique non conforme. Pour autant, que le droit a connu ou connaît des cas où une coutume a pu naître *contra legem* [66]. Le plus souvent, en raison de cette subordination de la coutume à la loi, la survie de la pratique contraire n'est assurée que par sa consécration législative : cela a été les cas de la clause commerciale ou de la corrida. Mais aucune loi n'a repris la présomption de solidarité en matière commerciale. De même, de nombreuses règles coutumières applicables outre-mer sont contraires à notre droit commun [67]. La coutume *contra legem* permet au moins à la volonté populaire de jouer un rôle d'inspiration d'une loi plus conforme à ses attentes que ne l'était la loi contredite ou abandonnée.

§ 2 : Les principes généraux du droit

I. La notion de principe général du droit

136. – Une notion ayant des origines diverses. – Les principes ont une importance grandissante : tous les domaines du droit sont concernés. Ces principes sont pour certains anciens, pour d'autres récents : en effet, de nouveaux principes apparaissent régulièrement, dégagés par les juges, notamment sous l'influence du droit communautaire ou de l'évolution de la

63. V. l'article 730-1, alinéa 1er du Code civil, tel qu'il est issu de la loi de 2001 : « la preuve de la qualité d'héritier peut résulter d'un acte de notoriété dressé par un notaire, à la demande d'un ou plusieurs ayants droit ». Depuis la loi n° 2007-1787 du 20 déc. 2007 relative à la simplification du droit, le notaire a même une compétence exclusive (à l'exclusion du greffier en chef du tribunal d'instance du lieu d'ouverture de la succession). *Adde* B. BEIGNIER, *Libéralités et successions*, Montchrestien, Cours, 2010, n° 363.

64. V. Confluences 1999 ou F. EWALD et G. CANIVET, *Naissance du Code civil*, Flammarion, 2004.

65. Par opposition à la loi supplétive. Sur ces notions, v. *supra* n° 14.

66. V. *supra* au même numéro.

67. Et des arrêts ont pu se fonder sur de telles règles coutumières, en raison de leur force obligatoire : par exemple, Cass. 1re civ., 23 mai 2006 (n° 05-16809) admettant que la non-paternité puisse être établie par serment décisoire devant le Grand Cadi, ou Nouméa, 9 avr. 1987 (*JCP* 1987. II. 20880, obs. J.-L. VIVIER) reconnaissant la personnalité morale à un clan. *Adde* P. DEUMIER, « La coutume kanake, le pluralisme des sources et le pluralisme des ordres juridiques », *RTD civ.* 2006, p. 516 et s., préc. En revanche, les « rapports professionnels résultant d'un travail accompli dans un lien de subordination » ne sont pas soumis au statut civil coutumier kanak (Cass. soc., 10 févr. 2010, n° 08-70084, *Bull. civ. V*, n° 37).

société[68]. Établir un inventaire exhaustif et à jour de ces principes est donc une entreprise d'ampleur, pour ne pas dire hasardeuse[69].

En outre, le concept même de principe est difficile à cerner et leur présentation varie d'un auteur à l'autre[70]. En fait, « il n'y a pas lieu d'attacher une importance particulière à ces variations de terminologie »[71].

136-1. – Droit public et droit supranational. – Les principes généraux du droit se rencontrent surtout en droit public et en droit supranational. Ce sont des textes, de valeur diverse, ou bien c'est la jurisprudence, qui les mettent en lumière.

Ainsi il y a des « principes fondamentaux reconnus par les lois de la République » : leur existence est proclamée par le Préambule de la Constitution de 1946 (dans son article 1) et ils ont été dégagés un par un par le Conseil constitutionnel. Ils semblent se limiter à la liberté d'association[72], aux droits de la défense, à la liberté individuelle, la liberté d'enseignement, la liberté de conscience, l'indépendance de la juridiction administrative, la compétence exclusive de la juridiction administrative en matière d'annulation des actes de la puissance publique, l'autorité judiciaire gardienne de la propriété privée immobilière, et, depuis 2002, à la proportionnalité des peines applicables aux mineurs[73]. Il faut leur ajouter la tradition républicaine consistant notamment à présenter les principales caractéristiques des projets de loi et de mettre en valeur l'intérêt qui s'attache à leur adoption[74]. En revanche, le Conseil constitutionnel a récemment abandonné le principe d'indépendance des professeurs d'université au profit d'un principe d'indépendance des enseignants-chercheurs. Depuis la décision n° 2010-20/21 QPC du 6 août 2010, les professeurs d'université ne bénéficient donc plus d'une indépendance par rapport aux autres catégories d'enseignants-chercheurs, avec la conséquence qu'il n'est plus nécessaire que toutes les personnes intervenant dans la sélection de ces professeurs soient d'un grade au moins égal à l'emploi à pourvoir. C'est une démarche rare de la part du Conseil constitutionnel[75]. Le même Préambule, dans son article 2, proclame aussi des « principes particulièrement nécessaires à notre temps », qui sont énoncés aux articles suivants : parmi eux, l'égalité des droits de la femme et de l'homme (art. 3), le devoir de travailler et le droit d'obtenir un emploi (art. 4)... En outre, et de plus en plus, le Conseil constitutionnel proclame « des principes dépourvus d'assise textuelle ou déduits de textes évanescents »[76]. Au titre des

---

68. Selon MM. Ph. Malaurie et P. Morvan (*op. cit.*, n° 356), « à la fin de l'année 2008, il en existait 113 variétés, réparties entre toutes les branches du droit », soit 17 de plus qu'en 2004 (date de la précédente édition de leur ouvrage). Ils sont nombreux en droit social et la question des principes dans la jurisprudence de la chambre sociale de la Cour de cassation a d'ailleurs donné lieu à un cycle de conférences à l'Université Panthéon-Assas de mars à nov. 2007.

69. Même si elle a pu être tentée : cf. P. Morvan, *Le principe de droit privé*, Éd. Panthéon-Assas, 1999, n°s 79 et s. *Adde*, du même auteur, « La production de principes par la chambre sociale de la Cour de cassation », *in Les principes dans la jurisprudence de la chambre sociale de la Cour de cassation*, Dalloz, coll. Thèmes & commentaires Actes, 2008, p. 5.

70. V. S. Caudal (dir.), *Les principes en droit*, Economica, coll. Études juridiques, 2008.

71. Ph. Jestaz, *Les sources du droit*, préc. p. 23.

72. C'est l'arrêt fondateur en la matière : Cons. const., 16 juill. 1971 (Liberté d'association), décision n° 71-44 DC. Les décisions du Conseil constitutionnel peuvent être consultées sur Legifrance (rubrique « jurisprudence constitutionnelle ») ou sur le site du Conseil : www.conseil-constitutionnel.fr.

73. Cons. const., 29 août 2002 (Loi d'orientation et de programmation pour la justice), décision n° 2002-461 DC.

74. L'exigence d'une telle présentation a été posée par la loi organique n° 2009-403 du 15 avr. 2009 : v. *supra* n° 133.

75. V. B. Mathieu, « De la disparition d'un principe constitutionnel : l'indépendance des professeurs d'université. – À propos de la décision du Conseil constitutionnel n° 2010-20/21 QPC du 6 août 2010 », *JCP* G 2010, n° 862 : « il est assez rare pour être relevé que le Conseil constitutionnel opère une telle régression s'agissant non pas tant de la portée d'un principe constitutionnel que de son existence même ».

76. V. Ph. Malaurie et P. Morvan, *op. cit.*, n° 294.

premiers figure le principe de la continuité du service public [77] ; et au titre des seconds la liberté d'entreprendre, celle d'aller et venir [78]... ou le principe d'égalité [79]. Il désigne même des « objectifs de valeur constitutionnelle », comme l'objectif d'intelligibilité et d'accessibilité de la loi [80], « laissant au législateur et au gouvernement le soin de déterminer les modalités de mise en œuvre » [81].

Il faut encore citer les principes résultant de la jurisprudence du Conseil d'État, à savoir les « principes généraux du droit applicables même en l'absence d'un texte » : ainsi en est-il du principe du respect des droits de la défense en matière administrative [82], le principe de continuité du service public [83]... ou, plus récemment, le principe de sécurité juridique [84].

Sur un plan supranational, se rencontrent les « principes généraux du droit reconnus par les nations civilisées », comme l'imprescriptibilité des crimes contre l'humanité (affirmé à l'article 38 du Statut de la Cour internationale de justice) ou encore des principes dégagés par la Cour de justice de l'Union européenne [85] et la Cour européenne des droits de l'homme, comme les principes de respect des droits de la défense, de non-discrimination, de précaution, de sécurité de la règle juridique, de confiance mutuelle...

136-2. – Droit privé. – Cependant la notion de principes généraux du droit n'est pas étrangère au droit privé. Le plus célèbre exemple est sans doute celui que la Cour de cassation a consacré dans l'arrêt *Boudier* du 15 juin 1892 [86], à savoir le « principe d'équité qui défend de s'enrichir au détriment d'autrui », ouvrant une action appelée *de in rem verso* à l'appauvri. Mais la Haute juridiction judiciaire avait déjà vu en 1828 [87] dans le respect des droits de la défense un « droit naturel ». Plus récemment, dans l'arrêt refusant la validité des conventions de mères porteuses du

77. Cons. const., 25 juill. 1979 (droit de grève à la radio et à la télévision), décision n° 79-105 DC ; *JCP* G 1981. II. 19547 : le droit de grève peut être limité par le législateur au nom du principe constitutionnel non écrit de la continuité du service public.

78. C'est l'article 4 de la Déclaration des droits de l'homme et du citoyen de 1789 qui a servi de base à ces principes : v. Cons. const., 16 janv. 1982 (loi de nationalisation), décision n° 81-132 DC ; *JCP* G 1983. II. 19788 pour la liberté d'entreprendre ; Cons. const., 25 juill. 1979 (loi relative à certains ouvrages reliant les voies nationales ou départementales), décision n° 79-107 DC pour la liberté d'aller et venir.

79. C'est l'article 6 de la même déclaration qui en est le support. V. Cons. const., 22 oct. 2009, décision n° 2009-590 DC ; sachant que des distinctions peuvent être opérées entre les règles de procédure pénale si elles sont justifiées et ne privent pas le justiciable d'une procédure juste et équitable, le Conseil constitutionnel a estimé que la loi n° 2009-1311 du 28 oct. 2009 relative à la protection pénale de la propriété littéraire et artistique sur internet, dite « Hadopi II », n'est pas contraire au principe d'égalité.

80. Mentionné dans la décision du 22 oct. 2009, préc. ou dans Cons. const., 12 mai 2011 décision n° 2011-629 DC : le Conseil constitutionnel s'est prononcé sur la loi n° 2011-525 du 17 mai 2011 de simplification et d'amélioration de la qualité du droit. Les députés requérants estimaient que le texte déféré mettait en cause l'objectif à valeur constitutionnelle d'intelligibilité et d'accessibilité de la loi. Le Conseil constitutionnel a relevé que la complexité de la loi et l'hétérogénéité des dispositions de la loi ne sauraient à elles seules porter atteinte à cet objectif qui découle des articles 4, 5, 6 et 16 de la Déclaration des droits de l'homme et du citoyen de 1789. Aucune des dispositions de la loi ne méconnaît cet objectif. Dès lors le Conseil constitutionnel a écarté ce grief.

81. V. Ph. Malaurie et P. Morvan, *op. cit.*, n° 294, note 30.

82. En matière administrative : CE, Sect., 5 mai 1944, *Dame Veuve Trompier Gravier*, *Recueil* p. 133, *GAJA* n° 58 ; ass., 26 oct. 1945, *Aramu*, *Leb.* p. 213 ; en matière pénale : CE, ass., 19 oct. 1962, *Canal, Robin et Godot*, *Recueil* p. 552, *GAJA* n° 88.

83. CE, ass., 7 juill. 1950, *Dehaene*, *Rec.*, p. 426.

84. CE, ass, 24 mars 2006, n° 288460. Il ressort de cet arrêt qu'il incombe à l'autorité investie du pouvoir réglementaire d'édicter, pour des motifs de sécurité juridique, les mesures transitoires qu'implique, s'il y a lieu, une réglementation nouvelle. Il en va ainsi en particulier lorsque les règles nouvelles sont susceptibles de porter une atteinte excessive à des situations contractuelles en cours qui ont été légalement nouées. Cela rejoint la question des revirements de jurisprudence (sur lesquels, v. *infra* n°s 149 et 150 et s.). V. aussi *supra* n° 106.

85. Autrefois, c'est-à-dire avant le 1er janvier 2009, date d'entrée en vigueur du traité de Lisbonne du 13 décembre 2007, Cour de justice des communautés européennes.

86. Cass. req., 15 juin 1892, *D.* 1892, p. 596. Par la suite, la Cour de cassation a posé des conditions supplémentaires à l'existence d'un appauvrissement d'un côté et d'un enrichissement de l'autre, en particulier l'absence de cause (sur cette notion, v. *infra* n° 253). L'enrichissement sans cause sert encore aujourd'hui de fondement à des décisions de justice : pour un exemple récent, cf. Cass. 1re civ., 5 mars 2008, n° 07-13902 ou encore Cass. 1re civ., 25 juin 2008, n° 06-19556.

87. Civ., 7 mai 1828, *S.* 1828, 1, 93.

31 mai 1991, la Haute juridiction a aussi invoqué le principe de l'indisponibilité de l'état de la personne [88]. Le principe de la loyauté de la preuve est invoqué tant en matière pénale [89] que civile [90].

Par ailleurs, si les articles 1 à 24 du Code de procédure civile [91] contiennent des règles à suivre dans tout procès devant les juridictions civiles – à savoir les principes directeurs du procès –, ces textes ne sont plus les seuls : ils sont complétés par de nouveaux principes affirmés par la jurisprudence. Ainsi, il est souvent question d'un principe de loyauté des parties en matière processuelle [92], qui impliquerait notamment une interdiction de se contredire au détriment d'autrui (théorie anglaise de l'*estoppel* qui est ainsi entrée en droit français) [93]. La Cour de cassation a aussi, par à-coups, dégagé un principe du raisonnable dans l'application et l'interprétation du droit ; ce raisonnable étant « caractérisé par le souci d'assurer sa cohérence générale, en évitant excès, absurdité, iniquités et ineffectivité, et la primauté du respect des droits de la personne humaine » [94].

Force est de constater que certains principes sont énoncés par plusieurs juridictions, tant nationales que supra-nationales. Par exemple, les droits de la défense préoccupent toutes les juridictions, puisque leur nécessaire respect est affirmé par quatre instances (au moins), ce qui montre d'ailleurs le caractère accessoire de la distinction des différents principes de droit [95]...

---

88. Selon l'assemblée plénière, « la convention par laquelle une femme s'engage, fût-ce à titre gratuit, à concevoir et à porter un enfant pour l'abandonner à sa naissance contrevient tant au principe d'ordre public de l'indisponibilité du corps humain qu'à celui de l'indisponibilité de l'état des personnes » (Cass. ass. plén., 31 mai 1991, n° 90-20105, *Bull. ass. plén.*, n° 4. V. parmi les nombreux commentaires de la décision, *JCP* 1991. II. 21752, communication J. Bernard, concl. H. Dontenwille, note F. Terré, *D.* 1991.417, rapp. Y. Chartier, note D. Thouvenin). Cependant des sénateurs ont proposé de légaliser les conventions de mères porteuses (c'est la règle dans certains pays). V. le Rapport d'information n° 421 (2007-2008) fait par Mme M. André, MM. A. Milon et H. de Richemont, au nom de la commission des lois et de la commission des affaires sociales et remis le 25 juin 2008. Autant dire que la compréhension des principes peut varier dans le temps et selon le lieu. Pour autant, la maternité pour autrui n'est toujours pas du droit positif français. La Cour de cassation a donc décidé qu'en « l'état du droit positif il est contraire au principe de l'indisponibilité de l'état des personnes, principe essentiel du droit français, de faire produire effet, au regard de la filiation, à une convention portant sur la gestation pour le compte d'autrui, qui, fût-elle licite à l'étranger, est nulle d'une nullité d'ordre public » (v. Cass. 1re civ., 6 avr. 2011, n° 09-66486, n° 10-19053 et n° 09-17130) : la transcription des filiations sur les actes d'état civil français a donc été entièrement ou partiellement annulée. Et, le 7 avr. 2011, les sénateurs ont majoritairement rejeté trois amendements apportés au projet de loi relatif à la bioéthique qui visaient à légaliser la gestation pour autrui, « conformément aux souhaits du gouvernement qui avait invoqué la dignité de la personne pour justifier son immobilisme familial... » (F. Rome, « Stérile randonnée... », *D.* 2011, p. 1001). La question reste à suivre...

89. V. notamment Cass. crim., 4 juin 2008 (n° 08-81045, *Bull. crim.*, n° 141, *JCP* G 2009. II. 10009, note F. Fourment) : porte atteinte au principe de loyauté des preuves et au droit à un procès équitable, la provocation à la commission d'une infraction par un agent de l'autorité publique, en l'absence d'éléments antérieurs permettant d'en soupçonner l'existence. La déloyauté d'un tel procédé rend irrecevables en justice les éléments de preuve ainsi obtenus, quand bien même ce stratagème aurait permis la découverte d'autres infractions déjà commises ou en cours de commission. Ce principe n'est pas directement posé par le Code de procédure pénale et la chambre criminelle affirme son autonomie par rapport au droit à un procès équitable posé par l'article 6 § 1 de la Convention de sauvegarde des droits de l'homme et des libertés fondamentales. V. *infra* n° 289.

90. V. dernièrement Cass. ass. plén., 7 janv. 2011 (n° 09-14316, à paraître au *Bull.*, *JCP* G 2011, n° 43, note M. Malaurie-Vignal) : *Adde* B. Fages, « Le principe de loyauté dans l'administration de la preuve », *RTD civ.* 2011 p. 127 : « pour asseoir cette solution, l'Assemblée plénière ne vise pas que l'article 9 du Code de procédure civile. Elle se réfère aussi à l'article 6 § 1 de la Convention EDH et, pour la première fois, au "principe de loyauté dans l'administration de la preuve", dont on assiste ici à la consécration officielle ».

Sur la loyauté de la preuve, v. aussi *infra* n° 289.

91. Jusqu'à la loi n° 2007-1787 du 20 déc. 2007 relative à la simplification du droit (article 26), l'intitulé du code était « nouveau Code de procédure civile ». Plus de 30 ans après son entrée en vigueur, le code a cessé d'être nouveau !

92. V. S. Guinchard, F. Ferrand et C. Chainais, *Procédure civile*, Précis Dalloz, 30e éd., 2010, p. 544 et 545.

93. V. Cass. ass. plén., 27 févr. 2009, n° 07-19841, *Bull. ass. plén*, n° 1, *D.* 2010, note N. Fricero, *JCP* 2009. II. 10073, note P. Callé ; Cass. 1re civ., 8 juill. 2010, n° 09-14280, *Bull. civ.* I, n° 157 ; Cass. 2e civ., 9 sept. 2010, n° 09-68120, *Bull. civ.* II, n° 148 ; Cass. com., 18 janv. 2011, n° 10-10259, à paraître au *Bull.*... *Adde* G. Bolard, « Le moyen contraire aux précédentes écritures », *in La procédure dans tous ses états, Mélanges J. Buffet*, Montchrestien-EJA-Petites Affiches, 2004, p. 51 s. ; N. Dupont, « L'interdiction de se contredire au détriment d'autrui en procédure civile française », *RTD civ.* 2010. 459 ; N. Dupont, « Le moyen contraire aux précédentes écritures ou comment éluder les règles de compétence exclusive », *D.* 2011, p. 145.

94. V. P. Sargos, « Le principe du raisonnable. – Approche jurisprudentielle du principe fédérateur majeur de l'application et de l'interprétation du droit », *JCP* G 2009, n° 442.

95. En ce sens, v. *supra* n° 136.

137. – Une notion protéiforme. – Certains principes sont exprimés à l'aide d'un adage (*nemo plus juris transferre potest quam ipse habet :* nul ne peut transférer plus de droit qu'il n'en a lui-même), d'autres non (la condamnation de l'enrichissement sans cause) ; certains ont été repris par une loi (l'article 2276 du Code civil a repris la règle traditionnelle selon laquelle « en fait de meubles, possession vaut titre » [96], les articles 1 à 24 du Code de procédure civile exposent les principes directeurs du procès – classiques –, autrefois non écrits), d'autres non (*accessorium sequitur principale* : l'accessoire suit le principal). Ils sont en général mis en lumière par la jurisprudence (parfois aidée de la doctrine) : l'arrêt *Boudier* peut une nouvelle fois être cité en exemple ; la jurisprudence sur les troubles anormaux du voisinage en est une autre illustration : pour régler certains conflits entre voisins, la Cour de cassation a dégagé le principe selon lequel « nul ne doit causer à autrui un trouble anormal de voisinage » [97]. La chambre sociale de la Cour de cassation fait aussi usage (crée ?) des principes fondamentaux. C'est le cas du principe de la liberté d'entreprendre, du principe « à travail égal, salaire égal » [98], du principe selon lequel, en cas de conflit de normes de droit du travail, c'est la plus favorable au salarié qui doit recevoir application [99] ou encore le principe du libre exercice d'une activité professionnelle [100], accompagné du principe constitutionnel de la liberté du travail. Les arrêts n'hésitent pas à statuer au visa de tel ou tel principe, déjà formulé ou non [101].

---

96. Jusqu'au 19 juin 2008, date d'entrée en vigueur de la loi n° 2008-561 du 17 juin 2008 portant réforme de la prescription en matière civile, c'était le fameux article 2279 qui en disposait ainsi. Mais en modifiant le fond du droit civil, la loi nouvelle a aussi procédé à une renumérotation des articles. Ainsi l'article 2 I 2° c évoque « les articles 2279 et 2280 qui deviennent respectivement les articles 2276 et 2277 ». Cette efficacité administrative attriste un peu le juriste qui a commencé son droit avant 2008 !

97. Depuis Cass. 2e civ., 19 nov. 1986, n° 84-16379 ; *adde* Cass. 2e civ., 23 oct. 2003, n° 02-16303, *D.* 2004.somm obs. B. Mallet-Bricout.

98. Selon le principe « à travail égal, salaire égal », il appartient à l'employeur d'établir que la différence de rémunération constatée entre des salariés effectuant un même travail ou un travail de valeur égale, est justifiée par des éléments objectifs et pertinents que le juge contrôle. V. un exemple récent où l'existence d'éléments objectifs et pertinents a pu fonder la différence de traitement entre deux salariés : Cass. soc., 16 mars 2011, n° 09-42759 ; au contraire, v. un exemple de disparité non justifiée : Cass. soc., 16 mars 2011, n° 09-43529. La Cour de cassation construit le principe au fil des arrêts qu'elle rend à son visa. Ainsi selon Cass. soc., 30 avr. 2009, n° 07-40527, *Bull. civ.* V, n° 121, *RDC* 2009, p. 1504, note C. Neau-Leduc, le principe s'applique à des primes, des gratifications et des bonus différents selon les salariés ; l'employeur ne peut donc invoquer l'exercice de son pouvoir discrétionnaire pour décider, sans autre motif, d'attribuer ou non à ses salariés, une prime annuelle variable dont il fixe seul le montant – ce pouvoir discrétionnaire ne constituant pas un élément objectif et pertinent susceptible de justifier une différence de rémunération au regard du principe « à travail égal, salaire égal ». De même, une différence de diplômes peut justifier une différence de rémunération : Cass. soc., 17 mars 2010, n° 08-43088, *Bull. civ.* V, n° 70 ; *adde* N. Dedessus-Le-Moustier, « Inégalité de rémunération fondée sur une différence de diplômes », *JCP* G 2010, 385.

99. V. récemment Cass. soc., 9 mars 2011, n° 09-42808.

100. Cf. Cass. soc., 27 févr. 2007, n° 05-44984. En l'espèce une salariée et son employeur étaient convenus d'une clause de non-concurrence, une contrepartie financière étant accordée à la salariée uniquement en cas de rupture de la relation de travail par celle-ci. L'employeur ayant pris l'initiative de cette rupture, il a refusé de verser une contrepartie financière à son ex salariée. La Cour de cassation a estimé que la clause était nulle comme méconnaissant la liberté fondamentale du salarié d'exercer une activité professionnelle ; elle a donc cassé l'arrêt d'appel qui avait débouté la salariée de sa demande à titre de contrepartie pécuniaire de la clause de non-concurrence. En droit du travail, une clause de non-concurrence peut être inscrite dans un contrat individuel ou dans une convention collective. Elle est valable dans la mesure où elle ne fait pas échec au principe de la liberté du travail. En particulier ses effets doivent être limités dans le temps et dans l'espace. C'est dans trois arrêts du 10 juill. 2002 (nos 00-45135, 00-45387 et 99-43334) que la chambre sociale de la Cour de cassation a affirmé pour la première fois, que la validité de cette clause était subordonnée à ce qu'elle soit assortie d'une **contrepartie** financière. Ces arrêts ont réalisé un revirement de jurisprudence (sur cette notion, cf. *infra* n° 149). Par un arrêt du 10 déc. 2008, la chambre sociale a précisé les choses (L.-F. Pignarre « Clause de non concurrence et droits fondamentaux », *D.* 2009, p. 1256 s.) : le bénéfice de contrepartie financière ne peut être subordonné à l'absence de faute grave ou lourde ; alors même que le salarié avait été licencié pour une telle faute lourde, l'employeur ne pouvait refuser de lui verser la somme d'argent compensant l'engagement de son ex-salarié de ne pas lui faire concurrence.

101. L'arrêt commence par « vu le principe », là où plus habituellement on a « vu l'article x du Code civil, du Codé pénal, etc. ».

La jurisprudence procède ainsi à une fondamentalisation [102] du droit, créant des principes nouveaux ou substituant à des fondements civilistes des références supérieures [103]. La doctrine a aussi un rôle à jouer lorsqu'il s'agit de mettre en lumière ces principes généraux du droit. Ainsi Aubry et Rau ont-ils dégagé le principe de l'unité du patrimoine, lui-même repris dans des arrêts [104]. De ce fait, les principes généraux du droit peuvent aussi être classés dans les sources savantes...

Selon une théorie classique, il serait cependant réducteur d'assimiler les principes généraux du droit à la loi au sens large, la jurisprudence ou la doctrine. En d'autres termes, les principes généraux du droit préexistent, fût-ce à l'état latent, à leur réalisation législative, contentieuse ou doctrinale. Malgré la diversité des formes dans lesquelles ils sont exprimés, ils constituent donc une source de droit complémentaire autonome, à moins d'y voir une source assimilable à une forme de révélation, révélation laïque et non religieuse [105]. Selon M. le professeur J.-L. Bergel, ils ont une « fonction fondamentale », constituant « la base de toute construction juridique. Les règles de droit ne peuvent être édictées et évoluer qu'en fonction des principes généraux auxquels elles doivent se conformer ou, parfois, peuvent déroger » [106]. Cette vision « romantique » [107] est loin d'être évidente, surtout lorsqu'on observe la jurisprudence : en effet, le juge parvient « à se substituer en quelque sorte au législateur, tantôt par une interprétation hardie des textes en vigueur, tantôt même en faisant abstraction des textes » [108]. Les principes sont en réalité plutôt créés que révélés par la jurisprudence pour s'émanciper de la loi.

II. Le rôle des principes généraux du droit

138. – Un rôle *secundum, praeter* ou *contra legem*. – Les principes supranationaux ou constitutionnels ayant une valeur supralégislative, ils s'imposent au législateur. En revanche, pour ce qui est des principes de droit privé – non transcrits dans un texte législatif –, leur

102. Sur ce terme, v. L.-F. Pignarre, note sous Cass. soc., 10 déc. 2008, préc., p. 1256. *Adde* Ph. Malaurie et P. Morvan, *op. cit.*, n° 296. Pour un mouvement en sens contraire, v. B. Mathieu, « La dignité. – Avatars d'un principe malmené », *JCP* G 2010, n° 709 : « le principe de dignité est entré dans le langage juridique alors que les menaces sur la personne humaine étaient avérées (après la Seconde Guerre mondiale) ou potentielles (liées à certaines pratiques biomédicales) ; c'est ainsi une conception fondamentaliste du principe de dignité qui s'est substitué à une conception sociale, nécessairement relative ». Or l'auteur déplore que le principe fasse aujourd'hui l'objet d'une certaine défiance de la jurisprudence qui amène à le relativiser.

103. V. L.-F. Pignarre, *loc. cit.*

104. V., par exemple, Cass. com., 12 juill. 2004, n° 03-12672 dont le visa est le suivant : « vu le principe selon lequel le patrimoine est indissociablement lié à la personne ». Sur ce principe, cf. *infra* chap. 7 (cours et travaux dirigés). Il faut cependant noter que ce principe est aujourd'hui quelque peu atténué, du fait de l'introduction en droit français de la fiducie, sorte de patrimoine d'affectation et du statut d'entrepreneur individuel à responsabilité limité (créé par la loi n° 2010-658 du 15 juin 2010 relative à l'entrepreneur individuel à responsabilité limitée) en vertu duquel un entrepreneur peut affecter une partie de son patrimoine à son activité professionnelle sans création d'une personne morale. Sur C. Aubry et F. C. Rau, v. J.-L. Thireau, *Introduction historique au droit*, préc., p. 338 et 339.

105. Sur cette affirmation, cf. *supra* n° 128.

106. J.-L. Bergel, *Théorie générale du droit*, Dalloz, préc., n° 84. Plus généralement, v. le chap. 3 de l'ouvrage, consacré aux principes généraux du droit.

107. Selon l'expression de MM. Ph. Malaurie et P. Morvan, *op. cit.*, n° 356.

108. P. Lescot, « Les tribunaux face à la carence du législateur », *JCP* 1966. I. 2007. *Adde* Ph. Malaurie et P. Morvan, *op. cit.*, n° 356. V. *infra* n° 145, le pouvoir créateur de la jurisprudence.

rapport avec la loi s'apparente à ceux de la coutume ou de la jurisprudence avec la norme légale [109]. Certains principes généraux du droit seront induits de textes de loi (l'article 725 du Code civil qui permet à l'enfant simplement conçu d'hériter n'est qu'une application du principe général *infans conceptus pro nato habetur :* l'enfant simplement conçu est considéré comme né chaque fois qu'il y va de son intérêt). D'autres seront consacrés, *praeter legem*, dans le silence de la loi (la condamnation de l'enrichissement sans cause). Enfin, des principes vont à l'encontre de la loi (par exemple, la jurisprudence de la Cour de cassation relative aux biens de famille ne respecte pas les règles ordinaires de la dévolution successorale) ; c'est même de plus en plus souvent le cas en jurisprudence [110]. Il y a donc apparemment complémentarité, mais plus encore concurrence, de la loi et des principes généraux du droit, la jurisprudence s'emparant de ces principes.

Section 2
Les sources savantes

Sous-section 1 : La jurisprudence

§ 1 : La notion

139. – Les différents sens du mot « jurisprudence ». – En droit romain et étymologiquement, la jurisprudence (*juris prudentia*) est la science du droit, c'est-à-dire les solutions que les jurisconsultes – les prudents – ont élaborées. La « jurisprudence » du droit anglais est restée proche de ce sens originel, puisqu'elle est la philosophie du droit et la théorie générale du droit. En revanche, la jurisprudence du droit français s'en est éloignée et a revêtu divers autres sens. La jurisprudence désigne toujours un ensemble de décisions rendues pendant une certaine période de temps, mais l'ensemble est plus ou moins étendu selon que l'on regarde toutes les juridictions, certaines d'entre elles (cours d'appel, juges du fond) ou une juridiction seulement (Cour de cassation, cour d'appel de Caen) et selon que l'on s'intéresse à l'ensemble du droit français, à une branche du droit (jurisprudence civile, administrative) ou seulement à une matière (jurisprudence immobilière ou relative à l'abus de droit). En considérant l'habitude qu'ont les tribunaux de trancher un litige d'une certaine manière, on pourra constater que leur jurisprudence est « constante » ou au contraire qu'à la faveur d'un « revirement de jurisprudence », la façon habituelle de trancher tel type de litige n'a pas été

109. Selon M. J.-L. Bergel (*op. cit.*, n° 86), les principes généraux ont une « fonction technique » : en effet, soit « ils commandent la règle ou la solution juridique », soit ils sont « destinés à corriger les excès ou les anomalies de la loi ». Les premiers sont « directeurs » (par exemple, le principe selon lequel « nul n'est censé ignorer la loi »), les seconds « correcteurs » (par exemple, le principe *fraus omnia corrumpit* – la fraude fait exception à toutes les règles) – nombreux sont ceux qui sont alternativement directeurs ou correcteurs selon les cas.

110. V. n° précédent.

suivie. La jurisprudence, c'est encore la « personnification de l'action des tribunaux » (par opposition à législation ou doctrine) [111].

140. – Les éléments de la jurisprudence. – Quel que soit le sens de droit positif français retenu, on ne peut parler de jurisprudence que si certains éléments sont réunis.

1) Il faut tout d'abord – c'est évident – que des décisions aient été rendues par un juge.

2) Il faut ensuite que ces décisions soient connues des professionnels du droit (tant théoriciens que praticiens) et des justiciables, grâce à leur diffusion (leur publication). Jusqu'à une époque assez récente, environ 20 % des arrêts de la Haute juridiction étaient publiés au *Bulletin des arrêts de la Cour de cassation :* le choix de ces arrêts était effectué par la Cour de cassation elle-même, en raison de leur importance. On peut désormais trouver en ligne l'intégralité des arrêts rendus par la Cour de cassation et d'autres juridictions sur le site officiel qu'est « Legifrance » [112] – non seulement, donc, ceux destinés au *Bulletin*, mais aussi les autres. Un autre changement est intervenu en 2008 : la version papier du *Bulletin* a disparu pour l'avenir, remplacée par une publication en ligne sur le site de la Cour de cassation [113], par décision de M. le premier président Vincent Lamanda. Il est possible aussi de connaître certaines décisions de justice, commentées de surcroît, grâce à des éditeurs privés : v., par exemple, les revues *Lamy*, *Dalloz*, *Lextenso*, celles du *Jurisclasseur*... les unes étant généralistes, les autres spécialisées en certaines matières. Il est donc très facile aujourd'hui au juriste d'avoir accès aux décisions des différentes juridictions, le problème tenant davantage au foisonnement des textes, des décisions de justice et des revues : tout lire pour tout connaître relève de la gageure [114]. Il faut également signaler une pratique assez récente de la Cour de cassation qui est celle des « communiqués » [115] : ceux-ci, apparus sur le site de la Cour de cassation, dans le *Bulletin d'information de la Cour de cassation* en 2001, ont une fonction pédagogique ; ils attirent l'attention sur une décision importante et tentent d'en faciliter la compréhension par le profane (le Conseil d'État et le Conseil constitutionnel, eux, utilisent des « communiqués de presse »). En outre, la Cour de cassation publie chaque année un rapport (disponible sur son site) où elle retient également certains arrêts particulièrement importants. Ainsi quelques décisions de la Haute juridiction seront en ligne sur Legifrance, au *Bulletin*, feront l'objet d'un communiqué et figureront au rapport annuel [116] ! C'est la

111. C'est le 3e sens du mot jurisprudence parmi les 6 que retient le *Vocabulaire juridique* Cornu (*v°* jurisprudence).

112. V. http://www.legifrance.gouv.fr et les liens.

113. V. www.courdecassation.fr.

114. Sur cette documentation traditionnelle et automatisée, cf. G. Cornu, *Droit civil – Introduction au droit*, préc., nos 113 et s. *Adde* Y. Tanguy, *La recherche documentaire en droit*, PUF, Droit fondamental, 1991.

115. Sur lesquels, v. P. Deumier, « Les communiqués de la Cour de cassation : d'une source d'information à une source d'interprétation », *RTD civ.* 2006, p. 510 et s.

116. *Adde* Y. Massart et A. Lacabarats, « Notes et communiqués au *Bulletin d'information de la Cour de cassation* », *Bull. inf. C. cass.* n° 680 du 15 avr. 2008, rubrique « communications ».

À noter que la situation était bien différente sous l'Ancien régime où les publications résultaient d'initiatives purement privées, essentiellement destinées à l'usage de celui qui les avait réalisées et donc de qualité très variable d'un juriste (les arrêtistes) à l'autre. Le *Bulletin officiel de la Cour de cassation* existait depuis 1798 mais il a fallu attendre la seconde moitié du XIXe siècle pour que se développent d'autres revues : le *Journal du Palais*, les recueils de Jean-Baptiste Sirey ou de Désiré Dalloz, le *Lebon* en 1821 qui sont les ancêtres de nos revues.

À noter aussi une difficulté supplémentaire qui s'ajoute pour le profane, à savoir celle de la compréhension du langage juridique : v. G. Cornu, *op. cit.*, nos 86 et s. et la préface du *Vocabulaire juridique*, G. Cornu (dir.), Quadrige, 8e éd., 2007. La possession et l'utilisation d'un tel ouvrage ou de tout autre lexique des termes juridiques – voire d'un simple dictionnaire suffisamment complet – sont vivement recommandées à tout étudiant, et spécialement à celui de première année (certains lexiques sont même accessibles en ligne).

Cour de cassation elle-même qui procède à cette hiérarchisation de ses décisions ; hiérarchisation qui apparaît grâce aux mentions P, B, R, I [117].

3) Enfin, il est nécessaire que ces décisions soient motivées, c'est-à-dire qu'elles exposent le raisonnement du juge et notamment la règle générale sur laquelle il s'est fondé pour trancher, dans le « dispositif » du jugement, le cas concret à lui soumis [118].

Sous l'Ancien Régime, les décisions de justice étaient très peu motivées, sauf exception [119]. Cela rendait très difficile la constitution d'une jurisprudence [120]. Aujourd'hui l'obligation de motiver n'est que très rarement écartée : c'est le cas, notamment, lorsque le juge dispose d'un pouvoir discrétionnaire (ce qui caractérise ce pouvoir, c'est le fait pour le juge de prendre une décision sans justifier celle-ci devant les justiciables, à qui il n'aura pas non plus demandé leur avis) : ainsi en est-il, par exemple, lorsqu'il condamne le perdant aux dépens (c'est-à-dire au paiement des frais de l'instance) [121]. C'est le cas aussi en matière de divorce pour faute, dans le souci de respecter la vie privée des ex-conjoints (l'article 245-1 du Code civil dispose ainsi que « à la demande des conjoints, le juge peut se limiter à constater dans les motifs du jugement qu'il existe des faits constituant une cause de divorce, sans avoir à énoncer les torts et griefs des parties ») ou lorsqu'il prononce une adoption (C. civ., art. 353). Jusqu'à une date très récente, une autre exception concernait la procédure pénale : les articles 353 et 357 du Code de procédure pénale permettaient que les arrêts de cour d'assises, donc en matière criminelle [122],

117. V., rédigée par le service de documentation et d'études de la Cour de cassation, une fiche sur « la hiérarchisation des arrêts de la Cour de cassation (P. B. R. I.) » à l'adresse suivante : http://www.courdecassation.fr/jurisprudence_2/chambres_mixtes_2740/cour_cassation_11927.html.

« Les mentions P.B.R.I. permettent de hiérarchiser les arrêts de la Cour de cassation. La publication d'un arrêt est décidée, après le délibéré, par les magistrats de la chambre.

B = publication au bulletin d'information de la Cour (*Bull. inf. C. cass.*).

P = publication au bulletin des arrêts de la Cour, bulletins des arrêts des chambres civiles et de la chambre criminelle, bulletin trimestriel du droit du travail.

I = diffusé sur le site internet de la Cour.

R = analysé au rapport annuel de la Cour de cassation.

D = diffusion sur Jurinet, la base des arrêts de la Cour de cassation, accessible sur le site intranet de la Cour de cassation (non publique).

Selon la complexité des pourvois, les formations des chambres diffèrent. Elles sont signalées par les lettres :

FP : formation plénière de chambre,

FS : formation de section (9 à 15 magistrats selon les chambres),

F ou FR : formation restreinte (le président, le doyen et le conseiller rapporteur). »

Pour une vision d'ensemble de la hiérarchisation des arrêts de la Cour de cassation, la lecture de deux articles est recommandée : « Vision prospective de la Cour de cassation » par G. Canivet, accessible sur le site internet de la Cour : http://www.courdecassation.fr/jurisprudence_publications_documentation_2/autres_publications_discours_2039/discours_2202/2006_2203/sciences_morales_9619.html, « Les outils pour apprécier l'intérêt d'un arrêt de la Cour de cassation », d'A. Lacabarats publié au *recueil Dalloz* 2007, p. 889.

Adde la fiche méthodologique « Comprendre un arrêt de la Cour de cassation rendu en matière civile » par J.-F. Weber, au *Bull. inf. C. cass.* n° 702 du 15 mai 2009 (http://www.courdecassation.fr/publications_cour_26/bulletin_information_cour_cassation_27/bulletins_information_2009_2866/no_702_3151/communication_3153/fiche_methodologique_3154/cour_cassation_12677.html).

Adde P. Deumier, « Un arrêt non publié peut-il faire jurisprudence ? (à propos de Cass. com., 29 juin 2010, n° 09-67369…) », *RTD civ.* 2011, p. 87.

V. aussi *infra* n° 144.

118. Les motifs sont souvent rédigés sous forme d'« attendu que » (juridictions civiles de 1re instance, Cour de cassation) ou de « considérant que » (cours d'appels judiciaires, Conseil d'État…). Pour des exemples, v. la partie « travaux dirigés » du manuel.

119. V. C. Bléry, « L'obligation de motiver les décisions de justice était-elle révolutionnaire en 1790 ? », *Revue de l'Histoire de la Justice*, n° 4, 1991, p. 79 et s.

120. V. Ph. Jestaz, *Les sources du droit, préc.* p. 51 et s.

121. V. art. 695 du CPC. Ce sont les droits et taxes perçus par les secrétariats des juridictions, les frais de traduction d'actes, les indemnités des témoins, la rémunération des techniciens…

122. V. *infra* nos 335, 344 et 346.

ne soient pas motivés. À la suite d'un débat dépassant le cadre national, et à l'opposé de la Cour européenne des droits de l'homme [123], le Conseil constitutionnel avait jugé conforme à la Constitution l'absence de motivation des arrêts d'assises, dès lors que des garanties étaient prévues par le Code de procédure pénale au profit de l'accusé [124]. C'est désormais bientôt du passé puisque la loi n° 2011-939 du 10 août 2011 sur la participation des citoyens au fonctionnement de la justice pénale et le jugement des mineurs [125] prévoit qu'à compter du 1er janvier 2012, les décisions des cours d'assises doivent être motivées [126]. En outre, qu'une motivation soit présente n'est pas suffisant, encore faut-il qu'elle soit de qualité, qu'elle ne soit pas qu'une apparence de motivation, faisant craindre la partialité du juge : elle doit en effet montrer que le juge a tenu un raisonnement rigoureux fondant sa décision. Ce n'est pas le cas lorsqu'il recopie les conclusions d'une des parties au litige, ce que la Cour de cassation doit malheureusement rappeler régulièrement aux juges du fond [127]. Une amélioration de la lisibilité des arrêts de la haute juridiction elle-même serait la bienvenue, car il n'est pas toujours facile de cerner exactement la question posée par le pourvoi en cassation et les raisons justifiant la réponse donnée par la Cour [128].

S'il ne fait aucun doute que des décisions de justice connues et motivées constituent une jurisprudence, la question qui se pose est en revanche celle du rôle joué par cette notion.

---

123. Le débat avait en effet été amorcé par un requérant belge, qui a saisi la Cour européenne des droits de l'homme de cette règle qui joue aussi en Belgique. La Cour européenne des droits de l'homme a alors condamné la Belgique pour violation du droit à un procès équitable (v. CEDH, 13 janv. 2009, n° 926/05, *Taxquet c/ Belgique*, *Procédures* 2009, comm. 172, note J. Buisson). La Cour de cassation avait pourtant continué à estimer que l'absence de motivation des arrêts d'assises n'était pas contraire au procès équitable « dès lors qu'ont été assurés l'information préalable sur les charges fondant la mise en accusation, le libre exercice des droits de la défense ainsi que le caractère public et contradictoire des débats » (v. Cass. crim., 20 janv. 2010 [4 espèces], *Procédures* 2010, comm. 129, note A.-S. Chavent-Leclère). Elle avait aussi refusé de transmettre les questions prioritaires de constitutionnalité sur ce point (v. Cass. crim., 19 mai 2010, 4 juin 2010 [7 arrêts], 9 juill. 2010). Mais la Grande chambre de la CEDH a confirmé partiellement l'arrêt rendu contre la Belgique : si l'absence de motivation d'un arrêt n'est pas, en soi, contraire à la Convention, « pour que les exigences d'un procès équitable soient respectées, le public et, au premier chef, l'accusé doit être à même de comprendre le verdict qui a été rendu. C'est là une garantie essentielle contre l'arbitraire » (v. CEDH, Gr. ch., 16 nov. 2010, n° 926/05, *Taxquet c/ Belgique*, *Procédures* 2011, comm. 33, note J. Buisson). La Cour de cassation avait donc accepté de transmettre au Conseil constitutionnel la question de l'absence de motivation des arrêts d'assise, estimant finalement qu'il s'agissait bien d'une question prioritaire de constitutionnalité (v. Cass. crim., 19 janv. 2011 [2 arrêts], n° 10-85.305 et n° 10-85.159, *Procédures* 2011, comm. 144, note A.-S. Chavent-Leclère). Le Conseil constitutionnel s'était alors prononcé (v. Cons. const., 1er avr. 2011, décision n° 2011-113/115 QPC.).

124. Ayant relevé et analysé toutes ces garanties relatives aux débats devant la cour d'assises et aux modalités de sa délibération, le Conseil constitutionnel avait écarté le grief tiré de ce que les dispositions critiquées laisseraient à cette cour un pouvoir arbitraire pour décider de la culpabilité d'un accusé. Retour, donc, à la case départ... Pour une critique de cette décision, v. W. Mastor et B. de Lamy, « À propos de la motivation sur la non-motivation des arrêts d'assises : *"je juge donc je motive"* », *D.* 2011, p. 1154. *Adde* J.-B. Perrier, « D'une motivation à l'autre (à propos de la décision 2011-113-115 QPC du Conseil constitutionnel du 1er avr. 2011) », *D.* 2011, p. 1156 et M. Huyette, « Comment motiver les décisions de la cour d'assises ? », *D.* 2011, p. 1158.

125. Sur laquelle, v. *infra* nos 343 et s.

126. Selon des modalités particulières prévues à l'article 365-1 du Code de procédure pénale : « le président ou l'un des magistrats assesseurs par lui désigné rédige la motivation de l'arrêt.

En cas de condamnation, la motivation consiste dans l'énoncé des principaux éléments à charge qui, pour chacun des faits reprochés à l'accusé, ont convaincu la cour d'assises. Ces éléments sont ceux qui ont été exposés au cours des délibérations menées par la cour et le jury, en application de l'article 356, préalablement aux votes sur les questions.

La motivation figure sur un document annexé à la feuille des questions appelé feuille de motivation, qui est signée par le président.

Lorsqu'en raison de la particulière complexité de l'affaire, liée au nombre des accusés ou des crimes qui leur sont reprochés, il n'est pas possible de rédiger immédiatement la feuille de motivation, celle-ci doit alors être rédigée, versée au dossier et déposée au greffe de la cour d'assises au plus tard dans un délai de trois jours à compter du prononcé de la décision ».

127. V. notamment Cass. com., 13 juill. 2010, n° 09-14121, *RLDC* 2010/76, p. 61, obs. C. Biéry, ou Cass. com., 22 mars 2011, n° 10-14583.

128. V. X. Henry, « La motivation des arrêts et la technique du moyen. Propositions de réforme », *JCP* G 2010, n° 1130.

§ 2 : Le rôle

I. L'existence de différentes conceptions du rôle de la jurisprudence

141. – La jurisprudence, une source du droit ? – La jurisprudence peut être conçue comme une source du droit de même valeur que la loi. Hier à Rome ou aujourd'hui aux États-Unis, le juge est considéré comme « un réformateur du droit, l'adaptant aux changements culturels, économiques et sociaux » [129]. En Angleterre – où l'influence du droit romain ne s'est pas fait sentir comme en France –, c'est aux juges qu'a incombé le rôle de créer le droit (*Common Law*) au fur et à mesure des besoins. Le système du « précédent » leur a facilité la tâche, en ce sens que chaque décision judiciaire rendue est considérée comme ayant une grande autorité : celle-ci est telle que la solution dégagée dans un cas doit être reproduite dans un cas postérieur analogue. Tout au moins, ce sont les motifs nécessaires à la décision (la *ratio decidendi*) qui doivent être repris et non ceux qui ne sont pas nécessaires à la solution donnée par le juge (les *obiter dictum* [130]). Remarque : ce système est proche de celui des arrêts de règlement de notre Ancien droit français, puisque dans les deux, des juges indiquent comment ils entendent statuer à l'avenir dans tel ou tel cas. Aujourd'hui, le système du précédent n'est plus aussi rigide et les lois sont de plus en plus nombreuses, mais le plus souvent, elles ne réalisent pas de réformes générales, seulement des corrections ponctuelles de la *Common Law*. Par conséquent, dans ces systèmes, la jurisprudence reste une source du droit de valeur égale, voire supérieure à la loi.

À l'opposé, la jurisprudence peut se voir refuser totalement tout rôle créateur de droit. C'est ainsi que les Révolutionnaires avaient fait de la loi la source exclusive du droit [131], voyant dans la jurisprudence « la plus détestable des institutions » (Le Chapelier) et confinant le juge dans une fonction réduite : être un « automate » (Beccaria) ; Robespierre avait même proposé de supprimer le mot jurisprudence du vocabulaire ! Ils s'inscrivaient d'ailleurs dans la lignée de Montesquieu pour qui les juges ne devaient être que « la bouche qui prononce les paroles de la loi ; des êtres inanimés qui n'en peuvent modérer ni la force ni la rigueur » [132].

Un nombre croissant d'auteurs considère aujourd'hui la jurisprudence comme une source du droit, parce qu'ils admettent l'existence d'un certain pluralisme des sources du droit [133]. L'hostilité historique à la jurisprudence est cependant telle que les auteurs discutent toujours de

129. Ph. Malaurie et P. Morvan, *op. cit.*, n° 340. *Adde* Ph. Jestaz, *op. cit.*, p. 55 et s.

130. V. *infra* n° 145.

131. Cf. *supra* n° 127, l'invention du référé législatif.

132. *De l'esprit des lois,* Livre XI, chap. VI, « de la constitution d'Angleterre », Flammarion, 2008. L'auteur considérait la puissance de juger comme étant « en quelque façon nulle », seules comptant la puissance exécutrice et la puissance législative.

133. Ph. Malaurie et P. Morvan, *op. cit.*, n° 370 : « la question de savoir si la jurisprudence est ou non une source du droit est dépassée. Sans doute occupe-t-elle une place traditionnelle dans la pensée universitaire. Mais il n'est plus temps aujourd'hui de poursuivre un combat d'arrière-garde dont l'issue est connue » *Adde* Ph. Jestaz, *op. cit.*, p. 5. *Contra* G. Cornu, *op. cit.*, n° 73 « la loi et la coutume sont les deux et les deux seules sources formelles du droit objectif, à l'exclusion de la jurisprudence, dès lors qu'il est défendu aux juges de prononcer par voie de disposition générale et réglementaire sur les causes qui leur sont soumises (C. civ. art. 5) » – sur cet article, v. n° 142. Le doyen Cornu réserve toutefois les décisions du Conseil constitutionnel (note 5), estimant qu'elles « prennent place dans le paysage des sources ». En effet, « en vertu de l'article 62 de la Constitution, elles "s'imposent aux pouvoirs publics et à toutes les autorités administratives et juridictionnelles" ». Il ajoute (*loc. cit.*) que « voilà donc au moins une jurisprudence qui est, sans contredit, source de droit. Voilà même, dans notre système juridique, une jurisprudence supérieure à la loi (sans extrapolations possibles aux autres jurisprudences, considération faite de la position insigne du Conseil constitutionnel) ».

la question : certains voient en elle une simple « autorité de fait », qui a un indéniable pouvoir créateur de droit sans être une vraie source du droit [134]. L'exemple-type de ce pouvoir créateur se trouve dans la jurisprudence relative à la responsabilité du fait des choses que l'on a sous sa garde et à la responsabilité du fait d'autrui de l'article 1384 du Code civil : à la suite d'une phrase de présentation (un « chapeau »), ce texte énumère différentes hypothèses de responsabilité ; la Cour de cassation a interprété ce qui n'était qu'une introduction en une règle de droit [135]. En réalité, il existe deux questions distinctes qu'il ne faut pas confondre : la première est de savoir si la jurisprudence est une source du droit, la seconde est de déterminer si la jurisprudence et la loi sont identiques. Il semble évident que la première appelle une réponse positive, et la seconde une réponse négative. Aujourd'hui en France, les règles jurisprudentielles, qui existent bel et bien, ne sont pas équivalentes aux règles législatives ; elles souffrent au contraire d'une certaine infériorité technique par rapport à la loi [136].

II. La jurisprudence en droit positif français

A. Le caractère normatif de la jurisprudence

1°/ Des règles plutôt contradictoires

142. – La prohibition des arrêts de règlement et la relativité de la chose jugée. – L'article 5 du Code civil, en interdisant aux juges de « se prononcer par voie de dispositions générales et réglementaires sur les causes qui leurs sont soumises » est venu combattre le système de l'Ancien droit et retirer aux tribunaux leur pouvoir de prendre des arrêts de règlement. En pratique, ce texte n'interdit pas aux tribunaux de prendre des décisions qui feraient concurrence à la loi – cela ressort assez de la séparation des pouvoirs organisée par la Constitution ; mais il permet d'éviter qu'un juge statue une fois pour toutes sur un type de cas. Cela exclut l'importation du système du précédent en France. Cette règle est renforcée par le caractère relatif de l'autorité de la chose jugée. La « chose jugée » dans une affaire concernant Ernest Bigoudi et Gontrand Michu ne s'impose qu'à eux et à personne d'autre. La « chose jugée », c'est ce que le juge a constaté : les faits (par exemple, Ernest Bigoudi coupait une branche d'arbre dépassant sur le trottoir sans faire attention ; en passant, Gontrand Michu a reçu la branche sur la tête et a été blessé) et l'applicabilité de telle règle de droit aux faits (l'article 1384 du Code civil prévoit que le responsable d'un dommage causé par la chose dont il a la garde [137] est tenu de

134. Cf. L. Bach, *Rép. civ. Dalloz*, *v°* jurisprudence, sept. 2009 ; « La jurisprudence est-elle, oui ou non, une source du droit ? (Tentative pour mettre fin à cette lancinante interrogation !) », *Mélanges J. Héron*, 2008, LGDJ, p. 47 et s. M. C. Atias voit même dans la jurisprudence – les jugements et les arrêts – seulement « d'irremplaçables sources d'informations et de réflexions sur le droit » pour la doctrine (« D'une vaine discussion sur une image inconsistante : la jurisprudence en droit privé », *RTD civ.* 2007, variétés p. 23 et s., sp. n° 20).

135. Cf. *infra* n° 184 sur le devenir éventuel de ce texte.

136. V. J. Héron, « L'infériorité technique de la norme jurisprudentielle », *RRJ* 1993-4, p. 1084. M. le doyen L. Bach évoque « l'infirmité de la jurisprudence » et ses « dangers » (v. conclusion de la rubrique du *Répertoire civil* Dalloz préc.).

137. Le gardien est celui qui a l'usage, la direction et le contrôle d'une chose.

réparer le dommage). Cette chose jugée figure dans les motifs d'une décision [138]. En raison de la relativité de l'autorité de la chose jugée, les tiers n'ont pas à s'en préoccuper [139]. Seul, éventuellement, l'effet du jugement – qui figure dans le dispositif – peut porter préjudice à des tiers (par exemple, un jugement reconnaît Ernest Bigoudi propriétaire d'une maison que Gontrand Michu et lui se disputaient et en réalité c'est une troisième personne qui est propriétaire). Mais justement, les tiers disposent alors de la possibilité de limiter l'effet du jugement aux parties, voire de faire tomber le jugement par l'exercice d'une voie de recours spécialement instituée à cet effet, à savoir la tierce opposition.

Ces deux principes semblent bien s'opposer à ce que la jurisprudence soit source du droit : comment une solution de droit ne concernant qu'une espèce particulière pourrait-elle devenir un jour une règle de droit générale ? Mais il faut compter avec d'autres règles du droit positif français.

143. – L'obligation de juger sous peine de déni de justice et l'obligation de motiver. – Avant même d'interdire au juge de statuer par dispositions générales (art. 5), le Code civil (art. 4) l'oblige à toujours juger, puisque le magistrat ne peut refuser de statuer « sous prétexte du silence, de l'obscurité ou de l'insuffisance de la loi ». Un tel « déni de justice » est passible d'une sanction pénale (v. C. pén., art. 434-7-1). Le juge peut – et doit – se contenter d'être la « bouche de la loi » lorsque celle-ci est claire ; mais dans l'hypothèse inverse, comment pourrait-il rester aussi neutre et passif ? C'est impossible et il appartient alors inévitablement au juge d'interpréter la loi, en s'aidant au besoin de décisions antérieures, identiques ou similaires, rendues par d'autres juridictions, voire de créer une solution de droit ; il pourrait même, pourquoi pas, statuer en équité. Il ne s'agit pas là d'hypothèses d'école, de cas marginaux, bien au contraire car la loi est incomplète, elle ne peut tout prévoir et doit être adaptée aux cas concrets par un juge (cf. encore le *Discours préliminaire*). Quel que soit le degré d'initiative du juge, il doit en outre motiver ses décisions (CPC, art. 455, al. 1er) [140]. Et puisqu'il doit dire sur quelle règle il appuie son raisonnement et sa décision, il se trouve parfois contraint d'inventer un principe général et abstrait avant de pouvoir l'appliquer au

138. V. J. Héron, « Localisation de la chose jugée ou rejet de l'autorité positive de la chose jugée », *Mélanges R. Perrot*, Dalloz, 1996, p. 131 et s. 131. C. Bléry, *L'efficacité substantielle des jugements civils*, thèse LGDJ, n°s 181 à 183. L'honnêteté oblige à indiquer que cette conception est minoritaire en doctrine, la majorité des auteurs considérant – à tort à notre sens – que seul le dispositif a autorité de la chose jugée.

139. Pour un exemple d'arrêt de règlement pris par une cour d'appel et condamné par la Cour de cassation, v. Cass. 2e civ., 8 avr. 2010 (n° 09-11168) : « sur le moyen unique du pourvoi incident, pris en ses deuxième, troisième, quatrième et cinquième branches :

Vu les articles **5, 1351**, 1382 **du Code civil** et R. 112-2 du Code de la sécurité sociale ;

Attendu que pour dire que la caisse avait commis une faute génératrice d'un préjudice pour la société, l'arrêt retient que **la portée générale de l'arrêt rendu le 14 mai 1998 par la Cour de cassation** ne pouvait échapper à la caisse ; qu'il résultait de cette décision, concernant une entreprise de presse cotisant dans les mêmes conditions que la société comme employeur de journalistes professionnels et assimilés, que l'abattement intéressant ces derniers devait continuer à être appliqué ; qu'en maintenant néanmoins jusqu'à la fin de l'année 2002 l'interprétation largement diffusée depuis 1991 malgré sa condamnation par la Cour de cassation, en continuant à encaisser les cotisations à un taux non conforme à la réglementation et en dissimulant aux cotisants la situation nouvelle ainsi créée, la caisse, qui ne pouvait ignorer que cette dissimulation conduisait l'employeur à débourser une part indue de cotisations, a manqué de loyauté dans l'exécution de son obligation spécifique d'information prévue à l'article R. 112-2 du Code de la sécurité sociale ;

Qu'en statuant ainsi, d'une part, **en donnant à un arrêt de la Cour de cassation une portée générale et réglementaire sur des causes ayant un objet identique, mais sans que soient réunies les conditions de l'autorité de la chose jugée**, d'autre part, alors que l'obligation d'information générale qui incombe aux unions de recouvrement n'inclut pas la diffusion des arrêts de la Cour de cassation, lesquels sont prononcés publiquement conformément aux articles 451 et 1016 du Code de procédure civile, la cour d'appel a violé les textes susvisés ».

140. V. *supra* n° 140, 3).

cas concret qu'il a à trancher. Sauf rare exception, le juge n'est autorisé à dire qu'il tranche le litige « en équité » [141] ou « par application de telle solution qu'il vient de créer » ; au contraire, il doit toujours invoquer une loi, une coutume. Le Doyen G. Cornu affirme par conséquent qu'« **aucun juge ne donne, par décision, lettre à une règle**. Même dans le silence de la loi, **il invoque le droit, il le dit : donc il s'y réfère ; il ne l'édicte pas** » [142]. Cela explique aussi pourquoi les revirements de jurisprudence [143] sont rétroactifs, ou plus précisément déclaratifs [144], en ce sens qu'ils mettent au jour une interprétation qui aurait dû être retenue depuis l'entrée en vigueur de la règle de droit applicable au litige. Mais cette conception des revirements de jurisprudence est depuis quelques années remise en question [145] et le juge lui-même n'hésite pas à affirmer son pouvoir de créer du droit [146].

Voilà donc des principes plutôt contradictoires dont il est nécessaire d'observer la mise en œuvre pour pouvoir dire ce qu'est, en droit positif, la jurisprudence.

2°/ Une mise en œuvre favorable au rôle créateur de la jurisprudence

144. – La prééminence de l'article 4 sur l'article 5 du Code civil. – D'une part, le juge doit toujours statuer et toujours s'appuyer sur une règle de droit générale et abstraite qu'il est parfois obligé de créer ; d'autre part, le juge n'a pas le droit de trancher un type de litige une fois pour toutes en précisant quelle sera sa ligne de conduite à l'avenir. Il faut cependant bien comprendre que la prohibition des arrêts de règlement n'a qu'un effet limité : le juge peut tout à fait énoncer un principe général dont sa décision va être déduite (c'est même une obligation si la loi est muette) ; lui-même ou un autre, confronté à un cas identique, a tout autant le droit de répéter, mot pour mot, le même principe et de l'appliquer à la nouvelle espèce. Ce qu'il ne peut pas faire en revanche, c'est dire, par exemple : « Le tribunal, attendu que le comportement de Ernest Bigoudi n'est pas celui d'un bon père de famille, qu'il a causé un dommage à Gontrand Michu, par ces motifs, condamne Ernest Bigoudi à 1 000 € de dommages-intérêts et dit que toute personne qui adopterait le même comportement serait redevable de la même somme envers sa victime ». Autrement dit, l'article 5 interdit au juge de faire d'une disposition de son jugement une règle de droit, il n'interdit pas en revanche que la répétition de cette disposition dans d'autres jugements devienne une règle de droit. Autrement dit encore, c'est l'article 4 qui l'emporte sur l'article 5, si bien que la jurisprudence est vraiment une source du droit. Attention : toute décision ne « fait » pas « jurisprudence » (comme il est souvent dit dans les médias). Seules les décisions les plus importantes sont susceptibles, en raison de cette qualité, de devenir des règles de droit. Ainsi, les « arrêts de principe » de la Cour de cassation, à la différence de simples « arrêts d'espèce », sont susceptibles de créer des règles générales et abstraites

141. Par exemple, l'article 1135 ou l'article 565 du Code civil sont l'un des rares à évoquer l'équité. On peut aussi mentionner l'article 1152 du même Code qui confère au juge le droit de modérer une clause pénale manifestement excessive. Une telle clause pénale prévoit un forfait de dommages-intérêts que le débiteur doit payer s'il n'exécute pas son obligation principale : un artiste s'engage à peindre le portrait d'une personne et s'il ne s'exécute pas, à verser 10 000 euros à son contractant. Si ce montant est excessivement élevé ou au contraire bien trop faible, le juge peut le revoir à la baisse ou à la hausse.

142. *Op. cit.*, n° 73, note 4.

143. C'est-à-dire les changements de jurisprudence, sur lesquels v. *infra* n° 149.

144. Ils vont s'appliquer à des faits produits sous l'empire de l'ancienne jurisprudence. Sur la notion de rétroactivité, v. *infra* n°s 168 et 175 et sur celle d'acte déclaratif, v. *infra* n° 244.

145. Cf. *infra* n°s 150 et s.

146. Cf. *infra* n° 145.

car les arrêts d'espèce, au contraire des arrêts de principe, n'apportent pas de réponse ayant un intérêt juridique notable et qui soit utilisable dans d'autres litiges. Les arrêts de principe sont, sauf exception, rendus par la Cour de cassation et c'est parmi les arrêts publiés au *Bulletin des arrêts de la Cour de cassation* version papier qu'on les trouvait ; désormais ils font l'objet d'une seule publication en ligne, plus – le cas échéant – d'un communiqué et/ou d'une citation au rapport annuel [147]. Les arrêts rendus par une chambre mixte ou l'assemblée plénière [148] ont une importance toute particulière [149].

Il en est de même des décisions prises par toute juridiction suprême : ainsi, nombreux sont les arrêts de principe rendus par le Conseil d'État, d'autant plus que le droit administratif est un droit essentiellement jurisprudentiel ou « prétorien ». C'est le Conseil d'État qui l'a construit par des décisions successives et non le législateur, comme en droit civil. S'il est encore discuté de la nature de la jurisprudence civile, il est en revanche exclu de contester que la source majeure du droit administratif soit la jurisprudence. Et il a déjà été dit que la jurisprudence du Conseil constitutionnel est considérée sans difficulté comme une source du droit, de valeur même supérieure à la loi [150].

145. – Une conscience grandissante de son rôle créateur par la jurisprudence. – Il faut constater que le juge entend largement son obligation de motiver. Tout d'abord, à côté des motifs nécessaires à la décision, il fait figurer des *obiter dictum* [151]. Le juge saisit de plus en plus souvent cette occasion qu'il a de poser de véritables règles de droit, générales et impersonnelles puisqu'elles sont dégagées de l'espèce qu'il avait à juger [152]. Ensuite, un changement commence à se manifester quant à l'obligation – hypocrite car non conforme à la réalité – faite au juge d'indiquer quelle est la loi qui fonde son jugement : la Cour de cassation [153], comme le Conseil d'État [154] déclarent que leur propre jurisprudence appartient au droit positif, qu'elle constitue des règles nationales, de sorte que ces juridictions invoquent désormais parfois ces règles qu'elles ont créées [155]. Récemment, la Cour de cassation a approuvé une cour d'appel

147. Sur ce rapport d'activité publié chaque année par la Cour de cassation, v. *supra* n° 140 2) et *infra* n° 147, en note.

148. Sur ces formations, v. *infra* n°s 359 et s.

149. Sur la hiérarchisation des arrêts de la Cour de cassation, v. *supra* n° 140 2).

150. Cf. *supra* n° 141.

151. V. S. Tournaux, « L'*obiter dictum* de la Cour de cassation », *RTD civ.* 2011, p. 45.

152. Selon le *Vocabulaire juridique Cornu*, cette locution latine signifie « soit dit en passant » ; c'est donc « une opinion que le juge livre chemin faisant », qui sert « à faire connaître par avance, à toutes fins utiles, le sentiment du juge sur une question autre que la solution du litige en cause exige de trancher ». V. aussi, *supra* n° 141.

153. Par exemple, cf. Cass. 1re civ., 25 nov. 1997 (95-22240, *Bull. civ.* I, n° 328 et *RTD civ.* 1998. 210, obs. N. Molfessis). V. Ph. Malaurie et P. Morvan, *op. cit.*, n° 348. Lorsqu'elle invoque sa jurisprudence au soutien d'un nouvel arrêt, la Cour de cassation vise parfois (c'est-à-dire le plus souvent sur un second pourvoi) sa « doctrine » ! V. P. Deumier, « La doctrine de la Cour de cassation : opinion ou précédent ? », *RTD civ.* 2006, 73 et s., n° 3. V. aussi, Cass. com., 8 févr. 2011 (n° 10-11896 ; à paraître au *Bull.*), où la Cour de cassation fournit son interprétation (mis en gras dans l'attendu de principe) d'un article du Code de commerce tout en indiquant qu'elle diffère de celle qui était la sienne depuis un arrêt de 1976 : « Vu l'article L. 225-42 du Code de commerce ; Attendu que l'action en nullité d'une convention visée à l'article L. 225-38 du même code et conclue sans autorisation du conseil d'administration se prescrit par trois ans à compter de la date de la convention ; que, toutefois, si elle a été dissimulée, le point de départ du délai de la prescription est reporté au jour où elle a été révélée ; **que s'il y a eu volonté de dissimulation, la révélation de la convention s'apprécie à l'égard de la personne qui exerce l'action** ; que les conséquences ainsi tirées du texte susvisé, qui s'écartent de celles retenues depuis un arrêt du **24 févr. 1976**, sont conformes à l'exigence de sécurité juridique au regard de l'évolution du droit des sociétés ».

154. V. CE, ass., 6 févr. 1998, *Tête et Assoc. de sauvegarde de l'Ouest lyonnais*, (n° 138777 147424 147425, *JCP* G 1998. II. 10109, note P. Cassia).

155. La Cour européenne des droits de l'homme renvoie d'ailleurs aussi à sa propre jurisprudence : v. par exemple, CEDH, 20 nov. 2008, requête n° 20335/04.

qui s'est fondée sur sa jurisprudence (celle de la Cour de cassation) : selon la cour d'appel, « en l'absence d'une règle de droit spécifique, **la jurisprudence de la Cour de cassation** a précisé que les prélèvements effectués dans le cadre d'une procédure judiciaire sur une personne vivante ou décédée ne sont pas des objets susceptibles de restitution au sens de l'article 99 du Code de procédure pénale » ; substituant à l'article 99 l'article 41-4 du Code de procédure pénale [156] – seul pertinent compte tenu de la procédure –, la Haute juridiction estime aussi que « les prélèvements effectués sur le corps humain à des fins de recherches médico-légales pour les nécessités d'une enquête ou d'une information, qui ne peuvent faire l'objet d'un droit patrimonial aux termes de l'article 16-1 du Code civil, ne constituent pas des objets susceptibles de restitution au sens de l'article 41-4 du Code de procédure pénale » [157]. Plus souvent, la jurisprudence de la Cour de justice de l'Union européenne et celle de la Cour européenne des droits de l'homme – considérée comme du droit supra-national à l'instar des conventions et traités – servent aussi de fondement à leurs décisions [158]. Autant dire que les deux juridictions nationales affirment elles-mêmes que la jurisprudence est une source du droit. Cette adéquation du discours à la réalité constitue un progrès au regard de l'honnêteté intellectuelle : lorsque la loi est obscure ou inexistante, le juge crée bien du droit, ou plus exactement une règle de droit générale et abstraite. Ce n'est pas une bonne chose, en revanche, lorsque le juge « interprète » une loi qui est claire, pour ne pas s'y conformer ; le juge outrepasse alors son office.

Il faut encore rappeler que les juges se sont arrogé le pouvoir de procéder à un « contrôle de conventionnalité », c'est-à-dire au contrôle de la conformité de la loi à la Convention européenne des droits de l'homme et à un contrôle de la conformité de cette même loi aux traités internationaux et communautaires : la jurisprudence peut alors combattre la loi si elle la déclare non conforme aux règles supra-nationales [159]. Depuis le 1er mars 2010, date d'entrée en vigueur de la question prioritaire de constitutionnalité [160], tout juge interne – juge du fond ou du droit, judiciaire ou administratif – peut émettre une opinion sur la constitutionnalité de la loi applicable au litige dont il est saisi. En cas de doute, le juge du fond doit transmettre à la juridiction supérieure de son ordre – Cour de cassation ou Conseil d'État ; cette juridiction appréciera alors s'il y a lieu ou non à une transmission non au Conseil constitutionnel, pour un avis final. Si le Conseil constitutionnel estime la loi inconstitutionnelle, il l'annulera. Le juge a donc un rôle direct sur la « survie » ou la « mort » des lois, même s'il ne peut se saisir d'office et doit donc attendre qu'un plaideur soulève le moyen d'inconstitutionnalité.

146. – Vers une résurgence des arrêts de règlement ? – En 1991 a été instituée une procédure de saisine pour avis de la Cour de cassation, qui permet de demander à la Cour de

156. L'article 99 donne pouvoir au juge d'instruction d'accorder ou refuser la restitution d'objets ; l'article 41-4 le donne au Procureur de la République.

157. Cass. crim., 3 févr. 2010, n° 09-83468, *Bull. crim.*, n° 18, *Procédures* 2010, comm. 161, obs. J. Buisson.

158. V. *infra* n° 146, l'incidence d'une telle citation.

159. V. *supra* n°s 113 et s. MM. Malaurie et Morvan critiquent cette attitude la Cour de cassation (*op. cit.*, n° 308) : ils estiment en effet que, « malgré le principe de séparation des pouvoirs, elle exerce de plus en plus ce contrôle de la législation » et dénoncent « un "gouvernement des juges", contraire à notre histoire depuis la Révolution et à nos principes constitutionnels ». *Adde* H. Croze, « De la garde à vue et des experts-comptables. Propos impertinents sur le gouvernement des juges », *Procédure* 2011, repère n° 6. En revanche, de manière peu cohérente, le Conseil constitutionnel refuse d'exercer un contrôle de conventionnalité des lois depuis 2006 (décision n° 2006-540 du 27 juill. 2006, Loi relative au droit d'auteur et aux droits voisins dans la société de l'information).

160. V. *supra* n° 63 et 128 et *infra* n° 150-2 et 312.

cassation son avis sur une question juridique posant difficulté. Elle n'est donc pas saisie par un pourvoi en cassation, qui est un recours contentieux exercé par un plaideur. Elle est saisie par un tribunal qui sollicite en quelque sorte une simple consultation juridique. En donnant son avis, la Cour de cassation (par l'intermédiaire de sa formation pour avis) se comporte à l'image d'un jurisconsulte romain [161], voire comme un parlement d'Ancien régime prenant un arrêt de règlement ; le mécanisme est d'ailleurs très proche de celui du référé législatif de la Révolution ou de celui du rescrit du droit romain, dans lesquels le législateur donnait son avis sur l'interprétation d'une loi. Certes, dans la procédure actuelle, l'avis ne lie pas le juge qui l'a demandé et encore moins les autres, mais il est généralement suivi puisqu'il indique comment la Cour de cassation statuera en cas de pourvoi. La procédure a été créée pour tenter en partie de remédier à l'engorgement de la Cour de cassation : sachant dans quel sens la Haute juridiction va certainement juger telle question, les plaideurs devraient être découragés de présenter un pourvoi en cassation allant en sens inverse. Pour plus d'efficacité encore, certains auteurs n'ont pas hésité à proposer une abrogation de l'article 5 du Code civil. Mais la Cour de cassation elle-même a déjà été au-delà de la procédure « normale » pour avis (et encore plus, par conséquent au-delà de la procédure du pourvoi en cassation) en n'hésitant pas à rendre des « avis spontanés » [162]. À l'occasion de l'entrée en vigueur de la loi n° 2005-845 du 26 juillet 2005 de sauvegarde des entreprises, la Haute juridiction s'est en effet arrogé le pouvoir d'interpréter des textes sans être sollicitée en ce sens [163].

En outre – cela a été dit [164] – depuis quelques années, la Cour de cassation statue en se fondant sur la jurisprudence de la Cour de justice de l'Union européenne. Pire, il faut constater – avec M. le professeur J. Huet [165] – que la Haute juridiction n'hésite pas à « tirer les leçons d'arrêts de la Cour de justice européenne comme s'ils avaient force de loi, allant même jusqu'à les citer comme tels. Et, cela quand bien même ils auraient été rendus dans des espèces auxquelles la Cour est totalement étrangère » : c'est le cas tout particulièrement dans un arrêt du 15 novembre 2010, où la Cour de cassation a déclaré que « par arrêt du 23 avril 2009 (aff. jointes C-261/07 et C-299/07), rendu sur renvoi préjudiciel, la Cour de justice des Communautés européennes [aujourd'hui CJUE] a dit pour droit que la directive 2005/29/CE du 11 mai 2005 relative aux pratiques commerciales déloyales des entreprises vis-à-vis des consommateurs, doit être interprétée en ce sens qu'elle s'oppose à une réglementation nationale qui, sauf certaines exceptions et sans tenir compte des circonstances spécifiques du cas d'espèce, interdit toute offre conjointe faite par un vendeur à un consommateur [...] » [166]. **Cette analyse heurte de front la prohibition des arrêts de règlement.** Et M. J. Huet d'en déduire qu' « il va falloir organiser des funérailles nationales pour l'article 5 du Code civil »... et pour un pan important de la démocratie, car la prohibition des arrêts de règlement est « fille de la séparation des pouvoirs » [167].

---

161. V. *infra* n° 154.

162. Sur lesquels, v. N. Molfessis, « Les avis spontanés de la Cour de cassation », *D.* 2007.37.

163. En ce sens, N. Molfessis, art. préc. *AddE* http://www.courdecassation.fr/jurisprudence_publications_documentation_2/actualite_jurisprudence_21/chambre_commerciale_financiere_economique_574/loi_sauvegarde_entreprises_8802.html.

164. V. n° 145.

165. J. Huet, « Union européenne et démocratie : prohibition des arrêts de règlement et avis de décès de l'article 5 du Code civil », *JCP* G 2011, n° 473.

166. Cass. 1re civ., 15 nov. 2010, n° 09-11161, à paraître au *Bull.* ; v. déjà Cass. com., 13 juill. 2010, n° 09-15304, *Bull. civ.* IV, n° 127.

167. J. Huet, art. préc.

147. – Une source *secundum, praeter* ou *contra legem*. – En l'état actuel du droit, la jurisprudence, comme la coutume, complète la loi et, plus encore que la coutume, elle peut contredire la loi.

Les exemples ne sont pas rares où des solutions dégagées par la jurisprudence sont reprises par la loi. Le plus célèbre est peut-être celui de l'arrêt *Desmares* du 21 juillet 1982 [168] dont la jurisprudence a été reprise – tout au moins en partie – par la loi n° 85-677 du 5 juillet 1985 en matière d'accident de la circulation : depuis le premier quart du xxe siècle, la jurisprudence décidait que la responsabilité d'un dommage dû à une chose (notamment une voiture, une tronçonneuse, un animal) pouvait être partagée entre la victime et le gardien de la chose – ceci lorsque la victime avait commis une faute concourant au dommage par application de l'article 1384, alinéa 1er du Code civil. Cette faute, même prévisible, exonérait donc partiellement le gardien de sa responsabilité. Estimant que la solution était inadaptée aux accidents de la circulation, la 2e chambre civile de la Cour de cassation renversa sa jurisprudence et affirma que « seul un événement constituant un cas de force majeure exonère le gardien de la chose, instrument du dommage, de la responsabilité par lui encourue par application de l'article 1384, alinéa 1, du Code civil ; que, dès lors, le comportement de la victime, s'il n'a pas été pour le gardien imprévisible et irrésistible, ne peut l'en exonérer, même partiellement » ; ainsi la faute « simple » de la victime ne permettait plus une exonération partielle de la responsabilité du gardien. Cette solution, protectrice pour les victimes, eussent-elles été imprudentes ou négligentes, n'était pas sans inconvénients… que la doctrine a dénoncés [169]. La 2e chambre civile y était certainement très sensible – se heurtant d'ailleurs à une vive résistance des juridictions du fond [170] – mais elle souhaitait provoquer une réaction législative [171]. De fait, le Parlement adopta la loi de 1985 « tendant à l'amélioration de la situation des victimes d'accidents de la circulation et à l'accélération des procédures d'indemnisation ». Ce faisant, le législateur reprenait la solution jurisprudentielle de 1982 mais en limitait considérablement le champ d'application : seules les victimes d'accidents causés par un véhicule terrestre à moteur (VTAM) bénéficient d'une indemnisation totale de leur dommage, même si elles ont contribué à ce dommage par leur faute, à condition toutefois que cette faute ne soit pas exclusive et inexcusable [172].

Parfois, il est vrai, le législateur reste léthargique et ne répond pas aux « provocations » jurisprudentielles. Par exemple, depuis 2006 [173], la Cour de cassation viole ouvertement l'article 1351 du Code civil relatif à l'autorité de la chose jugée [174] : le texte pose une « triple identité » que la Cour de cassation a réduite à une double identité. Selon l'article 1351, « l'autorité de la chose jugée n'a lieu qu'à l'égard de ce qui a fait l'**objet** du jugement. Il faut que la chose demandée soit la même ; que la demande soit fondée sur la même **cause** ; que la demande soit **entre les mêmes parties**, et formée par elles et contre elles en la même qua-

168. Cass. 2e civ., 21 juill. 1982, n° 81-12850, *Bull. civ.* II, n° 111.

169. Sur l'histoire de la jurisprudence *Desmares* et les critiques doctrinales, v. H. Capitant, F. Terré et Y. Lequette, *Les grands arrêts de la jurisprudence civile*, T. 2, 11e éd., 2000, n°s 204-206 (et les références citées).

170. Cf. *infra* n°s 358 et s., le mécanisme du pourvoi en cassation.

171. Un auteur a pu qualifier l'arrêt *Desmares* d'« arrêt de provocation » (v. J. L. Aubert, « L'arrêt *Desmares :* une provocation… à quelles réformes », *D.* 1983, chr. p. 1).

172. Pour certaines catégories de personnes, cette condition n'est même pas exigée. D'où l'obligation d'assurance en la matière

173. C'est le fameux arrêt *Cesareo (*Cass. ass. plén., 7 juill. 2006, n° 04-10.672 *; Bull. inf. C. cass.* 15 oct. 2006 ; et parmi les nombreux commentaires *JCP* G 2007, II, 10070, par G. Wiederkehr)

174. V. *supra* n° 142 et *infra* n° 371.

lité ». Par conséquent, traditionnellement, si Ernest Bigoudi réclame des dommages-intérêts à Aliénor Dalkitène sur le fondement de l'article 1382 du Code civil, en raison du dommage qu'elle lui aurait causé par sa faute et s'il est débouté, il peut lui demander la même chose dans un autre procès, cette fois sur le fondement de l'article 1384, pour défaut de contrôle d'une chose dont elle était gardienne [175]. Mais depuis 2006, la Cour de cassation considère qu'un changement de fondement juridique ne constitue pas un changement de cause : la cause, ce sont seulement les éléments de fait. Si les faits n'ont pas évolué entre la première et la seconde demande de Ernest, la seconde sera irrecevable car elle se heurtera à l'autorité de la chose jugée… telle que la Cour de cassation la comprend désormais. Malgré l'hostilité de la doctrine majoritaire [176], la Cour de cassation refuse de revenir sur cette jurisprudence *contra legem*. Mais le législateur peut difficilement intervenir, l'article 1351 n'ayant pas besoin d'être réécrit… mais seulement non interprété [177] !

Dans le même ordre d'idée, lors de l'adoption de la loi n° 2010-1609 du 22 décembre 2010 relative à l'exécution des décisions de justice, aux conditions d'exercice de certaines professions réglementées et aux experts judiciaires (dite loi Béteille), les parlementaires ont renoncé à une réforme inscrite au projet de loi, en raison d'un revirement de jurisprudence de la Cour de cassation [178]. Ainsi, au lieu de recevoir tout le contentieux de l'exécution mobilière, le nouveau juge de l'exécution du tribunal d'instance ne devient compétent que pour le traitement des situations de surendettement des particuliers et de procédure de rétablissement personnel et le contentieux relatif à la saisie des rémunérations (COJ, art. L. 221-8 et L. 221-8-1 nouv.) [179]. Pourquoi un tel changement de perspective par rapport à l'idée initiale ? L'explication est fournie par le rapporteur du Sénat [180] : « la constitution des blocs de compétence que permettait la proposition de loi a été fragilisée par un revirement de jurisprudence récent de la Cour de cassation ». Autant dire que le législateur affirme – sans complexe et sans se poser de question – se soumettre à la jurisprudence, malmenant la pyramide des normes [181] ! Pourquoi la Cour de cassation ne se comporterait-elle pas comme un

175. Sur cette notion, v. *supra* n° 142.

176. V. notamment, C. Bléry, « Des effets dévastateurs du principe de concentration des moyens », *Procédures* 2010, focus n° 1 et les références.

177. Sous l'Ancien régime, le roi pouvait vaincre la résistance des juges lors de l'élaboration des lois royales (édits ou ordonnances pour les plus importants). L'initiative des textes revenait au roi, de lui-même ou sur demande (une requête ou un placet), ou était inspirée par ses collaborateurs les plus influents. Une fois le texte arrêté, il était dressé en forme de lettres patentes (c'est-à-dire ouvertes, par opposition aux lettres de cachet). Ces lettres patentes étaient signées par le roi, contresignées par un secrétaire d'État puis scellées. Enfin, elles devaient être enregistrées par les cours souveraines – les parlements (sur lesquels, v. *supra* n° 127). Or, depuis le XIVe les cours contrôlaient le contenu de ces lettres patentes et n'hésitaient pas à suspendre l'enregistrement ou à modifier le contenu de la loi si elles l'estimaient contraire à la raison ou au bien commun. Pour obtenir l'enregistrement du texte initial, le roi devait alors envoyer une « lettre de jussion » : les magistrats devaient se soumettre. Mais à partir du XVIe siècle, les parlements ont de plus en plus souvent refusé de se plier aux lettres de jussion. Le roi (ou son représentant en province) n'avait alors d'autre solution que de venir en personne obliger les magistrats à procéder à cet enregistrement : ces séances solennelles – les « lits de justice » – permettaient de briser l'opposition judiciaire (v. J.-L. Thireau, *Introduction historique au droit*, préc., p. 184 et s.). Aujourd'hui, pas plus le Parlement (c'est-à-dire le Sénat et l'Assemblée nationale) que le président de la République (ou le chef du gouvernement) ne disposent du pouvoir de lutter contre une jurisprudence, en raison de la séparation des pouvoirs. Or, en violant une loi, les juges contemporains ont un comportement similaire à ceux des parlements d'Ancien régime ; ils agissent comme des législateurs alors qu'ils n'ont pas été élus…

178. Réalisé par un arrêt de 2009 : Cass. 2e civ., 18 juin 2009 (n° 08-10843 ; *Bull. civ.* II, n° 165 ; Y. Desdevises, « Revirement de la Cour de cassation quant à la compétence d'attribution du JEX », *JCP* G 2009, n° 191).

179. V. *infra* n°s 323 et 326.

180. Cf. le rapport n° 129, p. 25-26 : http://www.senat.fr/rap/l10-129/l10-129.html.

181. V. C. Bléry, chronique à la *RLDC* 2011/82, p. 65 et s., n° 3.

« jurislateur » ou en « légisprudent » [182], puisque le Parlement lui reconnaît ce droit ? Cette attitude est très grave, car, à la différence de l'hypothèse précédente où le Parlement est impuissant, ici, rien ne l'oblige à se laisser faire.

À l'inverse, des lois sont adoptées pour mettre un terme à une jurisprudence. C'est en partie aussi le cas de la loi de 1985, puisqu'elle n'a retenu la solution *Desmares* que de façon limitée. Ce choix législatif était donc fait pour lutter contre la jurisprudence de 1982 relative aux choses autres que les VTAM. D'ailleurs, dès 1987, la Cour de cassation était revenue à l'exonération partielle de la responsabilité du gardien d'une branche, d'un vélo ou encore d'une coudeuse électrique, abandonnant donc, dans ces cas, la jurisprudence *Desmares* pour revenir à la solution traditionnelle [183]. De la même manière, a été adoptée la loi n° 2002-303 du 4 mars 2002 pour briser la jurisprudence *Perruche* : ainsi, le 17 novembre 2000 [184], la Cour de cassation, en assemblée plénière, avait consacré le droit pour l'enfant né handicapé d'être indemnisé de son propre préjudice, consistant dans le seul fait d'être né (le fait que les parents soient indemnisés n'était pas en cause dans cette affaire et n'est plus contesté depuis longtemps). La loi de 2002, connue sous le nom de « loi *anti-Perruche* », a été promulguée seulement trois mois après la proposition qui en avait été faite par M. J.-F. Mattéi : son objectif principal était, justement, de répondre aux problèmes juridiques et éthiques posés par l'évolution de la jurisprudence relative à la responsabilité médicale en matière de diagnostic prénatal depuis l'arrêt *Perruche* de la Cour de cassation. Désormais, selon l'article 1. I. de la loi, codifié à l'article L. 114-5 du Code de l'action sociale et des familles, « nul ne peut se prévaloir d'un préjudice du seul fait de sa naissance ». Mais… cette loi prévoyait sa propre application aux instances en cours le 7 mars 2002, c'est-à-dire rétroactivement [185], puisqu'elle devait régir des faits antérieurs à la publication de la loi de 2002. La France a été condamnée par la Cour européenne des droits de l'homme en 2005, en raison de cette rétroactivité [186] : les actions qui auraient pu être engagées avant l'entrée en vigueur (plus rigoureusement la date d'application [187]) de la loi de 2002 devaient pouvoir être exercées. En 2006, la Cour de cassation a donc fait revivre sa jurisprudence admettant l'indemnisation, en statuant sur le fondement de l'article 1er du 1er Protocole de la Convention européenne des droits de l'homme [188] ! En 2010, le Conseil constitutionnel, saisi d'une question prioritaire de constitutionnalité sur cette question, a jugé l'application de la loi de 2002 aux instances en cours inconstitutionnelle, suivant le raisonnement de la Cour européenne des droits de l'homme [189]. Enfin, en 2011 le Conseil d'État a jugé en revanche que la disposition déclarée contraire à la Constitution, concernant les personnes disposant d'une instance en cours au 7 mars 2002, n'était pas applicable à une action en réparation intentée **postérieurement** à la date d'application de la loi du 4 mars 2002 [190].

182. Un auteur parle de « légisprudence » : v. T. Revet, « La légisprudence », *Mélanges Ph. Malaurie,* Defrénois 2005, p. 377 et s.

183. V. trois arrêts du 6 févr. 1987 (n°s 85-12833, 85-16387 et 84-17748).

184. Cass. ass. plén., 17 nov. 2000, n° 99-13701. L'arrêt a été abondement commenté, largement au-delà de la doctrine juridique.

185. V. *infra* n°s 168 et 175.

186. V. deux arrêts : CEDH, 6 oct. 2005, *Draon c. France*, requête n° 1513/03 et *Maurice c. France*, requête n° 11810/03, *RTD civ.* 2005, p. 744, obs. J.-P. Marguénaud.

187. V. *infra* n° 160-1.

188. V. trois arrêts : Cass. 1re civ., 24 janv. 2006, *Bull. civ.*, n°s 29, 30 et 31.

189. V. décision n° 2010-2 QPC du 11 juin 2010. *Adde* A. Batteur, *Droit des personnes, des familles et des personnes protégées*, LGDJ, 5e éd., 2010, n° 124.

190. V. CE, 13 mai 2011, n° 329290, publié au *Recueil.*

Ces deux attitudes révèlent la complémentarité de la loi et de la jurisprudence [191].

B. L'infériorité technique de la norme jurisprudentielle

148. – Un contenu difficile à déterminer. – Lorsqu'une loi est insuffisamment claire et précise, le juge est obligé de créer une règle. Cette nouvelle règle va constituer le soutien de la décision : elle n'est posée par le juge que pour relier les faits concrets et la solution qu'il a donnée au litige. Il est difficile de dégager la règle du jugement. C'est à la doctrine qu'il incombe d'analyser la décision, de remonter à la règle pour savoir l'apport exact de l'arrêt ; ce qui n'est pas toujours simple. Pire, l'observation de décisions rendues dans des affaires semblables peut révéler des divergences de jurisprudence entre les chambres de la Cour de cassation, voire une incohérence de la jurisprudence d'une même chambre !

149. – Le manque de sécurité juridique dû à la jurisprudence. – L'insécurité tenant à la jurisprudence vient de ce que les juges peuvent modifier leur compréhension d'une règle de droit, changer leur façon de juger, c'est-à-dire opérer des revirements de jurisprudence. Or le nombre de ces revirements a tendance à augmenter actuellement. En tant que juridiction unique et hiérarchiquement supérieure, la Cour de cassation peut conduire l'ensemble des juges du fond français à modifier leur façon de statuer : sachant qu'ils s'exposent à une cassation de leurs décisions, ils vont suivre la nouvelle jurisprudence de la Cour de cassation. Mais l'inconvénient pour les justiciables est qu'ils apprennent le contenu de la jurisprudence au moment même où celle-ci est utilisée pour trancher leur litige. La jurisprudence s'applique à des faits antérieurs à sa création par le juge : elle est donc forcément rétroactive [192], c'est-à-dire cause d'insécurité [193]. Il ne faut pas exagérer cet inconvénient, largement tempéré par la tendance naturelle de chaque juridiction à juger de la même manière, tendance qui est conforme à la nécessaire stabilité du droit. Souvent aussi, la Cour de cassation fait précéder ses grands revirements par des arrêts annonciateurs, faisant évoluer la jurisprudence en douceur, à l'image du juge de *Common Law* ou des cours européennes. Le choc est donc atténué pour les justiciables et leurs conseils [194]. Mais ce n'est pas toujours le cas et cette question agite fortement la doctrine et la jurisprudence elle-même depuis quelques années.

---

191. Par ailleurs, ainsi que le rappelait M. Vincent LAMANDA, Premier président de la Cour de cassation, lors de l'audience solennelle de début d'année judiciaire, le vendredi 11 janv. 2008, de nombreux contacts existent entre la Cour de cassation et les pouvoirs réglementaires et législatifs, certaines formules des arrêts inspirant les rédacteurs des lois. De même, le rapport d'activité publié chaque année par la Cour de cassation (disponible sur le site de la Cour) est l'occasion de faire des propositions de modification de textes – un thème étant étudié de manière approfondie, comme celui de la santé en 2008. Le rapport 2010 comporte aussi des suggestions nouvelles : ainsi « il est proposé, sous réserve des aménagements nécessaires, d'abroger les textes organisant un contentieux spécifique, dit contentieux technique de la sécurité sociale (articles L. 143-1 et suivants, R. 143-1 et suivants du Code de la sécurité sociale), qui instituent les tribunaux du contentieux de l'incapacité et la Cour nationale de l'incapacité et de la tarification de l'assurance des accidents du travail, l'existence de cette dernière pouvant cependant être maintenue pour le seul contentieux très particulier de tarification visé à l'article L. 143-1 du Code de la sécurité sociale pour lequel elle statue en premier et dernier ressort (article L. 143-4 de ce code) » (v. http://www.courdecassation.fr/publications_cour_26/rapport_annuel_36/rapport_2010_3866/suggestions_modifications_3867/propositions_reforme_matiere_civile_3868/suggestions_nouvelles_19392.html).

192. *Contra* P. FLEURY, « De l'application de la loi dans le temps à l'application de la jurisprudence dans le temps : l'ascension de l'échelle de verre », *Mélanges J. Héron*, LGDJ, 2008, p. 230 et s.

193. Cf. *infra* n°s 150 et s. et 175.

194. Qui engagent leur responsabilité s'ils ne connaissent pas l'évolution de la jurisprudence : v Cass. 1re civ., 14 mai 2009, n° 08-15899 ; *Bull. civ.* I, n° 92 ; P.-Y. GAUTIER, « Le "devoir de compétence" de l'avocat, ou l'invitation à être à jour des manuels et revues juridiques », *RTD civ.* 2009, p. 744.

150. – Vers une modulation dans le temps des revirements de jurisprudence ? – Depuis longtemps déjà [195], à l'étranger, certaines juridictions décidaient le cas échéant de restreindre dans le temps la portée d'un jugement. Invoquant la « sécurité juridique », la Cour de justice de l'Union européenne et la Cour européenne des droits de l'homme pratiquent aussi parfois cette technique des revirements « prospectifs » ou « pour l'avenir » [196]. Curieusement toutefois – et de manière critiquable – la CEDH vient de revenir sur cette position : elle a admis qu'un revirement de jurisprudence, survenu après qu'une cour d'appel a accordé une indemnité aux requérants, puisse, de façon rétroactive, les priver de leur droit à réparation sans porter atteinte à leur droit d'accès au tribunal ; elle a estimé que ni la sécurité juridique ni le droit au respect des biens ne sont heurtés par ce revirement [197].

En France, le Conseil d'État et la Cour de cassation ont consacré depuis quelques années, à côté d'une conception classique – celle selon laquelle le revirement est nécessairement rétroactif ou déclaratif -, une conception plus nouvelle – admettant que le juge puisse décider lui-même de la façon dont s'appliquera la décision qu'il a prise, et, plus généralement, sa jurisprudence. Le Conseil constitutionnel les a suivis dans cette voie et c'est désormais la Constitution elle-même qui, en matière de question prioritaire de constitutionnalité, octroie au juge ce pouvoir dont il use sans modération.

150-1. – La rétroactivité systématique des revirements. – La première conception, notamment illustrée par un arrêt de 2001 rendu par la Cour de cassation, s'explique par une certaine « timidité » du juge à l'égard de ses pouvoirs : ainsi, la Cour de cassation affirmait-elle que « nul ne peut se prévaloir d'un droit acquis à une jurisprudence figée » [198]. Autant dire qu'elle était favorable à une rétroactivité absolue de la jurisprudence. Cela s'explique par la conception restrictive officiellement admise de la jurisprudence [199] : celle-ci est censée n'être qu'une interprétation de la loi, qu'elle révèle ; elle ne peut changer dans le temps, ce qui ferait d'elle officiellement une source de droit à part entière [200]. Cette conception, dangereuse pour les parties au procès, pour les autres justiciables dont le procès est en cours et éventuellement pour les tiers (notaires [201], avocats...) n'aurait pas que des inconvénients. Certains auteurs y voient la consé-

195. La pratique est née aux États-Unis en 1932, à l'occasion d'un arrêt *Great Northern Railway v. Sunburst Oil & Refining Co.* « Les Cours constitutionnelles autrichienne, allemande, italienne et portugaise limitent également la rétroactivité de leurs déclarations d'inconstitutionnalité, parfois en vertu d'une autorisation expresse de la Constitution » (Ph. Malaurie et P. Morvan, *op. cit.*, n° 352).

196. Respectivement depuis, 1976 et 1979 : v. CJCE, 8 avr. 1976, *Defrenne*, n° 43/75 et CEDH, 13 juin 1979, *Marcks c/ Belgique*, n° 6833/74.

197. V. CEDH, 26 mai 2011, n° 23228/08, *Legrand c/France* ; *adde* A. Marais « Modulation dans le temps des revirements de jurisprudence – Requiem », *JCP* G 2011, 742.

198. Dans un arrêt de la 1re chambre civile, du 7 oct. 1998 (*JCP* 1998. II. 10179, concl. J. Sainte-Rose et note P. Sargos), la Haute juridiction a étendu l'obligation d'information pesant sur les médecins à l'égard de leurs patients. Par la suite, un médecin se trouva condamné sur le fondement d'une obligation créée par la Cour de cassation, bien après les faits, à savoir un accouchement difficile ayant eu lieu en 1974 (Cass. 1re civ., 9 oct. 2001, n° 00-14564, *Bull. civ.* I, n° 249, *D* 2001.3410, rapp. P. Sargos, note D. Thouvenin). V. aussi Cass. 1re civ., 21 mars 2000 (n° 98-11982, *Bull. civ.* I, n° 97, *D.* 2000.593), à propos d'une action en garantie des vices cachés. La question des conditions de mise en œuvre d'une clause de non-concurrence a aussi donné lieu à un revirement de jurisprudence (v. *supra* n° 137, sp. note 48). Il en est d'ailleurs de même au Royaume-Uni.

199. V. *supra* n° 142.

200. D'un autre côté, en niant l'existence d'un droit acquis à une jurisprudence figée, la Cour de cassation reconnaît que sa propre jurisprudence, avec ses évolutions, fait partie du droit positif et est donc source du droit. En ce sens, v. aussi Ph. Malaurie et P. Morvan, *Droit civil Introduction au droit*, préc., n° 348.

201. Il est ainsi possible de rechercher la responsabilité d'un notaire qui n'a pas anticipé un revirement de jurisprudence prévisible alors que des signes avant-coureurs (des arrêts comportant une évolution) l'avaient précédé : v. Cass. 1re civ., 7 mars 2006, n° 04-10101, *RTD civ.* 2006, p. 521, n° 4, obs. P. Deumier : « La formation de la jurisprudence vue par elle-même ».

cration du progrès : la nouvelle jurisprudence est censée être meilleure que l'ancienne, donc il est bon qu'elle s'applique au procès donnant lieu à la décision de revirement et aux décisions suivantes (y compris devant les juges du fond) [202]. Ce qui est discutable...

Mais le danger indéniable de cette conception classique est actuellement davantage pris en compte par le juge. En même temps, lorsqu'il accepte de ne pas appliquer tout de suite la solution donnée par l'arrêt de revirement, le juge se comporte un peu comme un législateur, car il crée un droit transitoire : il prévoit l'application dans le temps de sa propre jurisprudence [203]. Ainsi il n'hésite pas à reporter dans le temps l'entrée en vigueur de sa décision, voire à ordonner la publication de ces dispositions transitoires au *Journal officiel* [204].

150-2. – La fixation dans le temps des effets de leurs décisions par les juges. – De manière quasi simultanée, le Conseil d'État et la Cour de cassation, à partir de 2004, se sont arrogés le pouvoir de moduler dans le temps les effets de leurs décisions et/ou de pratiquer des revirements seulement pour l'avenir [205]. Le Conseil constitutionnel a suivi en 2008.

Ainsi, le **Conseil d'État** autorisa le juge administratif à moduler les effets, dans le temps, de l'annulation d'un acte administratif, lorsque cet anéantissement de l'acte semble de nature à entraîner des « conséquences manifestement excessives » pour les divers intérêts publics et privés en présence [206]. En 2007 [207], le Conseil d'État affirma que, désormais, le juge administratif peut paralyser l'effet rétroactif des normes prétoriennes : le Conseil d'État lui-même, mais aussi les juges du fond, ont le pouvoir de décider que leur propre jurisprudence n'aura d'effet que pour l'avenir. Pour cela, la Haute juridiction administrative s'est fondée sur le principe de sécurité juridique, qu'elle avait consacré en 2006, en posant l'exigence de mesures transitoires [208].

---

202. Pour un parallèle avec la loi nouvelle, cf. *infra* n° 173. Ou celle d'un avocat : Cass. 1re civ., 14 mai 2009, n° 08-15899, *Bull. civ.*, n° 92, *Procédures* 2009, comm. 263, obs. R. Perrot.

203. Sur la notion de droit transitoire, cf. *infra* n°s 172 et s.

204. V. CE, sect. 27 oct. 2006, *Société Techna SA*, n° 260767 : le Conseil d'État a reporté au 1er févr. 2007 sa décision rejetant une demande d'annulation d'un décret. Alors que l'exécution de ce texte avait été suspendue par le juge des référés, la décision du 27 oct. 2006 emportait l'application pleine et entière du décret. C'est parce qu'une application immédiate aurait suscité des difficultés que la Haute juridiction administrative a préféré moduler dans le temps les effets de son arrêt.

205. Il s'agit de deux questions distinctes. Lorsque le juge annule un texte, il ne pratique pas un revirement (pas nécessairement) ; mais l'annulation, elle, remet en cause la situation des parties (v. *infra* n°s 255 et s. les effets de la nullité d'un acte juridique) – elle a un effet rétroactif et donc peut avoir des incidences considérables sur la situation des justiciables. C'est le point commun avec le revirement qui, traditionnellement, était forcément rétroactif. Une autre différence est à mentionner : lorsque le juge fixe l'entrée en vigueur de sa propre décision, il ne va pas au-delà de l'espèce considérée ; en revanche, lorsqu'il déclare qu'un revirement n'aura lieu que pour l'avenir, il pose une règle générale, de droit transitoire (comme, on l'a dit, un législateur) – ce qu'une partie de la doctrine n'admet pas.

206. CE, ass. 11 mai 2004, *Association AC !*, *Dr. adm.* 2004, n° 115.

207. V. le très important arrêt suivant : CE, ass., 16 juill. 2007, n° 291545, *Sté Tropic travaux signalisation.* V. aussi, son commentaire par M. le professeur B. B. Seiller au *JCP* G 2007. II. 10160.

208. CE, ass. 24 mars 2006, *KPMG et a.*, n° 288460. La société KPMG demandait au Conseil d'État d'annuler pour excès de pouvoir le décret n° 2005-1412 du 16 nov. 2005 portant approbation du code de déontologie de la profession de commissaire aux comptes, en particulier parce qu'il devait s'appliquer à des mandats en cours (donc sans respect des stipulations contractuelles prévues lors de la conclusion de ces mandats). Le Conseil d'État, considérant « qu'il incombe à l'autorité investie du pouvoir réglementaire d'édicter, **pour des motifs de sécurité juridique, les mesures transitoires qu'implique, s'il y a lieu, une réglementation nouvelle ; qu'il en va ainsi en particulier lorsque les règles nouvelles sont susceptibles de porter une atteinte excessive à des situations contractuelles en cours qui ont été légalement nouées** », annula le décret faisant l'objet du recours en tant qu'il ne comporte pas de mesures transitoires relatives aux mandats de commissaires aux comptes en cours à la date de son entrée en vigueur. Autrement dit, les commissaires aux comptes pouvaient conserver leurs mandats en l'état initial, malgré la loi nouvelle. Il faut noter que la décision du Conseil d'État n'est guère satisfaisante au regard des règles de conflit de lois dans le temps (v. *infra* n°s 172 et s. et R. Encinas de Munagorri, « Application immédiate d'un décret à des contrats en cours : le Conseil d'État exige des mesures transitoires pour des motifs de sécurité juridique », *RTD civ.* 2006.527 et s. n° 5).

Dans l'arrêt de 2007, le principe, présenté comme un impératif, a donc été mis en œuvre pour déterminer les pouvoirs de modulation du juge administratif ; autant dire que c'est une utilisation nouvelle du principe de sécurité. Et un nouvel exemple d'annulation à effets différés est encore fourni par des arrêts de 2008 [209].

Le Conseil d'État a été rejoint par le **Conseil constitutionnel** en 2008 : ainsi ce dernier a-t-il estimé que la loi n° 2008-595 du 25 juin 2008 relative aux organismes génétiquement modifiés était en partie inconstitutionnelle mais que « la déclaration immédiate d'inconstitutionnalité des dispositions contestées serait de nature à méconnaître une telle exigence [celle de transposition des directives] et à entraîner des conséquences manifestement excessives [le paiement par la France d'une amende de 345 millions d'euros !] ; que, dès lors, afin de permettre au législateur de procéder à la correction de l'incompétence négative constatée, il y a lieu de reporter au 1er janvier 2009 les effets de la déclaration d'inconstitutionnalité » [210]. Il a été dit que c'est désormais un pouvoir qu'il tient de l'article 62 alinéa 2 de la Constitution en matière de question prioritaire de constitutionnalité, selon lequel « une disposition déclarée inconstitutionnelle sur le fondement de l'article 61-1 est abrogée à compter de la publication de la décision du Conseil constitutionnel **ou d'une date ultérieure fixée par cette décision** [211]. Le Conseil constitutionnel détermine les conditions et limites dans lesquelles les effets que la disposition a produits sont susceptibles d'être remis en cause ». De fait, dès la première décision QPC qu'il a rendue, le Conseil constitutionnel n'a pas hésité à moduler dans le temps les effets de l'inconstitutionnalité [212]. Il a continué depuis [213]. En particulier deux décisions sont à signaler.

La première, rendue le 30 juillet 2010 [214], a fait couler beaucoup d'encre : elle a en effet déclaré inconstitutionnel le régime général de la garde à vue et pourtant estimé que la déclaration d'inconstitutionnalité « prend effet le 1er juillet 2011 ». Avec M. le professeur J. Boudon [215], il est permis de penser qu'il est « troublant que le juge accepte qu'un régime privatif de liberté soit maintenu près d'une année, alors qu'il viole "les droits et libertés que la Constitution garan-

209. CE, 16 mai 2008, *Département du Val-de-Marne et a.*, n° 290416, n° 290723, n° 290766 et n° 294677, *Procédures* 2008, comm 221, S. Deygas. CE, 6 juin 2008, *Cons. Départemental de l'Ordre des chirurgiens-dentistes de Paris*, n° 283141, *JCP* G 2008, I, 191, obs. B. Plessix, où le Conseil d'État estime qu'une cour d'appel aurait dû opérer un revirement pour l'avenir car les règles dégagées par sa décision, qui n'étaient pas édictées par un texte et qui ne résultaient d'aucune jurisprudence antérieure, ne pouvaient être opposées au requérant de l'espèce sans méconnaître son droit au recours. CE, 11 juill. 2008, n° 298779.

210. Cons. const., 19 juin 2008, décision n° 2008-564 DC. Déjà, en 2005, le Conseil constitutionnel avait refusé de censurer une disposition de la loi n° 2005-1579 du 19 déc. 2005 de financement de la sécurité sociale pour 2006, pourtant contraire à une loi organique, sous réserve d'une mise en conformité de cette disposition à compter de l'année 2007 : Cons. const., 15 déc. 2005, décision n° 2005-528 DC.

211. V. *supra* n° 128.

212. V. Cons. const., 28 mai 2010, décision n° 2010-1 QPC. *Adde* J. Boudon, « Le Conseil constitutionnel s'est-il trompé de Constitution ? – À propos de ce que devrait être la modulation dans le temps des effets de ses décisions », *JCP* G 2010, 961.

213. V. sur le site du Conseil, les décisions de non-conformité, totale ou partielle, avec effet différé : http://www.conseil-constitutionnel.fr/conseil-constitutionnel/francais/les-decisions/acces-par-type/les-decisions-qpc.48300.html. Et les deux rubriques « Les effets dans le temps des décisions QPC du Conseil constitutionnel » : http://www.conseil-constitutionnel.fr/conseil-constitutionnel/francais/a-la-une/juill.-aout-2010-les-effets-dans-le-temps-des-decisions-qpc-du-conseil-constitutionnel.48618.html (I) http://www.conseil-constitutionnel.fr/conseil-constitutionnel/francais/a-la-une/avr.-2011-les-effets-dans-le-temps-des-decisions-qpc-du-conseil-constitutionnel-ii.95651.htm (II).

214. Cons. const., déc. 30 juill. 2010, n° 2010-14/22 QPC. V. notamment A. Maron, J.-H. Robert et M. Véron, « Chronique de droit pénal et procédure pénale », *JCP* G 2011, 191, n° 12 ; F. Fournié, « Nouvelles considérations "huroniques" », *JCP* G 2010, act. 914 ; H. Croze, « Inconstitutionnalité de la garde à vue : une loi peut-elle être en sursis ? », *Procédures* 2010, repère 9.

215. Art. préc.

tit" »[216] ; mais ce report des effets est conforme à la Constitution, le Conseil constitutionnel ne s'est pas substitué au Parlement – ce qu'il ne peut pas faire, ainsi qu'il le rappelle lui-même dans le considérant 30[217] ; tout au plus a-t-il donné des pistes sur ce que devrait comporter la future loi – que le Parlement n'a pas été contraint d'édicter dans l'urgence[218].

La seconde[219] va plus loin. Sur le fond, elle déclare – sans surprise – inconstitutionnel l'article 90 du Code disciplinaire et pénal de la marine marchande relatif à la composition des tribunaux maritimes commerciaux, celle-ci étant contraire au principe de séparation des pouvoirs posé à l'article 16 de la Déclaration de 1789[220]. Mais elle ne module pas ses effets dans le temps ; au contraire, elle abroge immédiatement, c'est-à-dire à compter de la publication au *Journal officiel*, l'article 90 : cette abrogation est donc applicable à toutes les infractions non jugées définitivement au jour de la publication de la présente décision (considérant 5) et « par suite, à compter de cette date, pour exercer la compétence que leur reconnaît le Code disciplinaire et pénal de la marine marchande, les tribunaux maritimes commerciaux siégeront dans la composition des juridictions pénales de droit commun[221] » (même considérant). Toujours avec M. le professeur J. Boudon[222], il ne peut qu'être constaté que « le Conseil constitutionnel réécrit la loi, en l'occurrence le Code disciplinaire et pénal de la marine marchande : il ne se contente pas de mettre fin à une législation existante, il ne met pas le législateur en face de ses responsabilités, lui accordant un délai de quelques mois pour adopter un nouveau dispositif, il substitue sa propre version de l'article 90 du code à celle du Parlement ». Autant dire que « le Conseil ne s'arrête pas à l'abrogation, il s'octroie un véritable « pouvoir de substitution »[223], « tout simplement contraire à la Constitution, à l'esprit de la révision constitutionnelle de 2008, à la lettre de l'article 62 et même aux principes les mieux affirmés de la jurisprudence du Conseil constitutionnel »[224]. La jurisprudence constitutionnelle est peut-être source de droit, mais elle ne devrait pas être « *contra constitutionem* »[225] !

De son côté, en 2004, la **Cour de cassation** refusa de casser un arrêt qui lui était déféré au motif que « l'application immédiate de (la règle nouvelle) dans l'instance en cours aboutirait à priver la victime d'un procès équitable, au sens de l'article 6 § 1 » de la Convention EDH[226]. D'autres arrêts ont encore montré l'admission par certains hauts magistrats judiciaires de ce procédé du revirement prospectif et donc de l'activité créatrice de la norme juris-

216. J. Boudon, art. préc.

217. « Sur les effets de la déclaration d'inconstitutionnalité : 30. Considérant, d'une part, que le Conseil constitutionnel ne dispose pas d'un pouvoir général d'appréciation de même nature que celui du Parlement ; **qu'il ne lui appartient pas d'indiquer les modifications des règles de procédure pénale qui doivent être choisies pour qu'il soit remédié à l'inconstitutionnalité constatée** ; que, d'autre part, si, en principe, une déclaration d'inconstitutionnalité doit bénéficier à la partie qui a présenté la question prioritaire de constitutionnalité, l'abrogation immédiate des dispositions contestées méconnaîtrait les objectifs de prévention des atteintes à l'ordre public et de recherche des auteurs d'infractions et entraînerait **des conséquences manifestement excessives** ; qu'il y a lieu, dès lors, de reporter au 1er juill. 2011 la date de cette abrogation afin de permettre au législateur de remédier à cette inconstitutionnalité ; que les mesures prises avant cette date en application des dispositions déclarées contraires à la Constitution ne peuvent être contestées sur le fondement de cette inconstitutionnalité ».

218. Dans le même sens, J. Boudon, art. préc.

219. Cons. const., déc. 2 juill. 2010, n° 2010-10 QPC, *D.* 2010, p. 1712. V. notamment J. Boudon, art. préc. et A. Maron, J.-H. Robert et M. Véron, chron. préc., n° 8.

220. En ce que deux à trois des cinq membres de ces tribunaux étaient « soumis à l'autorité hiérarchique du gouvernement ».

221. La Cour de cassation en a déduit que les tribunaux maritimes commerciaux se composeront comme le tribunal correctionnel (Cass. crim., 13 oct. 2010, n° 09-85444 – curieusement non publié au *Bulletin* –, A. Maron, J.-H. Robert et M. Véron, Chronique préc., n° 8).

222. J. Boudon, art. préc.

223. *Adde* B. Mathieu *JCP* G 2010, chron. 801, p. 1485.

224. J. Boudon, art. préc.

225. Pour imiter l'expression d'un auteur : v. N. Molfessis, « La jurisprudence *supra-constitutionem* », *JCP* G *2010*, n° 1039.

226. Cass. 2e civ., 8 juill. 2004, *Radio France*, *D.* 2004.2956.

prudentielle[227]. En 2006, la Cour de cassation a utilisé la technique de la balance des intérêts – préconisée par le rapport – pour refuser la rétroactivité[228].

Une réflexion doctrinale a accompagné cette évolution. En effet, pour prendre en considération ces difficultés, M. G. Canivet, alors premier président de la Cour de cassation[229], a commandé à un groupe de travail présidé par M. N. Molfessis, professeur de droit à l'Université de Paris II, un rapport intitulé « *les revirements de jurisprudence* »[230]. Il est divisé en trois parties, il présente 1°) les résultats du groupe de travail, 2°) les solutions retenues dans des droits étrangers (Angleterre, États-Unis, Allemagne), en droit communautaire, en droit administratif ou encore en droit pénal et 3°) des suggestions et réactions de divers groupements et syndicats représentatifs du monde des affaires et des entreprises, des consommateurs et des salariés. Il propose essentiellement que la Cour de cassation décide, d'une part, s'il convient de poser une règle jurisprudentielle nouvelle (revirement) et, d'autre part, si cette règle doit s'appliquer à des faits nés avant son entrée en vigueur, en particulier ceux qui font l'objet du litige (si oui, le revirement serait rétroactif comme aujourd'hui, si non, il serait seulement prospectif ou pour l'avenir) : c'est donc à une modulation dans le temps des effets des revirements de jurisprudence que conduirait l'adoption de la proposition du rapport. L'avantage de cette solution est qu'une jurisprudence nouvelle pourrait être affirmée sans pour autant conduire à une application rétroactive – les faits étant appréciés selon la jurisprudence existant à l'époque où ils se sont produits. La mise à l'écart de la rétroactivité pourrait être justifiée par l'excès des inconvénients pour les justiciables, par rapport aux avantages. Cette mise à l'écart ne devrait cependant pas être systématique mais justifiée, ce qui implique une appréciation au cas par cas. Le rapport remis à M. Canivet préconise ainsi d'écarter la rétroactivité du revirement de jurisprudence lorsque le justiciable « s'expose à être sanctionné pour ne pas avoir respecté une solution qu'il ne pouvait pourtant connaître et donc anticiper »[231]. Cela peut se produire « lorsque le revirement revient à rendre nul tout ou partie d'un acte juridique valable sous l'empire de la solution abandonnée » ou « lorsque le revirement prive le justiciable d'une action qu'il pensait pouvoir exercer et dont il avait, sur la foi de la solution antérieure, respecté les conditions d'exercice »[232]. L'hypothèse visée en second lieu correspond aux faits des arrêts de 2004 et 2006, dans lesquels la Cour de cassation a

227. Cass. soc., 17 déc. 2004, *Bull.* V, n° 346 et Cass. soc., 26 janv. 2005, *Bull.* V, n° 20. Ces deux arrêts refusaient la non-rétroactivité d'un revirement compte tenu des données de ces deux espèces, mais leur motivation montrait que, dans d'autres circonstances, les mêmes juges auraient statué à l'inverse.

228. Cass. ass. plén., 21 déc. 2006, n° 00-20493, *Bull. ass. plén.*, n° 15 : une personne, s'estimant victime d'une atteinte à sa présomption d'innocence, avait agi contre le journal auteur de cette atteinte. Le journal estimait que l'action était prescrite car la demanderesse n'avait pas fait d'acte pour interrompre cette prescription dans le délai imparti. Cette exigence d'actes interruptifs ayant été posée par la Cour de cassation pendant le procès en cours contre le journal, la Cour de cassation considéra que l'action n'était pas prescrite. Le contraire aurait abouti à priver la demanderesse d'un procès équitable en lui interdisant le recours au juge. La question était la même que celle posée en 2004 dans l'affaire *Radio France*. La réponse, identique, a cependant plus de poids en ce qu'elle émane de l'assemblée plénière de la Cour de cassation (sur cette formation, v. *infra* n° 359).

229. Cf. *infra* n°s 357 et s.

230. *Les revirements de jurisprudence*, Rapport remis le 30 nov. 2004 à M. le président G. Canivet, groupe de travail présidé par M. N. Molfessis, Paris, Litec, 2005 ; *adde* G. Canivet et N. Molfessis, « Rétroactivité des revirements de jurisprudence », *JCP* 2004. I. 189 (entretien sur la question) ; P. Deumier et R. Encinas de Munagori, « Faut-il différer l'application des règles jurisprudentielles nouvelles ? Interrogations à partir d'un rapport », *RTD civ.* 2005, p. 83 ; Tribune libre, « À propos de la rétroactivité de la jurisprudence », *RTD civ.* 2005, p. 293 ; P. Morvan, « Le revirement de jurisprudence pour l'avenir : humble adresse aux magistrats ayant franchi le Rubicond », *D.* 2005.233.

231. Rapport préc., p. 19 et 20.

232. *Loc. cit.*

accepté d'écarter la rétroactivité. En revanche, dans un arrêt récent [233], elle a appliqué le principe traditionnel de l'effet déclaratif du revirement de jurisprudence car, en l'espèce, la règle nouvelle n'était pas de nature à déjouer les prévisions des parties [234]. Pour l'instant, la proposition du groupe de réflexion n'a pas débouché sur un texte de loi, sans doute parce que le rôle créateur de la jurisprudence n'est pas encore prêt d'être admis par tous ! La doctrine est d'ailleurs très partagée quant aux résultats de l'étude. Cependant, si l'on tient compte des affirmations respectives du Conseil d'État et de la Cour de cassation, il semble bien que l'on s'achemine vers une pratique plus courante des revirements prospectifs, fussent-ils encadrés par les exigences de comparaison des intérêts en présence ou de conséquences excessives dans la rétroactivité (la déclarativité), celle-ci restant la solution normale [235].

De nouveaux arrêts ont été rendus où la Cour de cassation n'hésite pas à dire que « la sécurité juridique, invoquée sur le fondement du droit à un procès équitable, pour contester l'application immédiate d'une solution nouvelle résultant d'une évolution de la jurisprudence, ne saurait consacrer un droit acquis à une jurisprudence figée ». Plusieurs motivations fondent cette solution classique : des arrêts considèrent que « l'évolution de la jurisprudence relèv[e] de l'office du juge dans l'application du droit » [236] ; d'autres que « l'interprétation jurisprudentielle d'une même norme à un moment donné ne peut être différente selon l'époque des faits considérés » (ce qui est plus une affirmation qu'une justification) [237] ; d'autres encore estiment que la rétroactivité est permise « dès lors que la partie qui s'en prévaut n'est pas privée du droit à l'accès au juge » [238] (c'est alors la privation au droit à un procès équitable au sens de l'article 6 § 1 de la Convention européenne de sauvegarde des droits de l'homme qui permet de déterminer si le revirement doit être prospectif ou demeure rétroactif) [239] ; d'autres enfin mêlent les motivations [240]. C'est la motivation relative à l'office du juge qui est la plus fréquente et qui manifeste le plus la conscience de la jurisprudence de son pouvoir créateur.

233. Cass. 1re civ., 31 janv. 2008, n° 04-20151, *D* 2008,p. 1448, note A. Aynès, *Procédures* 2008, comm. 144, H. Croze. Le client d'un avocat (en première instance) et d'un avoué (en appel) recherchait en justice la responsabilité de ses deux conseils : il leur reprochait de n'avoir pas soutenu un moyen de défense tenant à la nullité d'un contrat devant le tribunal puis la cour d'appel. Or ce moyen de défense était incertain lors de leur intervention faute de position jurisprudentielle claire ; la Cour de cassation s'étant prononcée en 1998, le moyen de défense aurait pu être utilement présenté, puis – en raison d'un revirement de jurisprudence de la Cour de cassation en 2005 (Cass. ass. plén., 4 mars 2005, n° 03-11725) –, il est devenu inopérant. C'est sous l'empire de cette nouvelle jurisprudence que le client mécontent agit contre ses conseils. Dans son arrêt du 31 janv. 2008, la Cour de cassation estime que c'est au regard de la solution jurisprudentielle actuelle qu'il faut se placer pour apprécier la faute des avocats et avoués. Aujourd'hui, le contrat n'est pas nul (revirement de 2005), l'avocat et l'avoué n'ont donc pas commis de faute en ne soulevant pas la nullité.

234. En ce sens, A. Aynès, note préc., n° 10.

235. Cf. P. Deumier, « Évolution du pouvoir de modulation dans le temps : fondement et mode d'emploi d'un nouveau pouvoir des juges » *RTD civ.* 2007 nos 72 et s., n° 5. À noter que la Cour européenne des droits de l'homme va dans le même sens : v. CEDH, 18 déc. 2008, *UNEDIC c/ France*, requête n° 20153/04.

236. Cass. 1re civ., 21 mars 2000, préc., ; Cass. 2e civ., 18 juin 2009, n° 08-14795 ; Cass. 2e civ., 19 nov. 2009 (3 arrêts : n° 08-21230, 08-20528, 08-19459) ; Cass. 2e civ., 3 juin 2010, n° 09-13579 ; Cass. soc., 22 sept. 2010, n° 09-40968, *Bull. civ.* V, n° 191.

237. Cass. 1re civ., 9 oct. 2001, préc.

238. V. Cass. ass. plén., 21 déc. 2006, préc. Cass. 1re civ., 11 juin 2009 (2 arrêts : n° 07-14932 et 08-16914, *Bull. civ.* I, n° 124 ; X. Lagarde, « L'exigence de sécurité juridique dans l'hypothèse d'un revirement de jurisprudence », *JCP* G 2009, n° 237, *D.* 2009, p. 2599, note I. Gallmeister) où la Cour de cassation a approuvé les juges du second degré d'avoir apprécié la responsabilité d'un médecin selon une jurisprudence qui a été adoptée après la commission de l'acte médical dommageable et qui était plus sévère pour lui.

239. En ce sens, v. I. Gallmeister, note préc. et Ph. Malaurie et P. Morvan, n° 352.

240. V. Cass. 2e civ., 3 févr. 2011, n° 09-16364 : « mais attendu que la sécurité juridique invoquée ne saurait consacrer un droit acquis à une jurisprudence figée, l'évolution de celle-ci relevant de l'**office du juge dans l'application du droit** dès lors que l'obligation de sécurité trouvant sa source non pas dans une loi postérieure au dommage mais dans le contrat de travail, le revirement allégué n'a pas eu pour effet de modifier l'état du droit existant, ni de priver la partie concernée du **droit au procès équitable** ».

En revanche, dans d'autres arrêts, la sécurité juridique et la bonne administration de la justice ont été invoquées pour repousser dans le temps les effets d'une déclaration d'inconventionnalité. Ainsi trois arrêts rendus par la chambre criminelle en 2010 [241] ont jugé non conformes à la Convention EDH le régime de droit commun et des régimes dérogatoires de garde à vue du droit français (ce faisant elle réaffirme la prééminence de la Convention sur les dispositions de droit interne [242]). Cependant la chambre criminelle a maintenu le régime irrégulier jusqu'à « l'entrée en vigueur de la loi devant, conformément à la décision du Conseil constitutionnel du 30 juillet 2010, modifier le régime juridique de la garde à vue, ou, au plus tard, le 1er juillet 2011 » [243]. En outre, la Cour de cassation préconise des modifications à adopter [244]. La Cour de cassation se comporte donc doublement comme un législateur : en modulant dans le temps l'effet de l'inconventionnalité de la garde à vue qu'elle constate et en disant au Parlement quel doit être le contenu du droit nouveau de la garde à vue, afin qu'il respecte la Convention EDH [245] ! Une telle réforme a d'ailleurs bien été adoptée : elle a fait l'objet de la loi n° 2011-392 du 14 avril 2011 [246], prévoyant son entrée en vigueur au 1er juin 2011. Mais nouveau coup de tonnerre le 15 avril 2011 : par quatre arrêts [247], l'Assemblée plénière de la Cour de cassation a reconnu que « pour que le droit à un procès équitable consacré par l'article 6 § 1, de la Convention [EDH] soit effectif et concret, il faut, en règle générale, que la personne placée en garde à vue puisse bénéficier de l'assistance d'un avocat dès le début de la mesure et pendant ses interrogatoires » et que « les États adhérents à cette Convention sont tenus de respecter les décisions de la CEDH, sans attendre d'être attaqués devant elle ni d'avoir modifié leur législation ». Autant dire qu'elle a décidé **l'entrée en vigueur immédiate de la réforme de la garde à vue** [248] ! Nouvelle – et flagrante – jurisprudence *contra legem* et même « *contra constitutionem* ». Et aussi nouvelle abdication du législateur – plus exactement du gouvernement : en effet, dans un communiqué du 15 avril, la Chancellerie a précisé que bien que l'entrée en vigueur de cette loi ait été fixée au 1er juin, le garde des Sceaux prenait acte des arrêts de l'Assemblée plénière du même jour et que « des instructions précises sont immédiatement données aux magistrats du

---

241. Cass. crim., 19 oct. 2010, n° 10-82902, n° 10-85051, n° 10-82306, à paraître au *Bull. Adde* A. Maron, J.-H. Robert et M. Véron, « Chronique de droit pénal et procédure pénale », préc., nos 13 à 16. V. Georget, « À propos des arrêts de la chambre criminelle du 19 oct. 2010 : garde à vue et Convention européenne des droits de l'homme », *Dr. pén.* 2010, dossier 12 ; H. Matsopoulou, « Garde à vue : la Cour de cassation partagée entre conventionnalité et constitutionnalité », *JCP* G 2010, 1164.

242. V. *supra* n° 122.

243. Mme Georget remarque à juste titre que « l'effet rétroactif de la déclaration de non-conformité à la Convention européenne des droits de l'homme aurait nécessairement compromis un nombre considérable de procédures en cours, alors que des gardes à vue avaient été ordonnées et exécutées conformément aux textes législatifs alors en vigueur ».

244. Comme le Conseil constitutionnel dans la décision relative aux tribunaux maritimes commerciaux (vue *supra* au même n°), et de manière tout aussi critiquable.

245. Pour l'essentiel, la personne gardée à vue doit être informée de son droit de garder le silence doit bénéficier de l'assistance d'un avocat dans des conditions lui permettant d'organiser sa défense et de préparer avec lui ses interrogatoires – donc dès le début de la garde à vue.

246. Qui suit en effet les préconisations du Conseil constitutionnel et de la Cour de cassation. V. H. Matsopoulou, « La réforme de la garde à vue est publiée », *JCP* G 2011, n° 482 ; G. Roujou de Boubée, « La réforme attendue de la garde à vue », *D.* 2011, p. 1128 ; A.-S. Chavent-Leclère, « La garde à vue est morte, vive la garde à vue ! À propos de la loi n° 2011-392 du 14 avr. 2011 », *Procédures* 2011, étude n° 7.

247. Cass. ass. plén., 15 avr. 2011, n° 10-17049, 10-30242, 10-30313 et 10-30316, à paraître au *Bull.* S. Détraz, « Effectivité immédiate des droits de la personne gardée à vue résultant de l'article 6, § 1, de la Convention EDH », *JCP* G 2011, n° 483.

248. *Adde* S. Détraz, art. préc., « ainsi, dès immédiatement, les gardes à vue doivent se dérouler en conformité avec les prescriptions, éclairées par la jurisprudence, qui en [la Convention EDH] résulte. À défaut, la nullité de la mesure et, éventuellement, des actes subséquents sera encourue ».

parquet pour que, sans attendre le 1er juin, les règles définies par la loi du 14 avril 2011 en matière de notification du droit au silence et de droit à l'assistance par un avocat soient appliquées sans délai, afin de garantir d'emblée la conformité des mesures prises aux exigences européennes ». Par quatre arrêts (à nouveau) du 31 mai 2011 [249], la chambre criminelle a encore franchi un cran supplémentaire : elle a annulé des arrêts de chambres d'instruction ou de cours d'appel qui, bien qu'ayant constaté que des gardes à vue étaient irrégulières, ne les avaient pas annulés. Or, ces gardes à vue, certes relatives à des procédures toujours en cours, s'étaient déroulées antérieurement au 15 avril 2011... Qu'est devenue la séparation des pouvoirs ?! Qu'est devenue la Constitution [250] ?!

151. – En conclusion... – Quelles que soient encore les hésitations et réticences, il est permis d'affirmer que, norme certes techniquement inférieure à la loi, la jurisprudence n'en est pas moins une source du droit ; c'est même de plus en vrai, comme le montrent les arrêts récents du Conseil constitutionnel, de la Cour de cassation et de la Cour européenne des droits de l'homme [251].

Sous-section 2 : La doctrine

§ 1 : La notion

152. – Les différents sens du mot. – Comme la jurisprudence, le terme de doctrine peut être entendu de manière générale ou particulière. Dans le premier cas, il désigne l'ensemble des opinions émises par les juristes [252] : magistrats, avocats [253]..., et surtout professeurs de droit, que l'on appelle « auteurs », parce qu'ils rédigent des thèses, des monographies, des traités, des manuels, des articles, des notes d'arrêts... dans lesquels ils exposent leurs opinions : par exemple, leur compréhension d'une décision ou leurs explications d'un texte de loi. Dans le second cas, la doctrine est l'opinion de juristes, plus ou moins nombreux, concernant une question de droit donnée. Là encore, selon M. le professeur J. L. Bergel, il s'agit d'« un concept ambigu » [254], car « il n'y a pas une doctrine, mais des auteurs de droit dont la liberté favorise la diversité de leurs pensées » [255]. De manière générique, l'auteur propose de la définir comme la « réflexion des juristes sur le droit » [256].

249. Cass. crim., 31 mai 2011, n° 11-81412, 10-88293, 10-80034 et 10-88809, à paraître au *Bull.* V. déjà, Cass. crim., 11 mai 2011, n° 10-84251, *D.* 2011, p. 1421, note C. Girault.

250. *Adde* G. Roujou de Boubée, *op. cit* : « l'application différée des nouvelles dispositions, telle que voulue par le législateur, eût atténué pas mal de difficultés. Au surplus, et du point de vue de la théorie des sources du Droit, l'on s'explique mal comment l'autorité judiciaire peut ainsi substituer sa volonté à celle du législateur ».

251. Tout particulièrement, celui du 26 mai 2011 : v. *supra* n° 150.

252. P. Deumier et R. Encinas de Munagori, « L'absence de statut homogène de la doctrine » *RTD civ.* 2006, p. 63.

253. Ils sont nombreux à tenir un « blog » (le terme français est « bloc-note » !), au sein du réseau de la « blogosphère » : http://avocats.fr/network/blogosphere.

254. J.-L. Bergel, *Théorie générale du droit*, Dalloz, préc., n° 59.

255. *Contra* Ph. Jestaz et C. Jamin, « L'entité doctrinale française », *D.* 1997, p. 167 : la doctrine serait un « corps homogène »...

256. *Loc. cit.*

153. – Les différentes écoles doctrinales. – Le XIXe siècle est incontestablement marqué par l'École de l'exégèse, doctrine classique par opposition à l'École scientifique, doctrine moderne qui l'a remplacée à la fin de ce même siècle [257].

De 1804 à 1880, le Code en lui-même est très peu retouché ; pour Demolombe, « le prince de l'exégèse » [258], il s'agit de « la Constitution civile de la France » ; quant à Bugnet, il disait : « je ne connais pas le droit civil, j'enseigne le Code Napoléon » [259].

En raison de la création récente du Code, il s'avéra nécessaire de l'interpréter ; ce qui fut fait de façon littérale. C'est dans le texte et dans l'analyse des mots que la solution est recherchée. Douze écoles de droit avaient été établies en 1804 et sont devenues les facultés [260] en 1808. Au sein de l'Université impériale, le Code faisait l'objet d'une grande révérence [261], sans pour autant que la doctrine soit unanime dans son interprétation du Code. Jusqu'en 1880, la plupart des tentatives de réforme de l'enseignement se heurtèrent au veto des professeurs, surtout ceux de la Faculté de droit de Paris.

Les choses commencèrent à changer avec la création du concours d'agrégation en 1855, qui commença à couper le lien entre l'enseignement et la politique. On peut constater que c'est à partir de ce moment que le droit civil commence à connaître les plus grandes transformations. Elles furent le fait tout d'abord de la doctrine, qui abandonna la stricte interprétation littérale du Code pour l'interpréter de façon extensive. Ceci parce que de nombreux exégètes étaient également des praticiens. Troplong fut avocat puis magistrat (il présida la Cour de cassation) ; Aubry et Rau furent avocats (c'est la raison pour laquelle ils ne vinrent pas à Paris mais restèrent à Strasbourg) ; Demolombe, s'il était doyen de la faculté de droit de Caen, était également avocat et même bâtonnier ; Taulier (1806-1861), auteur d'une *Théorie raisonnée du Code civil*, en 7 volumes, fut professeur, avocat et même maire de Grenoble ; Marcadé, Mourlon étaient avocats… Ces professeurs avaient ainsi une parfaite vision des besoins de la société d'alors, et ne pouvaient les ignorer. Un autre facteur indispensable aux bouleversements du droit civil fut la motivation et la diffusion des arrêts [262]. Dès lors, les professeurs ont pu non seulement étudier le Code, les textes, mais encore les décisions de justice : ainsi, en 1843, à la Faculté de droit de Dijon est créé un *cours de jurisprudence* et à partir de 1850, apparaît la note d'arrêt, véritable commentaire critique de la décision, notamment sous la plume de Labbée ; des revues critiques sont créées, comme *La Thémis* (qui ouvrira la voie et la tribune aux idées allemandes et à son École historique, avec Savigny), *la Revue de législation et de jurisprudence*,

257. Sur cette évolution historique, v. J.-L. HALPERIN, *op. cit.*, n°s 21 et s. ou J.-L. THIREAU, *op. cit.*, p. 322 et s. V. aussi, Ph. MALAURIE et P. MORVAN, *Introduction au droit*, préc. n° 372.

258. Sur ce grand juriste (et sur d'autres auteurs), v. Ph. MALAURIE, *Anthologie de la pensée juridique*, Cujas, 3e éd., 2007. L'œuvre de Demolombe comporte 31 tomes… et s'arrête à l'article 1386 seulement !

259. Et, de fait, une loi du 9 sept. 1807 attribua officiellement le titre de Code Napoléon au Code civil. La Charte du 4 juin 1814 lui redonna le nom de Code civil. Mais le décret du 27 mars 1852, pour « rendre hommage à la vérité historique », rétablit l'appellation de Code Napoléon. Or, ce décret n'a jamais été aboli…

260. Si aujourd'hui, on parle d'« UFR » (unités de formations et de recherche), l'UFR de droit conserve son appellation de « faculté » ; c'est d'ailleurs le cas à l'étranger pour toutes les disciplines universitaires. L'expression « École du droit » revient au goût du jour : par exemple, « l'École de droit de la Sorbonne rassemble les principales formations juridiques et équipes de recherche de l'Université Paris 1 Panthéon-Sorbonne » (http://ecolededroitdelasorbonne.univ-paris1.fr/organisation)… À noter aussi une autre appellation, celle de « collèges du droit » : récemment créés – Paris Panthéon-Assas a joué les pionnières en 2007 –, ils ne sont accessibles qu'aux meilleurs étudiants : à titre d'illustration, c'est le cas à Toulouse I Capitole où la sélection débute en L. 2 (http://www.univ-tlse1.fr/07456489/0/fiche_pagelibre/&RH=1236769412908).

261. Il convient de préciser que les professeurs prêtaient serment d'obéissance à l'Empereur…

262. Sur lesquelles, v. *supra* n° 140, 2) et 3).

la *Revue trimestrielle de droit civil* qui est toujours d'actualité [263]... Ces commentaires n'ont pas laissé les juges indifférents qui firent évoluer le droit civil par de grands arrêts (sur l'enrichissement sans cause ou la responsabilité du fait des choses, par exemple [264]). Ces nouvelles méthodes, tenant compte de la jurisprudence, de l'histoire, du droit comparé, de la sociologie, sont toujours en vigueur aujourd'hui [265].

§ 2 : Le rôle

154. – L'inaptitude de la doctrine à être une source directe de droit. – L'observation du droit français positif ne peut conduire qu'à une telle conclusion. Certes, celle-ci n'est universelle, ni dans le temps, ni dans l'espace : sous Auguste, certains jurisconsultes ayant reçu un brevet officiel de consultants pouvaient délivrer des consultations, que les juges suivaient en raison du prestige de l'empereur (c'est le *jus respondendi ex auctoritate Augusti*) [266] ; et en vertu des Statuts de la Cour internationale de justice du 16 décembre 1920, la doctrine peut se voir reconnaître une certaine valeur en droit international public. Mais, aujourd'hui, dans notre pays, la doctrine n'est qu'une autorité du droit, qualifiée de « littérature du droit » [267] ou encore « miroir vivant du droit » [268]... Un miroir qui ne reflète pas toujours la même image, car la doctrine est bien souvent divisée : on parle d'ailleurs de « doctrine majoritaire », « minoritaire », quand elle n'est pas carrément « isolée » ! Même l'unanimité des auteurs ne peut obliger les juges et les justiciables à suivre la doctrine comme une source de droit s'imposant directement à eux.

155. – L'influence de la doctrine sur la création du droit. – En tant qu'autorité, la doctrine est en revanche et de manière indéniable une source de droit indirecte par son influence [269] :

263. Fondée en 1902, son article inaugural – écrit par A. Esmein – était intitulé « la jurisprudence et la doctrine ». Cent ans après, son anniversaire était célébré : v. Ph. Jestaz et C. Jamin, « Doctrine et jurisprudence : 100 ans après », *RTD civ.* 2002. p. 1 et s.

264. Sur lesquels, v. *supra* n° 136.

265. Cf. *infra* n° 189.

266. Sur la doctrine romaine et son rôle considérable dans la formation du droit romain, v. J.-L. Thireau, *op. cit.*, p. 73 et s. De même, au Moyen Âge, après la renaissance du droit romain, où la « *communis opinio doctorum* » bénéficiait d'une grande autorité ou encore sous l'ancien régime, la doctrine favorisa l'unification du droit. Aujourd'hui encore, au Brésil et au Portugal un accord de la communauté juridique comprenant les juges, les professeurs et les avocats peut amener à une édification des règles écrites : en ce sens, J.-L. Bergel, *op. cit.*, n° 59. L'auteur ajoute que « il est clair que l'influence de la doctrine a toujours été plus grande dans les systèmes où il n'existait pas encore de droit constitué ou structuré. Son apogée se situe en France et en Allemagne avant les grandes codifications du début et de la fin du XIXe siècle ».

267. J. Carbonnier, *Droit civil*, vol. 1, PUF, coll. Quadrige, 2004, p. 285 : « on entend par doctrine les opinions émises par les auteurs dans leurs ouvrages, le droit tel que le conçoivent les théoriciens. Ou, si l'on a égard au contenant plutôt qu'au contenu, la doctrine est l'ensemble des ouvrages juridiques, la littérature du droit. Sous les différents modes d'expression qu'elle utilise, la doctrine joue un rôle dans la création du droit en tant qu'autorité, qu'inspiratrice ».

268. Ph. Malaurie et P. Morvan, *Introduction au droit*, préc. n° 375 : « la doctrine est le miroir du droit tout entier : elle explique le contenu de l'ensemble des règles juridiques et, en outre, met à jour leurs sources ainsi que les idées morales, sociales ou économiques qui les fondent. Elle est un miroir critique ou plutôt, devrait l'être. Pourtant, elle s'affiche souvent positiviste, croyant pouvoir ériger le droit en science pure pour n'en considérer que la technique, d'un point de vue rationnel et désincarné. La doctrine est le miroir vivant du droit. Elle est, comme lui, une logique de l'action, un va-et-vient entre la règle abstraite et ses applications concrètes ».

269. P.-Y. Gautier, « L'influence de la doctrine sur la jurisprudence », *D.* 2003.2839. V. le dossier consacré à la part de la doctrine dans la création du droit privé (responsabilité civile, contrats, droit commercial, droit pénal et procédure civile) à la nouvelle Revue de droit d'Assas : *RDA*, n° 3, févr.. 2011, p. 37 et s.

d'une part, la très grande majorité de ceux qui font les lois ou la jurisprudence ont suivi les cours de ceux qui constituent la doctrine ; d'autre part, la doctrine clarifie, synthétise, critique… les lois et la jurisprudence actuelles, même si la jurisprudence fait parfois la sourde oreille [270] – c'est d'ailleurs cette complémentarité de la doctrine et de la jurisprudence qui permet à cette dernière d'être une source de droit à part entière – et la doctrine propose aussi une modification bienvenue ou inspire une réforme [271].

Parmi les auteurs qui ont eu une influence sur l'élaboration de lois nouvelles, il est bon de retenir les noms du doyen J. Carbonnier (inspirateur des réformes du droit de la famille des années 1960), de H. Motulsky et du doyen G. Cornu (inspirateurs et même rédacteurs du Code de procédure civile, entré en vigueur le 1er janvier 1976). Et parmi ceux qui ont influencé la jurisprudence, il faut citer au moins Aubry et Rau, Salleilles, Josserand [272], Planiol, Capitant, Ripert, Gény [273], Hauriou [274]…

Il faut aussi noter un phénomène qui se développe, à savoir l'habitude prise par le gouvernement de demander des rapports avant de procéder à des réformes [275]. Ces rapports sont rédigés sous l'égide d'une personnalité (professeur [276], avocat [277], magistrat [278]…) par des commissions constituées d'universitaires et de praticiens. Ces commissions se réunissent donc afin de réfléchir ensemble et de faire des propositions concrètes qui débouchent sur des réformes – certaines des 65 propositions du rapport Guinchard ont fait l'objet de divers textes, lois ou décrets [279] – ou… qui finissent dans un tiroir : l'avant-projet de réforme du droit des obligations et de la prescription élaboré par trente-trois professeurs et trois magistrats, sous la présidence de M. le Professeur Catala – remis au gouvernement le 22 septembre 2005 – n'a été que peu suivi d'effet, à savoir seulement dans la loi sur la prescription et encore de manière très incomplète ; depuis, la Chancellerie a présenté un avant-projet concurrent, portant uniquement sur le droit des contrats

---

270. Ainsi est-elle totalement indifférente aux nombreuses critiques doctrinales que suscite sa nouvelle interprétation de l'article 1351 du Code civil : v. *supra* n° 147.

271. Précision de vocabulaire : lorsque la doctrine propose un remède aux défauts d'un texte sans remettre en cause la loi en vigueur, on dit qu'elle fait une proposition de *lege lata* ; si elle va jusqu'à proposer une réforme législative, elle critique la loi existante *de lege ferenda* pour aboutir à une loi plus appropriée.

272. V. C. Audren et C. Fillon, « Louis Josserand ou la construction d'une autorité doctrinale », *RTD civ.* 2009, p. 39.

273. V. B. Oppetit, *Droit et modernité,* PUF, 1998, p. 233 et s. le chapitre consacré à Gény. *Adde* M. Auberger, « Un autre regard sur F. Gény et son œuvre », *RTD civ.* 2010, p. 261 et s. et C. Thomasset, « Épilogue : l'actualité de François Gény et son œuvre », *RTD civ.* 2010, p. 279 et s.

274. Parfois des juges écrivent et des professeurs deviennent juges à leur tour : C. Canivet, « Des "professeurs-juges" aux "juges-professeurs" », *Mélanges A. Ponsard,* Litec 2003, p. 115 et s. A. Ponsard était justement un professeur de droit à la Cour de cassation

275. V. H. Croze, « Une procédure bien sous tous les rapports », *Procédures* 2010, repère 9 ; F. Rome, « Rapports à gogo : préparer les tiroirs ? », *D.* 2008, p. 1881. Les rapports sont publiés par la Documentation française et consultables sur le site : http://www.ladocumentationfrancaise.fr.

276. Par exemple, M. le recteur S. Guinchard : *L'ambition raisonnée d'une justice apaisée – Rapport au garde des Sceaux,* La documentation française – Collection des rapports officiels, 08/2008.

277. Par exemple, Me Ph. Darrois : *Vers une grande profession du droit – Rapport sur les professions du droit,* La documentation française – Collection des rapports officiels, 04/2009.

278. Par exemple, M. le 1er président de la cour d'appel de Paris, J.-C. Magendie, *Célérité et qualité de la justice devant la cour d'appel,* La Documentation française – Collection des rapports officiels, sept. 2008 (et déjà, en tant que 1er président du tribunal de grande instance de Paris : *Célérité et qualité de la justice – La gestion du temps dans le procès,* La documentation française – Collection des rapports officiels, déc. 2004).

279. Notamment, les décrets n° 2009-1693 du 29 déc. 2009 relatif à la répartition des compétences entre le tribunal de grande instance et le tribunal d'instance et n° 2010-1165 du 1er oct. 2010 relatif à la conciliation et à la procédure orale en matière civile, commerciale et sociale ; les lois n° 2010-1609 du 22 déc. 2010 relative à l'exécution des décisions de justice, aux conditions d'exercice de certaines professions réglementées et aux experts judiciaires et n° 2011-331 du 28 mars 2011 de modernisation des professions judiciaires ou juridiques et certaines professions réglementées.

et un troisième texte – remis au gouvernement le 1er décembre 2008 – est l'œuvre du groupe de travail de l'Académie des sciences morales et politiques, présidé par M. le Professeur F. Terré... sans résultat !

155-1. – La mort annoncée de la doctrine ? – Depuis plusieurs années, les auteurs juridiques – c'est-à-dire la doctrine elle-même ! – déplorent un déclin [280] et même une asphyxie [281] de la doctrine qui serait « mortifère » pour elle et mettrait en cause son « avenir » [282]. La faute en reviendrait à l'inflation quantitative (cf. le nombre énorme de revues – papier et/ou en ligne, de manuels, de blogs [283], de colloques [284]...) de l'information juridique au détriment de sa qualité, l'exigence de réactivité à l'égard d'un nouveau texte, d'une nouvelle politique éditoriale condamnant les auteurs à décrire (rapidement et de manière concise) plus qu'à réfléchir. Il est bien réel que la « doctrine » d'information est majoritaire, alors que la doctrine d'opinion – la seule vraie doctrine – est minoritaire.

Pour autant, la mort de cette doctrine d'opinion n'est pas à craindre, car « contre vents et marées, elle subsiste, comme le révèle la lecture régulière d'ouvrages, thèses, articles et notes publiés ces dix dernières années. Sa place se réduit, nul n'en disconvient, mais il restera toujours des éditeurs audacieux et des revues ambitieuses dans lesquelles le poids des mots l'emportera sur le choc des photos, si bien que, pas plus aujourd'hui que demain, ni rien, ni personne ne pourra faire taire ceux pour qui l'important ce n'est pas la prose, mais la pensée » [285]. Il ne faut donc pas être trop pessimistes !

156. – D'autres autorités chargées d'interpréter le droit. – Notons que si le rôle d'interprète de la loi n'est plus contesté à la jurisprudence [286] et à la doctrine, d'autres autorités se sont vues attribuer cette même fonction. Ainsi, l'administration commente souvent les lois, qu'elles soient d'origine réglementaire ou parlementaire, au moyen de circulaires ou d'instructions. Cette pratique se développe en raison de l'accroissement de la complexité du droit. Ces circulaires et instructions n'ont en principe force obligatoire que pour les fonctionnaires – dans le cadre de leurs fonctions – du service qui en sont destinataires (sauf en matière fiscale [287]). Cependant ces circulaires et instructions contiennent l'interprétation des lois et décrets qui va être effectivement appliquée par les administrations – interprétation qui s'avère parfois *contra legem* ! [288] –, les administrés ont donc tout intérêt à les connaître. Jusqu'à récemment, c'était très difficile, car le droit des circulaires était « un droit souterrain, clandestin, inaccessible,

280. Ph. Jestaz, « Déclin de la doctrine ? », *Droits*, PUF, 1994, p 85-96

281. V. D. Bureau et N. Molfessis, « L'asphyxie doctrinale », *Études à la mémoire du Professeur Bruno Oppetit*, Litec, 2009, p. 45 et s.

282. *Ibid.*

283. Au point qu'un auteur parle de « bloghorrée » : v. F. Rome, « Propos iconoclastes sur la "bloghorrée" », *D.* 2070, p. 361.

284. « La "colloquite" ou la "colloquomania", selon que l'on y voit une maladie ou un engouement, ne mérite même plus d'être démontrée ; elle est un fait de notre temps », selon MM. Bureau et Molfessis, art. préc., p. 51.

285. F. Rome, « De l'air, de l'air ! », *D.* 2010, p. 137.

286. Il a été dit (*supra* n° 140, 2) que la Cour de cassation, le Conseil d'État ou le Conseil constitutionnel utilisent les communiqués pour fournir aux justiciables l'interprétation de leurs propres décisions.

287. V. *infra* au même numéro.

288. Par exemple, une circulaire du garde des Sceaux du 4 août 2009, non publiée, a fait échec à une disposition de la loi n° 2009-526 du 12 mai 2009 de simplification et clarification du droit et d'allégement des procédures qui visait à transférer la compétence en matière de tutelle des mineurs du juge des tutelles (juge du tribunal d'instance) au juge aux affaires familiales (juge du tribunal de grande instance). *Adde* M. Lamarche, « Exemples de droit de la famille pour un cours d'introduction générale au droit : n'appliquons pas la loi ! », *Droit de la famille* 2009, focus n° 67. V. *infra* n° 323

asymétrique »[289]. Le décret n° 2008-1281 du 8 décembre 2008 (modifié par le décret n° 2009-471 du 29 avril 2009) a donc tenté d'organiser une meilleure accessibilité des circulaires[290] : depuis le 1er mai 2009 celles-ci sont mises en ligne sur le site circulaires.gouv.fr. Et le décret prévoit les effets d'une absence de publication de certaines circulaires : elles sont inapplicables et les services ne peuvent s'en prévaloir à l'égard des administrés. Ce régime est toutefois apparu décevant et « ni l'Administration ni les usagers ne se [sont] pleinement appropriés le nouveau dispositif »[291] ; son sort risque donc d'être celui « des précédentes tentatives d'encadrement des circulaires, qui sont généralement restées lettre morte »[292].

Les ministres apportent aussi des réponses à des questions écrites posées par les parlementaires : ces réponses ne lient pas les juges éventuellement saisis de telles questions, mais elles leur donnent de précieuses indications[293].

D'autres explications administratives engagent fortement leur auteur : c'est le cas lorsqu'un contribuable s'adresse à l'administration fiscale pour connaître les conditions d'application d'un texte fiscal au moyen de la procédure de rescrit. « Le rescrit peut être défini comme étant une prise de position formelle de l'administration sur une situation de fait, au regard d'un texte, sous réserve de lui fournir tous les éléments utiles à l'appréciation de la portée de l'opération »[294]. L'interprétation donnée par l'administration à la suite d'un tel rescrit est donc plus qu'un simple avis ; elle lui est opposable, c'est-à-dire que l'administration doit en tenir compte – elle ne peut avoir « la mémoire courte », « se renier » en quelque sorte. Au-delà du rescrit, ce sont d'ailleurs les circulaires et instructions publiées de l'administration fiscales qui lui sont opposables : cette garantie contre les changements d'interprétation des textes fiscaux est instituée au profit des contribuables par les articles L. 80A et L. 80B du Livre des procédures fiscales. Ainsi, « quand l'administration a interprété un texte dans ses circulaires » ou « quand elle a répondu valablement à une question posée *in concreto* », un administré peut avoir une confiance légitime dans la parole administrative[295]. Et il existe aussi un rescrit boursier et un rescrit social[296].

Il faut encore citer l'existence d'autorités administratives indépendantes (AAI), comme la Commission nationale de l'informatique et des libertés (CNIL[297]), l'Autorité des marchés financiers (AMF[298]), la Haute Autorité pour la diffusion des œuvres et la protection des droits sur internet (HADOPI[299])... Ce sont des organismes non soumis hiérarchiquement à la puissance publique, ce qui garantit leur impartialité. Ces autorités administratives indépendantes ont des pouvoirs variables, émettant des avis, voire des injonctions ou des sanctions... Si leurs avis sont le plus souvent facultatifs, ils ont une grande influence sur le juge ; ils peuvent même

289. V. Rapport public du Conseil d'État, 2006, « Considérations générales : sécurité juridique et complexité du droit », *ECDE* n° 57, spéc. p. 276 (v. http://www.conseil-etat.fr/cde/media/document//rapportpublic2006.pdf).

290. V. P. Deumier, « Les circulaires sortent de l'ombre », *RTD civ.* 2009, p. 487.

291. H. Moysan, « Des effets de la publication ou de la non-publication des circulaires et instructions sur le site "circulaire.gouv.fr" », *JCP* G 2010, n° 915.

292. V. P. Deumier, art. préc. *Adde* H. Moysan, art. préc.

293. Le Conseil d'État a été amené à dire qu'elle était la valeur d'une réponse ministérielle : il a estimé que ces réponses ne constituaient pas des actes susceptibles de faire l'objet d'un recours contentieux (sous réserve de quelque cas en matière fiscale). V. CE, sect., 16 déc. 2005, Sté Friadent France, n° 27618 ; *adde Procédures* 2007, alerte 4.

Remarque : les réponses ministérielles aux questions écrites des parlementaires sont même télévisées.

294. V. P. Cocheteux, « Le rescrit fiscal et la sécurité juridique », *Gaz. Pal.*, 18 août 2009, p. 2.

295. *Ibid.*

296. Sur lesquels, v. Ph. Malaurie et P. Morvan, *op. cit.*, n° 314. *Adde* B. Oppetit, « La résurgence du rescrit », *D.* 1991, chr. 105.

297. http://www.cnil.fr.

298. http://www.amf-france.org.

299. http://www.hadopi.fr.

être obligatoires (sous réserve d'un recours devant le juge administratif ou judiciaire) : c'est le cas par exemple des avis de l'Autorité de la concurrence, dont les décisions peuvent être contestées devant la cour d'appel de Paris [300]. De ce fait, « les AAI alimentent un *droit de la régulation*, manifestation de la *soft law* » [301]. Une nouvelle autorité, le Défenseur des droits de l'article 71-1 de la Constitution (issu de la loi constitutionnelle n° 2008-724 du 23 juillet 2008) [302], est même qualifiée d' « autorité constitutionnelle indépendante » [303] par la loi organique n° 2011-333 du 29 mars 2011 relative au Défenseur des droits [304]. Le Défenseur des droits – M. Dominique Baudis – a absorbé différentes autorités administratives indépendantes [305] : il a pour rôle – entre autres [306] – d'être l'origine indirecte d'une interprétation, en ce que, « lorsque le Défenseur des droits est saisi d'une réclamation, non soumise à une autorité juridictionnelle, qui soulève une question touchant à l'interprétation ou à la portée d'une disposition législative ou réglementaire, il peut consulter le Conseil d'État. Le Défenseur des droits peut rendre public cet avis. Ce dernier est rendu dans des conditions fixées par décret en Conseil d'État » (art. 31 de la loi organique) ; voire d'en être la source directe, puisqu' « il peut également être consulté par le Premier ministre, le président de l'Assemblée nationale ou le président du Sénat sur toute question relevant de son champ de compétence » (art. 32, al. 3, de la loi organique).

Par ailleurs, les nombreuses (plus de 4700 !) commissions administratives consultatives dont l'avis était sollicité, de manière obligatoire ou facultative, pour l'élaboration des textes législatifs ou réglementaires auraient dû disparaître le 8 juin 2009, par l'effet de la circulaire du

---

300. V. art. L. 311-11 1° et D. 311-9 1°) du COJ.

301. V. Ph. Malaurie et P. Morvan, *op. cit.*, n° 311. *Adde* S. Ben Hadj Yahia, « Controverses autour des autorités de régulation », *JCP* E 2010, 1437.

302. « Le Défenseur des droits veille au respect des droits et libertés par les administrations de l'État, les collectivités territoriales, les établissements publics, ainsi que par tout organisme investi d'une mission de service public, ou à l'égard duquel la loi organique lui attribue des compétences. Il peut être saisi, dans les conditions prévues par la loi organique, par toute personne s'estimant lésée par le fonctionnement d'un service public ou d'un organisme visé au premier alinéa. Il peut se saisir d'office. La loi organique définit les attributions et les modalités d'intervention du Défenseur des droits. Elle détermine les conditions dans lesquelles il peut être assisté par un collège pour l'exercice de certaines de ses attributions. Le Défenseur des droits est nommé par le président de la République pour un mandat de six ans non renouvelable, après application de la procédure prévue au dernier alinéa de l'article 13. Ses fonctions sont incompatibles avec celles de membre du gouvernement et de membre du Parlement. Les autres incompatibilités sont fixées par la loi organique. Le Défenseur des droits rend compte de son activité au président de la République et au Parlement ».

303. V. M. Verpeaux, « Il est né le Défenseur des droits. – À propos des lois du 29 mars 2011 », *JCP* G 2011, 502, n° 6 : « le Défenseur des droits dispose d'une autorité renforcée par son statut constitutionnel, mais il reste une autorité administrative qui ne peut s'immiscer dans le fonctionnement des autres pouvoirs, principalement le pouvoir juridictionnel » ; l'auteur poursuit (n° 13) : « la loi organique du 29 mars 2011 avait cru utile de prévoir que le Défenseur des droits était une "*autorité constitutionnelle indépendante*", créant ainsi une catégorie nouvelle (L. org. n° 2011-333, art. 2). Cette qualification venait renforcer cette indépendance, qui implique que le Défenseur des droits ne peut recevoir, dans l'exercice de ses fonctions, "*aucune instruction*" *(ibid.)*. Le Conseil constitutionnel [décision n° 2011-626 DC du 29 mars 2011 relative à la loi organique] ne l'a pas entendu ainsi et a fait une lecture "déconstructive" de la loi organique en écrivant que le Défenseur, alors que la loi l'érige en une "*autorité constitutionnelle indépendante*", *constitue en réalité une "autorité administrative dont l'indépendance trouve son fondement dans la Constitution ; que cette disposition n'a pas pour effet de faire figurer le Défenseur des droits au nombre des pouvoirs publics constitutionnels*" » (*consid. 5*).

304. Complétée par la loi ordinaire n° 2011-334.

305. À savoir, le Médiateur de la République, le Défenseur des enfants, la Commission nationale de déontologie de la sécurité (CNDS) et la Haute autorité de lutte contre les discriminations et pour l'égalité (HALDE).

306. Selon l'article 4 de la loi organique, « le Défenseur des droits est chargé : 1° De défendre les droits et libertés dans le cadre des relations avec les administrations de l'État, les collectivités territoriales, les établissements publics et les organismes investis d'une mission de service public ; 2° De défendre et de promouvoir l'intérêt supérieur et les droits de l'enfant consacrés par la loi ou par un engagement international régulièrement ratifié ou approuvé par la France ; 3° De lutter contre les discriminations, directes ou indirectes, prohibées par la loi ou par un engagement international régulièrement ratifié ou approuvé par la France ainsi que de promouvoir l'égalité ; 4° De veiller au respect de la déontologie par les personnes exerçant des activités de sécurité sur le territoire de la République ». Le 1° est entré en vigueur dès le 31 mars ; les 2°, 3° et 4°, le 1er juin 2011.

8 décembre 2008 relative à la modernisation de la consultation – ceci au profit d'une consultation informelle et non plus institutionnelle[307]. Mais « la veille de la date fatidique », ont été publiées au *Journal officiel* des listes – établies ministère par ministère – de commissions « rescapées pour encore 5 ans », comme les 18 commissions du ministère de la Justice, « dont la très grande majorité est relative aux professions judiciaires et plus particulièrement aux propositions de nominations (huissiers, notaires, avocat au Conseil ou commissaires-priseurs judiciaires) »[308]. À suivre…

CONSEILS DE LECTURE

1. J.E.M. PORTALIS, « Discours préliminaire au projet de Code civil », *Fenet*, t. I, p. 469 et s. Mais on peut en trouver des versions publiées facilement accessibles : par exemple, chez Confluences 1999 ou dans *Naissance du Code civil*, Flammarion 2004, par F. EWALD et G. CANIVET.

2. .-N. JOBARD-BACHELIER et X. BACHELIER, *Technique de cassation, Pourvois et arrêts en matière civile*, préf. A. PONSARD, Dalloz, Méthodes du droit, 7e éd., 2010.

3. Ph. JESTAZ, *Les sources du droit*, Dalloz, Connaissance du droit, 1re éd., 2005 (ce petit – par le format – ouvrage est vivement recommandé en raison de la présentation originale et très complète des sources : c'est donc un grand ouvrage par le contenu).

4. J. GAUDEMET, *Les naissances du droit*, Précis Domat, Montchrestien, 4e éd., 2006 (riche présentation par un historien du droit des différentes sources).

5. J.-L. BERGEL, *Théorie générale du droit*, Dalloz, Méthodes du droit, 4e éd., 2003, n° 84.

6. Lire, à la *Revue trimestrielle de droit civil (RTD civ.)*, la chronique « sources du droit en droit interne », actuellement tenue par Mme le professeur P. DEUMIER et M. le professeur P. PUIG.

7. P.-Y. GAUTIER, « L'influence de la doctrine sur la jurisprudence », *D.* 2003.2839.

8. V. « Petit mélange des genres juridiques sur une même thématique : la part de la doctrine dans la création du droit privé », *RDA*, n° 3, février 2011, p. 37 et s. : F. TERRÉ, « À propos de la doctrine de la doctrine de la doctrine » ; p. 38, Ph. le TOURNEAU, « La responsabilité civile, droit prétorien ou droit doctrinal », p. 41 ; N. MOLFESSIS, « Remarque sur la doctrine en droit des contrats », p. 51 ; D. PORACCHIA et L. MERLAND, « La doctrine en droit commercial », p. 57 ; Ph. CONTE, « La part de la doctrine dans la création du droit pénal », p. 69 et S. GUINCHARD, « La part de la doctrine en procédure civile », p. 73. *Adde* H. Croze, « L'affaire du numéro de pourvoi », *JCP* G 2011, 633.

9. Pour compléter, ne pas hésiter à lire un (des) manuel (s) d'introduction historique au droit. V. aussi H. ROLAND et L. BOYER, *Adages du droit français*, Litec, 4e éd., 1999.

10. V. une excellente critique de la jurisprudence qui ne respecte plus la loi : A. MARAIS, « Modulation dans le temps des revirements de jurisprudence. – Requiem », *JCP* G 2011, 742.

307. V. P. DEUMIER, « L'adieu aux Commissions administratives consultatives (Circ. du 8 déc. 2008 relative à la modernisation de la consultation, *JO* 10 déc. 2008, p. 18777) », *RTD civ.* 2009, p. 81.

308. V. P. DEUMIER, « L'adieu aux Commissions consultatives : *post-scriptum* (JO 7 juin 2009) », *RTD civ.* 2009, p. 487.

CHAPITRE 5
L'application et l'interprétation de la loi

Corinne Bléry

157. – L'effectivité de la loi. – Une fois votée par le Parlement, la loi doit être appliquée (section 1). C'est là une question complexe qui appelle des réponses non moins complexes, de la part du législateur, de la doctrine et de la jurisprudence. En outre, appliquer la loi suppose fréquemment de s'interroger sur la bonne interprétation à lui donner (section 2). Le droit n'est effectif – il s'impose véritablement aux sujets de droit – que s'il est non seulement appliqué, mais aussi compris. Le rôle de la doctrine [1], mais aussi de la jurisprudence [2], à cet égard a déjà été souligné.

Section 1
L'application de la loi

158. – Des limites temporelles et géographiques. – L'effectivité de la loi résultant de son application n'est pas illimitée : en effet, elle ne durera que pendant un certain temps, sur un territoire donné et à l'égard d'une population déterminée avec plus ou moins de précision [3].

§ 1 : La loi et le temps

159. – Les rapports du temps et de la loi. – Lors de l'édiction d'une loi nouvelle, les sujets de droit (les consommateurs, les propriétaires d'un appartement, les parents d'un enfant mineur…) doivent se demander s'ils sont susceptibles d'être ses destinataires, c'est-à-dire s'ils vont avoir l'obligation de respecter les ordres ou les interdictions posés par ce texte. Ce ne sont pas les dispositions de droit substantiel contenues dans la loi qui vont leur fournir la réponse.

---

1. Cf. *supra* n°s 154 et 155.
2. Cf. *supra* n° 150.
3. Pour toutes ces questions, il est utile de consulter le Guide de légistique de Legifrance. V. http://www.legifrance.gouv.fr/html/Guide_legistique_2/accueil_guide_leg.htm. La page d'accueil explique ce en quoi il consiste : « élaboré conjointement par le Conseil d'État et le secrétariat général du gouvernement, le Guide pour l'élaboration des textes législatifs et réglementaires, plus connu sous le nom de "guide de légistique", énonce et illustre, par des exemples et des contre-exemples, les techniques de conception et de rédaction des textes normatifs et les principes juridiques qui inspirent celles-ci. Ce guide a paru une première fois en 2005. On trouvera ici sa deuxième édition, parue à La Documentation française en nov. 2007. Cette version électronique du guide a vocation à être régulièrement actualisée pour tenir compte des réformes législatives et réglementaires ou innovations jurisprudentielles à venir ».

Ils pourront en revanche la trouver soit dans des dispositions relatives à l'entrée en vigueur des lois nouvelles en général, soit dans les dispositions transitoires de la loi concernée : ce sont des articles de la loi qui fixent son domaine d'application temporel.

Seuls les rapports du temps avec la loi, d'origine parlementaire ou réglementaire, sont régis par ces deux sortes de dispositions, à l'exclusion de ceux de la coutume ou des principes généraux du droit avec le temps ; en effet, les règles provenant de ces deux sources du droit sont réputées exister depuis très longtemps, de manière immémoriale. De même, la jurisprudence en tant que source du droit ne fait pas l'objet d'une édiction, c'est-à-dire d'une procédure particulière la transformant en source du droit. Il en résulte une infériorité technique de la norme jurisprudentielle par rapport à la loi, en ce sens que personne ne sait exactement quand elle est devenue une source du droit, quand elle a cessé de l'être. Mais la situation évolue, puisqu'un droit transitoire jurisprudentiel apparaît à l'initiative des Hautes juridictions judiciaires et administratives, sans parler des cours européennes [4]. Il faut donc s'attacher à la question de l'entrée en vigueur d'une loi (I) et à celle de la succession de deux lois dans le temps, qui fait l'objet du droit transitoire (II). D'ailleurs, le droit transitoire jurisprudentiel ne peut que s'inspirer des solutions relatives à la loi, celles-ci n'étant pas en nombre illimité.

I. L'entrée en vigueur et l'abrogation de la loi

APPLICATION DE LA LOI

ÉDICTION DE LA LOI	≠	ENTRÉE EN VIGUEUR DE LA LOI
↓		↓
promulgation et publication de la loi		moment où la loi devient obligatoire pour ses destinataires
↓		↓
(loi observable)		(loi applicable)
		↓
		jusqu'à son ABROGATION

160. – La naissance et la mort de la loi. – Comme un être humain, la loi naît et meurt. Ce dernier événement n'est pas inéluctable, mais en pratique il a lieu parce que la société évolue ; et, alors que la vie humaine s'allonge avec les progrès de la science, la vie de la loi raccourcit ! Les règles présidant à la naissance de la loi ont d'ailleurs elles-mêmes évolué en 2004 (A) ; celles de sa disparition, elles, changent peu (B).

A. L'entrée en vigueur de la loi

160-1. – Une notion complexe. – Lorsque est évoquée l'entrée en vigueur d'un texte, c'est en réalité plusieurs notions qui sont confondues. Pour être rigoureux, il faut d'abord distinguer

4. Cf. *supra* nos 150 et s.

l'édiction de la loi (qui suppose sa promulgation et sa publication [5]) de son entrée en vigueur (le moment où elle devient obligatoire pour ses destinataires).

Ensuite, la mise en vigueur suppose de se poser deux questions, à savoir, premièrement, à partir de quand les sujets de droit doivent-ils tenir compte de la loi ; et, deuxièmement, à partir de quand les effets de cette loi se produisent-ils. La première interrogation est celle de la date à laquelle son existence doit être connue des sujets de droit pour s'y soumettre ; la seconde est celle du domaine d'application temporel de la loi, celle de la date des actes de conduite humaine que la loi a vocation à régir. Les deux interrogations relatives au **temps** de la loi peuvent être traduites à l'aide du vocabulaire d'un auteur canadien – M. P.-A. Côté – repris par quelques auteurs français [6] : à partir de quand une loi est-elle **observable** ? Et à partir de quand une loi est-elle **applicable** ?

En droit français la loi est en principe observable dès qu'elle a été édictée. En revanche, elle n'est pas toujours applicable dès l'édiction : c'est seulement une possibilité (un principe supplétif). Mais elle peut être applicable de manière différée (auquel cas la date d'observation se trouve reculée d'autant, les sujets de droit n'ayant pas à la prendre en considération avant la date fixée) ou rétroactivement (auquel cas la loi est applicable antérieurement à son édiction et donc à son observation).

Le législateur ne procède pas à cette distinction : c'est uniquement la date d'observation de la loi qu'il vise lorsqu'il fixe la « date d'entrée en vigueur » d'une loi. Ce n'est pas trop grave puisque dans la majorité des cas, les dates d'observation et d'application de la loi coïncident. En revanche, « en cas de rétroactivité, la notion d'entrée en vigueur n'exprime plus que la date d'observation de celle-ci, c'est-à-dire la date à partir de laquelle ses destinataires devront prendre la loi nouvelle en considération pour l'appliquer aux faits, même antérieurs, régis par elle » [7].

161. – De nouvelles règles d'« entrée en vigueur » des lois et de certains actes administratifs [8]. – Une fois étudiée par l'Assemblée nationale et le Sénat et votée par les deux assemblées du Parlement, la loi est édictée selon une procédure spéciale prévue à l'article 1er du Code civil. Elle résulte de l'ordonnance n° 2004-164 du 20 février 2004 « relative aux modalités et effets de la publication des lois et de certains actes administratifs » [9]. Ce texte, qui avait pour objectif de faciliter la connaissance du droit par ses destinataires, a fait disparaître formellement certains textes qui dataient de l'époque des diligences, avec leurs solutions qui n'étaient plus justifiées au regard des progrès des techniques de communication. Ainsi la loi du 12 vendémiaire an IV [10], l'ordonnance royale du 27 novembre 1816, l'ordonnance royale du 18 janvier

5. V. *infra* n° 164.

6. V. C. Bléry, *L'efficacité substantielle des jugements civils,* (J. Héron (dir.), préface P. Mayer), LGDJ, Bibl. dr. privé, 2000, n° 328, nos 513 et 514 ; J. Héron, *Principes du droit transitoire,* Dalloz, coll. Philosophie et théorie du droit, 1996, nos 18 et s., L. Bach, *Rép. civ. Dalloz* 2004, *vis* lois et décrets, nos 226 et s. ; P. Fleury-Le Gros, *Contribution à l'analyse normative des conflits de loi dans le temps en droit privé interne,* thèse Dalloz, Nouvelle bibliothèque des thèses, 2005.

7. L. Bach, *op. cit.,* n° 233.

8. Cf. L. Bach, *op. cit.,* sp. nos 192 et s. ; C. Bléry, « Les nouvelles règles d'entrée en vigueur des lois et de certains actes administratifs », *RLDC* 2004/5, n° 204 ; P. Deumier, obs. *RTD civ.* 2004, p. 585.

9. Ce texte a été pris dans le cadre de la loi n° 2003-591 du 2 juill. 2003 habilitant le gouvernement à simplifier le droit (art. 3).

10. Le calendrier républicain, ou calendrier révolutionnaire français, créé pendant la Révolution française, fut utilisé de 1792 – le premier jour de l'an I étant fixé au 22 sept. 1792 – à 1806, ainsi que brièvement durant la Commune de Paris (1871), en remplacement du calendrier grégorien, lié au christianisme. L'année était composée de douze mois de trente jours chacun (360 jours), plus cinq à six jours (selon les années) ajoutés en fin d'année pour compléter (et aboutir à environ 365, 24 jours). Les mois, découpés en trois décades de dix jours, avaient pour nom : Vendémiaire, Brumaire, Frimaire (automne) ; Nivôse, Pluviôse, Ventôse (hiver) ; Germinal, Floréal, Prairial (printemps) ; Messidor, Thermidor, Fructidor (été).

1817 additionnelle à celle du 27 novembre 1816, le décret du 5 novembre 1870 et la loi du 19 avril 1930 ont-ils été expressément abrogés par l'article 6 de l'ordonnance de 2004 et le contenu ancien de l'article 1er du Code civil a-t-il été remplacé par les règles de l'article 1er de l'ordonnance de 2004 [11]. L'ordonnance a donc modernisé et harmonisé les régimes d'édiction et d'application des lois et des actes administratifs [12] publiés au *Journal officiel.*

162. – Une règle additionnelle. – En outre, l'ordonnance a conféré une nouvelle importance à l'insertion des actes dans la version électronique du *Journal officiel.* L'accès au *Journal officiel* grâce à l'internet – donc permanent et gratuit [13] – n'était pas absolument nouveau puisque *Legifrance* [14] offrait déjà, non seulement le *Journal officiel* du jour, mais les parutions antérieures. En revanche, l'ordonnance du 20 février 2004 a été plus loin, en ce qu'elle a octroyé à la version électronique un rôle jusque-là réservé au support papier : en vertu de l'article 3 de l'ordonnance, la publication des actes mentionnés à l'article 2 « est assurée, le même jour, [...] sur papier et sous forme électronique ». La publication en ligne est ainsi devenue, comme la publication sur support papier, une condition de l'entrée en vigueur des lois, ordonnances, décrets et certains actes administratifs (comme les arrêtés ministériels, les circulaires... qui sont des règles générales et impersonnelles par opposition aux actes individuels) [15]. Et pour que la publication en ligne soit valablement une condition d'entrée en vigueur, l'ordonnance a reconnu au *Journal officiel* en ligne une valeur équivalente au *Journal officiel* papier [16].

---

11. Déjà, les plus récents de ces textes abrogeaient – tacitement – en partie les anciens, qui subsistaient pourtant formellement dans leur intégralité.

12. Il faut noter que l'ordonnance ne comportait aucune disposition relative à l'outre-mer – ses dispositions ne s'appliquent donc pas dans les collectivités d'outre-mer soumises au principe de spécialité législative (v. *infra* n° 183) – et que les « actes individuels » en étaient exclus. Rappel : un « acte individuel » est une « décision » qui, sous la forme d'une loi parlementaire, d'un décret, d'un arrêté peut avoir un ou plusieurs destinataires dès lors qu'ils sont déterminés concrètement. L'entrée en vigueur d'un acte individuel ne dépend pas en effet de son insertion au *Journal officiel* suivie – procédure normale de l'article 1er, alinéa 1er – ou non – procédure accélérée de l'article 1er, alinéa 2 – d'un délai de quelques heures ; seule une mesure d'information directe – comme auparavant, en vertu d'une jurisprudence bien établie –, à savoir une notification à la personne visée dans l'acte, confère à celui-ci force obligatoire. Cela ne signifie pas qu'une décision n'est pas publiée au *Journal officiel,* mais que cette publication n'est pas – comme pour une règle – le facteur déclenchant de son caractère obligatoire. En revanche, cette publication est le point de départ du recours en excès de pouvoir ouvert aux tiers contre la décision. Plus généralement, il ne suffit pas de se reporter à l'article 1er du Code civil (il faut aussi consulter les articles de l'ordonnance de 2004 non codifiés, divers décrets – par exemple, les décrets n° 2004-1532 du 31 déc. 2004 relatif à l'entrée en vigueur de décrets et arrêtés, n° 2005-68 du 31 janv. 2005 relatif à l'entrée en vigueur de décrets et arrêtés, n° 2006-1111 du 5 sept. 2006 relatif à l'entrée en vigueur d'un arrêté... –, voire la jurisprudence !). Le maintien d'une telle diversité des sources du droit de l'édiction et de l'entrée en vigueur des différentes normes est à regretter...

13. Il faut seulement réserver le coût de la connexion ou de l'abonnement forfaitaire auprès du fournisseur d'accès.

14. Rappel : l'adresse URL du site du gouvernement est www.legifrance.gouv.fr. Ce site d'information juridique n'a pas disparu pour autant. Il s'est au contraire enrichi depuis.

15. La publication en ligne de certains actes administratifs est en revanche exclue, essentiellement dans un souci de protection de la vie privée : ainsi pour les actes relatifs à l'état et à la nationalité des personnes. Ils ont fait l'objet d'un décret n° 2004-459 du 28 mai 2004. À l'inverse l'insertion au *Journal officiel* électronique suffit pour certains autres actes administratifs définis par décret en Conseil d'État, à savoir le décret n° 2000-617 du 29 juin 2004 : c'est le cas des actes réglementaires, autres que les ordonnances, relatifs aux fonctionnaires et agents publics, aux magistrats et aux militaires ou encore des actes réglementaires, autres que les ordonnances, relatifs au budget de l'État, notamment les décrets et arrêtés portant répartition, ouverture, annulation, virement ou transfert de crédits, ceux relatifs aux fonds de concours, aux postes comptables du Trésor public et aux régies d'avances, ainsi que les instructions budgétaires et comptables...

16. Mais pas dans les collectivités d'outre-mer soumises au principe de spécialité législative : par exemple, le *Journal officiel de la Polynésie française* sur papier est seul à faire juridiquement foi.

Si la question de savoir comment, techniquement, la sécurité de la version électronique allait être assurée avait pu susciter l'inquiétude (C. Bléry, chr. préc., n° 5), celle-ci semble avoir été injustifiée : le site du *Journal officiel* électronique paraît bien invulnérable, à l'abri de toute intrusion malveillante ou intéressée cherchant à modifier son contenu – comme il se doit de l'être pour que le système fonctionne...

1°/ Les règles de principe

163. – La modernisation et l'harmonisation des règles d'édiction et d'entrée en vigueur. – Avant 2004, toutes les règles n'étaient pas élaborées de la même manière. Principalement, les lois parlementaires, à la différence des ordonnances et des décrets, étaient promulguées par le président de la République ; cela reste inchangé, malgré la disparition de l'ancien alinéa 1er de l'article 1er du Code civil qui le rappelait, l'article 10, alinéa 1er de la Constitution suffisant à poser la règle [17]. Ensuite, pour être parfaites, prêtes à régir leurs destinataires – pour entrer en vigueur – elles devaient être publiées. En revanche, tant les ordonnances que les décrets devaient seulement faire l'objet d'une publication. Cette dernière étape du processus de création se décomposait elle-même en deux formalités, à savoir l'insertion au *Journal officiel* [18] – nécessairement papier – et l'écoulement d'un délai d'un jour franc dont le point de départ n'était pas le même à Paris et dans tout le reste du territoire : dans la capitale, il commençait à courir le jour de l'insertion et dans les arrondissements de province lors de l'arrivée du *Journal officiel* au chef-lieu de chacun de ces arrondissements [19]. Sachant qu'un jour franc est un intervalle de vingt-quatre heures compté de minuit à minuit sans tenir compte du jour où s'est produit l'événement (ici, jour de l'insertion ou jour de l'arrivée du *Journal officiel* au chef-lieu d'arrondissement), une loi publiée au *Journal officiel* du 4 novembre était obligatoire à Paris le 6 novembre à 0 heure [20] ; en province, en supposant le *Journal officiel* parvenu à Caen, chef-lieu d'un des arrondissements du Calvados le 5, la loi était obligatoire le 7 novembre à 0 heure dans ce ressort territorial. C'était vivement critiquable, puisque les techniques modernes de communication (surtout l'internet) permettent déjà depuis un certain nombre d'années de diffuser une information et de la faire connaître partout en même temps.

En 2004, les modalités de publication ont donc évolué pour aboutir au système suivant : l'insertion au *Journal officiel* a lieu « le même jour [...] sur papier et sous forme électronique » – autant dire qu'en principe [21] la publication est systématiquement et concomitamment faite sur un double support. Par ailleurs, le décalage entre Paris d'un côté, le reste de la métropole et les départements d'outre-mer de l'autre [22], n'existe plus : l'article 1er du Code civil parlant du « lendemain de la publication », il faut en déduire que le délai nouveau commence à courir pour tous à compter de l'insertion au *Journal officiel* – papier et/ou électronique. De plus, l'adjectif « franc » ne figurant plus, il faut comprendre que si le texte en voie d'édiction est inséré au *Journal officiel* du 1er mars, le délai est révolu le 2 mars à 0 heure. Dans ces conditions, mieux vaut consulter le *Journal officiel* en ligne plutôt que d'attendre la version papier, celle-ci arrivant souvent… après l'écoulement du délai !

---

17. Art. 1er, al. 1er abrogé : « les lois sont exécutoires sur le territoire dans tout le territoire français, en vertu de la promulgation qui en est faite par le roi [président de la République] » ; art. 10, al. 1er : « le président de la République promulgue les lois dans les quinze jours qui suivent la transmission au gouvernement de la loi définitivement adoptée ». V. aussi *infra* n° 164.

18. Par abus de langage, le terme « publication » est souvent employé pour désigner cette seule insertion au *Journal officiel.*

19. Cette solution résultait de l'article 2 du décret du gouvernement de la Défense nationale à Paris, du 5 nov. 1870, qui avait remplacé l'article 3 de l'ordonnance du Roi du 27 nov. 1816, ayant lui-même abrogé l'alinéa 3 de l'article 1er du Code civil de 1804, ces deux textes augmentant le délai en fonction des distances comptées en unités de « 10 myriamètres (environ 20 lieues anciennes) »

20. Le 4 ne compte pas, le 5 est le jour franc de 0 heure à 24 heures.

21. V. les exceptions *supra* n° 161, en note.

22. V. *infra* n° 183 pour les collectivités d'outre-mer.

164. – Le principe supplétif de la coïncidence de l'entrée en vigueur et de l'édiction de la loi. – L'édiction de la loi au sens formel est, ainsi qu'il vient d'être dit, réalisée par la promulgation et la publication qui en est faite. La promulgation, faite par décret du président de la République dans les 15 jours suivant la transmission au gouvernement de la loi définitivement votée par le Parlement, rend la loi exécutoire. C'est une prérogative présidentielle, mais aussi, en vertu d'une coutume constitutionnelle, une obligation du président de la République – sous peine d'ouvrir une crise politique [23]. Précision : la date d'une loi parlementaire est celle du décret de promulgation [24], alors que celle d'une ordonnance ou d'un règlement est celle où le texte est signé par son ou ses auteurs (président de la République, Premier ministre, ministre…) [25]. La publication porte la loi, au sens large, à la connaissance des sujets de droit, elle la rend obligatoire, en principe, le lendemain de son insertion au *Journal officiel*, chacun étant alors présumé avoir connaissance de la loi (C. civ., art. 1er, al. 1er).

Attention : le caractère exécutoire ne concerne que les organes d'édiction de la loi, c'est-à-dire les autorités publiques ; la mission de la promulgation est donc interne. À partir du moment où elle est exécutoire, la loi ordonne à ces organes d'accomplir les dernières formalités nécessaires à son application ; la publication est évidemment l'une de ces formalités. Le caractère obligatoire au contraire concerne tous les destinataires de la loi nouvelle ; la mission de la publication est externe. Grâce à elle, les sujets de droit ont eu connaissance de la loi ; elle va permettre le jeu de la règle *nemo legem ignorare censetur* [26]. Cette règle ne signifie pas que chacun a une connaissance réelle, effective, de la loi – cette connaissance serait bien illusoire, surtout étant donné l'inflation législative actuelle ; elle veut seulement dire que celui qui ne respecte pas la loi, de mauvaise foi (volontairement) ou de bonne foi (involontairement) est – en principe – passible de sanctions. La solution contraire, qui conduirait tout droit à l'anarchie, est cependant retenue dans deux cas : en matière pénale, les tribunaux ont la faculté, selon les circonstances, d'accueillir « l'exception d'ignorance » (le moyen de défense tiré de l'ignorance) si une infraction a été commise sous l'empire d'une erreur irrésistible sur le droit (C. pén., art. L. 122-3) ; en matière civile, celui qui s'est trompé peut invoquer sa bonne foi pour être traité plus favorablement que celui qui aurait volontairement désobéi à la loi ou au contraire invoquer son erreur de droit, constituant un vice du consentement pour obtenir l'annulation du contrat vicié (c'est la jurisprudence qui assimile ainsi le plus souvent l'erreur de droit à une erreur de fait). Ainsi donc, une fois les opérations d'édiction de la loi effectuées, les destinataires de la loi sont censés la connaître et doivent en respecter le contenu (jusqu'à une éventuelle abrogation).

Mais le rôle essentiel des formalités de promulgation et de publication est de rendre la norme parfaite. Tant que la loi n'est pas promulguée et publiée, elle ne peut entrer en vigueur, devenir observable. En revanche, une fois les formalités d'édiction de la loi nouvelle respectées, la loi

---

23. En ce sens, cf. G. Cornu, *Droit civil – Introduction au droit*, préc., n° 345.

24. Plusieurs lois pouvant être promulguées le même jour, chacune porte un numéro : les premiers chiffres sont ceux de l'année, les suivants permettent d'établir une chronologie par millésime. Ainsi, la loi n° 2008-617 est la 617e loi promulguée en 2008. Cette numérotation vaut aussi pour les autres textes : le décret n° 2008-617 est le 617e décret signé en 2008 À noter qu'au début de la période révolutionnaire, les lois avaient une double date (par exemple la loi des 16-24 août 1790) : la première était celle du vote par l'Assemblée constituante, la seconde celle de la sanction royale (sanction consistant en la possibilité d'opposer un véto seulement suspensif à l'exécution de la loi).

25. Il ne faut pas confondre la date d'un texte et sa date d'entrée en vigueur. Par exemple, une loi du 5 juill. (donc promulguée le 5 juill.) peut entrer en vigueur le 8 juill., lendemain de son insertion au *Journal officiel* en l'absence de dispositions transitoires, ou le 1er janv. suivant si l'entrée en vigueur est reportée par de telles dispositions (v. nos 166 et 167), voire le 1er juin précédent toujours si des dispositions transitoires l'ont ainsi prévu (v. n° 168) !

26. Nul n'est censé ignorer la loi. Sur la formule, v. H. Roland et H. Boyer, *Adages du doit français*, préc., n° 291.

nouvelle entre en vigueur : dans un tel cas, la date d'effet de la loi, c'est-à-dire la date à laquelle elle doit être respectée par ses destinataires, correspond à sa date d'édiction. Pour autant, toute loi n'entre pas en vigueur du seul fait de son insertion au *Journal officiel*. Autrement dit, le droit français n'impose pas une date d'effet de la loi qui soit unique. L'article 2 du décret du 5 novembre 1870 ne posait qu'un principe supplétif : selon celui-ci, à défaut de disposition contraire, la loi entre en vigueur dès son édiction. Ce principe est maintenu par l'article 1er de l'ordonnance du 20 février 2004 : les dispositions nouvelles entrent en vigueur à l'issue du processus de création de la norme qui les contient, puisque seule la modalité de la dernière étape a été modifiée.

2°/ Les exceptions

165. – L'urgence. – Tout d'abord, l'urgence pouvait justifier l'accélération de la procédure d'édiction. Ainsi, dans deux cas, il n'y avait pas lieu d'attendre l'écoulement du jour franc et/ou l'arrivée du *Journal officiel* en province, le texte devenait obligatoire « à compter du jour de la publication faite en la forme prescrite » [27].

L'urgence est aujourd'hui encore une cause d'accélération de la procédure d'édiction et donc de l'entrée en vigueur des textes : ainsi l'alinéa 2 de l'article 1er de l'ordonnance du 20 février 2004 (C. civ., art. 1er, al. 2) parle d'entrée en vigueur « dès leur publication » des lois, décrets et actes administratifs non individuels pour lesquels une telle solution a été prévue (ceci soit par le président de la République dans le cadre du décret de promulgation, soit par le gouvernement dans le cadre d'une disposition spéciale). Le caractère obligatoire du texte en voie d'édiction découle directement et exclusivement de son insertion au *Journal officiel* [28]. Le guide de légistique de Legifrance précise que « l'usage de cette procédure doit être réservé aux cas de nécessité absolue » ; et que « avec l'accord du secrétariat général du gouvernement, les décrets, dans ce cas, sont complétés comme suit :

– dans les visas : "Vu le Code civil, notamment son article 1er" ; et "Vu l'urgence",

– dans l'article d'exécution : "qui sera publié au *Journal officiel de la République française* et entrera immédiatement en vigueur" » [29].

166. – L'existence de dispositions transitoires expresses intégrées dans le texte nouveau. – Quand le texte en voie de création fixait lui-même sa date d'entrée en vigueur, il fallait écarter le principe supplétif de l'article 2, alinéa 1er du décret de 1870 et respecter cette disposition. Le caractère obligatoire de la règle nouvelle pouvait tout aussi bien être retardé dans le temps [30] qu'avancé. Cette exception fondamentale et justifiée – tout au moins en cas d'entrée en vigueur retardée – est maintenue par l'article 1er, alinéa 1er de l'ordonnance du 20 février 2004 (C. civ.,

27. Premier cas : aux termes de l'ordonnance du Roi du 18 janv. 1817, additionnelle à celle du 27 nov. 1816, la loi nouvelle était en vigueur dès son affichage effectué sur l'ordre des préfets auxquels elle était parvenue par les moyens les plus rapides (v. l'article 2 de l'ordonnance du Roi du 18 janv. 1817. Pour éviter toute incertitude, la Cour de cassation décidait cependant, dans ce cas, que ce caractère obligatoire était repoussé au lendemain de l'affichage, à 0 heure : Civ., 9 nov. 1932 (Gaz. *Pal.* 1933.I.164 ; *adde* J. Héron, *Principes du droit transitoire*, préc., n° 33). Second cas : l'article 2, alinéa 2 du décret de 1870 permettait au gouvernement en cas d'urgence, par une disposition spéciale, d'ordonner l'exécution immédiate d'un décret.

28. Il n'y a pas lieu de transposer la jurisprudence de 1932 – dont l'application ferait d'ailleurs revenir à la solution de principe de l'alinéa 1er et viderait de tout sens l'alinéa 2.

29. V. http://www.legifrance.gouv.fr/html/Guide_legistique_2/381.htm.

30. Dans cette hypothèse, la date d'effet de la loi nouvelle était postérieure à sa date d'édiction.

art. 1er, al. 1er) [31]. En pratique, la plupart des textes contiennent des dispositions transitoires, au moins pour certaines de leurs dispositions substantielles (articles), afin d'en retarder l'observation et l'application.

De telles dispositions transitoires sont désormais pratiquées même par la jurisprudence, faisant du juge un vrai législateur, pour éviter une « entrée en vigueur » rétroactive d'un revirement de jurisprudence [32].

167. – Une entrée en vigueur retardée. – Le législateur peut estimer opportun de retarder le moment où les destinataires de la loi nouvelle devront la respecter (l'observer et l'appliquer) : c'est souvent le cas lorsque une loi bouleverse un domaine du droit, le législateur souhaite alors laisser les praticiens (notaires, avocats, banquiers…) se familiariser avec les changements à venir pendant une certaine période de temps (quelques semaines ou quelques mois, voire quelques années !). Il en a été ainsi, par exemple, de la loi n° 2002-304 du 4 mars 2002 (publiée au *JO* du 5 mars) relative au nom de famille, dont la prise d'effet était repoussée au 1er septembre 2003 ; celle-ci a ensuite été retardée, par la loi n° 2003-516, jusqu'au 1er janvier 2005, ayant fait l'objet de correctifs avant même son application aux sujets de droit [33] ! L'ordonnance du 20 décembre 2004 elle-même en fournit une illustration, en ce sens qu'elle a fixé sa propre entrée en vigueur au « premier jour du quatrième mois suivant sa publication au *Journal officiel de la République française* » [34]. Quant au décret n° 2005-1678 du 28 décembre 2005 relatif à la procédure civile, à certaines procédures d'exécution et à la procédure de changement de nom, il contient diverses dispositions transitoires : la plupart de ses dispositions sont entrées en vigueur le 1er mars 2006, mais son article 73 voyait son application retardée au… 1er janvier 2009 ; en fait, la réforme prévue par cet article 73 n'est pas encore complètement en vigueur, pour des raisons juridiques mais aussi pratiques, et ne le sera sans doute pas de sitôt [35] ! Un autre exemple peut encore être tiré de la loi n° 2011-331 du 28 mars 2011 de modernisation des professions judiciaires ou juridiques

31. Sur un plan formel, c'est dans les « dispositions diverses » figurant à la fin d'un texte que l'on trouve de telles dispositions d'application de la loi dans le temps ; peuvent aussi y figurer des dispositions d'application de la loi dans l'espace (*infra* n° 183, en note).

32. V. *supra*, nos 150 et s.

33. Sur cette chronologie, v. aussi *supra* ch. 4, n° 130, en note. Pour Mayotte, la date d'entrée en vigueur avait été fixée au 1er janv. 2008 par la loi de 2002.

34. Soit le 1er juin 2004. (v. art. 8). Ce report est justifié par la nécessaire prise en compte « des délais de mise en place du système de *Journal officiel* en ligne » (rapport sur l'ordonnance).

35. C'est l'article 88 du décret de 2005 (modifié par l'article 21 du décret n° 2008-484 du 22 mai 2008) qui fixait la date du 1er janv. 2009, sous une réserve : « par dérogation aux dispositions de l'article 87, l'article 73 entre en vigueur le 1er janv. 2009. Toutefois, un arrêté du garde des Sceaux, ministre de la justice, peut prévoir une application anticipée de l'article 73 dans le ressort des juridictions et pour les actes de procédure qu'il désigne. Pour les procédures avec représentation obligatoire [les parties ne peuvent agir seules devant les juridictions mais ont besoin d'un avocat qui les représente], cet arrêté est pris après conclusion de conventions passées entre le président de la juridiction et une ou plusieurs catégories d'auxiliaires de justice et organisant le recours à la communication électronique dans les conditions prévues par cet article » (un tel arrêté a été pris le 25 sept. 2008 pour une application anticipée dans 68 tribunaux de grande instance). Il s'agissait en effet d'organiser un système de communications électroniques entre juridictions et auxiliaires de justice tous devant donc être matériellement en mesure d'y participer. Divers décrets et arrêtés ont été pris pour compléter le décret de 2005 et organiser la communication électronique devant les tribunaux de grande instance et les cours d'appel (que la procédure soit avec ou sans représentation obligatoire). Ceci, non sans mal ! En particulier, l'obligation de faire appel par voie électronique a été repoussée au 1er sept. 2011, par un arrêté du 30 mars 2011 (selon le même texte, l'ensemble des auxiliaires de justice et des cours d'appel ont la faculté de communiquer par voie électronique dans les procédures avec représentation obligatoire à compter du 31 mars 2011). En outre, certains avocats refusent d'adhérer (pour des raisons de coût) au réseau sécurisé qui doit permettre l'échange des communications entre eux, à savoir le Réseau Privé virtuel des avocats (RVPA). C'est la raison pour laquelle la réforme n'est donc pas encore totalement appliquée

En revanche, un arrêté du 17 juin 2008 est venu porter application anticipée de l'article 73 pour la procédure applicable devant la Cour de cassation : la communication électronique est donc une réalité devant la Cour de cassation depuis le 1er juill. 2008 : si les parties sont représentées par un avocat aux Conseils (v. *infra* n° 301), il est possible d'effectuer différents actes de procédure par voie électronique. Un dispositif permet d'assurer la sécurité des connexions et la confidentialité des transactions. *Adde* J. Héron et T. Le Bars, *Droit judiciaire privé*, Montchrestien, Précis Domat, 4e éd., 2010, n° 176-1 ; S. Guinchard, F. Ferrand et C. Chainais, *Procédure civile*, Précis Dalloz, 30e éd., 2010, n° 889 ; v. le dossier « Le procès civil à l'épreuve des nouvelles technologies » dans la revue *Procédures*, avr. 2010, p. 6 et s.

et certaines professions réglementées : en vertu de son article 37, certaines dispositions entrent en vigueur dès la publication (principe supplétif), d'autres le « premier jour du neuvième mois suivant la publication de la présente loi » [36]. quant à l'article 10 [37] c'est à compter du 1er janvier 2013 seulement qu'il s'appliquera…

Le retard dans l'entrée en vigueur peut aussi être dû au fait que des décrets d'application sont nécessaires : soit que le législateur indique que la loi entrera en vigueur lors de la publication des décrets, soit qu'il indique une date précise d'entrée en vigueur de la loi, obligeant ainsi l'administration à prendre les décrets avant cette date. Cette hypothèse est désormais envisagée par l'article 1er alinéa 1er lui-même, à savoir que l'entrée en vigueur des dispositions d'une loi, d'une ordonnance ou d'un décret « dont l'exécution nécessite des mesures d'application est reportée à la date d'entrée en vigueur de ces mesures » [38]. Ce faisant, le législateur risque de se donner à lui-même (à l'administration) le droit de paralyser ses propres réformes. En effet, il s'est déjà rencontré des hypothèses où, en raison de la négligence, voire de l'obstruction de l'administration, le retard était plus important que nécessaire ou que prévu ; à l'extrême, une loi a pu ne jamais prendre effet, à défaut de décrets d'application !) [39]… Désormais, en vertu d'une sorte de code de bonne conduite, le gouvernement impose à l'administration de prendre ces décrets au plus vite [40]. Un échéancier des décrets est même établi [41]. Force est cependant de constater que cet échéancier (quelle que soit la loi) est bien mal respecté ! Cette situation rend difficile le rôle des juristes, ne disposant pas d'un « matériau juridique » sûr et complet. Cela ne facilite pas non plus la vie de certains opérateurs de la vie des affaires, comme le montre un cas récent : l'article 1369-8 du Code civil, issu d'une ordonnance n° 2005-674 du 16 juin 2005, autorise la lettre recommandée électronique et prévoit que ses modalités d'application sont fixées en Conseil d'État. Devant l'inertie du gouvernement, une société demanda – en vain – au Premier ministre de prendre le décret d'application et saisit donc le Conseil d'État : par une décision du 22 octobre 2010, la Haute juridiction administrative enjoignit le Premier ministre de prendre le fameux décret dans un délai de six mois [42]. En dépit de l'absence d'astreinte (condamnation à une somme d'argent, à raison

36. Soit le 1er déc. 2011.

37. Prévoyant que les paiements effectués ou reçus par un notaire pour le compte des parties à un acte reçu en la forme authentique et donnant lieu à publicité foncière doivent être assurés par virement.

38. Il serait plus rigoureux de parler de la **publication** de ces mesures d'application.

39. L. Bach, *op. cit*, n° 214 ; J. Héron, *op. cit.*, n° 21. Par exemple, l'article 42 de la loi n° 57-298 du 11 mars 1957 sur la propriété littéraire et artistique appelait un décret d'application qui n'a jamais été pris ; il a fallu attendre la loi n° 2006-961 du 1er août 2006 relative aux droits d'auteur et aux droits voisins dans la société de l'information et son décret d'application n° 2007-756 du 9 mai 2007 pour que le droit de suite (droit de participation au produit de la revente d'une œuvre d'art graphique ou plastique) soit étendu aux ventes réalisées par l'intermédiaire d'un commerçant (au lieu d'être cantonné aux ventes aux enchères) : v. art. R. 122-2 du Code de la propriété intellectuelle.

40. Une circulaire du 29 févr. 2008 (*JO* du 7 mars) a confirmé des indications déjà données par le Premier ministre dans un communiqué du 13 févr. 2008 : les ministères ont désormais une obligation de résultat de prendre les décrets d'application dans les six mois à compter de la loi (v. *Procédures* 2008, p. 3). *Adde* J.-M. Pontier « L'application des lois, un effort toujours recommencé », *JCP* G 2008, act. 223). Et la circulaire du 7 juill. 2011 relative à la qualité du droit (*JO* du 8 juill. 2011), qui indique notamment que « le dossier accompagnant chaque projet de texte devra désormais faire apparaître l'identité du fonctionnaire de la direction productrice, de préférence du rang de sous-directeur ou de chef de bureau, qui sera "responsable" du projet […]. **Cette responsabilisation des directions productrices doit être regardée comme le corollaire nécessaire de la grande dispersion de la production normative qui caractérise le système français, par opposition aux Etats dotés de services spécialisés** ». Pourquoi donc ne pas se doter d'un tel système ?

41. Affiché officiellement sur Legifrance (consulter le dossier législatif d'une loi récemment votée).

42. V. CE, 22 oct. 2010, *Société Document Channel*, n° 330216 : le Conseil d'État rappelle, de manière générale, que « l'exercice du pouvoir réglementaire comporte non seulement le droit mais aussi l'obligation de prendre dans un délai raisonnable les mesures qu'implique nécessairement l'application de la loi, hors le cas où le respect d'engagements internationaux de la France y ferait obstacle » et que, dans le cas d'espèce, « en dépit des difficultés techniques éventuellement rencontrées par l'administration dans l'élaboration des textes dont l'article précité prévoit l'intervention, son abstention à les prendre à la date de la décision attaquée s'est prolongée au-delà d'un délai raisonnable ». *Adde* H. Croze, « Report de la communication électronique obligatoire devant la cour d'appel », *Procédures* 2011, repère 1.

du retard – par jour, semaine ou mois – du débiteur en vue de l'amener à exécuter en nature son obligation), le gouvernement s'est enfin exécuté : le décret n° 2011-144 du 2 février 2011 a fixé les modalités générales du courrier recommandé par voie électronique et le décret n° 2011-434 du 20 avril 2011 a conféré une présomption de fiabilité au procédé d'horodatage électronique [43].

168. – Une « entrée en vigueur » avancée. – Il est également possible – comme avant l'ordonnance de 2004 et dans certaines conditions [44] – de faire remonter la prise d'effet de la loi dans le temps – ce qui constitue une application rétroactive. Selon une définition habituelle, une loi rétroactive régit des faits qui sont survenus avant son entrée en vigueur. Or cette définition comporte une contradiction, puisqu'il est impossible à une loi nouvelle de s'appliquer aux sujets de droit avant d'être entrée en vigueur. C'est là qu'une analyse globale de la notion d'entrée en vigueur de manière révèle ses limites. En réalité, une loi rétroactive est appliquée antérieurement au moment où se produisent les faits qu'elle régit, c'est-à-dire antérieurement à sa promulgation et sa publication (son édiction) et donc antérieurement au moment où elle est observable.

La loi du 17 nivôse an II [45] (du 6 janvier 1794) en fournit un exemple classique. Cette loi, relative aux donations et successions, comportait deux parties : dans la première, le législateur effaçait, par des dispositions rétroactives remontant jusqu'au 14 juillet 1789, les inégalités en matière de donations et de successions (art. 1 à 61) ; la seconde contenait un nouveau système de dévolution des successions. La loi de nivôse a modifié la formulation des dispositions coutumières à compter du moment où elle a été édictée, c'est-à-dire à compter du 7 janvier 1794 (au plus tôt). Les successions et donations faites après cette date devaient être partagées, effectuées conformément aux nouveaux principes d'égalité. Mais la loi de nivôse a en plus imposé le respect de cette égalité pour les successions ouvertes et les donations effectuées à compter du 14 juillet 1789. Cette loi s'est appliquée à des faits survenus à compter du 14 juillet 1789. Comme la rétroactivité est une fiction juridique, la loi de nivôse n'a pas pu changer la réalité des partages qui avaient été effectués. En revanche, elle a déclenché la mise en œuvre du moyen juridique qui tend à rapprocher cette fiction de la réalité, c'est-à-dire qu'elle a déclaré nuls les partages faits à compter du 14 juillet 1789, ce qui a entraîné des restitutions suivies d'une redistribution. Supposons une succession ouverte en 1791. À cette date, la loi de nivôse n'existait pas. La succession a donc été partagée selon les dispositions coutumières auxquelles était soumis le défunt – dispositions qui avantageaient l'aîné des enfants. En 1794, la loi de nivôse est édictée, qui fixe son applicabilité à une date antérieure. La succession de 1791 est comprise dans la période d'applicabilité de la loi. Les notaires doivent effectuer un nouveau partage conformément aux principes d'égalité : le fils aîné devra restituer ce qu'il a reçu de plus que ses frères et qui sera redistribué entre eux, de telle sorte que l'égalité voulue par la loi de nivôse soit respectée. Soient trois frères : Guillaume, Damien et Arnaud dont la mère est décédée en 1791. La succession s'est donc ouverte sous l'empire de la coutume (par exemple, celle de Normandie) et a donc été liquidée selon les règles posées par ce droit alors en vigueur. On suppose que Guillaume a reçu tous les immeubles, représentant la moitié des biens maternels ; Damien et Arnaud ont eu chacun une portion de meubles équivalente à un quart de la succes-

43. V. I. Renard, « L'envoi d'un courrier recommandé par voie électronique enfin possible », *JCP* G 2011, 514.
44. Cf. *infra* n°s 174 et 175.
45. Sur le calendrier révolutionnaire, v. *supra* n° 161, en note.

sion. En raison de l'applicabilité avancée au 14 juillet 1789 de la loi de nivôse, la succession inégale doit être repartagée : Guillaume va devoir rendre le sixième des biens qu'il a reçus en trop, soit un douzième à Damien et un douzième à Arnaud (et pour cela, il sera éventuellement obligé de vendre une partie des immeubles, à moins qu'il ne préfère proposer une indivision à ses frères) ; chacun aura ainsi, après ce second partage, un tiers de la succession. Cela montre bien qu'en cas de rétroactivité, la date d'effet de la loi nouvelle, son applicabilité, est antérieure à sa date d'édiction/observation.

De la même manière, lorsqu'un revirement de jurisprudence[46] se produit, il y a « entrée en vigueur » rétroactive de la nouvelle jurisprudence : celle-ci va s'appliquer à des faits qui se sont produits sous l'empire de l'ancienne jurisprudence et peut remettre les prévisions des justiciables. D'où les tentatives de modulations dans le temps de ces revirements…

169. – Un raisonnement norme par norme. – La jurisprudence a tendance à raisonner de façon globale, comme si une loi était un bloc dont tous les articles entreraient en vigueur au même moment, soit le lendemain de l'insertion au *Journal officiel*, soit de manière retardée, soit de manière « anticipée » (plus exactement, comme si toutes ses dispositions étaient applicables avant son édiction). En réalité, il faut regarder ce que l'auteur de la loi a décidé pour chaque disposition substantielle insérée dans cette loi, autrement dit il faut raisonner norme par norme. Par exemple, la loi *Badinter* n° 85-677 du 5 juillet 1985[47] comportait différentes dispositions transitoires : en particulier l'article 47 de la loi prévoyait que les articles 1er à 6 étaient applicables rétroactivement aux accidents survenus avant le 6 juillet (date de publication de la loi)[48], alors que d'autres dispositions ne devaient jouer qu'à compter du 1er janvier 1986. Les articles 46 et 48 contenaient encore d'autres dispositions transitoires. Ou encore, l'article 14 de la loi n° 2008-644 du 1er juillet 2008 créant de nouveaux droits pour les victimes et améliorant l'exécution des peines contient quatre types de dispositions transitoires, à savoir :

« I. La présente loi est d'application immédiate, à l'exception des articles 1er à 3.

II. Les articles 1er et 2 sont applicables à toutes les décisions juridictionnelles rendues à compter du premier jour du troisième mois suivant la date de publication de la présente loi.

III. L'article 3 est applicable aux infractions commises à compter du premier jour du troisième mois suivant la date de publication de la présente loi.

46. V. *supra* n° 149.

47. V. *supra* n° 147.

48. Cf. le chapitre IV de la loi, intitulé « entrée en vigueur et dispositions transitoires ». Selon l'article 47 « les autres dispositions de la présente loi entreront en vigueur le premier jour du sixième mois qui suit la date de sa publication. Toutefois : – les dispositions des articles 1er à 6 s'appliqueront dès la publication de la présente loi, même aux accidents ayant donné lieu à une action en justice introduite avant cette publication, y compris aux affaires pendantes devant la Cour de cassation. Elles s'appliqueront également aux accidents survenus dans les trois années précédant cette publication et n'ayant pas donné lieu à l'introduction d'une instance. Les transactions et les décisions de justice irrévocablement passées en force de chose jugée ne peuvent être remises en cause ; – les dispositions des articles 12 à 34 ne sont pas applicables aux accidents survenus avant la date d'entrée en vigueur de la présente loi ». Quant aux articles 46 et 48, ils prévoient des dispositions transitoires substantielles, à savoir que « la prescription prévue à l'article 38 en cours lors de l'entrée en vigueur de la présente loi sera acquise à l'expiration d'un délai de dix ans à compter de cette entrée en vigueur, à moins que la prescription telle qu'elle était fixée antérieurement ne soit acquise pendant ce délai », pour le premier et que « pendant un délai de dix-huit mois à compter de l'entrée en vigueur de la présente loi, les délais de huit mois et de cinq mois prévus à l'article 12 et celui de quatre mois prévu à l'article 14 sont portés respectivement à douze, neuf et huit mois. Pendant la même période, le délai prévu à l'article 20 est porté à deux mois lorsque le débiteur de l'indemnité de réparation est l'État, une collectivité publique, une entreprise ou un organisme pour lesquels une dérogation a été accordée en vertu de l'article L. 211-3 du Code des assurances », pour le second.

IV. Les significations en mairie effectuées conformément à l'article 558 du Code de procédure pénale dans sa rédaction antérieure à la présente loi demeurent valables jusqu'au 31 décembre 2008 »[49].

B. L'abrogation de la loi

170. – La loi normale ou ordinaire. – Elle reste en vigueur jusqu'à son abrogation, qui la prive pour l'avenir de sa force obligatoire. En effet, toute loi nouvelle est en principe édictée pour une durée illimitée et, pour qu'elle cesse d'être une règle de droit, elle doit être abrogée. L'abrogation émane de l'autorité compétente pour édicter le texte (le Parlement pour une loi, le gouvernement pour un décret) ou d'une autorité qui lui est supérieure (le constituant).

L'abrogation d'une règle est réalisée par l'édiction d'un texte nouveau remplaçant le texte ancien. Le législateur peut procéder de façon expresse, en précisant les textes anciens qu'il abroge en même temps qu'il édicte la loi nouvelle[50] ; c'est la meilleure solution sur le plan de la sécurité juridique. En effet, à défaut d'abrogation expresse, l'abrogation de la loi ancienne se réalise de façon tacite, de sorte qu'il peut être délicat de savoir quels textes anciens ont été abrogés et quels sont ceux qui restent en vigueur. Le principe est que, dans le silence de la loi nouvelle, seules sont abrogées les dispositions anciennes qui sont incompatibles avec les dispositions nouvelles. De plus, en vertu des maximes *specialia generalibus derogant*[51] et *generalia specialibus non derogant*[52], une loi nouvelle spéciale abroge une loi ancienne spéciale dont le domaine est identique mais elle n'abroge la loi générale ancienne que dans la limite de son domaine particulier ; à l'inverse, la loi nouvelle générale n'abroge pas la loi ancienne spéciale. Avec la méthode actuelle de législation consistant souvent à renvoyer à un autre texte, il est parfois bien difficile de déterminer quelle règle est encore en vigueur et quelle règle ne l'est plus ; avec des auteurs, il est permis de parler d'« abrogation par ricochet »[53], voire « par mégarde »[54] et de déplorer cette pratique[55]. Pour essayer d'améliorer les choses, une politique de simplification et de clarification du droit a été mise en mouvement depuis quelques années par le président de la commission des lois de l'Assemblée nationale, M. Jean-Luc Warsmann, dont l'une des branches est la « délégifération »[56] : celle-ci « vise avant tout à faire disparaître de notre droit des textes déjà abrogés et donc, si l'on préfère, à honorer de funérailles législatives des textes déjà morts »[57]. Ce « ménage » apparaît à première vue une bonne idée ; le problème est que les trois lois de simplification et clarification (!) adoptées

49. V. les autres exemples cités *supra* n° 167.
50. V. l'exemple cité *supra* n° 161.
51. Ce qui est spécial déroge à ce qui est général : v. H. Roland et H. Boyer, *op. cit.*, n° 418.
52. Ce qui est général ne déroge pas à ce qui est spécial : v. H. Roland et H. Boyer, *op. cit.*, n° 152.
53. L. Bach, *op. cit.*, n° 251.
54. N. Molfessis, *RTD civ.* 2001, 691.
55. Le législateur arrive même à réformer des dispositions qu'il a déjà abrogées ! Ainsi la loi n° 2010-1609 du 22 déc. 2010 modifie les articles 120, 121, 122, 123, 124, 125, 127, 128, 130, 131 du Code du domaine public fluvial et de la navigation intérieure ; or l'article 7 de l'ordonnance n° 2010-1307 du 28 oct. 2010 relative à la partie législative du Code des transports a abrogé ces textes, l'article 9 de l'ordonnance les maintenant en vigueur jusqu'à la publication des dispositions réglementaires du Code des transports (v. nos obs., *RLDC* 2011/05, p. 65 et s., n° 3). L'ordonnance de 2010 a d'ailleurs déjà été en partie modifiée par l'ordonnance n° 2011-204 du 24 février 2011 relative au Code des transports !
56. V. N. Molfessis, « Délégifération – Les avatars d'une prétendue simplification », *JCP* G 2010, 984.
57. *Ibid.*

depuis 2007 [58] sont des textes « fourre-tout, pour l'essentiel illisibles et parfaitement incompréhensibles » [59]. Le remède est donc pire que le mal…

Ensuite, une loi peut être abrogée par sa codification « à droit constant », c'est-à-dire qu'elle est reprise à l'identique dans un code : la jurisprudence estime alors qu'il n'y a modification ni de la teneur, ni de la portée des dispositions transférées [60]… sauf inadvertance ou volonté du codificateur de profiter de l'occasion pour changer le contenu de la loi !

Enfin, il a été dit [61] que si une loi ne peut, en principe, être abrogée par désuétude, la réalité des faits montre que le principe n'est pas toujours respecté.

Remarques :

– exceptionnellement, il peut arriver qu'une loi soit annulée, ce qui confère à sa disparition un caractère rétroactif, la loi perdant sa force obligatoire non seulement pour l'avenir mais aussi pour le passé ; c'est le caractère inique d'une loi qui peut justifier cette solution (ainsi certaines lois adoptées par le gouvernement de Vichy ont-elles été annulées à la Libération, ce qui a conduit à la restitution des biens dont les propriétaires avaient été spoliés) ;

– tout aussi exceptionnellement, il arrive qu'une loi abrogative soit elle-même abrogée. La question qui se pose alors est de savoir si cette abrogation a pour effet de remettre en vigueur la norme antérieurement supprimée. La logique semble conduire à une réponse positive. En fait tant le Conseil d'État que la Cour de cassation répondent par la négative en se fondant sur l'impératif, aujourd'hui constitutionnel, de clarté de la norme : le refus de faire produire effet à l'abrogation d'une abrogation est net [62].

171. – La loi temporaire. – Elle indique elle-même quand elle cessera d'être en vigueur ; à la différence de la loi normale, elle n'est donc pas édictée pour une durée illimitée, mais seulement pour un certain délai (6, 8, 10… mois) ou jusqu'à la survenance d'un événement (la cessation des hostilités) : son abrogation est décidée dès sa création. Le plus souvent, la loi temporaire contient une législation de circonstance qui disparaît lorsque les circonstances qui la justifiaient ont, elles aussi, disparu. L'abrogation de la loi temporaire entraîne la remise en vigueur de la loi ancienne. Par exemple, un décret du 27 septembre 1914 a supprimé la possibilité pour les Français de conclure des actes juridiques avec les Allemands, mais seulement jusqu'à la fin de la guerre. La loi temporaire peut aussi être expérimentale : cette technique permet au législateur de dresser un bilan de l'application de la loi nouvelle et de décider, en fonction des résultats, s'il supprime ou maintient la nouvelle législation. Par exemple, dans un premier temps, la loi n° 75-17 du 17 janvier 1975 relative à l'interruption volontaire de grossesse n'avait prévu son application que pour cinq ans. Les premières lois de bioéthique ont été adoptées en France en

58. Lois n° 2007-1787 du 20 déc. 2007 relative à la simplification du droit, n° 2009-526 du 12 mai 2009 de simplification et de clarification du droit et d'allégement des procédures et n° 2011-525 du 17 mai 2011 de simplification et d'amélioration de la qualité du droit. L'article 15 alinéa 1er de cette dernière organise une délégifération : « le gouvernement remet au Parlement, avant le 1er avr. 2012, un rapport recensant les dispositions de nature législative applicables dans les collectivités d'outre-mer et en Nouvelle-Calédonie en vertu d'un texte antérieur au 1er janv. 1900 et jamais modifiées ou codifiées depuis lors. Ce rapport précise quelles dispositions obsolètes ou devenues sans objet sont susceptibles de faire l'objet d'une abrogation ». Et son article 21 rétablit une disposition issue de l'article 111 de la loi de 2009 et supprimée par une ordonnance n° 2010-177 du 23 févr. 2010 (v. *infra* n° 251, en note) !!!

59. *Ibid.* L'auteur propose donc de délégiférer la délégifération !

60. V. le dernier arrêt en date : Cass. com., 30 nov. 2010, n° 09-70810, à paraître au *Bull.* V. *supra* nos 105 et s.

61. V. *supra* n° 135.

62. V. P. Deumier, « Abrogation sur abrogation ne vaut (proposition de loi de simplification et d'amélioration de la qualité du droit, Assemblée nationale, "petite loi" du 2 déc. 2009, art. 136) », *RTD civ.* 2010, p. 55.

1994. Elles prévoyaient une révision, qui a finalement abouti avec l'adoption de la loi relative à la bioéthique du 6 août 2004 : celle-ci aussi avait prévu son réexamen par le Parlement dans un délai de cinq ans suivant son entrée en vigueur – ce qui a été fait, avec un peu de retard : l'article 47 de la loi n° 2011-814 du 7 juillet 2011 relative à la bioéthique reprend la même exigence, mais avec un délai de sept ans [63]. Enfin, certains textes veulent faciliter la transition entre le droit ancien et le droit nouveau en posant une troisième solution : à l'expiration du temps d'adaptation, la disposition transitoire laisse la place au droit nouveau. Par exemple, la loi du 5 juillet 1985 oblige les assureurs à présenter aux victimes d'accidents de la circulation routière une offre d'indemnité dans un délai maximal de huit mois à compter de l'accident. Pour permettre aux compagnies d'assurances de s'habituer à cette règle nouvelle, le législateur leur a permis de présenter l'offre d'indemnité dans un délai maximal de douze mois ; mais il a précisé que le délai supplémentaire de quatre mois ne pouvait être utilisé que jusqu'au 30 juin 1987 à vingt-quatre heures [64].

II. Le droit transitoire

APPLICATION DE LA LOI DANS LE TEMPS

↓	↓
PRINCIPE DE NON RETROACTIVITÉ (C. civ., art. 2)	APPLICATION IMMÉDIATE DE LA LOI NOUVELLE (C. civ., art. 2)
↓	↓
exceptions lois rétroactives : - lois pénales plus douces - lois interprétatives - dispositions transitoires de la loi au sens strict	exception : survie de la loi ancienne en matière contractuelle et en matière de régimes matrimoniaux

172. – Les données du problème des conflits de lois dans le temps. – Il y a conflit de lois dans le temps lorsqu'une loi nouvelle succède à la loi en vigueur actuellement (la loi « ancienne ») et vient régler de manière différente une même situation juridique. Prenons, par exemple, la loi qui a modifié la transmission du nom : le nom du père n'est plus automatiquement transmis

63. Les premières lois, promulguées en juill. 1994, étaient au nombre de trois : la loi n° 94-548 du 1er juill. 1994 relative au traitement des données nominatives ayant pour fin la recherche dans le domaine de la santé et modifiant la loi n° 78-17 du 6 janv. 1978 relative à l'informatique, aux fichiers et aux libertés, la loi n° 94-653 du 29 juill. 1994 relative au respect du corps humain et la loi n° 94-654 du 29 juill. 1994 relative au don et à l'utilisation des éléments et produits du corps humain, à l'assistance médicale à la procréation et au diagnostic prénatal. C'est cette dernière loi qui devait faire l'objet d'une révision, son article 21 ayant prévu un nouvel examen par le Parlement « après évaluation de son application par l'Office parlementaire d'évaluation des choix scientifiques et technologiques [...] dans un délai maximal de cinq ans après son entrée en vigueur ». En fait la révision est intervenue seulement par la loi n° 2004-800 du 6 août 2004. L'article 47 de la loi de 2011 dispose que « I. – La présente loi fait l'objet d'un nouvel examen d'ensemble par le Parlement dans un délai maximal de sept ans après son entrée en vigueur » et « II. – Elle fait en outre l'objet, dans un délai de six ans, d'une évaluation de son application par l'Office parlementaire d'évaluation des choix scientifiques et technologiques ». V. aussi l'article 12 de la loi n° 2008-644 du 1er juill. 2008 créant de nouveaux droits pour les victimes et améliorant l'exécution des peines qui dispose : « la présente loi fera l'objet d'un nouvel examen d'ensemble par le Parlement dans un délai maximum de trois ans après son entrée en vigueur » ; de fait, un rapport a été remis au président de la République le 7 juin, sur le renforcement de l'efficacité de l'exécution des peines (v. *infra* n° 301, en note).

64. V. *supra* n° 169, en note.

à l'enfant légitime, les parents pouvant choisir le nom de la mère ou le nom des deux parents accolés. Le législateur a dû s'interroger sur les destinataires de sa loi : s'appliquerait-elle seulement aux enfants nés après sa date d'édiction ou après sa date d'effet (observation/application [65]) éventuellement plus tardive ? À tous les individus ? À tous les enfants mineurs ? Seulement à ceux qui ont moins d'un certain âge à la date d'effet ?... Ou encore, supposons qu'une loi vienne interdire aux bailleurs d'augmenter le montant du loyer qu'ils demandent à leurs locataires : la loi s'appliquerait-elle aux contrats de bail en cours ou seulement à ceux qui ont été conclus postérieurement à la date d'édiction de la loi nouvelle et pourquoi pas antérieurement à cette date d'édiction, ce qui obligerait les bailleurs à rembourser les sommes dépassant le montant initial du loyer ? Il a déjà été dit que des dispositions transitoires de la loi nouvelle peuvent prévoir une entrée en vigueur coïncidant avec la date d'édiction ou au contraire ne coïncidant pas avec cette date, la date d'effet pouvant alors être antérieure à la date d'édiction (la date d'observation coïncide avec la date d'édiction, mais la date d'application est antérieure) ou postérieure à cette date d'édiction (la date d'observation/d'application est alors différée). Ainsi la loi du 4 mars 2002 [66] a effectivement modifié la transmission du nom : son entrée en vigueur, fixée au 1er septembre 2003 par l'article 25 de la loi, a ensuite été repoussée au 1er janvier 2005 [67] et elle s'applique non seulement aux enfants nés à compter de cette date mais aussi à ceux qui ont moins de 13 ans à ce moment. Le législateur est-il pour autant entièrement libre pour déterminer le domaine d'application de la loi nouvelle ? Lorsqu'il prévoit des dispositions transitoires, ne doit-il pas plutôt se conformer à des principes ? Par ailleurs, et même si la plupart des lois prévoient aujourd'hui leur domaine d'application dans le temps, les dispositions transitoires ne sont pas obligatoires. Comment alors les sujets de droit – destinataires de la règle nouvelle, notaires… et surtout juges – vont-ils savoir si la loi nouvelle est rétroactive, si elle s'applique d'une manière immédiate et générale à tous ses destinataires ou si elle laisse la loi ancienne survivre au moins à l'égard de certains d'entre eux ? Comment choisir entre les deux lois susceptibles de s'appliquer à la même situation juridique ? Il est à rappeler que, en principe, aucun conflit de lois ne se pose en cas de codification à droit constant [68].

Devant les faibles indications textuelles, la jurisprudence a dû élaborer un système de solutions, aidée en cela par la doctrine. Plusieurs doctrines se sont d'ailleurs succédé dans le temps.

A. Les textes

173. – Le contenu des textes. – L'article 8 de la Déclaration des droits de l'homme pose que « nul ne peut être puni qu'en vertu d'une loi établie et promulguée antérieurement au délit » ; l'article 2 du Code civil énonce seulement que « la loi ne dispose que pour l'avenir ; elle n'a point d'effet rétroactif » et l'article 112-1 du Code pénal dispose que « sont seuls punissables les faits constitutifs d'une infraction à la date à laquelle ils ont été commis. Peuvent seules être prononcées, les peines légalement applicables à cette date ». Ces textes posent le principe de la non-rétroactivité des lois. De fait, la rétroactivité d'une loi nouvelle est une mauvaise solution. Même si le législateur est persuadé de la supériorité de la loi qu'il vient de créer, il ne doit pas

65. V. *supra* n° 160-1.
66. Publiée au *JO* du 5 mars.
67. V. *supra* n° 130, en note et n° 167.
68. V. *supra* n°s 105 et s., n° 170 ; *adde* Ph. Malaurie et P. Morvan, *op. cit.*, n° 265.

pour autant bouleverser l'ordonnancement juridique et revenir sur ce qui a été accompli régulièrement avant l'édiction de la loi nouvelle. La sécurité des individus n'existerait plus si leurs actes effectués conformément à une loi pouvaient être remis en cause en vertu d'une loi postérieure (cf. déjà les propos de J.-E.-M. Portalis dans le *Discours préliminaire*). Il est exclu d'exiger des citoyens qu'ils soient devins et obéissent à une loi qui n'existe pas encore. D'ailleurs, si la rétroactivité était le mode normal d'application de la loi dans le temps, c'est la loi elle-même qui serait déconsidérée et perdrait son autorité : les sujets de droit n'obéiraient plus aux textes en vigueur, sachant que de toute façon, un texte ultérieur viendrait les sanctionner. Les discussions suscitées par les effets néfastes des revirements de jurisprudence illustrent aussi cette idée [69].

174. – La valeur des textes. – L'article 8 de la Déclaration des droits de l'homme a valeur constitutionnelle. Le principe de la non-rétroactivité des lois s'impose donc au législateur pénal. Il est à bien noter que l'article 7 de la Convention européenne des droits de l'homme et l'article 15-1 du Pacte international relatif aux droits civils et politiques, qui ont valeur supralégislative, prohibent également la rétroactivité de la loi pénale plus sévère. Le Conseil constitutionnel a étendu cette solution hors du droit pénal proprement dit, en interdisant au législateur de faire rétroagir une loi édictant « toute sanction ayant le caractère d'une punition », même si la sanction n'est pas prononcée par un juge judiciaire [70] ; de même, il veille à interdire la rétroactivité « à l'égard des personnes dont les droits ont été reconnus par une décision de justice passée en force de la chose jugée » (donc insusceptible d'appel [71] ou « qui bénéficient d'une prescription légalement acquise à la date d'entrée en vigueur de la loi » [72]).

En revanche, en matière civile, l'article 2 a une valeur législative et non pas constitutionnelle. Par conséquent, une loi nouvelle peut l'écarter, dès lors qu'elle émane du Parlement : rien n'empêche le législateur au sens formel d'édicter une disposition nouvelle rétroactive. Le Conseil constitutionnel censure rarement une telle loi, mais la CEDH, au visa de l'article 6, § 1 de la Convention EDH est moins tolérante [73]. En revanche, la rétroactivité est interdite aux autorités réglementaires : l'auteur d'un décret – même autonome – ou d'un arrêté ne peut le faire rétroagir, sous peine de se rendre coupable d'un excès de pouvoir ; un règlement rétroactif est susceptible d'être annulé [74]... mais, en l'état actuel du droit français, une telle rétroactivité

69. V. *supra* n°s 149, 150 et s.

70. Cons. const., 17 janv. 1989, décision n° 88-248 DC : il s'agissait d'une sanction infligée par une autorité administrative indépendante, à savoir le Conseil supérieur de l'audiovisuel. Le Conseil constitutionnel a estimé la loi modifiant la loi n° 86-1067 du 30 sept. 1986 relative à la liberté de communication conforme à la Constitution mais en faisant une réserve d'interprétation dans ses considérants 34 et 35 : « 34. Considérant que l'article 8 de la Déclaration des Droits de l'homme et du citoyen dispose que "la loi ne doit établir que des peines strictement et évidemment nécessaires, et **nul ne peut être puni qu'en vertu d'une loi établie et promulguée antérieurement au délit**, et légalement appliquée" ; 35. Considérant qu'il résulte de ces dispositions, comme des principes fondamentaux reconnus par les lois de la République, qu'une peine ne peut être infligée qu'à la condition que soient respectés le principe de légalité des délits et des peines, le principe de nécessité des peines, **le principe de non-rétroactivité de la loi pénale d'incrimination plus sévère** ainsi que le principe du respect des droits de la défense ».

71. Cons. const., 29 déc. 1986, décision n° 86-223 DC (Loi de finance rectificative pour 1986), considérant n° 5.

72. Cons. const., 24 juill. 1991, décision n° 91-298 DC (Loi portant diverses dispositions d'ordre économique et financier), considérant n° 23.

73. Ph. Malaurie et P. Morvan, *op. cit.*, n°s 269 et 270.

74. V. CE, 13 déc. 2006, *AJDA* 2006. 358, chr. F. Lenica et J. Boucher et CE, 16 juin 2008, Fédération des syndicats dentaires libéraux et autres, n° 26578 : « considérant que, si l'exercice du pouvoir réglementaire implique, pour son détenteur, la possibilité de modifier à tout moment les normes qu'il définit sans que les personnes auxquelles sont, le cas échéant, imposées de nouvelles contraintes puissent invoquer un droit au maintien de la réglementation existante, c'est sous réserve du respect des exigences attachées au principe de non-rétroactivité des actes administratifs, qui exclut que les nouvelles dispositions s'appliquent à des situations juridiquement constituées avant l'entrée en vigueur de ces dispositions ».

est permise au juge : cela a déjà été dit, tant que la jurisprudence n'est pas réellement admise au rang des sources du droit, elle ne peut qu'être une interprétation de la loi… depuis l'origine de celle-ci ! Mais il a aussi été dit que les choses évoluent de plus en plus à cet égard [75] !

175. – Les lois rétroactives et la protection des justiciables. – La rétroactivité présente un caractère exceptionnel – ou devrait présenter un tel caractère [76]. L'intention du législateur de déroger à la non-rétroactivité doit apparaître sans équivoque ; ce qui sera le cas en présence de dispositions transitoires, si le législateur fixe une date d'effet antérieure à la date d'édiction de la loi nouvelle. Mais, certaines lois sont par nature rétroactives.

Tout d'abord, et en vertu d'une longue tradition française, c'est le cas de la loi interprétative. Ce type de loi est assez rare aujourd'hui car le travail d'interprétation incombe surtout au juge. Toutefois, rien n'interdit au législateur de prendre une loi interprétative pour dissiper rapidement une incertitude relativement à une loi nouvelle. Une telle loi, en principe, « se borne à reconnaître, sans rien innover, un état de droit préexistant qu'une définition imparfaite avait rendu susceptible de controverse » [77]. La loi interprétative fait corps avec la loi imparfaite, ce qui justifie sa rétroactivité. Une loi rétroactive qui, sous couvert d'interprétation, innove est cependant reconnue valable (au moins par le Conseil d'État) ; ceci, alors même que le législateur abuse de la qualification de loi « interprétative » pour faire rétroagir une loi nouvelle. Proches de la loi interprétative sont les *errata* ou rectificatifs qui, publiés au *Journal officiel*, ont pour objet de rectifier une erreur du texte publié (« au lieu de lire… lire… ») [78]. La Cour de cassation admet la rectification lorsque l'erreur est seulement matérielle. L'*erratum* ne fait alors que restituer le texte réel de la norme. En revanche, lorsque l'erreur touche au fond, la Cour de cassation admet la validité de l'*erratum* qui porte sur une loi au sens formel s'il est conforme au procès-verbal des débats parlementaires et refuse toute validité à un *erratum* corrigeant un texte réglementaire, aucun document ne lui paraissant offrir des garanties suffisantes pour connaître l'intention primitive de l'auteur du texte ; en effet, cette technique ne doit en aucun cas permettre de modifier le sens du texte. Le caractère interprétatif de l'*erratum* justifie son application rétroactive : il est applicable de la même façon que le texte primitif.

Ensuite, la loi pénale nouvelle plus douce est rétroactive, selon une solution dégagée par la jurisprudence et entérinée par le Code pénal (art. 112-1, al. 3). Cette rétroactivité *in mitius* a valeur constitutionnelle. Le Conseil constitutionnel justifie cette solution par l'idée que la répression édictée par la loi ancienne était excessive et n'a plus lieu d'être à l'avenir. Ce n'est pourtant pas parce qu'une répression n'est plus nécessaire dans le futur qu'elle cesse automatiquement de l'être à l'égard d'un comportement passé. Quoi qu'il en soit, c'est une solution de droit positif, la principale difficulté pratique consistant à déterminer si une loi pénale nouvelle est plus douce ou plus sévère que la loi ancienne.

Pour finir, il faut préciser que le principe de non-rétroactivité s'impose aux tribunaux : les juges ne peuvent faire une application rétroactive d'une loi si le législateur n'a pas clairement

75. *Supra* n°s 149 et 150 et s.

76. Le nombre des lois fiscales rétroactives est en effet assez important.

77. Cf. Cass. soc., 13 mai 1985, n° 84-60728, *Bull. civ.* V, n° 291 et la dernière décision en date : Cass. soc., 8 juin 2011, n° 09-67051, à paraître au *Bull.*

78. Pour un exemple assez récent, v. au *JORF* n° 261 du 10 nov. 2007, le rectificatif à la loi n° 2007-1544 du 29 oct. 2007 de lutte contre la contrefaçon (elle-même publiée au *JO* du 30 oct. 2007), indiquant que « à l'avant-dernière ligne du second alinéa de l'article L. 716-14, au lieu de : "contrefaisants facteur" » il faut « lire : "contrefacteur" ». V. aussi, au *JORF* n° 0121 du 18 mai 2011, le rectificatif à la loi n° 2011-525 du 17 mai 2011 de simplification et d'amélioration de la qualité du droit.

exprimé sa volonté en ce sens, volonté spéciale – dans la loi rétroactive elle-même – ou générale – dans l'article 112-1 du Code pénal pour la rétroactivité *in mitius*.

Ainsi les textes donnent quelques éléments de réponse au problème des conflits de lois dans le temps. Dire qu'une loi nouvelle ne dispose que pour l'avenir reste toutefois insuffisant pour le juge, les sujets de droit… et ne permet pas de savoir exactement quel est son domaine d'application. La doctrine s'est efforcée de remédier à cette lacune.

B. Les propositions doctrinales

176. – La doctrine classique des droits acquis. – Cette doctrine, influencée par les idées individualistes et libérales du XIXe siècle, considérait que le principe de non-rétroactivité empêche l'application de la loi nouvelle à un droit acquis, c'est-à-dire à un droit déjà entré dans un patrimoine. À l'inverse, la loi nouvelle qui déçoit de simples expectatives est conforme à l'article 2 du Code civil : ces attentes ne sont pas encore entrées dans un patrimoine. Par exemple, une loi nouvelle venant restreindre la vocation successorale au détriment de parents éloignés ne pourrait pas s'appliquer aux successions ouvertes lors de son édiction car ces parents éloignés ont acquis ce droit d'hériter avant l'entrée en vigueur de la loi nouvelle. En revanche, si la succession s'ouvrait après l'entrée en vigueur de la loi nouvelle, la loi nouvelle s'appliquerait car la loi ancienne n'avait conféré aux parents éloignés que des expectatives. Cette doctrine présentait des défauts sur les plans de la technique et de la politique législative : en effet, la notion de droit acquis, insuffisante et imprécise, s'applique mal à des droits extra-patrimoniaux (une femme mariée avant 1938 a-t-elle obtenu un « droit acquis » à être incapable juridiquement ? !) ; de plus, si le principe de l'article 2 est destiné à empêcher l'insécurité due à la rétroactivité, il n'a pas pour objectif de placer des droits subjectifs à l'abri des changements susceptibles d'être apportés par une loi nouvelle.

177. – La doctrine moderne de l'effet immédiat de la loi nouvelle[79]. – Elle a été dégagée par le Doyen P. Roubier. Cet auteur opposait les situations juridiques déjà formées aux situations à venir ou en voie de formation. La loi nouvelle ne s'applique pas aux situations passées ; en revanche, elle s'applique aux situations futures. Quant aux situations qui sont « à cheval sur les deux lois » (elles sont en cours de constitution ou leurs effets se continuent après l'édiction de la loi nouvelle), elles sont régies par la loi nouvelle à partir de son édiction, sauf en matière contractuelle où la loi ancienne survit. Le Doyen Roubier a choisi à dessein le terme « situation juridique » parce qu'il est très vaste ; il est en fait trop vaste pour que la notion soit précise. De plus, cette doctrine ne prend pas en considération la présence du temps dans le droit lui-même et ignore d'autres concepts du droit transitoire, en particulier celui de rétrospectivité, pourtant connu, notamment du droit allemand. Partant de ce constat, d'autres auteurs (M. le Doyen L. Bach, puis le Doyen J. Héron et leur disciple M. P. Fleury-Le Gros) ont donc affiné et complété la doctrine de l'effet immédiat. Malheureusement, quel que soit leur évident intérêt, l'analyse de ces auteurs reste marginale[80] ; c'est l'analyse de P. Roubier qui est en effet admise par la majorité de la doctrine contemporaine, tandis que la jurisprudence

79. Cf. *infra* les références des ouvrages cités dans ce numéro dans la rubrique « conseils de lecture ».
80. V. cependant *supra* n° 160-1 et 172.

la consacre dans bon nombre de ses décisions, tout en la combinant parfois avec la théorie ancienne des droits acquis et en utilisant son propre vocabulaire [81].

C. La jurisprudence

178. – La non-rétroactivité de la loi nouvelle. – Quelle que soit la situation juridique considérée, qu'elle ait été instantanée ou durable (contrat de bail, ouverture et liquidation de succession, arrivée à la majorité…), si celle-ci s'est réalisée entièrement avant l'entrée en vigueur de la loi nouvelle, avant sa date d'effet, elle a été régie par la loi ancienne et ne doit à aucun titre se voir appliquer la loi nouvelle. Ceci sous réserve des trois exceptions [82] apportées à ce principe, dans lesquelles la loi nouvelle rétroactive s'appliquera à la création, à l'extinction ou aux effets passés de situations juridiques antérieures à sa date d'édiction.

179. – Le principe de l'effet immédiat de la loi nouvelle. – Aucun argument technique ne justifie le choix de cette solution ; celui qui est souvent invoqué est celui de la supériorité de la loi nouvelle sur la loi ancienne, dépassée. Même si ce n'est pas toujours vrai, c'est ce que le législateur a pensé, sinon il n'aurait pas légiféré. De plus, il est souhaitable d'assurer une unité de législation, en faveur de la loi nouvelle et au profit de tous ses destinataires. Une trop longue survie de la loi ancienne pourrait conduire à une grande confusion juridique. Il est à noter – avec M. Bach – que le principe est plus celui d'une application générale (à tous ses destinataires) que celui d'une application immédiate (la loi nouvelle peut être appliquée dès son édiction mais aussi seulement à partir d'une date d'effet repoussée dans le temps). Selon le principe, si une situation juridique, instantanée ou durable, naît postérieurement à la publication de la loi nouvelle, c'est cette loi nouvelle qui est seule appelée à la régir. Mais une difficulté concerne les situations juridiques en cours, c'est-à-dire celles qui sont nées sous l'empire de la loi ancienne et qui continuent sous l'empire de la loi nouvelle : c'est cette dernière qui va s'appliquer également immédiatement aux situations juridiques en cours de constitution ou d'extinction, sans remise en cause de ce qui s'était produit avant son entrée en vigueur ; de même, la loi nouvelle s'applique immédiatement aux effets futurs d'une situation juridique née antérieurement à son entrée en vigueur.

Supposons qu'une loi – dont l'entrée en vigueur est fixée 6 mois après son édiction – vienne abaisser ou élever l'âge minimal requis pour se marier [83] : les individus qui se marient avant la date d'effet sont régis par la loi ancienne au contraire de ceux qui convolent en justes noces après cette date. Si une loi venait porter à dix ans (au lieu de cinq) le délai pour agir en nullité d'un

---

81. Il est d'ailleurs amusant de constater que la jurisprudence, sans l'aide de la doctrine, avait, dès l'époque révolutionnaire et impériale, dû trouver des solutions aux conflits de loi dans le temps qui se sont posés pour la première fois à elle ; or les solutions en question pourraient être défendues encore aujourd'hui en doctrine et utilisées en jurisprudence V., pour des conflits entre la coutume de Normandie avec la loi de nivôse an II (citée *supra* n° 168) ou le Code civil relativement au régime matrimonial des époux normands, C. Bléry, « L'évolution du régime matrimonial normand après 1789 » (v. référence et résumé du texte en fin de chapitre).

82. V. *supra* n° 175.

83. De fait, dans la réalité, la loi du 4 avr. 2006 renforçant la prévention et la répression des violences au sein du couple ou commises contre les mineurs (*JO* 5 avr. 2006, p. 5097) est venue augmenter l'âge minimal des femmes pour se marier, portant celui-ci à dix-huit ans révolus – comme pour les hommes – au lieu de quinze ans comme auparavant ! Son article 1er modifie l'article 144 du Code civil qui devient « l'homme et la femme ne peuvent contracter mariage avant 18 ans révolus ». Ne comportant pas de dispositions transitoires, elle est entrée en vigueur dès le 6 avr. 2006.

contrat pour erreur, la victime de l'erreur pourrait agir pendant dix ans, alors même qu'elle aurait pris conscience de son erreur avant l'entrée en vigueur des nouvelles dispositions. Imaginons une loi modifiant les pouvoirs du tuteur d'un incapable majeur ; elle s'appliquerait à tous les tuteurs, alors que nombres d'entre eux auraient été nommés avant la prise d'effet de la loi nouvelle...

Si le principe de l'effet immédiat régit sans difficulté les situations légales (divorce, capacité, nationalité...), il n'est cependant pas toujours judicieux, d'où l'admission jurisprudentielle d'une exception.

180. – L'exception de la survie de la loi ancienne. – Par exception, la loi nouvelle ne s'applique ni immédiatement aux contrats en cours (baux, contrats de fourniture de services ou de travail...), ni aux régimes matrimoniaux, qu'un contrat de mariage ait été passé par les époux ou non ; au contraire, leurs effets restent régis par la loi en vigueur au moment où le contrat a été passé. La jurisprudence a ainsi posé un véritable principe de survie de la loi ancienne en matière contractuelle, qui se justifie par la nécessité de respecter les prévisions des parties lors de la conclusion du contrat, prévisions fondées sur la loi ancienne. C'est le cas aussi des régimes matrimoniaux pour une raison identique et ce, même en l'absence de contrat de mariage. Ce principe relatif aux contrats est lui-même susceptible d'être écarté, au profit d'une exceptionnelle application immédiate de la loi nouvelle aux contrats en cours (par une exception à l'exception, on revient au principe général). Et force est de constater que, de plus en plus souvent, le législateur prévoit que la loi nouvelle s'applique immédiatement aux effets des contrats en cours et même éventuellement aux conditions de l'acte juridique conclu antérieurement. Par exemple, une loi limitant le prix maximum d'un produit ne s'appliquerait pas aux contrats de fournitures signés sous l'empire de la loi ancienne ; en revanche, une loi venant interdire la commercialisation d'un produit qui se serait révélé dangereux pour la santé s'appliquerait aux contrats de fournitures, même signés sous l'empire de la loi ancienne. Attention : dans le silence du législateur, le juge ne peut décider l'application immédiate de la loi nouvelle qu'aux effets d'un contrat en cours – à défaut d'une application aux conditions de création – et encore faut-il que la loi nouvelle soit d'ordre public (comme dans l'illustration précédente) [84]. D'autres matières – dont essentiellement deux sont à signaler – font aussi l'objet de solutions particulières en raison de leur spécificité.

181. – Le droit transitoire spécial à la procédure et à la preuve. – Tout d'abord, les règles de procédure [85] s'appliquent en principe à partir du moment où le juge est saisi, alors même que les faits et les droits faisant l'objet du procès sont antérieurs à cette saisine : plus qu'une application immédiate aux instances en cours, il s'agit d'une application rétroactive aux événements objets du procès. Ensuite, en principe, les règles gouvernant les modes de preuve [86] sont également celles en vigueur au jour où le juge statue. En revanche, les preuves préconstituées

84. V. CE, 8 avr. 2009 (n° 271737, *Gaz. Pal.*, 18 août 2009, n° 230, obs. M. Moliner-Dubost), pour un rappel de cette solution : le Conseil d'État a en effet jugé que dans le cas où elle n'a pas expressément prévu l'application des normes nouvelles qu'elle édicte à une situation contractuelle en cours à la date de son entrée en vigueur, la loi ne peut être interprétée comme autorisant implicitement une telle application de ses dispositions que si un motif d'intérêt général suffisant lié à un impératif d'ordre public le justifie et que s'il n'est dès lors pas porté une atteinte excessive à la liberté contractuelle. Pour les contrats administratifs, l'existence d'un tel motif d'intérêt général s'apprécie en tenant compte des règles applicables à ces contrats.

85. Elles s'opposent aux règles de fond ou de droit substantiel qui déterminent quel comportement doit avoir un sujet de droit (s'arrêter à un feu rouge, respecter ses père et mère, contribuer aux charges du mariage...) : elles gouvernent le procès (cf. *infra* n°s 301 et s.).

86. Sur ces règles, cf. *infra* n°s 259 et s.

sont normalement soumises aux règles applicables lors de leur constitution : par exemple, un contrat est conclu en 2000 ; il faut regarder quelles exigences sont posées par la loi en 2000 pour la preuve d'un contrat, même si un procès a lieu sur ce contrat en 2011.

§ 2 : La loi et l'espace

182. – La présence d'un élément d'extranéité. – La présence d'un élément étranger peut susciter un conflit de lois, non plus dans le temps, mais dans l'espace. Dans ce cas, les législations de deux ou plusieurs États ont cumulativement vocation à régir une question de droit privé donnée : un Anglais, un Allemand et un Italien sont impliqués dans un accident de voitures, alors qu'ils étaient en vacances en France. Quatre lois sont susceptibles de permettre la détermination des responsables et des réparations. S'il semble évident que de tels conflits de lois ne se résolvent pas toujours en faveur de l'application de la loi française, encore faut-il savoir laquelle des lois en présence il faut choisir. C'est la fonction du droit international privé d'indiquer quelle loi est compétente. Chaque pays a son propre droit international privé : le droit international privé français pose des règles de conflits différentes de celles du droit international privé allemand, anglais… Ces règles de conflit désignent le droit national qui va s'appliquer.

L'article 3 du Code civil pose ainsi des règles françaises de conflit. Ses alinéas 1er et 2 consacrent le principe de la territorialité de la loi : « les lois de police ou de sûreté obligent tous ceux qui habitent le territoire » et « les immeubles, même ceux possédés par des étrangers, sont régis par la loi française ». Ainsi, par exemple, les dispositions sur l'assistance à l'enfance en danger sont applicables à tous les mineurs qui se trouvent sur le territoire français, quelle que soit leur nationalité ; à l'inverse, il est exclu que les juridictions françaises prennent des mesures d'assistance éducative à l'égard d'un mineur résidant à l'étranger, même s'il est français. Quant aux immeubles (et aux meubles, selon la jurisprudence) situés en France, peu importe qu'ils appartiennent à un Français ou à un étranger, c'est la loi française qui fixera l'étendue des prérogatives du propriétaire, les conditions de leur vente… Au-delà de l'article 3, c'est une règle générale de droit international privé, en matière de « statut réel », que les biens sont régis par la loi du pays où ils sont situés : la *lex rei sitæ*. En revanche, l'article 3, alinéa 3 constitue une application du principe de la personnalité de la loi, en matière de mariage, divorce, filiation, capacité…, puisqu'il dispose que « les lois concernant l'état et la capacité des personnes régissent les Français, même résidant en pays étranger ». Là encore, au-delà de l'article 3, c'est la loi nationale qui gouverne le statut personnel des individus : les étrangers, même en France, étant régis par leur loi personnelle, le juge français pourra être amené à appliquer une loi étrangère, sauf si elle est contraire à l'ordre public. À côté de l'article 3, il y a d'autres règles de conflit qui indiquent la loi nationale compétente pour telle ou telle matière : à titre d'illustration, c'est la loi du pays où un acte est rédigé qui en impose les conditions de forme (*locus regit actum*). Il faut encore signaler l'existence de règles de droit international privé « matérielles », c'est-à-dire qui régissent directement une question donnée, sans renvoyer à une loi nationale. Ainsi, les difficultés soulevées par une vente internationale de marchandises sont-elles directement tranchées par la Convention de Vienne du 11 avril 1980.

183. – L'absence d'un élément d'extranéité. – Alors même qu'aucun élément étranger n'entre en jeu, l'application de la loi française n'est pas uniforme sur tout le territoire.

183-1. – L'Alsace et la Moselle. – Malgré leur réintégration à la France en 1918, les départements d'Alsace-Moselle [87] (Bas-Rhin, Haut-Rhin et Moselle), ont conservé d'importantes particularités juridiques locales, ayant essentiellement pour origine des règles allemandes. Les lois françaises antérieures à la réintégration ont été réintroduites par un décret du 25 novembre 1919 (lois pénales) et par deux lois du 1er juin 1924 (lois civiles et commerciales), mais en laissant subsister le droit local en certaines matières (publicité des transferts de propriété par le système du livre foncier, statut des ministres du culte, le Concordat de 1801 restant en vigueur). Quant aux lois françaises postérieures à la réintégration [88], elles sont bien sûr applicables en Alsace-Moselle, mais à condition de ne pas heurter le droit local [89]. Il faut signaler la loi n° 90-1248 du 29 décembre 1990, qui a harmonisé différentes dispositions de droit civil local. Cette harmonisation se poursuit, sous l'autorité d'un organisme qui avait été constitué par un arrêté du 22 août 1985 – la commission d'harmonisation du droit privé alsacien-mosellan – et avec une association de droit privé créée également en 1985, l'institut du droit local alsacien-mosellan [90].

183-2. – Les collectivités situées outre-mer. – L'outre-mer présente aussi des particularités, plus ou moins grandes selon le statut de ces terres. Ce statut figure aux titres XII et XIII de la Constitution [91], qui a fait sur ce point l'objet d'une révision en 2003, puis en 2007 [92]. Les « populations d'outre-mer » – dont l'existence est reconnue par l'article 72-3 de la Constitution – vivent dans trois types de collectivités :

– les départements (DOM)/régions (ROM) d'outre-mer [93] que sont la Guadeloupe, la Martinique, la Guyane, la Réunion et, depuis le 31 mars 2011, Mayotte (101e département français) [94] ;

– les collectivités d'outre-mer (COM), à savoir la Polynésie française, Wallis-et-Futuna, Saint-Pierre-et-Miquelon, Saint-Barthélemy et Saint-Martin (ces deux anciennes communes de

87. Observation générale : l'appellation Alsace-Lorraine, bien que courante, est d'origine allemande. En fait elle ne correspond pas à la réalité car l'Alsace et la Lorraine sont deux provinces totalement distinctes ; par ailleurs, lors de l'annexion de 1870 seule la partie germanophone (et la plus réduite) de la Lorraine fut incorporée au IIe Reich. Le terme français est « Alsace-Moselle » qui recoupe les deux départements alsaciens (Haut-Rhin et Bas-Rhin) et le département lorrain de Moselle. Le droit français fut définitivement réintroduit dans ces trois départements par deux lois (toujours en vigueur) du 1er juin 1924.

88. L'annexion de fait des départements de l'Est, décidée par l'Allemagne en 1940, a entraîné une abrogation complète, mais provisoire, du droit local en vigueur, au profit des lois uniformes du IIIe Reich.

89. À noter que depuis 1987, il existe un *Jurisclasseur* Alsace-Moselle, justifié par la spécificité du droit local par rapport à celui de la « Vieille France », surtout en matière de régime des cultes, la publicité foncière, le droit des associations, la justice (par exemple, le Code de procédure civile comporte une annexe « relative à son application dans les départements du Bas-Rhin, du Haut-Rhin et de la Moselle »). Les Répertoires Dalloz de droit civil, procédure civile, de droit commercial comportent aussi une rubrique consacrée à l'Alsace-Moselle.

90. J.-L. Vallens, *Rép. civ. Dalloz 2006, vis* Alsace et Moselle, n° 3.

91. « Des collectivités territoriales » et « Dispositions transitoires relatives à la Nouvelle-Calédonie ».

92. V. la loi constitutionnelle n° 2003-276 du 28 mars 2003 relative à l'organisation décentralisée de la République et la loi de programme pour l'outre-mer n° 2003-660 du 21 juill. 2003 (modifiées par la loi organique n° 2007-223 et par la loi ordinaire n° 2007-224 du 21 févr. 2007 portant dispositions statutaires et institutionnelles relatives à l'outre-mer). Différents projets de lois organiques de valeur inégale sont actuellement en cours de discussion au Parlement, dont un projet de loi organique relatif au fonctionnement des institutions de la Polynésie française et un portant diverses mesures de nature organique relatives aux collectivités régies par l'article 73 de la Constitution, ainsi qu'un projet de loi relatif aux collectivités de Guyane et de Martinique…

93. Un seul préfet est nommé pour les deux niveaux de collectivités – qui se superposent –, mais chacune a son assemblée délibérante : le conseil général pour le DOM et le conseil régional pour la ROM ; autant dire que ces régions sont monodépartementales. Le projet de loi organique portant diverses mesures de nature organique relatives aux collectivités régies par l'article 73 de la Constitution (complété par le projet de loi ordinaire relatif aux collectivités de Guyane et de Martinique) vise à instaurer une collectivité unique – comme à Mayotte – exerçant les compétences dévolues à la région et au département en Guyanne et en Martinique : le passage à cette collectivité unique pourrait se faire en 2012 ou 2014.

94. Sur la chronologie de la départementalisation de Mayotte, issue d'un référendum très favorable des Mahorais – 95,2 % d'entre eux s'étant prononcé pour la création d'une collectivité unique, v. http://www.outre-mer.gouv.fr/?1-la-departementalisation-de-mayotte.html.

la Guadeloupe ayant été transformées en COM par la loi organique de 2007) – la Nouvelle-Calédonie et les Terres australes et antarctiques françaises qui sont qualifiées de *sui generis*, parce qu'elles ne correspondent à aucune des catégories juridiques de collectivités existantes [95].

En tout, ce sont donc douze collectivités (au sens large du terme) qui sont situées outre-mer et qui présentent des particularités statutaires par rapport aux collectivités métropolitaines et les unes par rapport aux autres. Ces particularités sont d'ailleurs plus ou moins importantes selon qu'il s'agit d'un département d'outre-mer/région d'outre-mer, d'une collectivité d'outre-mer (au sens étroit) ou d'une collectivité *sui generis.*

Aujourd'hui, il existe deux régimes législatifs, parfois imbriqués, pour l'outre-mer [96]. Si un changement de régime peut être envisagé, il ne peut avoir lieu sans le consentement des électeurs de la collectivité concernée qui sont sollicités par référendum sur ce point [97] :

– en vertu du régime de l'identité législative (Const., art. 73), les lois et règlements nationaux sont applicables de plein droit en outre-mer. Cependant, pour tenir compte des spécificités de ces collectivités (au sens large du terme), des adaptations sont possibles. Celles-ci peuvent être demandées par le Parlement et le gouvernement ou par les collectivités si elles y ont été autorisées par la loi. Les collectivités peuvent aussi élaborer des règlements portant sur certaines questions relevant du domaine de la loi, à l'exception des matières « régaliennes » (c'est-à-dire notamment en matière de justice, libertés publiques, etc.). Ce régime concerne principalement les départements d'outre-mer/régions d'outre-mer, mais aussi Saint-Barthélemy et Saint-Martin (avec des exceptions relevant du second régime) ;

– en vertu du régime de spécialité législative et d'autonomie (Const., art. 74), une loi organique définit le statut particulier de chaque collectivité soumise à ce régime. Elle détermine également les lois qui s'y appliquent. Les assemblées locales peuvent élaborer des règlements relevant du domaine de la loi, à l'exclusion des matières régaliennes. Ce régime concerne les COM (au sens étroit), la Nouvelle-Calédonie et les TAAF. Cependant, dans certaines collectivités (comme Saint-Pierre-et-Miquelon), identité et spécialité législatives sont associées. Les lois et règlements nationaux s'appliquent alors, selon les domaines concernés, automatiquement ou seulement sur mention expresse [98]. Ces différents territoires sont soumis à des règles locales très particulières,

95. La catégorie des territoires d'outre-mer (TOM) a été supprimée par la révision constitutionnelle de 2003, tout en laissant subsister ce statut pour les TAAF, en vertu de la loi statutaire n° 55-1052 du 6 août 1955. La loi ordinaire du 21 févr. 2007 a modernisé cette loi statutaire, les Terres australes et antarctiques françaises ne sont plus depuis lors des TOM au sens juridique mais la loi de 2007 rappelle qu'elles forment un « territoire d'outre-mer » au sens de « territoire situé outre-mer » ; elles sont parfois qualifiées de « TOM de fait ». En effet, il n'y a pas de population permanente à Saint-Paul, Kerguelen, Nouvelle-Amsterdam, Crozet, Terre-Adélie et dans les Îles éparses de l'Océan Indien.

96. *Adde* http://www.vie-publique.fr/decouverte-institutions/institutions/collectivites-territoriales/outre-mer.

97. V. une illustration à propos de la Martinique et de la Guyanne : http://www.senat.fr/leg/etudes-impact/pjl10-264-ei/pjl10-264-ei.html.

98. Les derniers articles d'une loi, dans les « dispositions diverses » contiennent souvent, outre des dispositions transitoires, des indications sur l'application dans l'espace de la loi en question. Par exemple, l'article 13 de la loi n° 2008-644 du 1er juill. 2008 créant de nouveaux droits pour les victimes et améliorant l'exécution des peines prévoit, d'une part (I) que, « à l'exception du I de l'article 4 et de l'article 9, la présente loi est applicable dans les îles Wallis-et-Futuna, en Polynésie française et en Nouvelle-Calédonie » et d'autre part (II), que des dispositions particulières sont applicables aux collectivités de Saint-Barthélemy et de Saint-Martin. L'article 74-1, alinéa 1er de la Constitution prévoit de son côté que « dans les collectivités d'outre-mer visées à l'article 74 et en Nouvelle-Calédonie, le gouvernement peut, par ordonnances, dans les matières qui demeurent de la compétence de l'État, étendre, avec les adaptations nécessaires, les dispositions de nature législative en vigueur en métropole ou adapter les dispositions de nature législative en vigueur à l'organisation particulière de la collectivité concernée, sous réserve que la loi n'ait pas expressément exclu, pour les dispositions en cause, le recours à cette procédure ». Par exemple, l'article 42 de la loi Béteille n° 2010-1609 du 22 déc. 2010 précise que « le gouvernement est autorisé à prendre par voie d'ordonnances toute mesure relevant du domaine de la loi et de la compétence de l'État tendant à : 1° Étendre et adapter les dispositions de la présente loi ainsi que les dispositions législatives relatives à la profession d'avocat à Wallis-et-Futuna, à la Polynésie française et à la Nouvelle-Calédonie ; 2° Adapter les dispositions de la présente loi ainsi que les dispositions législatives relatives à la profession d'avocat à Mayotte et à Saint-Pierre-et-Miquelon ».

qu'elles soient d'origine métropolitaine (règles adaptées aux spécificités locales) [99], coutumière ou qu'elles aient éventuellement été adoptées localement (hors matières régaliennes) : par exemple, la polygamie fut admise à Mayotte jusqu'à la loi du 11 juillet 2001 [100].

Il existe donc une notable différence institutionnelle entre les départements d'outre-mer, les collectivités d'outre-mer et les collectivités *sui generis*, ainsi qu'au sein de ces trois catégories, ce qui rend les choses particulièrement complexes. Les statuts des différentes collectivités sont en outre en pleine évolution.

Section 2
L'interprétation de la loi

184. – La nécessité d'interpréter la loi. – Pour que les destinataires d'une loi, les praticiens du droit et surtout les juges, puissent appliquer la loi, il est souvent nécessaire que soit précisée la signification des règles que ce texte pose. Ainsi, une loi obscure ou lacunaire doit être interprétée. Pourtant, on constate que des lois claires et complètes sont aussi interprétées, notamment par la jurisprudence ; celle-ci agit dans un souci d'adaptation du droit aux nécessités nouvelles de la société. L'exemple caractéristique est celui de l'article 1384, alinéa 1er du Code civil, datant de 1804 et dans lequel la Cour de cassation a pu voir un fondement à la réparation des dommages causés par une chose, quelle qu'elle soit ! Il s'agit là d'une interprétation correctrice, voire déformante du droit, qui montre bien que la jurisprudence a un pouvoir créateur de droit et, au-delà, qu'elle est, en réalité, une source du droit [101].

185. – Les auteurs de l'interprétation et les méthodes d'interprétation. – Il a été vu, d'une part [102], que les interprètes de la loi peuvent être le Parlement (lois interprétatives), le

99. V., par exemple, le livre VI du Code de procédure civile intitulé « dispositions relatives à l'outre-mer », qui résulte d'un décret n° 2005-1302 du 14 oct. 2005, et dont les titres I et II sont respectivement consacrés à Mayotte et aux Îles Wallis-et-Futuna. De même, le Code de l'organisation judiciaire comporte un livre V, tant dans sa partie législative (COJ, art. L. 511-1 à L. 563-1) que dans sa partie réglementaire (COJ, art. R. 511-1 à R. 563-4) intitulé « Dispositions particulières à Saint-Pierre-et-Miquelon, à Mayotte, à Wallis-et-Futuna, aux Terres australes et antarctiques françaises, à la Polynésie française et à la Nouvelle-Calédonie »…

100. Sur les particularités du droit à Mayotte avant les lois récentes, cf. J.-R. Binet, « Le croissant et la balance. De quelques spécificités du droit applicable à Mayotte au crépuscule de la justice cadiale », *RID comp.* 3-2002, p. 787 et s.). V. en particulier l'ordonnance n° 2010-590 du 3 juin 2010 portant dispositions relatives au statut civil de droit local applicable à Mayotte et aux juridictions compétentes pour en connaître, qui a réformé le statut civil de droit local en garantissant le respect du principe d'égalité entre les hommes et les femmes et a donné compétence exclusive aux juridictions de droit commun pour connaître des conflits en matière de statut personnel – le rôle des cadis (fonctionnaires musulmans qui avaient une activité judiciaire, notariale, sociale et administrative) étant recentré sur la médiation. *Adde* J.-B. Falduto et J.-C. Escarras, « La disparition du particularisme mahorais en matière juridictionnelle : la fin de la justice cadiale ? », *Procédures* 2010, focus n° 35.

À noter aussi que Mayotte est si chère au législateur français qu'il a ajouté, en 2003 un nouveau livre au Code civil consacré à cette île ! Cf. l'article 65-V de la loi n° 2003-660 du 21 juill. 2003, ratifiant l'ordonnance n° 2002-1476 du 19 déc. 2002 dont les dispositions sont entrées en vigueur le 1er juin 2004. Celui-ci, livre IV à l'origine, est assez bref puisqu'il ne comporte que 45 articles. Ce sont aujourd'hui les articles 2489 à 2534, devenus le livre V. En effet, depuis lors, le Code civil a encore acquis un livre – le « nouveau » IV, beaucoup plus substantiel puisque comportant les articles 2284 à 2488. Consacré aux sûretés c'est-à-dire aux garanties accordées au créancier pour le recouvrement de ses créances et qui sont personnelles ou réelles, il a été créé par l'ordonnance du n° 2006-346 du 23 mars 2006. Certaines dispositions ont été modifiées depuis 2003 : en particulier, le titre IV du livre V (« Dispositions relatives à l'immatriculation des immeubles et aux droits sur les immeubles »), résultant d'une ordonnance n° 2005-870 du 28 juill. 2005, qui n'est entrée en vigueur que le 1er janv. 2008.

101. V. *supra* n° 141.

102. V. *supra* n° 175 (*errata*) et n°s 147, 155 et 156.

pouvoir exécutif (réponses aux questions ministérielles, rescrits et circulaires administratifs, autorités administratives indépendantes) et surtout les juges (saisine pour avis, jugements), aidés de la doctrine. Il a, d'autre part, été dit [103] que deux écoles se sont succédé : l'école de l'exégèse et l'école scientifique, qui ont utilisé des méthodes d'interprétations différentes. Si les méthodes de la seconde école sont principalement en vigueur aujourd'hui, celles de la première n'ont pas pour autant complètement disparu ; en particulier, des maximes d'interprétation déjà utilisées par la première guident encore les interprètes du droit.

§ 1 : La méthode de l'exégèse

186. – Le texte est obscur. – Pour restituer la pensée du législateur au sens formel, l'école de l'exégèse recourt notamment aux travaux préparatoires, c'est-à-dire aux discussions – publiées – des parlementaires avant le vote et aux rapports rédigés par un député et un sénateur pour chaque loi. Ces travaux sont très facilement accessibles sur Legifrance (rubrique actualité juridique – dossiers législatifs). Depuis la loi organique n° 2009-403 du 15 avril 2009 relative à l'application des articles 34-1, 39 et 44 de la Constitution, les projets de loi sont précédés de l'exposé de leurs motifs qui a pour objet de présenter les principales caractéristiques de ce projet et de mettre en valeur l'intérêt qui s'attache à son adoption [104] : l'exégète d'aujourd'hui peut donc s'y reporter. Le recours aux principes généraux du droit [105], de même qu'à la *ratio legis*, à savoir la raison de la loi qui peut être déduite de son intitulé ou du chapitre du Code civil auquel elle est intégrée, est également intéressant et utile, aussi bien pour les textes émanant du Parlement que du gouvernement.

187. – Le texte est lacunaire. – Les tenants de l'exégèse ont développé des modes de raisonnement faisant appel à la logique, voire au simple bon sens. Lorsqu'il existe deux cas semblables, l'un envisagé par le droit et l'autre non, l'interprète va traiter le second comme le premier, en raison de cette similitude – il raisonne par analogie ou *a pari* ou *a simili* – ou parce qu'il existe des raisons encore meilleures d'appliquer la solution de droit au second cas – il raisonne *a fortiori :* « qui peut le plus peut le moins », dit l'adage populaire. Par exemple, le Code civil ne réglemente que la preuve des obligations civiles et du payement, mais, par analogie, ces règles sont utilisées pour prouver d'autres situations (même un contrat administratif) ; un incapable n'a pas le droit de vendre seul ses biens, *a fortiori*, il lui est interdit de les donner car la donation est un acte plus grave que la vente. Le raisonnement *a contrario* est plus délicat : une règle s'applique à une hypothèse particulière, on en déduit que la règle inverse s'applique dans l'hypothèse inverse. Ainsi, l'article 6 du Code civil interdit de déroger par des conventions particulières aux lois qui intéressent l'ordre public et les bonnes mœurs ; *a contrario* est-il possible de déroger aux lois qui n'intéressent ni l'ordre public ni les bonnes mœurs. Un tel raisonnement aboutit cependant trop souvent à « torturer » les textes, au point de trahir la pensée du législateur (cf. les nombreuses interprétations *a contrario* en droit de la famille) ou

103. V. *supra* n° 153.
104. V. *supra* n° 133.
105. V. *supra* n°s 136 et s.

de déboucher sur des résultats absurdes : jusqu'à une loi de 1927, la jurisprudence, interprétant *a contrario* l'article 102, alinéa 1er du Code civil qui définit « le domicile de tout Français », en déduisait que les étrangers ne pouvaient avoir de domicile en France. Enfin, l'induction permet de remonter à une règle générale à partir de règles particulières qui sont considérées comme de simples applications. La déduction permet ensuite, en redescendant, de dégager de nouvelles conséquences. Les deux méthodes sont donc le plus souvent combinées : ainsi le droit de la vente impose au vendeur de renseigner l'acheteur, une obligation générale d'information a été induite de cette règle particulière ; la possibilité d'imposer cette obligation à d'autres contractants a ensuite été déduite.

§ 2 : Les méthodes dites scientifiques

188. – L'interprétation déformante de R. Saleilles et la libre recherche scientifique de F. Gény. – La méthode exégétique étant devenue incapable de combler le silence ou l'insuffisance des textes vieillissants, Raymond Salleilles a proposé un système d'interprétation déformante : « au-delà du Code civil, mais par le Code civil ». Selon l'auteur, alors même qu'une situation n'aurait pas été envisagée par les textes en vigueur, la solution ne doit être apportée que par eux, ce qui conduit éventuellement à les déformer complètement. François Gény a refusé un tel artifice, préférant que le vide législatif soit comblé par une libre recherche scientifique : autant dire que l'interprète doit se comporter comme un législateur, élaborant la solution la plus adaptée [106].

§ 3 : Les maximes d'interprétation

189. – L'expression de principes communément admis. – L'école de l'exégèse recourait à ces principes dont l'utilité se fait toujours sentir. Ainsi, l'interprète sait que « les exceptions s'interprètent strictement » (*exceptio est strictissimæ interpretationis*), que la loi cesse où cesse sa raison d'être (*cessante ratione legis cessat ipsa lex* – ou *cessat ejus dispositio*) et qu'il n'y a pas lieu de distinguer là où la loi ne distingue pas (*ubi lex non distinguit nec nos distinguere debemus*) [107]. Par exemple, toute personne étant en principe capable de contracter (C. civ., art. 1123), la liste des incapables fixée à l'article 1124 ne doit pas être allongée : seuls les mineurs et les majeurs placés sous un régime de protection sont frappés d'incapacité. Parce qu'il s'agissait de meubles de peu de valeur, l'article 456, alinéa 2, ancien [108] du Code civil permettait au tuteur d'aliéner à titre onéreux, sans autorisation du conseil de famille, les meubles d'usage courant du mineur : le texte cessait de s'appliquer si les meubles du mineur avaient de la valeur et le tuteur ne pouvait aliéner des meubles précieux qu'à condition d'avoir obtenu une autorisation.

106. M. Auberger, « Un autre regard sur F. Gény et son œuvre », *RTD civ.* 2010, p. 261 et s. et C. Thomasset, « Épilogue : l'actualité de François Gény et son œuvre », *RTD civ.* 2010, p. 279 et s.

107. Sur ces trois formules, v. v. H. Roland et H. Boyer, *op. cit.*, respectivement nos 125, 46 et 453.

108. Antérieur à la loi n° 2007-308 du 5 mars 2007, entrée en vigueur le 1er janv. 2009.

L'article 457 ancien du Code civil, de son côté, interdisait au tuteur de vendre les immeubles de son pupille et il n'y avait pas à distinguer ici selon que l'immeuble était de faible ou forte valeur, le tuteur n'avait le pouvoir d'aliéner aucun immeuble [109]... Ces maximes ont cependant leurs limites. Par exemple, il n'est pas toujours possible de savoir quand un texte constitue une exception – qui serait donc d'interprétation stricte ; à défaut d'une indication textuelle (que les mots « cependant », « néanmoins », « toutefois » figurent ou que le texte se présente lui-même comme une exception), la maxime n'est d'aucune aide à l'interprète.

190. – À noter pour finir. – Tout acte créateur de droit est susceptible de donner lieu à interprétation : les sources supralégislatives, mais aussi la coutume, la jurisprudence, les contrats, les testaments... les mêmes méthodes pouvant guider tout interprète éventuel [110].

CONSEILS DE LECTURE

1. J. HÉRON, *Principes du droit transitoire*, Dalloz, 1996 (il s'agit là d'une proposition de lecture un peu surprenante pour un étudiant de premier cycle, mais l'ouvrage est unique en son genre et très rigoureux). Pour se préparer à la pensée de l'auteur, on peut lire avec profit L. BACH, « Contribution à l'étude du problème de l'application de la loi dans le temps », *RTD civ.* 1969, 413 et *Rép. civ. Dalloz* 2006, v^is^ Conflits de lois dans le temps ; et pour aller plus loin, P. FLEURY-LE GROS, *Contribution à l'analyse normative des conflits de lois dans le temps en droit privé* interne, thèse Dalloz, Nouvelle bibliothèque des thèses, vol. 43, préf. L. Bach et P. Mayer, postface J. Petit, 2005 et « De l'application de la loi dans le temps à l'application de la jurisprudence dans le temps : l'ascension de l'échelle de verre », *Mélanges J. Héron*, LGDJ, 2008, p. 230 et s. *Adde* H. PEROZ, « L'articulation des articles 1 et 2 du Code civil », *Mélanges J. Héron*, LGDJ, 2008, p. 411 et s.
2. P. ROUBIER, *Le droit transitoire (conflit de lois dans le temps)*, 2e éd., 1960 ; F. DEKEUWER-DEFOSSEZ, *Les dispositions transitoires dans la législation contemporaine*, LGDJ, 1977 ; et T. BONNEAU, *La Cour de cassation et l'application de la loi dans le temps*, thèse Paris II, éd. 1990. (Ces trois ouvrages, eux aussi complexes pour un étudiant de premier cycle, présentent une doctrine plus classique en matière de conflits de lois dans le temps).
3. R. MENDEGRIS et G. VERMELLE, *Le commentaire d'arrêt en droit privé – Méthode et exemples*, Dalloz, Méthode du droit, 7e éd., 2004. J.-L. SOURIOUX et P. LERAT, *L'analyse de texte-Méthode générale et applications au droit,* Dalloz, Méthode du droit, 5e éd., 2004 ou autre ouvrage de méthodologie.
4. Deux livres très précieux : M.-L. MATHIEU-IZORCHE, *Le raisonnement juridique, Initiation à la logique et à l'argumentation* PUF, Thémis, 2001 ; et J.-L. BERGEL, *Méthodologie juridique*, PUF, Thémis, 2001.
5. D. MAINGUY, « L'interprétation de l'interprétation. – Variations normatives II », *JCP* G 2011, 603.

109. La formulation de ces articles n'a pas été reprise. Tous les actes de dispositions sont désormais interdits au tuteur (art. 505 nouv.).

110. Dans le même sens, D. MAINGUY, « L'interprétation de l'interprétation. – Variations normatives II », *JCP* G 2011.603. Selon l'auteur la question de l'interprétation « est souvent présentée de manière caricaturale », notamment « par la séparation formelle des fonctions : le juge est en charge de l'interprétation et cette interprétation est celle de la loi. Or si l'interprétation est bien de l'office du juge, cette fonction est très loin de se limiter à des hypothèses d'interprétation de la **loi** ; le plus souvent le juge interprète sa propre interprétation, soit parce que le droit positif est constitué d'une interprétation particulière de la loi, obscure ou incomplète, soit parce qu'il est constitué d'une norme créée par le juge en l'absence de norme légale ».

ADDENDUM

« L'évolution du régime matrimonial normand après 1789 », *Commise 2004 Studies in the history and Law of Continental and Insular Normandy*, 2005 edited by G. Dawes, The Gernesey Bar, p. 153 à 160 (français) ; p. 161 à 169 (English).

En 1204, la Normandie devint française. En revanche, elle garda son originalité juridique jusqu'à la Révolution et même, dans une certaine mesure, au-delà, en particulier pour les règles du régime matrimonial. Pour résoudre ces conflits de lois dans le temps, inconnus de l'Ancien droit coutumier, il faut faire appel à des règles particulières, indépendantes du fond du droit, règles que la jurisprudence et la doctrine de l'époque ont dû inventer. De fait, la Cour de cassation, les juridictions, plus généralement, vont élaborer un système de solutions, pas parfaitement opérationnel, pas exempt de critiques, mais qui a permis de mettre fin aux contestations sur la loi applicable portées devant la justice, à l'aide des trois systèmes que sont la survie de la loi ancienne, l'application immédiate de la loi nouvelle et la rétroactivité de la loi nouvelle. La jurisprudence a donné de nombreuses illustrations de ces difficultés à propos des époux normands, justement dans le domaine des régimes matrimoniaux : en effet, le mariage est une situation qui dure dans le temps. Le régime matrimonial des Normands qui avaient contracté mariage avant 1789 était le régime dotal de la Coutume de 1583. La question s'est posée de savoir si ce régime matrimonial allait se trouver modifié du fait de l'adoption de lois nouvelles – lois révolutionnaires puis Code civil. De même, lorsque le mariage était dissous – par la mort d'un époux – après la Révolution, la difficulté était de déterminer quelle loi allait s'appliquer pour la répartition des biens d'un époux : l'hésitation était permise entre la coutume normande en tant que loi du mariage ou la nouvelle loi en tant que loi de la dissolution. Il ressort de la jurisprudence que des conflits ont eu lieu tant en ce qui concerne la propriété des biens des époux qu'en ce qui intéresse leur gestion.

SECONDE PARTIE
LES DROITS

CHAPITRE 6
L'être et l'avoir : les personnes et les choses

Bernard Beignier

---

191. – Des personnes et des choses. – La distinction des personnes et des choses est une *summa divisio* (division suprême) des plus importantes de notre système juridique. Issue d'un simple constat de la réalité, elle marque profondément le droit et fonde de nombreuses solutions. Ainsi l'on peut acquérir, en principe, une chose, non un être. On adopte un enfant, on ne l'achète pas. Le monde se compose de personnes et de choses. L'affirmation, en elle-même, semble relever de l'évidence, elle est pourtant d'une appréhension bien plus délicate qu'il n'y paraît. Le droit peine parfois à dire ce qui, à ses yeux, est une chose ou est une personne. Un chirurgien doit amputer une personne d'une jambe : la jambe coupée devient-elle une chose ? Ce même chirurgien, pour compenser l'amputation, fixe une prothèse : la prothèse fait-elle désormais partie du corps de la personne ?

Au-delà se pose une question fondamentale : l'être humain *est*-il un corps ou *a*-t-il un corps ?

L'hésitation provient de ce que les qualifications retenues par le droit découlent des principes moraux reconnus par une civilisation. Par exemple, l'admission de l'esclavage dans une société est une question de civilisation avant d'être une donnée juridique [1]. Les interrogations préalables sont donc les suivantes : Toute matière est-elle une chose ? Tout corps appartient-il au domaine des objets ? Pour essentielles qu'elles soient, ces questions ne reçoivent que difficilement des réponses nettes et tranchées car le droit ne définit pas ces deux termes. Il connaît des *biens* et il connaît des *sujets*. Il est plus hésitant à dire ce qu'est *une personne* ou ce qu'est *une chose*. Parce qu'il n'a pas vocation à définir des concepts au-delà de son domaine de compétence, c'est-à-dire celui des relations sociales, ou de répondre à des questions qui relèvent de la métaphysique, il utilise ces notions sans en donner une définition substantielle [2]. Il n'en reste pas moins que même imparfaitement appréhendé se dessine un monde des personnes qui se distingue du monde des choses. Résumons-nous : biens et sujets, voici des concepts juridiques ; personnes et choses, voici des notions qui ne sont pas juridiques par elles-mêmes mais qui s'imposent au droit pour ses propres concepts.

Section 1
Les personnes

192. – Des personnes juridiques. – Il importe de bien comprendre que le droit s'arrête plus à la notion de *sujet de droit* qu'à celle de *personne*. La démarche juridique se fonde sur la qualification.

---

1. Un livre de haute valeur : O. Pétré-Grenouilleau, *Traites négrières. Essai d'histoire globale*, Folio-Histoire, 2007. Ch. Delacampagne, *Une histoire de l'esclavage. De l'Antiquité à nos jours*, Le Livre de poche « Références » ; Dictionnaire de culture juridique, *v° Esclavage*, par G. Bigot, p. 638. L'esclavage (qui n'existait que dans les colonies d'Amérique) fut aboli par l'Angleterre en 1832 puis par la France en 1848 (action déterminante de Victor Schoelcher).

2. Un petit livre dense et riche à lire : S. Bauzon, *La personne biojuridique*, PUF, coll. Quadrige, 2006.

Pour qualifier, il est nécessaire de rapprocher l'élément analysé d'un modèle, que celui-ci soit une notion juridique ou une catégorie. La déshumanisation de la personne provient de cette référence à un modèle abstrait. Il existe en effet deux moyens de considérer la personne selon que l'on considère *une* personne ou *la* personne. Le premier de ces moyens correspond à une *approche objective*. Il s'agit de mettre en avant les traits caractéristiques à toutes les personnes. Dans notre droit, cette conception permet de définir la personne comme appartenant à l'humanité. La vision de la personne qui en ressort est alors exempte de toute référence à l'individu même mais simplement à un être humain. Le second moyen possible, qui représente *l'approche subjective* est, au contraire, de faire référence à l'individu dans ce qu'il a de particulier, d'original et qui le distingue de ses congénères. Le droit ne choisit pas entre ces deux conceptions mais il a ses préférences. S'il fait de plus en plus souvent référence à la personne humaine, sujet de dignité, il considère avant tout la personne comme un élément particulier, une individualité au cœur de la société.

Étymologiquement, le mot de personne provient du latin *persona* qui signifie le masque de théâtre ou l'acteur masqué. Le droit développe une vision de la personne qui est extrêmement proche de son origine étymologique. La personne, en droit, est considérée sous les traits de l'acteur social. C'est le sujet de droit, celui qui est titulaire de droits qui lui sont propres et qui peut être amené à les faire respecter en les invoquant en justice. Le sujet de droit se caractérise par le fait d'être titulaire de la personnalité juridique.

§ 1 : Les personnes physiques

I. L'apparition de la personnalité

193. – La naissance. – La personnalité juridique s'acquiert avec la naissance. Si la *vie* humaine commence avec l'apparition biologique de la personne, c'est-à-dire au moment de la *fécondation*, le droit, lui, ne voit un *sujet* que dans la personne vivante, c'est-à-dire est née *vivante* et *viable*. L'enfant mort-né n'est ainsi pas une personne. Mort dans le sein de sa mère ou au moment de l'accouchement, il n'a pas acquis la personnalité juridique. De la même manière, n'est pas une personne juridique l'enfant qui, bien que né vivant, n'est pas né viable, c'est-à-dire doté de tous les organes nécessaires à la vie ou dont ceux-ci sont insuffisamment développés pour lui permettre de vivre (C. civ., art. 311-4 C. civ.). L'article 79-1 du Code civil dispose que « lorsqu'un enfant est décédé avant que sa naissance ait été déclarée à l'état civil, l'officier de l'état civil établit un acte de naissance et un acte de décès sur production d'un certificat médical indiquant que l'enfant est né vivant et viable et précisant les jours et heures de sa naissance et de son décès. À défaut du certificat médical prévu à l'alinéa précédent, l'officier de l'état civil établit un acte d'enfant sans vie. [...] ». Par trois arrêts très remarqués en date du 6 février 2008 [3],

3. De manière générale sur ce point de droit chargé d'émotion pour les parents : N. Baillon-Wirtz, « La condition juridique de l'enfant sans vie : retour sur les incohérences du droit français », *Dr. famille*, 2007, étude n° 13 ; P. Murat, « Viabilité et qualification à l'état civil des enfants mort-nés », *Dr. famille*, 1999, étude n° 77 ; sur les arrêts abondants commentaires : *D.* 2008.483, obs. Guiomard – pan. 1371, obs. Granet-Lambrechts, pan. 1435, obs. Galloux et Gaumont-Prat, et chron. Cour cass. 638, obs. Chauvin et Creton ; *AJ famille*, 2008.165, obs. Chénedé ; *AJDA* 2008.208 ; *JCP* 2008-II-10045, note Loiseau : *Dr. famille* 2008, comm. n° 34 note P. Murat ; *Defrénois* 2008.38753, note Massip et 38800, note H. Popu ; *RJPF* 2008, avr. 2008, p. 13, note F. Sauvage ; *D.* 2008.1862, note G. Roujou de Boubée et D. Vigneau.

la première chambre civile de la Cour de cassation a dit que ce texte « ne subordonne pas l'établissement d'un acte d'enfant sans vie, ni au poids du fœtus, ni à la durée de la grossesse », voulant ainsi marquer que tout fœtus (sans condition de durée de sa formation) expulsé du sein de la mère a droit à un tel acte. L'enfant en gestation n'est pas une personne achevée, *a contrario* rien n'autorise à nier qu'il appartient bien à l'ordre de l'humanité et non à celui des choses.

Cette dissociation entre *l'apparition de la vie* et *l'apparition de la personnalité* juridique s'explique relativement simplement par le fait que le droit, en tant que science du rapport social, ne considère la personne que sous l'angle de ce rapport. Hors du rapport social, il ne voit pas la personne. L'enfant à naître [4] n'étant pas pris dans un rapport social, le droit ne lui confère pas une existence propre. Dépendant du sein de sa mère, il n'est pas titulaire de droits subjectifs et n'est donc pas un sujet de droit. Hors de la personnalité, il est d'une certaine manière hors du droit. Il ne faut pas tirer de ce constat la moindre déduction philosophique, spirituelle ou même biologique mais simplement une conséquence de ce qui est le domaine du droit. Il serait très imprudent de chercher à réduire la notion de personne à celle de sujet de droit.

Sur ce point, le Code civil est très précis et fort clair. Il édicte, à l'article 16 : « La loi assure la primauté de la *personne,* interdit toute atteinte à la dignité de celle-ci et garantit le respect de *l'être humain* dès le commencement de sa vie ». Le commencement de la vie de tout être, c'est sa conception ; le commencement de sa vie juridique, c'est sa naissance.

Une telle solution ne va pas cependant sans poser un certain nombre de difficultés. Parmi celles-ci, la plus évidente provient du droit pénal. La Cour de cassation refuse ainsi de voir dans l'atteinte portée à la vie d'un enfant à naître un homicide [5]. Solution contestable et à maints égards contraire à l'esprit de la répression, elle est justifiée par la Cour comme provenant du principe d'interprétation stricte du droit pénal qui interdit de voir dans l'expression « atteinte à la vie d'autrui » une atteinte qui soit autre qu'une atteinte portée à la vie d'une personne juridique.

L'importante primauté donnée à la naissance comme fait générateur de l'apparition de la personnalité n'est cependant pas absolue.

Il est des cas où, lorsqu'il en va de l'intérêt de l'enfant, celui-ci est présumé avoir acquis des droits dès sa conception. Tel est le sens de l'adage *infans conceptus pro nato habetur quoties de commodis ejus agitur :* l'enfant conçu est supposé né chaque fois qu'il y va de son intérêt. La règle en elle-même n'est écrite nulle part. Le Code civil y fait pourtant référence à plusieurs reprises. À propos de la filiation de l'enfant (art. 311), de sa possibilité d'acquérir la qualité d'héritier (art. 725) ou encore de sa capacité à recevoir par donation (art. 906). La règle permet ainsi de reconnaître à un enfant posthume les mêmes qualités et les mêmes droits que s'il

4. Une thèse remarquable : A. Bertrand-Mirkouic, *La notion de personne (Étude visant à clarifier le statut juridique de l'enfant à naître)*, préf. Terré, PUAM, 2003 ; une autre non publiée mais connue : D. Vigneau, *L'enfant à naître*, Toulouse 1, 1988.

5. Références doctrinales : B. Beignier, « La liberté de concevoir un enfant », *Dr. famille* 2004, chron. n° 3 ; G. Roujou de Boubée, « Grandeur et décadence de l'interprétation stricte » (très brèves observations à propos de l'homicide par imprudence du fœtus), *Mélanges Gobert,* Economica, 2004, p. 195 s. ; J.-Y. Chevallier, « Naître ou n'être pas. La chambre criminelle et l'homicide du fœtus », *Mélanges Béguin,* Litec, 2005, p. 125 s. ; A. Decocq, « La main d'Isabelle », *Mélanges Malaurie,* Defrénois, 2005, p. 199 s. Jurisprudence et notes : Cass. crim., 30 juin 1999, *D.* 1999, p. 710, note D. Vigneau ; *D.* 2000, somm. p. 169, obs. C. Desnoyer et L. Dumaine ; F. Debove, « Le fœtus à l'index », *LPA* 17 nov. 1999 ; *Rev. sc. crim.*, p. 813, obs. Y. Mayaud ; D. Rebut, « La loi pénale est d'interprétation stricte », *Dr. famille* 1999, chron. 20 ; M. Véron, *Dr. pén.* 2000, comm. n° 3 ; G. Roujou de Boubée et B. de Lamy, « Contribution supplémentaire à l'étude de la protection pénale du fœtus (à propos de l'arrêt de la chambre criminelle du 30 juin 1999) », *D.* 2000, chron. p. 181 ; G. Fauré, *JCP* 2000, II, n° 10231 ; P. Malaurie, Defrénois 1999, p. 1048 ; M.-L. Rassat, *Dr. pén.* 2000, chron. n° 12 ; Cass. ass. plén., 29 juin 2001, *JCP* 2001, II, 10569, rapp. P. Sargos, concl. J. Sainte-Rose, note M.-L. Rassat ; *RTD civ.* 2001.560, obs. J. Hauser ; J. Pradel, « La seconde mort de l'enfant conçu », *D.* 2001, chron. p. 2907 et p. 2917, note Y. Mayaud ; D. Vigneau, « Selon la Cour de cassation, l'homicide d'un enfant à naître, même viable, n'en est pas un », *Dr. famille* 2001, chron. n° 22.

était né avant le décès de son géniteur. Pour que la règle s'applique, il convient cependant que l'enfant naisse vivant et viable et c'est alors seulement que *rétroactivement* il sera considéré avoir acquis des droits dès le moment de sa conception. Il est alors important de déterminer la date de la conception de l'enfant. Pour se faire, le Code civil (art. 311) précise que l'enfant est présumé avoir été conçu pendant une période qui s'étend du trois centième au cent quatre-vingtième jour précédant la naissance. L'enfant est ainsi, selon son intérêt, considéré comme ayant été conçu à n'importe quelle date incluse dans cette période.

Il s'agit bien de règles de *droit* et, peut-on dire, purement de droit. Cela signifie, par exemple, que ce sont des règles à la fois *arbitraires* (au sens exact du terme) dans leur formulation et leur application. Ainsi les délais prévus par l'article 311 sont des délais légaux impératifs mais que le juge doit toujours interpréter dans le sens le plus favorable à l'enfant. Aussi convient-il de souligner qu'il ne faut pas déduire, comme on le fait souvent et d'une manière maladroite, des règles de droit des règles de morale ou même rechercher la démonstration de la biologie dans le droit. La distinction entre le *début de la vie biologique* et le *début de la personnalité juridique* est donc le résultat entre un *constat* non juridique et un *principe* juridique. La règle *infans conceptus* n'a jamais signifié que le sujet de droit existe dès la conception ; en revanche, constatant que la vie existe bien dès ce stade, elle permet (dans l'intérêt de l'enfant) de faire rétroagir ses droits à ce jour. Deux propositions sont donc à rejeter : celle qui voit dans l'embryon une personne au plein sens du terme, comme l'a écrit assez justement le Conseil consultatif national d'éthique, il s'agit plutôt d'une « personne potentielle » (sous réserve de sa naissance) ; mais aussi celle qui ne veut discerner dans l'embryon qu'une chose car alors comment expliquer que cette chose puisse devenir une personne ? Il faut donc se méfier d'un amalgame trop facile (souvent établi) entre l'être conçu et la dépouille mortelle. Le point commun est que les deux ne sont pas (ou plus) des personnes ; mais la grande différence (et de taille) tient à ce que la vie est en cours de développement dans le premier alors qu'elle s'est définitivement retirée de la seconde : c'est ce qui explique que la dépouille mortelle, par absence de toute vie, peut être tenue, dans l'ordre juridique, pour une chose (même sacrée).

En jurisprudence, on peut citer certaines décisions qui n'ont pas voulu voir dans l'embryon un être humain en développement[6]. Le motif, non dit, d'une telle justification est de préserver la liberté qu'a une femme d'interrompre une grossesse. Effectivement, si l'embryon n'est qu'une chose alors toute interrogation, par cette simple qualification, tombe d'elle-même. Mais c'est raisonner d'une manière totalement erronée. Lorsque le législateur, en 1975, a permis l'interruption de grossesse, il a si peu nié la vie de l'embryon que la fameuse loi Veil, dans son article 1er, commence par souligner que la loi respecte la vie dès son commencement et que l'avortement n'est une exception permise que dans des cas spécifiques (la loi faisait, alors, référence à l'état de détresse) et, il convient de le rappeler, dans des délais stricts (désormais 12 semaines après la conception).

La bonne vue des choses se trouve certainement dans la jurisprudence de la Cour européenne des droits de l'homme[7], laquelle reconnaît que le fœtus est titulaire d'un droit à la vie (donc qu'il est bien un être humain) mais que ce droit peut être écarté au bénéfice de celui de la mère, dont l'intérêt personnel peut commander une interruption de grossesse.

6. TA Amiens, 9 mars 2004, *D.* 2004.1051, note Labbée et, sur appel, CAA Douai, 6 déc. 2005, *Dr. famille,* mars 2006, étude n° 14, p. 4-7 par J.-R. Binet : « L'enfant conçu et le projet parental devant le juge administratif ».

7. CEDH, 5 sept. 2002, *Bosco c/ Italie*, *RTD civ.* 2003.373 obs. Marguenaud.

La législation relative à cette question est fondée sur une *liberté civile de la mère*, non sur une absence d'humanité de l'être en gestation.

En deux mots : il faut différencier *personne* et *sujet de droit*, *commencement de la vie* et *début de la personnalité juridique*, *constat biologique* et *principe juridique*.

II. Éléments de la personnalité

A. Une individualité

194. – Une personne identifiée. – À sa naissance, la personne devient un sujet de droit, il est donc nécessaire de pouvoir la distinguer des autres sujets, de dire qui elle est. Tel est le but de l'état civil : identifier une personne. Celui-ci se compose du nom, de la nationalité, du sexe, de l'âge et de la situation familiale. En principe, l'état civil d'une personne est immuable. Nécessaire pour dire qui est une personne, il doit être le même de sa naissance à sa mort. Il n'est en effet pas socialement acceptable qu'une personne puisse disparaître ou changer d'identité à sa guise. La règle pourtant n'est pas aussi absolue qu'il pourrait paraître, évoquée seulement par le Code civil à propos de la filiation (art. 311-9), elle fait l'objet en pratique de nombreuses exceptions. Il est possible en effet de changer de nom ou de prénom, de nationalité ou encore de filiation par le biais d'institutions telles que l'adoption. Il est également possible de changer de sexe (du moins de « sexe psychologique » car le « sexe physiologique » lui ne peut varier) et de faire judiciairement reconnaître ce changement. Le transsexuel peut ainsi demander à ce que son état civil soit changé, que lui soit attribué un numéro de sécurité sociale correspondant à son apparence physique, etc. En réalité, le droit ne permet pas de changer de sexe, tout simplement parce qu'un tel changement, physiologiquement, est impossible mais, au nom du respect de vie privée, il permet de vivre selon l'apparence du sexe que la personne vit mentalement (syndrome de transexualisme). Incidemment c'est un bel exemple de l'équilibre que recherche constamment le droit entre la réalité sociale et la liberté individuelle.

Il ne faut cependant pas exacerber la portée de ces différentes modifications. Toutes sont strictement encadrées par la loi et la jurisprudence et ne se font que sous l'égide d'une autorité judiciaire. Le régime juridique de l'état civil concilie ainsi deux nécessités sociales distinctes, assurer la continuité de l'identité des personnes et s'adapter lorsque la vie de ces personnes oblige à tenir compte d'événements importants de leur existence. L'identification des personnes se fait autour de quatre éléments essentiels : leur nationalité, leur nom, leur domicile et leur état.

195. – La nationalité : ce qu'elle est ? – La nationalité [8] se définit comme « l'appartenance juridique et politique d'une personne à la population constitutive d'un état » [9]. Elle permet l'accession d'une personne aux droits qu'un État accorde à ses ressortissants nationaux. Essentielle du point de vue des *droits politiques* et de l'exercice des libertés, la nationalité est aussi fort utile dans la détermination des *droits civils* (ne pas mélanger les deux).

8. Y. Lequette, « Réflexions sur la nationalité française », *in Les Cahiers du Conseil constitutionnel*, n° 23/2007, p. 75. Une thèse qui rénove la pensée sur la question : A. Dionisi-Peyrusse, *Essai sur une nouvelle conception de la nationalité*, Defrénois, Doctorat et Notariat, t. 31, 2008 ; Y. Fulchiron, « La nationalité française entre identité et appartenance », *D.* 2011.1915 s.

9. P. Lagarde, *La nationalité française*, 4e éd., Dalloz, 2011, n° 1 et du même, *in Dictionnaire de culture juridique*, *v° Nationalité*, p. 1051.

Pour un Français, la question de la nationalité semble relever de l'évidence : on a forcément une nationalité qui est celle du pays avec lequel on a ses attaches, ses racines. Il faut pourtant rappeler que certains n'ont pas de nationalité, ce sont les *apatrides* qui se retrouvent parfois rejetés de leur patrie (ce fut le sort, naguère, des dissidents de l'URSS). Il y aussi ceux qui ne se voient pas reconnaître leur vraie nationalité. Là encore pour un Français, il y a concordance parfaite entre la Nation et le territoire. La France est aussi bien un pays qu'une nation. Pour autant, il y eut naguère des nations dépourvues d'indépendance territoriale, tel fut le sort de la Pologne entre 1795 et 1918, partagée entre les trois empires voisins (ce qui explique le fort sentiment national qui survit encore dans ce pays). La Palestine n'est pas encore un État de plein exercice (il le serait sans doute depuis longtemps si certains pays arabes n'avaient mis comme condition à sa naissance la mort de celui d'Israël). Les Kurdes, les Arméniens, tant d'autres encore, recherchent leurs frontières réelles.

À l'inverse, certains États existent sans engendrer une nation unitaire. Comment ne pas se souvenir de l'implosion de la Yougoslavie ? Si on regarde autour de la France, bien des États s'interrogent sur leur unité nationale : la Belgique, l'Espagne et même le Royaume-Uni.

La nationalité n'a pas non plus le même sens pour le monde arabe et musulman, encore très attaché à son unité d'origine. Pour un Américain, la naturalisation est, au contraire, un acte personnel puissant d'incorporation dans une nation en devenir perpétuel (l'importance du serment dans la vie américaine).

196. – Être français : naître, le devenir. – Les conditions d'accession à la nationalité française sont décrites dans le Code civil aux articles 17 à 33-2. Elles se trouvaient dans un Code de la nationalité jusqu'en 1993. Celui-ci a disparu alors pour souligner que la nationalité est inhérente à la définition même de la personne. Très complexes, ces règles peuvent être schématisées en ce que la nationalité française s'acquiert de deux manières. Soit à la *naissance* par le fait d'être né sur le territoire français ou de parents français (droit du sol et droit du sang : on parle de *jus soli* et de *jus sanguinis*). Soit en cours de vie, et sous certaines conditions, pour les personnes résidant en France ou qui sont mariées avec un conjoint de nationalité française. La seconde de ces hypothèses, que l'on dénomme habituellement *naturalisation* (précision de vocabulaire : ne pas confondre *naturalisation* et *nationalisation*) nécessite une démarche volontaire de la personne désirant acquérir la nationalité française, acte explicite d'intégration accentuée par la loi n° 2011-673 du 16 juin 2011, qui suivit le débat sur « l'identité nationale » [10]. Elle ne se réalise qu'après l'intervention d'une autorité publique.

Enfin, la nationalité française peut être perdue. Cela est le cas lorsqu'une personne ayant acquis une nationalité étrangère déclare expressément *renoncer* à la nationalité française. La simple acquisition d'une nationalité étrangère ne fait pas perdre la nationalité française : le droit français a toujours admis la *double nationalité*. La possibilité de renoncer à la nationalité française est cependant utile lorsque le droit de la seconde nationalité de l'intéressé ne reconnaît pas la double nationalité (comme par exemple le royaume des Pays-Bas ou les États-Unis d'Amérique). La perte de la nationalité française peut également avoir lieu par décret rendu soit à la demande de l'intéressé, soit en raison d'une considération particulière (v. article 23-7 du Code civil : cas du français qui se comporte en fait comme le national d'un pays étranger dont il a la nationalité ; article 23-8 : cas du français qui occupe un emploi dans une armée ou un service public étranger

10. Y. Fulchiron, « La nationalité française entre identité et appartenance », *op. cit.*

ou dans une organisation internationale dont la France ne fait pas partie et qui n'a pas résigné son emploi ou son concours nonobstant l'injonction qui lui en aura été faite par le gouvernement).

En dernier lieu, la nationalité peut être perdue par jugement dans une hypothèse très marginale, celle où l'intéressé, français d'origine, n'en a point la possession d'état et n'a jamais eu sa résidence habituelle en France et encore faut-il que ses ascendants n'aient ni la possession d'état de français, ni résidence en France depuis cinquante ans.

En résumé : la nationalité française est essentiellement fondée sur le *droit du sol*, la naturalisation par tradition est généreuse, la perte de la nationalité française demeure exceptionnelle, il est toujours relativement facile de retrouver la nationalité française (adage : *le sang français ne se prescrit pas*). Tout s'explique par le fait que la France est historiquement un pays d'immigration plutôt que d'émigration [11]. Au fond, tous les rois furent jadis des fils d'étrangers défendus par la Garde suisse (devenue la Légion étrangère, d'où son pas lent de défilé). L'on devient Français bien plus qu'on ne naît Français ; ce ne sont pas les Français qui font la France, c'est la France qui enfante les Français. Lire la célèbre conférence de Renan : *Qu'est-ce que la nationalité française ?* (collection de poche Agora).

Le droit de la nationalité et des étrangers est enseigné en quatrième année lors du cours de droit international privé.

197. – Le domicile. – Si la nationalité permet de situer la personne dans un espace politique, le domicile permet de la situer *géographiquement*. Notion marquée par son caractère d'institution de police, le domicile ne recouvre pas, en droit, la réalité que lui confère le langage ordinaire. Il convient donc de bien distinguer trois notions : le *domicile* de la *résidence* ou de l'*habitation*. Le domicile est le lieu de rattachement géographique de la personne au regard de la loi. Sa détermination emporte des conséquences importantes. Il détermine la compétence territoriale des tribunaux (le demandeur doit, en principe, assigner le défendeur devant le tribunal dans le ressort territorial où se trouve le domicile de ce dernier : *actor sequitur forum rei*) ou encore le lieu d'ouverture d'une succession (qui est le lieu du dernier domicile et non le lieu de la mort). Il est obligatoire et doit être fixe.

Son importance explique pourquoi certaines catégories de personnes voient la fixation de leur domicile imposée par la loi. Les enfants sont domiciliés au domicile de leurs parents, les majeurs sous tutelle au domicile de leur tuteur et les fonctionnaires à vie au lieu d'exercice de leur fonction. La loi prévoit également le moyen de fixation du domicile des bateliers, forains et nomades ou autres personnes vivant à bord d'un bateau de navigations intérieures. Ces derniers doivent élire domicile dans une des communes dont la liste est fixée par décret ou, pour les bateliers, dans la commune où se trouve de siège social de l'entreprise qui exploite le bateau.

En dehors de ces cas particuliers, la fixation du domicile se fait en principe de façon volontaire de la part de la personne intéressée. Il doit cependant correspondre à la situation réelle de la personne et c'est pourquoi la loi (C. civ., art. 102) pose comme critère de détermination du domicile le lieu où la personne a son établissement principal. En pratique, ce lieu correspond à la résidence habituelle de l'individu ou au lieu de son activité professionnelle. Il est le lieu où se centralise l'essentiel de ses intérêts. En principe, le domicile doit être fixe, ce qui se conçoit en raison de la nécessité de pouvoir le situer géographiquement.

11. Un classique : G. Noirel, *Le creuset français. Histoire de l'immigration xixe-xxe siècle*, Le Seuil, coll. Points-Histoire, Paris, 1988 (et rééd.).

La règle pourtant reçoit certains aménagements. Outre la possibilité de changer totalement de domicile lors d'un déménagement, les personnes peuvent *élire domicile* et délocaliser ainsi partiellement leur situation géographique. Ces domiciles élus, autrement dénommés domiciles spéciaux, permettent de localiser une personne ailleurs que dans son domicile habituel mais seulement pour des besoins déterminés. Il est ainsi possible, lors de la conclusion d'un acte notarié, d'élire domicile à l'étude du notaire recevant l'acte ou pour une procédure judiciaire, d'élire domicile au cabinet de l'avocat représentant la personne. Cela a pour avantage de centraliser l'ensemble des actes, demandes ou poursuites en un même lieu (C. civ., art. 111). Ce domicile spécial ne vaut que pour les besoins particuliers pour lesquels il a été élu. La personne conserve son domicile ordinaire qui permet de la localiser pour l'ensemble de ses autres activités juridiques.

198. – Le nom. – Le nom d'une personne comprend différents éléments : le nom de famille (que l'on disait naguère *patronymique*), les prénoms et s'il y a lieu, le surnom ou le pseudonyme. L'essentiel pourtant reste le nom, traditionnellement patronymique. Nom de famille, normalement acquis par filiation, il est le principal moyen d'identifier une personne. Longtemps, les règles régissant le nom des personnes ont varié en considération de la filiation. Les filiations légitimes, naturelles ou adoptives décidaient de celui du nom des parents qui serait transmis à l'enfant et de l'éventuelle possibilité de choix entre le nom du père et le nom de la mère dont pouvaient bénéficier les parents.

Une loi du 4 mars 2002 vint cependant uniformiser les règles et concrétiser, en la matière, le principe d'égalité des filiations. Les dispositions résultant de cette réforme n'ont cependant pas simplifié les règles d'attribution du nom dans la mesure où elles offrent aux parents une certaine faculté d'option entre différents noms possibles. C'est ce qui explique la suppression de la notion de nom patronymique (le nom du père). La loi du 4 mars 2002 accorde ainsi aux parents qui établissent conjointement la filiation d'un enfant, la possibilité de choisir si celui-ci portera le nom de son père, de sa mère ou les deux noms réunis dans l'ordre qu'ils souhaitent. Toutefois, la loi du 18 juin 2003 indique qu'à défaut d'un tel choix, le nom de l'enfant demeure le nom patronymique (celui de son père). Elle maintient aussi la permission donnée au majeur d'adjoindre à son nom le nom de celui des deux parents qu'il ne porte pas. C'est ce que l'on dénomme le *nom d'usage* permis par la loi du 23 décembre 1985. Dans chacun de ces cas, la personne portant les noms de ses deux parents ne peut transmettre à ses enfants qu'un seul des noms qu'il porte. La loi est entrée en vigueur le 1er janvier 2005.

Une fois attribué, le nom est en principe immuable (loi du 6 fructidor an II). Chacun est tenu de porter son nom sans le modifier et de se présenter sous son identité dans ses relations juridiques. Il est aussi indisponible et imprescriptible, ce qui signifie d'une part, que personne ne peut céder ou aliéner son nom – il est juridiquement hors commerce – d'autre part, que personne ne peut être privé de son nom, pas même pour non-usage (ex. : femme mariée qui utilise seulement le nom de son mari, pour la femme comme pour l'homme, et depuis toujours, le nom est unique, il est celui de la naissance). Ces caractères mettent en exergue le caractère d'institution de police qui est attaché au nom. Il échappe à la volonté de la personne qui le porte parce qu'il est avant tout un élément social d'individualisation.

Immuable en principe, le nom peut cependant être modifié. La rigueur de l'encadrement juridique des modifications de nom montre cependant bien à quel point celles-ci ont pour vocation de n'être qu'exceptionnelles. Il convient, en effet, pour qu'une personne puisse modifier son nom patronymique, qu'elle justifie d'un intérêt légitime et que le changement de nom soit autorisé par décret (C. civ., art. 61 C. civ.). L'intérêt légitime peut être constitué par le fait que le nom puisse avoir une connotation ridicule, qu'il soit déshonoré ou qu'il prête à confusion. Le texte précise également qu'il peut être justifié par la volonté d'éviter l'extinction du nom porté par un ascendant ou un collatéral du demandeur.

Une seconde procédure de changement de nom, plus simple, est instituée par le droit de la nationalité et permet à la personne en cours de naturalisation de demander la francisation de son nom afin de favoriser son intégration (il s'agit généralement de simplifier l'orthographe pour éviter que le nom soit régulièrement martyrisé par les non avertis).

Enfin, le nom peut également être modifié par le fait d'une modification de la filiation. Il n'est alors que l'accessoire d'une modification d'état.

On notera qu'on peut aussi changer de prénom, mais que cela est, curieusement, plus difficile que de changer de nom. Pourquoi ? En principe, une personne dispose de plusieurs prénoms. Or, juridiquement, elle peut choisir librement de porter celui qu'elle veut (il n'y a aucun ordre prioritaire). Outre ce choix, il est plus rare qu'un prénom pose les difficultés que celles d'un nom ridicule ou odieux (d'autant plus qu'en cas de choix vraiment douteux de la part des parents, le procureur de la République, garant de l'état civil, peut s'opposer à son octroi, dans l'intérêt de l'enfant, art. 57, al. 3, C. civ.). Le juge n'a donc pas à donner acte aux fantaisies et aux caprices. Actuellement, la jurisprudence admet surtout le changement d'un prénom chrétien au profit d'un prénom musulman (l'inverse pouvant aussi se réaliser).

199. – L'état des personnes. – Dernier élément d'identification des sujets de droit, l'état des personnes est assurément le plus important et le plus complexe. Le plus important, il l'est parce qu'il représente « l'image juridique de la personne », il permet de la situer non plus juridiquement ou politiquement mais de dire qui elle est, quelle est sa situation et qui sont ses parents. Complexe, l'état des personnes l'est parce qu'il est l'image d'éléments divers et disparates. Stigmatisant l'âge, le sexe, la situation filiale ou maritale, il emporte de nombreuses conséquences sur la détermination du contenu des droits subjectifs d'une personne.

Schématiquement, l'état est immuable. La filiation demeure, l'âge ou le sexe ne peuvent être modifiés. Il existe cependant quelques exceptions. Nous l'avons vu, le transsexuel peut, lorsqu'il est victime d'un véritable syndrome de transsexualisme (qui suppose d'être vérifié) et après avoir été opéré, voir son appartenance sexuelle nouvelle se substituer à son appartenance sexuelle de naissance. La filiation peut également être modifiée. D'abord par voie d'adoption lorsque la filiation nouvelle va venir compléter la filiation originaire (cas de l'adoption simple) ou tout simplement la remplacer (cas de l'adoption plénière). Elle peut également être modifiée par le biais d'une action en contestation, en revendication ou en reconnaissance de filiation, lorsque la filiation originaire était incomplète ou erronée.

Enfin, il est évident que l'état matrimonial d'une personne est sujet à modification. Celui-ci suit la situation de sa personne, le déroulement de sa vie.

B. Des droits de la personnalité

200. – L'existence de droits de la personnalité. – Chacun a droit au respect de sa vie privée. L'affirmation de l'article 9 du Code civil est une des règles juridiques les plus connues. Ce n'est pourtant pas une question très ancienne. La protection de l'intimité est apparue peu à peu, au fur et à mesure que se développaient les moyens d'y porter atteinte et que se répandait l'idée d'une certaine forme d'individualisme juridique. Le développement des médias est en effet directement en lien avec le développement des droits de la personnalité. Le droit protège contre le téléobjectif. La notion est apparue au début du XXe siècle. En France, c'est sous la plume de Perreau, qui y consacra un article entier dans la *Revue trimestrielle de droit civil* en 1909, qu'elle prit forme pour la première fois. Différentes études lui ont par la suite été consacrées avant que le législateur, par le biais de la loi du 17 juillet 1970, ne lui offre sa place dans le Code civil. Entre temps, la théorie des droits de la personnalité avait largement été développée par la jurisprudence au fur et à mesure des atteintes que la pratique lui permettait de constater. Il en résulte une forte impression d'éclatement. La lecture des arrêts met en évidence différents éléments qui peuvent paraître distincts. Droit à l'image [12], droit au nom, droit à la voix, droit à l'oubli ou encore droit à l'intimité de sa vie privée, chaque composante de l'individualisation des personnes semble ainsi faire l'objet d'une appréhension particulière. C'est pourtant une idée unique qui préside à l'adoption des solutions fondées sur l'article 9. Chacun a droit de revendiquer le respect de sa tranquillité et de son honneur. C'est ce droit, général et univoque, qui permet de demander la réparation des différentes atteintes subies.

201. – La nature des droits de la personnalité. – Quelle est la valeur du principe inscrit dans l'article 9 du Code civil ? Il ne fait aucun doute qu'il s'agit d'un texte législatif, mais est-il purement législatif, n'a-t-il que cette valeur ? On a longtemps pu douter de la solution à apporter. La doctrine était divisée. Certains estimaient que la jurisprudence du Conseil constitutionnel entérinait la notion de protection de la vie privée en se fondant sur l'article 66 de la Constitution : « Nul ne peut être arbitrairement détenu. L'autorité judiciaire, gardienne des libertés individuelles, assure le respect de ce principe dans des conditions prévues par la loi », d'autres jugeaient qu'il convenait plus sûrement d'affirmer que le Conseil constitutionnel n'a jamais consacré le droit au respect de la vie privée.

La question est aujourd'hui tranchée par deux décisions du conseil. La première, du 8 janvier 1995, a fait valoir que « la méconnaissance du droit au respect de la vie privée peut être de nature à porter atteinte à la liberté individuelle ». La seconde, en date du 9 novembre 1999 (rendue au sujet de la loi sur le pacte civil de solidarité), est allée plus loin en déclarant que « le but de toute association politique est la conservation des droits naturels et imprescriptibles de l'homme. Ces droits sont la liberté, la propriété, la sûreté et la résistance à l'oppression que la liberté proclamée par cet article implique le respect de la vie privée ».

Selon le Conseil constitutionnel, le droit au respect de la vie privée est donc un droit à rattacher au principe de la liberté individuelle et non aux « principes fondamentaux reconnus par les lois de la République ». Il en résulte qu'il convient, en la matière, de faire preuve de prudence. Le droit au respect de la vie privée n'est pas un droit absolu. Il s'agit de *concilier deux objectifs* à valeur constitutionnelle : la sûreté publique et la liberté individuelle. Comme souvent à propos de la jurisprudence du conseil, l'essentiel de la matière se fonde sur cette idée de *conciliation* (bien connaître cette notion de « conflit de libertés »). Il ne s'agit pas de mettre en exergue l'idée d'une société où l'individualisme emporterait tout. Le droit au respect de la vie privée n'est pas un droit à s'opposer à la société mais un droit à vivre en harmonie avec elle.

12. V. G. LOISEAU, « La crise existentielle du droit à l'image », *D.* 2010.450.

202. – Des applications. – De cette recherche d'harmonie, de cette conciliation d'intérêts, il naît une jurisprudence que l'on pourrait aisément comparer avec une mosaïque. L'idée fondatrice du respect de la vie privée est que chacun est en droit *de tracer les frontières* de la sphère de sa vie qu'il souhaite voir demeurer intime. Telle célébrité va ainsi pouvoir laisser publier un grand nombre de photographies ou d'informations sur sa personne alors que telle autre va s'opposer à toute publication la concernant. Le domaine des informations bénéficiant de la protection est extrêmement large. Il peut s'agir de l'adresse ou du domicile de la personne concernée mais aussi de son état de santé, de sa vie affective ou encore de ses pratiques religieuses. En règle générale, tout ce que la personne souhaite conserver pour elle-même est un élément de sa vie privée.

L'article 9 du Code civil n'est cependant pas le seul apanage des célébrités. Les violations de la vie privée sont également fréquentes pour de nombreux anonymes. Là, ce sont les atteintes en relation avec la vie professionnelle de la personne qui sont les plus fréquentes. Ainsi, la Cour de cassation a pu déclarer qu'il ne pouvait être procédé à un licenciement pour une cause tirée de la vie privée du salarié, sauf à démontrer que le comportement du salarié, compte tenu de la nature de ses fonctions ou de la finalité propre de l'entreprise, avait créé un trouble caractérisé au sein de cette dernière. De la même façon, il a été jugé que si un employeur pouvait légitimement opérer une certaine surveillance sur l'activité de ses employés, il ne pouvait à cette fin mettre en œuvre des procédés illégitimes ou attentatoires à leur vie privée. C'est ainsi que même sur le lieu de travail, le secret de la correspondance doit pouvoir être respecté ou que l'employeur ne peut, à leur insu, filmer les salariés ou écouter leurs conversations téléphoniques.

203. – Les limites à la protection de la vie privée. – La première et la plus légitime des limitations à la protection de la vie privée est sans aucun doute l'idée de vie publique. Un homme politique, par exemple, ne saurait s'opposer à la reproduction de son image alors qu'il est en train de prononcer un discours. De façon générale, la liberté d'information prohibe qu'une personne puisse invoquer le respect de sa vie privée pour interdire que soient diffusées des informations le concernant mais qui sont en rapport avec un fait d'actualité. Une personne participe à une manifestation. Une photographie de la manifestation est reproduite dans un journal et on peut y reconnaître, dans la foule, cette personne : c'est un fait public d'actualité, l'individu ne peut se plaindre de ce que le journaliste en a, légitimement, rendu compte. En revanche, si le photographe prend un gros plan de cette même personne et que la photographie diffusée n'est plus celle de la manifestation, dans sa généralité, mais celle du visage d'un manifestant en particulier, alors il y a atteinte à la vie privée. En effet, une chose est d'admettre d'être photographié lors d'un événement public ; une autre de résumer cet événement au portrait de l'un de ses acteurs.

Le droit d'informer n'est cependant pas alors absolu. L'organe de presse doit respecter la présomption d'innocence, il doit s'abstenir de diffuser des images qui soient attentatoires à la dignité de la personne humaine et, bien entendu, il doit veiller à ne pas tenir des propos diffamatoires.

Au-delà de cette limite naturelle, il est des exceptions qui relèvent davantage de l'opportunité. La Cour de cassation s'est ainsi toujours refusé à considérer que la divulgation d'informations à caractère purement patrimonial puisse être attentatoire au respect de la vie privée. L'état de fortune d'une personne, son niveau de rémunération, ne sont ainsi pas des éléments de sa vie privée, même si ce sont souvent des informations qu'elle ne souhaite pas révéler.

Plus récemment, la Cour de cassation a franchi un pas de plus dans les limitations du domaine de l'article 9 du Code civil en estimant que la redivulgation d'informations n'était pas attentatoire à la vie privée. Une information déjà divulguée dans la presse peut ainsi être reprise par d'autres journaux sans pour autant porter atteinte à l'intimité de l'intéressé. Cette solution constitue un retour en arrière de la Cour qui avait jusqu'à présent toujours considéré que les tolérances antérieures d'une personne ne faisaient pas obstacle à la reconnaissance d'une violation de sa vie privée. Elle est, à vrai dire, une réaction de la Cour contre un certain nombre d'abus de la part de personnes notoirement connues qui, sous le prétexte de l'article 9 du Code civil, cherchaient en réalité à se réserver l'exploitation patrimoniale de leur vie intime.

204. – Les sanctions. – Les atteintes à la vie privée sont sanctionnées par le biais de l'octroi de dommages et intérêts venant réparer le préjudice éprouvé du fait de la violation de l'intimité. Ce n'est pourtant pas, à proprement parler, un régime de responsabilité. Non que les systèmes de protections ne soient pas fondés sur une même idée de la réparation, mais parce que contrairement à ce qu'il se passe en matière de responsabilité, la seule constatation de l'empiétement dans la sphère intime fait présumer l'existence d'un préjudice moral et donc d'une faute. C'est un régime de responsabilité simplifié, destiné à favoriser les réparations. Mais l'article 9 ne se contente pas de réparer, il a aussi vocation à prévenir. Le second alinéa de l'article précise ainsi que « les juges peuvent, sans préjudice de la réparation du dommage subi, prescrire toutes mesures, telles que séquestres, saisies et autres, propres à empêcher ou faire cesser une atteinte à l'intimité de la vie privée ; ces mesures peuvent, s'il y a urgence, être ordonnées en référé ». Cet alinéa est dans la pratique d'une grande utilité. Il permet une sorte de censure privée. La personne dont la vie privée est atteinte peut demander la saisie du journal, du film ou de tout autre moyen de communication. Cette mesure est radicale, elle est la seule pourtant qui soit véritablement efficace. Les juges ne l'ordonnent qu'avec une extrême prudence et en adoptant des motifs qui rappellent qu'il s'agit là de l'*ultima ratio.*

205. – Un droit des vivants. – Les droits de la personnalité cessent avec le décès de la personne. Les morts n'ont pas de vie privée. La protection de la personne, telle que décrite à l'article 9 du Code civil, n'a ainsi pas pour vocation de participer à l'encadrement juridique du respect naturellement dû aux morts. Le souvenir d'une personne comme l'intégrité du cadavre [13] sont protégés tant par des règles de droit civil que par des règles de droit pénal. Il n'en reste pas moins qu'il est résolument impossible d'évoquer un hypothétique « droit à l'image » ou « droit de la personnalité » de la personne défunte. Dans des affaires ayant porté sur la question de la diffusion de la photographie d'une dépouille mortelle, les juridictions ont ainsi exactement décidé que si une telle diffusion correspondait à une atteinte à la vie privée des membres de la famille du défunt, atteinte d'autant plus répréhensible qu'elle les heurtait dans leur sentiment d'affliction et de deuil, elle ne pouvait être envisagée du point de vue de la personne elle-même. Hors du cas d'atteinte à la vie privée de la famille, notamment si c'est un membre de la famille qui procède à la diffusion, l'auteur de la diffusion peut également être sanctionné sur le fondement de l'atteinte à la dignité de la personne humaine [14]. Là, la problématique est différente, il ne s'agit plus de protéger la famille mais plus directement la personne

13. V. le renforcement de la protection du cadavre par la loi n° 2008-1350 du 19 déc. 2008. V. art. 16-1-1 du Code civil.
14. M. Douchy-Oudot, « La dignité de la personne en tant qu'être humain », *RLDC* 2010-72 3852, p. 36

du défunt. Cette protection se fait, non pas par le biais d'une sanction de l'atteinte à l'un de ses droits subjectifs, il en est totalement dépourvu depuis son décès, mais par le fait que même décédé, il n'en reste pas moins porteur d'une certaine parcelle d'humanité et qu'à ce titre, toute atteinte illégitime qui lui serait portée est constitutive d'une atteinte à l'humanité (affaire de la publication du cadavre du Préfet de Corse, Érignac, assassiné le 6 février 1998). Ce n'est donc pas de la *personne*, qui n'est plus, que le droit assure la protection, mais de l'*humanité* à laquelle le défunt a appartenu et dont on ne peut tout à fait le défaire.

III. La disparition de la personnalité

A. La disparition naturelle de la personnalité

206. – La mort. – Elle est la cause normale de disparition de la personnalité. Le sujet n'est plus, son patrimoine est liquidé et transmis à ses héritiers, son corps devient cadavre et retourne à la poussière. Le droit confère à cet événement de multiples conséquences juridiques. Il est alors nécessaire de déterminer avec une précision suffisante les *critères de la mort* et notamment le moment de la mort. Là, le droit évolue avec l'avancée des connaissances scientifiques et des méthodes médicales permettant de ramener une personne à la vie. Si longtemps, l'arrêt de la respiration puis celui du cœur étaient considérés comme des signes indéfectibles du trépas, l'on sait depuis que seule la *mort cérébrale* est considérée comme irréversible et qu'elle seule détermine le moment du décès d'un individu. Le droit, sur ce point comme sur tant d'autres, suit les évolutions de la science, ici la thanatologie, et détermine ses solutions en fonction des informations que les connaissances humaines lui fournissent. Aujourd'hui, les *critères juridiques* de la détermination du décès sont énoncés à l'article R. 671-7-1 du Code de la santé publique (depuis un décret du 4 décembre 1996). Selon ce texte, il faut d'une part que la personne présente un arrêt cardiaque et respiratoire persistant et d'autre part que cet état soit complété par une absence totale de conscience et d'activité motrice spontanée, une abolition de tous les réflexes du tronc cérébral supérieur et enfin une absence totale de ventilation spontanée. Ces éléments doivent être complétés, lorsque la personne a été maintenue artificiellement en vie, soit en vue d'un prélèvement d'organe, soit au cours d'une période de coma, par des examens cliniques spécifiques qui doivent démontrer le caractère irréversible de la destruction encéphalique. Cet *état de mort* doit être très clairement distingué de *l'état végétatif* dans lequel peut se trouver une personne.

Question importante en pratique. En effet, les juges ont toujours décidé que « la victime d'atteintes gravissimes et maximales à la conscience demeure sujet de droit »[15]. Il s'en suit donc, logiquement, que « l'état végétatif chronique de la victime d'un accident n'excluant aucun chef d'indemnisation, son préjudice doit être réparé dans tous ses éléments »[16].

Il est aussi important de discerner l'état de vie de celui de la mort car, seul ce dernier, on s'en doute, autorise le prélèvement d'organes en vue d'une greffe.

15. CA Bordeaux, 18 avr. 1991, *D.* 1992.14, note Gromb.

16. Jurisprudence constante : Cass. 2e civ., *Bull. civ.* II, n° 61 ; *D.* 1996.69, note Chartier, L. Ravillon, « Le statut juridique de la personne en état végétatif chronique », *RDSS*, 1999.

Même moribonde, une personne reste titulaire de droits subjectifs et peut, même si cela semble parfois relever d'une fiction, accomplir des actes de la vie juridique comme un testament, une reconnaissance d'enfant ou encore un mariage *in extremis*. Jusqu'à la certitude juridique et scientifique de sa mort, toute personne reste au même titre que toute autre un sujet de droit.

207. – La mort volontaire : suicide et euthanasie. – Vraies questions, fausses réponses, est-on tenté de dire en lisant tout ce qui est écrit à ce propos.

En effet, la question posée dans les sociétés contemporaines est, aussi, de savoir si une personne peut délibérément provoquer sa propre mort : suicide et euthanasie.

S'agissant du suicide, le droit français, traditionnellement, l'a peu réprimé. Certes dans l'ancien droit, théoriquement, le suicide était puni (exposition publique du cadavre, confiscation des biens) à la fois pour des raisons religieuses (la vie est un don de Dieu ; elle n'appartient pas à la personne) mais, surtout, économiques et sociales (celui qui se donnait la mort, plus encore s'il était le père de famille, pouvait entraîner ses proches dans la misère et l'abandon le plus complet). Toutefois, les juges français eurent toujours conscience que le suicide est un mystère sur lequel le droit ne peut rien ; même sous l'ancien droit les sanctions étaient rares (surtout à partir du XVIIe siècle). Ce fut donc une évidence d'abandonner toute incrimination du suicide en 1790 (on peut rappeler ici que bien des pays tardèrent dans cette voie ; en Angleterre, il fallut attendre… les années 1960).

Cela signifie-t-il que le suicide est un droit ? On ne peut le dire. Le droit ici respecte un acte, dont il considère qu'il est le plus souvent lié à une pathologie ou un état de trouble de la conscience (dépression). Ce n'est pas donc pas un *droit* mais une *liberté civile*. Un droit suppose un créancier et un débiteur. Or nul n'a le devoir, d'aucune manière, d'aider quelqu'un à se suicider. Bien au contraire, le Code pénal punit l'incitation au suicide. Le droit face à un tel drame, d'abord intérieur, fait silence et s'abstient. Ce silence n'est pas une approbation d'un acte mais le respect envers un être souvent torturé par la vie et, nécessairement, malheureux, que nul n'a à juger.

L'autre question, celle de l'euthanasie [17], est encore plus délicate.

Le mot lui-même est ambigu : il veut dire la « mort douce ». Qui n'y aspire ? Qui ne redoute une mort violente ou douloureuse ? Tout le monde, d'une certaine manière, veut « l'euthanasie ». Mais dans la langue moderne, l'euthanasie en est venue à signifier la mort volontaire provoquée, généralement sur demande du malade. Ordinairement, on essaye de distinguer l'euthanasie active (le fait de donner la mort sciemment) et l'euthanasie passive (le fait de ne pas soigner de telle manière que la mort arrive). Ces deux distinctions sont radicalement fausses et sans objet. L'euthanasie, au sens moderne du mot, signifie un acte volontaire de donner principalement la mort. Il importe assez peu que le moyen dont on use soit actif ou passif : ce qui compte, c'est de vouloir faire mourir quelqu'un.

Un tel acte est contraire au droit pénal mais aussi à la déontologie médicale : en aucun cas l'acte médical ne peut être létal.

Est-ce à dire que rien n'est à faire, sinon attendre, parfois longtemps et dans la douleur ? Ne pas tuer signifie-t-il qu'on n'a rien d'autre à faire ? La réponse négative à la première question suppose une réponse à la seconde.

À la suite de la médiatique affaire Vincent Humbert, le parlement a voté une loi « relative aux droits des malades et à la fin de vie », promulguée le 22 avril 2005 et dont les décrets d'application sont du 6 février 2006.

17. N. Aumonier, B. Beignier, Ph. Letellier, *L'euthanasie,* Que sais-je ? n° 3595, 3e éd., 2006.

Cette loi ne suit pas le contestable modèle des lois hollandaise et belge (pays qui ont « dépénalisé » l'euthanasie). L'acte de tuer demeure strictement interdit en droit français. Le mot d'euthanasie, en France, n'est employé que pour la mise à mort des animaux nuisibles.

En revanche, intelligemment, cette loi permet un vrai droit de mourir en paix. Une personne peut, de son vivant, laisser des directives de fin de vie par lesquelles elle accepte, le moment venu, de laisser la mort venir. Cette loi condamne donc (comme le code de déontologie médicale) « l'obstination déraisonnable » des soins en distinguant, clairement, la cessation des *soins curatifs* devenus inutiles (parce qu'aucune guérison n'est désormais possible) qui est licite (et même souhaitable dans les phases dites « terminales ») et la cessation des *soins palliatifs* (qui ont vocation à vaincre la douleur, ce que la médecine contemporaine sait faire avec efficacité) qui est illicite (car un médecin n'a jamais pour devoir de guérir mais toujours d'assister et de soigner).

Ensuite, cette loi invite les médecins à ne pas répugner à utiliser les moyens requis pour vaincre les douleurs, même si de tels moyens peuvent avoir pour effets secondaires (et non premiers) de hâter le jour de la mort. C'est ce que l'on dénomme la doctrine du « double effet ». L'effet premier est celui de calmer la douleur ; l'effet second est de précipiter la mort. Dans la mesure où l'effet second est inévitable et qu'il est lié à l'effet premier non létal, il est licite. Ce n'est pas parce que la morphine peut avoir pour effet d'avancer la mort que son usage doit être marginal.

On a pu critiquer cette loi en la qualifiant d'hypocrite : elle permettrait ce qu'elle condamne. Une telle critique ne peut valoir. La loi, au contraire, reste dans un registre de profonde humanité : le médecin ne doit jamais tuer mais il doit toujours soigner et, au moins, vaincre la douleur. Si hypocrisie il y a, c'est bien plutôt de prétendre que les vieillards, parfois abandonnés, ou les grands malades angoissés de l'heure dernière, réclament la mort : ce qu'ils quêtent c'est l'amour des leurs pour soutenir le dernier combat (c'est le sens étymologique du mot « agonie ») de la vie. Tous les médecins savent, d'expérience, que ce que veulent les grands malades, c'est « mourir en paix » : ce n'est pas donner la paix que de tuer, par quelque moyen que ce soit. Accompagner dans la mort, c'est aider à ce pas ultime de la vie qu'est la mort.

Le droit français a donc résolu avec humanité une question que personne ne peut nier et qui, un jour où l'autre, pourra se poser à chacun de nous [18].

À cela, il convient cependant d'ajouter qu'il arrive cependant que même si la mort de l'individu ne peut être considérée comme certaine, le droit peut, en se fondant sur la très forte présomption du décès de la personne, la considérer comme morte. Tel est le sens de mécanismes tels que l'*absence* et la *disparition*.

B. La disparition juridique de la personnalité

208. – Les causes juridiques de disparition de la personnalité. – Elles ne sont plus que deux depuis l'abolition de la mort civile qui frappait les personnes condamnées à certaines peines très lourdes et celles qui, comme les religieux, avaient renoncé à la vie civile et qui furent définitivement abolies en 1854. Elles sont les causes juridiques de disparition de la personnalité en l'absence de l'évidence du décès. L'*absence* et la *disparition* sont en réalité des moyens de donner corps à une incertitude. La personne, physiquement, n'est plus présente. Rien pourtant

18. La belle thèse de philosophie de P. La Marne : *Vers une mort solidaire,* publiée sous forme d'un essai, *in* « Partage du savoir », *Le Monde* – PUF, 2005.

ne peut permettre d'affirmer sans doute qu'elle est morte. Le régime juridique que le droit va mettre en place va donc être extrêmement dépendant du degré d'incertitude qui entoure le sort de la personne. Lorsque sa mort est vraisemblable, la personne est considérée comme disparue et le droit fait produire à la disparition tous les effets juridiques du décès. Lorsqu'au contraire, la mort est peu probable, le droit ne la considère que comme absente et organise la situation de l'absent dans la perspective de son retour.

209. – La disparition. – La disparition est une cause immédiate de perte de la personnalité juridique. Selon l'article 88 du Code civil, elle correspond à la situation où la personne a disparu dans des circonstances où *sa vie était en danger*, tel un naufrage ou une guerre, mais dont on n'a pu retrouver le corps. Toujours incertaine, la mort de la personne n'est cependant que trop probable pour que le droit puisse l'ignorer. Les membres de la famille ou le ministère public ont donc la possibilité de saisir le tribunal de grande instance d'une demande de déclaration de disparition. Si le tribunal estime que le décès de la personne est probable, il rend un jugement déclaratif de disparition qui a tous les effets du décès ; en cas contraire il peut ordonner des mesures d'information complémentaires. Le mariage du disparu est dissous, son régime matrimonial est liquidé et sa succession est ouverte. Le jugement déclaratif de disparition est mentionné en marge de son acte de naissance et la date de son décès est en principe celle de sa disparition.

210. – L'absence. – L'absence, au contraire de la disparition, n'entraîne pas la fin immédiate de la personnalité juridique de la personne. Elle vise les personnes dont on est sans nouvelles (chaque année, environ 8 000 en France) et qui ont cessé de paraître à leur domicile. La cause de cette absence de nouvelles est inconnue de sorte qu'il est impossible de dire quel est son sort exact. En cela, elle doit être distinguée de la disparition puisqu'au moment de la découverte de l'absence, le décès n'est qu'une hypothèse dont on ne peut dire qu'elle est plus plausible qu'une autre.

Elle doit aussi être distinguée de la simple non-présence, qui est l'hypothèse dans laquelle bien qu'il n'y ait pas de doute sur l'existence de la personne, celle-ci n'est pas présente à son domicile et ne donne pas de nouvelles en raison d'une circonstance particulière comme un éloignement l'empêchant de se manifester. La simple absence momentanée d'une personne est sans incidence juridique.

Si la situation perdure, il se crée un risque d'insécurité juridique. L'absent a le plus souvent une famille dont il convient de prendre soin, un patrimoine que l'on ne peut laisser dépérir et des créanciers qui doivent être payés. Il convient donc d'organiser la vie de l'absent, sans lui. Cette idée fut mise en œuvre par le droit canonique lors des croisades et reprise par le Code Napoléon au lendemain des troubles liés à la révolution (lire, de Balzac, *Le Colonel Chabert*). Les articles 112 et suivants du Code civil aménagent cette gestion de l'absence en procédant en deux étapes.

Dans un premier temps, il s'ouvre une période de présomption d'absence qui est constatée par le juge des tutelles (lequel est un juge du tribunal d'instance) à la demande du ministère public ou de tout intéressé et qui prend effet au jour des dernières nouvelles. Pendant cette période, rien ne permet de présumer du décès de l'absent et il reste donc considéré comme vivant. Son mariage n'est pas dissous, sa succession n'est pas ouverte et il reste à la tête de son patrimoine. Certaines dispositions spécifiques vont cependant être prises pour palier les inconvénients liés à son absence. Ces dispositions sont essentiellement des dispositions à finalité patrimoniale qui ont pour but d'organiser la gestion de ses biens et de son patrimoine. Ainsi, l'article 113 donne au juge des tutelles du tribunal dans le ressort duquel l'absent avait sa dernière résidence la possibilité de confier à certaines personnes le pouvoir de représenter l'absent dans l'accomplissement des actes conservatoires et d'administration portant sur ses biens. Les actes de disposition quant à eux, en raison du risque particulier qu'ils font peser sur la situation patrimoniale de la personne, doivent faire directement l'objet d'une autorisation du juge des tutelles qui vérifie qu'ils sont conformes aux intérêts de l'absent. À ces règles, il existe différentes alternatives. D'abord, si l'absence prend les traits d'un exil volontaire dont l'absent a pris soin d'organiser le cours : l'article 121 prévoit dans son alinéa premier que les règles ne s'appliquent pas dans la mesure où l'absent a désigné un mandataire en vue de le représenter. Les règles des articles 113 et 114 ne s'appliqueront alors qu'en cas d'insuffisance du mandat. L'autre alternative, également prévue à l'article 121 mais en son second alinéa, permet, lorsque l'absent est marié et que le conjoint de celui-ci dispose des moyens de pourvoir à la protection de ses intérêts, de se référer simplement aux règles des régimes matrimoniaux. Là, sur le fondement des articles 217 et 219 pour l'ensemble des mariages ou 1426 et 1429 pour les époux mariés sous le régime de la communauté, le conjoint peut se faire autoriser en justice à passer seul les actes pour lesquels le consentement de son époux aurait été normalement nécessaire.

Si l'absence se prolonge dans le temps, la disparition de la personne devient une hypothèse vraisemblable voire probable. Le droit organise alors la prise en compte de cette possibilité en permettant au tribunal de grande instance de rendre un jugement déclaratif d'absence qui, comme le jugement déclaratif de disparition, emporte tous les effets de la mort. Ce jugement peut intervenir soit après dix ans lorsque les proches ont fait constater l'absence, soit après vingt ans dans le cas inverse.

211. – Le retour à la vie juridique. – Comme Thésée précipitant la déchéance de Phèdre par son retour du rivage des morts, il est des cas où l'absent ou – plus rarement – le disparu revient de son exil et met un terme à l'hypothèse de sa mort. Dans ce cas, le procureur de la République ou toute personne intéressée peut demander l'annulation du jugement déclaratif d'absence ou de disparition. La décision d'annulation est alors portée en marge du jugement déclaratif et sur tous les registres y faisant référence. Revenu dans la vie civile, l'absent ou le disparu retrouve autant que faire se peut la situation qui était la sienne avant sa disparition. La dévolution de sa succession est anéantie et l'absent se voit restituer la propriété de ses biens comme de ceux qu'il aurait dû recueillir pendant son absence (par exemple, les biens provenant d'une succession dont il aurait dû être l'héritier).

Cette remise en l'état ne peut pourtant être que relative. La nécessité de préservation de l'intérêt des tiers et des héritiers de l'absent oblige à ne considérer que celui-ci ne recouvre ses biens que dans l'état où ils se trouvent au jour de son retour. Les actes faits sur ses biens ne sauraient donc être remis en cause. De même, et afin d'éviter tout risque de bigamie, le mariage de l'absent ou du disparu reste dissout (à Toulouse, au XVIe siècle, la célèbre affaire de Martin Guerre, ayant donné lieu à un non moins célèbre film avec Gérard Depardieu).

§ 2 : Les personnes morales

212. – L'existence des personnes morales. – Reconnaître qu'une personne peut ne pas être une personne physique est un jeu de l'esprit qui est loin de relever de l'évidence. Longtemps, l'existence même des personnes morales a fait l'objet de nombreuses contestations, controverses et hésitations. La personnalité juridique de l'État ne fut, par exemple, reconnue que relativement tardivement par le Tribunal des conflits à l'occasion du célèbre arrêt *Blanco* (TC 8 février 1873). Cette affaire a ainsi permis de reconnaître pour la première fois la responsabilité de l'État et donc de voir en lui un acteur social au moins responsable de ses actes.

Aujourd'hui, l'existence des personnes morales ne peut plus être mise en doute. Leur présence quotidienne dans la vie juridique en atteste. Seule la nature de cette personnalité pourrait encore être soumise à débat. Là, deux conceptions (fameuses et à connaître) sont susceptibles de s'affronter : la *théorie de la fiction* et la *théorie de la réalité*. Selon la première de ces théories, la personnalité morale ne serait qu'une vue de l'esprit, une construction intellectuelle juridiquement reconnue pour son utilité mais qui ne pourrait se défaire tout à fait de son abstraction. Selon la seconde, la personnalité morale relèverait au contraire d'un constat de la réalité, il existe des groupements qui agissent dans la vie juridique comme une personne et qui deviennent à ce titre des sujets de droit.

D'apparence abstraite, cette controverse n'est pas dépourvue d'intérêt pratique, elle permet de déterminer les conditions d'existence des personnes morales. À suivre la théorie de la fiction, il faut considérer que, pour exister, les personnes morales doivent faire l'objet d'une reconnaissance législative, seul le législateur pouvant donner corps à la reconnaissance de leur intérêt. Si en revanche, il est préféré à cette théorie celle de la réalité, l'existence des personnes morales n'est plus dépendante d'une reconnaissance expresse. Il suffit alors de constater leur présence pour déduire l'existence de leur personnalité. Dans ce débat, la Cour de cassation a consacré la théorie de la réalité des personnes morales. Dans un arrêt capital (tout étudiant en droit doit le connaître) du 28 janvier 1954 [19], la deuxième chambre de la Cour a ainsi estimé que la personnalité morale « appartient en principe à tout groupement pourvu d'une expression collective pour la défense d'intérêts licites, dignes par suite d'être juridiquement protégés ». Cette jurisprudence est constante et n'a jamais été démentie.

213. – La diversité des personnes morales. – Il existe dans notre droit de très nombreuses personnes morales. Intervenant dans chacune des branches du droit, elles sont aussi diverses que peuvent l'être les intérêts collectifs. Il est impossible alors de les évoquer toutes, d'en présenter une typologie exhaustive. Il est pourtant usuel de les présenter en distinguant les personnes morales de *droit privé* de celles de *droit public*. Les personnes morales de droit public sont l'État, les collectivités locales et les établissements publics. Une commune, une région, une université ou encore un hôpital sont ainsi des personnes dotées d'une personnalité et d'un patrimoine propre.

Du point de vue du droit privé, la diversité est encore plus patente. Schématiquement, il existe deux grandes catégories de personnes morales de droit privé.

Les premières sont représentées par les groupements de personnes telles que les *sociétés* civiles ou commerciales, les *associations* ou encore les GIE (groupement d'intérêt économique). Il est à préciser que, depuis la grande loi du 21 mars 1884 (moyen mnémotechnique : 80 ans jour pour jour après la promulgation du Code civil) qui les a autorisés (alors que la loi Le Chapelier des 14 et 17 juin 1791 avait aboli les corporations), les *syndicats professionnels* ont une mission particulière qui est « l'étude et la défense des droits ainsi que les intérêts matériels et moraux, tant collectifs qu'individuels, des personnes mentionnées

19. *D.* 1954.217, note G. Levasseur.

dans leurs statuts » (C. trav., art. L. 2131-1). Les syndicats contribuent ainsi à l'adoption des conventions collectives de chaque profession, et même segment profession, lesquelles sont, dans la pratique, le « petit code du travail » de ces métiers.

Les secondes sont celles constituées par l'affectation de biens à une fin déterminée. Cette seconde catégorie se limite aux *fondations*. Pour que celles-ci acquièrent la personnalité, il convient au surplus qu'un décret la leur attribue en reconnaissant leur utilité publique. Il n'est en effet pas possible en droit français, en raison de la *théorie de l'unité du patrimoine*, de constituer une personne morale à partir de la seule affectation des biens. Contrairement aux droits anglo-saxons qui reconnaissent la possibilité de constituer des patrimoines d'affectation par le biais d'institutions telles que le *trust,* notre droit interdit d'affecter des biens en dehors du patrimoine d'une personne.

Il n'est pas question d'entrer dans le détail de ce droit, ici. Le droit des personnes fait l'objet d'un enseignement de droit civil approprié, généralement dans le second semestre de L1.

Section 2
Les choses

Les choses se scindent en deux catégories : celles qui peuvent être appropriées et qui sont les biens et celles qui demeurent « hors du commerce ».

§ 1 : Les biens

214. – Des objets de propriété. – Les biens, quel que soit leur genre ou leur catégorie[20], sont des *objets de propriété*. Cela signifie que ce sont des choses appropriées, qu'un sujet de droit possède sur elles une emprise juridique, un *droit de propriété*. Ce droit de propriété prend forme au travers de la possibilité, pour le propriétaire, d'exclure les tiers de son rapport avec la chose. « Ceci est à moi » : par cette seule affirmation, le propriétaire peut interdire toute immixtion. Par nature, le droit de propriété est ainsi un *droit exclusif*[21]. Ce caractère exclusif est mis en exergue par le fait que la propriété est un droit opposable *erga omnes* (envers tous). Cela signifie que la seule existence d'un rapport de propriété entre une personne et une chose suffit pour que les prérogatives du propriétaire soient opposables de plein droit à l'ensemble des autres sujets de droits. Contrairement aux contrats, il n'est pas besoin de publicité particulière pour que le propriétaire puisse faire prévaloir ses droits.

La propriété est également un *droit absolu*. C'est, nous apprend l'article 544 du Code civil (l'un des plus importants du Code), le droit de jouir et disposer des choses de la manière la

20. La notion de bien au sens de la Convention EDH est plus large que celle retenue en droit interne. Quezel-Ambrunaz, « L'acception européenne du bien en mal de définition », *D.* 2010, chr. 2018 ; V. égal. T. Revet « La consécration de la propriété des créances par le Conseil constitutionnel », *RTD civ.* 2010-3 p. 597 obs. sous Conseil constitutionnel, décision n° 2010-607, DC, *JO* 16 juin 2010, p. 10988 ; S. Mouton « La modernisation du droit constitutionnel de propriété : à propos de la constitutionnalisation du droit de propriété des créanciers », *D.* 2010, p. 2553.

21. F. Zénati « La propriété, mécanisme fondamental du droit », *RTD civ.* 2006-3, p. 445.

plus absolue[22]. Le propriétaire est donc parfaitement libre de faire ce qu'il veut avec la chose. Il peut en user, ne pas en user et même la détruire. Traditionnellement, la propriété est décomposée en trois attributs : l'*usus*, le *fructus* et l'*abusus*. Chacun de ces attributs correspond à une catégorie de prérogatives du propriétaire sur son bien.

L'*usus* est ainsi le *droit d'user* de la chose. C'est par exemple le droit pour le propriétaire d'un appartement, d'habiter cet appartement ou pour le propriétaire d'une voiture de la conduire chaque jour. Ce premier attribut de la propriété tombe sous le sens. Il contient cependant en lui un élément essentiel du droit de propriété. Le droit d'user de sa chose contient le droit de ne pas permettre que sa chose soit utilisée par un tiers. Il contient aussi le fait que le droit d'user implique également le droit de ne pas user de sa chose. On dit en général que la propriété ne se perd pas par le non-usage. Le propriétaire d'une voiture peut ainsi la laisser dormir dans un garage sans jamais s'en servir mais sans pour autant craindre de perdre le droit qu'il détient sur elle. Il en va de même, en principe, du propriétaire d'un appartement qui peut ne pas l'habiter. Certaines lois sociales récentes viennent cependant remettre en partie en cause l'affirmation de ce principe. L'idée d'un droit au logement a effet poussé le législateur à admettre que, dans certaines circonstances, le propriétaire d'un logement vacant puisse voir son droit de propriété remis en cause par une sorte de droit de préemption. Les difficultés de logement dans les grandes villes ont imposé cette solution très particulière mais qui ne remet pas en cause le principe général selon lequel le propriétaire n'est pas tenu d'user ou d'exploiter son bien. En fait, dans l'ordre des priorités il est malgré tout plus important que chacun ait un logement plutôt que chacun puisse faire ce qu'il veut des logements dont il est propriétaire. Les droits de chacun sont des droits au sein d'une société, non d'une île déserte.

Le deuxième attribut de la propriété est ce que l'on appelle le *fructus*. Celui-ci correspond au droit du propriétaire de *(re) tirer les fruits* issus de son bien. Comme le propriétaire d'un verger recueille les fruits de ses arbres, le propriétaire d'un bien en location en perçoit les loyers. De façon générale, le propriétaire reçoit l'ensemble des *revenus d'un bien*. Ces revenus sont ce que l'on appelle juridiquement des fruits. L'utilisation du terme « fruit » permet de mettre en exergue le fait que ce ne sont pas seulement des revenus au sens monétaire du terme que va percevoir le propriétaire mais bien l'ensemble des éléments provenant de la chose, quelle qu'en soit la nature. Les *fruits* doivent ainsi être distingués des *produits* d'un bien. Les fruits sont des éléments fécondés par le bien alors que les produits sont des éléments extraits du bien. Une carrière ou une mine fournit donc des produits à leur propriétaire. Celui-ci en a naturellement la propriété puisque ce ne sont que des éléments détachés d'un bien dont il est déjà propriétaire. Cependant, ce qui caractérise les produits c'est que leur extraction a pour effet d'épuiser la chose, de la vider de sa substance. Une carrière ou une mine peuvent être épuisées, leur usage détruit la chose. La distinction des fruits et des produits peut ainsi être illustrée par la propriété d'une somme d'argent. Si l'argent est placé, il produit des fruits : les intérêts. Si la somme d'argent est dépensée par son propriétaire, chaque retrait correspond à un produit de la chose. Au bout d'un certain temps, la somme des retraits peut entraîner la disparition complète de la chose.

22. V. la modification de cet article proposée par l'association Henri Capitant *Propositions de l'Association Henri Capitant pour une réforme du droit des biens*, sous la direction de H. Périnet-Marquet, Litec, Carré droit, 2009, la propriété par Ph. Malinvaud, p. 41 et s. v. B. Mallet-Bricout et W. Dross, « Premiers regards sur le projet de réforme du droit des biens », *D.* 2009 p. 508 ; C Atias « Le nouveau livre II du Code civil relatif aux biens, libres propos pour ne pas conclure », *RLDC*, juill. août 2009 p. 47

Enfin, la propriété confère au propriétaire l'*abusus* sur son bien (étymologiquement, *ab usus*, l'usage extrême). Ce dernier attribut lui permet de détruire le bien ou de s'en séparer. C'est-à-dire qu'il peut mettre fin à son droit de propriété. Cette prérogative peut prendre deux formes, soit la *cession* de la chose à un autre propriétaire par une vente ou tout acte translatif de propriété, soit de *détruire* purement et simplement la chose.

Le droit de propriété rassemble en principe l'ensemble de ces attributs entre les mains d'une seule personne, le propriétaire. Il est cependant possible de la *démembrer* et d'ainsi répartir les prérogatives entre différentes personnes. Cette technique présente divers avantages. Souvent utilisée à l'occasion d'une succession ou de la liquidation d'une communauté entre époux, elle permet de distinguer le véritable propriétaire de celui qui jouit de la chose. L'un est alors titulaire de l'*abusus* – on le dénomme le nu-propriétaire – l'autre de l'*usus* et du *fructus* – c'est l'usufruitier. Le véritable titulaire du droit de propriété est le nu propriétaire. Lui seul a un droit absolu sur la chose. Pourtant, il ne possède pas la chose entre ses mains. Celle-ci est sous la garde de l'usufruitier qui peut en avoir tout usage, en retirer tous les revenus qu'il souhaite, pourvu qu'il ne porte pas atteinte à la pérennité de la chose qui a vocation à revenir entre les mains du véritable propriétaire.

Ce droit de propriété, droit exclusif et absolu, s'applique à l'ensemble des biens, c'est-à-dire des choses appropriées. Que la chose soit meuble ou immeuble, qu'elle soit corporelle ou incorporelle ne change pas la nature du rapport entre le propriétaire et la chose. Ces différentes catégories de biens présentent pourtant certaines particularités.

215. – Les meubles et les immeubles. – La distinction des meubles et des immeubles est essentielle dans le Code civil [23]. Cela s'explique par le fait qu'à l'époque de l'adoption du code, la propriété foncière était la forme de propriété la plus essentielle. *Res mobilis, res vilis* (chose mobilière, chose vile) dit l'adage selon lequel les biens meubles ne seraient que de moindre importance. Les biens immeubles ont en effet souvent une valeur importante qui oblige à une attention particulière dans leur appréhension juridique. Cette primauté des immeubles dans le code est aussi et peut-être principalement liée au fait qu'à l'époque de son adoption, le code est aussi un instrument politique, il est un moyen de rompre avec l'Ancien régime. Or, le régime féodal était essentiellement fondé sur la terre. Le droit de propriété du seigneur sur la terre, que l'on dénommait alors le domaine éminent, était l'instrument du servage. Les serfs n'étant alors titulaires que d'un droit d'usage de la terre du seigneur, droit dénommé domaine utile. Enfin, cette primauté des choses immobilières s'est accrue au long du XIXe siècle au cours duquel la propriété de la terre, comme la propriété de l'instrument de travail, était la principale source de richesse de la vie économique. Aujourd'hui, cette primauté de la propriété de la terre et de l'immeuble ne se justifie plus. Si les biens immeubles conservent toujours une forte valeur, ils ne sont plus la principale source de richesse économique. Le travail, le savoir-faire ou les droits de propriété intellectuelle sont les principales sources de revenus des entreprises. Les biens meubles ou les biens incorporels ne méritent donc plus la faible place que le code leur réserve. C'est peut-être là l'un des signes de vieillissement du Code civil, mais il faut admettre que cela n'est pas pour autant un handicap au développement économique ni à la correcte appréhension juridique des biens meubles.

---

23. Sur les propositions de clarification et de simplification des dispositions du Code civil en la matière V. Asso. H. Capitant, *op. cit.* « Meubles et immeubles », par Ph. Simler, p. 33 ; G. Lardeux, « Les meubles dans l'avant-projet de réforme du livre II du Code civil relatif aux biens », *Dr. et patr.*, oct. 2009, p. 58.

Le principal intérêt de la distinction des meubles et des immeubles est de déterminer le *régime des actes juridiques* qui les visent. Si les deux catégories de biens circulent librement, les immeubles, en raison de leur importance pécuniaire font l'objet de dispositions spécifiques permettant à la fois de rendre plus sûres les conventions portant sur les immeubles et d'informer les tiers de telles opérations. Tout le droit de la publicité foncière atteste de cette spécificité. Les immeubles possèdent aussi l'avantage considérable de présenter une stabilité que n'ont pas les meubles. On ne peut, par nature, transférer ou dissimuler un immeuble. Cette stabilité permet d'offrir une garantie importante aux créanciers du propriétaire. C'est pourquoi, les *garanties* sur les immeubles sont très recherchées par les créanciers. L'*hypothèque* ne peut pas, en principe, viser les biens meubles. Il faut cependant sur ce point préciser qu'il existe quelques exceptions. Certains biens meubles dont la stabilité et la localisation sont importantes peuvent former l'assiette d'une hypothèque. Il en est ainsi des *navires* ou des *aéronefs*.

216. – Histoire de fresques. – Une affaire judiciaire est à connaître, car elle permettra à l'étudiant de bien comprendre que la distinction entre « meubles » et « immeubles » n'est pas si évidente qu'il apparaît et, surtout, n'est pas sans conséquence pratique : c'est l'affaire des fresques.

Dans une petite chapelle du Roussillon avaient été peintes de remarquables fresques qui en faisaient un précieux témoignage de l'art du XIIe siècle. Or, il se trouva qu'on parvint, par des techniques appropriées, à détacher ces fresques du mur qu'elles ornaient. De fil en aiguille, elles se retrouvèrent entre les mains d'un collectionneur suisse. Le temps avait passé et les héritiers du propriétaire qui avait laissé s'opérer ce malheureux démantèlement, sans réagir, voulurent ester en justice pour faire valoir leur droit de propriété (ce que l'on dénomme « l'action en revendication »). Or, le point de droit important était de savoir si ces fresques détachées étaient des meubles ou des immeubles. En effet, si elles étaient considérées comme des meubles, alors (du fait de conventions internationales en vigueur à ce moment-là) le droit applicable était le droit helvétique (lieu de leur situation présente), alors que si on les considérait comme immeubles, il convenait de s'en remettre au droit français (lieu de leur situation d'origine).

La cour d'appel de Montpellier, dans un arrêt sophistiqué du 18 avril 1984 [24] jugea, avec une pointe de nationalisme, que les fresques étaient toujours des immeubles car elles avaient été détachées sans l'accord du propriétaire du moment (ce qui était parfaitement exact). On devait donc considérer que, faute de cette autorisation, elles n'auraient jamais dû avoir quitté, du moins licitement, le mur d'attache.

Par un arrêt de son assemblée plénière du 15 avril 1988 [25], cassa cet arrêt ingénieux pour rappeler que les fresques étaient devenues meubles du seul fait de leur arrachement. Le critère qu'il fallait retenir était donc la *réalité* et non l'*intention.*

Le résultat final fut que la propriété des fresques fut reconnue au détenteur suisse et non à l'ancien propriétaire français.

217. – Les biens corporels ou incorporels. – La distinction des *biens corporels* et des *biens incorporels* est l'autre grande *summa divisio* du droit des biens. Tous les biens sont corporels ou incorporels. Là, l'intérêt de la distinction se retrouve dans des termes relativement proches de

24. CA Montpellier, 18 avr. 1984, *D.* 1985.208, note MAURY.

25. Cass. ass. plén., 15 avr. 1988, *Bull. civ.* n° 4 ; *D.* 1988.325 ; concl. CABANNES, note MAURY ; *JCP* 1988-II-21066, rapport Grégoire, note BARBIÈRI.

celle qui sépare les meubles des immeubles. Si les meubles peuvent apparaître comme instables, que dire alors des biens incorporels ? Que dire de ces biens qui n'ont aucune matérialité, qui n'existent que par un jeu de l'esprit ? Existent-ils seulement ces biens pour pouvoir les classer au sein des objets du droit de propriété ?

Depuis longtemps, la doctrine hésite à voir dans ces biens des objets de propriété. Ils seraient des biens trop intangibles pour pouvoir faire l'objet d'un droit aussi important que le droit de propriété. La loi pourtant a toujours, à leur propos, parlé de propriété. Qu'il s'agisse des brevets, des marques, des droits de propriété littéraire et artistique ou des dessins et modèles, ce sont tous des objets que la loi qualifie d'objets de propriété : on évoque pour eux la notion de *propriété intellectuelle* (d'où un Code de la propriété intellectuelle). La propriété des biens incorporels s'est même étendue à des biens de nature différente[26]. Des universalités, c'est-à-dire des biens composés d'un ensemble d'autres biens, sont devenues des objets de propriété, comme les fonds de commerce ou les fonds artisanaux.

Aujourd'hui, l'importance économique de ces biens immatériels est telle qu'il semble impossible de ne pas voir l'intérêt de leur réservation par le droit de propriété[27]. Les découvertes scientifiques, les logiciels informatiques, les brevets ou les savoirs faire représentent pour bon nombre d'entreprises une source de richesse considérable. Elles ont alors un intérêt certain à ce que ces biens puissent leur être réservés. Accorder un droit de propriété sur un brevet est un moyen d'encourager la recherche et le développement. C'est dans ce sens que va la loi qui multiplie les créations de biens incorporels, comme récemment les bases de données.

Le droit de propriété qui est attribué aux titulaires de ces biens est cependant un droit de propriété dont la durée est *limitée dans le temps*. Les brevets accordent un *monopole d'exploitation* de vingt ans. Les œuvres littéraires et artistiques sont protégées par le droit d'auteur jusqu'à soixante-dix ans après le décès de l'artiste. Le législateur estime en effet qu'il est nécessaire, après un certain temps, que ces biens puissent être accessibles à tous. Ils « tombent » alors dans le domaine public ce qui leur permet d'être exploités par tous.

218. – Les biens fongibles et consomptibles. – Les autres catégories de biens représentent des césures moins radicales au sein de l'univers des choses. Si toutes les choses sont *fongibles* ou *non fongibles, consomptibles* ou *non consomptibles*, ces caractères n'ont qu'une incidence relative sur le régime juridique de ces biens. En réalité, ce sont davantage des qualités spécifiques de certains biens qui sont ainsi mises en exergue par le législateur.

Les choses fongibles sont les choses qui ne sont prises en compte que par rapport à leur genre ou à leur espèce et non dans leur identité. Il en résulte qu'elles peuvent être remplacées indifféremment par d'autres choses du même genre ou de la même espèce. La vente d'un kilogramme de sucre par exemple, ne va pas porter sur des morceaux de sucre précis, identifiés et déterminés, mais sur une mesure de biens d'une certaine nature ou d'un certain genre. Il importe peu en général que ces biens soient des biens spécifiques, il faut qu'ils correspondent

26. Question discutée : la fragrance d'un parfum (c'est-à-dire la formule de mélange des essences qui engendre le parfum) est-elle un bien incorportel ? La cour d'appel de Paris, par un arrêt du 25 janv. 2006, a pris position en faveur de cette qualification très discutée (N. BINCTIN, « Les biens intellectuels : contribution à l'étude des choses », *Comm. com. électr.*, 2006, étude 14, p. 8). Mais la Cour de cassation (1re Civ., 13 juin 2006, *Comm. com. électr.* 2006, n° 119, note C. CARON ; *JCP* G 2006-II-10138, note F. POLLAUD-DULLIAN) s'y est opposé catégoriquement.

27. Sur l'évolution de la catégorie de bien. V. H. PÉRINET-MARQUET, « Regards sur les nouveaux biens », *JCP* G 2010, p. 2071.

à une certaine qualité. Ces biens ont pour avantage de pouvoir indifféremment se substituer les uns aux autres dans un rapport juridique. Ainsi, lorsqu'une vente porte sur une chose de genre. Ce qui importe est que la chose soit déterminée en qualité et en quantité, il est alors indifférent qu'elle soit identifiée. Le transfert de propriété n'interviendra que lorsque la chose aura été individualisée. À l'inverse, lorsque la vente porte sur un corps certain, elle est identifiée et dès lors, le transfert de propriété interviendra *solo consensu*, c'est-à-dire, par le seul effet de l'expression des consentements.

Les choses consomptibles ont, elles, pour particularité de s'épuiser au fur à mesure de leur usage. Des denrées alimentaires ou une somme d'argent sont ainsi des choses dont on ne peut se servir sans les détruire. À leur propos, il se présente alors un certain nombre de difficultés. Par exemple, il est impossible de réaliser un véritable démembrement de propriété sur une chose consomptible. Dans une telle situation en effet, l'usage que ferait l'usufruitier de la chose aurait pour conséquence de la détruire et donc de ruiner les droits du véritable propriétaire. La pratique a donc inventé la théorie du quasi-usufruit. Ainsi, si l'on démembre la propriété sur une somme d'argent, l'usufruitier aura le droit de dépenser cette somme mais il sera tenu d'une obligation de remboursement envers le propriétaire. L'expression de quasi-usufruit montre que le droit ici change de nature. Il ne s'agit plus en effet, comme pour un bien ordinaire, d'un droit que le nu-propriétaire détiendrait sur la chose (un droit réel), mais d'un droit de créance dont le propriétaire est titulaire à l'encontre du quasi-usufruitier (un droit personnel).

§ 2 : Les choses inappropriées

219. – Les *res communes*. – La notion de chose commune [28] est d'origine romaine. Dans les textes romains, sont des *res communes* l'air, l'eau courante, la mer [29] et les rivages de la mer. Cette conception des choses communes proviendrait de la conception stoïcienne des origines de la propriété, elles seraient les vestiges de l'état de nature où tous les biens étaient communs aux hommes. Dès l'époque romaine, ce qui caractérise les *res communes* est leur usage commun à tous. Pourtant, à l'époque et contrairement à aujourd'hui, rien n'excluait alors que ces choses puissent faire l'objet d'une propriété. Les eaux courantes pouvaient ainsi être des choses appropriées, mais l'usage qui en était fait ne devait pas porter atteinte à l'usage des propriétaires situés en aval.

L'idée d'un usage commun de ces choses prenait alors un sens bien différent du sens où nous l'entendons aujourd'hui. Ainsi, si la mer était considérée comme une chose commune, c'était pour que les citoyens puissent pêcher librement dans les eaux du littoral. En aucun cas, les étrangers ne pouvaient prétendre profiter de cette eau dont « l'usage est commun à tous ». La communauté dont il était alors question n'avait pas de vocation universelle.

Notion longtemps considérée comme anecdotique, la notion de chose commune connaît à l'heure actuelle un regain d'intérêt depuis l'éclosion du droit de l'environnement et le développement de l'idée d'un *patrimoine commun de l'humanité*. Depuis le Code civil, les choses

28. M.-A. Chardeaux, *Les choses communes*, préf. G. Loiseau, LGDJ, Bibl. dr. privé, t. 464, 2006.

29. Mais aussi les poissons de la mer : G. Proutière-Maulion, *L'évolution de la nature juridique du poisson de mer. Contribution à la notion juridique de bien, D.* 2000, chr. p. 647 s. Selon l'auteur, les espèces protégées seraient des *res collectivis* plus que des *res nullius*.

communes sont définies à l'article 714 qui édicte qu'« *il est des choses qui n'appartiennent à personne et dont l'usage est commun à tous* ». Il existe donc, d'après ce texte, deux critères cumulatifs qui permettent de les distinguer : l'absence de propriété et l'usage commun à tous.

220. – Les *res nullius* et *res derelictae*. – Au-delà des choses communes, choses inappropriables, il y a des choses qui ne sont par nature inappropriables mais qui sont inappropriées au moment où le droit les considère. Ces choses, que l'on appelle généralement des choses sans maître, sont soit des *res nullius*, soit des *res derelictae*. Les *res derelictae* (choses à l'abandon) sont des choses dont le propriétaire s'est volontairement séparé. Elles ne font pas l'objet d'un droit privatif mais elles ont été antérieurement appropriées et sont susceptibles de le devenir à nouveau. Toute nouvelle occupation de ces choses va entraîner leur appropriation, ce qui a pour effet de les faire redevenir des biens ordinaires. Leur particularité tient au fait qu'il faille les distinguer non seulement des *res nullius*, mais aussi des choses qui sont simplement égarées par leur propriétaire. En effet, pour pouvoir être qualifiée de *res derelictae*, la chose doit avoir été volontairement abandonnée par son propriétaire. Cette distinction entre les choses perdues et les *res derelictae* est devenue une question anecdotique dans notre droit positif. Pourtant, ce fut une question qui historiquement fut très étudiée, notamment à propos des objets perdus en mer qui restaient la propriété des marins. Mais cette distinction aujourd'hui se trouve cantonnée à la question des objets perdus.

Les *res nullius*, elles, sont des choses n'ayant jamais été appropriées mais qui sont susceptibles de l'être un jour. Cette seconde catégorie de choses recouvre en premier lieu des biens meubles tels que le gibier, le poisson ou les produits des fonds marins. Ces animaux ne sont pas juridiquement appropriés car ils ne peuvent pas être considérés comme attachés, par voie d'accessoire ou d'accession, au fonds sur lequel ils vivent. En effet, la grande liberté et la grande mobilité de ces espèces empêchent de pouvoir leur appliquer le régime ordinaire des biens incorporés à un fonds qui, par voie d'accession, deviennent la propriété du propriétaire du fonds.

CONSEILS DE LECTURE

1. C. Neirinck, *L'embryon humain ; une catégorie juridique à dimension variable*, *D.* 2003.841.

2. B. Py, *La mort et le droit*, Que sais-je ? n° 3339.

3. H. De Balzac, *Le colonel Chabert*.

4. J. Pousson-Petit, *L'identité de la personne*, Bruylant, 2002.

5. J. Paillusseau, « *Le droit moderne de la personnalité morale* », *RTD civ.* 1993.705.

6. G. Loiseau, « *Typologie des choses hors commerce* », *RTD civ.* 2000.47.

CHAPITRE 7
Le patrimoine : les droits patrimoniaux et les droits extrapatrimoniaux

Bernard Beignier

---

221. – La classification des droits. – La vie juridique est une vie de classement. Les *droits* appartiennent à des *catégories* dont vont dépendre leur fonction, leur régime, leur place dans l'ordonnancement juridique. Sous le prisme de leur rapport avec l'argent apparaît la distinction essentielle des droits patrimoniaux (section 1) et des droits extrapatrimoniaux (section 2).

Section 1
Le patrimoine et les droits patrimoniaux

222. – L'interdépendance. – Les droits patrimoniaux forment le patrimoine. Les deux notions sont indissociables. Il y a le contenant (le patrimoine, § 1) et le contenu (les droits patrimoniaux, § 2). Le patrimoine, émanation de la personne, se compose des droits patrimoniaux et dépend donc de leur consistance. En conséquence, ces derniers, parce qu'ils forment le patrimoine, constituent le gage général des créanciers (c'est-à-dire l'actif qui répond des dettes d'une personne). Ils sont le crédit de la personne, preuve et garantie de sa vie économique.

§ 1 : Le patrimoine

223. – La théorie de l'universalité. – Au-delà de leur individualité, il est possible de considérer les droits ou les biens au sein d'un ensemble plus large dont ils font partie. Cet ensemble se désigne par le nom *d'universalité.* Cette appréhension collective présente divers avantages. D'abord, il est possible d'établir des liens entre les droits et les biens eux-mêmes. Il se crée entre eux une sorte d'interdépendance. Ensuite, il est possible de considérer l'ensemble comme un tout que l'on envisage alors comme un bien en soi.

Juridiquement, il existe différentes catégories d'universalités. Il y a les *universalités de fait* et les *universalités de droit.* Les premières sont le résultat d'une *volonté.* Elles représentent un ensemble de biens qui pourraient être envisagés isolément mais qui, en raison du lien qui les unit, vont faire l'objet d'une collection. Tel est le cas des *fonds,* tels que les fonds de commerce, fonds artisanaux ou fonds libéraux. Ceux-ci sont constitués de différents biens. Pour le *fonds de commerce* par exemple, il réunit un nom commercial, un stock de marchandises, un bail commercial, une marque ou éventuellement des droits de propriétés industrielles. Ces différents éléments, qui ont pourtant chacun une existence propre, vont être considérés ensemble comme un seul et même bien parce qu'ils sont affectés à une destination commune : l'attraction et l'exploitation d'une clientèle. La vente du fonds entraînera ainsi la vente de l'ensemble des éléments sans avoir à procéder à une vente de chacun des éléments du fonds.

Les *universalités juridiques*, c'est-à-dire les universalités établies par la *loi*, sont de nature relativement différente. L'ensemble des biens considérés est ainsi constitué d'un actif, comprenant les biens d'une personne et d'un passif, constitué de l'ensemble des obligations d'une personne. Cet ensemble est alors ce qui forme le patrimoine.

224. – Le patrimoine, universalité juridique. – Le patrimoine se définit comme *l'ensemble des droits et obligations qui, évaluables en argent, ont pour sujet actif ou passif une seule et même personne et qui sont considérés comme une universalité juridique* [1]. Le patrimoine est donc une entité propre ayant une existence qui se distingue de celle des biens qui le compose. Il n'est pas altéré par les modifications qui se produisent en son sein. Une personne peut vendre un bien, en acquérir un autre, payer une dette ou constituer une sûreté sur l'un de ses biens, elle restera à la tête du même patrimoine.

Cette conception du patrimoine a *deux conséquences* essentielles.

D'abord, elle permet d'assurer la sécurité juridique des rapports entre la personne et ses créanciers. Les créanciers sont titulaires, vis-à-vis de leur débiteur, d'un *gage général* sur son patrimoine. Ils peuvent poursuivre le paiement de leur dette sur l'ensemble des biens du débiteur. C'est une application de l'adage « qui s'oblige, oblige le sien » dont on retrouve l'expression à l'article 2284 du Code civil : « quiconque s'est obligé personnellement, est tenu de tenir son engagement sur tous ses biens mobiliers et immobiliers, présents et à venir ».

Ensuite, la théorie de l'universalité permet de mettre en œuvre au sein des biens présents dans le patrimoine le mécanisme de la *subrogation réelle*. Si un bien vient, au sein du patrimoine, à être remplacé par un autre, ce dernier va être soumis au même régime juridique que le bien qu'il remplace. Il lui est subrogé (mot à mot : il le remplace). Ce mécanisme permet là encore d'assurer la stabilité des relations juridiques. Si par exemple un immeuble, qui faisait l'objet d'une hypothèque, vient à être détruit, l'indemnité versée par le responsable va être subrogée à l'immeuble. Cela signifie que les créanciers titulaires de l'hypothèque vont voir leur sûreté reportée sur ce bien nouveau. Ainsi, la sécurité juridique est assurée puisque la modification du contenu du patrimoine n'affecte pas la situation des tiers.

225. – La théorie du patrimoine. – L'analyse de la nature du patrimoine n'est pas, en droit français, une création de la loi. Elle est l'œuvre des juristes du XIXe siècle et plus particulièrement de deux d'entre eux, Charles Aubry (1803 – 1883) et Charles Rau (1803 – 1877) [2]. Ces auteurs (peut-être le « duo » le plus célèbre de la doctrine civiliste), à l'origine professeurs

---

1. L'association Henri Capitant propose d'introduire dans le Code civil, entre autres définitions fondamentales, un patrimoine comparable du patrimoine, intégrant toutefois de façon opportune l'idée de dérogation légale à l'unité du patrimoine. Selon le projet d'article 519 du Code civil « le patrimoine d'une personne est l'universalité de droit comprenant l'ensemble de ses biens et obligations, présents et à venir, l'actif répondant du passif. Toute personne physique ou morale est titulaire d'un patrimoine et, sauf si la loi en dispose autrement d'un seul ». *Propositions de l'Association Henri Capitant pour une réforme du droit des biens*, H. Périnet-Marquet (dir.), *op. cit.*, p 22 ;

2. *Dictionnaire historique des juristes français xii-XIXE siècle*, sous la direction de P. Arabeyre, J-L. Halpérin, et J. Krynen (dir.), *v^o^* Aubry, p. 22, *v^o^* Rau, p. 653 par J.-L. Halpérin.

ainsi que pour le second avocat à Strasbourg puis, à compter de 1870, conseillers à la Cour de cassation, ont en effet montré le lien étroit qui existe entre la personne et son patrimoine. Dans leur célèbre cours de droit civil, ils expliquent que le patrimoine est une émanation de la personnalité, *qu'il représente le sujet de droit considéré dans ses rapports patrimoniaux.* Il est l'incarnation de la personne dans le domaine de l'échange. De cela, ils tirent trois règles absolument capitales [3] : 1° – Seules les personnes peuvent avoir un patrimoine. 2° – Toute personne a nécessairement un patrimoine. 3° – Chaque personne n'a qu'un patrimoine.

Le patrimoine est donc l'apanage juridique exclusif des personnes juridiques, des sujets de droit. Les « acteurs » de la vie sociale qui seraient dénués de personnalité juridique n'ont pas de patrimoine. Certaines catégories de sociétés qui n'ont pas la personnalité morale n'ont ainsi pas de patrimoine propre. Leur activité juridique se fonde sur le patrimoine des associés qui sont, à titre personnel, responsables des actes de la société sur l'ensemble de leurs biens.

L'importance du patrimoine dans la vie sociale interdit également de penser qu'une personne puisse être dépourvue de patrimoine. Même si à un moment considéré, elle n'est propriétaire d'aucun bien, le seul fait qu'elle soit apte à avoir des droits et des obligations montre qu'elle est à la tête d'un patrimoine. Jusqu'au milieu du XIXe siècle, il existait certaines personnes physiques qui étaient dépourvues de patrimoine : c'étaient les « morts civils ». Ces derniers étaient en effet interdits de tout acte juridique. Ils n'étaient propriétaires d'aucun bien et ne pouvaient faire aucun acte. Ce statut était celui de certaines personnes qui, condamnées à la réclusion criminelle à perpétuité (qui n'était conçue que comme un substitut à la peine capitale), étaient définitivement exclues de la vie juridique. Le terme de mort civile est d'ailleurs très révélateur du lien entre la personne et son patrimoine. Dépourvue de patrimoine susceptible de soutenir ses actes, la personne est absente de la vie juridique, elle est morte civilement. La mort civile fut abolie par une loi en 1854. À ces morts civils, il fallait adjoindre (mais uniquement en Martinique et en Guadeloupe) les esclaves qui étaient des personnes mais non des sujets de droit (l'esclavage fut aboli dans les colonies françaises en 1848).

La troisième des conséquences du lien mis en exergue entre la personne et son patrimoine est, sans aucun doute, la plus contestée. Une personne n'a qu'un patrimoine. Pendant longtemps cela a signifié qu'il n'était pas possible au sein des biens d'en distinguer certains en fonction de leur affectation à l'une ou à l'autre des activités de la personne [4]. Ainsi le droit français, contrairement à d'autres droits comme le droit allemand, ne connaissait de ce fait, ni les notions de « patrimoine à but » (*Zweckvermögen*) ou de « patrimoine particulier » [5] (*Sondervermögen*), ni la notion de « patrimoine d'affectation », comme le droit québécois [6]. Un commerçant ne pouvait ainsi pas distinguer entre ses biens professionnels ou ses biens personnels. Ses créanciers professionnels pouvaient saisir ses biens personnels et réciproquement. C'est aussi ce caractère unique et personnel qui explique qu'en droit français, l'héritier succède

3. Théorie remise en perspective et critiquée par A.-L. Thomat-Raynaud, *L'unité du patrimoine : essai critique*, Defrénois, Doctorat et Notariat, t. 25, 2007.

4. V *infra* n° 227-1.

5. Dr. K. Krolop, M. Bittlinger, « La société unipersonnelle et l'idée d'un patrimoine d'affectation en Allemagne », *in Qu'en est-il du Code de commerce 200 ans après ? État des lieux et projections*, Travaux de l'IFR n° 8, LGDJ, PUSST, 2009, p. 267 spéc. p. 278. V. F. Terré, « La personne et ses patrimoines, Des pépins par milliers », *JCP* N 2010, 1328. spéc. n° 1 ; T. Riehm, « le patrimoine d'affectation en droit allemand notamment en droit des sociétés », *in* dossier « Réflexions croisées la théorie du patrimoine : unité ou affectation », *RLDC* 2010-77, p. 66.

6. V. art. 1261 C. civ. québécois. V. not. M. Cantin Cumyn, « Pourquoi définir la fiducie comme un patrimoine d'affectation ? », *in Colloque du trentenaire, 1975-2005 – Regards croisés sur le droit privé*, Cross examining Private Law, ed. Y. Blais, 2008, p. 131.

à la personne du défunt (*heres qui sustinet personam defuncti*). Le patrimoine du mort vient se fondre dans celui du défunt pour n'en faire plus qu'un seul. De ce fait, l'héritier reçoit l'actif de la succession mais se trouve tenu de l'intégralité de son passif même *ultra vires successionis* (au-delà des forces de la succession). Toutefois, si celui-ci est supérieur à l'actif, la loi permet de renoncer à la succession ou encore de n'accepter la succession qu'à concurrence de l'actif (dans ce cas, l'héritier qui a fait cette réserve explicitement n'est tenu qu'à hauteur de l'actif laissé par le défunt). De même, les créanciers du défunt et, depuis la réforme issue de la loi du 23 juin 2006, ceux de l'héritier, peuvent demander le bénéfice de la « séparation des patrimoines » pour être sûrs d'être payés, les premiers sur le patrimoine laissé par le défunt, les seconds sur le patrimoine personnel de l'héritier. En effet, si le défunt laisse d'énormes dettes et que l'héritier accepte purement et simplement la succession, ce sont ses propres débiteurs qui risquent d'être sacrifiés au profit de ceux du défunt, et réciproquement.

Ce caractère unitaire du patrimoine, utile pour éviter qu'une personne peu scrupuleuse ne dissimule une partie importante de ses biens dans un patrimoine distinct pour qu'ils échappent à ses créanciers, n'en est pas moins objet de critique dans la mesure où il entraîne souvent la ruine complète d'un commerçant contraint à la liquidation. Aussi cette règle est souvent critiquée.

226. – La critique de la théorie du patrimoine. – Tout d'abord, elle est jugée dangereuse pour le débiteur qui, à chaque acte personnel ou professionnel, fait courir un risque à l'ensemble de son patrimoine. Ensuite, d'autres systèmes juridiques montrent des exemples d'institutions de patrimoines distincts (comme le *trust* en droit anglo-saxon)[7] sans que la situation des créanciers en soit véritablement affectée. En plus d'être jugée peu satisfaisante en pratique, la théorie du patrimoine unique et indivisible, attribut et émanation de la personnalité, a également été critiquée d'un point de vue théorique. Il est en effet fréquent de considérer que la théorie d'Aubry et Rau est fondée sur une conception trop abstraite et individualiste des rapports de droit. Rien en principe ne devrait empêcher de considérer que le lien qui peut exister entre plusieurs choses peut trouver sa source ailleurs que dans l'identité de leur propriétaire. L'universalité pourrait ainsi avoir comme élément déterminant l'usage commun de certains biens ou leur affectation à une activité déterminée. De cette conception est née la théorie ou tout au moins l'idée du *patrimoine d'affectation*[8]. Pour en comprendre le sens, il faut considérer que la nature juridique d'un bien, dont va dépendre le régime qui lui est **appliqué**, est influencée par l'usage qui en est fait[9]. Or, si cet usage est suffisamment spécifique, il pourrait permettre d'extraire le bien du patrimoine dont il fait partie et de l'inclure dans une universalité distincte. Tel pourrait être le cas des biens compris dans un fonds de commerce. Ils pourraient être appréhendés uniquement du point de vue de leur destination particulière[10], l'activité commerciale et ainsi échapper aux créanciers personnels du commerçant.

Cette conception, plus pragmatique de l'usage des biens, n'a pas été pendant longtemps celle retenue par le droit français. La théorie de l'affectation n'est pourtant pas tout à fait étrangère à

7. V. l'ouvrage de référence de J. P. Beraudo et J-M. Tirard, *Les trusts anglo-saxons et les pays de droit civil*, Académie et finance, Genève, 2006.

8. Il existe toutefois une pluralité d'approches du patrimoine d'affectation rendant la catégorie bien incertaine. v. A.-L. Thomat-Raynaud, « Le patrimoine d'affectation, réflexions sur une notion incertaine », *RLDC* 2010/72, p. 65

9. V. la magistrale thèse du Doyen S. Guinchard, *L'affectation des biens en droit privé français*, Bibl. dr. privé, t. 145, LGDJ, 1976, n° 13.

10. V. R. Boffa, *La destination de la chose*, coll. Doctorat et Notariat, Defrénois, 2008.

notre système juridique. On en trouve une illustration particulièrement topique en matière de droit public à propos des biens appartenant à l'État. Ces biens sont divisés en deux catégories. Soit ce sont des biens appartenant au *domaine public*, c'est-à-dire affectés à l'usage de tous, et ils sont soumis à un régime dérogatoire au droit commun. Ils sont inaliénables, insaisissables et imprescriptibles. Soit ils appartiennent au *domaine privé* et ne sont ainsi que propriété de l'État, sans être affectés à l'usage du public, ils répondent alors du régime de droit commun des biens. Cette institution du domaine public est cependant essentiellement justifiée par le caractère spécifique du droit public et de la nécessaire prise en compte de l'intérêt collectif. L'idée d'affectation des biens, dont on pouvait déjà par le passé retrouver de façon éparse des illustrations, est aujourd'hui intégrée dans le Code de commerce [11].

227. – Les exceptions à la théorie du patrimoine. – En droit français, l'identification du patrimoine à une personne peut recevoir deux exceptions, l'une directe, l'autre indirecte. La première, directe, est celle des *fondations*. Longtemps institution obscure de notre droit, celles-ci ont été légalement reconnues par une loi du 23 juillet 1987 sur le mécénat complétée par la loi du 4 juillet 1990. Selon ce texte, la fondation est un « acte par lequel une ou plusieurs personnes physiques ou morales décident l'affectation irrévocable de biens, droits ou ressources à la réalisation d'une œuvre d'intérêt général ». Une telle œuvre peut être un institut de recherche, une organisation caritative ou culturelle. Elle est spécifique dans la mesure où elle ne se voit pas forcément reconnaître la personnalité morale [12]. Les biens qui lui sont affectés sont donc extraits du patrimoine du fondateur, sans pour autant entrer dans un nouveau patrimoine.

La seconde exception est plus fréquente. En théorie, elle n'est pas directement contraire à la conception classique du patrimoine. Elle permet cependant de lui faire échec sans la contredire. Il s'agit des *sociétés unipersonnelles*. Ces sociétés, qui sont des personnes morales à part entière, ont une personnalité juridique. Elles sont donc logiquement détentrice d'un patrimoine. Les biens qui le composent émanent pourtant tous du patrimoine d'une seule personne, l'associé unique. Ainsi, pour l'associé, le recours à la société permet d'affecter une partie de son patrimoine à son activité professionnelle en se servant du masque de la personnalité morale. Les créanciers de la société ne seront pas ses créanciers et de ce fait, ne pourront pas engager de poursuites contre ses biens. À l'inverse, ses créanciers personnels ne pourront pas saisir les biens appartenant à la personne morale dont il est pourtant l'unique associé.

Toutefois, cette technique a des limites sérieuses en pratique. La première, très courante, est que lorsqu'un artisan ou un commerçant sollicite un prêt bancaire, la banque, quasi systématiquement, va lui demander de se porter caution de l'emprunt souscrit au nom de la petite société familiale. C'est dire qu'en cas de malheur, c'est au bout du compte le patrimoine personnel de l'emprunteur (et s'il est marié sous le régime de la communauté, celui de son conjoint) qui supportera le passif. La seconde, plus rare, est qu'en cas de liquidation judiciaire de l'entreprise familiale ayant déposé son bilan, la loi permet, à titre de sanction, d'étendre au patrimoine personnel du dirigeant fautif (mais il importe de démontrer que c'est sa gestion fautive qui est à l'origine du naufrage) le règlement du passif.

11. V. *infra* n° 227-1 et art. L. 526-6 à L. 526-21 C. com.

12. Au contraire les fonds de dotation sont une nouvelle catégorie de personne morale permettant également de réaliser des missions d'intérêt général et promues à un bel avenir notamment en raison de leur facilité de constitution et d'obtention d'une grande capacité, ainsi qu'en raison d'une fiscalité incitative. V. not. V. ROUSSEL, « Aspects immobiliers des fonds de dotation », *JCP* N 2009, p. 27 s.

Ces deux procédés, que sont la fondation et la société, permettent de mettre en œuvre des solutions plus pragmatiques que celles qu'imposerait le strict respect de la théorie classique du patrimoine. Sans remettre en cause l'énoncé du principe selon lequel le patrimoine est une émanation indivisible de la personne, elles effacent un peu des inconvénients d'une théorie essentielle à notre tradition juridique mais qui apparaît parfois comme obsolète ou un peu surannée. Néanmoins, ces techniques ne sont pas parfaites, surtout celle de la société. Le droit français a toutefois fait récemment des efforts pour aider véritablement les petites entreprises face aux difficultés de la vie économique, alors même que ces entreprises fournissent plus de 60 % de la totalité des emplois salariés.

227-1. – Assouplissement de l'indivisibilité du patrimoine : le dispositif de l'entrepreneur individuel à responsabilité limitée. – Poursuivant une politique de protection du patrimoine de l'entrepreneur individuel [13], le législateur lui a ainsi permis en 2003 de rendre insaisissables « ses droits sur l'immeuble où est fixée sa résidence principale », possibilité étendue en 2008 à tout bien foncier bâti ou non bâti non affecté à son usage professionnel [14]. Avec l'entrée en vigueur au 1er janvier 2011 de la loi du 15 juin 2010 instituant l'entrepreneur individuel à responsabilité limité (EIRL) [15], le droit positif français a franchi une étape supplémentaire dans l'assouplissement et la modernisation de l'unité du patrimoine. Il permet en effet désormais à tout entrepreneur individuel de séparer un patrimoine affecté à son activité professionnelle, sans créer de personne morale, pour en faire le gage, en principe, exclusif des créanciers de cette activité [16]. La loi n° 2010-658 du 15 juin 2010 [17] a ainsi prévu une dérogation supplémentaire aux articles 2284 et 2285 du Code civil, sans rupture du lien personne patrimoine posé par la théorie classique [18].

L'EIRL (l'entrepreneur à responsabilité limitée) ne doit pas être confondu avec l'EURL (entreprise unipersonnelle à responsabilité limitée) qui est une société unipersonnelle, donc une personne morale, un sujet de droit distinct de la personne l'ayant créé. L'EIRL est au contraire une personne physique restée propriétaire des biens affectés à son activité professionnelle. À la suite de la division du contenu de son patrimoine elle dispose d'un ***patrimoine d'affectation*** que l'on peut définir comme un ensemble de biens affectés à une utilité particulière, en l'espèce professionnelle, ensemble isolé au sein du patrimoine de la personne et soumis par la loi à un régime spécifique tant à l'égard du titulaire du patrimoine que de ses créanciers.

La prise de la qualité d'EIRL devrait ainsi permettre aux personnes physiques l'ayant souhaité d'éviter de perdre tous leurs biens en cas de défaillance économique (de « faillite ») Ce dispositif de protection étant toutefois optionnel, la loi ayant laissé la possibilité aux entrepreneurs individuels

---

13. O. Savary et E. Dubuisson, « Petit panorama des protections de l'entrepreneur individuel », *Droit et patr.* 2009, n° 183, p. 38. V. encore dossier les outils de protection du patrimoine, *Droit et patr.* 2010, n° 190 p. 38. V. F. Roussel et Ph. Van Steenlandt, « Le chef d'entreprise face au dilemme de la protection de son patrimoine », *JCP* N 2011, p. 1093.

14. Sur l'efficacité retrouvée de la déclaration d'insaisissabilité en cas de procédure collective. V. Cass. com., 28 juin 2011, n° 10-15.482, *D.* 2011, Act. 1751, obs. A. Lienhard.

15. Pour une étude d'ensemble v. F. Terré *et al.*, *L'EIRL*, coll. Droit, 360, LexisNexis Litec, 2010 ; v. E. Dubuisson, *L'EIRL*, Litec, 2010 ; F. Terré, « La personne et ses patrimoines, des pépins par milliers. » *JCP* N 2010, 1328. V. C. const., décision n° 2010-607, DC du 10 juin 2010.

16. V. art. L. 526-6 et s. C. com.

17. V. égal. Cons. const., décision n° 2010-607, DC, *JO* 16 juin 2010, p. 10988 ; « La consécration de la propriété des créances par le Conseil constitutionnel », *RTD civ.* 2010-3, p. 597, obs. T. Revet ; S. Mouton « La modernisation du droit constitutionnel de propriété : à propos de la constitutionnalisation du droit de propriété des créanciers », *D.* 2010, p. 2553

18. V. not. A.-L. Thomat-Raynaud, « L'entrepreneur individuel à responsabilité limitée : naissance d'une nouvelle catégorie de personne physique? » (entrée en vigueur de la loi n° 2010-658 du 15 juin 2010, ordonnance n° 2010-1512 du 9 déc. 2010, décret 2010-1706 du 29 déc. 2010, arrêté du 29 déc. 2010), *Dr. famille* 2011, Étude 15, p. 22, spéc. n° 23.

de ne pas devenir « EIRL », on trouvera toutefois encore des entrepreneurs individuels au patrimoine non divisé, répondant de ce fait de toutes leurs dettes sur tous leurs biens conformément aux articles 2284 et 2285 du Code civil. L'avenir dira si les banquiers se satisferont de ce dispositif dont la réussite ne peut passer que par une absence de recours systématique aux sûretés réelles prises sur le patrimoine non affecté qui auraient pour effet de reconstituer l'unité du patrimoine.

PATRIMOINE

⇙	⇘
Situation de principe ↓ une personne → un patrimoine indivisible ↓ unicité d'universalité de droit ↓ indivisibilité du gage des créanciers (C. civ., art. 2284 et 2285)	Exceptions légales ↓ une personne → un patrimoine divisible pluralité de (sous) patrimoines pluralité d'universalités de droit ↓ exception à l'indivisibilité du gage des créanciers : dérogation art. 2284 et 2285 C. civ.

DISTINCTION DE L'EURL ET DE L'EIRL

EURL	**EIRL**
(Entreprise unipersonnelle à responsabilité limitée) ↓ une personne morale → un patrimoine indivisible	(Entrepreneur individuel à responsabilité limitée) ↓ une personne physique → un patrimoine divisible et divisé ↓ patrimoine professionnel affecté ou séparé ≠ patrimoine non affecté

§ 2 : Les droits patrimoniaux

228. – Les deux sortes de droits patrimoniaux. – Le patrimoine n'est pas composé de choses mais de droits. Les droits patrimoniaux sont les droits qui ont une *valeur pécuniaire*. Ils représentent une valeur économique que l'on peut estimer en argent. Ils font partie du patrimoine de la personne. À ce titre, ils sont considérés comme des *biens*. Du fait de leur valeur d'échange, ils sont susceptibles de faire l'objet d'un *commerce* juridique. Ils sont donc cessibles par le biais d'une vente ou d'un autre acte translatif de propriété ; transmissibles du fait d'un héritage ou d'un legs par testament ; saisissables par les créanciers de leur titulaire ; et enfin prescriptibles c'est-à-dire susceptibles de changer de patrimoine par le fait d'une prescription acquisitive ou extinctive.

Les droits patrimoniaux se distinguent selon qu'ils tirent leur existence d'un rapport juridique relatif à une *chose* ou à une *personne*. La dichotomie au sein des droits à valeur pécuniaire oppose donc les *droits réels* aux *droits personnels*.

229. – Les droits réels. – Les droits réels sont ceux qu'un sujet de droit détient à l'encontre d'un bien. L'expression provient du mot latin de *res* qui signifie la chose. Le droit réel confère à son titulaire un pouvoir direct et immédiat sur une chose. Le propriétaire exerce ainsi ses prérogatives sans l'entremise d'une quelconque autre personne. Il est de son seul pouvoir de la vendre, la louer, l'exploiter ou ne pas l'exploiter. Le droit réel suppose l'existence de deux éléments, une personne – qui est le sujet actif du droit réel – et une chose – qui en est l'objet. Pour qu'il y ait un droit réel, il suffit donc qu'il y ait une chose appropriable et qu'une personne exerce à l'encontre de cette chose son autorité.

Cette présentation ne reflète pourtant qu'une partie de la réalité, elle correspond aux droits réels qui sont à la fois les plus naturels et les plus courants : les droits réels *principaux*. Ces droits sont ceux qui émanent de la propriété de la chose. Il s'agit d'abord de la propriété en elle-même, mais aussi des droits provenant d'un démembrement de la propriété comme l'*usufruit* ou la *nue-propriété*.

Le droit de pleine propriété entraîne trois attributs classiques : *usus, fructus, abusus*.

L'*usus* est le droit d'user de la chose normalement, ainsi habiter une maison. Le *fructus* est le droit de jouir des fruits de la chose, ainsi pour une maison le droit de percevoir les loyers. L'*abusus* (littéralement en latin *ab usus* = l'usage ultime) est le droit de disposer définitivement de la chose, ainsi pour une maison de la vendre ou de la donner.

L'usufruit est donc la réunion de l'*usus* et du *fructus ;* la nue-propriété (au vocable si net dans sa nudité même) n'est alors que le seul droit de disposer de la chose.

La distinction entre usufruit et nue-propriété est importante pour comprendre le droit des successions. Ainsi, pour un couple marié, le conjoint survivant a droit à l'usufruit sur la totalité de la succession du conjoint prédécédé, tandis que les enfants reçoivent la nue-propriété. En pratique, les pouvoirs du nu propriétaire sont toujours assez réduits dans la mesure où il doit respecter les droits de l'usufruitier. Dans le cas précité de la succession, les enfants doivent, concrètement, attendre le décès du second conjoint pour vraiment être pleinement héritiers.

Aux côtés des droits réels *principaux* existent les droits réels *accessoires*. Ces droits sont également des droits directs sur une chose mais ils n'existent qu'en considération d'un autre élément juridique dont ils dépendent. Ils sont de deux sortes : les *sûretés réelles* et les *servitudes*.

Les *servitudes* se définissent comme une charge imposée sur le fonds d'une personne (dénommé le fonds dominé ou servant) pour l'usage et l'utilité du propriétaire d'un autre fonds (dénommé le fonds dominant). Celles-ci n'interviennent qu'en matière *immobilière*. Il en existe différentes sortes. Les plus répandues sont sans conteste les servitudes de *passage*, c'est-à-dire le droit dont est titulaire le propriétaire d'un terrain enclavé de passer sur le terrain d'un tiers pour accéder à son fonds. Ce droit est un droit réel. Il est un droit portant directement sur une chose (ici, le terrain du tiers). C'est aussi un droit accessoire. Il est indissociable de la propriété du fonds dominant (ici, le terrain enclavé). Il n'est pas possible d'user de ce droit dans un dessein différent de celui pour lequel la servitude a été constituée. Enfin, il subsiste même si l'un des deux fonds est transmis à un autre propriétaire.

Les *sûretés*, quant à elles, sont de nature différente. Ce sont des droits qui ont pour fonction d'améliorer la situation d'un créancier face au risque d'insolvabilité de son débiteur. Ils viennent garantir son droit afin de privilégier l'exécution de sa créance. Les *sûretés réelles* consistent en l'affectation au paiement d'une dette d'un ou plusieurs biens appartenant en principe au débiteur. Ainsi, si le débiteur n'exécute pas correctement son obligation, le créancier pourra, en invoquant sa sûreté, faire saisir et vendre le bien de son débiteur et obtenir, en priorité, le paiement de sa dette sur le produit de cette vente. Si le bien objet de la sûreté est un *bien meuble*, il s'agira d'un *gage*, s'il est *immeuble*, il s'agira d'une *hypothèque*. Ces droits sont des droits réels dans la mesure où ils portent directement sur une chose et qu'à ce titre ils sont transmis avec la chose si celle-ci vient à être vendue (ce qui se dénomme le droit de suite), mais ce ne sont pas des droits réels principaux puisqu'ils n'emportent pas un droit général sur la chose. Le droit du titulaire est conditionné par son caractère accessoire vis-à-vis de la créance qu'il vient garantir. Le bénéficiaire d'une sûreté réelle ne peut en faire usage que dans le but d'obtenir paiement de sa créance et suivant une procédure spécifique.

Juridiquement, les sûretés ne sont pas toutes attachées à une *chose*. Les plus nombreuses sont même des droits que l'on peut invoquer directement à l'encontre d'une *personne*, comme un cautionnement. Mais ce sont alors des *droits personnels*.

230. – Fiducie. – On ne confondra pas les *sûretés* avec la *fiducie*. Cette technique connue du droit romain qui inspira les canonistes dans la constitution de ce qui devint, en droit anglo-saxon, le *trust*, avait totalement disparu du droit français. Elle fut, avec une extrême prudence, réintroduite par la loi du 19 février 2007 qui constitua un titre XIV dans le livre III du Code civil. L'article 2011 définit l'opération : « La fiducie est l'opération par laquelle un ou plusieurs constituants transfèrent des biens, des droits ou des sûretés, ou un ensemble de biens, de droits ou de sûretés, présents ou futurs, à un ou plusieurs fiduciaires qui, les tenant séparés de leur patrimoine propre, agissent dans un but déterminé au profit d'un ou plusieurs bénéficiaires »[19]. En fait, tout ou partie d'un patrimoine est confié à un fiduciaire qui, sans en devenir semble-t-il lui-même propriétaire[20], gère les biens au profit d'un bénéficiaire[21]. Au terme, les biens confiés font retour au constituant.

231. – Les droits personnels. – Les droits personnels, que l'on dénomme aussi droits de créance, sont les droits pécuniaires qu'un sujet de droit tire de son rapport juridique avec une autre personne. Son existence nécessite la conjonction de *trois éléments*. Il y a d'abord le *créancier* qui est le sujet actif du droit, ensuite le *débiteur* qui est le sujet passif du droit et enfin la *prestation* qui est l'objet du droit. Le droit personnel est ainsi constitutif d'une obligation, c'est-à-dire d'un rapport de droit.

Il existe *trois catégories* d'obligations. Les premières sont les obligations de *donner* (*ut das,* en droit romain) par lesquelles un débiteur s'engage à transférer à un créancier un droit réel dont il est titulaire sur une chose. Cela est le cas de l'obligation du vendeur (lorsque le transfert

---

19. V. not. R. Libchaber, « Les aspects civils de la fiducie, dans la loi du 19 févr. 2007 », *Defrénois*, 2007, art. 38631 et 38639, F. Barriere, « La loi instituant la fiducie : entre équilibre et incohérence », *JCP* E 2007 2053, p 392 et « La fiducie sûreté », *JCP* E, sept. 2009 1808. V. Y. Emerich, « Les fondements conceptuels de la fiducie française face au trust de la *Common Law* : entre droit des contrats et droit des biens », *RID comp.* 2009, p. 49 s. V. A. Cheynet de Beaupré, *Droit des biens*, Vuibert, Dyna'sup droit, 2010, p. 153, n°s 301 et s.

20. L'analyse de l'expression « transfert des biens... » figurant dans l'article 2011 du Code civil suscite en effet des discussions doctrinales. V. B. Mallet-Bricout, « Fiducie et propriété », *in Liber amicorum Larroumet Ch.*, Economica, 2009, p. 297 s. du même auteur « Le fiduciaire propriétaire », *JCP* N 2010, n° 1073.

21. V. A. Cheynet de Beaupré, *op. cit.*, p. 153, n° 308.

de propriété ne s'opère pas *solo consensu – par le seul consentement* – mais est retardé jusqu'à la remise de la chose). Ensuite viennent les obligations de *faire* (*ut facias*) par l'intermédiaire desquelles une personne s'engage à accomplir une prestation. Les obligations de faire sont multiples, on les retrouve notamment en matière de contrat d'entreprise ou de mandat (le mandat ou procuration est le contrat par lequel un mandant donne un ordre à un mandataire qui l'exécute et, ce fait, représente le mandant). Enfin, la troisième catégorie d'obligation est constituée des obligations de *ne pas faire* (*ut ne facias*). Là, le débiteur s'engage à une abstention. Elles se rencontrent fréquemment dans le domaine des affaires par l'intermédiaire des obligations de non-concurrence ou de confidentialité.

Ces obligations sont des droits patrimoniaux parce qu'elles existent en contrepartie d'un *prix*. Lorsqu'elles ne sont pas de nature purement personnelle, elles peuvent faire l'objet d'un certain nombre d'actes juridiques comme la cession de créance. En cela, elles sont traitées par le droit comme des biens, elles peuvent faire l'objet d'une spéculation. Elles se distinguent donc très nettement d'autres droits que peuvent invoquer les sujets de droit sans pour autant en faire commerce, les droits extrapatrimoniaux.

DROITS PATRIMONIAUX

⇙ ⇘

DROIT RÉEL	DROIT PERSONNEL
↓	↓
Personne ⟶ chose (rapport direct et immédiat)	Personne ⟶ Personne (pouvoir d'exiger une prestation/abstention)

Section 2
Les droits extrapatrimoniaux

Avant d'en exposer le régime (§ 2), il convient d'en examiner la nature (§ 1).

§ 1 : Nature des droits extrapatrimoniaux

232. – Des droits attachés à la personne. – Les droits extrapatrimoniaux sont des droits qui, contrairement aux droits patrimoniaux, ne sont pas considérés au regard de leur *valeur pécuniaire*. Généralement exclusivement attachés à la personne, ils représentent une valeur plus intime de l'être, *une valeur dégagée des considérations financières*. Les actions d'état (exemple : le droit de faire établir sa filiation), les droits de la personnalité (exemple : le droit de faire respecter sa vie privée) sont parmi les exemples les plus communs et les plus caractéristiques de cette catégorie de droits. Leur domaine est cependant plus large et leurs illustrations plus diverses. Provenant tant du droit public que du droit privé, du droit interne que du droit international, les droits extrapatrimoniaux sont des droits subjectifs qui mettent en exergue une valeur essentielle de la société.

233. – La typologie des droits extrapatrimoniaux. – Les premiers des droits patrimoniaux sont les droits qui ont pour objet direct *la personne* de leur titulaire. Ainsi, les droits de la personnalité, comme le droit à l'honneur ou à l'intimité de la vie privée sont des droits extrapatrimoniaux. De la même manière, les droits de famille sont considérés comme hors du patrimoine. La possibilité de se marier, de reconnaître un enfant, de demander une modification du nom ou le droit d'autorité parentale, sont tous des droits placés hors du patrimoine de leur titulaire.

À leur côté se situent les *droits publics civils et politiques* qui, de la même manière, ne sont pas considérés en fonction de leur possible incidence pécuniaire. On songe alors bien évidemment au droit de vote ou au droit d'agir en justice mais il faut également y adjoindre les droits issus de la Déclaration des droits de l'homme et du citoyen de 1789, de la Déclaration universelle des droits de l'homme de 1948, de la Convention européenne des droits de l'homme de 1950 ou encore du Pacte des Nations Unies de 1966. Ces différents textes affirment des droits tels que le droit à la santé, le droit au logement, le droit à la vie, etc. qui ne résultent en fait que de la seule qualité d'homme et qui en sont inséparables. Si le caractère juridique de ces droits est parfois contesté, ces droits sont, au moins d'un point de vue politique, essentiels et sont normalement inhérents à l'humanité.

Au sein de ces droits est apparu depuis quelques années un droit qui s'émancipe tout à fait de toute idée de pécuniarité et qui marque la prééminence de la personne : *la dignité de la personne humaine*. Mise en œuvre dans des affaires très diverses d'atteinte au corps, d'atteinte à la mémoire ou plus simplement d'atteinte à l'ordre public, cette notion de dignité permet de transcender la conception traditionnelle des droits subjectifs. Il ne s'agit plus, en effet, de constater une atteinte à *une* personne mais une atteinte à *la* personne, à cette idée d'humanité commune à tous et qui doit guider les valeurs d'une société. C'est ce que consacre explicitement l'article 16-1 du Code civil : « Chacun a droit au respect de son corps. Le corps humain est inviolable. Le corps humain, ses éléments et ses produits ne peuvent faire l'objet d'un droit patrimonial ». Cette notion, essentielle, est non seulement détachée de toute idée de patrimoine mais elle est aussi considérée comme une notion dont la compréhension ne se limite pas à la titularité d'un sujet. La dignité irradie les personnes comme la nature humaine dépasse les individus. Le seul véritable titulaire de ce droit est l'humanité. Il en résulte que si elle est présente en chacun des sujets de droit, elle ne se limite pas à eux, puisqu'elle s'applique aussi au cadavre ou à l'enfant à naître, et qu'elle transcende le sujet sans tenir compte de son individualité ou de sa volonté.

Droits de nature au combien spécifique, les droits extrapatrimoniaux répondent à un régime juridique qui leur est propre.

§ 2 : Régime des droits extrapatrimoniaux

234. – Des droits hors du patrimoine, donc hors du commerce. – Les droits extrapatrimoniaux sont hors du domaine de la volonté des individus. Les sujets ne peuvent ni les céder, ni les transmettre, ni parfois même y renoncer. Ces droits sont dits *incessibles, intransmissibles, insaisissables et imprescriptibles.* Cela signifie qu'aucun acte, émanant de leur titulaire ou d'un tiers, n'est susceptible de venir les atteindre. Ils sont *hors commerce* au sens de l'article 1128 du Code civil. Il ne faut pourtant pas se méprendre sur le sens de cette extracommercialité. Celle-ci n'est pas liée au fait qu'ils n'aient aucun caractère patrimonial. Leur mise en œuvre emporte des conséquences pécuniaires. Le terme extrapatrimonial est sur ce point trompeur. Leur régime est caractérisé par le fait que ce sont des droits qui ne sont pas l'objet d'une propriété. Leur proximité avec la personne ou leur caractère éminemment éthique empêche de les concevoir comme des objets de propriété. Attachés à la personne, ils ne sont pas pour autant sa propriété. Dès lors leur titulaire, comme ses créanciers, ne peut à leur encontre agir comme un propriétaire. Il ne peut en disposer. Il ne peut à leur encontre jouir des prérogatives dont il dispose à l'égard de ses droits patrimoniaux. C'est en ce sens qu'ils sont des droits extrapatrimoniaux.

En revanche les droits extrapatrimoniaux peuvent être protégés contre toute atteinte à leur égard. Le sujet de droit peut obtenir la cessation d'une atteinte, sa réparation mais également sa prévention. Exemple : un article de presse assorti de photographies viole délibérément la vie privée d'une personne. Cette dernière pourra obtenir la condamnation de l'organe de presse mais, si elle est avertie en temps opportun, elle pourra empêcher (si l'atteinte est grave) la parution de l'article. Le régime de la réparation des atteintes aux droits de la personnalité pose une petite difficulté. Il ne peut s'agir que d'une réparation civile donc en dommages et intérêts ; en même temps, comment apprécier ce qui est inappréciable (l'honneur, la vie privée, etc.) ? *In fine*, la sanction de l'atteinte aux droits extrapatrimoniaux a des effets parfaitement patrimoniaux : les dommages et intérêts sont bien des deniers qui tombent dans le patrimoine de la victime.

Il faut ajouter que, dans certains cas, la distinction entre droits patrimoniaux et droits extrapatrimoniaux n'est pas aisée voire relève de la subtilité juridique.

Premier exemple. Un auteur, au titre de la propriété littéraire, dispose sur son œuvre de deux droits. Le premier est le « droit moral » : celui qui permet d'obtenir le respect de son œuvre, en tant que créateur. Le second est le « droit patrimonial » : celui d'exploiter son œuvre. Imaginons qu'un publicitaire utilise, sans autorisation, une musique connue d'un compositeur pour vanter un produit tout à fait quelconque. Le musicien est en droit d'invoquer l'atteinte à son droit moral (son œuvre a été dévalorisée) mais aussi à son droit d'exploitation (il aurait pu donner son accord moyennant finance). Comme le droit moral sera sanctionné par le versement de dommages et intérêts et que le droit d'exploitation se traduira par la condamnation au versement de ce qu'aurait dû verser le publicitaire s'il avait demandé l'autorisation, il faudra que le tribunal prenne soin de dissocier les deux dans le jugement, mais force est d'admettre que le tout formera bien une seule et unique somme d'argent.

Second exemple. Un mannequin de renom pose nu pour une publicité en faveur d'un parfum de renom. Peu après, il s'aperçoit que l'agence de photographie a vendu le cliché à un magazine spécialisé d'un genre particulier. Le mannequin peut invoquer conjointement l'atteinte à sa dignité (il a posé nu uniquement pour l'affiche d'un parfum renommé et non pour la presse à scandales) et le préjudice financier (il était libre de négocier les clichés avec qui il l'entendait et au prix fixé par lui).

C'est l'occasion de saisir, comme on le verra tout au long des études de droit, que les classifications sont utiles mais souvent, dans la pratique, sujettes à nuances et surtout à interférences.

235. – Les faux amis « patrimoniaux ». – Pour conclure, on mettra bien en garde l'étudiant contre la définition juridique du mot « patrimoine » de son sens ordinaire dans la langue courante [22]. On peut dire que ce mot est le parfait faux ami du jeune juriste. Par exemple, il existe depuis 2004 un « Code du patrimoine » mais ce code ne contient que la législation relative à ce que l'on dénomme depuis quelques années le « patrimoine national » (monuments historiques, bibliothèques, etc. ; *cf.* la journée du patrimoine organisée chaque année en septembre) [23].

Dans le même mouvement, la loi sur l'eau du 3 janvier 1992 a déclaré que « l'eau est le patrimoine de la Nation » ou encore le Code de l'urbanisme qui, à son article L. 110 déclare que « le territoire français est le patrimoine commun de la France » (ce dont, d'ailleurs, on se doute vaguement...). Le génome humain a été qualifié par une convention internationale (en 1997) de « patrimoine de l'humanité ». Toutes formules dépourvues de la moindre portée juridique concrète [24].

Plus encore, il est usuel de parler de « patrimoine familial » alors même que la famille, en tant que telle, n'est pas un sujet de droit (seules les individus sont sujets de droit). Mais il est vrai que la jurisprudence interdit de partager les souvenirs de famille et plus encore le caveau familial qui doivent rester dans une indivision perpétuelle. La formule est donc, peut-on dire, vraie et fausse. Vraie dans la réalité ; fausse dans la qualification juridique.

C'est l'occasion de souligner ici, au seuil des études de droit, que le vocabulaire juridique est souvent simple (il est plus simple que celui des sciences exactes, de la médecine ou de la pharmacie) car le plus souvent puisé dans la langue ordinaire (le patrimoine = ce qui vient du père par héritage). Cette simplicité entraîne, en retour, une certaine imprécision entre la langue courante et le langage des juristes : le mot est le même, le sens différent.

CONSEILS DE LECTURE

1. P. Catala, « La transformation du patrimoine dans le droit civil contemporain », *RTD civ.* 1966.185.
2. E. Gaillard, *La double nature du droit à l'image et ses conséquences en droit positif français*, *D.* 1984, chr. p. 161.
3. D. Acquarone, *L'ambiguïté du droit à l'image*, *D.* 1985, chr. 129.

22. Sur tous ces sens, le *v°* *Patrimoine* par L. Frier *in Dictionnaire de la culture juridique.*

23. D. Audrerie, *La notion et la protection du patrimoine*, PUF, coll. Que sais-je ?, n° 3304 ; L. Frier, *Droit du patrimoine culturel*, PUF, coll. Droit fondamental, 1997.

24. M.-J. Del Rey, « La notion controversée de patrimoine commun », *D.* 2006, point de vue, p. 388 : « Ainsi l'idée de patrimoine, d'origine privatiste, est utilisée en droit international et en droit public pour qualifier un ensemble de biens présentant un intérêt pour la collectivité et de ce fait devant être préservés pour être transmis ». F.G. Trébulle, « La propriété à l'épreuve du patrimoine commun : le renouveau du domaine universel », *in Études offertes au Professeur Ph. Malinvaud*, Litec, 2007, p. 659.

CHAPITRE 8
Les faits et les actes juridiques

Corinne Bléry

---

236. – Une journée d'Ernest Bigoudi. – La journée du 12 septembre 2011 est, pour Ernest Bigoudi, émaillée de divers événements. La naissance de Bohémond (petit frère de Tancrède et de Judith) l'ayant perturbé, il cause un accident (il emboutit la voiture de son patron en arrivant à son travail) ; il ne peut pourtant rester sur place, son entreprise étant bloquée par une grève… Il se rend donc à la mairie pour déclarer la naissance, puis chez son notaire pour modifier son testament en tenant compte de son troisième enfant, enfin chez son patron pour signer une transaction relative à l'accident. Autant dire que sa journée a été remplie de faits et d'actes juridiques, les seconds découlant d'ailleurs des premiers…

237. – La distinction des faits et des actes juridiques. – C'est l'existence même des faits juridiques qui donne lieu à la création, la modification ou la transmission d'un droit subjectif. Le droit objectif fait produire automatiquement à des événements un effet de droit : la naissance, le décès, l'arrivée à l'âge de la majorité… entraînent *ipso facto* des conséquences juridiques : possibilité d'hériter, ouverture de la succession, capacité juridique et autres droits ou obligations au profit ou à la charge des sujets de droit concernés. Mais le droit objectif fait également produire de tels effets à des actions sans se préoccuper de la volonté éventuelle des sujets de droit, en ce sens que l'action elle-même a pu être voulue mais pas son effet : celui qui détruit un objet par maladresse n'a pas agi volontairement à la différence de celui qui a été motivé par la malveillance, mais dans les deux cas, l'auteur du dommage doit réparation à la victime. C'est la loi elle-même et non la volonté qui prévoit cet effet de droit : la faute – volontaire ou d'imprudence – est un fait juridique, qui, automatiquement, en vertu de la loi, crée l'obligation de réparer – s'il y a préjudice et lien de causalité [1].

Au contraire, c'est la volonté qui est primordiale dans les actes juridiques. Ainsi, les actes juridiques sont des manifestations de volonté destinées à produire des effets de droit ; ils émanent des sujets de droit et sont habilités par le droit objectif à produire de tels effets. Le contrat et le testament constituent deux illustrations classiques des actes juridiques : le contrat est un accord passé par plusieurs personnes pour faire naître entre elles – ou à l'égard d'autrui comme avec la stipulation pour autrui [2] – des obligations et des droits (C. civ., art. 1101) et le testament est un acte unilatéral manifestant la volonté d'une seule personne de transmettre à son décès tout ou partie de ses biens à une autre personne, le légataire.

---

1. V. les articles 1382 et 1383 du Code civil, qui – depuis 1804 – disposent : « tout fait quelconque de l'homme, qui cause à autrui un dommage, oblige celui par la faute duquel il est arrivé à le réparer » et « chacun est responsable du dommage qu'il a causé non seulement par son fait, mais encore par sa négligence ou par son imprudence ».

2. Selon le *Vocabulaire juridique* Cornu, c'est la « convention par laquelle l'une des parties (le stipulant) fait promettre à l'autre (le promettant) l'accomplissement d'une prestation au profit d'un tiers (le bénéficiaire) Ex. C. civ. a. 1121 ». Répond à ce schéma une assurance-vie stipulée par un souscripteur au profit, par exemple, de ses enfants (nés et à naître).

Autant dire que les droits subjectifs ont deux sources : la loi, au sens de droit objectif et la volonté des sujets de droit. (Attention au vocabulaire : ainsi qu'il a été dit, le droit objectif trouve son origine dans la loi et les sources non écrites et le droit objectif est lui-même source de droits subjectifs) [3].

238. – Les deux sources des droits subjectifs. – Parce que le droit objectif prend en considération certains événements et actions et les habilite à produire des effets de droit, il est la source première des droits subjectifs : il est leur source directe quand la volonté est indifférente ou indirecte quand la volonté est prise en compte par la loi. Cependant, les droits subjectifs présentent des caractéristiques tellement différentes selon leur origine qu'on doit leur reconnaître deux sources vraiment distinctes et irréductibles : les faits juridiques (section 1) et les actes juridiques (section 2).

Ainsi l'étendue des effets (droits et obligations) d'un fait juridique ne dépend que de la loi alors que celle des effets d'un acte juridique est fixée par l'acte lui-même, par la volonté qui s'y exprime : c'est même la raison pour laquelle l'acte a été passé. Attention, toutefois, si c'est la volonté qui crée le contrat, c'est la loi qui le rend obligatoire (et pas la volonté). La conséquence est que, si un type de fait produit un type d'effets (atteindre dix-huit ans rend capable tout Français), tout acte unilatéral ou tout contrat a des effets qui lui sont propres : par exemple, Ernest Bigoudi lègue à Tancrède ses livres de droit – ce testament est forcément différent de celui que pourrait établir Gontrand Michu ou toute autre personne. De plus, l'acte juridique doit être conforme au droit objectif, c'est-à-dire d'une part, avoir un contenu non contraire à l'ordre public et aux bonnes mœurs [4] et d'autre part, respecter des conditions de validité. À défaut, l'acte serait nul : plus exactement, la nullité n'étant pas automatique, la victime de l'irrégularité (par exemple, un contractant qui a été trompé), voire tout intéressé lorsque l'ordre public est violé, pourrait agir en justice pour obtenir du juge la disparition rétroactive de l'acte et de ses effets. Il serait en revanche absurde de parler de conditions de validité des faits juridiques, qui sont ou ne sont pas.

Remarque : avec l'augmentation des lois d'ordre public, les sujets de droit sont de moins en moins libres de déterminer les effets de droit qu'ils souhaitent, quand ils ne sont pas obligés par le législateur à conclure certains contrats – ainsi en est-il en matière de travail, de transport, d'assurance, de bail…

SOURCES DES DROITS SUBJECTIFS

↓ SOURCE DIRECTE	↓ SOURCE INDIRECTE
↓ La loi (le droit objectif)	↓ La volonté prise en compte par la loi
↓ Le fait juridique	↓ L'acte juridique
↓ fait juridique licite / ↓ fait juridique illicite	↓ *negotium* / ↓ *instrumentum*

3. V. *supra* n° 128. Il faut aussi se rappeler le rôle de source de droit « venue de la base » qu'un auteur propose de reconnaître à l'acte juridique.

4. L'article 6 du Code civil dispose que « on ne peut déroger, par des conventions particulières, aux lois qui intéressent l'ordre public et les bonnes mœurs »… étant entendu que ces notions sont susceptibles d'être comprises différemment selon l'époque V. *supra* n° 135 la notion de standards juridiques.

Section 1
Les faits juridiques

239. – Des événements aussi nombreux que divers. – Il a été dit que la naissance ou la mort constitue un fait juridique, mais un incendie, un accident de la route ou d'avion, une grève, peut aussi avoir des conséquences juridiques sur un individu. Qu'un avion s'écrase et la compagnie aérienne va être tenue de réparer le préjudice subi par les victimes ; qu'une grève empêche un fabricant de fournir des matériaux de construction commandés par un entrepreneur et celui-ci sera exonéré de la responsabilité qui aurait été la sienne en cas de retard.

De même, l'écoulement du temps est un fait juridique parce qu'il permet de devenir capable (lors de la majorité) ou de devenir propriétaire (par prescription acquisitive ou usucapion [5]) : ainsi le non-propriétaire qui possède un bien pendant une certaine durée – il se comporte à l'égard du bien comme s'il lui appartenait véritablement – peut en acquérir la propriété [6]. C'est le droit objectif qui détermine les conditions pour que de tels faits produisent des effets de droit. Notamment, la possession doit être paisible, publique, avoir duré dix ou trente ans selon que le possesseur est de bonne ou de mauvaise foi, c'est-à-dire selon qu'il ignore ou qu'il sait ne pas être le vrai propriétaire. La loi n° 2008-561 du 17 juin 2008 portant réforme de la prescription en matière civile, publiée au *Journal officiel* du 18 juin et entrée en vigueur dès le 19, en l'absence de dispositions transitoires [7], est venue moderniser et rendre plus cohérentes les règles régissant jusqu'alors cette question. Mais, sous réserve d'une modification de la numérotation des textes et de quelques correctifs terminologiques [8], les délais de trente ans (en cas de mauvaise foi) et de dix ans (en cas de bonne foi) ont été maintenus à la prescription acquisitive immobilière [9].

Il est encore possible de citer des faits volontaires illicites : les délits et quasi-délits. Ces manquements intentionnels ou non à l'obligation de prudence et de diligence qui pèse sur chacun ont pour effet de faire naître une obligation de réparation à la charge de leur auteur, en vertu de la théorie de la responsabilité civile. Là encore, la loi (Code civil et jurisprudence [10]) distingue diverses circonstances dans lesquelles la responsabilité civile d'un individu est enga-

---

5. Cf. le *Vocabulaire juridique* Cornu : *v°* usucapion : « nom traditionnel donné à la prescription acquisitive, manière d'acquérir par la possession prolongée », *v°* prescription : « mode d'acquisition ou d'extinction d'un droit, par l'écoulement d'un certain laps de temps (d'un délai) et sous les conditions déterminées par la loi » ; est acquisitive : « celle qui mène à l'acquisition d'un droit réel principal (ex. propriété), surtout en matière immobilière, par la possession prolongée pendant trente ans (prescription dite ordinaire ou trentenaire) ou pendant une durée inférieure déterminée par la loi (prescription dite abrégée, vicennale ou décennale) » et *v°* possession (I. 1) : « pouvoir de fait (*corpus*, détention matérielle) exercé sur une chose avec l'intention de s'en affirmer le maître (*animus domini*), même si – le sachant ou non – on ne l'est pas ; maîtrise effective manifestée sur la chose possédée par des actes de propriétaire (les faits de possession : cultiver, clore, habiter) accomplis – de bonne ou de mauvaise foi – avec une âme de propriétaire et qui, ainsi constituée *corpore* et *animo*, permet au possesseur d'un immeuble, à certaines conditions, d'en acquérir la propriété par la prescription (*possessio ad usucapionem*) [...] ».

6. En réalité, la possession non troublée pendant dix ans est plus le révélateur d'un droit de propriété existant qu'un moyen d'acquérir un tel droit. La possession est généralement plus un mode de preuve de la propriété qu'un mode d'acquisition de celle-ci.

7. V. *supra* n° 166.

8. D'où l'intérêt d'avoir un Code civil à jour ou de consulter la bonne version sur Legifrance.

9. En cas de bonne foi, le délai variait de dix à vingt ans selon que le vrai propriétaire était ou non domicilié dans le ressort de la cour d'appel où était situé l'immeuble : désormais – évolution des transports oblige – le délai est toujours de dix ans. *Adde*, S. Amrani-Mekki, « Liberté, simplicité, efficacité, la nouvelle devise de la prescription ? – À propos de la loi du 17 juin 2008 », *JCP* 2008. I. 160. N. Fricero, « La prescription extinctive un an après la loi n° 2008-561 du 17 juin 2008 : ce qu'il faut savoir ! », *Procédures* 2009, étude 7.

10. V. *supra* n° 141 (la jurisprudence a interprété l'article 1384, alinéa 1er du Code civil comme créant une responsabilité pour fait des choses et pour fait d'autrui).

gée : si Ernest Bigoudi cause un dommage intentionnellement [11] ou par imprudence [12], sa responsabilité personnelle peut être recherchée ; si l'auteur du dommage est son fils mineur, Tancrède, dont Ernest doit répondre, c'est la responsabilité du fait d'autrui [13] que la victime engagera ; si c'est le chien d'Ernest qui mord Gontrand Michu, celui-ci fera jouer la responsabilité du gardien de l'animal [14]… Il faut noter que la loi n° 85-677 du 5 juillet 1985 est venue spécialement régir la question des accidents de la circulation [15] et que d'autres lois organisent des régimes – plus ou moins spéciaux – de responsabilité [16].

Il y a enfin des faits volontaires licites : la gestion d'affaires, le paiement de l'indu et l'enrichissement sans cause sont appelés « quasi-contrats », mais attention, ce ne sont pas des actes juridiques. En effet, il y a gestion d'affaires lorsqu'une personne effectue un acte pour une autre sans avoir été mandatée à cet effet – par exemple, le « gérant d'affaire » fait bâcher la maison du « géré » ou « maître de l'affaire », parti en voyage et qui ignore que son toit a été emporté par une tempête : cette gestion entraîne des effets tant pour le gérant (en particulier, rendre compte de sa gestion) que pour le géré (essentiellement, indemniser le gérant). Lorsqu'un paiement a été effectué indûment, par exemple parce qu'une dette due par X a été payée par Y, cela a pour conséquence qu'il doit être remboursé : on parle de « répétition de l'indu » de l'*accipiens* au *solvens*. Et lorsque, de manière plus générale, une personne s'enrichit sans cause au détriment d'une autre, l'appauvri peut intenter contre l'enrichi une action en restitution créée par la jurisprudence et appelée action *de in rem verso* [17] : par exemple, en utilisant des engrais, un agriculteur bonifie une terre qui se révèle ne pas lui appartenir, il peut demander au propriétaire une indemnité pour l'amélioration apportée.

239-1. – Le paiement : acte ou fait juridique ? – Dans la langue juridique, le mot paiement a un sens plus général que dans le langage courant. Il ne s'agit pas seulement du versement d'une somme d'argent : le paiement, c'est l'exécution du contrat. Payer, c'est donc exécuter son obligation. Par exemple, fabriquer et livrer un meuble si c'est à cela que le débiteur s'est engagé. Une fois exécutée, l'obligation disparaît alors naturellement. Le paiement est donc à la fois exécution et mode d'extinction du contrat. C'est sous ce dernier angle que les articles 1235 à 1270 du Code civil l'envisagent. Or, la question de la nature juridique du paiement s'est posée en doctrine [18]. Le paiement, c'était **classiquement** un acte juridique conclu entre le débiteur et le créancier – mais certains auteurs [19] soutenaient qu'il s'agissait d'un fait juridique,

11. V. article 1382, énoncé *supra* n° 238, en note.
12. V. article 1383, énoncé *supra* n° 238, en note.
13. V. article 1384, al. 4 : « Le père et la mère, en tant qu'ils exercent l'autorité parentale, sont solidairement responsables du dommage causé par leurs enfants mineurs habitant avec eux ». L'article 1384 prévoit d'autres cas de responsabilité du fait d'autrui. Sur la notion, v. J. Julien, *La responsabilité du fait d'autrui – Ruptures et continuité*, PUAM 2001.
14. V. article 1385 : « le propriétaire d'un animal, ou celui qui s'en sert, pendant qu'il est à son usage, est responsable du dommage que l'animal a causé, soit que l'animal fût sous sa garde, soit qu'il fût égaré ou échappé ».
15. Sur cette loi, v. *supra* n°s 147 et 169.
16. Par exemple, l'article 1386, sur la responsabilité du fait d'un bâtiment en ruine (sans doute bientôt enterrée : v. J. Julien, « La fin annoncée de l'article 1386 du Code civil ? », *RLDC* 2010/68, p. 15) ou les articles 1386-1 et s. sur la responsabilité du fait des produits défectueux, ou les articles L. 5122-1 et s. et L. 5122-25 du tout nouveau Code des transports (sa partie législative a été créée par l'ordonnance n° 2010-1307 du 28 oct. 2010 relative à la partie législative du Code des transports et la partie réglementaire est à venir) sur la responsabilité des exploitants de navires nucléaires et celle des propriétaires de navires pour les dommages résultant de la pollution par les hydrocarbures… La liste est loin d'être exhaustive.
17. Cf. *supra* n° 136.
18. V. G. Loiseau, « Réflexion sur la nature juridique du paiement », *JCP* G 2006. I. 171.
19. V. N. Catala, *La nature juridique du paiement*, thèse LGDJ, 1961.

car l'élément essentiel est la satisfaction du créancier et que la volonté des deux contractants n'intervient pas nécessairement. La Cour de cassation, quant à elle, s'est récemment prononcée en faveur de la qualification de fait juridique, tout au moins lorsqu'il s'agit du paiement d'une somme d'argent [20] : en revanche lorsque le paiement n'est pas celui d'une somme d'argent, il est – et reste – un acte juridique. Opter pour une qualification ou pour l'autre n'est pas purement platonique ; cela a au contraire une incidence très pratique sur la façon dont la preuve du paiement peut/doit être rapportée par celui qui dit avoir payé – un acte ne se prouvant pas comme un fait juridique [21].

Section 2
Les actes juridiques

240. – Un mot à double sens. – Le mot « acte » est ambigu car il a deux acceptions très différentes : si l'on veut les distinguer, on recourt au latin qui utilisait un terme propre à chaque sens. Ainsi, l'acte, c'est d'abord l'opération juridique voulue par les sujets de droit, la manifestation de leur volonté produisant des effets de droits ; c'est ensuite le document écrit – on dit familièrement « le papier » – qui va servir à prouver l'existence et l'étendue de cette manifestation de volonté. L'acte envisagé au fond est le *negotium*, l'acte vu comme un instrument de preuve est l'*instrumentum*. À défaut de tels mots en français, « acte » désigne donc l'opération juridique elle-même ou l'instrument de sa preuve. Remarque : un *instrumentum* peut aussi servir à prouver un fait juridique : par exemple, un acte d'État civil prouve la naissance, ou le décès ; un procès-verbal constate un accident. Ainsi, en raison de leurs mutations croisées, Bernard et Véronique se donnent respectivement leurs appartements à Toulouse et à Caen et font établir un acte notarié : l'échange des appartements (*negotium*) pourra être prouvé grâce à l'acte authentique dressé par le notaire (*instrumentum*).

L'*instrumentum* sera traité avec les questions de preuve [22] ; seul le *negotium* nous retiendra ici, ou plutôt les *negotium* (ou mieux *negotia*) car ils sont très divers (§ 1). Parmi eux, les contrats feront l'objet d'une présentation particulière (§ 2).

§ 1 : Les différents *negotia* – la classification des actes juridiques

241. – Les contrats, les actes unilatéraux et les actes collectifs. – Dans le contrat (C. civ., art. 1101), les effets de droit naissent de l'accord de volontés de deux ou plusieurs personnes : celles du vendeur et de l'acheteur dans la vente, des copermutants [23] dans l'échange, du maître d'ouvrage (celui qui commande l'ouvrage) et du constructeur dans le contrat de construction

20. V. Cass. 1re civ., 16 sept. 2010, n° 09-13947, *Bull. civ.* I, n° 173. *Adde* G. Deharo, « Nature juridique du paiement : la Cour de cassation tranche en faveur de la qualification de fait juridique », *JCP* G 2010, 940, L. Leveneur, « Nature juridique du paiement : le revirement se confirme à la première chambre civile », *Contrats, conc. consom.* 2010, n° 12.

21. V. *infra* nos 269 et s., la question des modes de preuve.

22. Cf. *infra* nos 271 et s.

23. Et bien évidemment pas les « échangistes » ! ! !

de maison individuelle… Et, en vertu du principe de l'effet relatif des contrats (art. 1165), c'est seulement entre ces personnes que se produiront les effets ; les tiers ne seront tenus à aucune obligation.

Dans l'acte unilatéral, l'effet juridique résulte de la volonté d'une seule personne : celle du testateur, du bénéficiaire d'une servitude qui y renonce, du père qui reconnaît un enfant naturel, de l'héritier qui accepte ou au contraire renonce à une succession… et seul l'auteur de l'acte sera tenu.

Attention : il ne faut pas confondre l'acte unilatéral où il n'y a aucun accord de volontés, puisqu'il émane d'une seule personne, et le contrat unilatéral (art. 1103) où il y a un tel accord mais où un seul des contractants est obligé envers l'autre. Le contrat unilatéral s'oppose alors au contrat bilatéral ou synallagmatique (art. 1102), dans lequel les engagements des contractants sont réciproques. Ainsi, seul l'emprunteur est débiteur de la somme prêtée lors de la conclusion du prêt, le prêteur n'a aucune obligation à sa charge mais le bailleur et le preneur ont des obligations réciproques : le bailleur met les lieux loués à disposition du locataire qui, en contrepartie, paye le loyer fixé au contrat de bail.

Enfin, dans l'acte collectif, si l'effet juridique est voulu par plusieurs personnes, celles-ci ont des intérêts communs, de telle sorte qu'une seule volonté est exprimée : par exemple, une assemblée d'actionnaires ou de copropriétaires va adopter une délibération. En vertu de la règle de la majorité qui prévaut dans les assemblées, certaines personnes – minoritaires – pourront aussi être tenues de respecter la délibération. Remarque : il existe aussi quelques contrats collectifs – comme les conventions collectives du droit du travail – qui, passés entre certaines personnes, vont en obliger d'autres.

242. – Les actes à titre onéreux et les actes à titre gratuit. – Si le plus souvent, les sujets de droit accomplissent un acte en vue d'obtenir un avantage réciproque, rien n'empêche que leur intention soit purement libérale : le locataire paye le loyer pour avoir la disposition des lieux loués, le vendeur vend pour obtenir un prix… mais le donateur (qui donne) n'attend pas de rémunération de la part du donataire (qui reçoit) et le dépositaire bénévole conserve en dépôt un bien gratuitement. La vente, le bail sont des actes à titre onéreux (art. 1106), la donation un acte à titre gratuit (art. 1105 : le texte parle de contrat de bienfaisance). L'acte à titre gratuit peut être dangereux pour le disposant et ses ayants droit (éventuels héritiers et créanciers), si bien que la loi l'entoure souvent de précautions : par exemple, la donation entre vifs n'est pas valable sans l'établissement d'un acte notarié (la donation est de ce fait un contrat solennel, par exception au principe du consensualisme qui prévaut en droit français). En revanche, la responsabilité de l'architecte, du dépositaire… qui a agi pour rendre service n'est engagée que s'il a manqué gravement à ses obligations.

Au sein des actes onéreux, il est possible de distinguer les actes commutatifs (art. 1104, al. 1er) et aléatoires (art. 1104, al. 2). Le contrat commutatif est celui où les avantages réciproques sont connus des parties lors de leur conclusion : c'est le cas de la vente où l'acheteur verse un prix en contrepartie de la chose – peu important que les deux prestations n'aient pas exactement la même valeur –, du bail. Le contrat est en revanche aléatoire « lorsque l'équivalent consiste dans la chance de gain ou de perte pour chacune des parties, d'après un événement incertain » : par exemple, le contrat d'assurance comporte un aléa, la survenance d'un sinistre n'étant pas certaine au jour de la rencontre des volontés de l'assureur et de l'assuré ; l'assuré paye des primes (ou cotisations, si son assureur est une mutuelle) mais l'assureur n'aura à s'exécuter qu'en cas de sinistre. L'achat en viager est aussi aléatoire, puisqu'il s'agit de verser une rente à l'actuel propriétaire jusqu'à son décès afin d'acquérir la propriété d'un bien.

243. – Les actes entre vifs et les actes à cause de mort. – Les effets des actes entre vifs se produisent du vivant de leurs auteurs alors que ceux des actes à cause de mort ne se produisent qu'au décès du celui qui a fait l'acte [24] ; le droit reconnaît donc plus facilement la validité des premiers (vente, bail…) que celle des seconds (testament, assurance-vie…). Attention : le legs [25] – à cause de mort – de son Code civil fait par Jérôme à Corinne est un acte unilatéral ; en revanche, la donation – entre vifs – du même Code, est un contrat unilatéral.

244. – Les actes constitutifs, les actes translatifs et les actes déclaratifs. – Les effets des premiers sont de créer un droit nouveau, ceux des deuxièmes de transférer un droit et ceux des troisièmes de reconnaître l'existence d'un droit antérieur. Ainsi le contrat de mandat investit le mandataire de la mission d'agir pour le compte du mandant, la donation réalise le transfert de la propriété de biens du patrimoine du donateur au patrimoine du donataire et la reconnaissance d'un enfant naturel constate que le lien de filiation existait du jour de la naissance, voire du jour de la conception de l'enfant [26].

245. – Les actes conservatoires, les actes d'administration et les actes de disposition. – Les actes conservatoires, toujours nécessaires et urgents, permettent de sauvegarder un bien (chose ou droit), en l'empêchant de sortir du patrimoine. Les actes d'administration visent à mettre en valeur, à faire fructifier le patrimoine, alors que les actes de disposition portent atteinte à sa valeur, dans la mesure où ils tendent à faire sortir un bien du patrimoine. De l'inscription ou le renouvellement d'une hypothèque prise pour la garantie d'une créance (acte conservatoire) à la vente (acte de disposition), en passant par le louage d'une chose (acte d'administration), la gravité des effets sur la valeur du patrimoine augmente.

Il est à noter que les baux [27] de neuf ans au plus – les plus courants – sont considérés comme des actes d'administration et ceux de plus de neuf ans comme des actes de disposition [28].

246. – Les actes instantanés et les actes successifs. – Les effets de l'acte instantané se produisent en un instant, ceux de l'acte successif s'échelonnent dans le temps : par exemple, la vente au comptant est réalisée en une seule prestation ; en revanche, l'exécution d'un contrat de travail ne se conçoit que dans la durée précisée (contrat à durée déterminée) ou non (contrat à durée indéterminée) [29].

247. – Les actes juridiques les plus fréquents. – Au sein des actes juridiques, les contrats sont les plus couramment pratiqués. Chacun conclut quasi quotidiennement un, voire plusieurs

24. Le défunt était désigné comme étant le *de cujus* (celui de la succession dont il s'agit). Ce terme traditionnel a disparu par l'effet de la loi n° 2006-728 du 23 juin 2006 réformant les successions et les libéralités, qui est entrée en vigueur le 1er janv. 2007.

25. « Legs » prend un « s » même au singulier.

26. C'est parce qu'il a un effet déclaratif que le revirement de jurisprudence apparaît comme étant rétroactif. V. *supra* n° 143.

27. « Baux » est le pluriel de « bail », contrat qui unit un bailleur et un « locataire » ou un « preneur » (ce terme est plus utilisé pour les baux ruraux).

28. L'« emphytéose » ou « bail emphytéotique » est un bail qui doit être consenti pour plus de dix-huit années et ne peut dépasser 99 ans (!) Il ne peut se prolonger par tacite reconduction : art. L. 451-1 du Code rural et de la pêche maritime.

29. Cf. *supra* n° 180 les questions soulevées par l'application de la loi dans le temps aux contrats successifs.

contrats : acheter un kilo d'oranges, prendre un appartement à bail, emprunter une somme d'argent… Les autres actes juridiques sont moins habituels : léguer ses biens, reconnaître un enfant naturel… ne sont pas des actes de la vie courante. Seuls les contrats feront donc l'objet d'une présentation.

§ 2 : Les grandes règles relatives aux contrats

248. – La loi des parties. – Selon l'article 1134, alinéa 1er du Code civil, « les conventions légalement formées tiennent lieu de loi à ceux qui les ont faites ». Le contrat a donc force obligatoire à l'égard des parties : les cocontractants sont tenus d'exécuter ce qui a été prévu au contrat qu'ils ont conclu (livrer un bien, payer un prix…). Mais, pour produire leurs effets, les actes juridiques doivent obéir à des règles de validité (I), le non-respect de ces règles étant sanctionné (II). Il est à noter que, en l'absence de réglementation générale dans le Code civil, les règles relatives au contrat jouent aussi pour les autres actes juridiques.

I. Les conditions de validité

A. Les conditions de fond

249. – Les quatre conditions de l'article 1108 du Code civil. – « Quatre conditions sont essentielles pour la validité d'une convention : le consentement de la partie qui s'oblige ; sa capacité de contracter ; un objet certain qui forme la matière de l'engagement ; une cause licite dans l'obligation ».

250. – Le consentement. – Il doit exister et être exempt de vices.

1) D'une part, un très jeune enfant ou une personne dans le coma, par exemple, ne peut donner de consentement. D'autre part, et surtout, le consentement commun aux parties à un contrat, c'est l'accord de leurs volontés [30]. À cet égard, la théorie juridique française classique analyse la formation du consentement en une offre (appelée aussi pollicitation) suivie d'une acceptation ; la rencontre des deux constitue le consentement [31]. Une conception plus récente a vu le jour – sous l'influence de droits étrangers – qui prend en compte la complexité de certaines

---

30. La présentation qui va suivre est nécessairement sommaire ; pour plus de détails, consulter un manuel de droit des obligations (spécialement Ph. Malaurie, L. Aynès, Ph. Stoffel-Munck, *Les obligations*, Defrénois, 5e éd., 2011, nos 455 et s.).

31. Contrairement à la formule habituelle, et sauf relations contractuelles antérieures de l'acceptant avec le pollicitant ou silence circonstancié, « qui ne dit mot ne consent pas » : il faut donc une acceptation expresse ou implicite (expédition d'une marchandise après réception d'une commande, hochement de tête lors d'une vente aux enchères ou « double-clic » en matière de contrat électronique, tel qu'il est prévu par la loi n° 2004-575 pour la confiance dans l'économie numérique du 21 juin 2004 dite LCEN). Sur le silence circonstancié, v. Cass. com., 18 janv. 2011, n° 09-69831, à paraître au *Bull.* : si le silence ne vaut pas à lui seul acceptation, il n'en est pas de même lorsque les circonstances permettent de donner à ce silence la signification d'une acceptation ; ainsi, une cour d'appel peut déduire des circonstances de l'espèce, s'agissant de l'engagement personnel pris par un dirigeant pour permettre à sa société de présenter un plan crédible à l'homologation du tribunal, que le silence de cette dernière, à l'offre qu'il lui avait faite, lui donnait la signification d'une acceptation de sorte que l'accord était valablement formé entre eux et déjà Cass. 1re civ., 24 mai 2005, n° 02-15188, *Bull. civ.* I, n° 223 ; Cass. 1re civ., 4 juin 2009, n° 08-14481, *Bull. civ.* I, n° 113.

situations : une longue négociation prend place avant la rencontre de l'offre et l'acceptation, une invitation à entrer en pourparlers est antérieure à l'offre (les pourparlers sont moins que l'offre, qui est ferme), un avant-contrat précède le contrat proprement dit, parfois de manière obligée (l'avant-contrat est plus qu'une offre car c'est déjà un contrat en lui-même alors que l'offre n'est qu'un acte unilatéral)[32] ; ou encore le contrat est conclu « entre absents » : pendant longtemps, le droit ne connaissait de vente à distance que la seule vente par correspondance, sur catalogue ou sur prospectus, mais il faut y ajouter aujourd'hui le contrat électronique qui présente aussi les difficultés relatives à tout contrat de ce type (à savoir où et quand le contrat est-il formé ?)[33].

2) Par ailleurs, le consentement n'est pas considéré comme libre et éclairé lorsqu'il est vicié par l'erreur, le dol ou la violence – la liste de l'article 1109 est (était ?) limitative et chaque vice est précisément défini. En effet, la question mérite d'être posée du maintien de ce caractère limitatif étant donné l'évolution jurisprudentielle : en particulier, un arrêt de la Cour de cassation, rendu le 5 octobre 2006[34], a semblé admettre un nouveau vice du consentement – celui de vulnérabilité – indépendamment des trois vices classiques. Un arrêt du 12 février 2008[35] a aussi reconnu la vulnérabilité d'un cocontractant mais considéré que cet état lui avait fait commettre une erreur sur la substance de la chose ; si la vulnérabilité est ici rattachée à un des vices classiques, l'utilisation de l'erreur par le juge est un « masque »[36]. Avec M. le professeur Laithier, il est permis de penser que « l'arrêt commenté et son précédent du 5 octobre 2006 illustrent, nous semble-t-il, l'extension en droit commun des contrats d'une législation spéciale adoptée en vue de protéger les consommateurs victimes de pratiques sournoises ou agressives de professionnels »[37]. Or cette jurisprudence viole l'article 1110 qui n'admet pas l'erreur sur la valeur et l'article 1118 qui n'admet la lésion que dans certains cas et pas dans celui d'un abus de faiblesse[38] ; elle est donc critiquable même si les deux arrêts sont inédits[39]...

---

32. Cf. les promesses unilatérale ou synallagmatique de vente qui précèdent la vente d'un immeuble, par exemple.

33. Le commerce électronique c'est, selon l'article 14 de la LCEN, « l'activité économique par laquelle une personne propose ou assure à distance et par voie électronique la fourniture de biens et de services » : ce commerce concerne les professionnels et les consommateurs. L'achat en ligne d'un billet de train ou d'un livre, le téléchargement (légal bien sûr !) de musique, la location de DVD, le développement de photos, la banque, l'assurance, etc. relèvent de ce type d'activité et constituent aujourd'hui une réalité quotidienne. Ce type de contrat a nécessité une adaptation du droit qui a été réalisée par la loi n° 2004-575 du 21 juin 2004 pour la confiance dans l'économie numérique (LCEN), modifiée par l'ordonnance n° 2005-674 du 16 juin 2005 : les articles 1369-1 à 1369-3 issus de la LCEN sont devenus respectivement les articles 1369-4 à 1369-6 ; le contenu des premiers ayant été réécrit en 2005. La réglementation de ce contrat particulier est très technique (v. Ph. Malaurie, L. Aynès, Ph. Stoffel-Munck, *op. cit.*, n° 480). Le principe est que l'écrit électronique est équivalent à l'écrit papier (sur lesquels, v. *infra* n°s 271 et s.). Si la formation du contrat électronique est soumise au droit commun, l'offre et l'acceptation électroniques présentent quelques particularités : l'offre doit exposer certains éléments techniques (comme par exemple les différentes étapes à suivre pour conclure le contrat) et l'acceptation se fait par le système du « double-clic » : cette confirmation de l'acceptation a pour but d'éviter les « fausses manœuvres ». Enfin, une dernière modification du droit commun résulte de l'article 1369-5, alinéa 3, qui dispose : « la commande, la confirmation de l'acceptation de l'offre et l'accusé de réception sont considérés comme reçus lorsque les parties auxquelles ils sont adressés peuvent y avoir accès ». Ces dispositions ne s'appliquent cependant pas pour les contrats conclus par échanges de courriels (sans recourir à un site) et les professionnels peuvent écarter la procédure de conclusion du contrat électronique par une clause particulière. *Adde* J. Julien, *Droit de la consommation et du surendettement*, Montchrestien, Cours, 2009, n°s 117 et s., C. Castets-Renard, *Droit de l'internet*, Montchrestien, Cours, 2010, n°s 397 et s.

34. V. Cass. 2e civ., 5 oct. 2006 : l'arrêt évoque la « faiblesse psychologique » de la demanderesse en nullité du contrat, état qui avait vicié son consentement (n° 04-11179, *D.* 2007, p. 2215, note G. Raoul-Cormeil et p. 2966, obs. S. Amrani-Mekki et B. Fauvarque-Cosson ; J. Julien, *op. cit.*, n° 143).

35. V. Cass. com., 12 févr. 2008 : l'annulation était justifiée par le fait que le cocontractant était « dépressif et peu versé dans la pratique des affaires, et incapable dans ces conditions de mesurer la portée des actes qu'il signait », de telle sorte qu'il « avait commis une erreur sur la substance même de la chose qui était l'objet du contrat » (n° 06-19204, Y.-M. Laithier, « Erreur ou abus ? (Ou le vice du consentement qui n'ose pas dire son nom) », *RDC* 2008, p. 370).

36. V. note préc.

37. *Ibid.*

38. V. *infra* au même numéro. L'abus de faiblesse est une notion du droit de la consommation, sur laquelle v. J. Julien, *op. cit.*, n°s 139 et s.

39. V. *supra* n° 140 2) sur l'incidence d'une publication relativement à la portée d'un arrêt.

Une erreur se produit lorsqu'une personne ne contracte que parce qu'elle se trompe sur l'un des éléments du contrat : par exemple, Ernest Bigoudi achète un tableau qu'il croit être un Renoir et qui ne l'est pas. L'article 1110 du Code civil ne retient cependant que deux cas d'erreur comme cause de nullité des contrats : l'erreur sur la substance de la chose, c'est-à-dire sur les qualités jugées substantielles par le contractant (l'authenticité du tableau, peint par Renoir, pour Ernest Bigoudi) ; et l'erreur sur la personne, c'est-à-dire sur l'identité ou sur les qualités essentielles des contractants, lorsque l'acte est conclu en considération de la personne de ceux qui y participent (par exemple, une personne a l'intention de contracter avec une agence commerciale réputée et en réalité se trouve liée avec une personne physique) [40]. D'autres erreurs – dites erreurs-obstacle – sont aussi prises en considération étant donné leur gravité [41]. Les autres erreurs sont indifférentes [42].

Le dol [43] est une manœuvre pratiquée par une personne pour en tromper une autre ; il ne constitue un vice du consentement que s'il émane de l'autre partie au contrat (C. civ., art. 1116). Par exemple, Gontrand Michu produit un faux certificat d'authenticité pour qu'Ernest Bigoudi achète une vieille armoire normande. La jurisprudence admet aujourd'hui que le silence gardé par une partie dissimulant un fait que l'autre avait intérêt à connaître peut être constitutif d'un dol – il y a réticence dolosive.

La violence est la contrainte exercée sur un individu pour le contraindre à conclure un acte (C. civ., art. 1111 et s.). La contrainte peut être physique ou morale, le consentement étant alors donné par crainte, sous la menace déterminante d'un mal. Elle est sanctionnée même si elle émane d'une tierce personne, non partie à l'acte [44].

Bien qu'elle ne résulte pas forcément d'un vice du consentement, il est traditionnel d'évoquer avec eux la lésion : il s'agit d'un déséquilibre objectif dû à une disproportion manifeste des prestations prévues dans un contrat. Le Code civil (art. 1118) ne la sanctionne que dans certains contrats ou à l'égard de certaines personnes, à savoir respectivement en cas de vente d'immeuble (art. 1674) – seul le vendeur est protégé contre la lésion qui doit être de plus des

---

40. Globalement, l'erreur sur la personne est liée au caractère *intuitu personæ* du contrat, c'est-à-dire au caractère déterminant de la considération de la personne. Un exemple historique est célèbre : une femme avait épousé un ancien bagnard sans connaître cette situation, elle a pu obtenir la nullité du mariage pour erreur sur la personne (Ch. Réunies, 24 avr. 1862, *Berthon*, v. H. Capitant, F. Terré et Y. Lequette, *Les grands arrêts de la jurisprudence civile*, Tome 1, 2007, 12e éd., n° 33). Plus récemment une affaire similaire a défrayé la chronique, dépassant largement le monde juridique, à savoir l'erreur commise par l'époux sur la qualité de son épouse, c'est-à-dire ici son absence de virginité : le 1er avr. 2008, le tribunal a prononcé la nullité du mariage pour « erreur sur les qualités essentielles du conjoint » V. G. Raoul-Cormeil, « Annulation d'un mariage par consentement mutuel ou validité d'un mariage civil en dépit d'un mensonge sur la virginité », *JCP* 2008. II. 10122 et deux points de vue au *JCP* 2008, celui de M. F. Terré (actu n° 439) et de M. Ph. Malaurie (actu n° 440). Cependant le jugement a fait l'objet d'un appel et a été réformé par la cour d'appel de Douai, le 17 nov. 2008 : pour débouter le mari, la cour a jugé « qu'en toute hypothèse le mensonge qui ne porte pas sur une qualité essentielle n'est pas un fondement valide pour l'annulation du mariage. Tel est particulièrement le cas quand le mensonge prétendu aurait porté sur la vie sentimentale passée de la future épouse et sur sa virginité, qui n'est pas une qualité essentielle en ce que son absence n'a pas d'incidence sur la vie matrimoniale. Ainsi la prétendue atteinte à la "*confiance réciproque*" est-elle sans portée quant à la validité de l'union ».

41. Le consentement est alors plus que vicié, il est inexistant. Deux cas sont classiquement cités : « ainsi en est-il de l'erreur sur la nature de l'acte – deux personnes passent un contrat, l'une croit vendre son bien, l'autre croit qu'il ne s'agit que d'une location – ou de l'erreur sur l'objet de l'acte – l'acheteur pensait acquérir tel bien alors que le vendeur voulait en vendre un autre » (F. Terré, *Introduction générale au droit*, Précis Dalloz, 8e éd., 2009, n° 288).

42. Par exemple l'erreur sur la valeur de la chose, sur les motifs non déterminants. De même, lorsqu'elle est inexcusable (donc facile à éviter) l'erreur cesse d'être une cause de nullité, et ce, bien qu'elle porte sur les qualités substantielles.

43. Ou plus exactement l'erreur provoquée par le dol.

44. Cf. article 1112 : « il y a violence, lorsqu'elle est de nature à faire impression sur une personne raisonnable, et qu'elle peut lui inspirer la crainte d'exposer sa personne ou sa fortune à un mal considérable et présent. On a égard, en cette matière, à l'âge, au sexe et à la condition des personnes ».

7/12es du prix véritable de l'immeuble – et les mineurs (art. 1305), ainsi que les majeurs placés en curatelle (art. 465) ou sous la sauvegarde de justice (art. 435, al. 2) [45].

À noter que pour prévenir la survenance de vices du consentement – et donc éviter l'anéantissement du contrat [46] –, la jurisprudence et la loi imposent de plus en plus souvent à l'un des futurs contractants l'obligation de renseigner l'autre ou de lui laisser le temps de la réflexion permettant de se dédire [47]. C'est notamment le cas dans le droit du commerce électronique qui prévoit une obligation de renseignement particulièrement renforcée et un délai de rétractation de sept jours [48].

251. – La capacité. – C'est l'aptitude d'une personne à être titulaire de droits et à les exercer. Un incapable est une personne à laquelle la loi ne reconnaît pas la faculté de passer tout acte juridique, en particulier un contrat. De l'article 1123 du Code civil, il résulte que « toute personne peut contracter, si elle n'en est pas déclarée incapable par la loi ». La capacité est donc la règle, l'incapacité, l'exception. L'article 1124 dispose que sont incapables de contracter, dans la mesure définie par la loi : les mineurs non émancipés, les majeurs protégés au sens de l'article 488. En outre, certaines personnes vont être incapables de passer certains actes dans des cas particuliers : il s'agit d'incapacités spéciales (ou d'interdictions légales de contracter) [49].

Le droit connaît deux sortes d'incapacités. L'incapacité de jouissance interdit totalement à une personne de passer des actes juridiques : à Rome, par exemple, les esclaves étaient frappés d'une totale incapacité de jouissance. Aujourd'hui, l'incapacité de jouissance ne porte que sur certains actes. L'incapacité d'exercice interdit seulement à une personne d'accomplir seule certains actes qu'elle peut effectuer, en revanche, soit par l'intermédiaire d'un représentant (administrateur légal, tuteur), soit avec l'assistance d'une autre personne (curateur) ou une autorisation [50].

---

45. Attention : ces solutions restent inchangées sur le fond avec la réforme de la protection juridique des majeurs, mais, à compter du 1er janv. 2009, l'article 510-3 devient l'article 465 du Code civil et l'article 491-2, l'article 435. Par ailleurs, il y a d'autres cas de lésion, comme dans la vente d'engrais (L. 8 juill. 1907). En revanche, avec la réforme des successions de 2006, a disparu la rescision en cas de partage lésionnaire (anc. art. 887, al. 2) : sur la nouvelle sanction, v. *infra* n° 256, en note.

46. Cf. *infra* n°s 255 et s. les sanctions.

47. Cf. les textes visant la protection du consommateur. *Adde* J. Julien, *Droit de la consommation et du surendettement*, préc., n°s 23 et s., 100,112 et s. et 119.

48. Comme c'est déjà le cas pour d'autres contrats, en matière de démarchage à domicile par exemple. V. *supra* n° 250, en note.

49. Les établissements d'utilité publique ne peuvent recevoir des dons sans une autorisation administrative (art. 910, al. 1er du C. civ.) ; il en est de même des établissements de santé, des établissements sociaux et médico-sociaux depuis l'entrée en vigueur de la loi n° 2011-525 du 17 mai 2011 (cet ajout avait déjà été effectué par la loi n° 2009-526 du 12 mai 2009 et supprimé par l'ordonnance n° 2010-177 du 23 févr. 2010 !!!). Et le médecin ou le ministre du culte n'a pas le droit de recevoir des libéralités (un legs par exemple) de la personne qu'il soigne ou qu'il assiste lors de sa dernière maladie (art. 909 du C. civ.). Très exactement l'alinéa 1er dispose que modifié par la loi 2007-308 du 5 mars 2007 entré en vigueur le 1er janv. 2009 « les membres des professions médicales et de la pharmacie, ainsi que les auxiliaires médicaux qui ont prodigué des soins à une personne pendant la maladie dont elle meurt ne peuvent profiter des dispositions entre vifs ou testamentaires qu'elle aurait faites en leur faveur pendant le cours de celle-ci ». Selon l'alinéa 2 – lui aussi issu de la loi de 2007–, « les mandataires judiciaires à la protection des majeurs et les personnes morales au nom desquelles ils exercent leurs fonctions ne peuvent pareillement profiter des dispositions entre vifs ou testamentaires que les personnes dont ils assurent la protection auraient faites en leur faveur quelle que soit la date de la libéralité ». L'alinéa 3 du texte précise qu'il en est de même pour les ministres du culte.

50. Malgré la réforme du droit des majeurs incapables, la notion même d'incapacité d'exercice n'a pas été remise en cause. En effet, cette réforme visait essentiellement à renforcer les droits des personnes protégées. En particulier, la mesure de protection juridique (sauvegarde de justice, curatelle ou tutelle – hier comme aujourd'hui) ne peut ainsi être ordonnée par le juge qu'après avoir auditionné la personne concernée, qui peut être assistée d'un avocat. Par ailleurs, toute personne peut désormais choisir préalablement au moyen d'un « mandat de protection future » celui ou celle qui serait nommé (e) tuteur ou curateur, au cas où elle ne serait plus en mesure d'exercer ses droits et de défendre ses intérêts. Et lorsque le majeur n'a pas pris de dispositions spécifiques, la famille et les proches t sont désignés en priorité. La nomination d'un intervenant extérieur, mandataire judiciaire de protection des majeurs, ne se fait donc qu'en dernier recours. Enfin, la mesure de protection est prise pour un temps déterminé (au maximum 5 ans), et ne peut être renouvelée qu'après l'audition du majeur et un nouvel examen de sa situation par le juge. Cette réforme est entrée en vigueur au 1er janv. 2009, sauf certaines dispositions qui ont été applicables immédiatement : cf. l'article 45 III de la loi de 2007 : « un mandat de protection future peut être confié à une personne physique dès la publication de la présente loi. Toutefois, ce mandat ne peut prendre effet qu'à compter de la date d'entrée en vigueur de celle-ci ».

252. – L'objet ou « à quoi s'engage-t-on ? » – Le terme objet peut signifier plusieurs choses : ce peut être la chose-objet sur laquelle porte le contrat (la vente d'un Code civil). Plus juridiquement, l'objet de l'obligation désigne ce à quoi s'engage une partie : faire, ne pas faire ou donner[51] (C. civ., art. 1126)[52]. Il est assez rare qu'un contrat soit annulé pour absence d'objet, mais ce n'est pas pour autant une hypothèse d'école : ainsi la Cour de cassation a-t-elle pu juger qu' « est nulle pour défaut d'objet toute cession de parts, d'actions, ou de droits conférés par ces titres, d'une société ayant disparu par l'effet d'une opération de fusion par absorption ; qu'ayant retenu que la cession portait sur des actions de la société disparue, la cour d'appel, qui n'était pas tenue d'établir l'existence d'un vice du consentement, en a justement déduit qu'à défaut d'objet, ces conventions de cession étaient nulles »[53].

L'objet doit être certain, c'est-à-dire suffisamment précisé dans l'acte, pour savoir ce que les parties au contrat ont voulu (C. civ., art. 1129)[54].

L'objet doit être possible[55], étant précisé qu'un contrat portant sur une chose future n'a pas un objet impossible (art. 1130, al. 1er)[56] : la vente d'immeuble à construire est un contrat parfaitement valide et courant (art. 1601-1 et s.).

L'objet doit être licite. Pour ce faire, il doit être conforme aux règles impératives du droit positif (art. 1128)[57].

253. – La cause ou « pourquoi s'engage-t-on ? » – Dans une première approche, la cause correspond au pourquoi de l'engagement. La réponse est presque immédiate : je m'engage car j'attends quelque chose en retour. Ainsi, le vendeur contracte parce qu'il attend le paiement d'un prix ; l'acheteur, en revanche, attend le transfert de propriété de la chose. Cette vision de la cause est dite objective, il s'agit de déterminer la cause de l'obligation, qui est, ni plus ni moins, la contreprestation attendue. Il en résulte que parler de la cause dans tel ou tel contrat n'a guère de sens : il s'agit toujours de la cause de l'obligation de tel contractant, ou de tel autre. Il faut d'ailleurs remarquer que dans un contrat synallagmatique (qui comporte des obligations réciproques), la cause de l'obligation de l'un des contractants est l'objet de l'obligation de l'autre. Reprenons le cas du contrat de vente : la cause de l'obligation du vendeur (pourquoi s'engage-t-il ? pour recevoir le paiement du prix) équivaut à l'objet de l'obligation de l'acheteur (à quoi s'oblige-t-il ? à payer le prix) et *vice versa.*

Une telle approche, objective, de la cause est nécessaire, mais elle n'est pas suffisante. Il faut aller plus loin et examiner la cause dite subjective (ou cause du contrat, à ne pas confondre avec la cause de l'obligation). La cause subjective réside dans les motifs impulsifs et déterminants du

51. Au sens latin de « *dare* », c'est-à-dire transférer la propriété.

52. « Tout contrat a pour objet une chose qu'une partie s'oblige à donner, ou qu'une partie s'oblige à faire ou à ne pas faire ».

53. Cass. com., 26 mai 2009, n° 08-12691, *Bull. civ.* IV, n° 71. *Adde* Y.-M. Laithier, « Un hommage à l'objectivisme : la nullité du contrat pour absence d'objet », *RDC* 2009, p. 1341 : « d'après l'article L. 236-3, I, du Code de commerce, la fusion entraîne la dissolution sans liquidation de la société absorbée et la transmission universelle de son patrimoine à la société bénéficiaire. Par l'effet de la loi, les associés de la société absorbée acquièrent simultanément la qualité d'associés de la société absorbante. La Cour de cassation en tire ici les conséquences logiques. Puisque la société absorbée n'a plus d'existence juridique, les actions représentant son capital disparaissent. De ce fait, leur prétendue cession, postérieure à la fusion, est nulle pour défaut d'objet ».

54. « Il faut que l'obligation ait pour objet une chose au moins déterminée quant à son espèce. La quotité de la chose peut être incertaine, pourvu qu'elle puisse être déterminée ».

55. Serait impossible, par exemple, l'engagement pris par un médecin envers un patient de le ressusciter en cas de décès accidentel.

56. « Les choses futures peuvent être l'objet d'une obligation ».

57. « Il n'y a que les choses qui sont dans le commerce qui puissent être l'objet des conventions ». Cf. *supra*, n° 14 les notions de règles impératives et supplétives.

contractant, et qui lui sont propres. Un exemple classique et qui appartient à présent à l'histoire du droit peut être cité car il conserve toute sa valeur pédagogique : une personne prend à bail une maison afin d'y installer des « dames de petite vertu ». En tant que locataire, la cause – objective – de son obligation réside dans la libre jouissance des lieux loués (et l'objet réside dans le paiement des loyers) ; la cause subjective, quant à elle, correspond aux motifs impulsifs et déterminants, c'est-à-dire la volonté d'y établir un tel commerce. Du point de vue de la cause objective, il n'y a rien à redire, en revanche la cause subjective semble poser quelques difficultés...

Cela permet d'en venir à l'utilité de ces théories sur la cause. Pour être valable, la cause doit exister et être licite. Aux termes de l'article 1131 du Code civil, « l'obligation sans cause, ou sur une fausse cause, ou sur une cause illicite, ne peut avoir aucun effet ». Plus précisément, pour apprécier l'existence de la cause, il faut examiner la cause objective (y a-t-il une contreprestation ?[58]). En revanche, pour apprécier la licéité de la cause (aux termes de l'article 1133, « la cause est illicite, quand elle est prohibée par la loi, quand elle est contraire aux bonnes mœurs ou à l'ordre public »), il faut examiner la cause subjective, et ainsi analyser la volonté profonde du contractant. Ainsi dans l'exemple précité, le propriétaire de la maison, qui se rend compte de l'usage qui en est fait par son locataire, peut-il demander la nullité du contrat de bail ? La cause existe-t-elle ? Oui, tant que le locataire a la libre jouissance de la maison et tant que le propriétaire perçoit les loyers. De ce point de vue, il n'y a rien à redire. En revanche, la cause est-elle licite ? Non, l'illicéité apparaît immédiatement, ce qui permettra de faire annuler le contrat.

B. Les conditions de forme

254. – Le principe du consensualisme. – Selon l'article 1583 du Code civil, la vente « est parfaite entre les parties, et la propriété est acquise de droit à l'acheteur à l'égard du vendeur, dès qu'on est convenu de la chose et du prix, quoique la chose n'ait pas encore été livrée ni le prix payé » : autrement dit, aucune formalité n'a à être accomplie pour que la vente soit réalisée ; dès que les parties sont d'accord sur la chose et sur le prix – et en l'absence d'une clause contraire à l'acte[59] – le transfert de la propriété de la chose est réalisé, il a lieu « *solo consensu* ». Cet article 1583 est une illustration du principe du consensualisme qui, au-delà de la vente, régit les contrats en droit français[60], et ce depuis le XVIe siècle[61]. Ce principe s'oppose à celui du formalisme, qui imprégnait le droit romain (surtout des débuts de la Rome antique) et que le droit canonique a combattu[62]. Certaines règles actuelles, de plus en plus nombreuses, se rattachent cependant à ce principe[63].

---

58. Pour un exemple où une telle contreprestation fait défaut, v. Cass. 1re civ., 20 janv. 2010 (n° 08-20459) : est nul pour défaut de cause le contrat par lequel un généalogiste promet à un héritier de lui révéler une succession qui lui est échue, moyennant une fraction de celle-ci, dès lors qu'il est certain que l'existence de la succession aurait été portée à la connaissance de l'héritier sans l'intervention du généalogiste.

59. Les parties pourraient par exemple convenir de retarder le transfert de propriété de la chose jusqu'au complet paiement du prix : c'est même une clause courante, appelée « clause de réserve de propriété ». Quoi qu'il en soit, c'est-à-dire, que le transfert ait été ou non retardé, le contrat, lui est formé.

60. Et même tous les actes juridiques.

61. L'institute coutumière n° 357 de Loysel dit que « on lie les bœufs par les cornes et les hommes par les paroles » : v. H. Roland et L. Boyer, *Adages du droit français*, préc., n° 298. (Sur A. Loysel, v. *supra* n° 127).

62. Sur cette évolution, v. J.-Ph. Levy et A. Castaldo, *Histoire du droit civil*, Précis Dalloz, 2e éd., 2010, n° 441.

63. V. Ph. Malaurie, L. Aynès, Ph. Stoffel-Munck, *op. cit.*, n° 535 : « le formalisme peut remplir des fonctions variées, voire opposées : assurer le sérieux de l'engagement parce qu'il s'agit d'un acte grave, ou favoriser l'automaticité de l'opération ; donner aux tiers une information sûre ou permettre à l'administration fiscale de percevoir un impôt ; donner aux parties une preuve ou permettre à l'administration de contrôler les effets d'un acte. Le développement de l'informatique, usant un langage codé, répétitif et mécanisé impose à son tour de nouvelles formes à l'expression de la volonté et modifie les modes de preuve ».

En effet, par exception, certains contrats [64] – qualifiés de solennels – sont soumis à des exigences de forme, nécessaires *ad validitatem* (à leur validité) : en leur absence, l'acte n'est pas valide [65]. Ainsi, pour la subrogation conventionnelle par la volonté du débiteur (art. 1250), pour les contrats de donation (art. 931), de mariage (art. 1394) [66] et d'hypothèque conventionnelle (art. 2416), un acte authentique [67] – en l'occurrence un acte notarié – doit-il être rédigé. On peut d'ailleurs constater une augmentation du nombre des actes authentiques. À titre d'illustration, l'article L. 261-11 du Code de la construction et de l'habitation impose la rédaction d'un acte authentique lorsque la vente d'immeuble à construire est à usage d'habitation. D'autres exemples témoignent d'une reviviscence récente du rôle des notaires dans le droit patrimonial de la famille : ainsi, depuis la loi n° 2001-1135 du 3 décembre 2001, l'article 763 du Code civil prévoit que le conjoint survivant a, pendant une année suivant le décès, la jouissance gratuite du logement appartenant aux époux. À la suite de ce texte, l'article 764 confère au survivant un droit d'habitation et d'usage du logement jusqu'à la fin de vie du conjoint survivant, mais le même texte donne aux époux la possibilité de priver l'autre de ce droit. Cette exhérédation ne sera cependant valide que si le conjoint prédécédé l'a exprimée par acte notarié [68]. Plus contraignante encore est la forme que doit prendre la renonciation anticipée à l'action en réduction dans une succession non ouverte, action qui est ouverte à tout héritier réservataire présomptif par l'article 929 dans sa rédaction issue de la loi n° 2006-728 du 23 juin 2006, entrée en vigueur le 1er janvier 2007 [69]. En effet, l'article 930, alinéa 1er précise que « la renonciation est établie *par acte authentique spécifique reçu par deux notaires.* Elle est signée séparément par chaque renonçant en présence des seuls notaires. Elle mentionne précisément ses conséquences juridiques futures pour chaque renonçant ». L'alinéa 2 prévoit la sanction du non-respect de ce lourd formalisme : « la renonciation est nulle lorsqu'elle n'a pas été établie dans les conditions fixées au précédent alinéa [...] » [70]. C'est parfois un cérémonial qui doit être suivi pour la validité d'un acte solennel : ainsi le mariage doit-il être célébré par un officier d'état-civil.

64. Ou autres actes juridiques (comme un testament).

65. Il ne faut pas confondre ces exigences de forme *ad validitatem* avec certaines formes nécessaires *ad probationem* (à la preuve) – cf. *infra* nos 273 et s. – ou à l'opposabilité de l'acte aux tiers : si les formalités de preuve ou de publicité ne sont pas accomplies, l'acte est quand même valide ; seulement, dans le premier cas, il sera difficile, voire impossible de prouver son existence et/ou son contenu et, dans le second cas, il sera inopposable aux tiers, qui pourront faire comme si l'acte n'existait pas à leur égard.

66. Le changement de régime matrimonial suppose aussi un acte notarié et même – dans certains cas – un jugement d'homologation (art. 1396 et 1397).

67. Cf. *infra* nos 274 et 275.

68. V. art. 763, al. 1 : « si, à l'époque du décès, le conjoint successible occupe effectivement, à titre d'habitation principale, un logement appartenant aux époux ou dépendant totalement de la succession, il a de plein droit, pendant une année, la jouissance gratuite de ce logement, ainsi que du mobilier, compris dans la succession, qui le garnit » ; 764, al. 1 : « sauf volonté contraire du défunt exprimée dans les conditions de l'article 971, le conjoint successible qui occupait effectivement, à l'époque du décès, à titre d'habitation principale, un logement appartenant aux époux ou dépendant totalement de la succession, a sur ce logement, jusqu'à son décès, un droit d'habitation et un droit d'usage sur le mobilier, compris dans la succession, le garnissant » et 971 : « le testament par acte public est reçu par deux notaires ou par un notaire assisté de deux témoins ».

69. La réserve est la portion de succession que la loi réserve à certains héritiers – les réservataires – comme les enfants, par opposition à la quotité disponible. Lorsqu'une personne a fait une ou des libéralités (dons, legs) dans une proportion telle que la réserve héréditaire est amputée, les héritiers réservataires ont la possibilité de demander la réduction de ces libéralités, par le biais d'une action en réduction de ces libéralités. La loi de 2006 a cependant prévu qu'un réservataire présomptif (il sera sans doute appelé à hériter) renonce, avant même l'ouverture de la succession (c'est-à-dire avant même le décès) à exercer cette action au profit d'une ou de plusieurs personnes déterminées.

70. La renonciation anticipée est un acte grave puisqu'elle peut aller jusqu'à priver totalement l'héritier renonçant de sa part de succession si son auteur dispose de toute la réserve. D'où cette exigence de deux notaires, « résurrection » de la loi du 25 ventôse an XI (d'ailleurs encore pour partie en vigueur – cf. sous l'article 1317 dans le Code civil *Dalloz*) ! En réalité, la loi de 2006 va même au-delà puisque la loi de ventôse donnait également compétence à un notaire assisté de deux témoins (solution aujourd'hui applicable au testament par acte public : v. *supra* l'article 971 du Code civil, en note)...

Si, de plus en plus souvent, un acte sous seing privé (portant la signature des seuls contractants) [71] est exigé en tant que forme de publicité ou à titre informatif (par exemple le contrat de vente d'immeuble à construire à usage autre que d'habitation – commercial –, celui d'assurance-vie ou encore de nombreux contrats régis par le droit de la consommation, doivent-ils faire l'objet d'un acte écrit, papier ou électronique), il faut aussi noter que l'acte sous-seing privé est parfois exigé *ad validitatem* pour le testament olographe (C. civ., art. 970), pour le contrat d'apprentissage (C. trav., art. L. 6222-4) ou pour la stipulation d'intérêts en matière de prêt d'argent (C. civ., art. 1907, al. 2, C. consom., art. L. 313-2). Mais il est alors parfois difficile de savoir quelle est la sanction de leur non-respect : ainsi, par exemple, en matière de contrat électronique, l'offre doit comporter des mentions obligatoires ; or le texte de la LCEN est muet quant aux sanctions si ces mentions n'apparaissent pas [72] !... En revanche, la sanction du non-respect des articles 1907, alinéa 2, du Code civil et L. 313-2 du Code de la consommation est la nullité relative [73].

Il faut encore mentionner l'existence de contrats réels (de *res* – la chose – en latin), qui supposent, outre l'accord des volontés, la remise effective d'une chose : c'est le cas du contrat de gage (art. 2071), de dépôt (art. 1919, de certains prêts [74] ou du don manuel. Si la chose n'a pas été remise, le contrat est nul ; en particulier, la promesse de don manuel, sans remise du meuble qui en est l'objet de la main à la main, est nulle [75].

II. Les sanctions

A. La nullité

255. – La nullité, sanction du non-respect des conditions de formation. – Que la cause d'un contrat soit illicite, que le consentement d'une partie ait été vicié par un dol, qu'aucun

71. Cf. *infra* n°s 276 et 277. On peut noter dès maintenant que l'écrit peut être électronique.

72. Sur ces exigences, v. *supra* n° 250, en note. V. J. Julien, *Droit de la consommation et du surendettement*, préc., n° 119 : « le texte ne prévoit pas de sanction en cas de méconnaissance de cette disposition. Trois solutions sont alors envisageables : soit l'absence d'une seule mention entraîne la nullité du contrat, de plein droit ; soit cette nullité n'est encourue que si le défaut d'information vicie le consentement ; soit enfin le consommateur peut demander l'allocation de dommages-intérêts. Cette dernière solution a nettement notre préférence. En effet, une nullité automatique dès qu'une mention fait défaut est sans doute excessive. De plus, elle permettrait à un consommateur, bien informé mais de mauvaise foi, de se délier facilement d'un contrat qu'il regrette peut-être : la protection du plus faible ne doit pas se transformer en licence de mal agir… Réserver la nullité uniquement dans les cas dans lesquels le défaut d'information vicie la convention serait assurément plus logique. Cependant, et c'est bien là que le bât blesse, il n'est pas sûr que les informations en question soient à ce point déterminantes du consentement que leur absence puisse entraîner la nullité du contrat. Au contraire, considérer que le défaut d'information cause un préjudice, ne serait-ce que moral au consommateur (ce ne serait pas la première fois), permettrait de lui allouer des dommages-intérêts qui viendraient en fait (sinon en droit) diminuer le coût de la prestation ou du bien : ainsi, le consommateur conserverait le bénéfice du contrat, à des conditions plus avantageuses, et le professionnel serait très efficacement incité à ne pas récidiver ».

73. Ce que la jurisprudence rappelle régulièrement ; pour un exemple récent, v. Cass. com., 21 sept. 2010 (n° 09-16373) : « la méconnaissance des règles d'ordre public des articles 1907, alinéa 2, du Code civil et L. 313-2, alinéa 2, du Code de [la consommation – l'arrêt indique par erreur « Code de commerce »] est sanctionnée par la nullité relative de la reconnaissance de l'obligation de payer les intérêts conventionnels ».

74. Mais le 28 mars 2000, la première chambre civile de la Cour de cassation décidait que « le prêt consenti par un professionnel du crédit n'est pas un contrat réel » (n° 97-21422, *Bull. civ.* I, n° 105). *Adde* Cass. 1re civ., 19 juin 2008 (n° 06-19753, *Bull. civ.* I, n°s 174 et Y.-M. Laithier, « Que change l'abandon du caractère réel du contrat de prêt consenti par un professionnel du crédit à la cause de l'obligation de l'emprunteur ? », *RDC* 2008, p. 1129). Le prêt consenti, à titre occasionnel, par un non professionnel reste réel. V. *infra* n° 266, en note, les conséquences en matière de preuve.

75. V. Ph. Malaurie, L. Aynès, Ph. Stoffel-Munck, *op. cit.*, n° 425.

acte authentique n'ait été rédigé pour une donation… et le contrat est nul[76]. Tout se passe comme s'il n'avait pas été conclu.

Pour autant, il ne faut pas assimiler la nullité à l'inexistence, car pour que le contrat soit effectivement anéanti, il est nécessaire que la nullité du contrat soit prononcée – par un juge[77] – et pour cela, il faut qu'une partie saisisse ce tribunal. C'est ce qui distingue la nullité de l'inexistence[78]. Une partie au contrat se prétendant victime d'une violence peut (et doit) intenter une action en nullité pour obtenir l'anéantissement de l'acte. L'argument de la nullité d'un contrat peut aussi être utilisé comme un moyen de défense, dénommé « exception de nullité »[79] : ainsi le vendeur d'une voiture assigne l'acquéreur en paiement du prix ; et l'acquéreur, qui a dix-sept ans, réplique que le contrat est nul pour défaut de capacité.

Le jugement d'annulation a pour conséquence d'anéantir le contrat non seulement pour l'avenir mais aussi pour le passé, le propre de l'annulation est effectivement d'être rétroactive : les effets déjà réalisés doivent être supprimés et les parties doivent être, en principe, replacées dans le *statu quo ante*, ce qui implique des restitutions réciproques[80]. Toutefois, il est parfois possible d'éviter la nullité et ses suites, par le biais d'une confirmation de l'acte nul[81].

256. – La distinction entre les nullités relatives et les nullités absolues[82]. – Les premières sanctionnent une irrégularité moins grave que les secondes.

Les nullités relatives jouent en cas de défaut d'une condition de validité exigée pour la protection des intérêts d'une ou plusieurs personnes déterminées. Ainsi, c'est dans l'intérêt exclusif d'une partie que sont sanctionnés les vices de son consentement ou son incapacité d'exercice. À noter que la sanction de la lésion est une nullité relative un peu particulière, qui porte le nom de « rescision »[83].

Les nullités absolues jouent, elles, lorsque n'ont pas été respectées, des conditions tenant à la protection d'intérêts généraux : c'est le cas lorsque l'exigence a trait à l'objet ou à la cause, lorsqu'une partie est frappée d'une incapacité de jouissance ou encore lorsqu'il y a eu violation des formes solennelles[84]. C'est du moins la théorie « moderne » : la distinction est fonction de l'intérêt à protéger. La théorie « ancienne » s'intéressait à la gravité de l'atteinte : si elle était grave, la nullité était absolue. Mais la Cour de cassation y est revenue, en particulier dans un arrêt de 2007[85], où la Cour de cassation a assimilé « vileté du prix » et « absence de cause », vice grave permettant d'admettre l'action en nullité treize ans après

76. Les règles ici exposées s'appliquent aussi à de nombreux autres actes juridiques ; il existe toutefois des régimes de nullité spécifiques aux jugements, aux actes de procédure, aux conditions du mariage… *Adde* F. Terré, Ph. Simler, Y. Lequette, *Droit civil – Les obligations*, Précis Dalloz, 10e éd., 2009, n°s 389 et s.)

77. Sur le juge compétent, v. *infra* n°s 303 et 319 et s.

78. L'inexistence n'est pas reconnue en droit français : l'idée est que l'acte serait tellement gravement vicié qu'il n'y aurait pas besoin de l'anéantir, il n'existerait pas. *Adde* J. Chevallier, « Rapport général », *Inexistence, nullité et annulabilité des actes juridiques, Travaux de l'Association Capitant*, T. XIV, Dalloz, p. 513 et s. ; J. Héron, « Réflexions sur l'acte juridique et le contrat à partir du droit judiciaire privé », *Droits* 1988, n° 7, p. 85 et s.

79. Ce terme vient du latin « *exceptio* » qui signifie justement « moyen de défense ».

80. Le vendeur restitue le prix et l'acheteur le bien acheté, par exemple.

81. Cf. *infra* n° 257.

82. Les premières sanctionnent une irrégularité plus grave que les secondes.

83. Avec la loi du 23 juin 2006 relative aux successions et libéralités, la sanction de la lésion en matière de partage n'est plus une annulation de celui-ci. Depuis le 1er janv. 2007, un copartageant lésé de plus d'un quart ne peut que demander en justice un « complément de part » (en numéraire ou en nature) : art. 889 du C. civ.

84. Et ce, même si certaines formes solennelles tendent à protéger un intérêt particulier.

85. V. Cass. com., 23 oct. 2007 (*JCP* G 2008, II, 10024 ; *Contrats, conc. consom.* 2008, n° 65 ; *D.* 2008.954).

la conclusion du contrat. La loi du 17 juin 2008 sur la prescription a fait perdre son intérêt à cette jurisprudence [86].

257. – Le régime des nullités relatives et des nullités absolues. – Il diffère de deux (et non plus) trois manières :

– la nullité relative ne peut être invoquée que par la ou les personnes que la loi a voulu protéger et ses représentants légaux ou successeurs (la personne trompée, les parents du mineur…) ; la nullité absolue peut être invoquée par tout intéressé (l'autre partie, le ministère public, un tiers à qui un contrat porterait un préjudice indirect [87]…) ;

– la nullité relative peut être couverte par la confirmation lorsque le vice a disparu (une fois l'erreur dissipée, la victime de celle-ci ne réclame pas la nullité de l'acte, le mineur devenu majeur renouvelle son consentement [88]). Au contraire, les nullités absolues sont insusceptibles de confirmation.

Par ailleurs, jusqu'à l'entrée en vigueur de la loi n° 2008-561 du 17 juin 2008 portant réforme de la prescription en matière civile [89], l'action en nullité relative se prescrivait en principe au bout de cinq ans à compter de la découverte ou de la cessation de la cause de nullité (C. civ., art. 1304) [90]. Cela reste inchangé. Au contraire, l'action en nullité absolue se prescrivait au bout de trente ans, délai de prescription de droit commun (C. civ., art. 2262). Il s'agit ici de prescription extinctive et non pas acquisitive [91], que la loi de 2008 définit comme « un mode d'extinction d'un droit résultant de l'inaction de son titulaire pendant un certain laps de temps » (art. 2219 nouv.). Ce délai est en principe ramené à cinq ans [92]. En effet, en vertu de l'article 2224 nouveau « les actions personnelles ou mobilières se prescrivent par cinq ans à compter du jour où le titulaire d'un droit a connu ou aurait dû connaître les faits lui permettant de l'exercer ». Ainsi, analyser la vileté du prix comme étant une cause de nullité absolue ne permettra plus d'agir au-delà de cinq ans puisqu'il n'y a plus de distinction entre les types de nullité [93] ! Le délai trentenaire est en revanche maintenu pour les actions en nullité absolue du mariage. En effet, certaines causes de nullité du mariage, notamment la bigamie, sont

---

86. Cf. *infra* n° 257.

87. Par exemple, Gilles conclut un contrat de vente avec Nathalie ; mais Caroline qui prétend être le propriétaire véritable du bien agit en nullité de la vente. « En revanche, l'occupant d'une maison ne pourrait, pour se débarrasser d'un voisin qui le gène, demander la nullité du contrat par lequel un tiers a cédé à ce voisin sa maison » (F. Terré, Ph. Simler, Y. Lequette, *op. cit.*, n° 396).

88. Il ne faut pas confondre la confirmation où la victime ne se prévaut pas du vice et la régularisation où est apporté l'élément qui faisait initialement défaut. Par exemple, « lorsque la victime de la lésion renonce à agir sans avoir reçu un supplément, il y a sans conteste confirmation. À l'inverse, lorsque le bénéficiaire de la lésion fait échec à l'action en rescision en offrant le supplément du juste prix, il y a manifestement régularisation » (*ibid.*). Et lorsque les parties à un contrat, ayant pris acte de sa nullité, nouent un nouvel accord exempt de vice, il y a réfection du contrat (*ibid.*).

89. Sur laquelle, S. Amrani-Mekki, « Liberté, simplicité, efficacité, la nouvelle devise de la prescription ? – À propos de la loi du 17 juin 2008 », *JCP* 2008. I. 160 ; N. Fricero, « La prescription extinctive un an après la loi n° 2008-561 du 17 juin 2008 : ce qu'il faut savoir ! », *Procédures* 2009, étude 6.

90. Deux ans à compter de la vente pour l'action en rescision pour lésion de plus des 7/12es au détriment du vendeur d'immeuble (art. 1676). Ce délai n'a pas été remis en cause par la loi de 2008. V. *supra* n° 250, en note. Comme le point de départ peut être très retardé lorsque la victime ignore le vice, l'article 2332, alinéa 1er, issu de la loi de 2008 a posé un délai butoir : « le report du point de départ, la suspension ou l'interruption de la prescription ne peut avoir pour effet de porter le délai de la prescription extinctive au-delà de vingt ans à compter du jour de la naissance du droit », ce qui interdit toute action en nullité plus de vingt ans après la conclusion du contrat.

91. Sur laquelle, v. *supra* n° 239.

92. L'avant-projet Catala préconisait trois ans et la Cour de cassation dix ans, dans ses rapports annuels de 2001 et 2002.

93. V. *supra* n° 256.

parfois révélées tardivement [94]. Il faut aussi noter que le nouvel article 2254 permet d'aménager conventionnellement les délais, c'est-à-dire de les allonger (jusqu'à dix ans) ou de les raccourcir (jusqu'à un an) [95].

Cependant, la prescription n'éteint que l'action en nullité – qu'elle soit relative ou absolue – et non l'exception de nullité, de telle sorte que si un acte nul n'a pas été exécuté, le défendeur à l'action en exécution pourra toujours invoquer la nullité pour se défendre [96].

B. Les autres sanctions

258. – Des sanctions différentes selon l'irrégularité dont le contrat est entaché. – La nullité est la sanction appropriée lorsqu'un vice affecte un acte juridique à son origine. Mais certains faits postérieurs à la formation peuvent venir affecter sa validité de départ [97]. Par exemple, si l'un des contractants n'exécute pas ses obligations – l'acquéreur ne paie pas le prix de vente… – l'autre contractant pourra agir en résolution. La sanction de l'inexécution n'est donc pas la nullité mais la résolution. Attention : comme la nullité, celle-ci fait disparaître le contrat non seulement pour l'avenir, mais encore rétroactivement, et donc les prestations effectuées en vertu du contrat doivent être restituées. Une telle restitution étant incompatible avec la nature des contrats successifs [98], c'est alors une action en résiliation qu'il faudra exercer : la résiliation, qui sanctionne aussi l'inexécution, ne joue que pour l'avenir, éteignant les obligations des parties sans rétroactivité (le locataire ne payant plus ses loyers devra quitter les lieux à partir du jugement prononçant la résiliation) [99]. Quant à la caducité, elle implique qu'un événement postérieur à la formation du contrat et généralement indépendant de la volonté des parties empêche le contrat de prendre effet ou de continuer ses effets (par exemple, la donation faite en faveur d'un mariage est caduque si le mariage ne s'accomplit pas).

---

94. En outre la prescription trentenaire reste le délai pour agir en matière immobilière : ainsi, le nouvel article 227 dispose que « le droit de propriété est imprescriptible. Sous cette réserve, les actions réelles immobilières se prescrivent par trente ans à compter du jour où le titulaire d'un droit a connu ou aurait dû connaître les faits lui permettant de l'exercer ».

95. Cet aménagement conventionnel est cependant exclu de certains contrats afin de protéger la partie faible. Ainsi l'article 2254 dispose que : « la durée de la prescription peut être abrégée ou allongée par accord des parties. Elle ne peut toutefois être réduite à moins d'un an ni étendue à plus de dix ans (al. 1). Les parties peuvent également, d'un commun accord, ajouter aux causes de suspension ou d'interruption de la prescription prévues par la loi (al. 2). Les dispositions des deux alinéas précédents ne sont pas applicables aux actions en paiement ou en répétition des salaires, arrérages de rente, pensions alimentaires, loyers, fermages, charges locatives, intérêts des sommes prêtées et, généralement, aux actions en paiement de tout ce qui est payable par années ou à des termes périodiques plus courts (al. 3) ».

96. C'est la règle "*quæ temporalia*" : *quæ temporalia sunt ad agendum perpetua sunt ad excipiendum* (ce qui est temporaire par voie d'action est perpétuel par voie d'exception), que la Cour de cassation a même érigé en principe du droit (v. pour un exemple récent, Cass. 3e civ., 4 mars 2009, n° 07-17991, *Bull. civ.* III, n° 57 : « vu le principe selon lequel l'exception de nullité est perpétuelle »). L'adage n'a cependant pas une portée absolue. Son domaine d'application a été réduit par un arrêt de 1998 (Cass. 1re civ., 1er déc. 1998, n° 96-17761, *Bull. civ.* I, n° 338, *JCP* G 1999, I, n° 171, n° 2, note M. Fabre-Magnan) puisque depuis cet arrêt, la Cour de cassation refuse le jeu de l'exception de nullité lorsque le contrat a connu un début d'exécution. Mais un arrêt de 2009 (Cass. 1re civ., 20 mai 2009, n° 08-13018, *Bull. civ.* I, n° 96) semble limiter la limitation à la nullité relative : autrement dit l'exception de nullité absolue serait perpétuelle, même en cas de commencement d'exécution de l'obligation : v. T. Genicon, « Exception de nullité : nouvelles interrogations à propos de la nullité absolue », *RDC* 2009, p. 1348.

97. Une fois encore les règles relatives aux contrats sont, pour la plupart, applicables aux autres actes juridiques.

98. Il est impossible de revenir sur certains faits : le locataire a occupé les lieux loués, le salarié a travaillé pour son employeur ; cela ne peut être effacé, « restitué » !

99. Petite astuce mnémotechnique : la rés**o**lution joue rétr**o**activement ; la rés**i**liation joue pour l'aveni**r**.

CONSEILS DE LECTURE

1. Pour approfondir la question des contrats, il peut être bon de feuilleter les ouvrages de droit des obligations, sachant qu'il s'agit du programme de deuxième année...
2. Toujours pour approfondir, peut être consultée la thèse de M. le professeur Savaux, consacrée à la notion même de théorie générale du contrat : E. SAVAUX, *La théorie générale du contrat, mythe ou réalité*, thèse Paris I, 1993.
3. L'acte juridique, numéro spécial de la revue *Droits*, n° 7-1988.
4. Sur le commerce électronique : V. X. LINANT DE BELLEFONDS, *Le droit du commerce électronique*, PUF, Que sais-je ?, 2005 et Ph. STOFFEL-MUNK, « La réforme des contrats du commerce électronique », *JCP* E 2004. I. 1341. *Adde* J. JULIEN, *Droit de la consommation et du surendettement*, Montchrestien, Cours, 2009, sp. nos 117 et s. C. CASTETS-RENARD, *Droit de l'internet*, Montchrestien, Cours, 2010, sp. nos 397 et s.
5. S. AMRANI-MEKKI, « Liberté, simplicité, efficacité, la nouvelle devise de la prescription ? – À propos de la loi du 17 juin 2008 », *JCP* 2008. I. 160.

CHAPITRE 9
La preuve

Corinne Bléry

259. – *Idem est non esse aut non probari* [1]. – C'est la même chose de ne pas avoir de droit et de ne pas pouvoir prouver son droit. Cette maxime latine, qui n'a jamais cessé d'être en vigueur, montre toute l'importance de la preuve en droit – même si, juridiquement, l'existence d'un droit est indépendante de sa preuve. Que ce soit au quotidien ou dans le cadre d'un procès, toute personne qui veut se prévaloir d'un droit ou d'un fait doit en prouver l'existence ; à défaut de preuve, tout se passerait comme si le droit ou le fait n'existait pas. Les autres particuliers, l'administration, le juge… ne croiront pas Ernest Bigoudi sur parole, surtout si Gontrand Michu prétend que c'est à lui qu'appartient en réalité le droit invoqué ou que le fait s'est passé différemment. Et le juge ne rend jamais de décision sans avoir examiné les preuves à lui apportées par les parties et avoir pesé leur valeur.

260. – À la recherche d'un équilibre entre la vérité et la sécurité. – Traditionnellement, le procès pénal est opposé au procès civil : seul le premier rechercherait la vérité et concernerait l'intérêt public, le second ne faisant que ménager la sécurité des plaideurs, puisqu'il ne trancherait que des intérêts privés. Le droit de la preuve serait donc différent dans les deux cas : dans le premier, il s'agirait de reconstituer les faits – par des moyens légaux ; dans le second, il ne s'agirait que d'assurer l'efficacité du droit invoqué par une partie ; notamment, les particuliers peuvent se ménager une preuve préconstituée telle qu'un contrat écrit (*instrumentum*). Le juge pénal – le juge d'instruction – seul aurait donc un rôle actif, le juge civil devant rester neutre, passif dans la recherche de la preuve, sans jamais faire état de la connaissance personnelle des faits litigieux qu'il aurait acquise en dehors du procès [2].

Pour autant la vérité n'est pas absente du procès civil. Depuis l'entrée en vigueur du Code de procédure civile, le 1er janvier 1976, un juge est spécialement chargé de contrôler la mise en état des affaires civiles (juge de la mise en état devant le tribunal de grande instance, conseiller de la

1. V. H. Roland et L. Boyer, *Adages du droit français*, préc., n° 161 : « la preuve double le droit, comme l'ombre suit le corps. L'image tend à faire percevoir que le droit est inséparable de la preuve » et encore « le principe ne surprendra que le naïf ou le crédule qui confond, dans sa sincérité, l'affirmation et la démonstration et que choque, très profondément, le fait que, dans l'obscurité des situations juridiques, celui-là succombe qui ne réussit pas à faire la lumière, alors que son adversaire triomphe par voie d'inertie. Le juriste, plus avisé, rend hommage, au contraire, à la sagesse du législateur [...] qui ne croit pas sur parole celui qui se prétend créancier, propriétaire, héritier et qui demande simplement que chacun persuade de son bon droit ».

2. Faire le lien avec les procédures accusatoire et inquisitoire. V. *Dictionnaire de la justice*, préc., *v°* procédure accusatoire / procédure inquisitoire par C. Ambroise-Castérot.

mise en état devant la cour d'appel...), qui a des pouvoirs accrus au regard de la preuve [3] : il peut ainsi ordonner d'office, c'est-à-dire de sa propre initiative, certaines mesures d'instruction (descente sur les lieux, expertise, enquête) réglementées par le Code de procédure civile. Surtout aujourd'hui l'évolution scientifique et technique confère des certitudes autrefois exclues ; v. par exemple, la preuve biologique de la filiation [4] ou les progrès informatiques dont la loi n° 2000-230 du 13 mars 2000 portant adaptation du droit de la preuve aux technologies de l'information et relative à la signature électronique et la loi n° 2004-575 pour la confiance dans l'économie numérique du 21 juin 2004 dite LCEN [5] ont pris acte.

En revanche, il reste qu'en raison du nécessaire respect du principe du contradictoire [6], le juge doit refuser de s'appuyer sur un élément de preuve que les deux parties n'auraient pas été en mesure de discuter. Il est vrai aussi que les parties ont la faculté d'aménager les règles probatoires civiles (C. civ., art. 1316-2) ; celles-ci ne sont pas d'ordre public, sauf exception, comme en droit des personnes. Les parties ont donc toute latitude pour admettre la validité d'un mode de preuve non reconnu par les textes ; le juge doit respecter les conventions qu'elles ont adoptées à cet égard. En pratique, de telles conventions sont courantes en matière bancaire ; elles sont toujours utiles depuis qu'est admise la preuve électronique [7].

261. – Quatre questions à résoudre. – Le droit de la preuve doit dire quel est l'objet de la preuve, sur qui pèse la charge de la preuve, quels sont les modes de preuve et comment les moyens de preuve doivent être présentés au juge.

Attention : depuis 1804, les réponses aux trois premières questions figurent aux articles 1315 à 1369 du Code civil, dans la partie du code relative aux obligations – les réformes postérieures qui ont modifié le contenu et la numérotation interne de ces textes n'ont rien changé à cet égard ; c'est critiquable puisque ces règles de preuve sont générales : elles concernent toutes les matières civiles. De plus, seules les trois premières questions relèvent du droit substantiel, la dernière étant une question de procédure, essentiellement abordée par le Code de procédure civile [8]. D'où trois sections.

---

3. Les pouvoirs du juge de la mise en état ont en dernier lieu été accrus par le décret du 28 déc. 2005, entré en vigueur le 1er mars 2006 ; et ceux du conseiller de la mise en état par un décret n° 2009-1524 du 9 déc. 2009 relatif à la procédure d'appel avec représentation obligatoire en matière civile (modifié par le décret n° 2010-1647 du 28 déc. 2010) entré en vigueur le 1er janv. 2011. De manière générale, l'article 10 du Code de procédure civile donne au juge saisi (juge de la mise en état, conseiller de la mise en état, tribunal...) le pouvoir d'ordonner d'office une mesure d'instruction.

4. V., par exemple, Cass. 1re civ., 2 avr. 2008, n° 06-10.256 et n° 07-11.639, *JCP* G 2008. II. 10132, note J.-R. Binet où il est précisé que l'article 16-11 du Code civil est immédiatement applicable aux affaires en cours.

5. Sur laquelle, v. *supra* n° 250, en note.

6. L'article 16 du Code de procédure civile lui fait obligation de respecter lui-même et de faire respecter, par les parties, le principe du contradictoire ; v. *infra* n° 369. *Adde* L. Miniato, *Le principe du contradictoire*, LGDJ, Bibl. dr. privé, 2008.

7. Sur la licéité et l'objet des conventions relatives à la preuve informatique, cf. X. Linant de Bellefonds, *Le droit du commerce électronique*, PUF, Que sais-je ?, 2005, p. 97 et 98. À l'origine, de telles conventions avaient été conclues afin de considérer qu'une signature électronique valait ordre de passation d'une opération : dans la convention dite de carte bancaire, la composition du code secret vaut ordre de paiement, c'est-à-dire vaut signature. De telles conventions ne sont pas obsolètes depuis la loi du 13 mars 2000, au contraire puisqu'elles permettent, dans la continuité de la loi, de choisir le mode d'expression du consentement le plus adapté. La preuve en est que l'article 1316-2 évoque expressément les conventions entre les parties.

8. D'abord dans les articles 9 à 11 qui figurent parmi les principes directeurs du procès, dispositions générales commandant la conduite du procès (sur lesquels, v. *supra* n° 137) ; ensuite dans les articles 143 à 322 qui réglementent minutieusement le moment pour déposer les preuves, l'expertise... toujours dans un souci d'efficacité et de loyauté.

LA PREUVE
↓

↓		↓	↓	↓	
OBJET DE LA PREUVE		CHARGE DE LA PREUVE	MODES DE PREUVE	ADMISSIBILITÉ DE LA PREUVE	
↓	↓	↓	↓	↓	
PREUVE DU FAIT ≠	PREUVE DU DROIT	INCOMBE AU DEMANDEUR (C. civ.,art. 1315) sauf renversement de la charge de la preuve	ÉCRIT TÉMOIGNAGE PRÉSOMPTIONS AVEU SERMENT	SYSTÈME DE PREUVE LEGALE Acte juridique ≠	SYSTÈME DE PREUVE MORALE Fait juridique

Section 1
L'objet de la preuve

262. – Ce qui doit être prouvé. – Gontrand Michu a vendu, fort cher, à Ernest Bigoudi un tableau qu'il lui a présenté comme étant un Renoir ; il lui a même fourni des certificats émanant d'experts réputés, sans lesquels Ernest Bigoudi n'aurait pas contracté. Mais l'acquéreur vient d'apprendre que tant le tableau que les certificats sont des faux, fabriqués par Gontrand Michu ! Il veut obtenir l'annulation de la vente et récupérer son argent. Il doit alors adresser au juge une demande en ce sens. Pour qu'elle ait une chance d'aboutir, il doit alléguer les faits (les lui présenter) et les prouver ; s'il agit devant le tribunal de grande instance ou la cour d'appel, juridictions où la procédure est écrite, il doit [9] aussi invoquer la règle de droit qui permet dans un tel cas d'obtenir la remise des choses en l'état où elles étaient : en l'occurrence, c'est l'article 1116, alinéa 1er du Code civil, qui dispose que « le dol est une cause de nullité de la convention lorsque les manœuvres pratiquées par l'une des parties sont telles, qu'il est évident que, sans ces manœuvres l'autre partie n'aurait pas contracté » [10]. Ernest Bigoudi n'aura pas, en revanche, à prouver le contenu de la règle de droit. En effet, le juge est censé connaître le droit.

263. – La preuve du fait. – En principe, donc, l'objet de la preuve se limite aux seules questions de fait. Le mot fait est ici entendu largement, il ne se limite pas aux seuls faits juridiques. Et celui qui invoque un droit doit en prouver la source, que celle-ci consiste en un fait juridique ou un acte juridique. Ainsi, Ernest Bigoudi doit prouver le dol (fait juridique) dont il a été victime. Un locataire pourra présenter son contrat de bail pour justifier de son droit d'occuper les lieux loués... En revanche, tous les faits ne sont pas à prouver. Par exemple, il n'est pas nécessaire

9. En vertu de l'article 56, alinéa 2, du Code de procédure civile ; c'est une faculté devant les juridictions où la procédure est orale et sans représentation obligatoire, comme le tribunal d'instance, le tribunal de commerce...

10. Cf. *supra* n° 250.

de prouver que Renoir est un peintre célèbre pour expliquer le prix élevé déboursé par Ernest Bigoudi ; seule la réalité du dol va devoir l'être. Il n'est pas non plus nécessaire de prouver les faits non contestés : par exemple, Ernest Bigoudi peut se contenter d'affirmer que les certificats ont été fabriqués par Gontrand Michu si celui-ci ne s'en défend pas. De plus, seuls les faits « concluants », « pertinents », c'est-à-dire qui ont un lien avec le litige, une incidence prévisible sur l'issue du procès ont à être établis : il est inutile de rapporter la preuve que Gontrand Michu est divorcé ou que son permis de conduire vient de lui être retiré pour excès de vitesse...

264. – La preuve du droit. – En principe, au contraire, ni l'existence, ni le contenu, ni la portée de la règle de droit n'ont à être prouvés. Autrement dit, une fois l'acte ou le fait juridique établi, c'est au juge d'en déduire les conséquences juridiques par application de la règle de droit. Et même si les parties ont à indiquer dans leur demande quel texte de droit elles estiment applicable [11], le juge doit rectifier une erreur éventuelle et trancher le litige grâce à la bonne règle de droit (CPC, art. 12) [12].

Par exception, les parties doivent apporter – par tous moyens – la preuve de l'existence et du contenu d'une coutume ou d'un usage qui serait applicable au litige [13]. Le principe selon lequel le juge connaît le droit est ici écarté. Une partie de la doctrine considère aussi que c'est aux parties qu'incombe la preuve de la loi étrangère éventuellement applicable dans un procès qui se déroule en France. Cependant, le droit positif a aujourd'hui évolué dans le sens d'un rapprochement entre la loi étrangère et la loi française et désormais, dès lors que le juge déclare une loi étrangère applicable au litige, il doit en établir la teneur [14].

Section 2
La charge de la preuve

265. – La preuve... un fardeau ou un risque. – Déterminer à qui incombe la charge de la preuve, ce n'est pas seulement déterminer qui va prouver le fait ou le droit allégué ; c'est surtout déterminer qui va perdre le procès dans le cas où la preuve ne pourra pas être rapportée. En effet, dans une telle hypothèse, c'est la partie sur qui reposait cette charge qui va perdre le procès [15].

11. V. *supra* n° 262.

12. Selon l'article 12, alinéa 1er, « le juge tranche le litige conformément aux règles de droit qui lui sont applicables ». Et selon l'alinéa 2, « il doit donner ou restituer leur exacte qualification aux faits et actes litigieux sans s'arrêter à la dénomination que les parties en auraient proposée ». En réalité, selon la nature des moyens de droit proposés par les plaideurs, le juge a l'obligation de requalifier (de rectifier l'erreur) ou seulement la faculté de procéder à cette requalification : dans ce cas, si l'adversaire ne propose pas une autre règle de droit, une autre qualification, le juge peut rester passif et ne pas rectifier l'erreur (v. Cass. ass. plén., 21 déc. 2007, n° 06-11343, *Bull. inf. C. cass.* 15 avr. 2008, *Procédures* 2008, comm. 71, obs. R. Perrot et O. Deshayes, « L'office du juge à la recherche de sens (à propos de l'arrêt d'assemblée plénière du 21 déc. 2007) », *D.* 2008, p. 1102). Ce qui est critiquable. *Adde* C. Bléry et L. Raschel, « Droit à l'expertise : reconnaissance inavouée d'un nouvel accroc à la répartition des rôles du juge et des parties », *Procédures* 2011, focus n° 17.

13. Sur la difficulté d'établir un tel contenu, v. *supra* n° 133.

14. V. deux arrêts rendus le même jour par la Cour de cassation, mais par deux chambres différentes : Cass. com., 28 juin 2005 (02-14686) et Cass. 1re civ., 28 juin 2005 (00-15734). L'attendu de principe est identique : « attendu qu'il incombe au juge français qui reconnaît applicable un droit étranger, d'en rechercher, soit d'office soit à la demande d'une partie qui l'invoque, la teneur, avec le concours des parties et personnellement s'il y a lieu, et de donner à la question litigieuse une solution conforme au droit positif étranger ».

15. V. *supra* n° 259, en note.

Ernest Bigoudi et Gontrand Michu se disent tous deux propriétaires d'un livre. Le livre est entre les mains de Gontrand Michu. Ernest Bigoudi agit en revendication du livre. S'il doit prouver qu'il est propriétaire et qu'il n'y parvient pas, Gontrand Michu va gagner le procès alors même qu'il n'aura pas prouvé son droit de propriété. Simplement, il avait le droit d'être passif au regard de la preuve, en tant que possesseur de la chose, puisque le fardeau en reposait sur Ernest Bigoudi. C'est Ernest Bigoudi qui est sanctionné en raison de son échec à convaincre le juge de son droit. Dans un procès, la preuve est donc un risque qui pèse sur l'une des parties, à savoir, selon l'article 1315, sur le demandeur à l'allégation (§ 1), à moins qu'une présomption ne renverse la charge de la preuve (§ 2).

§ 1 : L'article 1315 du Code civil [16]

266. – La charge de la preuve pèse sur le « demandeur à la preuve ». – Selon l'article 1315, alinéa 1er, « celui qui réclame l'exécution d'une obligation doit la prouver » (*actori incumbit probatio* [17]). Cette règle se comprend aisément, le demandeur prenant l'initiative de rompre le *statu quo ;* en effet, au début du procès, le demandeur à la preuve est le demandeur à l'instance : celui qui « ouvre les hostilités » procédurales allègue des faits et s'efforce de les prouver. Le fardeau de la preuve pesant sur lui, s'il échoue à prouver ce qu'il allègue, le procès est terminé : le demandeur a perdu.

En revanche, s'il y parvient (par exemple, Ernest Bigoudi présente un témoin relatant le vol du livre par Gontrand), la « balle » va se trouver « dans le camp » du défendeur à l'instance : si celui-ci veut renverser la preuve rapportée par son adversaire, il va devoir prouver le contraire. Ce faisant, il devient demandeur à la preuve à son tour : les positions de demandeur/défendeur à l'instance et à la preuve ne coïncident plus. L'article 1315, alinéa 2, envisage cette situation, en disant que « réciproquement, celui qui se prétend libéré, doit justifier le paiement ou le fait qui a produit l'extinction de son obligation » (*reus in excipiendo fit actor* [18]) : le défendeur devient demandeur dans l'exception – c'est-à-dire le moyen de défense – qu'il invoque.

S'il ne peut renverser l'affirmation prouvée du demandeur, il perd le procès. Au contraire, s'il arrive à démontrer que son adversaire avait tort (par exemple, des témoins rapportent qu'Ernest Bigoudi a donné le livre à Gontrand Michu qui en est donc devenu propriétaire), la balle revient dans le camp du demandeur au procès… qui redevient demandeur à la preuve. Et ainsi de suite, jusqu'à ce que l'un des protagonistes succombe sous le fardeau de la preuve. Que celui-ci ait été demandeur ou défendeur à l'instance, il perdra en tant que demandeur à la preuve, incapable de faire face au risque de celle-ci. Et il a été dit que, en matière civile, en raison de sa neutralité de principe, le juge intervient peu dans la recherche des preuves [19]. Attention : concrètement,

16. Ce texte trouve son prolongement dans l'article 6 du Code de procédure civile, en vertu duquel « il incombe à chaque partie de prouver conformément à la loi les faits nécessaires au succès de sa prétention ».

17. V. H. Roland et L. Boyer, *op. cit.*, n° 10.

18. V. H. Roland et L. Boyer, *op. cit.*, n° 403.

19. Cf. *supra* n° 260. Il faut réserver toutefois l'article 10 du Code de procédure civile selon lequel « le juge a le pouvoir d'ordonner d'office toutes les mesures d'instruction légalement admissibles » : celui-ci peut, dans des limites strictes, par exemple nommer un expert ou se rendre sur les lieux de l'incident qui fait l'objet du procès. V. aussi, C. Bléry et L. Raschel, « Droit à l'expertise : reconnaissance inavouée d'un nouvel accroc à la répartition des rôles du juge et des parties », *Procédures* 2011, focus n° 17. Il faut constater l'existence d'une jurisprudence assez récente et qui se développe, celle selon laquelle le juge ne peut refuser « d'évaluer le dommage dont [il a] constaté l'existence en son principe ». Il faut aussi la critiquer, en ce qu'elle méconnaît les rôles du juge et des parties au regard de la preuve des faits : cette reconnaissance d'un droit à l'expertise, dans des arrêts rarement publiés, aboutit de manière indéniable à une violation des principes directeurs du procès posés par le Code de procédure civile.

plutôt que d'attendre, comme dans une partie de ping-pong, que les coups se succèdent selon une chronologie rigoureuse, les plaideurs vont présenter leurs arguments et preuves respectifs plus ou moins concomitamment. Il n'empêche que gagnera, au bout du compte, celui qui est parvenu à faire la preuve de ses droits ou celui dont l'adversaire – astreint à la charge de la preuve – n'a pu parvenir à prouver le droit qu'il invoquait [20].

§ 2 : Les présomptions légales

267. – Le renversement du risque de la preuve. – Lorsque la preuve directe d'un fait ou d'un acte juridique est trop difficile ou lorsqu'il est utile d'éviter des discussions probatoires, le législateur pose des présomptions. Celles-ci vont opérer un déplacement du fardeau de la preuve, en ce sens que le législateur met la balle dans le camp du défendeur (normal) à la preuve ou dispense complètement le demandeur (normal) à la preuve de rapporter cette preuve. Une présomption, c'est ce qui permet de déduire un fait (à prouver) d'un autre fait (prouvé). C'est au demandeur (normal) de prouver ce premier élément de démonstration. Par exemple, la jurisprudence présume que le propriétaire d'une chose en est le gardien au sens de 1384 [21], le Code civil présume que tout individu est de « bonne foi » (art. 2274 [22]), c'est donc à celui qui invoque la « mauvaise foi » à la prouver [23].

268. – Les différentes présomptions. – Certaines sont simples (ou relatives ou *juris tantum*) : elles tombent devant la preuve contraire. Elles n'opèrent donc qu'un renversement de la charge de la preuve. D'autres sont irréfragables (ou absolues ou *juris et de jure*), qui ne tombent pas devant la preuve contraire. Elles constituent de véritables dispenses de preuve au profit – ou au détriment – d'une partie ; plus que des présomptions, ce sont des fictions que le législateur crée ainsi [24]. Au rang des présomptions simples figure celle posée par l'article 312 du Code civil : ce texte présume que l'enfant né d'une femme mariée a pour père le mari de cette femme [25] mais l'article 313 prévoit des cas où la présomption est écartée et l'article 332, alinéa 2 permet au mari de démontrer qu'il n'est pas le père de l'enfant en exerçant une action en contestation de

20. Pour une illustration en matière de contrat de prêt, v. Cass. 1re civ., 19 juin 2008, n° 06-19056 et Cass. 1re civ., 14 janv. 2010, n° 08-13160, *Bull. civ.* I, n° 6, *JCP* G 2010, 516, n° 17, obs. Y.-M. Serinet, et 707, note N. Dissaux : « si le prêt consenti par un professionnel du crédit est un contrat consensuel [v. *supra* n° 254], il appartient au prêteur qui sollicite l'exécution de l'obligation de restitution de l'emprunteur d'apporter la preuve de l'exécution préalable de son obligation de remise des fonds ». Pour une illustration en matière de dépassement du délai d'exercice d'une action en justice, v. Cass. 3e civ., 9 févr. 2011, n° 10-11573, à paraître au *Bull.*

21. Sur la notion de garde, v. *supra* n°s 142 et 147.

22. Cet article était numéroté 2268, avant l'entrée en vigueur de la loi du 17 juin 2008 relative à la prescription en matière civile (sur laquelle, v. *supra* n° 257).

23. Ernest Bigoudi est victime d'un cambriolage : sa pendule « Henri XV » est volée. Gontrand Michu achète la pendule chez un brocanteur. Gontrand Michu est présumé être de bonne foi, c'est-à-dire ne pas savoir que la pendule était un meuble volé. C'est à Ernest Bigoudi de prouver la mauvaise foi, c'est-à-dire que Gontrand Michu connaissait l'origine frauduleuse du bien (par exemple, Gontrand Michu était déjà venu chez Ernest Bigoudi et avait admiré, devant témoins, la pendule...). V. les articles 2276 et 2277 (qui étaient les articles 2279 et 2280 avant la loi du 17 juin 2008).

24. Selon l'article 1352, alinéa 1er, « la présomption légale dispense de toute preuve celui au profit duquel elle existe ».

25. Le texte d'origine, datant de la loi n° 72-3 du 3 janv. 1972, a été quelque peu modifié par l'ordonnance n° 2005-759 du 4 juill. 2005, entrée en vigueur le 1er juill. 2006 et ratifiée par la loi n° 2009-61 du 16 janv. 2009 portant réforme de la filiation et modifiant ou abrogeant diverses dispositions relatives à la filiation. Il dispose que « l'enfant conçu ou né [c'est un ajout de 2005] pendant le mariage a pour père le mari ».

paternité [26]. Quant aux présomptions irréfragables, l'article 1350 du Code civil les énumère et les expose de manière peu claire et plutôt critiquable. Ainsi le texte évoque « 3° l'autorité que la loi attribue à la chose jugée », souvent qualifiée de « présomption de vérité qui s'attache à l'autorité de la chose jugée » ; or l'autorité de la chose jugée ne fait en rien présumer que le juge a dit la vérité de manière absolue, au contraire, puisque l'intérêt de cette autorité est d'être attachée aux jugements, même erronés, de manière à ce que les procès aient une fin [27]. L'article 1350 mentionne aussi « 2° les cas dans lesquels la loi déclare la propriété ou la libération résulter de certaines circonstances déterminées ». Une telle circonstance est prévue à l'article 1282 du Code civil qui dispose que « la remise volontaire du titre original sous signature privée, par le créancier au débiteur, fait preuve de la libération » : ayant remis l'original de la reconnaissance de dette à son débiteur, le créancier ne pourrait ensuite prétendre qu'il l'a fait par erreur, et réclamer le payement ; même si une telle erreur s'est produite, le droit refuse d'en tenir compte [28] !... La liste de l'article 1350 n'est pas limitative. Ainsi la jurisprudence sociale considère-t-elle que l'absence d'indication de motifs, par l'employeur, dans la lettre de licenciement adressée au salarié fait présumer irréfragablement que la rupture n'a aucune cause réelle et sérieuse, donc que le licenciement est abusif.

De plus, certaines présomptions sont dites « mixtes », en ce sens qu'elles tombent certes devant la preuve contraire, mais pas n'importe quelle preuve : seules les preuves admises par la loi sont efficaces.

Section 3
Les modes de preuve

269. – Comment prouver ? – Il n'est pas tout de savoir qui doit prouver et qui peut prouver. Il reste encore à savoir par quels moyens le faire. Or les procédés de preuve ne sont pas illimités (§ 1) et parmi eux, tous ne sont pas aussi facilement reçus (§ 2).

§ 1 : Les cinq procédés de preuve

270. – Un nombre limité. – Les systèmes qui permettent au titulaire prétendu d'un droit d'établir l'existence et le contenu de ce droit peuvent être regroupés en cinq catégories et en cinq seulement, dont le première est l'écrit (I). Les quatre autres sont de moindre importance (II) [29]. Il faut remarquer une certaine évolution qui tient à la modification de la conception de l'écrit

---

26. C'était l'alinéa 2 de l'article 312 qui donnait cette possibilité au mari. Depuis l'entrée en vigueur de l'ordonnance de 2005, c'est l'alinéa 2 de l'article 332 : « la paternité peut être contestée en rapportant la preuve que le mari ou l'auteur de la reconnaissance n'est pas le père ».

27. Par exemple, un jugement estime – à tort – le défendeur responsable du dommage causé à la victime demanderesse ; le défendeur ne conteste pas le jugement (il ne fait pas appel), par lassitude, ignorance, négligence… Le jugement entaché d'erreur ne dit pas la vérité mais il dit le droit. Ce que la vérité y perd, la paix sociale y gagne !

28. En revanche, l'article 1283 du Code civil ne pose qu'une présomption simple : il dispose que « la remise volontaire de la grosse du titre fait présumer la remise de la dette ou le payement, sans préjudice de la preuve contraire ». La « grosse », c'est la copie du titre (écrite en « grosse écriture ») et non pas l'original appelé la « minute » (du latin *minuta :* « petits caractères »).

29. L'article 1315-1 dispose que « les règles qui concernent la preuve littérale, la preuve testimoniale, les présomptions, l'aveu de la partie et le serment, sont expliquées dans les sections suivantes ».

mais aussi dans l'apparition de nouveaux procédés pouvant servir à la preuve, la difficulté étant de les faire entrer dans les catégories existantes…

I. La preuve par écrit ou preuve littérale

A. Les notions d'écrit et de signature

271. – L'adaptation du droit à la société de l'information [30]. – Jusqu'à la loi n° 2000-230 du 13 mars 2000 [31], la preuve par écrit ou littérale était apportée par la présentation d'un document en papier sur lequel figuraient un texte manuscrit ou dactylographié et la signature, nécessairement manuscrite de celui qui s'engageait [32]. Désormais, la preuve par écrit peut être dépourvue de support papier (le texte figure sur un écran et, demain – pourquoi pas ? – il apparaîtra sur un autre support, encore à inventer) et la signature n'est plus seulement tracée à la main [33]. Le législateur a en effet défini l'écrit et la signature indépendamment d'un support ou d'une technique : leur forme est donc indifférente (elle peut être électronique) [34], seule compte leur fonction. Remarque : en réalité, le Code civil de 1804 lui-même, dans son article 1333, connaissait déjà un mode de preuve répondant à la nouvelle définition de la signature, à savoir la taille : classé parmi les preuves littérales, ce mode de preuve tombé en désuétude ne recourait cependant pas à l'écriture.

272. – L'indifférence de la forme. – Que la forme n'importe pas ne signifie pas que l'écrit et la signature soient devenues des notions abstraites. Au contraire, il est nécessaire de les formaliser ; ce sont des réalités concrètes. Ainsi, est un écrit « une suite de lettres, de caractères, de chiffres ou de tous autres signes ou symboles dotés d'une signification intelligible, quels que soient leur support et leurs modalités de transmission » (C. civ., art. 1316) [35] et est une signature électronique une donnée qui résulte de l'usage d'un procédé fiable d'identification garantissant son lien avec l'acte auquel elle s'attache (art. 1er du décret n° 2001-272 du 30 mars 2001 et C. civ., 1316-4, al. 2) [36]. La fiabilité du procédé est présumée si la signature remplit des conditions posées aux articles 1er et 2 du décret de 2001, notamment il y a présomption de fiabilité

30. V. Mikalef-Toudic, « La preuve à l'aide des nouvelles technologies », *Procédures* 2010, dossier n° 3.

31. *JO* du 14 mars. V. *supra* n° 259.

32. Qu'un « écrit » – eut-il une valeur juridique – figure sur un papier était fait pour satisfaire M. de la Palisse, mais aussi tout individu ! Pour autant, tout document papier ne constituait pas – ne constitue toujours pas – un écrit au sens de preuve parfaite.

33. B. Fraenkel, *La signature, genèse d'un signe*, Gallimard, Bibliothèque des histoires, 1992 ; I. Dauriac, *La signature*, th. dacty, Paris II, 1997.

34. Là M. de la Palisse – et pas seulement lui ! – a davantage de difficulté à suivre… Sur la signature électronique, v. C. Castets-Renard, *Droit de l'internet*, Montchrestien, Cours, 2010, nos 410 et s.

35. Le texte est dématérialisé sur un écran au lieu d'être matérialisé sur du papier.

36. Une définition particulière est donnée en matière de communication électronique entre juridictions et auxiliaires de justice. Un décret n° 2010-434 du 29 avr. 2010, applicable jusqu'au 31 déc. 2014, dispose que « vaut signature, pour l'application des dispositions du Code de procédure civile aux actes que les auxiliaires de justice assistant ou représentant les parties notifient ou remettent à l'occasion des procédures suivies devant les juridictions des premier et second degrés, l'identification réalisée, lors de la transmission par voie électronique, selon les modalités prévues par les arrêtés ministériels pris en application de l'article 748-6 du Code de procédure civile » (selon lequel « les procédés techniques utilisés doivent garantir, dans des conditions fixées par arrêté du garde des sceaux, ministre de la justice, la fiabilité de l'identification des parties à la communication électronique, l'intégrité des documents adressés, la sécurité et la confidentialité des échanges, la conservation des transmissions opérées et permettre d'établir de manière certaine la date d'envoi et celle de la réception par le destinataire »).

lorsqu'il est fait recours à la signature dite sécurisée ; elle est établie grâce à un dispositif sécurisé de création de signature (qui suppose l'emploi de la cryptologie) et la vérification de cette signature doit reposer sur un certificat électronique sécurisé : le certificat associé à la signature est « délivré par un prestataire de service de certification qui fait l'objet d'une qualification, délivré par un organisme de qualification » [37] (tout cela est très technique...) [38]. Ce n'est toutefois qu'une présomption simple qui tombe donc devant la preuve contraire. Une action en contestation de signature électronique [39] pourra alors être exercée pour combattre la présomption. En réalité, ce dispositif est si lourd que des procédés plus simples sont utilisés pour le commerce électronique : les conditions générales de vente prévoient ainsi souvent que « les comptes et documents informatiques détenus par le commerçant pourront faire preuve du contrat et de son contenu entre les parties » [40], ce qui est expressément autorisé par l'article 1316-2.

Le législateur contemporain ne donne en revanche aucune indication quant à la formalisation de la signature « non électronique » : on peut donc penser qu'il s'agit, comme avant la loi de 2000, d'un écrit de la main de celui qui s'engage, mais que la jurisprudence sera amenée à conférer cette qualification, par exemple, à des empreintes digitales dans lesquelles elle refusait jusqu'à présent de voir une signature [41]. Aujourd'hui, on signe donc encore en apposant son nom et son prénom voire son seul prénom [42], mais aussi, par exemple, par la frappe d'un code d'accès (code secret de carte bancaire...) ou tout autre procédé fiable d'apposition.

273. – L'importance de la fonction. – La fonction de l'acte écrit (*instrumentum*) est de prouver l'acte (*negotium*). Or, l'article 1316-1 pose un principe d'équivalence à titre de preuve de l'écrit électronique et l'écrit papier – ce que redit l'article 1316-3. Mais pour servir valablement de preuve, l'écrit quel qu'il soit doit remplir deux conditions (art. 1316-1) : son auteur

---

37. C. Castets-Renard, *op. cit.*, n° 413. *Adde* http://www.certeurope.fr/?hfsid=go269_239. D'ailleurs, hormis la Banque de France, les notaires et les auxiliaires de justice (avocats, avouées, huissiers) personne ne dispose de certificats qualifiés conformément au décret.

38. Très exactement, l'article 1316-4, alinéa 2 dispose que « lorsqu'elle est électronique, elle consiste en l'usage d'un procédé fiable d'identification garantissant son lien avec l'acte auquel elle s'attache. La fiabilité de ce procédé est présumée, jusqu'à preuve contraire, lorsque la signature électronique est créée, l'identité du signataire assurée et l'intégrité de l'acte garantie, dans des conditions fixées par décret en Conseil d'État ». En d'autres termes, une signature électronique sécurisée est une signature électronique qui satisfait, en outre, aux exigences suivantes : elle doit être propre au signataire, être créée par des moyens que le signataire puisse garder sous son contrôle exclusif et garantir avec l'acte auquel elle s'attache un lien tel que toute modification ultérieure de l'acte soit détectable. Les modalités de ce certificat ont été précisées par un décret n° 2002-535 du 18 avr. 2002 relatif à l'évaluation et à la certification de la sécurité offerte par les produits et les systèmes des technologies de l'information. Répond à ces exigences, par exemple, le certificat qu'adresse au contribuable internaute l'administration fiscale une fois la déclaration de revenus signée en ligne.

39. Sur l'action en vérification d'écriture, v. *infra* n° 277 la force probante des actes sous seing privé.

40. C. Castets-Renard, *op. cit.*, n° 424.

Par exemple, v. l'article 2.3. « Preuve » des conditions générales de vente du site de la Sncf : http://www.voyages-sncf.com/leisure/fr/popup/conditions-generales-de-vente-et-utilisation.htm?rfrr=Homepage_footer_Condition %20Générales %20de %20 ventes : « il est expressément convenu que, sauf erreur manifeste de Voyages-sncf.com ou de L'Agence Voyages-sncf.com, les données conservées dans le système d'information de Voyages-sncf.com et/ou de L'Agence Voyages-sncf.com et/ou de leurs Partenaires, notamment dans les outils de messagerie électronique utilisés par Voyages-sncf.com et L'Agence Voyages-sncf.com, ou dans les systèmes de contrôle de Billet Imprimé® ou de e-billet, ont force probante quant aux Commandes passées et à l'exécution des obligations des parties. Les données sur support informatique ou électronique conservées par Voyages-sncf.com ou L'Agence Voyages-sncf.com constituent des preuves et, si elles sont produites comme moyens de preuve par Voyages-sncf.com ou par L'Agence Voyages-sncf.com dans toute procédure contentieuse ou autre, elles seront recevables, valables et opposables entre les parties de la même manière, dans les mêmes conditions et avec la même force probante que tout document qui serait établi, reçu ou conservé par écrit ».

Pour déclarer en ligne ses revenus, il est possible de choisir soit un accès sans certificat, soit un accès avec certificat – ce qui suppose de s'identifier autrement : http://www.impots.gouv.fr.

41. Mais toujours pas à une croix car elle ne permet pas d'identifier la personne, ce qui est un rôle de la signature.

42. Une jurisprudence déjà ancienne a admis la validité d'un testament olographe (v. n° suivant, en note) signé du seul prénom du testateur dès lors que la signature permettait d'établir avec certitude l'identité de l'auteur du document et sa volonté d'en approuver les dispositions : Civ., 24 juin 1952, *JCP* 1952. II. 7179.

doit pouvoir être identifié et l'acte doit être établi dans des conditions de nature à garantir son intégrité : « intégrité et imputabilité, deux conditions essentielles exigées par la loi du 13 mars 2000 » [43]. Or, c'est la signature qui sert à identifier la ou les personnes dont émane l'acte : quelle que soit sa forme, elle doit leur permettre de se faire connaître et d'être reconnues par ceux qui auront à interpréter la suite de signes.

De plus, la signature manifeste le consentement des parties aux obligations qui découlent de cet acte et quand elle est apposée par un officier public, elle confère l'authenticité à l'acte (art. 1316-4, al. 1).

Quel que soit l'écrit, une fois la preuve par écrit administrée, elle lie le juge.

Rappel : l'acte écrit peut aussi, plus rarement, servir à la validité de l'acte (au sens de *negotium*) [44]. À cet égard, la loi pour la confiance dans l'économie numérique (LCEN) du 21 juin 2004 [45] est venue compléter le système, en créant les articles 1108-1 et 1108-2 du Code civil : le premier de ces textes admet l'acte électronique même requis *ad validitatem* (et même si une mention manuscrite est exigée !). Cela a mis fin à une controverse, car il semblait que la loi du 13 mars 2000 avait instauré un écrit électronique valant seulement *ad probationem* ; or, avec la LCEN, il n'y a plus d'ambiguïté : l'écrit électronique peut servir à la preuve comme à la validité d'un *negotium* [46]. Toutefois, deux exceptions sont prévues pour le second : ne peuvent être établis sous forme électronique ni les actes sous seing privé relatifs au droit de la famille et des successions [47], ni les actes sous seing privé relatifs à des sûretés personnelles ou réelles, de nature civile ou commerciale, sauf s'ils sont passés par une personne pour les besoins de sa profession.

B. Les actes authentiques

274. – Les conditions d'établissement. – De l'article 1317 qui les définit, il ressort que sont authentiques les actes dressés par un officier public compétent dans une matière ou dans un ressort géographique donnés, comme les actes notariés, les actes de l'état civil ou les actes d'huissier.

De strictes conditions de forme doivent être respectées lors de leur dresse (établissement), dont certaines sont communes à tous les actes et d'autres propres à certains. Ces règles ne figurent pas au Code civil [48], sous réserve d'un nouvel article 1317-1, issu de la loi n° 2011-331

43. V. Mikalef-Toudic, « La preuve à l'aide des nouvelles technologies », préc., sp. n° 3.

44. Cependant, en vertu du principe français du consensualisme, il n'est en principe pas nécessaire d'établir un écrit *ad validitatem* mais seulement *ad probationem*. Cf. *supra* n° 254.

45. *JO* du 22 juin.

46. Article 1108-1 : « lorsqu'un écrit est exigé pour la validité d'un acte juridique, il peut être établi et conservé sous forme électronique dans les conditions prévues aux articles 1316-1 et 1316-4 et, lorsqu'un acte authentique est requis, au second alinéa de l'article 1317. Lorsqu'est exigée une mention écrite de la main même de celui qui s'oblige, ce dernier peut l'apposer sous forme électronique si les conditions de cette apposition sont de nature à garantir qu'elle ne peut être effectuée que par lui-même ». Article 1108-2 : « il est fait exception aux dispositions de l'article 1108-1 pour : 1° Les actes sous seing privé relatifs au droit de la famille et des successions ; 2° Les actes sous seing privé relatifs à des sûretés personnelles ou réelles, de nature civile ou commerciale, sauf s'ils sont passés par une personne pour les besoins de sa profession ».

47. Par exemple, il serait exclu de rédiger un testament électronique sans le concours d'un notaire – pas plus d'ailleurs qu'un tel testament dactylographié : en effet, le testament « olographe » doit être écrit en entier, daté et signé de la main du testateur (art. 970 du Code civil).

48. Mais, par exemple, au Code de procédure civile (art. 648 et s.), au décret n° 56-222 du 29 févr. 1956 pris pour l'application de l'ordonnance du 2 nov. 1945 relative au statut des huissiers de justice et dans des arrêtés, pour les actes d'huissier ou à la loi du 25 ventôse an XI contenant organisation du notariat (reproduite sous l'article 1317 au Code civil Dalloz et en annexe au Code LexisNexis) et au décret n° 71-941 du 26 nov. 1971 relatif aux actes établis par les notaires.

du 28 mars 2011 de modernisation des professions judiciaires ou juridiques et certaines professions réglementées qui prévoit : « l'acte reçu en la forme authentique par un notaire est, sauf disposition dérogeant expressément au présent article, dispensé de toute mention manuscrite exigée par la loi » ; ainsi, les mentions des articles 1326 du Code civil [49], L. 312-17, L. 313-7, L. 313-8, L. 341-2 et L. 341-3 du Code de la consommation… requises à peine de nullité de l'acte en tant que preuve ou à peine de nullité de l'engagement lui-même ne sont pas exigées en raison des conseils prodigués aux parties. Les actes authentiques sont en principe rédigés en original – en « minute ». Ainsi, l'acte notarié est rédigé en simple original, conservé par le notaire, les parties recevant des copies – des « expéditions » – papier ou électronique ; l'acte d'huissier lui est rédigé en double original, l'un conservé par l'huissier, l'autre remis au demandeur, le (s) défendeur (s) recevant là aussi des expéditions. À moins que l'original lui-même – le « brevet » – ne soit remis aux intéressés (et non conservé par le notaire, donc) : par exemple, un acte de notoriété. De même, sauf exception – c'est-à-dire en cas d'exécution sur présentation de la minute –, l'original d'un jugement est conservé au greffe (secrétariat) du tribunal : le jugement est mis à exécution grâce à une copie exécutoire, c'est-à-dire une copie revêtue de la formule exécutoire (CPC, art. 502), qui est notifiée au perdant [50].

Par ailleurs, depuis la loi du 13 mars 2000, l'acte authentique « peut être dressé sur support électronique s'il est établi et conservé dans des conditions fixées par décret en Conseil d'État » (art. 1317, al. 2). En fait ce sont deux décrets qui ont été pris le 10 août 2005 afin d'adapter les règles applicables aux écrits papier aux supports électroniques [51]. L'authenticité est garantie par la présence d'un notaire auprès de toutes les parties, alors même qu'elles concluent leur contrat à distance. En effet l'article 20 du décret n° 71-941 du 26 novembre 1971 relatif aux actes établis par les notaires, dans sa rédaction modifiée en 2005 dispose que « lorsqu'une partie ou toute autre personne concourant à un acte n'est ni présente ni représentée devant le notaire instrumentaire, son consentement ou sa déclaration est recueilli par un autre notaire devant lequel elle comparaît et qui participe à l'établissement de l'acte. Cet acte porte la mention de ce qu'il a été ainsi établi.

L'échange des informations nécessaires à l'établissement de l'acte s'effectue au moyen du système de transmission de l'information mentionné à l'article 16 [52].

Chacun des notaires recueille le consentement et la signature de la partie ou de la personne concourant à l'acte puis y appose sa propre signature.

L'acte est parfait lorsque le notaire instrumentaire y appose sa signature électronique sécurisée ». Les actes sont conservés au minutier central électronique (Micen) [53], capable de stocker des milliers d'actes authentiques sur support électronique quotidiennement et de les conserver

49. V. *infra* n° 276.

50. Les actes notariés qui sont revêtus de la formule exécutoire ont aussi force exécutoire peuvent être mis à exécution – au besoin forcée – comme un jugement.

51. Il s'agit du décret n° 2005-973 du 10 août 2005 modifiant le décret n° 71-941 du 26 nov. 1971 relatif aux actes établis par les notaires (les articles 16 à 20 sont consacrés à l'acte établi sur support électronique : ils renvoient au décret du 30 mars 2001 dans le souci d'assurer la fiabilité des actes ainsi rédigés) et du décret n° 2005-972 du 10 août 2005 modifiant le décret n° 56-222 du 29 févr. 1956 pris pour l'application de l'ordonnance du 2 nov. 1945 relative au statut des huissiers de justice. *Adde* X. Linant de Bellefonds, « Notaires et huissiers face à l'acte authentique électronique », *JCP* N 2003.1196.

52. Qui reprend les exigences de fiabilité et de sécurité : « le notaire qui établit un acte sur support électronique utilise un système de traitement et de transmission de l'information agréé par le Conseil supérieur du notariat et garantissant l'intégrité et la confidentialité du contenu de l'acte.

Les systèmes de communication d'informations mis en œuvre par les notaires doivent être interopérables avec ceux des autres notaires et des organismes auxquels ils doivent transmettre des données ».

53. Il est situé à Venelles, près d'Aix-en-Provence.

au moins soixante-quinze ans avant de les verser aux archives départementales. Le premier acte authentique sur support électronique (AASSE) [54] a été signé le 28 octobre 2008 au Conseil supérieur du notariat et a été suivi par un acte de vente dématérialisé. Mais la formule ne semble pas avoir rencontré un grand succès pour l'instant.

275. – La force probante. – La valeur comme preuve de l'acte authentique est grande, puisque, selon l'article 1319, il fait « pleine foi » de la convention qu'il renferme, c'est-à-dire qu'il ne peut être remis en cause que si une procédure en inscription de faux a été couronnée de succès. L'inscription de faux, qui sert à constater l'existence d'un faux en écriture, est dangereuse pour le demandeur, qui, débouté, risque d'avoir à payer une amende [55] et, éventuellement, des dommages-intérêts. La procédure est régie par les articles 303 et s. du Code de procédure civile, elle relève de la compétence exclusive du tribunal de grande instance ou de la cour d'appel, que la demande ait été formée à titre principal devant ces juridictions ou à titre incident [56] (art. 286). En réalité, seules les mentions relatant des constatations personnelles de l'officier public font foi jusqu'à inscription de faux (présence de telles personnes, date, paiement effectué devant le notaire...) ; en revanche, les mentions relatives à des faits non directement constatés par l'officier public ne font foi que jusqu'à preuve du contraire, rapportée par écrit.

Il est à noter que l'acte authentique ne respectant pas les conditions d'établissement n'est pas dépourvu de toute valeur probatoire ; selon l'article 1318, il a seulement la force probante d'un acte sous seing privé.

C. Les actes sous seing privé

275-1. – Deux sortes d'actes sous seing privé. – Depuis 1804, le Code civil réglemente l'acte sous seing (signature [57]) privé aux articles 1322 et suivants. Un nouvel acte sous seing privé a été créé – non sans polémique [58] – par la loi n° 2011-331 du 28 mars 2011 de modernisation des professions judiciaires ou juridiques et certaines professions réglementées, à savoir l'acte contresigné par avocat ou acte d'avocat [59], sans disposition transitoire. Jusqu'à présent si un avocat participait à la rédaction d'un acte sous seing privé, celui-ci n'était pas différent d'un acte que les parties auraient rédigé seules. Au contraire, le nouvel acte d'avocat est un acte sous seing privé spécifique, certains de ses effets étant renforcés par rapport à l'acte du Code civil.

---

54. Sur lequel v. le très pédagogique dossier de presse réalisé par le Conseil supérieur du notariat : http://www.presse.justice.gouv.fr/art_pix/1_DPacteauthentiqusursupportelectronique1.pdf.

55. D'un maximum de 3 000 euros depuis le 1er mars 2006 (décret n° 2005-1678 du 28 déc. 2005), au lieu de 15 à 1 500 euros auparavant.

56. Quand la demande est formée incidemment, c'est qu'un procès est en cours. L'inscription de faux est alors exercée pour anéantir un acte authentique qui est produit par un plaideur. Si la juridiction saisie du procès principal n'est ni un tribunal de grande instance, ni une cour d'appel, elle doit « surseoir à statuer » (c'est-à-dire attendre que la question du faux ait été tranchée par la juridiction compétente) pour rendre son jugement.

57. Le terme « seing » a failli disparaître au profit de « signature » du fait de la loi n° 2009-526 du 12 mai 2009 de simplification et de clarification du droit et d'allégement des procédures. L'article 6 de la proposition de loi le prévoyait, mais les sénateurs ont maintenu ce mot historique (qui figure par exemple dans l'expression « blanc seing », sans que cela ne gêne personne).

58. Parmi une abondante bibliographie, v. J.-J. Uettwiller, J.-Y. Mercier, Ph. Rochmann, E. Raskin, « L'acte d'avocat : de la polémique à l'acte », *Gaz. Pal.*, 1er mars 2011, n° 60 ; F. Rome, « L'acte sous seing privé nouveau est arrivé : *so what* ? », *D.* 2011, p. 937.

59. V. C. Bléry, *RLDC* 2011/82, p. 66, n° 3 et « L'avocat nouveau est arrivé », *Procédures* 2011, focus n° 23.

Curieusement – et de manière critiquable – ce nouvel acte n'est pas régi par le Code civil, mais par les nouveaux articles 66-3-1, 2 et 3 de la loi du n° 71-1130 du 31 décembre 1971 portant réforme de certaines professions judiciaires et juridiques. Les règles contenues dans ces trois articles auront besoin d'être précisées par la déontologie et la jurisprudence.

1°/ Les actes sous seing privé du Code civil

276. – Les conditions d'établissement. – Les actes sous seing (signature) privé (e) ne sont soumis qu'à une seule règle générale, qui permet d'ailleurs de les définir : c'est celle de la nécessité de la signature des parties (ou de leurs représentants). En particulier, la mention « lu et approuvé », fréquemment exigée en pratique, n'a aucune valeur juridique [60]. La signature – telle que définie par le nouvel article 1316-4 – étant privée, aucun officier public n'intervient pour établir l'acte. D'autres règles sont particulières à certaines catégories d'actes.

Ainsi, les actes qui constatent des contrats synallagmatiques [61] doivent être rédigés en autant d'originaux [62] qu'il y a de parties ayant un intérêt distinct (art. 1325). Un contrat liant souvent deux parties, c'est la « formalité du double » (qui concerne en fait deux, trois, voire plus, de parties). Celle-ci a pour but de protéger les droits respectifs des deux parties, chacune étant à même de prouver la créance qu'elle a sur l'autre. Par exception, lorsque les droits des deux parties sont autrement protégés, la formalité du double cesse d'être nécessaire : ainsi en est-il notamment si un exemplaire de l'écrit constatant la convention a été déposé entre les mains d'un tiers dans l'intérêt commun des parties [63]. L'exigence de la pluralité d'originaux est respectée, pour un contrat électronique, lorsque chaque partie dispose d'un exemplaire ou y a accès (art. 1325, al. 5) [64]. Selon la jurisprudence, l'inobservation de l'article 1325 n'entraîne pas la nullité de la convention elle-même (le *negotium* n'est pas touché) ; elle prive seulement l'écrit de sa force probante. Il pourra toutefois servir de commencement de preuve par écrit [65].

Quant aux actes constatant un engagement unilatéral de payer une somme d'argent ou de livrer un bien fongible, ils doivent comporter, en plus la signature de celui qui souscrit l'engagement, « la mention, écrite par lui-même [66], de la somme ou de la quantité, en toutes lettres et en chiffres », sachant que « en cas de différence, l'acte sous seing privé vaut pour la somme écrite en toutes lettres » (art. 1326). Il s'agit ici de protéger celui qui s'oblige d'une part, en attirant son attention sur le montant ou l'étendue de son engagement et d'autre part, en le mettant à l'abri d'une falsification, la mention en lettres étant plus difficile à modifier que celle en chiffres.

---

60. Cf. S. Jacopin, « Les mentions contractuelles "coutumières" un droit imaginaire ? À propos des mentions manuscrites hors la loi… », *JCP* G 2001. I. 288.

61. Cf. *supra* n° 241.

62. Autrement dit, une copie (une photocopie, par exemple) n'est pas suffisante : v. *infra* n° 282.

63. Cf. Cass. 1re civ., 13 janv. 1993, *Bull.* I, n° 16.

64. Cet alinéa a été ajouté par l'ordonnance n° 2005-674 du 16 juin 2005. Attention : il ne faut pas confondre cette règle de preuve (formalité du « double »), avec l'exigence du « double-clic », qui est une condition de fond, une condition de validité du contrat électronique qui, sans lui, n'est pas formé (art. 1369-5 issu de la LCEN du 21 juin 2004). Cf. *supra* n° 250, sp. note 21.

65. Cf. *infra* n° 296.

66. La mention devait autrefois être écrite « de la main » de celui qui s'oblige. Depuis la loi du 13 mars 2000, elle doit être écrite « par lui-même », donc une mention dactylographiée ou électronique serait valable. En 2004, la LCEN est allée plus loin, en ce sens que même si le terme « mention écrite de la main » figure dans un texte, la mention en question peut être électronique. En effet (rappel) elle a précisé que « lorsqu'est exigée une mention écrite de la main même de celui qui s'oblige, ce dernier peut l'apposer sous forme électronique si les conditions de cette apposition sont de nature à garantir qu'elle ne peut être effectuée que par lui-même » (art. 1108-1, al. 2).

La sanction de la règle de l'article 1326 est la même que celle de la règle de l'article 1325 : si le *negotium* est valide, l'*instrumentum* ne pourra servir de preuve contre le débiteur, tout au plus vaudra-t-il comme commencement de preuve par écrit.

Des formalités protectrices supplémentaires ont été ajoutées par l'ordonnance n° 2005-674 du 16 juin 2005, insérées aux articles 1369-10 et 11 du Code civil. Ils disposent respectivement que « lorsque l'écrit sur papier est soumis à des conditions particulières de lisibilité ou de présentation [67], l'écrit sous forme électronique doit répondre à des exigences équivalentes. L'exigence d'un formulaire détachable [68] est satisfaite par un procédé électronique qui permet d'accéder au formulaire et de le renvoyer par la même voie », et que « l'exigence d'un envoi en plusieurs exemplaires est réputée satisfaite sous forme électronique si l'écrit peut être imprimé par le destinataire ». Pour autant, tout doute et ambiguïté n'ont pas disparu [69].

277. – La force probante. – Non contesté ou reconnu, l'acte sous seing privé « a, entre ceux qui l'ont souscrit et entre leurs héritiers et ayants cause, la même foi que l'acte authentique » (art. 1322). Cependant, si celui à qui l'acte est opposé dénie son écriture ou sa signature – il prétend n'être pas l'auteur de l'acte –, celui qui entend se prévaloir de l'acte doit saisir le juge d'une procédure « en vérification d'écriture » (art. 1323 et 1324) [70]. Elle est régie par les articles 287 et s. du Code de procédure civile [71] et relève de la compétence du juge saisi du principal lorsqu'elle est demandée incidemment et du tribunal de grande instance si elle est exercée à titre principal (art. 285). Le succès du demandeur à la procédure de vérification empêche alors le défendeur de contester l'origine de l'acte autrement que par une procédure d'inscription de faux [72]. L'acte sous-seing privé peut aussi être argué faux à titre principal ou incident (CPC, art. 299 et s. [73]) ; l'examen de celui-ci se fait selon la procédure des articles 287 et suivants du Code de procédure civile. Quant aux énonciations de l'acte, elles ne font foi que jusqu'à preuve contraire ; les parties ne peuvent la rapporter que par écrit (C. civ., art. 1341), les tiers par tous moyens. Enfin, si entre les parties, la date mentionnée à l'acte fait foi jusqu'à preuve contraire, elle est en principe inopposable aux tiers – les parties pouvant facilement antidater ou postdater l'acte au détriment des tiers. Par exception, parce qu'une telle fraude est exclue, la date d'un acte sous seing privé sera opposable à tous si elle est certaine (art. 1328) : par exemple, si l'acte sous seing privé est mentionné dans un acte notarié, il ne sera opposable aux tiers qu'à compter de la date de l'acte authentique.

67. On vient de rencontrer une telle exigence en matière de contrat synallagmatique ou d'engagement unilatéral de payer une somme d'argent ou de livrer un bien fongible.

68. Pour permettre facilement à un consommateur de se rétracter, le législateur impose pour certains contrats (*negotium*) un *instrumentum* comportant un tel formulaire : le consommateur dispose d'un certain délai et s'il change d'avis, il suffit de renvoyer ce formulaire à son cocontractant : il ne sera pas pénalisé car c'est la loi qui lui donne ce droit de rétractation. Ainsi en est-il en matière de vente immobilière, de démarchage à domicile et autres contrats de consommation… (v. *supra* n° 250, en note).

69. Notamment quand y a-t-il « exigences équivalentes » ? V. aussi J. Rochfeld, chr. à la *RTD civ.* 2005, p. 843 et s.

70. « Le désaveu d'écriture renverse la charge de la preuve de la véracité de la signature : en effet, ce n'est pas à celui qui désavoue sa signature de prouver qu'elle est fausse ; c'est à son contradicteur de démontrer qu'elle est vraie. Ce renversement est redoutable car l'échec de la preuve de la véracité conduira à l'admission du désaveu » : D. Mainguy, *Introduction générale au droit,* Objectif Droit LexisNexis, 5e éd., 2010, n° 267.

71. La procédure a été adaptée au cas où la dénégation ou le refus de reconnaissance porte sur un écrit ou une signature électroniques. V. un arrêt où la Cour de cassation a appliqué la procédure des articles 287 et s. à un courriel : v. Cass. 1re civ., 30 sept. 2010, n° 09-68555, *Bull. civ.* I, n° 178. *Adde* O. Cachard, « Le désaveu d'écritures : de la lettre missive au simple courrier électronique », *RLDC* 2011/80, p. 7 ; E. A. Caprioli, « Vérification d'écriture et courrier électronique », *Comm. com. électr.*, 2010, comm. 12. V. *infra* n° 278.

72. Rappel : la fiabilité du procédé d'identification est présumée pour la signature électronique (v. *supra* n° 272).

73. C'est l'équivalent pour les actes sous seing privé de l'inscription de faux contre les actes authentiques.

Il faut noter que les ayants cause universels ou à titre universel (les héritiers, par exemple) qui sont tenus des obligations de leurs auteurs sont considérés comme des parties ; à l'inverse, les ayants cause à titre particulier (un acquéreur, un locataire, par exemple) sont tiers.

2°/ Les actes contresignés par avocat

277-1. – Les conditions d'établissement. – Puisqu'il s'agit d'un acte sous seing privé, l'acte d'avocat doit être revêtu de la signature des parties. L'acte est contresigné par l'avocat de toutes les parties ou les avocats de chacune des parties, sachant que « rien dans la loi ne vise à s'assurer que le contreseing de l'avocat est contemporain de la signature de l'acte par les parties » [74] : il faudra donc introduire dans le règlement intérieur national (RIN) [75] une déontologie particulière de telle sorte que la signature de l'acte par les parties soit concomitante au contreseing de l'avocat [76]. Le Conseil national des barreaux (CNB) a annoncé qu'un sceau sera présent « sur tous les actes contresignés par l'avocat comme témoin de la sécurité juridique supplémentaire » apportée par ce nouvel outil [77]. La loi n'a rien prévu pour la conservation de l'acte d'avocat, elle sera donc « une obligation déontologique » : « il y aura double conservation de cet acte. En premier lieu, l'archivage sera assuré par l'avocat, en son cabinet. Il établira, comme d'autres professions, un véritable minutier, registre sur lequel il inscrira la date des actes et des parties signataires », « par ailleurs, la profession s'organisera afin de permettre une conservation par dématérialisation. La conservation sera électronique, centralisée dans un coffre-fort virtuel » [78].

Comme l'acte notarié, et pour les mêmes raisons [79], l'acte contresigné est, « sauf disposition dérogeant expressément au présent article, dispensé de toute mention manuscrite exigée par la loi » (art. 66-3-3 nouv.).

Ce nouvel instrument juridique devrait être utilisé dans de nombreux domaines : droit des affaires, immobilier, de la famille, du travail [80]...

277-2. – La force probante. – L'acte d'avocat dispose d'une force probante spécifique, intermédiaire entre celle de l'acte authentique et celle de l'acte sous-seing privé non reconnu simple. L'acte contresigné fait pleine foi, entre les parties, leurs héritiers ou leurs ayants cause, de leur signature et de leur écriture (art. 66-3-2 nouv.), si bien que les parties et leurs ayants cause ne pourront désavouer leur signature ou écriture à l'aide de la procédure de vérification d'écriture (art. 287 et s.). En revanche (même texte), ces personnes pourront, le cas échéant, contester le contenu de l'acte en recourant à la procédure de faux (art. 299 et s.).

En outre, en contresignant l'acte, « l'avocat atteste avoir éclairé pleinement la ou les parties qu'il conseille sur les conséquences juridiques de cet acte » (art. 66-3-1 nouv. de la loi

---

74. O. Deshayes, « L'acte contresigné par avocat est né (conjugaison à l'imparfait du législatif) », *L'essentiel droit des contrats* 2011, n° 5, p. 1 ; H. Croze, « Qui est l'auteur d'un acte d'avocat ? », *Procédures* 2011, repère n° 8.

75. Consultable à l'adresse suivante : http://www.cnb.avocat.fr/Reglement-Interieur-National-de-la-profession-d-avocat-RIN_a281.html#7.

76. En ce sens, M. Benichou, « Acte contresigné par l'avocat », *JCP* G 2011, 437.

77. V. *Avocats et droit*, le numéro spécial de mai 2011 : www.cnb.avocat.fr/file/106402/

78. *Ibid.*

79. V. *supra* n° 274.

80. En ce sens, M. Benichou, *loc. cit.*

n° 71-1130 du 31 décembre 1971) ; ce qui dispense les parties d'apporter la preuve que la rédaction retenue est celle conseillée par l'avocat, lors d'une éventuelle action en responsabilité contre lui.

D. Les autres écrits

278. – Les lettres missives. – Écrites dans un but autre que probatoire, elles ne peuvent être utilisées comme preuve qu'à certaines conditions. La jurisprudence reconnaît aux lettres échangées la valeur d'un acte sous seing privé si elles constatent un accord déjà réalisé et non de simples pourparlers (sinon ce sont de simples preuves imparfaites, comme un témoignage ou une présomption), si elles sont en la possession régulière [81] de celui qui s'en prévaut et si elles ne sont pas contraires au principe de la confidentialité de la correspondance. Toutes choses qui sont souverainement appréciées par les juges du fond. Nul doute que doivent être analysés de la même manière des techniques de communication qui sont proches des courriers, à savoir les courriels [82], voire les textos [83].

La difficulté est, pour ces écrits, de remplir les exigences d'intégrité et d'imputabilité. La plupart des courriels ne sont pas signés de manière fiable (au sens de C. civ., art. 1316-4) et ne sont pas cryptés. Or, la Cour de cassation a estimé que lorsque de tels courriels étaient désavoués par leur auteur prétendu, les juges du fond doivent procéder à la vérification d'écriture prévue aux articles 287 et suivants du Code de procédure civile [84] : cela peut paraître surprenant puisqu'une telle procédure est réservée aux actes sous seing privé… que ne sont pas en l'occurrence les courriels produits au procès. En fait la Haute juridiction raisonne ici comme en matière de copies [85] : avec un auteur « on peut déduire de cette jurisprudence élaborée à propos des copies que le juge ne peut plus écarter d'emblée un écrit, *instrumentum*, quel qu'il soit ; il faut préalablement qu'une partie dénie son engagement ou l'*instrumentum* et conteste l'intégrité de cet acte pour justifier une vérification et l'imputabilité du contenu à l'auteur désigné. Cette jurisprudence est désormais transposée au mail, ce dernier peut constituer un mode de preuve tant qu'il n'est pas dénié. Il faut néanmoins nuancer ce propos quand les parties sont commerçantes ; la preuve est alors totalement libre » [86]. Quant aux textos, il semble encore plus douteux qu'ils puissent remplir les conditions de l'écrit probatoire, ne serait-ce qu'en raison de leur brièveté. Ils valent cependant au moins comme preuves imparfaites, éventuellement comme des commencements de preuve par écrit – mais pourquoi pas parfaite s'ils ne sont pas contestés. Et leur admissibilité est reconnue par la jurisprudence dans les cas où la preuve est libre [87].

81. V. *infra* n° 288.

82. C'est le mot français pour désigner un courrier électronique (à l'exclusion de *mail* ou *e-mail* qui sont des mots anglais). Le terme « mél » peut être utilisé pour indiquer (par exemple sur une carte de visite) qu'elle est l'adresse électronique du titulaire de celle-ci. *Adde* J. Julien, « La langue française et le contrat », *Mélanges Ph. le Tourneau*, Dalloz 2008, p. 465 et s.

83. Ou SMS (mais là encore c'est l'abréviation de l'expression *short message service*, ce n'est donc pas français).

84. Cass. 1re civ., 30 sept. 2010, n° 09-68555, *Bull. civ.* I, n° 178. *Adde* O. Cachard, « Le désaveu d'écritures : de la lettre missive au simple courrier électronique », *RLDC* 2011/80, p. 7 ; E. A. Caprioli, « Vérification d'écriture et courrier électronique », *Comm. com. électr.*, 2010, comm. 12 ; L. Grynbaum, « Le droit de l'écrit électronique : un frein au commerce en ligne (un e-mail n'est pas un écrit électronique au sens du Code civil, selon la Cour de cassation) », *RLDC* 2011/78, p. 33. V. *supra* n° 277, en note.

85. V. *infra* n° 282.

86. V. L. Grynbaum, *op. cit.*

87. V. *infra* n° 289.

279. – Les livres de commerce. – Les commerçants ont l'obligation de tenir et de conserver pendant dix ans des documents comptables. Ceux-ci ont force probante contre le commerçant qui les tient (art. 1330) ou lorsqu'ils sont opposés à un autre commerçant (C. com., art. L. 123-3) ; mais ils ne peuvent pas, en principe, être opposés à un non-commerçant (C. civ., art. 1329 C. civ.).

280. – Les registres et papiers domestiques. – Les documents tenus et conservés par un particulier (notes, comptes... relatant des événements personnels) ne peuvent faire preuve que contre leur auteur (art. 1331), sauf au juge à les utiliser comme des présomptions du fait de l'homme. La loi elle-même leur reconnaît une force probante dans certains cas : ainsi, l'article 1402, alinéa 2 du Code civil permet de les utiliser pour prouver qu'un bien est le propre d'un époux et échappe donc à la présomption de communauté posée par l'article 1402, alinéa 1er applicable dans le régime matrimonial légal de la communauté réduite aux acquêts.

281. – Les mentions libératoires portées sur un titre de créance. – Un créancier obtient paiement de son débiteur ; il constate la libération de son débiteur, non sur un titre séparé, mais sur le titre de créance qui est toujours resté en sa possession ou sur le double qui est entre les mains du débiteur. La mention du paiement prouve la libération du débiteur, même si elle n'est ni signée, ni datée par le créancier (art. 1332). La jurisprudence a en revanche eu à préciser que la mention ne doit pas avoir été biffée par le créancier... sauf fraude de celui-ci qui fait revenir au principe de l'article 1332 [88].

282. – Les copies d'actes. – Bien qu'ayant aujourd'hui une grande importance pratique, l'attitude du législateur est empreinte d'une certaine méfiance à leur égard. Lorsque le titre sous seing privé subsiste, les copies n'ont pas de force probante autonome, de telle sorte que l'original peut toujours être exigé (art. 1334), à moins, selon une règle jurisprudentielle, que la conformité de la copie à l'original ne soit pas contestée. Le législateur prend aussi en compte l'hypothèse – pas si rare – où le titre original n'existe plus [89].

II. Les modes de preuve autres que l'écrit

283. – Les quatre autres modes de preuve. – Ce sont, d'une part, la preuve par témoins et par présomptions du fait de l'homme (A) et, d'autre part, l'aveu et le serment (B). Leur traditionnel regroupement par deux est dû à la similitude des notions.

A. La preuve par témoins et par présomptions du fait de l'homme

284. – Les circonstances. – Le témoignage ou preuve testimoniale est la relation d'un tiers au litige de faits dont il a eu personnellement connaissance. La déclaration du témoin, qui a

88. V. Cass. 1re civ., 20 mars 1989, n° 86-19653 : « si, en principe, la rature ou la cancellation d'une mention libératoire portée sur le titre toujours demeuré en la possession du créancier ne permet pas à cette mention de conserver la force probante prévue par l'article 1332, alinéa 1er, du Code civil, il en est différemment en cas du dol ou de fraude du créancier, cette exception n'étant pas limitée à l'hypothèse définie par le second alinéa du même article, où la mention libératoire a été apposée sur le double qui se trouve entre les mains du débiteur » Or, en l'espèce, les juges du fond avaient constaté « la falsification par grattages de la mention litigieuse et sa dissimulation », caractérisant ainsi des manœuvres dolosives, autrement dit une fraude.

89. Cf. *infra* n° 299 l'article 1348.

nécessairement la capacité juridique, est entendue dans le cadre d'une enquête ou consignée dans une attestation (CPC, art. 199 et s.). Jusqu'au 1er janvier 2009, date d'entrée en vigueur de la loi n° 2007-308 du 5 mars 2007, il était admis que la preuve soit rapportée par commune renommée ou par ouï-dire, autrement dit elle ne reposait que sur une connaissance collective et indirecte d'un fait. La valeur probante de cette dernière n'était cependant admise que de manière exceptionnelle, à titre de sanction : ainsi en était-il si le tuteur n'avait pas fait procéder à l'inventaire des biens du mineur dans les dix jours de sa nomination ; le mineur avait alors le droit d'en établir la valeur et la consistance « par tous les moyens, même la commune renommée » (C. civ., art. 451). L'article 503 reprend des solutions similaires à l'actuel article 451, mais la « commune renommée » n'y est plus expressément mentionnée [90]. La preuve par commune renommée, jugée trop sévère alors que le choix d'un tuteur membre de la famille est favorisé par la loi nouvelle, a donc disparu du droit français...

La preuve par présomptions du fait de l'homme est le résultat d'un raisonnement du juge : partant de certains faits connus, il en déduit l'existence de faits insusceptibles de preuve directe mais qui sont vraisemblables. Ainsi, l'absence de contestation du titulaire d'un compte bancaire après la réception de son relevé de compte fait présumer qu'il a approuvé les opérations relatées dans le relevé.

285. – La force probante. – Les témoignages et les présomptions ont la même faible force probante ; compte tenu de leur relative fragilité, le juge peut les rejeter s'il ne s'estime pas convaincu.

B. L'aveu et le serment

286. – Les circonstances. – L'aveu et le serment sont des procédés de preuve assez exceptionnels, mais importants. L'aveu est la reconnaissance par une personne de l'exactitude de la prétention de son adversaire. Selon l'article 1354, l'aveu est judiciaire ou extrajudiciaire : le premier intervient au cours de l'instance où est débattue la question litigieuse, le second est fait hors la présence du juge (par exemple, dans une lettre missive). L'aveu judiciaire est irrévocable sauf s'il a été fait par erreur, et indivisible (art. 1356), en ce sens qu'un plaideur ne peut pas retenir seulement la partie de l'aveu qui lui est favorable.

Quant au serment, c'est l'affirmation solennelle faite par l'un des plaideurs de la réalité d'un fait qui lui est favorable. Il tire sa force probante de la crainte d'une sanction (châtiment divin, perte de l'honneur ou... condamnation pénale). Selon l'article 1357, le serment est décisoire ou supplétoire. Le premier est déféré par l'un des plaideurs à son adversaire. Si celui-ci prête le serment déféré, il gagne le procès ; s'il refuse de jurer, il perd le procès ; il peut cependant choisir de « référer » le serment à celui qui lui avait demandé de jurer. Ce dernier ne peut que prêter le serment référé et gagner le procès ou refuser de jurer et perdre (art. 1361). Le serment

90. Il y est dit que « dans les trois mois de l'ouverture de la tutelle, le tuteur fait procéder, en présence du subrogé tuteur s'il a été désigné, à un inventaire des biens de la personne protégée et le transmet au juge. Il en assure l'actualisation au cours de la mesure. Il peut obtenir communication de tous renseignements et documents nécessaires à l'établissement de l'inventaire auprès de toute personne publique ou privée, sans que puisse lui être opposé le secret professionnel ou le secret bancaire. Si l'inventaire n'a pas été établi ou se révèle incomplet ou inexact, la personne protégée et, après son décès, ses héritiers peuvent faire la preuve de la valeur et de la consistance de ses biens *par tous moyens* ».

supplétoire est déféré d'office par le juge pour compléter son information. Il n'est plus guère utile aujourd'hui étant donné l'accroissement des pouvoirs du juge dans la recherche de la preuve.

287. – La force probante. – L'aveu judiciaire et le serment décisoire ont une force probante absolue. Ainsi l'aveu fait-il « pleine foi contre celui qui l'a fait » (art. 1356) et « lorsque le serment déféré ou référé a été fait, l'adversaire n'est point recevable à en prouver la fausseté » (art. 1363). Le juge ne dispose d'aucun pouvoir d'appréciation sur la valeur réelle de l'aveu judiciaire ou du serment décisoire ; il doit s'estimer convaincu par l'un ou l'autre.

En revanche, l'aveu extrajudiciaire et le serment supplétoire – que le plaideur l'ait prêté ou qu'il ait refusé de le prêter – ne lient pas le juge qui reste donc libre de sa décision.

§ 2 : L'admissibilité des différents modes de preuve

288. – Les systèmes de preuve. – Il existe deux systèmes complètement opposés, à savoir le système de la preuve légale et le système de la preuve morale. Dans le premier, c'est la loi qui détermine les seuls modes de preuve admissibles et leur force probante, c'est-à-dire leur valeur en tant que preuve. Dans le second, tous les modes de preuve sont admis devant le juge et ont la même valeur probante théorique.

C'est le système de la preuve morale qui est consacré en droit administratif, commercial, social ou pénal. Ainsi en matière commerciale, au moins lorsqu'il s'agit de prouver à l'encontre d'un commerçant, tout moyen de preuve est toujours admis (C. com., art. 1341 *in fine* et L. 110-3). Il en est de même en matière prud'homale, selon une règle jurisprudentielle[91]. De même, la juridiction pénale – en particulier devant la cour d'assises – acquittera-t-elle un accusé qui a avoué sa culpabilité si son intime conviction[92] permet aux magistrats et aux jurés de discerner un aveu mensonger ; pour autant, la recherche de preuve n'est pas totalement libre, puisqu'elle s'inscrit dans le cadre d'une instruction très réglementée – le juge d'instruction instruisant à charge et à décharge dans le respect des droits de la défense. Quant au droit civil, il consacre un système mixte, en ce sens qu'il soumet la preuve des faits et celle des actes juridiques à un régime différent. Les faits se prouvent en principe selon le système de la preuve morale, les actes selon le système de la preuve légale.

En principe, les faits sont établis par tous moyens, parce qu'il est en général impossible de se ménager par avance la preuve d'un fait juridique. Par exception, les faits relatifs à l'état des personnes – la naissance, le mariage, le décès... – ne sont prouvés que par les actes de l'état

91. V. par exemple, Cass. soc. 27 mars 2001 (n° 98-44666, *Bull. civ.* V, n° 108) ou 10 nov. 2010 (n° 09-40967).

92. V. l'article 353 du Code de procédure pénale : « avant que la cour d'assises se retire, le président donne lecture de l'instruction suivante, qui est, en outre, affichée en gros caractères, dans le lieu le plus apparent de la chambre des délibérations : "La loi ne demande pas compte aux juges des moyens par lesquels ils se sont convaincus, elle ne leur prescrit pas de règles desquelles ils doivent faire particulièrement dépendre la plénitude et la suffisance d'une preuve ; elle leur prescrit de s'interroger eux-mêmes dans le silence et le recueillement et de chercher, dans la sincérité de leur conscience, quelle impression ont fait, sur leur raison, les preuves rapportées contre l'accusé, et les moyens de sa défense. La loi ne leur fait que cette seule question, qui renferme toute la mesure de leurs devoirs : Avez-vous une intime conviction ?" » ; le texte est modifié à compter du 1er janv. 2012 par la loi n° 2011-939 du 10 août 2011 sur la participation des citoyens au fonctionnement de la justice pénale et le jugement des mineurs « **sous réserve de l'exigence de motivation de la décision**, la loi ne demande pas compte à chacun des juges et jurés composant la cour d'assises... ». V. aussi l'article 427, alinéa 1er, du même code : « hors les cas où la loi en dispose autrement, les infractions peuvent être établies par tout mode de preuve et le juge décide d'après son intime conviction ».

civil ; la loi limite également les modes de preuve de la filiation. Il est à noter que la preuve d'obligations nées d'un quasi-contrat, d'un délit ou d'un quasi-délit se rapporte librement (C. civ., art. 1348, al. 1er), dans la mesure où ces sources de droit constituent un fait juridique. Au contraire, pour être valablement prouvés, les actes juridiques (*negotium*) doivent, en principe, avoir été constatés dans un écrit (*instrumentum*) rédigé lors de la conclusion du *negotium*. Cette nécessité de préconstituer la preuve est cependant parfois écartée au profit des autres modes de preuve. Quelle que soit la circonstance la preuve est encadrée par des principes qui l'emportent sur le besoin d'efficacité des preuves.

289. – La liberté de la preuve n'est pas absolue. – Déjà, une exigence de légalité de la preuve est posée à l'article 9 du Code de procédure civile [93]. De plus, la jurisprudence est intervenue afin de promouvoir une exigence de loyauté dans la recherche de la preuve : « l'enregistrement d'une conversation téléphonique privée, effectué et conservé à l'insu de l'auteur des propos invoqués, est un procédé déloyal rendant irrecevable en justice la preuve ainsi obtenue » [94]. Récemment, aux visas de l'article 9 du Code de procédure civile, de l'article 6 § 1 de la Convention de sauvegarde des droits de l'homme et des libertés fondamentales et du principe de loyauté dans l'administration de la preuve, l'Assemblée plénière a estimé que « sauf disposition expresse contraire du Code de commerce, les règles du Code de procédure civile s'appliquent au contentieux des pratiques anticoncurrentielles relevant de l'Autorité de la concurrence » et donc « que l'enregistrement d'une communication téléphonique réalisé à l'insu de l'auteur des propos tenus constitue un procédé déloyal rendant irrecevable sa production à titre de preuve » [95].

En revanche, il a été reconnu sans difficulté qu'un texto pouvait servir de preuve, son admission en tant que preuve n'étant pas déloyale. La chambre sociale de la Cour de cassation est formelle à cet égard. Après avoir rappelé le principe posé à l'égard de l'enregistrement d'une conversation téléphonique : « attendu que si l'enregistrement d'une conversation téléphonique privée, effectué à l'insu de l'auteur des propos invoqués, est un procédé déloyal rendant irrecevable en justice la preuve ainsi obtenue », elle affirme qu' « il n'en est pas de même de l'utilisation par le destinataire des messages écrits téléphoniquement adressés, dits SMS, dont l'auteur ne peut ignorer qu'ils sont enregistrés par l'appareil récepteur » [96]. La première chambre civile adopte le

93. Il dispose qu'« il incombe à chaque partie de prouver conformément à la loi les faits nécessaires au succès de sa prétention ».

94. V. par ex. Cass. 2e civ., 7 oct. 2004 (no 03-12653, *Bull. civ.* II, no 447, *D.* 2005, p. 122, note Ph. Bonfils) : les héritières d'un homme décédé réclamaient à une femme le remboursement d'une somme d'argent que celle-ci prétendait lui avoir été donnée : une conversation téléphonique entre la soi-disant « donataire » et son « donateur », enregistrée par lui, prouvait au contraire qu'il s'agissait d'un prêt ; les héritières n'ont pas pu utiliser cette preuve.

95. Cass. ass. plén., 7 janv. 2011, no 09-14316 et 09-14667, à paraître au *Bull.*, *D.* 2011. 562, obs. E. Chevrier, note F. Fourment ; *ibid.* 618, chron. V. Vigneau ; *RTD civ.* 2011, p. 127, obs. B. Fages ; *JCP* G 2011, 666, no 13, obs. Y. M. Serinet) : afin d'établir les pratiques anticoncurrentielles de deux sociétés, la société victime avait enregistré des conversations téléphoniques. Sur la base de celles-ci, l'Autorité de la concurrence a donc condamné les deux sociétés à une forte amende. Celles-ci ont contesté cette sanction devant la cour d'appel de Paris qui a rejeté leur demande. L'arrêt a été cassé par la chambre commerciale, qui a renvoyé l'affaire à la cour d'appel de Paris autrement composée : celle-ci a, à nouveau, débouté les sociétés plaignantes qui se sont pourvues une seconde fois devant la Cour de cassation (sur le déroulement d'un procès v. *infra*, nos 358 et 359). L'Assemblée plénière a finalement fait prévaloir le principe de la loyauté de la preuve sur l'autonomie de la procédure qui se déroule devant l'Autorité de la concurrence… au détriment de la victime des pratiques anticoncurrentielles ! *Contra* Y. M. Serinet, (*loc. cit*) : « il est heureux que la cour régulatrice fasse ainsi prévaloir les principes procéduraux et clarifie le régime applicable au contentieux des pratiques anticoncurrentielles devant l'Autorité de la concurrence. Seule la spécificité de la procédure pénale justifie qu'une vertu probante puisse être reconnue aux moyens de preuve obtenus de façon illicite ou déloyale. Encore, plusieurs affaires récentes interrogent-elles sur l'opportunité d'un renforcement des exigences de légalité en la matière, au bénéfice des droits de la défense ».

Sur la reconnaissance par cet arrêt du principe de loyauté de la preuve, v. *supra* no 136-2.

96. V. Cass. soc., 23 mai 2007, no 06-43209, *Bull. civ.* V, no 85, *JCP* G 2007, I, 200, no 14, obs. S. Amrani-Mekki : une salariée a pu établir le harcèlement dont elle était victime de la part de son employeur, grâce à des textos dont la teneur avait été constatée par huissier.

même raisonnement en matière de divorce : en effet, « en matière de divorce, la preuve se fait par tous moyens et le juge ne peut écarter des débats un élément de preuve que s'il a été obtenu par violence ou fraude. Dès lors, viole les articles 259 et 259-1 du Code civil, une cour d'appel qui écarte des débats des minimessages, dits "SMS", reçus sur le téléphone portable professionnel d'un époux, sans constater que ces messages ont été obtenus par violence ou fraude » [97].

Même en matière pénale, « la fin ne justifie pas toujours les moyens » ! Ainsi, la chambre criminelle admet la validité du constat d'une infraction flagrante, effectué par un officier ou un agent de police judiciaire, sans ruse ni stratagème [98]. La ruse est en revanche autorisée par la loi pour certaines infractions très graves, comme en matière de criminalité organisée (CPP, art. 706-81 et s.). Les indices peuvent être produits par un particulier – victime (partie civile), témoin, voire personne poursuivie pour assurer sa défense [99] ; toutefois les juges examinent au cas par cas les affaires où un enregistrement téléphonique – ou autre document – est apporté en guise de preuve, car celui-ci est, en fonction des circonstances déloyal… ou loyal [100]. Dans tous les cas, la preuve doit en outre avoir fait l'objet d'un débat contradictoire devant le tribunal.

De manière générale, la Cour de cassation est plus respectueuse de la vie privée et protectrice du principe de loyauté en procédure civile qu'en procédure pénale [101]. Elle fait en effet preuve de pragmatisme en cette matière car il est parfois difficile de prouver sans déloyauté. Or, des intérêts autres que privés sont en cause. Il est alors nécessaire de faire la part des choses entre l'admission d'un certain piège et la prime à la mauvaise foi. Or, en matière civile, c'est au contraire la mauvaise foi qui, en raison de la hiérarchie des priorités, l'emporte [102] !

---

97. Cass. 1re civ., 17 juin 2009, n° 07-21796, *Bull. civ.* I, n° 132, *JCP* G 2009, 369, n° 17, obs. S. Amrani-Mekki : l'épouse aurait retrouvé le téléphone perdu de son mari (en ce sens, S. Amrani-Mekki), découverte qui lui a permis de prouver l'adultère de son mari.

98. V. Cass. crim., 16 janv. 2008, n° 07-87633, *Procédures* 2008, comm. 126, J. Buisson. *A contrario*, une preuve obtenue par ruse ou stratagème serait non valide car déloyale…

99. V. Cass. crim., 27 janv. 2010, n° 09-83395, *Bull. crim.*, n° 16 : aucune disposition légale ne permet aux juges répressifs d'écarter des moyens de preuve remis par un particulier aux services d'enquête, au seul motif qu'ils auraient été obtenus de façon illicite ou déloyale ; il leur appartient seulement, en application de l'article 427 du Code de procédure pénale, d'en apprécier la valeur probante, après les avoir soumis à la discussion contradictoire des parties ; en l'espèce un salarié qui faisait l'objet d'une procédure de licenciement, avait dénoncé aux services de gendarmerie les agissements du gérant de la société employeur – le gérant aurait détourné des fonds sociaux pour effectuer des travaux dans sa résidence principale – et leur avait remis divers documents pour étayer ses dires.

100. V. Cass. crim., 31 janv. 2007, n° 06-82383 : la chambre criminelle a admis sans difficulté la validité d'un enregistrement téléphonique comme preuve « dès lors que l'enregistrement de la conversation téléphonique privée, réalisé par Alain Y…, était justifié par la nécessité de rapporter la preuve des faits dont il était victime et de répondre, pour les besoins de sa défense, aux accusations de violences qui lui étaient imputées ». En l'espèce l'épouse avait fait établir par une amie, pour sa procédure de divorce, une attestation relatant de graves violences dont elle aurait été victime de la part de son mari. Celui-ci avait produit un procès-verbal d'huissier reproduisant une conversation téléphonique que son épouse avait eue avec son amie, à l'insu de l'épouse, et qui permettait au mari d'attester que les violences n'étaient pas réelles. Dans une autre affaire, l'enregistrement pourrait être analysé comme attentatoire à la vie privée. Tout dépend des circonstances.

101. Même si elle veille au respect l'article 226-1 du Code pénal qui incrimine et réprime les atteintes à la vie privée, en particulier le fait d'enregistrer sans le consentement de leur auteur, des paroles prononcées à titre privé ou confidentiel.

102. V. R. Perrot, *Procédures* 2008, comm n° 137, à propos de Cass. soc. 18 mars 2008, nos 06-40852 et 06-45093 : dans la première espèce, il est rappelé (v. *supra* n° 289, en note) qu'il est interdit d'avoir recours à un stratagème et dans la seconde qu'est prohibée la mise en œuvre d'un dispositif de surveillance. M. Perrot écrit (à juste titre) que « pour la Cour de cassation, la loyauté dans la recherche des preuves est aujourd'hui une règle d'or. On ne peut que partager cette manière de voir. Mais il est juste de convenir qu'il est parfois bien difficile de se ménager une preuve lorsque l'on se trouve confronté à des comportements illicites qui s'abritent derrière une opacité qui est un défi à la transparence judiciaire. La loyauté procédurale ne doit pas non plus devenir un tremplin à des opérations condamnables, ignorées du juge faute de preuve. Toute la difficulté réside dans la conciliation de ces deux impératifs. Et finalement, à travers les formules de la Cour de cassation, on devine ce qui est pour elle le critère de la déloyauté : ce sont les mises en scènes, les stratagèmes et la clandestinité, encore moins pardonnables lorsqu'ils émanent d'un auxiliaire de justice ».

V. aussi le cas de l'affaire des pratiques anticoncurrentielles : v. Cass. ass. plén., 7 janv. 2011, préc. au même n°. Ce qui est plutôt critiquable. En effet, « à l'opposé du contentieux civil qui ne met en jeu que des intérêts privés et *a priori* dégagés de toute atteinte grave à l'ordre public, le contentieux du droit de la concurrence transcende les seuls intérêts des parties, en ce qu'il vise la protection du marché : la fin justifie donc les moyens. C'est pourquoi il devrait, *a contrario*, admettre certaines dérogations à l'exigence de légalité du procès » (B. Ruy, « Pratiques anticoncurrentielles et preuve par enregistrements sonores subreptices : la fin du feuilleton », *JCP* G 2011, 208).

I. Le principe de preuve des actes juridiques

290. – Les deux règles de l'article 1341 du Code civil. – L'existence et le contenu des actes juridiques ne peuvent, en principe, être prouvés qu'à l'aide d'un écrit préconstitué. Cette exigence ne concerne que les parties à l'acte ou leurs ayants cause, à l'exclusion des tiers pour qui l'acte est un fait juridique ; le cas échéant, ils pourraient donc le prouver par tous moyens.

La première règle posée par l'article 1341 est la suivante : « il doit être passé acte devant notaire ou sous signatures privées de toute chose excédant une somme ou une valeur fixée par décret », à savoir aujourd'hui 1 500 euros [103].

La seconde règle est qu'« il n'est reçu aucune preuve par témoins contre et outre le contenu aux actes ». Attention : cette règle s'applique dès lors que le *negotium* d'un acte juridique a été constaté par un *instrumentum*, même si le *negotium* est une opération d'une valeur inférieure à 1 500 euros. Par conséquent, en présence d'une preuve écrite préconstituée, il est exclu d'établir que ses mentions sont inexactes ou incomplètes autrement qu'en présentant un écrit de même force probante.

Ainsi, si un contrat de bail indique que le loyer est payable tous les trimestres et qu'il est d'un montant de 4 000 euros par trimestre, l'article 1341 interdit de prouver par témoins (contre l'acte) que le loyer, en réalité, est payable tous les mois et (outre l'acte) que le montant du loyer s'élève en fait à 4 000 euros par mois.

II. Les exceptions

291. – Des exceptions très diverses et de plus en plus nombreuses. – Dans diverses circonstances, sans lien entre elles, la preuve de l'existence ou du contenu d'un acte juridique (*negotium*) pourra être apportée par tous moyens, y compris par témoignages ou présomptions. Éventuellement, il pourra être prouvé contre ou outre le contenu d'un acte (*instrumentum*) écrit.

A. Les exceptions résultant directement ou indirectement de l'article 1341

292. – La preuve des « petites affaires ». – Il résulte de l'article 1341 lui-même que la preuve des actes dont le montant est inférieur ou égal à 1 500 euros est rapportée librement dans cette somme. Les articles 1342 et s. donnent des indications pour l'évaluation de l'affaire à prouver : en particulier, il faut tenir compte des intérêts et non pas seulement du capital.

293. – Le caractère supplétif de l'article 1341. – Dès lors que sont en jeu des droits dont les parties ont la libre disposition, les parties peuvent écarter la nécessité d'un écrit et admettre la preuve par témoins et par présomptions ; en effet, les règles de preuve ne sont pas d'ordre public et la validité des conventions sur la preuve a été confortée par l'article 1316-2 du Code civil [104].

103. V. le décret n° 2004-836 du 20 août 2004.
104. Cf. *supra* n° 260.

294. – *Fraus omnia corrumpit.* – En vertu de la maxime « la fraude corrompt tout »[105], les juges peuvent autoriser une partie à prouver un acte par tous moyens ; encore faut-il que la partie prouve la fraude et ne se contente pas de l'alléguer.

B. Les exceptions tenant à l'admissibilité de l'aveu et du serment

295. – Des preuves (presque) toujours recevables. – L'aveu et le serment décisoire permettent de prouver les faits juridiques mais aussi les actes juridiques, alors même qu'un écrit aurait dû être préconstitué. Ainsi peuvent-ils servir à prouver l'existence d'un acte juridique (*negotium*) supérieur à 1 500 euros et qui n'a pas été constaté par écrit, en l'absence de toute fraude.

Ils sont cependant interdits aux incapables et ils sont exclus dans les matières où les parties ne sont pas libres de transiger ou renoncer à leurs droits.

Remarque : le serment supplétoire est admis de manière beaucoup plus restrictive, puisqu'il ne tend qu'à compléter la preuve et fortifier la conviction du juge.

C. L'exception de l'article 1347

296. – L'existence d'un commencement de preuve par écrit. – Si les parties peuvent produire un commencement de preuve par écrit, elles pourront parfaire ce document par tous moyens. Les témoignages ou présomptions serviront ainsi de complément de preuve d'un acte juridique (art. 1347, al. 1er).

Un commencement de preuve par écrit, c'est « tout acte par écrit qui est émané de celui contre lequel la demande est formée, ou de celui qu'il représente, et qui rend vraisemblable le fait allégué » (art. 1347, al. 2). La jurisprudence entend largement les trois conditions posées par la loi. Elle a ainsi qualifié de commencement de preuve par écrit : un acte sous seing privé ne remplissant pas toutes les conditions de validité, un écrit non signé ou un écrit signé de celui auquel on l'opposait mais non écrit par lui, une lettre missive faisant allusion au contrat à prouver ; mais aussi un enregistrement par magnétophone, les déclarations faites par une des parties au cours d'une comparution personnelle et même le refus du plaideur de comparaître ou de répondre (cette solution figure aujourd'hui à l'art. 1347, al. 3). Un texto, un courriel sans signature sécurisée, de manière générale un document informatique non conforme aux lois de 2000 et 2004… est aussi un commencement de preuve par écrit.

D. Les exceptions de l'article 1348

297. – L'impossibilité matérielle ou morale de se préconstituer un écrit. – Les parties à un acte pourront en rapporter la preuve par témoins ou par présomptions si elles convainquent le juge qu'elles n'ont pu se procurer un écrit lors de la formation de l'acte juridique. Un contrat conclu par téléphone entre deux professionnels[106], sur un champ de foire… (impossibilité

105. Cf. *supra* n° 138, en note.
106. Entre un professionnel et un consommateur, une confirmation écrite serait en revanche nécessaire.

matérielle) ou entre époux, entre parents et enfants, entre collègues de travail... (impossibilité morale), pourra être prouvé par le recours à un témoignage, à un enregistrement, à une lettre missive... La preuve se fait donc en deux temps : en premier lieu, il faut prouver la cause de l'impossibilité (par tous moyens), en second lieu, c'est la preuve de l'acte et de son contenu qu'il s'agit d'établir (là encore par tous moyens).

298. – La perte d'un écrit préconstitué par force majeure ou cas fortuit. – La preuve par témoins ou par présomptions n'est admise que si le créancier a perdu l'écrit qu'il avait préconstitué par suite d'un cas de force majeure (art. 1348, al. 1er) : par exemple, l'armoire où l'*instrumentum* était conservé est détruite dans un incendie ou le notaire dépositaire de l'original d'un contrat synallagmatique l'a égaré (ce qui est sans aucun doute et heureusement rare ! [107]). La preuve de cette circonstance doit préalablement être rapportée.

299. – La production d'une copie fidèle et durable. – Il est désormais admis qu'une partie ne conserve pas le titre original et présente une copie pour prouver un acte juridique. Il faut, cependant, que la copie soit « la reproduction non seulement fidèle, mais aussi durable ». Or est « réputée durable toute reproduction indélébile de l'original qui entraîne une modification irréversible du support » (art. 1348, al. 2) : c'est le cas d'un microfilm, une photocopie, une télécopie, un document numérisé figurant sur le disque dur de l'ordinateur ou sur une clé USB [108], la copie de notifications faite aux parties telle qu'elles figurent dans une base de données qui contient tous les courriers adressés aux allocataires d'une caisse d'allocations familiales [109]... De plus, la copie fidèle et durable fait désormais pleine preuve en elle-même. Elle n'a plus à être complétée par des témoignages ou présomptions [110]. Voilà un beau paradoxe : quand l'original a été conservé, la copie a moins de valeur que s'il a été perdu voire détruit !...

107. V. cependant une hypothèse où un testament olographe a été égaré par l'avocat qui en était dépositaire et où la Cour de cassation a considéré qu'il ne s'agissait pas d'un cas fortuit – ce qui est très sévère : Civ. 12 nov. 2009, n° 08-17791 et 08-918898, *Bull. civ.* I, n° 227. *Adde* J.-R. Binet, « L'article 1348 du Code civil et la preuve du testament perdu », *JCP* G 2009, 584 ; B. Beignier, « Impossibilité de produire l'original d'un testament : appréciation du caractère fortuit », *Droit de la famille* 2009, comm. 153.

108. Cela avait été discuté mais est aujourd'hui admis dès lors que le juge ne relève – par une appréciation souveraine – aucune trace de falsification.

109. Cass. 2e civ., 23 sept. 2010, n° 09-68367. *Adde* E. A. Caprioli, « Preuve et copies numériques », *Comm. com. électr.*, 2010, comm. 131.

110. Cass. 1re civ., 25 juin 1996, *B* I, n° 270. De son côté, l'article 1335 dispose que « lorsque le titre original n'existe plus, les copies font foi d'après les distinctions suivantes :

1° Les grosses ou premières expéditions font la même foi que l'original ; il en est de même des copies qui ont été tirées par l'autorité du magistrat, parties présentes ou dûment appelées, ou de celles qui ont été tirées en présence des parties et de leur consentement réciproque.

2° Les copies qui, sans l'autorité du magistrat, ou sans le consentement des parties, et depuis la délivrance des grosses ou premières expéditions, auront été tirées sur la minute de l'acte par le notaire qui l'a reçu, ou par l'un de ses successeurs, ou par officiers publics qui, en cette qualité, sont dépositaires des minutes, peuvent, au cas de perte de l'original, faire foi quand elles sont anciennes.

Elles sont considérées comme anciennes quand elles ont plus de trente ans ;

Si elles ont moins de trente ans, elles ne peuvent servir que de commencement de preuve par écrit.

3° Lorsque les copies tirées sur la minute d'un acte ne l'auront pas été par le notaire qui l'a reçu, ou par l'un de ses successeurs, ou par officiers publics qui, en cette qualité, sont dépositaires des minutes, elles ne pourront servir, quelle que soit leur ancienneté, que de commencement de preuve par écrit.

4° Les copies de copies pourront, suivant les circonstances, être considérées comme simples renseignements ».

CONSEILS DE LECTURE

1. P. Catala, « Écriture électronique et actes juridiques », *Mélanges M. Cabrillac*, Litec, 1999, p. 91 et s.
2. Lecture vivement recommandée V. Mikalef-Toudic, « La preuve à l'aide des nouvelles technologies », *Procédures* 2010, dossier n° 3. Pour compléter, les actes d'un colloque organisé à Lille II le 28 mai 2009, « La preuve des actes juridiques électroniques privés : mosaïque des droits européens ou trait d'Union ? », *RLDI* 2011/52 (supplément).
3. B. Mallet-Bricout, « Le serment décisoire écarté : vers un remodelage de la hiérarchie des preuves ? », *D.* 2001, p. 817 (intéressant commentaire de l'arrêt rendu par la 3e chambre civile de la Cour de cassation le 10 mars 1999, aisément accessible aux étudiants de première année).
4. F.-G. Trébulle, « La réforme du droit de la preuve et le formalisme », *LPA,* 20 avril 2000, n° 79, p. 10 (moins facile mais vivement recommandé).
5. E A Caprioli, *Comm. com. électr. 2006,* comm. 149 sous Civ., 27 juin 2006, n° 05-15.676 (à lire pour l'arrêt lui-même et pour le commentaire qui permettent de mieux comprendre ce qu'est un écrit électronique). L. Grynbaum, « Le droit de l'écrit électronique : un frein au commerce en ligne (un e-mail n'est pas un écrit électronique au sens du Code civil, selon la Cour de cassation) », *RLDC* 2011/78, p. 33. *Adde* C. Castets-Renard, *Droit de l'internet,* Montchrestien, Cours, 2010, sp. nos 410 et s.

CHAPITRE 10
Les juridictions et le procès
Corinne Bléry

---

300. – La réalisation judiciaire du droit. – Le droit est normalement non contentieux mais en cas de litige, la paix sociale nécessite sa résolution autrement qu'au moyen d'une vengeance privée. Les parties prenantes peuvent y parvenir seules ou à l'aide d'un tiers (médiateur, conciliateur, avocat [1], voire le Défenseur des droits [2]) : leur entente est alors éventuellement constatée par une transaction, qui a autorité de chose jugée (elle est donc équivalente à jugement) et à laquelle le juge – ou un notaire [3] – peut d'ailleurs donner force exécutoire (afin que son exécution par la force publique – notamment par un huissier de justice – soit possible ; CPC, art. 1441-4 et C. civ., art. 2066, pour l'accord issu de la convention de procédure participative) [4]. Les protagonistes ont également la possibilité de recourir à l'arbitrage, tant sur le plan national qu'international, récemment réformé [5] – l'arbitre est un **juge privé**. Il s'agit là de modes alternatifs de règlement des conflits (MARC) ou des litiges (MARL). Enfin et surtout, malgré les incitations du législateur pour l'éviter, les litigants peuvent porter leur procès devant les tribunaux étatiques. La conception française de l'organisation judiciaire ayant conduit le législateur à multiplier les juridictions, notre système juridictionnel est complexe.

301. – Les sources du droit du procès. – Elles sont de valeur diverse dans la hiérarchie des normes. Certaines sont codifiées. Parmi les plus importantes, il faut citer :

– les articles 64 et 65 de la Constitution, ainsi que l'ordonnance n° 58-1270 du 22 décembre 1958, relatifs au statut de la magistrature (modifiée à plusieurs reprises) ;

---

1. V. *infra* n° 388-1.
2. Sur lequel, v. *supra* n° 156. Il peut en effet proposer une médiation (art. 26 de la loi organique n° 2011-333 du 29 mars 2011) ou une transaction, en particulier en matière de discrimination (art. 28).
3. La Cour de cassation a en effet précisé que « les dispositions de l'article 1441-4 du Code de procédure civile ne font pas obstacle à ce qu'une transaction soit reçue par un notaire et que celui-ci lui confère force exécutoire » : Cass. 2e civ., 21 oct. 2010, n° 09-12378, à paraître au *Bull.* ; *adde* note sous l'arrêt, G. Guerlin, « Par quel moyen une transaction peut-elle devenir exécutoire ? », *L'Essentiel Droit des contrats* 2010, n° 11, p. 3. Pourtant, l'article 1441-4 dispose que « le président du tribunal de grande instance, saisi sur requête par une partie à une transaction, confère force exécutoire à l'acte qui lui est présenté », ce qui semble exclure toute autre autorité. Ce n'est pas ainsi que la Cour de cassation voit les choses.
4. V. *infra* n° 372.
5. V. C. Nourrissat, « Le nouveau droit français de l'arbitrage (décret n° 2011-48 du 13 janv. 2011) », *Procédure* 2011, étude 3.

– le Code de l'organisation judiciaire (COJ) qui réglemente l'organisation des juridictions de l'ordre judiciaire, de certaines [6] juridictions de premier degré à la Cour de cassation [7] ;

– le Code de procédure civile (CPC) [8] qui édicte les règles de procédure applicables devant les juridictions civiles, commerciales et sociales ;

– le Code de procédure pénale (CPP) qui contient de très nombreuses dispositions sur la manière dont la procédure est conduite devant les juridictions répressives (juge d'instruction, tribunal de police, tribunal correctionnel, cour d'assises...) ;

– le Code de justice administrative (CJA) qui réglemente la compétence et la procédure applicable devant le Conseil d'État, les cours administratives d'appel et les tribunaux administratifs ;

– le Code des juridictions financières (CJF) qui régit la procédure devant la Cour des comptes, les chambres régionales et territoriales des comptes et des institutions associées à la Cour des comptes ;

– le Code de justice militaire (CJM) qui régit les juridictions militaires sur et hors le territoire de la République.

Il faut aussi tenir compte d'une influence croissante des droits fondamentaux sur le droit du procès interne, encadré par des textes internationaux. En particulier, l'article 6 § 1 de la Convention européenne de sauvegarde des droits de l'homme et des libertés fondamentales impose aux États parties le modèle d'un procès équitable conforme aux exigences d'un État démocratique, c'est-à-dire aux garanties fondamentales d'une bonne justice.

Enfin, il est important de noter :

– premièrement, que la matière a fait l'objet de réformes récentes, comme la loi Béteille, n° 2010-1609 du 2 décembre 2010 relative à l'exécution des décisions de justice, aux conditions d'exercice de certaines professions réglementées et aux experts judiciaires ou la loi n° 2011-331 du 28 mars 2011 de modernisation des professions judiciaires ou juridiques et certaines professions réglementées [9], l'achèvement au 31 décembre 2010 de la modification de la « carte judiciaire » (c'est-à-dire la répartition géographique des juridictions) engagée en 2007 et l'adoption de nouveaux outils informatiques [10] ;

– deuxièmement, qu'elle est actuellement le théâtre de réformes qui sont en cours : par exemple, l'instruction en matière pénale n'en finit pas de faire l'objet de propositions de

6. En effet, depuis l'ordonnance de 2006 (v. note suivante), la réglementation de certaines juridictions figure dans les codes relatifs à la matière pour laquelle elles sont compétentes : ainsi, selon l'article L. 261-1 « les dispositions particulières relatives à l'institution, la compétence, l'organisation et au fonctionnement des autres juridictions d'attribution sont énoncées : 1° Au Code de commerce en ce qui concerne le tribunal de commerce ; 2° Au Code disciplinaire et pénal de la marine marchande, en ce qui concerne le tribunal maritime commercial ; 3° Au Code de l'expropriation pour cause d'utilité publique et aux lois et règlements particuliers en ce qui concerne le juge de l'expropriation ; 4° Au Code de justice militaire en ce qui concerne les juridictions des forces armées ; 5° Au Code de procédure pénale en ce qui concerne le tribunal d'application des peines ; 6° Au Code rural et de la pêche maritime en ce qui concerne le tribunal paritaire des baux ruraux ; 7° Au Code de la sécurité sociale en ce qui concerne le tribunal des affaires de sécurité sociale, le tribunal du contentieux de l'incapacité et la Cour nationale de l'incapacité et de la tarification de l'assurance des accidents du travail ; 8° Au Code du travail en ce qui concerne le conseil de prud'hommes ; 9° Au décret du 19 nov. 1859 sur la police de la pêche côtière dans le cinquième arrondissement maritime en ce qui concerne les prud'homies de pêche ».

7. Il a été entièrement refondu, d'une part par l'ordonnance n° 2006-673 du 8 juin 2006 pour sa partie législative et, d'autre part, par le décret n° 2008-522 du 2 juin 2008 pour sa partie réglementaire : il a donc fallu attendre deux ans quasiment jour pour jour afin d'avoir le complément du premier texte (ce qui n'est pas conforme à la volonté gouvernementale – sur laquelle, v. *supra* n° 167) ! La numérotation utilisée dans le présent chapitre sera donc celle issue de l'ordonnance de 2006 pour la partie législative et du décret de 2008 pour la partie réglementaire.

8. Il a cessé d'être « nouveau » par l'effet de la loi n° 2007-1787 du 20 déc. 2007 relative à la simplification du droit (article 26).

9. V. nos obs. à la *RLDC* 2011/82, p. 65 et s.

10. Sur la communication électronique, v. *supra* n°s 167 et 272, en note.

réformes, finalement abandonnées, la répartition des contentieux entre les juridictions civiles et pénales – déjà modifiée par divers lois et décrets [11] –, l'aménagement des compétences juridictionnelles en matière militaire, sont en discussion au Parlement ;

– troisièmement, qu'elle suscite d'importantes réflexions : les gardes des Sceaux, qui se sont succédé depuis la présidence de M. Nicolas Sarkozy [12], ont en effet confié à des commissions la mission d'effectuer des rapports et des propositions pour améliorer le, sans toujours déboucher sur des réformes concrètes…

Le tout sur fond de protestation des intéressés qui sont aussi divers que nombreux : magistrats, avocats, avoués, justiciables… et d'analyse doctrinale [13] ; sans parler de contraintes, les unes budgétaires, les autres dues à la soumission du système judiciaire français au droit européen. Autant dire que de nombreuses dispositions ci-après exposées sont appelées à être modifiées dans les années, voire les mois à venir !…

302. – Quelques précisions terminologiques. – Les juridictions, ce sont les organes chargés de « dire le droit » (en latin, *jurisdictio*). « Juridiction » est un terme générique, mais chaque type de juridiction porte un nom particulier, à savoir soit « tribunal » (tribunal de grande instance, tribunal de commerce, tribunal correctionnel, tribunal administratif…) [14], soit « cour » (cours d'appel, cours d'assises, Cour de cassation, Cour des comptes…) [15], soit « conseil » (Conseil d'État, conseils de prud'hommes…) [16], soit « commission » (commission centrale d'aide sociale…).

Par ailleurs, les tribunaux de première instance statuant collégialement rendent des « jugements » ; le terme est ici entendu au sens strict, car, au sens large, les « jugements » peuvent être rendus par toutes les juridictions. Les juges uniques – juridictions existant au sein d'un tribunal à part entière, comme le juge aux affaires familiales ou le juge de l'exécution – rendent des « ordonnances ». Attention : bien que statuant toujours à juge unique, le tribunal d'instance et la juridiction de proximité rendent des jugements et non des ordonnances parce que ce sont des tribunaux à part entière. Les cours d'appel, la Cour de cassation, le Conseil d'État rendent des « arrêts ». Enfin, le Conseil constitutionnel et les juridictions internationales prennent des « décisions » ; ce dernier terme est aussi une appellation générique. Quant à une instance arbitrale, elle rend des « sentences ». Les différents juges prennent aussi des « mesures d'administration judiciaires » : ce sont en fait des actes purement administratifs, pris pour les besoins du service de la juridiction ; ne portant pas préjudice – en principe – aux plaideurs, elles sont insusceptibles de recours.

11. Par exemple, par le décret n° 2009-1693 du 29 déc. 2009 relatif à la répartition des compétences entre le tribunal de grande instance et le tribunal d'instance ou la loi Béteille…

12. Mme R. Dati, Mme M. Alliot-Marie et aujourd'hui M. M. Mercier.

13. V., parmi une importante bibliographie, C. Bléry, « Plaidoyer pour une simplification des règles internes de compétence en matière judiciaire », *Procédures* 2008, étude n° 3 ; « Rendre la justice civile plus lisible et plus proche du justiciable, l'adapter aux évolutions de la société, entretien avec N. Fricero », *JCP* G 2008, I, 162. Cf. le colloque consacré à la « spécialisation des juges » qui s'est déroulé à l'université de Toulouse I Capitole les 22 et 23 nov. 2010 (actes publiés dans les collections de l'IFR aux éditions LGDJ)…

14. Ce mot est le plus souvent réservé aux juridictions du premier degré.

15. C'est ainsi que sont appelées les juridictions hiérarchiquement supérieures.

16. Ceci en souvenir de l'Ancien régime où la juridiction donnait seulement des « conseils » au ministre, à moins qu'il ne s'agisse de désigner des juridictions à composition paritaire où siègent des juges qui représentent des intérêts opposés.

Section 1
La répartition des juridictions en ordres

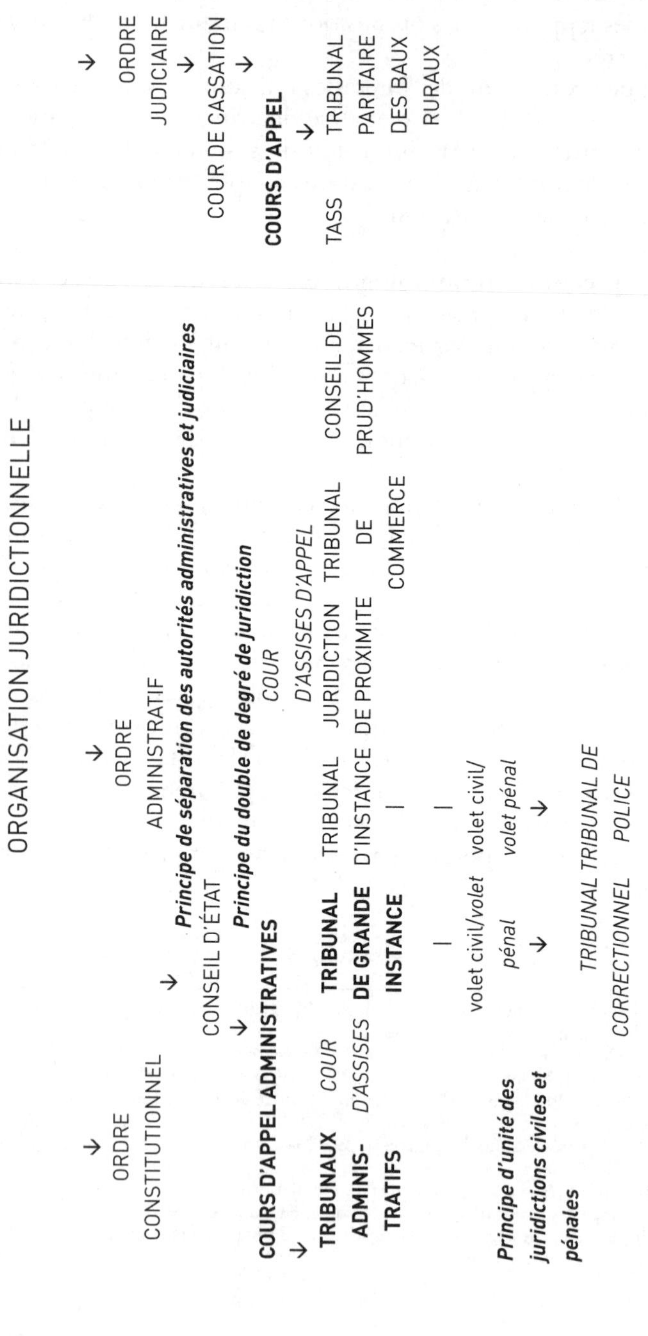

§ 1 : Le choix de la bonne juridiction

303. – La notion de compétence. – La juridiction compétente est celle qui est apte à connaître d'un litige, à le juger. Les règles de compétence obligent donc à faire un choix, à préférer une juridiction à d'autres, ce qui implique de connaître toutes les juridictions. En premier lieu, il convient de déterminer l'ordre compétent : administratif ou judiciaire ? Puis il faut se demander si ce sont les juridictions répressives ou civiles qui doivent statuer et laquelle précisément parmi les unes ou les autres. La compétence d'attribution ou *ratione materiæ* (en raison de la matière) ayant ainsi été déterminée, il reste encore à trouver la juridiction géographiquement apte à statuer, par application des règles de compétence territoriale ou *ratione loci* (en raison du lieu).

Les compétences se répartissent entre deux sortes de juridictions : les juridictions de droit commun et d'exception. Une juridiction de droit commun est compétente pour connaître de tous les litiges que la loi n'attribue pas aux autres juridictions. À défaut d'une disposition spéciale, tout litige est à porter devant elle. Inversement, une juridiction d'exception n'est compétente que pour connaître des litiges que la loi lui attribue et est incompétente à défaut d'un texte spécial.

Par exemple, en première instance le tribunal de grande instance est la juridiction de droit commun, alors que le tribunal de commerce est une juridiction d'exception [17].

Précision : une juridiction, quelle qu'elle soit, peut disposer d'une compétence ordinaire ou d'une compétence exclusive (ou d'ordre public). Une compétence exclusive est une compétence attribuée à une juridiction et à elle seule pour connaître d'un type de litige, d'une matière. La conséquence est que les autres juridictions ne peuvent pas en connaître. Dans le cas où une matière relève exclusivement d'une juridiction, si un plaideur se trompe et saisit une autre juridiction, alors la juridiction saisie à tort peut se déclarer incompétente de sa propre initiative (d'office) : par exemple, l'affaire concerne un contrat de travail et le plaideur saisit le tribunal de commerce, ce tribunal pourra se déclarer incompétent car c'est le conseil de prud'hommes qui, seul, est investi par le Code du travail de la connaissance de ce type de litige.

304. – La règle du double degré de juridiction. – Elle nous vient du droit intermédiaire (bien que sous la forme d'un appel circulaire) [18] et non de l'Ancien régime, où les plaideurs n'hésitaient pas à interjeter cinq ou six appels successifs ! Aujourd'hui, toutes les juridictions ne sont pas placées au même niveau hiérarchique. Les juridictions du premier degré connaissent des affaires pour la première fois : elles les jugent en première instance. Ainsi en est-il, par exemple, du tribunal de grande instance, du tribunal d'instance, du tribunal correctionnel ou du tribunal administratif. À un rang supérieur, les juridictions du second degré jugent à nouveau la même affaire : c'est l'effet dévolutif de l'appel qui permet ce réexamen en fait et en droit de l'affaire. À son issue, soit elles confirment, soit elles infirment (ou réforment), au second degré, ce qui a été jugé au premier. Ces juridictions sont

17. Cf. *infra* n°s 319 et s.

18. C'est-à-dire interjeté devant une juridiction de même degré que celle ayant rendu la première décision. Il a été abandonné par la loi du 27 ventôse an VIII qui institua des juridictions hiérarchiquement supérieures.

les cours d'appel (dans l'ordre judiciaire) et les cours administratives d'appel (dans l'ordre administratif). Interjeter appel devant une juridiction du second degré contre le jugement rendu par une juridiction du premier degré traduit concrètement le principe du double degré de juridiction.

S'il est une garantie fondamentale de bonne justice, ce principe n'est pas absolu. Jusqu'en 2000, il cédait devant la souveraineté populaire du jury d'assises [19]. Il cède toujours devant la nécessité de ne pas encombrer outre mesure les tribunaux : ainsi, en matière civile, l'appel est exclu pour les « petites affaires ». C'est la valeur du litige qui va permettre de déterminer quel jugement rendu par une juridiction du premier degré est susceptible d'appel. La somme au-delà de laquelle une affaire est susceptible d'appel est le taux du ressort. Elle est aujourd'hui de 4 000 euros pour la plupart des tribunaux : tribunal de grande instance, tribunal d'instance, tribunal de commerce, conseil de prud'hommes (qui avait autrefois droit à un traitement à part)... En matière pénale, la « valeur de l'infraction » joue aussi parfois, de même que la qualité de l'appelant potentiel : ainsi selon l'article 546, « la faculté d'appeler appartient au prévenu, à la personne civilement responsable, au procureur de la République, au procureur général et à l'officier du ministère public près le tribunal de police et la juridiction de proximité, lorsque l'amende encourue est celle prévue pour les contraventions de la cinquième classe [20], lorsqu'a été prononcée la peine prévue par le 1° de l'article 131-16 du Code pénal [21] ou lorsque la peine d'amende prononcée est supérieure au maximum de l'amende encourue pour les contraventions de la deuxième classe [22] » ; « lorsque des dommages et intérêts ont été alloués, la faculté d'appeler appartient également au prévenu et à la personne civilement responsable » ; « cette faculté appartient dans tous les cas à la partie civile quant à ses intérêts civils seulement » ; « dans les affaires poursuivies à la requête de l'administration des eaux et forêts, l'appel est toujours possible de la part de toutes les parties, quelles que soient la nature et l'importance des condamnations ».

Attention : la valeur du litige permet aussi de répartir certaines matières, à savoir les affaires civiles, personnelles ou mobilières [23] entre le tribunal de grande instance et le tribunal d'instance d'une part, entre le tribunal d'instance et le juge de proximité, d'autre part. La somme au-delà de laquelle une demande personnelle ou mobilière doit être soumise au tribunal supérieur est le taux de compétence. Plus précisément, il y a actuellement deux taux de compétence : le « grand taux » est fixé à 10 000 euros, le « petit taux » à 4 000 euros (dans un souci de cohérence avec le taux du ressort, mais il ne faut pas confondre les deux). Cependant le projet de loi de répartition du contentieux et d'allégement de certaines procédures juridictionnelles – reprenant une préconisation du rapport Guinchard – supprime, à compter de sa date d'application, la juridiction de proximité, tout en rattachant les juges de proximité au tribunal de grande instance [24] ; le « petit taux » disparaît donc dans la foulée.

19. Selon une explication traditionnelle, le verdict du jury ne devait pas être remis en cause devant une autre juridiction, eût-elle été supérieure ; c'est désormais une conception dépassée (cf. *infra* n° 346).
20. Soit 1 500 euros, voire 3 000 en cas de récidive.
21. Peine complémentaire de suspension du permis de conduire, de 3 ans au plus.
22. Soit 150 euros.
23. Sur lesquelles, v. *infra* n° 321.
24. V. *infra* n° 319-1 et s.

§ 2 : Les deux ordres de juridictions

I. Le principe de la séparation des autorités administratives et judiciaires

A. L'origine de notre système juridictionnel

305. – Une invention française... – Notre système actuel doit peu à celui de l'Ancien régime, qui se caractérisait par la diversité et la multiplicité des juridictions, et la difficulté qu'il y avait pour déterminer la juridiction apte à connaître de tel ou tel litige. Ainsi, il y avait des juridictions royales (bailliages, sénéchaussées, présidiaux), des juridictions seigneuriales, des juridictions canoniques (mariage et État civil), des juridictions spécialisées en certaines matières (prévôtés, tribunaux consulaires en matière commerciale, tribunaux d'amirauté en matière maritime), des juridictions de nature administrative (la cour des aides en matière fiscale et la chambre des comptes du Parlement de Paris), et des juridictions supérieures (les parlements [25], qui dans chaque province jouaient le rôle de juridictions d'appel, et le Conseil des parties qui siégeait aux côtés du Roi, ancêtre de notre Cour de cassation).

Ce système ayant été aboli dès 1789, l'Assemblée constituante a posé quelques principes fondamentaux par la loi des 16-24 août 1790 (celle-ci est très importante, sa date est à retenir) ; certains régissent encore nos institutions modernes dont le principe de la séparation des autorités administratives et judiciaires). C'est donc la Révolution (loi des 16-24 août 1790) qui a posé ce principe [26], en vertu duquel les litiges mettant en cause des intérêts privés relèvent des juridictions judiciaires [27], alors que ceux qui concernent l'État ou l'administration sont normalement jugés par un autre ordre de tribunaux, l'ordre administratif [28]. Des juridictions civiles furent nouvellement instituées par les assemblées révolutionnaires, comme les tribunaux de district (aujourd'hui les tribunaux de grande instance), les justices de paix (aujourd'hui les tribunaux d'instance d'une part et les juridictions de proximité d'autre part), les « tribunaux d'appel » (par la suite les cours d'appel) [29], le Tribunal de cassation (devenu plus tard la Cour de cassation) [30], enfin les conseils de prud'hommes [31] ; de rares autres furent reprises de l'Ancien régime comme les tribunaux de

25. V. *supra* n° 127.

26. En fait, la règle est apparue dès l'Ancien régime, dans l'Édit de Saint-Germain-en-Laye de 1641, mais l'article 13 de la loi de 1790 a posé nettement l'interdiction pour les juges d'intervenir dans l'administration, ce que faisaient les parlements. *Adde* R. Perrot, *Institutions judiciaires*, Précis Domat, Montchrestien, 14e éd, 2010, n° 37. Sur les avantages et les inconvénients d'une telle dualité de juridictions, v. n° 40.

27. Cf. *infra* n°s 319 à 363.

28. Dès lors qu'une personne publique (l'État, les régions, les départements, les communes, les établissements publics) ou une personne privée chargée d'un service public (comme les ordres professionnels, les fédérations sportives) est impliquée dans un litige, celui-ci doit être porté devant une juridiction administrative,... sauf si une loi en dispose autrement : par exemple, l'article 1er, alinéa 1er, de la loi n° 57-1424 du 31 déc. 1957 attribuant compétence aux tribunaux judiciaires pour statuer sur les actions en responsabilité des dommages causés par tout véhicule et dirigés contre une personne de droit public, dispose que « par dérogation à l'article 13 de la loi des 16-24 août 1790 sur l'organisation judiciaire, les tribunaux de l'ordre judiciaire sont seuls compétents pour statuer sur toute action en responsabilité tendant à la réparation des dommages de toute nature causés par un véhicule quelconque », de telle sorte que si c'est un agent public qui conduisait le véhicule – dans l'exercice de ses fonctions -, ce sont les tribunaux de grande instance ou les tribunaux d'instance qui sont compétents.

29. V. la loi du 27 ventôse an VIII.

30. Cf. la loi des 27 nov. et 1er déc. 1790 : dès ce moment, il s'agissait de permettre la sanction des violations de la règle de droit et l'uniformisation de son interprétation. Notre actuelle Cour de cassation remplit toujours cette fonction.

31. Cf. la loi du 18 mars 1806 : ils existent toujours à notre époque et leur rôle consiste à statuer sur les litiges individuels en matière de contrat de travail.

commerce [32]. À leurs côtés furent créés le Conseil d'État (Constitution du 22 frimaire an VIII) et les conseils de préfecture, ancêtres de nos tribunaux administratifs (loi du 28 pluviôse an VIII) [33].

306. – ... sanctionnée. – La dualité des ordres de juridictions peut engendrer des conflits qu'est seul habilité à trancher le Tribunal des conflits [34]. Cette juridiction de type paritaire, se compose d'un président – le ministre de la Justice – et de huit membres : quatre conseillers à la Cour de cassation, quatre conseillers d'État. Si l'activité de cette juridiction n'est pas comparable en quantité à celle du Conseil d'État ou de la Cour de cassation, elle n'est pas négligeable. Le rapport 2006 [35] indique que « 107 affaires ont été enregistrées » mais que « ce chiffre total doit être corrigé dans la mesure où ont été transmis une série de 28 dossiers et une autre série de 4 conflits positifs et une série de 33 conflits sur renvoi. De même le nombre total d'affaires jugées qui atteint le chiffre 94 doit être tempéré, puisqu'il comporte des séries » [36]. Le rapport précise aussi que « l'activité du Tribunal reste stable et se trouve dans la moyenne habituelle des dix dernières années ». En 2007, 60 demandes ont été enregistrées et depuis 2008, leur nombre est inférieur à 50 [37].

B. L'ordre administratif actuel

307. – La « justice déléguée ». – C'est seulement en 1872 [38] – par le passage de la « justice retenue » à la « justice déléguée » – que l'ordre administratif a comporté de véritables juridictions, aptes à exercer un contrôle de l'administration : en effet, celles-ci sont chargées de juger

32. Les juridictions consulaires de l'Ancien régime – chargées de statuer sur les litiges commerciaux – furent maintenues (parce qu'elles étaient composées de juges élus – c'est toujours le cas, au moins pour l'instant).

33. Il faut noter que les cours administratives d'appel furent instituées seulement par la loi du 31 déc. 1987.

34. V. http://www.justice.gouv.fr/organisation-de-la-justice-10031/le-tribunal-des-conflits-10035 : « en tant que tribunal spécial, le Tribunal des conflits a une compétence d'attribution stricte.

Quatre types de conflits relèvent de sa compétence

Conflit positif

Lorsque l'Administration, en la personne du préfet de département ou de police de Paris, conteste la compétence d'un tribunal de l'ordre judiciaire pour juger d'une affaire dont ce dernier a été saisi.

Conflit négatif

Lorsqu'une juridiction administrative et une juridiction judiciaire se sont toutes deux déclarées successivement incompétentes pour juger d'une affaire ou, lorsque le deuxième ordre saisi éprouve des doutes sur sa compétence.

Conflit de décisions

Lorsque les deux ordres de juridiction, sans décliner leur compétence, ont rendu des décisions contraires qui conduisent à un déni de justice.

Conflit sur renvoi

Conflit sur renvoi en prévention d'un conflit négatif

Lorsqu'un tribunal, administratif ou judiciaire, a jugé, par une décision qui n'est plus susceptible de recours, qu'il n'était pas compétent, tout tribunal de l'autre ordre de juridiction saisi de la même affaire, qui estime que cette dernière relève du premier ordre saisi, doit surseoir à statuer.

Conflit sur renvoi d'une juridiction statuant souverainement

Lorsque le Conseil d'État ou la Cour de cassation sont saisis d'un litige "qui présente, à juger, soit sur l'action introduite, soit sur une exception, une question de compétence soulevant une difficulté sérieuse et mettant en jeu la séparation des autorités administratives et judiciaires. » (art. 34 décret 26 oct.1849 modifié décret n° 60-728)" ».

35. Que l'on peut consulter à l'adresse suivante : www.courdecassation.fr/hautes_juridictions_commissions_juridictionnelles_3/tribunal_conflits_618.

36. Les séries rassemblent différentes affaires qui posent toutes la même question de compétence : la réponse (compétence judiciaire ou administrative) est donc unique.

37. V. http://www.conseil-etat.fr/cde/fr/rapport-du-tribunal-des-conflits.

38. Grâce au Conseil d'État et à la loi du 24 mai 1872 qui lui a reconnu le pouvoir de rendre des décisions souveraines. Avant cela le Conseil d'État était un organe simplement consultatif : il préparait les décisions du gouvernement – qui retenait donc la justice – sur les contestations relatives à l'administration. Sur l'évolution historique du Conseil d'État, v. R. Perrot, *Institutions judiciaires*, préc., n°s 264 et s.

les procès qui mettent en cause l'administration[39]. Il y a trois juridictions de droit commun : tribunaux administratifs, cours administratives d'appel et Conseil d'État – échelon suprême de la juridiction administrative. De plus, il y a de nombreuses juridictions administratives spécialisées : Cour des comptes, chambres régionales et chambres territoriales[40] des comptes, Conseil supérieur de la magistrature statuant en matière disciplinaire, Cour de discipline budgétaire et financière, Commission des recours des réfugiés, Commission départementale d'aide sociale, Section disciplinaire des ordres professionnels, Commission d'indemnisation des rapatriés, Conseil national de l'enseignement supérieur et de la recherche (Cneser)...

308. – Les principales juridictions du fond. – Ce sont les tribunaux administratifs (juridictions de droit commun du premier degré) et les cours administratives d'appel (juridictions de droit commun du second degré). Les tribunaux administratifs sont les juges administratifs de droit commun en premier ressort des litiges administratifs. Ils sont composés de présidents de chambre, et de conseillers qui exercent les fonctions de rapporteurs ou de commissaires du gouvernement. Ils se prononcent conformément aux dispositions du Code de justice administrative. À noter qu'en plus de leurs attributions juridictionnelles, les tribunaux administratifs peuvent être consultés par les préfets de leur ressort.

Les cours administratives d'appel sont les juges d'appel de droit commun des tribunaux administratifs, à l'exception de certains appels : en effet, leur échappent – au profit du Conseil d'État, voire d'une juridiction administrative d'appel, comme le Cneser – les appels formés contre les recours sur renvoi de l'autorité judiciaire, ceux qui relèvent du contentieux des élections municipales et cantonales et des recours en appréciation de légalité, ou les appels des décisions des juridictions de première instance autres que les tribunaux administratifs. Présidées par un conseiller d'État, elles sont composées de présidents de chambre, d'assesseurs et de conseillers qui exercent les fonctions de rapporteurs et de commissaires du gouvernement. Elles aussi se prononcent conformément aux dispositions du Code de justice administrative.

309. – Le double rôle du Conseil d'État[41]. – Quant au Conseil d'État, il possède une double mission. Il faut d'abord noter que son « chef théorique »[42] est le Premier ministre et, en son absence, le garde des Sceaux (CJA, art. L. 121-1) ; cette présidence n'est cependant exercée que « de façon protocolaire à l'occasion de certaines cérémonies »[43], la direction effective étant assurée par un vice-président – actuellement M. Jean-Marc Sauvé.

Il a d'une part un rôle contentieux. Dans l'exercice de celui-ci, il est tantôt juge du fond, au premier degré[44] (par exemple, en cas de recours en annulation contre les décrets et les ordonnances ou contre des actes administratifs qui ont une ampleur nationale et à propos desquels une contrariété de décisions entre des tribunaux administratifs doit être évitée ; c'est à ce titre également qu'il connaît des recours formés contre douze autorités administratives indépendantes) ou au second (par exemple, comme il vient d'être dit, pour connaître des appels

39. Le mouvement s'est ensuite renforcé grâce à la transformation des conseils de préfecture en tribunaux administratifs à la suite d'un décret n° 53-934 du 30 sept. 1953.

40. Dans les collectivités d'outre-mer (au sens strict).

41. V. www.conseil-etat.fr.

42. Selon l'expression de M. R. Perrot, *op. cit.*, n° 263.

43. *Ibid.*

44. Il statue alors en premier et dernier ressort, en ce sens qu'aucun appel ne pourra être exercé ; ces cas sont donc exceptionnels. V. art. R. 311-1 du CJA.

formés contre les jugements des tribunaux administratifs ayant statué sur les recours relatifs aux élections municipales et cantonales) et il est tantôt juge de cassation, qui ne connaît que des moyens de droit dans les affaires admises par une commission d'admission des pourvois en cassation, qui joue donc un rôle de filtre[45]. En tant que juge suprême des juridictions administratives, le Conseil d'État[46] assure l'unité de la jurisprudence sur le plan national. Ces différentes interventions sont le fait de la section du contentieux : elle se divise en dix sous-sections (CJA, art. R. 122-1), composées d'un président, de trois présidents adjoints, de conseillers d'État en service ordinaire et en service extraordinaire, de maîtres des requêtes et d'auditeurs ; certains sont rapporteurs ou rapporteurs publics (CJA, art. R. 122-2). En outre, le président de la section du contentieux est juge des référés. Et il faut bien noter que les décisions rendues par le Conseil d'État statuant au contentieux sont souveraines et ne sont donc en principe[47] susceptibles d'aucun recours.

Mais le Conseil d'État a aussi une fonction consultative : il est le conseiller du gouvernement[48]. À ce titre, il adresse chaque année au président de la République un rapport public, qui énonce notamment les réformes d'ordre législatif, réglementaire ou administratif, qu'il propose au gouvernement[49]. Depuis le 1er mai 2008, le décret n° 2008-225 du 6 mars 2008 a modifié l'organisation et le fonctionnement du Conseil d'État dans le but, en particulier, « d'accroître l'efficacité de son activité consultative » : il a créé une nouvelle formation consultative (la section de l'administration), supprimé la faculté accordée aux ministres de siéger à l'assemblée générale du Conseil d'État et renforcé la section du contentieux. Il comporte désormais sept sections dont six sections administratives (intérieur, finances, travaux publics, sociale, administration et rapport et études). Selon l'article R. 123-5 du Code de justice administrative, « la section du rapport et des études a pour mission d'élaborer les propositions que le Conseil d'État adresse aux pouvoirs publics en exécution de l'article L. 112-3 et de procéder à des études à la demande du Premier ministre ou à l'initiative du vice-président ». « La section du rapport et des études est également chargée [...] du règlement des difficultés auxquelles peut donner lieu l'exécution des décisions du Conseil d'État statuant au contentieux et des juridictions administratives ». « Elle prépare le rapport d'activité que le Conseil d'État établit chaque année. Ce rapport est soumis au vice-président délibérant avec les présidents de section et adopté par l'assemblée générale. Il mentionne les réformes d'ordre législatif, réglementaire ou administratif sur lesquelles le Conseil d'État a appelé l'attention du gouvernement ; il peut contenir des propositions nouvelles et signale en outre, s'il y a lieu, les difficultés rencontrées dans l'exécution des décisions du Conseil d'État statuant au contentieux et des juridictions administratives ». « Le rapport est remis au président de la République ». Quant aux cinq autres sections, elles se prononcent sur les projets de lois ou d'ordonnances et sur de nombreux projets de décrets. L'avis ne lie pas le gouvernement sauf si le législateur a prévu un avis conforme. Les affaires sont réparties entre elles conformément aux dispositions d'un arrêté du Premier ministre et du garde des Sceaux, ministre de la justice, pris sur

45. Le Conseil d'État est juge de cassation des arrêts non seulement des cours administratives d'appel, mais aussi des juridictions administratives spécialisées.

46. Cf. *infra* nos 357 et s., le rôle de la Cour de cassation dans l'ordre judiciaire.

47. Sous réserve de recours particuliers comme l'opposition, la tierce opposition, le recours en rectification d'erreur matérielle ou le recours en révision (respectivement art. R. 831-1, R. 832-1, R. 833-1 et R. 834-1 du CJA).

48. Cf. *supra* chapitre 3.

49. Depuis la réforme constitutionnelle du 23 juill. 2008 (loi n° 2008-724), le Conseil d'État peut être saisi par le président de l'Assemblée nationale ou du Sénat d'une proposition de loi élaborée par les parlementaires.

proposition du vice-président du Conseil d'État (art. R. 123-3). Le dernier en date est un arrêté du 4 juillet 2008, pris en application du décret du 6 mars 2008. La section de l'intérieur traite principalement des affaires relevant du Premier ministre et du garde des Sceaux, ainsi que des affaires relatives à la sécurité intérieure, les libertés publiques, l'administration territoriale de l'État et des collectivités territoriales, le droit d'asile, l'immigration. La section des finances connaît des affaires relevant du ministre des Affaires étrangères et européennes ainsi que celles relatives à l'attractivité du territoire, les finances locales, les entreprises et l'artisanat, la législation fiscale, la concurrence, la consommation et la répression des fraudes, les lois de finances, la comptabilité publique, les douanes, le secteur bancaire et celui des assurances. La section des travaux publics s'occupe des affaires relatives au développement durable et aux transports ainsi qu'à l'environnement, la propriété industrielle, l'équipement, l'urbanisme et l'aménagement foncier, le logement, la construction, la politique de la ville et l'agriculture. La section sociale traite des affaires relatives à l'emploi, la sécurité sociale, la santé publique, la famille et les droits des femmes. Enfin, la section de l'administration gère les affaires relevant du ministre de la Défense ainsi que les affaires relatives à la gestion des ressources humaines de l'État, des collectivités territoriales, de leurs établissements publics administratifs et des établissements d'hospitalisation publics, au statut des fonctionnaires et des autres agents publics et les affaires concernant les règles applicables à la commande publique, aux propriétés publiques, à l'organisation de l'État et des services publics, à la procédure administrative non contentieuse, aux relations entre l'administration et les usagers et aux mesures de simplification des formalités administratives [50]. Les sections sont composées d'un président, de présidents adjoints, de conseillers d'État en service ordinaire et en service extraordinaire, de maîtres des requêtes et d'auditeurs (art. R. 123-6).

II. L'unité des juridictions civiles et pénales

310. – Un principe parallèle. – Parallèlement au principe de séparation des autorités administratives et judiciaires, une autre règle existe qui n'est pas moins traditionnelle. En vertu de celle-ci, les juridictions pénales ne constituent pas un ordre distinct de juridictions, à côté des juridictions de l'ordre judiciaire et des juridictions de l'ordre administratif, mais seulement une subdivision de l'ordre judiciaire. Il y a unité des juridictions civiles et des juridictions pénales. Ainsi, toutes ces juridictions relèvent du contrôle de la Cour de cassation et il y a identité des organes et du personnel judiciaire : par exemple, le tribunal correctionnel n'est qu'une formation particulière du tribunal de grande instance et le juge d'instruction est un juge de ce même tribunal de grande instance. Il est vrai que cette identité de personnel n'est pas toujours complète : par exemple, les cours d'assises ou les tribunaux correctionnels [51] sont composées de personnes qui ne sont pas toutes des magistrats professionnels, mais ces juridictions comprennent parmi leurs membres des magistrats de carrière qui appartiennent aux juridictions de l'ordre judiciaire.

50. Sachant le vice-président du Conseil d'État peut décider de l'affectation d'une affaire à une autre section que celle compétente pour en connaître.

51. Tout au moins certains, à titre expérimental, du 1er janv. 2012 au 1er janv. 2014 : v. *infra* n° 343.

§ 3 : Les juridictions en marge des ordres administratif et judiciaire

I. L'ordre constitutionnel

311. – Des juridictions (?) atypiques. – Font partie d'un ordre constitutionnel et non de l'ordre administratif, la Haute Cour – qui a remplacé la Haute Cour de justice en 2007 – et le Conseil constitutionnel. En raison de leurs particularités, on peut hésiter à voir en elles une juridiction : en effet, la première a une nature politique et elle est composée d'hommes politiques. Selon l'article 67 de la Constitution de 1958, la Haute Cour de justice devait être appelée à statuer si le président de la République ou les ministres se rendaient coupables de haute trahison ; la loi constitutionnelle n° 93-952 du 27 juillet 1993 a restreint sa compétence au seul président de la République créant une cour moins solennelle, à savoir la Cour de justice de la République (art. 68-1) pour juger les crimes ou délits commis, dans l'exercice de leurs fonctions, par les membres du gouvernement (ses décisions pouvant faire l'objet d'un recours devant la Cour de cassation, elle est – elle – une juridiction pénale spécialisée [52]). La Haute Cour de justice n'ayant jamais fait l'objet d'une saisine, une nouvelle réforme a été réalisée par la loi constitutionnelle n° 2007-239 du 23 février 2007 : l'article 67 maintient le principe de l'irresponsabilité du chef de l'État, qui ne peut faire l'objet d'aucune poursuite devant une juridiction **pendant son mandat** ; tandis que l'article 68 prévoit qu'il peut être destitué « en cas de manquement à ses devoirs manifestement incompatible avec l'exercice de son mandat » [53]. Selon le même texte, c'est le Parlement (al. 1er), présidé par le président de l'Assemblée nationale (al. 3), qui se constitue en Haute Cour. « La proposition de réunion de la Haute Cour adoptée par une des assemblées du Parlement est aussitôt transmise à l'autre qui se prononce dans les quinze jours » (al. 2). « Elle statue dans un délai d'un mois, à bulletins secrets, sur la destitution. Sa décision est d'effet immédiat » (al. 3). Étant donné la gravité de la question, une majorité qualifiée est nécessaire : « les décisions prises en application du présent article le sont à la majorité des deux tiers des membres composant l'assemblée concernée ou la Haute Cour. Toute délégation de vote est interdite. Seuls sont recensés les votes favorables à la proposition de réunion de la Haute Cour ou à la destitution » (al. 4). Un projet de loi organique portant application de l'article 68 de la Constitution a été adopté en Conseil des ministres le 22 décembre 2010 et est actuellement en cours de discussion au Parlement : il précise notamment les conditions de présentation des propositions de résolution par les deux assemblées du Parlement tendant à la réunion de la Haute cour, il organise des débats devant cet organe...

Quant au Conseil constitutionnel, il ne se rattache à aucun précédent institutionnel et ne se situe au sommet d'aucune hiérarchie de tribunaux ni judiciaires ni administratifs – ce n'est donc pas une Cour suprême. Au plus, c'est une juridiction très particulière, en ce sens que les principes habituellement respectés devant les juridictions ne le sont pas devant lui, même si la procédure est contradictoire. Mais la question prioritaire de constitutionnalité va le « forcer » à se « juridictionnaliser » [54].

---

52. V. l'article 33, alinéa 1er, de la loi constitutionnelle de 1993 : « dans les conditions et formes déterminées par le titre Ier du livre III du Code de procédure pénale, les arrêts de la Cour de justice de la République peuvent faire l'objet de pourvois en cassation qui sont portés devant l'assemblée plénière de la Cour de cassation », sachant que « la Cour de cassation doit statuer dans un délai de trois mois » (al. 2).

53. Ce qui est moins solennel que la « haute trahison », tout en restant très vague...

54. En ce sens, B. Mathieu, « La QPC un an après : de quelques leçons, de quelques questions », *LPA*, 5 mai 2011, n° 89, p. 61 : « Leçon 4 : Un constat : la juridictionnalisation du Conseil constitutionnel. Un autre effet induit de la QPC est la juridictionnalisation, à marche forcée pourrait-on dire, du Conseil constitutionnel ».

312. – Le Conseil constitutionnel[55]. – Il a un rôle très important à jouer qui s'est considérablement accru depuis sa création en 1958, par la Constitution de la Vᵉ République y compris de sa propre initiative. Ainsi, le Conseil constitutionnel est notamment chargé du contrôle de constitutionnalité, c'est-à-dire qu'il vérifie si les lois votées par le Parlement sont conformes à la Constitution de 1958 et à son Préambule. Ce contrôle est facultatif pour les lois ordinaires ou les engagements internationaux, obligatoire pour les lois organiques et les règlements des assemblées parlementaires. Dans le premier cas, le Conseil est saisi par le président de la République, le Premier Ministre, le Président de l'Assemblée nationale, le président du Sénat ou soixante députés ou soixante sénateurs. Que le contrôle soit facultatif ou obligatoire, il s'exerce après le vote par le Parlement mais avant la promulgation de la loi, la ratification ou l'approbation d'un engagement international et l'entrée en vigueur des règlements des assemblées. Mais un contrôle est désormais possible bien après la promulgation d'une loi. Il a déjà été dit que la loi constitutionnelle n° 2008-724 du 23 juillet 2008[56] a introduit à l'article 61-1 de la Constitution la possibilité pour les justiciables de soulever une exception d'inconstitutionnalité. Lorsque, à l'occasion d'une instance en cours devant une juridiction, il est soutenu qu'une disposition législative porte atteinte aux droits et libertés garantis par la Constitution, le Conseil constitutionnel peut être saisi sur renvoi du Conseil d'État ou de la Cour de cassation. La loi organique n° 2009-1523 du 10 décembre 2009 relative à l'application de l'article 61-1 de la Constitution est venue fixer la procédure à suivre pour contester la constitutionnalité d'une disposition législative devant n'importe quelle juridiction. Elle a réalisé une modification de l'ordonnance n° 58-1067 du 7 novembre 1958 portant loi organique sur le Conseil constitutionnel. Ces dispositions ont été complétées par un décret n° 2010-148 du 16 février 2010 précisant la procédure à suivre devant les juridictions administratives, civiles et pénales ; enfin le tout a été complété par des circulaires de la Chancellerie[57]. La réforme est entrée en vigueur le 1ᵉʳ mars 2010. Elle a donné lieu depuis à une intense activité tant devant le Conseil d'État et la Cour de cassation que devant le Conseil constitutionnel, car les plaideurs et leurs avocats n'ont pas hésité à s'emparer de cette nouvelle procédure[58] : si certaines conditions sont remplies, le juge saisi du fond doit transmettre sans délai au Conseil d'État et à la Cour de

---

55. V. www.conseil-constitutionnel.fr.

56. Sur laquelle, v. *supra* nᵒˢ 61 et s. *Adde* dans le numéro spécial de la *Semaine Juridique* Édition générale, n° 31-35 du 30 juill. 2008, le dossier sous la direction de M. Verpeaux, « Révision de la Constitution : la Vᵉ République rénovée. À propos de la loi constitutionnelle n° 2008-724 du 23 juill. 2008 de modernisation des institutions de la Vᵉ République » (dossier accompagné de la version consolidée du texte de la Constitution de la République française du 4 oct. 1958, *JCP* G 2008, III, 20). V. notamment « Entretien avec B. Mathieu. Du Comité Balladur au Congrès de Versailles. Genèse et logiques d'une réforme », *JCP* G 2008. I. 167 et A. Roux, « Le nouveau Conseil constitutionnel. Vers la fin de l'exception française », *JCP* G 2008. I. 175.

57. Par exemple, une circulaire du 24 févr. 2010 (CIV/04/10) a présenté l'application de la procédure devant les juridictions judiciaires.

En outre, par une décision du 21 juin 2011, le Conseil constitutionnel a modifié le règlement intérieur relatif à la question prioritaire de constitutionnalité afin de permettre l'intervention à la procédure de tiers justifiant d'un « intérêt spécial » : lorsqu'une personne justifiant d'un tel intérêt adresse des observations en intervention relatives à une QPC dans un délai de trois semaines suivant la date de sa transmission au Conseil constitutionnel, mentionnée sur son site internet, celui-ci peut décider que l'ensemble des pièces de la procédure peuvent lui être adressées et que ces observations doivent être transmises aux parties et autorités ; dans un tel cas, un délai est imparti aux parties pour répondre (Cons. constit., 21 juin 2011, décision n° 2011-modification du règlement intérieur QPC).

58. La Cour de cassation, le Conseil d'État et le Conseil constitutionnel ont mis en place une rubrique sur leur site respectif relatif à la QPC : http://www.courdecassation.fr/jurisprudence_2/questions_prioritaires_constitutionnalite_3396, http://www.conseil-etat.fr/cde/fr/question-prioritaire-de-constitutionnalite et http://www.conseil-constitutionnel.fr/conseil-constitutionnel/francais/la-question-prioritaire-de-constitutionnalite/la-question-prioritaire-de-constitutionnalite-qpc.47106.html. Ils permettent de constater le nombre impressionnant de QPC présentées et traitées – qu'elles aient été transmises ou non – depuis le 1ᵉʳ mars 2010. *Adde* F. Boucard, « Premières décisions du Conseil constitutionnel en matière de QPC : l'instauration d'un nouveau dialogue entre les Cours suprêmes », *Procédure* 2010, étude n° 6.

cassation et surseoir à statuer en attendant la réponse. Ces deux juridictions ont trois mois au maximum pour exercer un rôle de filtre. Le moyen d'inconstitutionnalité peut d'ailleurs aussi être présenté devant elles pour la première fois. Si elles pensent que la disposition critiquée par un plaideur risque d'être inconstitutionnelle, elles renvoient alors au Conseil constitutionnel, qui dispose également de trois mois au plus pour rendre sa réponse. Si le Conseil estime la disposition constitutionnelle, le procès initial reprend ; à l'inverse, selon l'article 62 alinéa 2 de la Constitution, « une disposition déclarée inconstitutionnelle sur le fondement de l'article 61-1 est abrogée à compter de la publication de la décision du Conseil constitutionnel ou d'une date ultérieure fixée par cette décision » [59]. Bref, le législateur constitutionnel attend du plaideur qu'il connaisse mieux le droit que lui-même (le moyen d'inconstitutionnalité ne peut être relevé d'office par le juge), ce qui est bien critiquable [60].

Par ailleurs, en tant que juge de la répartition des compétences entre la loi et le règlement, le Conseil constitutionnel peut être saisi soit en cours de discussion parlementaire par le président de l'assemblée ou le gouvernement, soit après l'adoption d'une loi, afin qu'elle soit déclassée en règlement. Le Conseil constitutionnel, souvent saisi par les électeurs, statue aussi sur la régularité de l'élection du président de la République et des opérations de référendum (notamment). Il faut également signaler que le Conseil peut avoir un rôle consultatif : ainsi en est-il lorsque, consulté officiellement par le chef de l'État sur la mise en œuvre de l'article 16 de la Constitution, il émet un avis. Ses décisions s'imposent aux pouvoirs publics et à toutes les autorités administratives et juridictionnelles. Elles ne sont en principe susceptibles d'aucun recours. Les décisions de non-conformité conduisent en principe à la censure totale ou partielle de la loi [61], mais depuis plusieurs années, le Conseil constitutionnel utilise la technique des réserves d'interprétation qui lui permet de valider une loi, sous la réserve qu'elle soit bien interprétée dans le sens qu'il indique : autrement dit, il oriente la façon dont doit être comprise la loi, par les pouvoirs publics et les destinataires de la loi en question. Les décisions en matière de contentieux électoral vont, elles, de l'annulation de bulletins à celle des opérations électorales elles-mêmes [62].

Le Conseil constitutionnel comprend neuf membres désignés respectivement par le président de la République et le président de chacune des assemblées du Parlement (Sénat et Assemblée nationale) [63], dont le mandat dure neuf ans et n'est pas renouvelable. De plus, les anciens présidents de la République font de droit partie à vie du Conseil constitutionnel (Const., art. 56)... quand ils n'occupent pas de fonction incompatible avec le mandat de

---

59. V. *supra* n°s 128 et 150-2. M. B. Mathieu (v. Entretien *op. cit.*) compare cette procédure avec le contrôle de conventionnalité dans lequel « le juge se contente d'écarter l'application de la loi. Dans le système retenu pour l'exception d'inconstitutionnalité, la disposition non constitutionnelle disparaît de l'ordonnancement juridique ». *Adde* B. Mathieu, « La QPC un an après : de quelques leçons, de quelques questions », préc.

60. V. C. Bléry, « Question prioritaire de constitutionnalité, jurisprudence *Cesareo* et office du juge : l'impossible conciliation », *Procédure* 2010, focus n° 24.

61. Il ne s'agit pas d'une annulation puisque les décisions en question sont prononcées avant la promulgation de la loi.

62. V. http://www.conseil-constitutionnel.fr/conseil-constitutionnel/francais/le-conseil-constitutionnel/la-saisine/comment-saisir-le-conseil-constitutionnel-/comment-saisir-le-conseil-constitutionnel.17421.html

63. Le Conseil se renouvelle par tiers tous les trois ans. Il est actuellement composé des personnalités suivantes : M. J.-L. Debré, nommé Président par le président de la République le 23 févr. 2007, M. V. Giscard d'Estaing, membre de droit, M. J. Chirac, membre de droit, M. P. Steinmetz, nommé par le président de la République en févr. 2004, Mme J. de Guillenchmidt, nommée par le président du Sénat en févr. 2004, M. R. Denoix de Saint-Marc, nommé par le président du Sénat en févr. 2007, M. G. Canivet, nommé par le président de l'Assemblée nationale en févr. 2007, M. M. Charasse, nommé par le président de la République en févr. 2010, M. H. Haenel, nommé par le président du Sénat en févr. 2010, M. J. Barrot, nommé par le président de l'Assemblée nationale en févr. 2010 et Mme C. Bazy-Malaurie, nommée par le président de l'Assemblée nationale en août 2010.

membre du Conseil, cas dans lequel ils ne peuvent pas siéger. Or la fonction de conseiller est en particulier incompatible avec celles de membre du gouvernement ou du Parlement (Const., art. 57), du Conseil économique et social (art. 4 de l'ordonnance n° 58-1067 du 7 novembre 1958 portant loi organique sur le Conseil constitutionnel) ou avec tout poste de responsabilité ou de direction au sein d'un parti ou groupement politique (art. 2 du décret n° 59-1292 du 13 novembre 1959 sur les obligations des membres du Conseil constitutionnel). En revanche, aucune qualification d'âge ou de profession n'est exigée pour devenir membre du Conseil – en particulier celui-ci ne comporte aucun membre qui soit professeur de droit. Cette composition suscite des difficultés compte tenu du mécanisme de la question prioritaire de constitutionnalité, « véritable procès constitutionnel dont la loi est l'objet » [64]. Le Conseil constitutionnel est une institution permanente qui statue en séance plénière – sachant que la présence effective de sept juges est nécessaire et qu'en cas de partage, la voix du président est prépondérante. Les débats et les votes ne sont ni publics, ni publiés.

II. Les juridictions européennes et communautaires

313. – La Cour européenne des droits de l'homme [65] **et la Cour de justice des Communautés européennes** [66]. – Même si leur rôle est subsidiaire par rapport aux tribunaux français, ces deux juridictions sont appelées à connaître d'affaires concernant des ressortissants français. Elles dépassent l'opposition entre ordres de juridictions, puisqu'elles ne sont ni purement administratives, ni purement judiciaires ; au contraire elles empruntent aux deux ordres. Il faut aussi signaler l'existence de juridictions internationales, comme la Cour internationale de justice (CIJ) ou la Cour pénale internationale (CPI), qui siègent à La Haye, aux Pays-Bas [67].

A. La Cour européenne des droits de l'homme

314. – Le respect de la Convention européenne de sauvegarde des droits de l'homme et des libertés fondamentales et de ses protocoles additionnels [68]. – L'organisation et le fonctionnement actuels de la Cour européenne des droits de l'homme résultent de la Convention EDH et de ses protocoles additionnels ; le dernier protocole en date, le 14, est entré en vigueur en totalité le 1er juin 2010, à la suite de sa ratification par la Russie, dernier

64. B. Mathieu, « La QPC un an après : de quelques leçons, de quelques questions », préc. : « la question peut se poser de savoir si le Conseil, dans sa structure actuelle, est à même de faire face à un développement des questions de constitutionnalité » ; ainsi « indépendamment du fait que les anciens présidents de la République ne devraient plus y avoir, ès qualité, leur place et que la litanie de la doctrine sur l'absence de professeurs de droit ne revêt pas un caractère exclusivement corporatiste (il suffit de regarder la situation dans les cours étrangères comparables), la présence écrasante d'anciens responsables politiques et d'anciens hauts magistrats qui peuvent, en théorie, avoir connu presque tous à un titre ou à un autre de la disposition législative examinée, peut poser des problèmes au regard notamment de la théorie de l'apparence que cultive la Cour de Strasbourg, même si les mécanismes de déport et de récusation pallient partiellement cette situation ».

65. V. http://www.echr.coe.int.

66. V. http://curia.europa.eu/fr.

67. Leur étude dépasse le cadre de cet ouvrage : v. un ouvrage spécialisé en organisation juridictionnelle.

68. V. le texte de la Convention, ainsi que celui de ses protocoles additionnels et celui du Règlement de la Cour sur le site de la Cour européenne des droits de l'homme.

État à y procéder ; un protocole 14 *bis* avait permis, dès le 1er juin 2009 et dans cette attente, « de faire application de plusieurs dispositions essentielles et d'améliorer le fonctionnement de contrôle européen » [69]. En effet, la Cour européenne était victime de son succès, dans le sens où elle avait fini par être complètement engorgée (89 000 affaires étaient pendantes devant elle en 2008). Les délais de jugement se trouvaient allongés jusqu'au déraisonnable... reproche que la Haute juridiction fait souvent aux juridictions internes ! Étant donné l'urgence de l'entrée en vigueur d'un nouveau protocole, permettant plus d'efficacité dans le traitement des affaires [70], un groupe de sages avait été nommé. Leur rapport, rendu public le 25 janvier 2008, proposait, en particulier, la création d'un « comité judiciaire » qui devait être chargé de filtrer les affaires. Une amélioration de ce type, avec d'autres, a de fait, été apportée par le protocole 14 et – en l'attendant – par le 14 *bis*.

La Cour peut être saisie de toutes les questions concernant l'interprétation et l'application de la Convention et de ses Protocoles. Et ce, par tout État contractant (que la Convention EDH nomme « Haute Partie Contractante ») mais aussi par tout requérant individuel (particulier, groupe de particuliers ou organisation non gouvernementale), s'il justifie d'un intérêt personnel. Depuis le 1er juin 2010, la Cour peut en outre déclarer irrecevable une requête individuelle « si elle estime que le requérant n'a subi aucun préjudice important », l'importance s'évaluant de manière quantitative (enjeu de la somme demandée) sauf si le respect des droits de l'homme « exige un examen de la requête au fond » (tant le principe que la clause de sauvegarde sont posés par l'article 35 § 3 b) de la Convention EDH, modifié par le protocole 14) [71]. En outre, État ou particulier doit avoir épuisé toutes les voies de recours internes (art. 35 § 1).

Siégeant à Strasbourg, elle est permanente. Elle est présidée par le Français M. Jean-Paul Costa ; à compter du 3 novembre 2011, c'est le Britannique Sir Nicolas Bratza, qui lui succédera [72]. Elle se compose d'un nombre de juges égal à celui des États contractants (quarante-sept aujourd'hui), sans que ces juges soient les représentants de l'État dont ils sont ressortissants ; autrement dit, ils siègent à la Cour à titre individuel. Logiquement, les juges ne peuvent exercer aucune activité incompatible avec leurs devoirs d'indépendance et d'impartialité ou avec la disponibilité requise par une activité exercée à plein temps. La Cour se divise en cinq **sections**, dont la composition, fixée pour trois ans, doit être équilibrée tant du point de vue géographique que du point de vue de la représentation des sexes et tenir compte des différents systèmes juridiques existant dans les Parties contractantes. Des **chambres** de sept membres sont constituées au sein de chaque section, en fonction des affaires à juger (en particulier, le juge national siège pour juger les affaires impliquant son pays). La **Grande Chambre** de la Cour se compose de dix-sept juges. Y siègent comme membres de droit le président et les vice-présidents de la Cour ainsi que les présidents de section. La Grande Chambre peut être saisie de deux manières :

69. V. C. Corneliu et N. Fricero, « Du protocole n° 14 bis au protocole n° 14 : une efficacité toujours accrue ! », *Procédure* 2010, étude 7, n° 3.

70. V. C. Corneliu et N. Fricero, préc., n° 1.

71. À compter du 1er juin 2012, les formations de juge unique et les comités pourront aussi utiliser ce nouveau critère, alors que la Cour a déjà rendu des décisions sur ce point (v. C. Corneliu et N. Fricero, préc., n° 16) ; « ces décisions révèlent toute l'utilité de cette nouvelle condition de recevabilité. Elles devraient dissuader les justiciables et les professionnels du droit de présenter à la Cour des demandes dont l'enjeu est dérisoire. Il s'agit d'éviter que les requérants instrumentalisent un système de garantie des droits de l'homme au point de conduire à sa destruction ! Néanmoins, il appartiendra à la Cour de maintenir cette restriction dans des limites raisonnables afin de garantir, malgré tout, un accès effectif au juge européen » (*ibid.*, n° 22). *Adde* CEDH, 12 avr. 2011, n° 11774/04, *Procédures* 2011, comm. n° 202, obs. N. Fricero (la requête a été déclarée irrecevable, dès lors que le préjudice moral invoqué a été évalué à la somme relativement modique de 125 euros ; en outre la CEDH avait déjà tranché cette question).

72. Le président est élu à bulletin secret par les juges.

– lorsqu'un arrêt de chambre est rendu, les parties peuvent demander le renvoi de l'affaire devant la Grande Chambre. C'est le collège de la Grande Chambre qui décide s'il y a lieu ou non de renvoyer l'affaire devant la Grande Chambre pour un nouvel examen. Dans ces cas assez rares, la Grande Chambre réexamine alors l'affaire, comme une juridiction du second degré ;

– la Grande Chambre peut aussi être saisie par la voie d'un dessaisissement d'une chambre, dans des cas qui sont également exceptionnels. En effet, la chambre à laquelle une requête a été attribuée a la faculté se dessaisir au profit de la Grande Chambre si l'affaire soulève une question grave relative à l'interprétation de la Convention ou s'il y a un risque de contradiction avec un arrêt rendu antérieurement par la Cour. La Grande Chambre est alors premier et dernier degré de juridiction. En outre, désormais [73], les requêtes manifestement irrecevables sont examinées par un **juge unique** (vingt pour la Cour), assisté d'un rapporteur non judiciaire (soixante-dix-neuf). Un **comité** de trois juges (deux à quatre par section) peut rendre à l'unanimité une décision de recevabilité et statuer sur le fond d'une affaire qui a fait l'objet d'une jurisprudence bien établie de la Cour. Enfin, un greffe assiste la CEDH.

315. – ... plus ou moins bien assuré. – Les Hautes Parties contractantes s'engagent à se conformer aux arrêts définitifs de la Cour (art. 46 § 1) [74], qui n'ont d'autorité qu'à l'égard des parties au procès ; cependant, pour éviter des condamnations ultérieures, l'État dont le droit n'est pas conforme à la Convention choisira souvent de le modifier. Par ailleurs, ce n'est que si la législation ou la pratique nationales le prévoient que l'arrêt de la Cour modifie la situation juridique interne du requérant ; dans le cas contraire, c'est-à-dire « si la Cour déclare qu'il y a eu violation de la Convention ou de ses protocoles, et si le droit interne de la Haute Partie Contractante ne permet d'effacer qu'imparfaitement les conséquences de cette violation, la Cour accorde à la partie lésée, s'il y a lieu, une satisfaction équitable » (art. 41). La France s'est dotée d'un dispositif visant à effacer les conséquences de la violation de la Convention à l'égard de ceux qui en ont été les victimes directes seulement en 2000, par la loi n° 2000-516 du 15 juin 2000 renforçant la protection de la présomption d'innocence et les droits des victimes, et donc seulement en matière pénale (CPP, art. 626-1 et s.) [75].

B. Le Tribunal de première instance, la Cour de justice de l'Union européenne et le Tribunal de la fonction publique de l'Union européenne

316. – Le respect du droit de l'Union. – En vertu de l'article 220, alinéa 1er [76] du traité de Rome, il est assuré par le Tribunal de première instance et la Cour de justice, qui statue soit comme juge de premier (et dernier) ressort, soit comme un juge de cassation des décisions

73. Depuis l'entrée en vigueur du protocole 14 et, avant cela, le 14 bis pour les 19 États qui l'avaient ratifié.

74. V. l'article 44 de la Convention EDH relatif aux arrêts définitifs : « 1. L'arrêt de la Grande Chambre est définitif.
2. L'arrêt d'une chambre devient définitif
a) lorsque les parties déclarent qu'elles ne demanderont pas le renvoi de l'affaire devant la Grande Chambre ; ou
b) trois mois après la date de l'arrêt, si le renvoi de l'affaire devant la Grande Chambre n'a pas été demandé ; ou
c) lorsque le collège de la Grande Chambre rejette la demande de renvoi [...] ».
Les arrêts sont motivés et tout juge a le droit de joindre l'exposé de son opinion éventuellement divergente (art. 45 § 1 et 2).

75. V. *infra* n° 361, en note.

76. « La Cour de justice et le Tribunal de première instance assurent, dans le cadre de leurs compétences respectives, le respect du droit dans l'interprétation et l'application du présent traité ».

du tribunal[77] : le tribunal est une juridiction « adjointe » à la Cour, en ce sens que les deux juridictions partagent leur service administratif, leur site d'implantation (toutes deux siègent à Luxembourg)... mais elles sont indépendantes sur le plan juridictionnel.

Le Tribunal de première instance et la Cour de justice sont composés d'autant de juges que d'États membres[78], désignés d'un commun accord par les gouvernements des États membres pour un mandat de six ans renouvelable. Ce sont de hauts magistrats dans leur pays respectif, indépendants et notoirement compétents. Tant les juges du Tribunal que ceux de la Cour désignent parmi eux un président pour une période renouvelable de trois ans.

Selon l'article 223, alinéa dernier, « la Cour de justice établit son règlement de procédure. Ce règlement est soumis à l'approbation du Conseil, statuant à la majorité qualifiée ». Quant au Tribunal de première instance, en vertu de l'article 224, il « établit son règlement de procédure en accord avec la Cour de justice. Ce règlement est soumis à l'approbation du Conseil, statuant à la majorité qualifiée ». Le dernier de ce texte précise en outre qu'« à moins que le statut de la Cour de justice n'en dispose autrement, les dispositions du présent traité relatives à la Cour de justice sont applicables au Tribunal de première instance ».

Le Conseil a adopté, le 2 novembre 2004, une décision instituant le Tribunal de la fonction publique de l'Union européenne. Il s'agit d'une nouvelle juridiction spécialisée, composée de sept juges, statuant en première instance sur le contentieux de la fonction publique européenne. Le Tribunal de la fonction publique de l'Union européenne est entré en fonctions le 30 novembre 2005. Le Tribunal de la fonction publique a élaboré son règlement de procédure : pris le 25 juillet 2007, publié au *Journal officiel* de l'Union européenne le 29 août suivant, il est entré en vigueur le 1er novembre 2007.

317. – La diversité des recours (art. 225). – Le Tribunal de première instance est compétent pour connaître des « recours directs », exercés par des personnes physiques ou personnes morales autres que des États ou que des institutions de l'Union. Pour l'essentiel, ce sont soit des recours en annulation (contre les actes des institutions de l'Union), soit des recours en carence (contre l'inaction des institutions de l'Union), soit des recours en indemnité (tendant à la réparation des dommages causés par un comportement illégal d'une institution de l'Union)[79]. Il connaissait aussi des recours en matière de fonction publique (litiges entre la Communauté de l'Union et ses fonctionnaires et agents), qui relèvent désormais du Tribunal de la fonction publique de l'Union européenne. Par exemple, un fonctionnaire de l'Union agit pour contester une sanction prise contre lui par une autorité de l'Union ou pour obtenir une indemnité réparant un préjudice à lui causé par un règlement ou une décision de l'Union. Les décisions du Tribunal de la fonction publique

77. La Cour de justice peut être saisie de pourvois limités aux questions de droit contre les arrêts et ordonnances prononcés par le Tribunal de première instance. Si le pourvoi est recevable et fondé, la Cour annule la décision du Tribunal. Dans le cas où l'affaire est en état d'être jugée, la Cour peut trancher elle-même le litige. Dans le cas contraire, elle doit renvoyer l'affaire devant le Tribunal, qui est lié par la décision rendue lors du pourvoi.

78. Une petite nuance est toutefois à signaler : selon l'article 221, « la Cour de justice est formée d'un juge par État membre » alors que l'article 223 prévoit que « le Tribunal de première instance compte au moins un juge par État membre » sachant que « le nombre des juges est fixé par le statut de la Cour de justice ». Il y a une autre petite différence concernant le parquet (cf. *infra* n° 382). En effet, selon l'article 222, huit avocats généraux composent aussi la Cour et, selon l'article 224, « le statut peut prévoir que le Tribunal est assisté d'avocats généraux ». En tant que représentants du Parquet ou ministère public, ils sont chargés de présenter un avis juridique impartial, dénommé « conclusions ». À noter par ailleurs qu'en fonction de l'importance ou de la particularité plus ou moins grande des affaires, la Cour siège en assemblée plénière, en grande chambre (treize juges) ou en chambre à cinq ou à trois juges ; le tribunal de première instance peut même siéger à juge unique.

79. Ces recours directs s'exercent notamment dans les matières suivantes : aides d'État, concurrence, politique commerciale, politique régionale, politique sociale, droit des marques, transports... De sa création en 1989 au 31 déc. 2004, le Tribunal a réglé 4 182 affaires.

sont susceptibles d'un pourvoi devant le Tribunal de première instance. Les décisions en question pouvant elles-mêmes exceptionnellement faire l'objet d'un réexamen par la Cour de justice.

Quant à la Cour de justice des Communautés de l'Union européenne, elle connaît des « recours directs », exercés par des États ou des institutions de l'Union. Ici, c'est un État ou une institution qui agit en annulation d'un acte illégal de la Commission européenne ou du Conseil de l'Union, ou, au contraire, exerce un recours en carence en cas d'inaction de ces mêmes institutions, ou encore en manquement [80]. La juridiction se prononce alors au fond en premier mais aussi dernier ressort ; autrement dit ses décisions ne sont susceptibles d'aucun recours. En revanche, elle peut prononcer des sanctions pécuniaires à l'égard des États qui refuseraient d'exécuter spontanément ses décisions. Dans une autre catégorie de cas, la Cour de justice est une cour de renvoi. En effet, elle n'est pas saisie par un plaideur mais par une juridiction nationale : en présence d'une difficulté d'interprétation du droit de l'Union, les juridictions nationales sursoient à statuer, c'est-à-dire qu'elles doivent mettre l'affaire en suspens, en attendant que la Cour de justice ait rendu sa décision : en quelque sorte, le juge national « dit pouce » tant qu'il ne connaît pas la façon dont la juridiction internationale va trancher la difficulté ; une fois qu'elles ont la réponse, elles peuvent reprendre le jugement de l'affaire, en tenant compte, bien sûr, de la décision de la Cour de justice. C'est une faculté pour les juridictions dont les décisions sont susceptibles de recours et une obligation pour les juridictions suprêmes. Elles renvoient la difficulté à la Cour de Luxembourg par voie de question préjudicielle (art. 234 du Traité de Rome), qui est une demande procédurale spéciale, afin de rendre leur propre décision en tenant compte de la solution donnée par la Cour de justice [81]. On comprend tout l'intérêt de ce système qui a été institué pour maintenir l'unité du droit communautaire, devenu droit de l'Union. Cela a d'ailleurs justifié l'introduction d'une procédure accélérée de traitement des demandes de décisions préjudicielles, puis – par une décision du Conseil de l'Union européenne du 20 décembre 2007 (entrée en vigueur le 1er mars) – celle d'une procédure préjudicielle d'urgence applicable pour les instruments de l'espace de liberté, de sécurité et de justice [82]. Ce contrôle de conventionalité n'est cependant pas sans poser des difficultés d'articulation avec le nouveau contrôle de constitutionnalité [83].

80. Par le recours en annulation, le requérant demande l'annulation d'un acte d'une institution (règlement, directive, décision). À la Cour de justice sont réservés les recours formés par un État membre contre le Parlement européen et/ou contre le Conseil ou introduits par une institution de l'Union contre une autre. Le recours en carence permet de contrôler la légalité de l'inaction des institutions. Il ne peut pas, cependant, être introduit avant que l'institution concernée n'ait été invitée à agir. Lorsque l'illégalité de l'omission est constatée, il appartient à l'institution visée de mettre fin à la carence par des mesures appropriées. Le recours en manquement permet à la Cour de justice de contrôler le respect par les États membres des obligations qui leur incombent en vertu du droit de l'Union. La saisine de la Cour de justice est précédée d'une procédure préalable engagée par la Commission qui consiste à donner à l'État membre l'occasion de répondre aux griefs dont il fait l'objet. Si cette procédure n'amène pas l'État membre à mettre fin au manquement, un recours pour violation du droit de l'Union peut être introduit auprès de la Cour de justice. Ce recours peut être engagé soit par la Commission – c'est, en pratique, le cas le plus fréquent – soit par un État membre. Si la Cour de justice constate le manquement, l'État est tenu d'y mettre fin sans délai. Si, après une nouvelle saisine par la Commission, la Cour de justice reconnaît que l'État membre concerné ne s'est pas conformé à son arrêt, elle peut lui infliger le paiement d'une somme forfaitaire et/ou d'une astreinte.

81. Puisque la Cour de justice répond non pas par un simple avis, mais par un arrêt ou une ordonnance motivée, la juridiction nationale destinataire est liée par l'interprétation donnée quand elle tranche le litige qui lui a été soumis. Au-delà de l'affaire en jugement, l'arrêt de la Cour de justice lie les autres juridictions nationales qui seraient saisies d'un problème identique. Le problème vient de la longueur de l'attente : la Cour répond en général en 18 mois !

82. V. C. Nourrissat, « Nouvelle procédure préjudicielle pour la Cour de justice des Communautés européennes », *Procédures* 2008, comm. 110.

83. V. en particulier H. Croze, « L'application immédiate du droit de l'Union européenne : un obstacle à la transmission d'une QPC ?. – À propos de Cass., QPC, 29 juin 2010 », *JCP* G 2010, 930 ; B. Mathieu, « La guerre des juges n'aura pas lieu – À propos de la décision n° 2010-605 DC du Conseil constitutionnel », *JCP* G 2010, 576, « La Cour de cassation tente de faire invalider la question prioritaire de constitutionnalité par la Cour du Luxembourg », *JCP* G 2010, act. 464 et « La Cour de cassation persiste dans son refus d'appliquer le caractère prioritaire de la question de constitutionnalité », *JCP* G 2010, act. 764 ; V. Kirsey et H. Portelli, « Droits fondamentaux : du bon usage de la guerre des juges par le justiciable », *JCP* G 2010, doctr. 799 ; G. Lucazeau, « Constitution, Convention ou Traité. – La "guerre des trois" aura-t-elle lieu ? », *JCP* G 2010, act. 778.

318. – Le régime linguistique : une curiosité. – Pour les recours directs, la langue dans laquelle la procédure se déroule est celle dans laquelle la requête est formulée (qui peut être l'une des 21 langues officielles de l'Union européenne) [84]. Pour les renvois préjudiciels, la langue de la procédure est celle de la juridiction nationale qui s'adresse à la Cour de justice. Si les débats sont – en tant que de besoin – interprétés simultanément dans différentes langues officielles de l'Union européenne, les juges délibèrent, eux, sans interprètes, dans une langue commune qui, traditionnellement, est le français.

Section 2
Les juridictions judiciaires

Sous-section 1 : Les juridictions civiles

§ 1 : Les juridictions du premier degré

319. – Une juridiction de droit commun et des juridictions d'exception. – En première instance, le tribunal de grande instance est la juridiction de droit commun. Toutes les autres sont donc des juridictions d'exception. Cependant, parmi celles-ci, deux juridictions sont proches du tribunal de grande instance : ce sont le tribunal d'instance et la juridiction de proximité (I). Les autres juridictions d'exception (le tribunal de commerce, le conseil de prud'hommes, le tribunal paritaire des baux ruraux…) ont une compétence bien différente (II).

I. Le tribunal de grande instance, le tribunal d'instance et la juridiction de proximité

319-1. – Trois juridictions aujourd'hui, deux seulement demain en métropole. – La loi n° 2002-1138 du 9 septembre 2002 d'orientation et de programmation pour la justice a créé la juridiction de proximité, chargée de trancher les petits litiges de la vie quotidienne tant en matière civile qu'en matière pénale. La compétence de celle-ci a été très étendue par la loi n° 2005-47 du 26 janvier 2005 relative aux compétences du tribunal d'instance, de la juridiction de proximité et du tribunal de grande instance (et son décret d'application n° 2005-460 du 13 mai). Cette compétence a encore été ajustée depuis à l'occasion d'autres réformes [85]. Or, ajouter une nouvelle juridiction au paysage juridictionnel français déjà fort encombré l'a

84. Sur les difficultés causées par la langue, v. C. Nourrissat, « Traduction de l'acte introductif d'instance : précisions et interrogations… », *Procédures* 2008, comm. 207.

85. V. le décret n° 2009-1693 du 29 déc. 2009 relatif à la répartition des compétences entre le tribunal de grande instance et le tribunal d'instance, qui la concerne « par ricochet » (C. Bléry, « Répartition des compétences entre le tribunal de grande instance et le tribunal d'instance. À propos du décret du 29 déc. 2009 », *JCP* G. 2010, 107).

rendu encore plus complexe, puisque, pour les actions civiles personnelles ou mobilières [86], il faut choisir entre trois juridictions ! Plutôt que rapprocher la justice des justiciables, c'est une complication supplémentaire qui a été apportée. L'idéal serait d'avoir une juridiction unique, à charge pour le président de répartir les affaires en fonction des spécialisations des magistrats la composant [87]. Cette idée n'a pas été retenue par le groupe de travail présidé par M. S. Guinchard [88] : son rapport envisageait cependant une répartition plus cohérente des contentieux et surtout la disparition de la juridiction de proximité, les juges de proximité – eux – étant rattachés au tribunal de grande instance et exerçant des fonctions au tribunal de grande instance et au tribunal d'instance [89]. Cette préconisation va être concrétisée dans la loi de répartition du contentieux et d'allégement de certaines procédures juridictionnelles (v. COJ, art. L. 121-4-5 et s., L. 213-3, L. 222-1-1 – à venir – pour ce qui est de la matière civile). À compter de son entrée en vigueur [90], un peu plus de dix ans après sa création, il n'y aura donc plus de juridiction de proximité.

319-2. – Le cas des collectivités d'outre-mer. – Cette répartition est différente dans les collectivités d'outre-mer, à l'exclusion des départements d'outre-mer. En effet, en Polynésie française, en Nouvelle-Calédonie et à Wallis-et-Futuna, c'est un tribunal de première instance qui exerce les compétences du tribunal de grande instance et du tribunal d'instance ; à Saint-Pierre-et-Miquelon le tribunal de première instance est même, actuellement, juridiction de proximité. Il n'y a pas de juridictions dans les Terres australes et antarctiques françaises et seulement un tribunal d'instance à Saint-Barthélemy (COJ, art. L. 511 à L. 563-1 et R. 511-1 à R. 563-4). À Mayotte, le tribunal de première instance a été remplacé à compter du 1er avril 2011 [91] par un tribunal de grande instance et un tribunal d'instance ; comme en métropole, subsiste pour l'instant une juridiction de proximité.

La composition de ces juridictions peut présenter des particularités : par exemple, en Nouvelle-Calédonie, des assesseurs coutumiers – en nombre pair – peuvent se joindre au tribunal de première instance lorsqu'il est saisi des litiges relevant du statut civil particulier de cette collectivité d'outre-mer (art. L. 562-20, al. 1er).

320. – Les deux sortes de compétence. – Le tribunal d'instance et la juridiction de proximité – aujourd'hui – ont une compétence d'attribution générale en matière civile qu'elles se partagent avec le tribunal de grande instance ; le partage se fera demain entre le tribunal d'instance et le tribunal de grande instance, selon le même principe (A). Les trois – bientôt deux

86. V. *infra* n° 321.

87. En ce sens, v. C. Bléry, « Plaidoyer pour une simplification des règles internes de compétence en matière judiciaire », préc. n° 301 en note.

88. *Loc. cit.*

89. V. *supra* n° 304 et *infra* n° 327-1.

90. Selon l'article 26 I, « Les articles 1er à 14 de la présente loi entrent en vigueur le premier jour du treizième mois suivant celui de sa promulgation » et selon le III, les articles 1er et 2 de la loi, relatifs à la suppression de la juridiction de proximité et au maintien des juges de proximité, sont applicables aux procédures en cours mais de manière distincte en matière civile et pénale, de telle sorte que la juridiction de proximité survit plus longtemps en tant que juridiction civile qu'en tant que juridiction répressive : pour la première elle demeure compétente pour connaître des procédures en cours jusqu'au premier jour du septième mois suivant la date fixée au I ; pour la matière pénale, le transfert au tribunal de police des procédures a lieu dès la date fixée au I.

91. V. l'ordonnance n° 2011-337 du 29 mars 2011 modifiant l'organisation judiciaire dans le Département de Mayotte (abrogeant la partie législative du titre II du livre V du Code de l'organisation judiciaire, relatif à Mayotte) et le décret n° 2011-338 du 29 mars 2011 portant modification de l'organisation judiciaire dans le Département de Mayotte (art. 1er et 18).

– juridictions civiles ont aussi, chacune, des compétences spéciales, certaines qu'elles ne se partagent pas, d'autres si (B). Il faut également noter que la compétence territoriale, elle, est déterminée par les articles 42 et suivants du Code de procédure civile : le principe – qui comporte de nombreuses exceptions [92] – étant que le tribunal compétent est celui du défendeur ; des règles spéciales sont également fixées par le Code de l'organisation judiciaire (art. R. 211-11 à 13 pour le tribunal de grande instance, art. R. 221-46 à 52 pour le tribunal d'instance et R. 231-6, pour la juridiction de proximité qui aligne la compétence de cette dernière sur celle du tribunal d'instance… jusqu'à ce qu'elle disparaisse).

A. La compétence générale ou compétence de principe

321. – Une compétence partagée. – Les trois juridictions se répartissent, depuis la loi n° 2005-47 du 26 janvier 2005 [93], une compétence générale qui constitue un bloc unitaire, à savoir les actions civiles, personnelles *ou* [94] mobilières des personnes physiques ou des personnes morales. Le seul critère de répartition est fondé sur le montant de la demande, le « petit taux » de compétence (entre la juridiction de proximité et le tribunal d'instance) étant à 4 000 euros et le « grand taux » (entre le tribunal d'instance et le tribunal de grande instance) à 10 000 euros [95]. Autrement dit, seules les demandes personnelles ou mobilières supérieures à 10 000 euros seront portées devant le tribunal de grande instance (COJ, art. L. 211-3) ; le tribunal d'instance connaît, lui, des demandes comprises entre 4 001 et 10 000 euros (art. L. 221-4) et la juridiction de proximité des demandes jusqu'à 4 000 euros (art. L. 231-3). Par exemple, Ernest Bigoudi achète un téléviseur écran plat dernier cri (type « Supercolor tryphonard ») chez « Conforarty » ; le téléviseur en question tombe en panne dans la semaine suivant l'achat. Ernest Bigoudi veut obtenir le remplacement ou, au moins, la réparation de l'appareil défectueux. Conforarty ne veut rien entendre. Si le client malheureux a acquis son téléviseur au prix de 500 euros, il assignera son vendeur devant le juge de proximité, si l'appareil vaut 4 500 euros (il a même un home cinéma !), alors c'est le tribunal d'instance qui devra trancher

92. Par exemple, l'article 44 donne compétence au tribunal du lieu de l'immeuble en matière réelle immobilière : v. *infra* n° 321, en note.

93. Faute de dispositions transitoires, elle est entrée en vigueur le 28 janv. 2005.

94. En fait, le plus souvent les actions sont à la fois **personnelles et mobilières** : ce sont les actions, fréquentes, qui tendent à la sanction d'un droit personnel ayant pour objet un bien meuble ; l'exemple-type est l'action en paiement d'une créance de somme d'argent, peu important que celle-ci ait sa source dans un contrat ou un délit. Les actions **réelles et immobilières**, relatives à un droit réel portant sur un immeuble sont en nombre plus limitées ; elles sont essentiellement illustrées par l'action en revendication d'un immeuble. Les actions **personnelles et immobilières**, tendant à la sanction d'un droit personnel ayant pour objet un immeuble ne peuvent être relatives qu'à l'exécution d'une obligation de donner un immeuble. Le principe du droit français étant que le transfert de propriété est réalisé par l'échange des consentements, ces droits de créance immobiliers sont rares. Ils se rencontrent cependant dans deux types de situations, à savoir, d'une part, lorsque l'obligation de donner un corps certain a été affectée d'un terme ou d'une clause de réserve de propriété ; ce terme ou cette clause suspend l'exigibilité de l'obligation jusqu'à la survenance de l'événement prévu par les parties, autrement dit il retarde le transfert de la propriété ; d'autre part, lorsque l'obligation de donner porte sur une chose de genre immobilière, c'est-à-dire, par exemple sur un terrain à prendre dans une parcelle plus vaste ou un appartement dans un immeuble en construction : une action visant à régler un litige relatif à une telle parcelle ou à un tel appartement serait personnelle et immobilière. Elle serait portée devant l'une des trois juridictions civiles de première instance, très certainement devant le tribunal de grande instance parce qu'elle serait supérieure au grand taux de compétence, voire indéterminée. Enfin, les actions **réelles et mobilières** concernent un droit réel ayant pour objet un meuble ; c'est le cas de l'action en revendication d'un meuble de l'article 2276 alinéa 2 du Code civil, qui peut être exercée pendant trois ans à compter du vol ou de la perte du meuble contre le possesseur de bonne foi (qui aurait normalement été protégé par le jeu de l'alinéa 1er) devant l'une des trois juridictions civiles, en fonction de la valeur du meuble.

95. V. *supra* n° 304.

le différend. Enfin s'il s'était lancé dans une acquisition somptuaire d'un montant supérieur à 10 000 euros, c'est au tribunal de grande instance qu'Ernest Bigoudi s'adressera pour essayer d'obtenir une solution à ses déboires. Attention : le tribunal de grande instance est également compétent pour les demandes totalement indéterminées, le tribunal d'instance « connaît aussi des demandes indéterminées qui ont pour origine l'exécution d'une obligation dont le montant n'excède pas 10 000 euros » (art. L. 221-4) et – actuellement – la juridiction de proximité « connaît des demandes indéterminées qui ont pour origine l'exécution d'une obligation dont le montant n'excède pas 4 000 euros » (art. L. 231-3).

Deux remarques :

– comme le projet de loi ne modifie pas le taux de compétence entre le tribunal d'instance et le tribunal de grande instance, le premier sera compétent de 0 à 10 000 euros et le tribunal de grande instance au-delà de 10 000 euros ;

– dans ces hypothèses relatives à la compétence de principe, la juridiction de droit commun statue toujours en premier ressort, la demande étant forcément supérieure au taux du ressort (art. R. 211-3, al. 1er) [96] ; de même l'ensemble des décisions du tribunal d'instance sont rendues à charge d'appel (art. R. 221-4, al. 1er), puisque le taux du ressort en matière civile est fixé à 4 000 euros tout au moins en principe [97]. En revanche, celles des juridictions de proximité sont, en principe, insusceptibles d'appel, sauf dans les rares cas où la juridiction a connu d'une demande indéterminée qui avait « pour origine l'exécution d'une obligation dont le montant n'excède pas 4 000 euros » (selon l'expression plutôt fumeuse de l'alinéa 2 de l'article L. 231-3) [98]. Il en sera ainsi pour les décisions du tribunal d'instance inférieures à 4 000 euros.

B. Les compétences spéciales propres à chacune des trois juridictions

1°/ Les compétences spéciales du Tribunal de grande instance

322. – Les compétences exclusives du Tribunal de grande instance lui-même. – L'existence de ces compétences exclusives est prévue, de manière générale par l'article L. 211-4 du Code de l'organisation judiciaire : « le tribunal de grande instance a compétence exclusive dans les matières déterminées par les lois et les règlements ». Le plus souvent ces textes sont du droit substantiel. Mais l'article R. 211-4 du Code de l'organisation judiciaire (modifié par le décret n° 2009-1693 du 9 décembre 2009 pour tenir compte de certaines préconisations du rapport Guinchard) présente une énumération – non exhaustive [99] – de ces compétences. Il dispose ainsi que « le tribunal de grande instance a compétence exclusive dans les matières déterminées par les lois et règlements, au nombre desquelles figurent les matières suivantes : 1° État des

96. Curieusement, l'alinéa 2 du texte dispose que « lorsqu'il est appelé à connaître, en matière civile, d'une action personnelle ou mobilière portant sur une demande dont le montant est inférieur ou égal à la somme de 4 000 euros, le tribunal de grande instance statue en dernier ressort ». Ce qui implique que le tribunal de grande instance a été saisi d'une affaire qui ne relève pas normalement de sa compétence…

97. En effet, le pendant de l'article R. 211-3 existe pour le tribunal d'instance : c'est l'alinéa 2 de l'article R. 221-4 qui dispose que « toutefois, lorsqu'il est appelé à connaître, en matière civile, d'une action personnelle ou mobilière portant sur une demande dont le montant est inférieur ou égal à la somme de 4 000 euros […], le tribunal d'instance statue en dernier ressort ».

98. V. *supra* au même n°.

99. Il est parfois nécessaire d'aller consulter des codes de droit substantiel ou de se référer à la section relative à la compétence territoriale pour apprendre l'existence d'autres compétences d'attribution, ce qui rend la tâche malaisée et n'est pas conforme aux exigences de sécurité juridique.

personnes : mariage, filiation, adoption, déclaration d'absence ; 2° Rectification des actes d'état civil ; 3° Successions ; 4° Amendes civiles encourues par les officiers de l'état civil ; 5° Actions immobilières pétitoires et possessoires ; 6° Récompenses industrielles ; 7° Dissolution des associations ; 8° Sauvegarde, redressement judiciaire et liquidation judiciaire lorsque le débiteur n'est ni commerçant ni immatriculé au répertoire des métiers [100] ; 9° Assurance contre les accidents et les maladies professionnelles des personnes non salariées en agriculture ; 10° Droits d'enregistrement, taxe de publicité foncière, droits de timbre et contributions indirectes et taxes assimilées à ces droits, taxes ou contributions ; 11° Baux commerciaux à l'exception des contestations relatives à la fixation du prix du bail révisé ou renouvelé, baux professionnels et conventions d'occupation précaire en matière commerciale [101] ; 12° Inscription de faux contre les actes authentiques ; 13° Actions civiles pour diffamation ou pour injures publiques ou non publiques, verbales ou écrites [102] » [103]. Quant à l'article L. 211-5, il fait de lui une juridiction d'appel dans un cas très précis, à savoir pour les recours « contre les décisions du tribunal d'instance en matière de titres perdus ou volés dans les conditions prévues à l'article 11 du décret n° 56-27 du 11 janvier 1956 relatif à la procédure à suivre en cas de dépossession de titres au porteur » [104]. Les articles L. 211-6 à 8 lui attribuent également des compétences en matière disciplinaire ou pour les demandes relatives aux frais de justice. Le projet de loi de répartition du contentieux prévoit de le rendre exclusivement compétent en matière de douanes, en remplacement du tribunal d'instance (et de la juridiction de proximité) : v. essentiellement le futur article 357 *bis* du Code des douanes [105]. Ce sont là les compétences communes à tous les tribunaux de grande instance.

Il en est d'autres qui sont particulières à certains tribunaux de grande instance seulement, voire à un seul tribunal de grande instance dans un souci de spécialisation pour des matières techniques (v. les articles L. 211-10 à 14, complétés par les articles D. 211-5 à D. 211-10-2 du COJ). Ainsi, en application de la loi n° 2007-1544 du 29 octobre 2007 de lutte contre la contrefaçon, le décret n° 2009-1205 du 9 octobre 2009 a désigné neuf tribunaux de grande instance compétents en matière de propriété intellectuelle – propriété littéraire et artistique, dessins et modèles... et aussi indications géographiques ; pour les branches les plus techniques de la propriété intellectuelle – actions en matière de brevets d'invention, de certificats d'utilité, de certificats complémentaires de protection et de topographies de produits semi-conducteur,

100. En fait, cette disposition est aujourd'hui caduque : le tribunal de grande instance n'est compétent que si le débiteur n'exerce pas une activité commerciale ou artisanale ; peu importe que le débiteur artisan soit ou non inscrit au répertoire des métiers (en ce sens, S. Guinchard, G. Montagnier, A. Varinard et T. Debard, *Institutions juridictionnelles*, Précis Dalloz, 10e éd., 2009, n° 375). Sur le partage de compétence entre le tribunal de grande instance et le tribunal de commerce en matière de procédures collectives, v. *infra* n° 329.

101. La compétence relative aux baux professionnels et conventions d'occupation précaire en matière commerciale a été ajoutée par le décret du 29 déc. 2009.

102. Cette compétence est aussi un ajout du décret de 2009.

103. En outre, l'article L. 721-5, alinéa 1er, du Code de commerce précise que « par dérogation au 2° de l'article L. 721-3 [qui donne compétence aux tribunaux de commerce pour les contestations relatives aux sociétés commerciales : v. *infra* n° 329] et sous réserve des compétences des juridictions disciplinaires et nonobstant toute disposition contraire, les tribunaux civils sont seuls compétents pour connaître des actions en justice dans lesquelles l'une des parties est une société constituée conformément à la loi n° 90-1258 du 31 déc. 1990 relative à l'exercice sous forme de sociétés des professions libérales soumises à un statut législatif ou réglementaire ou dont le titre est protégé, ainsi que des contestations survenant entre associés d'une telle société » : par exemple, les avocats.

104. V. *infra* n° 333.

105. « Les tribunaux de grande instance [donc au lieu des tribunaux d'instance] connaissent des contestations concernant le paiement, la garantie ou le remboursement des créances de toute nature recouvrées par l'administration des douanes et des autres affaires de douane n'entrant pas dans la compétence des juridictions répressives ». L'article R. 221-18, contrairement à l'article 357 bis actuel du Code des douanes partage cette compétence entre le tribunal d'instance et la juridiction de proximité : un décret sera nécessaire pour abroger expressément ce texte de valeur réglementaire. V. *infra* n° 325-2.

de marques communautaires, de dessins et modèles communautaires –, c'est le seul tribunal de grande instance de Paris qui est apte à statuer (art. D. 211-6) ; en revanche pour les obtentions végétales, dix tribunaux de grande instance sont compétents [106] ! Par ailleurs, « le tribunal de grande instance compétent pour connaître des actions en identification du demandeur de visa par ses empreintes génétiques, dans les cas et conditions prévus par le code de l'entrée et du séjour des étrangers et du droit d'asile, est celui de Nantes » (art. D. 211-8), un seul tribunal de grande instance par cour d'appel est compétent pour connaître des actions engagées sur le fondement des dispositions des instruments internationaux et communautaires relatives au déplacement illicite international d'enfants (art. D. 211-9)…

Il faut noter que, lorsque le tribunal de grande instance a compétence exclusive, il statue en premier et dernier ressort si la demande est inférieure ou égale à 4 000 euros et en premier ressort seulement si la demande est supérieure à 4 000 euros (art. R. 211-3), ou indéterminée.

Et, pour finir, que le tribunal de grande instance est compétent pour statuer en matière commerciale – et selon la procédure commerciale (CPC, art. 878-1) – lorsqu'il n'existe pas de tribunal de commerce dans un ressort territorial (en considération de la faiblesse du corps électoral), selon l'article L. 721-2 du Code de commerce.

322-1. – Les compétences partagées entre le tribunal de grande instance et le tribunal d'instance. – Depuis l'entrée en vigueur – le 1er janvier 2010 – du décret n° 2009-1693 du 29 décembre 2009 relatif à la répartition des compétences entre le tribunal de grande instance et le tribunal d'instance, le tribunal de grande instance partage trois compétences avec le tribunal d'instance [107], en fonction du montant de la demande par rapport au (grand) taux de compétence, c'est-à-dire 10 000 euros. Ainsi, le tribunal de grande instance connaît-il :

– des « actions relatives aux correspondances et objets recommandés et aux envois de valeur déclarée, grevés ou non de remboursement ». Les articles R. 221-13 (pour le tribunal de grande instance) et R. 221-51 (pour le tribunal d'instance) donnent compétence d'attribution en même temps que compétence territoriale au tribunal « dans le ressort duquel est situé le domicile de l'expéditeur ou devant celui dans le ressort duquel est situé le domicile du destinataire » ;

– des contestations du tarif de la taxe de séjour (CGCT, art. R. 2333-57) et de la taxe de séjour forfaitaire (art. R. 2333-67) ;

– de certaines difficultés et contestations relatives aux chemins ruraux, à savoir celles des articles L. 161-4 (sur la propriété ou sur la possession totale ou partielle des chemins ruraux) et L. 162-5 du Code rural (sur la propriété et la suppression des chemins et sentiers d'exploitation).

Il faut encore signaler le réaménagement du partage entre le tribunal de grande instance et le tribunal d'instance en matière de contestations relatives à certaines rentes viagères : il se fait en fonction du « grand taux » de compétence.

Le projet de loi sur la répartition du contentieux prévoit un partage de compétence avec le tribunal d'instance en matière d'injonction de payer : au-delà de 10 000 euros le tribunal de

106. En effet, le décret de 2009 n'a pu modifier l'article L. 623-31 du Code de la propriété intellectuelle, de valeur législative qui prévoit que le nombre de tribunal de grande instance ne peut être inférieur à dix (en conséquence l'article D. 211-5 du Code de l'organisation judiciaire qui désigne les dix tribunaux est resté inchangé). Or, la loi n° 2011-525 du 17 mai 2011 de simplification et d'amélioration de la qualité du droit qui vient de procéder à des harmonisations rédactionnelles dans le Code de la propriété intellectuelle en matière de compétences a maintenu l'exigence minimale de dix tribunaux… alors que le projet de loi de répartition du contentieux la supprime ! Sur cette question, v. nos obs. à la *RLDC* 2011/84, n° 1.

107. Auparavant le tribunal d'instance était compétent concurremment avec la juridiction de proximité.

grande instance doit devenir compétent, alors qu'aujourd'hui, en vertu de l'article L. 221-7 du Code de l'organisation judiciaire, la compétence est partagée entre le tribunal d'instance et la juridiction de proximité en fonction du petit taux de compétence [108]. Il s'agit d'une procédure rapide de recouvrement des créances impayées : le créancier agit devant le tribunal non contradictoirement, c'est-à-dire sans prévenir son débiteur du procès qu'il lui intente ; une ordonnance est rendue, qui peut faire l'objet d'un recours – une opposition – de la part du débiteur (c'est rare car souvent la demande est justifiée). Cette extension de la procédure d'injonction de payer doit résulter de l'intitulé du chapitre II de la loi, de la suppression de l'article L. 221-7 dans sa rédaction actuelle et d'un futur article L. 212-3-1, 1° du Code de l'organisation judiciaire : il dispose que les juges de proximité peuvent « statuer sur requête en injonction de payer, sauf sur opposition » ; c'est le juge de proximité, en tant que membre du tribunal de grande instance, et non plus en tant que juridiction de proximité, qui statuera sauf recours de la part du débiteur. Il faudra en revanche un décret pour modifier les articles 1406 et 1421 du Code de procédure civile qui régissent actuellement la procédure et qui sont de valeur réglementaire [109].

Un tel partage est également prévu en matière de contestations relatives à l'exercice de la servitude de débroussaillement en bordure des voies ferrées (Code forestier, futur art. L. 322-8), aujourd'hui réparti entre le tribunal d'instance et la juridiction de proximité [110]. De même, l'indemnité à laquelle le classement d'office d'un objet mobilier peut donner lieu au profit du propriétaire est aujourd'hui fixée par le tribunal d'instance – à défaut d'accord amiable –, elle le sera par ce tribunal ou le tribunal de grande instance en fonction du montant de la demande (Code du patrimoine, futur art. L. 622-4).

Ce sont des textes de droit substantiel (Code forestier, Code du patrimoine mais aussi Code des douanes, loi du 31 mars 1896 relative à la vente des objets abandonnés ou laissés en gage par les voyageurs aux aubergistes ou hôteliers, loi du 31 décembre 1903 relative à la vente de certains objets abandonnés...) qui vont être modifiés par la loi et non le Code de l'organisation judiciaire (dans sa partie réglementaire) et le Code de procédure civile ; un décret d'application sera nécessaire pour réaliser une abrogation expresse des articles concernés du Code de l'organisation judiciaire et du Code de procédure civile [111].

323. – La compétence des juridictions spécialisées à l'intérieur du tribunal de grande instance. – Il y a plusieurs juridictions spécialisées à l'intérieur même du tribunal de grande instance.

Tout d'abord, à la tête de chaque tribunal de grande instance, il y a un président qui participe aux débats, comme les autres juges, et qui préside généralement la première chambre. Mais, en tant que président, il est investi de fonctions juridictionnelles propres (art. L. 213-1). À ce titre, il est appelé à rendre des ordonnances de référé (art. L. 213-2). C'est un pouvoir (et non

108. Actuellement, et curieusement, le tribunal d'instance en connaît sans limitation de valeur « vers le haut », c'est-à-dire même si la demande excède 10 000 €. Pour la procédure d'injonction de faire (visant à obliger un cocontractant à exécuter en nature une obligation d'accomplir une prestation), en revanche, il ne statue qu'entre le « petit » et le « grand taux ». Par ailleurs, si la créance était commerciale, le juge compétent en matière d'injonction de payer serait le président du tribunal de commerce (v. *infra* n° 329).

109. Pour éviter le surcoût impliqué par le recours obligatoire à un avocat devant le tribunal de grande instance, le Sénat a ajouté une disposition (conforme au rapport Guinchard) selon laquelle « la requête en injonction de payer peut être présentée par le requérant ou par tout mandataire de ce dernier » (cf. art. 3, III).

110. V. *infra* n° 325-2.

111. V. *infra* n° 325-2.

une compétence au sens propre du terme) très important, ne serait-ce qu'en raison du volume considérable des demandes faites en référé depuis plusieurs années. En effet, la procédure de référé permet d'aller vite, lorsqu'une situation est évidente ou lorsqu'elle appelle une solution urgente. Par exemple, devant témoin Ernest Bigoudi a détruit une clôture appartenant à Gontrand Michu ; il n'est pas nécessaire d'attendre que le tribunal de grande instance lui-même rende un jugement, parce que la situation est évidente ; il en est de même si un marchand de primeur se plaint que la marchandise à lui livrée est avariée, car, cette fois, il y a urgence. Dans ces cas, il est possible de saisir le président du tribunal de grande instance qui statue rapidement, voire immédiatement, au moyen d'une ordonnance de référé : Gontrand peut réclamer une provision, par exemple, de 12 000 euros et le marchand demandera qu'un expert constate l'état des marchandises, afin de pouvoir en obtenir le remboursement auprès de son vendeur. Les parties retourneront, si elles le souhaitent, devant le tribunal de grande instance pour obtenir une décision définitive, c'est-à-dire pour mettre un point final à l'affaire ; mais l'ordonnance de référé (seulement provisoire, c'est-à-dire ne tranchant pas le fond – le principal – de l'affaire) aura permis de parer au plus pressé ; ainsi, alors que le président ne peut octroyer qu'une provision, le tribunal de grande instance, lui, octroie des dommages-intérêts : c'est toujours une somme d'argent mais la qualification n'est pas la même au provisoire et au principal [112]. Ce président rend aussi des ordonnances sur requête (même texte). Ces ordonnances lui permettent de prescrire certaines mesures ou de délivrer des autorisations sur la simple requête unilatérale d'un intéressé – par exemple, la rectification d'un acte de l'État civil (C. civ., art. 99) – ou sans que l'adversaire soit appelé parce que « les circonstances exigent qu'elles [les mesures] ne soient pas prises contradictoirement » (CPC, art. 812, al. 2) [113]. En outre, il dispose de compétences particulières énoncées aux articles R. 213-1 à 6 du Code l'organisation judiciaire. Par exemple, « le président du tribunal de grande instance connaît de la demande formée, sur le fondement du III de l'article 45 de la loi n° 78-17 du 6 janvier 1978 relative à l'informatique, aux fichiers et aux libertés, à l'encontre des personnes ou des organismes autres que ceux mentionnés à l'article R. 555-1 du Code de justice administrative » (art. R. 213-5). Il est également compétent pour nommer un mandataire *ad hoc* ou un conciliateur dans le cadre de la prévention des difficultés des débiteurs exerçant une activité autre que commerciale ou artisanale (C. com., art. L. 611-1 et R. 611-1 et s. [114]). Enfin, il faut noter que le projet de loi sur la répartition du contentieux prévoit de lui confier des compétences qui sont actuellement partagées par le tribunal d'instance et la juridiction de proximité (par exemple c'est qui devra être sollicité pour donner l'autorisation de vendre immédiatement des marchandises périssables en dépôt aux douanes : Code des douanes, art. 186, à venir…).

Ensuite, il y a le juge de la mise en état (CPC, art. 763 et s.), qui est un juge spécialisé, qui a d'importants pouvoirs [115] pour faire en sorte que l'affaire soit en état d'être plaidée et jugée. Le magistrat instructeur peut s'efforcer de concilier, au moins partiellement, les parties. Mais sa

112. En matière de divorce, lorsque des parents se disputent la « garde » (rigoureusement, il faut parler d'exercice de l'autorité parentale) d'un enfant ou un droit de visite pour de très prochaines vacances, c'est alors le juge aux affaires familiales (v. *infra* au même numéro) qui statue comme juge des référés.

113. Mieux vaut laisser à l'écart de l'audience le conjoint supposé infidèle, lorsque l'autre demande au juge la permission de faire pratiquer un constat d'adultère !

114. V. *infra* n° 329 lorsque l'activité est commerciale ou artisanale.

115. Encore renforcés par le décret du 28 déc. 2005, entré en vigueur pour l'essentiel de ses dispositions le 1er mars 2006 : le décret crée, en particulier, la possibilité pour le juge de la mise en état de fixer un calendrier de la mise en état (art. 23 du décret). V. *infra* n° 369.

mission essentielle réside dans la régulation et l'orientation du procès : ainsi, le juge de la mise en état impartit, et modifie si besoin est, tous les délais que l'instruction de l'affaire engendre, sous peine de sanction. Il dispose, en outre, d'un pouvoir de juridiction propre, qui lui permet de statuer sur certaines demandes procédurales [116].

Il faut encore citer le juge aux affaires familiales qui a une compétence devenue très vaste [117]. Ainsi, selon l'article L. 213-3 du Code de l'organisation judiciaire, il connaît :

« 1° De l'homologation judiciaire du changement de régime matrimonial, des demandes relatives au fonctionnement des régimes matrimoniaux et des indivisions entre personnes liées par un pacte civil de solidarité ou entre concubins, de la séparation de biens judiciaire, sous réserve des compétences du président du tribunal de grande instance et du juge des tutelles des majeurs ;

2° Du divorce, de la séparation de corps et de leurs conséquences, de la liquidation et du partage des intérêts patrimoniaux des époux, des personnes liées par un pacte civil de solidarité et des concubins, sauf en cas de décès ou de déclaration d'absence ;

3° Des actions liées : a) À la fixation de l'obligation alimentaire, de la contribution aux charges du mariage ou du pacte civil de solidarité et de la contribution à l'entretien et à l'éducation des enfants ; b) À l'exercice de l'autorité parentale ; c) À la révision de la prestation compensatoire ou de ses modalités de paiement ; d) Au changement de prénom ; e) À la protection à l'encontre du conjoint, du partenaire lié par un pacte civil de solidarité ou du concubin violent ou d'un ancien conjoint, partenaire lié par un pacte civil de solidarité ou concubin violent ; f) À la protection de la personne majeure menacée de mariage forcé ».

Et, depuis le 1er janvier 2010, l'article L. 213-3-1 l'a investi des fonctions de juge des tutelles des mineurs (relevant jusque là du juge des tutelles du tribunal d'instance [118]) ; à ce titre « il connaît : 1° De l'émancipation ; 2° De l'administration légale et de la tutelle des mineurs ; 3° De la tutelle des pupilles de la nation ». Mais il a été dit [119] qu'une circulaire *contra legem* avait fait échec à ce transfert de compétence : c'est toujours le juge des tutelles du tribunal d'instance qui statue… avec la « casquette » de juge aux affaires familiales !

Il y a encore le juge des enfants – qui dispose de compétences pénales – et qui est aussi un juge civil ; à ce titre, il a une compétence en matière d'assistance éducative (C. civ., art. 374-1 et CPC, art. 1181 et s.) : il peut même se saisir d'office quand il apprend que la santé, la sécurité ou la moralité d'un enfant est gravement compromise.

Un juge de l'expropriation – désigné, pour chaque département, parmi les magistrats du siège du tribunal de grande instance – fixe à défaut d'accord amiable, les indemnités d'expropriation (Code de l'expropriation pour cause d'utilité publique, art. L. 13-1).

Un juge-commissaire du tribunal de grande instance joue un rôle important en matière de procédures collectives, comme le juge-commissaire du tribunal de commerce [120].

Enfin, il faut mentionner le juge de l'exécution, dont les fonctions peuvent être exercées par le président lui-même, sachant qu'il peut toujours les déléguer à un ou plusieurs juges (art. L. 213-5). Ce magistrat a une compétence très étendue : il connaît de la plupart des difficultés relatives aux

116. Depuis le 1er mars 2006, certaines de ces décisions ont autorité de la chose jugée, comme celles prises par le tribunal de grande instance lui-même : c'est le cas par exemple de la décision par laquelle il déclare l'instance éteinte.

117. Elle a été élargie par la loi n° 2009-526 du 12 mai 2009 de simplification du droit et de clarification des procédures et par la loi n° 2010-769 du 9 juill. 2010 relative aux violences faites spécifiquement aux femmes, aux violences au sein des couples et aux incidences de ces dernières sur les enfants.

118. V. *infra* n° 326.

119. V. *supra* n° 156, en note ; v. aussi *infra* n° 326.

120. V. *infra* n° 329.

titres exécutoires et des contestations qui s'élèvent à l'occasion de l'exécution forcée, il autorise les mesures conservatoires et connaît des contestations relatives à leur mise en œuvre ; il connaît aussi de la procédure de saisie immobilière, – le tout à condition que le fond du droit relève du juge judiciaire (art. L. 213-6). Depuis le 1er janvier 2010, il a acquis la connaissance des contestations relatives à la procédure de paiement direct, en lieu et place du tribunal d'instance (cf. la nouvelle rédaction de l'article 5 du décret n° 73-216 du 1er mars 1973 pris pour l'application de la loi n° 73-5 du 2 janvier 1973 relative au paiement direct de la pension alimentaire et l'abrogation de l'article R. 221-8 du Code de l'organisation judiciaire). Sa compétence est exclusive [121]. Cependant, la loi Béteille du 22 décembre 2010 [122] organise une répartition du contentieux de l'exécution mobilière entre le tribunal de grande instance et le tribunal d'instance, de sorte qu'il faut maintenant parler du juge de l'exécution du tribunal de grande instance et du « juge de l'exécution du tribunal d'instance » (plus exactement, c'est le juge du tribunal d'instance qui statue en tant que jex). La compétence du premier est donc quelque peu réduite par rapport à la situation antérieure à la loi Béteille [123]. Le projet de loi de répartition du contentieux lui confère en revanche la compétence pour connaître de la procédure permettant de contester le procès-verbal établi par l'administration des douanes elle-même et valant titre exécutoire, en lieu et place du juge d'instance du lieu de rédaction du procès-verbal [124] (Code des douanes, art. 34 bis à venir).

Il est à noter qu'une commission d'indemnisation de certains dommages corporels, « la commission d'indemnisation des victimes d'infractions », fonctionne auprès du tribunal de grande instance : il s'agit d'une commission juridictionnelle – donc d'une juridiction – civile qui est compétente pour statuer sur les demandes d'indemnisation de victimes d'infractions (art. L. 214-1). Depuis le décret n° 2007-1605 du 13 novembre 2007, son président est désigné comme le juge délégué aux victimes (judevi), qui lui, est un juge pénal [125].

324. – Un tribunal collégial. – Sauf disposition contraire, tout jugement est rendu collégialement par des magistrats délibérant en nombre impair et, au moins, à trois. Mais, de plus en plus, le tribunal peut statuer à juge unique (art. L. 212-1 et s.). À l'inverse, le juge aux affaires familiales ou le juge de l'exécution – juges uniques – peuvent renvoyer à la formation collégiale du tribunal de grande instance qui statue comme juge aux affaires familiales (art. L. 213-4) ou comme juge de l'exécution (art. L. 213-7).

2°/ Les compétences spéciales du tribunal d'instance

325. – Les compétences spéciales du tribunal d'instance lui-même. – Leur existence est annoncée par l'article L. 221-5. Le tribunal d'instance dispose de compétences spéciales qui sont très nombreuses, diverses et souvent pointues. Certaines lui sont totalement réservées ; d'autres compétences sont partagées.

121. C'est même une compétence particulièrement protégée (elle est d'ordre public « renforcé ») puisque selon l'article 8 du décret n° 92-755 du 31 juill. 1992 (sur les procédures civiles d'exécutions), modifié par le décret 2008-522 du 2 juin 2008 « tout juge autre que le juge de l'exécution doit relever d'office son incompétence ». Sur le fond, c'était déjà cette solution qui était affirmée auparavant.

122. V. *supra* n° 147.

123. V. *infra* n° 326.

124. Seuls quarante tribunaux d'instance sont actuellement compétents : le tribunal d'instance du 11e arrondissement de Paris (dans le ressort duquel était située la Direction nationale de recherche et d'enquête douanière, DNRED) et les tribunaux d'instance situés dans le ressort de l'une des trente-neuf directions régionales de la douane.

125. V. *infra* n° 351.

325-1. – Les compétences réservées. – Ces compétences peuvent être ordonnées par rapport au taux du ressort, ce qui permet de distinguer trois catégories de compétence :

– le tribunal d'instance est compétent en premier et dernier ressort jusqu'à 4 000 euros et en premier ressort seulement au-delà ou si la demande est indéterminée (art. R. 221-37), en matière de litiges relatifs aux crédits à la consommation [126] (art. R. 221-39) et, depuis le 1er janvier 2010, pour les « actions relatives à l'inscription et à la radiation sur le fichier national recensant les informations sur les incidents de paiement caractérisés liés aux crédits accordés aux personnes physiques pour des besoins non professionnels prévu à l'article L. 333-4 du Code de la consommation » (art. R. 221-39-1) [127] ;

– le tribunal d'instance est compétent à charge d'appel quel que soit le montant de la demande (art. R. 221-3, R. 221-5 à 221-7, R. 221-12 et 13, R. 221-22-1). Par exemple, ces articles prévoient qu'il connaît des actions en bornage, des contestations sur les conditions des funérailles, de l'expulsion des occupants sans droit ni titre des immeubles : depuis le 1er janvier 2010, il ne peut cependant plus connaître des actions tendant à l'expulsion des personnes qui occupent des immeubles, « sans droit ni titre » **que si cette occupation est « aux fins d'habitation » et si les immeubles sont « bâtis »** [128]. Également depuis le 1er janvier 2010, il est exclusivement compétent pour les « contestations relatives au contrat d'engagement entre armateurs et marins dans les conditions prévues par le Code du travail maritime », alors que la juridiction de proximité pouvait autrefois en connaître. En outre, en vertu de l'article R. 162-1 du Code rural et de la pêche maritime, tel qu'issu du décret du 29 décembre 2009, le tribunal d'instance demeure seul compétent pour les difficultés relatives aux travaux prévus par l'article L. 162-2 (travaux nécessaires à l'entretien et à la mise en état de viabilité des chemins et sentiers d'exploitation), alors qu'il partage certaines autres compétences en matière rurale avec le tribunal de grande instance [129]. Enfin, depuis un décret n° 2009-53 du 15 janvier 2009, entré en vigueur le 17 [130], il statue sur les « contestations relatives à l'application des I et II de l'article 1er de la loi n° 66-457 du 2 juillet 1966 relative à l'installation d'antennes réceptrices de radiodiffusion et des décrets n° 67-1171 du 28 décembre 1967 et n° 2009-53 du 15 janvier 2009 pris en application de cette loi » (litiges relatifs aux antennes des immeubles collectifs et au raccordement à un réseau de communications électroniques à très haut débit en fibre optique de ces mêmes immeubles). Des textes de droit substantiel lui donnent aussi des compétences : v. par exemple, l'actuel article 357 *bis* du Code douanes [131] ;

– le tribunal d'instance est compétent en premier et dernier ressort quel que soit le montant de la demande (art. R. 221-23 à 34 et R. 221-36) pour les demandes relatives au contentieux des élections dans les tribunaux de commerce, les conseils de prud'hommes, certaines sociétés,

126. Litiges du chapitre Ier du titre Ier du livre III du Code de la consommation : art. L. 331-1 à 52.

127. Ces actions sont portées « devant le tribunal dans le ressort duquel est situé le domicile du débiteur » (art. R. 221-51-1 du COJ).

128. Ce recentrage autour du logement est dû au fait que, selon le rapport Guinchard, « le critère d'intervention du tribunal d'instance doit se fonder sur cette notion de logement ». En conséquence, si l'immeuble occupé sans titre est un hangar, par exemple, il faut saisir le tribunal d'instance ou le tribunal de grande instance selon le montant de la demande (il s'agit d'une demande indéterminée qui a pour origine l'exécution d'une obligation dont le montant n'excède pas, soit 4 000, soit 10 000 euros).

129. L'article R. 162-1 du Code rural et de la pêche maritime ne précise pas si l'appel est toujours ouvert ou seulement au-delà du taux du ressort, voire s'il est fermé, mais l'article R. 221-14 6° prévoit cette compétence du tribunal d'instance dans la catégorie « à charge d'appel »... mais à partager avec la juridiction de proximité ! Il faut donc en déduire que le tribunal d'instance est seul compétent (le texte nouveau contraire à l'ancien abrogeant celui-ci) et que l'appel est toujours ouvert.

130. Le texte ne comporte pas de dispositions transitoires et a été publié le 16 janv..

131. V. *supra* n° 322. L'actuel article 361 du même code ouvre l'appel quel que soit le montant du litige ; il devrait être abrogé.

etc. [132]. Il connaît aussi des contestations des décisions de certaines commissions administratives relatives à la formation ou à la révision de listes électorales (des chambres d'agriculture, des métiers...), donc en tant que juridiction d'appel de ces commissions. Il faut encore préciser que le tribunal d'instance du 1er arrondissement de Paris est le seul en France à statuer sur le contentieux relatif aux listes électorales consulaires et au vote des Français établis hors de France pour l'élection du président de la République [133].

325-2. – Les compétences partagées. – Il a été dit que certaines compétences sont réparties entre le tribunal d'instance et le tribunal de grande instance selon le « grand taux » de compétence [134]. D'autres compétences sont actuellement partagées par le tribunal d'instance et la juridiction de proximité, en fonction du « petit taux » de compétence. Ainsi :

– selon l'article R. 221-38, « sous réserve de la compétence de la juridiction de proximité en matière de dépôt de garantie prévue à l'article R. 231-4, le tribunal d'instance connaît des actions dont un contrat de louage d'immeubles à usage d'habitation [135] ou un contrat portant sur l'occupation d'un logement est l'objet, la cause ou l'occasion, ainsi que des actions relatives à l'application de la loi n° 48-1360 du 1er septembre 1948 portant modification et codification de la législation relative aux rapports des bailleurs et locataires ou occupants de locaux d'habitation ou à usage professionnel et instituant des allocations de logement » [136]. L'appel est ouvert au-delà du taux du ressort, mais pas en-deçà ;

– aujourd'hui, le tribunal d'instance connaît des demandes d'injonction de payer les créances civiles, lorsqu'elles sont supérieures à 4 000 euros et même à 10 000 euros, et donc toujours à charge d'appel [137]. La juridiction de proximité statue au-dessous de 4 000 euros. Un futur article L. 222-1-1 du Code de l'organisation judiciaire, issu de la loi sur la répartition du contentieux doit disposer que « le juge de proximité peut statuer sur requête en injonction de payer, sauf sur opposition » : c'est la même solution que devant le tribunal de grande instance. De même, c'est sous réserve de la compétence actuelle de la juridiction de proximité qu'il connaît – à charge d'appel – des demandes énumérées aux articles R. 221-11 et 14 à 22, comme « les demandes relatives aux frais, émoluments et débours des auxiliaires de justice et des officiers publics ou ministériels suivant les modalités définies au premier alinéa de l'article 52 du Code de procédure civile », des actions en matière agricole (dommages causés aux champs et cultures... rescision, réduction du prix ou dommages-intérêts pour lésion dans les ventes d'engrais...), « des litiges relatifs à la vente des objets abandonnés chez les hôteliers ou logeurs, dans les garde-meubles ou chez tout dépositaire, des objets confiés à des ouvriers, industriels ou artisans pour être travaillés,

132. Le rapport Guinchard préconisait de réserver ce contentieux à certains tribunaux d'instance et d'ouvrir l'appel contre les décisions en la matière, mais il n'a pas (encore) été suivi.

133. V. l'article 1er de la loi organique n° 76-97 du 31 janv. 1976 relative aux listes électorales consulaires et au vote des Français établis hors de France pour l'élection du président de la République : « tout Français établi hors de France inscrit sur une liste électorale consulaire peut, sur sa demande, exercer son droit de vote à l'étranger pour l'élection du président de la République conformément aux dispositions de la présente loi organique ».

134. V. *supra* n° 322-1.

135. Cette précision résulte du décret du 29 déc. 2009 ; v. n° précédent en note la raison de ce recentrage autour du logement.

136. La matière du bail d'habitation a fait l'objet de nombreuses lois, instaurant chacune un régime locatif différent, d'où une répartition de la compétence en fonction des lois (ce qui n'est pas simple). Cet article R. 231-4 dispose que « la juridiction de proximité connaît, en dernier ressort, jusqu'à la valeur de 4 000 euros, des actions relatives à la restitution du dépôt de garantie prévue à l'article 22 de la loi n° 89-462 du 6 juill. 1989 tendant à améliorer les rapports locatifs et portant modification de la loi n° 86-1290 du 23 déc. 1986 ». Sous cette réserve, il se peut donc que le tribunal d'instance soit saisi de demandes inférieures à 4 000 € pour les baux d'habitation.

137. V. *supra* n° 322-1.

réparés ou mis en garde et des objets confiés à des entrepreneurs de transport et non réclamés, ainsi qu'au paiement des sommes dues à ces différents détenteurs ». Le projet de loi sur la répartition du contentieux prévoit de donner une compétence concurrente au tribunal d'instance et au président du tribunal de grande instance en modifiant la loi du 31 mars 1896 relative à la vente des objets abandonnés ou laissés en gage par les voyageurs aux aubergistes ou hôteliers. L'article R. 221-15 du Code de l'organisation judiciaire, qui ne sera pas modifié, sera donc tacitement abrogé ; avant de l'être expressément – faut-il espérer – par un décret d'application de la loi [138]. Depuis le 1er janvier 2010, il statue sur les « actions entre les transporteurs et les expéditeurs ou les destinataires relatives aux indemnités pour perte, avarie, détournement des colis et bagages, y compris les colis postaux, ou pour retard dans la livraison »... Le décret du 29 décembre 2009 a maintenu une compétence concurrente du tribunal d'instance et de la juridiction de proximité pour statuer sur « des contestations concernant le paiement, la garantie ou le remboursement des créances de toute nature recouvrées par l'administration des douanes et autres affaires de douane » (art. R. 221-18), ce qui était contraire au vœu de la commission Guinchard et va être remis en cause par le projet de loi sur la répartition du contentieux [139].

– le tribunal d'instance est compétent en premier et dernier ressort quel que soit le montant de la demande dans l'hypothèse de l'article R. 221-35 : « sous réserve de la compétence de la juridiction de proximité, le tribunal d'instance connaît des contestations relatives à l'exercice de la servitude de débroussaillement en bordure des voies ferrées prévue par l'article L. 322-8 du Code forestier et au règlement des indemnités ». Or, cela a été dit [140], le projet de loi sur la répartition du contentieux prévoit de modifier l'article L. 322-8 du Code forestier pour partager cette compétence entre le tribunal de grande instance et le tribunal d'instance. Il faut encore en déduire que le texte de valeur réglementaire est tacitement abrogé, avant abrogation expresse par un décret d'application. Et la question se pose se savoir si l'appel sera ouvert devant le tribunal de grande instance.

326. – Les compétences du juge d'instance. – Le juge d'instance joue un rôle fondamental sur le plan familial, en qualité de juge des tutelles (art. L. 221-3) : il connaît du placement sous sauvegarde de justice, de la curatelle et de la tutelle des incapables majeurs... (art. R. 221-9) ; en vertu d'une circulaire *contra legem*, il continue de connaître, en tant que juge aux affaires familiales de l'émancipation, de l'administration légale et de la tutelle des mineurs [141]. De même, c'est lui qui est juge des référés et des requêtes, puisqu'il n'y a pas de président : en effet, le tribunal d'instance est une juridiction qui statue à juge unique (art. R. 221-41) [142].

Telle qu'elle ressort de la loi Béteille, la compétence du (futur) juge de l'exécution mobilier ou du juge d'instance statuant en tant que jex est considérablement réduite par rapport à ce que préconisait la commission Guinchard et à ce que prévoyait la proposition de loi. Au lieu de recevoir tout le contentieux de l'exécution mobilière, il ne devient compétent que pour le traitement des situations de surendettement des particuliers et de procédure de rétablissement personnel et le contentieux relatif à la saisie des rémunérations. Ce sont les nouveaux

138. Selon l'article 10 du projet de loi, « le premier alinéa de l'article 2 est ainsi rédigé : "le dépositaire peut présenter au juge du tribunal d'instance ou au président du tribunal de grande instance, selon la valeur des effets mobiliers laissés en gage ou abandonnés, une requête qui énonce les faits, désigne les objets et en donne une évaluation approximative. La demande est portée devant la juridiction dans le ressort de laquelle sont situés les biens" ».

139. V. *supra* n° 322.

140. V. *supra* n° 322.

141. V. *supra* n° 156, en note et 323.

142. Remarque : l'usage fait cependant que l'on appelle « président » chaque juge qui préside son audience.

articles L. 221-8 et L. 221-8-1 du Code de l'organisation judiciaire qui le prévoient [143]. Un décret d'application n° 2011-741 du 28 juin 2011 a été pris pour le transfert du contentieux du surendettement au juge de l'exécution au juge du tribunal d'instance [144].

Il faut également noter qu'il existe des règles particulières pour l'Alsace-Moselle (COJ, art. L. 215-1 et s. et R. 223-1 et s.).

Il faut enfin signaler que le tribunal d'instance dispose d'attributions extra-judiciaires. C'est au titre de celles-ci que, par exemple, il reçoit le serment des experts non assermentés [145] commis par les juridictions civiles et pénales de son ressort (art. R. 221-43).

3°/ Les compétences spéciales de la juridiction de proximité

327. – Des compétences limitées et en sursis. – Selon l'article L. 231-1, alinéa 3, la juridiction de proximité connaît – dans les limites de sa compétence de principe – « en vue de lui donner force exécutoire, de la demande d'homologation du constat d'accord formée par les parties, à l'issue d'une tentative préalable de conciliation », ce qui rend plus efficace le travail des conciliateurs de justice [146].

Elle est compétente en matière d'injonction de payer les créances civiles qui ne dépassent pas 4 000 euros et dans les matières qu'elle partage avec le tribunal d'instance, en fonction du « petit taux » de compétence [147].

Il faut remarquer que le juge de proximité ne statue pas en référé ou sur requête : le cas échéant, c'est le juge d'instance qui sera appelé à rendre une telle ordonnance.

La juridiction de proximité statue à juge unique (art. L. 232-1).

327-1. – La disparition de la juridiction de proximité et le maintien des juges de proximité. – Le projet de loi de répartition des contentieux prévoit donc de supprimer les juridictions de proximité, mais de conserver les juges en leur conférant diverses fonctions civiles au sein du tribunal de grande instance et du tribunal d'instance [148]. En effet, aujourd'hui comme demain, ces juges ne sont pas des magistrats de carrière, ils sont recrutés au sein de la société civile et non dans le corps de la magistrature [149]. En tant que membres appelés à siéger

---

143. V. *supra* n°s 147 et 323.

144. Le transfert des affaires en cours sera progressif du 1er sept. 2011 au 1er mars 2012. Sauf une réserve (en matière d'exécution provisoire), la procédure devant le juge du tribunal d'instance sera la même que celle qui était suivie devant le juge de l'exécution. V. C. Bléry, « Transfert du contentieux du surendettement », *JCP* G 2011, 807.

145. C'est-à-dire non inscrits sur une liste nationale ou régionale et ayant prêté serment une fois pour toutes : cf. *infra* n° 384.

146. Cf. *infra* n° 386.

147. Sur ces matières, v. n° 325.

148. V. *supra* n° 321, 322-1 et 325-2.

149. Selon l'article 41-17 de l'ordonnance n° 58-1270 du 22 déc. 1958, issu de la loi organique n° 2003-153 du 26 févr. 2003, « peuvent être nommés juges de proximité, pour exercer une part limitée des fonctions des magistrats des juridictions judiciaires de première instance » – ce sont des vacataires -, s'ils sont de nationalité française et aptes physiquement, « 1° Les anciens magistrats de l'ordre judiciaire et de l'ordre administratif ; 2° Les personnes, âgées de trente-cinq ans au moins, que leur compétence et leur expérience qualifient pour exercer ces fonctions. Ces personnes doivent soit remplir les conditions fixées au 1° de l'article 16 [être titulaires de certains diplômes : maîtrise, M1... français ou de l'Union européenne], soit être membres ou anciens membres des professions libérales juridiques et judiciaires soumises à un statut législatif ou réglementaire ou dont le titre est protégé. Elles doivent, en outre, justifier de quatre années au moins d'exercice professionnel dans le domaine juridique ; 3° Les personnes justifiant de vingt-cinq années au moins d'activité dans des fonctions impliquant des responsabilités de direction ou d'encadrement dans le domaine juridique, les qualifiant pour l'exercice des fonctions judiciaires ; 4° Les anciens fonctionnaires des services judiciaires des catégories A et B, que leur expérience qualifie pour l'exercice des fonctions judiciaires ; 5° Les conciliateurs de justice ayant exercé leurs fonctions pendant au moins cinq ans ». Et selon l'article 41-19, alinéa 1er, « les juges de proximité sont nommés pour une durée de sept ans non renouvelable, dans les formes prévues pour les magistrats du siège ».

dans la formation collégiale du tribunal de grande instance, il est prévu qu'ils puissent également procéder à certaines mesures d'instruction, à savoir se transporter sur les lieux à l'occasion des vérifications personnelles du juge, entendre les parties à l'occasion de leur comparution personnelle et entendre les témoins à l'occasion d'une enquête (art. L. 212-3, al. 3, 2°, à venir).

II. Les autres juridictions d'exception

328. – Des juridictions nombreuses. – Ce sont principalement le tribunal de commerce (A) et le conseil de prud'homme (B). Existent cependant en plus le tribunal paritaire des baux ruraux, qui statue en matière de bail rural [150] et les deux juridictions relatives à la sécurité sociale qui correspondent aux deux sortes de contentieux engendré par la matière, à savoir le tribunal des affaires de sécurité sociale compétent pour le contentieux général [151] et le tribunal du contentieux de l'incapacité qui connaît du contentieux technique. L'appel des décisions rendues par le tribunal paritaire des baux ruraux et par le tribunal des affaires de sécurité sociale est porté devant une chambre sociale de la cour d'appel, à condition que l'affaire soit supérieure au taux du ressort (4 000 euros) ; en revanche, pour l'appel des décisions du tribunal du contentieux de l'incapacité, la compétence appartient à la Cour nationale de l'incapacité et de la tarification de l'assurance des accidents du travail [152].

A. La compétence du tribunal de commerce

329. – Un tribunal pour les commerçants. – L'autonomie relative du droit commercial par rapport au droit civil a provoqué la création des tribunaux de commerce (le premier tribunal de commerce de France fut créé à Toulouse en 1549). C'est donc la nature, le caractère des litiges qui délimitent la compétence du tribunal de commerce. La valeur des intérêts en cause joue pour l'appel, celui-ci n'étant ouvert que pour les affaires supérieures à 4 000 euros (C. com., art. R. 721-6). Le tribunal de commerce – qui, sauf exception, statue collégialement (art. L. 722-1) – dispose d'une compétence en tant que tel, mais des juridictions spécialisées en son sein ont également certaines attributions. Pour ce qui est de la compétence territoriale, ce sont les articles 42 et suivants du Code de procédure civile qui la régissent [153], avec des règles dérogatoires, en particulier en matière de procédures collectives.

Les tribunaux de commerce sont compétents pour juger, en première instance, les affaires commerciales (C. com., art. L. 721-3 à 6), c'est-à-dire essentiellement les affaires relatives

150. Par un tel bail, le propriétaire d'une terre – le « bailleur » – loue celle-ci à un fermier ou à un métayer – le « preneur » – qui l'exploitera à son profit moyennant une redevance versée au bailleur (art. L. 411-1 et s. du Code rural et de la pêche maritime). Le tribunal paritaire des baux ruraux est régi par les articles L. 491-1 et s. et R. 491-1 et s.

151. C'est-à-dire le contentieux des questions juridiques qui opposent les organismes de sécurité sociale à leurs usagers (cotisations, prestations, assujettissement, etc.). V. les articles L. 142-1 et s. et R. 142-1 et s. du Code de la sécurité sociale.

152. V. *infra* n° 333.

153. V. spécialement l'article 48, qui permet de stipuler une clause dérogeant aux règles de compétence territoriale, seulement si elle a « été convenue entre des personnes ayant toutes contracté en qualité de commerçant » et si elle a « été spécifiée de façon très apparente dans l'engagement de la partie à qui elle est opposée » ; autrement dit, une telle clause attributive de compétence (ou de juridiction) est nulle dans un acte mixte (v. note suivante).

aux actes de commerce (achat de marchandises pour les revendre, lettres de change, opérations de banque, engagements nés à l'occasion du commerce) [154], les contestations relatives aux engagements entre commerçants, entre établissements de crédit ou entre eux, les litiges concernant les sociétés commerciales [155] et surtout les incidents relatifs aux difficultés des entreprises qui exercent une activité commerciale ou artisanale – le tribunal de grande instance étant compétent dans les autres cas [156] –, ceci par l'ouverture d'une procédure collective adaptée à la gravité de la situation : sauvegarde [157], redressement judiciaire [158] ou liquidation judiciaire [159] (art. L. 621-1 et R. 621-1 et s., L. 631-1 et R. 631-1 et s. et L. 641-1 et R. 641-1 et s.) [160].

Le président du tribunal de commerce a des attributions qui sont comparables à celles du président du tribunal de grande instance. Il est juge des référés et des requêtes. C'est également au président du tribunal de commerce, et à lui seul, que s'adresse un créancier pour mettre en œuvre la procédure d'injonction de payer les créances commerciales, quel que soit leur montant, donc. En outre, il est compétent pour nommer un mandataire *ad hoc* [161] ou un

---

154. Si un acte est passé entre un commerçant et un non commerçant, il est dit mixte. Si le défendeur est le non commerçant, seul les juridictions civiles sont compétentes ; si c'est le demandeur qui n'est pas commerçant, il a le choix d'attraire le commerçant devant la juridiction consulaire ou civile.

155. En revanche, « ne sont pas de la compétence des tribunaux de commerce les actions intentées contre un propriétaire, cultivateur ou vigneron, pour vente de denrées provenant de son cru, ni les actions intentées contre un commerçant, pour paiement de denrées et marchandises achetées pour son usage particulier » (art. L. 721-6, al. 1er).

156. V. *supra* n° 322.

157. V. les articles L. 620-1, alinéa 1er : « il est institué une procédure de sauvegarde ouverte sur demande d'un débiteur mentionné à l'article L. 620-2 qui, sans être en cessation des paiements, justifie de difficultés qu'il n'est pas en mesure de surmonter. Cette procédure est destinée à faciliter la réorganisation de l'entreprise afin de permettre la poursuite de l'activité économique, le maintien de l'emploi et l'apurement du passif », L. 620-2, alinéa 1er : « la procédure de sauvegarde est applicable à toute personne exerçant une activité commerciale ou artisanale, à tout agriculteur, à toute autre personne physique exerçant une activité professionnelle indépendante, y compris une profession libérale soumise à un statut législatif ou réglementaire ou dont le titre est protégé, ainsi qu'à toute personne morale de droit privé » et L. 621-2, alinéa 1er : « le tribunal compétent est le tribunal de commerce si le débiteur exerce une activité commerciale ou artisanale. Le tribunal de grande instance est compétent dans les autres cas ».

158. V. les articles L. 631-1, alinéa 1er : « il est institué une procédure de redressement judiciaire ouverte à tout débiteur mentionné aux articles L. 631-2 [...] qui, dans l'impossibilité de faire face au passif exigible avec son actif disponible, est en cessation des paiements. [...] et alinéa 2 : « la procédure de redressement judiciaire est destinée à permettre la poursuite de l'activité de l'entreprise, le maintien de l'emploi et l'apurement du passif. [...] » et L. 631-2, alinéa 1er : « la procédure de redressement judiciaire est applicable à toute personne exerçant une activité commerciale ou artisanale, à tout agriculteur, à toute autre personne physique exerçant une activité professionnelle indépendante y compris une profession libérale soumise à un statut législatif ou réglementaire ou dont le titre est protégé, ainsi qu'à toute personne morale de droit privé » – la répartition des compétences se faisant comme en matière de sauvegarde (art. L. 631-7).

159. V. les articles L. 640-1, alinéa 1er : « il est institué une procédure de liquidation judiciaire ouverte à tout débiteur mentionné à l'article L. 640-2 en cessation des paiements et dont le redressement est manifestement impossible » et alinéa 2 : « la procédure de liquidation judiciaire est destinée à mettre fin à l'activité de l'entreprise ou à réaliser le patrimoine du débiteur par une cession globale ou séparée de ses droits et de ses biens » et L. 640-2 « la procédure de liquidation judiciaire est applicable à toute personne exerçant une activité commerciale ou artisanale, à tout agriculteur, à toute autre personne physique exerçant une activité professionnelle indépendante y compris une profession libérale soumise à un statut législatif ou réglementaire ou dont le titre est protégé, ainsi qu'à toute personne morale de droit privé ». Là encore, la répartition des compétences se fait comme en matière de sauvegarde (art. L. 641-1).

160. La loi n° 2005-845 du 26 juill. 2005 de sauvegarde des entreprises a profondément modifié les procédures (*JO* du 27, entrée en vigueur pour l'essentiel de ses dispositions au 1er janv. 2006). Un décret du 30 déc. 2005 (même date d'entrée en vigueur) a prévu une certaine spécialisation géographique des tribunaux compétents. Depuis lors, des ajustements ont été apportés par des textes : ordonnance n° 2008-1345 du 18 déc. 2008, décret n° 2009-160 du 12 févr. 2009, ordonnance n° 2010-1512 du 9 déc. 2010 portant adaptation du droit des entreprises en difficulté et des procédures de traitement des situations de surendettement à l'entrepreneur individuel à responsabilité limitée.

161. Selon l'article L. 611-3, alinéa 1er, « le président du tribunal peut, à la demande d'un débiteur, désigner un mandataire *ad hoc* dont il détermine la mission. [...] et 2 : « le tribunal compétent est le tribunal de commerce si le débiteur exerce une activité commerciale ou artisanale et le tribunal de grande instance dans les autres cas ». Cette désignation peut être nécessaire du fait de difficultés propres à compromettre la continuité de l'exploitation de l'entreprise.

conciliateur [162] dans le cadre de la prévention des difficultés des débiteurs exerçant une activité commerciale ou artisanale (art. L. 611-1 et R. 611-1 et s.).

De plus, un juge du tribunal de commerce est juge-commissaire, qui joue un rôle important en matière de procédures collectives [163] : il est nommé par le tribunal dès l'ouverture de la procédure, il veille au bon déroulement de celle-ci et à la protection des intérêts en présence (art. L. 621-9), il autorise certains actes (licenciements, transactions...) et ordonne ou autorise les actes de liquidation.

Le juge rapporteur joue un rôle et a des pouvoirs qui ressemblent à ceux du juge de la mise en état ; ses pouvoirs sont cependant plus réduits que ceux du magistrat instructeur du tribunal de grande instance.

330. – Un tribunal de commerçants. – La grande originalité du tribunal de commerce est d'être composé exclusivement de juges qui sont des commerçants, élus par leurs pairs, à deux degrés (art. L. 723-1 et s.). Il a plusieurs fois été proposé d'introduire la mixité au sein des tribunaux de commerce, à l'image de ce qui existe déjà en Alsace-Moselle, dans les départements d'outre-mer et certaines collectivités d'outre-mer : dans les trois départements alsaciens-mosellans, les litiges commerciaux sont portés devant la chambre commerciale de l'un des sept tribunaux de grande instance – elle est présidée par un magistrat de ce tribunal qui siège avec deux assesseurs commerçants élus (C. com., art. L. 731-1 à L. 731-4 et R. 731-1 à R. 731-5) ; dans les départements d'outre-mer – y compris Mayotte [164] – et en Polynésie française et Nouvelle-Calédonie, les juridictions consulaires – les tribunaux mixtes de commerce – ont une composition échevinale, en ce sens qu'elles siègent sous la présidence d'un magistrat de carrière, seuls les assesseurs étant commerçants. La profession est très hostile à une telle modification et le dernier projet en date, prévoyant la mixité uniquement pour juger les procédures collectives, a été abandonné en novembre 2002. Cela pourrait pourtant être une bonne solution, les matières dont connaît le tribunal de commerce étant très techniques.

Le statut des juges consulaires est très différent de celui des magistrats de carrière : en particulier, l'activité judiciaire est exercée bénévolement (art. L. 722-16). Toutefois, désormais, ces magistrats élus reçoivent une formation appropriée à l'École nationale de la magistrature.

Rappel [165] : si, en considération de la faiblesse du corps électoral, le tribunal de commerce ne peut être élu, alors sa compétence d'attribution fait retour au tribunal de grande instance statuant commercialement (tel est le cas, par exemple, du tribunal de Mende).

---

162. Selon l'article L. 611-4, « il est institué, devant le tribunal de commerce, une procédure de conciliation dont peuvent bénéficier les débiteurs exerçant une activité commerciale ou artisanale qui éprouvent une difficulté juridique, économique ou financière, avérée ou prévisible, et ne se trouvent pas en cessation des paiements depuis plus de quarante-cinq jours ». Et l'article L. 611-5, alinéa 2, dispose que « la procédure de conciliation est applicable, dans les mêmes conditions, aux personnes morales de droit privé et aux personnes physiques exerçant une activité professionnelle indépendante, y compris une profession libérale soumise à un statut législatif ou réglementaire ou dont le titre est protégé. Pour l'application du présent article, le tribunal de grande instance est compétent et son président exerce les mêmes pouvoirs que ceux attribués au président du tribunal de commerce ». En revanche, selon l'alinéa 2, « la procédure de conciliation n'est pas applicable aux agriculteurs qui bénéficient de la procédure prévue aux articles L. 351-1 à L. 351-7 du Code rural et de la pêche maritime » : pour cette procédure distincte, c'est le président du tribunal de grande instance qui est compétent.

163. V. *supra* n° 323 : c'est un juge du tribunal de grande instance qui statue lorsque l'activité n'est ni commerciale ni artisanale.

164. Depuis le 1er avr. 2011, ce n'est plus le tribunal de première instance de Mamoudzou qui exerce la compétence commerciale, mais le nouveau tribunal créé par l'ordonnance n° 2011-337 du 29 mars 2011 modifiant l'organisation judiciaire dans le Département de Mayotte et le décret n° 2011-338 du 29 mars 2011 portant modification de l'organisation judiciaire dans le Département de Mayotte (art. 6 et 18).

165. Cf *supra* n° 322. Attention : dans ce dernier cas, c'est bien le tribunal de droit commun qui reprend sa compétence la plus étendue et ce n'est pas, comme en Alsace-Moselle, un tribunal échevinė.

B. La compétence du conseil de prud'hommes [166]

331. – Un tribunal pour les employeurs et les salariés. – La compétence – qui est exclusive – est limitée aux litiges qui sont nés à l'occasion d'un contrat de travail ou d'apprentissage. Autant dire que la profession importe peu du moment que le litige est individuel, c'est-à-dire qu'il oppose un employeur déterminé à un salarié déterminé (les conflits collectifs nés d'un contrat de travail sont soumis au tribunal de grande instance ou donnent lieu à des procédures spéciales, comme la conciliation, la médiation ou l'arbitrage). Cependant, pour tenir compte de la diversité des activités professionnelles, le conseil de prud'hommes est divisé en cinq « sections » : la section de l'encadrement, la section de l'industrie, la section du commerce et des services commerciaux, la section de l'agriculture et la section des activités diverses. Attention : chaque section constituant une juridiction à part entière, la section de l'agriculture, par exemple, serait incompétente pour statuer sur un litige opposant un employé commerçant à son employeur.

Peu importe le montant de la demande ; autrement dit, le conseil de prud'hommes est compétent quel que soit le montant de la demande. En revanche, l'affaire ne sera susceptible d'appel que si elle est supérieure au taux du ressort, à savoir 4 000 euros.

À noter que l'instance prud'homale se divise obligatoirement en deux phases : toute demande est d'abord portée devant le bureau de conciliation [167] (les parties doivent s'y présenter en personne) ; ce n'est qu'en cas d'échec de la tentative de conciliation que l'affaire est examinée par le bureau de jugement (en pratique, dans plus de 90 % des cas).

332. – Un tribunal d'employeurs et de salariés. – Les conseils de prud'hommes sont des juridictions paritaires, chaque section comprenant au moins un bureau de conciliation, avec un conseiller prud'homme employeur et un conseiller prud'homme salarié, et un bureau de jugement, avec deux conseillers de chaque collège. De plus, une formation de référé, commune à l'ensemble des sections, est composée d'un conseiller prud'homme salarié et d'un conseiller prud'homme employeur, désignés chaque année par l'assemblée générale. En cas de partage égal des voix, l'affaire devra donc être renvoyée dans le plus bref délai devant le même bureau de conciliation, de jugement ou devant la même formation de référé, présidé cette fois par un juge du tribunal d'instance dans le ressort duquel est situé le conseil de prud'hommes (C. trav., art. L. 1454-2) et non pas par le président du conseil de prud'hommes, dépourvu d'attributions juridictionnelles propres. Ce juge départiteur se ralliera à l'une des deux solutions en présence ou suggérera une troisième. C'est là une tâche complexe, de telle sorte que le projet de loi de répartition du contentieux, pour suivre une préconisation du rapport Guinchard, prévoit une spécialisation en matière de départition prud'homale : un alinéa doit être ajouté à l'article L. 1454-2, selon lequel « en cas de pluralité de conseils de prud'hommes dans le ressort d'un tribunal de grande instance, le premier président de la cour d'appel peut, si l'activité le justifie, désigner les juges du tribunal d'instance dans le ressort duquel est situé le siège du tribunal de grande instance » ; ce sont ces juges désignés qui présideront l'audience de départage.

166. Précision orthographique : il s'agit du conseil *de* prud'hommes et non (comme il est souvent écrit) le conseil *des* prud'hommes. Le terme signifie des « hommes sages, prudents » et l'adjectif « prud'homal » ne prend qu'un « m ».

167. En plus de sa mission de tenter une conciliation préalable entre les parties, il peut prendre certaines décisions provisoires importantes : par exemple, ordonner le versement d'une provision ou la remise sous astreinte d'un certificat de travail ou d'un bulletin de paye.

Dans certaines collectivités d'outre-mer (Polynésie française, Nouvelle-Calédonie, Wallis-et-Futuna) et à Mayotte [168], ce sont des tribunaux du travail qui statuent en la matière ; ils sont échevinés, comportant un président – magistrat du tribunal de première instance –, deux assesseurs employeurs et deux assesseurs salariés.

Les conseillers prud'homaux sont élus directement, à la représentation proportionnelle au sein de chaque collège. Les conseillers continuent d'exercer une activité professionnelle pendant leur mandat.

§ 2 : La compétence de la juridiction du second degré : la cour d'appel

333. – La compétence de la cour elle-même. – Pour permettre le respect du principe du double degré de juridiction, il y a un deuxième étage de juridictions. La cour d'appel est la seule juridiction du second degré appelée à statuer sur appel des décisions des juridictions de son ressort [169]... enfin presque, car il y a trois réserves en matière civile : 1° pour ce qui est du contentieux technique de la sécurité sociale, en appel, la compétence appartient à la Cour nationale de l'incapacité et de la tarification de l'assurance des accidents du travail – c'est une juridiction d'exception au second degré qui siège à Amiens ; 2° le tribunal de grande instance est compétent pour connaître des recours contre les décisions du tribunal d'instance en matière de titres perdus ou volés [170] (COJ, art. L. 211-5) ; 3° le recours contre certaines ordonnances du juge-commissaire est porté devant le tribunal, c'est-à-dire le tribunal de commerce ou le tribunal de grande instance selon que le débiteur exerce – ou non – une activité commerciale ou artisanale (C. com., art. R. 611-20, 611-26, R. 621-1, R. 631-16, R. 641-1, R. 644-3 [171]), ce juge ne peut alors siéger dans la formation collégiale statuant sur le recours (art. R. 621-22). Mais si la cour d'appel est saisie à tort d'un appel, elle est quand même compétente pour rejuger l'affaire – en suivant les règles du Code de procédure civile – parce qu'elle a plénitude de juridiction : en effet si, selon l'article L. 311-1, alinéa 1er du Code l'organisation judiciaire, « la cour d'appel connaît, sous réserve des compétences attribuées à d'autres juridictions, des décisions judiciaires, civiles et pénales, rendues en premier ressort », sa compétence peut être étendue.

Il existe des règles particulières pour l'Alsace-Moselle (COJ, art. L. 313-1 et 2 et D. 313-1 et s. [172]). À Saint-Pierre-et-Miquelon, c'est un tribunal supérieur d'appel qui est juridiction d'appel (art. L. 513-6 et R. 517-7 et s.) ; c'était aussi le cas à Mayotte, mais depuis le 1er avril 2011, c'est une chambre détachée de la cour d'appel de Saint-Denis de la Réunion qui exerce ce rôle [173].

Rappel : l'appel est exclu pour les affaires ne dépassant pas le taux du ressort. Ce système a des avantages : simplicité, garanties de bonne justice puisque l'appel est porté désormais

168. Il va être remplacé par un conseil de prud'hommes, au plus tard le 31 déc. 2015 : v. le décret le décret n° 2011-338 du 29 mars 2011 portant modification de l'organisation judiciaire dans le Département de Mayotte (art. 9 et 18).

169. V. art. R. 311-3 : « sauf disposition particulière, la cour d'appel connaît de l'appel des jugements des juridictions situées dans son ressort ».

170. Dans les conditions prévues à l'article 11 du décret n° 56-27 du 11 janv. 1956 relatif à la procédure à suivre en cas de dépossession de titres au porteur.

171. L'appel d'autres ordonnances est en revanche porté devant la cour d'appel (par exemple, art. R. 642-37-1 ou 3).

172. Il résulte de ces textes que la cour d'appel de Colmar exerce les fonctions de tribunal d'appel pour la navigation du Rhin et de la Moselle.

173. V. l'ordonnance n° 2011-337 du 29 mars 2011 modifiant l'organisation judiciaire dans le Département de Mayotte (abrogeant la partie législative du titre II du livre V du Code de l'organisation judiciaire, relatif à Mayotte) et le décret n° 2011-338 du 29 mars 2011 portant modification de l'organisation judiciaire dans le Département de Mayotte (art. 1er et 18).

devant une juridiction qui dans la hiérarchie judiciaire occupe un rang très élevé : les « conseillers » de la cour d'appel [174] sont des magistrats d'expérience. Il a aussi des inconvénients : encombrement des cours d'appel, difficultés dues à la technicité de certains contentieux (par exemple en matière de baux ruraux et de sécurité sociale) et nécessité corrélative de créer, dans chaque cour d'appel, une chambre composée de conseillers spécialement qualifiés en matière sociale, et que l'on appelle précisément la « chambre sociale » (COJ, art. R. 311-6). De même, une « chambre des mineurs » (art. R. 311-7) – où siège obligatoirement un conseiller « délégué à la protection de l'enfance » (art. L. 312-6) – est compétente pour les appels des décisions du juge des enfants en matière d'assistance éducative [175]. Il y a aussi une chambre de l'expropriation, composée d'un président – conseiller de la cour d'appel – et, sauf impossibilité de deux assesseurs juges de l'expropriation (COJ, art. L. 312-5, Code de l'expropriation pour cause d'utilité publique, art. R. 13-5 et 6).

Attention : la chambre sociale – comme la chambre des mineurs et la chambre de l'expropriation – est une simple formation de la cour : elle ne constitue pas une juridiction autonome [176].

Il faut aussi noter que la cour d'appel a des compétences particulières (art. L. 311-1 à 6). Par exemple, elle « connaît des contestations relatives à l'élection du président du tribunal de commerce dans les conditions prévues par le Code de commerce » (art. L. 311-2) [177] « en ce qui concerne les avocats », « 1° des contestations relatives aux élections au conseil de l'ordre et à l'élection du bâtonnier de l'ordre » ou « 2° des recours contre les décisions ou délibérations du conseil de l'ordre » (art. L. 311-3)... dans ces cas, la cour d'appel statue comme juge de premier et dernier ressort [178].

En outre des compétences sont particulières à certaines cours d'appel (art. L. 311-10 à 14). Par exemple, selon l'article L. 311-10, « des cours d'appel spécialement désignées connaissent des recours contre les décisions du directeur de l'Institut national de la propriété industrielle dans les cas et conditions prévus par le Code de la propriété intellectuelle » (elles sont au nombre de neuf : art. D. 311-8) ou encore selon l'article L. 311-11, « une cour d'appel spécialement désignée connaît des recours contre : 1° les décisions du Conseil de la concurrence, dans les cas et conditions prévus par le Code de commerce » ou « 2° les décisions de portée individuelle de l'Autorité des marchés financiers, dans les cas et conditions prévus par le Code monétaire et financier » (c'est alors celle de Paris : art. D. 311-9). Dans ces cas aussi, elle statue en premier et dernier ressort...

Enfin, il faut indiquer que la cour d'appel statue en formation collégiale, avec au moins trois magistrats (art. L. 312-1 et 2, al. 1er et R. 312-7).

334. – La compétence des juridictions spécialisées au sein de la cour. – D'une part, le premier président [179] juge les affaires qui sont soumises à sa chambre (généralement la

174. Les termes de « cour » et de « conseiller » remontent à l'Ancien droit. La cour n'était autre que celle du roi, source de toute justice qu'il devait à ses sujets. Les conseillers étaient donc ceux qui assistaient le roi dans cet acte capital de sa fonction (justice retenue). Mais dès le Moyen Âge, le roi les laisse dans une entière liberté de rendre justice en son nom.

175. Cette chambre civile, puisqu'il est ici question d'assistance éducative, a aussi un rôle en matière répressive : cf. *infra* n° 355.

176. En revanche, au pénal, la chambre de l'instruction est une juridiction autonome : sur celle-ci, v. *infra* n° 340.

177. Cette disposition ne s'applique évidemment pas dans les collectivités d'outre-mer (au sens large) ou en Alsace-Moselle, le président étant un magistrat de carrière, non élu.

178. *Adde* S. Guinchard, G. Montagnier, A. Varinard et T. Debard, *Institutions juridictionnelles*, préc., n° 407.

179. *Premier* président car dans une cour, il y a de nombreux présidents : un par chambre. Le premier président est donc le président de la cour elle-même et non simplement d'une chambre. Dans le langage du palais, on parle volontiers (le terme n'est ni discourtois, ni familier) du « premier ».

première). D'autre part, il exerce des fonctions juridictionnelles propres : en particulier, le premier président a compétence pour arrêter ou octroyer l'exécution provisoire en cas d'appel, conformément au Code de procédure civile (art. 524 et s., 957 [180]) ou pour statuer sur le recours contre la décision du bâtonnier prise sur contestation des honoraires d'avocat (art. L. 311-7 1° et 2°) ; il peut prescrire toutes les mesures urgentes qui s'imposent, soit par ordonnance de référé (CPC, art. 956), soit par ordonnance sur requête si les circonstances exigent que la mesure ne soit pas prise contradictoirement (art. 958) [181]. Il a aussi le pouvoir d'accorder réparation à la personne relaxée ou acquittée qui a fait l'objet d'une détention provisoire – ce faisant il statue en tant que juridiction civile (COJ, art. L. 311-7 3°).

Un conseiller de la mise en état (dans la procédure avec représentation obligatoire : CPC, art. 901 et s.) ou un conseiller rapporteur (dans la procédure sans représentation obligatoire : art. 931 et s.) joue le même rôle que le juge de la mise en état en première instance. Ses pouvoirs ont été renforcés par les décrets n° 2009-1524 du 9 décembre 2009 relatif à la procédure d'appel avec représentation obligatoire en matière civile et n° 2010-1647 du 28 décembre 2010 modifiant la procédure d'appel avec représentation obligatoire en matière civile [182]...

Sous-section 2 : Les juridictions répressives ou pénales

335. – La diversité des infractions et des juridictions. – La loi répartit les infractions pénales en trois catégories, selon la gravité des peines encourues (C. pén., art. 111-1). Les moins graves sont les contraventions, lorsque le fait est punissable d'une amende n'excédant pas 1 500 euros (3 000 en cas de récidive) en principe pour les personnes physiques, et le quintuple de ce montant pour les personnes morales (art. 131-12 et s., 131-40 et s.). Les peines complémentaires sont, par exemple, la suspension du permis de conduire, la confiscation d'une chose ayant servi à commettre l'infraction ou en étant le produit... ; ces contraventions se subdivisent elles-mêmes en cinq classes. Plus graves sont les délits correctionnels : les peines correctionnelles encourues par les personnes physiques sont l'emprisonnement (dix ans au plus), l'amende (supérieure ou égale à 3 750 euros), le jour-amende, le stage de citoyenneté, le travail d'intérêt général, des peines privatives ou restrictives de droits, et des peines complémentaires. Pour les personnes morales, les peines applicables sont, d'une part, l'amende, dont le taux maximum est égal au quintuple de celui prévu pour les personnes physiques, d'autre part, dans les cas prévus par la loi, certaines peines privatives ou restrictives de droits. Et enfin les crimes qui sont des infractions de droit commun ou des infractions politiques, sanctionnées, pour les personnes physiques, de la réclusion ou de la détention à perpétuité ou à temps (dix ans au moins), voire d'une peine d'amende et de peines complémentaires, et, pour les personnes morales, de l'amende et, dans les cas prévus par la loi, de peines privatives ou restrictives de droits (C. pén., art. 131-1 et s., 131-37 et s.).

180. Le premier président est seul compétent pour arrêter l'exécution provisoire ordonnée ou de droit ; en revanche, une fois le conseiller de la mise en état nommé et jusqu'à son déssaisissement, c'est lui qui l'octroie.

181. *Adde*, art. R. 311-4 du COJ. Attention : il n'exerce ce pouvoir que dans les affaires dont la cour est saisie par un appel et il n'est pas juge d'appel des ordonnances de référé rendues par le président d'une juridiction de première instance, les appels de référé étant portés devant la cour elle-même. En outre lorsque un conseiller de la mise en état est désigné, c'est lui qui est juge des référés, à l'exclusion des requêtes.

182. Pour tenir compte du rapport de M. J.-C. Magendie « Célérité et qualité de la justice en appel » : v. *supra* n° 301, en note.

336. – L'originalité de la matière pénale. – En matière civile, l'instruction est une phase à part entière du procès, elle est nécessairement suivie, sauf exception (désistement, par exemple), par un jugement. En effet il faut nécessairement trancher entre les intérêts privés en présence. La mise en état est menée par un juge spécialement nommé à cet effet ou par le tribunal lui-même, mais aussi – principalement – par les parties [183]. En matière pénale, la phase de l'instruction est nettement plus distincte de celle du jugement. Les juridictions de l'instruction ont pour rôle de rechercher la vérité, à savoir d'établir l'identité de l'auteur de l'infraction si celle-ci est inconnue et surtout de déterminer si les charges sont suffisantes contre la personne poursuivie – celle-ci étant connue. Si ce n'est pas le cas, il n'y aura pas de phase de jugement, la fin de l'instruction sera la fin du procès. La collaboration de l'auteur présumé de l'infraction est évidemment exclue.

Cependant une telle instruction n'est pas systématique. Elle est obligatoire en cas de crime, simplement facultative en cas de délit et très rare en cas de contravention ; en effet, lorsque les charges sont évidentes, l'affaire est directement portée devant la juridiction de jugement qui l'instruit à l'audience. Concrètement, l'instruction concerne aujourd'hui moins de 5 % des affaires pénales, qui sont aussi les plus graves. Malgré cette faible statistique, des dysfonctionnements ont souvent conduit à proposer des réformes. La dernière en date résulte d'une des trois lois adoptées le 5 mars 2007 : la loi n° 2007-291 tendant à renforcer l'équilibre de la procédure pénale, qui a apporté d'assez importants changements [184]. Pour une question de moyens (problème de recrutement), la réforme relative à l'instruction devait cependant être mise en œuvre en deux temps seulement. Une partie est entrée en vigueur le 1er mars 2008 [185] ; l'autre devait être opérationnelle au 1er janvier 2010. À cette date un nouveau système – celui de la collégialité de l'instruction – devait s'appliquer en remplacement du premier. Or, l'article 136 de la loi n° 2009-526 du 12 mai 2009 de simplification et de clarification du droit et d'allégement des procédures a reporté la mise en œuvre de la collégialité de l'instruction au 1er janvier 2011. Puis, l'article 163 de la loi n° 2010-1657 du 29 décembre 2010 de finances pour 2011 a reporté au 1er janvier 2014 l'entrée en vigueur des dispositions (chapitre Ier) de la loi du 5 mars 2007 tendant à renforcer l'équilibre de la procédure pénale qui prévoient de confier toutes les informations judiciaires à une collégialité de trois juges [186].

336-1. – Des juridictions très nombreuses [187]. – Il y a des juridictions pénales « de droit commun » et des juridictions pénales « spécialisées ». Pourtant la cour d'assise, le tribunal correctionnel, le tribunal de police et la juridiction de proximité ont des domaines d'inter-

183. V. aussi *infra* n° 369.

184. La plupart des dispositions de la loi du 5 mars 2007, autres que celles relatives à l'instruction, sont entrées en vigueur soit immédiatement (le 7 mars 2007, la loi ayant été publiée au *JO* du 6), soit dès le 1er juill. 2007.

185. V. le décret d'application de la loi n° 2008-54 du 16 janv. 2008.

186. Selon l'exposé des motifs, « cette évolution nécessiterait en effet d'importants moyens, notamment en personnel, ainsi qu'une lourde réorganisation des juridictions, alors que le principe même du juge d'instruction est remis en cause dans le cadre de la réforme d'ensemble de la procédure pénale, qui fera l'objet d'un projet de loi actuellement en cours de préparation ». La piste de la suppression du juge d'instruction – remplacé par un juge de l'enquête et des libertés – avait été préconisée par le rapport de M. Ph. Léger sur la Justice pénale remis au président de la République le 1er sept. 2009. En fait, le projet de suppression du juge d'instruction est lui-même reporté, voire abandonné ! La seule concrétisation actuelle du rapport est la réforme de la garde à vue.

187. *Adde* C. Bléry, « La notion de spécialisation », *Acte du colloque « La spécialisation des juges » à paraître dans les collections de l'IFR aux éditions LGDJ.*

vention spécifique (sous la réserve de la plénitude de juridiction de la cour d'assises [188]). Chacune connaissant d'une catégorie d'infraction, il serait logique de voir là des juridictions spécialisées. Ce sont pourtant des juridictions de droit commun [189]. Il existe en effet des juridictions encore plus spécialisées [190], dont la compétence est fondée sur la nature des infractions ou la qualité du délinquant : ainsi en est-il des juridictions spécialisées en matière militaire, des juridictions pour mineur ou des tribunaux maritimes commerciaux, tandis que la Cour de justice de la République a une compétence fondée sur les deux critères. Plusieurs juridictions sont amenées à statuer en appel : il y a la chambre de l'instruction, la chambre des appels correctionnels, la cour d'assise et la chambre de l'application des peines [191]. Plus encore, tous les tribunaux correctionnels ne connaissent pas de tous les délits et toutes les cours d'assises de tous les crimes : certaines juridictions constituent des pôles, dont la compétence vient concurrencer la juridiction qui devrait être normalement saisie, à tel point qu'un auteur – Mme le professeur C. Ginestet [192] – a pu évoquer l'image d'un « mille-feuille » pour décrire la situation [193].

§ 1 : Les juridictions de droit commun

I. Les juridictions d'instruction

A. Le premier degré

1°/ Le juge d'instruction

337. – Hier et aujourd'hui. – Depuis sa création, le juge d'instruction est une juridiction à juge unique ; c'est un juge du tribunal de grande instance. Il y en a un au moins par tribunal de grande instance, davantage pour les grands tribunaux. Cette règle d'un juge d'instruction par tribunal de grande instance n'a pas été remise en cause mais diverses dispositions ont été prises afin de « rompre la solitude du juge » (selon l'objectif essentiel de la réforme de 2007).

Jusqu'au 1er juillet 2007, la saisine du juge d'instruction se faisait à l'initiative du procureur de la République, par un réquisitoire introductif d'instance, ou par la victime elle-même sur plainte avec constitution de partie civile. Ce réquisitoire ou cette plainte déclenchait l'action publique. Pour éviter des plaintes avec constitution de partie civile abusives, le législateur a désormais posé des conditions de recevabilité plus sévères.

La mission essentielle du juge d'instruction est d'instruire l'affaire « à charge et à décharge », c'est-à-dire de rassembler les informations nécessaires sur les faits dont il a été saisi et sur

188. Comme la cour d'appel (v. *supra* n° 333), la cour d'assises saisie à tort d'un délit ou d'une contravention peut statuer (art. 231 du CPP).

189. G. Giudicelli-Delage, *Dictionnaire de la Justice*, L. Cadiet (dir.), PUF, 2004, *v°* justice pénale, sp. p. 783 s.

190. Leur seul point commun serait la lettre « M » : v. L. Cadiet, *Découvrir la justice*, Paris, Dalloz, 1997 (*adde* G. Giudicelli-Delage, p. 784).

191. V. *infra* n° 340, 345, 346 et 350.

192. C. Ginestet, « Les regroupements fondés sur la complexité du contentieux : en matière économique et financière », *Acte du colloque « La spécialisation des juges » à paraître dans les collections de l'IFR aux éditions LGDJ.*

193. V. *infra* n° 344-1.

les personnes désignées dans le réquisitoire ou la plainte et celles qu'il « met en examen ». À cette fin, il procède en personne à des actes d'instruction, à savoir interrogatoire de la personne mise en examen, audition de témoins, transport sur les lieux, perquisition, saisie de documents... à moins qu'il ne charge un technicien de procéder à une expertise ou qu'il ne donne « commission rogatoire » à un officier de police judiciaire, c'est-à-dire qu'il lui confie la mission d'accomplir certaines opérations dont il devra lui faire rapport. Par des « mandats », le juge d'instruction a le pouvoir d'obliger certaines personnes à se mettre à la disposition de la justice.

Le juge d'instruction peut prendre des ordonnances pour trancher des difficultés (par exemple, ordonnance d'incompétence) et pour dire s'il y a lieu ou non de renvoyer la personne mise en examen devant la juridiction de jugement : en cas d'insuffisance de charges, il rend une ordonnance – provisoire – de non-lieu (« non-lieu de poursuivre ») et dans le cas contraire, une ordonnance de renvoi de la personne poursuivie devant la juridiction de jugement, justement pour qu'elle apprécie si la personne poursuivie est coupable ou innocente.

Depuis le 1er mars 2008, le juge d'instruction est davantage encadré pour exercer sa mission. En effet la loi nouvelle institue des pôles de l'instruction (CPP, art. 52-1) [194] dans les tribunaux de grande instance comportant au moins deux juges d'instruction et qui réunissent tous les juges d'instruction du tribunal. Ces pôles sont exclusivement compétents en cas de crime et pour les affaires correctionnelles graves ou complexes. La loi prévoit des règles pour déterminer quel pôle est compétent et qui peut le saisir, lorsqu'il n'y a pas de pôle dans le ressort de la juridiction compétente pour statuer sur un crime ou un délit complexe. Autrement dit la compétence territoriale d'un pôle peut excéder celle d'un tribunal de grande instance, voire de plusieurs tribunaux de grande instance. Ces pôles permettent de pratiquer une co-saisine : pour l'instruction d'un crime ou d'un délit grave ou complexe, le président du tribunal de grande instance a la faculté de désigner un ou plusieurs juges d'instruction du pôle pour assister le juge d'instruction initialement saisi. La co-saisine peut intervenir dès l'ouverture de l'instruction ou après l'ouverture de celle-ci. Les décisions prises en matière de co-saisine sont des mesures d'administration judiciaire insusceptibles de recours. Lorsqu'il y a co-saisine, le juge d'instruction initialement saisi coordonne celle-ci et prend – seul – comme aujourd'hui les décisions relatives à l'instruction, mais celles-ci peuvent être cosignées par le juge où les juges d'instruction co-saisis [195].

338. – Demain. – Le 1er janvier 2014 (et non 2010, comme initialement prévu [196]), la co-saisine sera remplacée par un collège de l'instruction. Pour chaque affaire, même la plus simple, l'instruction sera systématiquement menée par un collège de l'instruction. Il consistera en une formation collégiale de trois juges d'instruction, l'un étant un magistrat du premier grade exerçant les fonctions de juge coordonnateur. Le collège n'exercera que les attributions les plus importantes (par exemple les avis de fin d'information), les autres actes continueront à relever de la compétence d'un seul juge d'instruction.

À condition qu'une autre réforme n'intervienne pas entre temps et n'empêche la mise en œuvre de la collégialité. À suivre...

194. La liste des pôles de l'instruction est fixée par le décret n° 2009-313 du 20 mars 2009, qui remplace un précédent texte.
195. D. Karsenty, « Réflexions sur la mise en œuvre des pôles de l'instruction au regard de droits fondamentaux », *JCP*, 2008.I.121.
196. V. la raison *supra* n° 336, en note.

2°/ Le juge des libertés et de la détention

339. – Une compétence exclusive en matière de détention provisoire. – Ce juge a été créé par la loi du 15 juin 2000 renforçant la protection de la présomption d'innocence et du droit des victimes. Il s'agissait déjà de limiter les pouvoirs du juge d'instruction, d'éviter que le juge instruisant l'affaire statue seul sur la question de la mise en détention provisoire ou sur une demande de mise en liberté présentée par une personne précédemment détenue. Son existence n'a pas été remise en cause par la loi du 5 mars 2007 (et les projets de réforme n'ont pas non plus évoqué une éventuelle disparition). En revanche, la loi de 2007 a cherché à assurer un caractère exceptionnel – encore plus qu'auparavant – à la détention provisoire : elle a donc limité au maximum le recours à cette mesure en posant de nouvelles exigences.

C'est un juge unique qui n'a pas instruit l'affaire, qui ne la jugera pas au fond et qui a un rang élevé au sein du tribunal de grande instance – plus élevé que celui du juge d'instruction – il peut même s'agir du président. Ce magistrat a donc une compétence exclusive en matière de détention provisoire : c'est lui seul qui délivre les mandats de dépôt sur demande du juge d'instruction. Le juge d'instruction a donc conservé l'initiative de la détention provisoire mais c'est le juge des libertés et de la détention qui prend la décision. Le juge des libertés et de la détention statue par une ordonnance motivée susceptible d'appel devant la chambre de l'instruction.

Par ailleurs, le juge des libertés et de la détention a des compétences exclusives diverses – il est, de manière générale, juge des libertés : par exemple, lors des enquêtes, il autorise des perquisitions sans l'assentiment des personnes chez qui elles ont lieu, il peut accorder des prolongations pour certaines gardes à vue (notamment en matière de terrorisme ou de stupéfiants)...

B. Le second degré

340. – La chambre de l'instruction. – C'est une chambre spéciale de la cour d'appel constituant une juridiction collégiale. Son président exerce d'importantes fonctions administratives [197]. Quant à la chambre d'instruction elle-même, outre des attributions accessoires nombreuses [198], elle remplit une fonction essentielle qui consiste à exercer un contrôle juridictionnel au second degré sur les actes de l'instruction – elle est ainsi amenée à la refaire ou à la compléter – et sur les ordonnances juridictionnelles du juge d'instruction et du juge des libertés et de la détention [199].

Attention : le ministère public peut former appel contre toutes les ordonnances du juge d'instruction mais la personne poursuivie ne peut pas faire appel d'une ordonnance de renvoi – elle peut seulement interjeter appel contre une ordonnance par laquelle le juge d'instruction

197. Par exemple, il surveille le bon fonctionnement des cabinets d'instruction du ressort de la cour.

198. Par exemple, examen des demandes d'extradition, décision sur les demandes de réhabilitation judiciaire.

199. Elle contrôle la régularité en droit des actes accomplis et aussi leur opportunité en fait ; ainsi, par exemple, elle peut décider que l'interrogatoire de la personne mise en examen n'a pas été effectué conformément aux règles légales (régularité en droit) ou que telle perquisition aurait dû avoir lieu (opportunité en fait). Elle est alors amenée à refaire ou à compléter l'instruction – on dit qu'elle évoque l'affaire, car elle conduit cette instruction à la place du juge d'instruction et du juge des libertés et de la détention. Mais elle peut aussi préférer renvoyer totalement ou partiellement le dossier au juge d'instruction préalablement saisi. Depuis le 7 mars 2007, elle a le pouvoir de prescrire à ce juge d'instruction certains actes à effectuer ou de lui adjoindre un ou plusieurs autres juges d'instructions (jusque-là l'indépendance des juridictions s'opposait à une telle directivité de la part de la chambre de l'instruction). Depuis la même date, et en principe, elle statue publiquement.

retient sa compétence ou déclare recevable une constitution de partie civile, ou d'une ordonnance du juge des libertés et de la détention la plaçant en détention provisoire, par exemple[200].

II. Les juridictions de jugement

341. – Le choix entre deux types de décisions. – Les juridictions de jugement infligent une peine si la personne poursuivie est coupable. Si elle est innocente ou en cas d'insuffisance de preuve, elle est acquittée (le terme « acquittement » est spécifiquement réservé aux cours d'assises) ou relaxée[201] (la relaxe est ordonnée par les autres juridictions : tribunal correctionnel, tribunal de police…). Les affaires jugées au premier degré sont susceptibles d'appel devant des juridictions du second degré.

Il faut noter que les juridictions répressives sont également compétentes pour statuer sur l'éventuelle demande d'indemnisation de la victime (action civile), en sus de l'action publique ; la victime peut cependant préférer porter la question de ses intérêts civils devant un tribunal de grande instance, un tribunal d'instance ou, actuellement, une juridiction de proximité selon le cas.

A. Les juridictions du premier degré

342. – La juridiction de proximité et le tribunal de police. – Ces deux juridictions sont les formes répressives de la juridiction de proximité et du tribunal d'instance : la première est compétente pour les quatre 1res classes de contraventions (sauf exceptions qui pourraient relever d'un décret en Conseil d'État), la seconde, pour la 5e classe (et celles des autres classes le cas échéant exclues par le même décret). En présence d'une constitution de partie civile, ces deux juridictions peuvent statuer sans limitation sur l'indemnisation de la victime : ainsi, si la victime réclame 15 000 euros de dommages-intérêts, mais que l'infraction n'est qu'une contravention de la 5e classe, le tribunal de police sera compétent pour l'action civile aussi bien que pour l'action publique (CPP, art. 4) ; si elle a fait ce choix, elle ne peut ensuite changer d'avis et se constituer partie civile devant les juridictions répressives (CPP, art. 5).

De manière bienvenue, le projet de loi de répartition du contentieux vient rétablir la logique : trois juridictions pour trois types d'infraction. Toutes les contraventions relèveront du tribunal de police, comme avant 2002 et la création de la juridiction de proximité (CPP, futurs art. L. 221-10 du COJ et 521). En revanche, « lorsqu'il connaît des contraventions des quatre premières classes, à l'exception de celles déterminées par un décret en Conseil d'État, le tribunal de police est constitué par un juge de proximité et, à défaut, par un juge du tribunal

200. À noter que, depuis la loi du 15 juin 2000, qui a ouvert l'appel contre les décisions d'assises (décisions au fond), l'instruction n'est plus systématiquement à deux degrés : si le juge d'instruction estime que les faits sont constitutifs d'un crime, il ordonne directement le renvoi de l'accusé devant la cour d'assises, au moyen d'une ordonnance de mise en accusation. En revanche, lorsqu'un appel est effectivement interjeté, la chambre de l'instruction instruit l'affaire une seconde fois : si elle estime les charges suffisantes, elle rend un arrêt de mise en accusation qui saisit la cour d'assises.

201. Attention au vocabulaire : la personne est « relaxée » et non « relâchée » comme il est parfois dit (dans les médias en particulier).

d'instance » (art. 523, al. 2, à venir). C'est l'idée d'utiliser les compétences des personnes, tout en supprimant une juridiction en trop.

343. – Le tribunal correctionnel. – Cette juridiction, compétente en matière de délit, est le tribunal de grande instance (le tribunal de première instance lorsqu'il en existe un outre-mer) ; autrement dit, lorsqu'il statue en matière délictuelle, le tribunal de grande instance prend le nom de tribunal correctionnel. Pour cette raison, le tribunal correctionnel, qui est présidé par le président du tribunal de grande instance lui-même, est une juridiction à formation collégiale qui comprend trois juges, à moins que le tribunal correctionnel ne statue à juge unique – ce qui est de plus en plus fréquent.

À côté de cette formation traditionnelle du tribunal, une nouvelle va être expérimentée à la suite de l'adoption de la loi n° 2011-939 du 10 août 2011 sur la participation des citoyens au fonctionnement de la justice pénale et le jugement des mineurs, dont l'un des objectifs affirmé est d'améliorer la participation des citoyens au fonctionnement de la justice pénale (même s'il est permis de douter que cela contribue à une amélioration de la justice). Le texte prévoit que des personnes tirées au sort sur les listes électorales feront partie de la composition du tribunal correctionnel en tant que citoyens assesseurs (CPP, art. 10-1 et s. nouv.) [202] ; la liste est distincte de celle des jurés d'assises. Le tribunal correctionnel en formation citoyenne siégera avec deux citoyens assesseurs aux côtés de trois magistrats professionnels (art. 399-1 nouv.) ; il sera seul compétent – à l'exclusion du tribunal correctionnel dans sa composition classique [203] – pour juger les atteintes aux personnes punies d'au moins cinq ans d'emprisonnement (violences aggravées, agressions sexuelles, vols avec violence) (mais pas les délits financiers ni les atteintes à l'environnement [204] : art. 399-2). Dans ce cas, « les décisions sur la qualification des faits, la culpabilité du prévenu et la peine sont prises par les magistrats et les citoyens assesseurs. Sur toute autre question, les décisions sont prises par les seuls magistrats » (art. 399-4). Ceci, à titre expérimental, à compter du 1er janvier 2012 et jusqu'en 2014, dans certaines cours d'appel (deux au moins, dix au plus désignées par arrêté du garde des Sceaux, art. 31 II de la loi).

344. – La cour d'assises. – Avec son jury, la cour d'assises est une institution d'origine anglaise qui a été transplantée en France par les Révolutionnaires mais qui avait été introduite en Angleterre par les Normands (beaucoup de pratiques anglaises sont en fait, par leur lointaine origine, parfaitement françaises) et qui depuis lors, en dépit de nombreuses critiques, perdure. La cour d'assises est une juridiction départementale (chaque cour d'assises porte le nom du département qui est celui de son ressort). Il y a donc plusieurs cours d'assises par cour d'appel. Et pourtant elle relève directement du premier président de la cour d'appel. Par conséquent, si

202. Cette pratique existe déjà en Nouvelle-Calédonie, ce qui s'explique par des raisons d'effectifs de magistrats (peu nombreux) : art. L. 562-11 et s. et R. 562-13 et s. du COJ.

203. De telle sorte que lorsque le tribunal correctionnel composé de trois magistrats ou d'un magistrat unique « constate que la qualification retenue dans l'acte qui le saisit relève de l'article 399-2, il renvoie l'affaire devant le tribunal correctionnel dans sa formation citoyenne » (CPP, art. 399-9 et 399-11). Si c'est l'inverse – le tribunal correctionnel dans sa formation citoyenne constate que la qualification retenue dans l'acte qui le saisit relève du tribunal correctionnel statuant collégialement, alors « l'affaire est jugée immédiatement par les seuls magistrats » (art. 399-10 al. 1er) et « lorsqu'il constate que la qualification retenue dans l'acte qui le saisit relève du tribunal correctionnel » statuant à juge unique, une option s'ouvre : « l'affaire peut être soit renvoyée devant le tribunal correctionnel ainsi composé, soit jugée immédiatement par le seul président » (art. 399-10, al. 2).

204. Le Conseil constitutionnel a en effet décidé que ce dernier contencieux était trop technique – à l'instar des délits financiers que le législateur avait écarté : v. Cons. const., 4 août 2011, décision n° 2011-635 DC (non conformité partielle avec effet différé et réserve).

elle siège en principe au chef-lieu du département (sauf cas exceptionnels, comme par exemple dans le Pas-de-Calais où elle siège à St Omer, et aussi dans le Vaucluse où elle siège à Carpentras), elle siège soit dans les locaux de la cour d'appel, soit dans les locaux du tribunal de grande instance du chef-lieu de ce département (ainsi, la cour d'assises de la Seine-Maritime siège dans les locaux de la cour d'appel de Rouen et la cour d'assises de l'Eure siège dans les locaux du tribunal de grande instance d'Évreux). Elle siège de façon intermittente, par sessions (en principe tous les trois mois) [205]. À côté de la cour proprement dite, composée de trois magistrats professionnels, à savoir le président des assises et deux assesseurs conseillers de la cour d'appel ou juges du tribunal de grande instance où se tiennent les assises, il y a le jury populaire, composé de neuf jurés, simples particuliers désignés par voie de tirage au sort. La cour proprement dite et les jurés délibèrent et votent ensemble sur les faits et sur l'application du droit, toute décision défavorable à l'accusé supposant que cinq jurés au moins se soient prononcés dans ce sens.

Attention : la loi sur la participation des citoyens au fonctionnement de la justice pénale et le jugement des mineurs réduit le nombre de jurés populaires dans les cours d'assises. Ils passent de neuf à six en première instance (CPP, art. 296 nouv.). En conséquence, « toute décision défavorable à l'accusé se forme à la majorité de six voix au moins lorsque la cour d'assises statue en premier ressort [...] » (art. 359 nouv.). Réduction qui doit aussi faire l'objet d'une expérimentation dans le ressort de plusieurs cours d'appel entre le 1er janvier 2012 et le 1er janvier 2014 préalablement à sa généralisation [206].

Par ailleurs, à compter du 1er janvier 2012 et sans expérimentation, les arrêts en cour d'assises doivent désormais être motivés [207]. Et le principe des sessions tous les trois mois est abandonné par la loi n° 2011-939 pour une plus grande souplesse, là aussi à compter du 1er janvier 2012 et sans expérimentation : c'est ainsi que « la date de l'ouverture des sessions de la cour d'assises est fixée chaque fois qu'il est nécessaire, sur proposition du procureur général, par le premier président de la cour d'appel » (art. 236 nouv.).

À Saint-Pierre-et-Miquelon, c'est un tribunal criminel qui statue sur les crimes (COJ, art. L. 512-1) : il comporte quatre jurés en première instance et six en appel (CPP, art. 921). À Mayotte, c'était une cour criminelle – composée du président du tribunal supérieur d'appel (ou son délégué) et de quatre assesseurs en première instance et six en appel – qui était compétente pour juger les crimes. Depuis le 1er avril 2011 [208], la cour criminelle est remplacée par une cour d'assises comprenant, outre son président, un jury de quatre assesseurs-jurés lorsque la cour d'assises statue en premier ressort et de six assesseurs-jurés lorsqu'elle statue en appel (art. 885).

344-1. – Le « mille-feuille ». – Pour certains crimes ou délit, il existe une superposition de juridictions susceptibles d'être compétentes, d'où l'image du « mille-feuille » retenue par Mme le professeur C. Ginestet [209].

---

205. Ceci n'est qu'un principe (CPP, art. 236, al. 1er), puisqu'en en cas de besoin il est possible de tenir des sessions supplémentaires (al. 2).

206. Le projet de loi dans sa rédaction initiale prévoyait que, pour certains crimes, le jury était remplacé par deux citoyens-assesseurs (comme dans le tribunal correctionnel dans sa formation citoyenne). Pour éviter des assises « à deux vitesses », cette idée a été abandonnée.

207. V. *supra* n° 140, 3).

208. V. l'ordonnance n° 2011-337 du 29 mars 2011 modifiant l'organisation judiciaire dans le Département de Mayotte (art. 4 et 16) et le décret n° 2011-338 du 29 mars 2011 portant modification de l'organisation judiciaire dans le Département de Mayotte (art. 4 et 18).

209. C. Ginestet, « Les regroupements fondés sur la complexité du contentieux : en matière économique et financière », préc. V. *supra* n° 336-1.

Ainsi, il existe dans le ressort de chaque cour d'appel un ou plusieurs tribunaux correctionnels qui ont spécialement compétence pour instruire et juger certaines infractions de nature économique ou financière (par exemple, les infractions en matière fiscale, ou encore en matière de douane, de banque ou de société : CPP, art. 704, al. 1er) ; par conséquent, pour ces infractions complexes, le ressort territorial du tribunal correctionnel est celui de la cour d'appel. Pour ce qui est des infractions en matière de stupéfiants (nécessairement des crimes), il y a dans le ressort de chaque cour d'appel une ou plusieurs cours d'assises (art. 706-27).

Pour des infractions très complexes, le ressort du tribunal correctionnel s'étend même à celui de plusieurs cours d'appel [210] : ainsi en présence d'un grand nombre d'auteurs, de complices ou de victimes (art. 704, al. 2) ou en matière sanitaire : si un médicament, un produit alimentaire… est en cause… (art. 706-2 et 706-2-1). Et pour ce qui est de la criminalité organisée, la compétence territoriale d'un tribunal correctionnel (délits) et d'une cour d'assises (meurtre commis en bande organisée, blanchiment, crimes aggravés d'extorsion…) peut être étendue au ressort d'une ou plusieurs cours d'appel (art. 706-75). Ce sont des juridictions interrégionales spécialisées (JIRS). Au nombre de huit, elles ont donc un ressort territorial très étendu : elles regroupent des magistrats du parquet et de l'instruction possédant une expérience en ces matières.

Le tribunal de grande instance de Paris a compétence exclusive en matière de poursuite, d'instruction et de jugement des délits d'atteintes à la transparence des marchés, prévus aux articles L. 465-1 et L. 465-2 du Code monétaire et financier (art. 704-1). Plus souvent, la spécialisation est laissée au choix du juge naturel d'une affaire. C'est notamment le cas pour la poursuite, l'instruction et le jugement des atteintes à l'administration publique et à l'action de la justice des Communautés européennes, des États membres de l'Union européenne, des autres États étrangers et des autres organisations internationales publiques – c'est-à-dire en cas de corruption d'agents publics étrangers – prévus aux articles 435-1 et suivants du Code pénal (art. 706) ou des infractions en matière de terrorisme (art. 706-17 et s.), mais aussi des infractions de l'article 704 du Code de procédure pénale (art. 705) : le procureur de la République, le juge d'instruction, le tribunal correctionnel et la cour d'assises de Paris exercent une compétence concurrente à celle qui résulte du droit commun [211]. Par conséquent, le procureur de la République près un tribunal de grande instance autre que celui de Paris peut requérir le juge d'instruction de se dessaisir au profit de la juridiction d'instruction du tribunal de grande instance de Paris.

Le projet de loi sur la répartition du contentieux prévoit la création d'un pôle en matière de crimes contre l'humanité au profit des magistrats parisiens (v. CPP, futurs art. 628 et s.) : il s'agit d'instaurer une nouvelle compétence concurrente au profit du procureur de la République, du juge d'instruction et de la cour d'assises de Paris). Seuls certains tribunaux de grande instance – des JIRS – seront compétents pour connaître des accidents collectifs, comme des catastrophes en matière de transports ou de risque technologique (CPP, art. 706-176 et s., à venir).

---

210. Depuis la loi Perben II, n° 2004-204 du 9 mars 2004 portant adaptation de la justice aux évolutions de la criminalité.

211. Cette compétence de droit commun résulte de l'application des articles 43, 52 et 382, à savoir celle du lieu de l'infraction, celui de la résidence du prévenu ou celui du lieu d'arrestation ou de détention de ce dernier (art. 706-17 du CPP).

B. Les juridictions du second degré

345. – La chambre des appels correctionnels. – Il s'agit d'une chambre spécialisée de la cour d'appel qui a une compétence spéciale en matière pénale. Elle reçoit les appels formés contre un jugement rendu soit par un tribunal correctionnel, soit par un tribunal de police, soit par une juridiction de proximité, étant précisé qu'en matière contraventionnelle, l'appel n'est pas ouvert contre la condamnation à une amende d'un faible montant. En revanche, en matière de délit correctionnel, l'appel est toujours recevable, qu'il émane de la personne condamnée critiquant un jugement trop sévère ou du ministère public critiquant un jugement trop bienveillant.

En outre, dans les cours d'appel retenues pour l'expérimentation des juridictions citoyennes[212], la chambre des appels correctionnels statuera en formation citoyenne pour l'appel des délits dont le tribunal correctionnel connaît avec des citoyens assesseurs (CPP, art. 510-1 nouv.).

346. – La cour d'assises. – Jusqu'au 1er janvier 2001, l'appel était exclu contre les arrêts de cour d'assises ; justifiée par le refus de remettre en cause une décision prise par le jury – expression de la souveraineté nationale – une telle exclusion n'en était pas moins condamnée par la Convention européenne des droits de l'homme. La loi du 15 juin 2000, complétée par la loi du 4 mars 2002, a donc, pour la première fois en France, ouvert un appel contre les arrêts rendus en matière criminelle au profit de l'accusé condamné en premier ressort ou du ministère public. L'effet dévolutif est celui d'un appel ordinaire, en ce sens que l'affaire sera jugée à nouveau en fait et en droit ; cependant la juridiction chargée de statuer au second degré est une autre cour d'assises (désignée par la chambre criminelle de la Cour de cassation), elle n'est donc pas une juridiction hiérarchiquement supérieure, suivant en cela un système rappelant « l'appel circulaire » du droit intermédiaire (Rappel : c'est le droit de l'époque révolutionnaire). La cour d'assises de seconde instance présente deux différences avec une cour d'assises de première instance : d'une part, les jurés sont au nombre de douze, d'autre part, toute décision défavorable à l'accusé doit être prise à la majorité de dix voix au moins lorsque la cour d'assises statue en appel. Le nombre de jurés est réduit de douze à neuf en appel, à titre expérimental par la loi sur la participation des citoyens au fonctionnement de la justice pénale et jugement des mineurs (art. 296 nouv.). En conséquence, « toute décision défavorable à l'accusé se forme à la majorité [...] de huit voix au moins lorsque la cour d'assises statue en appel » (art. 359 nouv.)

III. Les juridictions de l'exécution des sanctions

347. – Les deux versants de l'exécution des sanctions. – Jusqu'en 2007, le législateur se préoccupait seulement de l'exécution de sa sanction par la personne condamnée. Désormais, il prend en considération le point de vue de la victime de l'infraction avec la création du juge délégué aux victimes.

---

212. V. *supra* nos 343 et 344.

Les droits des personnes emprisonnées ne sont pas non plus oubliés par le législateur puisque la loi n° 2007-1545 du 30 octobre 2007 a institué un « contrôleur général des lieux de privation de liberté » : selon l'article 1 de la loi, il est une « autorité indépendante » et il « est chargé, sans préjudice des prérogatives que la loi attribue aux autorités judiciaires ou juridictionnelles, de contrôler les conditions de prise en charge et de transfèrement des personnes privées de liberté, afin de s'assurer du respect de leurs droits fondamentaux. Dans la limite de ses attributions, il ne reçoit instruction d'aucune autorité ». Nommé pour six ans par décret du président de la République, il est assisté de contrôleurs qu'il recrute et qui sont placés sous sa seule autorité [213].

A. L'application des peines

1°/ Le premier degré

348. – Le juge de l'application des peines. – C'est un magistrat du siège du tribunal de grande instance qui a un droit de regard sur les établissements pénitentiaires, qui se trouvent dans le ressort du tribunal de grande instance ainsi que sur les condamnés en milieu libre, qui résident dans ce ressort. De manière générale, il détermine les modalités du traitement pénitentiaire, il aménage les peines individuelles, ; il coordonne la surveillance des personnes qui exécutent une sanction en milieu libre. En particulier, il est compétent pour octroyer une libération conditionnelle « lorsque la peine privative de liberté prononcée est d'une durée inférieure ou égale à dix ans, ou que, quelle que soit la peine initialement prononcée, la durée de détention restant à subir est inférieure ou égale à trois ans, la libération conditionnelle est accordée par le juge de l'application des peines [...] » (art. 730, al. 1er).

Il statue par des décisions juridictionnelles motivées, susceptibles d'appel : ce sont, soit de simples ordonnances rendues sur dossier, soit des décisions rendues en audience de cabinet (chambre du conseil) après un débat contradictoire – ceci lorsqu'il s'agit de porter une atteinte assez importante à la décision de condamnation (par exemple : révocation d'un sursis avec mise à l'épreuve).

349. – Le tribunal de l'application des peines. – Créé par la loi du 9 mars 2004, cette juridiction collégiale – composée de juges de l'application des peines – statue sur les questions d'aménagement des peines considérées comme trop importantes pour être traitées par le juge de l'application des peines statuant seul : par exemple, suspension de la peine pour raison médicale, libération conditionnelle – dans les cas où le juge de l'application des peines est incompétent (art. 730, al. 2)...

Du 1er janvier 2012 au 1er janvier 2014, dans certaines juridictions pilotes, les citoyens assesseurs participeront également aux décisions de libérations conditionnelles, pour les peines d'emprisonnement égales ou supérieures à cinq ans (art. 730-1, al. 1er nouv.), de réductions ou de cessation de la période de sûreté (art. 720-4-1 nouv.) ; de même, « le tribunal de l'application des peines ainsi composé est seul compétent pour ordonner que la peine s'exécutera sous le régime de la semi-liberté, du placement à l'extérieur ou du placement sous surveillance

213. V. le décret n° 2008-246 du 12 mars 2008 relatif au contrôleur général des lieux de privation de liberté.

électronique lorsque ces mesures sont décidées à titre probatoire préalablement à une libération conditionnelle » (art. 730-1, al. 2 nouv.)... Dans ces cas, le tribunal de l'application des peines sera donc composé, outre du président et des deux juges assesseurs, de deux citoyens assesseurs (art. 720-4-1 nouv. et 730-1, al. 1er nouv).

2°/ Le second degré

350. – La chambre de l'application des peines. – C'est la juridiction d'appel des décisions du juge de l'application des peines et du tribunal de l'application des peines. L'appel des simples ordonnances du juge de l'application des peines est porté devant le président statuant seul (dans les vingt-quatre heures de la notification). L'appel des décisions du juge de l'application des peines et du tribunal de l'application des peines est porté devant la chambre statuant collégialement (dans les dix jours de la notification).

Toujours à titre expérimental, la chambre de l'application des peines aussi sera complétée par des citoyens assesseurs, lorsque le tribunal de l'application des peines en comportait en première instance : la chambre de l'application des peines de la cour d'appel sera alors composée, outre du président et des deux conseillers assesseurs, de deux citoyens assesseurs (art. 712-13-1).

B. Les droits des victimes

351. – Le juge délégué aux victimes. – Le décret n° 2007-1605 du 13 novembre 2007 a institué le juge délégué aux victimes (judevi) à compter du 2 janvier 2008. Selon l'article D. 47-6-2, le président de la commission d'indemnisation des victimes d'infractions[214] est désigné comme judevi afin de vérifier « les conditions dans lesquelles les parties civiles sont informées de leurs droits à l'issue de l'audience ». Il peut être désigné par le président du tribunal de grande instance pour présider les audiences du tribunal correctionnel statuant après renvoi sur les seuls intérêts civils. Il est saisi par toute victime à la suite du prononcé d'un jugement ou dans le cadre d'une mesure alternative aux poursuites. Il a divers devoirs (transmettre les demandes au magistrat du siège ou du Parquet...) et pouvoirs (saisir le juge de l'application des peines par ordonnance notamment lorsqu'un condamné ne respecte pas l'une des obligations ou interdictions à laquelle il est soumis, demander que soient complétées les obligations à la charge du condamné (en cas de sursis avec mise à l'épreuve ou de mesure d'aménagement de peine), en particulier par l'obligation d'indemniser la victime, de contribuer aux charges familiales ou de s'acquitter des pensions alimentaires). Attention : les décisions et les ordonnances prises par le juge délégué aux victimes constituent des mesures d'administration judiciaire non susceptibles de recours.

Le dispositif a été complété par la loi n° 2008-644 du 1er juillet 2008 – d'application immédiate à compter du 3 juillet – créant de nouveaux droits pour les victimes et améliorant l'exécution des peines : en particulier, les victimes bénéficieront désormais d'une aide pour le recouvrement des dommages et intérêts.

---

214. Sur laquelle, v. *supra* n° 323.

§ 2 : Les juridictions spécialisées

352. – Des juridictions pénales au statut plus ou moins dérogatoire au droit commun. – Ce caractère dérogatoire peut tenir à la procédure qui doit être suivie devant elles ou à leur composition. Les juridictions pénales spécialisées se caractérisent par le fait qu'elles ne sont compétentes que dans les cas strictement prévus par la loi, pour juger certaines infractions ou certains délinquants que la loi détermine limitativement. Elles sont essentiellement de deux sortes, à savoir les juridictions pénales de nature politique et militaire (I), et les juridictions pénales des mineurs (II).

I. Les juridictions de nature politique et militaire

353. – Des tribunaux peu connus. – L'existence d'une Cour de justice de la République a été signalée [215] : chargée de juger « les actes accomplis dans l'exercice de leurs fonctions » par les ministres « et qualifiés crimes ou délits au moment où ils ont été commis » (Const., art. 68-1), elle « comprend quinze juges : douze parlementaires élus, en leur sein et en nombre égal, par l'Assemblée nationale et par le Sénat après chaque renouvellement général ou partiel de ces assemblées et trois magistrats du siège à la Cour de cassation, dont l'un préside la Cour de justice de la République » (art. 68-2, al. 1er). Ainsi, « toute personne qui se prétend lésée par un crime ou un délit commis par un membre du gouvernement dans l'exercice de ses fonctions peut porter plainte auprès d'une commission des requêtes » (al. 2). « Cette commission ordonne soit le classement de la procédure, soit sa transmission au procureur général près la Cour de cassation aux fins de saisine de la Cour de justice de la République » (al. 3). Enfin, « le procureur général près la Cour de cassation peut aussi saisir d'office la Cour de justice de la République sur avis conforme de la commission des requêtes » (al. 4). Elle a été amenée à juger différents ministres.

À côté de la Cour de justice de la République, il faut aussi signaler l'existence de différents tribunaux militaires, chargés d'assurer la justice militaire en cas de guerre, d'état de siège ou d'état d'urgence (CPP, art. 699 et s.) : ce sont les tribunaux des forces armées ; ils connaissent également des crimes et délits contre les intérêts fondamentaux de la nation [216], toujours en période de troubles (art. 701 et s.). Un tribunal est également compétent pour les infractions commises hors du territoire de la République en temps de paix, à savoir le tribunal aux armées de Paris ; cependant le projet de loi de répartition du contentieux le supprime et transfère sa compétence aux juridictions spécialisées de Paris – tribunal de grande instance et cour d'assises – (CPP, art. 697-4 et Code de justice militaire, art. L. 111-1, à venir au 1er janvier 2012).

215. V. *supra* n° 311.

216. « Les intérêts fondamentaux de la nation s'entendent au sens du présent titre de son indépendance, de l'intégrité de son territoire, de sa sécurité, de la forme républicaine de ses institutions, des moyens de sa défense et de sa diplomatie, de la sauvegarde de sa population en France et à l'étranger, de l'équilibre de son milieu naturel et de son environnement et des éléments essentiels de son potentiel scientifique et économique et de son patrimoine culturel » (art. 410-1 du Code pénal). Ils sont menacés en cas de trahison ou d'espionnage (art. 411-1 et s.), d'atteintes à un secret de la défense nationale (art. 413-3 et s.)...

De plus, il existe des juridictions de droit commun à « composition spéciale » pour statuer sur les crimes et délits contre les intérêts fondamentaux de la nation en temps de paix (art. 702) ; elles statuent aussi sur les infractions de droit commun commises pendant leur service par des militaires (CPP, art. 697-1), sur les affaires de terrorisme... Dans le ressort de chaque cour d'appel, il y a donc un tribunal correctionnel (pour les délits) et une cour d'assises (pour les crimes) composés selon des règles particulières (art. 698-6). Le tribunal correctionnel est composé de magistrats civils spécialisés dans les questions militaires et la cour d'assises est exclusivement composée de magistrats de carrière (six lorsque la cour d'assises statue en premier ressort, et huit lorsqu'elle se prononce en appel). La procédure aussi est aménagée (art. 698 et s.).

Et des tribunaux maritimes commerciaux sont compétents pour une liste de délits et crimes limitativement énumérés et qui concernent la discipline (usurpation de commandement) et la police de la navigation (abandon de navire), sauf si le navire est militaire. Leur composition a été modifiée, par le Conseil constitutionnel et la Cour de cassation, à la suite d'une question prioritaire de constitutionnalité [217] – ce qui doit être « ratifié » [218] par une ordonnance du gouvernement (v. art. 25 du projet de loi de répartition du contentieux).

II. Les juridictions des mineurs

A. Les juridictions d'instruction

354. – Une instruction particulière. – Les infractions commises par un mineur, y compris les contraventions de la 5ᵉ classe, donnent en principe lieu à une instruction préparatoire. Cela permet de procéder d'abord à une enquête de personnalité, tant du point de vue social (situation de famille) que du point de vue médical. Par ailleurs, si l'instruction des crimes est systématiquement confiée à un juge d'instruction, l'instruction des contraventions et délits peut être confiée soit à un juge d'instruction, soit à un juge des enfants, le choix appartenant au ministère public. Enfin, lorsque l'instruction est effectuée par un juge des enfants, la procédure d'instruction obéit à des règles plus souples. Et surtout, contrairement à la règle habituelle qui interdit à un juge d'instruction de participer au jugement de l'affaire qu'il a lui-même instruite, le juge des enfants qui a instruit le dossier peut participer à la juridiction de jugement. Il est dit que, souvent, il est le mieux à même d'apprécier la mesure qu'il convient de prendre, mais c'est critiquable au regard des exigences d'impartialité du juge. Ce système vient heureusement d'être déclaré inconstitutionnel et va devoir être modifié à compter du 1ᵉʳ janvier 2013 [219].

Les décisions prises pendant l'instruction sont selon le cas susceptibles ou non d'appel, soit devant la chambre des mineurs, soit devant son président seul.

---

217. V. *supra* n° 150-2.

218. Les guillemets s'imposent car le Conseil constitutionnel et la Cour de cassation ont été au-delà de leur rôle et ce qu'a à faire le législateur, c'est transformer un état de fait en état de droit, ce n'est donc pas une ratification à proprement parler.

219. V. *infra* n° 356-1.

B. Les juridictions de jugement

355. – Le premier degré. – La juridiction principale est le tribunal pour enfants. Mais il y a aussi le juge des enfants et la cour d'assises des mineurs, les infractions les moins graves étant jugées par le tribunal de police et la juridiction de proximité.

Ainsi, sauf exception, en vertu de l'article 21 de l'ordonnance du 2 février 1945 relative à l'enfance délinquante, les contraventions de police des quatre premières classes, commises par les mineurs, sont déférées au tribunal de police siégeant à huis clos. Certaines contraventions de police des quatre premières classes[220] relèvent, elles, de la juridiction de proximité, qui exerce les attributions du tribunal de police à huis clos. Le projet de loi sur la répartition du contentieux redonne compétence au seul tribunal de police, puisqu'il supprime la juridiction de proximité pour les mineurs tout autant que pour les majeurs ! Elles sont punies d'une admonestation ou d'une peine d'amende, une mesure de surveillance pouvant être ajoutée, après le prononcé du jugement, par le juge des enfants.

Le tribunal pour enfants est compétent pour juger les contraventions les plus graves (celles de 5e classe) et les délits commis par les mineurs de 18 ans, ainsi que les crimes perpétrés par des mineurs, mais seulement jusqu'à l'âge de 16 ans au moment des faits. Elle est composée du juge des enfants et de deux assesseurs, non magistrats (art. L. 251-3 et L. 251-4 du COJ).

Le juge des enfants, qui fait partie du tribunal pour enfants, peut statuer seul sans être assisté de ses deux assesseurs : il constitue alors à lui seul la juridiction autonome du « juge des enfants ». Sa compétence est la même que celle du tribunal pour enfants : il est appelé à juger les contraventions de 5e classe, et les délits commis par un mineur de 18 ans, ainsi que les crimes perpétrés par un mineur de 16 ans au moment des faits. En revanche, le juge des enfants ne peut pas infliger de peine : son pouvoir se limite simplement à des mesures de rééducation ne comportant aucun placement du mineur au sein d'un organisme[221].

Enfin, le mineur qui commet un crime entre 16 et 18 ans n'est plus justiciable du tribunal pour enfants, mais de la cour d'assises des mineurs.

Les débats ont lieu à huis clos, sauf si le mineur devenu majeur au jour du procès demande la publicité.

Remarque : pour les mineurs, c'est le juge des enfants qui joue le rôle de juge de l'application des peines.

356. – Le second degré. – D'une part, la chambre des mineurs de la cour d'appel juge les appels interjetés contre les décisions reconnaissant des mineurs coupables de délits ou contraventions (COJ, art. R. 311-7). Il s'agit d'une formation particulière de la cour d'appel, présidée par le délégué à la protection de l'enfance, qui est un conseiller de la cour d'appel. D'autre part,

---

220. Prévues au deuxième alinéa de l'article 521 du Code de procédure pénale : par exemple : injure non publique, diffamation non publique.

221. En pratique, si le juge chargé de l'instruction estime qu'une simple mesure de rééducation suffit, il renvoie au juge des enfants (si l'instruction a été confiée au juge pour enfants, c'est lui qui décide de statuer seul). Mais si le juge d'instruction ou le juge des enfants pense, au contraire, qu'une telle mesure ne suffit pas et qu'il serait opportun de prononcer une peine ou de placer le mineur dans une institution spécialisée, c'est le tribunal pour enfants qui doit statuer collégialement. Cependant, la loi sur la programmation de la justice a restreint la liberté du juge : désormais, dans certains cas, le renvoi devant le tribunal pour enfants est obligatoire. En tous cas, le choix de l'emprisonnement doit être le dernier. Bien sûr, si le juge estime que les faits ne constituent pas une infraction, il rend une ordonnance de non-lieu.

la cour d'assises des mineurs a aussi un rôle à jouer : les appels contre les décisions rendues en matière de crime sont portés devant une autre cour d'assises des mineurs.

356-1. – Une nouvelle justice pour les mineurs. – La loi sur la participation des citoyens au fonctionnement de la justice pénale et le jugement des mineurs a aussi pour objectif l'amélioration de l'efficacité de la procédure de jugement des mineurs.

Partant du constat que, alors que des investigations ont parfois été accomplies dans des délais proches, elles ne sont pas connues du magistrat ou de la juridiction devant laquelle comparaît le mineur, la loi crée dans l'ordonnance du 2 février 1945 deux nouveaux articles relatifs à la connaissance de la personnalité du mineur :

– le nouvel article 5-1 inscrit dans la loi le principe de la nécessité de la connaissance de la personnalité du mineur avant toute décision pénale le concernant ;

– le nouvel article 5-2, crée le dossier unique de personnalité : celui-ci aura vocation à recueillir l'ensemble des éléments relatifs à la personnalité d'un mineur recueillis au cours des enquêtes dont il fait l'objet, y compris dans le ressort de juridictions différentes, ainsi que, le cas échéant, les investigations relatives à sa personnalité et à son environnement social et familial accomplies lors des procédures d'assistance éducative dont il a pu faire l'objet. Placé sous le double contrôle du juge des enfants suivant habituellement le mineur et du procureur de la République territorialement compétent, il pourra être utilisé uniquement dans les procédures suivies devant les juridictions pour mineurs. Son accès sera réservé à certains professionnels (avocats, professionnels de la protection judiciaire de la jeunesse, magistrats...).

Par ailleurs les mineurs récidivistes de plus de 16 ans poursuivis pour des délits passibles de plus de trois ans d'emprisonnement seront nécessairement jugés devant un tribunal correctionnel pour mineurs comportant un juge des enfants ; les deux assesseurs eux seront des magistrats non spécialisés (futurs art. 8, 9 et 24-1 de l'ordonnance de 1945). Ceci à titre expérimental dans des juridictions pilotes entre le 1er janvier 2012 et le 1er janvier 2014. La loi précise que « le tribunal correctionnel pour mineurs constitue une formation spécialisée du tribunal correctionnel » (COJ, art. L. 251-7, al. 1er) et qu' « il y a un tribunal correctionnel pour mineurs dans chaque tribunal de grande instance où se trouve un tribunal pour enfants » (art. L. 251-8).

Le nouvel article 10-2 étend les cas de placement sous contrôle judiciaire des mineurs de treize à seize ans afin de développer leur placement en centres éducatifs fermés (CEF).

En outre, le législateur va devoir réorganiser la composition du tribunal pour enfants. Saisi par la Cour de cassation d'une question prioritaire de constitutionnalité, le Conseil constitutionnel vient de déclarer l'article L. 251-3 du Code de l'organisation judiciaire – selon lequel « le tribunal pour enfants est composé d'un juge des enfants, président, et de plusieurs assesseurs » – contraire à la Constitution tout en reportant son abrogation au 1er janvier 2013 [222]. Selon le Conseil, le fait que le tribunal pour enfants soit composé majoritairement d'assesseurs non professionnels (art. L. 251-4) n'encourt pas la censure : il s'agit d'une juridiction pénale spécialisée dont les conditions satisfont au principe d'indépendance et aux exigences de capacité. En revanche, le cumul des fonctions d'instruction et de jugement du juge des enfants est jugé contraire au principe d'impartialité. Plus particulièrement, c'est le fait que le juge des enfants instruise sur les faits (et non qu'il instruise sur la personnalité) et

222. Cons. const., 8 juill. 2011, décision n° 2011-147 QPC et Cons. const., 4 août 2011, décision n° 2011-635 DC (préc., n° 343, en note). Sur la possibilité d'un tel report, v. *supra* n° 150-2.

qu'il décide du renvoi devant le tribunal pour enfants, juridiction de jugement qu'il préside, qui est déclaré inconstitutionnel [223].

Sous-section 3 : La Cour de cassation

§ 1 : Le rôle de la Cour de cassation

I. Le juge du droit

357. – L'uniformisation de la jurisprudence et le contrôle du respect de la règle de droit par les juridictions inférieures. – La Cour de cassation, unique en France, est la plus haute juridiction de l'ordre judiciaire : « il y a, pour toute la République une Cour de cassation » (COJ, art. L. 411-1), qui « a son siège à Paris » (art. R. 411-1) [224]. Lorsqu'un plaideur estime avoir été condamné ou débouté par un arrêt ou un jugement rendu en premier et dernier ressort non conforme au droit, il peut alors se pourvoir en cassation, c'est-à-dire former un pourvoi devant la Cour de cassation : « le pourvoi en cassation tend à faire censurer par la Cour de cassation la non-conformité du jugement qu'il attaque aux règles de droit » (CPC, art. 604). La Cour de cassation ne recherche pas les faits de la cause, elle vérifie si les juges du fond ont bien interprété et appliqué la règle de droit dans la décision attaquée. En d'autres termes, la Cour de cassation vérifie l'exactitude de la qualification juridique donnée aux faits qui lui sont présentés dans la décision attaquée : par exemple, elle vérifie si les juges du tribunal de grande instance ou de la cour d'appel ont eu raison d'analyser un contrat comme une vente et non pas plutôt comme un échange. Elle recherche ensuite si les conséquences juridiques déduites par les juges du fond de cette qualification étaient les bonnes ; par exemple, le montant de l'amende prononcée est-il celui prévu par la loi en matière de vol ? Le demandeur au pourvoi ne peut pas demander à la Cour de cassation d'examiner les faits une troisième fois ; il doit nécessairement invoquer une ou plusieurs violations des règles de droit, constituant chacune un moyen de cassation, un « cas d'ouverture ». Un pourvoi en cassation peut être formé pour violation d'une loi au sens strict, d'un décret, d'un arrêté, d'une coutume, d'un principe général du droit, d'un texte international... Attention : dans un sens plus étroit, la « violation de la loi » est un cas d'ouverture à côté d'autres, tels que le manque de base légale, l'excès de pouvoir... qui ont été dégagés par la pratique ; par conséquent, contrairement à ce que laissent parfois entendre les médias, « violation de la loi » n'est pas synonyme de « vice de forme ».

Il en est de même en matière pénale : ainsi, selon l'article 567, alinéa 1er du Code de procédure pénale, « les arrêts de la chambre de l'instruction et les arrêts et jugements rendus en dernier ressort en matière criminelle, correctionnelle et de police peuvent être annulés en cas

223. V. le considérant n° 11 : « Considérant que le principe d'impartialité des juridictions ne s'oppose pas à ce que le juge des enfants qui a instruit la procédure puisse, à l'issue de cette instruction, prononcer des mesures d'assistance, de surveillance ou d'éducation ; que, toutefois, en permettant au juge des enfants qui a été chargé d'accomplir les diligences utiles pour parvenir à la manifestation de la vérité et qui a renvoyé le mineur devant le tribunal pour enfants de présider cette juridiction de jugement habilitée à prononcer des peines, les dispositions contestées portent au principe d'impartialité des juridictions une atteinte contraire à la Constitution ; que, par suite, l'article L. 251-3 du Code de l'organisation judiciaire est contraire à la Constitution ».

224. J.-F. Weber, *La Cour de cassation*, La Documentation française, 2006. *Adde* www.courdecassation.fr.

de violation de la loi sur pourvoi en cassation formé par le ministère public ou par la partie à laquelle il est fait grief, suivant les distinctions qui vont être établies », étant précisé que « le recours est porté devant la chambre criminelle de la Cour de cassation » (alinéa 2).

De tout cela, il résulte que la Cour de cassation n'est pas un troisième degré de juridiction, ce qu'on traduit par la formule selon laquelle la Cour de cassation « juge les jugements et non pas les affaires ».

II. Le juge de cassation

A. La tradition du renvoi après cassation

358. – L'impossibilité pour la Cour de cassation de substituer sa propre décision à la décision cassée. – Si la Cour de cassation estime que la règle de droit a été correctement appliquée, elle rejette le pourvoi et la décision attaquée devient irrévocable. Si, au contraire, elle estime que la décision attaquée est entachée d'une violation de la loi, elle ne peut que la « casser et l'annuler » (les deux termes étant synonymes, cette expression traditionnelle est redondante) et renvoyer l'affaire devant une juridiction de renvoi, différente (ou autrement composée) de celle dont la décision a été cassée mais de même nature et de même degré (COJ, art. L. 431-4). Par exemple, si la décision cassée est un arrêt de la cour d'appel de Caen, la Cour de cassation renverra l'affaire à la cour d'appel de Rennes [225]. La juridiction de renvoi rejuge complètement et librement l'affaire : elle n'est pas plus tenue des constatations de fait effectuées par le juge du fond précédemment saisi que des analyses juridiques de la Haute juridiction [226].

359. – L'exercice d'un second pourvoi. – Dans ce cas où la juridiction de renvoi ne se conforme pas à l'interprétation retenue par la Cour supérieure, le demandeur au pourvoi perd de nouveau ; la loi lui permet de former un second pourvoi, mais l'affaire doit être débattue en assemblée plénière (art. L. 431-6). Cette formation solennelle [227] a le choix entre deux solutions : la première consistant à se ranger en définitive à l'interprétation de la juridiction du fond, c'est-à-dire rejeter le second pourvoi de telle sorte que l'arrêt attaqué devient irrévocable ; la seconde étant de maintenir sa première interprétation et condamner la résistance de la juridiction du fond en cassant l'arrêt critiqué et en désignant une seconde juridiction de renvoi pour statuer sur cette affaire. Par exemple, si la Cour de cassation avait cassé un arrêt

225. Ce n'est qu'un exemple, car la « cour de renvoi » est désignée, cas par cas, par l'arrêt de cassation. En effet, si la Cour de cassation casse la cour de Caen, elle peut renvoyer non seulement à Rennes, mais aussi à Rouen, à Orléans et, pourquoi pas, à Agen !... Sa liberté est totale. C'est le bon sens qui commande de renvoyer vers une cour proche des plaideurs. C'est ce qui explique que, si la juridiction dont l'arrêt est cassé est la cour d'appel d'un département d'outre-mer ou d'une collectivité d'outre-mer, par exemple, c'est cette même cour d'appel qui sera cour de renvoi, mais avec d'autres magistrats, n'ayant pas connu du premier appel. De même, si la cassation est prononcée pour un motif formel et de peu d'importance, la Cour de cassation peut renvoyer devant la même cour qui a rendu l'arrêt cassé mais, là encore, « autrement composée ». C'est le cas encore quand la cour d'appel susceptible de statuer est unique en France (celle de Paris, en matière de brevet d'invention...).

226. Ainsi, en fait, elle peut relever l'existence de certains faits non retenus par la juridiction auteur de la décision cassée ; elle peut aussi les apprécier différemment. En droit, la juridiction de renvoi n'est pas liée par l'interprétation de la Cour de cassation ; elle peut statuer sans suivre l'arrêt de la Haute juridiction.

227. Elle comprend : le premier président, les six présidents et les six doyens de chambre, ainsi qu'un conseiller de chacune des six chambres (art. L. 421-5), soit un total de 19 membres. Elle a remplacé en 1967 les chambres réunies, formation inutilement lourde, puisqu'il fallait réunir tous les conseillers de la Cour et qu'un arrêt ne pouvait être valablement rendu sans un quorum de 35 conseillers.

de la cour d'appel de Toulouse et renvoyé l'affaire devant la cour d'appel de Bordeaux (première juridiction de renvoi) et si elle casse l'arrêt de la cour d'appel de Bordeaux, elle renverra devant la cour d'appel de Pau (qui sera la deuxième juridiction de renvoi). Cette seconde juridiction de renvoi [228] apprécie librement les faits, mais doit impérativement s'incliner devant l'analyse juridique de l'assemblée plénière [229]. Attention toutefois : en raison de la prohibition des arrêts de règlement, si, à l'occasion d'une autre affaire, la même question de droit se posait, toute juridiction du fond saisie – y compris la seconde juridiction de renvoi – serait libre de statuer en fait et en droit.

B. L'aménagement des règles traditionnelles

360. – La volonté d'accélérer les procédures. – Le législateur moderne a permis que la cassation soit sans renvoi dans deux cas (CPC, art. 627, al. 1 et 2 et COJ, L. 411-3 du COJ) : la Cour de cassation peut « mettre fin au litige toutes les fois que la cassation n'implique pas qu'il soit à nouveau statué sur les faits » – par exemple, à la suite de l'abrogation du texte qui fondait la décision de condamnation pénale ou civile cassée ; ou « lorsque les faits, tels qu'ils ont été souverainement constatés et appréciés par les juges du fond, lui permettent d'appliquer la règle de droit appropriée » [230], ce qui revient à faire de la Cour de cassation un troisième degré de juridiction (d'autant qu'elle peut statuer sur les dépens – comme un juge du fond le ferait – et que l'arrêt emporte exécution forcée) [231] !

Dans le même souci d'accélération, l'assemblée plénière de la Cour de cassation peut, depuis 1979, être saisie par le premier pourvoi lorsqu'il y a intérêt à fixer rapidement la jurisprudence sur une question de principe (art. L. 431-6). Cette formation est saisie, soit par le premier

228. Cette « seconde cour de renvoi » statuait toujours d'une manière spéciale en « audience solennelle », l'audience se tenant devant les « chambres réunies », c'est-à-dire la réunion d'au moins deux chambres de la cour, et les magistrats, pour l'occasion, revêtent la robe de cérémonie rouge et non la robe ordinaire, noire. D'où l'ancienne appellation d'« arrêt en rouge ». Depuis le 1er mars 2005 (date d'entrée en vigueur du décret du 28 déc. 2005), ce n'est plus systématique : selon l'article R. 312-9 du Code de l'organisation judiciaire « après cassation d'un arrêt en matière civile, le premier président, d'office ou à la demande des parties, renvoie l'affaire à l'audience solennelle si la nature ou la complexité de celle-ci le justifie. Cette décision est une mesure d'administration judiciaire ». Autant dire que si la Cour de cassation refuse de l'ordonner malgré la demande d'une partie, celle-ci ne peut exercer aucun recours (la décision du premier président n'est en effet pas un jugement mais une mesure d'administration judiciaire).

229. Par exemple, l'assemblée plénière a décidé que l'article 2276 du Code civil était applicable au litige et qu'il devait produire tel ou tel effet, la seconde juridiction de renvoi ne peut que tirer les conséquences de cette interprétation. Cf. une procédure célèbre, celle de l'affaire *Franck*, qui s'est déroulée sur plus de vingt ans au siècle dernier : elle portait sur le point de savoir si, en cas d'accident causé par une voiture volée, la responsabilité de l'accident incombe au voleur (qui souvent a disparu) ou au propriétaire volé (qui lui est assuré). La cour d'appel de Nancy avait estimé que le gardien responsable était le voleur. La Cour de cassation décida au contraire que le gardien responsable était le propriétaire volé lui-même ; elle cassa donc l'arrêt de la cour d'appel de Nancy et renvoya l'affaire devant la cour d'appel de Besançon. Mais celle-ci, persistant dans l'opinion qui avait été celle de la cour de Nancy, décida, à l'inverse de la Cour de cassation, que le gardien responsable était le voleur. En un mot, la juridiction de renvoi refusa de s'incliner devant l'interprétation de la Cour de cassation. À la suite d'un second pourvoi, la formation solennelle de la Cour de cassation (chambres réunies à l'époque) s'aligna sur l'interprétation des cours d'appel, estimant que le gardien responsable était bien le voleur… Un troisième pourvoi fut encore intenté mais sur un autre cas d'ouverture !

230. Par exemple, les juges du fond ont constaté qu'un jardinier, sur une tondeuse autoportée, a renversé le propriétaire de la pelouse, qui s'est imprudemment jeté sous la tondeuse. Ils estiment qu'il n'y a pas lieu de verser des dommages-intérêts à la victime, sa faute étant aussi grave que celle du jardinier, au visa de l'article 1382 du Code civil pour un dommage qu'ils évaluent cependant à un certain montant. Sur pourvoi en cassation de la victime, la Cour de cassation casse et applique la loi de 1985 sur les accidents de circulation causés par les véhicules terrestres à moteur, car elle a des éléments suffisants (il y a un dommage corporel dont le montant est évalué, la tondeuse autoportée est un VTAM, peu importe la faute sauf le suicide).

231. *Adde* S.-L. Texier, « De la possibilité pour la Cour de cassation de mettre fin au procès civil », *D.* 2011, p. 116. L'auteur souhaite un élargissement de cette possibilité.

président, soit sur arrêt motivé de la chambre saisie du pourvoi ; le renvoi est de droit lorsque le procureur général le requiert avant l'ouverture des débats (art. L. 431-7). Toujours dans le souci d'évacuer plus rapidement et plus efficacement les difficultés juridiques, une autre formation solennelle peut être réunie, à savoir une chambre mixte [232]. Comme l'assemblée plénière, une telle chambre mixte est saisie, soit par le premier président, soit sur arrêt motivé de la chambre saisie du pourvoi (art. L. 431-7). Le renvoi en chambre mixte est obligatoire en cas de partage égal des voix au sein de la chambre à laquelle l'affaire avait été distribuée ou sur requête du procureur général ; il est facultatif lorsqu'une affaire pose une question relevant normalement des attributions de plusieurs chambres ou lorsqu'elle est susceptible de provoquer des solutions divergentes (art. L. 431-5) [233].

Ensuite, en 1991, a été instituée une procédure de saisine pour avis de la Cour de cassation [234]. Elle permet à presque toutes les juridictions de l'ordre judiciaire, civiles et pénales [235] – à l'exclusion des parties – de solliciter l'avis de la Cour de cassation, lorsqu'elles sont saisies d'une demande « soulevant une question de droit nouvelle, présentant une difficulté sérieuse et se posant dans de nombreux litiges » (art. L. 441-1). Par exemple, des juridictions du fond ont pu demander comment il fallait comprendre la notion d'« implication d'un véhicule » de la loi du 25 juillet 1985 en matière d'accidents automobiles [236]. La procédure a été étendue au juge pénal par la loi organique n° 2001-539 du 25 juin 2001, entrée en vigueur le 1er janvier 2002 [237].

---

232. Une chambre mixte est composée de magistrats appartenant à trois chambres au moins de la Cour ; participent le premier président (qui préside la chambre mixte, sauf empêchement), le président et le doyen de chacune des chambres qui la composent, ainsi que deux conseillers de chacune de ces chambres (art. 421-4 du COJ). Précision terminologique : il ne faut pas parler (même si l'erreur est courante, y compris dans les livres de droit) de *la* chambre mixte mais d'*une* chambre mixte. En effet, cette chambre est composée au gré des circonstances et en fonction des divergences de jurisprudence à résorber. Il n'y a pas une chambre mixte unique. Le premier président peut réunir une chambre mixte composée de magistrats de la première chambre civile et de la deuxième chambre civile ; de la troisième chambre civile et de la chambre sociale ; de la chambre commerciale et de la chambre criminelle, etc.

233. Selon l'article 1015-1, la chambre saisie d'un pourvoi peut solliciter l'avis d'une autre chambre sur un point de droit qui relève de la compétence de celle-ci. Ce texte, issu du décret n° 99-131 du 26 févr. 1999 et qui consacre un usage antérieur, crée une nouvelle saisine pour avis, interne à la Cour de cassation.

234. V. *supra* n° 146.

235. L'article 706-64 du Code procédure pénale exclut en effet les juridictions d'instruction et de la cour d'assises. En outre, « aucune demande d'avis ne peut être présentée lorsque, dans l'affaire concernée, une personne est placée en détention provisoire ou sous contrôle judiciaire ».

236. Un autre exemple plus récent peut être consulté. Le tribunal de première instance de Nouméa a formulé une demande d'avis le 11 août 2005, dans une procédure d'assistance éducative concernant des mineurs. Il se posait la question suivante, susceptible de revenir à plusieurs reprises devant les tribunaux de Nouvelle-Calédonie : « en matière d'assistance éducative, lorsque le père, la mère et les enfants sont de statut civil coutumier kanak, doit-il être fait application des dispositions des articles 7 et 19 de la loi organique n° 99-209 du 19 mars 1999 et le juge des enfants doit-il statuer dans la composition coutumière prévue par l'ordonnance n° 82-877 du 15 oct. 1982 ? ». Le 16 déc. 2005, la formation pour avis de la Cour de cassation a rendu un avis favorable à la présence d'assesseurs coutumiers, apportant une précision utilisable à l'avenir par les juges de ce territoire d'outre-mer : en effet, selon elle, « il résulte de l'article 7 de la loi organique n° 99-209 du 19 mars 1999 que les personnes de statut civil coutumier kanak sont régies, pour l'ensemble du droit civil, par leurs coutumes. En conséquence, en application de l'article 19 de la loi, lorsqu'elle statue en matière d'assistance éducative à l'égard de parents et d'enfants de statut civil coutumier kanak, la juridiction civile de droit commun est complétée par des assesseurs coutumiers ». Cf. *Bull. inf. C. cass.* n° 637, avis 16 déc. 2005 (http://www.courdecassation.fr/_BICC/bicc.htm).

237. Dans le souci de conférer une solide autorité aux avis de la Cour de cassation, la formation spéciale est composée des plus hauts magistrats de la Cour de cassation, à savoir : – dans les matières autres que pénales, le premier président, les six présidents de chambre et deux conseillers désignés par chacune des chambres intéressées par la question posée : par exemple, si la demande d'avis concerne une loi nouvelle totalement étrangère au droit commercial, la chambre commerciale et financière ne déléguera personne ; – en matière pénale, le premier président, le président de la chambre criminelle, un président de chambre désigné par le premier président, quatre conseillers de la chambre criminelle et deux conseillers désignés par le premier président appartenant à une autre chambre. À noter que la formation pour avis ne peut valablement se prononcer que si tous ses membres sont présents (COJ, art. R. 441-1).

Enfin la collégialité requise au sein des chambres a diminué. D'une part, depuis 1981, le quorum d'une formation ordinaire de la Cour de cassation est de cinq conseillers ayant voix délibérative au moins (donc cinq, six ou plus) au lieu de sept au moins comme précédemment.

D'autre part, depuis 1997, lorsque la solution d'un pourvoi s'impose avec évidence, il peut être jugé par une formation restreinte composée seulement de trois conseillers appartenant à la chambre à laquelle l'affaire a été distribuée (art. L. 431-1) : dans ce cas, les trois conseillers rendent des arrêts de rejet ou de cassation et ne se contentent pas de filtrer les pourvois. Devant les chambres civiles, la chambre commerciale et la chambre sociale, la solution est de droit, en ce sens que toute affaire échoit en principe à la formation restreinte ; ce n'est que si l'affaire paraît quelque peu complexe qu'elle sera portée directement à l'audience normale, sur décision du premier président ou du président de la chambre, d'office ou sur la demande du procureur général ou de l'une des parties. C'est l'inverse devant la chambre criminelle, de telle sorte qu'en principe, toute affaire est portée à l'audience, sauf si la solution paraît s'imposer, auquel cas le premier président ou le président de la chambre peut (c'est une faculté et non une obligation) décider de renvoyer l'affaire à la formation restreinte. La loi du 25 juin 2001 a accru les pouvoirs de cette formation restreinte – de chaque chambre –, lui conférant la possibilité de déclarer non admis « les pourvois irrecevables ou non fondés sur un moyen sérieux de cassation » (CPC, art. 1014), c'est-à-dire « lorsque la solution s'impose » (COJ, art. L. 431-1). Autant dire qu'en rendant de telles décisions, la formation restreinte se comporte comme l'ex-chambre des requêtes !

361. – La Cour de cassation connaît, en matière pénale, des demandes de révision et non pas seulement des pourvois en cassation. Ainsi, selon les articles 622 à 626 du Code de procédure pénale, la révision d'une décision pénale définitive peut être demandée au bénéfice de toute personne reconnue coupable d'un crime ou d'un délit, en particulier, lorsque, après une condamnation, vient à se produire ou à se révéler un fait nouveau ou un élément inconnu de la juridiction au jour du procès, de nature à faire naître un doute sur la culpabilité du condamné. La révision peut être demandée par le ministre de la Justice, par le condamné ou, en cas d'incapacité, par son représentant légal et après la mort ou l'absence déclarée du condamné, par son conjoint, ses enfants, ses parents, ses légataires universels ou à titre universel ou par ceux qui en ont reçu de lui la mission expresse. La demande en révision est adressée à une commission composée de cinq magistrats de la Cour de cassation. Cette commission saisit la chambre criminelle des demandes qui lui paraissent pouvoir être admises. La commission statue par une décision motivée qui n'est susceptible d'aucun recours. La commission saisie d'une demande de révision peut, à tout moment, ordonner la suspension de l'exécution de la condamnation. La chambre criminelle, qui statue comme cour de révision, examine l'affaire au fond et statue, par arrêt motivé non susceptible de voie de recours. Elle peut toujours ordonner la suspension de l'exécution de la condamnation. Elle rejette la demande si elle l'estime mal fondée ou annule la condamnation prononcée ; dans ce cas, soit elle rejuge elle-même l'affaire, si elle en possède les éléments (ce faisant elle devient juge du fait), soit elle renvoie à une juridiction du même type que celle dont la décision est annulée (la juridiction de renvoi ayant tous pouvoirs d'appréciation). Un condamné reconnu innocent a droit à réparation intégrale du préjudice matériel et moral que lui a causé la condamnation. Cette réparation est à la charge de l'État, sauf son recours contre la partie civile, le dénonciateur ou le faux témoin par la faute desquels la condamnation a été prononcée. Il ne faut pas confondre cette procédure avec celle du réexamen des décisions pénales intervenues en violation de la Convention EDH [238].

§ 2 : L'organisation et le fonctionnement [239]

362. – La Cour de cassation, hier… – À l'origine, la Cour de cassation était composée de trois chambres : en matière pénale, la chambre criminelle et, en matière civile, d'une part, la chambre des requêtes dont le rôle était de filtrer les pourvois en rejetant par un arrêt motivé ceux qui ne paraissaient pas sérieux, et d'autre part, la chambre civile qui avait pour fonction d'examiner le pourvoi au fond. Mais, depuis 1938, de nombreuses réformes ont tenté de remédier à l'encombrement de la Cour de cassation : les effectifs et le nombre des chambres ont été augmentés – pendant que la chambre des requêtes, « goulot d'étranglement » était supprimée –, de jeunes magistrats ont été nommés afin d'accélérer le travail des conseillers – les conseillers-référendaires – ou pour exercer des fonctions administratives – les auditeurs de justice –, les formations de jugement ont été allégées et le législateur s'est efforcé de limiter le nombre des pourvois en cassation [240].

363. – … et aujourd'hui. – À l'heure actuelle, la Cour de cassation comprend le premier président (le premier magistrat de l'ordre judiciaire est actuellement M. Vincent Lamanda), six présidents de chambre, 88 conseillers et 65 conseillers référendaires, des auditeurs ; les services du parquet (le procureur général, les six premiers avocats généraux et 22 avocats généraux, des avocats généraux référendaires) ; des directeurs de greffe et des greffiers de chambre ; enfin un secrétariat général (assuré par deux magistrats) et un service de documentation, des études et du rapport [241]. La Cour de cassation est divisée en six chambres : cinq chambres civiles et une chambre criminelle. La chambre criminelle connaît des pourvois intéressant le droit pénal [242], mais chaque chambre civile est également spécialisée [243]. Actuellement, les trois premières se

238. Il faut noter que, outre la commission de révision des décisions pénales, il existe trois commissions juridictionnelles qui fonctionnent auprès de la Haute juridiction, à savoir la Commission juridictionnelle concernant les officiers de police judiciaire, la Commission nationale de réparation des détentions, et la Commission de réexamen des décisions pénales intervenues en violation de la Convention EDH. V. l'article L. 451-1 du Code de l'organisation judiciaire : « les règles relatives à l'institution, à la compétence, à l'organisation et au fonctionnement de la Commission nationale de réparation des détentions, de la commission de révision des décisions pénales, de la commission de réexamen d'une décision pénale consécutif au prononcé d'un arrêt de la Cour européenne des droits de l'homme et de la commission d'examen des recours en matière de discipline des officiers de police judiciaire sont fixées par le Code de procédure pénale » : respectivement art. 149 et s., 622 et s., 626-1 et s. et 16-2 de ce code. La création (assez récente) des deuxième et troisième a permis à notre système d'être conforme aux exigences de la Cour européenne des droits de l'homme relatives au procès équitable.

239. À l'occasion de l'audience solennelle de rentrée de 2006, la Cour de cassation a rendu publique une charte de la procédure pour les justiciables, qui explique de manière très claire et simple le rôle de la Cour de cassation et le déroulement de la procédure devant elle ; la charte est consultable à cette adresse : http://www.courdecassation.fr/informations_services_6/charte_justiciable_2544.

240. V. *supra* n° 360.

241. Cf. COJ, art. R. 421-1 et décret n° 2002-349 du 8 mars 2002 fixant les effectifs des magistrats de la Cour de cassation et du service de documentation et d'études de ladite cour.

242. V. CPP, art. 567.

243. V. COJ, art. R. 121-5 : il résulte de ce texte que la répartition des attributions peut être modifiée par ordonnance du Premier président, après avis du procureur général, de la Cour en fonction des besoins. Sur les attributions actuelles, v. la dernière rubrique de la dernière partie des rapports annuels de la Cour de cassation (consultables depuis 1997 et téléchargeables depuis 2003, sur le site de la cour) consacrée aux attributions des chambres civiles.

voient attribuer les affaires concernant plus spécifiquement le droit civil au sens large du terme : la 1re chambre civile connaît notamment des pourvois intéressant le droit des personnes, de la famille, des successions et des régimes matrimoniaux, les obligations et contrats civils et la responsabilité contractuelle, le droit international et la nationalité, la propriété et les droits réels immobiliers, la propriété littéraire et artistique ; la 2e chambre civile se voit attribuer essentiellement le droit des assurances, du divorce, la procédure civile et les voies d'exécution, le droit des atteintes au respect de la vie privée et au respect de la présomption d'innocence, la responsabilité délictuelle, mais aussi le droit de la sécurité sociale ; la 3e chambre civile est surtout spécialisée dans les questions de construction et d'urbanisme, mais aussi de propriété immobilière et possession, de copropriété, de baux. La 4e chambre, la chambre commerciale et financière, est spécialisée dans le droit des affaires (assurance crédit, bourse, concurrence, contrats commerciaux, sociétés commerciales, entreprises en difficulté...) et la 5e chambre, la chambre sociale, connaît du droit du travail, interne et communautaire. Il faut mentionner l'existence éphémère d'une formation [244] chargée de filtrer les questions prioritaires de constitutionnalité, c'est-à-dire d'apprécier s'il avait lieu de transférer au Conseil constitutionnel un tel moyen d'inconstitutionnalité. À peine six mois après le début de son fonctionnement, celle-ci a été supprimée : c'est désormais chaque chambre qui réalise le filtrage (COJ, art. R. 461-1 et s. [245]).

363-1. – Les formations administratives des juridictions. – Pour finir, il faut noter que les juridictions se réunissent en assemblées générales (des magistrats du siège et du parquet, des seuls magistrats du siège, des seuls magistrats du parquet et l'assemblée plénière des magistrats et des fonctionnaires du tribunal). Elles ne sont investies d'aucun pouvoir juridictionnel : elles ne rendent pas de jugement. Leur seule fonction consiste à délibérer sur tout ce qui concerne l'administration générale du tribunal : élaboration du règlement intérieur, jours et heures d'audience, répartition du personnel entre les chambres, désignation de certains juges spécialisés, etc. En d'autres termes, l'assemblée générale est le lieu de rencontre des membres du tribunal pour discuter en commun des problèmes d'administration intérieure...

Section 3
Les règles gouvernant le déroulement du procès

364. – L'émergence d'un droit processuel, droit commun du procès. – Il existe des règles communes aux procès se déroulant devant les juridictions quelles qu'elles soient : civiles, pénales, administratives, internationales. Ces règles constituent le droit processuel. Pour autant, chaque ordre de juridictions, chaque juridiction, voire chaque matière appelle ses propres particularités : par exemple, la procédure de l'instance en divorce n'obéit pas aux règles standards

244. V. les alinéas 3 et 4 de l'article 23-6 de l'ordonnance n° 58-1067 du 7 nov. 1958 portant loi organique sur le Conseil constitutionnel : « l'arrêt de la Cour de cassation est rendu par une formation présidée par le premier président et composée des présidents des chambres et de deux conseillers appartenant à chaque chambre spécialement concernée.

Toutefois, le premier président peut, si la solution lui paraît s'imposer, renvoyer la question devant une formation présidée par lui-même et composée du président de la chambre spécialement concernée et d'un conseiller de cette chambre ». Créé par la loi organique n° 2009-1523 du 10 déc. 2009 (entrée en vigueur le 1er mars 2010), ce texte a été abrogé par la loi organique n° 2010-830 du 22 juill. 2010.

245. Issus du décret n° 2010-1216 du 15 oct. 2010 relatif à la procédure d'examen des questions prioritaires de constitutionnalité devant la Cour de cassation.

applicables devant le tribunal de grande instance. À défaut de pouvoir détailler toutes les procédures, l'exemple choisi est celui de la procédure contentieuse ordinaire devant le tribunal de grande instance (donc en matière civile), à l'exclusion de la procédure gracieuse ou de référé. Il faut cependant savoir que, parfois, c'est parce que le législateur exige l'autorisation ou le contrôle d'un juge sur un acte, qu'un plaideur va saisir un tribunal : ainsi, la loi ne permet pas d'adopter un enfant ou de divorcer, même par consentement mutuel, sans intervention judiciaire ; dans ce cas, la procédure sera gracieuse et tiendra compte de l'absence de litige. Il a déjà été dit[246] qu'en cas d'urgence ou d'évidence, le demandeur pouvait agir en référé (voire sur requête), devant le président du tribunal de grande instance – si cette juridiction était celle qu'il aurait fallu saisir au principal ; là encore, la procédure tient compte des circonstances et est plus simple et plus rapide que la procédure ordinaire.

Devant ce tribunal civil, la procédure – ordinaire et contentieuse – est la plus complète et la plus complexe. Elle sert de modèle à d'autres procédures. Trois étapes peuvent être distinguées.

§ 1 : Avant l'instance

365. – La raison du procès. – Le plus souvent, c'est parce que plusieurs (pour simplifier disons deux) personnes ne s'entendent pas – elles ont un différend – qu'un procès va se dérouler : la procédure va alors être contentieuse. Parfois, c'est parce que le législateur exige l'autorisation ou le contrôle d'un juge sur un acte, qu'un plaideur va saisir un tribunal : ainsi, on ne peut adopter un enfant ou divorcer, même par consentement mutuel, sans intervention judiciaire ; dans ce cas, la procédure sera gracieuse et tiendra compte de l'absence de litige.

366. – L'introduction de l'instance. – Devant le tribunal de grande instance, l'acte introductif d'instance consiste le plus souvent en une assignation adressée à l'adversaire par ministère d'huissier. Cet acte de procédure permet de porter à la connaissance de l'adversaire les conclusions du demandeur, qui exposent sa ou ses demande(s) initiale(s) et son argumentation de fait et de droit.

La demande n'est recevable que si le plaideur a qualité et intérêt. Avoir qualité, c'est être habilité à former une demande pour faire reconnaître un droit dont on se prétend titulaire. Par exemple, le propriétaire d'un appartement fait refaire l'installation électrique ; un court-circuit provoque un incendie de celui-ci ; le propriétaire victime a qualité pour demander réparation de son dommage à l'électricien ; de même les époux (et eux seuls d'ailleurs) ont qualité pour demander le divorce… Avoir intérêt, c'est pouvoir tirer un avantage de l'exercice de l'action : somme d'argent, prestation, avantage moral (changement de prénom)… Le propriétaire de l'appartement va tirer un avantage matériel s'il obtient des dommages-intérêts (une somme d'argent) équivalents à la valeur du bien incendié ; le conjoint qui veut retrouver sa liberté a bien intérêt à la rupture du lien matrimonial… Le contenu de cet avantage est celui de l'effet juridique de la règle de droit invoquée par le demandeur (ou appliquée par le juge pour se conformer aux souhaits du demandeur) : par exemple, l'effet de la règle de l'article 1382 du Code civil est l'obtention de dommages-intérêts ; l'effet de l'article 2276 du Code civil est

246. V. *supra* n° 323.

la restitution d'un meuble volé… De ce fait, il est bien rare qu'une personne agisse en étant dépourvue d'intérêt.

À ces deux conditions d'ouverture de l'action, il est ajouté une condition d'exercice : ainsi, tout plaideur doit être capable et, à défaut, représenté par une personne ayant « pouvoir pour agir » ou un « mandat *ad agendum* ». (Dans le langage courant, on parlerait plutôt de procuration : tous ces termes sont synonymes).

367. – La saisine du tribunal. – Jusque-là, tout s'est passé en dehors du tribunal. Il faut donc saisir la juridiction compétente pour qu'elle soit à même de trancher le litige. La saisine est réalisée par le dépôt d'une copie de l'assignation au greffe du tribunal de grande instance : c'est le placement de l'affaire ou, selon un vieux terme, son « enrôlement ».

§ 2 : Pendant l'instance

368. – La phase administrative. – Elle consiste en l'enregistrement de l'affaire au répertoire général, en l'ouverture du dossier de l'affaire et en l'inscription de cette affaire sur le registre d'audience (le « plumitif »). Le président distribue l'affaire à une chambre du tribunal et fixe le jour et l'heure auxquels l'affaire sera appelée pour la première fois. Les avocats en sont informés.

369. – La première audience : la conférence du président et la mise en état. – Le président confère avec les avocats pour décider si l'affaire fera l'objet d'une mise en état sans juge spécifique (circuit court) ou avec un juge de la mise en état (circuit long). Le choix sera fait en fonction de la complexité de l'affaire. Attention : à la différence du procès pénal, le procès civil reste la chose des parties ; ce sont donc elles qui fournissent au juge les éléments qui vont permettre à ce magistrat de trancher le litige. La mise en état commence donc, en réalité, dès l'assignation. Pour l'essentiel, la mise en état est la production de pièces et documents, l'échange de conclusions, contenant d'un côté les demandes initiales [247], voire additionnelles du demandeur et d'un autre côté, les moyens de défense (défenses au fond, fins de non-recevoir ou exceptions de procédure) du défendeur. Cela peut être complété par des mesures d'instruction (audition de témoin, expertise…) ordonnées par le juge. La mise en état, c'est donc l'instruction de l'affaire, mais le terme n'a pas la même signification qu'en procédure pénale. Il serait illusoire de demander à la personne poursuivie de rassembler des preuves contre elle ; en procédure civile, en revanche, la collaboration des parties est normale. En cas de mauvaise volonté de leur part, le juge de la mise en état aurait des pouvoirs pour faire accélérer les choses. Le juge de la mise en état doit seulement veiller à faire respecter et à respecter lui-même le principe de la contradiction, qui est un principe directeur énoncé par le Code de procédure civile (CPC, art. 14, 15 et 16). C'est un principe élémentaire de justice qui doit être respecté tout au long du procès mais qui est fondamental dans le cadre de l'instruction. En effet, pour être apte à rendre une bonne décision, le juge doit avoir entendu le

247. V. *supra* n° 366.

point de vue de chacun des plaideurs. La mise en état est donc la phase essentielle du procès, celle qui va permettre au tribunal de statuer. Elle prend fin par sa clôture décidée par le juge dans une ordonnance et le renvoi à l'audience [248].

370. – Les débats. – La mise en état est suivie d'une phase de procédure orale, à savoir l'audience des plaidoiries sauf renonciation, sur demande ou avec accords des avocats. En principe, en matière contentieuse, les débats sont publics. En revanche, toujours en principe, en matière gracieuse, ils se déroulent en chambre du conseil (en procédure pénale, on dirait « à huis clos »). Le président entend les plaidoiries des avocats, demande éventuellement des explications de fait aux parties, toujours dans le respect du contradictoire ; pour finir, il se peut que le ministère public donne son avis (il en a l'obligation dans certaines affaires). Puis le président clôt les débats par une mesure d'administration judiciaire insusceptible de recours. Cette étape marque la fin de l'activité procédurale des parties.

371. – Le jugement. – Participent au délibéré les juges devant qui l'affaire a été débattue, à moins que les débats ne se soient déroulés devant un seul des juges (il en rend compte aux autres). Il existe trois formes de délibéré : le délibéré sur le siège – les juges ne quittent pas la salle et rendent aussitôt leur décision –, le délibéré en chambre du conseil – le tribunal se retire et revient rendre sa décision au cours de la même instance – et la mise en délibéré de l'affaire – la décision n'est pas rendue à l'audience même où les débats se sont déroulés, mais à huitaine, à quinzaine… à moins que le jugement ne soit prononcé par « sa mise à disposition au greffe de la juridiction » [249] – la date devant être indiquée, dans tous les cas, aux parties. Les délibérations du juge sont secrètes (art. 448) de telle sorte que ne peuvent assister aux délibérations que les juges qui sont appelés à statuer (même pas le greffier) et qu'il est interdit aux magistrats de faire connaître ce qui s'est dit pendant le délibéré. Le délibéré est suivi d'un vote : celui-ci est rendu à la majorité des voix (art. 449). Le pouvoir de décision est donc un pouvoir collégial. La décision peut donc être prise malgré le sentiment de l'un des juges, c'est-à-dire même si un de juges est d'un avis contraire [250].

C'est essentiellement à ce moment que le juge exerce sa fonction juridictionnelle, son « office » (art. 12, al. 1er). Lorsqu'il élabore sa décision, le juge doit respecter le principe dispositif. C'est aux parties qu'incombent la fixation du cadre du litige, le juge étant lié par ce cadre (art. 4, al. 1er et art. 5) : l'objet est délimité par les conclusions des parties et le juge ne peut ne peut statuer *ultra petita* ou *infra petita*, c'est-à-dire accorder plus ou moins que ce qui était demandé.

Le jugement doit être motivé (art. 455, al. 2) [251]. Le texte original du jugement est appelé la minute : il a la force probante d'un acte authentique. Le jugement est ensuite prononcé

248. Les pouvoirs du juge de la mise en état ont encore été renforcés par le décret n° 2005-1678 du 28 déc. 2005, entré en vigueur le 1er mars 2006 : il peut ainsi demander aux avocats de déposer leurs dossiers de plaidoiries, ou sanctionner une partie négligente en clôturant l'instruction à son égard seulement – l'autre pouvant continuer à déposer pièces et conclusions… De manière générale, le souci du gouvernement a été d'améliorer la mise en état : en particulier, le juge de la mise en état peut proposer aux parties – à leurs avocats – un calendrier que chacun s'engage à respecter, constituant un gain de temps et de consensualisme.

249. V. art. 450, al. 2, issu du décret n° 2004-836 du 20 août 2004, entré en vigueur au 1er janv. 2005.

250. Pour le cas particulier d'un arrêt de la Cour de cassation, cf. D. Tricot, « L'élaboration d'un arrêt de la Cour de cassation », *D.* 2004, p. 225.

251. Sur l'utilité d'une motivation, v. *supra* n° 140 3).

par l'un (au moins) des juges qui l'ont rendu (art. 452), en principe publiquement lorsque le jugement est contentieux, et, en principe, en chambre du conseil lorsque le jugement est gracieux (art. 451), y compris lorsque le jugement est mis à disposition au greffe [252]. La date du jugement est celle à laquelle il est prononcé (art. 453). Le jugement a alors autorité de chose jugée : c'est un attribut (et non pas un effet, comme il est traditionnellement dit), c'est-à-dire une force donnée au jugement par le législateur pour assurer son intangibilité. Si le perdant voulait recommencer le procès, le gagnant pourrait lui opposer l'exception de chose jugée (c'est-à-dire le moyen de défense – une fin de non-recevoir – tirée de la chose jugée) [253].

372. – La notification. – Désormais le jugement existe, mais il doit être porté à la connaissance des parties (spécialement du perdant) : il fait donc l'objet d'une notification. Celle-ci a pour effet de faire courir les délais de recours : par exemple, l'appel peut être exercé dans le mois qui suit la notification du jugement. C'est la fin du procès de première instance. Pour autant, le jugement n'est pas immédiatement exécutoire s'il est susceptible d'appel. En effet, le délai d'exercice de l'appel est suspensif d'exécution. Il n'en irait autrement que si le jugement était doté de l'exécution provisoire.

§ 3 : Après l'instance

373. – L'exercice d'une voie de recours. – Le procès peut cependant continuer, du fait de l'exercice d'une voie de recours. Dans ce cas, une nouvelle instance se déroule, sauf exception, devant un juge hiérarchiquement supérieur. Le Code de procédure civile distingue entre les voies de recours ordinaires (appel, opposition) et les voies de recours extraordinaires (pourvoi en cassation, tierce opposition, recours en révision) : le délai de recours et l'exercice d'une voie de recours ordinaire étant suspensifs (art. 539) alors que ni le délai, ni l'exercice d'une voie de recours extraordinaire ne suspend l'exécution d'une décision (art. 579) ; les premières étant plus largement ouvertes que les autres. En réalité les deux voies de recours les plus exercées sont l'appel (si l'affaire est supérieure au taux du ressort) et le pourvoi en cassation (si l'affaire ne dépasse pas le taux du ressort ou si la décision attaquée est un arrêt). La procédure qui se déroule devant la cour d'appel ou la Cour de cassation obéit alors à un schéma similaire à celui qu'on a vu pour la première instance, avec une mise en état en principe écrite puisque l'appel des jugements du tribunal de grande instance et le pourvoi en matière civile sont jugés selon la procédure avec représentation obligatoire [254].

374. – L'exercice d'une voie d'exécution. – Une dernière étape peut également avoir lieu, dans l'hypothèse où le perdant refuse d'obéir à l'ordre du juge. Il est alors nécessaire de recourir à l'exécution forcée : par exemple, un huissier procédera à la saisie d'un immeuble d'un débiteur récalcitrant et le fera vendre aux enchères, pour que le créancier se paye sur le prix

252. Tout individu pourra demander à consulter le jugement dans le premier cas, seules les parties le pourront dans le second.

253. Sur la relativité de l'autorité de la chose jugée, v. *supra* n° 142. *Adde* n° 147.

254. Le représentant est un avoué jusqu'au 1er janv. 2012 puis un avocat à compter de cette date devant la cour d'appel ; il s'agit d'un avocat aux conseils devant la Cour de cassation : v. *infra* nos 388 et s. et 395.

de vente. Un Code de l'exécution (résultat d'une codification à droit constant[255]) va bientôt régir la matière en remplacement des textes non codifiés applicables actuellement, à savoir la loi n° 91-650 du 9 juillet 1991 portant réforme des procédures civiles d'exécution et son décret d'application n° 92-755 du 31 juillet 1992.

Section 4
Le personnel judiciaire

375. – Un personnel à double composante. – Pour remplir ses fonctions qui sont de deux natures, le personnel judiciaire est composé des magistrats (§ 1) et des auxiliaires de justice (§ 2).

§ 1 : Les magistrats de l'ordre judiciaire

376. – Un statut distinct de celui des autres fonctionnaires. – Concernant la magistrature, trois systèmes se sont succédé : dans l'Ancien droit, le système de la vénalité des offices, sous la Révolution, celui de l'élection des juges et, depuis lors, celui de la nomination directe par le gouvernement pour ceux qui remplissent les conditions d'accès à la fonction prévues par la loi : ils bénéficient d'un statut de carrière garanti par la Constitution et détaillé dans l'ordonnance n° 58-1270 du 22 décembre 1958 portant loi organique relative au statut de la magistrature. Ce statut est surtout destiné à maintenir l'indépendance de l'autorité judiciaire dont le président de la République – et le Conseil supérieur de la magistrature[256] – sont les garants ; tous les magistrats relèvent du ministère de la Justice (la « Chancellerie »).

Rappel et avertissement : tous les juges ne sont pas des magistrats professionnels. Certains sont nommés sur dossiers (juges de proximité) ou élus par leurs pairs (juges consulaires, conseillers prud'homaux...). Leur statut est alors bien différent de celui des magistrats de carrière : en particulier, ils sont faiblement rémunérés par des vacations voire bénévoles, leur régime disciplinaire est spécifique...

255. V. *supra* n°s 106 et s.

256. Le Conseil supérieur de la magistrature a été modifié dans sa composition, ses attributions et ses pouvoirs à trois reprises depuis sa création en 1883 notamment par la loi constitutionnelle n° 2008-724 du 23 juill. 2008, sur laquelle v. *supra* n° 312, sp. en note. La mise en œuvre de celle-ci, résultant de la loi organique n° 2010-830 du 22 juill. 2010 et de son décret d'application n° 2010-1637 du 23 déc. 2010, est intervenue le 23 janv. 2011. Une innovation essentielle de la réforme constitutionnelle du 23 juill. 2008 est de permettre aux justiciables de saisir le CSM aux fins de poursuites disciplinaires par un justiciable, dès lors que dans une procédure le concernant, le comportement d'un magistrat est susceptible de recevoir une qualification disciplinaire. Un autre changement important consiste en l'effacement du président de la République et du garde des Sceaux de cette instance. Désormais, le premier président de la Cour de cassation préside non seulement la formation disciplinaire, mais aussi celle en charge des nominations des magistrats du siège, à l'exception de ceux de la Cour de cassation. Le procureur général près cette Cour préside la formation chargée des magistrats du parquet. Toutes les nominations des membres du ministère public, y compris les procureurs généraux, font dorénavant l'objet d'un avis du Conseil supérieur. En outre, un avocat fait son entrée au CSM où les magistrats deviennent minoritaires par rapport aux extérieurs, sauf dans ses formations disciplinaires. V. http://www.conseil-superieur-magistrature.fr. *Adde* M. Le Pogam, « Réforme du Conseil supérieur de la magistrature. – Entre ouverture et autonomie », *JCP* G 2010, 982.

I. Les points communs à tous les magistrats judiciaires de carrière

377. – La « magistrature assise » et la « magistrature debout ». – Les magistrats de l'ordre judiciaire sont divisés en magistrats du siège et en magistrats du parquet ou ministère public. Le ministère public est qualifié de « parquet » en souvenir du temps où il se trouvait comme les autres parties sur le parquet de la salle d'audience alors que les magistrats se tenaient sur l'estrade (le siège) ou de « magistrature debout » parce que ses membres se lèvent pour requérir devant le tribunal alors que les magistrats du siège restent toujours assis. Mais les membres du ministère public auprès des juridictions civiles et pénales sont tout autant des magistrats que les juges du siège, de telle sorte qu'une même personne peut au cours de sa carrière passer successivement du parquet (ministère public) au siège (magistrats de jugement) et inversement.

378. – Des modes de recrutement divers. – Le mode normal d'accès à l'École nationale de la magistrature [257] est le concours, ouvert à différentes catégories de candidats, notamment des étudiants titulaires d'une maîtrise (aujourd'hui d'un Master 1) [258] et âgés de moins de 27 ans ou des fonctionnaires justifiant de 4 ans de service public. De leur côté, des candidats plus âgés possédant une expérience professionnelle dans les carrières juridiques sont susceptibles d'être recrutés sur titres. Les candidats admis à l'ENM – les auditeurs de justice – sont intégrés au corps judiciaire ; ils suivent à l'École – à Bordeaux et à Paris – et en juridictions un enseignement de 31 mois, théorique et pratique avec notamment un stage de six mois chez un avocat. Ils sont alors affectés dans une juridiction et prêtent le serment des magistrats. Mais il existe d'autres modes de recrutement intégrant directement au corps judiciaire, c'est-à-dire sans passage par le statut d'auditeur de justice des personnes qui, bien qu'étrangères à la magistrature, sont dotées d'une solide expérience juridique, et destinées essentiellement à combler les manques en personnel. Une formation probatoire pour ces recrutements parallèles est désormais imposée et tout magistrat est tenu à des obligations de formation continue [259].

II. Les droits et obligations des magistrats du siège

379. – Des magistrats inamovibles mais tenus à une obligation de réserve. – Le principe fondamental de l'inamovibilité (Const., art. 64, al. 1er) protège les magistrats du siège contre le pouvoir politique : ils ne peuvent être destitués, suspendus ou déplacés que dans les conditions prévues par la loi ; d'autant plus que leur avancement, la gestion de leur carrière sont confiés à un organe indépendant de l'exécutif, à savoir au Conseil supérieur de la magistrature [260]. À

257. V. http://www.enm.justice.fr/index.php.

258. Curieusement, ce M1 n'est pas forcément juridique. Cela pourrait toutefois changer bientôt ; il pourrait aussi rapidement être exigé un M2, puisque c'est déjà le cas pour le concours de commissaire de police. Par ailleurs, un décret n° 2008-483 du 22 mai 2008 institue une classe préparatoire à ce concours étudiant (dit « premier concours »).

259. C'est le même décret n° 2008-483 du 22 mai 2008 qui prévoit cinq jours de formation par an et une formation à la prise de fonctions en cas de changement de fonctions.

260. V. *supra* n° 376.

l'opposé, en plus de l'obligation qui leur incombe de rendre la justice (sous peine de déni de justice), les magistrats doivent s'abstenir d'exercer des activités incompatibles avec leur fonction (autres professions), de faire grève et de prendre des positions publiques partisanes ; de manière générale, est imposée aux magistrats une obligation de réserve. Un manquement est passible de sanction disciplinaire et une faute du magistrat peut entraîner sa responsabilité civile, voire pénale [261].

À noter que si un magistrat est placé dans une situation qui risque de le rendre partial au regard du droit judiciaire privé français ou, subsidiairement, de l'article 6 § 1 de la Convention européenne des droits de l'homme (par exemple, en raison d'une amitié ou d'une inimitié notoire entre le juge et l'une des parties), il est bon qu'il s'abstienne et se fasse remplacer par un autre juge ; à défaut, le plaideur craignant que le juge ne soit pas partial peut en demander la récusation.

III. Les magistrats du parquet

A. L'organisation du ministère public

380. – L'absence de permanence systématique des parquets. – Un procureur de la République, assisté de substituts, constitue le parquet stable et permanent du tribunal de grande instance. Un procureur général, des avocats généraux et des substituts constituent celui de la cour d'appel. Le premier remplit les fonctions du ministère public auprès de toutes les formations civiles et pénales (instruction et jugement) du tribunal ; il peut aussi intervenir auprès de toutes les juridictions civiles du premier degré situées dans son ressort et devant le tribunal de police – c'est même une obligation quand le tribunal de police statue en matière de contraventions de la cinquième classe ; sinon, c'est le commissaire de police qui fait office de ministère public (CPP, art. 45). Le second remplit les fonctions du ministère public auprès des formations civiles et pénales (en particulier la cour d'assises) de la cour d'appel.

Le parquet de la Cour de cassation est constitué du procureur général [262], de premiers avocats généraux – il y a un de ces collaborateurs directs au sein de chacune des chambres –, et d'avocats généraux. Le procureur général est donc placé à la tête du ministère public auprès de la Cour de cassation. Ce très haut magistrat est le « chef du parquet » auprès de la Cour de cassation et, à ce titre, il est investi de pouvoirs administratifs importants. En outre, il peut prendre la parole devant l'une quelconque des chambres de la Cour. Enfin, depuis la réforme constitutionnelle de 1993 (loi constitutionnelle n° 93-952 du 27 juillet), le procureur général auprès de la Cour de cassation préside le Conseil supérieur de la magistrature dans sa formation relative aux magistrats du parquet, lorsque celui-ci doit formuler un avis sur les poursuites disciplinaires engagées contre un membre du ministère public.

261. Le tout a été institué par la loi organique n° 2007-287 du 5 mars 2007 relative au recrutement, à la formation et à la responsabilité des magistrats.

262. Le 27 juillet 2011, M. J.-C. Marin a été nommé à cette fonction en remplacement de M. J.-L. Nadal.

B. Le statut du ministère public

381. – La subordination hiérarchique et l'indivisibilité. – Le garde des Sceaux [263] exerce son autorité directement sur les procureurs généraux près [264] les cours d'appel et indirectement sur les procureurs de la République, c'est-à-dire *via* les procureurs généraux ; chaque chef de parquet exerce son autorité sur ses propres subordonnés. En revanche, le procureur général près la Cour de cassation n'est pas le supérieur des procureurs généraux, alors qu'il est pourtant également subordonné au ministre de la Justice. Ce fait démontre d'ailleurs bien que la Cour de cassation n'est pas un troisième degré de juridiction : sinon, le procureur général près celle-ci serait le supérieur des cours d'appel. En raison de l'obligation d'obéissance qui leur incombe, tous les membres du ministère public sont tenus de conformer leurs conclusions écrites aux ordres – eux aussi nécessairement écrits, depuis l'entrée en vigueur de la loi organique n° 2001-539 du 25 juin 2001 – éventuellement donnés par le garde des Sceaux ; en revanche, à l'audience ils peuvent exprimer oralement (et impunément) leur opinion personnelle, car « si la plume est serve, la parole est libre ». De plus, une certaine autonomie est laissée à chaque chef de parquet qui refuserait d'exécuter un ordre de sa hiérarchie, car le supérieur ne pourrait faire exécuter l'ordre, voire l'exécuter lui-même ; mais s'il n'existe pas de pouvoir de substitution hiérarchique, la désobéissance peut être sanctionnée disciplinairement, d'autant plus facilement que les magistrats du parquet ne sont pas inamovibles. Attention : ceux-ci ne sont pas pour autant soumis à l'arbitraire du garde des Sceaux, dans la mesure où il ne peut les rétrograder, déplacer ou révoquer qu'à condition de respecter une procédure. Par ailleurs, chaque parquet est indivisible, tous ses membres étant interchangeables et pouvant se remplacer au cours d'une procédure : autrement dit, le pouvoir de substitution « horizontal » est total.

Ce statut, qui a toujours suscité des critiques [265], fait actuellement difficulté. En effet, selon la CEDH, le ministère public n'est pas une autorité judiciaire au sens de l'article 5 § 3 de la Convention EDH. Elle considère que, du fait de leur statut, les membres du ministère public, en France, ne remplissent pas l'exigence d'indépendance à l'égard de l'exécutif ; or, selon sa jurisprudence constante, cette exigence compte, au même titre que l'impartialité, parmi les garanties inhérentes à la notion autonome de « magistrat » au sens de l'article 5 § 3 [266]. La chambre criminelle de la Cour de cassation a statué dans le même sens [267]. Lors de la rentrée solennelle de la Cour de cassation, le 7 janvier 2011, le procureur général d'alors s'est prononcé

263. À proprement parler, le titre de « garde des Sceaux » n'est pas synonyme de « ministre de la Justice », celui-ci est garde des Sceaux parce qu'il est ministre de la Justice et non le contraire. Si le titre précis est « ministre de la Justice, garde des Sceaux », il est courant de dire « garde des Sceaux » pour parler du ministre de la Justice. Ce raccourci protocolaire n'est donc pas une incorrection. Précisions d'orthographe : il ne faut pas mettre de majuscule à « garde » mais à « Sceaux », car ce sont ceux de l'État. (Dans la pratique, seuls les actes constitutionnels sont solennellement scellés, c'est dire que ce n'est pas l'activité quotidienne du garde...). À noter aussi que « garde » est un mot aussi bien masculin que féminin.

264. Précision terminologique : c'est bien le « procureur général *près* la cour d'appel de... » et non le « procureur général *de* la cour d'appel », car le parquet ne fait pas partie de la juridiction mais siège à ses côtés.

265. V. http://www.union-syndicale-magistrats.org/web/upload_fich/publication/flash/flash_parquet_sept._2010.pdf.

266. V. CEDH, 23 nov. 2010, n° 37104/06, Moulin c/ France ; C. Charrière-Bournazel, « France Moulin, la CEDH et la France », *Gaz. Pal.*, 30 nov. 2010, n° 334, p. 12. Il faut noter que l'arrêt n'est pas définitif, puisque le jour même du prononcé de l'arrêt, le garde des Sceaux a annoncé qu'un renvoi de l'affaire en grande chambre allait être demandé au collège de cinq juges ; la solution étant une jurisprudence constante, la demande sera certainement écartée.

267. V. Cass. crim., 15 déc. 2010, n° 10-83674, à paraître au *Bull.*

en faveur d'une réforme du statut du ministère public[268]. Cela ne fait actuellement l'objet d'aucun projet, ni d'aucune proposition de loi. À suivre…

C. Le rôle du ministère public

382. – Deux rôles différents. – Dans le cadre du procès, soit le ministère public est partie principale, soit il est partie jointe. On peut dire aussi qu'il intervient, soit par voie d'action, soit par voie de réquisition. Le ministère public partie principale introduit l'action aux lieu et place d'un particulier ; dans ce cas, le parquet est donc partie, « tout court », c'est-à-dire demandeur ou défendeur. En revanche, lorsque le ministère public est partie jointe, il n'est pas du tout partie ; il n'intervient dans une instance que pour donner son avis sur le procès pour faire entendre la voix impartiale de la société. Il peut être partie principale ou partie jointe au procès de droit privé selon la nature du litige : ainsi, il sera partie principale à une action en nullité d'un mariage qu'il a lui-même introduite et il sera seulement partie jointe à une affaire de changement de régime matrimonial. En revanche, il est nécessairement partie principale au procès pénal où il exerce l'action publique, soit qu'il l'ait déclenchée lui-même, soit que la victime ait porté son action civile devant une juridiction pénale. En effet, pour chaque affaire dont il est saisi, le ministère public a le choix entre la mise en mouvement de l'action publique et le classement sans suite de l'affaire, c'est le principe de l'opportunité des poursuites (cf. art. 40 du C. pr. pén.). Exercer l'action publique signifie accomplir tous les actes postérieurs à l'acte initial de poursuite qui permettent de conduire le procès jusqu'à son terme.

§ 2 : Les auxiliaires de justice

I. Les auxiliaires des juges

A. Les greffiers

383. – Des secrétaires aux tâches variées. – Depuis 1965, les secrétariats-greffes des juridictions ordinaires, à savoir tribunaux de grande instance, tribunaux d'instance, cours d'appel, Cour de cassation et conseils de prud'hommes, sont dirigés par des greffiers en chef assistés de greffiers, qui sont tous des fonctionnaires recrutés par concours. Le tribunal de commerce, lui, conserve un greffier officier ministériel[269]. Leurs attributions sont très nombreuses et ont été augmentées au fur et à mesure de l'adoption de textes nouveaux. Les greffiers assistent les magistrats : ils dressent acte de toutes les formalités, ils authentifient les actes du juge, ils tiennent le répertoire général, ouvrent un dossier pour chaque affaire et tiennent le registre d'audience, ils

268. M. J.-L. Nadal a ainsi déclaré que « fidèle à la jurisprudence de la Cour de Strasbourg, la chambre criminelle, a, le 15 déc. dernier, dénié au ministère public la qualité d'autorité judiciaire. Si cette décision devait trouver sa traduction en langage médical, il faudrait dire que le parquet est maintenant proche d'un état de coma dépassé.

Maintes fois, en ce lieu notamment, j'ai tenté d'expliquer que la survie du ministère public à la française, garant des libertés fondamentales, imposait une réforme profonde de son statut » (http://www.courdecassation.fr/institution_1/occasion_audiences_59/debut_annee_60/discours_m._nadal_18665.html).

269. Sur cette notion, cf. *infra* n°s 394 et 395.

conservent les archives de la juridiction, les pièces à conviction en matière pénale, le double des registres de l'État civil...

B. Les experts

384. – Des techniciens dont les conclusions éclairent le juge sans le lier. – C'est normalement le juge qui désigne l'expert – les parties pouvant toutefois solliciter une telle désignation. En principe, l'expert doit être choisi sur une liste officielle, la liste nationale ou celle d'une cour d'appel. Le technicien désigné doit effectuer l'expertise dans les limites qui lui ont été fixées : en matière civile, il s'agira d'une simple constatation ou une consultation (verbales ou écrites), une expertise complète (donnant lieu à un rapport écrit) n'étant pas toujours nécessaire à la différence de la matière pénale. L'expert a un pouvoir d'investigation qui porte sur les choses et les documents, mais pas sur les questions juridiques et il doit effectuer sa mission avec promptitude, sous peine de sanction [270].

C. Les personnels de police judiciaire

385. – Des auxiliaires du juge pénal. – Les principaux titulaires de fonctions de police judiciaire sont les officiers de police judiciaire (maires et adjoints, officiers de la gendarmerie ou commissaires de police individuellement habilités par le procureur général de la cour d'appel dont ils relèvent), les agents de police judiciaire (gendarmes et les inspecteurs de police) et les agents de police adjoints. Ils sont placés sous la direction du procureur de la République qui peut leur donner des ordres et doit autoriser certains actes, comme la prolongation d'une garde à vue. C'est la chambre d'instruction de la cour d'appel qui prend, le cas échéant, des sanctions disciplinaires à leur égard, sans préjudice de la mise en jeu de leur responsabilité civile ou pénale en cas de faute. Les pouvoirs de la police varient en fonction de l'état d'avancement de la procédure pénale : ainsi, lorsqu'une infraction se produit, c'est à la police judiciaire d'avertir les autorités judiciaires, si les éventuels témoins ou victimes ne l'ont pas fait eux-mêmes ; elle effectue des recherches et des constatations, qu'elle peut imposer ou non aux personnes selon que l'infraction est évidente (enquête de flagrance) ou non (simple enquête préliminaire). Si des poursuites sont effectivement engagées, la police judiciaire ne peut plus qu'accomplir les missions précises que lui confie le juge.

D. Les conciliateurs et médiateurs de justice

386. – Les conciliateurs et médiateurs civils. – Ces particuliers, jouissant d'une certaine expérience dans le domaine juridique, ont une mission identique, à savoir s'efforcer de faciliter le règlement amiable des différends portant sur des droits dont les intéressés ont la libre

270. Depuis le 1er mars 2006 – date d'entrée en vigueur du décret du 28 déc. 2005 réformant la procédure civile, l'expert peut se faire assister dans l'accomplissement de sa mission par toute personne de son choix (art. 278-1 du CPC) ; auparavant il était tenu d'effectuer en personne sa mission, sauf à recueillir l'avis d'un autre technicien d'une spécialité distincte de la sienne (art. 278 du CPC).

disposition. Ils interviennent en dehors de toute procédure judiciaire ou dans le cadre d'une tentative de conciliation se déroulant devant le tribunal d'instance, en lieu et place du juge. L'accord auquel ils permettent de parvenir est constaté dans un procès-verbal susceptible d'être homologué par le juge qui lui confère force exécutoire. Leur différence réside dans le caractère payant (médiateur) ou gratuit (conciliateur) de leur mission. Leur rôle s'accroît aujourd'hui et leur recours est de plus en plus souvent imposé par le législateur.

387. – Le médiateur pénal. – C'est le procureur qui peut proposer une médiation pénale aux parties, si cette mesure est susceptible d'assurer la réparation du dommage causé à la victime, de mettre fin au trouble résultant de l'infraction et de contribuer au reclassement de l'auteur de l'infraction, majeur ou mineur : le médiateur doit être un tiers neutre. Une telle médiation peut être mise en œuvre dans une maison de justice et du droit, hors de l'enceinte du palais.

II. Les auxiliaires des parties

A. Les avocats

1°/ Le rôle de l'avocat

388. – Un double rôle traditionnel. – D'une part, l'avocat assiste son client en le conseillant, dans le cadre d'un procès ou non, et en plaidant pour lui, c'est-à-dire en développant oralement son argumentation à la barre du tribunal, quels que soient sa nature, son degré et sa situation géographique (à l'exception de la Cour de cassation et du Conseil d'État). D'autre part, l'avocat représente son client lors d'un procès : il effectue et reçoit les actes (écrits) de la procédure pour son client, en vertu du mandat « *ad litem* » (pour le procès) – on dit qu'il postule – en principe seulement dans le ressort du tribunal de grande instance dont relève son barreau.

388-1. – Un multiple rôle aujourd'hui. – Au fil des réformes récentes, le profil de l'avocat a été considérablement évolué, au risque de lui faire perdre de sa visibilité auprès des justiciables [271]. Elles vont toutes dans le sens de l'ouverture et de l'élargissement de la profession. Tout d'abord l'article 2015 du Code civil [272] leur permet d'avoir la qualité de fiduciaire : « les avocats, sous réserve d'obligations particulières dont la souscription d'une assurance spécifique la prise de dispositions rendues nécessaires par l'exclusion du secret professionnel dans le cadre de l'activité de fiduciaire ou le suivi d'une formation spécifique, peuvent désormais gérer le patrimoine de majeurs protégés ou de jeunes majeurs, gérer temporairement le patrimoine des entreprises en période de crise, mettre en place des garanties réelles mobilières et immobilières… » [273]. Les avocats ont également la possibilité de pratiquer l'activité de mandataire en transactions immobilières, c'est-à-dire d'« agent immobilier », choix qui a déjà été

271. V. C. Bléry, « L'avocat nouveau est arrivé », *Procédures* 2011, focus n° 23.
272. Depuis l'entrée en vigueur de la loi n° 2008-776 du 4 août 2008 de modernisation de l'économie – le 1er févr. 2009.
273. C. Bléry, *op. cit.*

fait par un certain nombre d'entre eux[274]. L'avocat aura bientôt la mission de conciliateur/médiateur en ce qu'il pourra, de manière exclusive, assister son client dans la recherche d'une solution amiable à un différend[275], grâce à la convention de procédure participative régie par les articles 2062 à 2068 du Code civil[276] : c'est la convention « par laquelle les parties à un différend qui n'a pas encore donné lieu à la saisine d'un juge ou d'un arbitre s'engagent à œuvrer conjointement et de bonne foi à la résolution amiable de leur différend » (art. 2062). En outre, en conséquence de la suppression des avoués[277], les avocats (y compris les avoués d'aujourd'hui) pourront postuler devant les juridictions du second degré. Ils ont même la possibilité d'être agents sportifs, à condition d'avoir une licence[278]. Enfin il a été dit qu'un acte sous seing privé d'une nature particulière et à la force probante renforcée, pourra être proposé par les avocats – à l'exclusion d'autres professionnels – à leurs clients, à savoir l'acte contresigné par avocat[279]...

2°/ La profession d'avocat[280]

389. – La nouvelle profession d'avocat. – Dans un souci de simplification et de concentration des tâches, les avocats regroupent aujourd'hui les anciens avocats, les anciens avoués près le tribunal de grande instance, les anciens agréés au tribunal de commerce et les anciens conseils juridiques et exercent toutes les tâches autrefois dévolues à ces professionnels, de telle sorte que c'est tous les membres de « la nouvelle profession d'avocat » qui sont régis par la loi du 31 décembre 1971 consolidée. Ainsi à compter du 1er janvier 2012, la profession englobera aussi les anciens avoués d'appel[281].

390. – Une profession libérale organisée en ordres : les barreaux. – Tout avocat appartient nécessairement à un barreau. Au plan national, la profession est représentée auprès des pouvoirs publics par un Conseil national des barreaux ; élu par les avocats, il unifie les règles et usages de la profession, ainsi que les programmes de formation professionnelle (sachant que la formation continue des avocats a été rendue obligatoire par la loi 11 février 2004).

391. – L'accès à la profession. – Le candidat, de bonne moralité et titulaire d'une maîtrise – aujourd'hui Master 1 – en droit, doit être reçu à l'examen d'entrée à un centre régional

274. v. http://www.avocat-immo.fr.
275. V. l'article 37 de la loi Béteille n° 2010-1609 du 22 déc. 2010, qui réclame un décret d'application à prendre au plus tard le 1er sept. 2011.
276. V. nos obs. à la *RLDC* 2011/82, p. 66, n° 2 et p. 68, n° 4.
277. V. *infra* nos 389 et 395.
278. V. la loi n° 2010-626 du 9 juin 2010 encadrant la profession d'agent sportif.
279. V. *supra* n° 277-1 et la loi n° 2011-331 du 28 mars 2011.
280. À noter que le 11 févr. 2004 a été promulguée une loi concernant le statut de certaines professions juridiques et judiciaires, qui transpose la directive européenne sur la liberté d'établissement du 15 févr. 1998. Elle a apporté quelques modifications substantielles.
281. V. En conséquence de la loi n° 2011-94 du 25 janv. 2011 portant réforme de la représentation devant les cours d'appel. *Adde* C. Bléry, « L'avocat nouveau est arrivé », préc. ; B. Beignier, « Réformer ou supprimer la postulation en appel », *D.* 2009, p. 1982 ; H. Croze, « Officiers ministériels : nous n'entrerons pas dans la carrière car nos aînés n'y sont plus », *Procédures* 2011, repère 4 ; C. Nourrissat, « À propos de la décision n° 2010-642 DC du 20 janv. 2011 relative à la loi portant réforme de la représentation devant les cours d'appel » *Procédures* 2011, repère 3 ; J. Junillon, « Fusion avoués/avocats. – Pour le meilleur et pour le pire », *JCP* G 2011, 99...

de formation professionnelle [282], commun à plusieurs barreaux [283] et organisé sous la responsabilité des universités. Suit une formation professionnelle théorique et pratique – dont les modalités ont été réformées par la loi 11 février 2004 – sanctionnée par le certificat d'aptitude à la profession d'avocat (CAPA) : elle n'est plus suivie par un stage, le nouvel avocat étant directement inscrit sur le tableau des avocats. Il faut noter qu'un avocat issu d'un État membre de la communauté européenne peut exercer en France (et dans tout pays de la communauté) à titre étranger ; il lui est aussi loisible, après trois ans d'exercice en France, de s'inscrire dans un barreau français, ce qui implique qu'il maîtrise la langue française et le droit français.

392. – Les prérogatives et les obligations de l'avocat. – Il peut porter la robe de sa profession. Il bénéficie d'une grande liberté de parole et a droit aux honoraires librement convenus avec son client. L'avocat est tenu de certaines obligations professionnelles et morales : effectuer les actes de la procédure dans les délais, ne pas trahir le secret professionnel, mener une vie digne… sous peine d'engager sa responsabilité civile et/ou disciplinaire, voire pénale.

393. – Les modalités d'exercice de la profession. – L'avocat peut exercer à titre individuel ou dans un groupe de forme variée (association, société civile professionnelle…) dont il peut être associé, collaborateur et même salarié. La loi Béteille n° 2010-1609 du 22 décembre 2010 relative à l'exécution des décisions de justice, aux conditions d'exercice de certaines professions réglementées et aux experts organise l'interprofessionalité, c'est-à-dire la possibilité d'exercer dans une structure qui regroupe des avocats, des experts-comptables… En outre, il est fortement question de créer un statut d'« avocat en entreprise », dont la déontologie obéirait à des règles moins strictes que celle de l'avocat « ordinaire » (notamment à l'égard de son obligation au secret), ce qui suscite plutôt l'hostilité de la profession.

B. Les officiers ministériels

394. – La situation des officiers ministériels. – C'est l'État qui nomme, en nombre limité, les officiers ministériels, mais ils ont un droit de présenter un successeur à qui ils vendent leurs archives et dossiers. S'ils bénéficient d'un monopole, dans leur ressort territorial, ils ne peuvent ni refuser leurs concours, ni négocier leur rémunération. Ils sont astreints au secret professionnel. Tous les officiers ministériels sont organisés hiérarchiquement en chambres locales, régionales et nationale dont les membres sont élus [284].

395. – Le rôle des officiers ministériels. – Les officiers ministériels sont divers [285].

La réforme de 1971 avait laissé subsister les avoués d'appel, qui représentent les plaideurs devant la cour d'appel. Remarque : en appel, l'avocat ne faisait donc qu'assister son client,

282. Le programme actuel est fixé par un arrêté du 11 sept. 2003 qui est entré en vigueur au 1er sept. 2005.

283. Jusqu'à la loi 11 févr. 2004, le centre était commun à tous les barreaux du ressort d'une cour d'appel ; désormais il y a un regroupement (pour Caen – qui est siège d'une cour d'appel –, par exemple, le centre est à Rennes ; pour Agen – qui est aussi siège d'une cour d'appel –, le centre est à Toulouse) mais il subsiste des sections locales dans chaque ville universitaire.

284. La loi *Perben* II a posé à l'égard des professionnels l'obligation de déclarer leurs soupçons dans le cadre de la lutte contre le blanchiment de l'argent sale.

285. Les notaires sont aussi des officiers ministériels dont le rôle est plus juridique que judiciaire. Et (rappel) les greffiers des tribunaux de commerce sont aussi des officiers ministériels.

laissant l'avoué rédiger les conclusions. La disparition de cette profession étant programmée pour le 1er janvier 2012, les avoués pourront devenir de plein droit avocats. Les avocats plaideront et postuleront donc en première et en seconde instance.

Les huissiers de justice exercent des fonctions nombreuses et variées dont certaines ne sont pas judiciaires (ils procèdent au recouvrement amiable des créances, effectuent des ventes publiques en l'absence de commissaires-priseurs…). Ils sont chargés des significations des actes de procédures et de l'exécution forcée des jugements[286]. De plus, l'huissier audiencier assiste le tribunal à l'audience (par exemple, il fait l'appel des causes et des témoins).

Répartis en soixante charges, les avocats au Conseil d'État et à la Cour de cassation (titre exact depuis 1817[287]) ont un statut intermédiaire entre celui des avocats ordinaires et celui des officiers ministériels classiques : notamment ils négocient librement leur rémunération avec le client. Ils ont le monopole de représentation et de plaidoirie auprès du Conseil d'État et de la Cour de cassation.

CONSEILS DE LECTURE

1. X. Bachelier et M.-J. Jobard-Bachelier, *Technique de cassation*, Dalloz (préc. chapitre 4).
2. R. Perrot, *Institutions judiciaires*, Montchrestien, Précis Domat, 14e éd., 2010 ; S. Guinchard, G. Montagnier A. Varinard et T. Debard, *Institutions juridictionnelles*, Précis Dalloz, 10e éd., 2009 ; A. Heraud et A. Maurin, *Institutions juridictionnelles*, Aide-Mémoire Dalloz-Sirey, 8e éd., 2010 ; M. Douence et M. Azavant, *Institutions juridictionnelles*, Cours Dalloz, 2010. (La consultation assidue d'un ouvrage de ce type est vivement recommandée, tout au long des études de droit : à actualiser au gré des réformes, bien sûr !)
3. Pour approfondir : J. Hilaire, *Histoire des institutions judiciaires*, Cours du droit, Litec, 1994 ; Collectif sous la dir. de L. Cadiet, *Dictionnaire de la justice*, PUF, 2005.
4. Plus précis : P. Avril et J. Gicquel, *Le Conseil constitutionnel*, 5e éd., Montchrestien, 2005 ; H. Roussillon, *Le Conseil constitutionnel*, 6e éd., Dalloz, 2008. Le numéro spécial des *LPA* : « Un an de QPC », sous la dir. de F. Chaltiel et L. Guilloud, n° 89, du 5 mai 2011 ; en particulier la conclusion de B. Mathieu, « La QPC un an après : de quelques leçons, de quelques questions ».
5. Vivement recommandé : C. Corneliu et N. Fricero, « Du protocole n° 14 bis au protocole n° 14 : une efficacité toujours accrue ! », *Procédure* 2010, étude 7.
6. Également recommandé : Actes du colloque toulousain « La spécialisation des juges », à paraître aux éditions de l'IFR.

286. V. *supra* n° 374.

287. Mais il est courant de parler d'avocats « aux conseils » (au pluriel), pour faire référence à l'ancienne dénomination sous l'Ancien régime. En effet, ces avocats, constitués sous Louis XV, étaient avocats au Conseil des parties (origine de la Cour de cassation) mais aussi au Conseil privé (origine du Conseil d'État), qui étaient deux formations, parmi beaucoup d'autres, du Conseil du Roi, d'où le terme pluriel.

MÉMENTO

CHAPITRE 1
Qu'est-ce que le droit ?

Anne-Laure Thomat-Raynaud [1]

• C'est une **étourdissante question** à laquelle on ne peut répondre qu'avec **incertitude,** sans doute parce qu'en général **le droit prohibant plus qu'il n'édicte**, il se **définit en creux**, plus par ce qu'il n'est pas que par ce qu'il est.

• Les **deux sens** du mot *droit* révèlent par ailleurs toute son **ambiguïté :**

– il signifie tantôt : la ***règle*** (ou la ***norme***) (c'est en ce sens que l'on parle par ex. de droit de l'urbanisme) ;

– il désigne tantôt le ***substrat***, ou le ***résultat*** de la règle. C'est en ce sens que l'on dit par exemple qu'une loi n'est pas conforme au droit.

Dans ce second sens, **le droit se distingue de la loi qui le met en forme ou l'édicte** (v. l'adage romain : *non ex regula jus fiat sed ex jure regula sumitur :* ce n'est pas de la règle que découle le droit mais c'est du droit que découle la règle ; V. encore les *principes fondamentaux reconnus par les lois de la république* et les *principes généraux du droit*, notions utilisées par le Conseil d'État).

Dans cette perspective, le ***droit*** apparaît ainsi comme **la source de la loi** et la ***loi*** comme **le canal du droit,** ou encore le **contenant du droit** (v. image de la bouteille de vin). D'ordinaire, il existe une concordance nécessaire entre la loi et le droit **: la loi doit être juste et conforme au droit.** De ce fait, quand une loi n'édicte plus le droit, elle est, soit un **ersatz de droit**, soit elle est **inconsistante**, ou encore dans le pire des cas elle constitue la **perversion du droit** (ex. le pseudo « droit nazi » qui ne peut par définition être du droit).

Mais dans une société fondée comme la nôtre sur la **liberté,** si une loi peut avoir des effets pervers, il est rare qu'elle soit intrinsèquement mauvaise.

• Le droit et le reste

Le *droit* se distingue également **des autres valeurs de l'humanité,** telles que la ***morale***, l'***éthique***, la ***déontologie professionnelle***, la ***courtoisie*** et la ***politesse***... **qui irriguent la vie quotidienne bien** plus que le droit. Si le droit peut s'en **inspirer,** (v. par ex. C. civ., art. 371 « *l'enfant, à tout âge, doit honneur et respect à ses père et mère* » : règle juridique mais aussi règle morale et religieuse), il **s'en détache** pourtant car il ne poursuit pas le même objectif.

• Pouvoir et autorité du droit

Le droit constitue dans une société donnée le **régulateur** du ***pouvoir*** qui l'organise. Il détermine des obligations. De ce fait, en tant que règle, le droit se doit d'être ***énoncé***. Il se dénomme le ***droit positif***, *i.e. le droit objectivement réalisé et nécessairement applicable.*

Mais le **droit** n'est pas seulement l'expression du pouvoir, il en fixe également la limite et assure ainsi sa légitimité. Dans un État de droit le droit est tout autant une justification qu'une obligation. C'est bien parce qu'il est *juste* que ce droit ordonné est respecté comme ***autorité.***

---

1. Mémento constitué par Anne-Laure Thomat-Raynaud, maître de conférences à la Faculté de droit de l'Université Toulouse 1-Capitole, à partir du cours de Bernard Beignier et de Corinne Bléry.

Section 1
L'énoncé du droit : le pouvoir

• **Prêtres, législateurs, juges**

Si historiquement deux traditions coexistent en Europe, celle de la France (**pays de la loi)** et celle du Royaume Uni (**pays de la jurisprudence),** le droit moderne des sociétés européennes, provient aujourd'hui (à l'exception du *droit canonique)* de deux **sources *complémentaires, et convergentes* :**

– **le législateur** (*legislator :* celui qui donne la loi) **et**

– **le juge** (*juridictio* : celui qui dit le droit).

Aujourd'hui toutefois, une part déterminante du droit étatique est en fait un « droit négocié » et « contractuel » (ex. conv. collective du travail, les délégations en matière sportive) auquel l'État ne fait que donner sa sanction. Le droit étatique connaît des degrés d'implication de la puissance publique.

Il constitue un droit *laïque.*

• **Loi et jurisprudence : confluences des sources**

Ces **deux sources principales** que sont la loi et la jurisprudence sont de ***nature différente*** : bien évidemment le législateur a une supériorité sur le juge, qui lui permet d'anéantir une jurisprudence alors que l'inverse n'est pas vrai. L'essentiel se trouve dans le fait que la loi et la jurisprudence n'ont pas le même point de départ :

– la loi est par nature hors des contingences matérielles, elle est ***générale*** et ***abstraite.*** Elle fixe une règle qui sera appliquée à l'espèce par le juge. Le droit deviendra par ce travail judiciaire acte de justice (processus inductif) ;

– la jurisprudence est par nature ***particulière*** et ***concrète.*** D'un cas particulier la jurisprudence déduira une règle. L'acte de justice permettra de déterminer une règle qui pourra s'appliquer à d'autres cas similaires (processus déductif).

§ 1 : Le droit légiféré

Ce droit écrit a deux **caractères principaux** :

– il est ***arbitraire*** : le législateur dispose par avance que telle situation donnant lieu à un contentieux devra être tranchée de telle manière.

– il est ***autoritaire*** : la loi suppose l'obéissance de tous

I. La loi est générale et abstraite

A. Le principe

• **Textes de direction et textes d'application**

– Le droit légiféré peut être formulé à travers des ***textes de direction*** dans lesquels la loi **détermine des principes**, qu'elle fait figurer dans les articles de tête d'une partie, d'un chapitre ou d'une section d'un code. On parlera alors ***d'articles directeurs*** : v. par ex. dans le Code civil (qui est la loi civile) l'art. 1382 « tout fait quelconque de l'homme, qui cause à autrui un dommage, oblige celui par la faute duquel il est arrivé à le réparer » ; v. encore l'art. 6 ou l'art. 9. V. aussi C. proc. civ., art. 16 : principe de la contradiction. V. encore C. pén., art. prélim.

Ces principes ont **valeur législative, mais** il faut **différencier les principes auxquels le juge devra donner toute leur portée concrète** (v. sous l'art. 1382 les nombreuses décisions de justice) et **ceux qui s'illustrent dans des dispositions subséquentes d'une législation plus dense dont ils constitueront la clef de voûte** (v. par ex. l'art. 212 C. civ.)

Il existe aussi des ***articles-définitions***, fréquents aujourd'hui et jouant un rôle déterminant dans la qualification des faits (ex. art. 515-8 définissant le concubinage ; art. 231-1 du Code pénal définissant le meurtre).

– Le droit légiféré ne se contente pas de ces textes de direction, car il y aurait sinon incertitude du droit et insécurité. Il prévoit aussi des **textes d'application**. C'est un **droit méthodique** car la règle qu'il détermine **anticipe** la situation contentieuse à laquelle il se propose de donner une solution, alors qu'à l'inverse, le droit jurisprudentiel **dégage** d'une situation contentieuse une solution adéquate.

• L'écriture binaire de la règle

– La **règle de droit écrite** comporte dans ce cas **deux éléments** : une **hypothèse** et une **solution** (ce qui correspond à une « ***écriture binaire de la règle*** », selon les mots d'Henri Motulsky) : la loi raisonne de la manière suivante : **si**, *par hypothèse telle situation vient à ce propos,* ***alors*** *voici la situation qu'il conviendra de retenir (analyse structurale de la règle de droit)* (v. pour un ex. de rédaction binaire, C. civ., art. 1539, al. 1).

– Ces deux éléments de la règle de droit sont **déterminants** :

– car le juge devra pour **appliquer** une règle expliquer que le cas qui lui est soumis est un cas prévu par l'**hypothèse** de la règle : il ***examine les faits*** et les ***qualifie*** *(opération de qualification des faits) : passage du fait au droit* ;

– la **solution** prévue par la loi méritera parfois une **adaptation par interprétation, car** *le droit est un art de la logique et du raisonnement et non une mécanique.*

Le juge statue sur les faits et dégage une solution juridique en usant d'un ***syllogisme*** (mode de raisonnement par déduction permettant de dégager une solution (*la résultante*) par application d'un cas (*la mineure*) à un principe (*la majeure*)). C'est pourquoi Montesquieu a pu écrire que « *le juge est la bouche de la loi* » : le juge alors ***concrétise*** la loi abstraite à son origine.

• Le contrôle de la Cour de cassation

La Cour de cassation aura un **rôle** de ***contrôle*** de la ***légalité*** des décisions de justice. Elle ***ne juge pas les affaires mais les jugements*** :

– elle vérifie que la loi a été correctement appliquée par les juges ;

– elle veille à l'application uniforme de la loi sur tout le territoire français.

Elle dispose de deux moyens principaux de contrôle :

– le ***contrôle de base légale*** : vérification par la Cour de cassation que l'appréciation des faits (appréciation dite ***souveraine***, car elle relève du seul pouvoir des juges du premier et second degré) correspond aux diverses hypothèses envisagées par la loi.

– le ***contrôle de l'interprétation de la loi*** : vérification par la Cour de cassation qu'à défaut d'erreur sur l'hypothèse, il n'y a pas d'erreur sur la solution juridique.

B. Les limites

• **Vraies et fausses lois**

– Certaines lois **formelles** (car votées par le Parlement et promulguées par le président de la République) **ne contiennent aucune règle de droit générale et abstraite** (ex. loi sur le transfert des cendres du soldat inconnu sous l'Arc de Triomphe).

– **Certaines lois ne contiennent pas vraiment de prescriptions juridiques effectives immédiatement.** V. par ex. les art. 1156 et s. C. civ. qui donnent des conseils au juge pour le **guider** dans l'***interprétation*** des contrats.

– Le « **texte normatif** » de certaines lois **est parfois précédé** d'un « **exposé des motifs** » (explication brève) (v. par ex. art. L. 1110-1 du Code de la santé publique ; ou l'art L. 111-1 Code de l'éducation, art. L. 115-2 du Code de l'action sociale et des familles), à la nature discutée.

Or, **pour être une véritable règle de droit positif, une norme doit être apte à la sanction judiciaire.**

II. La loi est assortie d'une sanction

A. Contours de la sanction

• **Les deux sens du mot « sanction »**

La « **sanction** » **de la loi signifie :**

– le caractère **obligatoire** de la loi **et**

– la possible **contrainte** pour en imposer son respect.

• **Les desseins variables du législateur**

– Toutes les lois sont sanctionnées du fait même de leur *promulgation* et de leur *publication* au *Journal officiel.*

– **La loi a des finalités variables** : la **portée** de la sanction des lois est ainsi fonction des objectifs de la loi : certaines lois sont déclaratives (ex. loi sur la reconnaissance du génocide arménien de 1917), d'autres ont une révision programmée d'emblée (ex. loi sur la bioéthique de 1994 révisée en 2002-2003, puis en 2011), d'autres encore comme les *lois-cadres* ou les *lois de programmation* ont la force des promesses, enfin certaines fournissent des définitions (ex. loi du 15 nov. 1999 définissant le concubinage, v. art. 515-8 C. civ.).

• **La force obligatoire variable de la loi : lois impératives et lois supplétives**

La loi a des degrés dans les prescriptions qu'elle édicte.

– la loi est dite ***impérative*** *quand elle oblige délibérément et qu'il est impossible d'y déroger* (ex. de règle d'*ordre public* : art. 220 C. civ. al. 1. pouvoir de chacun des époux de passer seul les contrats ayant pour objet l'entretien du ménage ou l'éducation des enfants et solidarité des dettes ménagères.

– la loi est dite ***supplétive*** *quand elle donne un modèle de remplacement à défaut d'acte volontaire pour jouir d'une liberté qu'elle offre* (ex. art. 1393, al. 2 C. civ. fixant le *régime matrimonial* *légal* (communauté réduite aux acquêts)) *qui s'appliquera obligatoirement* à défaut du choix d'un autre régime par les époux.

B. Portée de la sanction

• **Conscience morale et respect de la loi**

Il existe une **alliance nécessaire entre le droit et la sanction**, mais ce n'est pas la crainte de celle-ci qui explique le respect de la loi : si la **loi pénale est respectée** c'est parce que la **conscience morale** des individus conduit à son respect normal et naturel. À défaut la pure sanction serait en effet dans l'incapacité d'en assurer le respect autoritaire. Si c'était d'ailleurs le cas, l'État de droit serait en fait un État dictatorial.

• **Concordance entre la loi et la vie ordinaire**

La **loi civile** (étymologiquement : « loi des citoyens ») est spontanément **respectée** principalement parce qu'elle répond aux attentes d'une société avec laquelle elle **concorde** généralement. Elle est à la fois une **traduction** des mœurs et une **direction** de celles-ci. Elle **stabilise** et **stimule** la vie quotidienne, elle **consacre** et **innove.** Si contentieux il y a, il ne porte souvent que sur les modalités du respect de la loi.

• **L'aptitude de la loi à contraindre**

La loi, acte de raison, **n'est pas** non plus **fondée** sur la sanction, mais elle peut **déboucher** sur cette sanction, car la loi a **l'aptitude à contraindre**. La sanction **démontrera** la règle en cas de contestation. Elle en constitue la contre preuve. Elle révèle que cette règle sociale est bien une règle de droit et non une autre. La sanction constitue pour les récalcitrants le **dernier argument du droit** (*ultime ratio juris).*

Si le droit est ainsi **ordinairement** respecté par **l'autorité de la raison** sur laquelle il se fonde, il est **contentieusement** respecté par la soumission à l'autorité judiciaire qui est la suite de l'autorité législative qui l'a ordonné.

§ 2 : Le droit jurisprudentiel

• Le droit jurisprudentiel est le plus souvent le ***droit dérivé*** du droit légiféré. Il émane du ***juge*** (***droit prétorien***) et non du ***législateur.***

La ***jurisprudence*** peut se définir :

– comme **l'ensemble des décisions rendues par les juridictions compétentes dans telle matière** (aspect quantitatif) ;

– **l'interprétation donnée à un texte par ces mêmes décisions** ou même encore **la création d'une solution juridique en l'absence d'un texte explicite** (aspect qualitatif).

Le **droit jurisprudentiel** a longtemps été tenu pour marginal en droit français, à l'époque du ***légicentrisme*** et de la toute puissance de la loi. Aujourd'hui, le droit jurisprudentiel est une **réalité**. Il constitue **non une simple autorité** comme la tradition l'enseigne**, mais une source du droit** certes **mineure** au regard de la loi, mais **nécessaire** car la loi source majeure ne peut tout prévoir.

I. L'état de la jurisprudence

La ***jurisprudence*** signifie mot à mot : prudence, sagesse du droit ; en fait *pratique suivie par les tribunaux.*

A. L'élaboration de la jurisprudence

• **Patience et longueur de temps**

La jurisprudence ne se bâtit qu'au fil du ***temps***, c'est-à-dire au fil des décisions. Parmi les arrêts « faisant jurisprudence » on trouve :

– ceux qui marquent la volonté des magistrats de la Cour de cassation de *former* une jurisprudence ;

– ceux qui traduisent *la réalité* d'une jurisprudence.

De même qu'une loi peut être innovatrice, il existe des *arrêts de provocation, de rupture* qui suscitent débats doctrinaux et débats judiciaires sur un point de droit donné. Mais, la Cour de cassation n'ayant pas comme le législateur de moyen de contrainte sa décision ne sera suivie par toute l'institution judiciaire qu'au bout d'un certain temps, après un ou plusieurs arrêts *fixant* la jurisprudence.

• **Argumentation**

L'***argumentation*** tient une place capitale en droit, car il n'est un acte d'autorité que parce qu'il est un acte de raison. Le droit est toujours issu d'une **discussion** (d'où l'importance de la contradiction dans le procès). Le débat jurisprudentiel se déroule au Palais et à la Faculté car la tradition française noue des liens entre la pratique et la doctrine.

La jurisprudence est une œuvre commune à la **communauté des juristes,** à défaut, elle court le risque de l'arbitraire judiciaire. **Suscitée** par les avocats, **élaborée** par les juges du fond, la jurisprudence est **unifiée** par la Cour de cassation.

• **Cristallisation**

Une jurisprudence est une ***opinion majoritairement reçue par l'ensemble des juridictions et traduite par une série de décisions***. Une jurisprudence n'a de sens que si la majeure partie des tribunaux et des cours la suivent. Il ne sert à rien à la Cour de cassation de lancer un arrêt de provocation si les cours d'appel résistent et il ne sert à rien non plus à telle cour de statuer en tel sens si elle se fait régulièrement et systématiquement casser.

Une jurisprudence, n'est jamais *un* arrêt même fondateur.

B. La place de la jurisprudence

• Cette place est infiniment **variable.** En **droit pénal**, la jurisprudence a été longtemps quasiment absente, la loi était alors la source unique de ce droit en raison de la sécurité juridique qu'elle présente mais aujourd'hui on ne peut plus le dire de la même manière.

• **Foisonnement de la jurisprudence en droit privé**

En **droit civil**, **certains pans du Code civil** sont l'objet d'un **foisonnement** jurisprudentiel (ex., le droit de la responsabilité civile : à partir des articles 1382 à 1386 C. civ., la jurisprudence a du faire face à tout ce que n'avaient pas prévu les rédacteurs du C. civ. : ex. dommages causés par la conduite automobile, contamination par du sang contaminé...), **tandis** que d'autres, comme le droit de la famille, laissent une place marginale à la jurisprudence, le contentieux familial restant lié aux faits.

• **Rapports entre la jurisprudence et la loi**

La jurisprudence et la loi entretiennent des rapports :

– la jurisprudence **complète** et **rénove** le droit légiféré, et lui évite ainsi la sclérose. Le juge **supplée** le législateur et bien souvent anticipe le législateur (v. rapport annuel Cour de cassation) ;

– mais inversement la loi peut **briser** une jurisprudence malencontreuse (ex. affaire. *Perruche*...).

II. Les limites de la jurisprudence

La jurisprudence a deux grandes limites : son incertitude et son insuffisance.

• **Le serpent de la jurisprudence**

– L'**incertitude** concerne sa **connaissance** qui est bien souvent partielle et sa **solidité,** car un ***revirement de jurisprudence*** peut survenir sans prévenir et le justiciable en aura le profit ou en fera les frais

– Son **insuffisance** est naturelle, car la jurisprudence, à la différence de la loi, manque de principes très généraux. Elle est **l'art des cas** : la **casuistique.** Elle est en cela nécessaire, mais le droit ne se réduit pas à une casuistique.

Le droit jurisprudentiel est un *droit mouvant* à la différence du droit légiféré *droit statique.*

Section 2
La légitimité du droit : l'autorité

La question de la légitimité du droit donne lieu à des discussions sans fin qui en définitive soulèvent au préalable celle de savoir si le droit contient son propre fondement ou s'il trouve son essence hors de lui.

Il existe **deux points de vue** opposés sur les principes, mais qui peuvent en pratique finalement se rencontrer :

– pour les ***positivistes,*** l'ordre juridique est un ordre parfait par lui-même. Le droit secrète le droit par strates. Le droit consiste en une pyramide de normes, les plus inférieures étant soumises aux supérieures jusqu'à la norme suprême. La doctrine dénommée ***positivisme*** **ne prend en compte que le seul droit établi dans les normes, le droit positif ;**

– pour les ***jusnaturalistes***, l'ordre juridique est superposé à un autre ordre de valeurs qui lui donne ses véritables racines. Pour cette doctrine, qui est pour partie celle du **droit naturel**, **le droit, règle de vie en société, ne peut être érigé que sur sa conformité à d'autres exigences qui le transcendent.**

Pendant longtemps, l'opposition entre les *positivistes* et les *jusnaturalistes* a été très marquée, mais aujourd'hui une troisième doctrine dite des ***droits fondamentaux*** semble offrir un compromis séduisant entre les deux doctrines.

§ 1 : La hiérarchie des normes

Le positivisme établit un **lien consubstantiel entre le droit et l'État.** C'est le juriste autrichien **Hans Kelsen** qui a donné une véritable théorie à cette vue des choses.

I. Le droit de l'État

– Cette doctrine s'est développée conjointement avec la construction de l'État moderne, État **centralisé** dans lequel n'existe qu'une seule autorité législatrice, et État nécessairement **laïque**. Le **monopole étatique de la loi** entraîne une **vision unitaire du droit** : seule la loi de l'État peut engendrer du droit. Mais aujourd'hui, l'État, ne dispose plus, dans le monde contemporain, du monopole du droit : d'autres pouvoirs, autres que le législateur ou le juge, édictent des règles : ce qui soulève la question de la **régulation.**

– Le ***positivisme*** a donc une source ***politique*** et une source ***philosophique*** (le positivisme fut érigé en système principalement par **Hegel** ; v. les *Principes de la philosophie du droit* 1821) En France le positivisme règne en maître pendant tout le XIXe siècle et au début du XXe est notamment représenté par le grand juriste **Carré de Malberg** (*contribution à la théorie générale de l'État*).

II. L'œuvre de Kelsen et la pyramide

• **Kelsen : le Descartes du droit**

À partir de ces idées, **Hans Kelsen**, « *le Descartes du droit* », (1881-1973) a créé un véritable **système** (v. *Théorie pure du droit*). Il a élaboré une « **pyramide** » qui se traduit par la ***théorie de la hiérarchie des normes :*** en droit français, si l'on part du **bas** de la pyramide, l'***arrêté*** doit être conforme au ***décret*** qui doit être conforme à la ***loi*** et la loi régulière au regard de la ***Constitution*****, norme fondamentale** (v. le schéma *supra*, n° 30).

• **Critiques**

– Cette théorie constitue une excellente et pertinente démonstration du ***processus*** d'élaboration des ***normes*** du droit écrit, reposant sur une analyse de compétences des autorités (introduction au sein de l'ordre juridique de la théorie des contre-pouvoirs de Montesquieu). De ce point de vue, c'est une construction cohérente qui a un immense mérite pratique.

– Toutefois, cette théorie conduit à une ***impasse, liée à la*** **nature de la « norme fondamentale ».** En considérant que la norme fondamentale n'a qu'un contenu strictement juridique et sans lien avec des valeurs transcendant le droit positif, Kelsen a **confondu** l'**édiction** de la norme fondamentale (acte purement juridique) et son **contenu** qui ne peut être purement juridique (v. ex. le principe universel de **dignité humaine** dont la valeur constitutionnelle est reconnue (Cons. const. 27 juillet 1994) n'est nullement juridique par lui-même : c'est un principe transcendant, qui a, de par le droit, des **effets** immanents ; c'est un principe métaphysique ***reçu*** par le droit, mais ***non créé*** par lui).

• Nature de la norme fondamentale

La « norme fondamentale » de Kelsen est en réalité **le point de rencontre** entre **le droit** et **les valeurs fondatrices de la société. Le droit fondamental fondant le droit positif ne peut lui-même être du droit positif.**

• Fondamentalité à tous les étages de la pyramide

Une seconde critique concerne le niveau d'édiction des droits fondamentaux. Pour Kelsen, les droits fondamentaux sont contenus dans la norme fondamentale. Or, les droits fondamentaux étant en découverte permanente les inscrire une fois pour toutes dans une Constitution, c'est courir le péril de les *figer*. En tant que droits fondamentaux ce sont des droits plus déclarés qu'édictés.

De plus, la ***valeur d'un droit*** est nettement distincte de la ***valeur de la norme*** qui le consacre. **Les droits fondamentaux se retrouvent à tous les étages de la pyramide** et non simplement au sommet (ex. le droit fondamental du respect dû à la vie privée protégé par l'art. 9 du C. civ. ; texte à valeur législative).

• Destin du positivisme

L'autorité encore actuelle de Kelsen dans la théorie juridique (en dépit des incertitudes d'une théorie trop systématique) s'explique par la doctrine qu'il a offerte à une *attitude* consistant à dire que le droit se suffit à lui-même et que le juriste n'a pas à sortir de sa sphère pour exercer son art et sa science : le positivisme (« droit posé » ou « établi »).

• Nuances

– Le positivisme est d'abord et de façon évidente ***l'art consommé du praticien à jouer du droit*** (ex. l'avocat chargé de suivre une procédure de saisie immobilière suivra la procédure prévue par le code de procédure civile). ***Ce positivisme pratique*** n'est pas dangereux***, à la différence*** de ***« l'autisme positiviste », i.e.*** l'inaptitude de certains juristes à réfléchir sur le droit en dehors du droit. La simplification à l'extrême de l'œuvre de Kelsen a servi de justification à la réduction du droit à une ***science normativiste***, et à l'introduction dans le droit de l'esprit ***scientiste*** et (non ***scientifique***). Ceux qui évitent de s'interroger sur l'***art*** de la justice qui découle du droit, vecteur des valeurs d'une société et au-delà de l'humanité l'ont sans doute trahi.

§ 2 : La hiérarchie des valeurs

• Droit et justice

Le droit ne peut se fonder sur le droit, tout au moins il ne peut se fonder que sur des droits d'une nature très particulière, appelés aujourd'hui « ***droits fondamentaux*** » qui relient le droit non pas seulement à son auteur immédiat, l'État, mais à sa **fin naturelle** qui est **la Justice.**

I. L'École du droit naturel

• Cette conception a des **origines antiques** (v. *Antigone* de Sophocle ; *L'Éthique à Nicomaque* d'Aristote, *De republica* de Ciceron).

– Cette conception est d'abord un **contre-pouvoir**.

– Son postulat : **le droit est discerné par la raison humaine** (rencontre entre la civilisation grecque (la raison) et la civilisation romaine (le droit)).

– Conséquence : Le droit naturel est un droit de l'humanité, un droit universel (*jus gentium* : droit des « gens », *i.e.* des nations, de l'humanité).

• Au **Moyen-Âge**, la **pensée de saint Thomas d'Aquin** (v. *La Somme théologique* 1266-1273) est le fruit d'une rencontre entre la civilisation antique gréco-romaine et la civilisation chrétienne.

Contenu :

– Le droit est fondé sur la raison.

– Il existe trois degrés de connaissance du droit :

– la *lex aeterna* (loi divine) : l'homme ne peut véritablement la comprendre par la raison car la volonté de Dieu est incompréhensible pour l'intelligence de l'homme ;

– la *lex naturalis* (la loi naturelle) : cette loi est accessible à l'homme, qui, s'il ne peut comprendre son propre Créateur peut comprendre la Création dont il est l'axe ;

– la *lex humana* (la loi humaine) : elle constitue la loi ordinaire que se donne l'homme en conformité avec la loi naturelle, pour ordonner cette Création que Dieu lui a confiée.

Fondement de cette doctrine : concept ***essentialiste*** : le droit existe par lui-même, il est inhérent à la nature de la Création. L'homme, et de manière plus générale les structures de la société, n'ont pour mission que de rechercher ce droit (loi naturelle) et le mettre en forme (loi humaine)

Conséquence : le droit trouve sa source non dans l'Écriture sainte mais dans l'observation de la nature. D'où la distinction (inconnue du droit musulman) entre le ***droit canon***, droit propre à l'Église (clercs et fidèles) et le ***droit civil*** (droit de la cité) qui conduit à une ***sécularisation*** de la législation civile.

• **Contestations** de cette doctrine au XIVe siècle par **Duns Scot** et **Guillaume d'Occam**, pères spirituels de l'*individualisme* moderne avec le « ***nominalisme*** ».

– Les concepts n'existent pas en eux-mêmes, mais sont élaborés par la pensée humaine. L'homme « nomme » les concepts qu'il engendre, de ce fait, le droit découle alors de la ***volonté*** humaine, dégagée de toute autre perspective.

– Le nominalisme est à l'origine de l'idée des **droits subjectifs** (*i.e.* des droits qui n'existent que par la revendication faite par les sujets de droit), ces droits subjectifs sont la base même de la déclaration des droits de l'homme : **droits revendiqués** et **énoncés par l'homme**.

• **Au XVIIe siècle l'œuvre de Hugo Grotius** (*Le droit de la guerre et de la paix*) bouleverse profondément les données de saint Thomas tout en s'y proclamant fidèle :

– le droit naturel ne découle pas de la nature de la Création mais de la nature de l'Homme ;

– le droit naturel est ***indépendant*** du droit divin ;

– **conséquence** : pour Grotius l'homme est le centre de tout, et devient le ***maître*** d'une Création que Dieu lui confie purement et simplement. Il commande à l'univers et organise tout (alors que pour saint Thomas, la Création est au service de l'homme fait à l'image de Dieu, est ***dominée*** par l'homme mais ***maîtrisée*** par Dieu).

Une telle philosophie de maîtrise totale de l'univers, actuellement dominante dans l'Occident moderne, est sans nul doute en lien direct avec les dégâts incommensurables de l'homme envers cet univers.

• **Vers les Lumières**

Au XVIIe siècle toujours, **Puffendorf** (théoricien du contrat) systématisera la philosophie de Grotius : ***tout est contractuel et tout ce qui est contractuel est juste*** : du « contrat social » au plus petit des contrats de la vie quotidienne. Ce **droit naturel**, *triomphe de la raison humaine, laïcisé, volontariste* et systématisé à cette époque par **Leibniz** et **Locke,** aura des **conséquences dans le droit**.

– Dans la DDH de 1789 : référence aux « *droits naturels inaliénables et sacrés* » de l'homme.

– Le Code civil aurait dû commencer par un article premier se référant à l'existence d'« *un droit universel et immuable, source de toutes les lois positives : il n'est que la raison universelle en tant qu'elle gouverne tous les hommes* » (v. Portalis, *Discours préliminaire du Code civil*). Ce principe demeure la clé d'interprétation de la législation civile actuelle.

• **Éclipse du droit naturel**

Pendant tout le XIXe siècle (siècle des certitudes) **et une bonne partie du XXe siècle,** ce droit naturel connut **une éclipse** en raison de données politiques importantes liées au coup d'état de Napoléon Bonaparte : « la révolution est *terminée*, ses principes en sont *fixés* ». **Ceci a des conséquences juridiques :** *la loi est tout et suffit à tout.* La loi n'est autre que la volonté du gouvernement et n'a rien au dessus : ni constitution, ni droit naturel. La constitution n'est alors que l'organisation de l'État et non la loi fondamentale de la Nation et le droit naturel est éliminé de l'enseignement et de la réflexion juridique. Le juriste français devient un « ***exégète*** » de la loi : *tout le droit est dans la loi et rien que dans la loi* (v. C. Demolombe, « *le prince de l'exégèse* »).

• **Résurgence du droit naturel**

Après la période apocalyptique de l'Europe **entre 1940 et 1944**, et une « *législation nazie* » ***non légitime*** car ne répondant pas aux fins essentielles du droit qui est de maintenir l'ordre par la justice, le droit naturel a connu une **résurgence**. À cette époque, une profonde réflexion sur les fondements du droit et sur l'asservissement du droit par l'État totalitaire est apparue. Elle a conduit au courant aujourd'hui dominant des ***droits fondamentaux***.

II. L'État de droit et la doctrine des droits fondamentaux

• **Les deux concepts**

L'idée d'un **État de droit** est relativement neuve, et en dépit de son omniprésence, ses contours sont plus incertains qu'il n'y paraît. Ce concept a deux **sources** principales : la doctrine allemande et la tradition anglo-saxonne.

– La ***doctrine allemande*** de la fin du XIXe siècle (*Rechtsstaat*) **distingue** une conception ***formelle*** de l'État de droit (« l'État gouvernant par le droit » ; « le droit est la structure de l'ordre juridique mis en place par l'État pour régir la société », v. influence de Hegel) et une conception ***substantielle*** (« l'État repose sur le respect du droit », « le contenu [*i.e.* les libertés individuelles] valide le contenant » ; v. influence de Kant). En Allemagne, c'est la première conception qui a prévalu, elle a permis d'organiser le nouvel empire (Bismarck).

– **En France**, cette théorie introduite par **Carré de Malberg**, a été vue avec défiance à une époque où les juristes français ont redécouvert la force de la Déclaration des droits naturels de 1789. L'État n'est pas le créateur du droit, du moins des droits fondamentaux. Il ne fait que *déclarer.* Les juristes français ayant alors marqué plus d'attachement à la loi, en tant que traduction de ce droit fondamental, cela a conduit à la consécration en France de la théorie de ***l'État légal*** et en Allemagne à celle de ***l'État de droit.***

• À nouveau Kelsen

La réflexion sur l'État de droit a continué avec **Kelsen,** pour lequel L'État ne peut être distinct du droit, car ce n'est pas de l'État que procède le droit, mais c'est le droit qui fait l'État. Le droit résulte du respect d'une ***procédure***. La ***forme*** (le processus d'élaboration de la règle) est ici ***garante de la légitimité du fond*** (le contenu de la règle) sur lequel Kelsen ne s'interroge pas (**théorie formelle de l'État de droit : hiérarchie des normes**).

• Tradition anglo-saxonne

– Pour la ***tradition anglo-saxonne*** de l'État de droit (le *Rule of law*), ni la forme, ni le processus d'élaboration de la norme ne comptent. Seuls importent le fond et le contenu de cette norme. La règle doit être ***juste*** (*i.e.* prévisible, claire, non rétroactive, proportionnée…) (**théorie substantielle de l'État de droit : hiérarchie des valeurs).**

– Si dans la première conception, la démocratie conduit nécessairement au droit, dans la seconde c'est l'inverse : le droit fonde la démocratie. Mais une fois **unies,** à l'issue de la Seconde Guerre mondiale, **ces conceptions formelles et substantielles** formeront la théorie actuelle de l'État de droit de nombreux pays de l'Europe occidentale et continentale (ex. en Allemagne v. la Loi « Fondamentale » plaçant au sommet de l'ordre juridique les droits fondamentaux de la personne). En France, l'exemple du **principe de dignité humaine**, (principe non juridique, mais principe reçu par l'ordre juridique) illustre ***l'instrumentalisation par le droit d'autres valeurs.***

• Carrefour des doctrines

Cette **confluence des théories formelle et substantielle** de l'État de droit se traduit dans l'existence d'un **double contrôle de la loi** :

– contrôle de compétence de l'organe qui la vote, et contrôle de la procédure requise d'une part ;

– contrôle de la conformité de la loi aux règles fondamentales, fondement d'une société donnée d'autre part.

• Mise en œuvre de la doctrine des droits fondamentaux

L'État de droit d'aujourd'hui **met donc en œuvre** ***la doctrine des droits fondamentaux*** et garantit ces droits fondamentaux par le ***contrôle de constitutionnalité*** (contrôle de la conformité des lois à la Constitution) et par le ***contrôle de conventionnalité*** (contrôle de la conformité des lois aux conventions internationales comme par exemple la convention européenne des droits de l'homme.) Les juges judiciaires et administratifs seront alors obligés de dire si la loi viole la « vie privée », « la vie familiale » ou « la liberté d'expression »… Ils devront le faire par référence à des fondements idéologiques et rechercheront le juste. L'on en revient alors nécessairement à la conception antique : *jus est ars aequi et boni* : **le droit est l'art de l'équité et du bien.**

CHAPITRE 2
Les divisions du droit interne : droit public, droit privé, droit pénal

---

• Le droit interne

Le droit français ou droit national se ***divise*** en trois *:* au ***droit public*** et au ***droit privé***, (distinction cardinale reflet de la *civilisation latine* ayant séparé la *vie privée* de la *vie publique),* il faut en effet ajouter le ***droit pénal*** (souvent catalogué parmi les droits mixtes.) qui ne constitue ni du droit public, ni du droit privé mais un *droit spécifique.* Cette **division tripartite** (peut-être inhabituelle) est pourtant révélée et traduite par les trois grandes procédures, ***procédure civile, procédure administrative et procédure pénale***

• Le droit international

– Ce droit réservé aux relations entre les sujets particuliers que sont les États se **divise** quant à lui en deux :

– ***le droit international public*** (ensemble des règles auxquelles s'obligent les États entre eux par les *traités)*

– **le *droit international privé*** (droit de « conflits de lois »). Ce droit poursuit deux objectifs : **trouver la loi privée** qui devra être appliquée quand un contentieux oppose deux sujets de droit de nationalité différente ou des intérêts privés rattachés à des pays différents ; **intégrer dans l'ordre juridique français des actes** n'ayant pas leur correspondant en droit interne (ex. la *kafala* du droit musulman ; le *trust* de la *Common Law*)

• Le droit européen

Du fait du processus d'intégration européenne, il existe aussi un ***droit européen*** ou ***droit communautaire***, qui est le droit de l'Union européenne. Ce droit est aujourd'hui devenu un droit très directif pour les droits nationaux. Il provient directement des règlements, des directives, des recommandations et doit s'**intégrer** aux droits nationaux pour arriver à une ***harmonisation*** des législations internes. Ce droit se décompose en un ***droit institutionnel*** (droit des institutions de l'Union européenne) et en un ***droit matériel*** (droit produit par ces institutions *i.e.* le droit applicable).

Section 1
L'origine de la distinction entre droit public et droit privé

• Au commencement était Rome

La **distinction romaine** entre les ***affaires publiques*** et les ***affaires privées*** (« *le droit public est relatif à l'organisation de la* ***chose publique****, [l'État] le droit privé à* ***l'intérêt des particuliers*** » **Ulpien,** *v° Corpus juris civilis*) puis la **distinction chrétienne** du ***temporel*** et du ***spirituel,*** (« *rendez à César ce qui est à César et à Dieu ce qui est à Dieu* ») servent d'assise à la société française caractérisée par un **État laïque**, des relations privées entre individus, et entre individu et Dieu.

• La **distinction entre la personne et la fonction**, entre les **vertus publiques** et les **vertus privées**, entre la **vie privée** et **la vie publique** est également un trait marquant de notre société (ex. les funérailles des présidents de la République : un office solennel sans le corps à Notre-Dame de Paris, un autre office, le corps présent dans la paroisse) Cette distinction trouve sa source dans la séparation entre l'État (à travers la Couronne) et la personne du souverain (« Le Roi est mort ! Vive le Roi ! » : permanence de l'État).

Section 2
Le droit public

Les **deux puissants piliers** du droit public sont le ***droit administratif*** et le ***droit constitutionnel***. On y trouve aussi : le droit des finances publiques, celui des libertés publiques, de la fonction publique, du marché public…

§ 1 : Le droit administratif

I. L'origine de la justice administrative : la lutte contre les féodalités

• **L'édit de Saint-Germain-en-Laye du 21 avril 1641**

Il décida que les ***intendants*** (hommes d'administration), ne seraient jamais justiciables des Parlements (équivalents de nos cours d'appel mais avec, en sus des pouvoirs judiciaires, des pouvoirs de police) : donc dotés d'une ***immunité de juridiction***. Toutefois le texte décida que les contestations envers les bureaux de l'intendance seraient portées devant l'intendant lui-même : (origine du « recours gracieux » actuel). Un recours contentieux était également porté devant l'intendant, puis devant le préfet napoléonien, son successeur (origine du conseil de préfecture, puis du tribunal administratif en 1955). La personne mécontente pouvait enfin saisir l'un des conseils du roi (origine de notre Conseil d'État).

• **La loi du 26 Pluviôse an VIII** (période du Consulat)

Elle a façonné les structures administratives de la France moderne en instaurant les préfets et l'administration départementale (les départements ayant été crées le 26 février 1790).

II. Le droit administratif républicain

• ***Blanco* et *Cadot***

Le droit administratif et la juridiction administrative émergent au XIXe siècle :

– la **loi du 24 mai 1872** confère au Conseil d'État la véritable **nature de juridiction** ;

– **l'arrêt *Blanco*** du Tribunal des conflits **du 8 février 1873** est le **point de départ d'un véritable droit administratif** ;

– **l'arrêt *Cadot***, en **1889**, consacre **l'émancipation totale du Conseil d'État du pouvoir ministériel.** Le droit administratif fut pendant longtemps un ***droit jurisprudentiel***, il est aujourd'hui davantage ***légiféré*** ;

– en **1986**, **l'ordre administratif est véritablement fixé en regard de l'ordre judiciaire** : « *Juger l'administration, c'est encore administrer* » (Portalis). Le droit administratif a appréhendé le contentieux d'une manière totalement différente du droit privé. Il fut jusqu'aux années 1970, un **droit régalien**, un **droit de tutelle et d'autorité.**

• L'État-Providence

Ceci s'explique par le fait que l'État, en France, a toujours été **État-providence**, et que la **vie politique** dans notre pays est **imbriquée** avec la **vie administrative**, l'élu, en particulier local étant bien souvent un médiateur entre le citoyen administré et l'administration. Toutefois au cours du XXe siècle, le Conseil d'État a forgé la base des libertés publiques, et aujourd'hui il est plus encore le protecteur des victimes de l'Administration.

III. Le droit administratif démocratique

• Le tournant

Depuis les années 1980, le droit administratif a connu une **mutation** radicale due à la **nouvelle conception des rapports entre l'administration et les administrés : l'État devient au service du citoyen** et reconnaît ses erreurs, s'explique (motivation des décisions administratives), doit savoir prendre des décisions dans un délai imposé pour trancher, peut se voir imposer en ***référé*** le respect d'une liberté fondamentale troublée par son action.

L'**émancipation** et l'**épanouissement** de la justice administrative sont dus spécialement à l'action du ***commissaire du gouvernement***, magistrat totalement indépendant du gouvernement, « défenseur du droit » (v. arrêt du Conseil d'État, *Gervaise*, 10 juillet 1957), qui peut exercer tantôt la fonction de juger ou tantôt celle d'aider à juger, ce qui est un particularisme français. Ce magistrat se dénomme depuis 2009 le ***rapporteur public***.

§ 2 : Le droit constitutionnel

• Droit de l'État et de la Nation

– La ***Constitution*** est un pacte fondateur, **la norme fondamentale de l'État** déterminant les modalités d'exercice du pouvoir politique, le limitant souvent pour garantir des libertés aux sujets ou citoyens, régissant l'organisation et le fonctionnement des pouvoirs publics, organise ses institutions. Elle est également devenue aujourd'hui la norme fondamentale de la Société, orientation que confirme le mécanisme de la « question prioritaire de constitutionnalité ».

– Ce droit au rôle capital a connu une **mutation** et une **dilution** depuis une **décision du 16 juillet 1971** depuis laquelle le Conseil constitutionnel **ne se contente** plus de dire qui a **compétence** pour édicter une loi, mais **vérifie** si la loi, **légalement votée, est bien conforme**

à la Constitution, à son préambule qui fait référence aux droits de l'homme et aux libertés et droits fondamentaux (principes fondamentaux dégagés par la jurisprudence du Conseil d'État) (bloc de constitutionnalité). Le Conseil Constitutionnel, même s'il n'a pas été conçu pour cela dans la Constitution du 4 octobre 1958, se veut ainsi le « *défenseur du peuple* » contre les « *représentants du peuple* » ! Il ne fait pourtant que revivifier l'ancienne pratique des « remontrances » faites au roi par les parlements de l'ancien régime, qui conduisait à la vérification de la conformité de la « loi » au « droit ».

• Le parlementarisme équilibré

Le régime parlementaire de la Vᵉ République n'est **qu'en apparence bicaméral** : le Sénat n'a plus qu'un pouvoir d'incitation et de proposition, tandis que l'Assemblée nationale a toujours le dernier mot et constitue l'Assemblée souveraine.

Le Conseil constitutionnel est parfois alors amené à jouer un rôle de **contre-pouvoir à la toute puissance majoritaire de l'Assemblée**. Il constitue l'instance d'appel *juridique* de l'opposition quand celle-ci a perdu le combat *politique*. Si le Conseil constitutionnel a été voulu comme un **organe politique,** il s'est transformé en pratique en **une juridiction politique.**

• Juridiction constitutionnelle ?

Le Conseil constitutionnel est une **juridiction supérieure** au même titre que la Cour de cassation, le Conseil d'État, la Haute Cour ou la Cour de justice de la République.

Elle ne constitue **pas** une cour constitutionnelle comme il en existe en Europe, car elle exerce un **contrôle** *a priori*, sans trancher un *litige.* **Une fois promulguée, la loi est normalement purgée de tout vice et devient en principe incontestable**. Mais la réforme constitutionnelle du 23 juillet 2008 devrait faire évoluer l'institution du fait de la création par l'article 61-1 de la Constitution du ***recours préjudiciel en inconstitutionnalité*** (**QPC**) en cas d'atteinte par une loi promulguée aux droits et libertés. Dans ce cas en effet, lorsque lors d'un procès une partie soulève une question « prioritaire », le juge peut estimer que la réponse à cette question est déterminante pour la suite du litige. Il la transmet alors soit à la Cour de cassation, soit au Conseil d'État. À leur tour, ces juridictions examinent le bien-fondé de la question et la transmettent éventuellement au Conseil constitutionnel qui peut déclarer la loi ou l'un de ces éléments inconstitutionnels. Cette norme est alors déclarée abrogée dès la publication de la décision du Conseil.

Par ailleurs, si selon la Constitution, **la censure d'une loi par le Conseil fait disparaître le texte pour tous**, la pratique (discutable) des « réserves d'interprétation » dont le Conseil assortit certaines de ces décisions semble n'offrir que des indications aux juges judiciaires ou administratifs qui restent souverains. Au-delà des débats, il ne faut pas ignorer ce « *droit constitutionnel jurisprudentiel* ».

• Bilan

Il résulte de tout cela que le Conseil constitutionnel n'est **ni tout à fait une juridiction ordinaire ni encore un conseil ordinaire. Par ailleurs,** il n'existe pas **une** lecture mais **des** lectures de la Constitution.

En ce début du XXIᵉ siècle, les deux ventricules du cœur du droit public ont **évolué** :

– le droit administratif n'est plus le droit de ***l'administration*** mais le droit ***des administrés*** ;

– le droit constitutionnel n'est plus le droit de la ***République,*** mais le droit des ***citoyens.***

Le droit public français traduit ainsi l'évolution déterminante de notre pays vers une ***démocratie libérale.*** La distinction d'**Ulpien** quoique moins rigoureuse que par le passé, demeure pertinente et justifiée.

Section 3
Le droit privé

Au sein du droit privé, le **droit civil,** ***droit fondamental,*** occupe une place encore prépondérante :

– c'est le **droit conceptuel** du droit privé ;

– c'est le droit des ***personnes*** et de la ***famille*** ;

– c'est le droit des ***contrats spéciaux,*** base de nombreux autres droits dérivés.

Le droit privé se prolonge en droit des affaires, en droit de la consommation, en droit judiciaire, en droit de la propriété intellectuelle, en droit financier, en droit des assurances, en droit des transports…

§ 1 : Le droit civil

Le droit civil est le fruit d'un long mûrissement. Il a un brillant passé, un présent délabré et un avenir incertain.

I. Gestation et naissance du Code civil

A. De Rome à Versailles

• **Les origines**

– **À la fin de l'Empire romain**, ***deux grandes traditions*** s'opposent :

– celle du ***Midi*** privilégiant l'***individu*** et appliquant le droit romain ;

– celle du ***Nord*** attaché au ***groupe*** et d'abord à celui de la famille.

– **Au haut Moyen-Âge**, le droit se mue en ***coutumes,*** d'inspiration germanique au Nord (ex. le patrimoine est familial et se transmet au fil des générations), d'inspiration romaine dans le Midi (ex. le père de famille est le *paterfamilias*, propriétaire absolu de ses biens ; il en dispose à son gré).

– **À la fin du Moyen-Âge**, le retour progressif vers un ***droit savant*** (droit de juristes) s'explique par la **place occupée par le *droit canonique*** (droit de l'Église), par **la restauration du droit romain initial** (pour faire *revivre* une société réputée idéale : Rome), et par **l'affermissement de l'indépendance du Roi de France** imposant sa puissance vis-à-vis de l'empereur germanique, du pape et du Roi d'Angleterre. Le mouvement de **rédaction des coutumes** initié par l'Édit de Montils-lès-Tours du 15 avril 1454 durera tout le XVIe siècle. La seconde rédaction de la coutume de Paris en 1580 (« coutume princesse ») offrira beaucoup au Code civil. Fin XVIe siècle ; le droit français est à nouveau un droit écrit.

• **Unification**

Au XVIIe siècle un autre processus conduira à l'**unification** du droit civil : les **grandes ordonnances royales** de Louis XIV (premières lois au sens moderne) sont applicables sur l'ensemble du royaume (territorialité de la loi) et doivent être appliquées par les juges sans déformation (origine du contrôle de cassation). V. l'ordonnance civile fixant la procédure civile (1667) ; l'ordonnance sur les Eaux et Forêts (1669), l'ordonnance criminelle (1670), l'ordonnance de commerce (1673), l'ordonnance de Marine (1681).

• **Naissance des professeurs de droit**

Pour imposer son droit, le « **droit français** », Louis XIV muselle les Parlements en leur interdisant de discuter sur l'enregistrement des ordonnances. Il émancipe ensuite l'Université en créant le « **professeur royal de droit français** », (avocat, nommé par le Conseil du roi pour assurer son indépendance, rétribué sur sa cassette personnelle) chargé de faire connaître les nouvelles ordonnances par un enseignement en français.

Ces professeurs de droit, sont à l'origine d'un « ***droit commun de la France*** », d'une législation **nationale et uniforme** née entre 1679 et 1789 (v. l'œuvre de **Domat** (1625-1695) qui était juge et **celle de Pothier** (1699-1772) juge et professeur royal). Les rédacteurs du Code civil furent les élèves attentifs de ces professeurs de droit français.

Louis XV complétera cette œuvre par les ordonnances dues à la plume du chancelier Daguesseau : V par ex. les ordonnances sur les donations et les testaments.

Lorsque survient la Révolution, **intellectuellement** tout est en place pour unifier un droit rationalisé et pensé, mais **politiquement**, tout est bloqué par la restauration maladroite des Parlements par Louis XVI.

B. De la Bastille aux Tuileries

• **La transaction**

La Révolution a **politisé** le droit civil en introduisant les idées de liberté et d'égalité, et l'a ***laïcisé*** en sécularisant le mariage et l'état civil et en admettant le divorce. Elle a peu légiféré en matière de droit civil.

Au début du Consulat, Bonaparte (1er Consul) réunit une commission de rédaction du Code civil composée de Tronchet président, de Portalis, Bigot de Préameneu et Maleville. Leur rapide travail peut s'expliquer par des raisons intellectuelles (le Code civil était mûri depuis longtemps par le travail des professeurs de droit français du XVIIIe siècle) et politiques (tout était à reconstruire) : l'alliance entre une **commission compétente resserrée** et **un pouvoir politique déterminé** fut la clé du succès.

La **méthode** a consisté à présenter une suite de projets élaborés par les rédacteurs, affinés par le Conseil d'État parfois en présence de Bonaparte, discutés devant le Tribunat et adoptés par le Corps législatif. Il en a résulté, non sans quelques discussions, (v. les travaux préparatoires) un ouvrage de synthèse, fruit d'un **compromis** entre l'ancienne législation royale et l'esprit de la législation révolutionnaire et d'une **transaction** (mot de **Portalis**, v. *le discours préliminaire*) entre les traditions du Nord et celles du Midi : le Code civil méritera ainsi le juste qualificatif décerné par **Demolombe** : « la constitution civile de la France »

• **Un pays, une loi**

Le 21 mars 1804 fut promulgué le Code civil. La France fut à cette époque **pacifiée** intérieurement par le Concordat avec le pape (1801) et extérieurement par la paix d'Amiens, **rassurée** par le franc germinal (1803), **unifiée** par le Code et les préfets (créés en 1800). Le 18 mai 1804, Bonaparte devient Napoléon et le Code civil, le Code Napoléon.

II. Destin du Code civil

A. Le Grand Code

• **Le grand Empire**

Le prestige du Code civil dans les années suivant son entrée en vigueur s'explique par des raisons **politiques** et aussi par des raisons **intellectuelles.** Le code est celui du « Grand empire » : il est celui de la Belgique et de la Rive gauche du Rhin. D'autres raisons tiennent à l'idée de **francophonie** comme en Louisiane et au Québec, ou à cette idée associée au prestige de la rationalité de la nouvelle législation, comme par exemple en Roumanie ou en Amérique latine. L'entrée en vigueur du Code civil allemand (le BGB) le 1er janvier 1900 mit fin à l'hégémonie du Code civil.

B. Le Vieux Code

• **Les saintes reliques**

Aujourd'hui, l'influence du Code civil est totalement nulle dans le reste du monde. Il est devenu une antiquité même si personne ne veut le reconnaître. La fidélité au Code civil, supposerait de reprendre un nouveau Code, comme ont pu le faire avec succès les Québécois en 1994.

• **De Gaulle et le droit**

La période de présidence du général fut l'occasion, non d'une refonte complète, mais d'une **restauration** du code dans ses parties les plus délabrées : le garde des Sceaux **Jean Foyer** et le **Doyen Jean Carbonnier** furent à l'origine des réformes du droit des personnes entre 1964 et 1975 : loi du 14 déc. 1964 relative aux incapables, loi du 13 juillet 1965 sur les régimes matrimoniaux, loi du 3 janvier 1972 sur la filiation, loi du 11 juillet 1975 sur le divorce, loi du 31 déc. 1976 sur l'indivision. Ce n'est ensuite qu'en 1985 que le Garde des sceaux Robert Badinter réforma les régimes matrimoniaux par la loi du 23 déc. 1985 (égalité complète des époux) et l'indemnisation des victimes d'accidents de la circulation (loi du 5 juillet 1985). Postérieurement à cette période, les lois apparaîtront de manière plus sporadique : v les lois de bioéthique du 29 juillet 1994, puis du 6 août 2004 et du 11 juillet 2011.

• **Au petit bonheur des lois**

L'instabilité politique de la France, de même que les **aspirations contradictoires** de sa société en faveur d'un ordre moral libertaire ont des répercussions sur le droit civil : loi sur l'accouchement sous X (8 janvier 1993), loi sur l'adoption (5 juillet 1996) loi sur le pacte civil de solidarité (15 nov. 1999, pacte modifié en juin 2006).

L'**improvisation politique** et la **mauvaise rédaction juridique** des lois, de même que leur **incomplétude** ont conduit à un **droit civil en miettes.**

Parmi les **motifs d'espoir** se trouvent la réforme législative équilibrée du divorce, la refonte du droit de la filiation ou celle des sûretés par ***ordonnance,*** de même que plus récemment celles des incapacités et celle de la prescription par des lois importantes. Le renouveau du Code civil arrivera sans doute un jour, sauf si entre temps un Code civil européen venait remplacer tous les codes actuels.

§ 2 : Les autres droits privés

I. Le droit des affaires

• **Entre hommes d'affaires**

Le droit des affaires est né dans les années 1960 et a englobé le **droit commercial classique** : droit ***entre*** commerçants, droit des actes de commerce : droit issu de l'ordonnance sur le commerce et traduit par le Code de commerce de 1807. Suivant l'ampleur des affaires elles-mêmes ; diverses **subdivisions aux multiples métamorphoses** sont apparues en son sein : ***droit de la banque et de la bourse*** devenu aujourd'hui ***droit financier, droit des assurances*** et ***droit des transports*** divisés eux-mêmes en sous catégories particulières (ex. droit des assurances de l'entreprise, droit du transport aérien), ***droit des sociétés commerciales*** devenant un ***droit des groupements de l'entreprise***, droit des « faillites » devenu *droit* ***des entreprises en difficulté, droit de la concurrence***… Ce droit est, bien plus que le droit civil, un droit international et européen.

• **Le revers de la médaille**

Le droit des affaires n'est pas seulement ***l'ancien droit commercial dilaté,*** il est aussi ***du droit civil annexé,*** comme en atteste l'existence d'un « droit civil de l'entreprise ». Le développement des affaires a entraîné une société de consommation et en réaction la naissance, à partir des années 1978, d'un droit autonome : le droit de la consommation (v. législation sur les clauses abusives, sur le surendettement et le rétablissement personnel…).

II. Le droit judiciaire privé

• **L'art de l'escrime**

Le ***droit judiciaire privé*** (appellation moderne de la ***procédure civile***) fixe les règles de procédures suivies par les juges judiciaires statuant civilement ou commercialement. Ses ***principes directeurs*** s'appliquent aussi à l'***arbitrage*** qui est une **forme de justice privée conventionnelle.**

L'étude de ce droit passe par celle des juridictions, puis par celle de la procédure, celle des voies d'exécution et celle du ***droit processuel*** qui selon une conception majoritaire est un **droit universel des droits fondamentaux des procédures**

Le Code de procédure civile profondément renouvelé en 1971 (grâce à H. Motulsky, J. Foyer et G. Cornu) a conféré au juge un ***office*** plus important que par le passé : le juge civil est un **acteur** et non **un spectateur *; il ne tranche pas, il arbitre un différend.***

En tant que *droit processuel* des tribunaux de l'État, la ***procédure civile*** peut être considérée, d'une certaine manière, comme une branche du droit public. Mais elle est surtout une **procédure de règlement des contentieux privés,** ce qui explique son application aux arbitrages : la procédure civile est du droit public par la forme, mais du droit privé quant au fond et par attraction du droit majeur (le droit civil) sur le droit mineur (le droit judiciaire).

La procédure est suivie du *droit des voies d'exécution,* qui sont des procédures pour l'exécution des jugements.

Le ***droit processuel***, est le complément essentiel et nécessaire du **droit substantiel** (le droit civil ou le droit des affaires).

III. Le droit du travail

- **Un droit de faveur**

Le droit du travail est pour l'essentiel **le droit du contrat de travail entre un employé et un employeur**, et aussi **le droit des rapports collectifs issus des conventions collectives et des manifestations collectives des travailleurs** (le droit de grève).

Certaines de ces règles régissant les relations des personnes privées, le font relever du ***droit privé,*** tandis que les règles mettant en scène des autorités administratives ou organisant un service public relèvent du ***droit public***. Il existe un régime du travail dit « privé » et un régime du travail des agents public.

Caractères :

– Ce droit **relativement nouveau** (ex. autorisation de faire grève en 1864 ; le premier code du travail 1924…) est un **droit spécial entre tous.**

– C'est pour l'essentiel un **droit de faveur** pour le salarié protégé dans l'exercice et la cessation de son travail.

– C'est un **droit méticuleux,** dans lequel les décrets sont plus importants en pratique que les lois et fortement **d'ordre public**.

– Ce droit est **parfois strict** et **manquant de souplesse** (ex. la loi initiale sur les 35 heures) **:** les rapports sociaux en France sont conflictuels, d'où l'échec d'un droit conventionnel et l'appel constant à l'arbitrage de l'État donc de la loi.

Un nouveau Code du travail est entré en vigueur depuis le 1er mai 2008.

- Le droit français du travail est conçu pour les grandes entreprises et non pour les PME. Il y a nettement **deux catégories de salariés** (en mettant de côté le cas des fonctionnaires et agents publics). Le droit du travail n'est pas adapté aux PME qui fournissent pourtant 65 % des emplois.
- Ce droit est mis en œuvre par une juridiction très particulière : le ***Conseil de prud'hommes***, composée à moitié d'employeurs et de salariés. Cette juridiction applique le droit parfois d'une manière très contentieuse. Les recours sont abondants et donnent lieu en pratique à une jurisprudence très importante de la Cour de cassation.
- Ce droit est complété par un droit infiniment technique, déterminant dans la vie quotidienne : ***le droit de la sécurité sociale,*** mis en œuvre par le Tribunal des affaires de la sécurité sociale.

Section 4
Le droit pénal

Le droit pénal est un **droit de marginaux** (les délinquants) et parfois tenu pour un droit marginal entre le droit public et le droit privé. Il connaît une inflation galopante et ses objectifs sont parfois contradictoires. C'est pourtant un **droit premier** : **sans droit pénal, pas d'ordre et sans ordre pas de liberté.**

§ 1 : Un droit SDF (sans définition fixe)

• **Fausse qualification**

Le droit pénal est souvent qualifié par facilité de « ***droit mixte*** », ce qui est une qualification d'attente relève de la coutume.

– Le droit pénal est **relativement récent** apparu après la procédure pénale. Il existait bien un droit pénal à Rome, mais c'était un droit de la punition sans grande nuance. La première codification de la procédure pénale est due à l'ordonnance de Colbert de 1670 et le premier code pénal date de 1790. Son éclosion tardive, en tant que « droit savant » au sein du droit explique le sort du droit pénal.

– Ce droit n'est **ni public, ni privé** : il n'est pas du droit privé car il ne ressort pas des simples relations entre particuliers, il n'est pas du droit public car il ne contribue pas à fixer les règles constituant l'État ou son administration, pas plus qu'il ne contribue à fixer les rapports entre ce même État et ses citoyens.

– Il est le droit pénal. Ceci signifie qu'il est **celui qui permet à l'autorité publique de faire régner l'ordre et la sécurité dans la société par la répression des délits.** Il est le **droit régalien de la punition.**

§ 2 : Histoire du droit pénal français : le vilain petit canard

• **La remontée des enfers**

La procédure pénale en France est apparue vers le XIIIe siècle grâce paradoxalement aux **tribunaux de** l'**Inquisition** qui eurent surtout une grande autorité en Espagne et dans le Midi de la France. Les inquisiteurs qui étaient des enquêteurs sont à l'origine de notre juge d'instruction. Pour arriver à leur fin, imposer leur foi religieuse, ils essayaient d'abord de faire **avouer** le pécheur, (« faute avouée, faute à moitié pardonnée ») au besoin après l'usage de la **torture** alors que celle-ci n'est jamais **justifiable.**

L'inquisiteur commençait toujours par **un interrogatoire ordinaire,** ce n'est qu'en cas de silence ou de mauvaise volonté qu'une **mesure de contrainte était pratiquée : l'astreinte au mur :** Cette période d'enfermement n'est pas si différente de la détention provisoire actuelle. Des **moyens de pression** pour faire avouer étaient utilisés, comme la visite de la salle des tortures. De nos jours, la ***cross examination*** de la procédure américaine n'est pas non plus indemne de moyens de pression, certes modernisés et plus subtils. Quand le coupable avait avoué, la peine était variable : pèlerinage, accomplissement d'une bonne œuvre (comp. auj. les TIG les travaux d'intérêt général), emprisonnement… Certaines pratiques modernes datent de cette époque : le sursis d'exécution, la dispense de peine, le délit de « dénonciation calomnieuse ». En cas de **récidive**, le coupable était **relaps** (celui qui retombe) et était condamné à la réclusion criminelle à perpétuité. La mort suivait généralement car le coupable condamné était remis au bras séculier en vertu duquel l'Église ne condamne jamais à mort (*Ecclesia abhorret a sanguine* : l'Église a horreur du sang).

• **L'héritage**

L'inquisition qui fit un grand nombre de victimes, inventa le **procès pénal moderne.** Tout en justifiant malheureusement la torture, elle contribua à l'élimination des ***ordalies*** (« jugement de Dieu ») qui furent définitivement abolies en France par saint Louis. Leur disparition, de même que celle du ***duel judiciaire***, conduisit à la naissance de l'***enquête*** et à celle de l'**enquêteur**, donc un inquisiteur.

• **L'ordonnance criminelle**

– Cette procédure fut reprise par la procédure pénale royale par deux **ordonnances** célèbres **:**

– l'ordonnance de Villers-Cotterêts (1539) ;

– l'ordonnance criminelle de 1670 qui est à l'origine du Code d'instruction criminelle de Napoléon, remplacé en 1958 par l'actuel code de procédure pénale. Après l'ordonnance de 1670, la torture déclina puis fut abolie en 1787 par Louis XVI.

– Parmi les **apports de la procédure inquisitoire** figure par exemple la **présomption d'innocence**, suite logique d'une **procédure d'enquête et** fondement du **secret de l'instruction.** De même, **l'appellation de « tribunaux correctionnels »** renvoie à l'idée de rachat et de rédemption.

– En revanche, on confond l'***aveu*** du criminel et la ***preuve*** du crime qui se distinguent pourtant. Pour pouvoir être pris en compte, l'aveu du criminel devrait être accompagné de la révélation de preuves tangibles et devrait ensuite surtout être retenu pour mesurer le *quantum* de la peine. Le pardon suppose la **reconnaissance** de la faute, son **regret** et la proposition de la **réparer**. Il est abusif de dire que le système français a le culte de l'aveu, parce qu'il dérive d'une procédure inquisitoire, alors que c'est plutôt le système accusatoire américain qui use et abuse de l'aveu dans un objectif de rapidité (usage du ***plea bargaining*** *i.e.* le plaider coupable).

– Certains principes essentiels, tels la recherche de la stricte vérité judiciaire, le respect des droits de la défense sont encore un héritage inquisitorial.

La procédure pénale française d'origine inquisitoire comme toutes les procédures, devient de plus en plus ***contradictoire*** et les droits de la défense y tiennent une place désormais essentielle.

§ 3 : Les paradoxes des sciences criminelles modernes : le caméléon

Les ***sciences criminelles*** rassemblent le ***droit pénal*** (général et spécial), la ***procédure pénale***, la ***pénologie*** (le droit de la peine) et la ***criminologie***.

• **À qui la faute ?**

La ***criminologie*** n'est pas du droit, elle est **l'étude de tous les facteurs sociaux de la criminalité**. Il faut y adjoindre la psychologie criminelle. La pertinence de la criminologie fondée au XIXe siècle en Italie par Lombroso a souvent été discutée. Elle explique plus facilement les conditions de l'acte que la volonté d'y passer.

• **Beccaria**

Le droit pénal moderne est né de la pensée de **Beccaria** (v. *Traité des délits et des peines*). Cet auteur a **rationalisé le droit pénal** par **deux principes :**

– ***nullum crimen sine lege*** (pas d'infraction sans texte) ;

– ***nulla poena sine lege*** (nulle peine sans texte) toute sanction découle d'une loi qui la définit.

Il en est résulté la loi pénale moderne : une ***incrimination*** assortie d'une ***sanction*** (ex. v. C. pén., art. 221-1).

Beccaria entendait lutter contre les abus de « l'arbitraire » des juges d'Ancien régime et poursuivait aussi un dessein prophylactique : la prévisibilité du droit pénal devait conduire à son efficacité.

Ces principes furent mis en œuvre en France dans le 1er code pénal connu de 1790, puis dans le code de 1810, remplacé par l'actuel de 1994.

Ils demeurent encore aujourd'hui tout en étant assouplis. Le code pénal de 1994 donne une assez grande liberté au juge pour fixer la peine (sous réserve des peines planchers instaurées en 2007) et l'adapter.

Il existe une distorsion entre une pénalisation galopante de la société (multiplication des infractions) et une déclinaison des peines qui en atténue la rigueur, le droit de l'*incrimination* devenant de plus en plus méticuleux, celui de la sanction dans l'ensemble plus généreux.

• **La pénalisation**

– Le ***droit pénal général*** étudie les éléments généraux de toute **infraction** constituée par la réunion d'un ***élément matériel*** (le fait criminel), d'***un élément intentionnel*** (la volonté de commettre l'acte), d'***un élément légal*** (un texte incriminant l'acte).

– Le ***droit pénal spécial*** est la part du code pénal décrivant les délits et les crimes.

– Des **droits pénaux spéciaux** sont par ailleurs apparus : ex le ***droit pénal des affaires***, le ***droit pénal des mineurs***, un ***droit pénal de la famille***, un ***droit pénal de la presse***, un ***droit pénal de l'environnement…***

– ***La pénalisation de toute activité sociale*** est révélatrice d'un profond malaise de la société (ex. infraction d'outrage à l'hymne national) et fait régresser la liberté.

• **La peine et la clémence**

– Un véritable ***droit de la peine*** est en même temps apparu : le processus pénal est passé de **deux** temps (l'instruction et le jugement) à **quatre** temps (l'enquête policière, l'instruction judiciaire, le jugement et l'exécution de la peine).

– Le droit pénal récent est marqué par l'**adaptation de la peine** (diversification des peines) et sa **négociation** (lors de son prononcé avec l'introduction de la composition pénale, de la médiation pénale, lors de son exécution avec les mesures de clémence prises par le **JAP** ou par le tribunal de l'application des peines).

– Le législateur ajoute par ailleurs pour les individus les plus dangereux, des mesures de rétention (ex. la ***rétention de sûreté***).

• **La procédure et les libertés**

Les ***sciences criminelles*** tendent à réaliser un **équilibre** entre la **protection de la *société*** contre les individus malfaisants, (aspiration du **droit pénal**) et la **protection de l'*individu*** (aspiration de la ***procédure pénale***).

La ***procédure pénale contemporaine*** est extrêmement **vigilante quant aux droits de l'individu poursuivi** : renforcement des droits lors de l'enquête policière (encadrement de la garde à vue, présence de l'avocat), et lors de l'instruction (décision de mise en détention confiée au ***juge des libertés et de la détention* (JLD))**.

Le droit pénal **suspicieux** de la pénalisation, rude dans ses sanctions, est encadré par un ***droit de l'enquête***, droit ***sourcilleux*** sur la liberté individuelle et un ***droit de la peine généreux*** quant à l'avenir du condamné.

Droit des marginaux, le droit pénal est devenu au fil du temps un **droit central** dans la vie juridique, ce qui révèle les maux de la société actuelle.

CHAPITRE 3
La source principale du droit : la loi, amont et aval

La **loi** conserve encore aujourd'hui son rang de **source majeure** (tradition du ***légicentrisme***), même si elle est paradoxalement **plus l'œuvre du pouvoir exécutif (sous la censure du pouvoir judiciaire que du pouvoir législatif).**

Section 1
La loi domestiquée

Le gouvernement a une **triple action** envers la loi : **rédaction, application, codification.**

§ 1 : La rédaction de la loi

I. La loi guidée par le gouvernement

A. L'écriture de la loi guidée par le gouvernement

• La **double initiative législative** (Const. 1958, art. 39) partagée entre le parlement et le gouvernement conduit à la distinction du ***projet de loi*** (origine gouvernementale) et de la ***proposition de loi*** (origine parlementaire). Pourtant la plupart des lois sont d'origine gouvernementales (9/10).

• Les ***projets de loi*** sont d'ordinaire **élaborés** par les bureaux d'un ministère (**droit bureaucratique**). Néanmoins les grandes lois civiles surtout, font l'objet d'un travail préparatoire confié soit à des groupes de travail ou à des commissions, soit à une personnalité reconnue chargée de rédiger un rapport en vue d'une réforme. Les groupes de pression (*lobbies*) jouent également un rôle.

• Si les projets sont soumis à l'**examen** du **Conseil d'État** (conseiller juridique du gouvernement) qui donne des **avis non** publiés, les propositions de lois ne bénéficient pas automatiquement de cette précieuse **révision** source de sécurité. Après avoir pris connaissance de cet avis, le conseil des ministres **adopte** le projet, signé par le Premier ministre et **déposé** par lui sur le **bureau** de l'une des **assemblées** et **mis à l'ordre du jour** de la **session**.

B. Le vote de la loi guidé par le gouvernement

• Le texte est **composé** d'un bref ***exposé des motifs***, et d'une série d'**articles** répartis selon la logique du texte en partie, titre ou chapitre. Il est **présenté** en premier, en principe, au choix du gouvernement, devant l'une ou l'autre des assemblées. L'assemblée sur le bureau de laquelle le texte est déposé, **oriente** celui-ci vers l'une des **commissions** qui désigne un **rapporteur**. Les textes de législation civile sont du ressort de la **Commission des lois** de chaque assemblée. Ce travail préalable qui relève du ***droit parlementaire*** distinct du ***droit constitutionnel***, est capital : les commissions sont composées de parlementaires compétents et même en nombre plus restreint sont le reflet de la composition politique des assemblées. Ce travail débouche sur la **discussion en séance publique :** présentation du rapport puis des propositions de la commission, puis des propositions par les différents groupes parlementaires des différents amendements et parfois sous-amendements. Pour **accélérer** le processus, **le gouvernement** peut soit **déclarer l'urgence,** soit **utiliser l'article 49-3 de la Constitution** (vote du texte en bloc ou censure du gouvernement). Selon le déroulement ordinaire du vote, chaque article est examiné successivement ***amendement*** par ***amendement***. La totalité du texte fait ensuite l'objet d'un « ***vote solennel*** ».

• À l'issue de cette **première lecture,** le texte part devant l'autre assemblée qui procédera de la même manière. Si le texte adopté par la seconde assemblée est identique au premier, il retourne à l'Assemblée nationale pour une adoption définitive (3e lecture ou 2nde lecture). En cas de divergence, une **Commission mixte paritaire** composée pour moitié de sénateurs, pour moitié de députés) se réunit pour trouver un compromis et le texte qui en est issu sera alors définitif. À défaut d'accord, la loi sera votée par la **seule Assemblée nationale**, qui a une **suprématie** en la matière.

• La loi votée définitivement **peut** être **déférée** au **Conseil constitutionnel** qui doit statuer dans le mois de sa saisine ou dans les 8 jours en cas d'urgence. À défaut d'une telle saisine, ou après la décision du Conseil la loi se « fige ». Le président de la République dispose de 15 jours pour procéder à sa **promulgation,** et à **la publication au *Journal officiel*** qui permettront **son entrée en vigueur** (selon les délais prescrits, v. chap. 5).

II. La loi édictée par le gouvernement

Les **ordonnances (Const., art. 38** ; lignée des **décrets-lois** de la IIIe République) et les **décrets autonomes (Const., art. 3)** constituent les **deux moyens** à la disposition **du gouvernement pour faire directement la loi** en se passant peu ou prou du Parlement.

A. Les ordonnances : la compétence législative déléguée

• Pour pouvoir prendre une telle ordonnance (de nature réglementaire), le gouvernement doit obtenir l'**agrément** du Parlement par une **loi d'habilitation** qui **définit sa compétence** et non le pouvoir transmis. Ces ordonnances doivent, pour avoir force de loi, être **ratifiées** par le Parlement. Elles sont prises dans des situations de crise, quand le projet est purement technique, ou comme outil de **codification à droit constant**. Elles constituent aussi de façon opportune un moyen de légiférer en matière civile, droit écrit se prêtant mal à l'improvisation en *raison* de sa précision et de sa technicité.

B. Les décrets autonomes : le pouvoir législatif restreint

• L'article **34** de la constitution **délimite** le **pouvoir normal** du parlement : selon les domaines le **pouvoir** est **absolu, général**, ou seulement **facultatif**.

Le texte **ne consacre pas** une compétence d'attribution du parlement en matière de loi et une compétence générale du pouvoir exécutif. Au contraire, il préserve le gouvernement d'un régime parlementaire se mêlant de tout, en mettant en place le « ***parlementarisme rationalisé*** » sous lequel nous vivons (**révolution juridique**). Avec le début, en 1962, du ***processus majoritaire*** et de ***présidentialisation du régime***, le parlement devient l'allié du gouvernement en place ce qui lui facilite la vie (**révolution politique**). Il peut ainsi mettre pêle-mêle tout dans un même texte sous forme de loi, sans avoir à se préoccuper de ce qui relève de ses pouvoirs ou de ceux du parlement. Le flot des textes votés par le parlement est par ailleurs encouragé par l'existence **d'une seule session**, souvent prolongée en juillet par une **session extraordinaire.**

• L'article 34 **consacre** en réalité **une part de pouvoir exclusif du parlement face au gouvernement**. Ceci n'exclut pas l'extension du pouvoir du parlement pour tout le reste, en raison de la maîtrise de l'ordre du jour conférée par le droit parlementaire, et en raison de la vie politique.

• L'article 34 a permis la création des « ***décrets autonomes*** » qui ne sont **ni** des décrets ordinaires, **ni** des lois. Ils sont dès lors éventuellement soumis au ***contrôle de légalité*** **du Conseil d'État.** Par ailleurs, quand une loi est votée dans un domaine qui aurait pu être celui d'un décret autonome, elle n'en demeure pas moins une vraie loi, soumise au contrôle de ***constitutionnalité*** **(v. décision Cons. const. n° 82-143 du 30 juillet 1982).** Ceci démontre que l'article 34 procède à une **répartition** des compétences et **non** à une **attribution** de celles-ci. La constitution fixe une frontière, dont le gouvernement est le gardien.

En **conséquence**, quand une loi est prise à l'initiative du gouvernement, alors qu'un décret autonome suffirait, le domaine n'est pas pour autant abandonné au parlement. Le gouvernement pourrait en effet modifier ensuite cette loi par un décret autonome (***déclassification*** d'une loi) : la norme entrerait alors dans la catégorie qui aurait dû être la sienne. Toutefois comme le texte voté est une loi, son contrôle en revient non au ***Conseil d'État*** (**juge de la conformité des décrets aux lois**), mais au ***Conseil constitutionnel*** (**juge de la conformité des lois à la Constitution**).

§ 2 : L'application de la loi

Après leur publication au ***Journal officiel***, lois, ordonnances et décrets autonomes doivent concrètement entrer en application. C'est le Premier ministre, qui assure l'exécution des lois (Const., art. 21). Quand la loi est **complexe**, et qu'elle suppose des précisions de **détail**, elle appelle un ***décret d'application***, qui suscitera un ***arrêté***, et une ***circulaire*** d'interprétation du tout (v. Portalis, *Discours préliminaire*)

I. La loi complétée

A. Les décrets d'application et les arrêtés

• Faute de publication d'acte réglementaire nécessaire à son application, une loi peut être **paralysée** dans ses effets. Autrement dit elle peut être « exécutoire », parce qu'elle est ***promulguée***, mais non « applicable ». Les ***décrets d'application*** pris par le gouvernement, sont, en vertu de la **hiérarchie des normes,** dans la dépendance stricte de la loi.

• Ces textes sont **rédigés** en pratique par les **ministères concernés par la loi**, sans qu'aucun délai impératif n'ait été prévu par la constitution, ce qui est problématique. L'administration **prend parfois des libertés** avec la loi dont elle est censée rédiger le décret d'application allant jusqu'à la « réécrire ». Les ***arrêtés*** ministériels et préfectoraux, puis les ***circulaires***, sont ensuite la mise en œuvre pratique des ***décrets***.

B. Le contrôle de la légalité

Le Conseil d'État a pour mission de veiller à la **conformité des décrets à la loi.** Ce **contrôle de la légalité de tout décret** peut être exercé à la suite d'un **recours pour excès de pouvoir** (REP) exercé par tout citoyen, soit par voie d'***action*** *i.e.* en tant que **demande principale** du requérant, soit par voie d'***exception*** *i.e.* **en défense** pour contester la prétention qu'on oppose au défendeur.

II. La loi codifiée

• **Histoire de la codification**

L'adage ***Nemo censetur legem ignorare*** (nul n'est censé ignorer la loi) est irréaliste : le droit ne doit pas être connu de manière exhaustive, il doit être ***accessible*** par l'intermédiaire des ***juristes***. La ***codification*** inhérente au droit écrit aide à la connaissance du droit. Elle commence en France avec la rédaction des coutumes et des grandes ordonnances de Louis XIV. La codification napoléonienne fut à la fois une **rédaction** et une **compilation.** Les codifications actuellement en cours sont plus proches de la codification romaine (codes de Théodose et de Justinien) qui sont des « codifications formelles ». C'est une ***codification à droit constant :*** *i.e.* une **rationalisation du droit existant**, sans modification, en le versant dans un code unique.

• **Sécurité juridique**

Le **principe de la sécurité juridique** provient en partie du droit communautaire. Il a été consacré par le Conseil constitutionnel en 1999 (déc. 16 déc. 1999). Il constitue l'une des assises justifiant la codification contemporaine, qui répond à ***l'objectif*** constitutionnel *d'accessibilité et d'intelligibilité* de la loi. La Cour de cassation commence prudemment à s'y référer.

• **La nouvelle codification**
À la différence de la ***codification-rédaction*** qui est nécessairement l'œuvre du législateur lui-même puisque le travail touche à la fois le ***fond*** et la ***forme***, la ***codification-compilation,*** est confiée à l'administration car purement de ***forme***. Ce travail actuellement en cours a commencé en 1989 par la mise en place d'une commission supérieure de codification, (son premier président Guy Braibant y a joué un rôle déterminant). Les nouveaux codes comportent toujours **trois parties** : la partie législative (les lois), la partie réglementaire (les décrets) et la partie consacrée aux arrêtés, origine qui se retrouve tout comme sa localisation dans le code, dans l'article lui-même (ex. C. ass., art. L. 118-12).

• Il faut distinguer les ***codes pilotes*** qui sont les principaux et les ***codes suiveurs*** qui les complètent et s'imbriquent à eux par voie de référence.

• La ***codification à droit constant*** s'opère sous réserve des modifications nécessaires à l'amélioration de la **cohérence rédactionnelle** des textes rassemblés, au ***respect de la hiérarchie des normes*** et à l'harmonisation de l'état du droit.

• Les **critiques** apportées à cette mise en ordre du droit français (erreurs de plumes, mise en lumière des carences du droit mis en ordre, faire du neuf avec du vieux) sont **relatives.** La **codification moderne est une voie médiane, sage et raisonnable**

Section 2
La loi dominée

Pendant des siècles, la **loi était par principe nationale**, **mais** aujourd'hui les **traités internationaux** ont pour des **raisons politiques** (I) et **techniques** (II) des **conséquences capitales dans le droit interne.**

§ 1 : L'Europe au-delà de la Nation

La double construction européenne conduit à la distinction entre le ***droit communautaire*** (droit de l'Union), et le ***droit européen*** (droit du Conseil de l'Europe).

I. Le droit de l'Union européenne : l'Europe de Bruxelles et Luxembourg

• **Enregistrement des directives**
Plus de la moitié du droit français est du ***droit dérivé*** qu'on peut dénommer « enregistré » au sens où le Parlement français ne fait que **mettre dans la forme française, un droit qui s'impose à lui.**

• **Bonnes et mauvaises intentions**
– Porter un **jugement** sur le **phénomène européen** est **difficile** en raison de l'état de paix qu'on lui associe. Bâtir une Europe qui permette l'**épanouissement des nations** et évite les

conflits, (souhait unanime) est un projet dont la réalisation est tout à fait compatible avec la **liberté** des **États dans l'édiction de leur droit**.

– Lors de la ratification du **Traité constitutionnel européen** (prétendue « Constitution européenne »), les réponses majoritairement négatives ont traduit le scepticisme de peuples qui refusent l'abandon de l'économie de leur pays au libre marché tout puissant et la marche forcée vers **l'État européen** trop éloigné d'eux. La réponse à l'échec du référendum a été le traité de Lisbonne du 17 décembre 2007 (« mini-traité ») plus favorable aux parlements nationaux et plus strict sur les conditions d'adoption d'une « loi européenne ».

II. Le droit européen : l'Europe de Strasbourg

- **La lumière éclairant le droit**

– Cette « seconde » Europe **renforce** et **concurrence** la première. C'est l'Europe des juges de la Cour européenne de Strasbourg qui appliquent la **Convention européenne de sauvegarde des droits de l'homme et des libertés fondamentales** (dite Convention EDH : Rome, 4 novembre 1950, ratifiée par la France en 1974). Elle constitue un **traité entre un ensemble d'États,** s'imposant à eux-mêmes des obligations fondamentales et autorisant leurs nationaux à se plaindre de leur non-respect devant une juridiction appropriée : la Cour européenne des droits de l'homme siégeant à Strasbourg. Ce droit de recours individuel devant la Cour de Strasbourg ne fut ouvert en France qu'en 1981.

– La **spécificité** de ce Traité est qu'il rajoute en fait une déclaration des droits de l'homme à celle incluse dans la Constitution (Déclaration du 26 août 1789). S'il constitue encore la **« Charte fondamentale » de l'Europe**, on peut se demander si sa place restera la même, après l'adoption de la Charte des droits fondamentaux (Conseil européen de Nice 7, 8, 9, déc. 2000).

– Les droits de l'homme jouent un rôle important dans l'édiction du droit français contemporain : en amont, le Conseil constitutionnel se sert du « bloc de constitutionnalité » (depuis 1971) ; en aval les juges s'appuient sur la Convention EDH. Cela soulève la question de la **légitimité** de ces garants de l'orthodoxie.

§ 2 : Le traité au-delà de la loi

I. La lecture maximaliste de l'article 55 de la Constitution

- **Respect de la parole donnée**

– En vertu de **l'article 55** de la Constitution, **la loi interne doit être conforme au Traité,** ce qui suppose qu'il ait été régulièrement ratifié ou approuvé avant sa publication et que l'autre partie en fasse également application (condition de réciprocité). Cette disposition absolument nécessaire trouve son origine dans la « doctrine Matter », en vertu de laquelle toute loi contraire à un traité doit s'entendre comme réservant le jeu du traité. Le Conseil d'État suivit cette doctrine de la Cour de cassation dans le fameux arrêt dit « des semoules ».

– **Le traité doit par ailleurs être conforme à la constitution** (art. 44) En cas d'opposition entre un Traité et la constitution, il faut choisir : refuser la ratification du traité ou modifier la constitution.

A. *Jacques Vabre* et *Nicolo*

• **Les peurs du Conseil constitutionnel**

– **Le Conseil Constitutionnel** a **refusé** dans un arrêt ***Interruption de grossesse*** du 15 janvier 1975 **de vérifier la conformité de la loi** Veil (autorisant à certaines conditions l'avortement) **à un traité** antérieur tel la Convention EDH. Cet arrêt rendu dans un contexte infiniment politique, est aujourd'hui en contradiction avec une autre décision plus récente de ce même conseil admettant le contrôle de la conformité d'une loi ancienne révisée par une nouvelle à la Constitution.

– Il a encore dans une décision du 10 juin 2004 décidé que le **droit communautaire l'emporte systématiquement sur le droit interne et que le droit communautaire est l'apanage du seul juge de Luxembourg**. Le Conseil constitutionnel se refuse dès lors à le contrôler. Mais dans un arrêt *CPE* du 30 mars 2006, le Conseil **évolua**, en admettant un **contrôle d'une loi de transposition au regard d'une directive communautaire pour éventuellement la censurer**. Ce contrôle prudent est soumis à deux conditions cumulatives : la directive ne doit pas méconnaître « une règle ou un principe inhérent à l'identité constitutionnelle de la France » et le Conseil ne se reconnaît compétent que pour censurer une « disposition législative manifestement incompatible avec la directive qu'elle a pour objet de transposer » (**principe de validité automatique du droit dérivé**). Cette évolution a entraîné celle de la jurisprudence du Conseil d'État (v. *infra* arrêt (très important) *Société Arcelor* du 8 février 2007), solution dite de « l'équivalence de protection » entre deux systèmes juridiques protégeant les droits fondamentaux et liés entre eux, affinée par un nouvel arrêt du Conseil d'État du 10 avril 2008, *Conseil des Barreaux européens* par lequel le Conseil d'État vérifie que la loi transposant une directive est conforme à la Convention européenne des droits de l'homme.

• **Les envies de la Cour de cassation**

La **Cour de cassation** a dans le célèbre arrêt ***Jacques Vabre*** (Cass. ch. mixte, 24 mai 1975, arrêt reprenant le contenu de l'arrêt ***Costa*** tout aussi fameux de la CJCE du 15 juillet 1965) a affirmé la **supériorité du traité de l'union européenne sur la loi française** (énoncé par l'article 55 de la Constitution), mais a considéré que la loi nationale doit être ***évincée*** par un traité (ce que l'article 55 ne dit pas). Cette interprétation de l'article 55 est contestable : si la supériorité du Traité oblige l'État à son respect dans son droit interne, et peut entraîner sa ***responsabilité*** dans le cas contraire, sa ***souveraineté*** ne peut être diminuée.

• **Technique et idéologie**

Cette position ***idéologique*** qui consacre la **supériorité du juge sur le législateur** et **la supériorité du droit international sur le droit national, n'est pas *technique*.** Elle bouleverse la séparation des pouvoirs et la hiérarchie des normes, ce qui constitue une Révolution juridique.

• La conversion du Conseil d'État

Le **Conseil d'État** se rallia dans son arrêt ***Nicolo*** **du 20 octobre 1989** à la Cour de cassation. Il fut complété par un arrêt ***Boisdet*** du 24 septembre 1990 affirmant la supériorité des règlements européens sur les lois nationales et par un arrêt ***Rothman*** du 28 février 1992 posant la supériorité des directives sur ces mêmes lois (supériorité du droit communautaire dérivé). L'arrêt ***Arcelor*** du 8 février 2007 pose en règle que lorsqu'un décret est pris en application d'une directive européenne, le droit communautaire ayant une valeur propre supérieure au droit interne, on ne peut contester un tel décret au regard de la Constitution française. Paradoxalement le Conseil d'État se reconnaît le droit de contrôler le droit européen initial au regard de la Convention EDH (CE, 10 avril 2008).

B. Convention européenne : articles 6 et 8

• La grande convention

– La Cour européenne de Strasbourg a développé une jurisprudence à l'imagination débridée à partir de quelques formules de la Convention EDH et en s'affranchissant de toute norme. Les juges peuvent ainsi ***formuler*** le droit (acte politique) en faisant croire qu'ils ne se livrent qu'à une ***interprétation*** du droit (acte judiciaire).

– Les **principaux droits** consacrés par la Convention EDH sont : le droit à la vie (art. 2-1) ; l'interdiction de la torture et des traitements inhumains et dégradants (art. 3), l'interdiction de l'esclavage et de la servitude (art. 4), le droit à la liberté et à la sûreté (art. 5).

• Tribunal impartial

Les articles 6 et 8 ont encore une grande importance en raison de leurs **multiples incidences en droit interne.** L'article 6 qui consacre le droit à être **jugé** dans **un délai raisonnable** et par un **tribunal** indépendant et **impartial** est devenu essentiel dans la pratique juridictionnelle française.

• Vie privée et familiale

L'article 8, consacrant le **droit au respect de la vie privée et familiale** permet au juge de faire un examen de toute loi civile, en particulier de celles affectant les personnes ou la famille. De même encore, l'article 10 consacrant **la liberté d'expression** permet aux juges français sous l'impulsion décisive de ceux de Strasbourg de remanier la vieille loi du 29 juillet 1881 sur la liberté de la presse.

Le ***contrôle de conventionnalité*** laisse ainsi aux juges français une **plus grande marge d'appréciation** que ne leur offre un contrôle de constitutionnalité *a posteriori*.

II. Le piège

A. Le juge perplexe

1°/ La prépondérance de la Convention EDH

• Le caillou dans la chaussure

– Dans les arrêts ***Saran*** (30 octobre 1998) et ***Fraisse*** (2 juin 2000), le Conseil d'État a décidé que la suprématie des engagements internationaux ne s'appliquait pas dans l'ordre interne aux dispositions de nature constitutionnelle. Il n'est donc **pas possible d'écarter la Constitution au nom d'un traité**.

– Cette jurisprudence très solide **respectant la hiérarchie** fixée par la Constitution et refusant de soumettre sa Constitution à l'ordre international démontre la faiblesse de la jurisprudence selon laquelle un traité peut écarter une loi interne. Cette position du Conseil d'État traduit une **prise de conscience tardive** du risque de voir les juridictions nationales tôt ou tard soumises aux juridictions internationales. La CJCE en a d'ailleurs fait la démonstration dans un arrêt du 13 septembre 2005 en déclarant par voie d'autorité que le législateur communautaire disposait du droit d'intervenir dans le domaine du droit pénal, qu'il laissait antérieurement relever de la compétence de chaque état membre.

2°/ L'incertitude des traités

• **L'océan des traités**

La **Cour de cassation** a dans le pertinent **arrêt *Lejeune*** du 10 mars 1993 déclaré que la Convention internationale des droits de l'enfant (New York, 26 janvier 1990, ratifiée par la France le 2 juillet 1990) qui ne crée d'obligations qu'à la charge des États parties n'était pas directement applicable en droit interne et ne pouvait être invoquée devant les tribunaux.

• Le **Conseil d'État** s'emploie également à faire marche arrière en distinguant dans cette convention les dispositions immédiatement applicables par les tribunaux et celles qui ne s'imposent qu'au gouvernement pour faire voter une loi s'y conformant. La Cour de cassation a en conséquence pu décider que l'article 3-1 de cette convention était d'application directe (Cass. 1re civ., 14 juin 2005).

B. Le législateur indolent

• **Les strates du droit européen**

Ce droit dérivé se compose de différentes **strates** :

– Le ***règlement*** a une portée générale. C'est la « loi européenne », applicable dans tous les États. Il produit des effets immédiats et est apte à conférer aux particuliers des droits que les juridictions nationales ont l'obligation de protéger (*Politi, 14 décembre 1972*).

– La ***directive*** n'engendre que des obligations envers les seuls états qui doivent tendre leur législation dans telle « direction ». La directive doit pour se concrétiser faire l'objet d'une « transposition ». Une directive non transposée dans les délais devient directement invocable par les particuliers devant les juridictions nationales.

– La ***décision*** est destinée à tels destinataires : décision individuelle, décision concernant un groupe d'individus voire un État.

– La ***recommandation*** et ***l'avis*** n'ont pas de force contraignante mais seulement une vocation d'incitation.

• **Où vont les États et leurs lois ?**

– La législation européenne enserre de plus en plus toutes les législations nationales qui deviennent quasi marginales se limitant ainsi au droit civil et au droit pénal. Ce mouvement d'« **eurocratie** » suscite diverses interrogations, liées aux transferts de compétences souveraines qu'il entraîne.

Le **principe de subsidiarité** posé dans le traité fondateur est, dans les faits, plutôt la déclaration que ce sont les États qui sont devenus subsidiaires. Il conduit à s'interroger sur le sort de la loi dans le droit français contemporain. Pourquoi le juge français ne respecte-t-il pas toujours la loi nationale comme le fait le juge anglais ?

CHAPITRE 4
Les autres sources : la coutume, les principes généraux du droit, la jurisprudence, et la doctrine

---

• **L'impossibilité de l'exclusivisme d'une source du droit**

Diverses **sources du droit coexistent** en ***droit positif*** français et sans doute dans la totalité des systèmes juridiques.

• **Historique**

– dans **l'Ancien droit** la **source principale** était la ***coutume*** d'origine populaire, même si la ***loi*** (ordonnances, édits royaux…) allait prendre une place grandissante. Ces deux sources furent **complétées** et **interprétées** par la ***jurisprudence*** (***arrêt de règlement***, *décisions en équité*) et par la ***doctrine***.

– à la **Révolution,** la volonté d'assurer la suprématie de la loi et son exclusivité conduisit notamment au ***référé législatif***.

– **Au XIXe siècle**, le culte de la loi perdure par le ***système* dit *de la plénitude de la loi écrite***. Même alors, la loi ne peut être que la **source essentielle**, mais **non la source exclusive** : La coutume ou la jurisprudence fournissent ainsi le **complément nécessaire à l'application de la loi.** La jurisprudence et la doctrine interprètent la loi obscure. S'y ajoutent fin XIXe d'autres sources, tels les ***principes généraux du droit.***

• L'**opposition traditionnelle sources écrites** (loi au sens large), **sources non écrites** est **insatisfaisante** puisqu'une coutume peut devenir écrite (ex. ord. Royale de Montils-lès-Tours, 1454). Elle a néanmoins le **mérite** de ne pas préjuger de l'importance respective des unes et des autres, qui ont varié au fil de l'histoire, et varient encore au gré des matières (ex. le droit administratif est un ***droit dit prétorien***) et selon les systèmes juridiques (v. par ex. l'importance de la jurisprudence dans les systèmes de ***Common Law)***

• **Les sources complémentaires ne sont pas toutes de même nature** : certaines sont **informelles** (idée de ***droit spontané***) d'autres plus **savantes.** Les diverses sources parfois imbriquées sont **propres à une époque et un lieu donné.** Par ailleurs, l'apparition contemporaine de nouvelles sources dans toutes les branches du droit a un effet perturbateur.

Section 1
Les sources informelles

• **Des sources diverses**

Au sein des sources informelles, la coutume constitue la **source principale**, à côté des principes généraux du droit.

La **question** de savoir si d'autres sources encore moins formelles peuvent également contribuer à la formation du droit et constituer des sources *sui generis* se pose : ex. le droit révélé, le contrat, les règlements d'entreprise, les conventions collectives, les codes de bonnes conduites des entreprises, les « Grenelles ».

Par ailleurs, la ***procédure de la question prioritaire de constitutionnalité,*** qui offre depuis le 1er mars 2010 aux justiciables la possibilité, à l'occasion d'un procès auxquels ils sont parties, de critiquer la conformité de la loi à la Constitution et d'en obtenir le cas échéant sa disparition de l'ordre juridique, fait désormais jouer un rôle en la matière à la base.

§ 1 : La coutume

I. La notion

La ***coutume*** qui constitue la plus ancienne source du droit existe toujours.

A. La coutume au sens classique

• **La *coutume*** constitue **une notion étrange,** un **phénomène** dont la **naissance est difficile à comprendre et à connaître** : à un moment donné et pour une raison déterminée, une **habitude répétée d'un groupe** naît une règle de droit, donc **obligatoire** (ex. historiques aujourd'hui traduits dans la loi : la transmission du nom patronymique de l'enfant légitime, l'usage par la femme mariée du nom de son mari ; exemples actuels, la conservation de l'usage du nom de l'époux par la veuve non remariée, la solidarité coutumière des commerçants).

La ***coutume*** constitue encore aujourd'hui une **source du droit importante**, par exemple en Nouvelle Calédonie.

• La **coutume** est **composée** de **deux éléments**

– un **élément matériel** (un comportement réitéré de manière identique par un milieu social, un groupe d'individus pendant un temps suffisamment long) ;

– et un **élément psychologique** (la croyance dans le caractère obligatoire du comportement : *opinio juris*).

• La **constatation de ces deux éléments suffit à caractériser la coutume** en tant que source du droit. Il **n'est pas** nécessaire que **la loi ou la jurisprudence la reconnaisse ou l'autorise** pour qu'elle soit **obligatoire**. La coutume est à la fois **autonome** par rapport à la loi et la jurisprudence, mais **imbriquée** à elles : ex la clause commerciale insérée par les notaires dans les contrats de mariage, en dépit de sa condamnation par la jurisprudence, est aujourd'hui validée par la loi.

B. L'évolution de la coutume

• Si le législateur contemporain renvoie indistinctement à la ***coutume*** (ex. C. civ., art. 2511), ou aux ***usages*** (ex. C. civ., art. 671) ou encore aux deux (ex. C. civ., art. 593), le juge se réfère plus volontiers aux ***usages***.

• L'usage **se confond parfois** avec la coutume. Il **a toutefois souvent** un domaine d'application et une force obligatoire **plus limités** que la ***coutume***, ***règle générale et abstraite*** : il **peut** en effet naître de la ***pratique*** *i.e.* de la manière d'agir de tel ou tel groupe d'usagers du droit :

ex. usages ruraux, commerciaux, ***lex mercatoria*** (loi des marchands), usages professionnels, pratique notariale, pratique bancaire… « usages conventionnels ».

• Il est **difficile** de **déterminer** si la ***coutume***, l'usage a valeur obligatoire ou si c'est une simple **pratique**, une simple **habitude** sans valeur obligatoire.

• Par ailleurs, le Conseil constitutionnel vise parfois une **coutume particulière**, la ***tradition républicaine.*** Celle-ci n'a cependant pas d'existence indépendante puisqu'elle doit, pour pouvoir être invoquée, avoir donné naissance à un ***principe fondamental reconnu par les lois de la République.***

• De même, la **preuve** du contenu d'un usage est tout aussi difficile et se fait par témoignage, expertise, ***parères.***

• La *pratique* peut devenir coutume, à moins qu'une loi ne la consacre.

II. Le rôle

• **Dans l'absolu**, le rôle de la coutume **dépend de l'organisation de la société :**

De ce fait, **son importance a varié dans le temps** :

– dans les sociétés inorganisées, la coutume a un quasi-monopole (ex. au haut Moyen Âge français) ;

– tandis que dans les sociétés organisées la coutume s'efface devant les sources écrites.

Son importance varie aussi dans l'espace : ex. en matière internationale, le droit du commerce international est essentiellement coutumier.

• **En droit positif français**, le rôle de la coutume **dépend de son triple rapport à la loi.** Il existe en effet trois **catégories** de coutumes :

– la **coutume *secundum legem*** est une coutume à laquelle la loi renvoie **expressément** ou **implicitement** par délégation (ex. v. C. civ., art. 671 et art. 1135 ; ex. usage de concept « mous » tels le bon père de famille ou la bonne foi qui sont des ***standards juridiques*** non définis par la loi) ;

– la **coutume *praeter legem*** complète la loi quand elle ne régit pas elle-même la question ;

– la **coutume *contra legem*** va contre la loi. En principe, **une coutume ne peut l'emporter sur la loi,** au moins sur la loi impérative. **Une loi ne peut ni être abrogée par désuétude, ni par une pratique non conforme.** Le plus souvent, la survie d'une telle coutume contraire à la loi ne peut être assurée que par sa consécration législative (ex. pour les corridas). Les nombreuses règles coutumières appliquées outre-mer sont contraires à notre droit commun.

§ 2 : Les principes généraux du droit

I. La notion de principe général du droit

• **Une notion aux origines diverses**

Les ***principes généraux du droit*** (PGD), ont une **importance grandissante** et concernent tous les domaines du droit. Certains sont **anciens**, d'autres plus **récents** et dégagés par le juge notamment sous l'influence du droit communautaire et de l'évolution de la société.

Ils se rencontrent surtout en **droit public** et en **droit supranational**.

– Certains **textes de valeur diverse s'y réfèrent** :

– **soit pour proclamer leur existence** (v. Les « ***principes fondamentaux reconnus par les lois de la République*** » **(PFRLR)** visés par le préambule Const. 1946) ;

– **soit pour les énoncer** (v. les « ***principes généraux particulièrement nécessaires à notre temps*** » du préambule Const. 1946 se référant par ex. à l'égalité des droits de la femme et de l'homme…).

– Ils **sont sinon mis en lumière par la jurisprudence.**

– Le **Conseil constitutionnel** a ainsi dégagé au titre des **PFRLR** par ex. la liberté d'association, les droits de la défense, la liberté individuelle, la liberté de conscience, l'autorité judiciaire gardienne de la propriété individuelle ou encore la tradition républicaine… Il proclame encore d'autres **principes** « dépourvus d'assise textuelle » (ex. le principe de continuité du service public) ou des **principes** « déduits de textes évanescents » (ex. la liberté d'entreprendre). Il détermine même des ***objectifs de valeur constitutionnelle*** tels l'objectif d'intelligibilité et d'accessibilité de la loi.

– Le **Conseil d'État** a dégagé l'existence de « **principes généraux du droit applicables même en l'absence de texte** » : ex. la sécurité juridique, le respect des droits de la défense en matière administrative…

– Au plan **supranational** se rencontrent encore les « ***principes généraux du droit reconnus par les nations civilisées*** » (ex. imprescriptibilité des crimes contre l'humanité), ou les ***principes*** dégagés par la ***Cour de justice de l'Union européenne*** **(CJUE ex. CJCE)** ou de la ***CEDH*** (ex. : principe de non-discrimination, de sécurité juridique, de respect des droits de la défense…).

– En **droit privé, la Cour de cassation** a quant à elle consacré par ex. le principe prohibant l'enrichissement sans cause (arrêt ***Boudier***, 15 juin 1982), celui prohibant l'indisponibilité de l'état de la personne, celui imposant la loyauté de la preuve ou encore la loyauté des parties en droit processuel (ex. interdiction de se contredire au détriment d'autrui), principe du raisonnable dans l'application et l'interprétation du droit…

• **Une notion protéiforme**

– Certains de ces PGD sont exprimés à **l'aide d'un adage** (ex. *nemo plus juris transferre potest quam ipse habet),* **d'autres non** (condamnation de l'enrichissement sans cause).

– Certains ont été **repris par une loi** (v. C. civ., art. 2276 ; CPC, art. 1 à 24 se référant aux ***principes directeurs du procès***) **d'autres non** (ex. *accessorium sequitur principale*).

– Ils sont le plus souvent dégagés par la jurisprudence, parfois aidée par la doctrine (ex. arrêt *Boudier* ; jurisprudence sur les troubles anormaux de voisinage ; jurisprudence de la chambre sociale de la Cour de cassation : ex. principe « à travail égal, salaire égal », principe de la liberté d'entreprendre…). Les arrêts statuent parfois au ***visa*** de tels principes éventuellement mis en lumière par la doctrine (ex. principe de l'unité du patrimoine).

• Selon une théorie classique, les PGD **préexisteraient à l'état latent à leur réalisation législative, contentieuse ou doctrinale**.

• Les PGD constituent une **source de droit complémentaire autonome**. Ces principes sont **créés** et non révélés **par la jurisprudence** pour s'émanciper de la loi.

II. Le rôle des principes généraux du droit

Un rôle *secundum, praeter* **ou** *contra legem :*

– Les principes supranationaux ou constitutionnels **s'imposent au législateur.**

– Les principes de droit privé non transcrits dans un texte législatif ont des **rapports comparables à ceux existants entre la loi et la coutume ou la loi et la jurisprudence.**

Certains PGD seront **induits d'un texte de loi**, *secundum legem*, (ex. C. civ., art. 725 et principe ***infans conceptus***), d'autres **seront consacrés dans le silence de la loi**, *praeter legem*, (la condamnation pour enrichissement sans cause), d'autres enfin **pourraient aller à l'encontre de la loi**, *contra legem*, (v. jurisprudence sur la dévolution des biens de famille).

À la **complémentarité** apparente **de la loi et des PGD,** s'ajoute donc leur **concurrence possible.**

Section 2
Les sources savantes

Sous-section 1 : La jurisprudence

§ 1 : La notion

• **Les différents sens du mot « jurisprudence »**

– Le mot désigne étymologiquement la **science du droit** : *i.e.* solutions élaborées par les jurisconsultes ou prudents.

– Il désigne toujours un **ensemble de décisions rendues pendant une certaine période de temps**, soit par certaines juridictions (ex. jurisprudence des cours d'appel), soit par une juridiction seulement (jurisprudence de la Cour de cassation), concernant l'ensemble du droit français, une branche du droit (ex. jurisprudence civile), ou encore une matière donnée (ex. jurisprudence immobilière).

– C'est aussi **l'habitude qu'ont les tribunaux de trancher un litige d'une certaine manière** (jurisprudence « constante », ou au contraire constitutive d'« un revirement de jurisprudence ».)

– C'est enfin la « **personnification de l'action des tribunaux** ».

• **Les éléments de la jurisprudence**

Pour qu'il y ait jurisprudence, encore faut-il :

– que **des décisions aient été rendues par un juge ;**

– que **ces décisions soient connues des professionnels du droit** (théoriciens et praticiens) et **des justiciables**, grâce à leur diffusion (leur publication) et leur hiérarchisation dans le cas des arrêts de la Cour de cassation ;

– que ces **décisions soient motivées** (*i.e.* qu'elles exposent le raisonnement du juge et notamment la règle générale sur laquelle il s'est fondé pour trancher, dans le « dispositif » du jugement, le cas concret à lui soumis). L'obligation de motiver peut très rarement être écartée (ex. en matière de divorce pour faute, en matière criminelle). La **motivation** doit par ailleurs être **de qualité** et constituer une véritable **motivation rigoureuse et impartiale.**

§ 2 : Le rôle

I. L'existence de différentes conceptions du rôle de la jurisprudence

• **La jurisprudence, une source du droit ?**

– La jurisprudence **peut** être conçue comme **une source du droit de même valeur que la loi,** comme hier à Rome, ou aux États-Unis. Au Royaume-Uni, le droit (la *Common Law*) a été créé par les juges, aidés par le ***système du précédent*** conférant à chaque décision judiciaire une grande autorité : la solution dégagée dans un cas doit être reproduite dans un cas postérieur analogue (reproduction des motifs nécessaires à la décision la *ratio decidendi*). Même si le ***système du précédent*** est aujourd'hui **moins rigide** et les **lois** sont de **plus en plus nombreuses,** la ***jurisprudence*** reste dans ce pays une **source de droit égale** voire **supérieure à la loi.**

– Au contraire, la ***jurisprudence*** **peut** se voir **refuser totalement tout rôle créateur de droit :** pour les Révolutionnaires, la loi devait ainsi être la source exclusive du droit.

– Aujourd'hui, même si certains auteurs voient encore dans la ***jurisprudence*** une simple « **autorité de fait** » ayant un indéniable pouvoir créateur sans être une vraie source de du droit, **un nombre croissant d'auteurs considère la jurisprudence comme une source du droit,** en raison de l'admission d'un certain **pluralisme des sources.** Les **règles jurisprudentielles** existent pourtant bien, **même si elles ne sont pas équivalentes aux règles législatives,** souffrant d'une certaine **infériorité technique par rapport à la loi.**

II. La jurisprudence en droit positif français

A. Le caractère normatif de la jurisprudence

1°/ Des règles plutôt contradictoires

• **La prohibition des arrêts de règlement et la relativité de la chose jugée**

– **L'article 5** du Code civil **interdit au juge de statuer par dispositions générales.** Il **empêche les juges de statuer une fois pour toutes sur un type de cas,** ce qui entraîne le rejet des ***arrêts de règlements*** et celui du ***système du précédent.***

– Cette règle est renforcée par ***l'autorité relative de la chose jugée*** en vertu de laquelle la « **chose jugée** » **dans une affaire, ne s'impose que dans ce cadre et à l'égard des parties au litige et non à l'égard des tiers.**

• **L'obligation de juger sous peine de déni de justice et l'obligation de motiver**

– L'**article 4** du Code civil **oblige le juge à toujours juger, sous peine de déni de justice.** Il interprète alors la loi, la complète, en créant une solution de droit, l'adapte aux cas concrets.

– Le juge doit en outre **motiver ses décisions** (CPC, art. 455) en invoquant une loi, une coutume, un principe général. Sauf rare exception, il ne peut statuer en équité.

– Selon une **conception classique,** le **juge se réfère au droit,** mais **ne l'édicte pas.** De ce fait les revirements de jurisprudence sont **rétroactifs** ou plus précisément **déclaratifs,** car ils mettent à jour une interprétation qui aurait dû être retenue depuis l'entrée en vigueur de la règle de droit applicable au litige.

2°/ Une mise en œuvre favorable au rôle créateur de la jurisprudence

• **La prééminence de l'article 4 sur l'article 5 du Code civil**

– La prohibition des arrêts de règlement n'a qu'un effet limité : l'article 5 **interdit au juge de faire d'une disposition de son jugement une règle de droit.**

– Il **n'interdit pas que la répétition de cette disposition** (éventuellement déduite d'un principe qu'il aura créé) **dans d'autres jugements devienne une règle de droit.** Ceci atteste la **prééminence** de l'article **4** sur l'article **5** du Code civil et montre que la ***jurisprudence*** est une **source du droit**.

– Toutefois **seules les décisions les plus importantes deviendront des règles de droit** tels les ***arrêts de principe*** des juridictions suprêmes (ex. la Cour de cassation, le Conseil d'État). A la différence des ***arrêts d'espèce***, les ***arrêts de principe*** apportent une réponse ayant un intérêt juridique notable et utilisable dans d'autres litiges à la différence des arrêts d'espèce.

Si l'on peut **discuter** de la **nature de la *jurisprudence* civile**, il n'est **pas contestable** que la **source majeure du droit administratif soit la jurisprudence**, et la ***jurisprudence*** du **Conseil constitutionnel** est encore vue comme une **source du droit de valeur supérieure à la loi.**

• **Une conscience grandissante de son rôle créateur par la jurisprudence**

– Les juges entendent **largement** l'obligation de motiver : à côté des motifs nécessaires à la décision, ils font figurer des ***obiter dictum.***

– La Cour de cassation, comme le Conseil d'État **affirment eux-mêmes que la jurisprudence est une source du droit,** une telle adéquation du discours à la réalité est un progrès.

– La jurisprudence **peut combattre la loi** par le biais du ***contrôle de conventionnalité*** qu'elle s'est arrogé.

– Par ailleurs, l'introduction de la ***question prioritaire de constitutionnalité*** (QPC) permet à tout juge interne, juge du fond ou du droit, judiciaire ou administratif d'émettre une opinion sur la constitutionnalité de la loi applicable au litige dont il est saisi. En cas de doute, le juge du fond devra en effet transmettre la **QPC** à la juridiction supérieure de son ordre, Cour de cassation ou Conseil d'État. Cette juridiction appréciera alors s'il y a lieu ou non à une transmission au Conseil constitutionnel, pour un avis final.

– Par ailleurs, la **Cour de cassation** se **fonde** sur la **jurisprudence** de la **Cour de justice de l'Union européenne**. En **l'invoquant dans ses propres arrêts** comme si elle avait force de loi, la Cour de cassation vient **contredire la prohibition des arrêts de règlement.**

• **Vers une résurgence des arrêts de règlement ?**

– La procédure de ***saisine pour avis*** de la Cour de cassation permet à un tribunal de lui demander son avis sur une question juridique posant difficulté, en dehors du recours contentieux. L'avis **ne lie pas le juge** qui l'a demandé et encore moins les autres, mais il est généralement suivi puisqu'il **indique comment la Cour statuera en cas de pourvoi**. Cette procédure a pour but de désengorger la Cour de cassation.

– La Cour de cassation rend depuis 2005 des ***avis spontanés***, interprétant les textes sans avoir été sollicitée pour cela.

• **Une source *secundum, praeter* ou *contra legem***

– La jurisprudence comme la coutume **complète la loi** et plus encore que la coutume **elle peut contredire la loi.**

– **Des solutions prises par la jurisprudence peuvent être reprises par le législateur** (ex. reprise partielle par la loi du 5 juillet 1985 sur les accidents de la circulation de la **jurisprudence**

Desmares du 21 juillet 1982 sur l'exonération du gardien par la faute de la victime). Le législateur ne répond pas toujours aux « provocations » jurisprudentielles.

– Inversement des lois peuvent être adoptées pour **mettre un terme à une jurisprudence** (c'est en partie le cas de la loi de 1985 précitée qui n'a retenu la solution que de façon limitée). De même, la loi n° 2002-303 du 4 mars 2002 a été adoptée pour **briser** la ***jurisprudence Perruche*** (Cass. ass. plén., 17 nov. 2000) : jurisprudence ayant consacré le droit pour l'enfant né handicapé d'être indemnisé de son propre préjudice consistant dans le seul fait d'être né : désormais « **nul ne peut se prévaloir d'un préjudice du seul fait de sa naissance** ».

Il y a donc **complémentarité de la loi et de la jurisprudence**.

B. L'infériorité technique de la norme jurisprudentielle

• **Un contenu difficile à déterminer**

Le **contenu de la jurisprudence est difficile à déterminer**, c'est à la doctrine d'analyser la décision et de remonter à la règle dégagée pour savoir l'apport exact de l'arrêt.

• **Le manque de sécurité juridique dû à la jurisprudence**

Les ***revirements de jurisprudence, comme toute jurisprudence*** s'appliquant à des faits antérieurs à sa création par le juge, sont en principe **rétroactifs (et déclaratifs)** ce qui est cause **d'insécurité juridique** pour le justiciable. La jurisprudence peut aussi évoluer en douceur grâce à des arrêts annonciateurs.

• **Vers une modulation dans le temps des revirements de jurisprudence** ?

Les juridictions tant européennes (CJUE, CEDH) que nationale (Conseil d'État ; Cour de cassation, C. Constitutionnel) pratiquent parfois le ***revirement prospectif*** ou ***revirement pour l'avenir*** qui permet au juge de décider lui-même de la façon dont s'appliquera la décision prise et plus généralement sa jurisprudence.

• **La rétroactivité systématique des revirements**

Pourtant suivant la **conception restrictive traditionnelle**, la Cour de cassation a pu affirmer en 2001 que « nul ne peut se prévaloir d'un droit acquis à une jurisprudence figée », ce qui peut s'expliquer par l'idée que la jurisprudence n'est qu'une interprétation de la loi qu'elle révèle. De plus, selon cette conception, une nouvelle jurisprudence étant censée être meilleure que l'ancienne, elle devrait s'appliquer au procès donnant lieu à la décision de revirement et aux décisions suivantes. Mais aujourd'hui, le danger de cette conception classique est davantage pris en compte par le juge.

• **La fixation dans le temps des effets de leurs décisions par les juges**

– Le **Conseil d'État** et la **Cour de cassation** se sont arrogés à partir de 2004 **le pouvoir de moduler dans le temps les effets de leurs décisions** *et/ou* **de pratiquer des revirements seulement pour l'avenir.** Le **Conseil constitutionnel** s'est également arrogé en 2008 ce pouvoir, que la Constitution elle-même lui confère désormais, en matière de **question prioritaire de constitutionnalité.** La naissance de ce « **droit transitoire jurisprudentiel** » rapproche ainsi le juge d'un législateur.

– Le rapport du groupe de travail sur les revirements de jurisprudence (2004) présidé par M. N. Molfessis, a proposé que la Cour de cassation décide d'une part **s'il convient de poser une règle jurisprudentielle nouvelle** et d'autre part **si cette règle doit s'appliquer à des faits nés avant son entrée en vigueur, en particulier à ceux qui font l'objet du litige.** La cour pourrait ainsi **moduler dans le temps les effets des revirements,** en écartant la rétroactivité du revirement au cas par cas après justification. À ce jour, les résultats de cette étude donnent lieu à des réticences ou oppositions doctrinales. Elle n'a pas encore débouché sur un texte de loi.

• **En conclusion**

La jurisprudence **norme technique inférieure à la loi**, n'en est pas moins **une source du droit**.

Sous-section 2 : La doctrine

§ 1 : La notion

• **Les différents sens du mot**

La ***doctrine*** désigne :

– l'ensemble des opinions émises par les juristes (professeur de droit, magistrats, avocats… : les « auteurs »).

– l'opinion de juristes plus ou moins nombreux, concernant une question de droit donnée.

• **Les différentes écoles doctrinales**

– Au XIXe siècle, ***l'école de l'exégèse*** interprète le Code civil de manière littérale, à la différence de ***l'École scientifique*** qui l'a remplacée à la fin du même siècle.

– À partir de 1855 et avec la création du concours d'agrégation, le droit civil s'est transformé grâce à la doctrine **interprétant le code de façon extensible**. Ceci s'explique par le fait que de nombreux exégètes étant aussi des praticiens (avocats et/ou magistrats comme par ex. Aubry et Rau ; Demolombe…) connaissaient les besoins de la société d'alors.

– La **motivation et la diffusion des arrêts** entraîna également un bouleversement du droit civil en permettant aux professeurs d'étudier les décisions de justice et d'influencer en retour les juges : création de cours de jurisprudence, apparition de la note d'arrêt, naissance des revues critiques : la *Thémis*, la *RTD civ.* en 1902… Les nouvelles méthodes tenant compte de la jurisprudence, de l'histoire, du droit comparé, et de la sociologie sont toujours en vigueur aujourd'hui.

§ 2 : Le rôle

• **La doctrine n'est pas une source directe de droit,** mais une **autorité** du droit, qui ne s'impose ni au juge, ni aux justiciables.

• La doctrine est bien souvent **divisée** (« doctrine minoritaire », « doctrine majoritaire », « doctrine isolée »…).

• En tant qu'autorité, **la doctrine exerce une influence sur la création du droit : elle constitue une source indirecte par son influence** provenant des enseignements, des clarifications, synthèse, critique des lois et de la jurisprudence, propositions de réforme (distinction des propositions *de lege lata/de lege ferenda*) : par ex. les doyens J. Carbonnier, G. Cornu, ou encore H. Motuslsky ont eu une influence sur l'élaboration des lois nouvelles.

• De plus en plus aujourd'hui, le gouvernement demande des **rapports** à des commissions constituées d'universitaires et de praticiens avant de procéder à des réformes (ex. rapport Guinchard)

• Une « **doctrine** » **d'information** se développe aujourd'hui et devient majoritaire alors que la **doctrine d'opinion** – la seule vraie doctrine – est devenue **minoritaire,** et voit sa place se réduire sans toutefois disparaître.

• À côté de la doctrine et de la jurisprudence, **d'autres autorités sont aussi chargées d'interpréter le droit :**

– l'administration par les ***circulaires***, les ***instructions, ou encore les rescrits*** commente souvent les lois devenues de plus en plus complexes ;

– les ministres font de même par les ***réponses à des questions écrites*** posées par les parlementaires ;

– la Cour de cassation, le Conseil d'État ou le Conseil constitutionnel fournissent par leurs ***communiqués*** l'interprétation de leur jurisprudence ;

– les **avis** des ***Autorités administratives indépendantes*** (AAI) qui sont des organismes non soumis hiérarchiquement à la puissance publique, et donc impartiaux, sont le plus souvent facultatifs, mais ils ont une grande influence sur le juge ;

– des ***commissions administratives consultatives*** à la disparition programmée peuvent encore aujourd'hui rendre des **avis** pour l'élaboration des textes législatifs ou réglementaires préparés par un ministère.

CHAPITRE 5
L'application et l'interprétation de la loi

L'effectivité de la loi suppose son **application**, qui peut être conditionnée par son **interprétation.**

Section 1
L'application de la loi

L'effectivité de la loi a des **limites temporelles** et **géographiques**.

§ 1 : La loi et le temps

• Les dispositions relatives à ***l'entrée en vigueur*** d'une loi, et les dispositions de ***droit transitoire*, fixent son domaine d'application temporel.**

• Au contraire, les règles provenant de la ***coutume*** et des ***principes généraux du droit*** sont **réputées exister depuis très longtemps**, quasiment de manière immémoriale. La jurisprudence ne faisant pas non plus l'objet d'une ***édiction***, *i.e.* d'une procédure particulière la transformant en source du droit, il est **difficile de savoir quand elle naît et quand elle disparaît**, même si la situation évolue aujourd'hui avec l'apparition du ***droit transitoire jurisprudentiel.***

I. L'entrée en vigueur de la loi et l'abrogation de la loi

La loi naît avec son **entrée en vigueur** et disparaît par son **abrogation**.

A. L'entrée en vigueur de la loi

• **Une notion complexe**

L'entrée en vigueur de la loi désigne **le moment où la loi devient obligatoire pour ses destinataires.** Elle se distingue de son ***édiction*** qui suppose sa ***promulgation*** et sa ***publication***.

La ***mise en vigueur de la loi*** conduit à s'**interroger :**

– sur la **date** à laquelle son **existence doit être connue des sujets de droit pour s'y soumettre,** (à partir de quand une loi est-elle *observable* ?) ;

– sur le **domaine d'application temporel de la loi**, celle de la **date des actes de conduite humaine que la loi a vocation à régir** (à partir de quand une loi est-elle *applicable* ?).

Le législateur français ne procède pas à cette distinction entre la ***date d'observation de la loi*** et la ***date d'application de la loi***, c'est uniquement la ***date d'observation de la loi*** qu'il vise implicitement lorsqu'il fixe la « date d'entrée en vigueur » d'une loi. Dans la majorité des cas toutefois les dates d'observation et d'application de la loi coïncident, ce qui n'est pas le cas dans le cas des lois rétroactives.

• De nouvelles règles d'« entrée en vigueur » des lois et de certains actes administratifs

L'***édition*** de la loi suit **une procédure spéciale** prévue à **l'article 1 du Code civil** récemment modifié par **l'ordonnance n° 2004-164 du 20 février 2004** : celle-ci a **modernisé et harmonisé** les **régimes d'édition et d'application des lois et des actes administratifs publiés au** *Journal officiel.*

• Une règle additionnelle

Elle a en outre conféré une **nouvelle importance à l'insertion des actes dans la version électronique du *Journal officiel*** : la publication en ligne devient **une condition d'entrée en vigueur** grâce à la reconnaissance d'une valeur équivalente à celle du ***Journal officiel*** papier.

1°/ Les règles de principe

• La modernisation et l'harmonisation des règles d'édiction et d'entrée en vigueur

– **Avant 2004,** les ***lois parlementaires*** étaient ***promulguées*** par le président de la république (ce qui reste inchangé) puis étaient ***publiées***, tandis que les ***ordonnances et les décrets*** devaient seulement faire l'objet d'une publication. La publication se décomposait en deux formalités : l'insertion au ***Journal officiel*** (nécessairement papier) et l'écoulement d'un délai **d'un jour franc** (24 heures de minuit à minuit) dont le point de départ n'était pas le même à Paris et dans tout le reste du territoire.

– **Depuis 2004**, les ***lois*** et ***actes administratifs*** publiés ***entrent en vigueur*** à la **date** qu'ils **fixent ou**, à défaut, le **lendemain de leur *publication***, autrement dit à **compter de l'insertion au *Journal officiel*,** qui a lieu en principe **le même jour sur papier et sous forme électronique.**

• Le principe supplétif de la coïncidence de l'entrée en vigueur et de l'édiction de la loi

– **L'*édiction* de la loi** au sens formel est réalisée par la ***promulgation*** et la ***publication*** qui en est faite.

La ***promulgation***, faite par ***décret du président de la république*** dans les **15 jours** de la transmission au gouvernement de la loi définitivement votée **rend la loi exécutoire**. La **date d'une loi** est celle de la ***loi de promulgation***, tandis que celle d'une **ordonnance** ou d'un **règlement** est celle où le **texte est signé** par son ou ses auteurs).

La **publication** porte la loi, au sens large, à la **connaissance** des sujets de droit, elle la **rend obligatoire, en principe, le lendemain de son insertion au *Journal officiel*, chacun étant alors présumé avoir connaissance de la loi (C. civ., art. 1, al. 1).**

L'adage ***nemo censetur legem ignorare*** peut alors s'appliquer : il **ne signifie pas** que chacun a une connaissance réelle, effective, de la loi, mais **signifie** que celui qui ne respecte pas la loi de bonne ou de mauvaise foi est en principe passible de sanctions.

Il existe **deux exceptions** :

– **en matière pénale**, l'***exception d'ignorance*** de l'article L. 122-3 C. pén. est admise selon les circonstances si une infraction a été commise sous l'empire d'une erreur irrésistible sur le droit.

– **en matière civile**, la ***bonne foi*** de celui qui s'est trompé peut être prise en compte de même que ***l'erreur de droit*** assimilée à un vice du consentement.

– Les formalités de ***promulgation*** et de ***publication*** **rendent la norme parfaite** et **permettent son entrée en vigueur. Dans un tel cas,** la **date d'effet de la loi** *i.e.* la date à laquelle elle doit être respectée par ses destinataires, correspond alors à **date d'édiction**. Mais comme cette dernière règle est **supplétive, toute loi n'entre pas en vigueur du seul fait de son insertion au *Journal officiel*** : le droit français n'impose pas une date d'effet de la loi qui soit unique.

2°/ Les exceptions

• **L'urgence** peut, comme avant 2004, justifier l'accélération de la procédure d'***édiction***. Aujourd'hui, l'alinéa 2 de l'article 1er de l'ordonnance du 20 février permet une ***entrée en vigueur*** « **dès leur publication** » des ***lois***, ***décrets*** et ***actes administratifs non individuels*** pour lesquels une telle solution a été prévue.

• **L'existence de *dispositions transitoires expresses* intégrées dans le texte nouveau** peut **retarder l'entrée en vigueur d'une loi** ou *l'avancer*.

– **L'entrée en vigueur peut être *retardée*** en raison des bouleversements provoqués par la loi dans un domaine du droit (ex. loi n° 2002-304 du 4 mars 2002 relative au nom de famille.) qui appellent un **temps** de **familiarisation** pour les **praticiens,** ou encore la **nécessité de décrets d'application**. Dans ce dernier cas, le législateur indique que la loi entrera en vigueur lors de la publication des décrets, ou indique une date précise d'entrée en vigueur de la loi, obligeant l'administration à prendre des décrets avant cette date. Un **échéancier des décrets** est d'ailleurs établi pour imposer à l'administration la prise des décrets au plus vite, mais il n'est pas toujours respecté.

– **L'entrée en vigueur peut être *avancée* (application rétroactive).** Dans ce cas la ***loi rétroactive*** est **appliquée antérieurement au moment où se produisaient les faits qu'elle régit**, c'est-à-dire antérieurement à sa ***promulgation*** et sa ***publication*** (son édiction) (ex. la loi de nivôse an II (du 6 janvier 1794) qui a supprimé les inégalités en matière de donations et de successions et qui a modifié la dévolution successorale s'est appliquée aux successions ouvertes et aux donations effectuées à compter du 14 juillet 1779).

De la même manière, le ***revirement de jurisprudence*** entre en vigueur **de façon rétroactive** : celui-ci s'applique à des faits qui se sont produits sous l'empire de l'ancienne jurisprudence et peut remettre en question les prévisions des justiciables (v. *supra* les tentatives de modulation dans le temps des revirements n° 150).

• **Un raisonnement norme par norme, et non de façon globale** comme a tendance à le faire la jurisprudence **doit être opéré** pour déterminer ***l'entrée en vigueur*** des **dispositions substantielles** insérées dans une loi. Son auteur a pu ainsi prévoir différents **types de dispositions transitoires** au sein d'une loi.

B. L'abrogation de la loi

• **La loi normale ou ordinaire** reste en vigueur jusqu'à son ***abrogation*** par l'autorité compétente pour édicter le texte (le Parlement pour une loi, le gouvernement pour un décret) ou d'une autorité qui lui est supérieure (le constituant). L'abrogation est réalisée par l'***édiction*** d'un **texte nouveau** remplaçant le **texte ancien.**

– L'**abrogation** peut être **expresse**, et résulter d'une disposition expresse de la loi nouvelle.

– L'**abrogation** peut être **tacite.** Dans ce cas, dans le silence de la loi nouvelle **seules sont abrogées les dispositions anciennes qui sont incompatibles avec les dispositions nouvelles.**

De plus, en vertu des **maximes *spécialia generalibus derogant*** (ce qui est spécial déroge à ce qui est général) et ***generalia specialibus non derogant*** (ce qui est général ne déroge pas à ce qui est spécial) : **une loi nouvelle spéciale abroge une loi ancienne spéciale dont le domaine est identique, mais elle n'abroge la loi générale ancienne que dans la limite de son domaine particulier** ; à l'inverse, la loi nouvelle générale n'abroge pas la loi ancienne spéciale.

Les **renvois d'un texte à un autre** rendent aujourd'hui parfois **difficile** la détermination de la règle encore en vigueur et de celle qui ne l'est plus : cela peut conduire à « des abrogations par ricochet » ou « par mégarde ». Ceci a conduit à la mise en mouvement d'une **politique de simplification** et de clarification **du droit** (parfois appelé la « **délégifération** ») dont l'efficacité est douteuse.

– Une loi peut être **abrogée** par sa ***codification à droit constant***, *i.e.* être reprise à l'identique dans un code.

– En **principe** une loi **ne** peut être **abrogée par désuétude.**

– Une loi peut être exceptionnellement ***annulée*** **:** sa disparition sera alors rétroactive.

– *Si à titre exceptionnel une* ***loi abrogative est elle-même abrogée****, le Conseil d'État et la Cour de cassation* refusent de faire produire effet à l'abrogation d'une abrogation.

• **La loi temporaire,** n'est pas à durée illimitée comme la loi ordinaire**.** Elle indique elle-même **quand elle cessera d'être en vigueur.** Son abrogation est donc décidée dès sa création.

– La loi temporaire peut contenir **une législation de circonstances** qui disparaît quand les circonstances qui la justifiaient ont, elles aussi, disparu (ex. pendant une guerre).

– La loi temporaire peut aussi être une ***loi expérimentale.*** Elle permet alors au législateur de dresser un bilan de l'application de la loi nouvelle et de décider, en fonction des résultats, s'il supprime ou maintient la nouvelle législation (ex. loi sur l'IVG ; lois de bioéthique).

– Certains textes peuvent encore, pour faciliter la transition entre le droit ancien et le droit nouveau, prévoir qu'à l'expiration d'un **temps d'adaptation déterminé**, la disposition transitoire laisse la place au droit nouveau.

II. Le droit transitoire

• **Les données du problème des conflits de lois dans le temps.** Il y a **conflit de lois dans le temps** lorsqu'une loi nouvelle succède à la loi en vigueur actuellement (la loi ancienne) et vient régler de manière différente une même situation juridique.

• La détermination du domaine d'application de la loi dans le temps peut être réglée par les ***dispositions transitoires de la loi*** déterminant une entrée en vigueur coïncidant ou non avec la date d'***édiction***. En l'absence de ***dispositions transitoires***, qui ne sont pas obligatoires, la jurisprudence a élaboré un système de solutions, aidée en cela par la doctrine.

A. Les textes

• **Le contenu des textes**

L'article 8 de la DDH, l'article 2 du Code civil et l'article L. 112-1 du Code pénal **posent le *principe de la non-rétroactivité des lois.*** Il se justifie par la **sécurité juridique** et évite à la loi de perdre son autorité. Les discussions suscitées par les effets néfastes des ***revirements de jurisprudence*** illustrent aussi cette idée.

• La valeur des textes

– **En matière pénale.** Le ***principe de non-rétroactivité des lois*** fondé sur l'article 8 de la DDH a une **valeur constitutionnelle.** Il **s'impose donc au législateur pénal.** Le Conseil constitutionnel a étendu cette solution hors du droit pénal quand le législateur édicte une sanction ayant le caractère d'une punition, même si elle n'est pas prononcée par le juge judiciaire.

– **En matière civile,** le ***principe de non-rétroactivité des lois*** **n'a qu'une valeur législative. Il ne s'impose pas au législateur** qui peut édicter une disposition nouvelle rétroactive**, mais s'impose aux autorités réglementaires.** Une telle **rétroactivité** est encore **permise** à l'heure actuelle **au juge** puisqu'il interprète la loi depuis son origine.

• Les lois rétroactives et la protection des justiciables

– La **rétroactivité** présente **en principe** un **caractère exceptionnel**. L'intention du législateur de **déroger** à la rétroactivité doit par ailleurs **apparaître sans équivoque.**

– **Certaines lois sont par nature rétroactives** :

– ce sont les **lois interprétatives** qui font corps avec la loi interprétée, ce qui justifie la rétroactivité ;

– s'en rapproche le système des ***errata*** ou rectificatifs publiés au ***Journal officiel*** rectifie une erreur du texte publié. La **rectification d'une erreur matérielle** est admise pour restituer le texte réel de la norme. La **rectification d'une erreur de fond** n'est admise que si l'*erratum* portant sur la loi est conforme au procès-verbal des débats parlementaires. Le caractère interprétatif de l'*erratum* justifie son application rétroactive ;

– la **loi pénale plus douce est également rétroactive**. Cette **rétroactivité *in mitius*** a valeur constitutionnelle ;

– le ***principe de non-rétroactivité*** s'impose aux tribunaux : les juges ne peuvent faire une application rétroactive d'une loi si le législateur n'a pas clairement exprimé sa volonté en ce sens.

B. Les propositions doctrinales

• La doctrine classique des droits acquis, d'inspiration individualiste et libérale, considérait que le ***principe de non-rétroactivité*** empêche l'application de la loi nouvelle aux droits déjà entrés dans un patrimoine, mais non aux simples expectatives.

• La doctrine moderne de l'effet immédiat de loi nouvelle dégagée par le Doyen Paul Roubier, **opposait** les **situations juridiques déjà formées** aux **situations à venir ou en voie de formation**. La doctrine contemporaine (essentiellement une « École de Caen ») a affiné et complété cette doctrine, mais cette analyse reste marginale et c'est celle de Roubier qui est admise majoritairement.

– La loi nouvelle **ne s'applique pas aux situations passées** mais s'applique aux **situations futures.**

– Les **situations en cours de constitution ou dont les effets se continuent après l'*édiction* de la loi nouvelle sont régies** par la **loi nouvelle** à partir de son *édiction*, sauf en matière contractuelle où la loi ancienne survit.

La **jurisprudence consacre en général cette doctrine** tout en la **combinant** parfois avec la théorie ancienne des droits acquis et en utilisant son propre vocabulaire.

C. La jurisprudence

• **La non-rétroactivité de la loi nouvelle**

Une **situation juridique** (instantanée ou durable) **réalisée entièrement avant l'entrée en vigueur de la loi nouvelle**, et **régie par la loi ancienne**, ne se voit pas appliquer la loi nouvelle, sauf si celle-ci est rétroactive.

• **Le principe de l'effet immédiat de la loi nouvelle**

– La **situation juridique** (instantanée ou durable) **née postérieurement à la publication de la loi nouvelle**, est **régie** exclusivement par **la loi nouvelle**.

– La **loi nouvelle s'applique immédiatement** aux **situations juridiques en cours de constitution ou d'extinction**, de même qu'aux **effets futurs d'une situation juridique née antérieurement à son entrée en vigueur.**

Le ***principe de l'effet immédiat*** **régit** sans difficulté les **situations légales**, mais rencontre une exception.

• **L'exception de la survie de la loi ancienne**

– Par **exception**, la loi nouvelle **ne s'applique immédiatement ni aux contrats en cours, ni aux régimes matrimoniaux**. Le ***principe de survie de la loi ancienne*** en matière contractuelle permet de **respecter les prévisions des parties** fondées sur la loi ancienne.

– Ce principe est **écarté exceptionnellement** dans le cas où la loi nouvelle s'applique immédiatement aux effets des contrats en cours et même éventuellement aux conditions de l'acte juridique conclu antérieurement.

– Dans le silence du législateur, le juge ne peut décider l'application immédiate de **la loi nouvelle d'ordre public** qu'aux effets d'un contrat en cours.

• **Le droit transitoire spécial à la procédure et à la preuve**

– Les **règles de procédure** s'appliquent en principe à partir du moment où le juge est saisi, autrement dit s'appliquent rétroactivement aux événements objets du procès.

– **Les règles gouvernant les modes de preuve** sont en principe également celles en vigueur au jour où le juge statue tandis que **les preuves préconstituées**, sont en revanche normalement soumises aux règles applicables lors de leur constitution.

§ 2 : La loi et l'espace

• **La présence d'un élément d'extranéité** peut susciter **un conflit de loi dans l'espace :** dans un tel cas plusieurs législations étatiques ont cumulativement vocation à régir une question de droit privé donnée. Le ***droit international privé*** propre à chaque pays **indiquera la loi compétente.**

– L'article 3 du Code civil pose **des *règles françaises de conflit* : un principe de territorialité de la loi** y est consacré **en matière de lois de police ou de sûreté et en matière immobilière. La loi française s'appliquera.**

– Une règle générale du droit international privé, prévoit qu'en matière de « ***statut réel*** », **les biens sont régis par la loi du pays où ils sont situés** (***lex rei sitae***).

– L'article 3 du Code civil consacre encore en matière de « **statut personnel** » (état et capacité des personnes), le ***principe de la personnalité de la loi***. Le juge français peut ainsi être amené à appliquer **la loi nationale d'un étranger**, **sauf** si cette loi est **contraire à l'ordre public.**

– En dehors de cet article, il existe **d'autres *règles de conflit*** indiquant **la loi nationale** compétente pour telle ou telle matière. Ex. en vertu de la règle ***locus regit actum***, les conditions de forme d'un acte sont imposées par la loi du pays où un acte est rédigé.

– Par ailleurs, il existe des ***règles de droit international privé « matérielles »***, *i.e.* régissant directement une question donnée, sans renvoyer à une loi nationale.

• **Même en l'absence d'un élément d'extranéité,** l'application de la loi française **n'est pas uniforme sur tout le territoire.**

Des particularités juridiques locales se rencontrent ainsi :

– au sein des départements français ***d'Alsace-Moselle*** (Bas-Rhin, Haut-Rhin et Moselle) où s'applique en certaines matières un ***droit local*** (ex. statut des cultes, publicité foncière...) ;

– et **outre-mer** : dans les ***département d'outre mer (DOM)***, dans les ***régions d'outre mer (ROM)*** : Guadeloupe, Martinique, Guyane, la Réunion et, depuis le 31 mars 2011, Mayotte, ou dans les ***collectivités d'outre mer (COM)*** Polynésie française, Wallis-et-Futuna, Saint-Pierre-et-Miquelon, Saint-Barthélemy et Saint-Martin, les collectivités *sui generis* (Nouvelle-Calédonie et les Terres australes et antarctiques françaises ancien **TOM** (territoires d'outre-mer)).

– Un ***principe d'identité législative*** s'applique dans les **DOM et les ROM** Le Code civil et la grande majorité des lois s'appliquent aux DOM et ROM sous réserve d'adaptations autorisées par la Constitution.

– Un ***principe de spécialité législative*** s'applique dans **les COM et les TOM : les lois métropolitaines** n'y sont pas applicables, sauf à avoir fait l'objet d'une décision expresse, d'une promulgation et d'une publication locales. Des règles locales particulières s'y appliquent.

Section 2
L'interprétation de la loi

• **La nécessité d'interpréter la loi** s'impose de toute évidence quand la loi est **obscure** ou **lacunaire**, et parfois même, alors que la loi est **claire** et **complète** pour **l'adapter aux nécessités nouvelles de la société** (ex. v. l'interprétation jurisprudentielle de l'art. 1384, al. 1, C. civ. : fondement de la responsabilité du fait de toute chose)

• **Les auteurs de l'interprétation** peuvent être :

– **le Parlement** (*lois interprétatives*) ;

– **le pouvoir exécutif** (réponses aux ***questions ministérielles***, ***rescrits*** et ***circulaires administratifs, AAI)*** ;

– **les juges** (saisine pour avis, jugements) ;

– **la *doctrine.***

• Deux **écoles** se sont succédé utilisant des **méthodes d'interprétation différentes :-*l'école de l'exégèse* et *l'école scientifique.*** Les méthodes de la seconde école sont principalement en vigueur aujourd'hui, même si des maximes d'interprétation tirées de la première n'ont pas disparu.

§ 1 : La méthode de l'exégèse

• **Quand le texte est obscur,** cette école recourt aux ***travaux préparatoires*****, aux *principes généraux du droit*** **et à la *ratio legis*** afin de restituer la pensée du législateur.

• **Quand le texte est lacunaire,** des modes de raisonnement faisant appel à la logique, voire au simple bon sens ont été utilisés.

– Le ***raisonnement par analogie*** ou ***a pari*** est utilisé quand il existe deux cas semblables, l'un envisagé en droit et l'autre non. Du fait de la similitude, l'interprète va traiter le second comme le premier.

– *Le* ***raisonnement a fortiori,*** est utilisé quand il existe des raisons encore meilleures d'appliquer la solution de droit au second cas.

– *Le* ***raisonnement a contrario*** conduit, quand une règle s'applique à une hypothèse particulière, à déduire que la règle inverse s'applique dans l'hypothèse inverse

– ***L'induction*** permet de remonter à une règle générale à partir de règles particulières considérées comme de simples applications, tandis que ***la déduction*** permet ensuite en redescendant, de dégager de nouvelles conséquences. Les deux méthodes sont le plus souvent combinées.

§ 2 : Les méthodes dites scientifiques

• **L'interprétation déformante de R. Saleilles et la libre recherche scientifique de F. Gény**

– Devant l'incapacité de la méthode exégétique à combler le silence ou l'insuffisance des textes vieillissants, **Raymond Saleilles** a proposé **le *système de l'interprétation déformante* :** **« au-delà du Code civil, mais par le Code civil ».** La solution à une situation non envisagée par les textes en vigueur doit être trouvée uniquement grâce à eux, éventuellement en les déformant.

– Refusant un tel artifice, **François Gény,** a préféré que le vide législatif soit comblé par **une libre recherche scientifique,** l'interprète devant se comporter comme un législateur, élaborant la solution la plus adaptée.

§ 3 : Les maximes d'interprétation

• **L'expression de principes communément admis**

– L'école de l'exégèse recourait à des **principes** qui sont encore aujourd'hui **communément admis** en raison de leur utilité :

– Les exceptions s'interprètent strictement (*exceptio est strictissimae interpretationis*).

– La loi cesse où cesse sa raison d'être (*cessante ratione legis cessat ipsa lex ou cessat ejus dispositio*).

– Il n'y a pas lieu de distinguer là où la loi ne distingue pas (*ubi lex non distinguit nec nos distinguere debemus*).

– Toutefois, ces **maximes** ont leurs **limites**. Par exemple, il n'est pas toujours possible de déterminer quand un texte constitue une exception.

– Tout acte créateur de droit, quel qu'il soit, peut donner lieu à interprétation et ces méthodes peuvent être utilisées par tout interprète.

CHAPITRE 6
L'être et l'avoir : les personnes et les choses

• Des personnes et des choses

À partir d'une simple observation de la réalité, notre système juridique opère une **distinction** des plus essentielles entre les **personnes** et les **choses.** Cette ***summa divisio*** (division suprême) qui est fondée sur des notions qui ne sont pas juridiques par elles-mêmes, marque en profondeur notre droit. L'examen des ***personnes*** (section 1) précédera logiquement celui des ***choses*** (section 2).

Section 1
Les personnes

• Des personnes juridiques

– Dans son approche des ***personnes***, le droit n'oublie pas de se référer à la **personne humaine** (v. par ex. C. civ., art. 16). Il a toutefois tendance à **privilégier un modèle abstrait** pour **qualifier** la ***personne juridique***. Sous ce terme, il envisage ainsi le ***sujet de droit***, **titulaire de la personnalité juridique** et à ce titre **titulaire de droits qui lui sont propres**, dont il pourra faire assurer le respect en justice. La personne, en droit, est ainsi vue comme un **acteur social**, conformément à l'étymologie du mot personne qui provient du latin ***persona*** signifiant le masque de théâtre ou l'acteur masqué.

– Il existe ainsi deux **catégories** de ***personnes juridiques*** : les ***personnes physiques*** et les ***personnes morales.***

§ 1 : Les personnes physiques

I. L'apparition de la personnalité

• La naissance

– **En principe**, le droit considère que c'est la **naissance** d'un **être vivant et viable** (*i.e.* doté de tous les organes nécessaires à la vie (v. C. civ., art. 311-4) qui déclenche l'**acquisition** de la ***personnalité juridique.***

– **En conséquence**, l'enfant mort-né dans le ventre de sa mère au moment de l'accouchement, de même que l'enfant né vivant mais non viable n'auront pas acquis la personnalité juridique. Il est toutefois aujourd'hui prévu par la loi, que **l'officier d'état civil** établit dans ce cas un ***acte d'enfant sans vie,*** acte différent de ***l'acte de décès d'un enfant né vivant et viable*** (v. C. civ., art. 79-1).

– Cette **dissociation** entre le commencement de la **vie humaine**, qui apparaît dès la conception de tout être humain, et le commencement de la **vie juridique s'explique** par le fait que le ***droit, science du rapport social***, n'appréhende la personne que sous l'angle de ce rapport.

– Elle soulève néanmoins des **difficultés,** comme par exemple, en droit pénal. Ainsi, dans l'hypothèse d'un accident de la circulation ayant entraîné le décès de la mère conductrice du véhicule, et le décès corrélatif de l'enfant à naître, la Cour de cassation, n'a pas considéré au nom du ***principe d'interprétation stricte de la loi pénale***, que l'atteinte portée à la vie de l'enfant à naître pouvait être considérée comme un homicide.

– Dans certains cas, **toutefois**, le droit **accepte**, *dans une certaine mesure*, **de tenir compte de l'apparition de la vie biologique**. Ainsi, **quand il en va de l'intérêt de l'enfant, celui-ci est présumé avoir acquis des droits dès sa conception.** Cette ***règle non écrite***, (quoique sous-jacente à certains articles du Code civil, v. par ex. art. 311 en matière d'acquisition de la filiation, ou encore art 725 en matière d'acquisition de la qualité d'héritier...) s'exprime sous l'adage *infans conceptus pro nato habetur quoties de commodis ejus agitur :* **l'enfant conçu est supposé né chaque fois qu'il en va de son intérêt.**

– Cette règle **ne s'appliquera** qu'à la **condition** que **l'enfant naisse vivant et viable**. Elle aura pour **effet** de considérer **rétroactivement** l'enfant comme ayant acquis des droits dès sa conception. Cela permettra, par exemple, de considérer qu'un enfant posthume a les mêmes qualités et les mêmes droits dans la succession de son père que s'il était né de son vivant. Mais encore faudra-t-il déterminer **la date de la conception**, **preuve facilitée** par l'article 311 du C. civ. qui **présume** que celle-ci a eu lieu pendant une période allant du trois centième au cent quatre-vingtième jour précédant la naissance. Selon son intérêt, l'enfant sera présumé avoir été conçu à n'importe quel moment de cette période.

– Cette règle ***infans conceptus*** **ne signifie** toutefois **pas** que l'embryon se voit reconnaître la personnalité juridique. Elle permet seulement, dans l'intérêt de l'enfant, de faire rétroagir ses droits au moment de l'apparition de la vie. L'embryon dont la vie en cours de développement est ainsi constatée **n'est pas non plus envisagé comme une chose**, mais comme une « ***personne potentielle*** ». Ceci laisse sauf le principe juridique de l'acquisition de la personnalité juridique à la naissance, mais **ne nie pas l'humanité de l'être en gestation**.

II. Éléments de la personnalité

A. Une individualité

• Une personne identifiée

– Un sujet de droit est une **personne identifiée** et **distinguée** des autres personnes juridiques par son ***état civil***, qui se **compose** de la nationalité, du sexe, de l'âge, et de la situation familiale.

– En **principe**, cet ***état civil*** est **immuable**. L'**identité** demeure la même de la naissance à la mort.

– Il existe en réalité un certain nombre d'**exceptions** à cette immutabilité de l'état :

– par **exemple**, il est possible de **changer** de nom, de prénom, de nationalité ou encore de filiation ;

– de même encore, est-il admis par la jurisprudence au nom du respect de la vie privée, qu'un ***transsexuel*** puisse solliciter des tribunaux judiciaires, le changement de son ***état civil*** pour le mettre en conformité avec son apparence physique résultant de son « sexe psychologique » (changement de prénom, de numéro de sécurité sociale…).

De telles **modifications de l'état civil** font l'objet d'un **strict encadrement légal** et **jurisprudentiel.** Elles ne s'opèrent, de plus, que sous le **contrôle d'une autorité judiciaire**. Sous ces réserves, deux impératifs sociaux sont ainsi conciliés : la **continuité de l'identité des personnes** et **l'adaptation de cette identité en cas de nécessité.**

• La nationalité

Le premier des quatre éléments essentiels permettant l'identification des personnes est la nationalité.

– Par la nationalité, la personne est située dans un espace politique. La nationalité se **définit** en effet comme « *l'appartenance juridique et politique d'une personne à la population constitutive d'un État* ».

– Dans certains cas exceptionnels, une personne peut ne pas avoir de nationalité, elle est alors apatride. De même encore, certaines personnes ne se voient pas reconnaître leur véritable nationalité. Mais en **France**, il y a **concordance entre la Nation et le territoire.**

– La nationalité permet de déterminer les **droits politiques**, les modalités **d'exercice des libertés**, et les **droits civils.**

– C'est désormais le **Code civil** qui décrit les **conditions d'accession à la nationalité française** (v. C. civ., art. 17 à 33-2). Il en existe schématiquement deux modes.

On peut ***naître français*** : l'**attribution** de la nationalité française peut se faire à la **naissance :**

– par le **fait d'être né sur le territoire français** (*jus soli* – droit du sol), [mais la naissance ne suffit pas à elle seule à l'attribution de la nationalité française] ou

– par le **fait d'être né d'un parent français** (*jus sanguinis* – droit du sang)

On peut ***devenir français* : l'acquisition** de la nationalité française est également possible **en cours de vie** principalement :

– par **adoption simple** ;

– par **mariage** avec un conjoint français ;

– par **naturalisation** (qui suppose une démarche volontaire et une décision de l'autorité publique).

– Il peut y avoir *exceptionnellement* **perte** de la nationalité française :

– en cas de **renonciation à la nationalité française** par une personne ayant acquis une nationalité étrangère (ceci est utile quand le droit de la seconde nationalité ne reconnaît pas la double nationalité : ex. aux EU, aux PB.) ;

– par **décret,** soit à la demande de l'intéressé, soit pour une considération particulière (v. C. civ., art. 23-7) ;

– par **jugement** (cas marginal).

En vertu de l'adage : *le sang français ne se prescrit pas*, il est toujours relativement facile de retrouver la nationalité française.

• **Le domicile**

– Le domicile, est le second élément essentiel à l'identification de la personne. Par le **domicile, institution de police,** la personne est ainsi **située géographiquement**.

– Le **domicile** se *définit* comme ***le lieu de rattachement géographique de la personne au regard de la loi***. Il se *distingue* de la **résidence** ou de **l'habitation.**

Sa fixation est essentielle :

– elle détermine par exemple la **compétence territoriale des tribunaux** (règle *actor sequitur forum rei* : le **demandeur** doit en principe **assigner** le **défendeur** devant le tribunal dans le ressort duquel est fixé son domicile) ;

– elle détermine également le **lieu d'ouverture d'une succession** (lieu du dernier domicile du défunt et non le lieu du décès).

– Le domicile est **obligatoire**.

– Du fait de son importance, **sa fixation** est parfois **légale** (**domicile légal**) : cas des enfants mineurs domiciliés au domicile de leurs parents ; cas des majeurs en tutelle domiciliés au domicile de leur tuteur ; cas des fonctionnaires à vie domiciliés au lieu d'exercice de leur fonction, cas des bateliers, forains et nomades ou autres personnes vivant à bord d'un bateau de navigation intérieure : élection de domicile dans une des communes dont la liste est fixée par décret ou pour les bateliers, dans la commune où est établi le siège social de l'entreprise exploitant le bateau.

– Mais **en principe**, la fixation du domicile est **volontaire.** Elle doit néanmoins correspondre ***au lieu du principal établissement de la personne*** (v. C. civ., art. 102) *i.e.* le lieu de centralisation de ses intérêts essentiels : en pratique lieu de la résidence habituelle, ou lieu de l'activité professionnelle.

– Le domicile doit **en principe** être **fixe.** Il existe toutefois des **aménagements** à ce principe :

– **le changement de domicile** à la suite d'un déménagement ;

– **l'élection de domicile** pour des besoins déterminés (**domicile élu** ou **domicile spécial) :** par exemple : élection de domicile à l'étude du notaire recevant un acte déterminé ; élection de domicile au cabinet d'un avocat pour les besoins d'un procès. Ce domicile spécial ne sera utilisé que pour les besoins particuliers pour lesquels il a été choisi, (v. C. civ., art. 111), le domicile ordinaire continuera de localiser la personne pour toutes ses autres activités juridiques.

• **Le nom**

– Le nom, **institution de police** comme le domicile, se **compose** de différents **éléments** :

– **le nom de famille** (anciennement *nom patronymique*),

– **le prénom,**

– éventuellement le **surnom,**

– et le **pseudonyme.**

– Le **nom de famille** normalement **acquis par filiation** est le **principal moyen d'identification** d'une personne.

– Aujourd'hui, les **règles d'attribution du nom** sont **uniformisées :** la loi du 4 mars 2002 ayant consacré **le principe d'égalité des filiations**, il n'y a plus lieu de distinguer, comme par le passé, selon la nature de la filiation, légitime, naturelle, ou adoptive pour fixer le nom des personnes. Ces règles **sont** toujours **complexes** : elles offrent aux deux parents établissant **conjointement** la filiation de l'enfant la possibilité de **choisir** entre le nom du père, le nom de la mère ou les deux noms réunis dans l'ordre qu'ils souhaitent. Faute d'un tel choix, le nom de l'enfant sera le **nom du père** : le ***nom patronymique***.

– Il est de plus toujours permis à un majeur d'**adjoindre** à son nom, le nom de celui des deux parents qu'il ne porte pas : **le *nom d'usage*.**

– Le **nom**, une fois attribué a pour **caractère** d'être ***en principe*** **immuable.** La personne doit le porter sans le modifier dans le cadre de ses relations juridiques. Il échappe à la volonté de la personne car il est un **élément social d'individualisation.**

– Une **modification** *exceptionnelle* du **nom de famille** est toutefois permise à de strictes conditions : quand la personne **justifie d'un intérêt légitime**, et qu'un **décret l'y autorise** (C. civ., art. 61) : (exemple en cas de nom à connotation ridicule… ou en cas de risque d'extinction du nom porté par un ascendant ou un collatéral du demandeur).

– Une seconde procédure de modification du nom est également ouverte à une personne en cours de ***naturalisation*** (*francisation* du nom à des fins d'intégration).

– La modification du nom peut enfin résulter d'une **modification de la filiation** (accessoire à une modification d'état).

Une modification du **prénom**, est par ailleurs encore permise, mais elle est encore plus difficile à obtenir.

– Le nom est encore **indisponible. Il ne peut être cédé, aliéné. Il est juridiquement hors commerce**

– Il est enfin **imprescriptible.** On ne peut le perdre même si on ne le porte pas : ex la femme mariée portant le nom de son époux, conserve quoi qu'il en soit son nom de naissance.

• **L'état des personnes**

C'est le dernier élément d'identification des sujets de droit.

– ***L'état des personnes*** représente « ***l'image juridique de la personne*** **».** Il constitue l'élément d'identification le plus important, car il permet de dire ***qui elle est***, ***quelle est sa situation*** et ***qui sont ses parents.***

– ***L'état des personnes*** est **complexe** car il est le reflet **d'éléments divers et disparates** : l'âge, le sexe, la situation filiale ou maritale. Il a une incidence essentielle sur la détermination du contenu des droits subjectifs de la personne.

– Il est **en principe immuable** : la filiation demeure, l'âge ou le sexe ne peuvent être modifiés. Par **exception** toutefois, le ***transsexuel*** ayant été opéré peut voir son appartenance sexuelle nouvelle remplacer son appartenance sexuelle de naissance ; la filiation peut être modifiée, par voie d'adoption ou à la suite d'une action en contestation, en revendication ou en reconnaissance de la filiation, quand la filiation originaire était incomplète ou erronée, de même enfin, l'état matrimonial d'une personne peut varier.

B. Des droits de la personnalité

• **L'existence des droits de la personnalité**

– Les **droits de la personnalité** sont **apparus** en France au début du XXe siècle et leur **développement par la jurisprudence** a suivi celui des atteintes à l'intimité des personnes causées par les médias.

– La réaction judiciaire en a déterminé **divers éléments** dont se dégage une **forte impression d'éclatement** *:* droit à l'image, droit au nom, droit à la voix droit à l'oubli, droit à l'intimité de la vie privée… Pourtant, le **principe** selon lequel **chacun a droit au respect de sa vie privée**, introduit dans **l'article 9 du Code civil,** par une loi du 17 juillet 1970, peut s'analyser de façon **unitaire** comme offrant à **chacun le droit de revendiquer le respect de sa tranquillité et de son honneur.** Ce droit permet de solliciter la réparation des différentes atteintes subies.

• Si la **nature des droits de la personnalité** rattachés à l'article 9 du Code civil, **texte législatif**, a pendant longtemps été discutée, celle-ci a été fixée par deux décisions du Conseil constitutionnel (8 janvier 1995, et 9 nov. 1999) : le droit au respect de la vie privée est **un droit à rattacher au principe de la liberté individuelle** et non « *aux principes fondamentaux reconnus par les lois de la République* ». Ce droit n'est pas un droit **absolu,** car tout comme la **sûreté publique,** avec laquelle elle doit être **conciliée,** la **liberté individuelle** constitue un **objectif à valeur constitutionnelle.** De ce « *conflit de libertés* », l'individualisme ne sort pas vainqueur, car le droit au respect de la vie privée **constitue *non pas un droit à s'opposer à la société***, mais ***un droit à vivre en harmonie avec elle.***

• **Des applications**

Ce droit de **tracer les frontières de la sphère de sa vie** dont il souhaite préserver l'intimité, peut être *invoqué par tous*, célébrités, comme par tout un chacun Le **domaine des informations** protégées par l'article 9 du Code civil est très **large** : domicile, état de santé, vie affective, pratiques religieuses... de façon générale **tout ce qu'une personne souhaite garder secret.** Les **applications** de l'article 9 sont **variées** et **fréquentes**, même en ce qui concerne les obscurs, les sans grade : v. par *exemple* la jurisprudence sanctionnant l'atteinte à la vie privée du salarié résultant de l'écoute par l'employeur de ses conversations téléphoniques à son insu sur son lieu de travail.

• **Les limites à la protection de la vie privée**

– Cette protection de la vie privée est néanmoins **limitée** par l'idée de **vie publique**. Par **exemple**, un homme politique ne pourrait s'opposer à la reproduction de son image alors qu'il est en train de faire un discours.

– De même, la **liberté d'information, quoique non absolue** empêche une personne d'invoquer le respect de sa vie privée pour solliciter l'interdiction d'informations le concernant mais qui sont en rapport avec un fait d'actualité : par *exemple*, la publication d'une photo d'une manifestation dans laquelle un manifestant se reconnaît n'est ainsi pas constitutive d'une atteinte à sa vie privée.

– D'autres limites relèvent davantage de l'opportunité : par exemple le refus jurisprudentiel de considérer la **divulgation d'informations à caractère *purement* patrimonial**, de même que la « redivulgation » d'informations, comme étant attentatoires à la vie privée.

• **Les sanctions**

– Parmi les **sanctions** des atteintes à la vie privée figurent les **dommages et intérêts** qui seront versés par l'auteur de l'atteinte à la vie privée à la **victime** pour **réparer le préjudice moral** éprouvé du fait de la violation de l'intimité. L'article 9 du Code civil permet ainsi de fonder un **régime de responsabilité simplifié** favorisant la **réparation**, puisque du seul empiétement dans la sphère intime sera **présumé** un préjudice et une faute

– Cet article a également un **rôle préventif** très utile en pratique mais prudemment utilisé par le juge **:** celui-ci peut exercer une sorte de **censure privée**, par exemple en ordonnant la **saisie** d'un journal ou d'un film pour empêcher ou faire cesser l'atteinte à l'intimité de la vie privée.

• Mais ce **droit au respect de la vie privée** est ***un droit des vivants***. Au décès de la personne, **les droits de la personnalité cessent**. Ce sont alors les règles civiles ou pénales encadrant **le**

respect dû aux morts : protection de son souvenir ou de l'intégrité de son cadavre par exemple qui prendront le relais.

Dans des affaires célèbres portant sur la **diffusion de la photographie d'une dépouille mortelle**, les tribunaux ont ainsi exactement décidé qu'une telle diffusion quoique portant **atteinte à la vie privée des membres de la famille**, heurtés dans leur sentiment d'affliction et de deuil, ne pouvait être envisagée du point de vue de la personne décédée. Celle-ci n'étant plus une personne, ne peut plus bénéficier d'un **droit subjectif** à la protection de la vie privée, mais **restant** néanmoins **porteuse d'une certaine parcelle d'humanité,** c'est au titre de l'atteinte à la dignité humaine ou à l'humanité que toute atteinte peut être sanctionnée (v. affaire de la publication du cadavre du préfet de Corse Érignac, assassiné le 6 février 1998).

III. La disparition de la personnalité

A. La disparition naturelle de la personnalité

• La **mort** de la personne fait **disparaître la personnalité juridique**

– Eu égard aux conséquences juridiques multiples découlant de cet **événement** (par ex. liquidation du patrimoine, possibilité de prélèvement d'organes en vue d'une greffe...) les **critères du décès** sont **déterminés avec précision par le droit *à partir*** des connaissances les plus actuelles de la **thanatologie.** L'article R. 671-7-1 du Code de la santé publique fixe ces **critères juridiques :** arrêt cardiaque et respiratoire persistant **complété par** une absence totale de conscience et d'activité motrice spontanée, une abolition de tous les réflexes du tronc cérébral supérieur et une absence totale de ventilation spontanée.

– Cet **état de mort** doit être distingué de ***l'état végétatif,*** qui tout en affectant la conscience de la personne **ne lui fait pas perdre sa qualité de sujet de droit** et lui permet en qualité de victime d'obtenir, malgré cet état, réparation de l'intégralité de son préjudice.

– De même encore, en l'absence de certitude juridique et scientifique de la mort, le **moribond restant un sujet de droit,** il peut contracter un mariage *in extremis*, reconnaître un enfant, faire son testament...

• **La mort volontaire**

Si la **mort naturelle** est sans doute la cause la plus fréquente de disparition, le droit prend en compte **la mort volontaire**. Il résout ainsi avec intelligence et humanité la **question** délicate de savoir **si une personne peut délibérément provoquer sa mort par suicide ou par euthanasie.**

– S'agissant du **suicide,** le droit contemporain ne considère pas qu'il s'agit d'un *droit* mais d'une ***liberté civile***. Si le droit respecte cet acte lié à une pathologie ou à une dépression, il ne l'approuve pas et punit d'ailleurs l'incitation au suicide.

– S'agissant de **l'euthanasie, (*acte volontaire de donner principalement la mort,*** que le moyen dont on use soit passif ou actif), le droit considère **qu'un tel acte est contraire au droit pénal et à la déontologie médicale.**

Mais à la suite de la médiatique **affaire *Vincent Humbert***, le parlement a voté en 2005 une loi « *relative aux droits des malades et à la fin de vie* » qui tout en **maintenant une stricte interdiction de l'euthanasie** a permis **un vrai droit de mourir en paix :** une personne peut, de son vivant, laisser des **directives de fin de vie**, indiquant qu'elle **accepte** le moment venu **de laisser**

la mort venir. Elle autorise la **cessation** des **soins curatifs** devenus inutiles, mais interdit celle des **soins palliatifs** qui ont vocation à vaincre la douleur. Par ailleurs, cette loi invite les médecins à utiliser plus fréquemment les moyens pour vaincre la douleur (ex. la morphine), même si de tels moyens pourront avoir pour effets secondaires d'accélérer la mort (« *doctrine du double effet* »). C'est par un souci de profonde humanité qu'elle permet un véritable **accompagnement dans la mort.**

Quand la mort de la personne ne peut être considérée comme certaine, le droit peut en se fondant sur la très forte présomption de décès la considérer comme morte : il y a alors en quelque sorte « **disparition juridique** ».

B. La disparition juridique de la personnalité

• Il n'existe plus aujourd'hui que **deux causes juridiques** de **disparition de la personnalité** ***: l'absence*** et ***la disparition*** (il existait aussi avant 1854, la ***mort civile***). Ces mécanismes tirent les conséquences du fait qu'une personne n'est plus physiquement présente sans que l'on sache ce qu'elle est devenue. Le **régime juridique** mis en place par le droit dépendra du **degré d'incertitude entourant le sort de la personne :**

– si la **mort est la plus vraisemblable**, la personne sera considérée comme ***disparue*** ;

– si la **mort est peu probable**, la personne sera seulement déclarée ***absente.***

• La ***disparition*** est une **cause immédiate de perte de la personnalité juridique.** Elle concerne l'hypothèse dans laquelle une personne a disparu dans des circonstances où sa ***vie était en danger*** (ex. naufrage, guerre) mais dont on n'a pu retrouver le corps (v. C. civ., art. 88).

Dans ce cas, les membres de la famille ou le ministère public pourront *saisir* le tribunal de grande instance d'une *demande de déclaration de disparition.* Le tribunal, s'il estime le décès probable, rendra alors un *jugement déclaratif de disparition,* qui aura tous les effets du décès *:* dissolution de son mariage, liquidation du régime matrimonial, ouverture de sa succession.

• L'***absence*** **n'est pas une cause immédiate** de la perte de la personnalité juridique.

– Elle concerne les personnes dont **on est sans nouvelles** *et* qui **ont cessé de paraître à leur domicile pour une raison inconnue et sans donner de nouvelles.** Elle se distingue de la disparition puisque le décès de l'absent n'est qu'une hypothèse non prépondérante.

– Pour assurer la sécurité juridique (gestion des biens de l'absent, paiement de ses créanciers...) **le droit organise la vie de l'absent sans lui** mais **dans la perspective de son retour.** La gestion de l'absence suit **deux étapes** (v. C. civ., art. 112 et s.) :

– Une ***période de présomption d'absence*** est constatée par le juge des tutelles à la demande de tout intéressé ou du ministère public et prenant effet au jour des dernières nouvelles. Pendant cette période, **l'absent est présumé être toujours vivant** : le mariage n'est pas dissous, sa succession n'est pas ouverte et il reste à la tête de ses biens. Diverses **dispositions à finalité essentiellement patrimoniale** permettront de **protéger les intérêts de l'absent** en **organisant la gestion de son patrimoine** (v. par ex. C. civ., art. 113 et la représentation de l'absent dans l'accomplissement des actes conservatoires et d'administration sur les biens ; de même si l'absent est marié les règles des régimes matrimoniaux permettront à l'époux de se faire autoriser en justice à passer seul les actes pour lesquels le consentement du conjoint absent aurait été nécessaire.

– Quand la disparition de la personne devient une hypothèse vraisemblable, voire probable, le TGI peut rendre ***un jugement déclaratif d'absence,*** soit **après 10 ans** quand les proches ont fait constater l'absence, soit **après 20 ans** dans le cas inverse. **Ce jugement emportera tous les effets d'un décès.**

En cas de **réapparition de l'absent ou du disparu** le **retour à la vie juridique** est prévu. Dans ce cas, le procureur de la République ou tout intéressé peut demander **l'annulation du jugement déclaratif d'absence ou de disparition.** La **décision d'annulation** sera alors **portée en marge du jugement déclaratif** et sur tous les **registres** y faisant référence. Pour préserver l'intérêt des tiers et des héritiers, l'absent ou le disparu ne retrouveront toutefois leurs biens et ceux qu'ils auraient dû recueillir pendant l'absence que dans l'état où ils se trouvent au jour du retour. Le mariage restera dissous afin d'éviter tout risque de bigamie (ex. : affaire *Martin Guerre*).

À côté de ces personnes physiques, le droit a reconnu des personnes morales.

§ 2 : Les personnes morales

• **L'existence des personnes morales**

S'il a pu longtemps paraître difficile de concevoir une personne qui ne soit pas une personne physique, aujourd'hui ***l'existence des personnes morales*** *ne fait plus l'objet de contestations.* Leur présence dans la vie juridique est quotidienne et leur utilité est reconnue.

Seule leur **nature** pourrait encore être discutée. Deux ***conceptions*** *s'opposent :* ***la théorie de la fiction des personnes morales*** et la ***théorie de la réalité.***

– En vertu de la ***théorie de la fiction,*** la personnalité morale ne peut exister que si elle est reconnue par le législateur, car elle n'est qu'une *construction intellectuelle abstraite.* Seul l'État peut reconnaître l'existence d'une personne morale. De ce fait il ne peut **exister** de personnes morales en dehors des hypothèses où la loi reconnaît à un groupement la personnalité civile.

– Au contraire, selon la ***théorie de la réalité,*** il existe des groupements agissant dans la vie juridique comme une personne et qui peuvent à ce titre être reconnus comme des sujets de droit en l'absence de loi. La deuxième chambre civile de la Cour de cassation a **consacré** cette dernière théorie dans un célèbre arrêt du **28 janvier 1954** [1]. Elle a reconnu que la personnalité morale « *appartient, en principe, à tout groupement pourvu d'une possibilité d'expression collective pour la défense d'intérêts licites, dignes, par suite d'être juridiquement reconnus et protégés* » [2]. Cette **jurisprudence** est **constante.**

• **La diversité des personnes morales**

– Les ***personnes morales de droit public*** sont l'***État,*** les ***collectivités locales*** (régions, départements, communes), les ***établissements publics*** (universités, hôpitaux, services publics industriels et commerciaux comme EDF-GDF).

– ***Les personnes morales de droit privé*** peuvent constituer :

– **soit** des **groupements de personnes,** (***sociétés, associations, groupement d'intérêt économique*** **(GIE),** ***syndicats professionnels***) ;

– **soit** des **groupements de biens** (***fondations*** caractérisées par l'affectation de biens à une finalité déterminée : réalisation d'œuvres d'intérêt général, et à but non lucratif).

• Toutes ces ***personnes morales*** sont **distinctes *des personnes physiques ou morales*** qui les ont créées. Elles constituent des ***sujets de droit*** **autonomes** et **disposent d'un patrimoine.**

1. Cass. 2e civ., 28 janv. 1954.
2. L'arrêt a reconnu la personnalité juridique d'un comité d'établissement

Section 2
Les choses

Il en existe deux catégories : **les biens** (choses pouvant être appropriées), les **choses inappropriées** (« *hors du commerce* »).

§ 1 : Les biens

• **Tous les biens**, quels qu'ils soient, sont considérés comme des **objets de propriété** : un sujet de droit possède sur ces choses appropriées une emprise juridique : ***un droit de propriété.***

– Le propre de ce droit est d'abord d'être un ***droit exclusif*** **:**

– il permet **par nature *d'exclure autrui*** et d'interdire ainsi toute immixtion de tiers ;

– il est ***opposable*** envers tous (*erga omnes*).

– C'est aussi un ***droit absolu (v. C. civ., art. 544*** *la propriété est le droit de jouir et de disposer des choses de la manière la plus absolue…) :* Le propriétaire peut faire ce qu'il veut de sa chose, en user, ne pas en user, la détruire.

– Traditionnellement, la propriété confère ainsi **trois attributs :**

– **la faculté d'user de la chose** (l'***usus***) : **ex.** le propriétaire d'une voiture peut la conduire, il peut aussi la laisser dans son garage ; même s'il ne l'utilise pas, il n'en perdra pas la propriété : **la propriété ne se perd pas par le non-usage ;**

– **la faculté de jouir de la chose** (***fructus***) *i.e.* celle de percevoir tous les éléments provenant de la chose, que ces éléments soient des ***fruits*** : *i.e.* les **éléments fécondés par le bien** qui se renouvellent sans altérer la substance de la chose (*ex.* : des loyers, des intérêts d'une somme d'argent) ou des ***produits*** qui sont des **éléments extraits du bien** qui à terme l'épuiseront et le feront disparaître (ex. minerai extrait d'une carrière, pétrole…) ;

– **la faculté de disposer de la chose** (***abusus***) *i.e.* mettre fin à sa propriété par la **cession** de la chose à un tiers ou par sa *destruction*.

– **Ces prérogatives du droit de propriété** sont **en principe rassemblées entre les mains d'une seule personne**. Il est toutefois possible de procéder à leur ***démembrement*** en les répartissant entre plusieurs personnes. Par **exemple** en cas de constitution d'***usufruit***, l'usufruit (***droit réel démembré***) confère à son titulaire (***l'usufruitier***) le droit d'utiliser une chose appartenant *au* ***nu-propriétaire*** ; il confère également le droit d'en percevoir les fruits.

• Parmi les **différentes catégories de biens**, certaines d'entre elles présentent des **particularités** : comme les catégories des ***meubles*** **et des *immeubles,*** ou celles **des *biens corporels* et des *biens incorporels*, ou encore celle des *biens fongibles* et des *biens consomptibles.***

– La *distinction* des ***meubles*** ***et des immeubles*** (v. **C. civ., art. 516** tous les biens sont meubles ou immeubles) est essentielle dans le Code civil car à l'époque la propriété foncière était la forme de propriété la plus essentielle. L'adage ***res mobilis res vilis (chose mobilière chose vile)*** traduit l'idée selon laquelle les biens meubles n'auraient que peu d'importance à la différence des biens immeubles. Mais si la **primauté des immeubles** et de la **richesse terrienne** ne s'est pas démentie au long du XIXe siècle, aujourd'hui les biens immeubles ne sont plus la principale source de richesses économiques.

– Le principal **intérêt** de cette distinction est la détermination du **régime des actes juridiques** qui les visent.

– Des dispositions spécifiques permettent ainsi de rendre plus sûres les conventions sur les immeubles et d'informer les tiers, comme par **exemple** la ***publicité foncière.***

– La stabilité des immeubles offre également des ***garanties*** très recherchées des créanciers (exemple l'***hypothèque*** ne peut en principe que concerner des ***immeubles*** sauf cas particulier des navires et aéronefs.

Cette distinction n'est pas toujours facile à manier comme en atteste **l'affaire des fresques** peintes au XIIe siècle dans une chapelle du Roussillon qui furent détachées de leur support pour être vendues sans l'accord du propriétaire de la chapelle et qui se sont retrouvées entre les mains d'un collectionneur suisse. ***L'action en revendication*** exercée par les héritiers du propriétaire de la chapelle échoua car les fresques furent considérées par l'assemblée plénière de la Cour de cassation le 15 avril 1988 comme des meubles du seul fait de leur arrachement, peu important le fait qu'elles aient été détachées sans l'accord du propriétaire : le critère de la **réalité** ayant ainsi prévalu sur celui de **l'intention**.

– La **distinction** des ***biens corporels*** (ex. voiture, livre, maison...) *et **des biens incorporels*** qui n'ont pas de matérialité (brevets, marques, droits de propriété intellectuelle et artistiques, fonds de commerce, bases de données...*)* revêt aussi une importance essentielle, sans doute en raison de la valeur économique croissante prise aujourd'hui par les biens incorporels. Si une partie de la doctrine hésite encore parfois à admettre l'idée d'une **propriété des *biens incorporels***, la loi a pourtant déjà admis ce type de propriété qui peut revêtir des particularités (ex. : pour les brevets : limitation légale du droit de propriété dans le temps).

– La distinction des ***biens fongibles*** et des ***biens consomptibles.*** Ces autres catégories de biens n'ont, par rapport aux précédentes qu'une incidence relative sur le régime juridique des biens.

La **qualité** de ***bien fongible*** est reconnue aux choses **qui ne sont prises en compte que par rapport à leur genre ou à leur espèce et non dans leur identité.** Ces biens sont interchangeables, et peuvent se substituer indifféremment les uns aux autres (ex. la vente d'un kilo de sucre porte sur une mesure de biens d'une certaine nature ou d'un certain genre. Le **transfert de propriété** d'une ***chose de genre,*** ne pourra intervenir qu'au moment de son *individualisation*, alors que le transfert de propriété ***d'un corps certain*** (bien identifié) peut intervenir *solo consensu* (par le simple effet du consentement).

La qualité de ***biens consomptibles*** (**choses s'épuisant au fur et à mesure de leur usage** *:* ex. argent, denrées alimentaires) est source de difficultés, par exemple, il est impossible d'opérer un véritable démembrement de propriété d'un tel bien, car l'usage que l'usufruitier ferait de la chose la détruirait et anéantirait les droits du nu-propriétaire. Cela a conduit la pratique à inventer la notion de ***quasi-usufruit*** qui permet par ex. à l'usufruitier d'une somme d'argent de la dépenser à charge de rembourser la somme au nu-propriétaire, le propriétaire est alors titulaire d'un ***droit de créance*** (***droit personnel)*** à l'encontre du quasi-usufruitier et non d'un ***droit réel*** (**droit portant directement sur une chose).**

§ 2 : Les choses inappropriées

• Les ***choses communes*** (***res communes*** connues des romains) sont dans le Code civil (v. C. civ., art. 714) caractérisées par **l'absence de propriété** et **l'usage commun à tous** (elles suivent les développements du droit de l'environnement et l'idée d'un ***patrimoine commun de l'humanité***).

• *Les* ***choses à l'abandon*** *(****res derelictae****)* sont des **choses dont le propriétaire s'est volontairement séparé.** Elles sont susceptibles, par l'***occupation***, d'être à nouveau l'objet d'un droit privatif. Elles se distinguent des ***choses perdues***.

• *Les* ***choses sans maître*** *(****res nullius****)* sont des **choses n'ayant jamais été appropriées, mais qui sont susceptibles de l'être un jour** (ex. : du gibier, du poisson… la grande mobilité de ces espèces interdit de leur appliquer le régime ordinaire des biens ***incorporés*** à un ***fonds*** qui par le mécanisme de l'***accession*** deviennent la propriété du propriétaire du fonds).

CHAPITRE 7
Le patrimoine : les droits patrimoniaux et les droits extrapatrimoniaux

---

• **La classification des droits**

Les ***droits*** appartiennent à des ***catégories*** dont vont dépendre leur fonction, leur régime, leur place dans l'ordonnancement juridique. **Sous le prisme de leur rapport à l'argent apparaît** la distinction essentielle des droits patrimoniaux et des droits extrapatrimoniaux.

Section 1
Le patrimoine et les droits patrimoniaux

• **L'interdépendance**

Les ***droits patrimoniaux*** (droits évaluables en argent) forment le patrimoine. Les deux notions sont indissociables. Il y a le **contenant** (le ***patrimoine***) et le **contenu** (les ***droits patrimoniaux***).

§ 1 : Le patrimoine

• **La théorie de l'universalité**

– Une ***universalité*** est un **ensemble appréhendant collectivement, au-delà de leur individualité, les droits ou les biens**. Cela permet d'établir des **liens** entre les droits et les biens eux-mêmes, et de considérer **l'ensemble comme un tout** que l'on envisage alors comme un bien en soi.

– Deux **catégories d'universalités** existent :

– Les **universalités de fait** résultent de la volonté, et représentent un ensemble de biens qui pourraient être envisagés isolément mais qui, en raison du lien qui les unit, vont faire l'objet d'une collection. Par exemple, les différents éléments d'un fonds de commerce (nom commercial, stock, droit au bail commercial, et éventuellement marque ou droits de propriété industrielle) ont chacun une existence propre, mais vont être considérés ensemble comme un seul et même bien parce qu'ils sont affectés à une destination commune : l'attraction et l'exploitation d'une clientèle ;

– Les **universalités *de droit*** ou universalité juridique ont une nature différente. Elles constituent un ensemble composé d'un actif (les biens de la personne) et d'un passif (les dettes d'une personne)

• Le patrimoine, universalité juridique

Le ***patrimoine*** constitue « *l'ensemble des droits et obligations qui, évaluables en argent, ont pour sujet actif ou passif une seule et même personne et qui sont considérés comme une universalité juridique* ». Le patrimoine constitue une entité distincte des éléments qui le composent. De ce fait il n'est pas altéré par les modifications qui se produisent en son sein.

Cette conception du patrimoine, qui n'est pas une création de la loi, a ***deux conséquences essentielles*** :

– Elle permet d'**assurer la sécurité juridique des rapports entre la personne et ses créanciers**. En vertu de leur ***droit de gage général*** sur le patrimoine de leur débiteur, les créanciers peuvent poursuivre le paiement de n'importe quelle dette sur n'importe quel bien (C. civ., art. 2284 C. civ. ; anc. art. 2092 qui est une application de l'adage « qui s'engage engage le sien »).

– Le patrimoine étant une universalité, la ***subrogation réelle*** fonctionne en son sein. De ce fait, si un bien vient à être remplacé par un autre, ce dernier va être soumis au même régime juridique que le bien qu'il remplace. La modification du contenu n'affectant pas la situation des tiers, assure ainsi la stabilité des relations juridiques.

• La théorie du patrimoine

Elle est l'œuvre des juristes du XIXe siècle et plus particulièrement de Charles Aubry et de Charles Rau qui ont montré **le lien étroit existant entre la personne et son patrimoine.** Dans leur *Cours de droit civil*, ils ont expliqué que le patrimoine est une émanation de la personnalité, **qu'il représente le sujet de droit considéré dans ses rapports patrimoniaux**. Il est l'incarnation de la personne dans le domaine de l'échange.

Ils en tirent **trois règles essentielles** :

1° seules les personnes peuvent avoir un patrimoine ;

2° toute personne a nécessairement un patrimoine ;

3° chaque personne n'a qu'un patrimoine.

Le patrimoine est donc l'apanage exclusif des ***personnes juridiques***, des ***sujets de droit.***

Une personne, du seul fait qu'elle est apte à avoir des droits et des obligations a de ce fait un patrimoine, même si elle ne possède pas de biens. Aujourd'hui, n'existe plus la catégorie juridique des « ***morts civils*** », individus exclus de la vie juridique du fait notamment d'une condamnation à la réclusion criminelle à perpétuité, qui ne pouvaient être propriétaires et ne pouvaient faire aucun acte. De même, celle des esclaves qui étaient des personnes, mais non des sujets de droit, a également disparu.

Du fait de l'unité du patrimoine, une personne ne pouvait jusqu'à récemment opérer des distinctions au sein de ses biens en fonction de leur affectation à l'une de ses activités, et en tirer des conséquences sur les droits de ses créanciers. De ce fait par exemple le commerçant ne pouvait distinguer ses biens personnels de ses biens professionnels et tous ses créanciers tant professionnels que personnels pouvaient saisir tous ses biens, entraînant souvent la ruine complète du commerçant contraint à la liquidation.

Le caractère unique et personnel du patrimoine explique aussi qu'en droit français, **l'héritier succède à la personne du défunt** (*heres qui sustinet personam defuncti*). Le patrimoine du défunt venant se fondre dans celui de l'héritier, celui-ci recueille l'actif et le passif. Il peut de ce fait se retrouver tenu des dettes de la succession, *ultra vires successionis* (au-delà des forces de la succession), sauf s'il ***renonce*** à la succession ou s'il ***l'accepte à concurrence de l'actif net***. De même, les créanciers peuvent demander le bénéfice de la ***séparation des***

patrimoines pour être sûrs d'être payés, soit sur le patrimoine personnel de l'héritier, soit sur le patrimoine laissé par le défunt.

• La théorie du patrimoine unique et indivisible, attribut et émanation de la personnalité a été **critiquée :**

– **Sur le plan pratique,** le débiteur court un risque car chaque acte engage la totalité de son patrimoine et d'autres systèmes juridiques montrent des exemples de « patrimoines distincts » sans que la situation des créanciers n'en soit véritablement affectée (ex. *trust* en droit anglo-saxon).

– **Sur le plan théorique**, elle reposerait sur une conception trop abstraite et individualiste des rapports de droit. L'idée a été ainsi avancée que le lien qui peut exister entre plusieurs choses peut trouver sa source ailleurs que dans l'identité de leur propriétaire et se trouver dans l'usage commun de certains biens ou dans leur affectation à une activité déterminée (**« théorie ou idée du patrimoine d'affectation »).** L'usage spécifique d'un bien permettrait de l'inclure dans une universalité distincte et de le réserver à une catégorie de créanciers.

Cette conception plus pragmatique, n'a pas été pendant longtemps celle retenue pas le droit français. On trouve pourtant une illustration de la théorie de l'affectation dans le droit public qui distingue parmi les biens de l'État, la catégorie des biens appartenant au ***domaine public*** (*i.e.* affectés à l'usage de tous et soumis à un régime dérogatoire) et ceux appartenant au ***domaine privé***, *i.e.* les biens qui ne sont pas affectés à l'usage du public.

• **Les exceptions à la théorie du patrimoine**

– **Les *fondations*** constituent **une exception directe** à l'identification du patrimoine à une personne. La fondation est « *un acte par lequel une ou plusieurs personnes physiques ou morales décident l'affectation irrévocable de biens, droits ou ressources à la réalisation d'une œuvre d'intérêt général* ». Une telle œuvre ne se voit pas nécessairement reconnaître la personnalité morale.

– Une **exception** fréquente est **indirecte** : les ***sociétés unipersonnelles*** permettent de lui faire échec sans la contredire. Ce sont en effet des sociétés, personnes morales détentrices à ce titre d'un patrimoine. Mais pour l'associé unique, le recours à la société permet d'affecter une partie de son patrimoine à son activité professionnelle en se servant du masque de la personnalité morale. Les créanciers de la société ne seront pas ses créanciers et de ce fait, ne pourront pas engager de poursuites contre ses biens. À l'inverse, ses créanciers personnels ne pourront pas saisir les biens appartenant à la personne morale dont il est l'unique associé.

En pratique, toutefois cette protection est limitée du fait de l'exigence quasi-systématique d'une caution personnelle signée par l'associé unique, et du fait de l'extension à titre de sanction de la procédure collective au dirigeant fautif qui l'oblige à payer le passif.

Ces deux procédés permettent de mettre en œuvre des solutions plus pragmatiques que celles qu'imposerait le strict respect de la théorie classique.

• **L'assouplissement de l'indivisibilité du patrimoine et le dispositif de l'EIRL**

La volonté de protéger le patrimoine des entrepreneurs individuels a conduit à l'**assouplissement de l'indivisibilité du patrimoine, sans rupture du lien fondamental entre la personne et son patrimoine.**

– L'entrepreneur individuel s'est ainsi vu reconnaître en 2003 la possibilité de **déclarer insaisissable sa résidence principale,** et en 2008 **tout bien foncier non affecté à son activité professionnelle.**

– La loi du 15 juin 2010 instituant le dispositif de ***l'entrepreneur individuel à responsabilité limitée*** (EIRL) aura constitué une étape importante en introduisant dans notre droit la notion de ***patrimoine d'affectation.*** Cette loi permet à une ***personne physique***, entrepreneur individuel, de prendre la qualité d'EIRL pour séparer un **patrimoine professionnel affecté à son activité professionnelle,** restant sa propriété, du reste de son patrimoine et pour en faire le gage de principe des créanciers de cette activité professionnelle. Cette reconnaissance légale de cette possible division du contenu de son patrimoine permet en principe à l'EIRL, de ne plus être responsable de ses dettes professionnelles sur son patrimoine non professionnel, ce qui déroge à l'article 2284 du Code civil et ce qui devrait le protéger sauf si ces créanciers professionnels, en particulier les banquiers, exigent de lui des sûretés réelles sur le patrimoine non affecté.

§ 2 : Les droits patrimoniaux

• Le patrimoine n'est pas composé de choses, mais de droits

Les droits patrimoniaux sont les droits qui ont une ***valeur pécuniaire.*** Ils font partie du patrimoine de la personne et à ce titre constituent des ***biens.*** Du fait de leur valeur d'échange, ils sont susceptibles de faire l'objet d'un ***commerce juridique.*** Ils sont donc **cessibles**, **transmissibles** par succession ou par legs par testament, **saisissables** par les créanciers et **prescriptible** *i.e.* susceptible de changer de patrimoine par le fait d'une ***prescription*** acquisitive ou extinctive.

• Les deux sortes de droits patrimoniaux

Les droits patrimoniaux se distinguent selon qu'ils tirent leur existence d'un rapport juridique relatif à une ***chose*** ou à une ***personne***, c'est là que l'opposition ***droit personnel-droit réel*** prend sa source.

– Les ***droits réels*** sont ceux qu'un ***sujet de droit*** détient à l'encontre d'un bien. **Le droit réel** confère à son titulaire **un pouvoir direct et immédiat sur une chose,** sans l'entremise d'une quelconque autre personne.

Il existe **deux catégories de droit réel** :

– Les ***droits réels principaux*** sont ceux émanant de la propriété de la chose : la propriété, les droits provenant d'un ***démembrement de la propriété*** comme l'***usufruit*** ou la ***nue-propriété.***

Les **attributs** de la ***pleine propriété*** sont l'***usus***, (droit d'user de la chose normalement ; ex. habiter une maison) le ***fructus*** (droit de jouir des fruits de la chose ; ex. droit de percevoir les loyers), l'***abusus*** (droit de disposer définitivement de la chose ; ex. droit de vendre la chose).

L'***usufruit*** est la réunion de l'***usus*** et du ***fructus***. La **nue-propriété** n'est que le droit de disposer de la chose. La distinction de la nue-propriété et de l'usufruit est importante pour comprendre le droit des successions.

– Les ***droits réels accessoires*** sont également des droits directs sur une chose, mais ils n'existent qu'en considération d'un autre élément juridique dont ils dépendent. Ils sont de deux sortes : les ***sûretés réelles*** et les ***servitudes.***

La servitude constitue une **charge imposée sur le fonds d'une personne** (dénommé le fonds dominé ou servant) **pour l'usage et l'utilité du propriétaire d'un autre fonds** (dénommé le fonds dominant). Elles n'interviennent qu'en matière *immobilière* et il en existe plusieurs sortes : Par exemple ; la **servitude de passage** est **le droit dont est titulaire le propriétaire d'un terrain enclavé de passer sur le terrain d'un tiers pour accéder à son fonds**. Ce droit porte directement sur le terrain du tiers et est accessoire car il est indissociable de la propriété du fonds dominant et subsistera en cas de changement de propriétaire.

Les sûretés sont des **droits ayant pour fonction d'améliorer la situation d'un créancier face au risque d'insolvabilité de son débiteur.** Elles viennent garantir son droit afin de privilégier l'exécution de sa créance.

Les sûretés réelles consistent en **l'affectation au paiement d'une dette d'un ou de plusieurs biens appartenant en principe au débiteur :** En cas de défaillance du débiteur, le créancier pourra, en invoquant sa sûreté, saisir et faire vendre le bien de son débiteur et obtenir en priorité, le paiement de sa dette sur le produit de la vente (ex. *gage sur les meubles, hypothèque sur les immeubles).* Ces droits portent directement sur une chose et sont transmis avec la chose si celle-ci vient à être vendue (droit de suite). Ils n'emportent pas un droit général sur la chose Leur exercice est conditionné par son caractère accessoire vis-à-vis de la créance qu'il vient garantir et ne peut conduire qu'à l'obtention du paiement de la créance selon une procédure spécifique.

Les sûretés personnelles ne sont pas attachées à une *chose*. Ce sont des droits que l'on peut invoquer directement à l'encontre d'une ***personne***, comme un cautionnement. Ce sont des ***droits personnels***.

• **Fiducie**

La fiducie a été réintroduite en droit français par la loi du 19 février 2007. L'article 2011 du Code civil définit la fiducie comme « l'opération par laquelle un ou plusieurs **constituants transfèrent des biens, droits ou sûretés**, ou **un ensemble de biens, droits, ou sûretés**, présents ou futurs, à un ou plusieurs fiduciaires qui, **les tenant séparés de leur patrimoine propre**, agissent dans un but déterminé au profit d'un ou plusieurs bénéficiaires ». Un fiduciaire peut ainsi se voir confier la gestion de biens au profit d'un bénéficiaire qui devra récupérer les biens à l'issue de la mission.

• Les **droits personnels** (***droit de créance***)

Ce sont **les droits pécuniaires qu'un sujet de droit tire de son rapport juridique avec une autre personne.** Leur existence nécessite la conjonction de *trois éléments* :

– *le créancier,* sujet actif du droit ;

– *le débiteur,* sujet passif du droit ;

– *la prestation* objet du droit.

Le droit personnel est constitutif d'une obligation, *i.e.* d'un rapport de droit.

Il en existe **trois catégories :**

– **les obligations de donner** par lesquelles un débiteur s'engage à transférer à un créancier un droit réel dont il est titulaire sur une chose (ex. obligation du vendeur quand le transfert de propriété ne s'opère pas *solo consensu*, par le seul consentement, mais est retardé jusqu'à la remise de la chose) ;

– **les obligations de faire** par lesquelles un débiteur s'engage à accomplir une prestation (ex. le contrat d'entreprise ou le contrat de mandat en font naître).

– **les obligations de ne pas faire** par lesquelles le débiteur s'engage à une abstention (ex. obligation de non-concurrence ou de confidentialité) ;

Ces obligations sont des droits patrimoniaux car elles existent en contrepartie **d'un prix.** Lorsqu'elles ne sont pas purement personnelles, elles peuvent faire l'objet d'actes juridiques comme la cession de créance. Elles sont traitées comme des ***biens*** et peuvent faire l'objet d'une spéculation.

Section 2
Les droits extrapatrimoniaux

§ 1 : Nature des droits extrapatrimoniaux

• Les ***droits extrapatrimoniaux*** sont des **droits généralement exclusivement attachés à la personne**. Ils ne sont pas considérés au regard de ***leur valeur pécuniaire***. Ils représentent une valeur plus intime de l'être, ***une valeur dégagée de considérations financières.*** Les actions d'état, ou les droits de la personnalité (ex. droit au respect de la vie privée) en sont des exemples caractéristiques au sein d'un domaine très vaste. Ils sont des ***droits subjectifs*** mettant en exergue une valeur essentielle de la société.

• **Typologie des droits extrapatrimoniaux**

– Parmi les droits extrapatrimoniaux figurent **les droits ayant pour objet direct *la personne*** de leur titulaire. Ex. de tels droits : les droits de la personnalité tels le droit à l'honneur, ou à l'intimité de la vie privée, de même que les droits de famille (ex. possibilité de se marier...).

– À leur côté se situent des ***droits publics civils et politiques.*** Ex. le droit de vote, le droit d'agir en justice, les droits issus de la DDH de 1789, ceux issus de la DUDH de 1948, de la Convention EDH, du Pacte des Nations unies de 1966 ; Les droits résultant de ces textes (ex. droit au logement, droit à la vie...) sont inséparables de la qualité d'homme. Ils sont, au moins du point de vue politique, essentiels et sont normalement inhérents à l'humanité.

– Au sein de ces droits est apparue depuis quelques années la ***dignité de la personne humaine***, droit s'étant émancipé de toute idée de pécuniarité et marquant la prééminence de la personne. Cette notion mise en œuvre dans des affaires très diverses d'atteinte au corps, d'atteinte à la mémoire, ou plus simplement d'atteinte à l'ordre public, permet **de transcender la conception traditionnelle des droits subjectifs.** Peut ainsi être constatée non une atteinte à ***une*** personne, mais une atteinte à ***la*** personne. L'article 16-1 du C. civ. la consacre. Cette notion essentielle irradie les personnes comme la nature humaine dépasse les individus. Le seul véritable titulaire de ce droit est l'**humanité**. Elle est présente en chacun des ***sujets de droit***, mais s'applique aussi au **cadavre** ou **à l'enfant à naître**. Elle transcende le sujet sans tenir compte de son individualité ou de sa volonté.

§ 2 : Régime des droits extrapatrimoniaux

• Les droits extrapatrimoniaux sont des **droits hors du patrimoine, donc hors du commerce** au sens de l'article 1128 du Code civil. **Les individus ne peuvent ni les céder, ni les transmettre, ni parfois même y renoncer.** Ces droits sont dits ***incessibles, intransmissibles, insaisissables et imprescriptibles.***

Leur régime est caractérisé par le fait que ce sont **des droits qui ne sont pas l'objet d'une propriété.** Du fait de leur proximité avec la personne, leur titulaire ne peut, pas plus que ses créanciers, agir comme un propriétaire, et en disposer.

Les droits extrapatrimoniaux sont **protégés contre toutes atteintes**. Le sujet de droit peut obtenir la cessation d'une atteinte, sa réparation mais également sa prévention.

La **sanction de leur atteinte a des effets patrimoniaux**, car les dommages et intérêts sont des deniers qui tombent dans le patrimoine de la victime.

Dans certains cas, la distinction entre ***droits extrapatrimoniaux*** et ***droits patrimoniaux*** est très subtile.

• **Les faux amis patrimoniaux**

La **définition juridique** du mot « **patrimoine** » est **différente** de **celle que lui donne la langue courante.** Ce mot est un faux ami qui est utilisé dans plusieurs sens différents. Ex Le code du patrimoine, le patrimoine national, le patrimoine commun de la France, le, le patrimoine de l'humanité, le patrimoine familial

CHAPITRE 8
Les faits et les actes juridiques

• **La distinction des faits et des actes juridiques**

– L'existence même des **faits juridiques** crée, modifie ou transmet un droit subjectif. Le **droit objectif** fait produire automatiquement à des **événements,** (comme par exemple la naissance, le décès, ou encore l'arrivée à l'âge de la majorité), ou à des **actions**, **un effet de droit**. C'est **la loi elle-même et non la volonté qui prévoie cet effet de droit**.

– La volonté est au contraire primordiale dans les **actes juridiques** qui se définissent comme des **manifestations de volonté destinées à créer des effets de droit**. Ils émanent des sujets de droit et sont habilités par le droit objectif à produire de tels effets. Par exemple, le **contrat** (accord passé par plusieurs personnes pour faire naître entre elles – ou à l'égard d'autrui, comme avec la stipulation pour autrui, des obligations ou des droits**)** **ou** le **testament** (acte unilatéral manifestant la volonté d'une seule personne de transmettre à son décès tout ou partie de ses biens à une autre personne, le légataire) sont des actes juridiques.

• **Les deux sources des droits subjectifs**

Ces sources sont :

– **la loi**, au sens de droit objectif. Elle est la source première des droits subjectifs : source directe quand la volonté est indifférente ou indirecte quand la volonté est prise en compte par la loi ;

– **la volonté** des sujets de droit.

Cependant, les droits subjectifs ayant des caractéristiques différentes selon leur origine, on doit leur reconnaître deux sources vraiment distinctes et irréductibles : les faits juridiques et les actes juridiques.

L'étendue des effets (droits et obligations) d'un **fait juridique** ne dépend que de la loi alors que celle des effets d'un **acte juridique** est fixée par l'acte lui-même, par la volonté qui s'y exprime. Toutefois si la volonté crée le contrat, c'est la loi qui le rend obligatoire.

De plus, l'acte juridique **doit être conforme au droit objectif**, *i.e.* d'une part avoir un contenu non contraire à l'ordre public et aux bonnes mœurs, et d'autre part respecter des conditions de validité, faute de quoi l'acte serait nul.

Section 1
Les faits juridiques

• **Des événements aussi nombreux que divers** tels que la naissance, la mort, un incendie, un accident de la route ou d'avion, une grève sont des ***faits juridiques***.

– De même, **l'écoulement du temps** est un fait juridique car il permet de devenir capable (lors de la majorité) ou de devenir propriétaire (par ***prescription acquisitive ou usucapion***) d'un bien, selon les conditions posées par le droit objectif.

– Il existe des **faits volontaires illicites,** tels les ***délits*** et ***quasi-délits*** qui constituent des manquements intentionnels ou non à l'obligation de prudence et de diligence pesant sur chacun d'entre nous et ont pour effet de faire naître une obligation à la charge de leur auteur en vertu de la ***responsabilité civile***.

– Certains **faits volontaires sont licites,** ce sont les ***quasi-contrats,*** terme qui recouvre :

– la ***gestion d'affaire,*** (hypothèse dans laquelle une personne effectue un acte pour une autre sans avoir été mandatée à cet effet, la gestion entraînant des effets pour le gérant et le géré) ;

– le ***paiement de l'indu*** (hypothèse dans laquelle un paiement a été effectué indûment, ce qui oblige *l'accipiens* à la répétition de l'indu au profit du *solvens*) ;

– l'***enrichissement sans cause*** (hypothèse dans laquelle une personne s'enrichissant sans cause au détriment d'une autre, l'appauvri peut alors intenter contre l'enrichi une action en restitution créée par la jurisprudence et appelée action ***de in rem verso*** **(v. arrêt *Boudier*)**).

• **Le paiement acte ou fait juridique ?**

La nature juridique du paiement qui est à la fois exécution et mode d'extinction du contrat **est discutée** et l'enjeu en est la preuve.

Section 2
Les actes juridiques

• **Un mot à double sens**

Le mot « acte » est ambigu car il recouvre deux acceptions très différentes, alors que le latin utilisait un terme différent pour chacun des sens :

– l'acte envisagé quant au fond, (le ***negotium***) est l'opération juridique voulue par les sujets de droit, la manifestation de leur volonté produisant des effets de droit ;

– l'acte envisagé comme un instrument de preuve (l'***instrumentum***) est l'instrument écrit servant de preuve à l'existence et à l'étendue de cette manifestation de volonté. Il peut aussi servir à prouver l'existence et l'étendue de cette manifestation de volonté.

§ 1 : Les différents *negotia* – la classification des actes juridiques

• **Les contrats, les actes unilatéraux, et les actes collectifs**

– Dans le ***contrat,*** les effets de droit naissent de l'accord de volontés de deux ou plusieurs personnes et ces effets ne se produiront qu'entre ces personnes (relativité de l'effet obligatoire) ; les tiers ne seront tenus à aucune obligation.

– Dans ***l'acte unilatéral***, l'effet juridique résulte de la volonté d'une seule personne et seul l'auteur de l'acte sera tenu (ex. celle de l'auteur d'un testament ; celle de l'auteur d'une reconnaissance d'enfant naturel...). Il faut le **distinguer** du ***contrat unilatéral*** qui résulte au contraire d'un accord de volontés mais dans lequel un seul des cocontractants est obligé envers l'autre (ex. le prêt). Ce contrat unilatéral se distingue du ***contrat synallagmatique ou bilatéral***, dans lequel les engagements des contractants sont réciproques (ex. le bail)

– Dans ***l'acte collectif***, si l'effet juridique est voulu par plusieurs personnes, celles-ci ont des intérêts communs, de telle sorte qu'une seule volonté est exprimée (ex. une assemblée générale de copropriétaires ou d'actionnaires). Il existe aussi des contrats collectifs (ex. une convention collective de travail) passés entre certaines personnes qui vont en obliger d'autres.

• **Les actes à titre onéreux et les actes à titre gratuit**

– **Les *actes à titre onéreux*** sont des **actes accomplis en vue d'obtenir un avantage réciproque**. C'est le cas par exemple du vendeur qui vend pour obtenir le prix et l'acquéreur pour acquérir la propriété de la chose, ou du bailleur qui loue un bien pour en obtenir le loyer que lui versera le locataire en contrepartie de la mise à disposition des lieux.

Au sein de cette catégorie, figurent les ***contrats commutatifs*** (art. 1104, al. 1er) ceux dans lesquels les avantages réciproques sont connus des parties lors de leur conclusion et les ***contrats aléatoires*** (art. 1104, al. 2) lorsque l'équivalent consiste dans la chance de gain ou de perte pour chacune des parties, d'après un événement incertain

– **Les actes à titre gratuit** sont des **actes accomplis dans une intention purement libérale.** C'est par exemple le cas du donateur qui donne un bien et qui n'attend pas de rémunération de la part du donataire. Ce type d'acte pouvant être dangereux pour le disposant et ses ayants droit, la loi encadre souvent. Une donation entre vifs est ainsi un **contrat solennel,** ne pouvant être valablement conclu sans l'établissement d'un acte notarié.

• **Les actes entre vifs et les actes à cause de mort**

– **Les actes entre vifs se produisent du vivant de leurs auteurs** (ex. la vente, le bail)

– **Les actes à cause de mort** ne se produisent qu'au décès de celui qui a fait l'acte et qui était désigné comme étant l'auteur (le *de cujus*) (ex. : le testament).

• **Les actes constitutifs, les actes translatifs et les actes déclaratifs**

– **Les *actes constitutifs*** créent un droit nouveau (ex. le mandat).

– **Les *actes translatifs*** transfèrent un droit (ex. la donation).

– **Les *actes déclaratifs*** reconnaissent l'existence d'un droit antérieur (ex.la reconnaissance d'enfant naturel).

• **Les actes conservatoires, les actes d'administration et les actes de disposition**

– Les ***actes conservatoires*** toujours nécessaires et urgents, permettent de sauvegarder un bien (chose ou droit), en l'empêchant de sortir du patrimoine (ex. l'inscription d'hypothèque).

– Les ***actes d'administration*** visent à mettre en valeur, à faire fructifier le patrimoine (ex. le bail).

– Les ***actes de disposition*** portent atteinte à la valeur du patrimoine dans la mesure où ils tendent à en faire sortir un bien (ex. la vente, les baux de plus de 9 ans).

• **Les actes instantanés et les actes successifs**

– **Les effets de l'acte instantané** se produisent en un instant (ex. une vente au comptant).

– **Les effets de l'acte successif** s'échelonnent dans le temps (ex. un contrat de travail).

• **Les actes juridiques**

Les plus fréquents des actes juridiques sont les contrats que nous concluons d'ailleurs parfois tous les jours (ex. achat d'un kilo d'oranges).

§ 2 : Les grandes règles relatives aux contrats

• **La loi des parties**

L'article 1134 du Code civil fonde la **force obligatoire du contrat à l'égard des parties.** Ils sont donc tenus d'**exécuter** ce qui a été prévu au contrat. Pour que le contrat produise ses effets encore faut-il qu'il ait été **valablement conclu.**

I. Les conditions de validité

A. Les conditions de fond

Les quatre conditions de validité des contrats sont posées par l'article 1108 du Code civil : il s'agit du consentement, de la capacité, de l'objet, et de la cause.

• **Le *consentement*** doit exister et être exempt de vices

Certaines personnes ne peuvent donner de consentement (ex. le très jeune enfant, la personne dans le coma).

– Le consentement des parties à un contrat, c'est encore **l'accord de leurs volontés**. La rencontre d'une offre (ou pollicitation) et d'une acceptation constitue le consentement.

Dans certaines hypothèses toutefois, la rencontre de l'offre et de l'acceptation peut être précédée par un temps de **négociation**. Une **invitation à entrer à pourparlers** peut ainsi précéder l'offre (acte unilatéral), de même un **avant-contrat** (qui est un contrat donc un acte bilatéral) peut précéder le contrat proprement dit (ex. une promesse synallagmatique de vente). Un **contrat** peut encore être conclu **entre absents** (ex. vente par correspondance, contrat électronique).

– Pour que le consentement soit considéré comme **libre et éclairé**, il ne doit pas être vicié par **l'erreur,** le **dol**, ou la **violence** (vices du consentement) : la question du caractère limitatif de la liste posée par l'art. 1109 et s. du C. civ. se pose aujourd'hui.

– Il y a ***erreur*** quand une personne ne contracte que parce qu'elle s'est trompée sur la substance de la chose objet du contrat (ex. l'authenticité d'un tableau) ou sur la personne même du contractant (ex. erreur sur les qualités essentielles des contractants) (v. C. civ., art. 1110) À côté de cette « erreur vice du consentement » existe l'« erreur obstacle » source d'inexistence du consentement (ex.erreur sur la nature de l'acte).

– Le ***dol*** peut résulter d'une manœuvre pratiquée par une personne en vue de la tromper pour la pousser à conclure un contrat, de même que du silence gardé par une partie pour dissimuler à l'autre un élément qu'elle aurait eu intérêt à connaître (réticence dolosive) (v. C. civ., 1116).

– La ***violence*** est la contrainte physique ou morale exercée sur un individu pour le contraindre à conclure un acte(v. C. civ., art 1111).

Il faut distinguer ces vices du consentement de la ***lésion*** qui constitue un déséquilibre objectif dû à une disproportion manifeste des prestations prévues dans un contrat (v. C. civ., art. 1118). Elle peut dans certaines conditions être sanctionnée.

• **La *capacité*** est **l'aptitude d'une personne à être titulaire de droits et à les exercer**

Un incapable est une personne à qui la loi ne reconnaît pas la faculté de passer un acte juridique (ex. les mineurs, les majeurs protégés).

La capacité est la règle, l'incapacité l'exception. Il existe aussi des ***incapacités spéciales*** empêchant certaines personnes de passer certains actes dans des cas particuliers.

Le droit reconnaît les ***incapacités de jouissance*** qui interdisent à la personne qu'elles visent d'acquérir un droit déterminé. ***L'incapacité d'exercice*** interdit seulement à une personne d'accomplir seule certains actes qu'elle peut effectuer, en étant représentée, assistée ou autorisée.

• **L'objet ou « à quoi s'engage-t-on ? »**
L'objet désigne :
– soit la **chose-objet** sur laquelle porte le contrat,
– soit **l'objet de l'obligation,** *i.e.* ce à quoi s'engage une partie : faire, ne pas faire, donner (C. civ., art. 1126) Cet objet doit être certain, possible et licite.
• La **cause** ou **« pourquoi s'engage-t-on ? »**
Il existe deux notions de cause :
– **La cause objective** ou **cause de l'obligation, est la raison de l'engagement des contractants.** Dans un contrat synallagmatique par exemple, elle correspond à la contreprestation attendue et la cause de l'obligation de l'un se trouve dans l'objet de l'obligation de l'autre (ex. vendre pour recevoir le prix de vente).
– La **cause subjective** ou la **cause du contrat** réside dans les motifs impulsifs et déterminants du contractant, et qui lui sont propres (ex. louer un bien pour y installer une maison de tolérance).
La validité du contrat est conditionnée par l'**existence** de la **cause objective** (v. C. civ., art. 1131), **et la licéité de la cause du contrat** (v. C. civ., art. 1133). Un défaut de cause, une fausse cause ou une cause illicite sont sources de nullité du contrat.

B. Les conditions de forme

• **Le principe du consensualisme**
– **Le *principe du consensualisme*** régit les contrats en France (par ex. v. C. civ., art. 1583 en vertu duquel la vente est un contrat consensuel se formant par le seul accord des volontés sur la chose et le prix).
– Il s'oppose au ***formalisme*** auxquelles certaines règles de plus en plus nombreuses se rattachent par ailleurs. Ainsi par **exception**, certains **contrats** sont toutefois **solennels**, *i.e.* soumis à des exigences de forme, nécessaires *ad validitatem*, à leur validité. En leur absence, l'acte n'est pas valable.
– Un ***acte authentique*** peut ainsi être exigé. Ex. le contrat de mariage (C. civ., art. 1394) ou encore le contrat de donation (C. civ., art. 931) sont nécessairement passés devant notaire en la forme authentique. On constate aujourd'hui une **renaissance du formalisme** et un rôle **accru donné à l'acte authentique notarié** (ex. en matière de vente d'immeuble à construire ou en droit patrimonial pour priver le conjoint survivant du droit d'usage et d'habitation sur le logement appartenant aux époux). Un **cérémonial** peut aussi être imposé comme en matière de **mariage**.
– Un ***acte sous-seing privé*** (acte portant la seule signature des parties) peut aussi être exigé en tant que **forme de publicité** ou **à titre informatif,** ou encore ***ad validitatem.*** Il est parfois difficile de savoir quelle est la sanction du non-respect de ces formes, quand la loi ne le précise pas.
– Les ***contrats réels*** (de *res* – la chose – en latin), supposent, quant à eux **outre l'accord des volontés, la remise effective d'une chose** (ex. le gage, le dépôt, le don manuel).

II. Les sanctions

A. La nullité

• **La nullité** est la **sanction du non-respect des conditions de formation**
Elle se distingue de **l'inexistence. La nullité** doit être prononcée par un juge à l'issue d'une ***action en nullité*** intentée par l'une des parties, ou en cas d'utilisation d'un moyen de défense,

l'exception de nullité. Le jugement d'annulation a pour effet **d'anéantir le contrat pour l'avenir mais aussi pour le passé**. La **rétroactivité** attachée à la nullité implique que les parties soient replacées dans le *statu quo ante,* ce qui donne lieu à des restitutions réciproques. Une ***confirmation*** de l'acte nul permettrait toutefois de le maintenir.

• **La distinction entre les nullités relatives et les nullités absolues**

– **Les *nullités relatives*** sanctionnent le défaut d'une condition de validité exigée pour la protection des **intérêts d'une ou plusieurs personnes déterminées** (ex. les vices du consentement, ou l'incapacité d'exercice). L'irrégularité sanctionnée est donc moins grave que celle sanctionnée par les nullités absolues.

– Les ***nullités absolues*** sanctionnent le non-respect de conditions tenant à la protection **d'intérêts généraux** (ex. en cas d'illicéité de l'objet ou de la cause).

Selon la théorie **« moderne », cette distinction est fonction de l'intérêt à protéger**, tandis que selon la théorie « ancienne », il fallait s'intéresser à la gravité de l'atteinte.

• **Le régime des nullités relatives et des nullités absolues**

– **La *nullité relative*** ne peut être invoquée que par la personne que la loi a voulu protéger, tandis que la ***nullité absolue*** peut être invoquée par tout intéressé.

– Seule la ***nullité relative*** peut être couverte par la ***confirmation.***

La **prescription extinctive** de l'action en nullité est depuis la réforme de la prescription du 17 juin 2008, en principe de 5 ans pour les deux catégories de nullités (v. art. C. civ., 2224) Les actions en nullité absolue du mariage sont toutefois soumises au délai de prescription de 30 ans. Il est de plus possible d'allonger ou de raccourcir conventionnellement les délais de prescription (v. C. civ., art. 2254)

La prescription n'éteint que l'action en nullité et non l'exception de nullité, qui est un moyen de défense.

B. Les autres sanctions

• **Des sanctions différentes selon l'irrégularité dont le contrat est entaché**

– La ***résolution*** sanctionne l'inexécution d'un contrat valide, elle a un effet rétroactif et entraîne des restitutions.

– La ***résiliation*** n'anéantit les contrats successifs que pour l'avenir.

– La ***caducité*** implique qu'un événement postérieur à la formation du contrat et indépendant en général de la volonté des parties empêche le contrat de prendre effet ou de continuer ses effets.

CHAPITRE 9
La preuve

• La maxime latine ***Idem est non esse aut non probari,*** (c'est la même chose de ne pas avoir de droit et de ne pas pouvoir prouver son droit) démontre toute **l'importance de la preuve en droit**, même si juridiquement l'existence d'un droit est différente de sa preuve.

• À la recherche d'un équilibre entre la vérité et la sécurité

Procès pénal et procès civil sont **traditionnellement opposés** :

– La recherche de la **vérité** serait l'apanage du **procès pénal** qui concernerait **l'intérêt public** et qui aurait pour objectif de reconstituer les faits par des moyens légaux. Seul le juge pénal aurait un rôle actif.

– Le **procès civil** rechercherait la **sécurité des plaideurs**, ne ménagerait que des **intérêts privés** et n'assurerait que l'efficacité du droit invoqué par une partie. Le juge civil serait passif dans la recherche de la preuve.

Pourtant la **vérité n'est pas absente du procès civil**, car le juge contrôlant la mise en état des affaires civiles a des pouvoirs accrus en matière de preuve, pouvant ainsi ordonner d'office des mesures d'instruction et pouvant utiliser les avancées scientifiques et techniques en la matière (ex. preuve biologique de la filiation).

Le juge doit toujours respecter le ***principe du contradictoire*** en refusant de s'appuyer sur un élément de preuve que les deux parties n'auraient pas été en mesure de discuter. Il doit aussi respecter les ***conventions sur la preuve*** permettant aux parties d'aménager les règles probatoires civiles qui sauf exception ne sont pas d'ordre public.

• Quatre questions sont résolues par le droit de la preuve : l'objet de la preuve, la charge de la preuve, les modes de preuve, et leur admissibilité.

Section 1
L'objet de la preuve

• Ce qui doit être prouvé

Pour qu'une demande en justice ait des chances d'aboutir, le demandeur doit ***alléguer des faits*** (les présenter) les prouver, et **invoquer la règle de droit** fondement de l'action sans avoir à la prouver puisque le juge est censé connaître le droit.

• La preuve du fait

En **principe**, l'objet de la preuve se limite aux seules questions de fait au sens large. Mais tous les faits ne sont pas à prouver : **seuls les faits « concluants », « pertinents »** *i.e.* en lien avec le litige, une incidence prévisible sur l'issue du litige **devront l'être**. Les faits non contestés ou sans intérêt pour le litige n'ont pas à l'être. En cas d'**action** devant le **tribunal de grande instance** ou la **cour d'appel**, juridictions devant lesquelles la **procédure est écrite**, le demandeur devra aussi **invoquer la règle de droit**

• La preuve du droit

– En **principe**, ni l'existence, ni le contenu, ni la portée de la règle de droit n'ont à être prouvés. C'est le juge qui déduira les conséquences juridiques des faits par application de la règle de droit invoquée par le demandeur, fondement éventuellement rectifié par le juge en cas d'erreur.

– Par **exception**, les parties doivent apporter par tous moyens **la preuve de l'existence et du contenu d'une coutume ou d'un usage** qui serait applicable au litige. Le juge doit aujourd'hui établir **la teneur de la loi étrangère** qu'il a déclarée applicable au litige.

Section 2
La charge de la preuve

• La preuve… un fardeau ou un risque

La partie sur laquelle reposait la charge de la preuve non rapportée perd le procès. Dans un procès, la preuve est donc un risque qui pèse sur l'une des parties, à savoir, selon l'article 1315 du Code civil, sur le **demandeur** à l'allégation, sauf si une présomption renverse la charge de la preuve.

§ 1 : L'article 1315 du Code civil

• La charge de la preuve pèse sur le « demandeur à la preuve »

– Selon l'article **1315 alinéa 1** du Code civil, « **celui qui réclame l'exécution d'une obligation doit la prouver** » (***Actori incumbit probatio).*** Si le demandeur n'y parvient pas, il perd son procès. Si le demandeur y parvient, le défendeur devra alors renverser la preuve rapportée par le demandeur en prouvant le contraire.

– Selon l'article **1315 alinéa 2** du Code civil, « **réciproquement, celui qui se prétend libéré, doit justifier le paiement ou le fait qui a produit l'extinction de son obligation** » (***reus in exipiendo fit actor***) le défendeur devient demandeur dans l'exception, *i.e.* le moyen de défense, qu'il invoque. S'il ne peut renverser l'affirmation prouvée du demandeur, il perd son procès, dans le cas contraire, le demandeur au procès redevient demandeur à la preuve.

– En matière civile, le juge civil intervient peu dans la recherche des preuves en raison de sa neutralité de principe.

§ 2 : Les présomptions légales

• Les *présomptions* qui permettent de déduire un fait (à prouver) d'un autre fait (prouvé) réalisent un **renversement du risque de la preuve.**

• Les différentes présomptions

– Les ***présomptions simples*** (ou ***relatives*** ou ***juris tantum***) **tombent devant la preuve contraire (ex. C. civ., art. 312** présomption de principe selon laquelle l'enfant né d'une femme mariée a pour père le mari de cette femme)

– Les ***présomptions irréfragables*** (ou ***absolues ou juris et de jure)*** ne tombent pas devant la preuve contraire (ex. C. civ., art. 1283 la remise volontaire de l'original d'une reconnaissance d'une dette par le créancier au débiteur fait présumer la remise de dette ou le paiement) Les présomptions constituent de véritables dispenses de preuve au profit ou au détriment d'une partie, ce sont des **fictions** crées par le législateur.

– Les ***présomptions mixtes***, tombent devant la preuve contraire, mais seulement devant les preuves admises par la loi.

Section 3
Les modes de preuve

Les procédés de preuve **ne sont pas illimités** et tous ne sont pas facilement reçus.

§ 1 : Les cinq procédés de preuve

I. La preuve par écrit ou preuve littérale

A. Les notions d'écrit et de signature

• **L'adaptation du droit à la société de l'information**

Depuis la loi du 13 mars 2000, la preuve par écrit peut être dépourvue de support papier et la signature n'est plus seulement tracée à la main. **L'écrit et la signature sont définis par la loi indépendamment d'un support ou d'une technique.**

• **L'indifférence de la forme** ne signifie pas absence de formalisation de l'écrit et de la signature.

– **Même l'*écrit* et la *signature électroniques* sont des réalités concrètes dont le Code civil précise la formalisation** (v. C. civ., art. 1316 et s.) Une signature électronique est une donnée qui résulte de l'usage d'un procédé fiable d'identification garantissant son lien avec l'acte auquel elle s'attache (ex. certificat électronique sécurisé).

– La ***signature non électronique*** constitue un **écrit de la main de celui qui s'engage**. Sa formalisation n'est pas en revanche précisée par la loi. La signature peut consister dans l'apposition du nom et du prénom, la frappe d'un code d'accès ou d'un code secret ou tout procédé fiable d'apposition.

• **L'importance de la fonction**

– L'acte écrit (**l'*instrumentum***) permet de prouver l'acte (le ***negotium***) si son **auteur peut être identifié** et **s'il est établi dans des conditions de nature à garantir son intégrité** (v. C. civ., art. 1316-1).

– **La signature** permet la **manifestation du consentement** et l'**identification de son auteur**.

– La **signature d'un officier public** apposée sur un acte lui confère l'**authenticité**.

– Quel que soit l'écrit, la **preuve par écrit administrée lie le juge**.

– Depuis la loi du 21 juin 2004, l'écrit électronique est admis ***ad probationem*** mais aussi ***ad validitatem :*** il peut servir à la **preuve** et à la **validité** d'un ***negotium***. Par ***exception***, ne peuvent valablement être établis sous forme électronique, ni les actes sous seing privé relatifs au droit de la famille et des successions, ni les actes sous seing privés relatifs à des sûretés personnelles ou réelles, de nature civile ou commerciale sauf s'ils sont passés par une personne pour les besoins de la profession.

B. Les actes authentiques

• **Les conditions d'établissement**

– **Sont des *actes authentiques*,** les **actes dressés par un officier public compétent matériellement et géographiquement selon de strictes conditions de forme** (Actes notariés, actes de l'état civil, actes d'huissiers). Par ailleurs, l'article 1317-1 du Code civil permet de dispenser l'acte authentique reçu par un notaire de toute mention manuscrite exigée par la loi (comme par exemple les mentions des art. 1326 du C. civ.) sauf si une règle contraire a été prévue.

– Les ***actes authentiques*** sont en principe rédigés en ***simple original***, « ***en minute*** ». C'est le cas des actes notariés dont l'original est gardé par le notaire, les parties ne recevant que des copies de l'acte ou « ***expédition*** ».

– Les ***actes d'huissier*** sont rédigés en ***double original,*** l'un conservé par l'huissier, l'autre remis au demandeur, les défendeurs recevant des expéditions.

– L'**original** lui-même (***le brevet***) peut encore être remis aux intéressés : ex. un acte de notoriété.

De même, sauf exception (c'est-à-dire en cas d'exécution sur présentation de la minute), **l'original d'un jugement est conservé au greffe** (secrétariat) **du tribunal** : le jugement est mis à exécution grâce à une ***copie exécutoire*** notifiée au perdant

– L'acte authentique peut être dressé sur support électronique.

• **La force probante**

– Les **mentions de l'acte relatant des constatations personnelles de l'officier public** font **foi** jusqu'à **inscription de faux**. Cette procédure qui sert à constater l'existence d'un faux en écriture est dangereuse pour le demandeur, qui, débouté, risque d'avoir à payer une amende et éventuellement des dommages et intérêts.

– Les **mentions de l'acte relatives à des faits non directement constatés par l'officier public ne font foi que jusqu'à preuve du contraire**, rapportée par écrit.

– L'acte authentique ne respectant pas les conditions d'établissement a seulement la **force probante** d'un acte sous seing privé.

C. Les actes sous seing privé

• **Deux sortes d'actes sous-seing privés**

– Depuis 1804, il existe ***l'acte sous-seing privé*** régi par les articles 1322 et s. du **Code civil.**

– La loi n° 2011-331 du 28 mars 2011 de modernisation des professions judiciaires ou juridiques et certaines professions réglementées a intégré non sans polémiques, un ***acte sous-seing privé spécifique*** dont certains effets sont renforcés par rapport à l'acte du Code civil : cet ***acte***

contresigné par avocat ou ***acte d'avocat***, n'a pas été intégré dans le Code civil mais dans les articles 66-3-1, 2 et 3 de la loi du n° 71-1130 du 31 décembre 1971 portant réforme de certaines professions judiciaires et juridiques.

1°/ Les actes sous seing privé du Code civil

• **Les conditions d'établissement**

– L'acte sous seing privé doit nécessairement, mais seulement comporter la **signature des parties** ou **de leurs représentants**. Aucun officier public n'intervient pour établir l'acte.

– La mention « lu et approuvé » n'a aucune valeur juridique.

– Les **actes constatant des contrats synallagmatiques doivent** être rédigés en principe en autant d'originaux qu'il y a de parties ayant un intérêt distinct (C. civ., art. 1325 : ***formalité du double original***). Ceci permet de protéger les droits respectifs des parties, chacune pouvant prouver la créance qu'elle a sur l'autre. Par *exception*, quand les droits des deux parties sont autrement protégés, la formalité ne s'impose pas.

La **sanction** du non-respect de l'article 1325 du Code civil, n'est pas la nullité de la convention elle-même, mais la perte de force probante de l'écrit.

– Les **actes constatant un engagement unilatéral de payer une somme d'argent ou de livrer un bien fongible**, doivent comporter, en plus de la signature de celui qui souscrit l'engagement, la « *mention, écrite par lui-même, de la somme ou de la quantité, en toutes lettres et en chiffres* ». Selon l'article 1326 du Code civil « *En cas de différence, l'acte sous seing privé vaut pour la somme écrite en toutes lettres* ». Ceci permet d'attirer l'attention de celui qui s'engage et de le mettre à l'abri des falsifications éventuelles.

La **sanction** du non-respect de l'article 1326 du Code civil est la même que celle de l'article 1325 : le ***negotium*** restera valable, mais l'***instrumentum*** ne pourra servir de preuve, tout au plus de commencement de preuve par écrit.

– Des **formalités supplémentaires** peuvent parfois être rajoutées pour protéger le consommateur (ex. v. C. civ., art. 1369-10 et 11)

• **La force probante**

– L'acte sous seing privé **non contesté ou reconnu** a « **entre ceux qui l'ont souscrit et entre leurs héritiers et ayants cause, la même foi que l'acte authentique** » (C. civ., art. 1322).

Cependant, si **celui à qui l'acte est** opposé ***dénie*** son ***écriture*** ou sa ***signature,*** celui qui entend se prévaloir de l'acte doit saisir le juge d'une « ***procédure en vérification d'écriture*** » (C. civ., art. 1323 et 1324 et CPC, art. 287 et s.) Le succès du demandeur à la vérification obligera le défendeur à contester l'origine de l'acte par une procédure d'inscription de faux. ***L'acte sous-seing privé*** peut aussi être argué de ***faux*** à titre principal ou incident (CPC, art. 299 et s.).

– Les **énonciations de l'acte ne font foi que jusqu'à preuve contraire**, rapportée exclusivement par écrit par les parties (C. civ., art. 1341), et par tous moyens par les tiers.

– **Entre les parties**, la **date** de l'acte **fait foi jusqu'à preuve contraire**. Cette date est en principe inopposable **aux tiers**, sauf si c'est une ***date certaine*** (C. civ., art. 1328) (ex. si l'acte est mentionné dans un acte notarié, il sera opposable aux tiers à compter de cet acte)

– Les ***ayants cause universels*** ou ***à titre universel*** (ex. un héritier) étant tenus des obligations de leurs auteurs sont considérées comme des parties, tandis que les ***ayants cause à titre particulier*** sont des tiers (ex. un acquéreur, un locataire).

2°/ Les actes contresignés par avocats

– L'acte est revêtu de la signature des parties et **contresigné par l'avocat de toutes les parties ou les avocats de chacune des parties**.

– La loi n'ayant rien prévu pour la conservation de l'acte d'avocat, elle sera « une obligation déontologique » : la **double conservation** de cet acte passera par un **archivage** assuré par l'avocat, en son cabinet (établissement d'un véritable minutier, registre sur lequel il inscrira la date des actes et des parties signataires) et par une **conservation par dématérialisation** (conservation électronique, centralisée dans un coffre-fort virtuel).

– **Cet acte est** sauf disposition contraire **dispensé**, de toute mention manuscrite exigée par la loi (art. 66-3-3 nouv.).

• **Force probante**

– L'acte d'avocat dispose d'une **force probante spécifique, intermédiaire entre celle de l'acte authentique et celle de l'acte sous-seing privé simple**. L'acte contresigné fait pleine foi, entre les parties, leurs héritiers ou leurs ayants cause, de leur signature et de leur écriture, mais son contenu peut être contesté par la procédure de ***faux***.

– Le contreseing de l'avocat **dispense** les parties en cas d'action en responsabilité, d'apporter la preuve que la rédaction retenue est celle conseillée par l'avocat,

D. Les autres écrits

• **Les lettres missives, les courriels et les textos** ont la **valeur d'un acte sous seing privé**

Ayant été écrites dans un but autre que probatoire, elles ne peuvent être utilisées comme preuve qu'à certaines conditions.

• **Les livres de commerce**

Tenus obligatoirement par le commerçant ils ont **force probante contre le commerçant qui les tient** (C. civ., art. 1330) ou **lorsqu'ils sont opposés à un autre commerçant** (C. com., art. L. 123-3). Ils ne peuvent en principe être opposés à un non commerçant (C. civ., art. 1329).

• **Les registres et les papiers domestiques** conservés par les particuliers **ne peuvent faire preuve que contre leur auteur** (C. civ., art. 1331), sauf au juge à les utiliser comme des présomptions du fait de l'homme et sauf si la loi leur reconnaît une valeur probante (ex. C. civ., art. 1402, al. 2).

• **Les mentions libératoires** (mention du paiement) **portées sur un titre de créance resté en possession du créancier ou sur le double qui est entre les mains du débiteur** prouvent la libération du débiteur même si elle n'est ni signée, ni datée par le créancier (C. civ., art. 1332).

• **Les copies d'actes** n'ont pas de force probante autonome quand le titre sous seing privé subsiste. L'original peut toujours être exigé (C. civ., art. 1334) **sauf** si la **conformité de la copie** à l'original non conservé **n'est pas contestée** (reproduction fidèle et durable : v. C. civ., art. 1348)

II. Les modes de preuve autres que l'écrit

Il existe **quatre autres modes de preuve qui sont traditionnellement regroupés par deux.**

A. La preuve par témoins et par présomptions du fait de l'homme

• **Les circonstances**

– **Le *témoignage* ou *preuve testimoniale*** est **la relation d'un tiers au litige de faits dont il a eu personnellement connaissance.**

La **preuve par témoins** est distincte de la **preuve par commune renommée** ou **par ouï-dire** qui ne repose que sur une connaissance collective ou indirecte d'un fait, et dont la valeur probante n'était par le passé qu'admise exceptionnellement (ex. C. civ., anc. art. 451)

– La preuve par ***présomptions du fait de l'homme*** est le **résultat d'un raisonnement du juge :** de faits connus, il en déduit l'existence de faits insusceptibles de preuve directe mais qui sont vraisemblables.

• **La force probante des témoignages et présomptions est la même,** le juge peut les rejeter s'il ne s'estime pas convaincu.

B. L'aveu et le serment

• **Les circonstances**

Ces deux procédés de preuve assez exceptionnels sont importants.

– **L'*aveu*** est **la reconnaissance par une personne de l'exactitude de la prétention de son adversaire.**

Catégories d'aveux (C. civ., art. 1354) :

– ***L'aveu judiciaire*** intervient au cours de l'instance où est débattue la question litigieuse ;

– ***l'aveu extrajudiciaire*** est fait hors la présence du juge (ex. dans une lettre missive).

L'aveu judiciaire est irrévocable sauf s'il a été fait par erreur et indivisible (C. civ., art. 1356 C. civ.).

– Le ***serment*** est **l'affirmation solennelle faite par l'un des plaideurs de la réalité d'un fait qui lui est favorable.**

Catégories de serments (C. civ., art. 1357) :

– **le *serment décisoire*** est déféré par l'un des plaideurs à son adversaire ;

– **le *serment supplétoire*** est déféré d'office par le juge pour compléter son information.

• **La force probante**

– **L'*aveu judiciaire* et le *serment décisoire*** ont une *force probante absolue* (C. civ., art. 1356) et le juge ne dispose en la matière d'aucun pouvoir d'appréciation.

L'***aveu extra-judiciaire*** et le ***serment supplétoire*** ne lient pas le juge qui reste libre de sa décision.

§ 2 : L'admissibilité des différents modes de preuve

• **Les systèmes de preuve**

– Dans le ***système de la preuve légale,*** **la loi détermine les seuls modes de preuve admissibles et leur force probante,** *i.e.* leur valeur en tant que preuve.

– Dans le ***système de la preuve morale*****, tous les modes de preuves sont admis devant le juge et ont la même valeur théorique** (système consacré en droit administratif, commercial, pénal ou encore en matière prud'homale).

– En droit civil le système est « **mixte** », puisque si la preuve des faits juridiques est en principe libre (système de la preuve morale), celle des actes juridiques ne l'est en principe pas (système de la preuve légale) et une **preuve préconstituée** est en général exigée.

• **La liberté de la preuve n'est pas absolue**

Des principes **encadrent** la preuve :

– le principe de **légalité de la preuve** (CPC, art. 9) ;

– le principe de **loyauté de la recherche des preuves.** Il conduit **à contrôler que la preuve** (ex. un enregistrement d'une communication téléphonique) **n'a pas été obtenue notamment en violation de la vie privé ou à l'insu des personnes.**

Mais il est admis qu'un texto (SMS) peut servir de preuve, son admission en tant que preuve n'étant pas déloyale, l'auteur du SMS ne pouvant ignorer qu'il serait enregistré par l'appareil récepteur.

En matière pénale, la ruse n'est autorisée par la loi qu'en matière d'infraction très grave, mais la Cour de cassation faisant preuve de pragmatisme protège moins le principe de loyauté en matière de procédure pénale qu'en matière de procédure civile.

I. Le principe de preuve des actes juridiques

• **Les deux règles de l'article 1341 du Code civil**

La **preuve de l'existence et du contenu des actes juridiques** ne peut **en principe** être établie par les parties ou leurs ayants cause, qu'à l'aide d'un **écrit préconstitué**. À l'égard des tiers, l'acte est un fait juridique qui peut être prouvé par tous moyens.

– ***1re règle*** (C. civ., art. 1341) : « *il doit être passé acte devant notaire ou sous signatures privées de toute chose excédant une somme ou une valeur fixée par décret* », à savoir aujourd'hui 1 500 euros.

– ***2nde règle*** (C. civ., art. 1341) **:** « *Il n'est reçu aucune preuve par témoins contre et outre le contenu aux actes* ». Cette règle s'applique dès lors que le *negotium* a été constaté par un *instrumentum,* même si le *negotium* est une opération d'une valeur inférieure à 1 500 euros.

II. Les exceptions

Il existe **des exceptions diverses et de plus en plus nombreuses** à ces règles posées par l'article 1341 du Code civil.

A. Les exceptions résultant directement ou indirectement de l'article 1341

• **La preuve des petites affaires** (< à 1 500 euros) est **libre** (v. C. civ., art. 1342 pour l'évaluation de cette somme)

• **Le caractère supplétif de l'article 1341 du Code civil** permet en principe aux parties d'écarter la nécessité d'un écrit pour la remplacer par la preuve par témoins et par présomptions.

Les règles de preuve ne sont en effet pas d'ordre public et les conventions sur la preuve sont admises (v. C. civ., art. 1316-2)

• En vertu de l'adage ***fraus omnia corrumpit*** (la fraude corrompt tout), le juge peut autoriser une partie qui aurait prouvé une fraude à prouver un acte par tous moyens.

B. Les exceptions tenant à l'admissibilité de l'aveu et du serment

• **Des preuves (presque) toujours recevables**

L'***aveu*** et le ***serment décisoire*** permettent aux seules personnes capables de **prouver les faits juridiques**, mais **aussi les actes juridiques,** alors même qu'un écrit aurait dû être préconstitué. Ils sont toutefois exclus dans les matières où les parties ne sont pas libres de transiger ou de renoncer à leurs droits.

C. L'exception de l'article 1347

• **L'existence d'un commencement de preuve par écrit** permet aux parties de parfaire ce document par tous moyens (C. civ., art. 1347, al. 1)

Constituent un ***commencement de preuve par écrit*** « *tout acte par écrit qui est émané de celui contre lequel la demande est formée, ou de celui qu'il représente, et qui rend vraisemblable le fait allégué* » (art. 1347 al. 2) (ex. un acte sous seing privé ne remplissant pas toutes les conditions de validité, un écrit non signé ou un écrit signé de celui auquel on l'opposait mais non écrit par lui, un texto, un courriel, un enregistrement audio…)

D. Les exceptions de l'article 1348

• La preuve libre d'une **impossibilité matérielle** (ex. contrat conclu par téléphone entre deux professionnels) **ou morale** (ex. relation de famille) **de se préconstituer un écrit,** permet aux parties de prouver l'acte par tous moyens.

• La preuve de la **perte d'un écrit préconstitué par force majeure ou cas fortuit,** rend admissible la preuve par témoins ou présomptions (C. civ., art. 1348, al. 1).

• **La production d'une copie fidèle et durable** d'un acte juridique fait pleine preuve en elle-même (C. civ., art. 1348, al. 1) (ex. une photocopie, un document numérisé figurant sur un disque dur d'ordinateur ou sur une clé usb.)

CHAPITRE 10
Les juridictions et le procès

• La réalisation judiciaire du droit

La résolution d'un litige peut se faire entre les parties ou avec l'aide d'un tiers (***conciliateur, médiateur, avocat, Défenseur des droits***) et aboutir éventuellement à une ***transaction*** à laquelle un juge, un notaire donneront ***force exécutoire***, pour qu'une ***exécution par la force publique***, notamment par un huissier de justice, soit possible. Les parties peuvent aussi recourir à un ***arbitre*** qui est un juge privé (mode alternatif de règlement des conflits (MARC) ou des litiges (MARL)) ou porter leur procès devant les **juridictions étatiques.**

• Les sources du droit du procès sont de valeur diverse dans la hiérarchie des normes et certaines sont codifiées (v. par ex. art. 64 et 65 Const. 1958 ; ordonnance du 22 décembre 1958 ; le COJ, le CPC, CPP, CJA, CJF, l'article 6§1 Convention EDH). La matière a fait l'objet de réformes récentes (ex. modification de la carte judiciaire…) et certaines sont encore en cours (réforme de l'instruction).

• Quelques précisions terminologiques

– Les ***juridictions*** sont les **organes chargés de « dire le droit ».** Chaque juridiction porte un nom particulier : « tribunal », « cour », « conseil », « commission ».

– Les tribunaux de première instance statuant collégialement rendent des ***jugements*** (terme qui au sens large peut être utilisé pour toutes juridictions).

– Les **juges uniques** juridictions existant au sein d'un tribunal à part entière, comme le juge aux affaires familiales ou le juge de l'exécution rendent des ***ordonnances.***

– Le tribunal d'instance et la juridiction de proximité statuant à juge unique rendent des jugements et non des ordonnances.

– Les cours d'appel, la Cour de cassation, le Conseil d'État rendent des ***arrêts.***

– Le Conseil constitutionnel et les juridictions internationales rendent des **décisions** (terme qui est aussi une appellation générique).

L'instance arbitrale rend des ***sentences***.

– Des ***mesures d'administration judiciaires***, actes purement administratifs, peuvent être prises par différents juges pour les besoins du service de la juridiction.

Section 1
La répartition des juridictions en ordres

§ 1 : Le choix de la bonne juridiction

• La notion de compétence

– La juridiction ***compétente*** est celle qui est **apte à connaître d'un litige, à le juger**.

– La détermination de **l'ordre juridictionnel compétent** (administratif ou judiciaire) est préalable.

– La ***compétence d'attribution (ratione materiae*** – en raison de la matière) permettra de choisir entre les juridictions répressives ou civiles et laquelle d'entre elles.

– La ***compétence territoriale*** (***ratione loci*** – en raison du lieu) permettra de déterminer la juridiction géographiquement apte à statuer.

– Les compétences se répartissent entre deux sortes de juridictions :

– Les ***juridictions de droit commun*** sont compétentes pour connaître de tous les litiges que la loi n'attribue pas aux autres juridictions. À défaut d'une disposition spéciale tout litige sera porté devant elle (ex. le tribunal de grande instance).

– Les ***juridictions d'exception*** ne sont compétentes que pour connaître des litiges que la loi n'attribue pas aux autres juridictions (ex. le tribunal de commerce).

– La compétence d'une juridiction peut être une ***compétence ordinaire*** ou une ***compétence exclusive*** ou d'ordre public qui est **une compétence attribuée à une juridiction et à elle seule pour connaître d'un type de litige, d'une matière.** Les autres juridictions ne pourront pas en connaître, et une juridiction saisie à tort pourrait se déclarer incompétente d'office.

• La règle du double degré de juridiction

Elle permet de faire **examiner une affaire dans son intégralité**, une **première fois devant une juridiction du premier degré, de première instance** (tribunal de grande instance, tribunal d'instance, tribunal correctionnel, ou du tribunal administratif) et **une seconde fois devant la juridiction hiérarchiquement supérieure du second degré** (cour d'appel et cour administrative d'appel). ***L'effet dévolutif*** de l'appel permet le réexamen en fait et en droit de l'entier litige.

La règle est une **garantie de bonne justice**, mais **n'est pas absolue :** L'appel est ainsi exclu en **matière civile** pour les « petites affaires », celle dont la **valeur du litige** ne dépasse pas le ***taux du ressort***, somme au-delà de laquelle une affaire est susceptible d'appel : actuellement 4 000 euros pour la plupart des tribunaux. En **matière pénale**, la « valeur de l'infraction » joue aussi parfois, de même que la qualité de l'appelant potentiel.

La **valeur du litige** permet aussi de **répartir** certaines matières, à savoir, les affaires **civiles, personnelles ou mobilières** entre le TGI et le TI d'une part, entre le tribunal d'instance et le juge de proximité, d'autre part. Le ***taux de compétence,*** est la somme au-delà de laquelle une demande personnelle ou mobilière doit être soumise au tribunal supérieur : le « **grand taux** » est fixé à 10 000 euros, le « **petit taux** » à 4 000 euros. Mais le petit taux est amené à disparaître avec la disparition programmée de la juridiction de proximité, et le rattachement des **juges de proximité** au TGI.

§ 2 : Les deux ordres de juridiction

I. Le principe de la séparation des autorités administratives et judiciaires

A. L'origine de notre système juridictionnel

• Une invention française

– L'Ancien Régime était caractérisé par la diversité et la multiplicité des juridictions et la difficulté à déterminer la juridiction apte à connaître de tel ou tel litige.

– C'est la Révolution française (loi des 16-24 août 1790) qui a posé le ***principe de la séparation des autorités administratives et judiciaires,*** en vertu duquel les litiges mettant en cause des intérêts privés relèvent des juridictions judiciaires, alors que ceux qui concernent l'État ou l'administration sont normalement jugés par un autre ordre de tribunaux, l'ordre administratif.

– La plupart des juridictions civiles actuelles ont pour origine les juridictions instituées par les assemblées révolutionnaires : ex. les TGI (anciens « tribunaux de districts »), les TI et les juges de proximité (anciennes « justices de paix ») ; les cours d'appel (anciens « tribunaux d'appel »), la Cour de cassation (ancien « Tribunal de cassation ») et les Conseils de prud'hommes. Le tribunal de commerce fut repris de l'Ancien Régime. Le Conseil d'État et les conseils de préfecture, ancêtres de nos tribunaux administratifs.

• ... sanctionnée

Les conflits engendrés par la dualité des ordres de juridictions sont tranchés par le ***Tribunal des conflits,*** juridiction de type paritaire composée d'un président, du ministre de la Justice, et de huit membres, quatre conseillers à la Cour de cassation et quatre conseillers d'État.

B. L'ordre administratif actuel

• La « justice déléguée »

Depuis le passage en 1872 de la « justice retenue » à la « justice déléguée », l'ordre administratif comporte de véritables juridictions, aptes à exercer un contrôle de l'administration.

– Les trois juridictions principales **chargées de juger les procès mettant en cause l'administration** sont :

– les *tribunaux administratifs,*
– les *cours administratives d'appel,*
– le *Conseil d'État* (échelon suprême).

– Il existe aussi de nombreuses juridictions administratives spécialisées : Cour des comptes, Conseil supérieur de la magistrature statuant en matière financière, Cour de discipline budgétaire et financière, Conseil national de l'enseignement supérieur et de la recherche (Cneser)...

• Les principales juridictions du fond sont *les tribunaux administratifs (TA)* et *les cours administratives d'appel (CAA).*

– Les **TA** sont les **juridictions de droit commun du premier degré (ou premier ressort) des litiges administratifs.** Ils sont composés de présidents de chambre, et de conseillers exerçant les fonctions de rapporteurs ou de commissaires du gouvernement. Ils peuvent être consultés par le préfet de leur ressort.

– Les **CAA** sont les **juridictions de droit commun du second degré.** Elles sont juges d'appel de droit commun des TA, à l'exception de certains appels portés directement devant le Conseil d'État (recours sur renvoi de l'autorité judiciaire, contentieux des élections municipales et cantonales, recours en appréciation de légalité...) ou devant une juridiction administrative d'appel comme le CNESER. Les CAA sont présidées par un conseiller d'État, sont composées de présidents de chambre, d'assesseurs et de conseillers exerçant les fonctions de rapporteurs et de commissaires du gouvernement.

• **Le Conseil d'État a un double rôle**

– **Il a un rôle contentieux :**

– il est **juge du fond au premier degré** (ex. en cas de recours en annulation contre les décrets et ordonnances) **ou au second degré** (ex. appels contre des jugements du TA rendus en matière électorale) ;

– il est **juge de cassation.** Il ne connaît que des ***moyens de droit*** dans les affaires admises par une ***commission d'admission des pourvois en cassation.*** Il est juge suprême des juridictions administratives et assure à ce titre l'unité de la jurisprudence sur le plan national. C'est la section du contentieux qui assure ces différentes interventions.

– Il a aussi une **fonction consultative.** Le CE est à ce titre le **conseiller du gouvernement** et il adresse chaque année au président de la République un **rapport public** proposant notamment des réformes

– Le Conseil d'État (CE) est **composé** de 7 sections :

– **une *section contentieuse*** aux attributions juridictionnelles ;

– **six *sections administratives*** (intérieur, finances, travaux publics, sociale, administration, rapports et études), se prononcent sur les projets de lois ou d'ordonnances et sur de nombreux projets de décret. L'avis ne lie pas le gouvernement sauf si le législateur a prévu un avis conforme.

Les sections sont composées d'un président, de présidents adjoints, de conseillers d'État en service ordinaire et en service extraordinaire, de maîtres des requêtes et d'auditeurs (CJA, art. R. 123-6).

II. L'unité des juridictions civiles et pénales

• **Un principe parallèle**

Les **juridictions pénales** constituent une **subdivision de l'ordre judiciaire et non un ordre distinct : *principe de l'unité des juridictions civiles et pénales.***

Toutes ces juridictions relèvent du contrôle de la Cour de cassation. Il y a **identité des organes et du personnel judiciaire** (ex. le tribunal correctionnel est une formation particulière du TGI). Toutefois les cours d'assises comprennent outre des magistrats professionnels de l'ordre judiciaire, des personnes qui n'ont pas cette qualité : les jurés.

§ 3 : Les juridictions en marge des ordres administratif et judiciaire

I. L'ordre constitutionnel

• **Des juridictions (?) atypiques relèvant de l'ordre constitutionnel et non administratif**

– La Haute Cour (ancienne ***Haute Cour de justice***) a une nature politique et est composée d'hommes politiques et est appelée à juger le Président de la république en cas de haute trahison. La **Cour de justice de la République** a quant à elle compétence pour juger les crimes ou délits commis, dans l'exercice de leurs fonctions, par les membres du gouvernement.

– Le ***Conseil constitutionnel*** est au plus une juridiction très particulière, devant laquelle les principes habituellement respectés devant les juridictions ne le sont pas. Il ne constitue pas à l'heure actuelle une juridiction suprême, mais il est possible que la QPC le fasse changer.

• Le Conseil constitutionnel

Il joue un **rôle** très important qui s'est accru depuis sa création en 1958.

– Il **contrôle la *constitutionnalité* des lois.** Il est **le juge de la conformité de la loi à la Constitution :**

Le contrôle est *facultatif* pour les lois ordinaires ou les engagements internationaux, (saisine par le président de la République, le Premier ministre, le président de l'Assemblée nationale, le président du Sénat ou 60 députés ou 60 sénateurs).

Le contrôle est *obligatoire* pour les lois organiques et les règlements des assemblées parlementaires.

Le contrôle s'exerce ***après*** le vote par le Parlement**, mais *avant*** la promulgation de la loi, la ratification ou l'approbation d'un engagement international et l'entrée en vigueur des règlements des assemblées.

Une ***exception d'inconstitutionnalité*** introduite par la réforme constitutionnelle de 2008 permet désormais aux justiciables, à l'occasion d'une instance en cours, de soutenir qu'une disposition législative porte atteinte aux droits et libertés garantis par la Constitution. Le Conseil constitutionnel peut alors être saisi sur renvoi du Conseil d'État ou de la Cour de cassation qui ont ainsi un rôle de filtre.

– Le Conseil constitutionnel est aussi le **juge de la répartition des compétences entre la loi et le règlement.** Il peut être saisi en cours de discussion parlementaire.

– Il peut aussi statuer **sur la régularité de l'élection du président de la République et sur les opérations de référendum.**

– Il a enfin un **rôle consultatif.**

Ses décisions s'imposent aux pouvoirs publics et à toutes les autorités administratives et juridictionnelles. Le Conseil constitutionnel peut censurer totalement ou partiellement la loi, ou la valider en pratiquant des « ***réserves d'interprétation*** », orientant la façon dont la loi doit être comprise. En matière électorale, le Conseil constitutionnel peut annuler les bulletins ou les opérations électorales elles-mêmes.

Il se **compose** de 9 membres désignés respectivement par le président de la République et le président de chacune des assemblées du Parlement. Les anciens Présidents de la République en sont membres de droit sauf cas d'incompatibilité entre ce mandat et une autre fonction (ex. incompatibilité des membres du gouvernement ou du Parlement). Aucune qualification d'âge ou de profession n'est exigée.

Le Conseil constitutionnel est une **institution permanente** statuant en séance plénière.

II. Les juridictions européennes et communautaires

La *Cour européenne des droits de l'homme* et la *Cour de justice des communautés européennes* ont un rôle subsidiaire par rapport aux tribunaux français, sont appelées à connaître d'affaires concernant des ressortissants français. Elles empruntent aux deux ordres administratif et judiciaire.

Il existe aussi des ***juridictions internationales***, comme la Cour internationale de justice (CIJ) ou la Cour pénale internationale (CPI), qui siègent à La Haye, aux Pays-Bas [1].

A. La Cour européenne des droits de l'homme

• Le respect de la Convention européenne de sauvegarde des droits de l'homme et des libertés fondamentales et de ses protocoles additionnels

– La CEDH peut être **saisie** après épuisement de toutes les voies de recours interne, par tout État contractant ou tout requérant individuel justifiant d'un intérêt personnel, de toute question d'interprétation et d'application de la Convention et de ses Protocoles.

– Elle est **permanente** et se **compose** d'un nombre de juges égal à celui des États contractants. Chaque juge siège à la Cour **à titre individuel** et non à titre de représentant d'un État.

– La Cour est divisée en cinq **sections** au sein desquelles sont constituées des **chambres** de 7 membres en fonction des affaires à juger et d'une **Grande chambre** se compose de 17 juges.

• … plus ou moins bien assuré

– Les Hautes parties contractantes s'engagent à se conformer aux arrêts définitifs de la Cour qui n'ont d'autorité qu'à l'égard des parties au procès.

– L'arrêt de la CEDH ne modifie la situation juridique interne du requérant que si la législation ou les pratiques nationales le prévoient.

– Dans le cas contraire, en cas de violation de la Convention EDH, la Cour n'accorde à la partie lésée, s'il y lieu, ***qu'une satisfaction équitable.***

B. Le Tribunal de première instance, la Cour de justice de l'Union européenne et le Tribunal de la fonction publique de l'Union européenne

• Le respect du droit de l'Union

Il est assuré par **le Tribunal de première instance et la Cour de justice** qui statue soit comme juge de premier ressort, soit comme un juge de cassation des décisions du tribunal.

– Le tribunal constitue une juridiction « adjointe », à la Cour, du fait du partage du service administratif, et du site d'implantation. Les **deux juridictions** sont néanmoins chacune **indépendantes.**

– Le tribunal de première instance et la Cour de justice sont **composés** d'autant de juges que d'États membres, désignés d'un commun accord par les gouvernements des États membres et choisis parmi les hauts magistrats des différents États.

Ces deux juridictions établissent leur ***règlement de procédure.***

– Depuis 2005, est entré en fonction le ***Tribunal de la fonction publique de l'Union européenne,*** juridiction spécialisée statuant en première instance sur le contentieux de la fonction publique européenne.

• La diversité des recours (art. 225)

– Le Tribunal de première instance est **compétent** pour connaître des ***recours directs*** exercés par des personnes physiques ou morales autres que des États ou des institutions de l'UE : ***recours***

1. Leur étude dépasse le cadre de cet ouvrage : v. un ouvrage spécialisé en organisation juridictionnelle.

***en annulation*, *recours en carence*, *recours en indemnité*.** Il connaît aussi des pourvois contre les décisions du TFP, décisions éventuellement soumises à la CJUE.

– La **CJUE est compétente** pour connaître **des *recours directs*** exercés par des États ou des Institutions de l'UE (***recours en annulation*, *recours en carence, recours en manquement***). Les décisions de la CJUE sont rendues en premier et dernier ressort et ne sont donc pas susceptibles de recours. La CJUE peut prononcer ***des sanctions pécuniaires* contre un État** qui refuserait d'exécuter spontanément ses décisions.

La CJUE est encore une **cour de renvoi** quand une juridiction nationale, après avoir **sursis à statuer,** la saisit d'une **difficulté d'interprétation du droit communautaire** par voie **d'une demande procédurale spéciale, la *question préjudicielle*,** qui permet d'assurer l'unité du droit de l'UE. Une fois la réponse donnée, le jugement de l'affaire pourra reprendre et la décision sera prise en tenant compte de la décision de la CJUE. Il existe une **procédure accélérée de traitement des demandes de décisions préjudicielles** ainsi qu'une **procédure d'urgence** applicable pour les instruments de l'espace de liberté, de sécurité et de justice.

• **Le régime linguistique : une curiosité**

– Pour les ***recours directs***, la langue de la procédure est **celle dans laquelle la requête est formulée.**

– Pour les ***renvois préjudiciels,*** la langue de la procédure est **celle de la juridiction nationale qui s'adresse à la CJUE.**

Section 2
Les juridictions judiciaires

Sous-section 1 : Les juridictions civiles

§ 1 : Les juridictions du premier degré

Le ***TGI*** constitue ***la juridiction de droit commun de première instance***, à côté de laquelle figurent des ***juridictions d'exception*** parmi lesquelles le ***TI*** et ***le juge de proximité*** sont ses proches.

I. Le tribunal de grande instance, le tribunal d'instance et la juridiction de proximité

• **Trois juridictions aujourd'hui, deux seulement demain en métropole**

À compter de l'entrée en vigueur de la loi de répartition du contentieux et d'allégement de certaines procédures juridictionnelles (v. art. L. 121-4-5 et s., L. 213-3, L. 222-1-1 – à venir – du COJ pour ce qui est de la matière civile) la **juridiction de proximité va disparaître**, les

juges de proximité devant être **rattachés** au Tribunal de grande instance et **exercer des fonctions au tribunal de grande instance et au tribunal d'instance.**

• Le cas des collectivités d'outre-mer

Cette répartition juridictionnelle est différente dans les collectivités d'outre-mer, à l'exclusion des départements d'outre-mer. Ex. en Polynésie française, en Nouvelle-Calédonie et à Wallis-et-Futuna, un tribunal de première instance exerce les compétences du tribunal de grande instance et du tribunal d'instance.

• **Les deux sortes de compétence**

Ces trois juridictions civiles ont aujourd'hui **deux sortes de compétence :**

– **une compétence générale en matière civile** (le partage se fera demain entre le tribunal d'instance et le tribunal de grande instance, selon le même principe) ;

– **des compétences spéciales partagées ou non.**

Les articles 42 et s. du Code de procédure civile déterminent la ***compétence territoriale*** : le **principe** – qui comporte de nombreuses exceptions – étant que le **tribunal compétent est celui du défendeur.**

A. La compétence générale ou compétence de principe

• Depuis 2005, les trois juridictions civiles ont **une compétence générale partagée :** ***les actions civiles personnelles*** **ou** ***mobilières*** des personnes juridiques.

– Le **critère de répartition** est le **montant de la demande** : le « ***petit taux*** » de compétence est de 4 000 euros, tandis que le « ***grand taux*** » est de 10 000 euros.

– le **TGI** ne connaît que des demandes personnelles ou mobilières ≥10 000 euros ;

– le **TI** ne connaît que des demandes personnelles ou mobilières comprises entre 4 001 et 10 000 euros ; le **juge de proximité** connaît du même type de demande jusqu'à 4 000 euros (NB quand les juridictions de proximité seront supprimées, le TI sera compétent de 0 à 10 000 euros et le tribunal de grande instance au-delà de 10 000 euros)

– En la matière, les décisions du **TGI**, de même que celles du **TI** sont **rendues à charge d'appel**, puisque le ***taux du ressort*** est fixé en principe à 4 000 euros. Les décisions du juge de proximité sont en principe insusceptibles d'appel (il en sera ainsi à l'avenir pour les décisions du tribunal d'instance inférieures à 4 000 euros).

B. Les compétences spéciales propres à chacune des trois juridictions

1°/ Les compétences spéciales du Tribunal de grande instance

• **Les compétences exclusives du TGI lui-même sont** ***déterminées par la loi et le règlement*** **dans certaines** ***matières*** (v. l'énumération non exhaustive de l'art. R. 211-4 COJ ; ex. état des personnes : mariage, filiation… rectification des actes d'état civil ; actions immobilières pétitoires et possessoires…). Certaines compétences sont **particulières à certains tribunaux de grande instance seulement** (ex. en matière de propriété intellectuelle), voire à **un seul tribunal de grande instance** (ex. le TGI de Paris en matière de brevets d'invention) dans un souci de spécialisation pour des matières techniques

– Quand le **TGI** a compétence exclusive, il statue en ***premier et dernier ressort*** si la demande est ≤4 000 euros et ***en premier ressort*** si la demande est ≥4 000 euros.

– Le **TGI** a par ailleurs compétence en matière commerciale quand il n'existe pas de Tribunal de commerce dans un ressort territorial.

• **Les compétences partagées entre le tribunal de grande instance et le tribunal d'instance**

– Depuis le 1er janvier 2010, le tribunal de grande instance **partage** (trois) **compétences avec le tribunal d'instance**, en fonction du montant de la demande par rapport au « grand taux » de compétence, c'est-à-dire 10 000 euros. Par ex. le tribunal de grande instance connaît des « actions relatives aux correspondances et objets recommandés et aux envois de valeur déclarée, grevés ou non de remboursement ».

– Le **projet de loi sur la répartition du contentieux** prévoit par exemple un **partage de compétence** avec le tribunal d'instance **en matière d'injonction de payer** : au-delà de 10 000 euros le tribunal de grande instance doit devenir compétent (procédure rapide de recouvrement des créances impayées.

• **Les compétences des juridictions spécialisées à l'intérieur du TGI**

– Chaque **TGI** a à sa tête un ***président*** **:**

– il participe aux débats et préside en général la première chambre ;

– il dispose de **fonctions juridictionnelles propres** :

– il a le ***pouvoir*** de prendre des ***ordonnances de référé*** en cas ***d'urgence*** ou ***lorsqu'une situation est évidente :*** ex. livraison de marchandises avariées ; discussions autour d'un droit de visite parental…

– il a le pouvoir de prendre une ***ordonnance sur requête*** pour **prescrire certaines mesures** ou **délivrer des autorisations** sur la simple requête unilatérale d'un intéressé (ex. rectification d'un acte d'état civil…)

– Il dispose de compétences particulières (v. COJ, art. R. 213-1 à 6).

– Le ***juge de la mise en état (JME)*** est un juge spécialisé disposant d'importants pouvoirs pour que l'affaire soit en état d'être plaidée et jugée :

– il peut s'efforcer de concilier au moins partiellement les parties ;

– il régule et oriente le procès, en modifiant si nécessaire, les délais engendrés par l'instruction de l'affaire sous peine de sanction ;

– il dispose d'un pouvoir de juridiction propre lui permettant de statuer sur certaines demandes procédurales.

– Le ***juge aux affaires familiales (JAF)*** a une compétence devenue très vaste (ex. en matière d'homologation judiciaire du changement de régime matrimonial, en matière de divorce et de séparation de corps, en matière de prénom, d'autorité parentale, juge des tutelles des mineurs…).

– Le juge des enfants (JE) a des compétences pénales, mais est aussi un juge civil pouvant par exemple prononcer des mesures en matière d'assistance éducative.

– Le ***juge de l'expropriation*** – désigné, pour chaque département, parmi les magistrats du siège du tribunal de grande instance – fixe à défaut d'accord amiable, les indemnités d'expropriation.

– Un ***juge-commissaire*** du tribunal de grande instance joue un rôle important en matière de procédures collectives, comme le juge-commissaire du tribunal de commerce.

– Les fonctions de ***juge de l'exécution (JEX)*** sont exercées **soit** par le président du TGI lui-même, **soit** par un ou plusieurs **juges délégués**. Il connaît de la plupart des difficultés relatives aux titres exécutoires, des contestations s'élevant à l'occasion de l'exécution forcée, autorise les mesures conservatoires, connaît de leurs difficultés de mise en œuvre, de la procédure de saisie immobilière à condition que le fond du droit relève du juge judiciaire...

La **CIVI** (commission d'indemnisation des victimes d'infraction) fonctionne auprès du TGI, c'est une **commission juridictionnelle**, une juridiction civile compétente pour statuer sur les demandes d'indemnisation de victimes d'infractions.

• Un tribunal collégial

– Le jugement est en **principe** rendu **collégialement** par **au moins trois magistrats délibérant.** Le **tribunal** peut **statuer à juge unique**.

– Inversement un **juge unique**, par ex le juge aux affaires familiales ou le juge de l'exécution peut **renvoyer à la formation collégiale du tribunal de grande instance qui statue alors comme juge spécialisé.**

2°/ Les compétences spéciales du tribunal d'instance

• Les compétences réservées

Certaines **compétences** lui sont **réservées : trois catégories de compétences** se dégagent **en fonction du taux du ressort :**

– **compétence en premier et dernier ressort jusqu'à 4 000 euros et en premier ressort au-delà :** par ex. en matière de litiges relatifs aux crédits à la consommation ;

– **compétence à charge d'appel quel que soit le montant de la demande** par ex. en matière de litiges aux actions en bornage, à certaines conditions de l'expulsion des occupants sans droit ni titre des immeubles... ;

– **compétence en premier et dernier ressort quel que soit le montant de la demande,** par ex. pour les demandes relatives au contentieux des élections dans les tribunaux de commerce.

• Les compétences partagées

D'autres **compétences** sont **partagées avec la juridiction de proximité,** en fonction du « petit taux » de compétence.

– **compétence** en matière d'actions concernant un contrat de louage d'immeuble à usage d'habitation ou un contrat portant sur l'occupation d'un logement, sous réserve de la compétence du juge de proximité en matière de restitution du dépôt de garantie ;

– **compétence** en matière de **demande *d'injonction de payer* des créances civiles supérieur à 4 000 euros et à 10 000 euros ; ou encore des** contestations relatives aux frais de scolarité ou d'internat... ;

– **compétence** en premier et dernier ressort quel que soit le montant de la demande, concernant les contestations relatives à l'exercice de la servitude de débroussaillement en bordure des voies ferrées. La loi sur la répartition du contentieux prévoyant de modifier l'article L. 322-8 du Code forestier pour partager cette compétence entre le tribunal de grande instance et le tribunal d'instance, la question de l'ouverture de l'appel se pose.

• Les compétences du juge d'instance

– Il est ***juge des tutelles* :** connaît notamment du placement sous sauvegarde de justice, de la curatelle et de la tutelle des incapables majeurs.

– Il est ***juge des référés et des requêtes,*** car il n'y a pas de président du TI : **le TI est une juridiction statuant à juge unique.**

– Il statuera bientôt en tant que ***juge de l'exécution mobilière*** sa compétence étant limitée au traitement des situations de surendettement des particuliers et de procédure de rétablissement personnel et au contentieux relatif à la saisie des rémunérations.

– Le TI dispose **d'attributions extrajudiciaires :** ex. reçoit les serments des experts non assermentés commis par les juridictions civiles et pénales.

Il existe des règles particulières pour l'Alsace-Moselle.

3°/ Les compétences spéciales de la juridiction de proximité

• **Des compétences limitées et en sursis**

– Elle connaît dans les limites de sa compétence de principe, de la **demande d'homologation du constat d'accord** formé par les parties, à l'issue d'une tentative préalable de **conciliation.**

– Elle connaît des ***injonctions de payer les créances civiles <4 000 euros*** et dans les matières qu'elle partage avec le TI, en fonction du « petit taux » de compétence.

– Le juge de proximité **ne statue pas en référé ou sur requête** : le juge d'instance rendrait le cas échéant une telle ordonnance.

• **La disparition de la juridiction de proximité et le maintien des juges de proximité**

Le projet de loi de répartition des contentieux a prévu de **supprimer les juridictions de proximité**, mais de **conserver les juges de proximité** en leur **conférant diverses fonctions civiles au sein du tribunal de grande instance et du tribunal d'instance.** Ils sont ainsi appelés à siéger dans la formation collégiale du tribunal de grande instance, et pourront également procéder à certaines mesures d'instruction, ex transport sur les lieux à l'occasion des vérifications personnelles du juge, auditions de témoins à l'occasion d'une enquête…

II. Les autres juridictions d'exception

• **Des juridictions nombreuses**

– Le ***Tribunal de commerce*** **(TC).**

– Le ***Conseil de prud'homme*** **(CP).**

– Le ***Tribunal paritaire des baux ruraux*** **(TPBR).**

– Le ***Tribunal de la sécurité sociale*** **(TASS) et le** ***tribunal du contentieux de l'incapacité*** **(TCI).** L'appel des décisions du **TPBR** et du **TASS** est porté devant la **chambre sociale de la cour d'appel**, à condition que l'affaire soit >4 000 euros taux du ressort. L'appel des décisions du TCI est porté devant la Cour nationale de l'incapacité et de la tarification de l'assurance des accidents du travail.

A. La compétence du tribunal de commerce

• **Un tribunal pour les commerçants**

– La **nature**, et le **caractère des litiges** délimitent la compétence du **TC** (idée d'autonomie relative du droit commercial par rapport au droit civil).

– La **valeur des intérêts en cause** joue pour l'appel, qui n'est ouvert que pour les affaires >4 000 euros.

– Le **TC** dispose en tant que tel d'une **compétence**, mais des **juridictions spécialisées** en son sein ont également des **attributions.**

– Sauf exception, le **TC** statue **collégialement.**

– Sa **compétence territoriale** est fixée par les articles 42 et s. du Code de procédure civile avec des règles dérogatoires, en particulier en matière de procédures collectives.

– Le **TC** est **compétent** pour juger **en première instance des affaires commerciales,** *i.e.* essentiellement des affaires relatives aux actes de commerce, des contestations relatives aux engagements entre commerçants, entre établissements de crédit ou entre eux, les litiges concernant les sociétés commerciales, et surtout les incidents relatifs aux difficultés des entreprises qui exercent une activité commerciale ou artisanale, le tribunal de grande instance étant compétent dans les autres cas

– Le président du **TC est *juge des référés et des requêtes et*** il a une **compétence exclusive** en matière de ***procédure d'injonction de payer les créances commerciales*** quel que soit le montant. Il peut aussi nommer un mandataire *ad hoc* ou un conciliateur dans le cadre de la prévention des difficultés des débiteurs exerçant une activité commerciale ou artisanale (art. L. 611-1 et R. 611-1 et s.).

– Le ***juge-commissaire*** joue un rôle important en matière de ***procédures collectives*** (not. surveillance de son bon déroulement et de protection des intérêts en présence, autorisation de certains actes (licenciements, transaction...).

– Le ***juge rapporteur*** joue un rôle et a des pouvoirs comparables quoique plus réduits à ceux du juge de mise en état.

• **Un tribunal de commerçants**

– Le **TC** est **composé exclusivement de juges commerçants,** élus par leurs pairs, à deux degrés.

– Les tentatives d'instaurer la **mixité** ou encore l'***échevinage,*** autrement dit **une coopération entre juges professionnels et juges non professionnels**, ont à ce jour échoué (Elle existe pourtant en Alsace-Moselle, dans les DOM et dans certaines collectives d'outre mer).

– Le **statut** des ***juges consulaires*** est différent de celui des magistrats de carrière : en particulier, l'activité est exercée bénévolement, mais aujourd'hui ces magistrats élus reçoivent une formation appropriée à l'ENM (École nationale de la magistrature).

– En cas d'impossibilité d'élire un TC, sa compétence d'attribution **fait retour** au ***TGI statuant commercialement.***

B. La compétence du conseil de prud'hommes

• **Un tribunal pour les employeurs et les salariés**

– Les **Conseils de prud'hommes** statuent sur des ***litiges individuels du travail*** opposant un employeur à un employé. Ces litiges naissent à l'occasion d'un contrat de travail ou d'apprentissage. Mais les ***conflits collectifs*** relèvent de la compétence du TGI ou donnent lieu à des procédures spéciales comme la conciliation, la médiation, ou l'arbitrage.

– Le **Conseil de prud'hommes (CP)** comprend cinq sections qui ont à trancher des litiges en fonction de leur spécialité, dépendant de **l'activité principale de l'employeur** : encadrement, industrie, commerce, agriculture, activités diverses. Chacune de ces 5 sections constitue une **juridiction à part.**

– Le **CP** est **compétent quel que soit le montant de la demande,** mais l'affaire ne sera **susceptible d'appel** que si elle est >4 000 euros (***taux du ressort***).

– **L'instance prud'homale** se **divise obligatoirement en deux phases :**

– toute demande est d'abord portée **devant le bureau de conciliation** ;

– **et en** cas d'échec de cette tentative de conciliation, l'affaire sera examinée **par le bureau de jugement.**

• **Un tribunal d'employeurs et de salariés**

– Les **CP** sont des ***juridictions paritaires,*** composées à parts égales de conseillers prud'homme **élus** par les employeurs (conseiller prud'homme employeur) et de conseillers prud'homme **élus** par les salariés (conseiller prud'homme salarié). Ces conseillers continuent d'exercer une activité professionnelle pendant leur mandat.

– Du fait de la parité, un partage des voix peut se produire. L'affaire devra alors être renvoyée dans le plus bref délai devant le même bureau de conciliation, de jugement ou devant la même formation de référé, présidé cette fois par ***un juge départiteur***, juge du tribunal d'instance dans le ressort duquel est situé le conseil de prud'hommes qui départagera les votes.

– Chaque section comporte un bureau de conciliation et un bureau de jugement. Une formation de référé par ailleurs est commune à l'ensemble des sections.

– Dans certaines collectivités d'outre mer (ex. en Polynésie) ce sont des **tribunaux du travail** pratiquant l'échevinage qui statuent en la matière.

§ 2 : La compétence de la juridiction du second degré : la cour d'appel

• **La compétence de la cour elle-même**

– Le ***principe du double degré de juridiction*** conduit à l'instauration d'un second étage de juridiction. La **cour d'appel** est en principe la seule juridiction du ***second degré*** appelée à statuer sur appel des décisions des juridictions de son ressort. Il existe toutefois des exceptions en matière civile. En raison de sa ***plénitude de juridiction***, une cour d'appel saisie à tort d'un appel, sera quand même compétente pour rejuger l'affaire, en suivant les règles du Code de procédure civile.

– Il existe des règles particulières en Alsace-Moselle ainsi qu'outre-mer.

– L'appel est toutefois exclu pour les petites affaires. Ce principe est **une garantie de bonne justice.** L'encombrement des cours d'appel et les difficultés liées à la spécialisation de certains contentieux conduisent à la nécessaire création dans chaque cour d'appel d'une **chambre sociale**, d'une **chambre des mineurs et d'une chambre de l'expropriation** qui sont des formations de la cour et non des juridictions autonomes.

– **La CA a aussi des compétences particulières :** par ex. elle connaît en premier et dernier ressort des contestations relatives aux élections du président du TC, du bâtonnier de l'ordre des avocats ou de son conseil.

– **Certaines CA** ont aussi des **compétences spécifiques** pour traiter d'une catégorie de litige déterminée en premier et dernier ressort : ex. contentieux des décisions du directeur de l'INPI (institut national de la propriété industrielle), contentieux des décisions du Conseil de la concurrence…

– La **CA** statue **en formation collégiale** avec au moins trois magistrats.

• **La compétence des juridictions spécialisées au sein de la cour**

– Le ***premier président*** juge les affaires soumises à sa chambre (en général la 1re). Il a encore des **fonctions juridictionnelles propres** : ex. arrêt ou octroi de l'exécution provisoire en cas d'appel, recours contre la décision du bâtonnier prise sur contestation des honoraires d'avocat, prescription de mesures urgentes par ordonnance de référé ou sur requête, octroi d'une réparation à une personne relaxée ou acquittée ayant fait l'objet d'une détention provisoire.

– Le ***conseiller de la mise en état***, ou un ***conseiller rapporteur*** joue le même rôle que le juge de la mise en état en première instance.

Sous-section 2 : Les juridictions répressives ou pénales

• **La diversité des infractions et des juridictions**

La loi distingue **trois catégories d'infraction pénale** en fonction de leur **gravité :**

– les ***contraventions*** (infractions les moins graves),

– les ***délits***,

– les ***crimes.***

La loi détermine par ailleurs une **échelle des peines**, (peines contraventionnelles, délictuelles et criminelles) permettant de déterminer la **nature de l'infraction** (ex. de peines. pour les contraventions, peine d'amende non supérieure à 1 500 euros, pour les délits peine d'emprisonnement de 10 ans au plus, pour les crimes, peines de réclusion criminelle de 10 ans au moins…)

• **L'originalité de la matière pénale**

– **En matière civile,** l'***instruction*** étant une phase à part entière du procès (***mise en état***), elle est en principe nécessairement suivie par un jugement

– **En matière pénale,** la phase de l'***instruction*** permet de rechercher la vérité (établir l'identité de l'auteur de l'infraction, déterminer si les charges sont suffisantes contre la personne poursuivie). Si ce n'est pas le cas, elle ne sera pas suivie d'un jugement, la fin du procès s'achevant alors avec la fin de l'instruction.

L'***instruction*** n'est toutefois **pas systématique** : obligatoire en matière de crime, facultative en matière de contravention et rare en cas de contravention. À l'avenir, il est envisagé de confier toutes les informations judiciaires à une collégialité de trois juges.

• **Des juridictions très nombreuses**

– Il existe des **juridictions pénales « de droit commun »** (cour d'assise, le tribunal correctionnel, le tribunal de police et la juridiction de proximité) et des **juridictions pénales « spécialisées »** (ex. juridiction militaire, juridictions pour mineur, tribunaux maritimes commerciaux, Cour de justice de la république...)

– **Plusieurs juridictions sont amenées à statuer en appel** : la chambre de l'instruction, la chambre des appels correctionnels, la cour d'assise et la chambre de l'application des peines.

– Par ailleurs tous les tribunaux correctionnels ne connaissent pas de tous les délits et toutes les cours d'assises de tous les crimes : certaines juridictions constituent des **pôles** de compétence.

§ 1 : Les juridictions de droit commun

I. Les juridictions d'instruction

A. Le premier degré

1°/ Le juge d'instruction

• **Hier et aujourd'hui**

– **Le juge d'instruction** est un juge du TGI, il s'agit d'une juridiction **à juge unique.**

– Il est **saisi** à l'initiative du ***procureur de la République*** par un ***réquisitoire introductif d'instance*** ou par la **victime** elle-même sur ***plainte avec constitution de partie civile,*** soumise à des conditions de recevabilité plus sévères que par le passé.

– Son **rôle** consiste à instruire l'affaire à « charge et à décharge », *i.e.* à **rassembler les informations nécessaires** ***sur les faits*** dont il a été saisi et ***sur les personnes*** désignées dans le réquisitoire ou la plainte et celle qu'il « met en examen ». Il se livre à des actes d'instruction en personne (ex. interrogatoires, audition de témoins, transport sur les lieux, perquisition, saisies...), peut faire procéder à une ***expertise*** par un technicien, ou donner ***commission rogatoire*** à un ***officier de police judiciaire*** (OPJ), ou encore par des ***mandats*** peut obliger une personne à se mettre à disposition de la justice.

Il peut prendre des ***ordonnances*** (ex. ***ordonnance d'incompétence***, ***ordonnance de renvoi de la personne poursuivie devant la juridiction de jugement***, ***ordonnance de non-lieu de poursuivre***...).

Les ***pôles de l'instruction***, permettent depuis le 1er mars 2008 d'encadrer davantage le juge d'instruction dans l'exercice de sa mission. Ils sont institués dans les TGI comportant au moins deux juges d'instruction et réunissant tous les juges d'instruction du tribunal. Ils sont exclusivement compétents en cas de crimes et pour les affaires correctionnelles. Ils permettent de pratiquer une ***co-saisine*** de plusieurs juges d'instruction pour l'instruction d'un crime ou d'un délit grave ou complexe confié initialement à un seul JI.

• **Demain**

Au 1er janvier 2014, la ***co-saisine*** devrait être remplacée par un ***collège de l'instruction*** (composée de trois JI dont un juge de premier grade ayant des fonctions de juge coordonnateur) devant instruire systématiquement chaque affaire.

2°/ Le juge des libertés et de la détention

• **Une compétence exclusive en matière de détention provisoire**

– Le ***juge des libertés et de la détention*** (JLD) a été créé par la loi du 15 juin 2000 dans le but de limiter les pouvoirs du JI et une loi du 5 mars 2007 a limité au maximum le recours à la ***détention provisoire.***

– Le JLD est un **juge unique** n'ayant **pas instruit l'affaire**, qui **ne la jugera pas au fond** et qui a un rang supérieur à celui du JI.

– Sa **compétence** est **exclusive en matière de détention provisoire** : il délivre les ***mandats de dépôt*** (pouvoir de décision) sur demande du JI (pouvoir d'initiative). Il statue par une ***ordonnance*** **motivée** susceptible d'***appel*** devant la ***chambre de l'instruction.***

Il a d'autres compétences exclusives diverses : par ex. autorisation de ***perquisitions,*** prolongement de certaines ***gardes à vue***…

B. Le second degré

• **La chambre de l'instruction**

C'est une chambre spéciale de la CA constituant une juridiction collégiale.

– Son ***président*** a des fonctions administratives importantes.

– La ***chambre*** elle-même, exerce outre des attributions accessoires une fonction essentielle de **contrôle juridictionnel au second degré sur les actes de l'instruction** et **sur les ordonnances juridictionnelles du JI et du JLD.**

II. Les juridictions de jugement

• **La juridiction de jugement**

Elle a **le choix entre deux types de décisions :**

– **une** ***peine*** infligée à la personne coupable ;

– **un** ***acquittement*** (prononcée par la cour d'assises) ou une ***relaxe*** (prononcée par les autres juridictions.

– Les affaires jugées au premier degré sont susceptibles d'appel devant des juridictions du second degré.

– Les juridictions répressives sont compétentes pour statuer sur ***l'action civile*** de la victime demandant une indemnisation en sus de ***l'action publique.*** La victime peut toutefois porter la question de ses ***intérêts civils*** devant une ***juridiction civile***.

A. Les juridictions du premier degré

• **La juridiction de proximité et le tribunal de police (TP)** (forme répressive du **TI)**

Ils jugent dans sa forme répressive pour la première, en principe, des quatre 1res classes de ***contravention***, pour la seconde en principe de la 5e classe de ***contravention***. En cas de ***constitution de partie civile***, elles sont compétentes quel que soit le montant de la réparation demandée.

• **Le tribunal correctionnel (TC)** (forme pénale du **TGI**)

Il est compétent pour juger des ***délits.*** **Traditionnellement**, c'est une ***juridiction à formation collégiale*** comprenant trois juges, sauf s'il statue à juge unique ; outre-mer, c'est le tribunal de première instance quand il en existe un. Un ***tribunal correctionnel en formation citoyenne*** devrait à l'avenir et à titre expérimental siéger avec deux citoyens assesseurs tirés au sort sur les listes électorales aux côtés de trois magistrats professionnels (art. 399-1 nouv.) pour juger des atteintes aux personnes punies d'au moins cinq ans d'emprisonnement (violences aggravées, agressions sexuelles, vols avec violence) ; à l'exclusion des délits financiers.

• **La cour d'assises**

– C'est une **juridiction départementale** qui relève du premier président de la CA. Elle siège en principe au chef-lieu du département, mais peut aussi siéger soit dans les locaux de la CA ou dans ceux du TGI du chef-lieu du département. Elle siège **de façon intermittente**, par ***sessions*** en principe tous les trois mois, ce qui devrait être abandonné à l'avenir.

– La Cour *stricto sensu* est **composée** de ***trois magistrats professionnels*** (un président, et deux assesseurs conseillers de la CA ou juges du TGI où se tiennent les assises). **Avec** le ***jury populaire*** composé de **9 jurés** (à l'avenir 6), tirés au sort à partir des listes électorales elle délibère et vote sur les faits et sur l'application du droit. Par ailleurs, à compter du 1er janvier 2012 et sans expérimentation, les arrêts en cour d'assises doivent désormais être motivés.

• **Le « mille-feuilles »**

Pour certains crimes ou délit, il existe une **superposition de juridictions susceptibles d'être compétentes** par exemple, dans le ressort de chaque cour d'appel un ou plusieurs tribunaux correctionnels sont **spécialement compétents** pour instruire et juger certaines infractions de nature économique ou financière. Pour des **infractions très complexes** par exemple en présence d'un grand nombre d'auteurs, de complices ou de victimes, le ressort du tribunal correctionnel s'étend même à celui de plusieurs cours d'appel. Il existe aussi des ***juridictions interrégionales spécialisées*** (**JIRS**), compétentes en matière de criminalité organisée et au ressort très étendu comprenant plusieurs cours d'appel. Le Tribunal de grande instance de Paris a encore compétence exclusive en matière de poursuite, d'instruction et de jugement des délits d'atteintes à la transparence des marchés. Un pôle parisien devrait encore être créé en matière de crimes contre l'humanité.

B. Les juridictions du second degré

• **La chambre des appels correctionnels**

C'est une chambre spécialisée de la **CA** qui a une compétence spéciale en matière pénale. Elle reçoit les appels formés contre un jugement du tribunal correctionnel, du tribunal de police, ou d'une juridiction de proximité. Elle pourra à titre expérimental **statuer en formation citoyenne** pour l'appel des délits dont le tribunal correctionnel connaît avec des **citoyens assesseurs.**

• **La cour d'assises**

– L'**appel** en **matière criminelle** est ouvert à l'accusé condamné en premier ressort et au ministère public depuis le 1er janvier 2001 (antérieurement, l'appel était exclu en raison du refus de remettre en cause une décision prise par un jury populaire, expression de la souveraineté nationale).

– Il conduit à un **réexamen de l'affaire en fait et en droit par une autre cour d'assises** composée d'un jury désormais composé de 9 personnes.

III. Les juridictions de l'exécution des peines

• **Les deux versants de l'exécution des peines**

– La prise en compte en 2007, du point de vue des victimes, à côté de l'exécution de la sanction par la personne condamnée, a conduit à la naissance du ***juge délégué aux victimes*** (JUDEVI)

– **Le *contrôleur général des lieux de privation de liberté,*** est une **autorité indépendante** chargée de veiller au respect des droits fondamentaux des personnes privées de liberté (contrôle des conditions de prise en charge et de transfèrement). Il est assisté de contrôleurs placés sous sa seule autorité.

A. L'application des peines

1°/ Le premier degré

• **Le juge de l'application des peines (JAP)**

– C'est un magistrat du siège du TGI ayant un droit de regard sur les établissements pénitentiaires du ressort du TGI et sur les condamnés en milieu libre résidant dans le ressort.

– Il **détermine** les ***modalités du traitement pénitentiaire***, ***aménage les peines***, peut octroyer dans certains cas une ***libération conditionnelle***...

– Ses **décisions juridictionnelles motivées** sont :

– soit des ***ordonnances*** **rendues sur dossier** ;

– soit des ***décisions rendues en audience de cabinet*** (chambre du conseil) (ex. pour révoquer un *sursis avec mise à l'épreuve*).

• **Le tribunal de l'application des peines (TAP)**

C'est une **juridiction collégiale** composées de plusieurs JAP statuant sur les questions d'aménagement des peines les plus importantes que le JAP n'a pas le pouvoir de prendre (ex. suspension de peine pour raisons médicales, libération conditionnelle). Les **citoyens assesseurs** de certaines juridictions pilotes pourront participer à cette prise de décision.

2°/ Le second degré

• **La chambre de l'application des peines**

C'est la juridiction d'appel des décisions du JAP et du TAP. Son président statue seul sur les appels des ordonnances du JAP et la chambre statuant collégialement connaît des appels des décisions du JAP et du TAP. Elle pourra être complétée par des ***citoyens assesseurs***, lorsque le **TAP** en comportait en première instance.

B. Les droits des victimes

• **Le juge délégué aux victimes (le JUDEVI)** est le président de la CIVI.

– Il doit vérifier « les conditions dans lesquelles les parties civiles sont informées de leurs droits à l'issue de l'audience ».

– Il peut présider les audiences du tribunal correctionnel statuant après renvoi des seuls intérêts civils.

– Toute victime peut le saisir à la suite du prononcé du jugement ou dans le cadre d'une mesure alternative aux poursuites.

– Il a des devoirs et des pouvoirs lui permettant de prendre des ordonnances et des décisions (mesure d'administration judiciaire) : ex. ordonnance saisissant le JAP quand un condamné ne respecte pas ses obligations et interdictions.

§ 2 : Les juridictions spécialisées

• Des juridictions pénales au statut plus ou moins dérogatoire au droit commun

Certaines juridictions pénales ne sont ***compétentes*** que dans les cas strictement prévus par la loi pour juger certaines infractions ou certains délinquants que la loi détermine limitativement.

I. Les juridictions de nature politique et militaire

• Des tribunaux peu connus

En font partie :

– la ***Cour de justice de la République,*** chargée de juger « les actes accomplis dans l'exercice de leurs fonctions » par les ministres « et qualifiés de crimes ou délits au moment où ils ont été commis ».

– différents ***tribunaux militaires***, chargés d'assurer la justice en cas de guerre, d'état de siège, ou d'état d'urgence, (**tribunaux des forces armées**), également compétents en matière de crimes et délits contre les intérêts fondamentaux de la nation, en période de troubles, de même que pour juger des infractions commises hors du territoire de la république en cas de paix.

– les ***juridictions de droit commun*** à ***composition spéciale***, statuant sur les crimes et délits contre les intérêts fondamentaux de la nation en temps de paix : ex. existence d'une cour d'assises composée exclusivement de magistrats professionnels pour statuer en matière de crime terroriste.

– Par ailleurs les **tribunaux maritimes commerciaux** sont compétents pour une liste de délits et crimes limitativement énumérés et qui concernent la discipline (usurpation de commandement) et la police de la navigation civile.

II. Les juridictions des mineurs

A. Les juridictions d'instruction

• Une instruction particulière

– Les infractions commises par un mineur donnent en principe lieu à une **instruction préparatoire** (enquête de personnalité).

– ***L'instruction des crimes*** est réservée au ***juge d'instruction***, celle des ***délits*** et des ***contraventions*** peut être confiée, soit à un ***juge d'instruction***, soit à un ***juge des enfants***. Dans ce dernier cas, la procédure plus souple permet encore, jusqu'au 1er janvier 2013, au juge des enfants, contrairement au principe de l'interdiction du cumul des fonctions d'instruction et de jugement, de participer au jugement de l'affaire qu'il a lui-même instruite.

– Les décisions prises pendant l'instruction sont selon le cas susceptibles ou non d'appel, soit devant la chambre des mineurs, soit devant son président.

B. Les juridictions de jugement

• Au premier degré

– Y figurent :

– le ***tribunal pour enfants*** (juridiction principale),

– le ***juge des enfants,***

– la ***cour d'assises des mineurs,***

– le ***tribunal de police*** et la ***juridiction de proximité.***

– Les **contraventions les moins graves** (contraventions des 4 premières classes commises par un mineur) sont jugées par le ***tribunal de police*** statuant à ***huis clos*** et sanctionnées par une admonestation ou une peine d'amende, et éventuellement une mesure de surveillance. Certaines contraventions de 4e classe sont aujourd'hui encore jugées par le ***juge de proximité*** également à ***huis clos***, mais devraient être jugées prochainement par le Tribunal de police.

– Les **contraventions les plus graves** (contraventions de la 5e classe), les délits et les crimes des mineurs commis avant 16 ans sont jugés **par le *tribunal pour enfants*** composé du juge des enfants et de deux assesseurs non magistrats. Le juge des enfants peut également statuer seul pour juger de ces mêmes infractions sans pouvoir infliger de peines.

– Les crimes commis par un mineur entre 16 et 18 ans relèvent de la ***cour d'assises des mineurs*** statuant en principe à ***huis clos.***

– Le juge des enfants joue pour les mineurs le rôle du JAP.

• Au second degré

La ***chambre des mineurs de la cour d'appel*** (formation particulière de la cour d'appel) juge les appels contre les décisions reconnaissant les mineurs coupables de délits ou de contraventions, tandis que les appels contre les décisions rendues en matière criminelle sont portés devant une autre cour d'assises des mineurs.

• Une nouvelle justice pour les mineurs

La loi sur la participation des citoyens au fonctionnement de la justice pénale et jugement des mineurs prévoit une **information sur la personnalité du mineur** grâce à un ***dossier unique de personnalité*** à la disposition des juridictions, la création à titre expérimental d'un ***tribunal correctionnel pour mineurs*** récidivistes de plus de 16 ans poursuivis pour des délits passibles de plus de trois ans d'emprisonnement, **l'extension des cas de placement sous contrôle judiciaire des mineurs de 13 à 16 ans.** Une **réorganisation de la composition du tribunal pour enfants** est prévue pour 2013 à la suite de la déclaration d'inconstitutionnalité du texte en fixant la composition en raison de la présence du JE à fois instructeur et juge.

Sous-section 3 : La Cour de cassation

§ 1 : Le rôle de la Cour de cassation

I. Le juge du droit

• **L'uniformisation de la jurisprudence et le contrôle du respect de la règle de droit par les juridictions inférieures**

– La ***Cour de cassation***, **unique** en France est **la plus haute juridiction de l'ordre judiciaire.** Elle siège à **Paris.** Elle est saisie des ***pourvois en cassation*** formés à l'encontre des décisions de justice rendues en premier et dernier ressort et à l'encontre des arrêts. Le demandeur au pourvoi devra invoquer à l'appui de son recours un ***cas d'ouverture à cassation*** (violation de la loi, manque de base légale...).

– La Cour de cassation **n'est pas un troisième degré de juridiction.** Elle ne réexamine pas les faits, elle les considère pour acquis. Elle ne contrôle que l'application du droit quant à ces faits (vérification de la ***qualification juridique*** donnée aux faits, et des conséquences juridiques qui en ont été tirées).

II. Le juge de cassation

A. La tradition du renvoi après cassation

• **L'impossibilité pour la Cour de cassation de substituer sa propre décision à la décision cassée**

La Cour de cassation peut :

– soit **rejeter** le pourvoi, par un ***arrêt de rejet*** et la décision attaquée devient alors irrévocable ;

– soit **faire droit** au pourvoi, en considérant que la règle de droit a été mal appliquée et **casser** la décision dont elle a été saisie, par ***arrêt de cassation***. Elle renvoie alors l'affaire devant une **juridiction de renvoi**, différente (ou autrement composée) de celle dont la décision a été cassée mais de même nature et de même degré. La juridiction de renvoi rejuge complètement l'affaire, en fait et en droit.

• **L'exercice d'un second pourvoi**

Un second pourvoi peut être exercé si la juridiction de renvoi ne s'est pas conformée à l'interprétation retenue par la Cour de cassation. L'affaire est alors débattue en ***assemblée plénière,*** formation solennelle de la Cour de cassation.

– elle peut alors donner raison à la cour d'appel et rejeter le pourvoi ;

– elle peut casser la décision et renvoyer devant une seconde juridiction de renvoi qui est obligée de s'incliner devant l'analyse juridique de l'assemblée plénière.

B. L'aménagement des règles traditionnelles

• **La volonté d'accélérer les procédures**

Elle a conduit :

– à la possibilité d'une ***cassation sans renvoi*** « toutes les fois que la cassation n'implique pas qu'il soit à nouveau statué sur les faits », ou « lorsque les faits souverainement constatés et appréciés par les juges du fond lui permettent d'appliquer la règle de droit appropriée » ;

– à la possibilité d'une **saisine directe de *l'assemblée plénière* par le premier pourvoi** dès lors qu'il y a intérêt à fixer rapidement la jurisprudence sur une question de principe ;

– à la possibilité d'une **saisine** d'une ***chambre mixte*** autre formation solennelle composée de magistrats appartenant à au moins trois chambres et permettant de traiter plus rapidement les difficultés ;

– à la possibilité d'une ***saisine pour avis*** de la Cour de cassation par presque toutes les juridictions de l'ordre judiciaire, civiles ou pénales, à l'exclusion des parties quand elles sont saisies d'une demande « soulevant une question de droit nouvelle, présentant une difficulté sérieuse et se posant dans de nombreux litiges » ;

– à la diminution de la collégialité requise au sein des chambres (***quorum*** d'une formation ordinaire désormais fixé à cinq conseillers ayant voix délibérative au moins) ;

– à la possibilité d'un **jugement d'un pourvoi** par ***une formation restreinte*** composée de trois conseillers quand la solution s'impose avec évidence (la solution est de droit en matière civile, commerciale et sociale, mais non devant la chambre criminelle où le principe est inversé). Cette formation restreinte peut déclarer non admis « les pourvois irrecevables ou non fondés sur un moyen sérieux de cassation ».

• **En matière pénale**

– La ***Cour de cassation*** connaît aussi des **demandes de *révision*** des **décisions pénales définitives** dans le cas où après une condamnation apparaissent un fait nouveau ou un élément inconnu de la juridiction au moment du procès, qui seraient de nature à faire naître un doute sur la culpabilité du condamné.

– La **demande en révision** est adressée à une ***commission*** composée de cinq magistrats de la Cour de cassation qui saisit la ***chambre criminelle*** des demandes lui paraissant motivées. La ***chambre criminelle*** statuera alors comme **cour de révision** et pourra soit rejeter la demande, soit annuler la condamnation et juger elle-même de l'affaire ou renvoyer à une juridiction de renvoi.

– Un condamné innocenté a **droit à réparation intégrale** du préjudice matériel et moral causé par la condamnation.

§ 2 : L'organisation et le fonctionnement

• **La Cour de cassation, hier…**

La Cour de cassation était à l'origine composée de **trois chambres** :

– la ***chambre criminelle*** ;

– la ***chambre des requêtes*** qui filtrait les pourvois ;

– la ***chambre civile*** qui examinait les pourvois au fond.

Les nombreuses réformes intervenues depuis 1938, ont tenté de remédier à l'encombrement de la Cour de cassation en augmentant les effectifs et le nombre de chambres, en supprimant la chambre des requêtes, en nommant de jeunes magistrats les ***conseillers référendaires*** pour accélérer le travail des conseillers ou des ***auditeurs de justice*** pour exercer des fonctions administratives, en allégeant les formations de jugement, et en s'efforçant de limiter le nombre de pourvois en cassation.

• **... et aujourd'hui**

– À l'heure actuelle, la Cour de cassation comprend un ***premier président*** (premier magistrat de l'ordre judiciaire), 6 présidents de chambre, 88 conseillers, 65 conseillers référendaires, les services du parquet (le ***procureur général***, 6 ***premiers avocats généraux*** et 22 ***avocats généraux, des avocats généraux référendaires***), des ***directeurs de greffe et des greffiers de chambre*** ; et un ***secrétariat général***, et un **service de documentation, des études et du rapport.**

– La Cour de cassation est **divisée** en **6 chambres** : cinq chambres civiles et une chambre criminelle. **Chaque chambre est spécialisée :** ex. la 1re ch. civile en droit des personnes, de la famille, des successions, des obligations, de la propriété ; la 2e chr. civile en droit des assurances, de la procédure civile, le droit de la responsabilité délictuelle... ; la 3e chr. civile en droit de la construction et de l'urbanisme, de la propriété immobilière, de la copropriété, des baux... ; la 4e chr. chambre commerciale et financière spécialisée dans le droit des affaires ; la 5e chr. la chambre sociale en droit du travail, interne et communautaire... Chaque chambre filtre désormais les questions prioritaires de constitutionnalité.

• **Les formations administratives des juridictions**

Les juridictions se réunissent en ***assemblées générales*** (des magistrats du siège et du parquet, des seuls magistrats du siège, des seuls magistrats du parquet et l'assemblée plénière des magistrats et des fonctionnaires du tribunal) pour discuter en commun des **problèmes d'administration intérieure... ex.** élaboration du règlement intérieur, jours et heures d'audience.

Section 3
Les règles gouvernant le déroulement du procès

• **L'émergence d'un droit processuel, droit commun du procès**

Le *droit processuel* fixe les règles communes aux procès devant toutes les juridictions (civiles, pénales, administratives, internationales). Chaque ordre de juridiction, chaque juridiction, voire chaque matière a néanmoins des particularités. La **procédure suivie devant le TGI**, est par exemple **la plus complète et la plus complexe** et **sert de modèles aux autres procédures.**

§ 1 : Avant l'instance

• **La raison du procès**

– Un différend entre des personnes peut conduire à un procès et la ***procédure sera contentieuse.***

– En l'absence de différend, quand le législateur exige l'autorisation ou le contrôle d'un juge sur un acte (par ex. le divorce est nécessairement judiciaire) un plaideur saisira un tribunal et la ***procédure*** sera ***gracieuse*** (ex. adoption d'un enfant).

• **L'introduction de l'instance**

– Devant le TGI, ***l'acte introductif d'instance*** consiste le plus souvent en une ***assignation*** adressée à l'adversaire par ministère d'huissier.

– **Conditions d'ouverture de l'action en justice** : La **demande** n'est **recevable** que si le plaideur a ***qualité*** (habilitation à former une demande pour faire reconnaître un droit dont on se prétend titulaire) et ***intérêt à agir*** (pouvoir de tirer un avantage de l'exercice de l'action en justice).

– **Condition d'exercice de l'action en justice :** tout plaideur doit être **capable** et, à défaut **représenté** par une personne ayant « ***pouvoir pour agir*** » ou un mandat *ad agendum* (procuration).

• **La saisine du tribunal**

Elle s'opère par le **dépôt** d'une **copie** de l'***assignation*** au greffe du **TGI** (***placement de l'affaire*** ou ***enrôlement***). L'affaire est distribuée par le président à une chambre du tribunal et le jour et la date où l'affaire sera appelée sont fixés.

§ 2 : Pendant l'instance

• **La phase administrative**

Elle consiste en l'**enregistrement** de l'affaire au **répertoire général**, en **l'ouverture du dossier de l'affaire** et en **l'inscription** de cette affaire sur le ***registre d'audience*** (le ***plumitif***).

• **La première audience : la conférence du président et la mise en état**

– L'affaire fera l'objet, en fonction de sa complexité, soit d'une **mise en l'état sans juge spécifique** (circuit court), soit avec **un juge de la mise en état** (circuit long).

– Le procès civil reste à la différence du procès pénal **la chose des parties :** elles fournissent au juge les éléments permettant au juge de trancher le litige. La ***mise en l'état*** qui est ***l'instruction de l'affaire*** commence donc dès l'assignation. Elle consiste pour l'essentiel en la production de pièces et documents, l'échange de conclusions, les mesures d'instruction éventuellement ordonnées par le juge. La **collaboration des parties** est normale en procédure civile.

– Le ***juge de la mise en état*** veille au respect du ***principe de la contradiction,*** principe directeur énoncé par le Code de procédure civile (CPC, art. 14, 15, et 16). Ce principe est essentiel dans le cadre de l'instruction puisqu'il permet au juge d'entendre le point de vue de chacun des plaideurs avant de statuer. La ***mise en l'état*** prend fin par sa **clôture** décidée par le juge dans une ***ordonnance*** et le renvoi à l'audience.

• **Les débats**

Une phase de **procédure orale** suit en principe la ***mise en l'état*** : ***l'audience des plaidoiries*** :

– en **matière contentieuse**, les **débats** sont en principe **publics ;**

– en **matière gracieuse**, les **débats** se déroulent en principe en **chambre du conseil.**

Le président entend les plaidoiries des avocats, et peut solliciter des explications de fait aux parties, le ***ministère public*** peut ou doit, selon les cas, donner son ***avis***.

La **clôture des débats** marque la fin de l'activité procédurale des parties.

• **Le jugement**

– Seuls les juges ayant participé au débat délibèrent.

– Il existe **trois formes** de ***délibéré*** **:**

– **Le délibéré sur le siège :** les juges ne quittent pas la salle et rendent aussi leur décision.

– **Le délibéré en chambre du conseil :** le tribunal se retire et revient rendre sa décision au cours de la même instance.

– **La mise en délibéré de l'affaire,** la décision sera rendue à une autre audience sous un certain délai indiqué aux parties, à moins que le jugement ne soit prononcé par « sa mise à disposition au greffe de la juridiction ».

– Il existe un **secret du délibéré.**

– **Le délibéré** est suivi **d'un vote** à la majorité des voix (**pouvoir collégial**).

– Le juge doit, lors de l'élaboration de sa décision, respecter le ***principe dispositif :*** principe en vertu duquel il **incombe aux parties de fixer le cadre du litige**, l'**objet** étant délimité par les **conclusions** des parties et le juge ne pouvant statuer *ultra petita* ou *infra petita*, *i.e.* accorder plus ou moins que ce qui était demandé.

– Le **jugement** doit être **motivé.**

– Le texte **original** du jugement **est la minute** : il a la **force probante d'un acte authentique.**

– Le jugement est ensuite **prononcé** par l'un au moins des juges l'ayant rendu, en principe **publiquement** en matière contentieuse, et en **chambre du conseil** en matière gracieuse.

– La **date du jugement** est celle de son **prononcé**.

– Le jugement a ***autorité de la chose jugée*** (**attribut *i.e.*** force donnée au jugement par le législateur pour assurer son intangibilité). **L'exception de chose jugée** (c'est-à-dire le moyen de défense – une fin de non-recevoir – tirée de la chose jugée) empêchera alors le perdant de recommencer le procès.

• **La *notification*** permet de **porter le jugement rendu à la connaissance des parties** et de faire **courir les délais de recours** (ex. le **délai d'appel** de un mois**, délai suspensif d'exécution** sauf si l'exécution provisoire a été ordonnée).

§ 3 : Après l'instance

• **L'exercice d'une voie de recours**

– Elle empêche l'arrêt du procès. Une nouvelle instance se déroulera sauf exception devant un juge hiérarchiquement supérieur.

– Les **voies de recours ordinaires** (l'***appel***, l'***opposition***) ont un effet suspensif d'exécution.

– Les **voies de recours extraordinaires** (***pourvoi en cassation***, ***tierce opposition***, ***recours en révision***) n'ont pas d'effet suspensif.

L'appel (quand il est possible) et le pourvoi en cassation sont les deux voies de recours les plus exercées.

La procédure devant la CA ou devant la Cour de cassation est comparable à celle suivie en première instance (mise en état en principe écrite du fait de la procédure imposant la représentation obligatoire).

• **L'exercice d'une voie d'exécution**

Si le perdant refuse d'obéir à l'ordre du juge, il est alors nécessaire de recourir à ***l'exécution forcée*** (ex. saisie d'un immeuble du débiteur récalcitrant et vente aux enchères). Les textes non codifiés actuels régissant la matière vont bientôt intégrer un **code de l'exécution** grâce à la **codification à droit constant**.

Section 4
Le personnel judiciaire

Un personnel à double composante remplit des fonctions de deux natures différentes.

§ 1 : Les magistrats de l'ordre judiciaire

• **Un statut distinct de celui des autres fonctionnaires**

– Les magistrats sont **nommés** directement par le gouvernement dès lors qu'ils remplissent les conditions d'accès à la fonction prévue par la loi. Ils bénéficient d'un **statut de carrière garanti par la Constitution** et détaillé dans une **ordonnance du 22 décembre 1958**.

– Le président de la République et le Conseil supérieur de la magistrature (CSM) sont les **garants** de **l'indépendance de l'autorité judiciaire**.

– Tous les magistrats ne sont pas des magistrats professionnels (magistrats de carrière : certains étant nommés sur dossiers (juge de proximité) ou élus par leurs pairs (ex. juge consulaire…) et ayant un statut différent).

§ 2 : Les points communs à tous les magistrats judiciaires de carrière

• **La « magistrature assise » et la « magistrature debout »**

– Les **magistrats de l'ordre judiciaire** sont divisés :

– en ***magistrats du siège*** (magistrature assise), magistrat se tenant sur l'estrade (le siège) et restant assis ;

– et en ***magistrats du parquet*** ou ***ministère public*** se levant pour requérir (magistrature debout).

– Une même personne peut au cours de sa carrière passer successivement du parquet au siège et inversement.

• **Des modes de recrutement divers**

– Le mode normal d'accès à l'**ENM** est le **concours** ouvert à différentes catégories de candidats (étudiants de moins de 27 ans ayant un M1 ; fonctionnaires justifiant de 4 ans de service public). Il existe aussi un **recrutement sur titre.**

– Les candidats admis à l'ENM sont les ***auditeurs de justice*** intégrés au corps judiciaire. Après avoir suivi à l'ENM et en juridiction un enseignement de 31 mois théorique et pratique, ils sont affectés dans une juridiction et prêtent leur serment de magistrat.

– Il existe encore un **recrutement parallèle** permettant **l'intégration directe au corps judiciaire** sans passage par le statut d'auditeur de justice.

II. Les droits et obligations des magistrats du siège

• **Des magistrats inamovibles mais tenus à une obligation de réserve**

– Les magistrats du siège sont ***inamovibles*** (principe fondamental), ils ne peuvent être destitués, suspendus ou déplacés que dans les conditions prévues par la loi.

– Leur avancement, et la gestion de leur carrière sont confiés à un **organe indépendant** de l'exécutif, le **CSM.**

– Les magistrats :

– ont **l'obligation de rendre la justice** ;

– doivent **s'abstenir d'exercer** des activités incompatibles avec leur fonction, de faire grève et de prendre des positions publiques partisanes ;

– ont une **obligation de réserve ;**

– sont responsables disciplinairement, civilement et pénalement.

– Un magistrat peut spontanément s'abstenir et se faire remplacer par un autre juge s'il craint d'être **partial**, il pourra sinon être **récusé** par le plaideur.

III. Les magistrats du parquet

A. L'organisation du ministère public

• **L'absence de permanence systématique des parquets**

– Un ***procureur de la République***, assisté de ***substituts***, constitue le parquet stable et permanent du TGI. Il remplit toutes les fonctions du ministère public auprès de toutes les formations civiles et pénales du tribunal et peut (et parfois doit) intervenir auprès de toutes les juridictions civiles du premier degré situées dans son ressort et devant le tribunal de police sauf si c'est le commissaire de police qui fait office de ministère public.

– Le ***procureur général*** assisté des ***avocats généraux*** et des ***substituts***, remplit les fonctions du ministère public auprès des formations civiles et pénales de la CA.

– Le ***procureur général prés la Cour de cassation*** assisté des premiers avocats généraux et des avocats généraux est placé à la tête du ministère public auprès de la Cour de cassation. Il dispose **d'attributions administratives importantes**, peut prendre **la parole devant l'une quelconque des chambres de la Cour, préside le CSM dans sa formation relative aux magistrats du parquet**, lorsque celui-ci doit formuler un **avis** sur les poursuites disciplinaires engagées contre un membre du ministère public.

B. Le statut du ministère public

• **La subordination hiérarchique et l'indivisibilité**

– Le ***garde des Sceaux*** exerce son autorité **directement** sur les ***procureurs généraux*** près les cours d'appel et **indirectement** sur les ***procureurs de la République, (via les procureurs généraux).***

– Le ***procureur général près la Cour de cassation*** n'est pas le supérieur des procureurs généraux, mais est subordonné au ***garde des Sceaux***.

– Les membres du Parquet sont tenus de **conformer** leurs **conclusions écrites** aux **ordres nécessairement écrits du** ***garde des Sceaux*** **(obligation d'obéissance)**

– À l'audience, ils peuvent exprimer oralement leur opinion personnelle : ***« la plume est serve, mais la parole est libre »***.

– **L'absence de pouvoir de substitution hiérarchique**, permet toutefois au chef du Parquet de disposer d'une certaine autonomie en refusant d'exécuter un ordre de sa hiérarchie, mais la **désobéissance** peut être **sanctionnée disciplinairement** d'autant plus que les magistrats du Parquet ne **sont pas *inamovibles***.

– Chaque Parquet est ***indivisible***, tous ses membres étant interchangeables et pouvant se remplacer au cours d'une procédure.

– Le **statut du ministère public**, qui a toujours suscité des **critiques fait actuellement difficulté**, en particulier depuis que la CEDH a décidé que le ministère public n'est pas une autorité judiciaire au sens de l'article 5 § 3 de la Convention EDH, dès lors qu'il ne remplit pas l'exigence d'indépendance à l'égard de l'exécutif. La chambre criminelle de la Cour de cassation a d'ailleurs statué dans le même sens, sans qu'une réforme ne soit à l'ordre du jour.

C. Le rôle du ministère public

• Deux rôles différents

– Quand le ***ministère public*** est **partie principale,** il introduit l'action aux lieu et place d'un particulier : il est alors partie, *i.e.* demandeur ou défendeur

– Quand le ***ministère public*** est **partie jointe**, il n'est pas du tout partie, mais n'interviendra que pour donner un avis sur le procès.

– Le ministère public est **partie principale** ou **partie jointe** au procès **en fonction de la nature du litige :** il sera par exemple partie principale à une action en nullité du mariage, et partie jointe à une action en changement de régime matrimonial. Il est nécessairement partie principale au procès pénal où il exerce ***l'action publique*** et accomplira tous les actes postérieurs à l'acte initial de poursuite permettant de conduire le procès jusqu'à son terme.

§ 2 : Les auxiliaires de justice

I. Les auxiliaires des juges

A. Les greffiers

• Des secrétaires aux tâches variées

– **Les *greffiers en chef*,** dirigent les ***secrétariats greffes*** des juridictions ordinaires et sont assistés des ***greffiers,*** qui sont comme eux des **fonctionnaires** recrutés par concours assistant les magistrats.

– Le ***greffier du tribunal de commerce*** est quant à lui un officier public ministériel

– Parmi leurs nombreuses **attributions** figurent par ex. l'authentification des actes du juge, la tenue du répertoire général, l'ouverture des dossiers, la tenue du registre d'audience, la conservation des archives de la juridiction…

B. Les experts

– Les ***experts*** sont des **techniciens désignés par le juge sur une liste officielle** dont les conclusions éclairent le juge sans le lier.

– L'expert doit **respecter les limites de la mission confiée** et dans ce cadre dispose d'un pouvoir d'investigation portant sur les choses et les documents.

C. Les personnels de police judiciaire

• **Parmi les auxiliaires du juge pénal** figurent **les *officiers de police judiciaire* (OPJ), les *agents de police judiciaire* (APJ), les *agents de police adjoints.***

– Ils sont placés sous la direction du ***procureur de la République***, et sous le contrôle disciplinaire de la ***chambre de l'instruction*** de la CA.

• Les **pouvoirs de la police** varient en **fonction de l'état d'avancement de la procédure pénale :**

– après la commission d'une infraction, la police judiciaire avertit les autorités judiciaires, effectue des recherches et constatations dans le cadre d'une ***enquête de flagrance***, ou dans le cadre d'une ***enquête préliminaire***.

– après l'engagement des poursuites, la police judiciaire ne peut plus qu'accomplir les missions précises confiées par le juge.

D. Les conciliateurs et médiateurs judiciaires

• **Les *conciliateurs* et *médiateurs civils* au rôle actuellement croissant sont** des particuliers **ayant** pour **mission de faciliter le règlement amiable des différends portant sur des droits dont les intéressés ont la libre disposition**. Seule la mission des médiateurs est rémunérée.

– Ils interviennent en dehors de toute procédure judiciaire ou dans le cadre d'une procédure de conciliation devant le TI en lieu et place du juge.

– En cas d'accord des parties, celui-ci sera constaté dans un **procès-verbal susceptible d'être homologué par le juge.**

• **Le *médiateur pénal*,** est un **tiers neutre** effectuant une mission de **médiation pénale** dans une maison de justice et du droit (mesure proposée aux parties par le procureur afin d'assurer la réparation du dommage causé à la victime, mettre fin au trouble résultant de l'infraction et contribuer au reclassement de l'auteur de l'infraction majeur ou mineur).

II. Les auxiliaires des parties

A. Les avocats

1°/ Le rôle de l'avocat

• **Un double rôle traditionnel**

Ils ont **un double rôle :**

– **assister le client** en le conseillant dans le cadre d'un procès ou non et en plaidant pour lui ;

– **représenter le client** lors du procès, en effectuant et recevant les actes de la procédure pour son client en vertu du ***mandat ad litem*** **(pour le procès) : postulation.**

• **Un multiple rôle aujourd'hui**

Aujourd'hui, les avocats peuvent être ***fiduciaire***, être ***agent immobilier***, bientôt ils exerceront une ***mission de conciliateur/médiateur*** (grâce à la ***convention de procédure participative*** régie par les articles 2062 à 2068 du Code civil) pourront **postuler** devant les juridictions du second degré du fait de la disparition des avoués, peuvent être enfin ***agents sportifs***, pourront proposer à leurs clients, ***l'acte contresigné par avocat***

2°/ La profession d'avocat

• **La nouvelle profession d'avocat**
Elle regroupe aujourd'hui les anciens avocats, les anciens avoués près le TGI, les anciens agréés au TC, et les anciens conseils juridiques. Elle est régie par la loi du 31 décembre 1971 consolidée. Au 1er janvier 2012, elle intégrera l'ancienne profession d'avoué.
• **Une profession libérale organisée en ordres : les barreaux**
– Tout avocat appartient nécessairement à un **barreau.**
– Il existe un Conseil national des barreaux (CNB) représentant au niveau national les avocats auprès des pouvoirs publics.
• **L'accès à la profession**
Il est conditionné par la réussite à un **examen d'entrée** à un **centre régional de formation professionnelle des avocats (CRFPA)** accessible à toute personne de bonne moralité, titulaire d'un Master 1 en droit. La formation professionnelle théorique et pratique est sanctionnée par le **certificat d'aptitude à la profession d'avocat (CAPA).** Un avocat issu d'un État membre de l'UE (et dans tout pays de l'UE) peut exercer en France à titre étranger, et s'inscrire après trois ans d'exercice en France dans un barreau français.
• **Les prérogatives et les obligations des avocats**
– L'avocat peut porter la **robe** de sa profession.
– Il dispose d'une **grande liberté de parole.**
– Il a **droit aux honoraires librement convenus avec son client.**
– Il est **tenu de certaines obligations professionnelles et morales** : ex. effectuer les actes dans les délais, secret professionnel…
• **Les modalités d'exercice de la profession sont variées :** exercice individuel ou exercice en groupe, (association, SCP…) et sous diverses qualités : associé, collaborateur, salarié, intervention dans des ***structures interprofessionnelles***. Un statut d' « avocat en entreprise », est par ailleurs en cours d'étude sans emporter l'adhésion de la profession.

B. Les officiers ministériels

• **La situation des officiers publics**
– Les ***officiers publics*** sont **nommés par l'État, en nombre limité**.
– Ils ont le **droit de présenter leur successeur** à qui ils vendent les archives et les dossiers.
– Ils bénéficient d'un **monopole pour certaines activités dans leur ressort territorial ;** ils ne peuvent alors ni refuser leur concours, ni négocier leur rémunération.
– Ils sont astreints au secret professionnel.
– Ils sont organisés hiérarchiquement en chambre locale, régionale et nationale.
• **Le rôle des officiers publics**
– Les ***officiers publics*** sont divers : huissiers de justice, notaires, greffiers des TC, commissaires priseurs, avocats au Conseil d'État à la Cour de cassation et avant leur suppression au 1er janvier 2012, les avoués près la CA. Ceux-ci pourront devenir de plein droit avocats.

– Par exemple, les ***huissiers de justice*** sont chargés des significations des actes de procédure et de l'exécution forcée des jugements, ils peuvent procéder au recouvrement amiable des créances, effectuer des ventes publiques en l'absence de commissaires priseurs… Les ***huissiers audienciers*** assistent le tribunal à l'audience (par ex. réalisation de l'appel des causes et des témoins)

– Les ***avocats au Conseil d'État et à la Cour de cassation*** ont un monopole de représentation et de plaidoirie auprès du Conseil d'État et de la Cour de cassation.

CONSEILS DE LANGAGE ET DE VOCABULAIRE

De la langue française et de la langue latine

par Philippe le Tourneau
Professeur émérite de la Faculté de droit de l'Université de Toulouse-1 – Capitole

La clarté du français, langue intellectuelle s'il en fut, lui [vient] essentiellement de ses abstractions [...]. La première preuve de l'abstraction du français est, non pas précisément la pauvreté, mais la richesse tempérée de son vocabulaire, qui est d'environ 93 000 mots en face des 317 000 mots de l'anglais. C'est ainsi que le français est l'une des plus pauvres des langues romanes : parce qu'issu du latin, qui était pauvre, il a reçu moins d'apports exotiques que ses voisins ibériques. Il est cependant l'une des langues les plus précises qui soient. C'est d'abord que l'abstrait, étant plus pauvre en quantité, est plus intelligible que le concret. C'est aussi que le français, grâce à l'abondance de ces gonds de la pensée que sont les conjonctions de subordination, insiste sur les relations des êtres et des choses plus que sur leurs qualités sensibles. C'est encore que le français est pourvu d'une grande variété de préfixes et de suffixes, qui lui permet de former des familles de mots parfois très étendues, mais surtout que ces affixes, parce que venus pour la plupart du latin ou du grec, sont par là plus intelligibles, même aux non francophones, pourvu qu'ils aient une culture générale.

Léopold Sédar SENGHOR
ancien Président du Sénégal,
de l'Académie française

I. Du bon usage de la langue française : observations liminaires

Notre langue, héritière de *la méthode grecque* et de *l'efficacité romaine,* qui ont fait l'Europe, est une langue précise, particulièrement bien *adaptée au droit.* Mieux, le français est la langue juridique par excellence. Telle est la raison pour laquelle il fut pendant très longtemps la seule *langue diplomatique.* Le Traité de Radstadt (1714), officialisant l'usage antérieur, déclara que la langue diplomatique obligatoire était le français : « *Désormais les intérêts des peuples et les volontés des rois reposeront sur une base plus fixe ; on ne sèmera plus la guerre dans des paroles de paix* » (RIVAROL, *Discours sur l'universalité de la langue française,* Desjonquères, 1998, p. 134). Mais le Traité de Versailles, en 1919, connut pour la première fois une seconde version, en anglais – ; cette pratique s'est progressivement répandue, non sans de fâcheuses conséquences ; ainsi la version anglaise de la résolution 242 de l'Organisation des Nations Unies (1967), relative à la guerre israélo-arabe, est à l'origine de drames. Selon la version française les Israéliens se retireront « *des territoires occupés* » (non pas *de,* mais *des* territoires, donc de *tous* ces territoires) ; or l'anglais ne connaît pas cette précision : La version anglaise parle de l'évacuation « *of occupied territories* », ce qui peut signifier aussi bien *de* ou *des* ; cette ambiguïté alimenta la controverse, et suscita des guerres. D'autre part, l'absence de rigueur de l'anglais oblige à insérer dans les contrats internationaux rédigés dans cette langue un lexique, précisant le sens des mots et expressions, même juridiques, qui seront utilisés dans le corps du texte ; un lieu commun, en partie vrai, est de dire que l'anglais est une langue commode : Ici, à la vérité, il est une source de difficultés.

Puisque notre langue est précise, il est nécessaire d'en posséder les subtilités : Aussi, les juristes ont toujours eu la réputation (justifiée) d'employer un langage châtié. Robert Estienne rendait hommage en 1557 à la langue des juristes du Parlement de Paris, de la Chancellerie et de la Cour des comptes, « *esquels lieux le langage s'escrit et se prononce en la plus grande pureté qu'en autres lieux* » (*Traité de la grammaire française*). Il vous appartient de maintenir cette tradition. Ce sera pour vous une obligation professionnelle en tant que juriste d'entreprise, afin de rédiger des contrats dotés d'une grande sécurité.

Méditez ces fortes réflexions de Jean-Louis Curtis : « *La première liberté, c'est celle que confère la maîtrise de la parole, et [...] la pire des aliénations, pire même que la pauvreté, c'est de ne pas savoir parler et écrire d'une façon claire, correcte et précise, c'est d'être un sous-développé du langage, un paria de la communication verbale* » (*Le Monde comme il va*, éd. du Rocher, 1995, p. 18). Et celles-ci, plus poétiques, d'Oscar Wilde : « *Les mots n'ont pas seulement une musique aussi douce que celle de la viole et du luth, des couleurs aussi riches et chatoyantes que celles qui nous font admirer les toiles des Vénitiens et des Espagnols, et une forme plastique aussi sûre et aboutie que celle qui se révèle dans le marbre ou le bronze, mais la pensée, la passion et la spiritualité leur appartiennent aussi et n'appartiennent, d'ailleurs, qu'à eux seuls* » (*Aphorismes*).

Sans doute la langue n'est pas figée : Elle a évolué et évoluera encore. Certes, tous les grands écrivains, de Chateaubriand à Malraux, en passant par Balzac ou Baudelaire, ont pris, consciemment ou non, des licences avec les règles les mieux établies. Mais, avant d'user de cette liberté créatrice, encore faut-il commencer par bien posséder sa langue, donc par *l'apprendre et la respecter.* Si vous avez le goût de l'écriture, voire du génie (c'est tout de même peu fréquent), vous aurez le temps, vos études achevées, vos diplômes en poche, d'en fournir la preuve. À ce moment, il s'opérera peut-être un retournement d'attitude des tiers à votre égard : Telle tournure, imputée à faute à un étudiant, sera regardée comme une originalité plaisante lorsqu'elle se trouvera sous la plume d'un professeur ou d'un écrivain reconnu (*selon que vous serez puissant ou misérable...*). Pourtant, il ne s'agit pas de parler ou d'écrire comme un livre : Une *touche personnelle* est toujours bienvenue.

II. Conseils pratiques

1°. – Évitez d'écrire des phrases sans verbe ; de répéter un mot à des intervalles rapprochés, sauf quand la répétition est inévitable, parce qu'il s'agit du thème essentiel donnant lieu au développement, ou d'une institution qu'il est nécessaire de nommer : ainsi il est préférable de répéter, fût-ce à quelques lignes, la *Cour de cassation* que d'utiliser une périphrase impropre, telle la Haute juridiction. L'accumulation des pronoms relatifs (*que, qui, dont, quoi*) est inélégant, et rend la lecture indigeste. Dans une lettre Flaubert critiquait le style de Lamartine (à propos de son abondante œuvre non poétique), qui « *s'embrouille souvent dans des tournures lourdes de que, de qui*, etc. *J'aime les phrases nettes et qui se tiennent droites, debout tout en courant* » (*Correspondance*, Pléiade, t. III, 1980, p. 105). Je crois que, dans un souci de clarté, vous devriez vous astreindre à ce qu'il n'y en ait jamais plus de trois par phrase ; mieux, évitez qu'il y en ait deux très près l'un de l'autre (exemple, plutôt que « *la cour d'appel, qui affirme que la cause est illicite* », écrivez « *affirmant que...* »). Le pronom impersonnel *on* a son utilité, mais aujourd'hui il est employé abusivement au détriment des pronoms personnels, dont les journalistes des mass médias semblent ignorer l'existence ; aussi, méfiez-vous du *on* : Ne l'utilisez que lorsque l'idée ou le sentiment que vous exprimez est vraiment impersonnel.

Pour la forme féminine, il y a lieu de distinguer d'une part les fonctions, titres et grades, d'autre part les métiers. Les premiers appartiennent au genre neutre (rendu en français par le masculin), « *car la nature de la fonction, du titre ou du grade est indépendant de la personne qui l'exerce ou les porte* » (M. Druon, *Le Figaro*, 6 août 1999 ; ex. : Le bachelier, le maître en droit, le docteur, l'agrégé, le maire, le député, le ministre, y compris à propos de demoiselles ou de dames). En revanche, les métiers peuvent comporter une forme féminine, qu'il convient d'utiliser lorsqu'elle existe et que vous parlez d'une femme (ex. l'institutrice, la boulangère, l'avocate, la chercheuse, l'actrice, la danseuse). Si ce n'est pas le cas, employez le masculin, en disant par exemple le professeur, le médecin, même s'il s'agit d'une femme ; il est ridicule de parler de Madame la professeur (c'est une incorrection quant à la langue, l'article féminin « la » ne pouvant pas précéder un nom masculin ; vice versa il peut se faire, bien que cela soit plus rare, qu'un mot féminin désigne une fonction, alors même qu'elle est exercée par un homme, comme la sentinelle).

2°. – Les *accents* doivent toujours être indiqués (et ne confondez pas l'accent aigu é et l'accent grave è). À ce propos, souvenez-vous que prennent un merveilleux accent circonflexe : *Il plaît, il paraît* et leurs composés. De même, il faut un tel accent à la troisième personne du singulier du plus-que-parfait du subjonctif *(J'aurais aimé qu'il* ***eût*** *réussi et qu'il* ***fût*** *félicité)* ; en revanche, cette personne au passé simple et au passé antérieur de l'indicatif n'en prend pas *(quand il eut réussi, il fut félicité)*. Autre subtilité du même genre : *Il a dû* (participe passé masculin), *c'est son dû* (nom masculin), mais *elle est due.* « *L'accent circonflexe est l'hirondelle de l'écriture* » (Jules Renard).

3°. – La *ponctuation* mérite également de retenir vos soins. Elle est *la respiration de la langue.* Arrêter, exprimer, expliquer ; opposer, rapprocher, éloigner, associer : la ponctuation, servante docile et commode, peut remplir toutes ces tâches. « *On reconnaît tout de suite un homme de jugement à l'usage qu'il fait du point et virgule* » (Henri de Montherlant, *Carnets 1930-1944*), qui facilite l'exposition d'une succession d'idées, s'enchaînant les unes les autres. « *La différence entre le ; et le : manifeste au suprême degré le sens de la nuance, et qu'est-ce que la nuance sinon la pensée dans sa fleur ?* » (J. Guitton, *Écrire comme on se souvient*, Fayard, 1974). N'oubliez pas le point d'interrogation dans les phrases interrogatives. En France les guillemets sont « » et non “ ” (en usage dans les pays de langue anglaise) ; ces derniers sont toutefois utilisés lorsque des guillemets figurent au sein d'une citation. N'utilisez jamais les deux points (:) plus d'une fois dans une phrase. Voici maintenant quelques directives relatives à l'emploi de la ponctuation avec l'ordinateur. Il faut laisser une espace avant et après les deux points, le point et virgule, les points d'exclamation et d'interrogation ; une espace entre « et le début de la citation, et avant sa fin » ; en revanche, ne pas laisser d'espace avant la virgule, le point final ni au début ou à la fin des parenthèses (espace est normalement un nom masculin, sauf en matière d'imprimerie où il est féminin, ce qui explique l'usage que je viens d'en faire). Pour l'apostrophe il est préférable de mettre ' ; et d'éviter l'inélégant ‘.

4°. – Notre syntaxe soumet *la concordance des temps* à des règles précises, certes difficiles. Si vous les dominez mal, employez une tournure où elles n'aient pas à intervenir. « *On ne raisonne justement qu'avec une syntaxe rigoureuse* » (Anatole France, *Le génie latin*).

5°. – Rappelez-vous que :

– **Admirablement** est un superlatif d'excellence ; il se suffit à lui-même, de sorte qu'il ne faut pas lui adjoindre l'adverbe « bien » (de même pour *parfaitement* ou *merveilleusement*).

– **Au point de vue, du point de vue**. Ces expressions sont suivies, soit d'un complément de nom introduit par la préposition de, soit d'un adjectif épithète (ex. : *Du point de vue formel*) ; lui juxtaposer un substantif est incorrect (ex. : *Au point de vue examen*).

– **Avant que, afin que, bien que, pour que, quoique** sont impérativement suivis du subjonctif (car il s'agit de faits dans l'avenir, donc incertains : Or le subjectif est le temps de l'éventualité et de la subjectivité, donc aussi de l'émotion). *Avant qu'il ait obtenu son diplôme* (pure éventualité, hélas direz-vous). En revanche, **après que** est suivi de l'indicatif ou du conditionnel (parce que la subordonnée exprime un fait dont on est certain qu'il s'est produit) ; exemples : *Il sort après que nous avons pris le café. Il faut bonne mémoire après qu'on a menti* (Corneille). *Après que les étudiants eurent composé* (et non eussent). *Le professeur a dit qu'il vous recevrait après que vous auriez déposé votre sujet de mémoire* (et non après que vous ayez).

– **Davantage** n'est pas un comparatif ; il ne peut pas être suivi de *que.*

– **Donc.** N'abusez pas de cette conjonction ! De même, le pronom personnel indéfini **on** est à utiliser le moins possible : Il est inélégant et souvent imprécis.

– **Environ.** S'il s'applique au temps, c'est un adverbe invariable *(Nous irons à la montagne environ la fin de juillet).* S'il se rapporte au lieu, il reçoit un « s » *(aux environs de Toulouse).*

– **Es.** Contraction de « en les », ne peut précéder qu'un pluriel : *Licencié ès lettres* (mais : *En qualité de tuteur).*

– L'**État** s'écrit avec une majuscule lorsqu'il désigne le pouvoir central d'une nation reconnue comme sujet du droit international ; mais avec une minuscule dans tous les autres cas, où il signifie la situation dans laquelle se trouve une chose ou une personne ou une collectivité.

– **Évident.** Qualifie en premier lieu ce qui s'impose clairement à l'esprit, ce qui est certain ; d'autre part, évident qualifie ce qui est immédiatement perceptible par la vue. Ce mot ne doit pas s'employer pour désigner ce qui est de réalisation facile ; par exemple, ne pas dire « *réussir à passer en maîtrise c'est pas évident* », mais « *ce n'est pas facile* ».

– **Fait.** Le participe fait suivi d'un infinitif est toujours invariable, parce qu'il fait corps avec l'infinitif (ex. : *Ces manœuvres, nous les avons fait supporter par nos partenaires).*

– **Fonds.** Ce mot a un « s », même au singulier, lorsqu'il s'agit du fonds de commerce, d'un bien immobilier ou d'un capital, ce qui n'est pas le cas dans les autres sens *(le fond du sac, de la mer...).*

– **Lui, elle, eux, leurs.** Ces pronoms employés comme compléments ne peuvent représenter que des personnes. En parlant des choses et des animaux (qui sont des choses animées), il convient d'utiliser *en* et *y. Ce chien n'aime pas les étudiants en droit, il risque de vous mordre : éloignez-vous en* (et non de lui). Et *sur lui* (elle) est remplacée par dessus (dessous, dedans). *Voici votre bicyclette, montez dessus* (et non sur elle) ; *voyez cette table, cachez-vous dessous* (et non sous elle), *etc.*

– **M.** Telle est l'abréviation de Monsieur. Mr est celle de *Mister.*

– **Malgré que** ne s'emploie que dans la locution « *malgré qu'il en ait* » (quelque contrariété ou mauvais gré qu'il en éprouve) ; sinon il convient d'employer *quoique* ou *bien que.*

– **Quelque** s'écrit en deux mots (quel que) quand il précède immédiatement un verbe (dans ce cas toujours au subjonctif). Quel est alors adjectif et s'accorde. Quelque s'écrit en un seul mot quand il est devant tout autre mot qu'un verbe.

– **Quelque part** signifie en *un lieu indéterminé* (que l'on ne veut ou ne peut pas préciser ; ex. : « *Il est quelque part en France* »). N'imitez pas les journalistes qui emploient cette expression à tous propos, hors de son sens.

– **Reddition** s'écrit avec deux lettres d. En Droit privé ce mot est employé essentiellement à propos des mandataires, qui doivent rendre compte (*C. civ.*, art. 1993).

– **Soi-disant** (invariable et sans t à soi) ne s'emploie qu'à l'égard de personnes vivantes (puisque cette expression implique que quelqu'un se dise). En dehors des personnes vivantes, c'est le mot prétendu (variable) qui convient ; exemple : *Le prétendu contrat.*

– **Tout** est adverbe et invariable lorsqu'il signifie « entièrement », « tout à fait ». Exemple : *Une veste tout usagée.*

– **Verbes transitifs**. Ces verbes peuvent avoir un complément d'objet (où l'action faite par le sujet passe – transite – sur un complément) ; exemple : *Je regarde le ciel, j'étudie le cours.* Les verbes **intransitifs** ne peuvent pas prendre de complément d'objet : Ils offrent par eux-mêmes un sens complet, comme courir, débuter, démarrer, dormir, flâner (grande occupation des étudiants), marcher, mourir, nager, pleurer (souvent le sort des pauvres professeurs corrigeant les copies en fin d'année…).

– **Vingt et cent** prennent un « s » lorsqu'ils sont multipliés et à la fin de l'adjectif numéral : *Quatre-vingts livres, deux cents étudiants* ; mais sans le « s », *cent vingt jours* comme *mille cent francs* (car pas de multiplication mais une addition), *quatre-vingt-deux* (car vingt n'est pas à la fin).

6°. – N'utilisez pas de *marque* pour désigner un objet. Vous ne dites pas je prends ma Peugeot mais ma voiture ; alors pourquoi ne pas dire je me sers d'un crayon à bille, d'un ruban adhésif, d'une chaussure de sport (de tennis…), *etc.*, plutôt que de citer leurs marques, dont en outre les sonorités souvent d'apparence anglaise dénotent dans une conversation en français ?

Choisissez *le mot juste*, en évitant les mots « passe-partout », qui ont leur utilité, mais que la paresse ou la négligence conduisent à employer trop souvent. « *Un mot "impropre" n'est-il pas d'une certaine façon un mot sale ? C'est qu'il y a une hygiène mentale et presque une sorte de probité morale dans le "bon usage" des mots* » (M. Tournier, *Le pied de la lettre*, Folio, 1996. – Vous pouvez remarquez ici l'emploi des guillemets anglais au sein d'une citation).

Voici un exemple de la recherche du mot précis, à propos du verbe *faire* et la façon de le remplacer dans ses divers sens :

Il a *construit* sa maison lui-même. Cette usine *fabrique* des moteurs. Mon tailleur m'a *confectionné* un complet sur mesure. Dieu *créa* le monde.

Il a *engendré* trois enfants. Elle a *accouché* d'une fille. Ma chienne *a mis bas* deux chiots.

La Constitution de la Ve République, *élaborée* à l'instigation du Général *de Gaulle, a établi* un nouveau régime. Elle *a institué* un Conseil constitutionnel.

Rimbaud a composé d'admirables poèmes. *Proust a écrit* une œuvre géniale. Le Doyen *Ripert a rédigé* un traité de Droit commercial.

Il faudrait *prendre* de l'essence. Il serait prudent de *s'approvisionner.* Il a *amassé* une fortune importante. Ce commerçant *a obtenu* des résultats remarquables. Son père lui *alloue* une pension. Il *se procure* de l'argent par de petits travaux. *Vendez*-vous de la papeterie ?

Il *exécuta* un bond prodigieux. Il *sauta* de deux mètres. Il *effectue* des tâches diverses. Il *opéra* un demi-tour. Il a *expédié* son devoir en une heure. Je *suis occupé* ce matin par le Droit civil. *J'étudie* le Droit. Je *prépare* la licence et j'envisage de *devenir* juriste d'entreprise, *d'embrasser* cette carrière. *J'ai accompli* mon devoir. Il ne *décide* rien sans consulter son père. S'il réussit, il *ira* en Grèce, avant *d'entreprendre* le tour de la *Méditerranée.*

Il ne *cesse* de gémir sur son sort. Sa négligence a *entraîné* son licenciement. Il a dû *parcourir* une longue route avant d'arriver. Nommé récemment à *Toulouse,* il a *prospecté* toute la région. Cette paire de chaussures a *duré* cinq ans. Il *pèse* cent kg.

« Qu'en pensez-vous ? », *dit*-il. « Vous avez tort » lui *répondit* Paul.

Ce scandale a *provoqué* sa démission et a *occasionné* un préjudice au parti. Ces diverses causes ont *déterminé* la société Z à fermer son usine. Le choc lui a *causé* un traumatisme crânien. Votre état *suscite* la pitié. En quoi cela vous *importe*-t-il ? Ayant *contracté* la grippe, j'*ai eu* 40.

À *Toulouse*, la *Garonne dessine* une courbe. Le métro *mesure* plus de dix km. La *Citroën Xantia coûte* plus de seize mille euros. Le réservoir *contient* soixante litres.

7°. – Proscrivez les *expressions ridicules* : Dans le cadre de, sur le plan de, au niveau de, se pencher sur (d'autant que vous risquez de tomber), les coordonnées (pour l'adresse, le n° de tel., *etc.*), part entière (s'il y a une part, il ne peut pas y avoir une intégralité) ; les *fausses élégances* : Il ne faut pas se cacher que, vous n'êtes pas sans savoir, à tant faire que (ou, pire, tant qu'à faire) ; ou l'abominable comme quoi (pour : Selon, en vertu de quoi). N'imitez pas les gens des « médias » qui disent « *merci à vous* » pour « *je vous remercie* ».

Il est fâcheux d'assaisonner ses propos de formules telles que *disons, je veux dire, c'est vrai que, etc.*, et *a fortiori* de celles qui associent plusieurs de ces expressions : « *bon, disons que, en fait, euh, c'est vrai que…* ». Je n'invente hélas rien, entendant de tels propos à la Faculté et aussi à la radio ou à la télévision.

Gardez-vous d'employer bon nombre de termes fautifs, devenus monnaie courante dans la fonction publique, à la radio et à la télévision, tels que : *Concerner* (pour intéresser, regarder, toucher, affecter), *complexifier* (pour compliquer, obscurcir), *contacter* (pour entrer en rapport avec, se mettre en rapport, prendre langue, toucher, joindre, rencontrer, s'entretenir, et même prendre contact avec), *émotionner* (pour émouvoir), *expliciter* (pour expliquer, formuler), *au final* (pour finalement, à la fin), *générer* (pour produire, engendrer, créer, enfanter, provoquer, causer, occasionner, susciter, *etc.*), *initier* (pour lancer, décider, promouvoir, concevoir, créer, commencer, prendre l'initiative, *etc.* ; dire qu'il paraît que la langue française est pauvre !), *occulter* (pour masquer, cacher), *opportunité* (pour occasion, chance, possibilité ; opportunité signifie ce qui est opportun), *piste* (pour *suggestion,* solution position, envisageable, *etc.*), *positionner* (pour se placer, se situer, définir), le *problème* (pour la difficulté, la question), *renseigner* un document (pour le remplir, répondre à des questions ; seule une personne peut être renseignée), *sécuriser* (pour rassurer), *solutionner* (pour résoudre), *souligner* (pour *insister,* faire remarquer, mettre en valeur, relever, attirer l'attention, mettre en avant), *toilettage* (d'une loi, pour réforme, modification, révision ; le toilettage est un mot qui ne s'emploie que pour les chiens et les chats), *etc.*

Dans la même veine, méfiez-vous comme du SIDA (ou presque…) des néologismes et anglicismes : *Acter* (pour prendre acte de), *conforter* (pour affermir, raffermir, consolider, renforcer, soutenir, corroborer, étayer, confirmer, fortifier, assurer, rassurer, *etc.*), *dangerosité* (pour danger, dangereux), *en charge de* (pour chargé de), *finaliser* (pour achever), *flexibilité* (pour souplesse), *globalisation* (pour mondialisation), *impact* (pour effet, influence, conséquence, retentissement, répercussion, résultat), *impulser* (pour lancer, promouvoir), *initialiser* (pour commencer), *nominé* (pour mentionné, cité), *paradigme (pour modèle)*, *partition* (pour partage, découpage, démembrement), *réaliser* (dans le sens de comprendre, saisir, concevoir), *recette* (en dehors de la cuisine, pour *réception,* notamment d'un ensemble informatique), *réhabiliter* (pour restaurer un immeuble ou un quartier) ; et épargnez-vous le ridicule de formules grotesques, telle *la plate-forme logistique* pour désigner un entrepôt.

Évitez les *pléonasmes* (répétition) du genre : Ajouter en plus, s'avérer vrai, autorisation préalable, collaborer ensemble, comparer ensemble, descendre en bas, s'entraider mutuellement (puisque mutuellement signifie réciproquement), éblouir les yeux (puisque éblouir est frapper les yeux d'un éclat trop vif), exporter à l'étranger, un hasard imprévu, marcher à pied, monter en haut, se réunir à plusieurs, suivre derrière, unanimité totale, voire même, voler en l'air, *etc.*

8°. – Écrivez, ou dites :

– **L'internet** : l'usage de ce mot se calque exactement sur celui de téléphone, de radio, de télex, *etc.* ; d'où il ne doit pas être mis avec une majuscule et, le cas échéant, il doit être précédé de l'article.

– Il **se le** rappelle (et *non* il s'en rappelle) ou il s'en souvient.

– **Bien que**, quoique – suivis du subjonctif – (et *non* malgré que).

– **Cela m'indiffère** (et *non* m'est indifférent).

– **Clore** un débat, une séance (mais clôturer un champ).

– Partir **pour** Paris, aller à *Paris* (mais *non* partir à *Paris*). D'autre part, partir s'emploie avec un lieu (partir pour la Provence, pour la montagne), car ce verbe marque la séparation d'avec un lieu ; aussi l'expression partir pour une semaine, un mois, *etc.*, n'est pas correcte : c'est *s'absenter* qui convient.

– **Se** présenter **à** un examen, à un concours (et *non* présenter un examen, *etc.*).

– **Pallier** un inconvénient (sans « à »).

– **Fonder sur** (et *non* baser).

– **Comme**, par exemple, ainsi, mais (seuls, *et non* deux de ces mots à la suite).

– Une **dépression** (et non une déprime ; *déprimer* est un verbe transitif, de sorte qu'il est fautif de dire je déprime, tandis qu'est correct *je suis déprimé,* ou le cours de tel professeur me déprime [*horresco referens* !]).

– **En revanche** (*et non* par contre, qui n'est admis que dans le commerce, où sans doute cette locution est l'abréviation de *par contre-envoi*).

– Une solution de **remplacement**, de relève, de rechange, de substitution, un succédané (*et non* une alternative ; dans ce sens, c'est un anglicisme. L'alternative, en français, est une situation dans laquelle il n'y a que deux partis possibles ; en droit, il existe ainsi des obligations alternatives. En anglais, alternative ne désigne que la seconde possibilité d'un choix).

– Un **dilemme** (avec deux « m »).

– **L'arrêt** d'une Cour, une **décision** du Conseil constitutionnel, mais le **jugement** d'un tribunal.

– La Cour de cassation **casse** ou **rejette** le pourvoi ; dans ce dernier cas elle **maintient** une décision (et *non* confirme, puisqu'elle n'est pas un troisième degré de juridiction). À propos de cette juridiction, n'employez jamais l'expression de Cour suprême qui, juridiquement, a un sens précis.

– **Afin de**, en vue de, pour, dans l'intention de, avec le dessein de (*et non* dans le but de ; cette expression est en effet illogique : Un but est visé ; mais si l'on est dedans, il est atteint).

– Une loi **dispose**, énonce, décide, prescrit, impose, ordonne, prévoit (*et non* stipule : Seuls les contractants stipulent).

– **Se révéler inexact** (*et non* s'avérer inexact ; car avérer veut dire donner pour vrai, confirmer).

– **Donner son assentiment** (*et non* son accord). L'accord est un concert d'au moins deux volontés. L'accord conclu n'est la propriété d'aucune des deux parties. Il est donc impossible de donner son accord. En revanche, je puis donner mon approbation, mon assentiment, de même que je peux me déclarer d'accord avec d'autres personnes.

– Déposer **une** plainte (*et non* déposer plainte) ; porter plainte (*et non* porter une plainte). Porter plainte est un acte abstrait : C'est faire connaître à la justice que j'ai à me plaindre de quelqu'un. Déposer une plainte est un acte concret : Il s'agit du document matériel que je dépose sur le bureau du Procureur.

– Aller **chez le** coiffeur, le dentiste, *etc.* (*et non* au) ; mais aller **au** cinéma, à la piscine, *etc.* (C'est que, dans le premier cas, il s'agit d'aller chez une personne, alors que, dans le second, on se rend dans un lieu public).

– Je vais rédiger ma déclaration **de revenus** (et *non* d'impôts).

– La mère **de** *Paul*, le livre **de** *Jacques* (*et non* à).

– Je l'ai lu **dans** le journal (*et non* sur).

– **À Toulouse** ou de Toulouse (je me rends à Toulouse, je viens de Toulouse, je connais tous les bistros de Toulouse), *et non* sur Toulouse (qui laisserait entendre que je survole la ville en aéroplane) ; dans le langage commercial (mais uniquement dans celui-ci), l'usage admet l'expression « sur la place de *Toulouse* ».

– **Dans l'avenir** (et *non* dans le futur, qui est un temps des verbes ; son emploi en tant que nom est un anglicisme ; en revanche, l'adjectif futur est correct, comme dans les *générations futures* ou les *futurs licenciés*).

– Je suis **entré en contact** avec le service du personnel de la société *Arc en ciel* (ou j'ai pris contact, pris langue, suis entré en rapport), et *non* j'ai noué un contact, car un contact se produit par la rencontre de deux objets qui, d'aucune manière, ne peuvent se nouer.

– **Impoli** et *non* mal poli.

– Il **vaut** mieux (et *non* il faut mieux).

– Je vous aiderai **dans toute la mesure possible**, ou **dans** la mesure **du** possible, *et non* dans *toute* la mesure *du* possible.

– **Ce n'est pas lui** (*et non* c'est pas lui).

– **Ce n'est pas de sa faute** (*et non* c'est pas sa faute).

– **Temps nécessaire** (*et non* temps matériel, qui est un non-sens puisque, par définition, le temps est immatériel).

– **Immédiatement**, instantanément, incontinent, sur le champ, aussitôt (et *non* temps réel, le temps étant forcément réel).

9°. – Connaissez le sens précis de certains mots ou expressions :

– **Achalandé** se dit d'un magasin ayant beaucoup de clients (de chalands), et non d'un magasin bien approvisionné.

– **Adéquat** : égal à son objet (et non pas convenable).

– **Bénéficier** : Ne peut avoir pour sujet que la personne ou la chose qui bénéficie. Exemple : Vous bénéficiez de cette mesure ; et non : Cette mesure vous bénéficie.

– **Celui, ceux, celle, celles** doivent être suivis de la préposition de ou d'une proposition relative ; exemple : Ceux qui ont été choisis (et non : Ceux choisis).

– **Conséquent** ne signifie pas important, mais appliqué aux choses, « *qui suit logiquement* » : *Une conduite conséquente.*

– **Contexte**, ensemble du texte entourant un mot, une phrase, un passage. Au figuré, l'ensemble des circonstances qui accompagnent un événement, une action ; mais cet emploi est déconseillé par *l'Académie française* : Milieu, entourage, environnement sont à préférer.

– **Conventionnel** (en dehors du sens historique) : Qui résulte d'une convention ; ne doit pas être employé au sens de traditionnel, classique (anglicisme).

– **Curé** : Prêtre responsable d'une paroisse (disposant d'une cure) ; ce mot n'est pas synonyme de prêtre : Tout curé est prêtre, mais tout prêtre n'est pas curé.

– **Domestique** (du latin *domus*, maison), qui se rapporte à la maison (un animal domestique), ou à la famille (une personne employée au service de celle-ci). Ne signifie pas intérieur : L'expression vol domestique (pour une ligne aérienne) est un anglicisme (sauf si l'on entend par là qu'il s'agit d'un larcin commis par un membre de la maison).

– **Depuis** : Préposition de sens temporel ; ne doit pas servir à désigner un lieu. Il faut dire : émission transmise de *Toulouse* ; je regardais *de* mon balcon (*et non*, dans les deux cas, depuis).

– **Dont**. Ce pronom relatif ne peut compléter un nom introduit par une préposition. Par exemple, il ne faut pas dire : *Une entreprise dont je me félicite du succès*, mais *du succès de laquelle je me félicite*.

– **Une espèce de.** Le mot espèce est féminin, quel que soit le genre de son complément. Exemple : Une espèce d'idiot (espèce hélas assez répandue…).

– **Excessivement.** Marque un excès et, par conséquent, un défaut. Ne doit être employé que péjorativement. Ne pas dire : *Il est excessivement intelligent.*

– **Exprès.** Le substantif désigne une personne chargée spécialement de transmettre la pensée ou la volonté de quelqu'un (par extension, lettre exprès, c'est-à-dire lettre transmise par porteur spécial). L'adverbe exprès signifie : à dessein, avec intention formelle (au féminin, l'adjectif est *expresse ;* exemple : la condition expresse…). Dans l'un comme dans l'autre le « s » final ne se prononce pas (comme dans cyprès). Le mot express (avec deux « s », anglicisme) désigne un service de transport relativement rapide et un café préparé à la vapeur.

– **Grand-père** (**grand-mère**) : N'est pas synonyme de personne âgée.

– **Habitat.** Ne veut pas dire habitation, mais le milieu géographique réunissant les conditions nécessaires à l'existence d'une espèce *animale* ou *végétale.*

– **Initier** : Suppose qu'il y ait une initiation. Ce verbe n'est pas synonyme de commencer, d'entamer ou de prendre l'initiative.

– **Instance**. Demande dont est saisie une juridiction. L'expression les « hautes instances » est grotesque.

– **Novation.** C'est un terme juridique (substitution d'une obligation nouvelle à une obligation ancienne qui s'éteint) ; ne pas employer ce mot au sens d'innovation.

– **Partition.** L'ensemble des parties d'une composition musicale (et, dans un emploi plus rare, les divisions d'un blason). Ne pas l'utiliser dans le sens de partage, découpage, démembrement.

– **Ponctuel.** Signifie la qualité d'exactitude et, en géométrie, désigne quelque chose qui peut être assimilé à un point. Hors de ces sens, l'emploi de ponctuel est de mauvais goût (sans être prohibé).

– **Péripétie.** Caractérise un événement important et imprévisible, provoquant un changement brusque de situation. Ne désigne donc pas un événement de peu d'importance.

– **Prétexte.** C'est la raison apparente dont on se sert pour masquer le véritable motif d'une action. D'où il est tautologique de parler de « faux prétexte », un prétexte étant toujours faux par définition. Dire : *Un mauvais prétexte,* ou un *prétexte spécieux.*

– **Réticence.** Omission volontaire d'un fait que le sujet aurait dû dévoiler (comme dans le dol par réticence). À ne pas utiliser au sens de réserve, retenue, hésitation.

– **Risquer.** C'est courir un danger. Il est donc impropre d'employer ce verbe pour un événement heureux, sauf à se vouloir ironique. *Claire* risque d'échouer et non d'être reçue (elle a des chances d'être reçue).

– **Sanctionner** n'est pas synonyme de punir, mais de confirmer, d'approuver.

– **Sans que** doit se construire sans négation, même s'il est suivi d'aucun, personne ou rien, qui ont dans ces phrases un sens positif. Exemple : *Sans que personne puisse s'y opposer* (et non *sans que personne ne puisse…*).

– **Sentence.** Dans son sens général c'est un synonyme de maxime ; mais dans son sens juridique précis, la sentence est une décision d'un tribunal arbitral (cf. *C. proC. civ.*, art. 1470 et s.).

– **Solution de continuité.** Cette expression est un véritable piège car, loin de signifier qui assure la continuité, elle signifie *une interruption, une coupure* ; la raison en réside dans le fait que le mot solution ne vient pas ici de résoudre mais de dissoudre.

– **Suite à** : Locution commerciale inélégante et incorrecte, à proscrire. Écrivez : *En réponse à votre lettre*, ou *à la suite de notre conversation du…* – Et encore : *par application de l'article 1382* et non *suite à l'article 1382.* Et ne pas employer **de suite** pour tout de suite. De suite signifie l'un après l'autre, sans interruption, alors que tout de suite veut dire sur le champ, immédiatement.

– **Susceptible de** : N'est pas synonyme de capable. Je suis susceptible de recevoir, d'éprouver, de subir ; mais je suis capable de donner ou de faire. Un édifice est susceptible d'améliorations ; un architecte est capable de les concevoir et un entrepreneur de les réaliser.

– **Surtout que** est à proscrire ; le remplacer par d'autant que, d'autant plus que.

– **Technologie.** L'art d'élaborer, d'utiliser, de transmettre ou d'étudier une technique (de même que méthodologie ne signifie pas méthode, mais réflexion sur les méthodes). Le mot a donc un sens plus large que celui de technique. Souvent, technologie est employé abusivement – de façon pédante qui se veut savante (alors qu'il s'agit d'un anglicisme) – à la place de technique.

– **Verdict.** Déclaration par laquelle la cour d'assises répond aux questions de fait posées par son président. Ne pas l'utiliser comme synonyme de jugement ou d'arrêt.

10°. – Ne confondez pas :

– **Acceptation, acception.** Acceptation veut dire *action d'accepter,* alors qu'acception signifie soit préférence (la justice ne fait acception de personne), soit signification (d'un mot).

– **Amener, ramener** : Conduire en menant ; ne peut donc s'appliquer qu'aux personnes et à certains animaux ; les verbes **apporter** et **rapporter** s'emploient pour les objets inanimés.

– **Avérer** (donner pour vrai) et **se révéler**. *S'avérer vrai* est un pléonasme, et *s'avérer faux* est un non-sens (l'expression convenable est *se révéler faux*). Il est juste de dire : Ce contrat s'avère être de mandat, ce chandelier s'avère être en métal argenté, monsieur Thomas s'avère être un bandit.

– **Conjecture** : Opinion fondée sur des probabilités, ou supposition ; à ne pas confondre avec **conjoncture** (situation résultant d'un ensemble de circonstances fortuites).

– **Copie** avec **exemplaire** (exemple : Photocopiez-moi ce document en vingt exemplaires).

– **Courrier** et **lettre** ou **message** (électronique). Le mot de courrier désigne un ensemble de lettres ou de messages (au moins potentiel : Le facteur vous apporte le courrier, même s'il n'a qu'une lettre pour vous). Ne doit pas s'employer pour qualifier une seule lettre ; il ne faut donc ni dire ni écrire : « En réponse à votre courrier du 25 mai », mais « de votre lettre du 25 mai ».

– **Décennie** : Intervalle de dix ans ; **décade** : De dix jours.

– Le **défendeur** (personne contre laquelle une demande en justice est formée) et le **défenseur** (personne, généralement un avocat, assurant la défense d'un plaideur).

– **Dessin** et **dessein** : Le « e » supplémentaire du deuxième mot en change le sens (projet, but, intention).

– **Dommage** et **préjudice**. Dans un langage juridique précis, le dommage désigne la lésion subie, tandis que le préjudice est la conséquence de la lésion. *Un voyou m'ayant violemment heurté, je suis tombé et me suis cassé le bras droit* (le dommage), *ce qui m'a empêché d'exercer* *mes tournées en tant que représentant* (mon manque à gagner est le préjudice). De même, il est préférable d'employer l'expression de dommages **et** intérêts (comme le Code civil de 1804 à une exception près), plutôt que celle de dommages-intérêts qui s'est répandue dans les textes récents : En effet, les dommages visent la réparation de la perte subie (le dommage), et les intérêts le gain manqué (le préjudice).

– **Entrer** et **rentrer**. Un étudiant qui a miraculeusement obtenu la licence entre en master ; celui qui a échoué à la seconde session peut, s'il ne renonce pas, rentrer en seconde année (entrer de nouveau). Dans la même veine, il convient de distinguer ajouter et rajouter (ajouter de nouveau), apporter et rapporter (apporter de nouveau), copier et recopier, *etc.*

– **Globalisation** et **mondialisation.** La globalisation est l'action de réunir en un tout ; ce mot n'est pas admis par *l'Académie française* et, de plus, est souvent employé à tort au sens de mondialisation (car celle-ci se dit effectivement *globalization* en anglais).

– **Errements** et **erreur.** Les errements (toujours au pluriel) sont les manières d'agir habituelles. *Théophane deviendra peut-être un saint, mais certainement pas un grand juriste, étant donné ses errements* (consistant par exemple à passer plus de temps en dévotions qu'à étudier le cours). Ce n'est donc pas un synonyme d'erreur, qui est le fait de se tromper.

– La **foi** ou la **bonne foi** avec le foie (organe, avec un *e* final).

– **Impétrant** et **postulant.** L'impétrant est un postulant qui a obtenu ce qu'il demandait (diplôme, titre) ; ce n'est donc pas quelqu'un qui sollicite quelque chose.

– **De par** : Ne pas confondre avec **de part**, notamment dans l'expression *de par sa qualité (ou sa nature).*

– **Opportunité.** Caractère de ce qui est opportun, circonstance favorable, parce qu'il semble indiqué d'agir ainsi ; ne signifie pas occasion (c'est alors un anglicisme car, effectivement, occasion se dit *opportunity* en anglais).

– **Perpétuer** (faire durer) et **perpétrer** (faire, exécuter, commettre).

– **Préjudiciel** (qui doit précéder le jugement) et **préjudiciable** (qui cause un préjudice à quelqu'un).

– **Prémices, prémisse.** Prémices (toujours au pluriel) désigne les premiers fruits de la terre ou du bétail ; au figuré le commencement, le début. Prémisse désigne les deux premières propositions d'un syllogisme.

– **Prêt à** (je suis disposé à ; je suis prêt à partir). Ne pas confondre avec **près de** (je suis sur le point de ; je suis près de partir).

– **Promettre** et **stipuler.** Promettre c'est s'engager ; stipuler c'est obtenir un engagement (du latin *stipulare*). La promesse est normalement le fait du débiteur, la stipulation le fait du créancier. Dans un contrat synallagmatique, chacun étant débiteur et créancier promet et stipule. L'article 1119 du Code civil sous-entend cette distinction. Le verbe *stipuler* ne peut donc pas s'employer pour le législateur, mais seulement pour les contractants.

– **Rabattre, rebattre**. Ne pas confondre rabattre (rabaisser) et rebattre (battre de nouveau). On rebat les oreilles de quelqu'un, mais il existe des rabat-joie ; un sujet banal est rebattu, mais un col peut être rabattu.

– **Revisiter, reconsidérer** et **relire**. J'ai revisité la galerie des bijoux de la Couronne du musée du Louvre, j'ai reconsidéré les théories de Planiol sur la notion de responsabilité contractuelle, j'ai relu *Les Pensées* de Pascal.

– **Rustique** et **ancien**. Un meuble de campagne est rustique ; il peut être ancien. Tout meuble ancien n'est pas rustique, loin s'en faut, par exemple ceux qui se trouvent au *Palais de l'Élysée*, et qui sont de provenance royale ou impériale.

– **Sauf à** et **sauf si**. Sauf à signifie quitte à, au risque de (je partirai en bateau, sauf à sombrer).

– **Second** et **deuxième**. Il est préférable d'employer second lorsque l'énumération s'arrête à deux (c'est son second fils = le dernier ; le second alinéa de l'art. 1100 du *C. civ.* = le dernier), et deuxième dans le cas contraire (c'est son deuxième fils = il en a d'autres ; le 2e alinéa de l'art. 1384 = il y en a d'autres).

– **Sortir** et **enlever**. Je sors de la maison ; j'enlève mon stylo de ma poche.

– **Stupéfait** (adjectif qui indique un état) et **stupéfié** (participe passé du verbe stupéfier). Martin fut stupéfait de rencontrer Jeanne avec Augustin. Il a été stupéfait de la rencontrer en ce lieu et lui adressa de vifs reproches. L'assistance fut stupéfiée par un tel discours. J'avoue pour ma part que la conduite de Jeanne me stupéfie.

– **Votre** et **vôtre**. Votre (sans accent) s'emploie devant un nom (votre canne, votre mari) ; vôtre, avec l'accent circonflexe, dans les autres cas (cette idée est vôtre ; la vôtre est plus belle). La même subtilité pour notre et nôtre.

11°. – Je vous conseille de vous connecter de temps à autre au site animé par M. Bernard Pivot, consacré à la langue française, traité de façon ludique (www.discodor.com).

12°. – Néologismes officiels

Plusieurs arrêtés ont publié des listes de néologismes officiels, pour remplacer des mots d'origine étrangère (dans les conditions prévues par le décret du 3 juillet 1996 relatif à l'enrichissement de la langue). Leur emploi est alors obligatoire, dans la mesure où le français l'est lui-même en vertu de la loi du 4 août 1994. Les listes de terminologie peuvent être consultées sur le site internet de la Délégation générale à la langue française (http://dglf.culture.fr).

Voici quelques-uns de ces termes ou expressions qu'il convient d'utiliser.

Affacturage (factoring)
Affaire (business)
Agenda électronique (organizer)
Agent artistique (impresario)
Aide en ligne (hot line)
Apparence, présentation, allure, style (look)
Baladeur (walkman)
Barrière de sécurité (firewall), *mot de l'informatique*
Boutique franche (free shop, ou duty…)
But (goal)
Cadre (frame), *mot de l'internet*
Cadreur (cameraman)
Calendrier, minutage (timing)
Caravanage (caravaning)
Capital-risque (venture capital)
Causette (chat), *mot de l'internet*
Cédérom (CD-Rom)
Cession-bail (lease back)
Chalenge (avec un seul « l ») ou, en matière sportive, **défi** (challenge)
Coentreprise (joint venture)
Commanditaire (sponsor)
Commanditer, ou parrainer (sponsoriser)
Commerce en ligne (commerce on line)
Compagnie majeure (major)
Concentrateur (hub), *mot de l'internet*
Conteneur (container)
Crédit-bail (leasing)
Disque compact (compact-disc)
Distribution (dispatching)
Distribution artistique (casting)
Échange de données informatisé, en abrégé EDI (Electronic Data Interchange)
Écrasement, ou accident (crash, d'un avion)
Emplettes, courses (shopping)
En mer (off shore)
Entraînement, ou formation (training)
Épinglette (pin's)
Exclusivité (scoop) ; information donnée en…
Forum (newsgroup), mot de l'internet
Fouineur (hacker), mot de l'internet
Franchisage (franchising)

Franc-tireur, tireur embusqué (snipper)
Franc jeu (fair play)
Frimouse (emoticon, smiley), *mot de l'internet*
Gardien de but (goal keeper)
Gérance de l'informatique (facility management)
gouvernement ou gouvernance de l'entreprise (corporate governance)
Groupe (pool)
Haut de gamme (standing)
Hypertexte (hypertext), *mot de l'informatique et de l'internet*
Icône (icon), *mot de l'informatique*
Ingénierie (engineering)
Internaute (cybernaute)
Libre-service (self service)
Liste ou listage (listing)
Liste de vérification (check-list)
Management, mais prononcé à la française, le mot venant du français
MBA, marge brute d'autofinancement (cash flow)
Marche (footing)
Mél. (comme tél. pour téléphone), messagerie électronique (e. mail), ou l'élégant **courriel**, imaginé par les Québécois)
Module d'extension (plug-in), *mot de l'internet*
Option sur titres (stock option)
Message (publicitaire ; spot)
Page sur la toile (page web)
Palmarès (hit parade)
Parrainage (sponsoring)
Permutation (swap), *mot de l'informatique*
Pirate (cracker, *mot de l'internet*)
Planigramme, ou calendrier, plan de charge (planning)
Post sonorisation (play back)
Primauté (leadership)
Rabais, ristourne (discount)
Redevance (royalty, royalties)
Répartir, ou attribuer, distribuer (dispatcher)
Résidence mobile (mobil home)
Restauration rapide (fast food)
Retour en arrière (flash back)
Réunion, rencontre (meeting)
Ristourne, rabais (discount)
Sac gonflable (airbag)
Savoir-faire (know how)
Scanneur (scanner)
Société (firme)
Spectacle solo (one man show)
Stylique (design)
Surréservation (surbooking)
Télécopie, en abrégé Tcp (fax, dérivé du latin *fac simile*)
Toile (web ; world wide web signifie mot à mot *la toile d'araignée mondiale*)
Transbordeur (car ferry, ferry boat)
Voyagiste (tour operator)
Zappage (zapping)

D'autre part, il est préférable de ne pas utiliser des mots anglais qui n'existent pas, ou qui ne sont pas utilisés avec le sens qui leur sont donnés en France. Par exemple un joueur de tennis ou de rugby ne sont pas en anglais un *tennisman* ou un *rugbyman*, mais un *tennis player* et un *rugby player.* Celui qui a battu un record n'est pas un *recordman* mais un *record holder*, un présentateur de radio ou télévision n'est pas un speaker mais un *announcer*.

Remarque complémentaire. – Pour connaître les raisons et intérêts historiques, culturels, politiques et économiques d'utiliser sa langue de façon correcte, lisez, de Ph. LALANNE-BERTOUDICQ, *Pourquoi parler français,* éd. Fleurus, 1993.

Pour vous aider dans la connaissance de la langue je conseille vivement trois excellents ouvrages : M. DRUON (ancien Secrétaire perpétuel de *l'Académie française*), *Le Bon français, ou un combat qui en vaut la peine,* Éd. Le Rocher, 1999 ; M. GREVISSE, *Le bon usage,* Hatier, réédité régulièrement ; A. THOMAS, *Dictionnaire des difficultés de la langue française,* Larousse, réédité régulièrement, peu onéreux.

Lexique, maximes, expressions & mots latins

par Anne-Laure Thomat-Raynaud
Maître de conférence à la Faculté de droit de l'Université Toulouse 1-Capitole

(Les numéros renvoient aux paragraphes du cours qui les contiennent)

I. Lexique[1]

Abrogation : privation de la force obligatoire de la loi pour l'avenir, résultant en principe de l'édiction d'un texte nouveau remplaçant le texte ancien (170).

Absence : état d'une personne dont on est sans nouvelles et ayant cessé de paraître à son domicile qui n'entraîne pas la fin immédiate de la personnalité juridique de la personne (210, 211).

Abusus : droit de disposer définitivement de la chose (214, 229).

Acceptation pure et simple de la succession : option successorale obligeant l'héritier à payer les dettes du défunt au-delà des forces de la succession (225).

Acceptation à concurrence de l'actif net : option successorale permettant aux héritiers de ne pas être tenus des dettes du défunt au-delà des forces de la succession (225).

Accession : mode légal d'acquisition de la propriété d'un bien par extension du droit du propriétaire aux produits de la chose, à tout ce qui s'y incorpore ou s'y unit (220).

Acquittement : décision d'une cour d'assises prise en cas d'innocence ou en cas d'insuffisance de preuve à l'encontre d'une personne poursuivie (341).

Acte d'administration : acte juridique visant à mettre en valeur, à faire fructifier le patrimoine (245).

Acte authentique : acte reçu et signé par un officier public ayant le droit d'instrumenter dans le lieu où l'acte a été rédigé et avec les solennités requises ; fait foi jusqu'à inscription de faux (240, 254, 255, 274, 275).

Acte à cause de mort : acte juridique ne se produisant qu'au décès de celui qui l'a fait et qui était désigné comme étant son auteur (243).

Acte collectif : acte juridique dont l'effet est voulu par plusieurs personnes ayant des intérêts communs de telle sorte qu'une seule volonté est exprimée (ex. assemblée générale de copropriétaires) (241).

Acte conservatoire : acte juridique nécessaire et urgent permettant de sauvegarder un bien (chose ou droit) en l'empêchant de sortir du patrimoine (245).

Acte constitutif : acte juridique créant un droit nouveau (244).

Acte contresigné par avocat ou acte d'avocat : acte sous-seing privé spécifique dont certains effets sont renforcés par rapport à l'acte du Code civil (275-1, 277-1, 277-2).

Acte déclaratif : acte juridique reconnaissant l'existence d'un droit antérieur (244).

Acte de disposition : acte juridique portant atteinte à la valeur du patrimoine dans la mesure où il tend à en faire sortir un bien (245).

1. Lexique constitué par Anne-Laure Thomat-Raynaud à partir du cours de Bernard Beignier et de Corinne Bléry.

Acte d'enfant sans vie : acte d'état civil constatant l'arrêt de la vie du fœtus ou de l'enfant né vivant mais non viable (193).

Acte entre vifs : acte juridique se produisant du vivant de leurs auteurs (243).

Acte individuel : « décision » qui sous la forme d'une loi parlementaire, d'un décret, d'un arrêté... peut avoir un ou plusieurs destinataires dès lors qu'ils sont déterminés concrètement (161).

Acte instantané : acte juridique dont les effets se produisent en un instant (246).

Acte juridique : manifestation de volonté destinée à créer des effets de droit (237).

Acte à titre onéreux : acte juridique accompli en vue d'obtenir un avantage réciproque (242).

Acte à titre gratuit : acte juridique accompli par son auteur dans une intention purement libérale (242).

Acte sous seing privé : acte juridique comportant la seule signature des parties (275-1 s.).

Acte successif : acte juridique dont les effets s'échelonnent dans le temps (246).

Acte unilatéral : acte dont l'effet juridique résulte de la volonté d'une seule personne et dont seul l'auteur de l'acte sera tenu (ex. le testament, la reconnaissance d'enfant naturel) (241).

Action civile : action de la victime d'une infraction pénale en vue d'obtenir réparation de son préjudice (337, 341).

Action *de in rem verso* : action en restitution crée par la jurisprudence en cas d'enrichissement injuste aux dépens d'autrui (v. Arrêt *Boudier*) (239).

Action en revendication : action en justice reconnue à tout propriétaire pour faire reconnaître son droit de propriété sur tout bien meuble ou immeuble (215).

Action publique : action exercée par le ministère public au nom de la société en vue de l'application d'une peine (341, 382).

Agent de police judiciaire (APJ**)** : auxiliaire du juge pénal (385).

Agent de police adjoint : auxiliaire du juge pénal (385).

Alsace-Moselle : départements français dans lesquels s'appliquent en certaines matières un droit local d'origine allemande (183-1).

Appréciation souveraine des faits : appréciation relevant du seul pouvoir des juges du premier et second degré (10).

Arbitre : juge privé (300).

Arbitrage : forme de justice privée conventionnelle (79, 300).

Amendement : proposition de modification d'un texte de loi en cours d'adoption (96).

Annulation de la loi : anéantissement rétroactif de la loi (170).

Apatride : personne sans nationalité (195).

Arrêt : décision rendue par les cours d'appel, la Cour de cassation, le Conseil d'État (302).

Arrêt *Arcelor* (Conseil d'État, 8 février 2007) : pose en règle que lorsqu'un décret est pris en application d'une directive européenne, le droit communautaire ayant une valeur propre supérieure au droit interne, on ne peut contester un tel décret au regard de la Constitution française (115).

Arrêt *Blanco* (TC, 8 février 1873) : arrêt ayant permis de reconnaître pour la première fois la responsabilité de l'État et donc de voir en lui un acteur social au moins responsable de ses (212).

Arrêt *Boisdet* (Conseil d'État, 24 septembre 1990) : arrêt affirmant la supériorité des règlements européens sur les lois nationales (118).

Arrêt *Boudier* (Cass. req., 15 juin 1982) : arrêt ayant posé le principe selon lequel nul ne doit s'enrichir injustement aux dépens d'autrui (136-2, 137).

Arrêt « des semoules » (Conseil d'État, 1er mars 1968, *Syndicat général des semoules de France*) : arrêt en vertu duquel toute loi contraire à un traité doit s'entendre comme réservant le jeu du traité (v. Doctrine Matter) (114).

Arrêt *Desmares* (Cass 2e civ., 21 juillet 1982) : arrêt en vertu duquel seul un événement constituant un cas de force majeure exonère le gardien de la chose, instrument du dommage de la responsabilité par lui encourue sur le fondement de l'article 1384 al. 1 du Code civil mettant fin à l'exonération partielle en cas de faute de la victime non constitutive d'un cas de force majeure (système du « tout ou rien ») (147).

Arrêt IVG (Cons. const., 19 février 1975) : arrêt ayant refusé la vérification de la conformité de la loi à un traité antérieur (115).

Arrêt *Jacques Vabre* (Cass. ch. mixte, 24 mai 1975) : arrêt affirmant la supériorité du traité de l'Union européenne sur la loi française (énoncé par l'article 55 de la Constitution), mais considérant que la loi nationale doit être évincée par un traité (ce que l'article 55 ne dit pas) (116, 117, 123).

Arrêt *Nicolo* (Conseil d'État, 20 octobre 1989) : arrêt consacrant le ralliement du Conseil d'État à la jurisprudence *J. Vabre* de la Cour de cassation (118).

Arrêt *Perruche* (Cass. ass. plén., 17 novembre 2000) : arrêt ayant consacré le droit pour l'enfant né handicapé d'être indemnisé de son propre préjudice consistant dans le seul fait d'être né, jurisprudence brisée par la loi en 2002 (147).

Arrêt *Rothman* (Conseil d'État, 28 février 1992) : arrêt posant la supériorité des directives sur ces mêmes lois (supériorité du droit communautaire dérivé) (118).

Arrêts *Saran* (Conseil d'État, 30 octobre 1998) et ***Fraisse*** (Conseil d'État, 2 juin 2000) : arrêts ayant décidé que la suprématie des engagements internationaux ne s'appliquait pas dans l'ordre interne aux dispositions de nature constitutionnelle (122).

Arrêt d'espèce : arrêt n'apportant pas comme les arrêts de principe de réponse ayant un intérêt juridique notable et qui soit utilisable dans d'autres litiges (144).

Arrêts de principe : en principe, arrêt émanant en principe d'une juridiction suprême apportant une réponse ayant un intérêt juridique notable et utilisable dans d'autres litiges à la différence des arrêts d'espèce (144, 145).

Arrêt de règlement : véritable règle de droit concurrente de la loi prise par les Parlements de l'ancien régime (127, 141, 142, 144, 146).

Arrêté : terme générique désignant l'acte général ou individuel émanant des ministres, des préfets, des maires ou d'autres autorités administratives (ex. le recteur) (30, 103, 107, 162).

Assemblées générales des juridictions : formation administrative des juridictions pouvant être composée des magistrats du siège et du parquet, des seuls magistrats du siège, des seuls magistrats du parquet ou constituer l'assemblée plénière des magistrats et des fonctionnaires du tribunal et permettant de discuter en commun des problèmes d'administration intérieure… (363-1).

Assemblée plénière : formation solennelle de la Cour de cassation (359).

Assignation : acte de procédure permettant de porter à la connaissance de l'adversaire les conclusions du demandeur, qui exposent sa ou ses demandes initiales et son argumentation de fait et de droit (366).

Association : groupement d'individus, les sociétaires qui mettent en commun, d'une façon permanente, leurs connaissances ou leurs activités dans un but autre que de partager des bénéfices (213).

Audience des plaidoiries : phase de procédure orale permettant les débats devant une juridiction (370).

Auditeurs de justice : nom donné aux candidats admis à l'ENM après concours ou sur titre, intégrés au corps judiciaire, mais suivant un enseignement théorique et pratique avant leur prestation de serment de magistrat et leur affectation dans une juridiction (378).

Autorité administrative indépendante : organismes non soumis hiérarchiquement à la puissance publique, ce qui garantit leur impartialité (ex. la CNIL, HADOPI...) (156, 185).

Autorité relative de la chose jugée : principe en vertu duquel la « chose jugée » dans une affaire, ne s'impose que dans ce cadre et à l'égard des parties au litige et non à l'égard des tiers (142, 147, 371).

Aveu : reconnaissance par une personne de l'exactitude de la prétention de son adversaire (83, 85, 286, 287).

Aveu extra-judiciaire : aveu fait hors la présence du juge (286).

Aveu judiciaire : aveu intervenant au cours de l'instance où est débattue la question litigieuse (286).

Avis spontanés : avis rendus par la Cour de cassation depuis 2005 qui interprète parfois les textes sans avoir été sollicitée pour cela (146).

Avocat : membre d'une profession libérale, assistant son client en le conseillant dans le cadre d'un procès ou non et en plaidant pour lui, et le représentant également lors du procès (postulation) (388, 388-1).

Avocat au Conseil d'État et à la Cour de cassation : officier public ministériel ayant un monopole de représentation et de plaidoirie auprès du Conseil d'État et de la Cour de cassation (395).

Avocat général : membre d'un parquet général participant à l'exercice des fonctions du ministère public (380).

Avoué : avoué près les cour d'appel, officier public représentant les parties devant une cour d'appel devant disparaître au 1er janvier 2012 (395).

Ayant cause à titre particulier : personne succédant à un ou plusieurs droits déterminés de son auteur (277).

Ayant cause universel : personne succédant à l'intégralité du patrimoine de son auteur (277).

Ayant cause à titre universel : personne succédant à une quote-part du patrimoine de son auteur (277).

Barreau : nom donné à l'ensemble des avocats établis auprès d'un même TGI et constituant l'ordre des avocats (390).

BGB (*Bürgerliches Gesetzbuch*) : Code civil allemand (73).

Bien : chose pouvant être appropriée (191, 214).

Bien consomptible : chose s'épuisant au fur et à mesure de son usage (ex. somme d'argent, denrée consomptible, blé...) (218).

Bien corporel : chose pouvant du fait de sa nature être appréhendée matériellement (217).

Bien fongible : chose n'étant prise en compte que par rapport à son genre ou à son espèce et non dans son identité, chose interchangeable avec une chose de la même espèce ou du même genre (ex. un kilo de sucre) (218).

Bien incorporel : droit patrimonial insusceptible d'appréhension matérielle (217).

Bonne foi : standard juridique, reflétant l'attitude d'une personne permettant d'échapper ou d'atténuer les rigueurs de la loi (135, 164).

Brevet (acte en brevet) : acte notarié dont l'original est remis aux intéréssés (274).

CAPA : certificat d'aptitude à la profession d'avocat (391).

Caducité : disparition d'un acte juridique valable lors de sa formation à la suite d'un événement postérieur, en général indépendant de la volonté des parties, qui le prive d'effet (258).

Capacité : aptitude d'une personne à être titulaire de droits (capacité de jouissance) et à les exercer (capacité d'exercice) (251).

Carte judiciaire : répartition géographique des juridictions (301).

Casuistique : art des cas (26).

Cause : raison pour laquelle un contractant s'est engagé par un contrat ; la raison immédiate et objective de l'engagement est dite *cause de l'obligation* ; les motifs impulsifs et déterminants subjectifs du contractant sont désignés sous le terme de *cause du contrat* (253).

Chambre de l'application des peines : juridiction d'appel des décisions du juge de l'application des peines et du Tribunal de l'application des peines (350).

Chambre de l'instruction : chambre spéciale de la CA constituant une juridiction collégiale et exerçant une fonction essentielle de contrôle juridictionnel au second degré sur les actes de l'instruction et sur les ordonnances juridictionnelles du JI et du JLD (339, 340).

Chambre des appels correctionnels : chambre spécialisée de la CA ayant une compétence spéciale en matière pénale (345).

Chambre des mineurs de la cour d'appel : formation particulière de la cour d'appel jugeant les appels interjetés contre les décisions reconnaissant des mineurs coupables de délits ou contraventions (356).

Chambre mixte : formation solennelle de la Cour de cassation composée de magistrats appartenant à au moins trois chambres et permettant de traiter plus rapidement les difficultés juridiques (360).

Chancellerie : nom coutumier donné au ministère de la justice qui occupe l'ancienne chancellerie royale, place Vendôme, à Paris (94, 376).

Code Louis : ordonnance civile de 1667 fixant la procédure civile (68, 105).

Chose sans maître : chose inappropriée au moment où le droit les considère (*res nullius ou res derelictae* (220).

Choses communes : choses inappropriées et dont l'usage est commun à tous (220).

Choses perdues : choses simplement égarées par leur propriétaire, mais non abandonnées (220).

Cas d'ouverture à cassation : hypothèses dans lesquelles la loi permet l'exercice d'un pourvoi en cassation (ex. la violation de la loi) (357).

Circulaire : instruction émanant de l'administration commentant les lois au sens large et n'ayant en principe force obligatoire que pour les fonctionnaires, dans le cadre de leurs fonctions, du service qui en sont destinataires (sauf en matière fiscale) (103, 156).

CIVI : commission d'indemnisation des victimes d'infraction (323).

CNB (Conseil national des barreaux) : organe représentant au niveau national les avocats auprès des pouvoirs publics (390).

CNESER : Conseil national de l'enseignement supérieur et de la recherche (307, 308).

Codes pilotes : codes principaux (107).

Codes suiveurs : code complétant et s'imbriquant dans un code pilote par voie de référence (107).

Codex : mot latin ayant donné le mot code, réunion de feuilles reliées fabriquées à partir de papyrus (105).

Code des juridictions financières (CJF) : code régissant la procédure devant la Cour des comptes (301).

Code de justice administrative (CJA) : code réglementant la compétence et la procédure applicable devant le Conseil d'État, les cours administratives d'appel et les tribunaux administratifs (301).

Code de justice militaire (CJM) : code régissant les juridictions militaires sur et hors le territoire de la République (301, 353).

Code de l'organisation judiciaire (COJ) : code réglementant l'organisation des juridictions de l'ordre judiciaire, de certaines juridictions de premier degré à la Cour de cassation (301).

Code de procédure civile (CPC) : code édictant les règles de procédure applicables devant les juridictions civiles, commerciales et sociale (301).

Code de procédure pénale (CPP) : code contenant les dispositions sur la manière dont la procédure est conduite devant les juridictions répressives (juge d'instruction, tribunal de police, tribunal correctionnel, cour d'assises…) (301).

Codification : terme renvoyant à l'action de faire un code et à son résultat, le code ainsi adopté (105 s.).

Codification à droit constant : rationalisation du droit existant, sans le modifier, en le versant dans un code unique (99, 105, 170).

Codification-compilation : travail purement formel confiée à l'administration (105, 107).

Codification-rédaction : œuvre du législateur lui-même, qui touche à la fois à la forme et au fond (ex. codification napoléonienne) (105, 107).

COM : collectivités d'outre-mer (183-2).

Commencement de preuve par écrit : selon l'article 1347 du Code civil « tout acte par écrit qui est émané de celui contre lequel la demande est formée, ou de celui qu'il représente, et qui rend vraisemblable le fait allégué » (296).

Commissaire du gouvernement : ancien nom du rapporteur public, magistrat totalement indépendant du gouvernement pouvant, dans le cadre de la justice administrative, exercer tantôt la fonction de juger tantôt celle d'aider à juger (59, 69).

Commission administrative consultative : commission ministérielle à la disparition programmée dont l'avis est sollicité, de manière obligatoire ou facultative, pour l'élaboration des textes législatifs ou réglementaires (156).

Commission mixte paritaire : commission du parlement composée pour moitié de sénateurs et pour moitié de députés, réunie en cas de divergence sur le contenu d'un texte de loi entre les deux assemblées (97).

Commission rogatoire : mission d'accomplir certaines opérations confiées par un juge d'instruction à un OPJ, dont il devra lui faire le rapport (337).

***Common Law* (système de)** : nom donné au droit anglo-américain ayant pour source principale la jurisprudence, la loi n'ayant qu'un rôle secondaire par opposition à celui joué dans les systèmes d'inspiration romano-germanique (pays de *Civil Law*) (127, 141, 144).

Communiqués (de la Cour de cassation, du Conseil d'état, du Conseil constitutionnel) : interprétation de leur jurisprudence par ces juridictions (156).

Compétence : aptitude d'une juridiction à connaître d'un litige, à le juger (303).

Compétence d'attribution (*ratione materiae* – en raison de la matière) : aptitude d'une juridiction à connaître d'une affaire déterminée en fonction de la matière (303).

Compétence exclusive (ou d'ordre public) : compétence attribuée à une juridiction et à elle seule pour connaître d'un type de litige, d'une matière (303).

Compétence territoriale (*ratione loci* – en raison du lieu) : aptitude d'une juridiction à connaître d'une affaire en raison de la situation géographique (303).

Conciliateur civil : particulier ayant pour mission (gratuite) de faciliter le règlement amiable des différends portant sur des droits dont les intéressés ont la libre disposition (386).

Conciliation : en procédure civile, mode de règlement amiable d'un litige, par l'intermédiaire du juge, par celui d'un conciliateur de justice, ou par celui d'un particulier (300).

Confirmation d'un acte nul : manifestation de volonté par laquelle le titulaire d'une action en nullité relative renonce à agir et réitère une volonté exempte de vices pour valider l'acte (255).

Conseil constitutionnel : organe de contrôle et de consultation crée par la Constitution du 4 octobre 1958 ; en particulier juge de la conformité des lois à la constitution (60, 61, 63, 97, 101, 114, 115).

Conseil d'État : institution ayant à la fois pour rôle de conseiller le gouvernement et d'être la juridiction supérieure de l'ordre administratif ; en particulier juge de la conformité des décrets aux lois (95, 101, 117, 157, 309).

Conseil de l'Europe : réunion périodique au sommet des différents chefs d'État ou de gouvernement des États membres de l'Union européenne son rôle est de donner les impulsions nécessaires au développement de l'Union et de définir les orientation politiques générales (110, 112).

Conseiller de la mise en état : magistrat de la cour d'appel ayant dans la procédure avec représentation le même rôle que celui du juge de la mise en état en première instance (334).

Conseil de prud'hommes : juridiction spécialisée à la composition paritaire (moitié employeur, moitié salarié) statuant sur les litiges individuels du travail opposant un employeur à un employé (331, 332).

Conseiller rapporteur : magistrat de la cour d'appel ayant notamment dans les procédures sans représentation, le même rôle que celui du juge de la mise en état en première instance (334).

Consensualisme : principe selon lequel un acte juridique est valablement formé par la seule rencontre des consentements en vue de faire naître des effets de droit, sans qu'une forme ne soit exigée (242, 254).

Consentement : nom donné à une manifestation de volonté d'une personne s'engageant dans un acte juridique et à l'accord des volontés des parties à un contrat (250).

Constitution : pacte fondateur, norme fondamentale de l'État déterminant les modalités d'exercice du pouvoir politique, le limitant souvent pour garantir des libertés aux sujets ou citoyens, régissant l'organisation et le fonctionnement des pouvoirs publics, organise ses institutions (69 s.).

Contrat : accord passé par plusieurs personnes pour faire naître entre elles – ou à l'égard d'autrui comme avec la stipulation pour autrui – des obligations ou des droits (237).

Contrat aléatoire : contrat dans lequel lorsque l'équivalent consiste dans la chance de gain ou de perte pour chacune des parties, d'après un événement incertain (art. 1104, al. 2) (242).

Contrat commutatif : contrat dans lesquels les avantages réciproques sont connus des parties lors de leur conclusion (C. civ., art. 1104, al. 1er) (242).

Contrat réel : de *res* – la chose – en latin, contrat supposant, outre l'accord des volontés, la remise effective d'une chose (254).

Contrat synallagmatique ou bilatéral : contrat dans lequel les engagements des contractants sont réciproques (241).

Contrat unilatéral : contrat dans lequel un seul des cocontractants est obligé envers l'autre (241).

Contrôle de base légale : contrôle opéré par la Cour de cassation ayant pour objectif la vérification de la conformité de l'appréciation des faits (appréciation dite souveraine, car relevant du seul pouvoir des juges du premier et second degré) aux diverses hypothèses envisagées par la loi (10).

Contrôle de l'interprétation de la loi : vérification par la Cour de cassation qu'à défaut d'erreur sur l'hypothèse, il n'y a pas d'erreur sur la solution juridique (10).

Contrôle de constitutionnalité : contrôle de la conformité des lois à la constitution effectué par le Conseil constitutionnel (101, 103, 121, 312).

Contrôle de conventionnalité : contrôle de la conformité des lois à la Convention EDH effectué par toute juridiction (104, 121, 145).

Contrôle de légalité : contrôle de la conformité des décrets aux lois effectué par le Conseil d'État, effectué à la suite d'un recours pour excès de pouvoir (REP) (101, 104).

Contrôleur général des lieux de privation de liberté : autorité indépendante chargée de veiller au respect des droits fondamentaux des personnes privées de liberté (347).

Convention européenne de sauvegarde des droits de l'homme et des libertés fondamentales : traité du Conseil de l'Europe signé à Rome le 4 novembre 1950 et ratifié par la France en 1974. (dite Convention européenne des droits de l'homme ou Convention EDH) (113, 115, 119 s., 123, 301).

Cour d'appel : juridiction du second degré de l'ordre judiciaire (333, 334).

Cour d'assises : juridiction répressive du premier degré jugeant les auteurs de crimes (344).

Cour d'assises des mineurs : juridiction jugeant des mineurs ayant commis des crimes entre 16 et 18 ans (355, 356).

Cour de cassation : plus haute juridiction de l'ordre judiciaire (10, 114, 115, 144, 145, 357 s.).

Cour de justice de l'Union européenne (anc. Cour de justice des Communautés européennes) : applique le droit communautaire (droit de l'Union européenne) et siège à Luxembourg) (113, 136-2, 316).

Cour européenne des droits de l'homme (CEDH) : juridiction sanctionnant le non-respect de la Convention européenne des droits de l'homme et siégeant à Strasbourg (112, 314 s.).

Coutume : comportement réitéré de manière identique par un milieu social, un groupe d'individus pendant un temps suffisamment long pour que la catégorie de sujets de droit concernée considère comme obligatoire cette imitation. La coutume est une source du droit, une règle de droit générale et abstraite (127, 130, 131).

Coutume *contra legem* : coutume contraire à la loi (135).

Coutume *praeter legem* : coutume complétant la loi quand elle ne régit pas elle-même la question (135).

Coutume *secundum legem* : coutume à laquelle la loi renvoie expressément ou implicitement par délégation (135).

CRFPA : centre régional de formation professionnelle des avocats (391).

Criminologie : étude de tous les facteurs sociaux de la criminalité (86, 87).

CSM : Conseil supérieur de la magistrature, organe indépendant de l'exécutif gérant les carrières, l'avancement des magistrats et la discipline des magistrats du siège (376, 379).

Date certaine : date d'un acte juridique ne pouvant pas être contestée par les tiers, en raison de son enregistrement, de la mention du titre dans un acte authentique ou encore du décès de l'une des parties (C. civ., art. 1328) (277).

Date d'application de la loi : vocabulaire d'origine canadienne désignant la date des actes de conduite humaine que la loi a vocation à régir (160-1).

Date d'observation de la loi : vocabulaire d'origine canadienne désignant la date à laquelle l'existence de la loi doit être connue des sujets de droit pour s'y soumettre (160-1).

Décision : au sens strict terme désignant les actes du Conseil constitutionnel et des juridictions internationales, mais le terme est aussi une appellation générique (302).

Décision communautaire : décision s'adressant soit à un individu, soit à un groupe d'individus, voire à un État (125).

Déclassification de la loi : modification par un décret autonome d'une loi prise dans le domaine qui était le sien (101).

Décret : acte administratif de portée générale ou indiviuelle émanant du Premier ministre ou du président de la République (30, 33, 80, 98 s., 101, 103,104, 107, 118, 156).

Décret autonome : catégorie de décrets née en 1958 (v. Const. 58, art. 37) qui ne sont ni des décrets ordinaires, ni des lois, mais dont l'existence consacre une restriction du pouvoir législatif au profit du pouvoir réglementaire (100, 101, 163).

Décret d'application : texte de nature réglementaire appartenant à la catégorie des décrets ordinaires, textes étant dans la dépendance de la loi et permettant sa mise en vigueur effective (103 s., 163).

Décret-lois : textes de la IIIe République émanant du gouvernement sur délégation du parlement et réunissant la forme des décrets et le fond des lois (98).

Défenseur des droits : autorité administrative indépendante reconnue constitutionnellement ayant une compétence générale en matière de protection des droits et libertés qui lui permet en particulier de connaître des réclamations des personnes juridiques à l'encontre d'un service public ou d'un organisme investi d'une mission de service public (156, 300).

Démembrement de la propriété : dissociation et répartition des prérogatives du droit de propriété entre les mains de plusieurs personnes (ex. l'usufruit et la nue-propriété) (214, 229, 218).

De cujus : celui de la succession dont il s'agit ; ou le défunt (243).

Délibéré : phase secrète du jugement faisant suite aux débats, dans laquelle les juges vont élaborer la décision qui sera prononcée (371).

Délit civil : manquement intentionnel à l'obligation de prudence et de diligence pesant sur chacun d'entre nous, ayant pour effet de faire naître une obligation à la charge de son auteur en vertu de la responsabilité civile (239).

Déni de justice : refus de juger sous prétexte du silence, de l'obscurité, ou de l'insuffisance de la loi. passible d'une sanction pénale (143).

Dignité de la personne humaine : droit extrapatrimonial essentiel marquant la prééminence de la personne, ne se limitant pas au sujet de droit et s'appliquant au cadavre ou à l'enfant à naître (46, 205, 233).

Directive communautaire : texte n'engendrant que des obligations envers les seuls états qui doivent tendre leur législation dans telle « direction » et qui doit pour se concrétiser faire l'objet d'une « transposition » (125).

Disparition : fait pour une personne dont on n'a pu retrouver le corps d'avoir disparu dans des circonstances où sa vie était en danger, tel un naufrage ou une guerre, entraînant la perte de la personnalité juridique (209, 211).

Dispositions transitoires de la loi : dispositions précisant la date d'application de la loi (166).

Dispositif : partie finale d'un jugement contenant la décision du juge et figurant après les motifs qui la fondent (140).

Doctrine Matter : doctrine du procureur général prés la Cour de cassation Matter selon laquelle toute loi contraire à un traité devait s'entendre comme réservant le jeu du traité (v. Jurisprudence « des semoules ») (114).

Doctrine : ensemble des opinions émises par les juristes (magistrats, avocats..., professeur de droit : les « auteurs ») ; opinion de juristes plus ou moins nombreux, concernant une question de droit donnée (152 s.).

Dol : délit civil (faute) se traduisant par une manœuvre, une tromperie, le silence provoquant une erreur du contractant viciant son consentement (250).

DOM : département d'outre mer (183-2).

Domaine public : catégorie de biens appartenant à l'État, affectés à l'usage de tous et soumis à un régime dérogatoire (226).

Domaine privé : catégorie de biens appartenant à l'État, mais qui ne sont pas affectés à l'usage du public (226).

Domicile : lieu de rattachement géographique de la personne au regard de la loi, lieu où la personne a son établissement principal (197).

Domicile élu (ou domicile spécial) : domicile choisi par une personne permettant de la localiser que dans son domicile habituel mais seulement pour des besoins déterminés (197).

Double degré de juridiction : règle permettant de faire examiner une affaire dans son intégralité, une première fois devant une juridiction du premier degré, de première instance (tribunal de grande instance, tribunal d'instance, tribunal correctionnel, ou du tribunal administratif) et une seconde fois devant la juridiction hiérarchiquement supérieure du second degré (cour d'appel, cour administrative d'appel) (304).

Droit : désigne tantôt la règle (ou la norme) (c'est en ce sens que l'on parle par ex. de droit de l'urbanisme), tantôt le substrat, ou le résultat de la règle (c'est en ce sens que l'on dit par exemple qu'une loi n'est pas conforme au droit) (2).

Droit administratif : branche du droit public qui est relative à l'organisation, et au fonctionnement des administrations publiques et aux rapports des administrés avec l'administration (55 s.).

Droit bureaucratique : droit élaboré par les bureaux d'un ministère (94).

Droit canon : droit propre à l'Église, clercs et fidèles (38).

Droit civil : droit de la cité ; droit civil, droit fondamental, occupant une place encore prépondérante, droit conceptuel du droit privé. Le droit civil réglemente les rapports de droit privé, c'est-à-dire les droits que les particuliers peuvent exercer entre eux, les obligations pouvant peser sur eux. Il englobe le *droit des personnes* (qui s'intéresse au nom, au domicile, à l'état civil), le *droit de la famille* (mariage, divorce, filiation) et le droit *des régimes matrimoniaux, et des successions ;* le *droit des biens*, la propriété, et tous les droits qui peuvent exister sur une chose. Le droit civil concerne également les rapports d'obligations étudiés par le *droit des obligations* et le *droit des sûretés* (38, 66 s.).

Droit communautaire : droit de l'Union européenne (CJUE, siègeant à Luxembourg) (50, 110).

Droit communautaire institutionnel : droit des institutions de l'Union européenne (50).

Droit communautaire matériel : droit produit par ces institutions *i.e.* droit applicable (50).

Droit constitutionnel : branche du droit public qui s'intéresse à l'organisation de l'État, son fonctionnement, la mise en œuvre de ses règles (60 s., 96).

Droit de créance : v. Droit personnel.

Droit de gage général : droit des créanciers sur le patrimoine de leur débiteur, en vertu duquel ils peuvent poursuivre le paiement de n'importe quelle dette sur n'importe quel bien (C. civ., art. 2284 et 2285) (224).

Droits de la personnalité : droits propres à la personne humaine reconnus à toute personne physique pour la protection de ses intérêts essentiels (201 s.).

Droit de créance : v. Droit personnel.

Droit des affaires : terme large désignant le droit commercial général (*i.e.* l'ensemble des règles relatives au commerce et aux rapports des commerçants entre eux), le droit des groupements de l'entreprise, le droit de la banque et de la bourse devenu le droit financier, le droit des entreprises en difficulté, le droit de la concurrence, le droit des assurances et droit des transports… (77).

Droit dérivé : droit dérivé du traité instituant l'Union (125).

Droit européen : droit du Conseil de l'Europe : Cour de Strasbourg (110).

Droits extrapatrimoniaux : droits qui ne sont pas considérés au regard de leur valeur pécuniaire et considérés en général comme exclusivement attachés à la personne (221, 232, 233).

Droits fondamentaux : catégorie évolutive constituée de droits essentiels à la personne s'imposant au législateur et au pouvoir réglementaire (ex. dignité humaine, droit de grève, droit à la vie…) (43 s., 47, 51, 113, 301, 347).

Droit du travail : droit du contrat de travail entre un employé et un employeur, et aussi le droit des rapports collectifs issus des conventions collectives et des manifestations collectives des travailleurs (80).

Droit interne : droit français ou droit national (49).

Droit international privé (droit de « conflits de lois ») : ce droit poursuit deux objectifs : trouver la loi privée qui devra être appliquée quand un contentieux oppose deux sujets de droit de nationalité différente ou des intérêts privés rattachés à des pays différents ; intégrer dans l'ordre juridique français des actes n'ayant pas leur correspondant en droit interne (42, 182).

Droit international public : ensemble des règles auxquelles s'obligent les États entre eux par les traités (49).

Droit judiciaire privé (appellation moderne de la procédure civile) : fixe les règles de procédures suivies par les juges judiciaires statuant civilement ou commercialement (79).

Droit jurisprudentiel : droit le plus souvent dérivé du droit légiféré, émanant du juge (droit prétorien) et non du législateur (18).

Droit légiféré : droit écrit (7 s).

Droit naturel (doctrine ou école du) : doctrines selon lesquelles un droit supérieur (appelé le droit naturel aux origines différentes selon les doctrines ex. la raison), droit idéal, universel et immuable fonderait la légitimité du *droit positif* (27, 37 s., 42).

Droit objectif : ensemble des règles générales et impersonnelles régissant la vie des hommes en société dont la violation peut faire l'objet d'une sanction étatique (237, 238, 239).

Droit parlementaire : droit propre au fonctionnement du parlement (96).

Droits patrimoniaux : droits évaluables en argent, contenus dans le patrimoine d'une personne (222).

Droit pénal : droit déterminant les incriminations, et les conditions dans lesquelles un individu peut être déclaré coupable d'une infraction par un tribunal et frappé d'une peine. Le droit pénal détermine la réaction de l'État face au phénomène criminel (81 s.).

Droit pénal général : droit étudiant les éléments généraux de toute infraction constituée par la réunion d'un élément matériel (le fait criminel), d'un élément intentionnel (la volonté de commettre l'acte), d'un élément légal (un texte incriminant l'acte) (89).

Droit pénal spécial : part du Code pénal décrivant les délits et les crimes (89).

Droit personnel (ou droit de créance) : droit pécuniaire qu'un sujet de droit tire de son rapport juridique avec une autre personne ; droit lui permettant d'exiger d'une personne une prestation (231, 218, 230).

Droit positif : droit objectivement réalisé et nécessairement applicable (4).

Droit prétorien : droit jurisprudentiel (127, 144).

Droit privé : ensemble des règles gouvernant les rapports des particuliers, ou plus largement les personnes privées entre elles, que ces rapports soient économiques ou non (52).

Droit processuel : droit fixant les règles communes aux procès devant toutes les juridictions, civiles, pénales, administratives, internationales ; selon la conception majoritaire, droit universel des droits fondamentaux des procédures (79, 364).

Droit public : ensemble des règles organisant l'État et les collectivités publiques et gouvernant les rapports des individus ou des personnes privées avec l'État ou les collectivités publiques (52).

Droits publics civils et politiques : droits inséparables de la qualité d'homme qui sont au moins du point de vue politique, essentiels et normalement inhérents à l'humanité (233).

Droit réel : droit qu'un sujet de droit détient à l'encontre d'un bien, droit portant directement sur une chose (218, 229).

Droit réel principal : droit émanant de la propriété de la chose : la propriété, les droits provenant d'un démembrement de la propriété comme l'usufruit ou la nue-propriété (229).

Droits réels accessoires : sont également des droits directs sur une chose mais ils n'existent qu'en considération d'un autre élément juridique dont ils dépendent. Ils sont de deux sortes : les sûretés réelles et les servitudes (229).

Droit romano-germanique (ou droit des pays de *Civil Law*) : famille de droits à laquelle appartient le droit français, caractérisée en dépit de sa diversité, par un classement des règles dans les mêmes catégories, par l'emploi d'un vocabulaire commun issu de la science des romanistes, par la reconnaissance de la législation comme source fondamentale du droit par opposition à la conception des pays de *Common Law* (127).

Droit spontané : source informelle du droit (127).

Droit subjectif : droit qui n'existe que par la revendication faite par les sujets de droit prérogative de l'homme, sujet de droit ; prérogative reconnue et garantie par le droit objectif (38, 232).

Droit transitoire : dispositions d'une loi fixant son domaine d'application temporel (on dit aussi dispositions transitoires) (159, 166, 169, 171, 172, 181).

Droit transitoire jurisprudentiel : nom donné aux décisions modulant dans le temps leurs effets et/ou pratiquant des revirements seulement pour l'avenir (150-2, 159).

École de l'exégèse : ensemble d'auteurs du XIXe siècle ayant prôné une méthode d'interprétation consistant pour restituer la pensée du législateur au sens formel, à analyser le texte même de la loi et à recourir notamment aux travaux préparatoires, c'est-à-dire aux discussions – publiées – des parlementaires avant le vote et aux rapports rédigés par un député et un sénateur pour chaque loi (41, 153, 185, 186).

École dites scientifiques : ensemble d'auteurs de la fin du XIXe siècle ayant prôné soit une méthode d'interprétation déformante (R. Saleilles) consistant à déformer les textes pour les adapter après avoir recherché l'interprétation qu'aurait pu donner le législateur s'il avait légiféré dans les circonstances actuelles au vu des nécessités présentes, soit celle de la libre recherche scientifique (F. Gény) préconisant la recherche des solutions dans le texte sans le déformer et suggérant, si les difficultés ne sont pas résolues, de construire la solution librement en prenant en compte les données économiques et sociales du moment (153, 185, 188).

Édiction de la loi : procédure passant par la promulgation et la publication de la loi se distinguant de l'entrée en vigueur de la loi (159, 160-2, 164).

Effet dévolutif : effet de l'appel permettant le réexamen en fait et en droit de l'entier litige (304).

ENM : école nationale de la magistrature (330, 377).

Enquête de flagrance : enquête de police diligentée quand l'infraction est évidente (385).

Enquête préliminaire : enquête de police diligentée quand l'infraction n'est pas évidente (385).

Enrichissement sans cause : quasi-contrat d'origine jurisprudentielle visant l'hypothèse dans laquelle un individu s'est enrichi injustement aux dépens d'autrui (sans cause juridique) ouvrant à l'appauvri une *action de in rem verso* lui permettant d'obtenir de l'enrichi le remboursement de ce dont il s'est appauvri (136-2, 137, 339).

Enrôlement (ou placement de l'affaire) : saisine du tribunal par le dépôt d'une copie de l'assignation au greffe du TGI (367).

Entrée en vigueur de la loi : désigne le moment où la loi devient obligatoire pour ses destinataires (102, 160-1).

Entrepreneur individuel à responsabilité limitée (EIRL) : entrepreneur individuel personne physique à qui la loi a permis, après l'accomplissement de certaines formalités, de séparer un patrimoine professionnel affecté à son activité professionnelle du reste de son patrimoine pour en faire le gage de principe des créanciers de cette activité professionnelle par dérogation à l'article 2284 du Code civil et à l'indivisibilité du patrimoine (227-1).

Erga omnes : envers tous (214).

Errata : rectificatifs qui, publiés au *Journal officiel*, ont pour objet de rectifier une erreur du texte publié (175).

Erreur : fausse représentation de la réalité pouvant être constitutive d'un vice du consentement et le fondement de l'annulation d'un contrat (250).

Erreur de droit : erreur sur le droit applicable, en matière pénale erreur permettant à une personne poursuivie de l'exonérer de sa responsabilité, en matière civile, vice du consentement permettant l'annulation d'un contrat (164).

État civil : ensemble d'éléments d'identification et d'individualisation d'une personne, se composant du nom, de la nationalité, du sexe, de l'âge, du domicile et de la situation familiale (194).

État des personnes : sous-ensemble de l'état civil identifiant sa situation et ses parents, grâce à son âge, son sexe, sa situation filiale ou maritale (199).

État végétatif : état affectant la conscience de la personne mais ne lui faisant pas perdre sa qualité de sujet de droit et lui permettant en qualité de victime d'obtenir, malgré cet état, réparation de l'intégralité de son préjudice (206).

Euthanasie : au sens moderne du mot, signifie l'acte volontaire de donner principalement la mort (207).

Exception : moyen de défense (104).

Exception d'ignorance : moyen de défense tiré de l'ignorance, permettant à une personne poursuivie pour une infraction commise sous l'empire d'une erreur irrésistible sur le droit de s'exonérer de sa responsabilité (164).

Exception de chose jugée : moyen de défense – fin de non-recevoir – tirée de la chose jugée) empêchant le perdant de recommencer le procès (371).

Exécution forcée : moyen de vaincre un refus d'exécution d'une personne y étant tenu par l'exercice d'une voie d'exécution (374).

Expédition : copie d'un acte authentique (274).

Expert judiciaire : techniciens désignés par le juge sur une liste officielle dont les conclusions éclairent le juge sans le lier (384).

Exposé des motifs : explication brève de la raison d'être de l'adoption d'une loi pouvant précéder le texte normatif (11, 96).

Fait juridique : événements ou actions, auxquels la loi rattache automatiquement un effet de droit (237).

Fiducie : « opération par laquelle un ou plusieurs constituants transfèrent des biens, droits ou sûretés, ou un ensemble de biens, droits, ou sûretés, présents ou futurs, à un ou plusieurs fiduciaires qui, les tenant séparés de leur patrimoine propre, agissent dans un but déterminé au profit d'un ou plusieurs bénéficiaires » (v. C. civ., art. 2011) (230).

Fondation : catégorie de personne morale caractérisée par l'affectation de biens à une finalité déterminée et permettant de réaliser des œuvres d'intérêt général, et à but non lucratif (213, 227).

Fonds : terme désignant un immeuble non bâti et par extension une entité mobilière complexe source de richesses (ex. fonds de commerce) (220).

Fonds de commerce : ensemble des éléments corporels et incorporels réunis par un commerçant ou un industriel à des fins d'exploitation, constituant une universalité de fait et considéré comme un meuble incorporel (223).

Force exécutoire : acte dont l'exécution par un huissier de justice peut être mise en œuvre (300).

Formalisme : principe en vertu duquel la validité d'un acte juridique est subordonnée au respect d'une formalité déterminée (254).

Formalité du double original : règle imposant la rédaction des contrats synallagmatiques en autant d'exemplaires que de parties ayant des intérêts distincts (C. civ., art. 1325) (276).

Fructus : droit de jouir de la chose (214, 229).

Fruits : éléments fécondés par le bien qui se renouvellent sans altérer la substance de la chose (ex. loyers, intérêts d'une somme d'argent) (214).

Garde des Sceaux : titre donné au ministre de la Justice (381, 369).

Gestion d'affaires : quasi-contrat d'origine légale visant l'hypothèse dans laquelle une personne (le gérant d'affaires) effectue un acte dans l'intérêt et pour le compte d'une personne (le géré ou maître de l'affaires) sans avoir reçu un mandat ou un pouvoir légal (239).

Groupement d'intérêt économique (GIE) : groupement formé entre deux ou plusieurs personnes physiques permettant de faciliter ou de développer l'activité économique de ses membres (213).

Greffier en chef : fonctionnaire d'une juridiction dirigeant le secrétariat greffe assistant les magistrats et assisté des greffiers (383).

Greffier : fonctionnaire d'une juridiction assistant le greffier en chef et les magistrats (383).

Greffier du tribunal de commerce : officier public ministériel exerçant la fonction de greffier auprès d'un tribunal de commerce (383).

Hiérarchie des normes : classement hiérarchisé des différentes règles de droit selon l'autorité associée à leur nature (28 s., 103, 107).

Huis clos : terme utilisé pour désigner les débats se déroulant hors la présence du public (portes fermées) (355).

Huissier de justice : officiel public ministériel ayant le monopole de l'exécution forcée des jugements et de la signification des actes de procédures (395).

Hypothèque : sûreté réelle immobilière sans dépossession, garantissant le paiement de la dette du débiteur, source d'un droit réel accessoire pour le créancier lui permettant de faire vendre l'immeuble en quelques mains qu'il se trouve et de se faire payer par préférence (215, 224).

Immeuble : toute chose fixe, chose immobilisée, qui par nature ne peut être déplacée (ex. le sol et ce qui s'y incorpore comme les bâtiments qui sont des immeubles par nature). Tout bien auquel la loi attribue un caractère immobilier principalement en raison de sa nature, de sa destination ou de l'objet auquel il s'applique (C. civ., art. 517) (215).

Incapacité d'exercice : inaptitude d'une personne à exercer un droit dont elle a la jouissance (251).

Incapacité de jouissance : inaptitude d'une personne à acquérir un droit déterminé ; inaptitude nécessairement spéciale et non générale (251).

Inexistence : théorie selon laquelle en l'absence d'un élément nécessaire à la formation d'un acte juridique, celui-ci n'ayant pas d'existence n'a pas être annulé par une décision de justice (255).

Injonction de payer : procédure rapide de recouvrement des créances impayées (325, 327, 329).

Infra petita : en deçà de la demande (371).

Inquisitio : enquête (83).

Instruction : phase non systématique du procès pénal permettant de rechercher la vérité (établissement de l'identité de l'auteur de l'infraction, détermination des charges suffisantes contre la personne poursuivie...) mais qui n'est pas forcément suivie d'une phase de jugement ; en matière civile est une phase à part entière du procès et nécessairement suivie en principe d'un jugement (336).

Instruction de l'Administration : norme d'application émanant de l'administration contenant l'interprétation des lois et décrets et n'ayant en principe force obligatoire que pour les fonctionnaires – dans le cadre de leurs fonctions – du service qui en sont destinataires (sauf en matière fiscale) (156).

Instrumentum : acte juridique envisagé comme un instrument de preuve. C'est l'instrument écrit servant de preuve à l'existence et à l'étendue de cette manifestation de volontés (240).

Intérêt à agir : pouvoir de tirer un avantage de l'exercice de l'action en justice (366).

Journal officiel : journal où sont publiés les textes de loi, ordonnances et décrets. La publication permet leur application (97, 102, 161 s).

Juge aux affaires familiales (JAF) : juge spécialisé du TGI statuant à juge unique principalement sur les litiges relatifs au divorce, à la séparation de corps, à l'autorité parentale, aux obligations alimentaires et veillant à la sauvegarde des intérêts des enfants mineurs (302, 303).

Juge-commissaire : juge du TC, jouant un rôle important en matière de procédures collectives (329, 323).

Juge consulaire : nom donné aux juges des tribunaux de commerce qui sont des commerçants (320).

Juge des enfants (JE) : magistrat spécialisé du TGI ayant des compétences pénales mais aussi civiles concernant les mineurs pouvant par exemple prononcer des mesures en matière d'assistance éducative (323).

Juge de l'application des peines (JAP) : magistrat du siège du TGI. ayant un droit de regard sur les établissements pénitentiaires du ressort du TGI et sur les condamnés en milieu libre résidant dans le ressort (348).

Juge de la mise en état (JME) : juge spécialisé (magistrat instructeur) disposant d'importants pouvoirs pour qu'une affaire soit en état d'être plaidée et jugée (323, 336).

Juge délégué aux victimes (JUDEVI) : juge pénal appelé à vérifier les conditions dans lesquelles les parties civiles sont informées de leurs droits à l'issue de l'audience et pouvant être amené à présider des audiences du tribunal correctionnel statuant après renvoi sur les seuls intérêts civils (351).

Juge de l'exécution : juge spécialisé du TGI chargé du contentieux de l'exécution forcée et des mesures conservatoires (323).

Juge de l'expropriation : juge désigné, pour chaque département, parmi les magistrats du siège du tribunal de grande instance – fixant à défaut d'accord amiable, les indemnités d'expropriation (323).

Juge de proximité : juge des « petits litiges de la vie quotidienne » (304).

Juge d'instruction : juge du TGI, ayant pour rôle d'instruire l'affaire à « charge et à décharge », *i.e.* rassembler les informations nécessaires sur les faits dont il a été saisi et sur les personnes désignées dans le réquisitoire ou la plainte et celle qu'il « met en examen » (337).

Juge des libertés et de la détention (JLD) : juge unique n'ayant pas instruit l'affaire, qui ne la jugera pas au fond qui a une compétence exclusive en matière de détention provisoire (339).

Juge rapporteur : juge du TC, jouant un rôle et ayant des pouvoirs comparables quoique plus réduits à ceux du juge de mise en état (329).

Juge des tutelles : juge du TI connaissant de l'émancipation, de l'administration légale et de la tutelle des mineurs, du placement sous sauvegarde de justice, de la curatelle et de la tutelle des incapables majeurs… (326).

Juge unique : juridiction existant au sein d'un tribunal à part entière, comme le juge aux affaires familiales ou le juge de l'exécution (302).

Jugement : au sens strict, décision rendue par les tribunaux de première instance statuant collégialement, au sens large décision de toute juridiction (302).

Jugement déclaratif d'absence : jugement intervenant soit après 10 ans quand les proches ont fait constater l'absence d'une personne, soit après 20 ans dans le cas inverse **et** emportant tous les effets d'un décès (210).

Jugement déclaratif de disparition : jugement fondé sur la probabilité du décès d'une personne ayant disparu dans des circonstances où sa vie était en danger (ex. naufrage, guerre) mais dont on n'a pu retrouver le corps qui aura tous les effets du décès (209).

Jurés : citoyens désignés par voie de tirage au sort pour être membre du jury populaire de la cour d'assises (344).

Juridictio : celui qui dit le droit (5).

Juridiction : terme générique désignant les organes chargés de « dire le droit » (302).

Juridiction de droit commun : juridiction compétente pour connaître de tous les litiges que la loi n'attribue pas aux autres juridictions (303).

Juridiction d'exception : juridiction compétente seulement pour connaître des litiges que la loi n'attribue pas aux autres juridictions (303).

Juridictions interrégionales spécialisées (JIRS) : juridiction compétente en matière de criminalité organisée et au ressort très étendu (344-1).

Jurisprudence : mot à mot : prudence, sagesse du droit ; en fait pratique suivie par les tribunaux science du droit : *i.e.* solutions élaborées par les jurisconsultes ou prudents ; ensemble de décisions rendues pendant une certaine période de temps, soit par certaines juridictions (ex. jurisprudence des cours d'appel), soit par une juridiction seulement (jurisprudence de la Cour de cassation), concernant l'ensemble du droit français, une branche du droit (ex. jurisprudence civile), ou encore une matière donnée (ex. jurisprudence immobilière) ; habitude qu'ont les tribunaux de trancher un litige d'une certaine manière (jurisprudence « constante », ou au contraire constitutive d'« un revirement de jurisprudence » « personnification de l'action des tribunaux ») (20 s., 139).

Jury populaire : jury d'une cour d'assises composé de 9 jurés tirés au sort à partir des listes électorales, participant avec les magistrats professionnels à la délibération et au vote sur les faits et sur l'application du droit (344).

Jusnaturalisme : doctrine, pour partie celle du droit naturel, selon laquelle le droit, règle de vie en société, ne peut être érigé que sur sa conformité à d'autres exigences qui le transcendent (27).

Jus soli : droit du sol (196).

Jus sanguinis : droit du sang (196).

Légicentrisme : fait que la loi se concentre autour d'une norme par excellence, la loi (92).

Legislator : celui qui donne la loi (5).

Lex mercatoria : loi des marchands (133).

Lex aeterna : loi divine (38).

Lex naturalis : loi naturelle (38).

Lex humana : loi humaine (38).

Loi : au sens général, règle de droit écrite émanant des autorités publiques habilitées à édicter de telles normes. Peut désigner le *droit positif* en général, que la loi soit législative ou coutumière, (ou jurisprudentielle.) ; au sens matériel désigne de façon générale une règle écrite générale, abstraite, permanente et obligatoire, synonyme de règle de droit ; au sens formel ou dans son sens juridique usuel, la loi désigne le texte écrit émanant du législateur, le texte voté par le Parlement (163).

Lois-cadres : loi se contentant de poser des principes généraux et laissant au gouvernement le soin de les exploiter en utilisant son pouvoir réglementaire (13).

Lois de programmation (anc. loi de programme) : loi déterminant les objectifs de l'action économique et sociale de l'État (ex. les orientations pluriannuelles des finances publiques) (13).

Loi expérimentale : législation temporaire permettant au législateur de dresser un bilan de l'application de la loi nouvelle et de décider, en fonction des résultats, s'il supprime ou maintient la nouvelle législation (171).

Loi impérative : loi obligeant délibérément à laquelle il est impossible de déroger (14).

Loi interprétative : loi venant éclairer le sens des dispositions d'une loi existante qui rétroagit dans la mesure où elle s'applique aux situations nées sous l'empire de la loi ancienne obscure qu'elle vient interpréter, sans revenir sur les effets passés de la situation. (175, 185).

Loi rétroactive : loi dont l'application est avancée, *i.e.* loi appliquée antérieurement au moment où se produisent les faits qu'elle régit, c'est-à-dire antérieurement à sa promulgation et sa publication (son édiction) (168, 175).

Loi supplétive : loi donnant un modèle de remplacement à défaut d'acte volontaire pour jouir d'une liberté qu'elle offre (14).

Loi temporaire : loi indiquant elle-même quand elle cessera d'être en vigueur ; à la différence de la loi normale, elle n'est donc pas édictée pour une durée illimitée, mais seulement pour un certain délai ou jusqu'à la survenance d'un événement (la cessation des hostilités) : son abrogation est décidée dès sa création (170).

Mandat *ad litem* : nom donné au mandat pour le procès, mandat de représentation en justice (388).

Mariage *in extremis* : mariage contracté par une personne encore vivante mais moribonde (206).

MARC : modes alternatifs de règlement des conflits (300).

MARL : modes alternatifs de règlement des litiges (300).

Médiation : mode alternatif de résolution d'un litige passant par la désignation judiciaire d'un tiers avec l'accord des parties, ce tiers rémunéré par elles étant chargé de les entendre et de rechercher avec elles une solution de conciliation (300).

Médiation pénale : mesure proposée aux parties par le procureur afin d'assurer la réparation du dommage causé à la victime, mettre fin au trouble résultant de l'infraction et contribuer au reclassement de l'auteur de l'infraction majeur ou mineur (387).

Médiateur civil : particulier ayant pour mission (rémunérée) de faciliter le règlement amiable des différends portant sur des droits dont les intéressés ont la libre disposition (386).

Médiateur pénal : tiers neutre effectuant une mission de médiation pénale dans une maison de justice et du droit (387).

Mesures d'administration judiciaires : actes purement administratifs, pris par les juges pour les besoins du service de la juridiction (302).

Meuble : toute chose mobile, qui peut se transporter d'un endroit à un autre, en se mouvant par elle-même comme un animal, ou en se mouvant grâce à une force étrangère, par exemple une voiture, un bateau, des meubles meublants (meuble par nature, meuble corporel) ; tout bien n'ayant pas la qualité d'immeuble que la loi qualifie de meuble en raison de sa nature ou de la détermination de la loi (C. civ., art. 527) (215).

Ministère public : représentant de l'État dans les procès (59, 82, 304, 370, 377, 380 s.).

Minute (acte rédigé en) : original d'un acte authentique notarié (simple original) conservé par le notaire (274).

Mise en l'état : instruction de l'affaire consistant pour l'essentiel en la production de pièces et documents, échanges de conclusions, mesures d'instruction… (369).

Morts civils : individus jadis exclus de la vie juridique du fait notamment d'une condamnation à la réclusion criminelle à perpétuité, qui ne pouvaient être propriétaires et ne pouvaient faire aucun acte (225).

Motivation : exposé du raisonnement du juge et notamment de la règle générale sur laquelle il s'est fondé pour trancher, dans le « dispositif » du jugement, le cas concret à lui soumis (140, 143).

Nationalité : lien manifestant l'appartenance juridique et politique d'une personne à la population constitutive d'un État (195).

Naturalisation : mode d'acquisition volontaire d'une nationalité par l'effet d'une décision discrétionnaire des autorités d'un État (196).

Negotium : acte juridique envisagé quant au fond ; c'est l'opération juridique voulue par les sujets de droit : la manifestation de leur volonté produisant des effets de droit (240).

Nom : vocable désignant une personne comprenant le nom de famille (que l'on disait naguère patronymique, *i.e.* le nom du père), les prénoms et s'il y a lieu, le surnom ou le pseudonyme (198).

Nom d'usage : nom de celui des deux parents qu'un majeur ne porte pas, et qu'il décide d'adjoindre à son nom (198).

Nomophilie : amour des lois, amour de la loi (92).

Notification : formalité permettant de porter le jugement rendu à la connaissance des parties et de faire courir les délais de recours (372).

Obiter dictum : soit dit en passant (141, 145).

Objet : ce à quoi s'oblige une partie ; l'objet de l'obligation désigne la prestation (faire, ne pas faire, donner) à laquelle s'est engagée une partie ; l'objet du contrat désigne l'opération juridique globale réalisée par les parties (252).

Objectifs de valeur constitutionnelle : objectif fixé par le conseil constitutionnel (ex. d'intelligibilité et d'accessibilité de la loi), dont les modalités de mise en œuvre sont laissées au législateur et au gouvernement (136-1).

Obligation de donner : obligation par laquelle un débiteur s'engage à transférer à un créancier un droit réel dont il est titulaire sur une chose (231).

Obligation de faire : obligation par laquelle un débiteur s'engage à accomplir une prestation (231).

Obligation de ne pas faire : obligation par laquelle le débiteur s'engage à une abstention (ex. obligation de non-concurrence ou de confidentialité) (231).

Occupation : mode originaire d'acquisition de la propriété d'un bien par l'appréhension matérielle d'une chose inappropriée (220).

Officier de police judiciaire (OPJ) : maires et adjoints, officiers de la gendarmerie, commissaire de police, qui sont les auxiliaires du juge pénal (337, 385).

Opinio juris : croyance dans le caractère obligatoire du comportement (131 s.).

Ordalies : « jugement de Dieu » (84).

Ordonnance de l'article 38 de la Constitution du 4 octobre 1958 : ordonnance de nature réglementaire prise par le gouvernement après habilitation du Parlement définissant sa compétence et ensuite ratifiées par le Parlement (98, 99).

Ordonnance : décision rendue par un juge unique (302).

Ordonnance sur requête : ordonnance prise par le président du TGI pour prescrire certaines mesures ou délivrer des autorisations sur la simple requête unilatérale d'un intéressé, sans que l'adversaire ne soit appelé (ex. rectification d'un acte d'état civil, autorisation de saisie conservatoire) (323).

Paiement : exécution d'une obligation entraînant son extinction (239-1).

Paiement de l'indû : quasi-contrat d'origine légale concernant les hypothèses dans lesquelles une personne paye une dette qui n'existe pas, paye plus qu'elle ne doit, ou paye une dette due par un autre, ou paye une dette qui est nulle, obligeant celui qui a indûment perçue la somme à la restituer (339).

Parères : certificats délivrés par des organismes professionnels pour attester que tel usage est suivi dans une profession (133).

Parlement (ancien régime) : juridiction supérieure connaissant en premier et dernier ressort des causes de certains privilèges et des appels des jugements des juridictions inférieures (127).

Parlementarisme rationalisé : préservation du gouvernement d'un Parlement se mêlant de tout (100).

Paterfamilias : père de famille (67).

Patrimoine : ensemble des droits et obligations qui, évaluables en argent, ont pour sujet actif ou passif une seule et même personne et qui sont considérés comme une universalité juridique (224).

Patrimoine commun de l'humanité : patrimoine sans titulaire identifié et non destiné à répondre des dettes, rassemblant des éléments caractérisés par leur affectation commune à l'intérêt de l'humanité qui les agrègent (219, 235).

Patrimoine d'affectation de la personne : ensemble de biens affectés à une utilité particulière, (par ex. professionnelle) ensemble isolé au sein du patrimoine de la personne et soumis par la loi à un régime spécifique tant à l'égard du titulaire du patrimoine, que de ses créanciers (225, 226, 227-1).

Pénologie : droit de la peine (86, 90).

Persona : masque de théâtre ou acteur masqué (192).

Personne juridique : sujet de droit, être titulaire de droits et assujetti à des obligations (192).

Personne physique : personne humaine envisagée comme sujet de droit (212).

Personne morale : être fictif doté d'une personnalité juridique plus ou moins complète (212).

Personnalité juridique : aptitude à être titulaire de droits et assujetti à des obligations reconnue à toute personne physique et selon des conditions variables aux personnes morales (193).

Personnalité morale : nom donné à la personnalité juridique des personnes morales (212).

Positivisme : doctrine ne prenant en compte que le seul droit établi dans les normes, le droit positif (27, 34).

Pourvoi en cassation : recours contentieux exercé par un plaideur, tendant à faire censurer par la Cour de cassation la non-conformité du jugement qu'il attaque aux règles de droit (CPC, art. 604) (146, 357).

Placement de l'affaire (ou enrôlement) : saisine du tribunal par le dépôt d'une copie de l'assignation au greffe du TGI (367).

Plainte avec constitution de partie civile : plainte soumise à des conditions de recevabilité permettant l'ouverture de l'action publique (337).

Plaidoirie : développement oral de l'argumentation d'un avocat à la barre du tribunal quels que soient sa nature, son degré, et sa situation géographique (388).

Plea bargaining : terme de la *Common Law*, renvoyant à la procédure du plaider coupable (85).

Postulation : accomplissement et réception par l'avocat des actes (écrits) de la procédure pour son client en vertu d'un mandat *ad litem* (388).

Plumitif : registre d'audience sur lequel est inscrite l'affaire enrôlée (368).

Pratique (la) : manière d'agir de tel ou tel groupe d'usagers du droit. tradition sans valeur obligatoire (133).

Précédent (système du) : système propre aux pays de *Common Law* conférant à chaque décision judiciaire une grande autorité : la solution dégagée dans un cas devant être reproduite dans un cas postérieur analogue (141, 142).

Premier président de cour d'appel : magistrat d'expérience à la tête d'une cour d'appel (334).

Premier président de la Cour de cassation : premier magistrat de l'ordre judiciaire à la tête de la Cour de cassation (363).

Prescription : mode d'acquisition ou d'extinction d'un droit par la prise en compte de l'écoulement d'un délai, aboutissant à la consolidation d'une situation juridique (228).

Prescription acquisitive (ou usupacion) : mode d'acquisition d'un droit réel principal sur un bien par la possession prolongée de ce bien pendant un certain délai (228).

Prescription extinctive : mode d'extinction du droit par non usage de ce droit pendant un laps de temps déterminé (228).

Présomptions : procédé permettant de déduire un fait (à prouver) d'un autre fait (prouvé) et réalisant un renversement du risque de la preuve ; également preuve en résultant (267).

Présomption d'absence (période de) : période pendant laquelle l'absence d'une personne est constatée par le juge des tutelles à la demande de tout intéressé ou du ministère public. Pendant cette période prenant effet au jour des dernières nouvelles, l'absent est présumé être toujours vivant (210).

Présomptions irréfragables (ou absolues *ou juris et de jure*) : présomption légale ne tombant pas devant la preuve contraire (268).

Présomption mixte : présomption tombant devant la preuve contraire, mais seulement devant les preuves admises par la loi (268).

Présomptions simples (ou relatives ou *juris tantum*) : tombent devant la preuve contraire (268).

Principes directeurs du procès : principes posés par les art. 1 à 24 du CPC contenant les règles à suivre dans tout procès devant les juridictions civiles (136-2, 137).

Principe de la personnalité de la loi : principe du droit international applicable en matière de « statut personnel » (état et capacité des personnes) permettant au juge français d'appliquer la loi nationale d'un étranger, sauf si cette loi est contraire à l'ordre public (182).

Principe de la non-rétroactivité des lois : principe selon lequel une loi nouvelle ne peut avoir pour effet de remettre en cause les conséquences passées d'une situation juridique (173, 178).

Principe de l'identité législative : principe selon lequel les lois et règlements nationaux sont applicables de plein droit en outre-mer sous réserve de règles particulières (183-2).

Principe de l'interprétation stricte de la loi pénale : principe en vertu duquel les lois d'incrimination et de pénalité doivent être appliquées sans extension, ni restriction (193).

Principe de l'effet immédiat de la loi nouvelle : principe signifiant d'une part que la loi nouvelle s'applique immédiatement à la constitution ou à l'extinction des situations juridiques nées postérieurement à son entrée en vigueur, mais aussi aux situations juridiques en cours de constitution ou d'extinction, sans remise en cause de ce qui avait déjà été acquis sous l'empire de la loi ancienne ; principe signifiant d'autre part, que la loi nouvelle s'applique immédiatement aux effets futurs d'une situation juridique née antérieurement à son entrée en vigueur (179).

Principe de la sécurité juridique : principe constituant l'une des assises de la codification contemporaine dite à droit constant, répondant à l'objectif constitutionnel d'accessibilité et d'intelligibilité de la loi (106, 149).

Principe de spécialité législative : principe selon lequel les lois et règlements nationaux s'appliquent dans les CDM et les TDM selon les domaines concernés, automatiquement ou seulement sur mention expresse (183-2).

Principe de survie de la loi ancienne : principe applicable en matière contractuelle, principe selon lequel le contrat (en cours d'exécution) demeure en principe régi par les règles en vigueur au moment de sa conclusion (180).

Principe dispositif : principe en vertu duquel il incombe aux parties de fixer le cadre du litige, l'objet étant délimité par les conclusions des parties et le juge ne pouvant statuer *ultra petita* ou *infra petita* (*i.e.* accorder plus ou moins que ce qui était demandé) (371).

Principe du double degré de juridiction : principe se traduisant par la possibilité de soumettre à nouveau l'affaire jugée par une juridiction du premier degré à une juridiction du second degré (304, 333).

Principe de la contradiction (ou du contradictoire) : principe directeur énoncé par le Code de procédure civile (art. 14, 15, et 16), principe élémentaire de bonne justice devant être respecté tout au long du procès (369).

Principes généraux du droit (PGD) : principes aux formes variées, énoncés dans des textes de valeur diverse ou mis en lumière par la jurisprudence constituant une source de droit complémentaire et autonome à la loi, la jurisprudence et la doctrine (127, 136, 136-1, 159, 186).

Principes fondamentaux reconnus par les lois de la République (PFRLR) : principes dont l'existence est proclamée par le préambule de la Constit. 1946, qui ont été dégagés un à un par le Conseil constitutionnel (2, 133, 136-1).

Principes généraux particulièrement nécessaires à notre temps : principes généraux du droit énoncés par le préambule de la Const. 1946 (136-1).

Principes généraux du droit applicables même en l'absence de texte : principes généraux du droit dégagés par le Conseil d'État (136-1).

Privilège de la séparation des patrimoines : droit pour les créanciers de la succession et pour les créanciers personnels de l'héritier, en cas d'acceptation pure et simple de la succession de solliciter l'absence de confusion entre le patrimoine de l'héritier et l'hérédité transmise pour être payés, les premiers sur l'hérédité et les seconds sur le patrimoine personnel de l'héritier (225).

Procédures civiles d'éxécution (anc. voies d'exécution) : ensemble des règles régissant l'exécution forcée à l'encontre des personnes juridiques de droit privé ; permettent de contraindre celui qui a été condamné ou qui s'est engagé dans certaines formes à satisfaire ses obligations (79).

Procédure contentieuse : procédure suivie devant une juridiction en cas de différend entre des personnes (365).

Procédure gracieuse : procédure suivie devant une juridiction en l'absence de différend (365).

Procès équitable : procès conforme aux exigences d'un État démocratique, *i.e.* conformes aux garanties fondamentales d'une bonne justice. V. not. Convention EDH art. 6 § 1 (301).

Procureur de la République : représentant du ministère public devant le TGI (380).

Procureur général près une cour d'appel : représentant du ministère public devant la cour d'appel (380, 381).

Procureur général près la Cour de cassation : représentant du ministère public devant la Cour de cassation (381).

Produits : éléments extraits du bien qui à terme l'épuiseront et le feront disparaître (ex. minerai extrait d'une carrière, pétrole...) (214).

Projet de loi : texte d'origine gouvernementale (94).

Promulgation : opération par laquelle le chef de l'état déclare la loi exécutoire ; elle est ensuite suivie par une publication au *JO* (13, 103, 164).

Propriété : droit absolu conférant à une personne une emprise juridique sur une chose, lui permettant d'exclure autrui de son rapport avec la chose et lui conférant toutes les prérogatives que l'on peut avoir sur un bien (*usus, fructus, abusus*) (214).

Proposition de loi : texte d'origine parlementaire (94).

Propositions *de lege ferenda* : proposition de réforme législative, critiquant la loi existante *de lege ferenda* pour aboutir à une loi plus appropriée (155).

Propositions *de lege lata* : proposition de remèdes aux défauts d'un texte sans remise en cause la loi en vigueur (155).

Publication de la loi : action portant la loi, au sens large, à la connaissance des sujets de droit, par son insertion au journal officiel et la rendant obligatoire (13, 162-164).

Publicité foncière : ensembles des techniques permettant de faire connaître aux tiers la situation juridique des immeubles (215).

Qualification juridique : opération intellectuelle permettant par l'analyse de prendre en considération un fait, un acte, une règle pour le classer dans une catégorie juridique et le rattacher au régime juridique qui lui correspond (357).

Qualité à agir : habilitation à former une demande pour faire reconnaître un droit dont on se prétend titulaire (366).

Quasi-contrat : fait juridique licite source d'obligation extra-contractuelle pour son auteur (C. civ., art. 1371) (ex. gestion d'affaires, paiement de l'indû, enrichissement sans cause) (239).

Quasi-délit : manquement non intentionnel à l'obligation de prudence et de diligence pesant sur chacun d'entre nous et ayant pour effet de faire naître une obligation à la charge de son auteur en vertu de la responsabilité civile (239).

Quasi-usufruit : sorte d'usufruit portant sur un bien consomptible par le premier usage conférant à son titulaire la faculté de le consommer et de l'aliéner mais l'obligeant à restituer à la fin de l'usufruit soit une chose semblable, soit sa valeur estimée à la date de la restitution (218).

Question préjudicielle : demande procédurale spéciale par laquelle une juridiction nationale saisit la CJUE d'une difficulté d'interprétation du droit communautaire, afin de rendre sa propre décision en tenant compte de la solution donnée par la CJUE (317).

Question prioritaire de constitutionnalité : procédure permettant aux justiciables, à l'occasion d'un procès auxquels ils sont parties, de critiquer la conformité de la loi à la Constitution et d'aboutir le cas échéant à la déclaration d'inconstitutionnalité du texte par le Conseil constitutionnel et à son élimination de l'ordre juridique (128, 145, 150).

Raisonnement *a contrario* : raisonnement conduisant quand une règle s'applique à une hypothèse particulière, à déduire que la règle inverse s'applique dans l'hypothèse inverse (187).

Raisonnement *a fortiori* : raisonnement utilisé quand il existe des raisons encore meilleures d'appliquer la solution de droit au second cas (187).

Raisonnement par analogie ou ***a pari*** : raisonnement utilisé quand il existe deux cas semblables, l'un envisagé en droit et l'autre non. Du fait de la similitude, l'interprète va traiter le second comme le premier (187).

Raisonnement par induction : raisonnement permettant de remonter à une règle générale à partir de règles particulières considérées comme de simples applications (187).

Raisonnement par déduction : raisonnement permettant ensuite en redescendant, de dégager de nouvelles conséquences. Les deux méthodes sont le plus souvent combinées (187).

Rapport Molfessis : rapport dirigé par M. le Professeur Nicolas Molfessis ayant proposé essentiellement une modulation dans le temps des effets des revirements de jurisprudence (150).

Rapporteur public : nom remplaçant depuis 2009 celui de commissaire du gouvernement, magistrat totalement indépendant du gouvernement pouvant, dans le cadre de la justice administrative, exercer tantôt la fonction de juger tantôt celle d'aider à juger (59, 69).

Ratio decidendi : motifs nécessaires à la décision d'un juge (141, 144).

Ratio legis : raison de la loi que l'on peut déduire de son intitulé ou du chapitre du Code civil auquel elle est intégrée (186).

Ratione loci : en raison du lieu (303).

Ratione materiae : en raison de la matière (303).

Recommandation : texte communautaire sans valeur contraignante (125).

Recours pour excès de pouvoir : v. Contrôle de légalité : exercé par voie d'action (demande principale du requérant) ou exercé par voie d'exception (moyen de défense) (104).

Référé législatif : procédure qui permettait aux tribunaux à la Révolution en cas de difficultés d'interprétation de la loi de demander l'avis du législateur (127, 146).

Référé (procédure de) : procédure rapide permettant en cas d'urgence ou lorsqu'une situation est évidente la prise d'une ordonnance dans un délai très bref (323, 326, 329, 332).

Registre d'audience (plumitif) : registre sur lequel est inscrite l'affaire enrôlée (368).

Règle de conflit : règles de conflit de loi dans l'espace fixées par la loi ou la jurisprudence désignant le droit national s'appliquant à une situation juridique présentant des liens avec plusieurs systèmes juridiques (182).

Règle de droit international matériel : règles régissant directement une question donnée, sans renvoyer à une loi nationale (182).

Règlement européen : texte de portée générale constituant la « loi européenne », applicable dans tous les États et produisant des effets immédiats (125).

Relaxe : décision prise en cas d'innocence ou en cas d'insuffisance de preuve contre un prévenu par des juridictions pénales de jugement à l'exclusion de la cour d'assises (334).

Renonciation à succession : option par laquelle un héritier manifeste sa volonté d'être exclu de la succession à laquelle il était appelé (225).

Réponses ministérielles : réponses des ministres à des questions écrites des parlementaires concernant l'interprétation de la loi (156, 185).

Réquisitoire introductif d'instance : acte par lequel le procureur de la république saisit le juge d'instruction et ouvre l'action publique (337).

Résidence : endroit où une personne physique habite effectivement de manière habituelle, le lieu où elle demeure en fait (197).

Res communes : choses communes, en droit romain considérées comme des choses dont l'usage commun est à tous (ex. l'air, l'eau...) ; aujourd'hui ces choses communes sont des choses dont l'usage est toujours commun à tous, et de surcroît choses inappropriées (C. civ., art. 714) (219).

Res derelictae : choses à l'abandon, choses dont le propriétaire s'est volontairement séparé (220).

Res nullius : choses n'ayant jamais été appropriées mais susceptibles de l'être un jour (220).

Rescrit (droit romain) : le législateur donnait son avis sur l'interprétation d'une loi (146).

Rescrit fiscal : avis donné par l'administration fiscale à la suite d'une demande d'un contribuable pour connaître les conditions d'application d'un texte fiscal, avis qui lui est opposable (156, 185).

Réserves d'interprétation : pratique du Conseil constitutionnel consistant à valider une loi en indiquant le sens de l'interprétation pour orienter ainsi la façon dont la loi doit être comprise (312).

Résiliation : anéantissement pour l'avenir d'un contrat (258).

Résolution : anéantissement rétroactif d'un contrat en raison de son inéxécution (258).

Rétroactivité *in mitius* : rétroactivité de la loi pénale plus douce (175).

Revirement de jurisprudence : changement de jurisprudence (139, 143, 168, 173).

Revirement prospectif ou **revirement pour l'avenir** : revirement dont l'effet futur est fixé par la décision de justice qui le prend (150).

ROM : région d'outre-mer (183-2).

Rule of law : terme anglais signifiant état de droit (45).

Sanction (de la loi) : terme désignant le caractère obligatoire de la loi et la possible contrainte pour en imposer son respect (12).

Saisine pour avis (procédure de) : procédure permettant de demander à la Cour de cassation son avis sur une question juridique posant difficulté (146, 360).

Sciences criminelles : terme moderne rassemblent le droit pénal (général et spécial), la procédure pénale, la pénologie (le droit de la peine) et la criminologie (86).

Sécurité juridique : V. Principe de la sécurité juridique

Sentence : décision rendue par une instance arbitrale (302).

Séparation des autorités administratives et judiciaires : principe en vertu duquel les litiges mettant en cause des intérêts privés relèvent des juridictions judiciaires, alors que ceux qui concernent l'État ou l'administration sont normalement jugés par un autre ordre de tribunaux, l'ordre administratif (305).

Serment : affirmation solennelle par l'un des plaideurs de la réalité d'un fait qui lui est favorable (286).

Serment décisoire : serment déféré par l'un des plaideurs à son adversaire (286).

Serment supplétoire : serment déféré d'office par le juge pour compléter son information (286).

Servitude : charge imposée sur le fonds d'une personne (dénommé le fonds dominé ou servant) pour l'usage et l'utilité du propriétaire d'un autre fonds (dénommé le fonds dominant) (229).

Servitude de passage : droit dont est titulaire le propriétaire d'un terrain enclavé de passer sur le terrain d'un tiers pour accéder à son fonds (229).

Société : personne morale regroupant des personnes, les associés, qui conviennent par un contrat de mettre quelque chose en commun, leur apport en vue de partager le bénéfice ou de profiter de l'économie qui pourra en résulter et qui s'engagent à contribuer aux pertes ; également personne morale instituée par une seule personne (213).

Sociétés civiles : sociétés qui n'ont pas un objet commercial (ex. société civile immobilière (SCI) permettant la gestion d'un immeuble ou sa construction) (213).

Société commerciale : société ayant pour objet une activité commerciale (ex. SARL, SA) (213).

Société unipersonnelle : société composée d'un seul associé dès l'origine ou par réunion de toutes les parts entre une seule main (227).

Solo consensu : par le simple effet du consentement (218).

Sondervermögen : terme allemand signifiant « patrimoine particulier » ou « patrimoine spécifique » ; désigne une partie séparée du reste du patrimoine d'une personne occupant en vertu de la loi une position juridique spéciale (ex. le patrimoine fiduciaire) (225).

Standard juridique : notion, norme souple non définie par la loi en raison de sa signification évolutive fonction des évolutions morales de la société (ex. la bonne foi, le bon père de famille, les bonnes mœurs, l'intérêt de la famille) (135).

Sûretés : droits ayant pour fonction d'améliorer la situation d'un créancier face au risque d'insolvabilité de son débiteur. Elles viennent garantir son droit afin de privilégier l'exécution de sa créance (229).

Sûretés réelles : sûretés consistant en l'affectation au paiement d'une dette d'un ou de plusieurs biens appartenant en principe au débiteur (229).

Sûretés personnelles : droits non attachés à une chose que l'on peut invoquer directement à l'encontre d'une personne, comme un cautionnement (229).

Subrogation réelle : mécanisme fonctionnant au sein du patrimoine, permettant le remplacement d'un bien par un autre, et sa soumission au même régime juridique que le bien remplacé (224).

Substitut (du procureur) : magistrat membre du parquet (ministère public) d'une juridiction, assistant le procureur de la République ou le procureur général (379).

Sujet de droit : personne juridique, se caractérise par le fait d'être titulaire de la personnalité juridique (191, 192, 193 s.).

Summa divisio : division suprême (191).

Sursis à statuer : acte par lequel une juridiction met l'affaire en suspens (317).

Syllogisme : mode de raisonnement par déduction permettant de dégager une solution (*la résultante*) par application d'un cas (*la mineure*) à un principe (*la majeure*) (9).

Syndicat professionnel : personne morale rassemblant des personnes exerçant une même profession, une profession similaire ou connexe ayant pour mission particulière l'étude et la défense des droits ainsi que les intérêts matériels et moraux, tant collectifs qu'individuels (213).

Taux du ressort : somme au-delà de laquelle une affaire est susceptible d'appel (304, 321).

Taux de compétence : somme au-delà de laquelle une demande personnelle ou mobilière doit être soumise au tribunal supérieur (304).

Territoire d'outre-mer : au sens de « territoire situé outre-mer » (183-2).

Testament : acte unilatéral manifestant la volonté d'une seule personne (le testateur) de transmettre à son décès tout ou partie de ses biens à une autre personne, le légataire (237).

Théorie de la fiction des personnes morales : théorie selon laquelle la personnalité morale ne serait qu'une vue de l'esprit, une construction intellectuelle juridiquement reconnue pour son utilité mais qui ne pourrait se défaire tout à fait de son abstraction (212).

Théorie de la réalité des personnes morales : théorie selon laquelle la personnalité morale relèvant au contraire d'un constat de la réalité, il existerait des groupements qui agissent dans la vie juridique comme une personne et qui deviennent à ce titre des sujets de droit (212).

Traité international : convention conclue entre deux ou plusieurs sujets du droit international destinée à produire les effets attendus par ses auteurs (109, 114, 123).

Transaction : contrat dans lequel les parties se consentent des concessions réciproques pour mettre fin ou prévenir une contestation (300).

Transexualisme : syndrome touchant une personne vivant mentalement un sexe différent de son sexe de naissance et pouvant conduire s'il est avéré et après une opération, à voir son appartenance sexuelle nouvelle se substituer à son appartenance sexuelle de naissance, par la modification de son état civil (194, 199).

Travaux préparatoires : discussions publiées des parlementaires avant le vote (186).

Tribunal correctionnel : volet pénal du TGI compétent pour juger les auteurs de délits (310, 336-1, 343).

Tribunal de l'application des peines : juridiction collégiale composées de JAP statuant sur les questions d'aménagement des peines les plus importantes (ex. suspension de peine pour raisons médicales) (349).

Tribunal de la fonction publique de l'Union européenne : juridiction spécialisée statuant en première instance sur le contentieux de la fonction publique européenne (316).

Tribunal de première instance de l'UE : tribunal adjoint à la CJUE assurant le respect du droit communautaire (316).

Tribunal paritaire des baux ruraux (TPBR) : tribunal statuant en matière de bail rural (328).

Tribunal de la sécurité sociale (TASS) : tribunal statuant en matière de contentieux général de la sécurité sociale (328).

Tribunal du contentieux de l'incapacité (TCI) : tribunal statuant en matière de contentieux technique de la sécurité sociale (328).

Trust : institution originale des pays de *Common Law*, relevant du droit des biens et permettant de remplir différentes fonctions par exemple la gestion et d'administration d'un patrimoine (213, 226).

Unité des juridictions civiles et pénales (principe d') : principe traditionnel en vertu duquel les juridictions pénales constituent une subdivision de l'ordre judiciaire et non un ordre distinct de juridiction (310).

Universalité de fait : ensemble de biens qui pourraient être envisagés isolément mais qui, en raison du lien qui les unit, vont faire l'objet d'une collection (ex. bibliothèque) ou être constitutifs d'une entité juridique complexe (ex. fond de commerce) et être envisagé globalement comme un bien unique soumis à un régime juridique particulier (223).

Universalité de droit ou universalité juridique : ensemble de biens et de dettes d'une personne envisagé comme formant un tout dont les éléments actifs et passifs sont inséparablement liés (ex. le patrimoine) (223, 224).

Ultime ratio juris : dernier argument du droit (17).

Ultra petita : au-delà de la demande (371).

Ultra vires successionis : au-delà des forces de la succession (225).

Usufruit : droit réel démembré conférant à son titulaire (l'usufruitier) le droit d'utiliser une chose appartenant au nu-propriétaire ainsi que le droit d'en percevoir les fruits (214).

Usus : droit d'user de la chose (214, 229).

Violence : contrainte physique ou morale exercée sur un individu pour le contraindre à conclure un acte, constitutive d'un vice du consentement (250).

Volumen : mot latin signifiant enroulement d'un long document sur lui-même ou autour d'un bâton fabriqué à partir de parchemin (105).

Visa : référence d'une décision de justice à un texte de loi ou à un principe (137).

Zweckvermögen : terme allemand signifiant « patrimoine à but » ou « patrimoine servant pour un certain but », désignant limitativement dans ce droit le patrimoine juridiquement indépendant d'une fondation (225).

II. Maximes

(Les nombres renvoient aux numéros de paragraphes du cours qui les contiennent)

Accessorium sequitur principale : l'accessoire suit le principal (137).

Actio non natæ non currit præscriptio : pas de prescription de l'action avant sa naissance.

Actori incumbit probatio : celui qui réclame l'exécution d'une obligation doit la prouver (266).

Actor sequitur forum rei : le demandeur doit assigner le défendeur devant son tribunal (197).

Cessante ratione legis cessat ipsa lex ou *cessat ejus dispositio* : la loi cesse où cesse sa raison d'être (189).

Contra non valentem agere non currit praescriptio : la prescription n'a pas couru contre celui qui a été empêché d'agir.

Culpa lata dolo æquiparatur : la faute lourde est équivalente au dol.

De minimis non curat prætor : le préteur ne s'occupe pas d'affaires insignifiantes.

De non vigilantibus non curat prætor : le préteur ne s'intéresse pas au négligent.

Dies non interpellat pro homine : l'échéance du terme ne vaut pas mise en demeure.

Electa una via, non datur recursus ad alteram : une voie choisie, il n'est pas possible de revenir à l'autre.

Error communis facit jus : l'erreur commune est créatrice de droit.

Ecclesia abhorret a sanguine : l'Eglise a horreur du sang (83).

Exceptio est strictissimae interpretationis : les exceptions s'interprètent strictement (189).

Fraus omnia corrumpit la fraude corrompt tout (294).

Generalia specialibus non derogant : ce qui est général ne déroge pas à ce qui est spécial (170).

Genera non pereunt : les choses de genre ne périssent pas.

Heres qui sustinet personam defuncti : l'héritier succède à la personne du défunt (225).

Idem est non esse aut non probari C'est la même chose de ne pas avoir de droit et de ne pas pouvoir prouver son droit (259).

Impossibilium nulla obligatio : il n'y a pas d'obligation quand l'objet est impossible.

Infans conceptus pro nato habetur quoties de commodis ejus agitur : l'enfant simplement conçu est supposé né chaque fois qu'il y va de son intérêt (138,193).

In lege Aquilia et culpa levissima venit : dans la loi *Aquilia,* c'est-à-dire en matière délictuelle, la faute la plus légère est prise en considération.

In pari causa turpitudinis cessat repetitio : pas de « répétition » en présence d'une faute égale.

Jura novit curia : le juge connaît le droit (133).

Jus est ars aequi et boni : le droit est l'art de l'équité et du bien (45).

Lex rei sitae : règle générale de droit international privé, en matière de « statut réel », selon laquelle les biens sont régis par la loi du pays où ils sont situés (182).

Locus regit actum : règle de droit international privé selon laquelle la loi du pays où un acte est rédigé en impose les conditions de forme (182).
Malitiis non est indulgendum : pas d'indulgence pour la mauvaise foi.
Neminem lædit qui suo jure utitur : celui qui use de son droit ne lèse personne.
Nemo auditur propriam turpitudinem allegans : personne ne peut alléguer sa propre faute.
Nemo contra se subrogare censetur : nul n'est censé avoir subrogé contre soi.
Nemo censetur legem ignorare : nul n'est censé ignorer la loi (105, 164).
Nemo dat quod non habet ou *Nemo plus juris ad alium transfere potest quam ipse habet* : nul ne peut transférer à autrui plus de droit qu'il n'en a lui-même (137).
Non ex regula jus fiat sed ex jure regula sumitur : ce n'est pas de la règle que découle le droit mais c'est du droit que découle la règle (2).
Nulla poena sine lege : nulle peine sans texte, toute sanction découle d'une loi qui la définit (88).
Nullum crimen sine lege : pas d'infraction sans texte (88).
Pacta sunt servanda : les conventions doivent être respectées (114).
Prior tempore potior jure : le premier en date est le premier en droit.
Quæ temporalia sunt ad agendum, perpetua sunt ad excipiendum : l'action est temporaire, l'exception est perpétuelle.
Quod nullum est nullum producit effectum : ce qui est nul ne produit aucun effet.
Reus in exipiendo fit actor : le défendeur devient demandeur relativement à l'exception qu'il soulève (266).
Res inter alios acta aliis neque nocere neque prodesse potest : la chose convenue entre les uns ne nuit ni ne profite aux autres : effet relatif des contrats.
Res judicata pro veritate habetur : la chose jugée est tenue pour vraie.
Res mobilis res vilis : chose mobilière chose vile (215).
Res perit creditori / debitori / domino : la perte est pour le créancier / le débiteur / le propriétaire.
Solus consensus obligat : le consentement oblige à lui seul.
Spécialia generalibus derogant : ce qui est spécial déroge à ce qui est général (170).
Ubi emolumentum, ibi onus : là où est la charge, là doit être l'émolument.
Ubi lex non distinguit nec nos distinguere debemus : Il n'y a pas lieu de distinguer là où la loi ne distingue pas (189).
Volenti non fit injuria : on ne fait tort à qui consent.

III. Expressions et mots latins

Ab initio : dès le début ; *In limine litis* : au début du procès.
Accipiens : celui qui reçoit le paiement ; *solvens* : celui qui fait le paiement.
Ad nutum : sur un signe = par la seule volonté.
Ad probationem / solemnitatem / validitatem : pour la preuve / la solennité constitutive / la validité.
Affectio societatis : intention de s'associer dans une société.
Animus : intention ; *animus donandi* : intention libérale = volonté de donner ; *animus cooperandi* : intention de coopérer dans un contrat.
Bonus pater familias : bon père de famille.
Causa proxima / remota : cause la plus proche / la plus éloignée.

Culpa in contrahendo / in eligendo / lata : faute dans la conclusion du contrat / dans le choix / lourde.

Damnum emergens : perte éprouvée ; *Lucrum cessans :* le gain manqué.

De in rem verso : restitution de la chose.

De lege ferenda : dans la perspective d'une réforme de la loi.

Dolus bonus / malus : bon dol, mauvais dol.

Erga omnes : à l'égard de tous.

Ex æquo et bono : en fonction du juste et de l'équitable.

Exceptio non adimpleti contractus : exception d'inexécution du contrat.

In : dans.

In abstracto, in concreto : abstraitement, concrètement.

Infans : enfant en bas âge.

In solidum : en entier.

Instrumentum : instrument = acte.

Intuitu personæ : en considération de la personne. Le contrat de mandat est conclu *intuitu personæ*. L'*intuitus personae* de ce contrat : nominatif.

Mutuus consensus / dissensus : consentement mutuel, dissentiment mutuel.

Ne varietur : sans changement.

Non ædificandi : ne pas construire : servitude de…

Patientia principis : patience du prince ; il en survit des manifestations, à défaut de l'expression, par exemple dans l'article 1244-1 du Code civil.

Penitus extraneus : au singulier, *extranei* ; au pluriel : tiers complètement étranger au contrat.

Post mortem : après la mort.

Praeter legem : à côté de la loi.

Pretium doloris / stupri : prix de la douleur / du stupre.

Pro forma : pour la forme.

Quantum : montant.

Rebus sic stantibus : les choses demeurant en l'état.

Restitutio in integrum : restitution intégrale.

Sine qua non : sans laquelle non ; sous entendu : condition…

Solo consensu : par le seul effet du consentement.

Sui generis : propre à une espèce, à un genre, unique.

IV. Sens de quelques abréviations usuelles

Contra : en sens contraire.

Dig. : Digeste, avec un « e » final.

i. e. = *id est* : c'est-à-dire.

Ibid ou *ibidem* : au même endroit.

Id ou *idem* : le ou la même.

Infra, supra : ci-dessous ou plus loin ; ci-dessus ou plus haut.

Op. et loc. cit. = *opus et loco citatis* : ouvrage et endroit cités.

V°, V^{is} = *verbo, verbis* : mot, mots.

BIBLIOGRAPHIE SOMMAIRE

Sont cités ici tous les ouvrages d'introduction au droit. Il va sans dire que l'étudiant devra privilégier ceux dont l'édition est la plus récente. Toutefois, des ouvrages plus anciens présentent encore un intérêt pour des développements théoriques qui demeurent et qui furent l'œuvre de grands maîtres du droit.

L'esprit critique se développe en confrontant les idées des uns et des autres. Un étudiant doit avoir « son » manuel mais il doit savoir, au moins, butiner dans les autres ouvrages. « Son » manuel doit l'aider à penser et ne pas lui fournir une pensée toute faite. Un manuel est une ouverture sur d'autres livres et non une fermeture vers d'autres horizons.

AUBERT (J.-L.) et SAVAUX (E.), *Introduction au droit et thèmes fondamentaux du droit civil*, 13e éd., Dalloz, Sirey Université, 2010.

BERGEL (J.-L.), *Théorie générale du droit*, 4e éd., Dalloz, Méthodes du droit, 2003.

BONNARD (J.), *Introduction au droit*, 4e éd., Ellipses, 2010.

CABRILLAC (R.), *Introduction générale au droit*, 9e éd., Cours Dalloz, 2011.

CARBONNIER (J.), *Introduction*, 27e éd., PUF, Thémis, 2002.

CORNU (G.), *Droit civil. Introduction au droit*, 13e éd., Montchrestien, Domat, 2007.

DEUMIER (P.), *Introduction au droit*, LGDJ, Manuel, 2011.

ENCINAS DE MUNAGORRI (R.), *Introduction au droit*, 3e éd., Flammarion, Champs, 2011.

GHESTIN (J.), GOUBEAUX (G.) et FABRE-MAGNAN (M.), *Introduction générale I*, 4e éd., LGDJ, 1994.

JESTAZ (P.), *Le droit*, 6e éd., Dalloz, 2010.

LARROUMET (C.), *Introduction générale au droit*, 5e éd., Economica, 2006.

MAINGUY (D.), *Introduction générale au droit*, 5e éd., Lexis-Nexis, Objectif droit, 2010.

MALAURIE (Ph.) et MORVAN (P.), *Introduction générale*, 3e éd., Defrénois, 2009.

MALINVAUD (Ph.), *Introduction à l'étude du droit*, 12e éd., Lexis-Nexis, Manuel, 2008.

MARTY (G.) et RAYNAUD (P.), *Introduction générale à l'étude du droit*, Droit civil, T. I, 2e éd., Sirey, 1972.

MAZEAUD (J.), *Introduction à l'étude du droit, Leçons de droit civil*, T. I, 1er vol., 12e éd., par F. Chabas, Montchrestien, 2000.

ROLAND (H.) et BOYER (L.), *Introduction au droit*, 7e éd., Litec, Traités, 2003.

SÉRIAUX (A.), *Le droit : une introduction*, Ellipses, 1998.

SOURIOUX (J.-L.), *Introduction générale au droit*, 2e éd., PUF, Droit fondamental, 1990.

TERRÉ (F.), *Introduction générale au droit*, 8e éd., Dalloz, Précis, 2009.

Il convient d'ajouter :

ALLAND (D.) et RIALS (S.) (dir.), *Dictionnaire de la culture juridique*, PUF et Lamy, Quadrige, coll. Dicos Poche, 2003.

ARABEYRE (P.), HALPÉRIN (J.-L.), KRYNEN (J.) (s. dir.), *Dictionnaire historique des juristes français, XIIe-XXe siècle*, PUF, Quadrige, coll. Dicos poche, 2007.

CADIET (L.) (dir.), *Dictionnaire de la Justice*, PUF, 2004.

CORNU (G.), *Vocabulaire juridique*, 8e éd., PUF, Quadrige, coll. Dicos poche, 2007.

TRAVAUX DIRIGÉS

PRÉSENTATION

Après une partie « cours », nous avons souhaité compléter celle-ci par une seconde de travaux dirigés. En effet, le cours est réparti en dix chapitres qui correspondent aux habituelles dix séances de travaux dirigés d'un semestre. Par ailleurs, depuis longtemps désormais, la pédagogie des facultés de droit est fondée sur l'alliance étroite entre *le cours magistral* (le professeur ou le maître de conférences) et *les travaux dirigés* (parfois l'enseignant magistral, le plus souvent les ATER, les moniteurs ou les chargés de travaux dirigés) : la théorie et la pratique. L'équipe forme un tout. Les travaux dirigés suivent le cours et préparent aux exercices qui peuvent être donnés lors de l'examen final.

Cette seconde partie a des ambitions raisonnables. Nous avons, en préambule, fourni une méthodologie des divers exercices les plus ordinairement pratiqués dans les séances de travaux dirigés. Cette méthodologie ne dispensera pas l'étudiant désireux de se perfectionner de se reporter vers d'autres ouvrages de méthodes, en particulier le fort précieux livre de MM. Goubeaux et Bihr, *Les épreuves écrites de droit civil*, publié par la LGDJ. Ce ne sont pas non plus les manuels qui manquent en la matière.

Simplement, pour avoir été nous-mêmes étudiants et nous en souvenir, nous ne voulons pas sombrer dans le péché qu'est le perfectionnisme, lequel peut rebuter l'étudiant encore novice. Le professeur est généralement un très bon étudiant… à titre rétroactif. Au premier semestre, ce qui importe c'est bien de connaître l'essentiel (au sens précis du mot) de ce qui est requis. Nous avons insisté sur le *sens* et la *valeur des exercices*. Trop souvent les étudiants les connaissent mécaniquement, sans se demander un instant pourquoi on exige ceci d'eux. Un exercice est nécessairement « académique » avec ce que de gratuit comporte un tel qualificatif. Mais les exercices d'une auto-école ne sont-ils pas tout aussi « académiques » ? Un exercice a pour vocation de former un jeune esprit à une discipline infiniment nouvelle pour lui. C'est peu et c'est aussi beaucoup. C'est, surtout, très suffisant.

Par ailleurs, nous avons sollicité nos propres équipes pédagogiques, renouvelant ainsi la fameuse transaction de Portalis entre les pays de coutume (Caen) et ceux de tradition romaine (Toulouse) sans oublier quelques aides des provinces plus excentrées. Il arrive, souvent, que les manuels de travaux dirigés soient lissés et uniformes. Telle n'est pas la pratique d'une faculté. L'équipe est diverse de toutes les personnalités qui la composent. L'étudiant l'apprendra très vite. Chaque chargé de travaux dirigés a sa manière. Raison pour laquelle nous avons, volontairement, respecté cette enrichissante diversité des hommes.

Nous avons également sollicité de chaque auteur, en sus d'un corrigé-type, qu'il fournisse soit des conseils méthodologiques propres à l'exercice demandé, soit un autre plan possible, soit des mises en garde. De cette manière, le manuel se présente vraiment comme une suite de séances de travaux dirigés telles qu'elles se pratiquent au sein de la faculté.

Enfin, nous remercions notre collègue et ami, M. Philippe le Tourneau, professeur émérite de la Faculté de Toulouse, qui a bien voulu nous autoriser à publier une partie de son fameux fascicule qui a fait le bonheur de nombreuses promotions, à Toulouse et ailleurs. Si le droit requiert de la précision, il suppose l'usage d'une langue exacte, fine et élégante ; s'il a des racines ancestrales, le souvenir du droit romain et du droit canonique se maintient par ces adages qui sont un peu nos souvenirs de famille à nous.

Joubert eut un jour cette réplique : « Adressez-vous aux jeunes gens : ils savent tout ! » Autant dire que c'est avec la grande modestie et l'incompétence croissante de la maturité que nous nous sommes hasardés à ces prolégomènes.

MÉTHODOLOGIE GÉNÉRALE

Les exercices universitaires effectués dans le cadre des travaux dirigés et donc susceptibles d'être donnés à l'examen sont de diverses sortes. L'étudiant de 1re année pourra ainsi se trouver confronté au cas pratique, à la dissertation, au commentaire d'arrêt, au commentaire de texte (loi, article du Code civil, doctrine), voire au « QCM » (questions à choix multiple) ou « QRU » (questions à réponse unique). Chaque type d'épreuve obéit à des règles qui seront exposées, puis illustrées.

Conseils généraux

Ce qui semble évident et pourtant n'est pas toujours accompli : il faut lire l'énoncé, c'est-à-dire qu'il faut faire attention à toutes les indications données, notamment aux dates et délais (cas pratique), aux articles cités (commentaire d'arrêt).

Se ménager un temps de réflexion suffisant, mais pas non plus trop long, avant de rédiger la copie. On apprend à gérer son temps notamment en préparant les séances de travaux dirigés : il est ainsi très utile d'apprendre d'abord son cours et de résoudre ensuite les exercices de la séance, cours fermé et en contrôlant le temps. Quelle que soit la durée de l'épreuve – *grosso modo* –, la moitié du temps devrait être consacré à la préparation et l'autre moitié à la rédaction.

Faire des brouillons utiles : n'utiliser que les *recto*, ne pas rédiger de phrases complètes (et encore moins l'examen tout entier), y noter les différentes idées qui viennent au fur et à mesure de manière suffisamment claire pour pouvoir se relire et s'y retrouver (!), biffer tout ce qui s'avère inutile après plus ample réflexion, numéroter les idées selon l'ordre où elles figureront dans la copie.

Soigner la présentation de la copie : l'écriture doit être lisible ; les fautes de grammaire et d'orthographe ne sont admissibles qu'en quantité infime ; les abréviations, les flèches sont à bannir ; la présentation doit être aérée, aucun intitulé ne devant figurer en bas de page (à noter qu'il ne faut pas mettre de point final ou deux points à la fin d'un intitulé et qu'il est inutile de changer de couleur d'encre). Attention : si le correcteur a besoin d'une loupe, s'il doit se transformer en Champollion pour déchiffrer la copie, cela lui fait perdre le fil et nuit à sa compréhension du fond, ce qui n'est jamais favorable à l'étudiant. Il ne faut donc jamais oublier qu'une mauvaise forme retentit sur le fond… ce qui se traduit souvent par la perte de quelques points. Là encore, bien préparer ses TD est très utile pour apprendre à rédiger correctement en droit : bien apprendre ses cours, lire les manuels, le Code civil, faire les préparations par écrit… permet de se familiariser avec le vocabulaire et le style juridique. L'utilisation d'un lexique de termes juridiques, ou d'un simple dictionnaire de la langue française, est très vivement recommandée dans le cadre de cette préparation : plus d'un étudiant n'a pas compris un arrêt, un énoncé, parce qu'il a commis un contresens sur le mot « nonobstant », sur l'expression « solution de continuité » ou qu'il a confondu un magasin bien « achalandé » avec un magasin bien « approvisionné » ! (De plus, (re) lire Victor Hugo ou Stendhal ne peut que contribuer à l'amélioration du style).

Pour que le Code civil s'avère un instrument utile, il est nécessaire d'en apprendre le maniement. Le jour de l'épreuve – pour laquelle le Code est autorisé – il sera trop tard pour savoir s'y retrouver. Le mieux est d'étudier son cours le Code à la main et de se référer aux différents articles, à la jurisprudence rendue à leurs propos et citée sous l'article concerné.

La dissertation

L'exercice de la dissertation a longtemps été tenu pour classique dans les facultés de droit, en partant du principe que l'étudiant le connaissait depuis ses études secondaires et qu'il convenait parfaitement à un enseignement essentiellement magistral.

Les choses ont beaucoup changé dans la mesure où la dissertation se pratique nettement moins dans les études secondaires et que le rôle des travaux dirigés a accru le poids des exercices pratiques dans les facultés de droit. C'est dire que cet exercice semble connu de tous alors qu'il est, peut-être, de plus en plus méconnu.

Quels conseils donner ?

La dissertation se dénomme parfois « sujet théorique ». L'appellation risque d'être trompeuse : tout sujet peut être considéré comme théorique. Un commentaire d'arrêt est souvent plus théorique qu'une dissertation d'exposé. Disons simplement que la dissertation est l'exercice par lequel l'étudiant prouve qu'il sait dominer un sujet généralement vaste, en développant une pensée personnelle d'une manière cohérente et démonstrative. C'est par excellence le sujet faisant appel aux qualités de l'esprit de synthèse. Autant le cas pratique développe *l'esprit d'analyse*, autant la dissertation suscite *l'esprit de synthèse*. C'est bien en cela que cet exercice académique est vivifiant. L'étudiant en droit contemporain fait trop de la « dissection » du droit (cas pratiques, questionnaires, etc.) et perd peu à peu une certaine largeur de vue qui faisait la réputation des juristes. En pratique, celui qui sait faire une bonne dissertation sera plus tard un bon rapporteur (magistrat) ou un bon rédacteur de conclusions (avocat).

De prime abord, il faut donc comprendre le but recherché par l'exercice : voir les choses d'en haut.

La dissertation suppose une bonne compréhension du sujet donné. C'est une banalité que de le rappeler. Mais il important de dire que le sujet doit être cerné. Trop souvent des contresens redoutables sont commis, conduisant à une impasse et à une note désastreuse. Cette compréhension suppose une relative *méditation* sur le sujet, ceci d'autant plus que la plupart du temps le libellé est bref (ex. : La preuve préconstituée) voire sous forme d'une interrogation (ex. : Le Code civil est-il toujours le Code civil des Français ?).

Très vite l'étudiant apprendra que le propre des devoirs de droit s'est d'être « construits » d'une manière aussi méticuleuse qu'une charpente d'un voilier de la Belle Époque. Ce souci louable conduit fréquemment les enseignants à tout sacrifier à « l'impératif du plan ». L'usage de la remise d'un « plan détaillé » lors des exercices de travaux dirigés ne fait qu'aggraver cette dangereuse dérive. *L'étudiant sait faire un plan, mais pas écrire une dissertation.*

Le conseil à donner est qu'un plan n'est que le support d'idées exposées, démontrées et illustrées.

Trop précipitamment, l'étudiant se lance à bâtir un « bon plan » « bien balancé » et ensuite, son squelette ainsi édifié, se demande ce qu'il va bien pouvoir mettre dans son plan. N'est pas, évidemment, qui le veut, le prophète Ezéchiel promettant la vie aux os blanchis.

Il importe donc de dire qu'une dissertation suppose un plan mais que *le plan est au service des idées et non le contraire.*

Lorsqu'on veut faire un gâteau, il ne vient à l'idée de personne de se ruer sur un moule, de se demander ensuite ce que l'on va faire du moule, puis en fonction de sa forme de se dire que cela doit être celui de tel gâteau, de quérir les ingrédients idoines, de les rassembler et de les pétrir. C'est plutôt la démarche inverse qui prévaut. L'on souhaite faire un cake anglais. L'on recherche donc les ingrédients, on les prépare et ensuite on prend le moule qui convient.

Ainsi donc la chronologie de la réalisation d'une dissertation est de savoir quel gâteau on va faire (comprendre le sujet), avec quels ingrédients (la matière), de quelle manière on va l'accommoder (les idées), comment on va le préparer (la démonstration), enfin l'on cherche le moule (le plan) pour cuire le produit fini (la rédaction).

Cela signifie que, dans l'ordre des choses, le candidat doit, en premier, *fixer les limites de son sujet*. Une bonne méthode étant de partir d'une conception large du sujet puis d'éliminer au fur et à mesure de la réflexion ce qui en est manifestement éloigné ou qui ne s'impose pas (l'introduction sert, en partie, à cadrer la dimension du sujet). Cet inventaire « à la Prévert » se fait en vrac. Au début de l'épreuve, cela sert un peu de défouloir à l'esprit inquiet et stressé. À la suite de cela, il faut ensuite réfléchir. L'on ne saurait que trop insister sur cet élément cardinal de la dissertation (comme par la suite du mémoire ou de la thèse) : la réflexion. Là encore, il s'agit d'une banalité, mais il est bon de la rappeler.

Face à la masse, plus ou moins considérable de la matière assemblée, l'étudiant doit poser la question, introduire le levain dans la farine. Que vais-je pouvoir dire ? Quel est le fil conducteur ? Qu'est-ce qui unit ou divise cette matière ? C'est bien à ce stade que commence véritablement l'exercice intellectuel et où germe la pensée.

Une nouvelle fois, rien ne sert de s'agiter à élaborer un plan à la va-vite. Il faut classer les idées qui viennent à l'esprit : les plus importantes par rapport aux plus accessoires, les plus classiques par rapport aux plus nouvelles, les plus fortes par rapport aux plus contestables. À ce niveau, la farine est enrichie des ingrédients qui vont donner goût et parfum au gâteau.

Ce n'est qu'ensuite, et ensuite seulement, qu'il faudra bâtir le plan. Le plan, c'est le moule.

S'agissant du plan, disons d'emblée que depuis les années 1950 règne le culte du plan dit « en deux parties ». Comme en France, on cherche toujours à s'identifier contre quelqu'un, on a même été jusqu'à dire (le plus sérieusement du monde) que le plan « en deux parties » était celui des facultés de droit et le plan « en trois parties », celui des facultés des lettres ! De semblables élucubrations ont toujours cours et sont cause de bien des absurdités dans la formation intellectuelle des jeunes juristes. Les plus curieux d'entre eux sont invités à lire un suggestif article de M. Michel Vivant sur le mythe du plan en deux parties, paru dans les *Études offertes à Pierre Catala* (Litec, 2001, p. 969), « Le plan en deux parties, ou de l'arpentage considéré comme un art » ; ainsi qu'un très bel article de M. Roger Merle, « La leçon d'agrégation dans toute sa splendeur » (Dalloz, 1987, chr. p. 143). La seule particularité de la dissertation « française » (et non littéraire ou juridique) est d'être répartie en deux ou trois parties, pour l'excellente raison que tout peut être ramené à deux points (quatre est divisible par deux) ou à trois. Héritage cartésien véritablement.

Pourquoi alors cette préférence si marquée des juristes pour le plan « en deux parties » ? Fort simplement parce que ce plan permet, le plus souvent, une meilleure exposition de la pensée juridique : principe/exception – notion/régime – cause/effet. Le plan en trois parties incline plus vers d'autres disciplines : thèse/antithèse/synthèse.

De là à faire du plan en deux parties, l'horizon insurpassable de la pensée juridique… il y a un véritable abus.

Que faire concrètement ? L'étudiant essayera, d'abord, les bonnes vieilles méthodes du plan en deux parties (étant précisé que l'armature doit être « habillée »). Mais une fois son plan en deux parties construit, qu'il regarde alors si ce plan ne court pas le péril d'un grave déséquilibre. Il arrive souvent que la seconde partie gonfle à l'infini : c'est alors le signe que les deux sous-parties internes sont autonomes l'une de l'autre et qu'on est face à un vrai plan en trois parties engoncé dans un faux plan en deux parties.

Une mesure de prudence consiste à réfléchir à deux types de plan : un plan en deux parties et un plan en trois parties. Dans tous les cas, le véritable culte du plan en deux parties (dépourvu de tout fondement sérieux) conduit souvent l'étudiant à une fausse rigueur et à des réflexions pavloviens qui n'ont jamais la marque d'une émancipation. *In fine*, l'on pourrait recommander la lecture de quelques-uns des plus célèbres sermons de Bossuet (il en existe un choix dans la collection de poche *Folio*) : le célèbre prédicateur usait tantôt du plan en trois parties, tantôt en deux parties. Le *Sermon sur la mort* étant, probablement, le plus beau plan en deux parties jamais écrit.

Bref, en un mot comme en dix, faites le plan que vous voudrez mais sachez pourquoi vous retenez telle méthode plutôt que telle autre. Il n'y a rien de plus stupide que de vouloir faire bêtement des choses intelligentes.

Le point commun à tous ces plans, c'est l'introduction. Généralement, l'étudiant est pris de panique pour rédiger l'introduction car on lui a dit qu'elle doit être parfaite (ce qui est vrai) car les correcteurs ne lisent que l'introduction (ce qui est faux).

L'introduction est à la dissertation ce que l'apéritif est au repas : ouvrir l'appétit sans le couper.

Qui ne sait qu'une introduction est faite « en entonnoir » et se termine par l'annonce du plan ? Un maître de la faculté de Paris faisait, jadis, une autre comparaison plus suggestive : une introduction est comme le décolleté d'une belle femme, amener le regard sur des beautés qu'il ne dévoile pas…

Cela signifie quoi ? L'introduction forme un tout, c'est-à-dire qu'elle n'a pas de divisions internes, mais l'on conseillera de la construire par morceaux : le sujet, ses contours (c'est ici que l'on indique ce qui sera traité et ce qui sera éliminé), son intérêt (classique ou très nouveau, on peut aussi dire classique mais avec des conséquences nouvelles), son contexte (ici : histoire, sociologie, économie, etc.) ; puis on expose sommairement les grandes idées qui découlent de cette première analyse (c'est la substance du plan), enfin l'on annonce le plan d'une manière claire (c'est la dernière phrase de l'introduction : « c'est pourquoi nous verrons, tout d'abord, que le principe est la préconstitution de la preuve écrite (1re partie), mais ensuite, que ce principe souffre diverses exceptions en cas d'impossibilités de natures diverses (2e partie) »).

À propos de l'annonce du plan et des intitulés des titres, l'idéal est l'élégance, le sens de la répartie et de la rhétorique : un bon juriste est d'abord quelqu'un qui sait bien écrire et bien parler. Mais attention aux abus et aux facilités !

Pour s'amuser, on a souvent dit que le plan en deux parties parfait était : « Il est plus facile de se laver les dents dans un verre à pied (I) que les pieds dans un verre à dents (II) ». C'est joli, cela amuse la galerie… mais cela ne veut rien dire ! Il y a une nuance entre l'élégance de la plume et la vanité de la pensée. De même, mieux vaut proscrire les plans à mystère : « Le Code civil est immuable depuis 1804… (I)… mais il n'en reste plus rien de l'origine (II) ». Une dissertation de droit n'est pas un roman policier !

En première année, on se contentera sagement (chaque chose en son temps) de construire de solides plans « bateaux » (ce sont encore ceux qui naviguent le mieux) présentés d'une manière élégante. On verra la suite ultérieurement.

Chaque partie se trouve répartie en deux sous-parties (A et B). Immédiatement après le titre de la partie se place le « chapeau » de transition qui les annonce (une seule phrase : ce n'est pas une petite introduction). La fin de la première partie se termine par une phrase de transition (indépendante) qui annonce la seconde ou la deuxième partie.

Question sur la conclusion ? Là encore le mythe est tenace : une dissertation de droit n'a pas de conclusion. On se demande pourquoi ? Il peut y avoir une conclusion, à beaucoup d'égards c'est même souhaitable. Simplement cette conclusion est toujours brève et n'est pas une obligation impérieuse. Au fond, dans l'introduction, il faut poser une question. La conclusion, c'est l'art d'y répondre en terminant par une nouvelle question qui ouvre d'autres horizons (« À la fin de l'introduction, on ferme la porte ; à la fin de la conclusion, on ouvre la fenêtre »).

Il est parfois dit que le juriste s'explique de la manière suivante : voici ce que je vais dire ; voici ce que je dis ; voici ce que j'ai dit. Tout l'art est de répéter en affinant sans lasser.

L'intérieur du devoir est, naturellement, le corps. Il est plus difficile de donner des conseils stéréotypés car tout est lié au fond du sujet. L'on rappellera toutefois quelques règles simples. Affirmer n'est pas prouver ; déclarer n'est pas démontrer. Rien est évident, tout est probant. Constamment, l'étudiant doit se faire à cette école de rigueur, de prudence mais aussi de confiance en soi. Il faut savoir « cheminer » intellectuellement. Poser une hypothèse, la démontrer (si possible d'une manière positive puis négative, la preuve par le contraire), l'illustrer. C'est d'ailleurs par l'exercice de la dissertation, mieux que partout ailleurs, que le jeune juriste prendra conscience que le droit est un art autant qu'une technique ; bien des choses sont relatives dans cette matière qui aime cantonner un principe par une exception, elle-même atténuée par une dérogation.

Au sujet de la démonstration, ne pas oublier qu'il faut s'abstenir de l'argument d'autorité. Cela signifie qu'il faut proscrire : « La doctrine est unanime pour dire que… », il vaut mieux dire, « Les arguments divers et nourris d'une doctrine dense aboutissent à une unanimité d'opinion… » ; « La Cour de cassation a tranché définitivement la question d'une manière indiscutable… », le correcteur risque d'ajouter en marque « jusqu'au prochain revirement ».

On usera de termes nuancés : « il est douteux » ou « il est certainement inexact », plutôt qu'« il est faux ».

Pour conclure : la dissertation est l'exercice des études « supérieures » par excellence, là où l'élève s'exerce à devenir maître.

Le commentaire de texte

Tout de suite, une précision : par commentaire de texte on va ici entendre uniquement un texte législatif (un ou deux articles d'une loi, le Code civil par exemple) ou d'un texte de doctrine. Il va toutefois sans dire que le commentaire d'une décision de justice, à l'état pur, est aussi un commentaire de texte, mais, dans ce cas, l'on parle ordinairement d'un commentaire d'arrêt.

Le commentaire de texte est, pour l'étudiant, l'un des exercices parmi les plus simples… en apparence, car on peut soutenir qu'il est l'exercice le plus périlleux qui soit. Pourquoi donne-t-il l'impression de simplicité ? Parce qu'*a priori* il ne s'agit que de commenter un texte : exercice réputé passif. Certes, mais encore faut-il : a) avoir compris le texte, b) être susceptible de l'enrichir. Double écueil.

La compréhension du texte, tout d'abord, peut présenter une difficulté si (comme le plus souvent) on ne dispose pas du contexte, si on ignore tout de l'auteur (d'où le fait que cet exercice suppose généralement une bonne culture générale juridique). L'enrichissement ensuite n'est pas une *répétition* de cours ou, pire, une pitoyable *paraphrase*. Dès lors, l'exercice devient délicat.

Néanmoins le commentaire de texte présente une facilité : le plan. Dans tous les cas, il faut suivre le courant du texte. Ce serait une grave erreur que de « recomposer » le texte. De ce point de vue, il faut observer le texte comme formant un tout, en rechercher les articulations internes. Par voie de conséquence, le plan est celui dicté par l'auteur à son rythme. L'on ne commettra pas l'erreur de penser que le plan d'un commentaire de texte se construit exactement comme un plan de dissertation. D'ailleurs, le péril suprême est de transformer un commentaire de texte en un sujet théorique (surtout s'il s'agit d'un commentaire de dispositions législatives).

Le commentaire de texte oblige, plus que le commentaire d'arrêt, à une exégèse au sens complet du mot. Il faut « presser » le texte comme un agrume pour en sortir tout le jus. S'agissant d'un commentaire d'un ou deux articles de loi, le « poids des mots » revêt tout son sens. Par exemple, dans l'article 212 du Code civil, qui énumère les devoirs des époux, il n'est que trop clair que le mot « fidélité » est le cœur même de ce texte.

Dans un premier temps, il faut « plonger » dans le texte et en faire l'analyse précise et détaillée. Dans un second temps, il faut « remonter » du texte pour en faire le commentaire plus détaché. Cet exercice requiert donc aussi bien l'esprit déductif qu'inductif.

Quels sont les pièges à éviter (outre la confusion avec un sujet théorique) ? S'il s'agit d'un texte d'un auteur ancien, il est souhaitable de le lire tant dans son contexte qu'avec les données actuelles (on se rend compte ainsi que certains textes conservent toute leur actualité, d'autres, célèbres en leur temps, ont bien vite vieillis) ; mais il faut veiller à ne pas faire de fausse interprétation et surtout d'anachronisme.

Pour un texte de loi, il faut regarder de quand date le texte. Il se peut que le texte ait été modifié depuis l'entrée en vigueur de tel code ou de telle loi. Si le texte a mûri, il faut tenir compte de la jurisprudence ; si c'est un texte d'une loi nouvelle, il faut faire preuve de prospective (en s'aidant au besoin de la jurisprudence antérieure ou des travaux préparatoires de la loi).

En définitive, l'exercice en deux mouvements suppose que le correcteur puisse dire que l'étudiant a parfaitement compris ce que l'auteur ou le législateur voulait dire (compréhension) et qu'il est, dès lors, capable de donner un éclairage personnel à ce texte (enrichissement).

Ce fut, jadis, un exercice classique parmi les classiques : celui de la glose. À la base de cet exercice, il y a l'idée qu'un texte renferme une richesse féconde et renouvelée. Les juristes l'ont repris largement des théologiens exégètes de l'Écriture. Un psaume dit que la Parole de Dieu est vivante et plus vive qu'une épée. Cela signifie que l'éternité du texte (la Bible est écrite une fois pour toutes) suscite à chaque génération sa propre actualité : l'éternité ne signifie pas l'intemporalité. Chaque génération perçoit d'une manière variable tel ou tel message de l'Écriture. Plus modestement, il en est de même pour la loi ou pour la doctrine. La glose suppose aussi que le lecteur ait son mot à dire : il reçoit un texte mais il lui ajoute.

Cet exercice est infiniment pratique. Quotidiennement, le travail d'un juriste, surtout dans des pays de droit écrit, est de décrypter des textes et de les assimiler. Au-delà des textes législatifs, il faut aussi savoir lire un contrat (importance des définitions contractuelles) ou des pièces d'un dossier. Lorsqu'un notaire interprète un testament ou un contrat de mariage, que fait-il d'autre ?

Le commentaire de texte, en définitive, suppose de recevoir un texte et de savoir en restituer la substance et la richesse. Il impose de triompher d'un texte, donné comme un défi à l'intelligence et à l'imagination.

Le cas pratique

Dans ce type d'exercice, l'étudiant joue le rôle d'un avocat, d'un notaire… Un profane, qu'il soit client ou simple ami en quête d'information, s'adresse à ce conseiller auquel il expose les difficultés concrètes qu'il rencontre ; il s'agit de résoudre celles-ci grâce aux connaissances juridiques acquises dans le cadre du cours magistral, des manuels et des travaux dirigés (c'est pourquoi on parle aussi de « consultation »). Pour ce faire, il faut respecter un certain ordre, une méthode ; c'est nécessaire, pas seulement parce que le cas pratique est une épreuve universitaire, mais aussi parce que c'est le seul moyen d'être rigoureux et donc de ne pas se tromper (au moins de limiter les risques d'erreur !).

Il est bien rare que plusieurs difficultés ne soient pas évoquées par le client. Pour les résoudre, il faut bien les distinguer et les envisager l'une après l'autre – ce qui implique d'avoir bien compris les faits, écarté ceux qui sont sans intérêt, et (re) mis ceux qui importent dans un ordre chronologique. Attention : les explications de votre client (c'est-à-dire l'énoncé) peuvent être peu claires, encombrées de données inutiles ou au contraire lacunaires : il faut faire le tri et essayer de comprendre ce qui n'a pas été dit (sans aller jusqu'à inventer). Pour chaque difficulté, les étapes du raisonnement sont au nombre de quatre.

1° Sans recopier l'énoncé, il faut poser la question en fait, c'est-à-dire dire ce qui arrive concrètement au client, en termes courants, ceux du non-juriste. Par exemple, Ernest Bigoudi prétend avoir prêté 1 000 euros à sa femme Arlette qui a verbalement promis de lui rendre la somme ; comment peut-il prouver ce prêt ?

2° Il faut ensuite poser cette même question en droit, ce qui consiste à traduire en termes juridiques la question posée précédemment. Ce faisant, la question se trouve généralisée, théorisée : elle dépasse le cas concret que vous avez à traiter. Vous pourriez donc penser que c'est une étape inutile puisqu'on s'éloigne ainsi des faits ; or, c'est indispensable pour pouvoir raisonner juridiquement (cf. 3°) : une réponse en droit ne peut être apportée qu'à une question de droit. Dans notre exemple : en l'absence de tout écrit, comment rapporte-t-on la preuve d'un acte juridique ? En effet, prêter de l'argent, c'est accomplir un acte juridique. Avoir opéré cette qualification permet déjà d'avancer vers la réponse, car on peut écarter les règles de preuve relatives aux faits juridiques, pour ne retenir que celles concernant les actes. Mal poser la question en droit, c'est s'exposer à passer à côté du cas pratique… et à rater l'examen ! Cette étape est à soigner tout particulièrement.

3° Il s'agit maintenant de répondre en droit. Cela suppose de rassembler toutes les règles juridiques susceptibles d'être utilisées. Au brouillon, indiquer tout ce qui paraît correspondre au sujet. Retenir seulement ce qui s'applique effectivement au problème de droit traité. Sur la copie, commencer par présenter la règle retenue tout en précisant sa source : article du Code civil, loi, décret, coutume, jurisprudence. Dire si c'est une règle de principe, ou une règle dérogatoire au principe applicable normalement en la matière : dans ce cas, exposer en premier lieu ce principe, puis l'exception – là encore en justifiant de son origine. Toujours justifier vos réponses et définir les notions, ce qui ne signifie pas faire de la récitation de cours. À ce moment, tous les éléments sont à disposition, l'essentiel du travail est effectué. La 3e étape de l'exemple implique de mentionner l'article 1341, alinéa 1er du Code civil : ce texte indique comment prouver un acte juridique, à savoir par un écrit préconstitué. L'écrit est un acte (*instrumentum*) authentique ou sous seing privé. Le souci est que justement, ici, aucun écrit n'a été rédigé. La règle de l'article 1341 n'est cependant qu'un principe et des exceptions, qui résultent de la loi ou de la jurisprudence, permettent d'apporter la preuve de l'existence ou du contenu d'un acte juridique (*negotium*) par tous moyens, y compris par témoignages ou présomptions. Celles-ci sont très diverses et pour certaines, manifestement hors de propos. Ainsi, la preuve des actes dont le montant est inférieur ou égal à 800 euros est rapportée librement dans cette somme (article 1341 lui-même) – mais, ici le « prêt » est supérieur à 800 euros. Les parties peuvent écarter la nécessité d'un écrit – qui n'est pas d'ordre public – et admettre la preuve par témoins et par présomptions (jurisprudence) : Ernest Bigoudi ne nous a pas parlé d'un tel accord entre les parties, d'ailleurs rare : il est peu probable qu'il y en ait un ici. En vertu de la maxime « la fraude corrompt tout », les juges peuvent autoriser une partie à prouver un acte par tous moyens (jurisprudence) : là encore, rien ne permet de penser à l'existence d'une telle fraude. L'aveu et le serment décisoire permettent de prouver l'existence d'un acte juridique (*negotium*) supérieur à 800 euros et qui n'a pas été constaté par écrit, en l'absence de toute fraude : de tels modes de preuve supposeraient qu'Ernest Bigoudi assigne sa femme en justice et que celle-ci reconnaisse lui devoir de l'argent, d'elle-même ou sur la demande du juge : c'est une solution extrême et bien aléatoire ; il est inutile d'évoquer la possibilité de compléter un commencement de preuve par écrit par tous moyens (art. 1347), puisqu'aucun écrit (ou équivalent jurisprudentiel) n'existe ici. Il est aussi facile d'écarter deux exceptions tirées de l'article 1348 : la preuve par tous moyens est admise si le créancier a perdu l'écrit qu'il avait préconstitué par suite d'un cas de force majeure ou si une partie, qui n'a conservé le titre original, présente une copie fidèle et durable. L'article 1348 permet encore aux parties à un acte d'en rapporter la preuve par témoins ou par présomptions, si elles convainquent le juge qu'elles n'ont pu se procurer un écrit lors de la formation de l'acte juridique : un contrat conclu par téléphone, sur un champ de foire… (impossibilité matérielle) ou entre époux, entre parents et enfants, entre collègues de travail… (impossibilité morale), pourra être prouvé par le recours à un témoignage, à un enregistrement, à une lettre missive… : il semble bien, cette fois, que le cas d'Ernest Bigoudi corresponde à l'impossibilité morale de s'être procuré un écrit.

4° La dernière étape constitue la réponse concrète à la question posée en 1°. C'est cela seul qui intéresse le client. Toutefois, l'étudiant doit bien se garder de faire l'économie des étapes 2° et 3° : encore une fois, c'est l'essentiel du cas pratique (et des points !). Maintenant, il faut prendre les éléments de droit, les appliquer aux faits, c'est-à-dire vérifier que les faits correspondent aux conditions d'application de la règle et répondre précisément aux demandes du client. Ernest Bigoudi est marié avec Arlette : le mariage constitue une cause d'impossibilité morale de se procurer un écrit. Par conséquent, dans l'hypothèse où il devrait attraire sa femme en justice pour obtenir le remboursement du prêt qu'il dit lui avoir consenti, Ernest Bigoudi, n'ayant pas préconstitué de preuve écrite, devrait invoquer l'impossibilité morale où il a été de se procurer un écrit. Il ne devrait pas être trop difficile de convaincre le juge étant donné les liens d'alliance entre Ernest Bigoudi et Arlette. Il pourrait alors prouver par tous moyens l'existence et l'étendue du prêt. Cela risque d'être plus difficile en l'absence de témoin : il devrait alors invoquer des présomptions tenant, par exemple, à des disponibilités financières soudaines de l'épouse au foyer (c'est-à-dire sans revenu)…

Si les indications du client (de l'énoncé) sont très précises, il ne faut pas hésiter à donner une seule réponse (justifiée). Si le client arrive avec une idée préconçue de la solution à son cas, il faut rectifier son éventuelle erreur, ou lui suggérer une voie plus judicieuse. En revanche, en l'absence d'indications suffisantes, on attendra du « conseiller » qu'il propose plusieurs solutions. Et même, le cas échéant, l'honnêteté de l'avocat le conduira à prévenir son client que la solution est incertaine : par exemple, elle résulte d'un apparent revirement de jurisprudence, elle est issue d'un texte de loi récent qu'on ne sait encore comment interpréter, elle fait l'objet d'une jurisprudence divergente…

Rappels importants :

– ne pas faire de la récitation de cours,
– toujours justifier les réponses et citer leur source,
– répondre en suivant 4 étapes, sans en omettre une seule.

Le commentaire d'arrêt

Le plus souvent, il est demandé aux étudiants de commenter un arrêt de la Cour de cassation ; en effet ce type de décision, parce qu'il émane de la plus haute juridiction judiciaire – qui ne statue qu'en droit – est le plus intéressant. Pour cette raison, les notes de jurisprudence rédigées par la doctrine concernent surtout les arrêts de la Cour de cassation : les étudiants pourront se référer avec profit à ces notes dans les revues spécialisées et s'en inspirer pour leurs préparations de TD et leurs révisions pour les examens. (Pour autant, il n'est pas interdit de commenter des arrêts de cours d'appel, voire des jugements : ces décisions, parce qu'elles sont rendues par des juridictions du fond comportent beaucoup plus d'indications de faits, elles sont beaucoup plus longues et restent plus limitées au cas d'espèce qu'elles sont appelées à résoudre). C'est donc au commentaire d'un arrêt de la Cour de cassation que l'on va s'attacher désormais. Il suppose un travail en deux temps.

I. La compréhension de l'arrêt

Il faut commencer par lire attentivement l'arrêt pour comprendre ce qui s'est passé et quelle question de droit a dû trancher la juridiction saisie. Dans l'arrêt figurent des éléments similaires à ceux du cas pratique : le plaideur est venu devant le juge avec un ou plusieurs ennuis concrets – question (s) de fait – et le juge a dû traduire la ou les questions posées en termes juridiques – question (s) de droit.

Pour pouvoir lire sans trop de difficulté un arrêt rendu par la Cour de cassation et éviter les confusions, il faut savoir que l'on retrouve certaines constantes communes à tous les types d'arrêts (1°) et certaines propres aux arrêts de rejet ou de cassation (2°).

A. Les éléments communs à tous les arrêts de la Cour de cassation

Les arrêts de la Cour de cassation ont une structure très précise et sont rédigés avec un style très particulier qui n'en facilite pas la lecture pour un profane [1]. L'arrêt n'est composé que d'une longue, voire très longue, phrase dont le sujet apparaît en premier lieu – « La Cour » – et le verbe à la fin – « casse et annule » (éventuellement seulement partiellement) ou « rejette » : c'est la décision proprement dite prise par la Cour de cassation – le dispositif de l'arrêt. Entre les deux, il y a les motifs – au sens large –, rédigés sous forme d'« attendus » qui fournissent toutes les informations sur l'affaire. Celles-ci s'organisent en trois groupes d'éléments : les faits, la procédure, les thèses en présence, à savoir celles des parties et de la cour d'appel et la réponse de la Haute juridiction. Attention : il est nécessaire – mais difficile – de savoir où commence et où finit l'exposé de chaque thèse. Il faut discerner précisément qui est l'auteur de tel ou tel propos, celui-ci pouvant être la juridiction ayant rendu la décision attaquée, le demandeur au pourvoi ou la Cour de cassation elle-même. Il est évident qu'attribuer au demandeur au pourvoi des propos de la cour d'appel ou

1. Cf. *supra*, n° 140 de la partie Cours.

à la Cour de cassation des propos du demandeur au pourvoi conduit inévitablement à des contresens et incompréhensions. (Il peut être utile de souligner ou surligner chaque groupe d'éléments selon une couleur choisie une fois pour toutes, afin de s'y retrouver facilement).

À noter que les éléments de fait sont peu développés devant la Cour de cassation. N'étant pas un troisième degré de juridiction, elle prend les faits tels qu'ils lui sont donnés par les juges du fond, ne retenant que ce qui est indispensable à la compréhension du litige et du déroulement de la procédure. Sur le plan de la rédaction, en principe, les faits sont rassemblés au début de l'arrêt, mais il faut toujours vérifier que certains ne sont pas disséminés dans les motifs de la cour d'appel, voire dans le pourvoi. Les faits, c'est tout ce qui ne fait aucun doute, à l'exclusion par exemple de ce qu'affirme une partie et qui est contesté par l'autre : une haie est plantée à 0,50 m de la limite de la propriété du voisin, un créancier a prêté 1 000 euros à un débiteur qui admet avoir emprunté cette somme, des parents ont voulu prénommer un enfant « Scoubidou » et l'officier de l'État civil s'y est opposé…

Les indications relatives à la procédure suivent immédiatement les faits : il faut d'ailleurs faire attention de ne pas les confondre, étant entendu que la procédure commence avec la saisine de la justice. Ces informations permettent de déterminer qui est demandeur/défendeur en 1re instance ? Éventuellement qu'a décidé le tribunal et pourquoi ? Qui est appelant/intimé au 2nd degré ? Qu'a décidé la cour d'appel ? Enfin qui est demandeur/défendeur au pourvoi en cassation ? Attention : la solution de première instance n'est pas toujours clairement indiquée ; elle peut cependant être déduite de l'arrêt grâce à des formules telles que « l'arrêt infirmatif attaqué » – ce qui veut dire que la cour d'appel a infirmé (= réformé) la solution de première instance – ou « l'arrêt confirmatif attaqué » dans l'hypothèse inverse. Quoi qu'il en soit, il faut toujours se rappeler (et rappeler dans le commentaire – *cf. infra*) que la procédure débute en 1re instance et pas devant la cour d'appel.

Les thèses susceptibles d'apparaître sont :

– d'une part, celle de la cour d'appel (ou uniquement du tribunal si le pourvoi en cassation est dirigé contre un jugement) : ce sont les motifs (dans un sens plus étroit que celui vu *supra*) de l'arrêt d'appel ;

– d'autre part, il y a la thèse du demandeur au pourvoi en cassation présentée sous forme de moyens. Un moyen critique une disposition de cette décision attaquée, en proposant un raisonnement complet : ainsi dans chaque moyen sont rappelés la disposition critiquée et le motif de celle-ci puis est indiquée la critique de cette disposition. Cette critique est strictement encadrée, le plaideur ne pouvant en effet invoquer qu'un des « cas d'ouverture » dégagés par une longue pratique (à défaut d'être réglementés par le Code de procédure civile) : le plus fréquemment, il est reproché aux juges du fond d'avoir violé le texte de droit appliqué ou d'avoir rendu une décision manquant de base légale. Formellement, chaque critique commence avec les termes « alors que… ». Il y a autant de moyens que de dispositions critiquées. Si une disposition est critiquée pour plusieurs raisons, chaque raison constitue alors une branche de moyen, ainsi formulées : « alors que d'une part…, que d'autre part…, qu'enfin… » (si le moyen comporte trois branches) ;

– enfin, il y a la thèse de la Cour de cassation ; celle-ci vérifie seulement la conformité aux règles de droit de la décision contre laquelle le pourvoi en cassation est dirigé la Cour de cassation statue en répondant au pourvoi en cassation fondé sur un ou plusieurs moyens.

Puis en dernier lieu on trouve le dispositif, introduit par l'expression « Par ces motifs » (qui fait allusion aux trois parties qui précèdent). Si la Cour de cassation estime que les arguments du pourvoi ne sont pas justifiés, elle rend un arrêt de rejet (du pourvoi). Dans le cas inverse, elle rend un arrêt de cassation (de la décision attaquée par le pourvoi). Selon le cas, la Haute juridiction approuve donc la cour d'appel ou suit le demandeur au pourvoi. Par conséquent, quelle que soit la solution, il ne s'agit pas d'une troisième thèse, sauf si la Cour de cassation procède à une substitution de motifs : ce cas se produit lorsque la Cour de cassation considère que la solution des juges du fond est bonne, mais qu'elle est mal fondée (mal justifiée en droit) ; elle rejette le pourvoi mais elle remplace les motifs du jugement ou de l'arrêt d'appel par ses propres motifs de droit. De même peut-il y avoir relevé d'office d'un moyen de pur droit : dans cette hypothèse assez rare, la Cour de cassation estime que la décision des juges du fond doit être cassée, mais pour une ou des raisons différentes de celle (s) invoquées par le demandeur au pourvoi.

B. Les éléments propres aux arrêts de rejet et aux arrêts de cassation

La structure des arrêts de rejet (a) et des arrêts de cassation (b) – bien que les uns et les autres comportent en gros quatre parties – n'est pas la même.

1°/ Les arrêts de rejet

Ils commencent directement par les faits et la procédure, suivis de l'énoncé de la solution retenue par la décision attaquée. Le tout est annoncé par une formule telle que « Attendu qu'il résulte des énonciations de l'arrêt attaqué... ».

Ensuite, on trouve le ou les moyens formulés par le pourvoi à l'encontre de la décision attaquée. Attention : avant de présenter ses propres arguments, le demandeur au pourvoi rappelle les motifs de la cour d'appel pour mieux les critiquer ; c'est là qu'il y a un risque de confusion entre les deux thèses. La présentation étant la suivante – « Attendu qu'il est reproché (qu'il est fait grief) à l'arrêt attaqué d'avoir décidé que... au motif que... alors que... » –, on voit que les arguments propres au pourvoi en cassation sont ceux introduits par « alors que ».

Puis, dans un dernier « attendu » figure la réponse donnée par la Cour de cassation au pourvoi. Puisqu'elle rejette le pourvoi en cassation, la Cour approuve les juges du fond (sauf rare substitution de motifs) ; cette partie expose en réalité les motifs essentiels de la cour d'appel ou du tribunal. Elle est introduite par une formule telle que : « Mais attendu qu'aux termes de l'article (1382 du Code civil, par exemple)... ». Suit l'exposé de la solution des juges du fond – jusqu'à une formule de ce type : « Qu'ainsi, en se déterminant comme elle l'a fait, la cour d'appel (ou le tribunal) a fait une exacte application du texte susvisé (n'a pas méconnu le texte susvisé) ». Attention : il faudra exposer ces motifs des juges du fond à la suite de leur décision – au terme de la procédure – dans l'introduction du commentaire – car il ne s'agit pas de motifs propres à la Cour de cassation (une nouvelle fois, sauf rare substitution de motifs).

Enfin, on trouve le dispositif : dans ce type d'arrêt, c'est toujours « rejette ». La décision attaquée – jugement ou arrêt d'appel – va donc prendre toute sa force et devenir irrévocable, c'est-à-dire insusceptible de toute voie de recours, en particulier d'un appel ou d'un nouveau pourvoi en cassation. À noter quelques réserves : un nouveau pourvoi en cassation pourrait toutefois être formé, s'il était fondé sur un cas d'ouverture différent ; par ailleurs, la voie de la tierce opposition reste ouverte aux tiers...

2°/ Les arrêts de cassation

À la différence des arrêts de rejet, ils ne débutent pas par l'exposé des faits mais par un visa et un « chapeau ». Le visa consiste à indiquer quel texte la Cour de cassation applique dans l'arrêt ; il est formulé de la manière suivante : « Vu l'article… ». Le « chapeau » formule en termes généraux et abstraits le principe juridique déduit du texte visé, dont la Cour fera découler la solution retenue. C'est une partie fondamentale de la décision et il faut y attacher une grande attention : il faut toujours aller lire le texte cité (du Code civil, du Code de commerce, du nouveau Code de procédure civile, de la Convention EDH…). Remarque : en examen, les documents nécessaires seront autorisés ; éventuellement le texte d'un article (par exemple, art. 6, § 1 Convention EDH) sera fourni avec l'énoncé. Il faut ensuite comparer le texte même et le « chapeau » tel que rédigé par la Cour de cassation : la Cour de cassation a-t-elle recopié mot à mot le visa, a-t-elle apporté des nuances ou a-t-elle pris de grandes libertés par rapport au visa ? Cette observation sera fondamentale pour le commentaire (cf. *infra* B).

C'est donc seulement après cette première partie juridique que sont exposés les faits et le contenu de la décision attaquée. Cette deuxième partie commence par une formule telle que « Attendu que pour rejeter la demande d'Ernest Bigoudi tendant à…, l'arrêt attaqué énonce que… » ou « Attendu que la cour d'appel, saisie par Gontrand Michu d'une demande en…, l'a rejetée aux motifs que… ». Dans les arrêts de cassation, la thèse du pourvoi n'est pas présentée puisque la Cour de cassation va la reprendre, sauf relevé d'office d'un moyen de pur droit. La thèse de la cour d'appel, elle, est développée dans cette partie.

La troisième partie constate l'erreur commise par la décision attaquée. Pour ce faire, la Cour de cassation rapproche le principe formulé dans le « chapeau » de la règle appliquée par la cour d'appel. Par exemple, elle va dire : « Attendu qu'en se déterminant ainsi, alors que… (rappel du principe), la cour d'appel a méconnu le texte susvisé » ou « Attendu qu'en statuant ainsi, alors que…, la cour d'appel a violé l'article… ». La Cour de cassation reproche alors aux juges du fond d'avoir mal appliqué la loi ou de ne pas l'avoir mise en mesure d'exercer son contrôle.

Enfin, on a le dispositif. La cassation entraînant l'annulation, totale ou partielle, de la décision attaquée, on peut trouver les formules suivantes « casse et annule » (les deux expressions sont synonymes donc redondantes) ou « casse et annule, mais seulement sur le 2e moyen… ». La cassation peut en effet n'être que partielle, notamment si la Cour de cassation ne fait droit qu'à certains chefs du pourvoi ou si le pourvoi ne vise qu'une partie seulement de la décision attaquée. La cassation entraîne le renvoi de l'affaire devant une autre juridiction : à la différence d'une cour d'appel, elle ne substitue pas sa décision à celle qu'elle censure, sauf lorsque, à titre exceptionnel, il y a cassation sans renvoi (art. 627, al. 1 et 2 du Code de procédure civile et leçon 10 du Manuel de cours n° 275).

Après lecture de la décision, il faut la commenter.

II. Le commentaire proprement dit

C'est un exercice difficile, car il ne faut pas se contenter de paraphraser la décision, c'est-à-dire répéter, fût-ce en d'autres termes, la solution de la décision, ce qui n'apporte rien. Il ne faut pas non plus, à l'inverse se borner à réciter le cours et disserter sur des questions générales sans les mettre en relation directe avec l'arrêt. Le juste milieu – consistant à appliquer les connaissances théoriques à l'étude de l'arrêt – peut être atteint sans trop de peine à condition de toujours revenir à l'arrêt et de confronter les thèses en présence aux connaissances acquises en cours, en séances de travaux dirigés et dans les manuels. Il faut procéder en deux temps, avec une préparation au brouillon (1°) de la copie (2°).

A. Le travail préparatoire

Le commentaire suppose une introduction suivie de développements constituant le corps du devoir. La réflexion de fond (b) doit être menée tout en respectant obligatoirement une chronologie (a).

1°/ La chronologie

L'introduction, suite directe du travail de lecture, doit impérativement être rédigée, au moins sous forme de fiche d'arrêt (cf. *infra*).

Ensuite sont indiquées les idées suscitées par l'arrêt (cf. *infra* n° suivant), sans pour autant les rédiger en leur entier, sous peine de manquer de temps lors d'un devoir sur table.

Après relecture, permettant d'ajouter voire d'abandonner certaines d'entre elles, ces idées doivent être organisées en deux groupes, eux-mêmes subdivisés en deux sous-groupes, ce qui fournit les deux parties et les quatre sous-parties du commentaire. Le plan est donc déduit naturellement de ce travail de sélection. Attention : il serait maladroit et dangereux de vouloir choisir d'abord le plan pour y faire entrer les idées ; il faut procéder à l'inverse : le plan n'apparaît qu'après avoir procédé à l'examen critique de la décision. Et, bien sûr, ce découpage du commentaire est tiré du problème de droit qui a été dégagé. Recommandation : il ne faut pas hésiter à utiliser plusieurs feuilles de brouillon pour que tout soit bien clair.

En dernier lieu, le corps du devoir est rédigé directement sur la copie, à partir des éléments de réflexion notés sur le brouillon.

2°/ La réflexion

Une fois l'arrêt lu et compris, il faut apprécier la solution, ce qui implique notamment de confronter la décision, qu'elle soit ancienne ou nouvelle, au droit positif et au droit antérieur : telle décision ancienne est-elle toujours conforme au droit positif actuel – lois ou jurisprudence – aujourd'hui en vigueur ? Telle décision récente constitue-t-elle une nouvelle solution ? Plus généralement, quel est l'apport de l'arrêt commenté au droit en vigueur ? Quels sont son sens et sa portée ? Constitue-t-il une application correcte des textes visés ? Est-il conforme à la jurisprudence dominante, est-ce un arrêt à contre courant, un revirement de jurisprudence, l'amorce d'une évolution, un arrêt classique ?... Rappel : il est fondamental d'avoir de bonnes connaissances théoriques pour effectuer cet examen critique ; si lors de l'examen, seules les connaissances acquises et le Code civil sont à disposition, il ne faut pas hésiter à se reporter au cours, aux manuels, aux documents de la fiche de TD (jurisprudence et doctrine) pour s'aider lors de la préparation des séances de travaux dirigés. À noter qu'il peut être intéressant d'apprécier la solution au regard de l'équité, de la morale, des mœurs… mais cela ne remplace évidemment pas l'appréciation en droit, qui est l'objet même du commentaire juridique.

Une fois le problème juridique dégagé et l'examen critique effectué, il faut déterminer deux aspects du problème, qui constitueront les deux parties du commentaire. Une nouvelle fois, le plan ne fait que révéler cette démarche intellectuelle. À noter un cas particulier : si l'arrêt comporte deux problèmes de droit – ce qui est tout à fait possible, si le pourvoi en cassation propose plus d'un moyen – il est judicieux de consacrer une partie à chaque question (le travail se trouve alors facilité !).

B. La rédaction du commentaire

Rappel : l'introduction doit avoir été rédigée au brouillon, le corps du devoir le sera directement sur la copie. Pour la préparation des travaux dirigés – on peut se contenter de rédiger une fiche d'arrêt, qui comprend plusieurs rubriques :

1) Indication de la juridiction ayant rendu la décision et de la date de cette décision.
2) Exposé synthétique et surtout chronologique des faits (réels et non inventés !).
3) Exposé de la procédure.
4) Prétentions respectives des parties et position de la juridiction dont la décision fait l'objet d'un appel ou d'un pourvoi. Thèse de la décision attaquée.
5) Solution adoptée par la Cour de cassation, avec sa motivation. Il s'agit de la réponse apportée par la décision au problème de droit.
6) Formulation du problème de droit sous forme d'une interrogation.

L'introduction doit reprendre ces différentes rubriques mais sans qu'elles soient numérotées et séparées. Elle doit débuter en situant précisément la décision à commenter : il faut indiquer quelle juridiction a rendu l'arrêt (et, pour la Cour de cassation, quelle chambre), à quelle date et quelle est la nature de l'arrêt, ainsi que la question traitée par l'arrêt (sans dévoiler, à ce stade, la solution précise qu'il retient). Par exemple : l'arrêt de rejet, rendu par la deuxième chambre civile de la Cour de cassation le 7 avril 2004, contribue à préciser les conditions de mise en œuvre de la responsabilité du fait d'autrui. Ensuite sont énoncés les faits, la procédure, les thèses et le problème de droit. L'introduction doit s'achever par l'annonce du plan.

Après l'introduction, on doit trouver quatre « blocs » correspondant à chacune des sous-parties, qui sont numérotées I. A/ et B/ et II. A/ et B. Il faut sauter une ligne entre chaque sous-partie et donner un intitulé à chacune. Celui-ci doit être concis et suffisamment évocateur du contenu de la partie ; il n'est pas nécessaire d'être original, ce qui importe c'est de trouver le meilleur « présentoir » possible pour le contenu. V. par exemple, dans le cas où il n'y a qu'un seul problème de droit : I/ Les conditions de l'action en responsabilité civile et II/ Les effets de l'action en responsabilité civile ; I/ La notion de… et II/ Les effets de… Attention : ne jamais utiliser une phrase avec un verbe et ne jamais mettre d'intitulé en bas de page (s'il n'y a pas de place pour écrire au moins deux ou trois lignes en-dessous du titre, il faut le placer à la page suivante) ; ne pas utiliser de stylos de couleurs différentes – pour que les titres ressortent bien, il suffit d'aérer la copie. À noter qu'il n'est pas obligatoire de consacrer un paragraphe distinct à la conclusion. Le mieux est de la faire tenir en une phrase, montrant que le II. B/ est terminé et de la concevoir comme une ouverture vers l'avenir ou vers d'autres problèmes de droit. Par exemple : « l'avenir dira si cette nouvelle solution posée par la jurisprudence en matière de... ne créera pas de difficulté au regard de la règle de l'article... du Code civil... ».

Chaque sous-partie doit commencer par le rappel de la thèse que l'on veut analyser. L'exposé doit être fait en termes généraux pour élever le débat au-delà de l'espèce en cause. Il faut donc évoquer le demandeur/le défendeur en nullité, le demandeur/le défendeur au pourvoi en cassation, le créancier/le débiteur, les époux demandeurs (à un changement de régime matrimonial)/ le ministère public... Et non Ernest Bigoudi/Gontrand Michu. Ensuite, toujours en termes généraux, doivent apparaître les appréciations, critiques, comparaisons, suggestions... suscitées par la thèse en question. Une phrase de transition annonce enfin le passage à la sous-partie suivante.

Observation sur les cas d'ouverture à cassation

L'article 978, alinéa 2 du Code de procédure civile fait obligation au demandeur, ou plutôt à son avocat aux Conseils, à peine d'irrecevabilité, de ne mettre en œuvre, dans chaque moyen ou branche, qu'un seul cas d'ouverture ; sous la même sanction, ce cas d'ouverture doit être précisé. La liste des cas d'ouverture a été dégagée par la pratique. Les deux plus importants sont la violation de la loi et le manque de base légale, mais il y a aussi le défaut de motif, l'excès de pouvoir, l'incompétence, l'inobservation des formes, la contrariété de jugements et la perte de fondement juridique.

La fausse interprétation ou la mauvaise application de toute disposition ayant force obligatoire pour les sujets de droit – et non pas seulement de la loi au sens formel du terme, constitue une violation de celle-ci, qui doit être précisément visée dans le moyen du pourvoi. Une mauvaise qualification débouchant donc sur une solution de droit erronée peut, par ce même biais, être censurée. Le juge de renvoi, si cassation il y a, devra rectifier l'erreur commise par les juges critiqués.

Il y a donc trois catégories de violation de la loi :

– par fausse interprétation de la loi,
– par fausse qualification des faits,
– par fausse application ou refus d'application de la loi.

Le manque de base légale vient sanctionner les jugements dont la motivation insuffisante, dubitative ou hypothétique, empêche la Haute juridiction d'exercer son contrôle. Ce cas d'ouverture suppose l'invocation du texte dont les conditions d'application ont été mal exposées par la décision critiquée. Si la cassation est prononcée de ce chef, le juge de renvoi aura donc à rechercher les éléments de fait qui manquaient, avant de pouvoir tirer, de ces énonciations complétées, une solution de droit ; celle-ci pourra être identique à celle donnée par la décision cassée ou différente.

Les autres cas d'ouverture sont beaucoup plus marginaux. V. M.-N. JOBARD-BACHELIER et X. BACHELIER, *Technique de cassation, Pourvois et arrêts en matière civile*, Dalloz, 3e éd., 1994.

PREMIÈRE PARTIE
LE DROIT

CHAPITRE 1
Qu'est-ce que le droit ?

1er Exercice : Dissertation : La distinction du droit et de la morale

Jean-René Binet, Professeur à la Faculté de droit de Besançon

Conseils méthodologiques

Pour l'élaboration du plan, il faut partir de deux séries d'éléments. D'abord, les éléments contenus dans le sujet. Ensuite, les éléments du cours, c'est-à-dire, plus largement, les connaissances, la culture que l'on a acquises dans l'amphithéâtre, dans les manuels et dans le cadre des séances de travaux dirigés. Les uns doivent répondre aux autres.

Le sujet d'abord est à la fois très classique sur le fond et spécifique sur sa structure. Il s'agit en effet de s'interroger sur « La distinction du droit et de la morale ». Classique, car les réflexions sur ces deux ordres normatifs que sont la morale et le droit sont tout aussi nombreuses qu'absolument nécessaires pour aborder les études de droit, ou de philosophie. L'auteur se souvient ici d'avoir dû plancher, au baccalauréat, sur « La justice doit-elle se contenter de satisfaire les sentiments du juste et de l'injuste ? », sujet de philosophie qui invitait, lui aussi, à une réflexion portant, au moins pour partie, sur les deux ordres normatifs. Cependant, il s'agit maintenant non pas de réfléchir seulement quant à une finalité commune (la justice) mais, plus largement, d'envisager « la distinction ». C'est probablement ce qui va faire la plus grande difficulté du sujet. Il faut garder cette spécificité en tête en rappelant à sa mémoire les éléments que l'on possède grâce au cours.

Ce qui distingue le droit de la morale c'est, d'abord, un but. La morale, peut-on lire souvent, poursuit le perfectionnement individuel de l'homme, tandis que le droit poursuit l'organisation de la société. Cependant, pour permettre une bonne organisation de la société, on sait aussi que le droit ne peut pas heurter la norme morale qui, par conséquent concourt au même but. L'honnêteté, la justice, pour ne citer qu'elles, sont des finalités poursuivies aussi bien par le droit que par la morale.

Fort heureusement, le droit et la morale ne se distinguent pas seulement par les finalités que les deux ordres poursuivent. Les moyens qui sont mis en œuvre par le droit et la morale sont également révélateurs de différences. Il ne s'agit plus de parler de l'ensemble (le Droit et la Morale), mais de la règle de droit et de la règle morale. Une différence essentielle permet de les distinguer efficacement : la sanction. Enfreindre l'une entraîne l'application d'une sanction étatique (condamnation à une peine d'emprisonnement ou à l'indemnisation de la victime). Enfreindre l'autre entraîne une sanction non étatique (la déconsidération, le déshonneur). Toutefois, là encore, la distinction est parfois compliquée par certains éléments. Ainsi, l'attentat à la vie humaine, sanctionné par l'autorité publique, est à la fois une infraction à la règle morale et à la règle juridique. La règle de droit et la règle morale vont donc avoir un contenu identique. Cette identité résulte alors d'une origine commune.

L'inventaire de nos connaissances nous permet donc d'avoir des éléments de distinction qui sont certains : 1/ finalité sociale de la règle de droit, individuelle de la règle morale ; 2/ règle de droit sanctionnée par l'autorité publique, règle morale appelant des sanctions non étatiques. À côté de ces critères de distinction certains, on a aussi relevé des facteurs de complexité : 3/ communauté de but entre l'ordre juridique et l'ordre moral ; 4/ identité d'origine et de contenu de la règle morale et de la règle juridique.

Nous avons donc quatre éléments, ce qui est un bon départ pour un plan binaire : ceci nous permet d'envisager quatre sous-parties. Il faut réunir deux à deux nos quatre éléments. Deux méthodes sont possibles.

Plan I. – On peut réunir d'une part l'élément 1 et l'élément 2 et d'autre part l'élément 3 et l'élément 4. Ceci donnerait à notre dissertation la structure suivante (pour l'instant, nous n'attachons aucune importance aux intitulés pour se contenter d'organiser nos idées) :

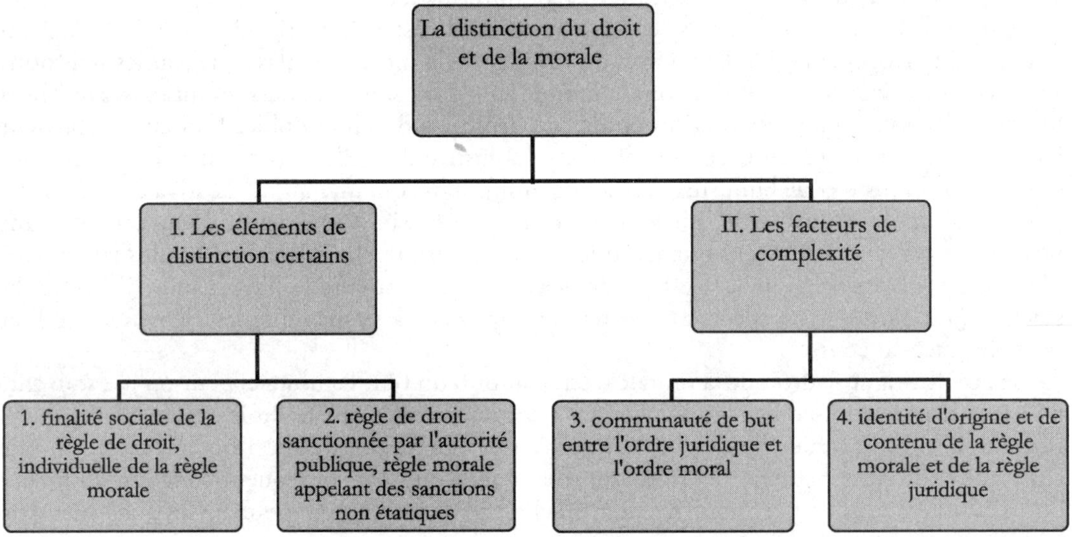

Plan II. – On peut réunir d'une part l'élément 1 et l'élément 3 et d'autre part l'élément 2 et l'élément 4. Cette fois ce n'est plus le facteur : évidence/complexité qui sert de discriminant, mais le facteur finalité/moyens. Ceci donnerait à notre dissertation la structure suivante :

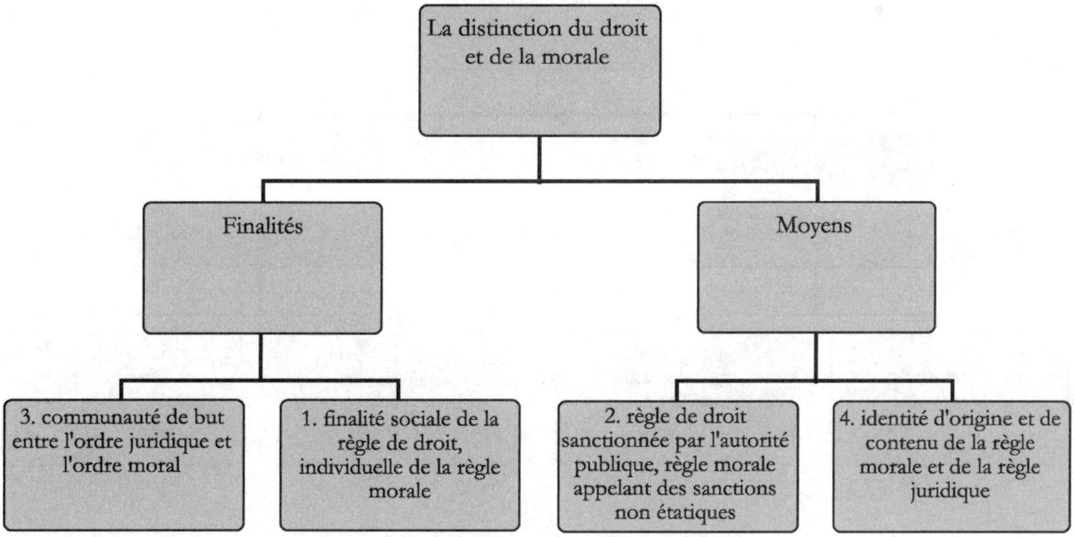

Chacun de ces deux plans a sa cohérence. Il faut cependant choisir celui que l'on retiendra. Un bon moyen consiste à vérifier l'équilibre des deux parties. Les deux parties seront équilibrées si IA + IB = IIA + IIB étant entendu que c'est l'importance de chaque sous-partie par rapport au sujet qui détermine sa valeur. Qu'est-ce qui est important dans nos idées ? Le sujet portant sur « la distinction », c'est assurément ce qui permet d'opérer cette distinction qui est important, c'est-à-dire les éléments 1 et 2. Les éléments 3 et 4 ne venant que rendre cette distinction malaisée sont de moindre importance, compte tenu de la formulation du sujet. Par conséquent, le plan I risque d'apparaître, à première vue, au moins, comme étant déséquilibré. En revanche, le plan II permet de ventiler les éléments importants de part et d'autre et d'assurer ainsi, toujours à première vue, un meilleur équilibre. Ceci va nous conduire à préférer le plan II.

Il reste maintenant à affiner sa construction. Quatre possibilités s'offrent à nous.

Plan II, 1

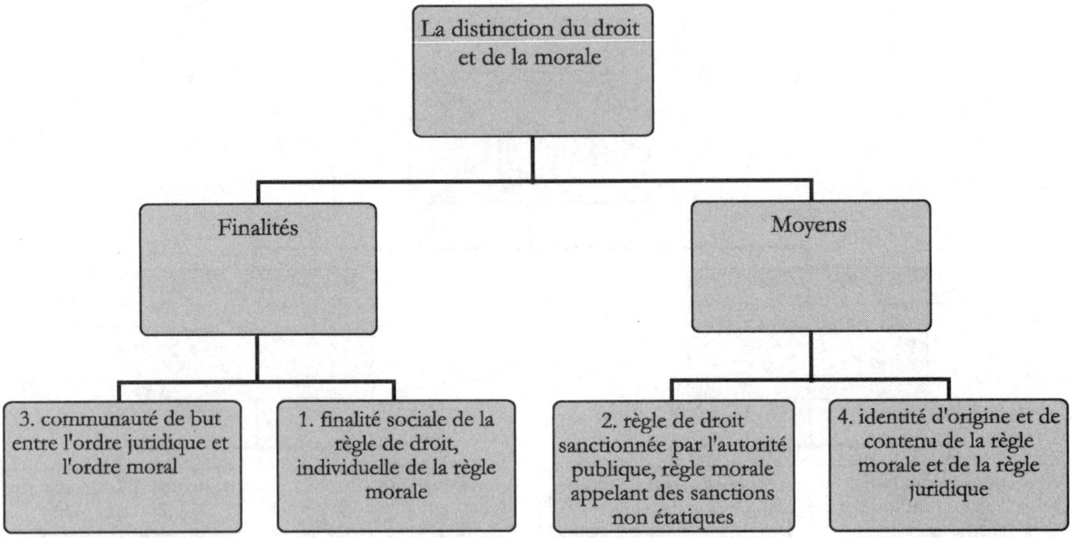

Plan II, 2

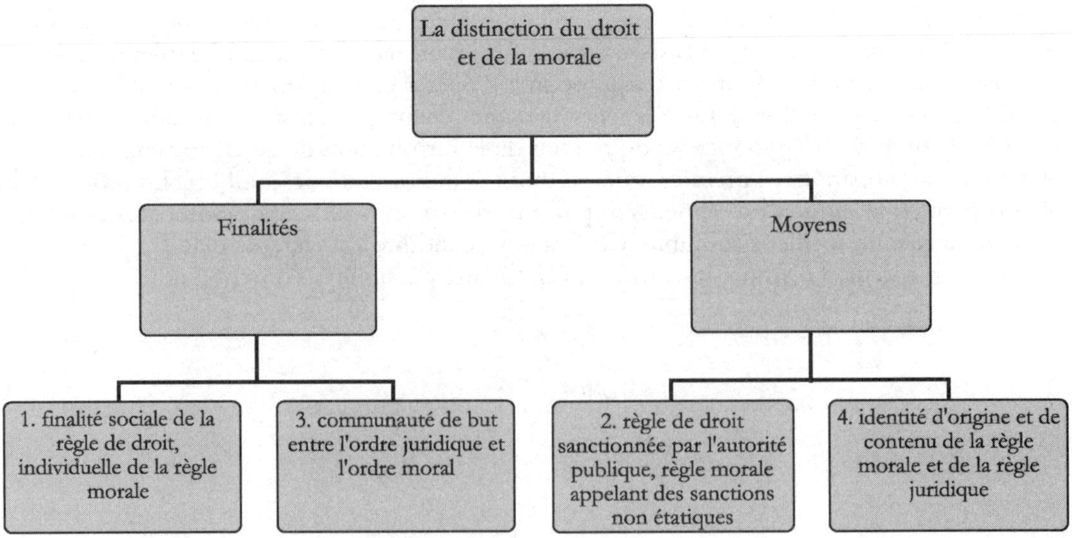

Plan II, 3

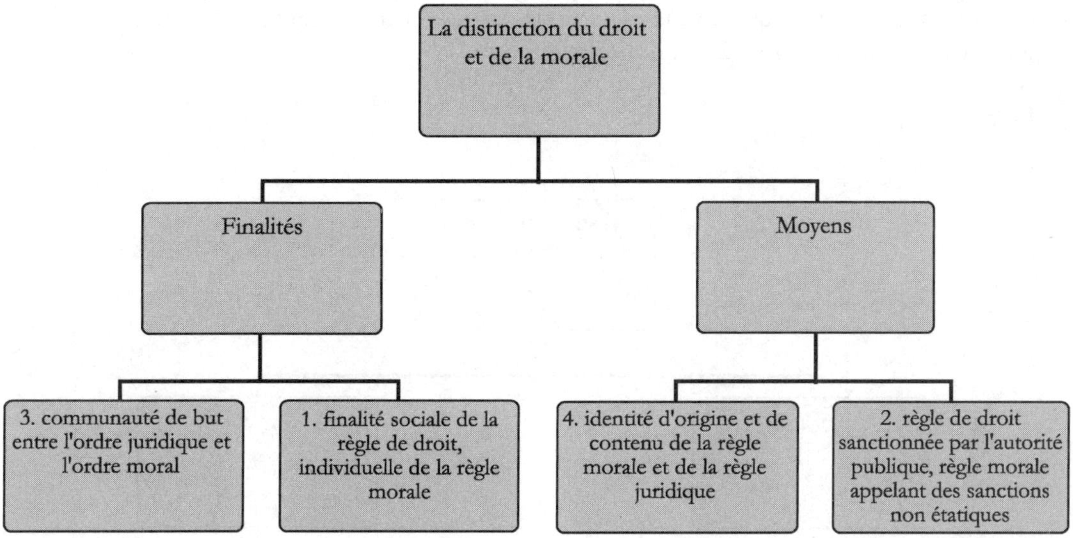

Plan II, 4

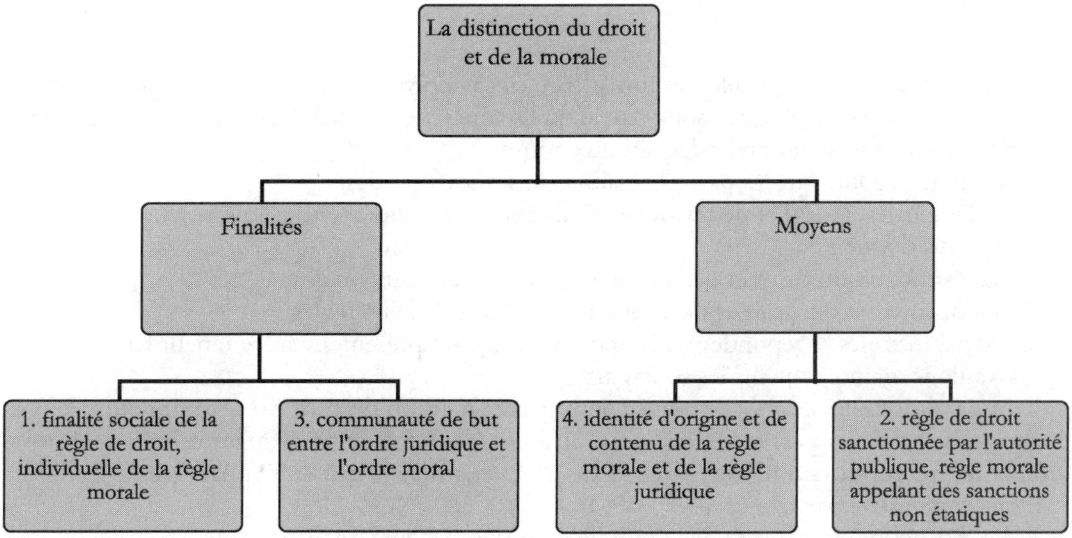

Là encore, il existe une bonne méthode pour choisir le bon plan, c'est-à-dire la bonne structure de raisonnement. De nouveau, c'est l'importance du contenu de chaque sous-partie qui va conduire au bon choix. Ce qui est le plus important doit occuper le centre du devoir, c'est-à-dire le IB et le IIA, qui sont les deux sous-parties centrales. En fonction de ce que l'on a déjà dit, c'est donc le plan II, 2 qui doit être retenu :

Plan II, 2

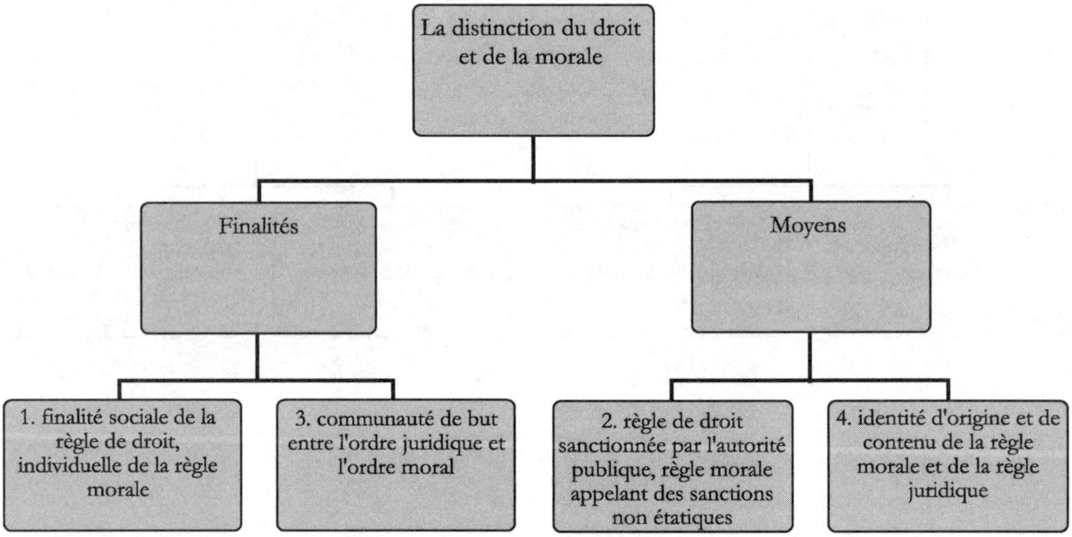

On peut maintenant travailler les intitulés. Ceux-ci doivent être sincères, c'est-à-dire refléter le contenu de la partie ou de la sous-partie qu'ils concernent. Ils doivent en outre, si possible, répondre au sujet et se répondre les uns aux autres.

Travaillons d'abord sur les parties, ensuite sur les sous-parties.

Pour les parties, l'idéal et de retrouver, dans chacune d'elles, l'énoncé du sujet :

Ceci nous donne :

I. La distinction du droit et de la morale en raison de leurs finalités

II. La distinction du droit et de la morale en raison de leurs règles

Les deux intitulés se répondent, répondent au sujet et présentent sincèrement leur contenu.

Travaillons maintenant sur les sous-parties.

Le sujet doit également s'y retrouver pour partie, mais on doit, de plus, comprendre la problématique de la sous-partie. On sait que l'on a uni, deux à deux un élément certain de distinction et un facteur de complexité. C'est cette problématique là qui doit apparaître.

Pour la première partie :

I. La distinction du droit et de la morale en raison de leurs finalités

A. Une distinction compliquée à cause de l'existence d'éléments communs

B. Une distinction possible grâce à l'existence d'éléments spécifiques

Pour la seconde :

II. La distinction du droit et de la morale en raison de leurs règles

A. Une distinction majeure tenant à la sanction de la règle

B. Une distinction mineure tenant au contenu de la règle.

ULTIME REMARQUE

D'autres intitulés peuvent être trouvés, on n'en fera pas l'inventaire pour se contenter d'une dernière série de recommandations. Il est préférable qu'un intitulé ne contienne pas de verbe conjugué. Il doit être le plus court possible et ne pas contenir de termes ambigus, susceptibles de sens différents.

INTRODUCTION

Le point pourra sembler curieux, mais c'est par l'introduction que se termine la phase de préparation à la dissertation.

Sa construction appelle quelques remarques. D'abord, d'un point de vue quantitatif, l'introduction doit être suffisamment longue. Elle peut alors occuper entre 1/6 et 1/3 du devoir.

Ensuite, on doit impérativement y trouver certains éléments.

Ainsi, les termes du sujet doivent y être définis, précisément. Dans notre cas, nous devons définir 1/ Le droit, 2/ La morale. Ceci doit nous conduire à problématiser le sujet, c'est-à-dire à présenter son intérêt. En effet, si l'on vous demande de distinguer le droit de la morale, c'est parce que la question de la distinction n'est pas aisée. Les éléments de définition doivent mettre ces difficultés en évidence. Cette distinction est parfois tellement difficile que l'histoire nous enseigne que les deux ordres ont parfois été confondus, ou qu'en d'autres lieux ils le sont toujours. L'introduction peut ici s'enrichir d'éléments historiques et de droit comparé. Il est également possible de se contenter de problématiser le sujet à partir d'exemples ou de références connues. Ces éléments doivent alors conduire l'étudiant vers son devoir, tel qu'il l'a construit. À ce stade, l'étudiant sait ce qui constituera son devoir. Il n'est alors pas question de le priver d'intérêt en présentant, dès l'introduction, les idées maîtresses de la dissertation. Cependant, il faut déjà donner envie et préparer intellectuellement le lecteur à ce qu'il va trouver par la suite. Par conséquent, cette idée selon laquelle la distinction entre le droit et la morale doit être étudiée tant en ce qui concerne les finalités que les moyens doit lui devenir familière, tellement familière que lorsque l'étudiant lui présentera son plan, il se dise que vu comme est formulé le sujet, il aurait procédé de la même façon. À ce stade, il ne faut absolument pas surprendre, tout doit aller de soi. On terminera sur les conseils en précisant qu'il est parfois habile d'ouvrir l'introduction par une citation bien choisie, susceptible d'amener vers l'énoncé du sujet.

Il est temps de tourner la page des conseils pour envisager non pas un modèle, mais bien plutôt une illustration de ce que l'on peut attendre d'un étudiant de première année appelé à disserter sur « la distinction du droit et de la morale ».

Proposition de corrigé

« De bonnes lois civiles [...] sont souvent l'unique morale du peuple, et toujours elles font partie de sa liberté ». Parmi les phrases restées à la postérité du *Discours préliminaire sur le projet de Code civil* de Portalis, celle-ci, plus qu'une autre, frappe par sa clairvoyance. La loi est souvent, pour le peuple, l'unique morale, une morale minimale. Cependant, en plaçant sur un même niveau la loi et la morale, l'illustre rédacteur du Code civil conduit à les confondre, au moins pour partie. Or, pour cet autre grand juriste que fut Paul, tout ce qui est permis n'est pas honnête, *« Non omne quod licet honestum est »*. Cette sentence invite précisément à ne pas confondre ce qui relève de la loi (*quod licet*) et ce qui relève de la morale (*honestum*).

Ces deux éléments permettent de voir que la distinction du droit et de la morale, à laquelle nous devons nous livrer, n'est pas toujours aisée. Elle suppose, en premier lieu, de s'entendre sur le sens précis des termes. Qu'est-ce que le droit, qu'est-ce que la morale ?

Le droit est un ordre social de contrainte, un ensemble de règles ou commandements, destinés à organiser la vie en société et soumettant les hommes à certaines obligations les uns à l'égard des autres sous la sanction de l'autorité publique.

La morale est également un ordre social, constitué de règles de conduite pratiquées dans une société, en particulier par rapport aux concepts de bien et de mal.

Ainsi définis, le droit et la morale présentent donc des éléments qui les distinguent : la morale concerne le bien et le mal ; le droit concerne l'organisation sociale ; la règle de droit est sanctionnée par l'autorité publique ; la règle morale ne l'est pas. Cependant, ils présentent aussi des similitudes. Principalement, il s'agit pour l'un comme pour l'autre de régir le comportement humain.

Il en résulte qu'en certaines hypothèses, la prescription de la morale et la prescription du droit se recouvrent, se confondent. Un exemple permettra d'en prendre bonne mesure. Un père de famille décède ruiné et laisse deux enfants pour lui succéder. L'un des deux enfants accepte sa succession et se trouve tenu de payer ses dettes. L'autre enfant refuse la succession pour ne pas être tenu au passif. Le père est inhumé. Les frais d'obsèques sont acquittés par l'héritier acceptant qui se retourne vers son frère pour lui demander une contribution. Celui-ci prétend ne rien devoir car la loi le décharge de toute obligation au passif successoral en raison de sa qualité de renonçant. L'autre invoque une obligation morale en vertu de laquelle un enfant ne peut refuser d'assumer le coût de l'inhumation de ses parents. Dans cette situation, il semble que le droit et la morale soient parfaitement distingués. La formule de Paul prend ici tout son sens : tout ce qui est permis (ne pas payer l'enterrement de son père) n'est pas toujours honnête, conforme à la morale. Cependant, saisie de cette question, la Cour de cassation (Cass. 1re civ., 14 mai 1992) a condamné le renonçant au paiement des frais d'obsèques sur le fondement de l'article 371 du Code civil en vertu duquel « L'enfant, à tout âge, doit honneur et respect à ses père et mère », et l'on voit que la loi peut effectivement être l'unique morale du peuple, comme le prétendait Portalis. La distinction du droit et de la morale ne semble donc pas toujours possible car parfois les règles de l'un et de l'autre ordres ont un même contenu. Il est d'autres hypothèses où, en revanche, droit et morale ne coïncident pas. Tel est le cas par exemple, de l'obligation alimentaire qui n'existe pas entre collatéraux et qui peut conduire, juridiquement, à laisser dans le besoin vital son propre frère, quand les prescriptions de la morale conduiraient à rendre le secours obligatoire.

Ces difficultés ne doivent cependant pas empêcher toute distinction. En effet, si le contenu, ou encore l'origine des prescriptions poussent parfois à les assimiler, les finalités qu'elles poursuivent et plus encore les moyens qu'elles mettent en œuvre pour y parvenir, c'est-à-dire les règles, autorisent la distinction. On a dit que la morale se préoccupait de guider l'homme en lui permettant de distinguer le bien et le mal. C'est donc la perfection de l'homme qu'elle poursuit. Le droit, quant à lui, a en charge l'organisation de la société et ne prend pas position sur ce qui est bien et ce qui est mal, mais sur ce qui est autorisé et ce qui est interdit. La violation de la prescription morale n'emportera alors pas les mêmes conséquences que celle de la norme juridique. En effet, la règle de droit est sanctionnée par l'autorité publique, tandis qu'à la violation de la prescription morale ne sont attachées que quelques sanctions informelles.

C'est donc grâce à cette double lecture, fins et moyens, que la distinction du droit et de la morale est envisageable. Pour traiter de cette question, on verra d'abord, la distinction du droit et de la morale en raison de leurs finalités (I) et, ensuite, la distinction du droit et de la morale en raison de leurs règles (II).

I. La distinction du droit et de la morale en raison de leurs finalités

La distinction du droit et de la morale en raison de leurs finalités respectives est rendue compliquée par la présence d'éléments communs (A). Toutefois, certains éléments spécifiques légitiment le choix de ce critère (B).

A. Une distinction compliquée par l'existence d'éléments communs

Le droit et la morale ont ceci en commun que l'une et l'autre visent à guider l'action de l'homme en société. La société, en effet, ne saurait se contenter du droit pour se maintenir. Les autres ordres sociaux y sont tout aussi nécessaires. Que penser en effet d'une société dans laquelle un jeune homme, avant de tenir la porte pour laisser passer une dame, ouvrirait quelque improbable code pour y rechercher l'existence juridique de cette obligation ? Que penser d'une société où ce jeune homme laisserait la porte se refermer sans même avoir l'idée de la retenir. La politesse, puisque c'est de cela qu'il s'agit dans cet exemple, est un ordre social indispensable. Il en va de même pour la morale qui, comme la politesse, et comme le droit, bien sûr, vise donc, au moins pour partie à assurer un bon fonctionnement de la société. Prenons un exemple. Choisissons-le classique, il n'en sera que meilleur. Des Dix Commandements que Moïse a reçus de Yahvé sur le Mont Sinaï, il est facile de retrouver des traces dans diverses règles de droit, présentes ou anciennes. Tel est précisément le cas pour les Commandements 5, 6, 7, 8 et 9 : « Tu honoreras ton père et ta mère », « Tu ne tueras aucun être humain », « Tu ne commettras pas d'adultère », « Tu ne voleras pas », « Tu ne porteras pas de témoignage mensonger contre ton prochain ». Prohibition de l'homicide, du vol, de l'adultère, du faux témoignage et obligation de respect et d'honneur à l'égard des père et mère : ces Commandements trouvent un écho évident dans notre droit. Pourquoi ? Certainement parce que ces règles sont indispensables à la vie en société. Il est dès lors important que les hommes les respectent. Or, le respect de ces règles qui peut fort bien relever de la tâche du droit, peut également relever du rôle de la morale.

En outre, on le voit, parce que leur finalité vise à l'organisation sociale, les règles morales sont exprimées en des termes abstraits et généraux. Il en va de même pour la règle de droit qui se doit d'être une règle générale pour s'appliquer au groupe social pour lequel elle est établie.

Ainsi, la règle de l'article 1108 du Code civil, disposant que « quatre conditions sont nécessaires pour la validité des conventions » doit s'appliquer de façon générale à toutes les personnes soumises au Code civil, c'est-à-dire à toute personne, car le droit civil est le droit commun, applicable à toutes les situations qui n'ont pas fait l'objet d'une réglementation particulière. La finalité commune se double donc d'une similitude quant à la formulation.

Cette commune finalité peut alors conduire à des confusions de deux ordres. On peut d'abord, considérer que les règles d'organisation sociale figurant dans le Décalogue sont des règles de droit : du droit positif divin. On peut, à l'inverse, considérer que si ces règles existent dans notre ordonnancement juridique, c'est en raison d'une survivance de réflexes religieux hérités des temps anciens, et que la modernité commande de soumettre à l'exercice de la raison critique. L'une et l'autre confusions fragilisent tant le droit que la morale. Si l'un et l'autre ordre ont édicté des règles dont le contenu est identique, c'est parce que l'un et l'autre visent à l'organisation de la société et que ces règles en sont un support indispensable. La distinction entre les deux doit donc s'opérer en fonction d'éléments finalistes spécifiques.

B. Une distinction possible grâce à l'existence d'éléments spécifiques

Si le droit et la morale ont en commun d'organiser la vie société, ils ont cependant des buts qui les distinguent très nettement.

Prenons l'exemple de la prescription.

L'article 2279 du Code civil dispose que celui qui a perdu ou auquel il a été volé une chose, peut la revendiquer pendant trois ans à compter du jour de la perte ou du vol contre celui dans les mains duquel il la trouve. Après l'expiration de ce délai, la revendication n'est plus possible.

Autre exemple, concernant toujours la prescription. Un propriétaire négligeant délaisse un terrain. Un agriculteur constatant le délaissement utilise le terrain pour y faire paître son troupeau. Au bout de trente ans, ce possesseur pourra revendiquer la propriété et tiendra en échec l'action intentée par le propriétaire négligeant.

Dans ces deux exemples, l'application de la règle de droit conduit à consolider le droit d'un possesseur au détriment du droit du propriétaire originaire. Peut-on y voir des règles conformes à la morale ? C'est douteux. En effet, si le possesseur sait qu'il n'est pas propriétaire (on le sait souvent), le fait d'utiliser un bien, de se l'approprier n'est pas acceptable. La règle morale interdit tant de voler le bien d'autrui, que, plus simplement, de le convoiter. Ici, le droit s'éloigne de la morale. En matière pénale, c'est également vrai quand la loi prévoit la prescription des peines pour le cas où la sanction prononcée n'aurait pu être exécutée.

L'existence de cette différence entre la règle morale et la règle de droit permet de distinguer le droit et la morale. Le droit n'a d'autre but que d'organiser la vie en société, ce que permettent ses règles. La morale, elle, en plus de son rôle indéniable dans l'organisation de la vie en société, doit guider l'homme sur le chemin du bien. L'exemple de la prescription permet de s'en rendre compte. Parce qu'il doit organiser, le droit préfère consolider le droit du possesseur. Ainsi, celui-ci pourra accomplir, sur le bien possédé, les actes que tout propriétaire peut accomplir. Il pourra transmettre le bien à titre gratuit ou onéreux. Il pourra le donner en location. Bref, le bien sera inclus dans le circuit économique, il pourra être valorisé etc. Ne pas faire jouer la prescription serait permettre au propriétaire de pouvoir remettre en cause, *ad vitam aeternam*, les opérations ayant le bien pour support. Cette revendication serait, nécessairement, source de désordres que la règle de droit, dans sa dimension d'organisation de la société, permet d'éviter. Ici, il ne s'agit, à l'évidence pas pour le droit de dire qu'il est bien de déposséder autrui. Il s'agit, plus modestement, de faire la part entre ce qui est socialement souhaitable et ce qui ne l'est pas. Ce qui vaut pour la prescription vaut aussi pour l'obligation alimentaire collatérale. La règle morale commande d'aider son frère dans le besoin, à l'évidence. La règle de droit, quant à elle, institue une obligation alimentaire réciproque entre enfants et parents, mais pas à l'égard des frères et sœurs. Pourquoi ? On peut considérer qu'entre un enfant et ses parents un équilibre peut être réalisé. Les parents pourvoient d'abord au besoin de leur enfant (C. civ., art. 203), et puis, plus tard, l'enfant est tenu à leur égard de l'obligation de subvenir à leur besoin (C. civ., art. 205). Le droit permet, en cas de besoin, le rétablissement d'un équilibre. En revanche, entre frères et sœurs, cet équilibre n'existe pas. Si l'un est dans le besoin, le droit préfère laisser à la conscience de l'autre le point de savoir s'il doit ou non l'aider. Il ne s'agit plus d'organisation sociale mais uniquement de chemin entre le bien et le mal. Encore une fois le droit s'éloigne de la morale.

Par conséquent, le droit et la morale se distinguent principalement par le fait que la règle de morale poursuit concurremment l'organisation de la vie en société et la perfection intérieure de l'homme en le guidant sur le chemin du bien, tandis que la règle de droit ne poursuit aucune autre finalité que celle de concourir à l'organisation de la vie en société. Cet élément de distinction entre ce qui relève du temporel et du spirituel dans le monde des fins est corroboré par la distinction du droit et de la morale en raison des règles mises en œuvre, par les deux ordres sociaux pour parvenir aux fins qui leurs sont propres.

II. La distinction du droit et de la morale en raison de leurs règles

Le droit et la morale, en tant qu'ordres, s'expriment par des règles qui sont autant de moyens destinés à assurer la réalisation de leurs fins. Ces règles peuvent alors être distinguées principalement en raison de la sanction destinée à en assurer le respect (A) et, dans une moindre mesure, en raison de leur contenu (B).

A. Une distinction majeure tenant à la sanction de la règle

Toute règle reçoit une sanction, la règle morale comme la règle de droit. Ainsi, quand les contractants ne respectent pas les règles de formation des conventions dont disposent les articles 1108 et suivants du Code civil, ils encourent une sanction : la nullité du contrat. Cette sanction est une sanction civile. Autre exemple, en matière pénale cette fois, lorsqu'un individu se rend coupable d'un vol à main armée, l'article 311-8 du Code pénal, prévoit qu'il encourt une peine de vingt ans de réclusion criminelle et de 150 000 euros d'amende. Cette sanction est pénale. Ces sanctions, pénale et civile, sont des sanctions prévues en cas de non-respect de la règle de droit.

La règle morale, maintenant, reçoit-elle une sanction ? Prenons un exemple. Imaginons que Primus, étudiant de première année de droit, préparant ses examens semestriels, mente à Secundus, l'un de ses camarades sur le contenu de l'enseignement de son professeur ou sur l'étendue du programme de révision. Ce faisant, Primus ne contrevient à aucune disposition juridique sanctionnée. D'un point de vue moral, en revanche, son comportement est blâmable. Encourt-il, de ce fait une sanction. Pour y répondre, reprenons la suite de l'histoire. Secundus se rend compte, à l'occasion de l'examen semestriel, du mensonge commis à son détriment. Il cesse d'adresser la parole à Primus et la nouvelle se répand dans la communauté des étudiants comme une traînée de poudre : Primus a menti à Secundus. Les étudiants se détournent du menteur et lui retirent leur confiance. Primus est déconsidéré, déshonoré : il s'agit là encore de sanctions. Par conséquent, il serait inexact de prétendre que la règle de droit se distingue de la règle morale par l'existence d'une sanction. En revanche, on peut dire que la règle de droit et la règle morale entraînent des sanctions de nature différente.

Les sanctions que l'on a envisagées pour le non-respect de la règle de droit ont ceci en commun qu'elles sont prévues, organisées et mises en œuvre sous la contrainte de l'autorité publique. Si le contrat est atteint de nullité en raison de l'illicéité de la cause poursuivie par l'une des parties, l'autre pourra saisir le tribunal pour faire prononcer la nullité et ordonner les restitutions qui en sont la conséquence. Le coupable du vol à main armée sera poursuivi, jugé et condamné en vertu des textes répressifs par la puissance publique. C'est la cour d'assises qui prononcera la sanction qui sera exécutée sous le contrôle du juge de l'application des peines, par les services de l'administration pénitentiaire. Les sanctions prévues en cas de non-respect d'une règle morale ne sont pas de même nature. Elles ne sont pas édictées par l'autorité publique, elles ne donnent pas lieu à des poursuites prévues par l'État. Elles ne sont pas exécutées sous son contrôle.

La distinction majeure entre la règle morale et la règle de droit est que la règle de droit est sanctionnée par l'autorité publique alors que la règle morale donne lieu à des sanctions ne faisant pas intervenir l'autorité publique. À côté de cette distinction majeure, une distinction mineure existe qui tient, cette fois, au contenu de la règle.

B. Une distinction mineure tenant au contenu de la règle

Le contenu d'une règle peut révéler son appartenance à l'ordre moral ou à l'ordre juridique.

Ainsi, il est simple de reconnaître une règle de droit derrière l'énoncé suivant : « Il est interdit aux sociétés n'y ayant pas été autorisées par la loi de faire publiquement appel à l'épargne ou d'émettre des titres négociables, à peine de nullité des contrats conclus ou des titres émis ». Cette règle est une règle de droit, énoncée par l'article 1841 du Code civil. De la même façon, la règle selon laquelle « Le fait d'entraver ou de fausser le fonctionnement d'un système de traitement automatisé de données est puni de trois ans d'emprisonnement et de 45 000 euros d'amende » aurait du mal à dissimuler son appartenance à l'ordre juridique. Il s'agit d'une règle de droit, prévue par l'article 323-2 du Code pénal. Dans les deux exemples, il ne semble pas que la règle soit prévue pour guider l'homme sur le chemin du bien.

À l'opposé, la règle ainsi formulée : « Tu n'adoreras aucune idole que tu aies faite toi-même, ni aucune image ou statue, rien qui ressemble à ce qui est dans le ciel, ou sur la terre, ou dans les eaux, au-dessous de la terre » est une règle morale : le premier Commandement. De la même façon, la règle qui commande à l'homme d'agir de façon que le principe de son action puisse devenir une maxime de conduite universelle est encore une règle morale : l'impératif catégorique dégagé par Kant dans ses *Fondements de la métaphysique des mœurs*.

Le contenu de la règle peut donc permettre de distinguer le droit de la morale. Cependant, ce critère de distinction n'est pas toujours efficient.

Par exemple, on peut hésiter face à une règle disposant que « si l'on te fait du tort, tu dois rendre vie pour vie, œil pour œil, dent pour dent, main pour main, brûlure pour brûlure, plaie pour plaie ». S'agit-il d'une règle morale ou d'une règle de droit ? L'hésitation est permise. Autre exemple, lorsqu'une règle dispose que « chacun a droit au respect de son corps », il est possible d'y voir une règle de droit ou une règle morale. Dans ces deux exemples, le contenu ne permet pas la distinction. La première règle est morale : c'est l'un des préceptes donnés par Yahvé à Moïse. La seconde est juridique : c'est le premier alinéa de l'article 16-1 du Code civil. Une multitude d'exemples permettrait de constater que, souvent, le contenu de règles de droit reprend, ou traduit, une règle morale. Il semble ainsi qu'aujourd'hui l'on assiste à une tendance très nette à la moralisation de la règle de droit.

Cette tendance s'explique par ce point qui a marqué le début de notre étude de la distinction du droit et de la morale. Les règles morales participent à l'organisation de la société, dès lors, quand elles ne donnent plus lieu à une exécution spontanée, le droit vient en assurer le respect en en faisant des règles juridiques, sanctionnées par l'autorité publique. Il est par conséquent légitime de s'inquiéter de la juridicisation croissante des règles morales, car ce phénomène, au-delà du fait qu'il obscurcit la distinction du droit et de la morale, confirme l'analyse de Portalis qui, on s'en souvient, faisait de la loi l'unique morale du peuple.

2e Exercice : Quizz sur Qu'est-ce que le droit ?

Laurène Mazeau, Docteur en droit, Post-doctorante à l'Université Pierre Mendès France de Grenoble II, Centre de recherche juridique (EA 1965)

1. Qu'est-ce qu'un « article-directeur » ?
2. Distinguez les lois impératives des lois supplétives
3. Quels sont les deux aspects de la sanction d'une règle obligatoire ?
4. Qu'est-ce qu'un syllogisme ?
5. La jurisprudence est-elle source de droit ?
6. Quel type de contrôle exerce la Cour de cassation ?
7. Quels sont les trois degrés de connaissance du droit selon Saint Thomas d'Aquin ?
8. Quelles normes Hans Kelsen place-t-il au sommet de sa pyramide ?
9. Expliquez ce que recouvre la théorie du « positivisme juridique ».
10. Par quels instruments un État de droit moderne peut-il garantir les droits fondamentaux ?

Corrigé

1. Un « article-directeur » est un article de tête d'une partie, d'un chapitre ou d'une section du Code. Les principes qu'il édicte ont une valeur législative, mais d'une manière très variable.

C'est le juge qui devra donner à l' « article directeur » toute sa portée concrète.

2. Une loi impérative est celle qui oblige délibérément.

Une loi supplétive offre quant à elle un modèle de remplacement « à défaut » de dispositions plus personnelles des sujets de droit.

3. L'effet est le caractère obligatoire de la loi.

La conséquence est la possible contrainte pour imposer son respect.

4. Le syllogisme est un mode de raisonnement par déduction qui permet de dégager une solution (la *résultante*) par application d'un cas (la *mineure*) à un principe (la *majeure*).

Lorsque le juge statue sur les faits et sur la solution juridique, il use du syllogisme.

5. Le juge est chargé d'appliquer aux cas qui lui sont soumis des normes générales et abstraites. Dans cette mesure, la jurisprudence qui résulte de ce contentieux est *un droit dérivé* de la loi qu'il contribue à interpréter.

6. La Cour de cassation juge de la *légalité* des décisions de justice, elle vérifie que les juges ont correctement appliqué la loi et veille à une interprétation uniforme de celle-ci sur l'ensemble du territoire français.

7. D'abord on trouve la *lex aeterna* qui est la loi divine voulue par Dieu.

Ensuite intervient la *lex naturalis* qui est accessible à l'homme qui s'il ne peut comprendre son propre créateur, peut comprendre la création dont il est l'axe.

Enfin, vient la *lex humana* qui correspond à la loi ordinaire que l'homme se donne en conformité avec la loi naturelle.

8. Les normes placées au sommet de la pyramide sont :

- les assises de la Constitution (Déclaration des droits de l'homme de 1789 + Préambule de la Constitution de 1946 + Principes fondamentaux reconnus par les lois de la République) ;
- la Constitution du 4 octobre 1958 ;
- les traités internationaux.

9. Le positivisme juridique consiste à dire que le droit se suffit à lui-même et que le juriste n'a pas à sortir de sa sphère pour exercer son art et sa science.

10. Les instruments permettant de garantir les droits fondamentaux :

- le contrôle de conventionalité ;
- le contrôle de constitutionnalité.

CHAPITRE 2
Les divisions du droit interne : droit public, droit privé, droit pénal

1er Exercice : Commentaire d'arrêt, chambre sociale, 18 mars 2003 (*Bull. civ.* V, n° 100)

Marc Mignot, Maître de conférences à la Faculté de droit de Dijon

Conseils méthodologiques

Il y a deux aspects à bien comprendre dans cet arrêt. Le premier touche le mécanisme mis en œuvre par la chambre sociale, à savoir celui du contrôle de conventionnalité. La chambre sociale apprécie ici la conformité d'une loi à une disposition de la Convention EDH. Toute la question posée est de savoir si la norme inférieure, la loi, est conforme à la norme supérieure, la convention internationale. Ce premier aspect est lui-même compliqué par le fait que le contrôle opéré n'est pas un pur contrôle de conformité, mais un contrôle d'opportunité, qui est une espèce particulière de contrôle de conformité. Le second concerne les normes contrôlées. Pour saisir le contrôle des normes et son résultat, il faut bien comprendre les normes séparément. Il faut donc prendre chaque norme, la norme interne et la norme internationale, et procéder à l'examen de leur contenu, mis en perspective avec le but qu'elles poursuivent. Il y a dans la présente hypothèse, une difficulté tenant à la complexité des normes contrôlées. Il arrive que les normes contrôlées soient des normes brutes et non enrichies d'apports jurisprudentiels. Mais il se peut aussi que le contrôle porte sur des normes complexes, considérablement enrichies par la jurisprudence. C'est le cas ici, au moins en ce qui concerne la norme internationale. La chambre sociale opère un contrôle de conventionnalité de l'article 29 de la loi du 19 janvier 2000, avec l'article 6, § 1 de la Convention EDH enrichi de la jurisprudence de la CEDH. Ceci étant, il semble rationnel de commencer dans une première partie par apprécier isolément les normes contrôlées et de terminer dans une seconde partie par le contrôle lui-même et son résultat. Toutefois, il aurait été possible de construire le plan en se fondant sur l'attendu de la chambre sociale, qui reprend celui de la CEDH. *Grosso modo*, les lois de validations sont en principe valable, sauf exception. D'où un plan commençant dans une première partie par l'exposé du principe de la validité des lois de validations et poursuivant par une seconde partie sur l'exception de l'inconventionnalité des lois de validation.

Proposition de corrigé

Cette décision de la chambre sociale est l'une des dernières rendues sur la question de la conventionnalité de l'article 29 de la loi du 19 janvier 2000, dite *Aubry-II* [1]. Cet article de la loi

1. Cass. soc., 18 mars 2003, *Bull. civ.* V, n° 100, p. 96.

Aubry-II a cette particularité d'être une loi de validation. L'arrêt commenté précise les conditions de validité des lois de validation au regard des normes internationales. Ces lois modifient rétroactivement l'état du droit en vue de mettre certains actes juridiques à l'abri de la nullité. Elles constituent, en elles-mêmes, une intervention du législateur dans le fonctionnement de la justice, donc une atteinte à la séparation des pouvoirs. Le problème général est celui de la conformité de ces lois, qui modifient le fond du droit en cours d'instance, au droit à un procès équitable. Dans un premier temps, cette chambre avait décidé, dans un arrêt du 24 avril 2001, que cette loi de validation est contraire à l'article 6, § 1 de la Convention EDH. L'Assemblée plénière ayant rendu une décision contraire (Ass. Plén., 24 janv. 2003, 2 arrêts, Bull. Ass. Plén. n° 2-3) mettant fin à des divergences jurisprudentielles importantes, la chambre sociale est contrainte d'admettre la conventionnalité de cette loi. La chambre sociale apprécie la conformité de cet article 29 avec l'article 6, § 1 de la Convention EDH, tel qu'il apparaît à la lumière de la jurisprudence de la CEDH. Selon cette dernière, « si, en principe, le pouvoir législatif n'est pas empêché de réglementer en matière civile, par de nouvelles dispositions à portée rétroactive, des droits découlant de lois en vigueur, le principe de la prééminence du droit et la notion de procès équitable consacrés par l'article 6 s'opposent, sauf pour d'impérieux motifs d'intérêt général, à l'ingérence du pouvoir législatif dans l'administration de la justice dans le but d'influer sur le dénouement judiciaire du litige » (CEDH, 28 oct. 1999, *Zielinski et Pradal et Gonzalez et autres c/ France*). La CEDH rappelle le principe selon lequel, en matière civile, une loi peut être rétroactive. Elle poursuit en estimant que, par exception, une loi civile ne peut être rétroactive si elle porte atteinte au principe de prééminence du droit et au droit au procès équitable. Elle termine l'exposé de la règle en considérant cependant que, par exception à l'exception, c'est-à-dire par retour au principe, une telle loi civile peut être rétroactive, si elle est justifiée par d'impérieux motifs d'intérêt général.

En la forme, la Cour de cassation révèle, par la rédaction de la décision, la nature particulière de son intervention. L'arrêt commenté est composé d'un visa renvoyant aux textes confrontés dans le cadre du contrôle : l'article 29 de la loi du 19 janvier 2000, d'une part et l'article 6, § 1 de la Convention EDH, d'autre part. La suite comporte quatre attendus principaux. Le premier précise le contenu des deux règles confrontées dans le cadre du contrôle. Les deuxième et troisième attendus font un rappel des faits et de la procédure. On y apprend que le litige opposait les salariés d'une association à propos des modalités de calcul des heures travaillées. Les salariés invoquaient, comme mode de calcul, celui plus favorable à leurs intérêts résultant d'une jurisprudence de la chambre sociale. De son côté, l'employeur demandait que soient appliquées d'autres modalités de calcul, validées par l'article 29 de la loi Aubry-II, résultant d'une convention collective, et beaucoup moins favorables aux salariés. La cour d'appel donne raison aux salariés de l'association en considérant que la loi de validation en question devait être écartée, comme contraire aux dispositions de l'article 6, § 1 de la Convention EDH. Précisément, elle considère que cette loi de validation n'est pas justifiée par d'impérieux motifs d'intérêt général comme l'exige la CEDH, dans la mesure où un intérêt financier n'est pas *en soi* constitutif de tels motifs. Par le quatrième attendu, la chambre sociale donne les motifs qui la conduisent à la cassation de l'arrêt de la cour d'appel. Contrairement à la cour d'appel, elle estime que la loi de validation en question est fondée sur d'impérieux motifs d'intérêt général. Le problème essentiel réside justement dans l'appréciation de ces impérieux motifs d'intérêt général, érigés par la CEDH en condition unique de conventionnalité des lois de validation. Puisque les lois de validation sont conventionnelles, si et seulement si elles sont justifiées par d'impérieux motifs d'intérêt général, toute la difficulté est concentrée sur ces impérieux motifs, et surtout sur la compétence de la Cour de cassation à les examiner. Cette décision confirme la compétence des diverses chambres de la Cour de cassation à apprécier réellement si la loi de validation est justifiée par d'impérieux motifs d'intérêt général et donne une bonne illustration de ce qu'ils peuvent être concrètement. En l'espèce, la chambre sociale se justifie en énonçant que la loi est justifiée par la préservation de la pérennité du service public de la Santé et de la Protection sociale. Il convient d'abord d'envisager les normes contrôlées par la chambre sociale dans l'arrêt en les appréciant séparément (I), puis d'examiner le contrôle proprement dit, c'est-à-dire la confrontation des deux normes contrôlées l'une avec l'autre (II).

I. Les normes contrôlées dans le cadre du contrôle de conventionnalité

Dans le premier attendu, la chambre sociale rappelle le contenu des deux règles qui font l'objet du contrôle de conventionnalité. Il convient de les apprécier successivement en commençant par l'article 29 de la loi Aubry-II, et en terminant par l'article 6, § 1 de la Convention EDH.

A. L'article 29 de la loi Aubry-II

L'origine de cette affaire tient à une incertitude jurisprudentielle sur la légalité des horaires d'équivalence. En principe, un salarié doit être rémunéré en fonction du temps de travail effectif, c'est-à-dire du temps pendant lequel il est à la disposition de l'employeur et doit se conformer à ses directives, sans pouvoir vaquer librement à ses occupations personnelles (C. trav., art. L. 3121-1). Par exception, un horaire d'équivalence à la durée légale du travail peut être institué, dans les professions et pour des emplois déterminés comportant des périodes d'inaction (C. trav., art. L. 3121-4). La finalité des heures d'équivalence est de prendre en compte les périodes d'inaction inhérentes à certaines activités et de les exclure du temps de travail effectif. Au final, et par application de cette règle exceptionnelle, le temps de travail rémunéré est moindre que le temps réellement passé par le salarié dans l'entreprise.

Le litige soumis à la chambre sociale opposait les salariés à leur employeur sur le calcul des heures travaillées. La convention collective nationale des établissements et services pour personnes inadaptées et handicapées prévoyait un horaire d'équivalence et était applicable à l'espèce. Précisément, l'article 11 de l'annexe 3 prévoyait que les 9 premières heures sont assimilables à 3 heures de travail et que les 3 heures suivantes équivalent chacune à 1/2 heure de travail. Les salariés estimaient les horaires d'équivalence illicites, et par conséquent inapplicables, tandis que l'employeur soutenait le contraire. Dans ces circonstances, deux solutions étaient envisageables. La première consiste à mettre en doute la validité de ces horaires d'équivalence, à revenir au principe et à calculer la rémunération des salariés concernés en fonction des heures de travail passées réellement dans l'entreprise. La seconde réside dans l'admission du bien-fondé des horaires d'équivalence prévus par la convention collective et dans le calcul de la rémunération des salariés concernés selon ces horaires.

La chambre sociale de la Cour de cassation rendit des décisions contradictoires. Une décision de cette chambre valide cet horaire (Soc., 9 mars 1999, *Bull. civ.* V, n° 111, p. 80) tandis qu'une autre opte pour la solution contraire (Soc., 29 juin 1999, *Bull. civ.* V, n° 307, p. 220). Pour mettre fin à cette incertitude jurisprudentielle et soulager, sur le plan financier, les associations, le législateur intervint pour valider les dispositions de la convention collective en cause. L'article 29 de la loi n° 2000-37 du 19 janv. 2000, relative à la réduction du temps de travail (*JO*, 20 janv. 2000), dispose : « Sous réserve des décisions de justice passées en force de chose jugée, sont validés les versements effectués au titre de la rémunération des périodes de permanence nocturne, comportant des temps d'inaction, effectuées sur le lieu du travail en chambre de veille par le personnel en application des clauses des conventions collectives nationales et accords collectifs nationaux de travail agréés en vertu de l'article 16 de la loi n° 75-535 relative aux institutions sociales et médico-sociales, en tant que leur montant serait contesté par le moyen tiré de l'absence de validité desdites clauses ». Le but de cette loi de validation fut de mettre fin à toute demande de rappel de salaire formée par les salariés concernés pour le passé, sous réserve des décisions passées en force de chose jugée, en validant rétroactivement les horaires d'équivalence prévus par la convention collective. Elle constitue une application de plus de la figure bien connue des lois combattant la jurisprudence.

B. L'article 6, § 1 et la jurisprudence de la CEDH

Dans la seconde partie du premier attendu de l'arrêt, la chambre sociale précise « qu'il résulte » de l'article 6, § 1 que la validité des lois rétroactives est limitée par le principe de prééminence du droit et la notion de procès équitable. Ce faisant, la chambre sociale prend soin de bien préciser que la règle ne résulte pas directement de l'article 6, § 1, mais de la jurisprudence *constructive* de la CEDH.

Évoquée dans le préambule de la Convention EDH, comme dans le Statut du Conseil de l'Europe, la prééminence du droit signifie que l'Homme est titulaire de droits parce qu'il est Homme, indépendamment et antérieurement à toute organisation sociale et que ses droits s'imposent au pouvoir politique. La prééminence du droit est synonyme d'État de droit. Comme l'indique M. Étienne Picard, « la prééminence de la personne fonde la prééminence de ses droits ; la prééminence du droit n'est que la prééminence des droits » (L'émergence des droits fondamentaux en France, *AJDA*, n° spécial 20 juillet-20 août 1998, Les droits fondamentaux, Une nouvelle catégorie juridique ? p. 32). La finalité attribuée au principe de prééminence consiste dans le rejet de l'arbitraire des autorités.

Le droit au procès équitable se décline dans la jurisprudence de la CEDH selon une distinction chronologique. La garantie d'un procès équitable concerne tant l'introduction de l'instance que l'exécution du jugement, c'est-à-dire toutes les phases du procès. Le droit au procès équitable, c'est d'abord le droit au juge ; c'est ensuite le droit à l'exécution de la décision du juge. Entre le seuil de l'instance et l'exécution, le droit au procès équitable est mis en œuvre par un ensemble de garanties procédurales telles que la publicité, la célérité et finalement l'équité, au sens d'équilibre ou d'égalité. En quoi cette loi de validation violait-elle le droit à un procès équitable ? Il semble *a priori* que la procédure n'est pas en cause puisque la loi n'affecte que le fond, que les droits subjectifs litigieux. Elle valide des versements de salaires, calculés sur la base d'une convention collective adoptant des horaires d'équivalence, c'est-à-dire consolide des modalités de calcul d'une *créance* salariale. Ce n'est donc pas le droit au juge qui est affecté par la loi de validation, pas plus que le droit à l'exécution. Pour autant, la chambre sociale a raison de considérer que la loi de validation constitue une ingérence dans le droit au procès équitable. Le droit au procès équitable est affecté dans la mesure où la loi de validation supprime la raison d'être du litige. Le fond a naturellement un impact sur la procédure car sa disparition, celle du droit subjectif en litige, rend le recours *inutile*. C'est précisément cette inutilité que la CEDH sanctionne. À quoi bon avoir un recours en justice si ce recours ne sert à rien en pratique.

La CEDH fonde la condamnation des lois de validation sur l'*égalité des armes*. L'égalité des armes est l'une des garanties procédurales qui assure l'équilibre entre les parties au procès. L'ancienne Commission et la CEDH considèrent que l'égalité des armes « implique [...] l'obligation d'offrir à chaque partie une possibilité raisonnable de présenter sa cause, y compris ses preuves dans des conditions qui ne la placent pas dans une situation de net désavantage par rapport à son adversaire » (CEDH, 23 oct. 1996, *Ankerl c/ Suisse*). L'égalité des armes suppose une égalité de traitement procédural. Or, le vote d'une loi de validation par l'État en cours de litige constitue la manifestation d'une rupture dans l'égalité des parties. En effet, seul l'État a la maîtrise des règles de droit qui forment le fond du litige. Lui seul peut modifier unilatéralement le fond du litige parce qu'il est la seule partie au litige ayant en charge le pouvoir législatif. Les salariés n'ont aucun pouvoir comparable à celui de l'État. C'est donc avec raison de la CEDH fonde la condamnation des lois de validation sur cet aspect particulier du droit au procès équitable qu'est l'égalité des armes. Lorsque l'État est partie au litige, le changement de la règle de droit applicable en cours de litige, à son bénéfice, est attentatoire à l'égalité des armes. Il est vrai qu'en l'espèce ce n'est pas l'État proprement dit qui était partie au litige, mais une association. Cette association est dépendante de l'État car elle est chargée d'une mission de service public et est placée sous le contrôle d'une autorité publique qui en assure le financement.

II. Le contrôle de conventionnalité

On a tendance à présenter le contrôle de conventionnalité comme un contrôle monolithique n'ayant qu'une seule et même nature. La réalité de ce contrôle est beaucoup plus complexe. L'arrêt commenté illustre une hypothèse originale de contrôle de conventionnalité. L'essentiel du contrôle est concentré sur les motifs ayant justifié la loi de validation, ce qui nous donne l'occasion d'évoquer sa nature. Selon la jurisprudence *Zielinski*, la principale condition rendant la loi de validation conventionnelle réside dans sa conformité avec l'intérêt général. La chambre sociale décide finalement que la loi de validation est justifiée par l'intérêt général, ce qui nous permet d'envisager le résultat du contrôle.

A. La nature du contrôle

Le contrôle de conventionnalité a une nature variable. Ordinairement, le juge effectue un contrôle de conformité restreint, c'est-à-dire un contrôle de compatibilité. Ici, il est contraint d'opérer un contrôle d'opportunité, c'est-à-dire un contrôle du but poursuivi par le législateur français.

En principe, le contrôle de conventionnalité est un contrôle de *conformité* par lequel le juge vérifie que la norme interne respecte strictement la norme internationale. Mais souvent, le juge se borne à opérer un contrôle de *compatibilité* lorsqu'il effectue un contrôle de conventionnalité. Il apprécie si la norme interne est compatible avec la norme internationale ou, au moins, si elle n'est pas incompatible. La différence entre le contrôle de compatibilité et le contrôle de conformité tient à ce que, dans le premier, le juge admet une certaine différence, voire une légère incompatibilité, tandis que, dans le second, il exige une réelle conformité, sans différence et *a fortiori* sans contrariété, entre les normes contrôlées. Dit autrement, la différence entre la conformité et la compatibilité tient à la marge d'appréciation laissée à l'auteur de la norme interne, qui est peu importante en cas de conformité et beaucoup plus large en cas de compatibilité.

Avec les lois de validation, le juge accepte d'opérer un contrôle qui n'est ni de conformité, ni de compatibilité, mais d'opportunité, ce dont l'arrêt du 18 mars 2003 atteste clairement. Rappelons que selon la jurisprudence *Zielinski*, une loi de validation est conventionnelle si elle est justifiée par d'impérieux motifs d'intérêt général. Cette jurisprudence est une invite à l'adresse du juge national à opérer un contrôle d'opportunité. Le juge doit, en effet, confronter non pas deux normes entre elles, l'une internationale et l'autre interne, mais s'assurer que la norme interne est justifiée par d'impérieux motifs d'intérêt général. Pendant un temps, on s'est demandé si le juge national accepterait d'exercer le contrôle que la CEDH lui demandait d'exercer. La décision commentée révèle assez clairement la volonté du juge de se saisir du contrôle d'opportunité et de l'exercer effectivement. Par la présente décision, la chambre sociale admet qu'elle est compétente pour apprécier l'intérêt général justifiant la loi de validation.

Ce contrôle de l'intérêt général manifeste un contrôle des motifs, donc un contrôle de l'opportunité. Il est question d'apprécier le but poursuivi par le législateur. Selon la jurisprudence *Zielinski*, une loi de validation est conventionnelle si elle est justifiée par d'impérieux motifs d'intérêt général. C'est l'intention du législateur qui est le critère essentiel de la conventionnalité de la loi de validation. *A contrario*, la loi de validation est inconventionnelle lorsqu'elle n'est pas justifiée par d'impérieux motifs d'intérêt général. C'est le cas lorsque les mesures législatives de validation ont pour unique but la modification du déroulement normal du litige. Afin d'apprécier le but visé par le législateur, il faut préciser sa volonté. Celle-ci est appréciée en fonction de deux critères : l'effet de la disposition législative et les circonstances entourant son vote. Selon le premier, la disposition législative en cause doit avoir pour effet concret de fixer définitivement les termes du litige et d'interrompre celui-ci. Selon le second, il est nécessaire que les circonstances dans lesquelles la loi a été votée (méthode adoptée, moment de son adoption par rapport à la situation des procès en cours, insertion dans d'autres dispositions ou vote d'un seul article sans lien avec d'autres dispositions) montrent que l'État a pris les dispositions en cause uniquement afin de mettre un terme au litige. Si tel est le cas, la loi n'est pas justifiée par l'intérêt général et est donc inconventionnelle.

B. Le résultat du contrôle

La chambre sociale applique, dans l'arrêt commenté, la jurisprudence de l'Assemblée plénière du 24 janvier 2003 et considère que l'article 29 de la loi Aubry-II est effectivement justifié par l'intérêt général. Précisément, la chambre sociale juge que cette loi de validation est conforme à l'intérêt général parce qu'elle sert à assurer la pérennité du service public de la Santé et de la Protection sociale. En conséquence, cette loi de validation doit recevoir application. Les salariés ne pourront donc être payés en fonction des heures effectivement passées dans l'entreprise mais en considération du système d'équivalence, mis en place par la convention collective et validé par la loi.

Malgré la fermeté de la formule, un sentiment d'incertitude se dégage de l'arrêt, et ce pour au moins deux raisons. D'abord, l'intérêt général est une notion extrêmement difficile à définir, ce qui rend l'appréciation de la conformité de la loi à celui-ci d'autant plus difficile. Ensuite, on peut se demander, au vu des difficultés à définir l'intérêt général, si finalement le contrôle qu'opère la Cour de cassation n'est pas un pur contrôle formel. Concrètement, le but de la loi de validation était d'ordre financier. Le surcoût de l'invalidation des horaires d'équivalence pour les associations était estimé, à l'époque, entre 4 et 7 milliards de francs. Or, tant le Conseil constitutionnel que la CEDH ont jugé qu'un intérêt d'ordre financier n'est pas *en soi* assimilable à un intérêt général susceptible de justifier une loi de validation. Ceci étant, la Cour de cassation justifie formellement la loi de validation en disant qu'elle se rattache au principe de continuité des services publics, qui constitue d'ailleurs une exigence constitutionnelle dans le domaine de la protection de la santé et l'action sociale. La solution est justifiée, en la forme, par le fait que l'intérêt général est au cœur même du concept de service public. Dans son acception matérielle, le service public se définit comme une activité d'intérêt général. Les grands principes applicables au service public sont aussi liés à l'intérêt général, qu'il s'agisse du principe de mutabilité, d'égalité ou de continuité. On perçoit donc que les motifs d'intérêt général évoqués formellement et abstraitement masquent en fait un motif financier bien réel et concret.

Les pièges à éviter

Cet arrêt de la chambre sociale est d'une complexité redoutable car il concentre à lui seul la quasi-totalité des difficultés contemporaines relatives aux sources du droit. Sa compréhension suppose connus les mécanismes institutionnels du contrôle de conventionnalité, une partie de la jurisprudence de la CEDH, son influence sur le droit positif, l'autorité interprétative des arrêts de la Cour, etc. Une erreur serait de ne pas comprendre réellement l'arrêt par un manque de connaissance. L'arrêt opère un contrôle de conventionnalité d'une loi, moins avec le contenu d'un article de la Convention EDH, qu'avec la jurisprudence rendue par la CEDH relativement à cet article. Une autre difficulté est de saisir l'enjeu pratique du contrôle de conventionnalité. L'erreur serait d'oublier cette dimension et ne pas expliquer l'enjeu concret de la validité de la loi pour les salariés. Comme on l'a indiqué, si la loi est inconventionnelle, les salariés peuvent obtenir un surplus de rémunération, qu'ils perdent le cas contraire. En somme, le débat est loin d'être académique, parce que de lui dépend l'attribution de sommes considérables.

2e Exercice : Commentaire de l'article préliminaire du Code de procédure pénale

Yann Puyo, Attaché temporaire d'enseignement et de recherche à l'Université des Sciences sociales de Toulouse

« I. – La procédure pénale doit être équitable et contradictoire et préserver l'équilibre des droits des parties.

Elle doit garantir la séparation des autorités chargées de l'action publique et des autorités de jugement.

Les personnes se trouvant dans des conditions semblables et poursuivies pour les mêmes infractions doivent être jugées selon les mêmes règles.

II. – L'autorité judiciaire veille à l'information et à la garantie des droits des victimes au cours de toute procédure pénale.

III. – Toute personne suspectée ou poursuivie est présumée innocente tant que sa culpabilité n'a pas été établie. Les atteintes à sa présomption d'innocence sont prévues par la loi.

Elle a le droit d'être informée des charges retenues contre elle et d'être assistée d'un défenseur.

Les mesures de contraintes dont cette personne peut faire l'objet sont prises sur décision ou sous le contrôle effectif de l'autorité judiciaire. Elles doivent être strictement limitées aux nécessités de la procédure, proportionnées à la gravité de l'infraction reprochée et ne pas porter atteinte à la dignité de la personne.

Il doit être définitivement statué sur l'accusation dont cette personne fait l'objet dans un délai raisonnable.

Toute personne condamnée a le droit de faire examiner sa condamnation par une autre juridiction ».

Conseils méthodologiques

La difficulté première de ce commentaire est le grand nombre de règles énumérées par l'article préliminaire du Code de procédure pénale. Le but de ce commentaire n'est pas de traiter et d'expliquer chaque principe de façon indépendante. C'est un *commentaire global* de l'article qu'il convient de réaliser, en se livrant non pas à une étude de chaque règle de l'article, mais en procédant une *lecture exégétique* du texte. L'origine de l'article est la loi du 15 juin 2000 et c'est la volonté du législateur, à travers ce texte, qu'il faut mettre en exergue.

De même, il ne vous est pas demandé de faire une analyse de l'article sous le prisme de la loi du 15 juin 2000. Bien que la loi ait pour intitulé : la présomption d'innocence et les droits des victimes, ces sujets ne sont pas à étudier de manière autonome, car il s'agirait d'un commentaire de la loi et non plus de l'article.

En définitive, l'*analyse exégétique* doit permettre de trouver les points communs et les différences entre chaque principe énoncé par l'article, afin d'en dégager des constantes et d'en déduire, d'une part, la problématique, et d'autre part, les idées maîtresses qui serviront à construire le plan du commentaire. Ici, deux observations peuvent être faites :

– toutes les règles de l'article préliminaire sont fondamentales ;

– les règles de l'article peuvent être rattachées, soit au droit privé, soit au droit public : ce sont des droits mixtes.

Tout d'abord, il faut définir les notions utilisées et qui fonderont la trame du commentaire. Dans notre étude, il faut définir ce qu'est un droit mixte et ce qu'est un droit fondamental. Ensuite, ce simple constat étant insuffisant, puisque le commentaire d'article procède d'une analyse interprétative, on doit tirer les conséquences de cette double nature.

La *problématique* du commentaire est donc la suivante : les effets de la double nature des droits énoncés par l'article préliminaire du Code de procédure pénale.

Une fois que la problématique est déterminée, on peut construire le plan et définir l'ensemble des réflexions qui le constitueront.

L'introduction est la dernière phase du commentaire d'article. Elle doit indiquer : l'origine du texte, les sujets qui ne seront pas traités, l'intérêt du commentaire, la problématique et l'annonce du plan.

Proposition de corrigé

L'article préliminaire, a été introduit dans le Code de procédure pénale par la loi du 15 juin 2000 « renforçant la présomption d'innocence et les droits des victimes ». Cette loi avait pour vocation de renforcer les principes directeurs de la procédure pénale et de protéger la dignité et la liberté des personnes. L'article préliminaire, à travers l'ensemble des règles qu'il pose, est l'illustration éclatante de cette volonté législative. La loi du 4 mars 2002 « portant adaptation de la justice aux évolutions de la criminalité », même si elle est venue réformer partiellement celle du 15 juin 2000, n'a pas modifié cet article préliminaire. Ce dernier pose des principes importants de la procédure pénale : l'équité, la contradiction, la séparation des fonctions pénales, l'égalité des parties, les droits des victimes, la présomption d'innocence…

Ces droits ne sont pas véritablement récents, et avaient déjà été énoncés par d'autres textes. Ainsi, le principe de la présomption d'innocence, consacré par la Déclaration des droits de l'homme de 1789, était déjà sanctionné par l'ancien article 9-1 du Code civil dans sa rédaction issue de la loi du 24 août 1993, et par l'article 6, § 1 de la Convention européenne des droits de l'homme. En outre, il est important de noter que de nombreuses règles prescrites par l'article préliminaire reprennent les principes de cet article, car cela démontre également la volonté du législateur de conformer le droit français au droit de la Convention européenne.

Toutefois, notre propos n'est ni d'étudier chaque principe contenu dans ce texte, ni d'expliquer ce texte par rapport à la loi qui en est à l'origine. L'intérêt du commentaire est de s'interroger sur l'utilité et la signification de cet article au regard de la procédure pénale. Or, la multitude des droits énoncés par cet article et son emplacement au sein du Code de procédure nous conduit à s'interroger sur la valeur de ces différentes règles.

Le problème est donc de déterminer la *nature* des principes de l'article préliminaire et d'en tirer les *conséquences* appropriées.

Ainsi, les règles de l'article préliminaire présentent un double caractère : ce sont à la fois des *droits fondamentaux* (première partie) et des *droits mixtes* (seconde partie).

I. La « fondamentalité » de l'article préliminaire du Code de procédure pénale

Les droits de l'article préliminaire peuvent être qualifiés de droits fondamentaux (A) ce qui leur donne une importance particulière et explique leur emplacement au début du Code de procédure pénale comme un prologue (B).

A. Le caractère fondamental des droits énoncés par l'article

En droit français, la notion de droits fondamentaux est relativement récente. Même si la Constitution de 1958 fait plusieurs fois référence à l'adjectif « fondamental », spécialement dans son article 34 à propos des « garanties fondamentales » et des « principes fondamentaux », elle ne consacre pas la notion de droits fondamentaux. Néanmoins, c'est une véritable notion juridique à laquelle se réfère le Conseil constitutionnel – notamment à travers les principes fondamentaux reconnus par les lois de la République – et qui connaît aujourd'hui un essor important grâce au droit européen. Ainsi, la Charte des droits fondamentaux de l'Union européenne ainsi que la jurisprudence fondée sur la Convention européenne de sauvegarde des droits de l'homme et des libertés fondamentales constituent les meilleurs exemples de ce développement.

Devant la multitude de ces droits et l'utilisation abondante de l'expression, la difficulté est de définir ce qu'est un droit fondamental. Il existe trois manières d'envisager la notion de droits fondamentaux : une conception ordinaire, positiviste et objectiviste.

La première repose sur une définition littérale de la notion qui conçoit donc les droits fondamentaux comme des droits intrinsèquement essentiels, indépendamment de leur origine. Il est certain que les principes prescrits par le texte – l'équité, la contradiction, l'équilibre entre les parties, la présomption d'innocence… – sont essentiels. Cependant, d'après cette conception, le domaine de la « fondamentalité » ne connaît aucune restriction et a un caractère purement contingent.

Cette définition tautologique n'étant pas satisfaisante, une deuxième conception positiviste s'inspirant directement du normativisme kelsénien est possible. Selon Kelsen, la norme fondamentale ne peut être que d'origine constitutionnelle. La Constitution, étant le pilier de l'ordre juridique, est seule compétente pour déterminer les droits qui sont fondamentaux. Toutefois, les droits de l'article préliminaire, étant d'origine législative, ne devraient pas pouvoir être qualifiés de droits fondamentaux.

Enfin, la conception objectiviste ou jus-naturaliste explique la « fondamentalité » des droits par la théorie du droit naturel. Les droits fondamentaux sont donc des droits innés qui s'imposent à l'homme et à la société. Ainsi, les droits fondamentaux ne sont pas créés par la norme mais « reçus par la norme ». Or, certaines règles énoncées par l'article préliminaire, comme le principe d'égalité entre les parties et l'équité du procès, existaient avant leur consécration législative. Par conséquent, la codification des règles ne change pas la valeur des droits fondamentaux car ce sont des droits naturels.

En définitive, s'il est vrai que la définition de la notion de droits fondamentaux pose de nombreuses difficultés, la doctrine s'accorde généralement sur les effets de la « fondamentalité ».

B. Les conséquences de ce caractère

Trois conséquences principales peuvent être déduites de la « fondamentalité » d'un droit : la supériorité, l'efficience et enfin l'universalité d'une règle.

Ces trois théories qui tentent de définir les droits fondamentaux ont un point commun : elles mettent en évidence le caractère supérieur de la norme qui fixe un droit fondamental. Tout droit fondamental est un droit supérieur, en ce sens qu'il doit nécessairement faire l'objet d'une protection particulière. En incluant les principes de la présomption d'innocence, de la séparation des fonctions, du procès équitable, ou encore de la garantie des droits des victimes, dans un article préliminaire du Code de procédure pénale, il est indéniable que le législateur a voulu leur donner une valeur particulière et a consacré, de ce fait, leur supériorité par rapport à d'autres règles procédurales.

Toutefois, l'emplacement de ces règles dans un article préliminaire du code pose une question essentielle : la « fondamentalité » d'un principe dépend-il d'une consécration législative ? Autrement dit, il faudrait en déduire le principe selon lequel une règle ne peut être fondamentale que si elle est intégrée dans notre ordre juridique par une reconnaissance législative. Ce raisonnement est totalement erroné, car les règles énoncées par l'article préliminaire existaient déjà avant leur intégration dans le Code de procédure pénale et étaient considérées comme des droits fondamentaux. En effet, qu'il s'agisse de la dignité de la personne humaine, du principe de la proportionnalité des mesures pénales, ou du principe d'égalité de traitement, ces règles étaient reconnues comme fondamentales avant toute codification. Par conséquent, la « fondamentalité » d'un droit ne dépend pas du rang hiérarchique de la norme qui le consacre. La valeur fondamentale d'un droit doit se distinguer de la valeur de la norme qui l'édicte. Cela explique qu'une partie de la doctrine a jugé inutile la codification de certaines règles contenues dans l'article préliminaire dans la mesure où cela ne leur conférait pas une plus grande efficacité.

Ainsi, la « fondamentalité » parce qu'elle n'est pas créée par la norme mais intrinsèque au droit a également un caractère universel. Un droit est reconnu comme universel lorsqu'il a vocation à s'appliquer à tous les systèmes juridiques. Les principes qui sont contenus dans l'article préliminaire ont également ce caractère, ce sont des droits universels. En outre, le fait que de nombreux principes de l'article préliminaire soient également contenus dans la Convention européenne des droits de l'homme et dans la Charte européenne des droits fondamentaux, confirme de leur caractère universel.

Ces droits fondamentaux peuvent également présenter deux caractères. Il peut s'agir, soit de droits horizontaux, c'est-à-dire qu'ils interviennent dans les relations entre les personnes ; soit de droits verticaux, car ils concernent les relations entre les individus et l'État. Or, les règles énoncées par l'article préliminaire présentent ces deux caractères. Si l'exigence d'une décision rendue dans un délai raisonnable traduit uniquement le rapport entre l'autorité judiciaire et le justiciable, le principe de la contradiction est un droit fondamental non seulement vertical mais aussi horizontal. Ce double caractère des droits fondamentaux de l'article préliminaire correspond à la nature mixte de la procédure pénale.

II. La « mixité » de l'article préliminaire du Code de procédure pénale

La procédure pénale est une matière mixte et les droits de l'article préliminaire ont également cette particularité (A). Cette nature mixte permet de mettre en lumière la particularité de la procédure pénale (B).

A. Le caractère mixte des droits énoncés par l'article

En principe, le droit interne serait divisible en deux branches : le droit public et le droit interne. Alors que le droit public organise les pouvoirs publics et les relations entre ceux-ci et les individus, le droit privé régit les rapports entre les particuliers. Cette *summa divisio* connaît des atténuations et il existe des matières dites mixtes. Le caractère mixte s'explique lorsque la matière comporte des règles relevant à la fois du droit privé, et à la fois du droit public. On ne parle de matière mixte que lorsqu'elle est relative à une branche du droit, c'est-à-dire à un ensemble de règles relatives à un secteur du droit, et qui ont une certaine autonomie.

La procédure pénale est depuis longtemps considérée comme une matière mixte. La majorité des règles ont pour but d'organiser et de réglementer les juridictions pénales. L'État est toujours partie au procès pénal par l'intermédiaire du ministère public, et il est donc étonnant que cette matière soit rattachée au droit privé. Cependant, la procédure pénale comporte également des règles qui attribuent des prérogatives aux parties à l'instance. Mais la véritable raison de ce rattachement provient peut-être du fait que les juridictions pénales font parties de l'ordre juridictionnel privé.

L'article préliminaire illustre la « mixité » de la procédure pénale. Dans les droits qui sont énoncés par ce texte, nous retrouvons la division entre le droit public et le droit privé. Les principes d'équité, de contradiction, de séparation des fonctions, et de proportionnalité des mesures sont bien des règles de droit public. Ces principes ayant pour finalité l'organisation du procès, ont un caractère public. *A contrario*, les règles qui garantissent les droits des victimes et le principe de la présomption d'innocence peuvent être rattachées au droit privé. En vertu du principe de la présomption d'innocence, toute personne suspectée d'avoir commis une infraction doit être considérée comme non coupable jusqu'à ce qu'une décision irrévocable fixe le contraire. Ce principe a une nature mixte car il protège le suspect de tout préjugé, non seulement de la part de l'autorité judiciaire, mais aussi, de la part de l'opinion publique. Cette protection du suspect par rapport aux autres individus révèle sa nature privée car il concerne les rapports entre les particuliers. De même, en disposant que « l'autorité judiciaire veille à l'information et à la garantie des droits des victimes au cours de toute procédure pénale », l'article préliminaire accorde implicitement des prérogatives au particulier victime. Or cette protection de l'individu relève du droit privé.

Il ne suffit pas de constater que l'article préliminaire, comme le reste des règles de la procédure pénale, a un caractère mixte. C'est un truisme dont on ne peut pas se contenter.

B. Les conséquences de ce caractère

La « mixité » de la matière pénale a deux conséquences principales : le caractère autonome de la matière pénale et l'institution de juridictions spéciales.

Aujourd'hui, le principe de la *summa divisio* entre le droit privé et le droit public est de plus en plus critiqué pour son manque d'intérêt pratique. Mais en principe, la nature publique ou privée de la matière envisagée permet de déterminer la compétence juridictionnelle. Si la matière est de nature privée, la juridiction compétente pour en connaître sera une juridiction judiciaire ; et réciproquement, s'il s'agit d'une matière de droit public, la juridiction sera une juridiction administrative. *Quid*, alors des matières mixtes telles que la procédure pénale ? La procédure pénale doit-elle relever de l'ordre judiciaire ou de l'ordre administratif ? Les juridictions pénales n'appartiennent à aucun des deux ordres, ce sont des juridictions spéciales.

Le caractère mixte de la matière justifie donc, parfois, la mise en place de juridictions spéciales. La matière étant spécifique, l'institution d'une juridiction adaptée est nécessaire, et c'est le cas de la matière pénale. Pour autant, il ne faut pas en conclure qu'inversement toute juridiction spéciale correspond à une matière mixte. Tout raisonnement *a contrario* n'est pas toujours valable. Ainsi, on peut difficilement affirmer que l'existence des juridictions consulaires suffit à prouver le caractère mixte du droit commercial, qui reste inclus dans le droit privé. À nouveau, la procédure pénale démontre sa nature *sui generis*.

Cette spécificité de la matière pénale amène une partie de la doctrine à soutenir que c'est une branche du droit qui est autonome. L'autonomie d'une matière peut être déterminée de deux façons. D'une part, lorsque l'application de principes généraux ou de méthodes de raisonnement empruntées à d'autres matières conduit à des résultats erronés, cela signifie que la matière est autonome. D'autre part, l'autonomie apparaît quand la matière considérée, bien que mettant en œuvre des principes qui appartiennent à des branches existantes, en fait une utilisation spéciale qui lui donne un caractère nouveau. C'est le cas de la procédure pénale, qui, en empruntant des règles de droit privé et de droit public, en ayant donc un caractère mixte, affirme son autonomie. Par conséquent, la « mixité » de la procédure pénale permet d'affirmer qu'il s'agit d'une branche autonome du droit. « Il existe donc trois grandes procédures : la procédure civile, la procédure administrative et la procédure pénale ».

AUTRE PLAN POSSIBLE

I. La double nature des droits de l'article préliminaire.
   A. La nature mixte des droits.
   B. La nature fondamentale des droits.
II. Les effets de cette double nature.
   A. Les effets liés à la « mixité » des droits.
   B. Les effets liés à la « fondamentalité » des droits.

3e Exercice : Commentaire d'un passage du discours préliminaire du Code civil

Julien Théron, Maître de conférences à l'Université des Sciences sociales de Toulouse

« Pour connaître les divers ordres de lois, il suffit d'observer les diverses espèces de rapport qui existent entre les hommes vivant dans la même société. Les rapports de ceux qui gouvernent avec ceux qui sont gouvernés, et de chaque citoyen avec tous, sont la matière des lois constitutionnelles et politiques.

Les lois civiles disposent sur les rapports naturels ou conventionnels, forcés ou volontaires, de la rigueur ou de la simple convenance, qui lient tout individu à un autre individu ou à plusieurs. »

Extrait du « Discours préliminaire sur le projet de Code civil présenté le 1er pluviôse an IX par la Commission ; nommée par le gouvernement consulaire », rédigé par Portalis.

Conseils méthodologiques

Le commentaire consiste en un ensemble d'explications et de remarques à propos d'un texte organisées autour d'un plan. *Il se distingue donc de la dissertation.* Il faut bien veiller à ne pas transformer en dissertation un commentaire de texte. C'est le piège classique : oublier le texte. Il faut « coller » au texte : fréquemment le citer dans le corps du devoir. Les développements opérés doivent être circonscrits autour des propositions et éléments contenus dans le texte. À défaut, le devoir sera hors sujet.

1. En tout premier lieu, il faut lire avec attention le texte proposé et analyser chacun de ses termes afin de saisir la problématique proposée par l'extrait. Il faut pour cela prendre le temps de « digérer » le contenu du texte et savoir le « découper ». Ne pas donc se précipiter : une lecture rapide est une lecture superficielle.

Dans la première phrase de l'extrait du discours préliminaire au Code civil, Portalis affirme : « Pour connaître les divers ordres de lois, il suffit d'observer les diverses espèces de rapport qui existent entre les hommes vivant dans la même société ». Il faut ici attribuer au terme de « loi » le sens de droit objectif. Il ne faut donc pas l'entendre au sens strict, comme étant le texte voté par le Parlement. Les « divers ordres de lois » sont alors les différents types de règles juridiques. Portalis propose donc de classer les matières juridiques en fonction des rapports existant entre les hommes vivant dans une société.

Dans la seconde phrase, il définit une première catégorie de règles juridiques : « Les rapports de ceux qui gouvernent avec ceux qui sont gouvernés, et de chaque citoyen avec tous, sont la matière des lois constitutionnelles et politiques ». Le terme de « lois politiques » peut paraître obscur. Il faut analyser l'étymologie du mot afin d'en saisir le sens. Le terme politique vient du mot *polis* en latin et désignait la cité. Les lois politiques sont donc les règles relatives à l'organisation de la cité. Portalis définit donc dans cette phrase ce que l'on appelle aujourd'hui le droit public. Il s'agit de l'ensemble des règles destinées à régir les rapports de l'État avec l'individu.

Dans la troisième phrase, il énonce une seconde catégorie de règles juridiques : « Les lois civiles disposent sur les rapports naturels ou conventionnels, forcés ou volontaires, de la rigueur ou de la simple convenance, qui lient tout individu à un autre individu ou à plusieurs ». Il définit ici le droit privé comme étant l'ensemble de règles destinées à organiser les rapports interindividuels.

La problématique développée dans ce texte est donc simple. Portalis affirme qu'il existe une division du droit interne opposant le droit public au droit privé et en donne les critères. Le droit public organise les relations individus / État, tandis que le droit privé gère les relations interindividuelles.

2. En second lieu, il faut rassembler les idées nécessaires au commentaire proprement dit. Plusieurs types de réflexions peuvent naître de la lecture de cet extrait.

Tout d'abord, il apparaît que la division du droit interne (droit public / droit privé) proposée par Portalis est encore aujourd'hui empruntée. De plus, les critères utilisés sont toujours effectifs. Le droit administratif, matière essentielle du droit public, a pour but de régir les rapports entre « ceux qui gouvernent » et les « gouvernés », alors que le droit civil, pilier du droit privé s'intéresse à l'individu et à ses relations avec les autres individus.

Ensuite, il apparaît que quelle que puisse être l'importance de cette division du droit français, elle ne peut être considérée comme absolue. En premier lieu, cela masquerait l'unité fondamentale du droit. Cette distinction a en effet pour corollaire l'idée en vertu de laquelle le droit public est le droit de l'État tandis que le droit privé est le droit de l'individu. Autrement dit, le droit public protège l'intérêt de l'État tandis que le droit privé protège l'intérêt de l'individu. Or toute règle de droit poursuit une seule et même finalité : l'organisation de la société. En second lieu, cette distinction ne permet pas de classer la totalité des matières. En effet, certaines matières sans être du droit privé ne relèvent pas pour autant du droit public. Ainsi le droit pénal relève tant du droit privé que du droit public sans pouvoir être entièrement rattaché à l'un des deux.

Aussi, le plan du commentaire peut s'articuler autour de l'idée en vertu de laquelle si la distinction entre droit public et droit privé est toujours effective (I), cette taxinomie est relative (II).

Proposition de corrigé

Portalis fut avec Tronchet et malgré sa cécité l'un des principaux rédacteurs du Code civil. Il est en effet avéré que Bigot de Préameneu et Malleville eurent un rôle moins important dans l'élaboration de cet ambitieux projet. Il fut également le rédacteur du discours préliminaire au Code civil, dont il est ici présenté un extrait.

Il y affirme qu'il existe deux ordres de lois. Celles qui ont pour objet de régir les rapports entre gouvernants et gouvernés et celles qui organisent les rapports interindividuels. Il oppose ainsi les lois politiques et constitutionnelles aux lois civiles. Autrement dit, il expose ici la division du droit interne distinguant le droit public du droit privé.

Cette division entre le droit public et le droit privé n'est pas universelle. De très nombreux États, comme l'Angleterre, ignorent une telle dichotomie. Toujours effective en droit français, elle est héritée du droit romain. Ainsi, Ulpien, jurisconsulte romain, affirmait que « le droit public est relatif à l'organisation de la chose publique, le droit privé à l'intérêt des particuliers » (« *publicum jus est quod ad statum rei romanae spectat, privatum quod ad singularum utilitatem* »). Cette taxinomie présente des intérêts non seulement théoriques mais pratiques considérables. Il faut ainsi rappeler qu'il existe une dualité d'ordre de juridictions : les juridictions administratives et les juridictions de l'ordre judiciaire. Le type de règle à appliquer déterminera leur compétence. Cependant, aussi importante que soit cette distinction, elle ne peut être considérée comme absolue, dans la mesure où elle sous-entend que le droit a deux finalités : tantôt la protection de l'intérêt de l'État, tantôt la sauvegarde de l'intérêt de l'individu. Or toute règle juridique ne peut avoir qu'une finalité : l'organisation de la société. Par ailleurs, elle s'avère être un outil de classification imparfait comme en témoigne l'existence de matières mixtes.

Finalement, si le principe d'une division du droit interne en « lois constitutionnelles et politiques » ou « lois civiles » tel que présenté par Portalis est toujours effectif (Première partie), il révèle certaines limites (Deuxième partie).

I. La division « lois civiles », « lois constitutionnelles et politiques » du droit interne : une taxinomie effective

L'opposition du droit public au droit privé est considérée comme fondamentale dans le droit français interne. Or, il apparaît que cette taxinomie répond parfaitement à la distinction effectuée par Portalis : « les rapports de ceux qui gouvernent avec ceux qui sont gouvernés » sont encore la matière du droit public (A), tandis que les rapports « qui lient tout individu à un autre individu ou à plusieurs » sont toujours régis par le droit privé (B).

A. Le domaine du droit public ou l'organisation des « rapports de ceux qui gouvernent avec ceux qui sont gouvernés »

Le domaine du droit public est aujourd'hui encore constitué par les « rapports de ceux qui gouvernent avec ceux qui sont gouvernés, et de chaque citoyen avec tous ». Le droit public est en effet la branche du droit organisant l'État et les collectivités locales et régissant leur action et leurs relations avec les particuliers. Le droit constitutionnel comme le droit administratif en témoignent.

Le droit constitutionnel réunit les règles relatives à l'État et au pouvoir politique. Il s'agit de l'ensemble des règles qui président à l'organisation politique de l'État et à son fonctionnement ou, plus précisément encore, à la mise en œuvre du pouvoir politique. La substance du droit constitutionnel se trouve donc dans la Constitution et les différents textes qui s'y rattachent (lois constitutionnelles et lois organiques). Plus largement, elle réside si l'on tient compte de la situation constitutionnelle actuelle de la France, dans tous les textes qui définissent les divers organes de l'État (chef de l'État et gouvernement qui constituent le pouvoir exécutif ; Assemblée nationale et Sénat, c'est-à-dire le Parlement ; Conseil constitutionnel...), les modalités de leur désignation, leurs compétences et leurs fonctions.

Le droit administratif regroupe les diverses règles qui définissent et organisent les administrations et les services publics, celles qui précisent les modes de fonctionnement, et celles qui régissent leurs rapports avec les particuliers (contrats administratifs et responsabilité administrative). Une partie importante du droit administratif s'attache à l'organisation administrative de l'État (État, régions, départements et communes). Une autre définit les moyens d'action de l'administration, ce qui englobe à la fois les personnels (fonctionnaires et agents qui collaborent à l'administration) et les biens du domaine public.

B. Le domaine du droit privé ou l'organisation des rapports interindividuels

« Les lois civiles disposent sur les rapports naturels ou conventionnels, forcés ou volontaires, de la rigueur ou de la simple convenance, qui lient tout individu à un autre individu ou à plusieurs ». Le sens de l'expression « droit civil » a évolué. À Rome, il désignait le droit applicable par opposition au droit applicable aux étrangers (*jus gentium*). Il a fini par désigner le droit codifié à Bysance sous le nom de *corpus juris civilis*. C'est en ce sens que l'on parlait de droit civil dans l'ancienne France où le droit romain était resté en application au moins en ce qui concerne les relations entre particuliers dans certaines provinces. Peu à peu le terme droit civil devint synonyme de droit privé. Ainsi conçu le droit civil tendait à faire la synthèse de toutes les règles applicables à la vie des hommes et à leurs relations particulières. Réside ici la raison pour laquelle Portalis ne parle pas de droit privé mais de « lois civiles ». Les disciplines relevant du droit privé sont donc celles qui organisent les rapports interindividuels. Peuvent alors être principalement rattachés à cette branche le droit civil au sens strict du terme et le droit commercial.

Le droit civil trouve l'essentiel de sa substance dans le Code civil de 1804 et envisage l'individu dans ses rapports les plus fondamentaux. Le droit civil rassemble les diverses règles qui assurent l'individualisation de la personne-sujet de droit dans la société (nom, domicile, état civil) et celles qui organisent les principaux rapports de la vie en société. À ce titre il régit la famille, la propriété et définit les rapports d'obligations qui peuvent s'établir entre les personnes.

Le droit commercial a emprunté au droit civil nombre de ses techniques, pourtant c'est avant la Révolution que le droit commercial s'en est détaché. Cette autonomie est clairement attestée par les ordonnances de Colbert sur le commerce de terre (1673) et sur la marine (1681). L'objet de cette branche du droit est constitué par les différentes opérations accomplies pour l'exercice du commerce. Il s'agit donc ici encore d'organiser des relations interindividuelles. Le droit commercial comprend l'ensemble des règles applicables aux commerçants et aux actes de commerce. L'ancienneté de la matière explique qu'elle ait fait l'objet d'une codification dès 1807. À la différence du Code civil, ce code a été rapidement dépassé. Il a fait l'objet de nombreuses réformes à tel point qu'une recodification s'est imposée donnant naissance à un nouveau Code de commerce en 2000.

Si la division du droit interne entre le droit public et le droit privé telle que Portalis la met en avant dans l'extrait étudié est encore effective, il semble qu'elle doit être relativisée.

II. La division « lois civiles », « lois constitutionnelles et politiques » du droit interne : une taxinomie relative

La division du droit interne en droit public – droit privé est critiquable dans la mesure où elle masque l'unité véritable du droit (A). De plus, elle ne permet pas de classer toutes les matières juridiques comme le révèle l'existence de matières mixtes (B).

A. Le caractère excessif de la division droit public – droit privé masquant la seule finalité du droit : l'organisation de la société

La distinction du droit public et du droit privé une schématisation excessive le système juridique. Elle conduit parfois à considérer le droit de manière trop manichéenne.

Ainsi, le droit privé tendant à régir les rapports interindividuels est assimilé à un droit libéral, tandis que le droit public, destiné à régir les rapports entre l'individu et l'État est considéré comme un droit contraignant. Or, la complexité croissante de la vie sociale et économique rend de plus en perceptible la fonction protectrice pour l'individu de l'État. La loi du 6 janvier 1978 relative à l'informatique, aux fichiers et aux libertés en est l'exemple frappant dans la mesure où elle est destinée à sauvegarder les libertés individuelles à l'encontre des pouvoirs publics comme des organismes privés. Elle régit donc un certain type de rapport entre « ceux qui gouvernent et ceux qui sont gouvernés » mais dans un but protecteur de l'individu.

La taxinomie proposée par Portalis peut également conduire à considérer le droit public comme le droit de la collectivité, et le droit privé soucieux des rapports interindividuels comme protecteur des intérêts individuels. Or, à l'évidence toutes les règles de droit, parce qu'elles ont pour finalité d'organiser la société tendent notamment par une recherche de ce qui est utile, à la sauvegarde de l'intérêt social.

Cette distinction entre les « lois civiles » et les « lois constitutionnelles » tend donc à faire oublier la profonde unité du droit, lequel n'est jamais que la traduction sous la forme d'un ensemble de règles d'un projet politique global. Cela conduit à dénier à l'opposition droit privé-droit public la valeur d'une vraie *summa divisio*.

B. La division du droit interne entre le droit public et le droit privé, une taxinomie incomplète

L'existence de matières ne relevant totalement ni du droit public, ni du droit privé montre que la distinction proposée par Portalis n'est pas absolue. Le droit connaît des matières « mixtes ». La notion est simple : constitue un droit mixte toute branche du droit qui réalise une combinaison de règles relevant, pour les unes du droit public et pour les autres du droit privé. L'existence même de ce type de « lois », signifie donc qu'il ne suffit pas « d'observer les diverses espèces de rapport qui existent entre les hommes vivant dans la même société » pour connaître les « divers ordres de lois ». Il n'existe pas que le droit privé et le droit public.

Le droit pénal, constitue à ce titre un exemple frappant de ces droits mixtes qui ne sont ni privé ni public. L'essentiel de sa substance se trouvait dans le Code pénal de 1810, jusqu'au remplacement de celui-ci par le nouveau Code pénal de 1994. Il s'agit d'un droit de répression qui a pour objet de définir les comportements constitutifs d'infraction et de fixer les sanctions applicables à leur auteur. Or, les infractions sont déterminées en considération de l'intérêt général, et c'est la puissance publique qui a la maîtrise de la sanction. La victime n'est pas admise à exercer d'elle-même un droit de vengeance. Le droit pénal est donc incontestablement attiré vers le droit public. Pourtant, il n'est pas possible de l'y assimiler dans la mesure où il ne contribue nullement à fixer les règles constituant l'État ou son administration, pas plus qu'il ne régit les rapports entre ce même État et ses citoyens.

Aussi, en France le droit pénal est habituellement rattaché au droit privé, car si elle est dominée par la puissance publique, cette branche du droit à pour but de sauvegarder certaines prérogatives individuelles : sanctionner le vol, par exemple, c'est du même coup affirmer et protéger la propriété. Pourtant, cette assimilation au droit privé est abusive dans la mesure où le droit pénal ne vient par régir les simples relations entre particuliers. On observera que dans de nombreux États, notamment d'Amérique du Sud, cette discipline relève du droit public.

La distinction entre le droit public et le droit privé telle qu'elle est mise en évidence par Portalis dans l'extrait commenté est toujours utilisée et effective mais ne peut pas être considérée comme la *summa divisio* du droit interne français. Portalis déjà conscient de cela avait d'ailleurs affirmé : « Il n'est point de question privée dans laquelle il n'entre quelque vue d'administration publique, comme il n'est aucun objet public qui ne touche plus ou moins aux principes de cette justice distributive qui règle les intérêts privés ».

AUTRE PLAN POSSIBLE

I. La division du droit en « lois constitutionnelles et politiques » et « lois civiles », une distinction inhérente aux différents rapports sociaux.

A. Les rapports de « ceux qui gouvernent avec ceux qui sont gouvernés », ou le domaine du droit public.

B. Les rapports de « tout individu à un autre individu », ou le domaine du droit privé.

II. La division du droit en « lois constitutionnelles et politiques » et « lois civiles », ou l'atteinte à l'unité fondamentale du droit.

A. Une division mettant en avant une fausse opposition d'intérêts entre l'État et l'individu.

B. Une division portant atteinte à la finalité de toute règle de droit : l'organisation de la société.

III. La division du droit en « lois constitutionnelles et politiques » et « lois civiles », un outil de classification imparfait.

A. Les matières mixtes ne sont ni du droit public ni du droit privé.

B. Les matières mixtes révèlent des éléments de droit public et de droit privé.

CHAPITRE 3
La source principale du droit : la loi, amont et aval

1er Exercice : Analyse de l'arrêt rendu par la chambre sociale de la Cour de cassation le 25 janvier 2011, pourvoi n° 09-40028 [1]

Géraldine Le Labourier-Fleury Le Gros, Maître de conférences en droit privé à la Faculté des affaires internationales du Havre

Sur le moyen unique :

Attendu, selon l'arrêt attaqué (Rennes, 4 novembre 2008), que Mme X... a été engagée, en qualité de rayonniste, suivant contrat « nouvelles embauches » du 19 septembre 2005 par M. Y..., exploitant une pharmacie ; que son employeur ayant rompu, sans motivation, le contrat, par lettre du 10 janvier 2007, elle a saisi la juridiction prud'homale pour obtenir le paiement de diverses sommes ;

Attendu que M. Y... fait grief à l'arrêt de dire que la rupture du contrat « nouvelles embauches » s'analysait en un licenciement sans cause réelle et sérieuse et de le condamner à payer diverses sommes à titre de dommages-intérêts, alors, selon le moyen :

1°/ *que si la convention n° 158 de l'OIT dispose, en son article 4, qu'un travailleur ne doit pas être licencié sans qu'il existe un motif valable, elle permet, en revanche, en son article 2 § 2 b), à un État membre d'exclure du champ d'application de l'ensemble ou de certaines des dispositions de ce texte les travailleurs effectuant une période d'essai, à condition que la durée de celle-ci soit fixée d'avance et qu'elle soit raisonnable ; qu'en se bornant à relever, pour décider que Mme X... avait fait l'objet d'un licenciement sans cause réelle et sérieuse, que les dispositions de l'ordonnance relatives au contrat « nouvelles embauches », permettant à un employeur de déroger aux règles du code du travail encadrant le licenciement, étaient contraires à celles de la convention n° 158 de l'OIT, sans rechercher, comme elle y était pourtant invitée, si la durée, fixée d'avance, de la période d'essai effectuée par la salariée pouvait être regardée comme raisonnable, permettant ainsi d'exclure le contrat litigieux des dispositions de ladite convention, la cour d'appel a privé sa décision de base légale au regard de l'article 2 § 2 b) de la convention n° 158 de l'OIT et de l'ordonnance n° 2005-893 du 2 août 2005 ;*

2°/ *que toute personne a droit à ce que sa cause soit entendue équitablement ; qu'en conséquence, le système juridique doit présenter une clarté et des garanties suffisantes pour éviter un malentendu quant au droit applicable ; que le 10 janvier 2007, date de la rupture du contrat « nouvelles embauches », l'ordonnance n° 2005-893 du 2 août 2005, relative au contrat de travail « nouvelles embauches », considérée comme conforme aux dispositions de la convention n° 158 de l'OIT, par arrêt rendu par le Conseil d'État le 19 octobre 2005, autorisait un*

1. Le texte de l'arrêt a été partiellement modifié afin de le rendre plus compréhensible pour des étudiants de première année de licence de droit.

employeur à rompre un contrat « nouvelles embauches » sans être tenu de motiver la rupture ; qu'en décidant néanmoins que la rupture du contrat de travail de Mme X... devait s'analyser en un licenciement sans cause réelle et sérieuse, comme étant dépourvue de toute motivation, bien que cette rupture soit intervenue dans le strict respect du droit applicable au moment des faits, la cour d'appel a violé l'article 6 de la Convention européenne de sauvegarde des droits de l'homme et des libertés fondamentales ;

3°/ que toute personne a droit à ce que sa cause soit entendue équitablement ; qu'en conséquence, une partie à un procès ne peut se voir opposer une règle de droit issue d'une nouvelle jurisprudence lorsque la mise en œuvre de celle-ci aboutirait à la priver d'un procès équitable ; qu'à la date du 10 janvier 2007, qui était celle de la rupture du contrat « nouvelles embauches » de Mme X..., l'ordonnance n° 2005-893 du 2 août 2005, relative au contrat de travail « nouvelles embauches », considérée comme conforme aux dispositions de la convention n° 158 de l'OIT, par arrêt rendu par le Conseil d'État le 19 octobre 2005, autorisait un employeur à rompre un contrat « nouvelles embauches » sans être tenu de motiver la rupture ; que l'application d'une jurisprudence nouvelle, matérialisée par l'arrêt de la chambre sociale de la Cour de cassation en date du 1er juillet 2008, considérant que les dispositions de l'ordonnance précitée sont contraires à celles de la convention n° 158 de l'OIT, aux ruptures des contrats « nouvelles embauches » survenues antérieurement, a pour conséquence de priver l'employeur d'un procès équitable, dès lors qu'il lui est reproché de ne pas avoir respecté des règles encadrant la rupture qui, à la date des faits, n'existaient pas ; qu'en décidant néanmoins que la rupture du contrat de travail de Mme X... devait s'analyser en un licenciement sans cause réelle et sérieuse, comme étant dépourvue de toute motivation, bien que cette rupture soit intervenue avant la jurisprudence nouvelle ayant imposé à l'employeur de motiver la rupture, la cour d'appel a violé l'article 6 de la Convention européenne de sauvegarde des droits de l'homme et des libertés fondamentales ;

Mais attendu, d'abord, qu'ayant considéré que la période de deux ans prévue par le contrat « nouvelles embauches » ne pouvait être regardée comme une période d'essai au regard des caractéristiques essentielles de l'essai, la cour d'appel n'avait pas à se prononcer sur le caractère raisonnable ou non du délai ;

Attendu, ensuite, que l'arrêt rendu le 1er juillet 2008 par la Cour de cassation, chambre sociale, n'a pas opéré de revirement de jurisprudence ;

Et attendu, enfin, que selon l'article 55 de la Constitution du 4 octobre 1958, « les traités ou accords internationaux régulièrement ratifiés ou approuvés ont, dès leur publication, une autorité supérieure à celle des lois » ; qu'en écartant l'article 2 de l'ordonnance du 2 août 2005, instituant le contrat nouvelles embauches, comme contraire aux dispositions de la convention n° 158 de l'Organisation internationale du travail sur le licenciement adoptée à Genève le 22 juin 1982 et entrée en vigueur en France le 16 mars 1990, la cour d'appel n'a fait qu'appliquer exactement au litige les normes en vigueur et n'a, dès lors, pas méconnu le principe de sécurité juridique et l'article 6. 1 de la Convention européenne de sauvegarde des droits de l'homme et des libertés fondamentales ;

D'où il suit que le moyen n'est pas fondé ;

PAR CES MOTIFS :

REJETTE le pourvoi ;

Quelques précisions pour procéder à l'analyse

La difficulté de cet arrêt est qu'il porte sur un domaine méconnu des étudiants de première année de licence de droit : le droit du travail.

Pour aider à la compréhension, voici quelques règles applicables dans cette matière :

– le licenciement d'un salarié doit être justifié par une cause réelle et sérieuse (que ce licenciement soit un licenciement de droit commun ou un licenciement économique). Cette règle impose donc à l'employeur qui procède à un licenciement de motiver sa décision. Cette obligation est prévue par l'article 4 de la convention n° 158 de l'OIT citée dans l'arrêt ;

– en revanche, lorsque la rupture du contrat de travail intervient au cours de la période d'essai convenue entre l'employeur et le salarié, l'employeur n'a pas à se justifier. Il n'est donc pas contraint de motiver sa décision. Cette dérogation est prévue par l'article 2§2 b) de la convention n° 158 de l'OIT citée dans l'arrêt ;

– les dispositions relatives au contrat de travail « nouvelles embauches » issues de l'Ordonnance du 2 août 2005 permettent à l'employeur de rompre ce type de contrat de travail sans motivation dans les deux ans qui suivent la conclusion du contrat.

Proposition de corrigé

Cet arrêt rendu par la chambre sociale de la Cour de cassation le 25 janvier 2011 a trait au contrôle de conformité d'une ordonnance par rapport à une convention internationale.

Les faits ayant conduit à l'arrêt sont les suivants : le 19 septembre 2005, une personne a conclu un contrat de travail « nouvelles embauches » issu de l'ordonnance du 2 août 2005. Par dérogation aux dispositions relatives au licenciement, cette ordonnance permet à l'employeur de rompre le contrat de travail sans motivation, dans un délai de deux ans à compter de sa conclusion. Conformément à ces prévisions, l'employeur décide de mettre fin au contrat conclu avec son employé en lui adressant, le 10 janvier 2007, une lettre ne comportant aucune motivation justifiant cette rupture.

Estimant que son ancien employeur a procédé à un licenciement sans cause réelle et sérieuse, l'employé dont le contrat a été rompu l'assigne devant le conseil des prud'hommes afin d'obtenir des dommages et intérêts. L'ancien employé a donc la qualité de demandeur initial ; son ancien employeur, celle de défendeur.

Nous ne connaissons pas le sens de la décision rendue par le conseil des prud'hommes, ni l'identité de l'appelant et de l'intimé.

Le 4 novembre 2008, la cour d'appel de Rennes condamne l'employeur à verser à son ancien employé des dommages et intérêts. Pour motiver sa décision, la cour relève que l'ordonnance instaurant le contrat de travail « nouvelles embauches » est contraire à la convention n° 158 de l'OIT. Dès lors, la rupture du contrat opérée sans aucune motivation constitue un licenciement sans cause réelle et sérieuse.

Insatisfait de cette décision, l'employeur forme un pourvoi en cassation. Il a donc la qualité de demandeur au pourvoi ; son ancien salarié celle de défendeur au pourvoi.

Le pourvoi est fondé sur un moyen unique, divisé en trois branches.

Dans la première branche, l'ancien employeur reproche à la cour d'appel d'avoir privé sa décision de base légale au regard de l'article 2§2b) de la convention n° 158 de l'OIT et de l'ordonnance relative au contrat « nouvelles embauches ». L'auteur du pourvoi rappelle que l'article 4 de la convention de l'OIT dispose qu'un employé ne doit pas être licencié sans motif valable. Toutefois, en application de l'article 2§2 b) de la même convention, les États membres de l'OIT peuvent exclure de son champ d'application les salariés soumis à une période d'essai dès lors que la durée de l'essai est fixée d'avance et qu'elle est raisonnable. Par conséquent, avant de considérer que l'ordonnance relative au contrat nouvelles embauches n'était pas conforme à la convention n° 158 de l'OIT, la cour d'appel aurait dû rechercher si la période d'essai fixée dans ce contrat était raisonnable. En ne procédant pas à cette recherche, elle n'a donc pas justifié sa décision au regard des dispositions précitées.

Dans la deuxième branche, l'auteur du pourvoi reproche à la cour d'appel d'avoir violé l'article 6 de la Convention européenne de sauvegarde des droits de l'homme et des libertés fondamentales en retenant que la rupture du contrat opérée par l'employeur constituait un licenciement sans cause réelle et sérieuse, alors qu'à la date de la rupture du contrat, la disposition permettant à l'employeur de rompre le contrat « nouvelles embauches » sans motivation était jugée conforme à la convention n° 158 de l'OIT par le Conseil d'État.

Dans la troisième branche, enfin, l'ancien employeur reproche de nouveau à la cour d'appel d'avoir violé l'article 6 de la Convention européenne de sauvegarde des droits de l'homme et des libertés fondamentales en considérant que l'ordonnance relative au contrat « nouvelles embauches » était contraire à la convention n° 158 de l'OIT par application d'un arrêt rendu par la chambre sociale de la Cour de cassation le 1er juillet 2008, pourtant postérieur à la date de la rupture du contrat. En d'autres termes, l'auteur du pourvoi reproche à la cour d'appel d'appliquer rétroactivement la décision de la chambre sociale de la Cour de cassation.

De ce qui précède, le problème de droit posé à la Cour de cassation est le suivant : l'ordonnance relative au contrat « nouvelles embauches » permettant à l'employeur de rompre le contrat de travail sans motivation, dans un délai de deux ans à compter de la conclusion du contrat, est-elle contraire à la convention n° 158 de l'OIT ?

Le 25 janvier 2011, la chambre sociale de la Cour de cassation répond par l'affirmative et rejette le pourvoi au motif que le moyen n'est pas fondé.

En ce qui concerne la première branche, elle considère que la cour d'appel n'avait pas à rechercher si le délai fixé d'avance dans le contrat « nouvelles embauches » était raisonnable ou non, puisque ce délai ne concernait pas une période d'essai.

Quant aux deuxième et troisième branches, la Cour de cassation considère que la cour d'appel n'a pas violé le principe de sécurité juridique posé par l'article 6§1 de la Convention européenne de sauvegarde des droits de l'homme et des libertés fondamentales parce qu'elle a appliqué les normes en vigueur au jour de la rupture du contrat. Pour le justifier, la Cour de cassation avance deux arguments. En premier lieu, elle considère que l'arrêt de la chambre sociale cité dans la troisième branche pourvoi, rendu à une date postérieure à celle de la rupture du contrat, ne constitue pas un revirement de jurisprudence par rapport à l'arrêt rendu antérieurement par le Conseil d'État. En second lieu, se fondant sur l'article 55 de la Constitution, elle approuve la cour d'appel d'avoir écarté les dispositions de l'ordonnance relatives au contrat nouvelles embauches, puisque celles-ci sont contraires à la convention n° 158 de l'OIT entrée en vigueur en France depuis le 16 mars 1990.

2e Exercice : Quizz sur La source principale du droit : la loi, amont et aval

Géraldine Le Labourier-Fleury Le Gros, Maître de conférences en droit privé à la Faculté des affaires internationales du Havre

1. Quelle est la distinction entre un projet de loi et une proposition de loi ?

2. Par qui et dans quel délai une loi au sens strict (d'origine parlementaire) doit-elle être promulguée ?

3. Expliquez le sens de l'expression suivante : la déclassification d'une loi.

4. Quel est le rôle assigné à la loi par Portalis dans son discours préliminaire du Code civil ?

5. Expliquez ce que recouvrent les notions suivantes : contrôle de constitutionnalité, contrôle de légalité et contrôle de conventionalité.

6. Quelle est la valeur de cette règle dans la hiérarchie des normes ? Article 1er de la Déclaration des droits de l'homme et du citoyen du 26 août 1789 : « Les hommes naissent et demeurent libres et égaux en droits ».

7. Dans la hiérarchie des normes, les traités internationaux occupent-ils un rang supérieur à la loi ordinaire ? Et à la constitution?

Corrigé

1. Un projet de loi est un texte de loi en préparation dont l'initiative émane du gouvernement.

Une proposition de loi est un texte de loi en préparation dont l'initiative émane du Parlement.

2. Une loi au sens strict doit être promulguée par le président de la République dans les 15 jours suivant son vote définitif (ou suivant la décision du Conseil constitutionnel lorsque celui a été saisi d'un contrôle de constitutionnalité).

3. Cette expression provient de la répartition des compétences entre le gouvernement et le Parlement. Certains domaines relèvent de la compétence du gouvernement. Dans Ces domaines, le gouvernement peut prendre des décrets autonomes. Toutefois, il arrive que le Parlement soit à l'origine d'une loi qui relève pourtant de la compétence du gouvernement. Puisque cette loi porte sur un domaine de la compétence du gouvernement, elle peut ensuite faire l'objet d'une modification en vertu d'un décret autonome. La modification de la loi par un décret autonome est dénommée déclassification de la loi.

4. Selon Portalis, la loi doit établir les principes : « L'office de la loi est de fixer, par de grandes vues, les maximes générales du droit : d'établir les principes féconds en conséquence, et non de descendre dans le détail des questions qui peuvent naître de chaque matière ».

5. Le contrôle de constitutionnalité est un contrôle opéré par le Conseil constitutionnel pour étudier la conformité d'une loi à la Constitution.

Le contrôle de légalité est un contrôle opéré par le Conseil d'État afin d'étudier la conformité d'un décret à une loi.

Quant au contrôle de conventionalité, il est opéré par les juridictions ordinaires pour vérifier la conformité d'une loi à un traité.

6. La Déclaration des droits de l'homme et du citoyen fait partie de ce qu'on appelle le « bloc de constitutionnalité ». Elle a donc la même valeur que la Constitution dans la hiérarchie des normes. Par conséquent, l'article 1er de la Déclaration précité a valeur constitutionnelle. En d'autres termes, il se trouve au sommet de la hiérarchie des normes, ce qui signifie qu'aucune norme de rang inférieur ne peut en principe le contredire.

7. En vertu de l'article 55 de la Constitution, les traités internationaux régulièrement ratifiés ou approuvés ont, dès leur publication, une autorité supérieure à celle des lois. Par conséquent, un traité international ratifié et publié occupe un rang supérieur à la loi ordinaire dans la hiérarchie des normes.

En revanche, la Constitution se trouve au sommet de la hiérarchie des normes. Par conséquent, un traité occupe une place inférieure à la Constitution. En cas de contrariété d'un traité à la Constitution, un choix doit être fait : soit ne pas ratifier le traité, soit modifier la Constitution.

3e Exercice : Analyse de l'arrêt rendu par la première chambre civile de la Cour de cassation le 6 avril 2011, pourvoi n° 10-19053 (vie privée et vie familiale)

Laurène Mazeau, Docteur en droit, Post-doctorante à l'Université Pierre Mendès France de Grenoble II, Centre de recherche juridique

Sur le moyen unique :

Attendu que par un jugement du 14 juillet 2000, la Cour suprême de Californie a conféré à M. X… la qualité de « père génétique » et à Mme Y…, son épouse, celle de mère légale des enfants à naître, portés par Mme B…, conformément à la loi de l'État de Californie qui autorise, sous contrôle judiciaire, le procédé de gestation pour autrui ; que le 25 octobre 2000, sont nées Z… et A… à La Mesa (Californie) ; que leurs actes de naissance ont été établis selon le droit californien indiquant comme père, M. X… et comme mère, Mme Y… ; que M. X… a demandé le 8 novembre 2000 la transcription des actes au consulat de France à Los Angeles, ce qui lui a été refusé ; qu'à la demande du ministère public, les actes de naissance des enfants ont été transcrits, aux fins d'annulation de leur transcription, sur les registres de l'état civil de Nantes, le 25 novembre 2002 ; que le 4 avril 2003, le procureur de la République près le tribunal de grande instance de Créteil a fait assigner les époux X… pour demander cette annulation ; que l'arrêt de la cour d'appel de Paris déclarant l'action irrecevable a été cassé par un arrêt de la Cour de cassation du 17 décembre 2008 (Bull. Civ. I n° 289) ;

Attendu que les époux X… font grief à l'arrêt attaqué (Paris, 18 mars 2010) d'avoir prononcé l'annulation de la transcription des actes de naissance litigieux, alors, selon le moyen :

1°/ *que la décision étrangère qui reconnaît la filiation d'un enfant à l'égard d'un couple ayant régulièrement conclu une convention avec une mère porteuse n'est pas contraire à l'ordre public international, qui ne se confond pas avec l'ordre public interne ; qu'en jugeant que l'arrêt de la Cour supérieure de l'État de Californie ayant déclaré M. X… « père génétique » et Mme Y… « mère légale » de tout enfant devant naître de Mme B… entre le 15 août et le 15 décembre 2000 était contraire à l'ordre public international prétexte pris que l'article 16-7 du Code civil frappe de nullité les conventions portant sur la gestation pour le compte d'autrui, la cour d'appel a violé l'article 3 du Code civil ;*

2°/ *qu'en tout état de cause, il résulte de l'article 55 de la Constitution que les traités et accords internationaux régulièrement ratifiés ou approuvés et publiés ont, sous réserve de leur application* *réciproque par l'autre partie, une autorité supérieure à celle des lois et règlements ; qu'en se fondant, pour dire que c'était vainement que les consorts X... se prévalaient de conventions internationales, notamment de la Convention de New York du 26 janvier 1990 sur les droits de l'enfant, sur la circonstance que la loi prohibe, «pour l'heure», la gestation pour autrui, la cour d'appel, qui a ainsi considéré qu'une convention internationale ne pouvait primer sur le droit interne, a violé l'article 55 de la Constitution ;*

3°/ *que, dans toutes les décisions qui concernent les enfants, l'intérêt supérieur de l'enfant doit être une considération primordiale ; qu'en retenant que l'annulation de la transcription des actes de naissance des enfants des époux X... ne méconnaissait pas l'intérêt supérieur de ces enfants en dépit des difficultés concrètes qu'elle engendrerait, la cour d'appel, dont la décision a pourtant pour effet de priver ces enfants de la possibilité d'établir leur filiation en France, où ils résident avec les époux X..., a violé l'article 3 § 1 de la Convention de New York du 26 janvier 1990 sur les droits de l'enfant ;*

4°/ *qu'il résulte des dispositions de l'article 8 de la Convention européenne des droits de l'homme que là où l'existence d'un lien familial avec un enfant se trouve établie, l'État doit agir de manière à permettre à ce lien de se développer ; qu'en annulant la transcription des actes de naissance des enfants X..., la cour d'appel, qui a ainsi privé ces enfants de la possibilité d'établir en France leur filiation à l'égard des époux X... avec lesquels ils forment une véritable famille, a violé l'article 8 de la Convention européenne des droits de l'homme ;*

5°/ *que dans la jouissance des droits et libertés reconnus par la Convention européenne des droits de l'homme, l'article 14 interdit de traiter de manière différente, sauf justification objective et raisonnable, des personnes placées dans des situations comparables ; qu'en annulant la transcription des actes de naissance des enfants X... par cela seul qu'ils étaient nés en exécution d'une convention portant sur la gestation pour le compte d'autrui, la cour d'appel, qui a ainsi pénalisé ces enfants, en les privant de la nationalité de leurs parents, en raison de faits qui ne leur étaient pourtant pas imputables, a violé l'article 14 de la Convention européenne des droits de l'homme combiné avec l'article 8 de ladite convention ;*

Mais attendu qu'est justifié le refus de transcription d'un acte de naissance établi en exécution d'une décision étrangère, fondé sur la contrariété à l'ordre public international français de cette décision, lorsque celle-ci comporte des dispositions qui heurtent des principes essentiels du droit français ; qu'en l'état du droit positif, il est contraire au principe de l'indisponibilité de l'état des personnes, principe essentiel du droit français, de faire produire effet, au regard de la filiation, à une convention portant sur la gestation pour le compte d'autrui, qui, fût-elle licite à l'étranger, est nulle d'une nullité d'ordre public aux termes des articles 16-7 et 16-9 du Code civil ;

Que dès lors, la cour d'appel a retenu à bon droit que dans la mesure où il donnait effet à une convention de cette nature, le jugement « américain » du 14 juillet 2000 était contraire à la conception française de l'ordre public international, en sorte que les actes de naissance litigieux ayant été établis en application de cette décision, leur transcription sur les registres d'état civil français devait être annulée ; qu'une telle annulation, qui ne prive pas les enfants de la filiation maternelle et paternelle que le droit californien leur reconnaît ni ne les empêche de vivre avec les époux X... en France, ne porte pas atteinte au droit au respect de la vie privée et familiale de ces enfants au sens de l'article 8 de la Convention européenne des droits de l'homme, non plus qu'à leur intérêt supérieur garanti par l'article 3 § 1 de la Convention internationale des droits de l'enfant ; que le moyen n'est pas fondé ;

PAR CES MOTIFS :

REJETTE le pourvoi ;

Quelques précisions pour procéder à l'analyse

– Afin de préciser les contours de cette affaire, il convient tout d'abord de rappeler que la gestation pour autrui concerne l'hypothèse dans laquelle une femme appelée « mère porteuse » porte l'enfant d'un couple qui lui a fourni ses embryons. Cette femme assure le développement *in utéro* de l'embryon, jusqu'à la naissance et remettra l'enfant à la « mère génétique » et à son père.

– La gestation pour autrui se heurte non seulement aux principes fondamentaux du droit français (il est de principe que la mère de l'enfant est celle qui accouche), mais aussi au problème de la transcription sur les actes de l'état civil.

Aux termes de l'article 16-7 du Code civil (visé par la Cour de cassation dans l'arrêt à analyser) : « *Toute convention portant sur la procréation ou la gestation pour le compte d'autrui est nulle* » [2]. Ce principe législatif résulte de la solution retenue par l'arrêt de l'Assemblée plénière de la Cour de cassation en date du 31 mai 1991, et fondée tant sur l'indisponibilité du corps humain que sur l'indisponibilité de l'état des personnes [3].

– Dans l'arrêt du 6 avril 2011, la Cour de cassation se réfère à l'article 8 de la Convention européenne de sauvegarde des droits de l'homme et des libertés fondamentales (Convention EDH) ainsi qu'à l'article 3 § 1 de la Convention internationale des droits de l'enfant (Convention de New York). Le premier texte établit une protection contre les immixtions illégales dans la vie privée des personnes. En effet, cet article proclame le droit de toute personne au respect « *de sa vie privée et familiale, de son domicile et de sa correspondance* » et organise dans un même temps un régime de restrictions si celles-ci sont « *prévues par la loi* » et « *nécessaires, dans une société démocratique* ». Le second texte est relatif à la notion d'« *intérêt supérieur de l'enfant* » [4]. Selon l'article 3 § 1 de la Convention de New York : « *dans toutes les décisions qui concernent les enfants, qu'elles soient le fait des institutions publiques ou privées de protection sociale, des tribunaux, des autorités administratives ou des organes législatifs, l'intérêt supérieur de l'enfant doit être une considération primordiale* ». Il s'agit là d'un concept juridique très moderne, qui n'a guère fait l'objet d'études de manière globale, car le contenu reste assez flou et les fonctions multiples.

Proposition de corrigé

Par trois arrêts du 6 avril 2011 [5], dont celui soumis à notre étude, la première chambre civile de la Cour de cassation statue sur la question des effets pouvant être reconnus en France, au regard du droit de la filiation, de conventions portant sur la gestation pour le compte d'autrui, interdites en France, mais licites dans le pays où elles sont intervenues. La Haute juridiction rappelle dans ces arrêts que le principe de l'indisponibilité de l'état des personnes, principe essentiel du droit français, fait obstacle à toute transcription à l'état civil français d'une filiation régulièrement acquise à l'étranger dans le cadre de la gestation pour autrui.

2. Article 16-9 du Code civil : « *Les dispositions du présent chapitre sont d'ordre public* ».
3. *D.* 1991. 417, rapp. Y. Chartier, note D. Thouvenin, *JCP* G 1991. II. 21752, concl. H. Dontenwille, note F. Terré.
4. Sur la consécration de l'applicabilité directe de la Convention de New York, v. Cass. 1re civ., 18 mai 2005 ; Cass. 1re civ., 14 juin 2005 ; Cass. 1re civ., 13 juill. 2005 : *Bull. civ.* I, n° 334 ; Cass. 1re civ., 8 nov. 2005 ; Cass. 1re civ., 22 nov. 2005 : *Bull. civ.* I, n° 434 ; Cass. 1re civ., 7 avr. 2006 ; Cass. 1re civ., 10 juill. 2007, n° 07-10.190.
5. Cass. 1re civ., 6 avr. 2011, n° 09-66486 ; Cass. 1re civ., 6 avr. 2011, n° 09-17130 ; Cass. 1re civ., 6 avr. 2011, n° 10-19053.

Le cas soumis à la Cour de cassation, et connu médiatiquement sous le nom de « l'affaire des jumelles M., » [6], présente la situation de fait suivante : des époux français ont conclu, conformément au droit étranger en cause (celui des États-Unis), une convention de gestation pour autrui, homologuée par le juge étranger, prévoyant qu'après la naissance de l'enfant, ils seraient déclarés dans les actes d'état civil étrangers, être les parents de cet enfant. Le 25 novembre 2002, à la demande du ministère public, les actes de naissance des enfants ont été transcrits, aux fins d'annulation de leur transcription, sur les registres de l'état civil. Le 4 avril 2003, le procureur de la République près le tribunal de grande instance de Créteil fait assigner les époux pour demander cette annulation. L'arrêt de la cour d'appel de Paris déclarant l'action irrecevable a été cassé par un arrêt de la Cour de cassation du 17 décembre 2008.

Dans son arrêt de renvoi du 18 mars 2010, la cour d'appel de Paris suit le premier arrêt de la Cour de cassation du 17 décembre 2008 et retient que le jugement américain donnant effet à une convention de mère porteuse était contraire à la conception française de l'ordre public international. Dès lors, les actes de naissance litigieux, ayant été établis en application de cette décision, leur transcription sur les registres d'état civil français devaient être annulés.

Les époux font grief à l'arrêt de la cour d'appel de Paris du 18 mars 2010 d'avoir prononcé l'annulation de la transcription des actes de naissance litigieux. Ils forment alors un pourvoi en cassation en qualité de demandeurs.

Le pourvoi en cassation des époux est fondé sur un moyen unique, divisé en cinq branches.

Dans la première branche, les demandeurs contestent la contrariété à l'ordre public international de la décision du juge étranger reconnaissant la filiation d'un enfant à l'égard d'un couple ayant régulièrement conclu une convention avec une mère porteuse.

Dans les deuxième et troisième branches, les époux invoquent la convention de New York du 26 janvier 1990, sur les droits de l'enfant. Selon eux, les dispositions édictées par ce traité international qui devaient prévaloir sur la loi interne en vertu de l'article 55 de la Constitution ont été méconnues, et plus spécialement l'article 3 § 1 en ce que la cour d'appel n'a pas assuré la prééminence de l'intérêt supérieur de l'enfant en rendant une décision qui prive les deux fillettes d'état civil en France et les expose aux difficultés qui résultent de cette situation.

Dans les deux dernières branches du moyen, les demandeurs relèvent une atteinte à l'article 8 et à l'article 14 de la Convention EDH. Et ce, dans la mesure où l'annulation de la transcription des actes de naissance prive les enfants de la possibilité d'établir en France leur filiation à leur égard et avec lesquels ils forment une véritable famille, ce qui rend ainsi les enfants victimes d'une discrimination injustifiée en leur interdisant d'acquérir la nationalité de leurs parents, à raison de faits qui ne leur sont pas imputables.

La Cour de cassation a ainsi eu à répondre à la question tenant à savoir si la conception française de l'ordre public international s'opposait à la transcription, en France, de l'acte de naissance d'un enfant issu d'une gestation pour autrui réalisée à l'étranger. Dans l'affirmative, la Haute juridiction devant encore établir si les impératifs des conventions internationales sur l'intérêt supérieur de l'enfant (Convention de New York, art. 3 § 1) ou sur le droit à une vie de famille (Convention EDH, art. 8) permettent ou non d'écarter les effets de cette contrariété à l'ordre public.

Le 6 avril 2011, la première chambre civile de la Cour de cassation approuve l'arrêt de la cour d'appel de Paris et rejette le pourvoi formé par les époux au motif que le moyen n'était pas fondé.

6. *Le Monde*, 8 mars 2011.

Concernant la contrariété à l'ordre public international français, la Cour de cassation reprend la définition consacrée dans son arrêt du 8 juillet 2010 [7] et selon laquelle : est contraire à l'ordre public international français la décision étrangère qui comporte des dispositions qui heurtent des principes essentiels du droit français.

La Cour écarte ensuite toute possibilité de transcription : « *en l'état du droit positif, il est contraire au principe de l'indisponibilité de l'état des personnes, principe essentiel du droit français, de faire produire effet, au regard de la filiation, à une convention portant sur la gestation pour le compte d'autrui, qui, fût-elle licite à l'étranger, est nulle d'une nullité d'ordre public au terme des articles 16-7 et 16-9 du Code civil* ».

Enfin, la Cour de cassation semble sous-entendre que cette absence de transcription ne ferait pas obstacle à la plupart des effets de la filiation en France et que l'intérêt des enfants serait ainsi préservé. Elle retient en effet que les enfants ne sont pas privés d'une filiation maternelle et paternelle que le droit étranger leur reconnaît, ni empêchés de vivre avec les requérants. Dès lors, la Cour retient qu'en l'espèce les impératifs du respect de la vie privée et familiale de l'article 8 de la Convention EDH, et la prise en compte primordiale de l'intérêt supérieur de l'enfant consacré par la Convention de New York, ne commandent pas que la contrariété à l'ordre public international français du jugement étranger soit écartée.

7. Cass. 1re civ., 8 juill. 2010, n° 791, 08-21.740.

CHAPITRE 4
Les autres sources : la coutume, les principes généraux du droit, la jurisprudence et la doctrine

1er Exercice : Dissertation : Les rapports de la coutume et de la loi en droit interne

Géraldine Le Labourier-Fleury Le Gros, Maître de conférences en droit privé à la Faculté des affaires internationales du Havre

Conseils méthodologiques

Trois étapes sont nécessaires à la préparation de votre devoir. Vous devez :
– Définir les termes du sujet afin de le cerner correctement et d'en dégager la problématique
– Rassembler sommairement tous les éléments permettant de répondre à cette problématique
– Regrouper certains éléments et en dissocier d'autres afin de construire le plan de votre devoir

COMPRÉHENSION DU SUJET

– **Coutume** : règle de droit née d'un usage prolongé peu à peu considéré comme obligatoire.

Pensez à rappeler les deux éléments constitutifs de la coutume : élément matériel et élément psychologique. Signalez également que l'usage ne se distingue pas toujours nettement de la coutume : l'usage répété constitue une coutume lorsque les individus qui l'appliquent le croient obligatoire. Si l'usage a souvent un domaine d'application et une force obligatoire plus limités que la coutume, la distinction entre les deux notions est ténue. Il s'agit davantage d'une différence de degré que de nature. Il ne sera pas nécessaire de la mettre en évidence pour traiter le sujet.

– **Loi** : Au sens strict, toute disposition émanant du Parlement ainsi que les dispositions adoptées par référendum. Au sens large, toute disposition générale et impersonnelle, fixée par écrit, émanant d'un organe compétent pour la prendre (Parlement ou pouvoir réglementaire).

Le mot « loi » tel qu'il figure dans l'intitulé doit être entendu dans son acception la plus large, rien ne justifiant de l'entendre au sens strict.

– **Droit interne** : droit en vigueur dans un État déterminé ayant pour objet de régir les situations qui se produisent à l'intérieur de cet État, sans qu'un élément relevant d'un autre État intervienne dans ces situations.

Bien sûr, vous vous attacherez au droit en vigueur dans l'État français.

– **Rapports** : terme polysémique. Dans l'intitulé, ce terme renvoie au lien existant entre deux choses.

Par conséquent, le sujet implique d'étudier le lien existant entre la coutume et la loi. Ce lien apparaît lorsqu'on étudie le rôle de la coutume.

Le sujet conduit à analyser le rôle de la coutume en France. À cette fin, vous devez rassembler vos connaissances et réflexions personnelles au brouillon. Tous ces éléments vous permettront ensuite de bâtir un plan.

RECHERCHE DES IDÉES

Ne rédigez surtout pas vos idées, vous perdriez un temps précieux. Vous les développerez au moment de la rédaction.

• Variation du rôle de la coutume dans le temps :

– **France avant 1789** : droit coutumier. Rôle prépondérant de la coutume par rapport aux autres sources du droit.

– **Grandes codifications napoléoniennes** : loi principale source de droit / coutume source d'appoint.

• Rôle actuel de la coutume : multiple (trois types de coutume rendent compte de ses différents rôles).

– **Coutume *secundum legem* :**

Définition : coutume qui s'applique en vertu de la loi.

Le texte d'une loi peut renvoyer à l'application de la coutume de deux façons : expressément ou tacitement.

1. Expressément, pour le règlement d'un point particulier. Exemple : article 671 du Code civil. Dans cette hypothèse, la coutume a pour rôle de compléter la loi.

2. Implicitement, quand les termes de la loi évoquent des notions coutumières : article 6 du Code civil (*« bonnes mœurs »*), article 1137 du même code (*« bon père de famille »*). Absence de définition légale de ces concepts car leur signification évolue corrélativement à la progression de la société. Là encore, la coutume a pour rôle de compléter la loi.

– **Coutume *praeter legem*** :

Définition : coutume qui s'applique en dehors de tout renvoi implicite ou expresse de la loi.

Rôle de cette coutume : complète la loi sur des points que le législateur n'a pas réglé. Ce rôle ne lui est pas confié par le législateur puisque, précisément, celui-ci n'a rien prévu.

Admission de la force obligatoire de cette coutume en dehors de tout renvoi de la loi ?

• Opposition d'une partie de la doctrine car le Parlement est le seul organe habilité à la création directe de règles de droit.

• Mais Pouvoir exécutif dispose également du pouvoir de créer des règles de droit.

• Portalis (discours préliminaire au projet de Code civil) favorable à la force obligatoire de la coutume indépendamment de toute reconnaissance par le législateur.

Hypothèses rares de coutume *praeter legem :* si une question juridique soulève des conflits ou incertitudes, intervention du législateur ou du juge avant qu'une coutume ait eu le temps de se former. Hypothèses de coutumes *praeter legem* tirées du passé : coutume autorisant la femme mariée à porter le nom patronymique de son mari ou celle permettant de prouver sa qualité d'héritier au moyen d'acte de notoriété.

– **Coutume *contra legem*** :

Définition : coutume contraire à la loi.

Admission des coutumes *contra legem* ? Principe : supériorité de la loi sur la coutume dans la hiérarchie des sources de droit. *A priori*, une coutume ne peut pas l'emporter sur la loi. Conséquences : absence d'abrogation par désuétude ou par l'application d'une coutume *contra legem (définir abrogation et désuétude)*.

Mais ce principe ne vaut que si la loi est impérative. Si la loi est supplétive, possibilité d'appliquer une coutume contraire à cette loi : ceux qui en font application manifestent leur volonté de ne pas appliquer la règle supplétive *(définir loi impérative et supplétive)*.

Rôle de la coutume *contra legem :* correctif de la loi. Uniquement envers les lois supplétives ? Non : certaines coutumes *contra legem* se sont formées contre l'application de lois impératives et ont fait, par la suite, l'objet d'une consécration législative (Exemple : pratique coutumière des notaires qui ne respectaient pas les conditions de validité requises par la loi du 25 ventôse an XI pour certains actes notariés. Consacrée ultérieurement par le législateur).

Ici, la coutume permet d'inspirer le législateur en vue de l'adoption d'une loi plus conforme aux attentes du corps social.

Maintenant que vous avez dégagé les différentes idées permettant d'analyser le rôle de la coutume, vous devez réfléchir à la structure de votre devoir.

RECHERCHE DU PLAN

Les termes du sujet (coutume, loi etc.) préalablement définis ne doivent en aucun cas faire l'objet d'une des parties de votre devoir. En effet, leur définition ne sert qu'à cerner le sujet mais ne permet pas de répondre à la problématique qu'il pose. Par conséquent, une première partie portant sur les notions de loi et de coutume est à proscrire. Toutes ces définitions trouveront leur place dans l'introduction.

Le sujet vous permet d'adopter, selon votre choix, un plan en deux ou trois parties.

En partant du constat que le rôle de la coutume est différent selon que l'on a affaire à une coutume *secundum*, *praeter* ou *contra legem*, il est permis de consacrer une partie de votre devoir à chacune de ces catégories de coutumes.

I. La coutume *secundum legem*

II. La coutume *praeter legem*

III. La coutume *contra legem*

Vous pouvez également opter pour un plan en deux parties. Les coutumes *secundum* et *praeter legem* ont pour trait commun de compléter la loi alors que les coutumes *contra legem* ont pour rôle de la corriger.

I. Les coutumes *secundum* et *praeter legem*, complément de la loi

A. La coutume *secundum legem*

B. La coutume *praeter legem*

II. La coutume *contra legem*, correctif de la loi

A. L'infériorité de la coutume à la loi

B. La consécration législative d'une coutume *contra legem*

Proposition de corrigé

La coutume aurait dû disparaître des sources du droit dès la promulgation du Code civil en 1804. En effet, l'article 7 de la loi du 21 mars 1804 prévoyait l'abrogation générale de l'Ancien droit, composé notamment des coutumes générales et locales. Toutefois, les coutumes dont les matières ne firent l'objet d'aucune disposition du Code civil restèrent en vigueur. On assista, en outre, à une certaine renaissance des coutumes au XIXe siècle. C'est pourquoi se pose aujourd'hui encore la question des rapports de la coutume et de la loi en tant que sources de notre droit interne.

Règle de droit née d'un usage prolongé et peu à peu considéré comme obligatoire, la coutume se compose de deux éléments : premièrement, d'un élément matériel – acte réitéré de manière identique par un milieu social ou un groupe d'individus –, secondement, d'un élément psychologique – croyance dans le caractère obligatoire du comportement. L'usage répété se transforme en règle de droit uniquement lorsque les individus qui l'appliquent le croient obligatoire. La loi, quant à elle, revêt plusieurs sens. Au sens strict, la loi désigne toute disposition émanant du Parlement composé de l'Assemblée nationale ou du Sénat ainsi que celles adoptées par référendum.

Au sens large ou au sens matériel, la loi désigne toute disposition générale et impersonnelle, fixée par écrit, émanant d'un organe compétent pour la prendre qu'elle émane du Parlement ou du gouvernement. Le mot « loi » sera ici compris dans son acception la plus large, rien ne justifiant de l'entendre au sens strict.

L'analyse des rapports de ces deux sources du droit conduit à déterminer le lien existant entre l'une et l'autre. Ce lien apparaît lors de l'examen du rôle de la coutume. En effet, ce dernier dépend étroitement de celui joué par la loi. Il convient alors de s'interroger sur le rôle de la coutume en droit français.

Le rôle de la coutume a varié dans le temps. Avant 1789, le droit français était essentiellement constitué d'un droit coutumier. La coutume jouait un rôle prépondérant par rapport aux autres sources du droit. Mais avec les grandes codifications napoléoniennes, la France adopta un système légaliste dans lequel la loi devint la principale source de droit, la coutume ne constituant plus qu'une source d'appoint. Aujourd'hui, la coutume joue deux rôles distincts aux côtés de la loi : le plus souvent, elle complète la loi, mais il peut arriver qu'elle tente de la corriger. Nous examinerons, dans un premier temps, la coutume dans son rôle de complément de la loi (I) puis, dans un second temps, la coutume dans son rôle de correctif de la loi (II).

I. Les coutumes *secundum* et *praeter legem*, complément de la loi

Deux catégories de coutumes jouent le rôle de complément de la loi : d'une part, les coutumes *secundum legem* (A) et, d'autre part, les coutumes *praeter legem* (B).

A. La coutume *secundum legem*

Cette première catégorie de coutumes concerne celles qui s'appliquent en vertu de la loi. Il existe différentes hypothèses dans lesquelles le texte d'une loi renvoie à l'application de la coutume. Ce dernier peut y renvoyer de deux manières : soit expressément, soit tacitement.

En premier lieu, le texte de la loi peut renvoyer de façon expresse à l'application de la coutume pour le règlement d'un point particulier. Tel est le cas de l'article 671 du Code civil qui prévoit la distance à laquelle des arbres doivent être plantés en limite de propriété. Les arbres d'une hauteur inférieure à deux mètres doivent être plantés à une distance de 50 centimètres de la limite de la propriété voisine. Mais, l'article précise que cette règle n'est applicable qu'à défaut *« d'usages constants et reconnus »*. La règle prévue par l'article 671 du Code civil n'est donc qu'une règle supplétive à laquelle peuvent déroger des usages constants et reconnus. Dans cette hypothèse, la coutume a bien pour rôle de compléter la loi : cette dernière fixe une règle générale ne tenant pas compte des particularismes de chaque région, ville ou village ; ce rôle est assigné à la coutume qui complétera au cas par cas la règle de droit applicable à tel endroit. De la même manière, un texte de loi peut prévoir que pour tel milieu socio-professionnel, la coutume pratiquée dans ce milieu complétera les règles de droit législatives.

En second lieu, la loi peut renvoyer à l'application de la coutume de façon tacite. Tel est le cas lorsque les termes de la loi évoquent des notions coutumières. Par exemple, l'article 6 du Code civil fait référence à la notion de *« bonnes mœurs »*. L'article 1137 du même code emploie quant à lui l'expression de *« bon père de famille »*. Ces différents concepts ne font l'objet d'aucune définition légale car leur signification évolue corrélativement à la progression de la société. Par exemple, le comportement d'un *« bon père de famille »* considéré comme conforme à un moment donné peut très bien ne plus l'être quelques dizaines d'années plus tard. La définition de ces notions est donc laissée à la coutume qui, relayée par la jurisprudence et la doctrine, offre une définition évolutive de ces concepts juridiques. Là encore, la coutume a pour rôle de compléter la loi. Puisque la loi ne définit pas ces standards juridiques, elle doit nécessairement être complétée par les définitions que la coutume donne à ces termes. Cette dernière joue alors le même rôle qu'un décret d'application d'une loi qui définirait certains termes de la loi en vue de son application.

De ce qui précède, il ressort que la coutume *secundum legem* a pour rôle de compléter la loi. C'est la loi elle-même qui lui confère ce rôle en commandant son application. Il existe une autre catégorie de coutume dont la fonction est également de compléter la loi mais, cette fois-ci, en dehors de tout commandement tacite ou expresse de la loi. Il s'agit des coutumes *praeter legem*.

B. La coutume *praeter legem*

La coutume *praeter legem* comble une lacune du législateur ; elle complète la loi sur des points que le législateur n'a pas réglé. Contrairement à la première catégorie de coutumes, ce rôle ne lui est pas confié par le législateur, précisément parce que celui-ci n'a rien prévu. La question de l'admission de ce type de coutume s'est alors posée en doctrine. Pouvait-on admettre sa force obligatoire en dehors de tout renvoi de la loi ? Ceux qui s'y opposaient avançaient comme principal argument que le Parlement était le seul organe habilité à la création directe du droit. Cet argument ne fut pas retenu car, par la suite, le pouvoir exécutif s'est lui aussi vu reconnaître un pouvoir de création directe du droit. D'ailleurs, dans son discours préliminaire au projet de Code civil, Portalis s'était montré favorable à la force obligatoire de la coutume, indépendamment de toute reconnaissance de celle-ci par le législateur.

En réalité, les hypothèses de coutume *praeter legem* sont rares : lorsqu'une question juridique soulève d'importants conflits ou incertitudes, elle est le plus souvent réglée par le législateur ou par le juge avant qu'une coutume ait eu le temps de se former. Il est toutefois possible d'évoquer la coutume qui autorisait la femme mariée à porter le nom patronymique de son mari, ou encore celle qui permetait de prouver sa qualité d'héritier au moyen d'un acte de notoriété.

Ainsi, les coutumes *secundum* et *praeter legem* complètent la loi, les premières sur renvoi de la loi, les secondes, de manière autonome. Si la majorité des coutumes entrent dans ces deux premières catégories, il en existe une troisième dont le rôle n'est plus de compléter la loi mais de tenter de la corriger : il s'agit des coutumes *contra legem*.

II. La coutume *contra legem*, correctif de la loi

La coutume *contra legem* est une coutume contraire à la loi. En principe et en vertu de la supériorité de la loi sur la coutume dans la hiérarchie des sources du droit, une coutume ne peut pas l'emporter sur la loi, du moins lorsque la loi est impérative (A). Pour autant, le droit a connu ou connaît des cas où une coutume a pu naître *contra legem*. Mais, le plus souvent, en raison de la subordination de la coutume à la loi, la survie de la règle posée par la coutume *contra legem* n'est assurée que par une consécration législative ultérieure (B).

A. L'infériorité de la coutume à la loi

Issue de la Révolution de 1789, la tradition constitutionnelle française affirme la prééminence de la loi sur la coutume. Cette supériorité de la loi sur la coutume emporte plusieurs conséquences. D'une part, une loi peut abroger une coutume. D'autre part, une loi ne peut pas être abrogée, c'est-à-dire anéantie pour l'avenir seulement, par l'application d'une coutume contraire. En effet, si une loi ne peut pas être abrogée par désuétude, c'est-à-dire en raison de son défaut d'application, elle ne peut pas non plus être abrogée par l'application d'une coutume contraire. Mais, ce principe ne vaut que si la loi est impérative et qu'en conséquence, on ne peut pas y déroger. En revanche, dès lors que la loi est supplétive, on pourrait très bien admettre l'application d'une coutume contraire à cette loi puisque ceux qui en font application manifestent leur volonté de ne pas l'appliquer.

En principe, les coutumes *contra legem* jouent un rôle de correctif uniquement envers les lois supplétives. Pourtant, certaines coutumes *contra legem* se sont formées contre l'application de lois impératives et ont finalement fait l'objet d'une consécration législative.

B. La consécration législative d'une coutume *contra legem*

Le principe de la suprématie de la loi n'est acceptable que si le législateur veille à abroger les lois devenues inutiles, ou encore celles auxquelles le corps social résiste par l'application d'une coutume contraire. En effet, bien qu'en principe, la loi soit hiérarchiquement supérieure à la coutume, une coutume contraire bien enracinée peut à terme l'emporter sur la loi. Il est arrivé que le législateur consacre finalement une coutume *contra legem* pour tenir compte des attentes d'un groupe social. Tel fut le cas de la pratique coutumière des notaires qui ne respectaient pas les conditions de validité requises par la loi du 25 ventôse an XI pour certains actes notariés (certains actes notariés voyaient leur validité subordonnée à la présence d'un notaire en second ou de témoins instrumentaires). Le législateur finit par consacrer cette coutume et, plus encore, permit de valider les actes passés en violation de loi, en conférant à la nouvelle disposition un caractère rétroactif. Quand la règle posée par une coutume *contra legem* est consacrée par le législateur, c'est la volonté populaire qui, à travers l'application d'une coutume contraire, inspire l'édiction d'une loi plus conforme à ses attentes. Lorsque le législateur confère en plus un caractère rétroactif à la disposition consacrant la coutume, il légitime finalement l'application passée d'une coutume *contra legem*. Ceci montre que la coutume peut parfois l'emporter sur la loi.

2e Exercice : Commentaire de texte sur les grands arrêts de la jurisprudence civile

Gilles Raoul-Cormeil, Maître de conférences en droit privé et sciences criminelles, directeur de l'Institut d'Études Judiciaires de la Faculté de droit de Caen

Extrait de la première préface aux *Grands arrêts de la Jurisprudence civile,* Dalloz, 1934, reproduite dans les *Grands arrêts de la jurisprudence civile,* tome 1, Paris, Dalloz, 12e édition, 2007, par Messieurs les Professeurs François TERRÉ et Yves LEQUETTE, p. VII à IX.

« *En composant cet ouvrage, comme une annexe du* Cours élémentaire de droit civil *[…], j'ai voulu mettre les étudiants et tous ceux qui s'intéressent au droit civil en contact direct avec la Jurisprudence. Pour bien comprendre et connaître le droit, il faut le considérer non seulement du point de vue statique ou théorique, […] mais du point de vue dynamique, c'est-à-dire observer la vie juridique, les rapports qui se nouent entre les individus, la façon dont ils se forment, comment ils évoluent, les litiges qu'ils provoquent, les solutions que les tribunaux leur donnent. […] La jurisprudence est, en effet, bien qu'on l'ait contesté une source de droit comme la loi elle-même, et cette source devient de plus en plus abondante à mesure que la loi vieillit. […] Sans cet apport, sans ce rajeunissement incessant, les lois vieilliraient et se dessécheraient. […] Sans doute, nous considérons la jurisprudence comme une source de droit, mais elle ne le devient que quand elle a été couronnée par une longue suite de décisions et même quand elle est bien établie, elle est encore susceptible de revirements. Le juriste doit non seulement lire, mais critiquer, s'il juge que la décision est mal fondée. […] Il me reste à dire quelle est la méthode que j'ai suivie dans la composition de cet ouvrage. Et d'abord, il ne contient que des arrêts de la Cour de cassation. La raison en est que la Cour de cassation a pour mission d'assurer l'unité de l'interprétation judiciaire des lois. Tant que la Cour de cassation ne s'est pas prononcée sur un point de droit controversé, la jurisprudence n'est pas fixée. Il est rare que les tribunaux arrivent, sans intervention de la Cour suprême, à s'accorder sur la solution qu'il comporte. Je n'ai relevé que les arrêts qui, depuis le Code civil, ont mis fin à une controverse ou inauguré une nouvelle interprétation. […]* »

Henri CAPITANT (1865 – † 1937), *Membre de l'Institut,*
Professeur de droit civil à la Faculté de droit de Paris

Conseils méthodologiques

Cet exercice n'a de sens qu'après avoir assimilé le cours, spécialement le chapitre 4 relatif aux autres sources du droit (n° 127). On (re)lira aussi avec intérêt la méthodologie du commentaire de texte développée par Bernard Beignier et Corinne Bléry (présentation, v. *supra*, p. 553), ainsi que les conseils prodigués par Jérôme Julien à propos du commentaire d'un extrait du cours d'Aubry et Rau sur la notion de patrimoine (exercice, v. *infra* p. 675). Brièvement, nous soulèverons les trois difficultés que présente cet exercice, par-delà le sujet.

La première difficulté touche à l'introduction du commentaire : il convient de replacer tout d'abord l'extrait dans le texte, ensuite le texte dans la vie et l'œuvre de l'auteur, et enfin le texte dans son contexte. Cet effort doit être fourni, fût-ce par de brefs propos. Lorsque ce sujet avait été donné à l'examen terminal de première année de licence en droit, aux étudiants de l'antenne d'Alençon de la faculté de droit de Basse-Normandie en janvier 2010, l'intégralité de la première préface aux *Grands arrêts de la jurisprudence civile* [1] figurait déjà dans le fascicule de travaux-dirigés. Ce texte était accompagné d'une notice biographique partiellement extraite d'un article [2]. Le texte n'avait pas été commenté en séance de travaux-dirigés, mais le nom et l'œuvre d'Henri Capitant avaient été évoqués en cours, à plusieurs reprises, lors de l'exposé de la bibliographie (les anciens et nouveaux manuels de droit civil), de la présentation du *Vocabulaire juridique* et des *Grands arrêts de la jurisprudence civile*, ainsi que dans les développements consacrés à la doctrine et à la jurisprudence.

La deuxième difficulté est relative au plan du commentaire. Le plan est donné par l'auteur, et mis en évidence par celui qui a choisi les extraits de ce texte. Sous des intitulés variables d'un étudiant à l'autre, ou d'un enseignant à l'autre, doivent percer les deux idées complémentaires développées dans cet extrait. Ici, Henri Capitant justifiait d'abord *pourquoi* il avait réalisé ce recueil d'arrêts de la Cour de cassation ; puis il expliquait *comment* il avait procédé. Située à la treizième ligne, la césure principale commande la *summa divisio* du commentaire de texte. Les subdivisions ne nous paraissent pas ici arrêtées ; la longueur du texte ouvre une liberté relative.

La troisième et dernière difficulté tient au commentaire d'un texte daté de 1934. S'il convient de restituer le sens qu'avait ce texte au jour où il a été écrit, il ne faut pas se laisser enfermer dans le droit positif en contemplation duquel la première préface et la première édition des grands arrêts ont été rédigées. Il convient ensuite d'éprouver sa signification actuelle. Commenter le texte de Capitant, c'est rechercher les idées principales contenues dans l'extrait de son texte, puis les discuter au regard du droit positif contemporain. La discussion gagnera en conviction et en clarté si elle peut être illustrée par des grands arrêts de la jurisprudence civile.

La culture juridique de l'étudiant en droit sera d'autant plus soumise à rude épreuve que cet examen sanctionne le premier semestre des études. C'est la raison pour laquelle les exemples sont ici relativement nombreux, non pas pour enrichir soudainement un jeune esprit mais pour lui offrir un choix relatif. Ouvrir l'introduction au droit sur les vastes terres du droit civil. Lorsque l'extrait de cette préface avait fait l'objet d'un examen, le barème n'avait pu raisonnablement sanctionner toutes les données précises du corrigé qui suit, qu'elles soient relatives à la

1. En note, l'ouvrage intitulé *Les grands arrêts de la jurisprudence civile* sera désigné par l'acronyme : *GAJ civ.*

2. J.-L. Halpérin, *V°* « Capitant, Henri-Lucien », *in* P. Arabeyre, J.-L. Halpérin et J. Krynen, *Dictionnaire historique des juristes français XIIe-XXe siècle,* PUF, 2007, p. 158 à 159. Sur sa vie et son œuvre, on consultera aussi facilement : R. Demogue, « Henri Capitant 1865-1937 », *RTD civ.* 1937, p. 727 à 760.

composition de la première édition des *Grands arrêts de la Jurisprudence civile*, à celles des éditions postérieures ainsi qu'aux illustrations puisées dans le droit des personnes et de la famille, et dans le droit des biens et des obligations. Quelques-unes de ces données sont ici retenues pour conforter la culture juridique que doit avoir un étudiant de licence en droit. Les notes de bas de page sont des invitations à la lecture ou à la réflexion. Le barème avait été fixé à partir des mots indiqués en gras.

Proposition de corrigé

Ce texte est **extrait** de la première préface aux *Grands arrêts de la jurisprudence civile*, rédigée par Henri Capitant (1865-1937), publiée en 1934 chez Dalloz. En hommage à cet auteur et pour saluer son « intuition pédagogique », ce texte de Capitant a été reproduit dans chacune des éditions successives des *Grands arrêts de la jurisprudence civile*, y compris dans la 12e édition de cet ouvrage, également publiée chez Dalloz en 2007 (tome 1), après la préface de Messieurs les professeurs François Terré et Yves Lequette qui ont continué cette entreprise, avec la même réussite que son promoteur.

Dans cette **préface** « autographe » [3], **Henri Capitant présente son ouvrage** ; il explique en quoi il s'agit d'un manuel d'un genre nouveau. Ce recueil de 226 arrêts de la Cour de cassation a pour but d'illustrer son cours de droit civil et de rassembler en un volume unique les décisions les plus saisissantes qui font jurisprudence. Le plan de l'ouvrage [4] retenu par l'auteur est celui du programme de droit civil des facultés de droit. Dans les années 1930, la licence se préparait en trois années, au cours desquelles tout le programme de droit civil était enseigné : l'introduction au droit, le droit des personnes, de la famille et des biens (1re année), Le droit des obligations, les contrats spéciaux usuels et les sûretés (2e année), Les régimes matrimoniaux, les successions et les libéralités (3e année). À chaque année de cours, correspondait un tome de son *Cours élémentaire de droit civil français*. Les *Grands arrêts de la jurisprudence civile* sont publiés en 1934 avec la 8e édition du tome I. Les tomes II et III sont parus respectivement en 1935 et 1936. Alors que l'extrait de la préface nous incite à rechercher un apport doctrinal, l'ouvrage qui l'accueille a été édité dans un **but pédagogique**. L'accent est mis sur les faits et la procédure, sans la connaissance desquels la compréhension du sens et l'examen de la portée de chaque arrêt seraient incertains. Le nom des parties est mis en avant pour faciliter la désignation d'un arrêt de la Cour de cassation. Capitant insiste sur l'avantage mnémotechnique que peuvent en tirer les étudiants, comme la communauté des juristes. Dans le corps de l'ouvrage, les observations sont volontairement courtes sous les arrêts reproduits ; elles sont accompagnées de références à des manuels, à des chroniques ou à des notes de jurisprudence pour renvoyer le lecteur à des points de vue contrastés ou approfondis. Figurent en fin de l'ouvrage deux tables alphabétiques : à celle qui présente les arrêts

3. Se distinguent des « préfaces autographes », les « préfaces allographes » qui désignent les avant-propos rédigés par une autre personne que l'auteur de l'ouvrage présenté. Sur cette distinction, et sa portée dans la littérature juridique, v. D. Bureau, « Les préfaces », *in Ruptures, mouvements et continuité du droit, Autour de Michelle Gobert*, Economica, 2004, p. 61 à 107.

4. En voici le plan détaillé : *(Première partie correspondant au cours de la première année de Licence)* Introduction. – Livre 1er : Les personnes [et la famille]. – Livre 2 : Les biens. – *(Deuxième partie correspondant au cours de deuxième année)* Livre 3 : Obligations et contrats. – Livre 4 : Les principaux contrats usuels. – Livre 5 : Privilèges et hypothèques. – *(Troisième partie correspondant au cours de troisième année)* Livre 6 : Régimes matrimoniaux. – Livre 7 : Successions. – Livre 8 : Dispositions à titre gratuit.

suivant les noms des parties, s'en ajoute une autre qui présente les arrêts par thèmes, selon une nomenclature de mots-clés. Une table chronologique des arrêts renouvelle leur classement.

En 1934, Henri Capitant est dans sa 70e année. À l'apogée de sa carrière, il enseignait encore et a enseigné jusqu'en 1936. S'il a quitté Paris cette année-là pour prendre sa retraite, celle-ci fut de très courte durée puisqu'il est mort l'année suivante, en **1937**, aux Allinges, en Haute-Savoie. Né à Grenoble en **1865**, il avait fait, dans cette ville, ses études secondaires et commencé ses études de droit ; c'est aussi à la faculté de droit de Grenoble qu'il avait débuté sa carrière universitaire, en 1891, après avoir réussi le concours d'agrégation. Il n'a retrouvé la faculté de droit de Paris qu'en 1909, vingt ans après y avoir acquis le titre de docteur en droit [5]. En 1934, Capitant signe ses écrits en faisant précéder son titre de professeur de droit civil à la faculté de droit de Paris par le titre, plus prestigieux encore, de membre de l'Institut. Il fut élu à l'académie des sciences morales et politiques en 1929, à l'un des huit fauteuils de la section « Législation, droit public et jurisprudence » [6].

L'œuvre du Professeur Henri Capitant est considérable, par le nombre et la diversité des thèmes étudiés. La centaine d'articles et de notes de jurisprudence publiés dépasse le cadre du droit civil, et s'étend à la théorie générale du droit, au droit du travail, au droit pénal et au droit comparé. On se souvient par exemple qu'il était favorable à l'émancipation de la femme mariée. Surtout, il nous a fait comprendre que la capacité de la femme mariée serait un leurre tant qu'elle n'aurait pas acquis des pouvoirs de gérer des biens de valeur. C'est pourquoi il avait ainsi soutenu l'ambitieux projet de loi de 1932 qui comportait le changement de régime légal, en remplaçant la communauté de meubles et d'acquêts par la séparation de biens [7]. Capitant était aussi convaincu que la Cour de cassation ne devait pas assouplir la prohibition des pactes sur succession future, mais sa position fut ici minoritaire dans la doctrine [8]. En droit des obligations, le nom de Capitant reste attaché à la théorie de la cause [9]. Capitant était aussi un homme de dialogue et d'échange qui s'ouvrait à la doctrine de ses contemporains pour en éprouver la force de conviction [10]. Son manuel de droit civil, en trois tomes, est ainsi le fruit d'échanges entretenus avec son ami et collègue **Ambroise Colin**. Ce *Cours élémentaire de droit civil* est paru sous leurs noms depuis la première édition en 1914. Après la mort de Colin, Capitant publia la 8e édition avec la collaboration de Léon Julliot de la Morandière [11].

5. En 1889, Capitant a soutenu une thèse sur la loi Falcidie en droit romain, et une autre, en droit français, consacrée à l'étude des clauses d'emploi et de remploi dans les contrats de mariage.

6. Il a occupé le fauteuil n° 8, après Colmet de Santerre (1821-1903) et Adhémar Esmein (1848-1913), respectivement élus en 1888 et 1904. Jean Foyer (1921-2008) sera l'un de ses successeurs, élu en 1984. Docteur en droit, agrégé de droit, professeur à l'Université Panthéon-Assas (Paris II), Jean Foyer a commencé sa carrière comme conseiller technique aux cabinets de René Capitant (1944-1945), le fils d'Henri Capitant. Jean Foyer fut aussi garde des Sceaux, ministre de la Justice dans le gouvernement de Georges Pompidou (1962-1967).

7. H. Capitant, « L'abolition de l'incapacité de la femme mariée », *DH* 1932, chron. p. 97 à 100.

8. H. Capitant, note sous Cass. 1re civ., 11 janv. 1933, *épx Moritz c/ Vve Crémieux et Millaud, DP* 1933, 1, p. 10. – *Adde,* du même auteur, « La prohibition des pactes sur succession non ouverte », *Rev. crit. législ. jurispr.* 1933, p. 86 et s. V., sur l'actualité de cette question : B. Beignier, avec la coll. de S. Torricelli, *Libéralités et successions,* Montchrestien, Cours, 2010, n° 4, p. 13.

9. H. Capitant, *De la Cause des obligations (Contrats, Engagements unilatéraux, legs)*, Dalloz, 1923.

10. Sans partager les idées du solidarisme contractuel, il s'est néanmoins ouvert à la doctrine de Demogue, en faisant publier des comptes-rendus sur ses écrits. V. ainsi : H. Capitant, « Les notions fondamentales du droit privé d'après le livre de M. Demogue », *RTD civ.* 1911, p. 729 ; « Le traité des obligations en général, de M. René Demogue », *RTD civ.* 1923, p. 657 ; « Traité des obligations en général, de M. René Demogue », *RTD civ.* 1925, p. 53. Pour une analyse approfondie de ces écrits, v. Ch. Jamin, « Henri Capitant et René Demogue : notation sur l'actualité d'un dialogue doctrinal », *L'avenir du droit, Mélanges en hommage à François Terré,* Dalloz – PUF – éd. du Juris-Classeur, 1999, p. 125 à 139.

11. Doyen de la faculté de droit de Paris, Léon Julliot de la Morandière (1885-1968) a continué cette œuvre, seul, jusqu'en 1950, date à laquelle est parue la 10e et dernière édition du *Cours élémentaire de droit civil.*

Quelques années plus tard, les collègues et les élèves de Capitant lui ont manifesté un hommage appuyé en offrant de riches contributions aux Mélanges qui lui furent dédiés à la fin de l'année 1937. D'autres écrits justifient que l'empreinte laissée par cet auteur soit aussi profonde que respectée par la doctrine contemporaine. Original et quasi perpétuel [12] fut en effet l'hommage qui lui fut rendu de son vivant : en 1935, fut fondée à Paris **l'association Henri Capitant des amis de la culture juridique française**. En substance, l'objet et le but de cette association étaient et restent celui de promouvoir la culture juridique française en encourageant l'échange de communications entre professeurs français et étrangers [13]. Sous l'égide de cette association, des professeurs ont entrepris de réviser l'un des ouvrages de Capitant. Cinquante ans après le sien, est paru un nouveau ***Vocabulaire juridique*** [14].

Après avoir replacé la première préface aux *Grands arrêts de la jurisprudence civile* dans la vie et l'œuvre d'Henri Capitant, il convient maintenant de replacer ce texte dans son contexte. *Les grands arrêts de la jurisprudence civile* marquent **l'essor de la jurisprudence au sein des sources du droit**. À la fin du XIXe siècle, la doctrine juridique prend ses distances avec le droit légiféré. L'aura du Code civil décline ; c'est la fin du légicentrisme. Le droit civil n'est plus enfermé dans le carcan du Code civil. Après trois générations d'exégètes [15], tels que Toullier (1752-1835), Troplong (1795-1869) et Demolombe (1804-1887), les professeurs de droit s'émancipent du plan et de la lettre du Code civil. Son instruction cède la place à l'enseignement du droit civil, en suivant un découpage nouveau. Le *Cours élémentaire de droit civil* de Colin et Capitant s'inscrit dans une continuité qui a débuté avec le *Cours de droit civil français* d'Aubry (1803-1883) et Rau (1803-1877), puis le *Traité élémentaire de droit civil* de Planiol (1853-1931). Mais en 1929, Louis Josserand (1868-1941) a publié un ouvrage de droit civil, en trois tomes, qui marque une nouvelle évolution, sans être aussi profonde que la rupture avec l'exégèse [16]. Doyen de la faculté de droit de Lyon, Josserand a choisi d'éclairer les institutions du droit civil par la pratique jurisprudentielle [17], plutôt que par l'histoire du droit. Par sa modernité, cet enseignement pratique du droit civil est devenu attractif pour les professionnels du droit. L'ouvrage connait un succès de publication et le porte à soutenir la comparaison avec les manuels parisiens [18]. Sait-on jamais si les *Grands arrêts de la jurisprudence civile* auraient vu le jour si Josserand n'avait pas publié son *Cours de droit civil positif français* ! Capitant n'a peut-être pas eu l'initiative de sortir la jurisprudence des sources mineures du droit, mais il a conçu **l'instrument pédagogique qui permet**

12. L'article 1er des statuts de l'association dite Association Henri Capitant des amis de culture juridique française stipule, en son alinéa 2, que la durée de l'association est illimitée.

13. Depuis 1945, un colloque international a lieu chaque année et les actes font l'objet d'une publication. Citons par ex. Travaux de l'association Henri Capitant, *La bonne foi* (Journées louisianaises 1992), t. XLIII, Paris : Litec, 1994 ; *L'ordre public* (Journées libanaises 1997), t. XLIX, Paris : LGDJ 1998. S'y ajoutent depuis 1998 des manifestations nationales. Citons par ex. *Terminologie contractuelle commune, Projet de cadre commun de référence,* Association Henri Capitant et Société de législation comparée, 2008 ; *Hommage à Gérard Cornu, Droit et sagesse,* Paris : Dalloz, coll. Thèmes et commentaires, Association Henri Capitant, 2009.

14. V. les liens avec l'œuvre originelle : G. Cornu, préface au *Vocabulaire juridique (Association Henri Capitant),* 1re éd., Paris, PUF, 1987, reproduite dans la collection Quadrige, 1re éd., 2000.

15. V., sur cette école de pensée juridique : J.-L. Halpérin, *Histoire du droit privé français depuis 1804,* PUF, coll. Droit fondamental, 1996, n° 21, p. 45 à 69.

16. Sur celle-ci, v. Ph. Rémy, « Éloge de l'exégèse », *RRJ* 1982, p. 254 à 262 ; D. Bureau, « Regards doctrinaux sur le Code civil », *in 1804-2004 Le Code civil : un passé, un présent, un avenir,* Dalloz, 2004, p. 171 à 210.

17. L. Josserand, préface au *Cours de droit civil positif français,* t. 1, 1re éd., Sirey, 1929, p. VII : *« le droit que nous avons pris pour objet de notre étude est avant tout le droit jurisprudentiel, c'est-à-dire celui qui se réalise : nous avons entendu faire de la science, non du roman. C'est la jurisprudence qui constitue la matière première sur laquelle doivent s'exercer nos recherches ; le droit est tel qu'elle le comprend et qu'elle l'aménage, les documents législatifs n'étant que certains des matériaux dont l'assemblage et la mise en œuvre lui sont confiés ».*

18. V., en ce sens : F. Audren et C. Fillon, « L. Josserand ou la construction d'une autorité doctrinale », *RTD civ.* 2009, p. 39 à 76, spéc., p. 66.

de saisir la jurisprudence civile, directement et dans son ensemble [19]. En outre, sa sélection d'arrêts de la Cour de cassation présente le grand mérite de placer la jurisprudence au cœur d'un ouvrage complet, où le texte de la décision est mis à l'honneur et prime les commentaires doctrinaux. Un demi-siècle plus tard, Henri Batiffol louait le **phénomène de mimétisme** des *Grands arrêts de la jurisprudence civile,* observant leur venue dans des matières propices à la création prétorienne du droit (droit administratif), comme dans des disciplines rétives à la liberté juridictionnelle d'interpréter la loi (droit pénal) [20].

Signe de la réalité de l'empreinte laissée par l'œuvre d'Henri Capitant, *Les grands arrêts de la jurisprudence civile* et le *Vocabulaire juridique* ont inspiré d'autres ouvrages, également publiés sous le nom de Capitant. La filiation entre les ouvrages signés par Capitant et ceux qui ont poursuivi son œuvre est certaine. La filiation n'interdit cependant pas une certaine émancipation. L'œuvre continuée n'est plus celle de Capitant, sans lui être totalement étrangère. La distinction peut être marquée entre la méthode et la substance du droit, comme nous y invite la pensée par laquelle MM. Terré et Lequette concluent leur propre préface, en 2007 : « il est probable qu'en une période d'aussi intense mutation, la notion même de grand arrêt évolue » [21]. C'est dire que la signification de l'expression « Grand arrêt », retenue dans le titre de l'ouvrage demeure aussi simple que mystérieuse. Toutefois, dans l'extrait de sa préface, Capitant avançait déjà deux éléments pour ancrer le critère de la notion. Saisis dans leur ensemble, les grands arrêts de la jurisprudence civile sont une **représentation de la jurisprudence** (I). Puis quittant le pluriel pour le singulier, et l'explicite pour l'implicite, il nous laisse entendre que chaque « grand arrêt de la jurisprudence civile » est un **label doctrinal** (II). C'est ce double critère qu'il convient d'éprouver aujourd'hui, près de 70 ans après la rédaction de la première édition.

I. Les grands arrêts : une représentation de la jurisprudence

Les grands arrêts sont une représentation de la jurisprudence, fidèle mais simplifiée, par rapport à la masse des décisions de justice. Capitant a réalisé cette sélection d'arrêts de la Cour de cassation pour répondre au **besoin de connaître la jurisprudence** (A). Mais la connaissance n'est pas un but en soi. L'ouvrage répond ensuite au **besoin de critiquer la jurisprudence** (B).

A. Le besoin de connaître la jurisprudence

Le besoin de connaître la jurisprudence se heurte, en amont, à **une difficulté**, celle de **la diffusion des décisions de justice**. Dans les années 1930, les étudiants en droit et les juristes n'avaient accès à la jurisprudence qu'en lisant le recueil *Dalloz*, le *Sirey* et la *Gazette du Palais*, pour s'en tenir aux journaux spécialisés qui reproduisaient des arrêts de la Cour de cassation et des décisions des juges du fond. Les étudiants en droit devaient donc rechercher dans

19. À partir de 1955, les frères Jean, Léon et Henri Mazeaud ont publié leurs célèbres *Leçons de droit civil.* À l'issue de chaque leçon, les auteurs laissaient des notes de lectures composées d'un ou deux arrêts sélectionnés, reproduits et suivis d'un commentaire.

20. H. Batiffol, préface à B. Ancel et Y. Lequette, *Grands arrêts de la jurisprudence française de droit international privé,* reproduite dans la 4ᵉ éd., Dalloz, 2001, p. V : « *Ce livre était attendu.* Les grands arrêts de la jurisprudence civile *parus en 1934 ont non seulement atteint leur 8ᵉ édition en 1984, mais ils ont provoqué la parution de volumes similaires sur le droit administratif, le droit commercial, et même le droit pénal où l'affirmation de l'interprétation stricte des textes pouvait réduire le rôle de la jurisprudence* ».

21. La citation se poursuit ainsi, p. VII : « *Il n'en reste pas moins que d'essentielles décisions de principe persistent aux sommets et que la route des crêtes, si le temps s'y prête, offre à l'observateur de la jurisprudence un panorama inégalable* ».

ces recueils les décisions auxquelles faisaient référence les professeurs dans leur cours magistraux. Les juristes consultaient ces recueils pour être informés de l'actualité jurisprudentielle. À l'époque où il n'existait pas encore de photocopieur, les étudiants devaient donc, en bibliothèque, recopier à la main les arrêts de principe. C'est dire combien un recueil de grands arrêts de la jurisprudence civile pouvait constituer, en 1934, un document utile pour « mettre les étudiants et tous ceux qui s'intéressent au droit civil en contact direct avec la jurisprudence ». L'éditeur Dalloz avait perçu l'intérêt pédagogique [22] de cette entreprise professorale. Le temps que perdaient les étudiants à recopier les arrêts pouvait être utilement consacré à leur analyse. En outre, les étudiants disposaient ainsi, à leur guise, d'un ouvrage complet comprenant la jurisprudence essentielle, sans plus dépendre des horaires d'ouverture des bibliothèques. 70 ans plus tard, la difficulté de prendre connaissance de la jurisprudence a été remplacée par **une autre difficulté** : les périodiques juridiques sont devenus plus nombreux que jamais, et peuvent être consultés sous la forme papier comme sous la forme informatique. Le silence a fait place à la cacophonie. Un recueil relié et refondu de grands arrêts de la jurisprudence civile continue à présenter un vif intérêt pédagogique. La formation des juristes passe par l'exercice de l'analyse d'arrêt, ce qui suppose que les étudiants se confrontent directement au texte, qu'ils s'arrêtent aux faits de l'espèce, restituent les thèses en présence et recherchent le sens, la valeur et la portée de l'arrêt. À cette fin, les commentaires renouvelés de MM. Terré et Lequette permettent de dissocier, dans **la jurisprudence abondante**, les arrêts les plus importants qui ne peuvent être ignorés. Leur sélection, régulièrement révisée, est un bienfait. Les étudiants ne doivent pas confondre les grands arrêts avec des décisions d'espèce ou des arrêts marginaux, ni avec les arrêts qui illustrent le maintien d'une jurisprudence constante. Sous cet angle, l'intérêt des Grands arrêts de la jurisprudence civile s'est déplacé du texte vers le commentaire [23], car les arrêts de principe rendus depuis les années 1960 peuvent être facilement consultés ou téléchargés en accédant au site internet Légifrance.

Le besoin de connaître la jurisprudence suscite, en aval, la question de la **nature juridique de la jurisprudence**. Écrit avec une majuscule, le nom commun de « Jurisprudence » est ici magnifié par Capitant, et plus encore lorsqu'il la qualifie de « source de droit ». Nul n'a jamais nié qu'une décision de justice soit **la source de droits subjectifs** pour le plaideur qui a obtenu gain de cause et dispose, par la décision juridictionnelle, d'un titre qui reconnaît sa créance, fixe son montant ou modifie son statut juridique personnel (en annulant son mariage ou en établissant sa filiation). La question est de savoir si **la jurisprudence, entendue comme une habitude de juger toujours dans le même sens**, est également une source de droit objectif. Capitant refuse ici de descendre dans le détail des distinctions entre les sources formelles du droit et les sources informelles du droit, entre la loi interprétée et l'interprétation jurisprudentielle de la loi, car l'auteur des *Grands arrêts* entend mettre l'accent sur l'utilité de disposer d'un recueil de jurisprudence. Capitant se contente de rappeler d'une courte phrase la réserve doctrinale émise sur la qualification de **source du droit objectif**. Cette réserve prend son sens dans l'enseignement du Doyen Carbonnier qui rangeait la jurisprudence parmi « **Les autorités**

22. Ainsi pour faire le lien entre cet ouvrage nouveau et chacun des trois tomes du *Cours élémentaire*, l'éditeur précisait que « Les astérisques placés devant certains arrêts signifient que le texte de ces arrêts figure dans le supplément au cours élémentaire que nous venons de publier sous le titre *Grands arrêts de la jurisprudence civile* ».

23. Des observations enrichies d'une édition à l'autre, construites selon des plans informels, puis des plans formalisés par des I. / II. (parfois aussi III.), suivis d'intitulés à partir de la 11e édition en l'an 2000. Les paragraphes des commentaires sont également numérotés.

du droit civil » [24], non pas dans « les sources du droit civil ». Un juge qui doit trancher un litige sera sensible à la jurisprudence, non pas parce qu'il est tenu de la suivre. En principe, aucun juge (pas même la Cour de cassation), n'est dispensé de se soumettre à la prohibition des arrêts de règlement, prescrite par l'article 5 du Code civil. Toutefois, lorsque la loi est obscure ou incomplète, insuffisante ou dépassée, le juge doit l'interpréter pour trancher le litige qui lui est soumis. Or, la règle prétorienne forgée à cette occasion, sous la pression de l'article 4 du Code civil, est de nature à orienter le raisonnement d'un autre juge saisi d'une question semblable. La jurisprudence n'a pas la raison d'une autorité, mais l'autorité de la raison [25]. Par ailleurs, la loi interprétée et l'interprétation jurisprudentielle de la loi n'ont pas la même nature normative. Suscité par les faits d'un cas particulier, un grand arrêt de la jurisprudence civile comprend un **dispositif** qui tranche un litige ; mais il comprend aussi, dans ses **motifs**, une norme générale : c'est la **règle prétorienne**. Cette règle est l'interprétation générale de la loi. Parce qu'elle fait corps avec la loi interprétée, elle n'a pas d'autonomie normative. Ainsi se manifeste « **l'infériorité technique de la norme jurisprudentielle** » [26] par rapport à la norme édictée ou légiférée. Malgré ce handicap, la jurisprudence est aussi nécessaire que la loi, et c'est la raison pour laquelle Capitant nous enseigne ensuite que le juriste doit lire la jurisprudence et la critiquer.

B. Le besoin de critiquer la jurisprudence

Sans la connaissance de la jurisprudence, il n'y a point de raison de la critiquer. Critiquer, c'est réagir à l'apport jurisprudentiel au droit écrit. Dans un sens courant, la critique est **négative** et a pour objectif de provoquer un infléchissement ou un revirement de la jurisprudence [27]. Le professeur de droit a l'autorité de la raison pour se positionner par rapport au raisonnement mené par le juge, fût-il juge de cassation. Tous les grands arrêts de la jurisprudence civile n'ont pas été salués par la doctrine. Certains d'entre eux ont suscité et suscitent encore de **profondes réserves**. On songe à l'arrêt *Berthon* [28]. En l'espèce, une femme avait épousé un ancien forçat sans connaître le passé criminel de son futur mari. La Cour de cassation a maintenu l'arrêt de la cour d'appel d'Orléans qui avait refusé d'annuler le mariage pour « erreur dans la personne » au sens de l'article 180 du Code civil. La fermeté de cette décision se justifiait par le contexte législatif. Alors que la loi du 21 mai 1816 avait abrogé le divorce, la Cour de cassation voulait mettre un terme à la tentation des plaideurs de se démarier par annulation de mariage. Mais, à l'appui d'une étude détaillée et approfondie de la jurisprudence des juges du fond, le Doyen Cornu a montré que les juges du fond avaient résisté à la Cour de cassation [29], depuis le rétablissement du divorce par une loi de 1884. La critique de l'arrêt *Berthon* est venue des plaideurs,

24. J. Carbonnier, *Droit civil*, t. 1, *Introduction, Les personnes, La famille, l'enfant, le couple*, éd. posthume, PUF., coll. Quadrige, 2004, n° 142, p. 267.

25. Cette expression est empruntée à G. Cornu, *Droit civil, Introduction au droit*, 13e éd., Montchrestien, Domat, 2007, p. 241.

26. J. Héron, « L'infériorité technique de la norme jurisprudentielle », *RRJ* 1993 (4), p. 1083-1089. Ainsi s'explique le caractère rétroactif de la jurisprudence. Sur lequel, v. M. Troper, *V°* « Interprétation », *in Dictionnaire de la culture juridique*, Lamy – PUF, 2003, p. 843 à 847.

27. Rappr. Ph. Malaurie, « Rapport français », *in Les réactions de la doctrine à la création du droit par les juges*, Travaux de l'association Henri Capitant, t. XXXI, 1980, Journées italiennes de Florence, Economica, 1982, p. 89.

28. Cass., ch. réunies, 24 avr. 1862, *in GAJ civ.* 1re éd. par H. Capitant, n° 9, p. 18 à 20, reprod. dans la 12e éd. par F. Terré et Y. Lequette, t. 1, 2007, n° 33, p. 251 à 257.

29. G. Cornu, « Centenaire », *D.* 1959, chron., p. 215-220.

des avocats, de la doctrine et finalement du législateur qui a profité de la réforme du divorce opérée par la loi du 11 juillet 1975, pour enrichir la lettre de l'article 180, alinéa 2, du Code civil, et ajouté l'erreur sur les qualités essentielles de la personne du conjoint. Pourtant, malgré ce fort et général mouvement de résistance, la Cour de cassation resta fidèle à sa jurisprudence, jugeant bien-fondé l'arrêt qui refusa d'annuler le mariage d'un homme qui soutenait qu'il ne se serait pas marié s'il avait su que sa femme avait eu, avant son mariage, les crises de démence qu'on lui avait cachées [30]. Telle est l'autorité d'un grand arrêt de la jurisprudence civile. Prenons un autre **exemple** plus récent. Dans leur 12e édition des *Grands arrêts de la jurisprudence civile*, MM. Terré et Lequette ont ajouté **l'arrêt *Perruche*** [31]. Connu du grand public du fait de la médiatisation dont il a fait l'objet, cet arrêt a provoqué « un grand bruit de doctrine » [32], car aucun arrêt de la Cour de cassation n'avait suscité autant de commentaires, approbatifs ou critiques. Qualifié de « mauvais arrêt » [33], ce grand arrêt de la jurisprudence civile ne faisait plus autorité au jour où il a été introduit dans la 12e édition, car le législateur avait brisé sa jurisprudence [34]. Pour autant, MM. Terré et Lequette ont jugé utile que les étudiants connaissent son existence et se souviennent du danger qu'il y a à combiner une interprétation relâchée du lien de causalité (l'équivalence des conditions plutôt que la causalité adéquate) et du préjudice réparable en droit : la vie ne saurait constituer un gain manqué *(lucrum cessans)* !

En revanche, de **bons arrêts** peuvent vivifier la loi ou inspirer le législateur. La notion de grand arrêt éprouve toutes les formes de dialogue entre les sources du droit, entre la jurisprudence et la doctrine, mais aussi entre la Cour de cassation et le législateur. La **consécration législative** de la jurisprudence est la forme la plus aboutie de la critique positive. Les illustrations sont assez nombreuses. Songeons d'abord à l'extension du domaine de présomption de paternité légitime. Dans l'arrêt *Degas* [35], la Cour de cassation accepte de présumer que le mari de la femme qui accouche est le père de l'enfant né pendant le mariage mais conçu avant. Ainsi n'est-il plus nécessaire que l'enfant soit conçu pendant le mariage pour appliquer la règle *Pater is est quem nuptiae demonstrant.* Abandonnant les précautions de la loi du 3 janvier 1972, l'ordonnance du 4 juillet 2005, ratifiée par la loi du 16 janvier 2009, ordonne simplement, à l'article 312 du Code civil, que « l'enfant conçu ou né pendant le mariage a pour père le mari ». Par ailleurs, en droit des biens, la Cour de cassation a jugé dans l'arrêt *Le Cohu* [36] que « la propriété ne se perd pas par le non-usage ». Techniquement, la prescription extinctive ne s'applique pas au droit de propriété, alors que celui-ci s'acquiert par la prescription acquisitive (ou usucapion). La loi du 17 juin 2008 réformant le droit de la prescription a consacré cette jurisprudence séculaire à l'article 2227 du Code civil, aux termes duquel « Le droit de propriété est imprescriptible ».

30. Cass. 1re civ., 13 oct. 1970, n° 67-11124 ; *Bull. civ.* I, n° 257.

31. Cass. ass. plén., 17 nov. 2000, *in GAJ civ.*, t. 2, 12e éd., Dalloz, 2008, n° 187, p. 308 à 322, à propos de la possibilité ouverte par la Cour de cassation pour l'enfant (souffrant à la naissance des conséquences d'une extrême gravité que la rubéole avait causé sur son développement fœtal) d'engager la responsabilité délictuelle du médecin fautif qui, parce qu'il avait commis une erreur d'interprétation de l'échographie, avait privé sa mère du droit d'interrompre volontairement sa grossesse.

32. Ph. Théry, « Un grand bruit de doctrine », *in Ruptures, mouvements et continuité du droit, Autour de Michelle Gobert*, Economica, 2004, p. 113 à 126.

33. F. Terré, Ph. Simler et Y. Lequette, *Droit civil, Les obligations,* 10e éd., Dalloz, coll. Précis, 2009, n° 1001.

34. Code de l'action sociale et des familles, art. L. 114-5 *(Loi n° 2005-102 du 11 févr. 2005)* : « Nul ne peut se prévaloir d'un préjudice du seul fait de sa naissance ». Est ici codifié l'article 1er de la loi du 4 mars 2002 dite *Kouchner,* réformant le système de santé.

35. Cass. civ., 8 janv. 1930, *in GAJ civ.* 1re éd. par H. Capitant, n° 29, p. 58 à 61, reprod. dans la 12e éd. par F. Terré et Y. Lequette, t. 1, 2007, n° 42, p. 307 à 312.

36. Cass. civ., 12 juill. 1905, *in GAJ civ.,* 12e éd. par F. Terré et Y. Lequette, t. 1, 2007, n° 66, p. 430 à 435. Cette décision n'avait pas été sélectionnée par H. Capitant, dans sa 1re édition des *Grands arrêts.*

À mi-chemin, de grands arrêts de la jurisprudence suscitent une **bonne critique doctrinale** lorsque la Cour de cassation a renouvelé le sens de la loi, sans appeler de réforme législative. On peut ici citer les grands arrêts de la jurisprudence civile qui ont donné une charge normative à des textes qui, dans le Code civil de 1804, n'avait qu'une fonction littéraire de transition ou d'annonce. Ainsi l'article 1371 du Code civil donnait un sens général au quasi-contrat avant d'annoncer la gestion d'affaires et la répétition de l'indu. Par l'arrêt *Boudier*[37], la Cour de cassation fonda, sur ce texte, l'action *de in rem verso.* Les arrêts *Jand'heur*[38] et *Blieck*[39] sont d'autres exemples où la Cour de cassation a eu l'humilité de lire, dans un texte préexistant – l'article 1384, alinéa 1er du Code civil – le fondement de règles nouvelles : la responsabilité générale du fait des choses et la responsabilité générale du fait d'autrui. **Vivifier la loi**, c'est donc lui apporter du sang neuf. En écrivant que « sans l'apport [de la jurisprudence] les lois vieilliraient et se dessécheraient », Capitant ne pense pas à autre chose que **Portalis** qui avait dit, en prononçant son célèbre discours préliminaire sur le projet du Code civil que « c'est à la jurisprudence [...] c'est à l'expérience à combler successivement les vides que nous laissons ». Sans la jurisprudence, il n'y aurait pas de grand arrêt. Mais n'y en aurait-il jamais eu sans la doctrine pour les provoquer[40] et les reconnaître ?

II. Un grand arrêt de la jurisprudence civile : un label doctrinal

Un grand arrêt de la jurisprudence civile est au confluent de la jurisprudence et de la doctrine ; il est le fruit, le nectar de leur labeur commun. Capitant nous indique clairement **le critère de sa sélection** (A). L'extrait de cette préface est ici aussi le discours de la méthode. Mais dans le « je » qui détermine le label de « grand arrêt », il faut reconnaître l'expression de la doctrine. Capitant, avant ses successeurs, porte l'attention sur **l'auteur de la sélection** (B).

A. Le critère de la sélection

Tout d'abord, tous les grands arrêts de la jurisprudence civile ont été rendus par la Cour de cassation. Capitant justifie ce critère de la sélection par un motif d'ordre fonctionnel. **La Cour de cassation** n'est pas un troisième degré de juridiction. Elle ne juge pas en fait et en droit. C'est pourquoi elle ne résout pas directement les litiges ; le renvoi de l'affaire devant une juridiction de renvoi est donc nécessaire, en principe, après la cassation d'un arrêt ou d'un jugement. La Cour de cassation est juge de droit ; elle « a pour mission d'assurer l'unité de l'interprétation judiciaire des lois ». L'unité herméneutique est garantie par l'unité organique.

37. Cass. req., *in GAJ civ.,* 12e éd. par F. Terré et Y. Lequette, t. 2, 2008, n° 239, p. 553 à 561. Plus de vingt ans après, la Cour de cassation a précisé dans l'arrêt *Ville de Bagnères-de-Bigorre* (Cass. civ., 2 mars 1915, *in GAJ civ.,* 1re éd. par H. Capitant, n° 108, p. 235 à 236, reprod. dans la 12e éd. par F. Terré et Y. Lequette, t. 2, 2008, n° 240, p. 561 à 564) que l'enrichissement sans cause peut faire l'objet d'une indemnisation en justice si l'appauvri ne dispose pas déjà d'une action en justice. On dit depuis que l'action *de in rem verso* a un caractère subsidiaire. Suppléant la loi, la Cour de cassation a créé un remède ultime.

38. Cass. ch. réunies, 13 févr. 1930, *in GAJ civ.,* 1re éd. par H. Capitant, n° 104, p. 225 à 228. Contrairement à ce qu'ont écrit Capitant et d'autres auteurs, les expressions de « présomption de faute » et de « présomption de responsabilité » ne sont pas synonymes, parce que la responsabilité générale du fait des choses est un mécanisme de responsabilité sans faute, où la faute n'est ni une condition de mise en œuvre de la responsabilité pas plus que l'absence de faute n'est une condition d'exonération du gardien de la chose intervenue matériellement et activement dans la réalisation du préjudice. Arrêt reproduit dans la 12e éd. par F. Terré et Y. Lequette, t. 2, 2008, n° 199, p. 381 à 389.

39. Cass., ass. plén., 29 mars 1991, *in GAJ civ.,* 12e éd. par F. Terré et Y. Lequette, t. 2, 2008, n° 227-229 (I), p. 493 à 510.

40. V. par ex., à propos de l'article 1384, alinéa 1er du Code civil : R. Savatier, « La responsabilité du fait des choses que l'on a sous sa garde a-t-elle pour pendant une responsabilité générale du fait des personnes dont on doit répondre ? », *DH* 1933,chron., p. 81 à 84.

« Il y a, pour toute la République, une Cour de cassation »[41]. **Une seule Cour de cassation est donc juge de la conformité au droit des jugements et des arrêts des juridictions judiciaires. Capitant excluait ainsi de la catégorie des grands arrêts toutes les décisions émanant des tribunaux et des cours d'appel**, non pas qu'il n'admette pas que des tribunaux soient parvenus, sans intervention de la Cour de cassation, « à s'accorder sur la solution » que leurs jugements comportent. On pourrait citer, par exemple, la question de l'obligation faite aux enfants du défunt de payer les frais funéraires de leur père ou de leur mère, malgré la renonciation à leurs droits dans la succession de celui-ci ou celle-ci. La Cour de cassation ne s'est prononcée qu'en 1992, alors que la jurisprudence des tribunaux fut fixée dès 1901 par un juge de paix[42]. Il existe aussi des jurisprudences de résistance des juges du fond, telles que celle de la cour d'appel de Paris sur les mères porteuses[43], où cette juridiction se montre sensible, depuis vingt déjà[44], à l'intérêt supérieur de l'enfant d'être rattaché à sa mère intentionnelle et affective en dépit de la prohibition de la gestation pour autrui. Ce sont là des tendances marginales. Les arrêts de la Cour de cassation suscitent une attraction considérable, liée à l'autorité qui s'attache à leur jurisprudence autant qu'à la forme de ses arrêts. Les décisions des juges du fond ne sont **pas assez concises** par rapport aux arrêts de la Cour de cassation. De surcroît, ni les tribunaux ni les cours d'appel n'ont vocation, au fond, à **s'extraire du cas particulier pour fixer une interprétation générale des textes** lorsque, pris à la lettre, ils sont insuffisants à résoudre le problème juridique posé. MM. F. Terré et Y. Lequette, et avant eux L. Julliot de la Morandière et A. Weill sont restés fidèles à ce critère de sélection. Aucune décision des juges du fond n'a reçu le label de grand arrêt de la jurisprudence civile.

Dans le détail, les arrêts sélectionnés par Capitant émanent de **formations différentes de la Cour de cassation**, telles que la chambre des requêtes, la chambre civile et des chambres réunies. MM. Terré et Lequette ont ajouté des décisions émanant de toutes les nouvelles formations de la Cour de cassation (première[45], deuxième[46] et troisième chambre civile[47], chambre commerciale[48] et chambre sociale[49], chambre mixte[50] et assemblée plénière[51]), à l'exception de la chambre criminelle. Pour mettre au clair cette sélection faite dans un passé lointain ou

41. Code de l'organisation judiciaire, art. L. 411-1.

42. V., sur laquelle, Trib. Paix Toulouse, 21 mai 1901, *DP* 1902, 2, p. 206 ; Trib. civ. Seine, 7 janv. 1902, *DP* 1902, 2, p. 174 ; *S.* 1903, 2, p. 52 ; Trib. Paix Dijon, 12 mars 1910, *DP* 1911, 5, p. 9 ; Trib. Paix Paris, 15e ardt, 26 oct. 1934, *DH* 1934, p. 614 ; Trib. civ. Seine, 9 janv. 1956, *JCP* N, 1956, II, 9294. Au fondement de l'obligation alimentaire, la Cour de cassation a ajouté le devoir de piété filiale posé à l'article 371 du Code civil, *cf.* Cass. 1re civ., 14 mai 1992, *Bull. civ.* I, n° 192 ; *JCP* G 1993, II, 22097, note F.-X. Testu ; Cass. 1re civ., 21 sept. 2005, *Bull. civ.* I, n° 341 ; *Dr. famille* 2005, Comm. n° 251, note B. Beignier ; Cass. 1re civ., 28 janv. 2009, *Bull. civ.* I, n° 12, *D.* 2009, Jur., p. 1927, et la note.

43. V. aussi, en ce sens : M. Fabre-Magnan, *Introduction générale au droit,* PUF, coll. Licence, 2009, p. 109.

44. CA Paris, 15 juin 1990, *JCP* G 1991, II, 21563, note B. Edelman et C. Labrusse-Riou ; CA Paris, 25 oct. 1997, *Mennesson, AJ famille* 2007, p. 478, obs. F. Chénedé ; CA Paris, 26 févr. 2009, *Dr. famille, juin* 2009, Comm. n° 75, note P. Murat ; CA Paris, 18 mars 2010, *Mennesson, JCP* G 2010, n° 798, note A. Mirkovic.

45. V. par ex. Cass. 1re civ., 14 mai 1991, *Lorthioir, in GAJ civ.,* 12e éd. par F. Terré et Y. Lequette, t. 2, 2008, n° 159, p. 137 à 152, à propos du pouvoir du juge de relever une clause abusive en l'absence de décret.

46. V. par ex. Cass. 2e civ., 19 févr. 1997, *Bertrand, in GAJ civ.,* 12e éd. préc., spéc. t. 2, n° 215-217 (II), p. 444 à 459, à propos de la responsabilité des père et mère du fait de leur enfant mineur.

47. V. par ex. Cass. 3e civ., 3 nov. 1981, *Sté Ranch de la Bravone, in GAJ civ.,* 12e éd. préc., spéc. t. 2, n° 288-289 (I), p. 813 à 820, à propos de la qualification du crédit-bail.

48. V. par ex. Cass., com., 26 nov. 2003, *Manoukian, in GAJ civ.,* 12e éd. préc., spéc. t. 2, n° 142, p. 1 à 12, à propos de l'évaluation du préjudice consécutif à la rupture unilatérale des pourparlers précontractuels.

49. V. par ex. Cass., soc., 11 juill. 1989, *Mme L..., in GAJ civ.,* 12e éd. préc., spéc. t. 1, n° 27, p. 199 à 211, à propos des effets juridiques du concubinage homosexuel.

50. V. par ex. Cass. ch. mixte, 26 mai 2006, *Mme Perre, in GAJ civ.,* 12e éd. préc., spéc. t. 2, n° 258, p. 653 à 662, à propos de la sanction de la violation d'un pacte de préférence.

51. V. par ex. Cass., ass. plén., 12 juill. 1991, *Besse, in GAJ civ.,* 12e éd. préc., spéc. t. 2, n° 173-176 (IV), p. 228 à 243, à propos de l'effet relatif des contrats dans les groupes de contrats.

proche, MM. Terré et Lequette ont introduit dans les avant-propos un développement consacré à l'organisation et au fonctionnement de la Cour de cassation où sont notamment expliqués le régime primitif et le système actuel de la Cour suprême de l'ordre judiciaire [52].

Ceci étant dit, l'expression de « **cour suprême** » employée par Capitant ne désigne plus la seule Cour de cassation ; cette appellation inspirée par le droit anglo-américain est susceptible d'embrasser toute juridiction placée à la tête d'un ordre juridictionnel [53]. Si le Conseil d'État et la Cour de justice de l'Union européenne n'ont pas aujourd'hui rendu de grands arrêts de la jurisprudence civile, il n'en est pas de même du **Conseil constitutionnel** et de la Cour européenne des droits de l'homme. La 10e édition des *Grands arrêts de la jurisprudence civile* a accueilli une décision du Conseil constitutionnel [54] et la 12e édition un arrêt de la **Cour européenne des droits de l'homme** [55]. On pressent que la prochaine édition des *Grands arrêts* pourrait reproduire l'une des très nombreuses décisions du Conseil constitutionnel qui a répondu à une **question prioritaire de constitutionnalité**. Depuis le 1er mars 2010, les sages de la rue Montpensier disposent en effet, à côté du contrôle *a priori* de conformité des lois, du pouvoir de contrôler la conformité d'une loi en vigueur au droit constitutionnel. Or, parmi la centaine de décisions d'un nouveau genre, deux décisions touchent à l'un des trois piliers du droit civil : par-delà leurs réponses, les questions prioritaires de constitutionnalité posées par des couples homosexuels désirant adopter ensemble un enfant [56] ou se marier [57], éprouvent le sens et le fondement des institutions du Code civil fondatrices de la famille.

En attendant, les arrêts sélectionnés sont des points d'ancrage de tendances jurisprudentielles. Dans le passage de cette préface, Capitant nous indique **trois catégories différentes d'arrêts**

52. *Cf. GAJ civ.*, 10e éd. par F. Terré et Y. Lequette, Dalloz, 1984, p. XVII à XXI, reproduits *in* 12e éd., préc., t. 1, p. XIX à XXIII.

53. En toute rigueur, il faudrait préciser qu'une cour suprême est juge de droit et que ses décisions sont insusceptibles de recours. Cette qualification ne convient donc plus à la Cour de cassation... (cf. courriel).

54. Cons. const., 16 janv. 1982, décision n° 81-132 DC, *JO* du 17 janv. 1982, p. 299 ; *GAJ civ.*, 10e éd., préc., n° 1, p. 1 à 15, reproduite *in* 12e éd., préc., t. 1, n° 2, p. 11 à 26, spéc. n° 1 : « *Certains s'étonneront sans doute de la reproduction de cette décision au sein de cet ouvrage. De fait, il est difficile de voir dans le Conseil constitutionnel une source naturelle de la "jurisprudence civile". Malgré cela, il a paru impossible aux auteurs d'ignorer plus longtemps une réalité qui, si elle échappe formellement au cadre de cet ouvrage, n'en a pas moins matériellement une importance de plus en plus grande pour l'ensemble du droit français, y compris du droit civil* ». *Adde*, N. Molfessis, *Le conseil constitutionnel et le droit privé,* thèse Paris II, 1995, Paris : LGDJ, Bibl. dr. privé, t. 287, 1997, préf. M. Gobert.

55. CEDH, 1er févr. 2000, *Mazureck, in GAJ civ.*, 12e éd., préc., t. 1, n° 99, p. 593 à 607, spéc. n° 1 : « Plus encore que l'arrêt rendu par la Cour de Strasbourg en matière de transsexualisme (CEDH, 25 mars 1993, *Botella*), l'arrêt *Mazureck* a fait prendre conscience à la communauté des civilistes français de ce que les droits fondamentaux étaient devenus, pour leur discipline, une donnée positive de première importance ». *Adde*, A. Debet, *L'influence de la Convention européenne des droits de l'homme sur le droit civil,* thèse Paris II, 2001, Paris : Dalloz, coll. Nouv. bibl. th., vol. 15, 2002, préf. L. Leveneur.

56. Cons. const., 6 oct. 2010, décision n° 2010-39 QPC, *Mmes Isabelle D et Isabelle B, JO* du 7 oct. 2010, p. 18154 : « 9. Considérant, en second lieu, qu'en maintenant le principe selon lequel la faculté d'une adoption au sein du couple est réservée aux conjoints, le législateur a, dans l'exercice de la compétence que lui attribue l'article 34 de la Constitution, estimé que la différence de situation entre les couples mariés et ceux qui ne le sont pas pouvait justifier, dans l'intérêt de l'enfant, une différence de traitement quant à l'établissement de la filiation adoptive à l'égard des enfants mineurs ; qu'il n'appartient pas au Conseil constitutionnel de substituer son appréciation à celle du législateur sur les conséquences qu'il convient de tirer, en l'espèce, de la situation particulière des enfants élevés par deux personnes de même sexe ; que, par suite, le grief tiré de la violation de l'article 6 de la Déclaration de 1789 doit être écarté. – 10. Considérant que l'article 365 du Code civil n'est contraire à aucun autre droit ou liberté que la Constitution garantit ».

57. Cons. const., 29 janv. 2011, décision n° 2010-92 QPC, *Mme Corinne C. et autre, JO* du 29 janv. 2011, p. 1894 : « 9. Considérant, d'autre part, que l'article 6 de la Déclaration de 1789 dispose que la loi "doit être la même pour tous, soit qu'elle protège, soit qu'elle punisse" ; que le principe d'égalité ne s'oppose ni à ce que le législateur règle de façon différente des situations différentes ni à ce qu'il déroge à l'égalité pour des raisons d'intérêt général pourvu que, dans l'un et l'autre cas, la différence de traitement qui en résulte soit en rapport direct avec l'objet de la loi qui l'établit ; qu'en maintenant le principe selon lequel le mariage est l'union d'un homme et d'une femme, le législateur a, dans l'exercice de la compétence que lui attribue l'article 34 de la Constitution, estimé que la différence de situation entre les couples de même sexe et les couples composés d'un homme et d'une femme peut justifier une différence de traitement quant aux règles du droit de la famille ; qu'il n'appartient pas au Conseil constitutionnel de substituer son appréciation à celle du législateur sur la prise en compte, en cette matière, de cette différence de situation ; que, par suite, le grief tiré de la violation de l'article 6 de la Déclaration de 1789 doit être écarté ».

dignes de représenter tout une suite jurisprudentielle sur une question donnée. Soit il s'agit d'un « premier arrêt » qui a inauguré une controverse [58] ; soit il s'agit du dernier arrêt qui a clos une controverse [59] ; soit, à mi-chemin, il s'agit d'un arrêt de revirement de jurisprudence [60]. Cette **systématisation des grands arrêts** illustre au fond que le droit reste vivant et toujours susceptible de s'adapter aux difficultés nouvelles que nous réservent la vie, les affaires et les faits sociaux. Le label de grand arrêt n'est pas définitif, ce qui nous porte à étudier enfin l'auteur de la sélection.

B. L'auteur de la sélection

Capitant s'exprime à la première personne, dans un style direct : « la méthode que j'ai suivie dans la réalisation de cet ouvrage », « je n'ai relevé que les arrêts… ». Alors qu'il est recommandé aux étudiants de proscrire le « **je** », un professeur de droit en use à bon escient pour exprimer une **pensée personnelle**, distincte de celle de ses pairs. Ces deux phrases indiquent **l'apport doctrinal** le plus cher à Capitant : l'exposé de la méthode de la sélection valait bien une préface.

Capitant n'est plus et cependant sa **méthode de sélection** continue d'être appliquée, ainsi qu'en témoignent les éditions successives des grands arrêts de la jurisprudence civile. La méthode est restée mais son application a donné lieu à des sélections différentes. **Des décisions de la Cour de cassation ont perdu le label de grand arrêt, d'autres l'ont acquise**. Le contenu des grands arrêts de la jurisprudence civile a donc évolué. Le nombre des arrêts a augmenté, tout en restant dans la même proportion, variant de 226 arrêts en 1934 à 306 en 2008. Les changements font l'objet d'une explication qu'ont donnée Léon Julliot de la Morandière et Alex Weill dans la préface à la 4e édition, en 1964, mais aussi MM. Terré et Lequette dans la troisième préface, continuellement enrichie depuis 1984, entre la 8e et la 12e édition.

Ancrés dans le passé, régulièrement refondus, les grands arrêts de la jurisprudence civile sont promis à l'éternité : ils paraissent ainsi hors du temps. Pourtant, cette sélection n'est pas complètement hors d'atteinte des marées jurisprudentielles qui apportent leurs lots d'arrêts à commenter. Lorsqu'un bel arrêt est rendu par la Cour de cassation, beau parce que soigné dans sa rédaction, portant haut une formule soigneusement ciselée, dégagée des pesanteurs des faits et isolée dans un attendu de principe, un bel arrêt dont la portée est considérable parce qu'il met un terme à une controverse ou réalise un revirement de jurisprudence, n'est-il pas tentant de lui décerner immédiatement ce label doctrinal, sans attendre la prochaine édition des grands arrêts ? Bien qu'il ne s'agisse pas d'une appellation d'origine contrôlée, la proposition doctrinale est assez rare ; elle se remarque alors d'autant plus facilement [61].

---

58. V. par ex. Cass. civ., 17 déc. 1913, *Bodin, in GAJ civ.,* 12e éd., préc., t. 1, n° 14-15 (II), p. 114 à 122. Dans cette affaire, l'irrecevabilité de l'action en contestation d'une reconnaissance de complaisance engagée par le Ministère public a été justifiée, il y a un siècle, au nom de l'honneur et du repos des familles, alors que le Parquet dispose, depuis quinze ans, de prérogatives les plus étendues pour discuter le titre de filiation (C. civ., art. 336 et 333, al. 2). Le Ministère public est ainsi devenu le gardien de l'intérêt de l'enfant pour faire établir « sa » filiation biologique, et ce bien qu'il ait une possession d'état continue de cinq ans, acquise au cours de la petite enfance.

59. V. par ex. Cass. ch. mixte, 6 sept. 2002, *Bossa, in GAJ civ.,* 12e éd., préc., t. 2, n° 242, p. 568 à 577, à propos de la qualification du quasi-contrat de promesse apparente de délivrance d'un gain de loterie pour sanctionner une annonce mensongère publicitaire.

60. V. par ex. Cass. 1re civ., 7 oct. 1998, *Grostabussiat, in GAJ civ.,* 12e éd., préc., t. 2, n° 158, p. 130 à 137, qui a rendu indifférente l'ignorance du caractère illicite de la cause par l'une des deux parties, parmi les conditions de mise en œuvre de la nullité du contrat fondée sur l'article 1131 du Code civil.

61. « Attention, « Grand arrêt » ! Tel est le label que mérite sans aucun doute la décision rendue par la chambre commerciale de la Cour de cassation, le 10 juill. 2007, qui s'inscrit dans une séquence jurisprudentielle, récemment inaugurée, par laquelle la Cour entend manifestement cantonner restrictivement la portée de l'exigence de bonne foi, édictée par l'article 1134, alinéa 3 du Code civil, et canaliser rigoureusement les pouvoirs du juge fondés sur ce texte », cf. D. Mazeaud, obs. sur Cass., com., 10 juill. 2007, *RDC* 2007/4, p. 1110. L'arrêt fut en effet sélectionné par MM. Terré et Lequette, dans la 12e éd. des *GAJ civ.,* parue en 2008, préc., t. 2, n° 164, p. 173 à 182.

La sélection des grands arrêts est aujourd'hui orientée par la Cour de cassation elle-même. Décernées par les magistrats, après le délibéré, les mentions P., B., R. et I. indiquent la valeur de l'arrêt qui gouverne sa diffusion. Cette hiérarchisation doit être combinée avec les lettres FP, FS ou FR qui correspondent à la composition de la chambre (formation plénière, formation de section ou formation restreinte) [62]. Les arrêts qui ont fait l'objet d'une large diffusion, d'un communiqué du premier président de la Cour de cassation sur le site internet de la Cour de cassation (I.) et d'un commentaire dans le rapport annuel de la Cour de cassation (R.) sont sans doute promis à une présélection pour devenir de grands arrêts. On songe ainsi aux trois arrêts de la première chambre civile de la Cour de cassation du 6 avril 2011 qui ont réaffirmé la contrariété de la gestation pour autrui au principe d'indisponibilité de l'état des personnes, en soulignant de manière inédite qu'il s'agit d'un « principe essentiel du droit français » [63].

Mais, à l'inverse, rien n'interdit à la doctrine de se montrer très attentive à un arrêt non publié au *Bulletin* et de se demander s'il est de nature à faire jurisprudence [64]. La question a été posée, avec acuité, à propos d'un arrêt de la chambre commerciale du 29 juin 2010, pourtant rédigé avec beaucoup de soins [65], et dans lequel des auteurs ont découvert le signe d'un infléchissement de la jurisprudence *Canal de Craponne* [66] qui rejette la théorie de l'imprévision en cas de changement de circonstances entre la formation et l'exécution du contrat.

En définitive, quels que soient les efforts déployés par la Cour de cassation et d'autres juridictions suprêmes pour communiquer sur leurs grandes décisions, le « grand arrêt de la jurisprudence civile » demeure un label doctrinal, un label déposé par Capitant et contrôlé par les grands professeurs qui poursuivent son œuvre pédagogique. Pour le reste, chaque auteur a sa formule pour saisir le lecteur sur l'apport jurisprudentiel au droit positif [67], la langue française est si riche… « Célébrissime » comme l'arrêt *Chronopost* [68] ou l'arrêt *Mercier* [69] ?

---

62. Sur cette signalétique, v. *supra* C. Bléry, *supra*, n° 140, texte et en note.

63. Cass. 1re civ., 6 avr. 2011 (3 arrêts), pourvoi n° 09-17130, n° 09-66486 et n° 10-19053. Ces trois arrêts de rejet comportent cette même formule ciselée : « en l'état du droit positif, il est contraire au principe de l'indisponibilité de l'état des personnes, principe essentiel du droit français, de faire produire effet, au regard de la filiation, à une convention portant sur la gestation pour le compte d'autrui, qui, fût-elle licite à l'étranger, est nulle d'une nullité d'ordre public aux termes des articles 16-7 et 16-9 du Code civil ».

64. *Cf.* P. Deumier, « Un arrêt non publié peut-il faire jurisprudence ? (à propos de Cass., com., 29 juin 2010) », *RTD civ.* 2011, p. 87 à 90.

65. « Quelle formule, en effet !, si longue, si finement ciselée et aux termes si choisis… Formule qu'on ne cesse de relire sans vraiment y croire, et qu'on dirait tout droit sortie du rêve du plus fou commentateur : "si l'évolution des circonstances économiques […] n'avait pas eu pour effet […] de déséquilibrer l'économie générale du contrat […] et de priver de toute contrepartie réelle l'engagement […]". Un pavé dans la mare » cf. Th. Génicon, note sous Cass., com., 29 juin 2010, *Soffimat, in D.* 2010, Jur., p. 2485.

66. V. Cass. civ., 6 mars 1876, *Canal de Craponne, in GAJ civ.,* 12e éd., préc., t. 2, n° 165, p. 183 à 194 (Un arrêt cependant non sélectionné par Capitant, en 1934).

67. « Un important arrêt de la Cour de cassation, siégeant en chambre mixte, du 2 déc. 2005 décide que le cautionnement réel étant une sûreté purement personnelle n'entre pas dans le champ de protection de l'article 1415 du Code civil », cf. B. Beignier, « Bicentenaire d'Austerlitz : le Trafalgar du cautionnement réel », *Dr. famille*, févr. 2006, étude 13, p. 10 à 12. L'originalité du titre indique au lecteur l'importance de l'arrêt et facilite la mémorisation de la date de l'arrêt. Cet arrêt *Boudaud* fut sélectionné, reproduit et commenté *in GAJ civ.,* 12e éd., préc., t. 2, n° 299, p. 864 à 871.

68. Cass. com., 22 oct. 1996, *Chronopost, in GAJ civ.,* 12e éd., préc., t. 2, n° 157, p. 111 à 129, à propos des limites à la validité des clauses limitatives de réparation. V. depuis Cass. com., 29 juin 2010, *Faurecia,* n° 09-11841, *D.* 2010, Jur., p. 1832, note D. Mazeaud ; *RDC* 2010, p. 1253, obs. O. Deshaye, qui débute ainsi son commentaire : « Voilà l'épilogue de la célèbre affaire *Faurecia.* L'arrêt était attendu. Il a tout d'un grand. Rendu en formation plénière de chambre, il connaîtra la plus large diffusion (P-B+R+I). On peut prédire sans aucun risque qu'il sera abondamment commenté. Et aussi qu'il le sera de manière approbative, car la solution sur laquelle il revient (ou dont il contredit plus exactement l'interprétation dominante) était critiquable et avait été largement critiquée ».

69. Cass. civ., 20 mai 1936, *Mercier, in GAJ civ.,* 12e éd., préc., t. 2, n° 162-163 (I), p. 162 à 172, à propos de la nature contractuelle de la relation entre le médecin et son patient. V. depuis Cass. 1re civ., 3 juin 2010, n° 09-13951, *D.* 2010, Jur., p. 1522, note P. Sargos et les obs. de M. Bacache, F. Leduc et Ph. Pierre, *in RDC* 2011, p. 335 à 365, dont la lecture montre combien un même arrêt peut recevoir en doctrine des commentaires différents.

Importante ou relative, la grandeur d'un arrêt est due à l'attention que lui porte la doctrine et à l'attachement qu'elle lui voue dans ses enseignements [70].

70. Rappr. F. Terré, *Introduction générale au droit,* 8e éd., Dalloz, coll. Précis, 2009, n° 355 *in fine :* « La jurisprudence joue donc un rôle décisif dans le processus d'éclosion et d'expression des arrêts de principe. Mais la doctrine exerce aussi, par l'intérêt qu'elle leur porte, une influence en la matière. Précieuse est, à cet égard, la démarche cognitive (C. Puigelier, « D'une approche cognitive de l'arrêt de principe », *RRJ 2002, p. 1631)* ».

CHAPITRE 5
L'application et l'interprétation de la loi

Exercice : Les conflits de lois dans le temps

Pierre Fleury-Le Gros, Maître de conférences à la Faculté des affaires internationales du Havre

Conseils méthodologiques

La méthode de résolution des cas pratiques exposée précédemment est un schéma général ; elle doit ensuite être précisée, selon le thème du sujet sur lequel vous devez travailler. En matière de *conflits de lois dans le temps*, la résolution de la *question de droit* doit respecter un déroulement méthodique particulier, propre à éviter toute confusion. La technique est partiellement différente, selon que le sujet vous conduit à raisonner en matière *civile* (I) ou *pénale* (II).

MÉTHODOLOGIE POUR LE DROIT CIVIL

Cinq étapes différentes doivent être distinguées :

A. Visualisation des données du problème

Dessinez un axe du temps au brouillon et notez d'ores et déjà la date de réalisation des faits exposés dans le sujet (signature d'un contrat, adoption d'un enfant, mariage, divorce, ouverture d'une succession…). Vous pourrez ainsi visualiser les données du problème.

B. Détermination de la date d'entrée en vigueur de la loi

Placez sur ce schéma la date d'entrée en vigueur de la loi nouvelle. Vous déterminerez ainsi à partir de quand la loi nouvelle sera applicable, d'une part, *à l'égard* de ses destinataires, d'autre part, *par* les organes d'application du droit.

C. Détermination des questions de *fait* et de *droit*

Tout cas pratique soulève deux types de questions différentes : d'une part, la question de *fait* (1), d'autre part, la question de *droit* (2).

1°/ La question de *fait*

La question de *fait* ressort souvent de manière évidente des données de l'énoncé.

Exemple : à propos de l'entrée en vigueur d'une loi propre à remettre en cause la validité d'un contrat de vente de véhicule conclu antérieurement, la question de *fait* serait la suivante : « *la vente sera-t-elle annulée ?* ».

2°/ La question de *droit*

La question de *droit* est plus délicate à formuler. De toute évidence, elle consiste toujours à déterminer si la loi nouvelle doit être appliquée aux faits de l'énoncé, ou si la loi ancienne doit, au contraire, être retenue. En revanche, il ne faut pas se contenter de la poser en des termes trop généraux. Deux aspects doivent apparaître dans cette formulation :

D'une part, la formulation doit comporter l'indication du **domaine législatif** dans lequel le problème d'application de la loi dans le temps se pose :

- régimes matrimoniaux ?
- droit des successions ?
- droit des biens ?
- droit des contrats?

D'autre part, parce que les solutions peuvent varier en fonction de **l'objet de la loi**, c'est-à-dire des *faits* ou des *situations de droit* à l'égard desquels elle a vocation à produire son effet, cet objet doit apparaître dans la question de droit : envisage-t-on d'appliquer la loi nouvelle à une *situation passée* ou à une *situation en cours* par rapport à sa date d'entrée en vigueur ? Dans ce dernier cas, l'application concernerait-elle les effets *passés* ou bien les effets *futurs* de cette *situation* ? Ces éléments étant déterminants pour le choix de la solution, vous devez nécessairement faire ressortir cet aspect des choses dans la question de droit.

Exemples :

– La loi nouvelle portant modification des *conditions de validité d'un contrat* (**domaine législatif**) peut-elle être appliquée à l'égard des *effets d'un contrat conclu dans le passé* (**objet de la loi**) ?

– La loi nouvelle portant modification des *droits et obligations des époux mariés sous le régime de la communauté légale réduite aux acquêts* (**domaine législatif**) produit-elle son effet immédiatement *à l'égard des personnes mariées sous ce régime* (**objet de la loi**) ? Cette même loi (**domaine législatif**) peut-elle avoir une incidence sur la validité *d'actes accomplis dans le passé* par *des époux actuellement mariés sous ce régime* (**objet de la loi**) ?

Remarque : *Dans le deuxième exemple, on constate qu'une même modification législative implique parfois que plusieurs questions de droit soient posées, et donc réglées.*

D. Répondre à la question de *droit*

Pour répondre à cette (ou ces) question (s) de *droit*, vous devez rechercher si le législateur a intégré (1) ou non (2) dans la loi nouvelle des *dispositions transitoires* qui déterminent l'étendue du champ d'application de la loi.

1°/ Existence de dispositions transitoires

S'il en existe, suivez alors simplement les indications du législateur pour régler le problème.

Exemple : si le législateur intègre une disposition prévoyant que la loi nouvelle ne sera pas applicable à l'égard des époux actuellement mariés sous tel régime, vous pourrez conclure que le législateur a choisi de faire *survivre la loi ancienne* à leur égard ; autrement dit, il réservera l'application du régime nouveau aux personnes qui se marieront postérieurement à la date d'entrée en vigueur de la loi nouvelle.

2°/ Absence de dispositions transitoires

À défaut de dispositions transitoires, déterminez l'étendue du champ d'application au moyen des solutions dégagées par la jurisprudence. Ces solutions diffèrent selon que le problème posé à trait à des *situations légales* ou à des *situations contractuelles* ; apprenez par cœur ces solutions figurant dans les deux tableaux récapitulatifs (*page suivante*).

E. Répondre à la question de *fait*

Il ne faut jamais oublier de répondre à la question de *fait* afin que votre client sache exactement quel sort lui sera finalement et concrètement réservé.

Exemple : *« En application de la loi nouvelle, le contrat conclu par Pierre est valable »* ou encore *« en application des dispositions transitoires intégrées dans la loi nouvelle, M. et Mme Lemoine pourront toujours se prévaloir de tel droit »*.

TABLEAUX RÉCAPITULATIFS DES SOLUTIONS JURISPRUDENTIELLES

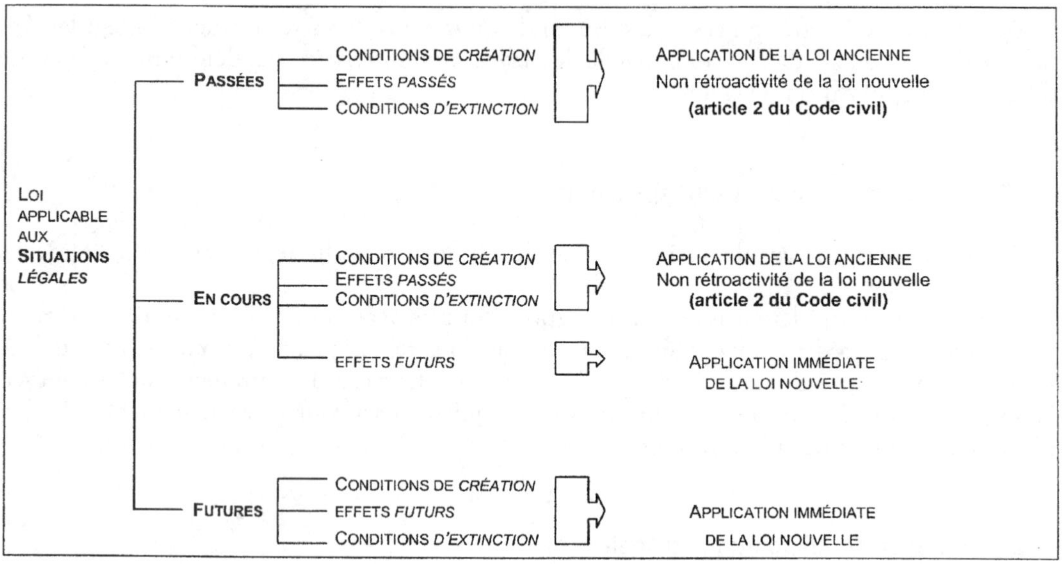

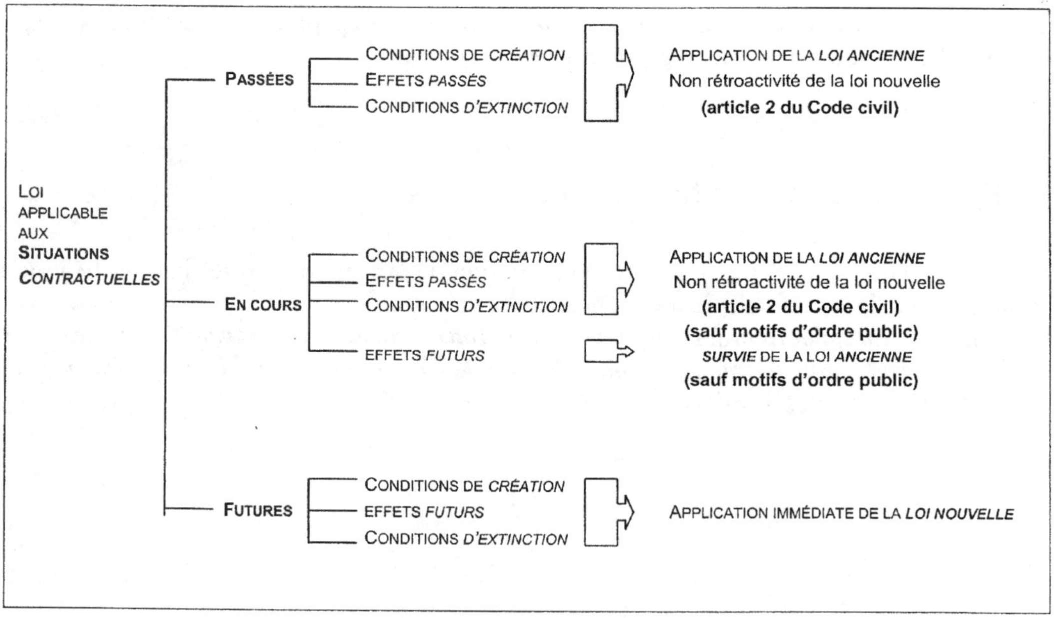

MÉTHODOLOGIE POUR LE DROIT PÉNAL

En matière pénale, les solutions applicables sont exposées dans l'article 112-1 du Code pénal, sans que le législateur puisse y déroger. Si la méthode de résolution diffère partiellement, les trois premières phases sont identiques.

A. Visualisation des données du problème

Localisez les faits délictueux sur l'axe du temps, c'est-à-dire la date de réalisation de l'infraction (vol, meurtre, abus de confiance, escroquerie…).

B. Détermination de la date d'entrée en vigueur de la loi

Recherchez la date d'entrée en vigueur de la loi nouvelle qui devra aussi être placée sur l'axe du temps.

C. Détermination des questions de *fait* et de *droit*

Là encore, en matière pénale, deux types de questions différentes doivent être posés : d'une part, la question de *fait* (1), d'autre part, la question de *droit* (2).

1°/ La question de *fait*

La question de *fait* consiste toujours à déterminer quelle sera la peine applicable à l'égard du délinquant.

Exemple : « *Paul encourra-t-il la peine de 3 années d'emprisonnement prévue par la loi ancienne ou la peine de deux années d'emprisonnement prévue par la loi nouvelle* » ?

2°/ La question de *droit*

D'une manière générale, la question de *droit* consistera de nouveau à déterminer si la loi nouvelle doit être appliquée ou si la loi ancienne doit, au contraire, être retenue. Toutefois, on ne saurait encore une fois la poser en des termes trop généraux.

Exemples :

– La loi nouvelle aggravant la sanction applicable à l'égard *de l'infraction de meurtre* (**domaine législatif**) peut-elle être appliquée rétroactivement *à des meurtres commis avant sa date d'entrée en vigueur* (**objet de la loi**) ?

– La loi nouvelle réduisant la sanction applicable à l'égard *de l'infraction de vol* (**domaine législatif**) peut-elle être appliquée rétroactivement *à des vols commis avant sa date d'entrée en vigueur* (**objet de la loi**) ?

D. Répondre à la question de *droit*

Pour répondre à la question de droit, la méthode est différente de celle exposée en matière civile : les solutions applicables sont des principes législatifs à valeur constitutionnelle (mais aussi supranationale) auxquels le législateur n'a pas le droit de déroger. Vous devez vous référer aux solutions posées par l'article 112-1 du Code pénal [1] ; commencez donc toujours par énoncer ces règles contenues dans le texte, c'est-à-dire à rappeler les principes applicables. Ceux-ci conduisent :

– d'une part, à *appliquer rétroactivement* la loi pénale *plus favorable* aux infractions non définitivement jugées ;

– d'autre part, à *ne pas appliquer rétroactivement* la loi pénale *moins favorable.*

Ces principes étant exposés, procédez ensuite en **TROIS temps** à leur application :

1. Commencez par rechercher si une loi nouvelle propre à régir l'infraction est entrée en vigueur avant que cette infraction ait été définitivement jugée – entendons ici avant qu'elle ait fait l'objet d'une décision de condamnation insusceptible de recours. Ce point de départ est logique car si une décision définitive a déjà été rendue, il n'est pas nécessaire d'analyser la sévérité de la loi nouvelle.
2. En cas de réponse positive à la question précédente, recherchez si la loi nouvelle est *plus ou moins sévère.*
3. Concluez enfin en précisant quelle loi sera effectivement appliquée à l'égard du délinquant.

E. Répondre à la question de *fait*

Au terme de cette procédure, n'oubliez pas de répondre à la question de *fait* afin que votre client sache exactement quelle est la sanction encourue.

Exemple : « *Paul encourra la peine de 3 années d'emprisonnement prévue par la loi nouvelle* ».

Sujet n° 1

Jean Lemoine a commis le mois dernier un vol à l'étalage dans une grande surface ; l'article 311-3 du Code pénal dispose qu'il encourt notamment une peine de trois années d'emprisonnement. Supposons qu'une loi nouvelle entre en vigueur aujourd'hui et qu'elle réduise cette peine à deux années d'emprisonnement. Quelle serait l'incidence de l'entrée en vigueur de cette loi à son égard ? En supposant que la peine soit plutôt portée à quatre années, la solution serait-elle différente ?

Sujet n° 2

Supposons que le 1er janvier 2011, une loi nouvelle soit entrée en vigueur pour modifier l'article 414 du Code civil qui disposerait dorénavant que « *La majorité civile est fixée à seize*

1. Le rôle de la jurisprudence ne doit toutefois pas être négligé pour résoudre certains cas complexes : c'est le cas, notamment, en matière d'infraction d'habitude.

ans accomplis » au lieu de dix-huit ans. Supposons encore que Jean, né le 13 décembre 1993, ait vendu deux tableaux que son grand-père lui avait légués, la première vente ayant eu lieu le 28 novembre 2010, la seconde le 15 février 2011. Quelle serait l'incidence de l'entrée en vigueur de la loi nouvelle sur la validité de ces actes ?

Sujet n° 3

Jean et Sophie sont mariés sous le régime de la communauté légale réduite aux acquêts. L'article 1421 du Code civil confère à chacun d'eux le droit de vendre les biens meubles sans solliciter l'autorisation de leur conjoint ; en revanche, l'article 1424 du Code civil précise qu'une autorisation est nécessaire pour la vente d'un bien immeuble. Supposons qu'une loi nouvelle entre en vigueur le 1er septembre 2011 et qu'elle supprime l'obligation de solliciter cette autorisation. En admettant que Jean ait vendu un immeuble le 1er août 2011 sans requérir toutefois l'autorisation de son épouse, quelle serait l'incidence de l'entrée en vigueur de cette loi sur cette vente passée ?

Trois corrigés vous sont proposés ; les deux premiers font également état du brouillon qui retrace les étapes du raisonnement du travail préparatoire à la rédaction.

Proposition de corrigé du Sujet n° 1

BROUILLON

Pour des raisons de compréhension, les phrases ont été partiellement construites
Adoptez en revanche un style plus succinct pour gagner du temps

Réalisation de l'infraction — Entrée en vigueur de la loi nouvelle →

Deux hypothèses différentes à distinguer : d'une part, la *diminution* de la peine depuis la commission de l'infraction, d'autre part, son *augmentation.*

• **Questions de *fait* :**

– Quelle peine Jean encourra-t-il ?

– Plus précisément encore : dans le premier cas, retiendra-t-on trois ou deux années ? Dans le second cas, retiendra-t-on trois ou quatre années ?

• **Questions de *droit*** :

– Le choix précédent est conditionné par le choix de la loi applicable. Doit-on appliquer la loi *ancienne*, en vigueur lors de la réalisation de l'infraction ? Retient-on plutôt la loi *nouvelle* qui sera alors appliquée rétroactivement ?

– Plus précisément encore : dans le premier cas, peut-on appliquer rétroactivement la loi nouvelle plus *douce* ? dans le second, peut-on appliquer rétroactivement la loi nouvelle plus *sévère* ?

Vous aurez ici dégagé les données du problème ; il faut ensuite chercher les règles de droit qui permettent de répondre à la question de droit : on pensera toujours à ***citer les textes*** *et éventuellement les* ***justifications ou illustrations jurisprudentielles*** *données en cours.*

Règles applicables :

En matière pénale, existence de trois règles de principe (article 112-1, alinéa 1, 2 et 3) :

– alinéa 1 et 2 : *non-rétroactivité* des lois nouvelles plus sévères ;

– alinéa 3 : *rétroactivité* de la loi nouvelle plus douce (rétroactivité *in mitius*) si l'infraction n'a pas encore été jugée définitivement.

• Valeur des principes :

Ils ont une valeur constitutionnelle (Cons. const., 30 décembre 1980 pour le premier principe et Cons. const., 19 et 20 janvier 1981 pour le second. Par conséquent, le législateur ne peut pas écarter leur application.

Vous aurez ainsi déterminé les règles de droit applicables ; appliquez-les ensuite aux faits de l'espèce.

• Réponse en droit :

Dans le premier cas, nouvelle peine d'emprisonnement *plus favorable* (moins sévère) et absence de décision de condamnation définitive.

Par conséquent, mise en œuvre de la rétroactivité *in mitius* conduisant à appliquer la loi nouvelle.

Dans le second cas, nouvelle peine d'emprisonnement *moins favorable* (plus sévère), d'où application du principe de non-rétroactivité des lois pénales plus sévères.

Par conséquent, application de la loi ancienne en vigueur au jour de la réalisation de l'infraction.

• Réponse en fait :

Dans le premier cas, peine de *deux années* d'emprisonnement encourue (loi nouvelle).

Dans le second cas, peine de *trois années* d'emprisonnement encourue (loi ancienne).

RÉDACTION

Le cas de Jean Lemoine implique que deux hypothèses différentes soient distinguées : premièrement, l'incidence de la diminution de la sanction encourue (I), secondement, l'incidence de l'augmentation de la sanction encourue (II).

I. L'incidence de la diminution de la sanction encourue

Les données du problème impliquent que le problème de fait suivant soit réglé : Jean Lemoine encourt-il une peine de trois années ou de deux années d'emprisonnement pour la réalisation de l'infraction ? Juridiquement, la réponse apportée à cette question dépend de la possibilité d'appliquer ou non la loi nouvelle à l'égard d'une infraction commise avant sa date d'entrée en vigueur. Le problème de droit suivant doit donc être réglé : en matière pénale, la loi nouvelle qui réduit la sanction applicable à la réalisation d'une infraction est-elle applicable aux infractions commises avant sa date d'entrée en vigueur ?

*Au cours de cette première phase, vous venez de dégager successivement le problème de **fait** et le problème de **droit** ; passez maintenant à la démonstration juridique qui vous permettra de fournir la réponse en **droit** pour conclure sur la réponse en **fait**.*

En matière pénale, il existe deux principes différents posés par l'article 112-1 du Code pénal ; dotés d'une valeur constitutionnelle à laquelle le législateur n'a pas le droit de déroger, ces deux principes déterminent le champ d'application dans le temps de toute loi nouvelle :

– premièrement, la loi nouvelle plus sévère ne peut jamais être appliquée à des infractions commises avant sa date d'entrée en vigueur (Cons. const., 30 décembre 1980). En particulier, l'alinéa 2 interdit l'application rétroactive des sanctions nouvelles plus sévères ;

– secondement, et au contraire, l'alinéa 3 de ce texte ordonne que la loi nouvelle plus favorable soit toujours appliquée aux infractions commises avant cette date, à la condition que cette infraction n'ait pas encore été définitivement jugée (Cons. const., 19 et 20 janvier 1981, *D.* 1982.441).

Vous venez de préciser les règles de droit applicables en la matière ; il faut maintenant les appliquer aux données de l'espèce pour fournir la réponse juridique.

En l'occurrence, la loi nouvelle est moins sévère puisque la peine encourue qu'elle prévoit est de deux années contre trois années pour la loi ancienne. Par ailleurs, aucune décision de condamnation devenue définitive n'a été rendue contre Jean pour la réalisation de cette infraction. Puisque les deux conditions prévues par l'article 112-1 alinéa 3 sont remplies, on peut conclure que la loi nouvelle plus favorable devra être appliquée à l'égard de Jean.

Après avoir fourni la réponse en droit, il vous faut plus concrètement répondre à la question en fait.

Concrètement, cela signifie que Jean encourra une peine de deux années pour l'infraction commise, en application de la loi nouvelle.

Il convient maintenant de rechercher si, dans l'hypothèse de l'augmentation de la peine encourue, la solution diffère.

Il est toujours préférable de rédiger ainsi une petite transition afin que le correcteur sache exactement où vous voulez le conduire.

II. L'incidence de l'augmentation de la sanction encourue

Cette fois, le problème de fait est le suivant : Jean Lemoine encourt-il une peine de trois années ou de quatre années d'emprisonnement pour la réalisation de l'infraction ? Juridiquement, la réponse apportée à cette question dépend de nouveau de la possibilité d'appliquer ou non la loi nouvelle à l'égard d'une infraction commise avant sa date d'entrée en vigueur. Le problème de droit suivant peut être posé : en matière pénale, la loi pénale nouvelle aggravant la sanction applicable à la réalisation d'une infraction est-elle applicable aux infractions commises avant sa date d'entrée en vigueur ?

Pour répondre à la question, il n'est pas nécessaire de reprendre tout le raisonnement déjà développé antérieurement ; pour gagner du temps, et éviter les répétitions, faîtes référence aux arguments que vous avez déjà développés en procédant de la façon suivante :

Puisqu'en application de l'article 112-1 du Code pénal évoqué précédemment, la loi nouvelle plus sévère ne peut jamais être appliquée à des infractions commises avant sa date d'entrée en vigueur, on peut en conclure que la loi nouvelle plus sévère ne pourra pas être appliquée à l'égard de Jean ; en d'autres termes, la loi applicable sera la loi ancienne en vigueur lors de la réalisation de l'infraction.

Après avoir fourni la réponse en droit, vous devez une nouvelle fois répondre à la question en fait.

Concrètement, cela signifie que Jean encourra une peine de trois années pour l'infraction commise en application de la loi ancienne, en vigueur lors de la réalisation de l'infraction.

Proposition de corrigé du Sujet n° 2

BROUILLON

13 décembre 1993 Naissance de Jean	28 novembre 2010 1er acte de vente à l'âge de 16 ans	1er janvier 2011 Entrée en vigueur	15 février 2011 2e acte de vente à l'âge de 17 ans

Deux actes de vente ont été réalisés par Jean :

- le premier à l'âge de 16 ans ;
- le second à l'âge de 17 ans.

• **Problème de fait :** l'énonce parle de problème de validité ; on peut proposer la question suivante : *Les ventes accomplies par Jean sont-elles valables ?*

• **Problème de droit :** pour trouver ce problème, il faut rechercher en quoi l'entrée en vigueur de la nouvelle pourrait avoir une incidence sur la validité des actes accomplis par Jean.

Point de départ : pour qu'un acte soit valide, il faut que son auteur soit *capable* de le passer (C. civ., art. 1108) ; selon l'article 414 du Code civil, l'auteur est capable s'il est majeur.

En l'espèce :

Lors du 1er acte :

- il était *mineur* en application de la loi ancienne (car selon l'article 414, majorité = 18 ans) ;
- il serait considéré *ex post facto* comme étant *majeur* si on appliquait rétroactivement la loi nouvelle entrée en vigueur après sa réalisation (nouvel article : 414 : majorité = 16 ans).

Lors du 2e acte :

- il était majeur en application de la loi nouvelle entrée en vigueur avant sa réalisation (nouvel article 414 : majorité =16 ans) ;
- il serait considéré comme étant mineur si on décidait de faire survivre la loi ancienne à son égard.

On voit ici que tout dépend de la loi qu'on va appliquer. Pour faire un choix, il faut résoudre le problème de droit suivant : **quel est le domaine d'application d'une loi qui modifie l'âge de la capacité légale, c'est-à-dire l'un des éléments conditionnant la validité d'un contrat** ?

Aucune *disposition transitoire* prévue par le législateur pour répondre, donc recherche dans les tableaux de solutions jurisprudentielles. On peut considérer que la loi a vocation à produire son effet à l'égard de *situations contractuelles*, d'où application du tableau n° 2.

Ce tableau distingue selon que le contrat est *passé, en cours* ou *futur* par rapport à la date d'entrée en vigueur loi nouvelle.

– Première vente : contrat *passé.*

– Seconde vente : contrat *futur.*

Vous recherchez donc les règles applicables dans ces contextes.

– Pour un contrat *passé,* application de la loi ancienne d'après la jurisprudence ; l'application loi nouvelle serait rétroactive et donc impossible en application de l'article 2 du Code civil.

– Pour un contrat *futur,* application immédiate de la loi nouvelle d'après la jurisprudence.

Vous appliquez ensuite les règles aux faits de l'espèce.

• **Réponse en droit**

– Première vente : les conditions de validité d'un contrat antérieur à l'entrée en vigueur de la loi nouvelle (contrat passé) doivent s'apprécier en application de la loi ancienne. La loi applicable est donc la loi qui considérait que l'on devient majeur et donc capable à partir de 18 ans.

– Seconde vente : les conditions de validité d'un contrat postérieur à l'entrée en vigueur de la loi nouvelle (contrat futur) doivent s'apprécier en application de la loi nouvelle. La loi applicable est donc la loi qui considère que l'on devient majeur et donc capable à 16 ans.

• **Réponse en fait :**

– En application loi ancienne, première vente non valable pour défaut de capacité puisque Jean était mineur : il n'avait que 16 ans.

– En application loi nouvelle, seconde vente valable puisque Jean était majeur et donc capable : il avait 17 ans.

RÉDACTION

Les données du problème révèlent que Jean a conclu deux actes de vente, le premier alors qu'il n'était âgé que de 16 ans, le second, alors qu'il venait d'avoir 17 ans. Il convient d'envisager tour à tour chacun d'eux.

I. La validité de l'acte passé le 28 novembre 2010

La question de fait qui ressort de l'énoncé consiste à déterminer si la vente du premier tableau pourrait ou non être remise en cause. Afin qu'elle ne le soit pas, l'acte doit être valable. Or, pour qu'un acte juridique soit valable, il doit respecter les conditions afférentes à la capacité du contractant. Sur ce point, on constate que lors de la conclusion de l'acte de vente, l'article 414 du Code civil disposait que pour bénéficier de cette capacité et être ainsi habilité à conclure un contrat, il fallait être âgé de 18 ans. Or, lorsque Jean a vendu le premier tableau le 28 novembre 2005, il n'était âgé que de 16 ans. Il faut donc conclure qu'en application de la loi en vigueur lors de la réalisation de l'acte, celui-ci n'était pas valable puisque les conditions afférentes à la capacité du contractant n'étaient pas remplies. Cependant, on constate que quelques semaines plus tard, le législateur a édicté une loi nouvelle réduisant de 18 à 16 ans l'âge requis.

D'un point de vue juridique, la question suivante doit alors être posée : l'entrée en vigueur d'une loi qui modifie les conditions de validité d'un contrat en abaissant l'âge de la majorité peut-elle avoir une incidence sur un contrat conclu antérieurement ?

*Au cours de cette première phase, vous avez de nouveau dégagé successivement le problème de **fait** et le problème de **droit** ; il faut maintenant entamer la démonstration juridique permettant de fournir la réponse en **droit** pour conclure sur la réponse en **fait**.*

La loi nouvelle ne comporte aucune disposition transitoire particulière ; il convient donc d'appliquer les règles de conflit de lois dégagées par la jurisprudence à partir de l'article 2 du Code civil.

Nous sommes en présence d'un contrat, de telle sorte qu'il faut envisager les règles applicables aux *situations contractuelles*. Il faut distinguer trois types de contrat : les contrats *passés*, les contrats en *cours* et les contrats *futurs*. En l'espèce, le contrat ayant été conclu avant la date d'entrée en vigueur de la loi nouvelle, il s'agit d'un contrat passé. Il faut alors rechercher si la jurisprudence admet que la loi nouvelle soit appliquée à l'égard de ce type de contrat. Or, on constate que pour tout ce qui a trait à un contrat *passé* (conditions de création, d'extinction ou de ses effets passés), le principe de non-rétroactivité s'oppose à ce qu'une loi nouvelle soit appliquée (C. civ., art. 2). En d'autres termes, l'entrée en vigueur de la loi qui modifie les conditions de validité des contrats en abaissant l'âge de la majorité ne peut pas avoir d'incidence sur un contrat conclu antérieurement.

Vous avez une fois encore précisé les règles de droit applicables en la matière ; il faut alors les appliquer aux données de l'espèce pour fournir la réponse juridique.

Dans le cas présent, il faut conclure que la loi nouvelle qui abaisse à 16 ans l'âge minimum requis pour effectuer valablement un acte juridique n'est pas applicable. La loi ancienne qui fixait cet âge à 18 ans doit donc être appliquée pour apprécier si le contrat conclu par Jean est valable.

Après avoir fourni la réponse en droit, vous devez une nouvelle fois répondre à la question en fait.

De ce qui précède, on peut conclure que le contrat de vente n'est pas valable puisque Jean n'était pas âgé de 18 ans lorsqu'il a conclu cette vente ; ce contrat de vente peut donc être remis en cause. Quel sort doit alors être réservé à la seconde vente ?

II. La validité de l'acte passé le 15 février 2011

La question de fait qui ressort de l'énoncé consiste encore à déterminer si la vente du second tableau est valable ou non. À l'instar du cas précédent, il faut rechercher si les conditions de validité du contrat sont remplies. On constate ici qu'avant la conclusion de la seconde vente, une loi nouvelle est entrée en vigueur pour abaisser l'âge de la majorité à 16 ans. La question de droit suivante peut être posée : une loi nouvelle modifiant les conditions de validité des contrats en abaissant l'âge de la majorité s'applique-t-elle aux contrats conclus postérieurement ?

Pour répondre à la question, il n'est pas nécessaire de reprendre tout le raisonnement déjà développé antérieurement ; une fois encore, pour gagner du temps et éviter les répétitions, faites référence aux arguments que vous avez déjà développés en procédant de la façon suivante.

Nous savons qu'en l'absence de dispositions transitoires, il faut appliquer les règles de conflit de lois que la jurisprudence a tirées de l'article 2 du Code civil. Or, nous avons rappelé qu'en ce qui concerne l'appréciation des conditions de création d'un contrat, la loi applicable est celle en vigueur lors de cette conclusion. Ainsi, la loi qui modifie les conditions de validité d'un contrat en abaissant l'âge de la majorité a une incidence sur un contrat conclu *postérieurement* à son entrée en vigueur.

En l'espèce, au jour de la vente, il existe une nouvelle loi en vigueur qui a ramené à 16 ans l'âge requis pour effectuer valablement un acte juridique. Il faut donc conclure que c'est cette loi nouvelle qui est applicable pour apprécier les conditions de validité de l'acte.

Âgé de 17 ans au jour de la vente, Jean remplissait les conditions retenues par la loi nouvelle. L'acte de vente valide ne pourra donc pas être remis en cause.

Proposition de corrigé du Sujet n° 3

RÉDACTION

La question de fait qui ressort de l'énoncé consiste à déterminer si la vente de l'immeuble peut ou non être remise en cause. Pour que cet acte soit valable, il faudrait qu'en application de la loi en vigueur lors de sa réalisation, l'époux ait eu le pouvoir de l'accomplir seul, sans requérir l'autorisation de son épouse. Or, tel n'est pas le cas. Cependant, on constate que quelques semaines plus tard, le législateur a édicté une loi nouvelle supprimant la nécessité de solliciter cette autorisation. D'un point de vue juridique, la question suivante doit alors être posée : l'entrée en vigueur d'une loi portant modification des pouvoirs des époux mariés sous le régime de la communauté légale réduite aux acquêts s'applique-t-elle aux actes accomplis avant sa date d'entrée en vigueur ?

Au cours de cette première phase, vous avez de nouveau dégagé successivement le problème de ***fait*** *et le problème de* ***droit*** *; il faut maintenant entamer la démonstration juridique permettant de fournir la réponse en* ***droit*** *pour conclure sur la réponse en* ***fait***

La loi nouvelle ne comportant aucune disposition transitoire particulière, il convient d'appliquer les règles de conflits de conflits de lois dégagées par la jurisprudence à partir de l'article 2 du Code civil.

Nous sommes en présence d'une loi afférente à la *situation légale d'époux mariés*. Or, il existe trois types de situations : les situations *passées, en cours,* et *futures*. En l'espèce, les époux sont encore mariés au jour de l'entrée en vigueur de la loi nouvelle ; il faut donc conclure que nous sommes en présence d'une situation *en cours*. Il faut alors rechercher si la jurisprudence admet que la loi nouvelle puisse être appliquée à de telles situations.

Sur ce point, on distingue les effets *passés* des effets *futurs* ; en l'espèce, nous sommes en présence d'un *effet passé* d'une situation *en cours* puisque la vente est antérieure à l'entrée en vigueur de la loi nouvelle. Lorsqu'il en est ainsi, la loi nouvelle ne peut pas être appliquée sans rétroactivité à de telles situations (*cf. tableau*). On peut donc conclure que la loi nouvelle ne peut pas être appliquée à l'égard de la vente conclue le 1er août. Sa validité doit être appréciée par rapport à la loi ancienne en vigueur en cette date, ce qui nous conduit à conclure que l'acte n'était pas valable, faute d'avoir été réalisé avec l'autorisation des deux époux.

SECONDE PARTIE
LES DROITS

CHAPITRE 6
L'être et l'avoir : les personnes et les choses

1er Exercice : Cas pratique

Géraldine Delavaquerie, ATER en droit privé à la Faculté de droit de Caen

Déterminez la nature mobilière ou immobilière des biens suivants :
1 – Une maison
2 – Une cabane de jeux
3 – Un lot de copropriété
4 – Une rente viagère due pour l'achat d'une maison
5 – Une voiture d'occasion que Madame Dupuis a achetée pour surveiller l'irrigation de son exploitation céréalière
6 – Une voiture neuve que cette même Madame Dupuis utilise pour emmener ses enfants à l'école et assurer quelques déplacements professionnels
7 – Des arbres objets d'une vente avant leur abattage
8 – Un meuble de bibliothèque réalisé sur mesure et fixé au mur
9 – La machine-outil d'une usine ayant fait l'objet d'une vente
10 – Les ruines d'une maison

Corrigé

1 – L'article 516 du Code civil dispose que « tous les biens sont meubles ou immeubles ». Il est alors nécessaire de déterminer la nature de chaque bien.

La catégorie des immeubles étant une catégorie fermée et celle des meubles étant ouverte, il convient de vérifier que le bien en question n'est pas expressément qualifié d'immeuble, avant d'envisager une qualification mobilière.

Selon l'article 517 du Code civil, il existe trois types d'immeubles :

– par nature : le sol et tout ce qui s'y rattache (C. civ., art. 524 et 525)

– par destination : biens meubles considérés comme immeubles en raison du lien fonctionnel ou matériel qui les unit à un immeuble (C. civ., art. 524 et 525)

– par l'objet auquel ils s'appliquent : usufruit des immeubles, servitudes, action en revendication d'un immeuble (C. civ., art. 526).

Une maison étant liée au sol, elle se rapproche de la catégorie des immeubles par nature

L'article 518 du Code civil énonce que « les fonds de terre et les bâtiments sont immeubles par leur nature ».

Une maison est un bâtiment, c'est-à-dire un édifice construit sur un terrain.

On pourrait donc conclure à la nature immobilière de la maison de ce seul fait cependant, la jurisprudence exige que la construction ne soit pas simplement posée sur le sol, mais y soit ancrée. La qualification d'immeuble par nature d'un bâtiment nécessite un « dispositif de liaison, d'ancrage ou de fondation » [1].

C'est le cas d'une maison, il s'agit donc bien d'un immeuble par nature.

2 – L'article 516 du Code civil dispose que « tous les biens sont meubles ou immeubles ». Il est alors nécessaire de déterminer la nature de chaque bien.

La catégorie des immeubles étant une catégorie fermée et celle des meubles étant ouverte, il convient de vérifier que le bien en question n'est pas expressément qualifié d'immeuble par les textes, avant d'envisager une qualification mobilière.

Selon l'article 517 du Code civil il existe trois types d'immeubles :

– par nature : le sol et tout ce qui s'y rattache (C. civ., art. 518 à 523) ;

– par destination : biens meubles considérés comme immeubles en raison du lien fonctionnel ou matériel qui les unit à un immeuble (C. civ., art. 524 et 525) ;

– par l'objet auquel ils s'appliquent : usufruit des immeubles, servitudes, action en revendication d'un immeuble (C. civ., art. 526).

L'article 518 du Code civil énonce que « les fonds de terre et les bâtiments sont immeubles par leur nature ».

Une cabane est un bâtiment, c'est-à-dire un édifice construit sur un terrain.

On pourrait donc conclure à la nature immobilière de la cabane de ce seul fait cependant, la jurisprudence exige que la construction ne soit pas simplement posée sur le sol mais y soit ancrée. La qualification d'immeuble par nature d'un bâtiment nécessite un « dispositif de liaison, d'ancrage ou de fondation » [2].

Dans le cas d'une cabane, on peut douter de l'existence d'un dispositif d'ancrage.

En l'absence de précision il faut distinguer deux situations :

– la cabane en cause répond aux conditions posées par la jurisprudence ; dans ce cas, il s'agit d'un immeuble par nature ;

– si tel n'est pas le cas, l'article 518 du Code civil ne permet pas de déterminer la nature de la cabane qui n'est alors pas un immeuble par nature. On peut également éliminer la qualification d'immeuble par l'objet auquel il s'applique.

Pour envisager la qualification d'immeuble par destination, il faut au préalable que la cabane soit un meuble.

Le Code civil prévoit l'existence de deux types de meubles : les meubles par nature dont le critère est la mobilité (art. 528) et les meubles par détermination de la loi : les obligations et actions qui ont pour objet des sommes exigibles ou des effets mobiliers, les actions ou intérêts dans les compagnies de finance, de commerce ou d'industrie [3], les rentes perpétuelles ou viagères (art. 529).

La cabane n'appartient pas à la catégorie des meubles par détermination de la loi, mais à la catégorie des meubles par nature. Si la cabane n'est pas fixée au sol, elle peut se déplacer grâce à une force motrice externe.

La cabane de jeux a donc une nature mobilière.

Peut-on envisager qu'elle soit devenue immeuble par destination ? Il serait nécessaire (entre autres conditions [4]) qu'elle soit affectée à l'exploitation d'un fonds, ce qui est peu probable dans le cas d'une cabane de jeux.

1. Cass. com., 10 juin 1974, *Bull. civ.* IV, n° 183.
2. Cass. com., 10 juin 1974, *Bull. civ.* IV, n° 183.
3. Encore que des immeubles dépendant de ces entreprises appartiennent aux compagnies. Ces actions ou intérêts sont réputés meubles à l'égard de chaque associé seulement, tant que dure la société.
4. *Cf. infra.*

3 – Le régime de la copropriété régit tout immeuble bâti dont la propriété est répartie entre plusieurs personnes par lots comprenant chacun une partie privative et une quote-part de parties communes (art. 1er de la loi n° 65-557 du 10 juillet 1965 fixant le statut de la copropriété des immeubles bâtis).

L'article 516 du Code civil dispose que : « tous les biens sont meubles ou immeubles ». Il est alors nécessaire de déterminer la nature de chacun.

La catégorie des immeubles étant une catégorie fermée et celle des meubles étant ouverte, il convient de vérifier que le bien en question n'est pas expressément qualifié d'immeuble par les textes, avant d'envisager une qualification mobilière.

Selon l'article 517 du Code civil il existe trois types d'immeubles :

– par nature : le sol et tout ce qui s'y rattache (C. civ., art. 518 à 523) ;

– par destination : biens meubles considérés comme immeubles en raison du lien fonctionnel ou matériel qui les unit à un immeuble (C. civ., art. 524 et 525) ;

– par l'objet auquel ils s'appliquent : usufruit des immeubles, servitudes, action en revendication d'un immeuble (C. civ., art. 526).

La jurisprudence rattache le lot de copropriété à la catégorie des immeubles par nature [5].

4 – L'article 516 du Code civil dispose que : « tous les biens sont meubles ou immeubles ». Il est alors nécessaire, de déterminer la nature de chaque bien.

La catégorie des immeubles étant une catégorie fermée et celle des meubles étant ouverte, il convient de vérifier que le bien en question n'est pas expressément qualifié d'immeuble par les textes, avant d'envisager une qualification mobilière.

Les rentes viagères sont expressément qualifiées de meubles par l'article 529 du Code civil. Il s'agit d'un meuble par détermination de la loi.

5 – L'article 516 du Code civil dispose que : « tous les biens sont meubles ou immeubles ». Il est alors nécessaire de déterminer la nature de chaque bien.

La catégorie des immeubles étant une catégorie fermée et celle des meubles étant ouverte, il convient de vérifier que le bien en question n'est pas expressément qualifié d'immeuble par les textes, avant d'envisager une qualification mobilière.

La voiture ne correspond à aucune catégorie d'immeuble, en revanche elle correspond à la catégorie des meubles par nature de l'article 528 en raison de sa mobilité.

Une voiture est donc un meuble par nature.

Il est cependant précisé dans l'énoncé qu'elle est utilisée par sa propriétaire pour la surveillance de son exploitation. Il faut envisager la qualification d'immeuble par destination de l'article 524 du Code civil. Plusieurs conditions doivent être réunies :

– il faut être en présence d'un meuble par nature et d'un immeuble par nature. En l'espèce, la voiture est bien un meuble par nature et l'exploitation céréalière est un fonds de terre immeuble par nature en vertu de l'article 518 du Code civil ;

– il faut une identité de propriétaire [6]. Le meuble et l'immeuble doivent appartenir à la même personne. C'est le cas en l'espèce ;

– le meuble par nature doit être attaché au service et à l'exploitation du fonds. Il doit être utile, nécessaire à l'exploitation de l'immeuble. C'est le cas ici la voiture servant à l'exploitation céréalière ;

5. Cass. 3e civ., 15 nov. 1989, *Bull. civ.* III, n° 213.
6. Cass. 3e civ., 5 mars 1980, *Bull. civ.* III, n° 51.

– le lien fonctionnel doit être la volonté du propriétaire [7]. C'est le cas ici.

Toutes les conditions étant remplies la voiture doit recevoir la qualification d'immeuble par destination.

6 – Il faut suivre ici le même raisonnement que dans le cas précédent. La voiture est un meuble par nature dont on peut envisager la qualification d'immeuble par destination.

Cependant ici, le lien fonctionnel nécessaire à cette qualification n'existe pas. La voiture n'étant pas affectée à l'exploitation, elle conserve sa qualification mobilière.

7 – L'article 516 du Code civil dispose que : « tous les biens sont meubles ou immeubles ». Il est alors nécessaire de déterminer la nature de chaque bien.

La catégorie des immeubles étant une catégorie fermée et celle des meubles étant ouverte, il convient de vérifier que le bien en question n'est pas expressément qualifié d'immeuble par les textes, avant d'envisager une qualification mobilière.

Les arbres doivent être rapprochés des fonds de terre et ainsi recevoir la qualification d'immeuble par nature de l'article 518 du Code civil. Cette analyse est confirmée par l'article 521 énonçant que « les coupes ordinaires des bois taillis ou de futaies mises en coupes réglées ne deviennent meubles qu'au fur et à mesure que les arbres sont abattus ».

Si les arbres sur pied sont des immeubles par nature et deviennent meubles une fois qu'ils sont coupés, qu'en est-il lorsque la coupe de bois est vendue avant d'avoir été effectuée ?

La jurisprudence a adopté la catégorie des meubles par anticipation. Elle permet de qualifier des immeubles de meubles, car ils sont appelés à le devenir.

Bien que toujours immeuble dans les faits, le bien sera juridiquement qualifié de meuble.

Cette qualification a été retenue dans diverses situations : les récoltes sur pied [8], les produits d'une carrière [9] et également dans le cas des coupes d'arbres [10].

Les arbres sur pieds vendus avant leur abattage reçoivent donc la qualification de meuble par anticipation.

8 – L'article 516 du Code civil dispose que « tous les biens sont meubles ou immeubles ». Il est alors nécessaire de déterminer la nature de chaque bien.

La catégorie des immeubles étant une catégorie fermée et celle des meubles étant ouverte, il convient de vérifier que le bien en question n'est pas expressément qualifié d'immeuble par les textes, avant d'envisager une qualification mobilière.

Le meuble de bibliothèque ne correspond à aucune catégorie d'immeuble, en revanche elle correspond à la catégorie des meubles par nature de l'article 528 en raison de sa mobilité.

Il est précisé dans l'énoncé que le meuble a été réalisé sur mesure et fixé au mur et l'on peut se demander s'il ne doit pas être qualifié d'immeuble par destination en raison de son attache à perpétuelle demeure (C. civ., art. 525). Il est nécessaire que plusieurs conditions soient remplies :

– il faut être en présence d'un meuble par nature et d'un immeuble par nature. En l'espèce, la bibliothèque est bien un meuble par nature et le mur l'élément d'un bâtiment, immeuble par nature en vertu de l'article 518 du Code civil ;

– il faut une identité de propriétaire [11]. C'est le cas en l'espèce ;

7. Cass. 1re civ., 3 juin 1958, *Bull. civ.* I, n° 283.
8. CA Montpellier, 23 juin 1927, *DH* 1927, p. 472.
9. Cass. 3e civ., 25 oct. 1983, *Bull civ.* III, n° 197.
10. Cass. com., 24 nov. 1981, *Bull. civ.* IV, n° 408.
11. Cass. 3e civ., 5 mars 1980, *Bull. civ.* III, n° 51.

– le meuble par nature doit être attaché à perpétuelle demeure à l'immeuble. C'est le cas ici. La bibliothèque a été réalisée aux mesures de la pièce dans laquelle elle est installée, fixée au mur et a vocation à y perdurer [12] ;

– l'attachement à perpétuelle demeure doit être la volonté du propriétaire [13]. On peut supposer que tel est le cas ici.

La bibliothèque peut alors recevoir la qualification d'immeuble par destination.

9 – L'article 516 du Code civil dispose que « tous les biens sont meubles ou immeubles ». Il est alors nécessaire de déterminer la nature de chaque bien.

La catégorie des immeubles étant une catégorie fermée et celle des meubles étant ouverte, il convient de vérifier que le bien en question n'est pas expressément qualifié d'immeuble par les textes, avant d'envisager une qualification mobilière.

Une machine ne correspond à aucune catégorie d'immeuble, en revanche elle correspond à la catégorie des meubles par nature de l'article 528 en raison de sa mobilité.

La machine est donc un meuble par nature.

Il est cependant précisé dans l'énoncé qu'il s'agit de la machine-outil d'une usine. Il faut alors envisager la qualification d'immeuble par destination de l'article 524 du Code civil. Plusieurs conditions doivent être réunies :

– il faut être en présence d'un meuble par nature et d'un immeuble par nature. En l'espèce la machine est bien un meuble par nature et l'usine est un bâtiment donc un immeuble par nature en vertu de l'article 518 du Code civil ;

– il faut une identité de propriétaire [14]. C'est le cas en l'espèce ;

– le meuble par nature doit être attaché au service et à l'exploitation du fonds. C'est le cas ici, la machine est utilisée pour l'exploitation de l'usine ;

– le lien fonctionnel doit être la volonté du propriétaire [15]. On peut considérer que c'est le cas.

Toutes les conditions étant remplies la machine-outil doit recevoir la qualification d'immeuble par destination.

On peut maintenant se demander quelle va être l'incidence de la vente sur la qualification de cette machine et particulièrement s'il est possible de la considérer, du fait de sa vente, comme un meuble par anticipation.

En cas de vente, on peut considérer que la volonté du propriétaire d'immobiliser le meuble par nature a cessé, c'est d'ailleurs la position qu'a adoptée la jurisprudence [16].

Il faut cependant préciser que la seule volonté de vendre et donc de séparer l'immeuble par destination de l'immeuble par nature ne suffit pas, il est nécessaire que la vente soit réalisée [17].

10 – Nous avons vu qu'un bâtiment est qualifié d'immeuble par nature en vertu de l'article 518 du Code civil. Qu'en est-il de ses ruines ?

Le cas est expressément prévu à l'article 532 du Code civil énonçant que : « les matériaux provenant de la démolition d'un édifice, ceux assemblés pour en construire un nouveau, sont meubles jusqu'à ce qu'ils soient employés par l'ouvrier dans une construction ».

---

12. Cass. 1re civ., 5 mars 1991, *Bull. civ.* I, n° 81.
13. Cass. 1re civ., 19 mars 1957, *Bull. civ.* I, n° 145.
14. Cass. 3e civ., 5 mars 1980, *Bull. civ.* III, n° 51.
15. Cass. 1re civ., 3 juin 1958, *Bull. civ.* I, n° 283.
16. Cass. 1re civ., 4 juin 1962, *Bull. civ.* I, n° 284.
17. Cass. 1re civ., 7 avr. 1998, *Bull. civ.* I, n° 143.

Ainsi, si un bâtiment est immeuble par nature, ses ruines sont meubles, mais cette qualification n'est que transitoire si elles sont utilisées à la construction d'un nouveau bâtiment.

2e Exercice : Cas pratiques

Géraldine Delavaquerie, ATER en droit privé à la Faculté de droit de Caen

Résolvez les cas pratiques suivants :

1 – Victor est artiste. Pour trouver les matériaux nécessaires à la création de ses œuvres, il arpente régulièrement les rues de la ville le jour des encombrants et récupère ce que les habitants ont déposé sur le trottoir.

Un soir, l'un des riverains, mécontent de voir ces objets emportés par quelqu'un d'autre qu'un employé municipal, prend Victor à parti et le traite de voleur.

Qu'en pensez-vous ?

2 – Francis, cuisinier, voit arriver sur sa propriété une colonie de lapins de garenne provenant du fonds voisin. Friand de gibier, il retrouve le fusil de son grand-père et profite du repos dominical pour faire un sort aux animaux.

Son voisin mécontent lui indique qu'il n'avait pas le droit de chasser sur son exploitation et qu'en plus il a tué des lapins qui ne lui appartenaient pas. Qu'en pensez-vous ?

Corrigé

1 – Question de fait : Victor peut-il récupérer les objets déposés aux encombrants ?

Question de droit : Victor se rend-il coupable de vol en récupérant des objets déposés aux encombrants ?

Réponse en droit :

Le Code pénal définit le vol comme la soustraction frauduleuse de la chose d'autrui [18], il est donc nécessaire que la chose objet du vol soit appropriée.

Si l'on peut considérer que les riverains avaient la propriété des biens déposés sur la voie publique, on ne peut pas pour autant conclure qu'il s'agissait de choses appropriées au moment auquel Victor les a prises.

En effet, en déposant leurs biens sur le trottoir les propriétaires ont renoncé à leur droit de propriété et ont transformé leurs biens, objets de propriété, en *res derelictae,* c'est-à-dire en une chose abandonnée qui n'est alors plus objet de propriété.

Il s'agit d'une possibilité offerte au propriétaire qui exerce alors l'*abusus* de manière juridique en renonçant à son droit.

Les « encombrants » étant ainsi qualifiés de *res derelictae,* ils sont alors des choses sans maître susceptibles d'appropriation par voie d'occupation, c'est-à-dire par leur emprise matérielle complétée de la volonté d'appropriation.

Victor n'a donc pas commis de vol car les choses en question étaient dénuées de propriétaire. En revanche, il a lui-même acquis la propriété de ces choses.

Réponse en fait : Victor peut tout à fait récupérer les objets déposés aux encombrants.

18. Article L. 311-1 du Code pénal : « Le vol est la soustraction frauduleuse de la chose d'autrui ».

2 – Question de fait : Francis pouvait-il chasser les lapins de garenne se trouvant sur sa propriété ?

Question de droit : à qui appartenaient les lapins de garenne en cause et Francis a-t-il le droit de chasser sur son fonds ?

Réponse en droit :

L'article 564 du Code civil énonce que : « les pigeons, lapins, poissons, qui passent dans un autre colombier, garenne ou plan d'eau visé aux articles L. 431-6 et L. 431-7 du Code de l'environnement appartiennent au propriétaire de ces objets, pourvu qu'ils n'y aient point été attirés par fraude et artifice ».

Deux conclusions peuvent être tirées de ce texte :

– les lapins appartiennent au propriétaire de la garenne dans laquelle ils vivent et s'ils quittent ce fonds pour s'installer dans un autre ils deviennent alors la propriété du propriétaire de ce second fonds, à moins qu'ils n'aient été attirés par fraude ;

– alors même que ces lapins de garenne sont du gibier, il ne s'agit pas pour autant de *res nullius*, c'est-à-dire de choses n'appartenant à personne, le Code civil organisant expressément leur appropriation.

Si ces lapins sont appropriés qui est leur propriétaire ? En l'espèce, rien ne semble indiquer que Francis ait attiré les lapins sur son fonds. Il en a acquis la propriété du seul fait de leur déplacement et de leur attachement à son fonds. C'est une des conséquences de l'accession prévue à l'article 551 du Code civil énonçant que « tout ce qui s'unit et s'incorpore à la chose appartient au propriétaire ».

Si Francis est devenu propriétaire des lapins par voie d'accession, avait-il pour autant la possibilité de les chasser [19] ?

Le Conseil constitutionnel [20] considère que le droit de chasse est une prérogative du propriétaire et se rattache au droit d'usage de son fonds.

Francis dispose donc, en tant que propriétaire, du droit de chasser sur son fonds.

Si le droit de chasser est une prérogative du propriétaire, il faut cependant compter avec l'article L. 432-1 aliéna 1er du Code l'environnement énonçant que « nul ne peut pratiquer la chasse s'il n'est titulaire et porteur d'un permis de chasser valable. »

Ainsi, si Francis est titulaire du droit de chasser sur son fonds en tant que propriétaire, il ne peut l'exercer, car il ne détient pas de permis de chasser.

Réponse en fait : Francis était propriétaire des lapins, mais il ne pouvait exercer son droit de les chasser.

3e Exercice : Commentaire de l'arrêt rendu par la première chambre civile le 20 février 2001 (*Bull. civ.* I, n° 42)

Lionel Miniato, Maître de conférences au Centre universitaire de formation et de recherche Jean-François Champollion (Albi)

Sur le moyen unique, pris en sa deuxième branche :

Vu l'article 10 de la Convention européenne de sauvegarde des droits de l'homme et des libertés fondamentales, ensemble les articles 9 et 16 du Code civil ;

19. Article L. 420-3, alinéa 1er du Code de l'environnement : « Constitue un acte de chasse tout acte volontaire lié à la recherche, à la poursuite ou à l'attente du gibier ayant pour but ou pour résultat la capture ou la mort de celui-ci ».

20. DC n° 2000-434 du 20 juill. 2000, *JORF*, 27 juill. 2000.

Attendu que la liberté de communication des informations autorise la publication d'images des personnes impliquées dans un événement, sous la seule réserve du respect de la dignité de la personne humaine ;

Attendu que pour juger illicite la publication, par l'hebdomadaire *Paris-Match*, d'une photographie représentant Mme X..., victime, lors de l'attentat survenu à Paris à la station Saint-Michel du RER, le 25 juillet 1995, l'arrêt attaqué retient que, si la liberté d'expression et les nécessités de l'information rendaient légitime le compte rendu de l'événement, la protection du droit à l'image de Mme X... commandait que la reproduction de sa photographie, prise sans son autorisation, ne permette pas son identification ;

Attendu qu'en se déterminant ainsi, alors qu'elle relevait que la photographie était dépourvue de recherche du sensationnel et de toute indécence et qu'ainsi, elle ne portait pas atteinte à la dignité de la personne représentée, la cour d'appel a violé les textes susvisés ;

PAR CES MOTIFS :

CASSE ET ANNULE dans toutes ses dispositions, l'arrêt rendu le 30 décembre 1998, entre les parties, par la cour d'appel de Paris ; remet, en conséquence, la cause et les parties dans l'état où elles se trouvaient avant ledit arrêt et, pour être fait droit, les renvoie devant la cour d'appel de Paris, autrement composée.

Conseils méthodologiques

Les fais qui ont donné lieu à l'arrêt de la première chambre civile de la Cour de cassation du 20 février 2001 sont relativement simples. *Paris-Match* publie la photographie de Mme X, victime d'un attentat. S'opposant à la publication de son image, elle assigne l'hebdomadaire en justice. On ne sait pas ce que les premiers juges ont décidé, puisqu'il n'est pas précisé si l'arrêt de la cour d'appel est confirmatif ou infirmatif. En revanche, et c'est là l'essentiel, on connaît le contenu de l'arrêt attaqué (comme dans tout arrêt de cassation) à travers le deuxième attendu figurant dans les motifs de la décision de la Cour de cassation : la cour d'appel de Paris a décidé de faire droit aux prétentions de Mme X, en se fondant sur la protection du droit à l'image de cette personne. Le demandeur au pourvoi est donc son adversaire, *Paris-Match*. L'arrêt n'énonce pas le moyen du pourvoi car ce dernier n'apparaît que dans un arrêt de rejet. Cependant, on peut aisément en imaginer la teneur : *Paris-Match* a dû faire valoir la liberté de la presse et son corollaire, le droit de publier sans entraves les images de personnes.

La question qui se pose en l'espèce est donc la suivante : faut-il privilégier le droit à l'image, ou bien doit-on faire primer la liberté de communication des informations dès lors que les personnes photographiées sont impliquées dans un événement ? La Cour de cassation doit ici trancher entre *deux intérêts contradictoires* et à première vue tout aussi légitimes : d'un côté le droit pour les personnes de s'opposer à la publication de leur image et, en cas de publication, celui d'obtenir réparation ; de l'autre le droit pour les organes de presse de publier des images de personnes sans leur consentement dans le but de rendre compte d'un événement de l'actualité. Si la Cour de cassation privilégie le droit – *subjectif* – des personnes, il en résultera une atteinte substantielle à la liberté – *publique* – de la presse. Si elle décide, au contraire, de faire pencher la balance du côté de la liberté de la presse, la protection des personnes sera fortement ébranlée.

La Cour de cassation répond alors dans ces termes : la liberté de communication des informations autorise la publication d'images des personnes impliquées dans un événement, sous la seule réserve qu'il n'y ait pas d'atteinte au respect de la dignité de la personne humaine. Cette affirmation figure dans le chapeau (premier attendu), lequel vient compléter les textes qui fondent la cassation, et dont l'existence permet d'en déduire que l'arrêt en question est un arrêt de principe. En l'espèce, dès lors que la photographie représentant Mme X était dépourvue de recherche du sensationnel et de toute indécence (ainsi que l'avaient relevé les juges du fond), il n'y avait pas violation du respect de la dignité de la personne humaine (troisième attendu). La solution de la Cour de cassation s'efforce donc de concilier au mieux les deux impératifs, puisque, même si elle accorde la primauté à la liberté de communication des informations, elle n'en oublie pas pour autant la protection des personnes, à travers le respect de la dignité.

La compréhension de l'arrêt semble évidente, mais une difficulté d'interprétation n'était pas à exclure. En effet, on aurait pu expliquer la censure par le fait que la violation du respect de la dignité de la personne humaine était, selon la Cour de cassation, une condition supplémentaire pour qu'il y ait une atteinte au droit à l'image. Autrement dit, que l'absence d'autorisation de Mme X et son identification ne suffisaient pas pour qu'il y ait violation du droit à l'image, et qu'il était nécessaire, en plus, que la photographie soit indécente ou pourvue de recherche du sensationnel.

Cette interprétation, cependant, aurait été erronée puisque les éléments justifiant d'une atteinte au droit à l'image étaient en l'espèce réunis (il fallait évidemment connaître le régime juridique du droit à l'image pour parvenir à cette conclusion). Certes, la Cour de cassation aurait très bien pu ajouter aux conditions déjà connues pour qu'il y ait une atteinte au droit à l'image, une nouvelle condition tenant à la violation du respect de la dignité de la personne humaine. Il n'en demeure pas moins qu'une lecture attentive du chapeau (essentielle pour la compréhension de l'arrêt et l'établissement du commentaire) permettait de lever toute ambiguïté quant au rôle assigné dans cet arrêt au respect de la dignité.

Tandis que la cour d'appel s'est certainement fondée sur l'absence de recherche du sensationnel et de toute indécence pour limiter le droit à réparation de Mme X (tout en admettant l'illicéité de la publication en raison de l'atteinte au droit à l'image), la Cour de cassation en tire les conséquences pour en conclure au respect de la dignité et à la licéité de la publication.

Cet arrêt pose donc le primat de la liberté de communication des informations sur le droit à l'image, contrairement à ce qu'avait décidé la cour d'appel. Ce qui amenait nécessairement à s'interroger sur les fondements de cette solution, puis sur ses conséquences (première partie). Dans un second temps, il convenait d'étudier les limites posées par la Cour de cassation à la liberté de communication des informations, qui tiennent au respect de la dignité de la personne humaine. Après avoir présenté la notion, il convenait ensuite, à partir des éléments figurant dans l'arrêt, de voir quels étaient les critères de l'atteinte à la dignité (seconde partie).

Proposition de corrigé

L'hebdomadaire *Paris-Match* publie une photographie représentant Mme X, victime, lors d'un attentat survenu à Paris à la station Saint-Michel du RER. Mme X, qui s'oppose à la publication sur le fondement de la protection de son droit à l'image, assigne l'hebdomadaire en justice. La cour d'appel relève que la liberté d'expression et les nécessités de l'information rendaient légitime le compte-rendu de l'événement. Elle n'en fait pas moins droit aux prétentions de Mme X, car la photographie, qui permettait son identification, avait été prise sans son autorisation. La question posée à la Cour de cassation, à la suite du pourvoi formé par *Paris-Match*, était donc de savoir si le droit à l'image interdit la publication de photographie de personnes qui sont impliquées dans un événement. La Cour de cassation, se fondant sur la liberté de communication des informations, déclare la licéité d'une telle publication, sous la seule réserve du principe de la dignité de la personne humaine qui, en l'espèce, avait été respecté. Elle casse donc l'arrêt rendu par la cour d'appel pour violation de la loi, au visa des articles 10 de la Convention européenne des droits de l'homme, et des articles 9 et 16 du Code civil. Dans cet arrêt de principe, la Cour de cassation fait ainsi primer la liberté de communication des informations sur le droit à l'image des personnes (Première partie : la primauté de la liberté de communication des informations sur le droit à l'image), tout en posant des limites à cette liberté, qui tiennent au respect de la dignité de la personne humaine (Seconde partie : les limites à la liberté de communication des informations).

I. La primauté de la liberté de communication des informations sur le droit à l'image

Il nous faut envisager d'abord le fondement à cette primauté (A), puis nous verrons ensuite quelles en sont les conséquences (B).

A. Fondement

Le respect de la hiérarchie formelle des normes semble être de prime abord le fondement à la primauté de la liberté de communication sur le droit à l'image. En effet, la Cour de cassation, dans le visa, fait notamment référence à l'article 10 de la Convention européenne des droits de l'homme qui énonce la liberté de communication, et à l'article 9 du Code civil qui prévoit le respect de la vie privée d'où est issu le droit à l'image. La Convention européenne des droits de l'homme étant une convention internationale (de valeur *supra* législative), et l'article 9 un texte issu de la loi du 17 juillet 1970 (de valeur législative), il est donc logique que la Cour de cassation fasse primer le premier texte sur le second. Néanmoins, ce fondement ne paraît guère avoir déterminé la solution car le droit à l'image (à travers le droit au respect de la vie privée) est également édicté par l'article 8 de la Convention européenne des droits de l'homme. De plus, le Conseil constitutionnel a fait du droit au respect de la vie privée un principe à valeur constitutionnelle (Cons. const., 23 juillet 1999), au même titre que la liberté de communication, prévue, quant à elle, à l'article 11 de la Déclaration des droits de l'homme et du citoyen de 1789. Si la Cour de cassation privilégie la liberté de communication des informations, ce n'est pas en raison de sa supériorité hiérarchique au sein de la pyramide des normes, mais c'est parce qu'elle est une liberté publique dont le bénéfice revient à l'ensemble de la collectivité, alors que le droit à l'image est un droit subjectif qui ne profite qu'à la personne qui a été photographiée. Il s'agit finalement de garantir la liberté de la presse, eu égard à son importance dans une société démocratique. On ne saurait donc, de ce fait, entraver cette liberté au motif que les personnes impliquées dans un événement voudraient s'opposer à la diffusion de leur image (ainsi, plus récemment, il a été jugé que le droit à l'image n'est pas violé si une veuve est photographiée sans son consentement aux obsèques de son mari, tué pendant son service, dès lors que l'image servait d'illustration à un article d'actualité consacré aux policiers victimes de violence : Cass. 1re civ., 7 mars 2006, *Bull. civ.* I, n° 140). D'ailleurs, la primauté de la liberté de la presse sur le droit à l'image ne s'applique pas uniquement à l'information concernant les *événements de l'actualité*, mais elle s'applique également, depuis un arrêt du 4 novembre 2004, à l'information ayant trait aux « *phénomènes de société* » (Cass. 2e civ., 4 novembre 2004, *Bull. civ.* II, n° 486 : licéité d'une photographie montrant une victime – mineure – ensanglantée à la suite d'un accident de scooter, et destinée à illustrer un reportage sur les accidents de la route).

B. Conséquences

Si l'on se réfère aux éléments habituellement retenus par la jurisprudence, on constate que le droit à l'image était en l'espèce violé, puisque d'une part Mme X n'avait pas consenti à se faire photographier, et d'autre part l'image qui a été publiée par *Paris-Match* permettait son identification (voir par exemple : Cass. 1re civ., 21 mars 2006, *Bull. civ.* I, n° 170). Cependant, la Cour de cassation, parce qu'elle considère que le droit à l'image ne doit pas l'emporter sur la liberté de communication des informations, ne tient pas compte de cette violation. Un organe de presse voulant relater un événement de l'actualité pourra ainsi diffuser la photographie de personnes sans demander leur autorisation et, à défaut, il ne sera pas nécessaire de brouiller leur image. La publication effectuée dans de telles conditions, au nom de la liberté d'expression et des nécessités de l'information, est donc parfaitement licite, et les personnes qui voudraient (comme en l'espèce) s'opposer à la diffusion de leur image et obtenir réparation de leur préjudice, ne pourront guère obtenir gain de cause. Il n'en reste pas moins qu'une liberté absolue de l'information et de diffusion d'images ne peut être admise, car des abus sont toujours possibles. Il convient en conséquence d'encadrer cette liberté par un autre principe, celui du respect de la dignité de la personne humaine.

II. Les limites à la liberté de communication des informations

Les limites à la liberté de communication des informations et à la diffusion d'images résultent du respect de la dignité de la personne humaine (A), définis à partir de certains critères (B).

A. Le respect de la dignité de la personne humaine

Le respect de la dignité de la personne humaine est un principe de droit naturel que viennent consacrer diverses sources du droit positif. D'abord énoncé par la jurisprudence, ce principe est désormais défini par l'article 16 du Code civil auquel se réfère la Cour de cassation dans le visa. Il est par ailleurs prévu à l'article 1er de la Charte des droits fondamentaux de l'Union européenne, et il est en outre un principe doté d'une valeur constitutionnelle, depuis une décision du Conseil constitutionnel du 27 juillet 1994. Le respect de la dignité de la personne humaine apparaît comme le principe qui vient justifier la supériorité accordée à la liberté de communication des informations sur le droit à l'image. Il doit être vu comme un principe correcteur et non comme une entrave à cette liberté, comme aurait pu l'être le droit à l'image si l'on avait fait primer ce droit. Il n'est donc pas destiné à empêcher l'exercice de la liberté de communication des informations, mais il a simplement pour but d'encadrer cette liberté, en protégeant les personnes d'éventuels excès. Cette possibilité de restreindre la liberté de communication des informations est d'ailleurs prévue par l'alinéa 2 de l'article 10 de la Convention européenne des droits de l'homme, qui énonce que l'exercice de cette liberté peut être soumise à certaines restrictions, lesquelles constituent des mesures nécessaires « *à la protection de la réputation ou des droits d'autrui* ». Il reste à savoir dans quels cas la jurisprudence pourrait considérer qu'une image d'une personne impliquée dans un événement est constitutive d'une atteinte au respect de la dignité.

B. Les critères retenus

Dans le troisième attendu, il est affirmé que la cour d'appel avait relevé que la photographie représentant Mme X était dépourvue de recherche du sensationnel et de toute indécence, et qu'ainsi, selon la Cour de cassation, elle ne portait pas atteinte à la dignité de la personne. Par un raisonnement *a contrario*, on peut donc en déduire que toutes les fois où l'image présentera l'un ou l'autre de ces caractères, il y aura atteinte à la dignité. À cet égard, on peut faire référence à un arrêt précédent rendu par la Cour de cassation dans « l'affaire Érignac » (Cass. 1re civ., 20 déc. 2000, *Bull. civ.* I, n° 341). En l'espèce, les juges avaient conclu à une atteinte à la dignité car la photographie représentait le corps et le visage d'un Préfet assassiné gisant sur la chaussée. La Cour de cassation n'avait pas affirmé de façon aussi solennelle que dans l'arrêt du 20 février 2001 le primat de la liberté d'information sur le droit à l'image, dans la mesure où ce droit disparaît avec la personne de son titulaire (v. récemment : Cass. 1re civ., 15 févr. 2005, *Bull. civ.* I, n° 86). Elle s'était pourtant fondée sur l'atteinte à la dignité de la personne du Préfet, et non sur l'atteinte à l'intimité de la vie privée qui était invoquée par la famille. Incidemment, on peut donc en conclure que le respect de la dignité de la personne humaine ne profite pas simplement aux personnes vivantes, mais qu'il peut également bénéficier aux personnes décédées par le biais de l'action en justice qui serait intentée par les ayants cause.

AUTRES PLANS POSSIBLES

Plan n° 1 :

La Cour de cassation ne retient pas l'atteinte au droit à l'image de Mme X, alors que les éléments pouvant justifier de l'atteinte étaient réunis. Cette absence de prise en compte de l'atteinte au droit à l'image se fonde sur la primauté accordée à la liberté de communication des informations (I). Par ailleurs, la Cour de cassation conclut à une absence d'atteinte au respect de la dignité de la personne humaine car la photographie, en l'espèce, était dépourvue de recherche du sensationnel et de toute indécence. Il en résulte la licéité de la publication de l'image représentant Mme X (II).

I. L'absence de prise en compte de l'atteinte au droit à l'image
A. Les éléments caractérisant l'atteinte
B. La primauté accordée à la liberté de communication des informations
II. L'absence de violation du respect de la dignité de la personne humaine
A. Justifications : l'absence de recherche du sensationnel et de toute indécence
B. Conséquences : la licéité de la publication

Plan n° 2 :

La Cour de cassation avait en l'espèce un conflit à résoudre entre le droit à l'image des personnes et la liberté de communication des informations (I). Primauté a été accordée à la seconde (II), sans toutefois lui accorder un caractère absolu puisque l'exercice de cette liberté doit se faire dans le respect de la dignité de la personne humaine (III).

I. Le conflit entre le droit à l'image et la liberté de communication des informations
II. La primauté accordée à la liberté de communication des informations
III. Les limites apportées à la liberté de communication

4e Exercice : Commentaire de l'article 16-1 du Code civil

Emmanuel Tricoire, Maître de conférences à l'Université des Sciences sociales de Toulouse

Conseils méthodologiques

Les deux principales erreurs à éviter dans l'élaboration de ce commentaire sont l'angélisme et la dissertation philosophique. Il ne s'agit en effet ni de faire un devoir démontrant le caractère absolument sacré du corps humain, ni de mener une réflexion sur la dignité de la personne humaine.

L'article 16-1 est avant tout un article proclamatoire dont la portée pratique est relative. Ce serait donc une grave erreur que de tenter de montrer qu'il pose un principe dont notre droit puisse exiger un respect absolu. Il convient de construire un devoir qui mette en exergue tant le caractère fondamental de l'énoncé du principe que les nécessaires atténuations dont il fait l'objet. Expliquer ces atténuations et les justifier en montrant bien qu'elles sont inhérentes à la nature du texte.

La seconde erreur à ne pas commettre est celle de transformer le sujet en une dissertation. Il s'agit de décrire une réalité, non de s'interroger la nature de la personne humaine ou sur sa considération par le droit. C'est l'article 16 du Code qui contient les éléments d'une telle réflexion. Il y est question de la dignité et de la primauté de personne : le sujet n'est pas pour autant « la dignité de la personne humaine ». L'article 16-1, s'il est une application de l'article 16, est un article à vocation pratique. Il convient donc de faire référence au caractère essentiel de la personne sans s'interroger sur sa nature.

L'articulation du caractère symbolique de l'article et de son aspect pratique doit se faire en étudiant les finalités du texte. Il convient de décrire ce que le texte prescrit, ce qu'il prohibe, mais aussi ce qu'il autorise. Dans ce cadre, il est inutile de procéder au recensement de tous les actes pouvant porter sur le corps. Une telle liste serait fort peu utile à la compréhension de l'article et en tout état de cause ne pourrait être exhaustive. Il faut préférer expliquer pourquoi il est irréaliste de prohiber tous les actes portant sur le corps humain et donner des exemples d'actes utiles.

En définitive, le commentaire de l'article 16-1 du Code civil est un exercice très abordable si l'on prend garde à rester dans le domaine de la discussion juridique. Il faut alors s'attacher à la clarté de la forme en veillant à ne pas submerger son devoir d'exemples. La matière est dense, il faut prendre garde à la simplifier pour la rendre compréhensible.

Dans cette perspective, l'élaboration du plan d'un commentaire de l'article 16-1 du Code civil pose une difficulté de méthode. Il convient de faire un choix entre une *étude exégétique* de l'article et une *approche analytique*. La première approche conduira à l'adoption d'un plan en trois parties, auquel on sait que les étudiants ont parfois du mal à adhérer principalement en raison d'une peur de l'inconnu ou de l'originalité. La seconde approche, plus classiquement, offrira la possibilité de développer un plan en deux parties articulées autour du caractère sacré du corps et de son impécuniosité. Le choix entre ces deux approches ne doit pas être arbitraire. En matière de commentaire de texte il s'agit de savoir quelle problématique permet de mettre en évidence de la façon la plus claire la portée du texte tel qu'il a été conçu par le législateur.

Proposition de corrigé

Composé de trois alinéas d'une grande clarté, l'article 16-1 du Code civil est un des textes fondamentaux de la législation contemporaine. Adopté à l'occasion de la loi du 29 juillet 1994, première loi de bioéthique (en cours de révision en 2004) il est un mélange de considérations morales et juridiques et contribue tant à l'énoncé d'une règle de principe qu'à la formulation d'une règle de droit. « *Chacun a droit au respect de son corps. Le corps humain est inviolable. Le corps humain, ses éléments et ses produits ne peuvent faire l'objet d'un droit patrimonial* ».

Dans un premier élan, la lecture de ce texte donne l'impression de l'énoncé d'un tabou. Le mot « inviolable » inspire irrésistiblement l'idée d'un interdit. L'article formule le caractère sacré du corps humain. Il ne pose pas une limite, il définit un interdit. Il prohibe comme intolérable tout acte portant sur le corps. La règle, évidente dans son énoncé, est antérieure à la rédaction de l'article. Jusqu'à la loi de 1994, les juristes se référaient à un adage, tiré de la Bible, « *Noli me tangere* ». Il provient de l'évangile selon Saint Jean (XX, 17). *Noli me tangere* – Ne me touche pas, est une parole de Jésus qui, après la Résurrection, interdit à Marie Madeleine de toucher son corps. D'un point de vue théologique, l'adage à un sens très éloigné de celui que lui ont conféré les juristes. Il est l'un des textes fondamentaux de la révélation, de la croyance abstraite, de la foi (la foi, par principe, est insusceptible de démonstration). Il est aussi un texte dont le sens même varie selon les traductions. Le texte grec original pourrait être traduit par *ne me retiens pas*, ce que Jésus explique en disant « *car je ne suis pas encore monté vers le Père* ». Son interprétation (totalement détaché de son contexte) en tant qu'adage de droit est relativement récente. Comme de nombreux adages latins, il ne provient pas du droit romain mais s'est insinué peu à peu, à partir du XIXe siècle, dans l'ordonnancement juridique.

Noli me tangere, est devenu une règle de droit au fur et à mesure que les progrès de la science ont permis de disposer du vivant, d'utiliser le corps humain comme un instrument scientifique.

Les juristes, comme en réaction, ont alors imaginé cette règle de droit, posant un interdit, pour limiter, encadrer les progrès de la science. C'est une des caractéristiques du droit de la bioéthique. Il se développe et se précise en parallèle au développement de la science. La réflexion juridique suit les avancées de la technique de sorte qu'il existe comme une ambiguïté profonde dans ces règles qui paraissent évidentes mais dénuées de toute portée.

L'article 16-1 du Code civil n'échappe pas à cette incohérence. Dire que le corps humain est inviolable, que ses éléments et produits ne peuvent faire l'objet d'un droit patrimonial, alors que l'on sait que chaque jour des éléments ou des produits du corps tels que le sang ou les gamètes sont utilisés par la médecine relève parfois de l'aveuglement.

C'est que l'article 16-1 du Code civil relève parfois davantage du symbole que de la règle de droit. Il s'agit de prohiber les dérives sans freiner l'avancée de la science, de condamner les savants fous tout en permettant également aux laboratoires et aux chercheurs de travailler. La démarche est louable mais comme l'a noté le Doyen Carbonnier, « *Entre les laboratoires, les moralistes, les politiques, le bon peuple se demandera peut-être quels peuvent être les ressorts et les enjeux cachés de l'entreprise* » (*Les personnes*, n° 8).

Reste le texte. Trois affirmations claires qui *d'une part* affirment un droit subjectif au respect de son corps, *d'autre part* mettent en exergue le caractère inviolable du corps humain et *enfin* interdisent la constitution d'un droit pécuniaire sur le corps.

Toutefois, l'adoption d'une méthode exégétique peut paraître artificielle. En effet, il ne s'agit pas tant de l'affirmation de trois principes distincts que de l'énoncé d'un principe fondamental – le droit au respect du corps – porté par deux règles, l'inviolabilité et l'inaptitude à faire l'objet d'un droit patrimonial.

Nous étudierons donc chacun de ces deux aspects dans la perspective du caractère sacré du corps humain.

I. Le corps humain est inviolable

Dire que le corps humain est inviolable signifie qu'il n'est pas possible d'y porter atteinte que ce soit avec ou sans le consentement de la personne. Il ne s'agit pas seulement de la prohibition d'une contrainte comme pourrait le laisser entendre l'idée de viol. La personne elle-même ne peut porter atteinte à son propre corps. C'est l'idée de respect qui prédomine ici (A). Or ce respect n'a pas seulement pour objet de protéger la personne. À travers le respect du corps se dessine également le respect de l'homme, source et finalité du droit, élément indissociable de l'espèce humaine : cela fixe les limites du principe (B).

A. Le principe

Le principe d'inviolabilité du corps est l'application, au corps de la personne, de la notion de dignité de la personne humaine. Il existe sur chacun de nous ce que Madame Labrusse-Riou dénommait il y a quelques années une « servitude d'humanité » dont chacun de nous ne peut se défaire, à laquelle il n'est pas possible de renoncer.

Ce caractère universel de l'inviolabilité du corps est symbolisé par le fait qu'il touche aussi bien le corps de la personne vivante que le corps du cadavre. Les atteintes injustifiées au corps d'un défunt vont ainsi être sanctionnées, soit civilement soit pénalement.

Tout corps, parce qu'il représente un élément de l'humanité, est inviolable. Il ne peut y avoir d'acte licite portant atteinte ou contraignant un corps humain.

Là encore, il convient de relativiser la portée du principe énoncé. Chacun sait bien qu'il existe de nombreux actes qui portent atteinte au corps et qui pourtant ne sont pas sanctionnés juridiquement. C'est que la règle de l'article 16-1 du Code civil relève d'abord de l'ordre du symbole. Il s'agit d'une règle de droit idéelle qu'il est nécessaire de pondérer pour la mettre en phase avec la réalité de la nature humaine et les nécessités de la science.

B. Les limites

La première exception à noter au caractère inviolable du corps humain est l'absence de sanction juridique du suicide ou de l'automutilation. Les raisons de cette absence de sanction sont nombreuses, qu'il s'agisse de la confusion de la personne auteur de l'acte et de la victime ou qu'il s'agisse du fait que l'acte de se suicider n'est pas un acte juridique et qu'il ne rentre pas ainsi dans le domaine de l'interdiction, il n'en reste pas moins que ce geste terrible reste la démonstration la plus flagrante de l'impuissance du droit à légiférer dans ces matières sans faire preuve d'une certaine artificialité.

La deuxième exception est également évidente. Il s'agit des actes portant atteinte au corps humain pour des raisons médicales ou scientifiques. Là, l'intérêt de l'exception n'est pas à démontrer. Soigner, guérir, sauver la personne, justifie que l'on puisse porter atteinte à son corps. Il n'en reste pas moins que sur cette matière, l'article 16-1 du Code civil, comme l'ensemble des dispositions de bioéthique doit servir de guide en permettant de tracer la frontière du licite et de l'illicite.

De façon générale, il doit être précisé que les atteintes justifiées par un intérêt médical ne peuvent être opérées sans le consentement de la personne. C'est ce que précise l'article 16-3 du Code. Le texte, dans sa rédaction initiale, faisait référence à un intérêt thérapeutique pour la personne. Il a été modifié par la loi du 27 juillet 1999. Le terme « thérapeutique » faisant directement référence aux conséquences curatives de l'acte pour le patient, il lui a été préféré le terme « médical » qui permet d'élargir le domaine des actes considérés comme licites.

Si l'acte n'a pas directement d'intérêt curatif pour la personne, il peut être considéré comme licite, dans la mesure où il a un caractère médical. Tel est par exemple le cas en matière d'expérimentations cliniques pratiquées sur les patients. Là cependant, outre l'exigence d'un consentement particulièrement éclairé, il est rappelé à l'article 16-6 le second principe essentiel du respect du corps humain : le patient ou le cobaye ne peut recevoir aucune rémunération. Cette prohibition est en principe absolue dans la mesure où « le corps humain, ses éléments et ses produits ne peuvent faire l'objet d'un droit patrimonial ».

II. Le corps humain ne peut faire l'objet d'un droit patrimonial

Le dernier alinéa de l'article 16-1 du Code civil, même mis en perspective avec le principe fondamental du droit au respect du corps, doit faire l'objet de précisions terminologiques tant il est lui aussi porté par une profonde ambiguïté. L'article prohibe la constitution d'un droit patrimonial sur le corps. Cela signifie en premier lieu et dans l'intention du législateur, qu'il ne peut être tiré du corps humain ou de ses produits un profit pécuniaire (A). L'affirmation est louable et elle est, dans une large mesure, conforme à la réalité. Les dons de sang, d'organes, de gamètes, ou d'autres éléments du corps, ne peuvent donner lieu à une rémunération. Il n'en reste pas moins que si la personne, auteur de ces dons, intervient de façon gracieuse, les produits du don, une fois extraits de la personne, deviennent des objets de droits patrimoniaux. Les établissements qui récoltent du sang par exemple, vendent les produits qu'ils en tirent aux établissements hospitaliers ou de santé (B).

A. Le principe

D'un point de vue strictement juridique, il faut alors estimer que l'affirmation du caractère extra-patrimonial du corps se vide de toute substance. C'est que là encore, il convient d'appréhender l'article 16-1, alinéa 3 dans son acception symbolique plus que dans l'optique d'une analyse juridique rigoureuse.

Le troisième alinéa de l'article 16-1 du Code civil a pour fonction d'interdire que la personne face commerce de son corps. Pour des raisons humaines parfaitement compréhensibles, le législateur a souhaité empêcher qu'une personne puisse faire du don de son corps, de ses organes ou de ses éléments, un moyen de subsistance. La situation inhumaine dans laquelle se trouverait une personne contrainte de vendre son corps pour vivre a ainsi été parfaitement prohibée et les organismes qui ont pour mission de recueillir des dons de produits du corps humain, opèrent un contrôle très précis de ce fait.

Il n'en reste pas moins là encore, qu'envisagé sous l'angle de la stricte logique juridique, l'affirmation est dénuée de sens ou tout du moins de portée. Nombre de personnes humaines font du commerce de leur corps un moyen de subsistance. On songe bien sûr à la prostitution qui n'est pas en elle-même une activité prohibée mais qui convenons-en, n'est pas non plus regardée avec une bienveillance telle qu'elle puisse remettre en cause l'énoncé du principe.

B. Les limites

La véritable exception à ce principe est en réalité bien plus commune et bien plus générale. Il s'agit de la possibilité pour chaque personne de faire commerce de son corps au travers de son travail. En effet, tout travail, et plus spécifiquement mais pas uniquement, tout travail manuel, est un moyen de tirer de son corps un moyen de subsistance. D'un point de vue juridique, on évoque la notion de force de travail, notion mise en avant d'un point de vue philosophique par la doctrine marxiste, qui est juridiquement l'élément du corps humain que l'employé met à la disposition de l'employeur dans le cadre du contrat de travail.

Un tel contrat est d'évidence un contrat licite. Il n'est pas possible de considérer qu'il est un contrat pouvant porter atteinte au corps humain. Il n'en est pas moins évident que le corps de la personne est incontestablement pris dans le rapport contractuel.

En réalité, cette exception, comme l'exception au deuxième alinéa fondée sur la nécessité médicale, est d'une ampleur trop conséquente pour pouvoir considérer que l'article 16-1 du Code civil pose une véritable règle de droit générale et absolue.

Il convient alors de restituer à ce texte sa véritable portée. Texte fondamental s'il en est tant les principes dont il est l'expression sont nécessaires à la sauvegarde de la dignité de la personne humaine et tant ils sont consubstantiels à toute société civilisée, l'article 16-1 du Code civil est principalement un texte proclamatoire et symbolique. Presque inconciliable avec la réalité des rapports humains et de la vie en société, il reste un guide et reste l'expression d'une vérité fondamentale : la personne humaine, même considérée charnellement en son corps, ne peut être un objet de droit comme les autres.

Dans notre droit, la personne humaine est sacrée, son corps est donc inviolable, insusceptible de faire l'objet d'un droit patrimonial car il doit être respecté. Cela est peut-être une utopie, mais c'est une utopie qu'il est nécessaire de quérir.

CHAPITRE 7
Le patrimoine : les droits patrimoniaux et les droits extrapatrimoniaux

---

Exercice : Commentaire de texte : C. Aubry et C. Rau, *Cours de droit civil français*, d'après la méthode de Zachariæ, tome IX, 1917, par E. Bartin, § 573 : « Notion du patrimoine »

Jérôme Julien, Professeur à l'Université Toulouse I Capitole

Le patrimoine est l'ensemble des biens d'une personne, envisagé comme formant une universalité de droit.

1/ L'idée du patrimoine se déduit directement de celle de la personnalité. Quelle que soit la variété des objets sur lesquels l'homme peut avoir des droits à exercer, quelle que soit la diversité de leur nature constitutive, ces objets, en tant que formant la matière des droits d'une personne déterminée, n'en sont pas moins soumis au libre arbitre d'une seule et même volonté, à l'action d'un seul et même pouvoir juridique ; ils constituent, par cela même, un tout juridique *(universum jus)*.

Le patrimoine étant de nature purement intellectuelle, les éléments dont il se compose doivent revêtir le même caractère. Les objets extérieurs sur lesquels portent les droits d'une personne, ne forment point des parties intégrantes de son patrimoine, en eux-mêmes et sous le rapport de leur nature constitutive, mais à titre de biens, et sous le rapport de l'utilité qu'ils sont susceptibles de procurer. En cette qualité, ces objets se ramènent tous à l'idée commune d'une valeur pécuniaire.

2/ En pure théorie, le patrimoine comprend tous les biens indistinctement, et notamment les biens innés, et les biens à venir.

Le droit français s'est conformé à cette théorie, en ce qui concerne les biens à venir, qui, ainsi que cela ressort nettement des articles 1270, 2092, 2122 et 2123, sont regardés comme virtuellement compris dans le patrimoine, dès avant que de fait ils y soient entrés.

Mais il s'en est écarté en ce qui touche les biens innés. Tout en considérant comme des parties intégrantes du patrimoine, les actions auxquelles peuvent donner ouverture les lésions causées à de pareils biens, notre Droit n'y comprend cependant pas ces biens eux-mêmes, tant qu'ils n'ont pas éprouvé quelque lésion.

Il y a mieux : les droits de puissance envisagés comme tels, et indépendamment des avantages pécuniaires qui peuvent y être attachés, ne sont pas non plus, d'après notre Code, à regarder comme faisant partie du patrimoine.

3/ Le patrimoine, considéré comme ensemble de biens ou de valeurs pécuniaires, exprime lui-même, en définitive, l'idée d'une pareille valeur. Pour en déterminer la consistance, il faut, de toute nécessité, déduire le passif de l'actif. La circonstance, toutefois, que le passif surpasserait l'actif ne ferait pas disparaître l'existence du patrimoine, qui comprend les dettes comme il comprend les biens.

4/ Le patrimoine étant une émanation de la personnalité, et l'expression de la puissance juridique dont une personne se trouve investie comme telle, il en résulte :

– que les personnes physiques ou morales peuvent seules avoir un patrimoine ;

– que toute personne a nécessairement un patrimoine, alors même qu'elle ne posséderait actuellement aucun bien ;

– que la même personne ne peut avoir qu'un seul patrimoine, dans le sens propre du mot.

Conseils méthodologiques

Le commentaire de texte doctrinal, comme ce passage d'Aubry et Rau, recèle un certain nombre de difficultés, les unes tenant à l'exercice lui-même, et les autres au sujet traité.

DIFFICULTÉS PROPRES À L'EXERCICE

Il convient tout d'abord de préciser ce que *n'est pas* un commentaire de texte, puis ce qu'il *est*. La grande difficulté tient à ce que l'étudiant dispose d'un support écrit qui peut être important, comme c'est le cas en l'espèce. La tentation de la paraphrase est alors grande ; elle doit cependant être évitée. Le but de l'exercice n'est pas, en effet, de reprendre le texte pour le présenter littéralement, quand il ne s'agit pas purement et simplement de le réécrire (et généralement moins bien…). Bien entendu, il est indispensable de restaurer le contenu du texte, mais en y incorporant un véritable commentaire, c'est-à-dire en éclairant ce qui doit l'être, en expliquant la pensée de l'auteur et en la confrontant au droit positif. De la même façon, il ne s'agit pas de faire une dissertation sur la théorie du patrimoine, même si, en l'espèce, l'exercice peut s'en rapprocher. Il s'agit de faire un véritable *commentaire de texte*. Cela impose de partir du texte, et de décomposer sa structure. Le fil conducteur doit être donné par le texte, et non par l'idée que peut s'en faire l'étudiant. Dès lors, la composition du devoir doit retranscrire l'architecture du texte commenté. Cependant, il convient de ne pas s'arrêter à cette étape ; en effet, le texte donne la structure, mais il s'agit avant tout de le commenter ! Il en résulte que le commentaire de texte est semblable à… une promenade en forêt. La règle d'or est de toujours suivre le sentier, même s'il convient de temps en temps de s'en détourner pour contempler tel ou tel point de vue…

Point de départ et point d'arrivée, le commentaire doit permettre, *à partir du texte*, de l'expliquer puis d'en montrer toutes les nuances, toutes les implications, quitte à s'aventurer sur d'autres domaines. Une idée en appelle toujours une autre et les digressions sur tel ou tel point sont les bienvenues. L'essentiel est de toujours en revenir au texte. Ainsi, la progression se fait au fil du texte, en expliquant, en illustrant, en critiquant au fur et à mesure. L'exercice est alors rigoureux. Le cadre est imposé mais à l'intérieur les figures sont libres. Dès lors, la structure du raisonnement pourrait suivre le cheminement suivant : idée présente dans le texte ; définition et explication de cette idée ; illustrations en jurisprudence (si besoin) ; appréciation doctrinale et critique ; nouvelle idée du texte…

DIFFICULTÉS PROPRES AU SUJET

Indépendamment des difficultés liées à l'exercice, le présent texte présente quelques écueils, d'inégale importance, que l'étudiant prendra soin d'éviter. La principale est relative à la date du texte. La théorie d'Aubry et Rau remonte au XIXe siècle alors que l'édition commentée remonte à 1937. Cependant, le commentaire est *actuel.* Cela signifie très clairement que l'étudiant doit apprécier les idées présentées au regard du droit positif : commenter un texte de 1937 en 2008 ! Le devoir n'est pas une composition d'histoire du droit, fût-il de droit civil. Il est précisément fondamental de replacer le texte dans le droit contemporain, pour en montrer la permanence, ou bien les insuffisances. L'étudiant prendra donc soin de le confronter avec la jurisprudence et/ou la législation actuelle, afin d'en tirer des enseignements (le texte est toujours d'actualité ; il est dépassé ; il mérite d'être amendé ou modernisé…). Il faut en effet montrer toute l'actualité du sujet, afin d'intéresser le lecteur au commentaire. Il s'agit donc de présenter l'analyse d'un juriste contemporain sur un texte ancien, et de le replacer dans les grands thèmes du droit civil, et du droit privé en général.

Bien entendu, le sujet est ici complexe : la théorie du patrimoine est essentielle et elle touche à tous les droits. Commenter ce texte fait assurément appel à des connaissances qu'un étudiant de première année ne peut encore avoir. Pas de panique ! Ce qui importe, c'est la démarche de commentaire plus que le commentaire lui-même : il est évident qu'il ne sera pas exigé d'avoir des connaissances de droit des affaires, alors que cette matière n'est pas encore étudiée. En revanche, l'étudiant doit être capable de comprendre un texte et d'en dégager la structure. Plus qu'apprendre, on demande à un étudiant de première année (et même au-delà) *d'apprendre à apprendre.* Le commentaire de texte doit révéler la structure de l'esprit et non pas des connaissances livresques : il n'est cependant pas interdit d'en avoir…

Vient ensuite la phase de construction du devoir. Il faut partir du texte, pour en tirer deux ou trois idées essentielles. Il n'est pas, en revanche, indispensable de commenter l'intégralité du texte, au mot à mot, surtout s'il est long. Le but de l'exercice est bien d'en montrer toute la valeur, quitte à passer sur des considérations mineures. La mise en valeur du document passe immanquablement par une synthèse de ses idées-force. À ce titre, le présent texte est trompeur car il comporte une structure interne visible avec un découpage en 4 points. Il n'est pas question ici de faire 4 parties. Cependant, pour d'autres textes, il n'est pas interdit de suivre pas à pas la structure apparente, si elle présente 2 ou 3 points, à condition que cela se justifie. Si tel n'est pas le cas, il faut « déstructurer » le document pour le reconstruire. Revenons à Aubry et Rau ; la conclusion est très intéressante car elle présente trois principes que les auteurs pensent être – à juste titre – essentiels : seule une personne a un patrimoine ; toute personne a un patrimoine ; la personne n'a qu'un patrimoine. Il peut alors être tentant de faire un plan suivant ce schéma. Il sera pourtant ici évité, dans la mesure où il laisserait de côté toute la première partie du texte.

Si l'étudiant décompose la structure du texte entier, en quelques idées, cela donne :

– une définition du patrimoine (1)
– le patrimoine se déduit de la personnalité (2)
– peu importent la diversité des objets et leur nature (3)
– les biens sont soumis au libre arbitre de la personne (4)
– le patrimoine est composé d'objets intellectuels (5)
– le patrimoine comporte tous les biens, présents et à venir (6)

– il comprend un actif et un passif mais un passif supérieur à l'actif ne le fait pas disparaître (7)

– le patrimoine est l'émanation d'une personne (8)

– la conclusion finale (9)

Avec ces éléments de base et de réflexion, il convient de bâtir un plan. En les regroupant par affinité, deux idées se dégagent alors inévitablement : un aspect matériel avec ce que comporte le patrimoine (points 3, 5, 6 et 7) et un aspect intellectuel avec le lien qui est fait avec la personne (points 2, 4, 8 et 9). Les deux axes du développement sont alors trouvés.

L'essentiel est que le plan doit être dégagé à partir des éléments du texte et non de l'idée préconçue que l'on s'en fait : *le plan est dans le texte, il suffit de le dégager !*

La même méthode sera suivie pour les sous-parties, qui se dégageront assez facilement. Les sous-parties, peut-être plus que les parties, peuvent révéler la personnalité du commentateur (*cf.* les sous-parties de la seconde partie) : peu importe (mais il ne faut pas d'excès) dès lors que la structure générale est posée à partir du texte. Le fil conducteur est imposé par l'auteur du texte, mais le commentaire est l'œuvre de l'étudiant, qui peut ne pas être d'accord. L'esprit critique est le signe distinctif du juriste à condition de toujours argumenter ses positions.

Une dernière série de précisions s'impose à propos de l'introduction. Dans un commentaire de texte, une structure peut être conseillée (même si les règles ne sont pas figées) : texte ; contexte ; retour au texte. Explications : *texte.* C'est bien sûr le point de départ et la définition initiale permet d'ouvrir le devoir. *Contexte :* replacer le texte dans son environnement. Au sens strict, le contexte est le texte qui se trouve autour. Plus largement, l'étudiant montrera l'intérêt et l'actualité du sujet. Il s'agit de mettre le texte en valeur, surtout lorsqu'il est ancien, comme ici. À cet égard, il faut sans doute dire quelques mots des auteurs, surtout lorsqu'ils sont célèbres. L'étudiant pourra utilement se reporter à l'ouvrage de M. le Professeur Ph. Malaurie, *Anthologie de la pensée juridique*, aux éditions Cujas, dans lequel il puisera des éléments importants. *Retour au texte :* après la digression, on revient sur le sentier (c'est toujours la même méthode), pour dégager les idées-force qui permettront d'annoncer le plan. Si la structure est simple, le plan sera simple ! Si elle est complexe, il faudra la simplifier pour qu'elle soit immédiatement perceptible pour le lecteur !

Enfin, tout au long du devoir, l'étudiant pourra faire des – courtes – incursions dans d'autres domaines, ou rattacher les développements à des « problématiques » plus générales. Ainsi, le présent texte offre un saisissant exemple de l'influence de la doctrine sur le droit. En dire quelques mots montrera que l'auteur du commentaire sait replacer une réflexion parfois technique dans une vision plus générale du droit (voir, notamment, le chapitre 4 sur les autres sources du droit, spécialement sur la doctrine). Il ne reste plus alors qu'à rédiger le commentaire avec ses connaissances… Et le tour est joué !

Proposition de corrigé

« *Le patrimoine est l'ensemble des biens d'une personne, envisagé comme formant une universalité de droit* ». C'est par cette définition que débute l'analyse de la notion de patrimoine, faite par Aubry et Rau à la fin du XIXe siècle dans leur *Cours de droit civil français*, et qui forme encore aujourd'hui l'assise de la théorie française du patrimoine. Celle-ci est fondamentale pour le juriste, à plus d'un titre. Le patrimoine est au cœur de l'analyse juridique de droit privé. En ce sens, elle transcende les clivages traditionnels entre les différentes matières, certes indispensables pédagogiquement, mais néanmoins en grande partie artificiels. Ainsi, pour s'intéresser au patrimoine, il est non seulement nécessaire d'examiner le droit civil, mais également d'approcher le droit des affaires, la procédure civile, les procédures civiles d'exécutions, le droit des propriétés intellectuelles... La raison en est évidente : le patrimoine, constitué de *l'ensemble des biens d'une personne* l'accompagnera tout au long de son existence, et sera soumis à des fluctuations diverses, tandis que les biens qui le composent seront l'objet de multiples opérations. Par conséquent, les biens, et le patrimoine – tant les deux notions sont indissociables – sont au cœur de l'activité humaine. Pour s'en convaincre, il n'est qu'à examiner plus en détail le plan du Code civil : en 1804 (mais la remarque vaut encore aujourd'hui), le code est essentiellement consacré aux biens, qui constituent le patrimoine de l'individu. S'il est fait exception du livre cinquième, consacré aux *dispositions applicables à Mayotte* (inséré en 2002), comment ne pas relever que deux livres sont expressément consacrés aux *biens et aux différentes modifications de la propriété* et *aux différentes manières dont on acquiert la propriété* (quant au livre quatrième, inséré en 2006, qui est relatif aux *sûretés*, sa pertinence au regard du sujet est certaine) ? Si notre droit oppose, peut-être trop radicalement, les personnes et les choses, le patrimoine est la notion qui permet de faire le lien entre les deux : elle est au cœur des relations entre la personne et les choses (ou plutôt les biens) dont elle dispose.

Pourtant, à lire le code, le terme de patrimoine apparaît peu, alors que les biens sont omni-présents : quelques allusions sont faites, comme par exemple à l'article 1569, à propos du régime de participation aux acquêts. Par conséquent, si la *réalité* du patrimoine est incontestable, il faut reconnaître que sa *définition* fait défaut dans la loi. Ce fut par conséquent l'œuvre de la doctrine que de la conceptualiser et de l'analyser. À ce titre, l'œuvre de Charles Aubry et de Charles Rau fut essentielle. Le texte soumis au commentaire livre cette analyse, qui reste aujourd'hui, bien que critiquée, en grande partie le fondement de notre droit du patrimoine. Professeurs à la faculté de droit de Strasbourg jusqu'en 1870, puis conseillers à la Cour de cassation en 1871, ils étaient également avocats, ce qui n'est sans doute pas indifférent à leurs travaux, qui associent la théorie et la pratique.

Le célèbre paragraphe 573, commenté, livre la construction juridique qu'ils firent du patrimoine, offrant ainsi un parfait exemple d'une construction doctrinale reçue par le droit positif. Après avoir défini le patrimoine, ils établirent un certain nombre de règles, perçues à juste titre comme des axiomes permettant de fonder et d'expliquer les règles relatives aux biens, telles qu'elles apparaissent dans le Code. Sa lecture laisse apparaître deux idées majeures. D'une part, et il s'agit là d'une approche presque empirique de la notion, le patrimoine est un *ensemble de biens*. Derrière l'évidence de la proposition, et son apparente simplicité, les auteurs apportent d'indispensables précisions sur le contenu de ce patrimoine, et peut-être surtout sur sa nature juridique. D'autre part, et c'est le cœur de l'analyse, cet aspect matériel est insuffisant à rendre compte de ce qu'est le patrimoine. En effet, au-delà de la dimension immédiatement perceptible, le patrimoine est un ensemble de biens *attaché à la personne*. Cet aspect du texte est véritablement l'aboutissement de la théorie d'Aubry et Rau, lesquels en tirent un certain nombre de conséquences pratiques, qui ne sont d'ailleurs pas sans poser aujourd'hui quelques difficultés.

I. Le patrimoine est un ensemble de biens...

Dans ce texte, Aubry et Rau précisent tout d'abord que le patrimoine est une réunion de biens. Cependant, la formule peut prêter à confusion et c'est la raison pour laquelle les auteurs apportent deux précisions essentielles. Premièrement, il convient de déterminer quelle est la composition du patrimoine (A), puis quelle est sa nature juridique (B).

A. La composition du patrimoine

Le langage courant associe le patrimoine d'une personne à l'ensemble de ses biens. La formule n'est pas fausse, mais elle demande à être affinée. Le texte précise que peu importent « *la variété des objets* [...] *leur diversité* » ; de même, « *le patrimoine comprend tous les biens indistinctement* ». Le patrimoine d'une personne – physique ou morale – est composé de choses, mobilières ou immobilières, dont elle est par exemple propriétaire, mais pas seulement. En effet, comme le soulignent les auteurs, le patrimoine est une construction purement intellectuelle et par conséquent les éléments qui le composent également. De la sorte, ce ne sont pas à proprement parler les choses (une maison, une voiture... un Code civil) qui font partie du patrimoine mais plutôt le droit que le titulaire possède sur eux : il faut ici parler de droits patrimoniaux, ou de biens, au sens précis du terme. Ainsi, le propriétaire d'une chose la possède assurément, mais c'est plus le droit qu'il a sur cette chose que la chose elle-même qui figure à son patrimoine. Il en résulte que le patrimoine comprend des biens et que tous les biens ne sont pas des choses. Parmi les biens, faisant partie du patrimoine, une distinction classique sera opérée entre les droits réels, c'est-à-dire qui s'exercent directement sur une chose, et les droits personnels, que le titulaire peut avoir à l'égard d'une autre personne, comme par exemple celui que peut avoir un créancier contre son débiteur. À l'inverse, les droits dits extra-patrimoniaux, comme les droits de la personnalité, ne sont pas inclus dans le patrimoine. Il en résulte que leur titulaire n'a pas la possibilité par exemple de les céder. Pourtant, Aubry et Rau les incluent dans le patrimoine de la personne, en les qualifiant de « *droits innés* » : ils l'expliquent par le fait que la transgression de ces droits ouvre droit à dommages-intérêts. L'analyse n'est pas exacte au regard du droit positif même si leur transgression ouvre droit à une indemnité qui, sans aucun doute, a une valeur patrimoniale.

Par ailleurs, le texte précise que le patrimoine comprend tous les biens présents et « *à venir* ». La précision est très importante, et elle se rattache notamment à l'article 2284 du Code civil. Ce texte est le siège du droit de gage général des créanciers. Il dispose que « *quiconque s'est obligé personnellement, est tenu de remplir son engagement sur tous ses biens mobiliers et immobiliers, présents et à venir* ». Cela signifie clairement que le débiteur répond sur son patrimoine, comprenant les biens présents et futurs (l'article 2285, pour sa part, précise que « *les biens du débiteur sont le gage commun de ses créanciers ; et le prix s'en distribue entre eux par contribution, à moins qu'il n'y ait entre les créanciers des causes légitimes de préférence* »). Si ses biens actuels sont insuffisants à satisfaire ses créanciers, ceux-ci disposeront d'une action sur ses biens futurs. Cela apporte une précision importante sur ce qu'est le patrimoine : il n'est par conséquent pas possible d'affirmer que le patrimoine est figé à un instant donné, puisqu'il comprend en quelque sorte une virtualité, si son titulaire acquiert d'autres biens. Cette raison explique, en partie, la règle selon laquelle une personne, de son vivant, ne peut transmettre son patrimoine : cela est impossible – notamment pratiquement, mais pas seulement – car il ne peut bien sûr vendre, en principe et par exemple, des biens qu'il n'a pas encore, et qu'il peut ne jamais avoir.

B. La nature juridique du patrimoine

Cet élément est présent dans la définition que les auteurs donnent du patrimoine. Il s'agit d'une *universalité, de droit.*

Dire que le patrimoine est une *universalité* signifie qu'il forme un ensemble distinct des éléments qui le composent. En quelque sorte, le patrimoine est le contenant et les biens qui le composent – présents et à venir – le contenu. Par conséquent, le patrimoine n'est pas affecté par les fluctuations des éléments qui le composent ; un bien peut entrer dans le patrimoine, en autre en sortir : le patrimoine demeure. L'utilité pratique de cette notion apparaît lors de la transmission du patrimoine, à cause de mort : c'est *le* patrimoine qui est transmis, et non chaque élément individuellement. De même, au cas de vente d'une chose, celle-ci sort du patrimoine mais elle y est remplacée par le prix de vente : ce mécanisme est appelé la subrogation réelle. Par conséquent, le patrimoine, ce n'est pas la simple addition des éléments qui le composent, ce qui de toute façon serait pratiquement impossible puisqu'il comprend également les biens à venir. Il faut relever que cette notion d'universalité n'est pas propre au patrimoine. D'autres matières la connaissent également comme le droit des affaires. Ainsi, le fonds de commerce est aussi une universalité. Il comprend différents biens appartenant au commerçant comme la clientèle, les marchandises, les droits de propriété industrielle (brevet d'invention, marque...), etc. L'intérêt pratique est ici évident : lorsqu'un commerçant désire céder « son activité », plutôt que de réaliser plusieurs ventes (une pour la clientèle, puis une pour les marchandises...), une seule opération sera réalisée : la vente du fonds de commerce lui-même. Cependant, il faut bien relever que, aujourd'hui, l'universalité du patrimoine est parfois mise à mal. Ainsi, le droit positif offre le spectacle de certaines dérogations à ce principe, plus ou moins poussées. L'idée est que, parfois, le droit ne traite pas le patrimoine comme un tout, mais tend au contraire à le morceler, à le fragmenter. Un des meilleurs exemples peut être tiré du droit du surendettement des particuliers. La loi n° 2003-710 du 1er août 2003 est venue réformer en profondeur cette matière, en instituant notamment la procédure de rétablissement personnel. L'article L. 332-8 du Code de la consommation dispose à présent que le juge de l'exécution statue sur les éventuelles contestations de créances et prononce la « *liquidation judiciaire du patrimoine personnel du débiteur* »... Même si la formulation peut surprendre, au regard précisément de la théorie classique du patrimoine, comment marquer de manière plus flagrante que ce droit considère que le débiteur est à la tête de deux masses de biens, l'une personnelle et l'autre professionnelle...

Le patrimoine est une universalité *de droit.* Cela signifie qu'il comprend un actif ainsi qu'un passif (les dettes de la personne) *corrélatif.* Il en résulte que l'actif répond du passif, et que les dettes d'une personne sont garanties par tout son patrimoine (ce qui explique l'article 2284 du Code civil). En revanche, toutes les universalités ne présentent pas un tel caractère : ainsi, le fonds de commerce est une universalité seulement de fait, et non de droit.

Le texte commenté, après avoir précisé que le patrimoine est un ensemble de biens, le rattache de manière indissoluble à la personne.

II. ... Attaché à la personne de son titulaire

Aubry et Rau lient fondamentalement le patrimoine à la personne. De la sorte, ils en tirent trois conséquences fondamentales, qui concluent le passage commenté : seules les personnes ont un patrimoine ; toute personne a un patrimoine ; une personne n'a qu'un seul patrimoine. Ce triptyque essentiel a pendant longtemps, et encore aujourd'hui en grande partie, expliqué le droit français du patrimoine (A). Cependant, il a rapidement été contesté en raison des difficultés purement concrètes auxquelles il aboutit (B).

A. Les vertus explicatives de la théorie

Le patrimoine, pour les auteurs, est fondamentalement une émanation de la personne. Elle en constitue donc l'alpha et l'oméga. Ce principe fut rappelé par la Cour de cassation (Cass. com., 12 juillet 2004 : *Bull. civ.* IV, n° 161) dans un visa dénué de toute ambiguïté : « *vu le principe selon lequel le patrimoine est indissociablement lié à la personne* ». *Seule une personne a un patrimoine.* La proposition marque bien la conception classique de la matière : le patrimoine sert de lien entre la personne et les choses. Cependant, toute personne juridique n'est pas nécessairement un individu et une personne morale possède également un patrimoine. En revanche, l'entreprise, en elle-même, ne possède pas de patrimoine, faute d'avoir la personnalité juridique. Ce n'est que lorsqu'elle prend une forme organisée, dotée d'une telle personnalité, qu'elle en possède (par exemple sous la forme d'une société). *Toute personne a un patrimoine.* Il importe peu qu'elle ne possède pas de bien à un instant donné, puisqu'elle est susceptible d'en acquérir dans l'avenir. De la même façon, ce patrimoine peut être positif (plus d'actif que de passif) ou négatif (situation inverse), sans que cela ne le fasse disparaître. Attaché à la personne, le patrimoine ne peut être transmis, sauf lorsque la personne qui en est le support a disparu : c'est le cas de la transmission successorale. *La personne ne peut avoir qu'un seul patrimoine.* Puisque la personne est unique, il est alors logique que son patrimoine le soit également : c'est ce qui est appelé le principe de l'unité du patrimoine. Quelle que soit la volonté de la personne, ou son activité, elle ne possédera jamais qu'une masse unique de biens. Il ne lui est donc pas possible d'isoler certains biens pour les réserver à une activité par exemple. C'est à ce propos que les critiques furent les plus nourries contre la théorie d'Aubry et Rau, et que les limites de la théorie furent mise en évidence.

B. Les insuffisances de la théorie

La vertu de la théorie d'Aubry et Rau réside dans sa simplicité ; ses insuffisances également. Ainsi, une personne ne peut être à la tête de deux patrimoines, l'un qui serait par exemple privé et l'autre professionnel. Les inconvénients apparaissent alors immédiatement. Les biens personnels peuvent répondre des dettes professionnelles, ce qui est un frein incontestable à l'activité. En effet, un commerçant par exemple ne peut pas décider que ses dettes professionnelles seront garanties uniquement par ses biens professionnels, en mettant ainsi à l'abri – en les isolant – ses biens personnels. C'est la raison pour laquelle les praticiens, et parfois le législateur, ont toujours cherché à contourner cette règle pour échapper à ses effets néfastes. Quelques exemples peuvent en être donnés. Bien souvent, l'entrepreneur individuel aura recours à une forme particulière d'exercice : l'entreprise unipersonnelle à responsabilité limitée (EURL), créée en 1985. Il y a alors création d'une personne morale, qui sera propriétaire des biens de l'entreprise (puisqu'elle disposera d'un patrimoine propre) alors qu'en pratique la personne physique demeurera à sa tête (l'entreprise est unipersonnelle). Le but recherché est le suivant : seule l'EURL contractera des dettes et ses créanciers saisiront alors son patrimoine, lequel n'est composé que de biens professionnels. Cependant, la parade possède ses limites : bien souvent, les créanciers de l'EURL demanderont, avant par exemple d'accorder un crédit à l'entreprise, une sûreté à la personne physique qui est à sa tête (comme un cautionnement) : si les biens professionnels – ceux de l'EURL – sont insuffisants à payer la dette, ils pourront alors demander paiement à la personne physique. La protection recherchée vole alors en éclat. La loi elle-même a tenté de pallier cet inconvénient en permettant à une personne d'être à la tête de deux masses de biens : ainsi la loi de 1987 sur les fondations permet à une personne d'affecter irrévocablement des biens à la réalisation d'une œuvre d'intérêt général.

En réalité, s'inspirant de droits étrangers, une partie de la doctrine, et nombre de praticiens réclament l'abandon de la règle posée par Aubry et Rau et l'instauration d'un véritable *patrimoine d'affectation*, permettant essentiellement à l'entrepreneur d'affecter à son activité professionnelle certains de ses biens seulement. Tel n'est pas encore le cas même si des hypothèses particulières peuvent se rencontrer. Ainsi, l'héritier qui accepte une succession à concurrence de l'actif net se retrouve-t-il à la tête de deux masses de biens, aux termes de l'article 791 du Code civil (cette acceptation lui permet « *d'éviter la confusion de ses biens personnels avec ceux de la succession* »). De la même façon, une loi du 1er août 2003, relative à l'initiative économique, a inséré dans le Code de commerce des dispositions permettant au commerçant, sous certaines conditions, de soustraire à l'action de ses créanciers professionnels – par dérogations expresses à l'article 2284 du Code civil – ses droits sur sa résidence principale. Il ne s'agit certes pas d'une consécration à proprement parler de la théorie du patrimoine d'affection, mais son inspiration est néanmoins proche… C'est probablement la loi n° 2007-211 du 19 février 2007, instituant le mécanisme de la fiducie, qui marque le plus fortement l'arrivée du patrimoine d'affectation en droit français. En effet, l'article 2011 du Code civil dispose que « *la fiducie est l'opération par laquelle un ou plusieurs constituants transfèrent des biens, des droits ou des sûretés, ou un ensemble de biens, de droits ou de sûretés, présents ou futurs, à un ou plusieurs fiduciaires qui, les tenant séparés de leur patrimoine propre, agissent dans un but déterminé, au profit d'un ou plusieurs bénéficiaires* ». La précision essentielle est bien entendu que les biens en question sont maintenus *séparés* du patrimoine propre du fiduciaire, ce qui correspond à la définition ainsi qu'à la fonction du patrimoine d'affectation.

La théorie d'Aubry et Rau sur le patrimoine est incontestablement à la source de notre conception du droit du patrimoine. L'analyse première est peu sujette à discussion : le patrimoine est bien une universalité de droit. Cependant, le rattachement consubstantiel qui est fait à la personne traduit bien la conception civiliste de la fin du XIXe siècle, mais est peu en harmonie avec les contingences contemporaines. En particulier, elle nie le fait qu'une masse de biens (actif et passif) puisse avoir une finalité particulière et une cohérence interne, ce qui justifierait sans doute de lui réserver un sort particulier…

CHAPITRE 8
Les faits et les actes juridiques

1er Exercice : Qualifier les sources des droits subjectifs émanant des circonstances suivantes

Marie Renouf, ATER en droit privé à la Faculté de droit de Caen

1 – Léon a été mordu par le chien de Marcel. Il a obtenu une somme de 1 000 euros à titre de dommages-intérêts.

2 – Mme de Labelle a le droit de vendre le collier qu'elle a reçu de sa tante Joséphine, à titre de legs.

3 – M. Clark a le droit d'exiger de Mlle Coco le paiement du loyer de l'appartement qu'elle habite en vertu du contrat de bail conclu entre eux.

4 – M. Andersson a le droit d'agrandir la maison dont il est devenu propriétaire par prescription acquisitive ou usucapion [1].

Corrigé

Il convient avant tout d'identifier le droit subjectif afin de pouvoir ensuite déterminer sa source :

1 – Le droit subjectif de Léon est le droit de recevoir 1 000 euros à titre de dommages-intérêts. Il a plus précisément ce que l'on appelle un droit de créance, qui est un droit personnel contre l'auteur du dommage Marcel qui est le gardien de l'animal. La source de ce droit est le fait d'avoir été mordu par un chien approprié. Il s'agit d'un événement produisant des conséquences juridiques qui n'ont pas été voulues par leur auteur (Marcel le propriétaire du chien), c'est donc un fait juridique. C'est la loi, plus précisément l'article 1385 du Code civil qui dispose que « *le propriétaire d'un animal, ou celui qui s'en sert, pendant qu'il est à son usage, est responsable du dommage que l'animal a causé, soit que l'animal fût sous sa garde, soit qu'il fût égaré ou échappé* » qui prend en considération cet événement pour y attacher des effets de droit.

2 – Le droit subjectif de Mme de Labelle est le droit de vendre le collier dont elle est propriétaire. Il s'agit plus précisément de son droit de propriété sur ce bien, qui est un droit réel. La source du droit de propriété de Mme de Labelle est un legs de sa tante Joséphine, c'est donc un acte juridique unilatéral à titre gratuit, à cause de mort, translatif, de disposition et instantané [2]. Il y a bien eu de la part de son auteur (Joséphine) une prise en considération

---

1. Pour une définition de l'usucapion, cf. *supra* n° 239, en note.
2. Pour reprendre la classification des actes juridiques présentée, cf. *supra,* n° 241.

et une recherche volontaire des effets de droits que l'acte produit, en l'espèce rendre sa nièce propriétaire et donc lui permettre de jouir des prérogatives du propriétaire : user, jouir et disposer du collier.

3 – Le droit subjectif de M. Clark est le droit d'exiger de Mlle Coco le paiement du loyer de l'appartement qu'elle habite. Il a plus précisément un droit de créance, qui est un droit personnel contre Mlle Coco. La source de ce droit subjectif est un contrat de bail. Il s'agit donc d'un acte juridique : un contrat, à titre onéreux, entre vifs, translatif et successif. Les deux parties M. Clark et Mlle Coco ont, lors de la conclusion du contrat, pris en considération et recherché les effets de droits que l'acte produit, en l'espèce permettre à Mlle Coco d'habiter l'appartement appartenant à M. Clark en contrepartie du paiement d'un loyer par Mlle Coco à ce dernier.

4 – Le droit subjectif de M. Andersson est d'agrandir la maison dont il est propriétaire. Il s'agit plus précisément de son droit de propriété sur ce bien (immeuble), qui est un droit réel. La source de son droit de propriété est l'écoulement du temps qui est un fait juridique. C'est la loi qui prend l'écoulement du temps en considération pour y attacher des effets de droit. Ainsi, en matière immobilière, le Code civil prévoit que la possession utile et trentenaire d'un bien permet d'en devenir propriétaire par prescription acquisitive ou usucapion [3].

2e Exercice : Les modalités des obligations : le terme et la condition Rappel de cours et exercices

Marie Renouf, ATER en droit privé à la Faculté de droit de Caen

Selon une acception générale, l'obligation est le lien de droit qui unit deux personnes dont l'une d'elles, le débiteur, doit donner, faire ou ne pas faire au profit de l'autre, le créancier. Le créancier est le sujet actif de l'obligation, c'est lui qui peut exiger le respect du lien de droit car ce lien va donner naissance à un droit de créance ou droit personnel dans son patrimoine. Le débiteur est le sujet passif de l'obligation, il est tenu de respecter le lien de droit, il est tenu par une dette qui est une prestation qu'il doit accomplir et qui peut être une abstention. Selon une acception plus particulière, l'obligation désigne la dette elle-même. Nous retiendrons ici son acception générale. L'obligation peut être pure et simple ou être affectée d'une modalité l'inscrivant dans le temps. Les modalités de l'obligation permettent ainsi un aménagement particulier de l'obligation quant à son exigibilité, sa durée ou même son existence. Ces modalités sont le terme et la condition, elles désignent des événements futurs mais, tandis que la réalisation en est certaine pour le terme, elle ne l'est pas pour la condition. Le terme commande l'exigibilité ou la durée de l'obligation, la condition intéresse son existence.

Il convient d'envisager ces deux modalités particulières avant de s'exercer et d'appliquer les règles examinées.

3. V. *supra*, n° 239.

Le terme et la condition

I. Le terme

A. La notion de terme

1°/ Définition-qualification de la notion de terme

Régi par les articles 1185 à 1188 du Code civil, le terme est un événement futur et certain dont dépend l'exigibilité ou l'extinction de l'obligation. L'élément de la qualification repose donc, à la différence de la condition sur la certitude de l'événement. Pour distinguer le terme de la condition, la Cour de cassation retient une conception objective du terme incertain [4], c'est-à-dire qu'elle exclut la volonté des parties dans la qualification de l'événement. Les parties ne sont pas libres de donner à l'événement dont dépend l'obligation la qualification de terme ou de condition selon leur choix. Les parties ne peuvent plus qualifier de terme un événement objectivement aléatoire mais qu'elles tenaient pour certain parce qu'elles s'étaient engagées à l'accomplir.

2°/ Classifications des termes

Le terme peut être certain ou incertain. Il n'est jamais incertain en lui-même, l'incertitude ne concerne pas l'arrivée ou non du terme mais le moment de son arrivée. Si la date à laquelle se produira le terme est connue, on dit que le terme est certain : par exemple, lorsque le terme a un délai déterminé (dans six mois) ou lorsque la date d'échéance d'une dette est déterminée (1er janvier 2010). Le terme incertain est l'événement futur et certain dont la date n'est pas connue avec précision : par exemple, le décès d'une personne se produira forcément puisque toute personne meurt un jour, mais la date n'est pas déterminée.

Le terme peut également être stipulé dans l'intérêt du créancier ou du débiteur. L'article 1187 du Code civil dispose que le terme est stipulé en faveur du débiteur, qui peut donc y renoncer en exécutant immédiatement l'obligation. Le créancier peut renverser la présomption en démontrant que le terme a été établi dans son propre intérêt et dans ce cas il peut seul y renoncer.

Le terme peut être conventionnel s'il est prévu par les parties dans une convention, ou légal s'il est prévu par la loi.

Enfin, la distinction entre terme suspensif et terme extinctif est fondamentale. La distinction entre ces deux types de termes repose sur leurs effets. Le terme extinctif est un événement futur et certain qui met fin à l'obligation : par exemple, la date d'échéance d'un contrat de bail. Le terme suspensif est un événement futur et incertain qui conditionne l'exigibilité de l'obligation. Par exemple, lors d'une vente à crédit, le paiement du prix est différé : avant l'échéance du terme, le paiement du prix ne peut être exigé par le créancier.

B. Les effets du terme

Examinons à présent les effets des termes les plus caractéristiques : le terme extinctif et le terme suspensif.

4. Cass. 1re civ., 13 avr. 1999, *Bull. civ.*, I, n° 131.

1°/ Les effets du terme extinctif

Jusqu'à l'échéance du terme, l'obligation est exécutée comme si elle n'était pas affectée d'une modalité. À l'échéance du terme, l'obligation est éteinte sans effet rétroactif c'est-à-dire que l'obligation ne disparaît que pour l'avenir.

2°/ Les effets du terme suspensif

Avant l'échéance du terme, le terme suspensif n'affecte pas l'existence même de l'obligation mais celle-ci ne peut être exigée, elle reste en quelque sorte « en sommeil ». Le créancier ne peut par exemple pas demander son exécution forcée. À l'échéance du terme, l'obligation devient exigible et le terme disparaît. Le créancier peut ainsi poursuivre le débiteur s'il n'exécute pas son obligation.

II. La condition

A. La notion de condition

1°/ Définition-qualification de la notion de condition

La condition est un événement futur et incertain dont la réalisation ou la non-réalisation affecte l'existence même d'une obligation. À la différence du terme, l'événement est incertain et les effets ne concernent plus l'exigibilité, mais l'existence de l'obligation. Il ne faut pas confondre la condition au sens de modalité et la condition en tant qu'élément essentiel imposé par la loi pour la formation d'une obligation. Par exemple, le Code civil évoque les « conditions du contrat » afin de désigner les éléments essentiels à sa validité (consentement, objet...). Il est question ici de la condition au sens technique, telle qu'envisagée par les articles 1168 et suivants du Code civil.

2°/ Classifications des conditions

La condition peut être suspensive ou résolutoire. La condition suspensive soumet la naissance même de l'obligation à un événement futur et incertain, elle retarde l'existence même de l'obligation. Par exemple, « s'il y a du vent samedi, je promets de t'emmener naviguer ». La condition résolutoire est quant à elle un événement futur et incertain qui conditionne l'extinction de l'obligation, le débiteur est déjà engagé, l'obligation existe mais elle disparaît si la condition se réalise. Par exemple, « je promets de t'emmener naviguer samedi sauf s'il n'y a pas de vent ».

Le Code civil distingue également trois types de conditions : les conditions casuelle, mixte ou potestative. La condition est dite casuelle (C. civ., art. 1169) si sa réalisation dépend du hasard. Par exemple, « j'achète un voilier si je gagne au jeu ». La condition est mixte (C. civ., art. 1171) si sa réalisation dépend à la fois de la volonté d'une partie et d'un tiers. Par exemple, « j'achète un voilier si j'obtiens un prêt », la réalisation de l'obligation dépend à la fois de la volonté d'une partie mais aussi de la banque. Enfin, la condition est potestative (C. civ., art. 1170) si elle dépend de la seule volonté de l'une des parties, qui peut en provoquer ou en empêcher la réalisation. Par exemple, « j'achète un voilier si j'ai envie de naviguer ». La condition casuelle et la condition mixte sont en principe valables [5], par contre, l'article 1174 du Code civil dispose que « toute obligation est nulle lorsqu'elle a été contractée sous une condition potestative de la part de celui qui s'oblige ». La condition potestative revendiquée par le débiteur est donc nulle.

B. Les effets de la condition

Examinons à présent les effets des conditions les plus caractéristiques : la condition suspensive et la condition résolutoire.

1°/ Les effets de la condition suspensive

Durant la période d'incertitude, la condition est dite pendante. L'obligation n'existe pas encore mais il existe un droit « en germe ». Lors de la survenance de l'événement, c'est-à-dire lorsque la condition est dénouée, il convient de distinguer deux situations. Si la condition ne se réalise pas, autrement dit si elle fait défaut, l'obligation ne prendra jamais naissance, elle est censée ne jamais avoir existé. Si la condition se réalise, l'existence de l'obligation est validée pour l'avenir et de façon rétroactive c'est-à-dire qu'elle est considérée comme ayant toujours existé.

2°/ Les effets de la condition résolutoire

Durant la période d'incertitude, lorsque la condition est pendante, l'obligation s'exécute comme une obligation dite pure et simple c'est-à-dire comme si elle n'était pas frappée d'une telle modalité. L'obligation est née et exigible. Lors de la survenance de l'événement, lorsque la condition est dénouée, les effets sont inversés par rapport à ceux de la condition suspensive. Si la condition est défaillante, l'obligation est consolidée, il n'y a plus aucune incertitude quant à sa pérennité. Si la condition se réalise, l'obligation disparaît de façon rétroactive, c'est-à-dire qu'elle est censée ne jamais avoir existé.

Afin de vérifier si les règles exposées ont bien été assimilées et comprises, il convient à présent de résoudre les exercices suivants.

Exercices

I. Qualifier la modalité qui affecte les obligations en cause et indiquer quels sont ses effets dans les circonstances suivantes :

1. Mlle Lilla est ravie, elle vient d'être embauchée pour un emploi saisonnier du 30 juin au 31 août.

5. Cass. 1re civ., 16 oct. 2001, *Bull. civ.* I, n° 257.

2. M. Fika accepte d'acheter l'appartement de Mme Ica si sa banque le « Crédit scandinave » accepte de lui octroyer un prêt.

3. Mme Flogsta a donné un violon de collection à sa fille. L'acte a été assorti d'une clause qui stipule que « cette donation sera résolue si Mme Flogsta décède avant son mari ».

4. M. et Mme Linné louent une maison à leur petite-fille pour une durée d'un an à compter du 15 mai 2011 et un studio à leur oncle jusqu'au décès de ce dernier.

II. Répondre aux questions en justifiant vos choix

1. Marius, ne supportant plus le stress de la vie dans une grande ville, a décidé de retourner vivre dans sa ville natale, au bord de la mer. Il y a d'ailleurs trouvé une charmante maison, qu'il n'achètera que s'il obtient sa mutation. L'agent immobilier lui a assuré que ce type de maison était très recherché et qu'il ne devait pas tarder à donner sa réponse. Marius souhaite donc acquérir cette maison tout en étant sûr de ne plus être engagé s'il n'obtient pas sa mutation.

2. Fleur a de grands projets, elle s'est hier rendue dans une agence de voyage et a annoncé au conseiller qu'elle achèterait le « pack évasion tour du monde » si elle gagnait au loto, un important tirage est en effet prévu la semaine suivante. Le conseiller voudrait être sûr que Fleur ne change pas d'avis si elle gagne.

3. M. Kalmar a toujours rêvé d'ouvrir un restaurant. Il achète donc à M. Bergman, le 8 mars 2010, un immeuble comprenant au rez-de-chaussée un petit bistrot et à l'étage un studio. Par précaution, les parties insèrent la clause suivante au contrat de vente : « la vente sera résolue si dans l'année qui suit la conclusion du contrat, M. Kalmar n'a pas obtenu l'autorisation administrative nécessaire pour agrandir l'immeuble ». Le 1er juin 2010, M. Kalmar et Mme Norberg concluent un contrat de bail portant sur le studio. Le 9 mars 2011, M. Kalmar n'a toujours pas obtenu l'autorisation pour agrandir son immeuble. Quel est le sort du bail consenti à Mme Norberg ?

4. Mlle Livingston, propriétaire d'un chalet dans les Alpes, souhaite le donner en location. Elle aimerait savoir de quelle modalité elle doit assortir le contrat de bail, elle veut en effet être sûre de pouvoir y habiter à la date d'échéance du bail de l'appartement parisien où elle vit en ce moment (31 décembre 2012).

Corrigé

I. Dans cet exercice, il convient tout d'abord d'identifier si l'obligation est affectée d'un terme ou d'une condition. Pour cela, il faut rechercher s'il s'agit d'un événement futur certain ou incertain. Une fois la modalité identifiée, celle-ci doit être qualifiée, sachant que comme nous avons pu le voir précédemment, les classifications terme extinctif/suspensif et condition résolutoire/suspensive sont les plus fréquentes en pratique. Enfin, il convient de décrire les effets de la modalité en question.

1. L'obligation en cause est ici est affectée de deux termes, il s'agit de dates déterminées, la date de survenance des événements est future et certaine. Ces termes peuvent être qualifiés de certains puisque leur date est déjà connue. Plus précisément, le 30 juin constitue le terme suspensif de l'engagement de Mlle Lilla. Jusqu'à cette date, c'est-à-dire avant l'arrivée du terme, aucune obligation ne pourra être exigée. Mlle Lilla ne doit en effet aucune prestation de travail et elle ne reçoit aucun salaire. À partir du 30 juin, c'est-à-dire à l'échéance du terme, les obligations deviennent exigibles, Mlle Lilla devra ainsi accomplir une prestation de travail et avoir le droit de percevoir une rémunération. Le 31 août constitue le terme extinctif, jusqu'à cette date les obligations devront donc être exécutées comme si elles étaient pures et simples. À l'échéance du terme, c'est-à-dire au 31 août, les obligations seront éteintes sans effet rétroactif, elles ne disparaîtront que pour l'avenir, Mlle Lilla cessera ainsi d'accomplir une prestation de travail et d'être rémunérée.

2. L'obligation est ici affectée d'une condition. La vente de l'appartement ne sera en effet conclue que si M. Fika obtient un prêt de sa banque, il s'agit donc bien d'un événement futur et incertain puisque l'on ne peut savoir par avance si la banque acceptera d'octroyer le prêt. Plus précisément la condition est suspensive, elle soumet la naissance de l'obligation à cet événement futur et incertain. Tant que les parties ignorent si le « crédit scandinave » accepte ou non d'octroyer le prêt (c'est-à-dire tant que la condition est pendante), l'obligation n'existe pas, il n'existe qu'un droit « en germe », M. Fika n'est pas encore propriétaire de l'appartement. La vente de l'appartement ne sera conclue que si la banque octroie ce prêt, l'existence des obligations découlant du contrat de vente seront validées pour l'avenir et de façon rétroactive. Au contraire si elle refuse, la vente ne sera jamais conclue, les obligations ne prendront jamais naissance, il n'y aura pas de conclusion du contrat de vente, M. Fika ne deviendra pas propriétaire de l'appartement.

3. L'obligation du créancier est affectée d'une condition. La donation sera en effet résolue si Mme Flogsta décède avant son mari. Il s'agit donc d'un événement futur et incertain car si le décès d'une personne est inéluctable, (toute personne décède un jour), il n'est pas certain que Mme Flogsta décède avant son mari. Plus précisément, il s'agit ici d'une condition résolutoire car elle soumet l'extinction de l'obligation à un événement futur et incertain. Tant que Mme Flogsta et son mari sont vivants (c'est-à-dire lorsque la condition est pendante), l'obligation s'exécute comme si elle était pure et simple, ainsi tout se passe comme si la donation avait été consentie sans la clause, sa fille est donc considérée comme la propriétaire du violon. Si l'événement survient, si Mme Flogsta décède effectivement avant son mari, la donation sera résolue. Par contre, si la condition fait défaut, autrement dit si le mari de Mme Flogsta décède avant celle-ci, l'existence de l'obligation est validée pour l'avenir et de façon rétroactive, la fille de Mme Flogsta restera donc propriétaire du violon qui lui appartient depuis la conclusion de l'acte de donation.

4. Il convient ici de distinguer les deux hypothèses décrites : celle de la location de la maison et celle du studio.

Concernant la location de la maison par M. et Mme Linné à leur petite fille, l'obligation est affectée d'un terme. En effet, la date de survenance de l'événement est future et certaine car nous connaissons la durée du contrat de bail (un an) ainsi que la date à laquelle le délai commence à courir (15 mai 2011). Nous pouvons donc en déduire la date à laquelle le bail prendra fin (15 mai 2012). Le terme est donc plus précisément certain puisque les dates sont connues. La date du 15 mai 2011 constitue le terme suspensif, en effet jusqu'à cette date, c'est-à-dire avant l'arrivée du terme, aucune obligation ne pourra être exigée. M. et Mme Linné ne percevront aucun loyer et ne seront pas obligés de mettre la maison à disposition de leur petite fille. À partir du 15 mai 2011, les obligations deviennent exigibles, M. et Mme Linné devront mettre à disposition de leur petite fille la maison et percevront des loyers. Le 15 septembre 2012 constitue le terme extinctif, jusqu'à cette date les obligations devront être exécutées comme si elles étaient pures et simples. À cette date, c'est-à-dire à l'échéance du terme, les obligations seront éteintes sans effet rétroactif, elles ne disparaîtront que pour l'avenir. M. et Mme Linné ne seront plus tenus de mettre la maison à disposition de leur petite fille et ils ne percevront plus de loyers.

Concernant la location du studio de M. et Mme Linné à leur oncle, l'obligation est affectée d'un terme. En effet, la date de survenance de l'événement est future et certaine puisque l'oncle décédera forcément un jour. Par contre, la date du décès étant inconnue, le terme peut plus précisément être qualifié d'incertain. Le terme est ici extinctif car jusqu'à cette date les obligations devront être exécutées comme si elles étaient pures et simples, M. et Mme Linné devront mettre à disposition de leur oncle le studio et percevront des loyers. Au décès de l'oncle, c'est-à-dire à la survenance du terme, les obligations seront éteintes sans effet rétroactif, elles ne disparaîtront que pour l'avenir. M. et Mme Linné ne seront plus tenus de mettre le studio à disposition et ne percevront plus de loyers.

5. L'obligation en question est ici affectée d'une condition. M. Hugo offrira en effet un yacht à son fils s'il se marie, il s'agit donc bien d'un événement futur et incertain puisque rien ne permet d'affirmer qu'il se mariera un jour. Nous pouvons préciser qu'il s'agit d'une condition mixte, sa réalisation dépendant à la fois de la volonté d'une des parties et d'un tiers. La condition est ici suspensive, elle soumet la naissance même de l'obligation à cet événement futur et incertain. Tant que le fils de M. Hugo ne s'est pas marié (la condition est pendante), l'obligation n'existe pas, il n'existe qu'un droit « en germe ». Si le fils de M. Hugo ne se marie pas, l'obligation ne prendra jamais naissance, son fils ne recevra jamais en cadeau le yacht de ses rêves. Par contre s'il se marie, l'existence de l'obligation sera validée pour l'avenir et de façon rétroactive, M. Hugo devra offrir à son fils le yacht de ses rêves comme il lui a promis.

II. Dans cet exercice, il convient tout d'abord d'identifier l'événement futur qui est en cause dont dépendra l'exigibilité, la durée ou l'existence de l'obligation. Selon que cet événement futur est certain ou incertain, nous pourrons déduire de quelle modalité il convient d'affecter l'obligation concernée.

1. Marius souhaite conclure un contrat de vente mais il veut être sûr de ne plus être engagé « s'il n'obtient pas sa mutation ». L'obtention d'une mutation est un événement futur et incertain, sa réalisation n'est pas inéluctable, nous ne pouvons en effet savoir à l'avance si son employeur lui accordera ou non cette mutation. Il conviendrait donc ici d'affecter l'obligation en cause d'une condition. Plus précisément, la maison étant très « prisée », Marius souhaite conclure le contrat de vente mais pouvoir le résoudre dans le cas où il ne serait pas muté, autrement dit si l'événement futur et incertain ne se réalisait pas. Il conviendrait donc d'affecter l'obligation d'une condition résolutoire, c'est-à-dire d'insérer dans le contrat une clause prévoyant que « le contrat de vente sera résolu dans le cas où Marius n'obtiendrait pas sa mutation ». Ainsi, lorsque la condition est pendante, pendant la période où les parties ignorent si Marius sera ou non effectivement muté, les obligations découlant du contrat de vente s'exécutent comme si elles n'étaient frappées d'aucune modalité. Lorsque la condition est dénouée, si celle-ci est défaillante, c'est-à-dire si Marius obtient effectivement sa mutation, il n'y a plus aucune incertitude quant à sa pérennité, Marius restera propriétaire de la maison au bord de la mer. Si en revanche la condition se réalise, s'il n'obtient pas sa mutation, l'obligation disparaît de façon rétroactive, le contrat de vente sera résolu, il sera censé ne jamais avoir existé.

2. Le conseiller de l'agence de voyage souhaiterait que Fleur achète effectivement le « pack évasion tour du monde » si elle venait à gagner au loto. Gagner au loto est un événement futur et incertain, il est en effet peu sûr que cet événement se produise. Il conviendrait donc ici d'affecter l'obligation en cause d'une condition. La condition pourra d'ailleurs être qualifiée de casuelle, sa réalisation dépendant du hasard. Plus précisément ici, il conviendrait d'affecter l'obligation d'une condition suspensive, c'est-à-dire de prévoir que « Fleur achètera effectivement le « pack évasion tour du monde » si elle gagne au loto ». Ainsi, lorsque la condition est pendante, c'est-à-dire avant le tirage du loto, l'obligation n'existe pas encore mais il existe un droit « en germe ». Lorsque la condition est dénouée, si celle-ci est défaillante, c'est-à-dire si Fleur ne gagne pas au loto, l'obligation ne prendra jamais naissance, Fleur ne sera pas tenue d'acheter ce « pack évasion tour du monde ». Si la condition se réalise, si Fleur gagne au loto, l'existence de l'obligation sera validée pour l'avenir et de façon rétroactive, Fleur sera considérée comme engagée dès la conclusion de l'acte, elle sera tenue d'acheter effectivement le « pack évasion tour du monde ».

3. Le contrat de vente de l'immeuble sera résolu si « dans l'année qui suit la conclusion du contrat, M. Kalmar n'a pas obtenu l'autorisation nécessaire pour agrandir l'immeuble ». L'événement en question ici est futur et incertain, rien ne permet de savoir si l'autorisation administrative sera délivrée. La condition est plus précisément résolutoire, elle conditionne en effet l'extinction de l'obligation. L'obligation existe mais elle disparaît si la condition se réalise. En l'espèce, la condition ne s'est pas réalisée, en effet le 9 mars 2008, soit plus d'un an après la conclusion du contrat de vente, M. Kalmar n'a toujours pas obtenu l'autorisation administrative indispensable pour agrandir l'immeuble. L'obligation disparaît de façon rétroactive, elle est censée ne jamais avoir existé. M. Kalmar n'est plus réputé comme le propriétaire de l'immeuble comprenant le bistrot et le studio, tout se passe comme si le contrat de vente n'avait jamais été conclu. M. Kalmar étant considéré comme n'ayant jamais été propriétaire de l'immeuble et donc du studio, une des conséquences est alors que le contrat de bail du studio conclu entre M. Kalmar et Mme Norberg sera considéré comme caduque [6].

4. Mlle Linvingston souhaite pouvoir habiter son chalet à partir du 31 décembre 2012, date de l'échéance du bail de son appartement parisien. Cet événement constitue un terme, il est en effet futur et sa réalisation est certaine. Plus précisément, il s'agit d'un terme certain puisqu'il s'agit d'une date, il n'y a donc pas d'incertitude quant au moment de son arrivée. Mlle Linvingston souhaite pouvoir habiter le chalet à partir de cette date, il convient alors d'affecter le contrat de bail de ce chalet d'un terme extinctif prévu au 31 décembre 2012. Ainsi, jusqu'à l'échéance du terme, le contrat de bail est exécuté comme s'il n'était affecté d'aucune modalité. À l'échéance du terme soit au 31 décembre 2012, le contrat de bail prendra fin, l'obligation est en effet éteinte sans effet rétroactif c'est-à-dire qu'elle ne disparaît que pour l'avenir.

6. M. Fabre-Magnan, *Droit des obligations. 1-Contrat et engagement unilatéral*, PUF, 2e éd., 2010, p. 440 : la caducité permet en effet de sanctionner la disparition, après la formation du contrat, d'une de ses conditions de validité. Elle entraîne un anéantissement du contrat à compter du jour de la disparition de la condition de validité initialement présente.

3e Exercice : Commentaire de l'alinéa 1er de l'article 2226 du Code civil introduit par la loi 2008-561 du 17 juin 2008 portant réforme de la prescription en matière civile

Thibault Douville, Ingénieur d'études à la Faculté de Droit de Caen et Loïs Raschel, Maître de conférences, Université de Caen Basse-Normandie (CRDP)

Conseils méthodologiques

Le commentaire d'article est un exercice qui peut se prêter aussi bien à un examen terminal[7] qu'à un examen plus court, type contrôle continu. C'est dans cette dernière voie que l'exercice est ici proposé. Il faut faire attention à toujours bien rattacher les connaissances acquises en cours (et le programme de révision donné) avec le contenu de l'exercice proposé.

Ainsi, à propos de la distinction des actes et des faits juridiques, l'article 2226, al. 1er du Code civil ne contient pas ces termes. Il permet toutefois d'envisager cette distinction.

SCHÉMA DES ACTES ET FAITS JURIDIQUES

A. Actes juridiques

Manifestation de volonté → destinée à → Créer des « effets de droit »

Exemple : article 1101 du Code civil qui définit ce qu'est un contrat : « Le contrat est une convention par laquelle une ou plusieurs personnes s'obligent, envers une ou plusieurs autres, à donner, à faire ou à ne pas faire quelque chose ».

L'accord de volonté entre deux ou plusieurs personnes est bien tendu vers la création d'obligations.

B. Fait juridique

Un fait quelconque → qui correspond à une condition d'une règle de droit (opération dite de subsumption[8]) → entraîne la production d'un effet de droit

Exemple : article 1382 du Code civil : « Tout fait quelconque de l'homme, qui cause à autrui un dommage, oblige celui par la faute duquel il est arrivé à le réparer ».

Le fait qui cause un dommage (fait, dommage, lien de causalité), correspond au présupposé[9] de la règle contenue à l'article 1382 du Code civil et déclenche son effet juridique, à savoir la naissance d'une obligation de réparation à la charge de l'auteur du dommage.

7. Parmi les autres exercices proposés, des commentaires d'articles sont proposés et résolus selon le genre de l'examen terminal : voir le commentaire des articles 4 et 5 du Code civil ou encore le commentaire de l'article 1315 du Code civil.

8. Subsumer : « considérer un fait comme l'application d'une loi ».

9. Une règle de droit peut être analysée sous un angle structural correspondant à la construction suivante : **si** telle condition intervient **alors**, tel effet juridique sera produit. Le présupposé de la règle correspond à ses conditions de mise en œuvre, son effet aux conséquences juridiques qui sont associées à la réunion des conditions précédentes.

ÉLÉMENTS ATTENDUS

Le commentaire d'article, dans sa forme courte, doit vous conduire à répondre à trois questions :

– quel est le sens de l'article ? (Le sens d'une chose peut se définir comme « sa perception »[10], « sa connaissance immédiate »[11] ou encore « sa signification »[12]. Est attendu l'énoncé de la signification de la disposition) ;

– quelle est sa valeur ? (La valeur de quelque chose correspond à « son importance »[13]. Ici, est-ce que l'article modifie le droit positif ou non ? L'approche est intrinsèque à l'article, il s'agit donc de comparer la nouvelle règle notamment avec le droit antérieur) ;

– quelle est sa portée ? (La portée est relative aux conséquences de cette nouvelle disposition sur le droit positif. Il s'agit d'une approche extrinsèque à la disposition).

RÉSOLUTION

A. Le texte

Art. 2226 : « L'action en responsabilité née à raison d'un événement ayant entraîné un dommage corporel, engagée par la victime [...] des préjudices qui en résultent, se prescrit par dix ans à compter de la date de la consolidation du dommage initial ou aggravé ».

B. Brouillon

1°/ Origine du texte

Il a été introduit par la loi n° 2008-561 du 17 juin 2008 portant réforme de la prescription en matière civile. C'est un texte de nature législative.

Il modifie les règles relatives à la prescription, qui avait été précédemment modifiée par la loi n° 75-596 du 9 juillet 1975.

2°/ Place du texte dans le Code civil

L'article 2226 du Code civil est introduit dans la section 2 intitulée « de quelques délais et points de départ particuliers » du chapitre 2 « des délais et du point de départ de la prescription extinctive » du titre 20 « de la prescription extinctive », qui lui-même s'intègre au livre 3 du Code civil qui contient les dispositions relatives aux « différentes manières dont on acquiert la propriété ».

---

10. A. Rey (dir.), Dictionnaire historique de la langue française, Le Robert, 2004, v° « Sens ».
11. Dictionnaire Larousse, v° « Sens ».
12. Dictionnaire Larousse, v° « Sens ».
13. A. Rey (dir.), Dictionnaire historique de la langue française, Le Robert, 2004, v° « Sens ».

L'apport de ce rapide coup d'œil est le suivant : l'article 2226 va introduire des dispositions dérogatoires en matière de prescription extinctive des actions en responsabilité civile résultant d'un dommage corporel [14]. Il est intéressant de voir que si ce texte introduit des dispositions d'exceptions, celles-ci vont déroger à des dispositions de droit commun qu'il faudra analyser. Ce constat est d'autant plus important que l'ensemble de ces dispositions est cohérent car toutes les règles proviennent d'un texte unique, il n'y a pas eu d'ajout ou de modifications successives qui pourraient altérer l'interaction des articles entre eux et donc leur interprétation.

3°/ Lecture du texte

Vous trouvez ci-dessous un découpage littéral de l'article 2226, al. 1er du Code civil. Il permet de connaître l'ensemble des éléments importants de la règle de droit qu'il porte.

L'action en responsabilité // née à raison d'un **événement ayant entraîné un dommage // corporel,// engagée par la victime [...] des préjudices // qui en résultent,// se prescrit par dix ans //à compter de la date de la consolidation du dommage initial ou aggravé**.

Dans cette analyse, sous l'angle du programme de première année, on peut remarquer que l'article concerne les dommages subis par une personne. Or, ces dommages peuvent résulter d'un acte juridique (manifestation de volonté destinée à produire des effets de droit) ou d'un fait juridique (événement quelconque produisant des effets de droit). Le texte ne distingue pas la source du dommage.

Il s'agit d'une innovation intéressante, car les dispositions anciennes étaient découpées entre celles qui gouvernaient les actions résultant d'un fait juridique et celles relatives à un acte juridique.

Aujourd'hui, aucune référence n'est faite à la source du dommage, c'est la nature du dommage qui modifie les règles de prescription : le présent article concerne les dommages corporels. Dès lors, le point de départ et le délai de droit commun s'appliquent lorsque le dommage n'est pas corporel [15].

Proposition de corrigé

Pour déterminer le sens, la valeur et la portée du texte, il faut réunir les éléments provenant de l'analyse du texte effectuée dans la phase correspondant au brouillon (*en **gras** figurent les éléments importants*).

A. Sens

L'article 2226 du Code civil détermine **le délai de prescription et son point de départ**, à propos des **actions en réparation des dommages corporels**. Le **délai de prescription est de 10**

14. Dont le rapport Catala proposait l'introduction : art. 2275 : « Toutefois, se prescrivent par dix ans : 1. les actions en responsabilité civile, tendant à la réparation d'un préjudice corporel ou de tout préjudice causé par des actes de barbarie ».

15. Article 2224 du Code civil : « Les actions personnelles ou mobilières se prescrivent par cinq ans à compter du jour où le titulaire d'un droit a connu ou aurait dû connaître les faits lui permettant de l'exercer ».

ans. La prescription commence à jouer à la **date de consolidation du dommage**, c'est-à-dire au moment où le dommage est définitivement fixé, lorsqu'il n'évoluera plus.

Cette règle ne fait pas référence à la source du dommage : qu'il s'agisse d'un **acte ou d'un fait juridique**, les règles sont les mêmes. Or, **un acte juridique est une manifestation de volonté destinée à produire des effets de droit**. Un **fait juridique est un événement quelconque qui va entraîner des effets de droits**.

Il y a donc une **unification des règles non plus en fonction de la source des dommages, mais en fonction de la nature des dommages**.

Dès lors, **l'existence d'une manifestation de volonté est indifférente**.

B. Valeur

C'est une **disposition d'exception** quant à la nature du dommage. Elle **échappe ainsi au délai de prescription de droit commun** [16].

Cette disposition a pour objectif de protéger de manière plus forte les dommages corporels. Il s'agit de protéger plus efficacement les victimes de dommages corporels. D'où **l'indifférence à la nature de la relation dans laquelle intervient le dommage corporel** (contractuelle ou non).

C. Portée

Le législateur est **indifférent à la distinction des actes et des faits juridiques**. Pourtant cette distinction renvoie à **deux catégories juridiques différentes**, qui ont **chacune un régime juridique propre**. Il est possible d'affirmer qu'ici la distinction est dépassée puisque la règle applicable en matière de prescription des actions en réparation des dommages corporels est indifférente à la nature de la relation unissant les personnes entre lesquelles un dommage est survenu.

On peut alors se poser la **question de savoir si cette distinction est encore pertinente ou non**. La **différence** entre les actes et les faits juridiques provient notamment de **l'importance laissée à l'autonomie de la volonté des personnes**. Or, **ce n'est pas ici l'élément qui est pris en compte. L'autonomie de la volonté n'a rien à voir avec la production d'un dommage corporel**. D'ailleurs, l'introduction, dans les actes juridiques d'obligations relatives à la sécurité des personnes n'a pas été le fait de la volonté de cocontractant, mais d'une œuvre prétorienne et législative.

On peut aujourd'hui **s'interroger sur la portée de la distinction entre actes et faits juridiques. Il faut retenir** que la seconde catégorie est une catégorie ouverte et la première une catégorie fermée ; ainsi peut-être que si le législateur ne fait pas référence à la distinction entre actes et faits juridique, c'est qu'un dommage corporel intervient nécessairement dans le cadre d'un fait juridique. Plus encore, peut-être que cette distinction n'a pas l'importance que les auteurs lui attribuent, elle ne serait que relative à certaines règles techniques.

16. Qui est maintenant de 5 ans en application du nouvel article 2224 du Code civil, qui dispose que : « Les actions personnelles ou mobilières se prescrivent par cinq ans à compter du jour où le titulaire d'un droit a connu ou aurait dû connaître les faits lui permettant de l'exercer ».

CHAPITRE 9
La preuve

1er Exercice : Commentaire de l'article 1315 du Code civil

Thibault Douville, Ingénieur d'études à la Faculté de droit de Caen

« Celui qui réclame l'exécution d'une obligation doit la prouver.

Réciproquement, celui qui se prétend libéré, doit justifier le payement ou le fait qui a produit l'extinction de son obligation ».

Conseils méthodologiques

L'exercice proposé est un commentaire d'article. Ce type d'exercice a déjà été rencontré au fil des pages du manuel. Nous renvoyons les lecteurs aux différents développements méthodologiques qui lui ont été précédemment consacrés.

Il faut cependant rappeler que le commentaire de texte est un exercice délicat. Pour l'aborder efficacement, il faut procéder avec rigueur.

Vous pouvez, pour cela, suivre le schéma suivant :

1. Adopter d'abord un regard totalement extérieur au texte. Pour l'étude d'un article du Code civil (ou d'un autre…), les questions que vous pouvez vous poser sont les suivantes :

– quelle est la situation de l'article dans le code ?

– au sein même des subdivisions du code : est-il en tête de chapitre…

– quand a-t-il été introduit au sein du code. Existe-t-il, tel quel, depuis l'origine ? A-t-il été modifié ? Quand ? A-t-il fait l'objet d'un ajout postérieur, par quelle loi ?

2. Déterminez ensuite le sujet, le thème, du texte. *On sait que l'article 1315 du Code civil concerne le droit de la preuve.* Au sein de ce domaine, quelle règle spécifique pose-t-il ? *Ici, c'est la question de la détermination de la charge de la preuve.*

Vérifiez alors si d'autres articles, au sein du code ou ailleurs (dans la limite de vos connaissances), traitent de la même question ? *C'est le cas, par exemple, des articles 6 et 9 du CPC.*

Cette seconde phase permettra d'exclure un certain nombre d'éléments qui ne concernent pas directement le sujet. *Pour l'article 1315 du Code civil, sont par exemple à écarter la question des modes de preuve et de l'admissibilité de la preuve.*

3. Petit à petit, un entonnoir se dessine, il faut alors entamer l'étude du texte pris en lui-même. Pour cela, vous pouvez procéder successivement :

– à la vérification de la nature du texte. *Ici, le texte est de nature législative.* C'est un élément important puisque le droit interne est irradié de dispositions dont la valeur peut être inférieure (règlements de l'article 37 de la Constitution) ou supérieure (traités internationaux, droit communautaire, européen…) à la loi au sens formel ;

– à l'étude de la structure du texte. Fait-il l'objet d'un découpage formel : existence d'alinéas par exemple ? Il vous faut alors déterminer l'objet de chacune des parties de ce texte. *Ainsi, l'article 1315 du Code civil se divise en deux alinéas, le premier porte sur l'attribution initiale de la charge de la preuve, le second semble être une réponse au premier* ;

– à l'approfondissement du sens de chacune des parties du texte, il va falloir procéder à un véritable « dépeçage ». Pour cela, vous devez vous attacher aux termes utilisés, identifier les références à des notions juridiques connues (dont il faudra apporter la définition) : *pour l'article 1315 du Code civil, c'est, par exemple, la référence à la notion d'obligation.* Arrêtez-vous également sur la ponctuation. Tous ces éléments vont vous permettre de déterminer quels sont les points importants du texte, leur sens, leur valeur (par rapport au texte lui-même ou à d'autres).

4. À ce stade, vous allez pouvoir dégager le sens du texte et ensuite le comparer avec la signification que la jurisprudence a pu lui donner. A-t-elle précisé certains de ses éléments ? Existe-t-il des solutions contredisant le texte, quel est leur objet, leur domaine, leur valeur respective ?

5. Une fois ce travail effectué, vous serez en mesure de formuler une problématique juridique. Vous allez pouvoir classer les différentes informations que vous aurez recueillies relativement au texte et tenter de formuler un plan répondant à votre problématique. En général, il est recommandé de suivre le plan du texte. Si ce dernier n'est pas porteur de sens, il est possible de retenir un plan différent, s'appuyant, par exemple, sur les différents principes portés par la règle de droit.

Proposition de corrigé [1]

L'adage est connu : la charge de la preuve incombe au demandeur [2] ; la conséquence de la défaillance de ce dernier l'est tout autant : le défendeur est libéré [3]. Voilà deux règles anciennes dont la réciprocité et la clarté sont manifestes. Depuis l'avènement du Code civil, c'est l'article 1315 qui régit la question de l'attribution de la charge – ou du fardeau – de la preuve. Il dispose que « celui qui réclame l'exécution d'une obligation doit la prouver. Réciproquement, celui qui se prétend libéré, doit justifier le payement ou le fait qui a produit l'extinction de son obligation ». La solution retenue reprend deux propositions initiées par Pothier. Introduites dans le Code civil, elles furent placées au frontispice du chapitre VI concernant « la preuve des obligations et de celle du payement », du titre III du livre III du Code civil relatif aux « contrats ou des obligations conventionnelles en général ». En dépit d'une insertion au cœur des dispositions consacrées aux obligations contractuelles, la règle représente, aujourd'hui encore, la solution de droit commun.

Parler de la charge de la preuve, c'est envisager la personne qui doit rapporter une preuve, c'est-à-dire faire la démonstration de la véracité d'une affirmation. Très logiquement la charge de la preuve est supportée par celui qui entend obtenir la modification d'une situation acquise,

1. S'il n'est pas attendu un devoir aussi complet d'un étudiant de première année de Licence Droit, vous trouverez cependant, ici, une trame de raisonnement qui peut être suivie avec profit.

2. *Actori incumbit probatio* : la preuve incombe au demandeur. V. H. Roland et L. Boyer, *Adages du droit français*, Litec, coll. Traité, 1999, n° 10.

3. *Actore non probante, reus absolvitur* : si le demandeur ne fait pas sa preuve, le défendeur est libéré. V. *op. cit.*, n° 9.

d'un état de choses. L'article 9 du CPC ne dément pas l'affirmation puisqu'il dispose qu'« il incombe à chaque partie de prouver conformément à la loi les faits nécessaires au succès de sa prétention ». Le rideau se lève alors sur la scène. L'acte premier de la pièce voit le demandeur rapporter les faits nécessaires à l'appui de sa prétention. En réponse, dans un acte deuxième, c'est au défendeur de prouver contre la preuve apportée par le demandeur ou de rapporter la preuve de sa libération. Toute prétention nouvelle entraînant à nouveau le jeu de l'entier mécanisme de la charge de la preuve. En définitive, c'est un véritable dialogue, ordonné, hiérarchisé, chronologique, qu'instaure l'article 1315 du Code civil.

Conséquence de ce dialogue et de l'inversion des rôles des différents acteurs, successivement demandeurs et défendeurs à la preuve, celui sur qui pèse en dernier lieu la charge de la preuve supporte le risque de la preuve. C'est-à-dire qu'en cas de défaillance, il perdra son procès. La preuve est donc bien la rançon des droits, tout au moins de leur reconnaissance ou de leur sanction. L'importance de la règle est d'autant plus grande qu'en matière civile le juge ne peut suppléer la carence des parties dans la recherche de la preuve [4].

C'est un véritable modèle dialogique [5] que promeut le Code civil. Modèle doté d'une sanction efficace en cas de défaillance de la partie à qui revenait la charge de la preuve. Mécanique, le modèle est cependant loin d'être absolu. Des exceptions au principe existent comme, par exemple, l'inversion entre les parties de l'attribution initiale de la charge de la preuve. Aujourd'hui, c'est l'existence même de la règle qui est contestée. En effet, de nombreuses dispositions de droit spécial dérogent au principe. Un nouveau modèle se dessine, dans lequel l'ordre, la chronologie, sont oubliés. L'ensemble des preuves devant être apportées par les parties dans un même temps. C'est alors au juge qu'il revient d'apprécier, globalement, les preuves qui lui sont soumises. La place de ce dernier est, par conséquent, renforcée.

La recherche de la personne sur qui pèse la charge de la preuve implique un raisonnement en deux étapes. Il s'agit de déterminer le point de départ du dialogue sur la preuve (I) et d'envisager la mise en place du dialogue consécutif (II).

I. La détermination du point de départ du dialogue sur la preuve

La détermination du point de départ du dialogue sur la preuve dépend de l'attribution initiale de la charge de la preuve. Elle fait l'objet d'une solution de principe (A), qui peut être l'objet d'une inversion (B).

A. L'attribution de principe de la charge de la preuve

Le débiteur de l'obligation probatoire est la personne qui « réclame l'exécution d'une obligation ». Réclamer l'exécution d'une obligation, c'est se prévaloir de cette obligation et demander sa mise en œuvre. Or, la notion d'obligation est susceptible de prendre plusieurs sens. Dans une approche stricte, il peut s'agir d'une obligation contractuelle, qui trouve sa source dans un

4. Art. 146 du Code de pr. civ.
5. « Dialogique : qui est en forme de dialogue », dictionnaire Le Robert.

contrat, et dont l'objet peut être : de faire, de ne pas faire ou de donner quelque chose. C'est par exemple, celle d'un garagiste, tenu de réparer un véhicule (obligation de faire) qui lui est confié en vertu d'un contrat d'entreprise. Cette définition ne doit pas être retenue car elle est trop restrictive. Dans un sens plus large, l'obligation correspond au lien de droit entre deux personnes en vertu duquel l'une d'elle peut demander à l'autre l'exécution d'une prestation, quelle qu'en soit la source. L'article 1315 du Code civil concernerait alors la preuve des droits personnels. Cependant, la jurisprudence n'a pas entendu limiter le domaine de la règle aux seuls droits personnels et a étendu son application également à la preuve des droits réels.

Au regard du large domaine couvert par l'article 1315 du Code civil, la personne sur qui pèse la charge de la preuve peut être identifiée par référence à l'article 9 du Code de procédure civile. Il s'agit tout simplement de la personne qui élève une prétention. C'est-à-dire celle qui se prévaut en justice de l'application d'une règle de droit. Elle devra rapporter la preuve des éléments factuels permettant de mettre en œuvre la règle de droit invoquée, c'est-à-dire d'en obtenir l'effet. L'auteur de la prétention est donc, pour ce qui concerne la preuve de faits invoqués au soutien de sa prétention, demandeur à la preuve.

Une fois le demandeur initial à la preuve déterminé, il devra exécuter son obligation probatoire. La question est alors celle des modes de preuve et de l'administration de la preuve. Elle ne concerne pas spécialement nos développements. En revanche, il faut noter que le principe posé, quant à l'attribution de la charge de la preuve, est loin d'être absolu, puisqu'une inversion de la charge de la preuve est possible.

B. L'inversion possible de la charge de la preuve

Inverser la charge de la preuve, c'est la faire peser sur celui qui est en théorie le défendeur (normal) à la preuve, à la place du demandeur (normal) à la preuve[6]. Il y a alors interversion des personnes sur lesquelles pèsent le poids et le risque de la preuve. Le point de départ du dialogue sur la preuve change de tête. Le demandeur est tout simplement déchargé du fardeau de la preuve. C'est donc le défendeur à la preuve qui occupe la position première relativement à l'administration de la preuve. Ce n'est plus alors celui qui demande l'exécution d'une obligation qui doit la prouver, mais c'est au défendeur de rapporter la preuve de sa libération.

Ensuite, se pose la question de la détermination du mécanisme originaire de renversement de la charge de la preuve. C'est, au premier chef, le législateur qui peut prévoir une inversion de la charge de la preuve, notamment par le biais des présomptions légales. Les présomptions sont définies à l'article 1349 du Code civil « *comme les conséquences que la loi ou le magistrat tire d'un fait connu à un fait inconnu* ». Il s'agit de déduire l'existence d'un fait, dont il est difficile de rapporter directement la preuve ou afin d'éviter des débats probatoires inutiles, par la preuve de l'existence d'un autre fait. De prime abord on peut penser qu'il n'y a alors pas inversion de la charge de la preuve mais simplement modification de l'objet de la preuve. Pourtant, les présomptions légales ont un effet plus radical puisqu'elles opèrent purement et simplement décharge du demandeur à la preuve, de son obligation probatoire. En effet, l'article 1352 du Code civil dispose que « la présomption légale dispense de toute preuve celui au profit duquel elle existe ». Il s'agit, par exemple, de la présomption de bonne foi posée à l'article 2268 du

6. V. les développements consacrés à la charge de la preuve dans le chapitre 9 du cours.

Code civil. Le demandeur qui l'invoque est dispensé d'apporter la preuve positive de sa bonne foi. La portée de cette présomption a une intensité variable. Soit elle laisse la possibilité de rapporter une preuve contraire, ce sont les présomptions simples. L'effet d'un tel mécanisme est de passer directement à la seconde étape dans la chronologie de la preuve. C'est alors au défendeur de rapporter, en premier lieu, la preuve libératoire. Soit elle porte un coup d'arrêt à la discussion, aucune preuve contraire ne peut plus être rapportée, c'est une présomption irréfragable.

Les volontés privées ont également la possibilité de modifier le principe posé à l'article 1315 du Code civil, ce dernier étant supplétif et non d'ordre public. Un renversement de la charge de la preuve peut donc avoir une origine conventionnelle. La convention sur la preuve aura pour objet d'organiser les rapports probatoires entre les parties. C'est alors le système conventionnel qui jouera. De nombreuses applications existent, notamment en matière de contrat de fourniture d'eau, ou d'abonnement téléphonique. En l'absence de convention sur la preuve, le fournisseur devra rapporter la preuve de l'existence de sa créance. Par le biais d'une convention sur la preuve, le seul relevé édité par l'opérateur suffira. C'est au client qu'il reviendra de démontrer l'inexistence des consommations (v. par ex. Cass. 1re civ., 30 mars 1999, *Bull. civ.* I, n° 113). On assiste bien à un renversement de la charge de la preuve qui résulte de l'allégement du fardeau de la preuve. La preuve, plus aisée à rapporter, permettra de faire passer facilement sa charge et son risque sur la tête du défendeur à la preuve. Le juge aboutit à une solution proche lorsqu'il admet une preuve rapportée par le biais d'une présomption du fait de l'homme. Cette technique est notamment utilisée à propos des relevés de communications édités par France Telecom (v. par ex. Cass. 1re civ., 28 janvier 2003, *Bull. civ.* I, n° 26).

Le point de départ du dialogue probatoire étant déterminé, le dialogue va pouvoir prendre place.

II. La mise en place du dialogue

Une fois la preuve initiale apportée, un dialogue probatoire se crée, débutant par la réplique éventuelle du défendeur à la preuve (A). Ce système est aujourd'hui contesté en faveur d'un dépassement du dialogue probatoire (B).

A. La construction du dialogue : la réplique du défendeur à la preuve

L'alinéa 2 de l'article 1315 du Code civil dispose que : « *celui qui se prétend libéré doit justifier le payement ou le fait qui a produit l'extinction de son obligation* ». Il semble construit en réponse au premier. Ainsi, l'apport initial de la preuve, par le demandeur à la preuve, opère une inversion de la charge et du risque de la preuve qui pèse dorénavant sur le défendeur à la preuve. Demandeur et défendeur à la preuve échangent, en quelque sorte, leur qualité.

L'objet de la preuve qu'il devra apporter est cependant différent de celui qui pesait sur le demandeur. En effet, une fois la preuve de l'obligation – exigée par l'alinéa 1er – apportée par le demandeur, le seul moyen d'y échapper, pour le défendeur, est d'en démontrer l'extinction. C'est le système envisagé à l'alinéa 2. Le défendeur à la preuve doit rapporter la preuve de sa libération et il supporte le risque de la preuve en cas de défaillance de sa part. Précisément, la notion d'extinction de l'obligation peut s'interpréter par référence aux dispositions substantielles relatives à l'extinction des obligations. Les différentes modalités en sont déterminées à l'article 1234 du Code civil et recouvrent tant l'exécution, que la contestation de la validité de l'obligation. Ainsi, entre dans le domaine de l'alinéa 2, tant le paiement du prix d'une vente que la contestation de la validité de cette dernière suite à un vice du consentement.

Cette présentation assez mécanique est contestable car l'alinéa 2 de l'article 1315 ne répond pas à l'alinéa 1er. Ce dernier vise l'existence de l'obligation tandis que le second concerne son extinction. Or, le défendeur à la preuve peut se contenter de contester l'existence de l'obligation dont la preuve a été apportée par le demandeur. Dès lors, il faut distinguer entre, d'une part, apporter une preuve contraire à l'existence d'une obligation et, d'autre part, apporter la preuve que l'on est libéré de l'obligation litigieuse. Contester l'existence d'une obligation, c'est par exemple contester le montant de la consommation d'eau que le distributeur avance. Rapporter la preuve du paiement d'une obligation, c'est-à-dire de son exécution, pourra, par exemple, consister en la démonstration du règlement du montant d'une créance.

En définitive, il faut généraliser le sens de l'alinéa 2 de l'article 1315 du Code civil. À défaut pour le défendeur d'apporter la preuve contraire à celle apportée par le demandeur, il succombera[7]. Les juridictions font d'ailleurs une interprétation large de la règle. Elles incluent dans son domaine l'ensemble des causes de disparition de l'obligation, y compris celles qui remettent en cause son existence, et donc, qui portent sur l'objet de l'alinéa 1er. Juridiquement, ce n'est alors pas toujours sur l'article 1315, alinéa 2 que le défendeur va jouer, mais également sur l'article 1315, alinéa 1er. Toujours est-il que le système de miroir entre l'alinéa premier et l'alinéa second de l'article 1315 instaure une vraie chronologie probatoire, qui trouvera son issue dans la défaite du dernier défendeur à la preuve. En dépit de sa mécanique efficace, le modèle dialogique subit la concurrence d'un autre modèle, plus souple, dans lequel il n'existe pas de chronologie, d'ordre, dans la charge de la preuve. En conséquence, il n'existe plus de dialogue probatoire.

B. Le dépassement du dialogue probatoire

Le système qui a été décrit ne paraît pas révélateur de la pratique en matière de charge de la preuve. En effet, chacune des parties va, en général, tenter, d'un geste unique, d'apporter l'ensemble des éléments de conviction dont elle a la maîtrise. Il n'est pas possible de dire qu'il y a, à ce niveau, dialogue probatoire. En réalité, la règle correspond bien plus à l'attitude que le juge va adopter face aux preuves qui lui sont soumises. Déterminant qui a la charge de la preuve, et en conséquence, qui supporte le risque de la preuve, le juge va apporter une solution au litige dont il est saisi. Il est évident que celui qui doit fournir la preuve et qui ne le fait pas, va perdre.

La discussion va aujourd'hui plus loin. L'article 1315 du Code civil est contesté dans son mécanisme dialogique lui-même. Un certain nombre de dispositions légales nouvelles dérogent au principe. Le législateur a introduit un modèle nouveau relativement à la charge de la preuve. Ainsi, en matière de rupture du contrat de travail, l'article L. 1235-1 du Code du travail dispose que : « en cas de litige, le juge à qui il appartient d'apprécier la régularité de la procédure suivie et le caractère réel et sérieux des motifs invoqués par l'employeur, **forme**

7. C'est-à-dire qu'il perdra son procès.

sa conviction au vu des éléments fournis par les parties et au besoin après toutes mesures d'instruction qu'il estime utiles ». Chacune des parties est obligée d'apporter les éléments de preuve soutenant sa prétention, cela dans le même temps que son adversaire. La règle rompt le mécanisme de principe. Elle n'est cependant pas innovante sur ce plan, puisqu'elle correspond, on l'a vu, à la pratique.

L'innovation est ailleurs. Comme la chronologie probatoire est supprimée, le dialogue entre le demandeur et le défendeur l'est aussi. Il y a alors rupture entre d'un coté la question de la charge de la preuve et de l'autre celle du risque de la preuve. C'est donc au juge que revient la mission d'apprécier l'ensemble des éléments apportés par les parties. Au dialogue probatoire et à l'attribution du risque de la preuve, succède un système de pesée des preuves. La place du juge et sa liberté d'appréciation sont donc renforcées. Le système perd son automaticité. Plus souple, il permettra éventuellement au demandeur qui n'a pas d'éléments de preuve à sa disposition, de triompher. L'affirmation est d'autant plus actuelle qu'elle correspond à un accroissement des pouvoirs du juge en matière probatoire. Il peut ainsi ordonner des mesures d'instruction, y compris à l'encontre de la partie récalcitrante, afin qu'elle délivre une preuve utile. Cantonné à des dispositions très spécifiques, il est possible de se poser la question de savoir si ce nouveau modèle ne va pas, en définitive, triompher du premier.

AUTRE PLAN POSSIBLE

I. L'ordre : une chronologie dialogique de la preuve.
A. L'attribution initiale de la preuve.
B. La défense : le dialogue sur la preuve.
II. Le désordre : les modifications apportées au modèle.
A. Un ordre renversé : l'inversion initiale de la charge de la preuve.
B. Un ordre contesté : la remise en cause du principe posé à l'article 1315.

2e Exercice : Analyse d'arrêt

Noëmie Reichling, Allocataire de recherche et chargée de travaux dirigés à la Faculté de droit de Caen

Après avoir rédigé une analyse détaillée de l'arrêt rendu par la première chambre civile de la Cour de cassation le 16 septembre 2010, pourvoi n° 09-13.947, les étudiants en dégageront le sens, la valeur et éventuellement la portée.

Sur le moyen unique, pris en sa deuxième branche :

Vu l'article 1341 du Code civil ;

Attendu que la preuve du paiement, qui est un fait, peut être rapportée par tous moyens ;

Attendu que se fondant sur une reconnaissance de dette, M. X... a assigné Mme Y... en paiement de la somme de 37 350 euros en remboursement d'un prêt ;

Attendu que pour accueillir cette demande, l'arrêt attaqué, statuant sur renvoi après cassation (1re Civ., 20 mars 2007, pourvoi n° 05-15.427) retient que la demande d'enquête faite par Mme Y. n'était pas recevable, celle-ci, qui ne versait aux débats que des attestations, ne produisait aucune quittance constatant qu'elle s'était effectivement libérée de sa dette envers M. X., ni aucun commencement de preuve par écrit émanant de ce dernier ;

Qu'en statuant ainsi, la cour d'appel a violé, par fausse application, le texte susvisé ;

Par ces motifs, et sans qu'il y ait lieu de statuer sur les deux autres branches du moyen : casse et annule, dans toutes ses dispositions, l'arrêt rendu le 24 avril 2008, entre les parties, par la cour d'appel de Douai ; remet, en conséquence, la cause et les parties dans l'état où elles se trouvaient avant ledit arrêt et, pour être fait droit, les renvoie devant la cour d'appel d'Amiens.

I. Proposition d'analyse d'arrêt

Avertissement : La présente analyse d'arrêt est rédigée selon la méthode enseignée en première année de licence de droit.

A. Les faits

M. X a prêté une somme d'argent à Mme Y. Soutenant que cette dernière ne lui a pas remboursé la somme prêtée, M. X a saisi la justice.

B. La procédure

M. X., le prêteur, a assigné Mme Y., l'emprunteuse, en remboursement de la somme de 37 350 €. M. X est donc demandeur à l'instance et Mme Y. est défenderesse.

Nous n'avons aucune information précise concernant la nature du tribunal saisi. Cependant, compte tenu de la nature et du montant du litige en cause (il s'agit en l'espèce d'un litige de nature civile portant sur un montant supérieur à 10 000 €), nous pouvons en déduire que c'est le tribunal de grande instance qui a été saisi de l'affaire.

Nous n'avons pas d'indication sur le lieu du tribunal ni sur la date de son jugement. Le sens du jugement de première instance est également inconnu.

Nous ignorons qui a interjeté appel. Nous n'avons par ailleurs aucune information sur la cour d'appel saisie ainsi que sur le sens de son arrêt.

Nous ignorons également qui a formé le pourvoi en cassation (premier pourvoi).

La première chambre civile de la Cour de cassation a, par un arrêt du 20 mars 2007, cassé et annulé l'arrêt de la cour d'appel et renvoyé les parties devant la cour d'appel de Douai (première juridiction de renvoi).

La cour d'appel de Douai statuant sur renvoi après cassation a, par un arrêt du 24 avril 2008, fait droit à la demande de remboursement du prêteur. Elle a donc condamné l'emprunteuse à rembourser le prêt litigieux.

L'emprunteuse a alors formé un pourvoi en cassation (second pourvoi).

Par un arrêt en date du 16 septembre 2010, la première chambre civile de la Cour de cassation a cassé et annulé l'arrêt rendu par la cour d'appel de Douai et renvoyé la cause et les parties devant la cour d'appel d'Amiens (seconde juridiction de renvoi).

C. Les thèses en présence

Nous n'avons aucune information précise concernant les moyens des parties en première instance, nous savons cependant que le prêteur se fonde sur une reconnaissance de dette et que l'emprunteuse, produisant diverses attestations, prétend avoir déjà remboursé le prêt.

Nous n'avons aucune indication concernant les motifs du jugement ainsi que les moyens des parties en cause d'appel.

Les motifs de l'arrêt d'appel sont également inconnus.

Nous n'avons par ailleurs aucune information concernant le premier pourvoi.

Les motifs de l'arrêt de cassation du 20 mars 2007 sont également inconnus.

La cour d'appel de Douai, statuant sur renvoi après cassation, considère que la demande d'enquête (c'est-à-dire l'audition de témoins par le juge) faite par l'emprunteuse n'est pas recevable au motif que celle-ci ne versait aux débats que des attestations, sans produire de quittance constatant qu'elle s'était effectivement libérée de sa dette de restitution, ni aucun commencement de preuve par écrit. Pour la juridiction de renvoi, faute d'écrit ou de commencement de preuve par écrit, la preuve du remboursement n'était donc pas établie. Il est possible d'en déduire que la cour d'appel de renvoi a considéré que le paiement était un acte juridique dont la preuve doit, en principe, être rapportée par écrit au-delà de 1 500 € conformément aux dispositions de l'article 1341 du Code civil.

Le second pourvoi est composé d'un moyen unique, divisé en trois branches. Celui-ci n'est pas reproduit dans l'arrêt car il s'agit d'un arrêt de cassation.

La Cour de cassation a censuré l'arrêt de la cour d'appel de Douai pour violation de la loi par fausse application de l'article 1341 du Code civil relatif à la preuve des actes juridiques, en rappelant dans un attendu de principe que « *la preuve du paiement, qui est un fait, peut être rapportée par tous moyens* ».

D. Le problème juridique

Le problème juridique est relatif à la preuve du paiement.

Quelle est la nature juridique du paiement (acte ou fait juridique) et, par conséquent, quels sont les modes de preuve admissibles en la matière ?

E. La réponse de la Cour de cassation

Pour la Cour de cassation, le paiement est un fait juridique. Par conséquent, la preuve du remboursement du prêt peut être rapportée par tous moyens.

II. Sens, valeur, portée

Expliquer le sens de la décision consiste à expliquer le raisonnement de la juridiction qui a rendu la décision. Apprécier la valeur de la décision conduit à s'interroger sur son bien-fondé, sur sa conformité au droit positif. Étudier la portée de la décision revient à rechercher son influence sur l'évolution postérieure du droit positif.

A. Le sens

Dans cet arrêt, le paiement est analysé par la première chambre civile de la Cour de cassation comme étant un fait juridique et non pas comme le suggéraient les juges du fond un acte juridique. Il en résulte que la preuve du paiement obéit au régime de la liberté de la preuve des faits juridiques et n'est donc pas soumise à l'exigence d'un écrit. Le paiement se prouve donc par tous moyens notamment par des témoignages.

B. La valeur

La solution retenue par la première chambre civile de la Cour de cassation s'inscrit dans la continuité d'une série d'arrêts rendus dans le même sens (Cass. 1re civ., 6 juillet 2004, n° 01-14.618 ; Cass. 1re civ., 5 juillet 2005, n° 03-18.109 ; Cass. 1re civ., 30 avril 2009, n° 08-13.705).

Cependant, la jurisprudence de la Cour de cassation n'est pas unanime et des divergences existent en son sein sur la question de la preuve du paiement. La deuxième chambre civile juge, sans aborder la question de la nature juridique du paiement, que « *la preuve du paiement peut être rapportée par tous moyens* » (Cass. 2e civ., 17 décembre 2009, n° 06-18.649), alors que la chambre sociale (Cass. soc., 11 janvier 2006, n° 04-41.231) et la troisième chambre civile (Cass. 3e civ., 27 février 2008, n° 07-10.222) retiennent que le paiement est un acte juridique dont la preuve ne peut être rapportée, en principe, que par écrit.

C. La portée

La qualification du paiement en tant que fait juridique conduit à un opportun assouplissement de la preuve du paiement. Toutefois l'existence de divergences au sein même de la Cour de cassation est source d'insécurité juridique puisque les règles de preuve applicables au paiement varient d'une chambre à l'autre. Il est donc souhaitable que les autres chambres de la Cour de cassation se rallient à la position de la première chambre civile.

3e Exercice : Cas pratique

Loïs Raschel, Maître de conférences à l'Université de Caen Basse-Normandie (CRDP)

Sujet n° 1. La preuve du droit

Au cours d'une escale en Asie, Nicolas achète plusieurs meubles en bois précieux. Une fois rentré en Normandie, il s'aperçoit que les meubles expédiés ne sont pas ceux qui avaient fait l'objet de son choix. Souhaitant obtenir une réduction du prix payé, il hésite à saisir le juge français. En effet, le contrat est soumis à la loi locale. Or, il ignore le contenu du droit étranger. Pouvez-vous le rassurer ?

Proposition de corrigé du Sujet n° 1

Nicolas doit-il établir lui-même le contenu de la loi étrangère ? Sur ce point, la jurisprudence a évolué. Dans un arrêt *Amerford*, la Cour de cassation avait affirmé qu'en matière de *droits disponibles*, « il incombe à la partie qui prétend que la mise en œuvre du droit étranger, désigné par la règle de conflit de lois, conduirait à un résultat différent de celui obtenu par l'application du droit français, de démontrer l'existence de cette différence par la preuve du contenu de la loi étrangère qu'elle invoque ». En revanche, lorsque le litige mettait en jeu des *droits indisponibles*, il appartenait au juge tenu d'appliquer d'office la règle de conflit d'en rechercher la teneur. Une obligation identique pesait sur le juge qui, spontanément, déclarait d'office applicable la loi étrangère en matière de droits disponibles. Or, dans un arrêt du 18 septembre 2002 (pourvoi n° 00-14.785), la Cour de cassation a renforcé l'office du juge : « il appartient au juge saisi de l'application d'un droit étranger de procéder à sa mise en œuvre et, spécialement, d'en rechercher la teneur afin de trancher le litige selon ce droit ». En l'espèce, le litige mettait en jeu des droits disponibles et l'application du droit étranger avait été invoquée par le demandeur. Cette approche s'est confirmée dans deux arrêts rendus par la première chambre civile (pourvoi n° 00-15.734) et par la chambre commerciale (pourvoi n° 02-14.686) le 28 juin 2005 : « il incombe au juge français qui reconnaît applicable un droit étranger, d'en rechercher, soit d'office soit à la demande d'une partie qui l'invoque, la teneur, avec le concours des parties et personnellement s'il y a lieu, et de donner à la question litigieuse une solution conforme au droit positif étranger ». La formule est devenue classique (voir en dernier lieu Cass. 1re civ., 1er juin 2011, pourvoi n° 10-20.232). Par conséquent, l'obligation du juge d'établir la teneur de la loi étrangère n'est plus liée à sa seule initiative. Les craintes de Nicolas peuvent être rapidement écartées…

Sujet n° 2. La preuve des faits

Après des années de bonheur, François et Berthe ne s'entendent plus… Des amis du couple racontent à François avoir vu à plusieurs reprises Berthe en compagnie d'un autre homme, dont elle semblait très proche. Inquiet, François interroge ses deux enfants, âgés de 10 et 19 ans, qui évoquent également la présence répétée d'un autre homme aux côtés de leur mère. De plus en plus suspicieux, François décide d'avoir recours aux services d'un détective privé, chargé de suivre sa femme et d'établir le cas échéant l'adultère. Et sans plus attendre, François fouille toutes les affaires de son épouse, alors qu'elle est partie à son travail ; il trouve un journal intime qui évoque sa liaison. Sûr de son fait, François vient vous consulter afin d'engager la procédure de divorce. Que pouvez-vous conseiller à François pour la constitution du dossier et le recueil des pièces justificatives ?

Proposition de corrigé du Sujet n° 2

La fidélité est l'une des obligations nées du mariage (C. civ., art. 212). Le manquement au devoir de fidélité peut constituer une faute rendant intolérable le maintien de la vie commune et justifiant le prononcé du divorce (C. civ., art. 242). Encore faut-il prouver le fait constitutif de la faute, à savoir l'adultère.

Le principe est bien connu : la preuve d'un fait s'établit par tous moyens. Cependant, cette liberté dans l'administration de la preuve d'un fait n'est pas absolue et le principe connaît des tempéraments. En l'espèce, des règles spécifiques sont posées s'agissant de la procédure de divorce. En vertu de l'article 259 du Code civil, « Les faits invoqués en tant que causes de divorce ou comme défenses à une demande peuvent être établis par tout mode de preuve, y compris l'aveu. Toutefois, les descendants ne peuvent jamais être entendus sur les griefs invoqués par les époux ». De plus, l'article 259-1 dispose qu'un époux ne peut verser aux débats un élément de preuve qu'il aurait obtenu par « violence ou fraude ». Il s'agit là d'une application du principe de loyauté.

Analysons à présent les possibilités de prouver l'adultère.

Il est certain qu'en application de l'article 259 du Code civil, aucune attestation des enfants ne pourra être admise au cours du débat judiciaire, de même que le juge ne pourra entendre les enfants sur l'adultère (v. aussi l'article 205 alinéa 2 du Code de procédure civile : « les descendants ne peuvent jamais être entendus sur les griefs invoqués par les époux à l'appui d'une demande en divorce ou en séparation de corps »). Cela vaut aussi bien pour l'enfant mineur (10 ans) que pour l'enfant majeur (19 ans).

Par ailleurs, est-il possible d'avoir recours à un détective privé pour recueillir des éléments de preuve ? Celui-ci va suivre l'épouse de François, prendre des photographies et dresser un rapport à son client. Les juridictions admettent la production en justice d'un rapport de détective privé, dont la force probante et le contenu pourront être contradictoirement discutés au cours des débats (rappr. : Cass. 1re civ., 28 février 2006, pourvoi n° 05-14.288). Il est également possible de faire appel à un huissier de justice qui dressera un constat. L'article 259-2 du Code civil vient cependant préciser que les constats dressés à la demande d'un époux sont écartés des débats « s'il y a eu violation de domicile ou atteinte illicite à l'intimité de la vie privée ». François devra saisir par requête le président du tribunal de grande instance afin qu'il autorise l'huissier de justice à s'introduire chez l'amant de son épouse ; ce dernier ne pourra alors invoquer la violation de son domicile (par ex. : Cass. 1re civ., 18 novembre 1992, pourvoi n° 90-19.368).

S'agissant ensuite de la production aux débats du journal intime de Berthe, il existe sur ce point une jurisprudence fournie. Il ne s'en dégage pas de règle absolue et la jurisprudence est fluctuante, tant il est difficile de trouver un équilibre entre les principes de liberté de la preuve et le respect de la vie privée. Mais les chances d'admission sont en tout cas bien réelles (voir par ex. Cass. 2e civ., 6 mai 1999, pourvoi n° 91-12.437 : « en tirant de la lecture du journal intime de l'épouse, qui se bornait à alléguer que son conjoint le lui avait subtilisé, la conviction de la réalité des relations adultères nouées avec un autre homme, la cour d'appel, qui n'a pas énoncé que ce journal contenait un aveu, n'a fait, sans violer les textes visés au moyen, qu'user de son pouvoir souverain d'appréciation de la valeur et de la portée de cet unique élément de preuve du caractère fautif au sens de l'article 242 du Code civil »). Enfin, restent à envisager les témoignages des amis du couple. Ils pourront être pris en compte, mais il faut ici rappeler que le Code de procédure civile pose à l'article 202 des règles de forme spécifiques au recueil des témoignages écrits : l'attestation mentionne les nom, prénoms, date et lieu de naissance, demeure et profession de son auteur ainsi que, s'il y a lieu, son lien de parenté ou d'alliance avec les parties, de subordination à leur égard, de collaboration ou de communauté d'intérêts avec elles [...]. Une attestation qui ne respecterait pas ces règles de forme ne serait pas nulle ; cependant, sa force probante s'en trouverait diminuée.

Sujet n° 3. La preuve des actes

François est très ennuyé. Lors d'un déjeuner rassemblant des anciens élèves de son lycée, il a acheté la voiture de son vieil ami Nathan pour la somme de 2 000 euros. L'argent a immédiatement été versé mais François n'a toujours pas été livré. En dépit de plusieurs demandes, Nathan reste silencieux... Comment procéder alors qu'il n'existe aucune trace écrite de la vente ? Par ailleurs, lors de ce même déjeuner, François a retrouvé Joséphine, dont il était éperdument amoureux dans ses jeunes années. Elle lui a indiqué rencontrer des problèmes financiers. Heureux de pouvoir lui rendre service, François n'a pas hésité à lui prêter 2 500 euros. D'un tempérament prudent, il a malgré tout décidé de lui faire signer un document, sur lequel il a préalablement noté la somme prêtée, en toutes lettres et en chiffres. Joséphine devait le rembourser quelques jours plus tard. Mais elle semble curieusement ne se souvenir de rien...

François s'interroge : comment prouver l'existence des deux actes juridiques ?

Proposition de corrigé du Sujet n° 3

François réclame la livraison d'une voiture et le remboursement d'un prêt. Il faut immédiatement déterminer les montants en cause. En effet, l'article 1341 du Code civil dispose que « Il doit être passé acte devant notaires ou sous signatures privées de toutes choses excédant une somme ou une valeur fixée par décret, même pour dépôts volontaires, et il n'est reçu aucune preuve par témoins contre et outre le contenu aux actes, ni sur ce qui serait allégué avoir été dit avant, lors ou depuis les actes, encore qu'il s'agisse d'une somme ou valeur moindre ». La somme ou la valeur a été fixée à 1 500 euros (décret 20 août 2004).

S'agissant d'abord de la livraison de la voiture, dont le prix a été fixé à 2 000 euros, la règle contenue à l'article 1341 du Code civil va s'appliquer : un écrit sera exigé. En principe, il faut se référer à l'article 1325 du Code civil, qui exige, pour les conventions synallagmatiques, qu'il soit fait autant d'originaux que de parties ayant un intérêt distinct. De plus, chaque original doit contenir la mention du nombre des originaux qui en ont été faits. Or, François ne dispose d'aucun écrit. Il ne peut, dans ces conditions, avoir recours aux témoignages des personnes ayant assisté au déjeuner pour prouver l'existence du contrat. La seule possibilité pour lui serait d'invoquer l'article 1348 du Code civil, qui écarte l'exigence d'un écrit en cas d'impossibilité morale : « Les règles ci-dessus reçoivent encore exception [...] lorsque l'une des parties, soit n'a pas eu la possibilité matérielle ou morale de se procurer une preuve littérale de l'acte juridique, soit a perdu le titre qui lui servait de preuve littérale, par suite d'un cas fortuit ou d'une force majeure ». Cette situation ne se limite pas au simple lien de parenté : la jurisprudence s'est déjà attachée au lien d'amitié pour justifier l'impossibilité morale de se procurer un écrit. Mais il est peu probable que les relations très épisodiques de François et Nathan soient suffisantes pour que le juge caractérise une telle impossibilité...

S'agissant ensuite du prêt de 2 500 euros, François dispose d'un écrit, signé de la main de Joséphine. Sa tâche ne sera pas aisée pour autant. En effet, selon l'article 1326 du Code civil, « L'acte juridique par lequel une seule partie s'engage envers une autre à lui payer une somme d'argent ou à lui livrer un bien fongible doit être constaté dans un titre qui comporte la signature de celui qui souscrit cet engagement ainsi que la mention, écrite par lui-même, de la somme ou de la quantité en toutes lettres et en chiffres. En cas de différence, l'acte sous seing privé vaut pour la somme écrite en toutes lettres ». Ce n'est malheureusement pas le cas en l'espèce : la mention manuscrite a été rédigée par François. Que se passe-t-il dans une telle hypothèse ? Lorsque les formalités ne sont pas respectées, la force probante de l'acte est simplement atténuée : il peut encore valoir comme commencement de preuve par écrit. C'est donc à François de chercher à compléter cette preuve en ayant notamment recours aux témoignages des autres convives. Peut-être l'un d'entre eux a-t-il été témoin de la scène… Si c'est le cas, l'existence du prêt pourra être établie.

CHAPITRE 10
Les juridictions et le procès

1er Exercice : Dissertation : La Cour de cassation est-elle une cour suprême ? [1]

Catherine Ginestet, Professeur à l'Université de Toulouse I Capitole

Conseils méthodologiques

COMPRÉHENSION DU SUJET

Le sujet proposé invite le candidat à réfléchir sur la place et sur le rôle de la Cour de cassation dans l'ordre interne, c'est-à-dire par rapport aux juridictions du fond, mais aussi dans l'ordre international, singulièrement par rapport aux juridictions européenne et communautaire. Pour raisonner sur l'ordre interne, des liens nécessaires devront apparaître avec d'autres thèmes étudiés en première année. De manière générale, le sujet suppose de revenir sur les sources du droit et plus particulièrement sur la jurisprudence. Il permet de montrer également l'originalité de cette juridiction en la comparant à d'autres, comme le Conseil d'État.

Il ne faut donc pas avoir une vision trop étroite du sujet, bien au contraire, ce serait sanctionné.

RECHERCHE DES IDÉES

Dans la droite ligne de ce qui précède, dresser un tableau statique de l'organisation judiciaire, aussi complet soit-il, serait évidemment tout à fait insuffisant et hors de propos. L'important est de comprendre que le devoir doit répondre clairement à la question posée.

Au préalable, il est donc indispensable de définir les termes du sujet. Les premières difficultés surgissent bien vite, car si la Cour de cassation peut être considérée comme familière dès la fin de la première année de droit, il n'en va pas de même de la Cour suprême. Qu'est-ce qui caractérise une cour suprême ? Le mot « suprême » est-il simplement synonyme de « supérieur » ? Certainement pas, puisque alors se serait admettre que la cour d'appel, hiérarchiquement supérieure au tribunal du premier degré, est une cour suprême, ce qui ne peut se concevoir. Quelques systèmes judiciaires étrangers possèdent de telles institutions comme l'Angleterre ou les États-Unis d'Amérique. Si elles peuvent être comparables sur certains points, elles ne sont cependant pas identiques.

1. Sujet d'archive, non modifié.

Des constantes apparaissent toutefois, il s'agit le plus souvent de cours qui statuent seulement en droit et qui ne rendent que peu d'arrêts dont l'importance est inversement proportionnelle à leur nombre. Une cour suprême n'est donc pas uniquement une cour supérieure dans la hiérarchie des juridictions, c'est aussi une cour souveraine qui échappe au contrôle d'un organe supérieur (cf. *Le vocabulaire juridique*, CORNU). Par voie de conséquence, elle doit être unique. Or le droit français connaît non seulement la Cour de cassation mais aussi le Conseil d'État ayant des fonctions de cassation dans l'ordre administratif, le Tribunal des conflits et le Conseil constitutionnel.

La démarche la plus judicieuse pour aborder le sujet consiste donc à rechercher quels sont les arguments qui permettent de penser que la Cour de cassation est une cour suprême et ceux qui militent en sens inverse, sans perdre de vue pour autant qu'il ne peut exister plusieurs cours suprêmes en France, cela n'aurait aucun sens.

• Les arguments en faveur d'une réponse positive à la question posée

– La Cour de cassation est juge du droit et non du fait.

– La Cour de cassation n'est pas un troisième degré de juridiction. Elle est au sommet de la hiérarchie judiciaire. Ses décisions ne sont pas susceptibles de recours dans l'ordre interne.

– Les arrêts qu'elle rend ont une autorité supérieure aux décisions des juridictions du fond, surtout s'il s'agit d'arrêt de principe (à distinguer des arrêts de règlement prohibés par l'art. 5 C. civ.) et d'arrêt rendu par la formation la plus solennelle de la juridiction, l'Assemblée plénière (statuant en particulier sur second pourvoi en cassation). Son rôle est déterminant dans la création de la jurisprudence et les juristes savent combien il est utile de connaître, sur tel ou tel point, la jurisprudence de la Cour de cassation elle-même.

– La saisine de la Cour de cassation pour avis permet, *a priori*, de fixer une interprétation sûre avant même que la Cour ne soit amenée à statuer à la suite d'un pourvoi en cassation.

– Ne pas oublier non plus que la Cour de cassation a une grande part dans l'évolution du droit privé. Elle a créé, à partir de textes généraux, des principes comme celui « d'équité, qui interdit de s'enrichir au détriment d'autrui » ou encore la théorie de l'abus de droit, la responsabilité générale du fait des choses. Elle peut susciter, de façon plus ou moins directe, des interventions du législateur ce qui est à mettre en parallèle avec la publication désormais attendue du rapport annuel de la Cour de cassation.

• Les arguments en faveur d'une réponse négative à la question posée

– Dans certaines hypothèses, la Cour de cassation sort de son strict contrôle de la légalité pour devenir juge du fait (cf. cassation sans renvoi lorsque les faits tels qu'ils ont été constatés par le juge du fond permettent à la Cour d'appliquer la règle de droit sans renvoi).

– *In fine*, ce n'est pas la Cour de cassation qui tranche le litige mais la cour de renvoi qui peut parfois convaincre les hauts magistrats. De façon plus générale, la résistance des juridictions du fond peut amener la Cour de cassation à modifier sa jurisprudence.

– Le volume d'affaires traité par la Cour de cassation est trop important – quoique le nombre des pourvois soit en régression selon le rapport de la Cour de cassation de 2007 [2] – et la qualité des arrêts souvent médiocre. Le législateur essaie donc de remédier à l'encombrement de la juridiction. Différentes réformes ont permis de réduire par ailleurs le temps de traitement des affaires [3].

2. Les rapports annuels de la Cour de cassation peuvent être consultés sur le site : www.courdecassation.fr.

3. Certaines réformes sont propres à la procédure suivie devant la Cour de cassation, comme le décret du 22 mai 2008, V° L. BORÉ, « Une nouvelle réforme de la Cour de cassation », *JCP* G 2008, act. 399. Il est par ailleurs d'autres textes qui ont une influence indirecte mais non moins importante, comme les décrets des 20 août et 17 nov. 2004 étendant la représentation obligatoire en matière civile, ce qui permet comme le souligne le rapport 2007 de la Cour de cassation, de limiter le nombre de pourvois, v. spéc. p. 513 du rapport.

– La jurisprudence est instable, les arrêts sont trop souvent peu ou mal motivés. Bien plus, les chambres de la Cour de cassation ne parlent pas toujours d'une même voix. Les revirements de jurisprudence ne sont pas toujours justifiés ou expliqués. Certains d'entre eux, rendus sur des questions sensibles, focalisent les critiques ; de sorte que le législateur intervient parfois pour « briser » une jurisprudence inopportune ou infondée [4]. Le débat s'amplifie alors d'une autre dimension, celle de la séparation des pouvoirs.

– Après que la Cour de cassation ait statué, il existe des recours internationaux ; ainsi la Cour européenne des droits de l'homme (CEDH) apprécie l'application que les juridictions françaises font du droit conventionnel et la solution défendue par la Cour de cassation peut ainsi être censurée par la CEDH. La Cour de justice des communautés européennes (CJCE) joue aussi un rôle important. La jurisprudence de ces institutions pèse de plus en plus lourdement sur celle de la Cour de cassation. Bien plus, le fonctionnement de la Cour de cassation elle-même a été remis en cause par ces cours supérieures – ou devrait-on dire « suprêmes » ?

RECHERCHE DU PLAN

Le simple fait de lister ces différents points aboutit à un découpage du devoir qui semble pouvoir être directement exploité pour concevoir le plan. Le problème ne consiste donc pas à trouver les deux idées maîtresses mais plutôt à subdiviser, à l'intérieur des parties, tout en ménageant un certain nombre de réflexions pour l'introduction.

Tout ce qui ressort des deux points majeurs (« pour » et « contre ») doit figurer dans le corps du devoir car c'est là que réside la réponse à la question posée. En revanche, pour ce qui est de la présentation générale de la Cour de cassation, de son histoire, de son organisation et de la composition des chambres notamment, l'introduction est le lieu idéal de situation de ces développements.

Reste l'habillage… ou, si l'on préfère, le choix des intitulés qui doivent refléter l'idée fondamentale du développement. Il est certainement maladroit et déconseillé de choisir les intitulés suivants :

I. Les arguments pour

II. Les arguments contre

ou même de manière moins abrupte,

I. La Cour de cassation est une Cour suprême

II. La Cour de cassation n'est pas une Cour suprême

Dans l'un comme dans l'autre cas, la forme n'est pas satisfaisante dans la mesure où la réponse n'apparaît pas ; pire, le doute persiste. Bien évidemment, le fond peut compenser la faiblesse de la forme mais autant mettre les titres des parties en adéquation avec le contenu des développements. Il semble alors plus intéressant d'ordonner les idées à partir de l'expression à expliquer, « cour suprême ». Même si ce n'est pas la dénomination officielle de la Cour de cassation, elle est parfois utilisée, comme l'expression « cour régulatrice », de sorte que l'on pourrait faire valoir que, d'un côté, le qualificatif est usité (parce qu'il correspond à un aspect des choses) alors

4. Le législateur peut cependant être lui-même désavoué par la CEDH, v. sur ce point les deux arrêts du 6 oct. 2005 rendu contre la France à propos de la loi du 4 mars 2002. A. Zollinger, « La France doublement condamnée au titre de la loi *anti-Perruche* », *JCP* G. 2006, II, 10061.

que, de l'autre côté, ce qualificatif est erroné (eu égard aux arguments en faveur d'une réponse négative). Au fond, ce sont les mêmes idées qui vont être exploitées mais elles seront servies par des annonces plus explicites. L'avantage est de donner une réponse à la question posée ; reste à convaincre le correcteur, par une rédaction soignée, que vous avez choisi la bonne !

I. Cour suprême : un qualificatif usité

II. Cour suprême : un qualificatif erroné

Pour ce qui est des sous-parties, il faut rechercher dans les deux séries d'arguments s'il peut se trouver des idées directrices permettant une articulation satisfaisante. La césure apparaît plus facilement pour les éléments menant à une réponse négative. En effet, certains d'entre eux relèvent exclusivement du droit interne (les faiblesses de la jurisprudence, le jugement au fond) au contraire des références à la Convention EDH par exemple. Quant à la première partie, il s'agit de mettre en exergue les caractéristiques qui sont systématiquement mises en avant et qui permettent de souligner la supériorité de la Cour de cassation. Elle est juge du droit et elle a un rôle déterminant dans la création jurisprudentielle, deux points qui doivent permettre de fédérer les autres idées. Le plan retenu est donc le suivant :

I. Cour suprême : un qualificatif usité
  A. La Cour de cassation, juge du droit
  B. Le rôle régulateur de la Cour de cassation

II. Cour suprême : un qualificatif erroné
  A. Le fonctionnement critiquable de la Cour de cassation
  B. La Cour de cassation dans l'ordre international

Réaliser un plan en trois parties semble ici envisageable, bien que moins classique. Sur le fondement des mêmes idées, pourquoi ne pas procéder graduellement dans la réponse en proposant par exemple :

I. La Cour de cassation est une cour supérieure

II. La Cour de cassation est juge du droit

III. La Cour de cassation n'est pas une cour suprême

L'exercice serait peut-être plus difficile dans la mesure où une telle structure (qui semble au demeurant plus simple) impose une plus grande rigueur dans la rédaction des développements en particulier ceux du I et du II. Le plan en trois parties ne doit donc pas être envisagé comme une solution de facilité.

Proposition de corrigé

« Il y a, pour toute la République, une Cour de cassation ». Cette règle de l'article L. 411-1 du Code de l'organisation judiciaire fait apparaître d'emblée toute l'originalité, la singularité de cette juridiction unique dont le siège se trouve à Paris. Elle est l'héritière du Tribunal de cassation, créé en 1790, qui succédait lui-même au Conseil du roi d'Ancien régime, au moins dans sa fonction de contrôle de l'application de la loi par les juges. Moins qu'un véritable organe judiciaire, le Tribunal de cassation n'était conçu, au départ, que comme un auxiliaire du pouvoir législatif. C'est en l'an XII que la juridiction prend le nom de Cour de cassation, mais elle ne gagne véritablement son indépendance que le 1er avril 1837 avec l'abolition du référé-législatif. À partir de ce moment-là, la Cour de cassation prend une tout autre envergure car elle peut alors interpréter elle-même la loi et imposer peu à peu la lecture qu'elle en fait aux juridictions du fond. Le Conseil d'État est, en quelque sorte, son *alter ego* dans l'ordre administratif. C'est en effet l'organe hiérarchiquement supérieur de cet ordre de juridictions, mais aussi celui qui conseille le gouvernement et émet des avis sur les projets de lois par exemple. Sa double fonction pose d'ailleurs un problème récurrent de dépendance vis-à-vis du pouvoir exécutif.

Au contraire, la position de la Cour de cassation ne présente plus aucune ambiguïté puisqu'elle est aujourd'hui totalement détachée du pouvoir législatif, au point de voir le législateur « briser » des jurisprudences critiquables. Ainsi, la loi du 4 mars 2002 relative aux droits des malades et à la qualité du système de santé va-t-elle contre l'arrêt Perruche, en proclamant sans détour dès son article 1er : « Nul ne peut se prévaloir d'un préjudice du seul fait de sa naissance ». Par un raccourci commode, les juristes la connaissent sous le nom de « loi anti-Perruche ». C'est assez dire l'importance de cet organe, unique en son genre, dont l'autorité est réelle même si elle ressort ici de manière inattendue. La question se pose alors de la séparation des pouvoirs législatif et judiciaire.

L'originalité de la Cour de cassation, quant à elle, est palpable, aussi bien dans la procédure suivie que dans sa composition, tout à fait spécifique. Elle comprend six chambres, trois civiles, une commerciale et financière, une sociale et une criminelle, chacune composée d'un président, de conseillers, de conseillers référendaires, de greffiers et d'un représentant du ministère public. Selon le type de questions à régler, la Cour se réunit en formations très différentes les unes des autres. La plus simple est la formation restreinte de chaque chambre, réduite à trois conseillers, qui filtre les pourvois en cassation et rejette ceux qui ne semblent pas sérieux. Mais les arrêts peuvent aussi être rendus en chambre mixte présidée par le premier président et composée de trois magistrats appartenant au moins à trois chambres de la Cour, notamment lorsque la question relève normalement des attributions de plusieurs chambres. Enfin, l'Assemblée plénière est présidée par le premier président et comprend en particulier les présidents et les doyens de chaque chambre. Le recours à cette formation, qui est de loin la plus solennelle, permet de résoudre les solutions divergentes entre juridictions du fond par exemple ou de statuer sur un second pourvoi au cas de résistance des juges du fond.

Qui songerait donc à nier la singularité de la Cour de cassation ? Faut-il aller pourtant jusqu'à admettre que la Cour de cassation est une cour suprême ? La réponse à cette question suppose de cerner au préalable la notion de « cour suprême ». L'exercice n'est pas simple. En effet, si certains pays connaissent ce genre de juridiction comme l'Angleterre [5] ou les États-Unis, il est hasardeux de dresser des critères universels. Il semble toutefois que des constantes apparaissent : une cour suprême statue seulement en droit, en donnant éventuellement des directives aux praticiens sur des points faisant difficultés, elle rend donc *a priori* peu d'arrêts lesquels ne peuvent être remis en cause devant aucune autre instance. Pour autant qu'il soit possible de transposer ces critères à la Cour de cassation et compte tenu des règles qui la régissent, il apparaît que si le qualificatif de cour suprême est usité par certains (I), non sans quelques raisons, il s'avère que ce qualificatif est erroné (II).

I. Cour suprême : un qualificatif usité

Pour désigner la Cour de cassation, les juristes lui donnent, surtout par commodité, des qualificatifs qui traduisent certaines de ses caractéristiques. En insistant sur son rôle régulateur

5. La Cour suprême a remplacé l'emblématique Chambre des Lords par la réforme constitutionnelle de 2005. V. Y. Laurin, « Création de la Cour suprême du Royaume-Uni », *JCP* G 2006, actualités 142.

(B) ou sur le fait qu'elle est juge du droit (A), ils accréditent l'idée selon laquelle la Cour de cassation est une cour suprême, ce qui contient une indéniable part de vérité.

A. La Cour de cassation, juge du droit

La Cour de cassation est au sommet de la pyramide judiciaire et en ce sens elle est, sans conteste, une cour suprême car elle ne juge que du droit et non du fait. Autrement dit, elle censure les arrêts et jugements rendus en dernier ressort, en fait et en droit, par les juridictions du fond, sans considération pour l'affaire elle-même. La Cour se borne à vérifier que les juridictions ont fait une exacte application de la règle de droit, ce qui justifie le caractère unique de la Cour de cassation. Aussi, cette juridiction est-elle très particulière puisque ne jugeant pas les faits, mais seulement le droit, elle ne peut être considérée comme un troisième degré de juridiction.

Sa saisine suppose de former un pourvoi en cassation qui est une voie extraordinaire de recours plus exigeante que l'appel. Ce pourvoi doit répondre à l'un des cas d'ouverture prévus par la loi comme la violation de la loi ou l'insuffisance de motifs. Par ailleurs, les arrêts rendus par la Cour de cassation sont eux-mêmes insusceptibles de recours qu'il s'agisse d'arrêt de rejet ou de cassation. En effet, lorsque l'Assemblée plénière de la Cour de cassation statue sur un second pourvoi en cassation dans une même affaire, c'est à la suite d'une résistance d'une juridiction du fond, de même nature et de même degré que celle qui a rendu la décision attaquée par le premier pourvoi, qui ne s'est pas conformée à la première décision de la Cour de cassation.

L'existence de cas d'ouverture à cassation et le fait que la juridiction ne juge que le droit expliquent aussi l'importance des solutions qu'elle rend. Dépouillées de considérations factuelles, elles doivent permettre, dans l'absolu, une bonne compréhension du droit et partant une bonne application. L'attendu de principe fondant une cassation, va lui permettre de formuler ou tout simplement de rappeler une règle de droit ignorée ou mal comprise. C'est par ce biais que la Cour de cassation joue son rôle régulateur.

B. Le rôle régulateur de la Cour de cassation

Souvent mise en exergue, la fonction régulatrice de la Cour de cassation correspond à ce que le doyen Carbonnier nommait *la mission de politique judiciaire* de la juridiction.

Le rôle de la Cour est déterminant dans la création de la jurisprudence, car elle sanctionne la mauvaise application de la loi. Ses décisions permettent d'orienter de façon plus ou moins énergique celles des juridictions du fond. La pérennité des solutions proposées par cette Cour est toutefois fonction de leurs vertus pacificatrices dans le corps social. Dans le florilège des décisions rendues, certaines sont cependant plus importantes que d'autres. Ainsi, les arrêts de principe font autorité et la décision qu'ils posent sera reprise par les différentes juridictions des premier et second degrés. Sans constituer des précédents, ni des arrêts de règlement qui s'imposeraient automatiquement aux juridictions inférieures, ils créent des règles générales et impersonnelles. Ce sont ces décisions-là qui vont, en particulier, faire jurisprudence. La Cour va parfois jusqu'à créer des principes ; ainsi, de grands arrêts ont consacré le principe d'équité qui interdit de s'enrichir au dépend d'autrui et l'action *de in rem verso* qui en découle ou encore le principe général d'une responsabilité du fait des choses. Même si l'on considère que ces principes préexistent, l'œuvre jurisprudentielle de formulation de la Cour de cassation est déterminante dans l'évolution du droit privé [6]. Bien consciente de son influence, elle va elle-même dans certains arrêts jusqu'à évoquer « la doctrine de la Cour de cassation » [7].

La Cour joue également son rôle régulateur en rendant, depuis 1991, des avis. Inspirée de la saisine pour avis du Conseil d'État, cette procédure permet aux juridictions de l'ordre judiciaire de solliciter de la Cour de cassation un avis concernant une question de droit nouvelle, présentant une difficulté sérieuse et se posant dans de nombreux litiges. Si l'avis rendu ne lie pas la juridiction, il a une incontestable autorité et permet au fond de faciliter l'unification des décisions, même si pour certains auteurs « cette manière de faire la jurisprudence nie la jurisprudence » [8].

Par ailleurs, sous l'impulsion du président Canivet, la Cour s'est dotée d'une commission de méthodologie qui élabore des « programmes de qualité » à destination des juridictions du fond afin d'améliorer encore le fonctionnement de la justice.

Enfin, depuis plusieurs années déjà, le rapport annuel de la Cour de cassation est très attendu du monde judiciaire puisque, au-delà de la présentation des solutions retenues, il ose aussi des suggestions de réformes. Il participe donc de l'effort d'harmonisation des solutions et souligne en même temps les points de droit faisant difficultés.

Qualifier la Cour de cassation de Cour suprême c'est faire en quelque sorte la synthèse de ces caractéristiques et l'assertion contient sans doute une part de vérité, mais une part seulement. À y regarder de près, le qualificatif de Cour suprême est, au fond, erroné.

II. Cour suprême : un qualificatif erroné

La plus haute juridiction de l'ordre interne n'est plus aujourd'hui l'ultime recours des plaideurs insatisfaits lesquels peuvent se tourner vers des juridictions de l'ordre international. Par voie de conséquence, la Cour de cassation n'est plus tout à fait au sommet de la pyramide au regard des juridictions internationales (B). Mais, peut-être plus gravement encore, en dehors d'un recours devant une juridiction supérieure, le fonctionnement de la Cour de cassation n'est pas exempt de critiques (A).

A. Le fonctionnement critiquable de la Cour de cassation

Les critiques les plus graves portant sur le fonctionnement de la Cour de cassation concernent surtout deux points : elle ne se comporte pas toujours en juge du droit et les décisions qu'elle rend ne sont pas à la hauteur des légitimes espérances des juristes.

---

6. Cette œuvre créatrice est toutefois contestable en matière pénale eu égard au principe légaliste, elle existe cependant et trouve aujourd'hui un fondement dans la jurisprudence de la CEDH.

7. P. Deumier, *RTD civ.* 2006, p. 73 « La *doctrine de la Cour de cassation* : opinion ou précédent ? ». L'auteur met en relief cette « hybridation inattendue de la doctrine et de la jurisprudence ».

8. F. Zénati, « La saisine pour avis de la Cour de cassation », *D.* 1992, p. 242.

En effet, la plus haute juridiction de l'ordre judiciaire interne devient, dans quelques hypothèses, juge du fait. Il en va ainsi lorsque la cassation sans renvoi intervient alors que les faits, tels qu'ils ont été souverainement constatés et appréciés par les juges du fond, permettent à la Cour de cassation d'appliquer la règle de droit appropriée. Cette dernière se comporte ainsi exactement comme une juridiction du fond car l'application de la règle de droit appropriée ne peut se faire qu'en revenant à l'affaire elle-même. Par ailleurs, lorsqu'il y a renvoi, c'est au fond la Cour de renvoi qui tranche définitivement le litige, pas la Cour de cassation, laquelle finit par se rendre, à l'occasion, aux arguments des juridictions du fond. Enfin, cantonner la haute juridiction dans un rôle de juge du droit suppose de pouvoir distinguer sans ambiguïté, simplement, le fait et le droit ; or la distinction n'est pas toujours simple à faire, ce qui rend la position de la Cour de cassation plus délicate encore.

Par ailleurs, de nombreux griefs sont faits à la jurisprudence de la Cour et ce à plusieurs niveaux. Quelques contradictions flagrantes – d'autant plus célèbres qu'elles sont malgré tout relativement rares – ont existé, entre les différentes chambres de la Cour de cassation sur une même question de droit. Comment ne pas citer aussi les divergences notoires de ces cours uniques que sont la Cour de cassation, le Conseil d'État et le Conseil constitutionnel sur des questions aussi sensibles que le statut pénal du chef de l'État ? Ce qui tend à prouver qu'aucune de ces institutions n'est une cour suprême. Bien différent et plus courant est le revirement de jurisprudence de la Cour « régulatrice », parfois imprévisible, sans réelle explication de la part des hauts magistrats. Enfin, certaines décisions ne répondent pas aux canons régissant la composition des arrêts. Ainsi, par exemple, le visa fait parfois défaut ou, plus gravement encore, le dispositif procède d'une affirmation, non d'une démonstration, ce qui serait reproché à une juridiction du fond. La Cour de cassation est lucide cependant sur la portée de ses arrêts puisqu'elle choisit en fonction de leur intérêt et de leur valeur intrinsèque de les publier ou non au *Bulletin des arrêts*, ce qui peut être considéré comme un label de qualité de certaines décisions.

S'il ne saurait être question de les justifier, ces défauts s'expliquent du moins par le fait que la Cour de cassation doit encore faire face à de trop nombreux pourvois, même si les derniers chiffres de l'activité de la Cour sont encourageants. Les réflexions ne manquent pas en doctrine sur « la crise » subie par la Cour de cassation et le législateur essaie d'y remédier. La création d'un filtrage des pourvois et bon nombre de réformes n'ont pas d'autre but.

Cela n'est pas précisément la marque d'une cour suprême et l'impression ne peut que se confirmer en analysant la situation de la Cour de cassation face aux juridictions internationales.

B. La Cour de cassation dans l'ordre international

Au-delà des frontières de la République, dans lesquelles la Cour de cassation a une place singulière, il existe d'autres juridictions qui vont avoir une influence sur la façon de juger de la Cour de cassation. Pour s'en tenir à l'espace européen, il s'agit de la Cour européenne des droits de l'homme (CEDH) et de la Cour de justice des communautés européennes (CJCE).

Sous certaines conditions précises, le plaideur insatisfait peut saisir la CEDH et ainsi soumettre la solution rendue *in fine* par la Cour de cassation à une juridiction qui lui est supérieure. Cette dernière statue sur le fondement de la Convention européenne des droits de l'homme et des libertés fondamentales et ses décisions s'imposent non seulement aux juridictions françaises, mais aussi à l'État français. C'est ainsi que pour respecter les règles du procès équitable, telles qu'interprétées par la Cour européenne, la Cour de cassation est amenée à modifier régulièrement sa propre jurisprudence par des infléchissements ou plus radicalement par des revirements, après des périodes de résistance plus ou moins longues. De sorte que, dans ses relations avec la juridiction européenne, la plus haute cour de l'ordre judiciaire interne se comporte comme une juridiction de rang inférieur. Pendant de longues années, ce phénomène ne touchait principalement que la matière pénale, aujourd'hui il concerne tous les types de litiges. Il se manifeste très concrètement dans le fait que les arrêts sont souvent rendus par la Cour de cassation sous le visa de dispositions spécifiques de la Convention européenne et non sur celui d'articles du Code civil ou du Code pénal qui permettraient tout autant de justifier la solution. Plus gravement encore, c'est le fonctionnement ou la procédure suivie devant la Cour de cassation qui est souvent sanctionné par la CEDH. Il a été retenu qu'elle a commis une erreur manifeste d'appréciation en déclarant irrecevable un moyen prétendument nouveau. De même, l'absence de communication des conclusions de l'avocat général au demandeur qui souhaite ne pas être représenté par un avocat au conseil, est régulièrement condamnée. Dans de telles conditions, il est impossible de considérer la Cour de cassation comme une cour suprême [9]. Ses efforts sont aujourd'hui constants pour améliorer ses pratiques afin de ne plus subir les foudres de la CEDH [10].

Parallèlement, le poids du droit communautaire et de la CJCE se fait sentir aussi de manière significative puisque cette dernière a décidé que le juge national – dont la Cour de cassation – est tenu d'interpréter le droit interne à la lumière des directives, quand bien même elles ne seraient pas encore transposées en droit national. Elle est donc, en quelque sorte sous l'autorité de cette juridiction internationale. De même, la Cour de cassation va s'en remettre à l'interprétation de la CJCE en la saisissant de questions préjudicielles, ce qui n'est pas précisément le fait d'une cour suprême [11].

La jurisprudence de ces institutions pèse de plus en plus lourdement sur celle de la Cour de cassation et au fond, si Cour suprême il y a, elle se situerait plutôt dans l'ordre international.

Les pièges à éviter

Il y en a ici essentiellement deux : le premier, le plus évident est de réciter tout ce que l'on sait de la Cour de cassation avec force détail (ce n'est tout simplement pas le sujet) ; le second est de ne pas répondre à la question ou d'y répondre par d'autres questions (parce que l'on n'a pas d'opinion ou que l'on doute de la solution).

C'est, enfin, l'ensemble du devoir qui donne et justifie la réponse de manière technique. Autrement dit, le devoir ratera son but si la réponse à la question posée par le sujet est donnée au détour d'une phrase de l'introduction ou de la conclusion (qui ne s'impose pas), quand bien même elle serait jugée exacte.

9. J.-F. Burgelin, « La Cour de cassation en question », *D.* 2001, p. 932.

10. C. Popineau-Dehaullon, « Les communications de pièces aux parties devant la Cour de cassation », *JCP* G 2008, I, 139.

11. V° Cass. 1re civ., 16 avr. 2008, *Procédures* 2008, n° 172, obs. C. Nourissat.

2e Exercice : Cas pratiques

Noëmie Reichling, Allocataire de recherche et chargée de travaux dirigés à la Faculté de droit de Caen

Indiquez la juridiction compétente dans les litiges suivants

1. Un différend opposant une société de télémarketing et une de ses salariées au sujet du contrat de travail qu'elle a signé. Il est précisé que la salariée travaille à son domicile situé à Caen et que c'est elle qui agit en justice.

2. Un litige opposant Monsieur Durant, commerçant à Caen et l'un de ses fournisseurs installé à Lyon. C'est le fournisseur qui agit.

3. Un litige entre un exploitant agricole de Rots et son bailleur au sujet du bail rural.

4. Un litige entre un commerçant caennais en matériel informatique et un consommateur à propos d'un ordinateur portable acheté 699 €. C'est le consommateur qui agit.

5. Un litige opposant Monsieur Dupont, habitant à Périers-sur-le-Dan, à son voisin, propriétaire d'un coq dont le chant matinal l'indispose. Il réclame 1 500 € de dommages et intérêts.

6. Le prononcé d'une condamnation à l'encontre de l'auteur d'un meurtre.

7. Un litige entre deux amis. Paul de Strasbourg refusant de rembourser à Pierre de Caen les 5 000 € qu'il lui a empruntés.

8. Un recours formé contre un jugement rendu en premier et dernier ressort.

9. Le prononcé d'une condamnation à l'encontre de l'auteur d'un vol.

10. Un litige relatif à la vente d'un garage situé à Caen pour un montant de 8 000 €.

Corrigé

Afin de déterminer la juridiction compétente dans les différents litiges, il convient de faire application des règles de compétence d'attribution et de compétence territoriale. La compétence d'attribution, ou *ratione materiae*, permet de déterminer la nature et le degré de la juridiction à saisir en fonction de la nature et du montant du litige et éventuellement de la qualité des parties au procès. La compétence territoriale, ou *ratione loci*, permet de déterminer parmi les juridictions d'une même catégorie, celle qui sera compétente en raison du lieu.

1°/ Un différend entre un employeur et une salariée

La question est de savoir quelle est la juridiction compétente pour connaître d'un différend opposant une société de télémarketing à sa salariée à l'occasion de l'exécution du contrat de travail de cette dernière, sachant que la salariée travaille à son domicile situé à Caen et que c'est elle qui agit en justice.

En vertu de l'article L. 1411-1 du Code du travail, le conseil de prud'hommes est compétent pour trancher les litiges individuels qui surviennent entre salariés et employeurs, à l'occasion du contrat de travail.

En l'espèce, le litige est relatif à l'exécution d'un contrat de travail entre un employeur et une salariée. Par conséquent la juridiction compétente est le conseil de prud'hommes.

S'agissant de la compétence territoriale, la compétence du conseil de prud'hommes dépend du lieu où le salarié effectue le travail (C. trav., art. R. 1412-1). Si le travail est effectué dans un établissement, le conseil de prud'hommes compétent est celui dans le ressort duquel est situé l'établissement. Si le salarié travaille en dehors de tout établissement ou à domicile, la contestation doit être portée devant le conseil de prud'hommes du domicile du salarié. Toutefois, lorsque le salarié est demandeur, il peut également choisir de saisir le conseil de prud'hommes du lieu où l'engagement a été contracté ou celui du lieu où l'employeur est établi.

En l'espèce, la salariée est demandeur et le travail est effectué à domicile. Elle peut dès lors saisir le conseil de prud'hommes de son domicile. De fait, le conseil de prud'hommes de Caen est compétent pour connaître du litige.

2°/ Un litige opposant deux commerçants

La question est de savoir quelle est la juridiction compétente pour connaître d'un litige opposant deux commerçants, sachant que le défendeur est installé à Caen et le demandeur à Lyon.

Suivant l'article L. 721-3 du Code de commerce, le tribunal de commerce est compétent pour connaître, quel que soit leur montant, des contestations relatives aux engagements entre commerçants, entre établissements de crédit ou entre eux, des contestations relatives aux sociétés commerciales et des contestations relatives aux actes de commerce par la forme entre toutes personnes.

Or, en l'espèce, le litige oppose deux commerçants dans l'exercice de leur profession. Il faut donc en conclure que ce litige relève de la compétence du tribunal de commerce. Reste à déterminer quel tribunal de commerce doit être saisi.

En principe, est territorialement compétent le tribunal du lieu du domicile du défendeur. L'article 42 du Code de procédure civile dispose ainsi que « *la juridiction territorialement compétente est, sauf disposition contraire, celle du lieu où demeure le défendeur* ». Si le défendeur est une personne physique, le lieu de la demeure correspond à son domicile ou, à défaut de domicile, à sa résidence. Si le défendeur est une personne morale, le lieu de la demeure s'entend du lieu où celle-ci est établie, ce qui correspond au lieu du siège social (CPC, art. 43). Mais la jurisprudence permet également, sous certaines conditions, d'assigner une société devant le tribunal de l'une de ses succursales [12]. Il existe toutefois des exceptions à la compétence du domicile du défendeur, mais aucune ne trouve à s'appliquer en l'espèce. Par conséquent, le défendeur étant le commerçant caennais, le tribunal de commerce de Caen sera compétent.

3°/ Un litige oppose un exploitant agricole à son bailleur

La question est de savoir quelle est la juridiction compétente pour connaître d'un litige entre un exploitant agricole de Rots et son bailleur quant au bail rural.

En vertu de l'article L. 491-1 du Code rural et de la pêche maritime, le tribunal paritaire des baux ruraux est seul compétent pour connaître des contestations entre bailleurs et preneurs de baux ruraux.

12. Cass. req., 15 avr. 1893, *DP* 1894, I, 539.

En l'espèce, le litige est relatif à un bail rural entre le propriétaire d'un domaine agricole et son exploitant. Par conséquent la juridiction compétente est le tribunal paritaire des baux ruraux.

S'agissant de la compétence territoriale, le tribunal compétent est celui du lieu où se trouve le domaine agricole (CPC, art. 880). En l'espèce, le domaine agricole étant situé à Rots, c'est le tribunal paritaire des baux ruraux de Caen qui est compétent pour connaître du litige.

4°/ Un litige entre un commerçant et un consommateur

La question est de savoir quelle est la juridiction compétente pour statuer sur un litige entre un commerçant caennais en matériel informatique et un consommateur à propos d'un ordinateur portable acheté 699 €, sachant que c'est le consommateur qui agit.

En l'espèce, les parties concernées sont un commerçant et un non commerçant. Leur litige porte sur un contrat de vente d'ordinateur portable qui est un acte mixte, c'est-à-dire un acte commercial pour le commerçant et un acte civil pour le non-commerçant.

En matière d'acte mixte, la compétence d'attribution dépend de la qualité du demandeur [13]. Si c'est le commerçant qui est demandeur, le litige doit être porté devant les juridictions civiles (TGI, TI ou juridiction de proximité), à moins que le non-commerçant accepte d'être assigné devant le tribunal de commerce. Si c'est le non-commerçant qui est demandeur, le litige peut être porté, à son choix, devant les juridictions civiles (TGI, TI ou juridiction de proximité) ou devant le tribunal de commerce.

En l'espèce, le demandeur n'est pas commerçant. Il peut dès lors saisir à son choix la juridiction civile compétente eu égard au montant du litige ou le tribunal de commerce.

Concernant la compétence territoriale, le tribunal territorialement compétent est, en principe, le tribunal du lieu du domicile du défendeur (CPC, art. 42). Il existe toutefois des exceptions à ce principe, mais aucune ne trouve à s'appliquer en l'espèce. Par conséquent, le défendeur étant caennais, les juridictions caennaises sont compétentes.

5°/ Un litige entre deux voisins

La question est de savoir quelle est la juridiction compétente pour statuer sur un litige opposant deux voisins en raison d'un trouble anormal du voisinage ayant occasionné un préjudice de 1 500 €.

La théorie des troubles anormaux de voisinage permet d'engager la responsabilité de l'auteur du trouble. La responsabilité encourue est ici de nature civile.

En matière civile, la compétence pour connaître d'une action personnelle ou mobilière peut revenir soit au tribunal de grande instance, soit au tribunal d'instance ou à la juridiction de proximité. La répartition de compétence entre les trois dépend du montant de la demande. Si la demande est inférieure à 4 000 euros, la juridiction de proximité est compétente en vertu de l'article L. 231-3 du Code de l'organisation judiciaire. Si la demande est comprise entre 4 000 et 10 000 euros, c'est le tribunal d'instance qui, en vertu de l'article L. 221-4 du Code de l'organisation judiciaire, est compétent pour connaître de l'affaire, et ce à charge d'appel. Si la demande est supérieure à 10 000 euros, le tribunal de grande instance est compétent en

13. Cass. civ., 8 mai 1907, *DP* 1911, I, p. 222 ; Cass. req., 1er juill. 1908, *DP* 1909, I, p. 11 ; Cass. civ., 6 mai 1930, *DH* 1930, p. 363 ; Cass. civ., 22 juin 1943, *DC* 1944, jurispr., p. 83.

vertu de l'article L. 211-3 du Code de l'organisation judiciaire. Suivant cet article le tribunal de grande instance a une compétence de principe pour connaître de toutes les affaires civiles et commerciales pour lesquelles compétence n'est pas attribuée, en raison de leur nature ou du montant de la demande, à une autre juridiction.

En l'espèce, le litige portant sur un montant de 1 500 €, c'est la juridiction de proximité qui est compétente.

S'agissant de la compétence territoriale, l'article 46 du Code de procédure civile offre au demandeur une option de compétence entre le tribunal du lieu du fait dommageable ou celui dans le ressort duquel le dommage a été subi et celui du lieu du domicile du défendeur.

Or, en l'espèce, le défendeur a son domicile à Périers-sur-le-Dan et le dommage est subi dans la même ville. Ainsi, en l'espèce, le domicile du défendeur et le lieu du dommage étant à Périers-sur-le-Dan, seule la juridiction de proximité de Caen est compétente.

6°/ Le prononcé d'une condamnation à l'encontre de l'auteur d'un meurtre

La question est de savoir quelle est la juridiction compétente pour juger l'auteur d'un meurtre.

En l'espèce, l'affaire est de nature pénale. En matière pénale, la compétence d'attribution dépend de la nature de l'infraction. Le tribunal de police et la juridiction de proximité sont compétents pour juger les contraventions. Le tribunal correctionnel est compétent pour juger les délits. La cour d'assises est compétente pour juger les crimes.

C'est l'importance de la peine encourue qui permet d'opérer la qualification juridique de l'infraction. Le crime est une infraction réprimée d'une peine de prison allant de dix ans à perpétuité. Le délit est une infraction pouvant être punie d'une peine de prison d'une durée maximale de dix ans et/ou d'une amende. La contravention est une infraction pouvant être punie jusqu'à 1 500 € d'amende (3 000 € en cas de récidive).

En l'espèce, l'infraction est un meurtre. En vertu de l'article 221-1 du Code pénal, il est puni de trente ans de réclusion criminelle. Il s'agit donc d'un crime. La cour d'assises est compétente.

S'agissant de la compétence territoriale, la cour d'assises territorialement compétente est, en principe, celle vers laquelle la décision de mise en accusation renvoie l'accusé.

7°/ Un litige entre deux particuliers

La question est de savoir quelle est la juridiction compétente pour connaître d'un litige entre deux amis concernant un prêt de 5 000 €, sachant que le défendeur est domicilié à Strasbourg et le demandeur à Caen.

En l'espèce, les parties concernées sont deux particuliers. Leur litige porte sur un contrat de prêt qui a nécessairement une nature civile.

En matière civile, la compétence pour connaître d'une action personnelle ou mobilière peut revenir soit au tribunal de grande instance, soit au tribunal d'instance ou à la juridiction de proximité. La répartition de compétence entre les trois dépend du montant de la demande. Si la demande est inférieure à 4 000 euros, la juridiction de proximité est compétente en vertu de l'article L. 231-3 du Code de l'organisation judiciaire. Si la demande est comprise entre 4 000 et 10 000 euros, c'est le tribunal d'instance qui, en vertu de l'article L. 221-4 du Code de l'organisation judiciaire, est compétent pour connaître de l'affaire, et ce à charge d'appel. Si la demande est supérieure à 10 000 euros, le tribunal de grande instance est compétent en vertu de l'article L. 211-3 du Code de l'organisation judiciaire. Suivant cet article le tribunal de grande instance a une compétence de principe pour connaître de toutes les affaires civiles et commerciales pour lesquelles compétence n'est pas attribuée, en raison de leur nature ou du montant de la demande, à une autre juridiction.

En l'espèce, le litige portant sur un montant de 5 000 €, c'est le tribunal d'instance qui est compétent.

Concernant la compétence territoriale, le tribunal territorialement compétent est, en principe, le tribunal du lieu du domicile du défendeur (CPC, art. 42). Il existe toutefois des exceptions à ce principe, mais aucune ne trouve à s'appliquer en l'espèce. Par conséquent, le défendeur étant strasbourgeois, le tribunal d'instance de Strasbourg sera compétent.

8°/ Un recours formé contre un jugement rendu en premier et dernier ressort

La question est de savoir quelle est la juridiction compétente pour statuer sur un recours formé contre un jugement rendu en premier et dernier ressort.

Lorsqu'une juridiction statue en premier ressort, un appel est possible. Lorsqu'une juridiction statue en premier et dernier ressort, seul un pourvoi en cassation est possible.

Suivant l'article L. 411-2 du Code de l'organisation judiciaire, la Cour de cassation statue sur les pourvois en cassation formés contre les arrêts et jugements rendus en dernier ressort par les juridictions de l'ordre judiciaire.

De fait, c'est la Cour de cassation qui est compétente en l'espèce. Il n'existe qu'une seule Cour de cassation pour toute la France (COJ, art. L. 411-1). Elle siège à Paris.

9°/ Le prononcé d'une condamnation à l'encontre de l'auteur d'un vol

La question est de savoir quelle est la juridiction compétente pour juger l'auteur d'un vol.

En l'espèce, l'affaire est de nature pénale. En matière pénale, la compétence d'attribution dépend de la nature de l'infraction. Le tribunal de police et la juridiction de proximité sont compétents pour juger les contraventions. Le tribunal correctionnel est compétent pour juger les délits. La cour d'assises est compétente pour juger les crimes.

C'est l'importance de la peine encourue qui permet d'opérer la qualification juridique de l'infraction. Le crime est une infraction réprimée d'une peine de prison allant de dix ans à perpétuité. Le délit est une infraction pouvant être punie d'une peine de prison d'une durée maximale de dix ans et/ou d'une amende. La contravention est une infraction pouvant être punie jusqu'à 1 500 € d'amende (3 000 € en cas de récidive).

En l'espèce, l'infraction est un vol. En vertu de l'article 311-3 du Code pénal, il est puni de trois ans d'emprisonnement et de 45 000 euros d'amende. Il s'agit donc d'un délit. Le tribunal correctionnel est compétent.

S'agissant de la compétence territoriale, le tribunal correctionnel compétent peut être celui du lieu de l'infraction, celui de la résidence du prévenu ou celui du lieu d'arrestation ou de détention de ce dernier, même lorsque cette arrestation ou cette détention a été opérée ou est effectuée pour une autre cause (CPP, art. 382).

10°/ Un litige relatif à la vente d'un immeuble

La question est de savoir quelle est la juridiction compétente pour statuer sur un litige relatif à la vente d'un garage situé à Caen d'un montant de 8 000 €.

Suivant l'article R. 211-4 du Code de l'organisation judiciaire, le tribunal de grande instance a une compétence exclusive pour connaître, quel que soit leur montant, des litiges en matière immobilière.

En l'espèce, le litige est relatif à la vente d'un garage qui est un immeuble au sens de l'article 518 du Code civil. Par conséquent, c'est le tribunal de grande instance qui est compétent.

Concernant la compétence territoriale, l'article 44 du Code de procédure civile prévoit qu'en matière immobilière, la juridiction compétente est celle du lieu de situation de l'immeuble.

En l'espèce, le garage étant situé à Caen, le tribunal de grande instance de Caen est seul compétent pour connaître du litige.

3e Exercice : Questionnaire à réponse unique

Corinne Bléry, Maître de conférences à la Faculté de droit de Caen

Il peut être utile de s'être familiarisé avec un autre type d'épreuve, parfois donné en 1er cycle. Un modèle de QRU (questionnaire à réponse unique) est donc proposé, qu'il faut résoudre dans les conditions suivantes : *en 15 minutes, sans aucun document n'est autorisé, l'étudiant doit apporter les réponses aux questions posées. Chaque question comporte une seule bonne réponse.*

1. Les juges français accèdent à leur fonction de différentes façons, qui peuvent être (cochez la réponse fausse)

a. la réussite à un concours
b. l'élection par leurs pairs
c. l'achat de leur charge
d. le recrutement sur titres

2. Parmi les sources de l'organisation judiciaire, figurent (cochez la réponse fausse)

a. les articles 64 et 65 de la Constitution
b. le Code de l'organisation judiciaire
c. le nouveau Code de procédure civile
d. l'article 6 § 1 de la Convention européenne de sauvegarde des droits de l'homme et des libertés fondamentales

3. La compétence d'attribution (cochez la réponse fausse)

a. permet de savoir quelle juridiction est apte à statuer *ratione materiæ*
b. permet de savoir si l'appel est ouvert
c. est de droit commun ou d'exception
d. est parfois exclusive, de telle sorte que si un juge est saisi à tort, il peut se déclarer d'office incompétent

4. En matière civile personnelle ou mobilière (cochez la réponse fausse)

a. trois tribunaux sont actuellement compétents : le tribunal de grande instance, le tribunal d'instance et la juridiction de proximité

b. c'est le taux de compétence – de 10 000 € – qui permet la répartition de ce type d'affaires entre le tribunal d'instance et le tribunal de grande instance

c. c'est le taux du ressort – de 4 000 € – qui permet la répartition de ce type d'affaires entre le tribunal d'instance et la juridiction de proximité

d. le tribunal de grande instance et le tribunal d'instance peuvent statuer en référé en cette matière, en cas d'urgence ou si l'affaire est évidente

5. En matière pénale (cochez l'affirmation juste)

a. un délit correctionnel est toujours instruit à deux degrés

b. un crime est toujours instruit à deux degrés

c. l'appel au fond des jugements du tribunal de police, de la juridiction de proximité et du tribunal correctionnel est porté devant la chambre des appels correctionnels

d. l'appel au fond des décisions de la cour d'assises est porté devant la Cour européenne des droits de l'homme

6. La Justice fait actuellement l'objet d'un grand mouvement de réforme. Ainsi (cochez la réponse fausse)

a. le juge d'instruction vient d'être supprimé

b. un projet de loi en cours de discussion au Parlement prévoit la disparition de la juridiction de proximité et le rattachement des juges de proximité au tribunal de grande instance

c. une réforme – qui devrait être mise en œuvre avant 2012 – vise à introduire des jurés populaires en correctionnelle

d. au 1er janvier 2012, les avocats auront la possibilité d'exercer leur mandat, non plus seulement en 1re instance, mais aussi en appel, en conséquence de la suppression des avoués

7. Cochez l'affirmation fausse

a. les décisions des juridictions du premier degré sont des jugements

b. les décisions de la cour d'appel sont des arrêts qui, soit infirment (ou réforment), soit confirment la décision de première instance

c. les décisions de la Cour de cassation sont des avis

d. les décisions des juges uniques (comme le juge des référés) sont des ordonnances

8. L'instance devant le tribunal de grande instance obéit à différentes règles. Ainsi, (cochez la réponse fausse)

a. elle peut être introduite par une assignation

b. elle suppose le respect du principe de la contradiction

c. elle implique que les parties soient représentées par un avocat

d. elle se termine par un délibéré – discussion à laquelle participent les juges et les parties

9. La Cour de cassation (cochez la réponse juste)

a. a été créée sous la Révolution sous l'appellation de Tribunal de cassation

b. statue en tant que juridiction du premier degré pour certaines affaires et en tant que juge d'appel pour d'autres

c. comporte sept chambres

d. statue en formation solennelle dans certaines hypothèses (soit en chambres réunies, soit en une chambre mixte ou soit en grande chambre)

10. Cochez l'affirmation juste

a. les avocats sont des officiers ministériels

b. les greffiers sont les secrétaires des juridictions

c. les personnels de police judiciaire ont notamment pour tâche d'effectuer des recherches et constatations au profit du juge d'instruction et du juge de la mise en état

d. les huissiers authentifient les actes du juge en les signant

Corrigé

1c ; 2c ; 3b ; 4c ; 5c ; 6a ; 7c ; 8d ; 9a ; 10b

INDEX

(Les numéros renvoient aux paragraphes)

TABLE DES MATIÈRES

TRAVAUX DIRIGÉS

Montchrestien-Lextenso éditions
33, rue du Mail, 75081 Paris Cedex 02
Dépôt légal : octobre 2011

Composé par JOUVE, 1, rue du Docteur Sauvé,
53100 Mayenne – N°742666S

Achevé d'imprimer par
l'Imprimerie France Quercy, 46090 Mercuès
N° d'impression : 11618/ - Dépôt légal : octobre 2011

Imprimé en France